Franz Jung Werke in Einzelausgaben

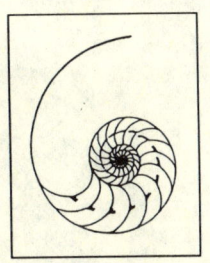

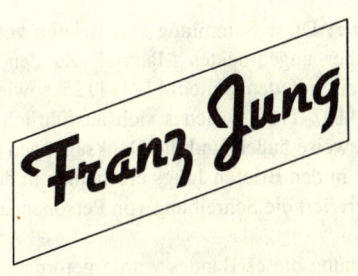

BRIEFE
1913–1963

**Herausgegeben von
Sieglinde und Fritz Mierau**

Werke 9/1

Publiziert bei Edition Nautilus

Editorische Notiz: Diese Sammlung von Briefen veröffentlicht zum großen Teil bisher ungedrucktes Material. Zu den Fundorten vgl. den Briefnachweis auf den Seiten 1121–1125 sowie das Nachwort auf den Seiten 1107–1120, welches sich ausführlich zu der editorischen Vorgehensweise äußert und die Danksagungen einschließt. Die Hervorhebungen in den Briefen Jungs erscheinen in der Regel kursiv. Das Register korrigiert die Schreibung von Personennamen und Werktiteln.

Die Veröffentlichung dieses Bandes wurde gefördert vom Deutschen Literaturfonds Darmstadt.

Originalausgabe
Edition Nautilus Verlag Lutz Schulenburg
Am Brink 10 · 21029 Hamburg
Alle Rechte vorbehalten · © Verlag Lutz Schulenburg
1. Auflage 1996
ISBN: 3-89401-237-4 (Pb)
ISBN: 3-89401-238-2 (Ln)
Printed in Germany

Ellen Otten gewidmet

1. AN HEINRICH F. S. BACHMAIR
Wilmersdorf, den 18.XI.13
Berlinerstr. 19

Sehr geehrter Herr,
Sie werden vielleicht schon erfahren haben, daß ich in die Auslieferungsaffäre des Dr Gross[1] verwickelt bin. Ich muß jede Minute gewärtig sein, Berlin verlassen zu müssen. Ich möchte Sie nun bitten, mir bitte umgehend mindestens einen Teil des Honorars zu senden. Jeder Pfennig erhöht meine Bewegungsfreiheit. Sollten Sie dazu nicht in der Lage sein, so würde ich Sie bitten mir per Eilbrief die Novelle[2] zurückzusenden, ich kann sie hier sofort verkaufen u. würde Ihnen gern für eines der nächsten Hefte event. eine andere zusenden ergebenst
   Franz Jung

1 Von seiner Studienzeit in München her war Jung mit dem Psychoanalytiker Otto Gross befreundet. Aus Jungs Berliner Wohnung war Gross auf Betreiben seines Vaters, des Kriminologen Hans Gross, am 17.11. wegen angeblicher Beihilfe zum Selbstmord seiner Freundin Sophie Benz verhaftet und in die Privatheilanstalt für Gemüts- und Nervenkranke in Tulln bei Wien überführt worden. Jungs und Gross' Dichterfreunde protestierten gegen die Internierung und wandten sich an die Öffentlichkeit. Von Franz Pfemferts *Aktion* und Bachmairs *Revolution* erschienen Sondernummern. Die „Sondernummer für Otto Groß" der *Revolution* Nr. 5 vom 20.12.1913 gab Franz Jung heraus, der hier zusammen mit Simon Guttmann weitere Schritte ankündigt.
2 „Achab"; Bachmair druckte sie in *Die Neue Kunst* Band 1, 1913/14.

2. AN HEINRICH F. S. BACHMAIR
Halensee, den 9.2.14
Lützenstr. 8 I

Sehr geehrter Herr Bachmair,
obwohl ich auf jedem Brief meine Adresse angebe, bekomme ich doch immer die Antwort an die (alte) falsche Adresse. Deswegen habe ich auch eine von Herrn Amberger unterzeichnete Redaktionskarte nicht erhalten. Es hätte sich sonst mein letzter Brief erübrigt.
  Den Artikel über Frau Schiemann[1] bitte ich endgültig dem

Papierkorb zu überantworten. Er hatte für die Zeit Mitte Oktober-November Zweck. Ich wünsche ihn jetzt nicht mehr gedruckt. (Ich schrieb Ihnen auch damals in diesem Sinne.) Ob ich an dem 4. Heft werde mitzuarbeiten in der Lage sein, ist sehr fraglich. Die Gross-Angelegenheit, von der Herr Carl Otten in seinem beiliegenden Brief spricht (ich erwidere seine Grüße übrigens herzlichst), ist im Gegenteil sehr geklärt, es wird wie nicht anders zu erwarten war, zu einer Anzahl Prozesse kommen, die in dem Vorleben basieren. Ich kann allerdings vorläufig keine näheren Mitteilungen machen.

    Mit vorzüglicher Hochachtung ergebenst
           Franz Jung

1 Mit dem Malerehepaar Elsa und Eduard Schiemann war Jung seit München befreundet; Jungs Brief war die Antwort auf Bachmairs Mitteilung vom 6.2.1914, den Artikel in Heft 4 der *Neuen Kunst* zu drucken. Elsa Schiemann zählte später zu den Mitarbeitern von Franz Jungs Zeitschrift *Vorarbeit* im Verlag Freie Straße, Berlin. In der Fünften Folge der *Vorarbeit* „Verantwortung – zu fremdem Zwang" 1916 waren zwei Zeichnungen von ihr abgedruckt. Der Artikel ist nicht erhalten.

3. AN DIE REDAKTION DES *ANFANG*
Wilmersdorf, 21.3.14

Ich erkläre, daß ich auf der am 2. März in der Wohnung des Herrn Pfemfert abgegebenen Aussage[1] stehe, die richtig protokolliert ist, in dem Protokoll vom 6.d.M. Unterschrieben von
Franz Pfemfert, Alexandra Pfemfert, Kollwitz, Krems, Meyer, Barbizon.

    Wenn mein Brief vom 6. März Tatsachen enthält, die im Widerspruch zu diesen Erklärungen stehen, so erklärt sich das daraus, daß ich, als ich an dem Tage, als ich diesen Brief schrieb, als Freund des Herrn Guttmann hörte, daß die Herren Guttmann und Heinle sich zurückzuziehen beabsichtigten, ihnen diesen Rückzug erleichtern wollte.

    gez. Franz Jung.

1 Im Streit um die von C.F. Heinle und Simon Guttmann betriebene Erneuerung der von Gustav Wyneken herausgegebenen, von Barbizon (Berlin) und Bernfeld (Wien) redigierten und in Pfemferts Aktionsverlag erscheinenden Schülerzeitschrift *Anfang* spielte Jung, der sowohl mit Guttmann als auch mit Pfemfert freundschaftlich verbunden war, eine Vermittlerrolle. Vgl. auch *Kleiner Briefkasten* in *Die Aktion* Nr. 12 vom 21.3.1914.

4. AN MARGOT JUNG
[27.5.1915]

L.M. herzlichen Dank für Deinen Besuch[1] u. die viel zu vielen Sachen. Ich möchte Dich aber bitten, mir doch noch die Bücher zu senden. Lieber an dem anderen sparen, ich muß doch 14 Stunden jeden Tag hinbringen u. dabei zunächst versuchen, sie *nützlich* zu verbringen. Wenn ich auch momentan schon nicht die Kraft habe, selbständig für mich zu arbeiten, so kann ich doch noch Lücken auffüllen, zu denen später kaum Zeit bleibt. Hierher gehört für den Plan einer Geschichte des Romans (in Einzelanalysen u. doch einheitlich zusammengefaßt) noch manches, was ich auch so *ohne* Bibliothek jetzt gut vorarbeiten kann. (Bleibt es sich auch gleich, ob ich überhaupt an eine Ausführung denken kann.) Jedenfalls wäre es doch töricht, einem eigensinnigen Vorurteil gegen Bücher zugunsten von Eßwaren die gebotene Gelegenheit zu verscherzen. Zu solchen Büchern, die bei der Billigkeit Reklams keine Rolle spielen, mögen sie mir auch schon bekannt sein, aber nicht genügend und doch nötig für eine Analyse:

Lagerlöf: Gösta Berling 3983/86 Jakobsen: Niels Lyhne 2551/52 Andersen: Nur ein Geiger 633-36 Gallet: Kontraste u. Paradoxe 574/76 Jean Paul, Eichendorff, Dickens, Stifter, Immermann, Anzengruber u. Goethes Wahlverwandtschaften (ein Abguß von Jean Pauls Hesperus) habe ich bereits skizziert fertig. (Zum größten Teil noch in Wittenau gemacht.) Fehlen noch die Balzac u. Stendhal mit Lemonnier (Zola vielleicht) Flaubert, dann Fogazzaro (auch schon skizziert – Nerval-Cazotte) und – Sterne und Thackeray. Die verbindenden Deutschen nur Mitte des vorigen Jahrhunderts noch sowie die Russen stehen für später aus.

Gesundheitlich bin ich nicht wohlauf, ich habe mir ein gehöriges Magen- und Darmleiden zugezogen. Immerhin übersteigt die Zeche bis jetzt nicht den Gewinn –

Dies möchte ich besonders dringend nochmals bitten, ruhig und selbsicher allem entgegenzusehen, dich keinerlei *neuen* Demütigungen auszusetzen, denen ich nichts entgegensetzen kann u. an denen ich doch schuld wäre. Es lohnt sich nicht mehr u. wird durch nichts gerechtfertigt. Wenn du endlich damit rechnest, daß du selbst ob so oder so (im Erleben) auf absolut eigenen Füßen stehen willst u. mußt – nur darum dreht sich alles – so hast du mit dir genug zu tun und meine Situation ist dir ein Ansporn, den du eigentlich solange wie möglich noch hinauszuziehen wünschen müßtest. Wie ich mich damit abfinde, das laß ganz *meine* Sorge sein. Es fällt mir nicht ein auch nur im geringsten mich weiter damit zu beschäftigen und seinen Folgen etwa vor- und nachzujammern.

Das Urteil über meinen Zusammenbruch steht bei mir schon lange fest.

Herzlichen Gruß
Franz.

---

1 Besuch seiner Frau Margot im Festungsgefängnis Spandau, wo Jung nach seiner Desertion und nach einem Beobachtungsaufenthalt in der Irren-Anstalt Dalldorf (Wittenau, 1.4. – 4.5.1915) vom 4.5. bis 29.5. inhaftiert war. Der Brief findet sich in Jungs „Spandauer Tagebuch" (Deutsches Literaturarchiv).

5. AN CLÄRE OEHRING
[nach dem 19.7.1915]

Liebe Frau Claire,
außer daß die Gemeinsamkeit nicht in einem auf Angst u. Unsicherheit gegründeten Beieinander*hocken* beruht, das Eintreten u. Einsetzen einer Kraft für jemanden erst *gefordert* sein muß *oder* aus der klaren überschüssigen Freude sich zu verschenken entsprungen sein muß – woraus sich die notwendige sichere glatte u. erforderliche atemlose Abwicklung des Verkehrs zueinander ergibt, trifft mich der nur zu oft gehörte Vorwurf eines Umherlaufens mit Literaten wie nur wiederum zu oft auch diesmal nicht; er hängt völlig u. absolut in der Luft.

Ich habe nicht den Eindruck, daß mich jetzt Richard[1] braucht und fordert – er hätte sonst nicht mich an dem an entscheidende Taktlosigkeit grenzenden Essen teilnehmen lassen (ich schalte die Angelegenheit an sich in Bezug auf die andern ganz aus), andererseits hätte er mich für Sonntag bestellt, oder mich aufgesucht – und: der zweite Fall – der des Verschenkens – trifft für meine momentane psychische Situation wahrheitsgemäß nicht zu, wobei ich bereit bin alle sich daraus ergebenden Konsequenzen ruhig auf mich zu nehmen.

Ferner: nunmehr lediglich von mir aus gesehen: ist meine Lage nicht derart, daß *ich* jemanden um Hilfe, Wärme etc bitten darf, müßte oder könnte. Ich weiß: dieser Brief ist gerade keine Leistung. Immerhin liegt irgendwo auch außer mir ein kleiner Teil Schuld, daß eine Verständigung in dieser Form notwendig ist. Ich muß sogar das *Paradox* sagen, daß noch zuviel Theorie Ihrerseits in die Dinge hineingetragen wird. Soweit diese Sache.

Ich könnte mich Mittwoch nur in einem fest bezeichneten Lokal oder Cafe einfinden, da es unsicher ist, wann ich mit der Correspondenz fertig bin und es gerade Mittwoch auch gut bis nach 8 Uhr werden kann.

Herzlichen Gruss
Franz Jung

---

[1] Cläre Jungs erster Mann Richard Oehring war zu der Zeit beim Militär in Zossen bei Berlin zur Ausbildung für die Front, vgl. Cläre Jung „Paradiesvögel. Erinnerungen", Hamburg 1989, S. 44 ff.

6. AN CLÄRE OEHRING
[1915]

Liebe Frau Claire,
ich habe gestern Ihre Antwort erwartet, vergeblich. Und dann: Ich brauche dringend etwas Geld. Ich habe für die vielerlei Gänge u. Dinge keinen Pfennig mehr. Auch kaum was zu essen.
    Entweder kommen Sie selbst oder brieflich bitte. (Nach 8 Uhr abends)
    Herzl. Gruß
        Jung

7. AN CLÄRE OEHRING
[1915]

Liebe Frau Claire,
ich muß doch den ganzen Tag in *bestimmter* Weise herumlaufen, auch habe ich den Rapportbr. erst spät nachmittags bekommen. Gerade um 6 Uhr konnte ich nicht kommen. Sie haben mir Ihre Telefon Nummer nicht gesagt. Dagegen sagte ich Ihnen, Sie könnten mich in dringenden Fällen Amt Nollendorf Zentrale *Büxenstein* (1450 etc) *Büro Dr. Zeitlin* mit großer Wahrscheinlichkeit erreichen. *So* aber wird es derart, daß Sie mich hier in Unruhe einfach sitzen lassen. Warum erschweren Sie eine an sich so furchtbare Tagessituation noch besonders – herzlichen Gruß
    Jung

8. An Hermann Kasack
Berlin SW 11, den 31.II.1917
Hallesches Ufer 32

Sehr geehrter Herr Kasack,
ich glaube wohl, daß Sie sich recht erinnern, indessen möchte ich erneut betonen, daß die im Rahmen eines fortlaufenden Gesprächs fixierten Relativeinstellungen lediglich momentane Bedeutung haben. Beispielsweise könnte ich jetzt darauf bestehen, daß zwischen der „metaphysischen" und der „sozialen" Frage überhaupt kein Unterschied besteht. Die Widerspiegelung eines Icherlebens in noch nicht aufgelöste Umwelt, deren Differenzierungsregungen als soziale Frage angesprochen werden dürften, braucht nicht notwendigerweise fremdes Drittes zu sein.

Welche Bedeutung dem Erlebnis [zukommt] – verstrickt in Erlebnisbestätigung der Umwelt und davon ausgehend/und der Notlage seiner Entfaltung, die man sich meinetwegen als Ausdruck der Erlebensbestätigung Anderer im Ich vorstellen kann, Notlage, weil diese Entfaltung zweifellos als Zwang auftritt –, vermag ich nicht zu werten. Aber auch ohne Wertung würde diese Entfaltung durch eine Bestätigung des Icherlebnisses sich als „Kunst" manifestieren.

Ich hoffe Sie persönlich ausführlicher hören zu dürfen und grüße Sie in vorzüglicher Hochachtung
       Jung

9. An George Grosz
Berlin SW.11, den 12. Mai 1917
Hallesches Ufer 32

Lieber Grosz!
Ich habe mir die an mich ergangene Aufforderung der Zeitschrift Marsyas[1] zur Mitarbeit dahin überlegt, daß ich den Leuten vorschlagen möchte, bei ihnen eine selbständige, in sich abgeschlossene Publikation herauszugeben. Ihr Einverständnis vorausgesetzt, möchte ich den Leuten den „Fall Grosz" anbieten mit dem Bemerken, daß die Arbeit von jedem von uns durchaus

selbständig ist und zu gleichen Teilen honoriert werden muß. Ich schlage vor, daß wir Anfang nächster Woche darüber mit dem Mann verhandeln und dabei gleich einen recht anständigen Vorschuß fordern. Es kommt ja schließlich gar nicht darauf an, wo irgendwas erscheint – und daß die Sache bibliophil anständig aufgemacht wird, hätten wir ja immer in der Hand – es handelt sich jetzt nur darum, daß Sie mit den Zeichnungen wenigstens soviel weiter gekommen sind, daß Sie einige Proben zu der Verhandlung gleich mitnehmen können.

Ich hoffe, daß Sie mich bald wissen lassen, wie Sie über die Sache denken.

Mit bestem Gruß
Ihr Franz Jung

1 Die Zeitschrift (1917–1919) von Theodor Tagger (als Autor Ferdinand Bruckner) wurde zu der Zeit vorbereitet. „Der Fall Groß" ist dort nicht erschienen. Dafür wurde die Novelle mit Zeichnungen von George Grosz in der Juni-Nummer 1917 der Wochenausgabe der *Neuen Jugend* als Publikation des Malik-Verlages angekündigt. Die Zeitschrift *Marsyas*, die sich auch als Forum der Jugend verstand, und die *Neue Jugend* machten gegenseitig auf sich aufmerksam.

10. AN TRISTAN TZARA
Berlin NW6, 2. August 1917
Luisenstr. 25[1]

Lieber Herr Tzara!
Ich habe mich sehr gefreut wieder etwas von Ihnen zu hören. Über die großen Erfolge des „mouvement Dada" war ich schon durch die Neue Zürcher Zeitung unterrichtet. Es ist sehr schade, daß Sie sich mit Ball verkracht haben, war aber unter diesen Umständen wohl kaum zu vermeiden. Ich habe Ihnen nun auf Ihre Vorschläge sehr ernsthaft Folgendes zu antworten. Wie Sie aus der Verbreitung und dem Erfolg der Neuen Jugend gesehen haben, haben wir hier in Berlin eine Bewegung geschaffen, die in ihrer Größe ganz der Bewegung Dada in Zürich entspricht. Die gesamte Presse von Großberlin und auch die Zeitungen der wichtigeren Provinzstädte stehen uns zur Verfügung. Wenn Sie wol-

len, werden wir nun eng zusammenarbeiten. In zwei bis drei Wochen veranstalten wir hier in einem der ersten Säle Berlins einen Propagandaabend Dada. Wir haben Musiker, Maler und Literaten genug, um die buntesten dadaistischen Tänze aufführen zu können. Ich bitte Sie dringend, mir sogleich das gesamte Prospekt-Material über Dada zu schicken, ferner wenn möglich von Ihnen Verse, die ich persönlich vortragen werde. In drei bis vier Wochen bringen wir dann eine neue Nummer unserer Zeitschrift in Broschürenform heraus und zwar auch ein Propagandaheft Dada. Für diese Nummer, die 32 Seiten stark wird, bitte ich Sie, mir sogleich ein größeres principielles Manuskript über den Dadaismus, vielleicht Ihre Schrift über die activité dadaiste zu schicken, die Sie in Zürich vorgelesen haben. Wir bringen das zum Abdruck. Arp wird gebeten, Holzschnitte einzusenden. Wir haben immer Verwendung dafür. Sie müssen dann, wenn es soweit ist, die librairie Corray veranlassen, daß sie hundert Exemplare in Kommission nimmt. Der Preis der Broschüre wird voraussichtlich zwei Mark betragen. Schicken Sie mir bitte ferner sogleich fünf Exemplare der Mappe von Janko in Kommission (nach Luisenstraße 25). Ich kann sie bestimmt vertreiben. Schließlich machen wir hier in vier bis sechs Wochen eine Ausstellung, die sich in ihren Leistungen auch direkt an das anschließen wird, was der Dadaismus wollte. Es werden in der Ausstellung Vorträge über den Dadaismus gehalten werden. Ich bitte Sie, cher maitre Tzara, mir sogleich mitzuteilen, ob Sie uns Bilder (Graphik und Öl – möglichst viel von Janko, Arp und wenn möglich Franzosen und Italiener) schicken können. Sie müssen Ihre ganze Kraft daran setzen uns hierbei zu unterstützen, da wir Ihnen hier eine Propaganda machen, die Ihnen geschäftlich und ideell von allergrößtem Nutzen sein kann. Zum Schluß bitte ich Sie, mir die Adressen, von denen Sie in Ihrem Brief sprechen, mitzuteilen. Wir haben dann für alle Fälle einen Anhalt in der Schweiz und können leichter arbeiten.

Lieber Herr Tzara haben Sie die Güte und handeln Sie möglichst schnell, da jetzt und besonders hier in Berlin alles auf schnelles Handeln ankommt. Ich fasse noch einmal zusammen. Wir machen, wenn Sie uns unterstützen
    I.)   einen Propagandaabend Dada
    II.)   ein Propagandaheft Dada unserer Zeitschrift

III.) eine dadaistische Ausstellung, die in Reden und Bildern direkt auf Ihre Bewegung zurückgehen soll.
Herzlichst (mit vielen Grüßen an Janko Arp etc.)
Huelsenbeck
Franz Jung   G. Schrimpf.[1]

[1] Der Text stammt höchstwahrscheinlich von Huelsenbeck und wurde von Jung und Schrimpf nur unterschrieben.

11. AN CLÄRE OEHRING
[Kattowitz, 17. Dezember 1917 Poststempel]

Liebe Claire, ich werde voraussichtlich noch Mittwoch hier bleiben und erst Donnerstag (früh) in Berlin sein. Viel ist nicht zu machen u. die Dinge sind sehr verfahren, wie vorausgesehen. Mit dem Geschäft in Berlin habe ich [mich] schon in Verbindung gesetzt, ich hoffe von dort Geld telegrafisch zu erhalten. Zucker bringe ich mit. Vergiß nicht den *Schlott*.
    Herzlichen Gruß
        Franz

12. AN MARGOT JUNG
Berlin, den 18. November 1918

Liebe Margot,
aus Deinem heutigen Brief ist zu schließen, daß es Dir persönlich nicht gut geht. Ich möchte hoffen, daß Du Deine persönliche und auch die allgemeine Krise glücklich überwindest. Ich bin völlig niedergedrückt und entmutigt. Auch rein persönlich über Menschen, mit denen ich zusammen etwas tun wollte. Es fällt mir sehr schwer, mich ruhig zu verhalten und nichts zu gefährden, gerade weil ich immer wieder fühle, wie sehr ich allein bin und in welch furchtbar scharfer schamloser Form sich alle Menschen von mir zurückziehn, wenn ich mit ihnen etwas unternehmen will. Es scheint sich doch um einen

Struktur-Fehler meines innern Ich zu handeln.

Wer weiß, was die nächsten Tage bringen. Ich rechne damit, daß der *bewaffnete Aufstand* sehr bald kommen wird. Ich werde mich daran beteiligen. Nicht freudigen glühenden Herzens, sondern schon vorher entmutigt und weggestoßen.

Herzlichen Gruß,
Franz

13. AN DIE SCHRIFTLEITUNG *DER ROTE SOLDAT*
[Werbebrief Ende 1918]

Um die so notwendige wirtschaftliche Aufklärungsarbeit auf breitere Grundlage zu stellen, geben wir unsere Korrespondenz auch an Privatpersonen ab. Der Preis beträgt monatlich bei wöchentlich zwei Lieferungen 3 Mark.

Die Verrechnung zwischen den Mitarbeitern geschieht auf genossenschaftlicher Grundlage. Wir fordern Sie alle, die für sofortige Vergesellschaftung eintreten, zur Mitarbeit auf. Das Abonnement von Einzelpersonen verbilligt entsprechend den Bezug für die sozialistische Presse.

Verlag der
Sozialistischen Wirtschaftskorrespondenz[1]
Georg Fuchs.   Franz Jung.

---

1 Von Jung und Fuchs nach der Novemberrevolution 1918 gegründet; diese Korrespondenz führte zur Bekanntschaft mit dem Leiter des Westeuropäischen Sekretariats der Komintern James (J.) Thomas (d.i. Jakob Reich), vgl. auch Cläre Jung „Paradiesvögel. Erinnerungen", Hamburg 1989, S. 66 ff.

Dem Herrn Franz Jung,
Redakteur,
wird für das Winter - Semester 1918/19
hierdurch gestattet, Vorlesungen an hiesiger
Universität zu hören. Der Besuch der einzelnen
Vorlesung ist von der Erlaubnis des Dozenten
abhängig.

Berlin, den 19. Oktober 1918.

Der Rektor der Universität.

6 ℳ Gebühren für diesen Schein sind gezahlt.
Die Bemerkungen auf der letzten Seite sind zu beachten.

Gasthörererlaubnis der Berliner Universität und Vorlesungsnachweis für das Wintersemester 1918/19

Nr. 4   Als Manuskript gedruckt   Den 20. Dezember 1918

SOZIALISTISCHE WIRTSCHAFTS-KORRESPONDENZ

SCHRIFTLEITUNG: BERLIN SW11, HALLE-
SCHES UFER 32 I. FERNRUF LÜTZOW 947.   **HERAUSGEBER: GEORG FUCHS**   SPRECHSTUNDEN: MONTAG U. DONNERS-
TAG VON 4 BIS 6 UHR NACHMITTAGS

AUSSER ABONNEMENT 10 PFENNIG PRO ZEILE

Wohin steuert die Sozialisierungskommission?

Nach langem Hin und Her ist anstatt zu sozialisieren eine Sozialisierungskommission eingesetzt worden. Nachdem zunächst imperialistische „Wirtschaftskapitäne" wie Walther Rathenau und Hugo Stinnes (im Demobilisierungsausschuß) das entscheidende Wort mitzusprechen hatten, sah man sich infolge der lawinenhaft anwachsenden Kritik gezwungen, die Kommission auf anderer Grundlage zusammenzusetzen, und zwar glaubt man dem guten Willen genug getan zu haben, wenn man der Kommission einen autonomen Charakter eingeräumt hat, sehr zum Leidwesen des Genossen Bernstein, dem die Kommission, sobald sie praktische Arbeit leisten will, an und für sich verhaßt ist.

Aus der Zusammensetzung ersieht man noch nicht auf den ersten Blick, daß sie dazu da sein soll, um nichts zu tun. Es sitzen darin zwar Vertreter eines entschlossenen Sozialismus, jüngere Volkswirtschaftler, deren Schriften der Wille zur Vergesellschaftung nicht abzusprechen ist. Es sind darin kluge Leute wie Hilferding und Lederer, die gute Arbeit leisten könnten, wenn sie entschlossen genug wären, die richtige Plattform zu finden, von der aus man zu vergesellschaften anfangen muß.

Was aber geschieht statt dessen? Statt dessen wird von einer Sitzung zur anderen erklärt, daß die vornehmste Aufgabe der Kommission sein soll, zu prüfen, welche Wirtschaftszweige zur Vergesellschaftung reif sind, zu prüfen, welche Wirtschaftszweige vom Staat monopolisiert werden können, und schließlich, sich einreden zu lassen, bei welchen Betrieben die gemischtwirtschaftliche Unternehmung einem Monopol oder einer Vergesellschaftung vorzuziehen sei. In dürren Worten ausgedrückt, bedeutet das, daß die Kommission gar nicht daran denken kann, eine Vergesellschaftung, mag die Kommission sich noch so autonom fühlen, vorzunehmen. Es wird erklärt daß in weitem Umfange Unternehmer, der Industrielle, der Kaufmann und der Bankier zur Mitarbeit hinzugezogen werden sollen. Es soll gesellschaftet werden darum, was aus dem Unternehmertum freiwillig oder durch die Arbeiten der Kommission gepreßt, herauszuziehen ist.

Damit macht man keine Sozialisierung. Damit erreicht man überhaupt nichts. Damit diskreditiert man Vorbedingungen und Errungenschaften der sozialen Revolution! Für uns gilt es daran festzuhalten, daß die Vergesellschaftung es gegen den Kapitalismus sein heißt. Für uns kann nur der sichtbare Erfolg, die Auflösung, die Zertrümmerung, die Vernichtung der kapitalistischen Gesellschaftsform maßgebend sein. Dieser Erfolg wird nicht durch Prüfung, durch Hinzuziehung von Sachverständigen aus den Unternehmerkreisen erreicht werden. Dieser Erfolg ist jedem, der für die sozialistische Wirtschaftsform kämpft, sichtbar als die Umstellung auf Grundlage der Kraft der revolutionären Aktes. Erschütterungen des Produktionsprozesses, Sinken der Produktivität sind bloße Schlagwörter für den, dem an dem Grundaufbau der sozialistischen Wirtschaft gelegen ist.

Das bisher von der Sozialisierungskommission aufgestellte Programm läßt eine grundsätzliche Stellungnahme zur sozialistischen Wirtschaft vermissen. Sie wird daher Gefahr laufen, die Sozialisierung nicht nur nicht zu fördern, sondern geradezu hintan zu halten, solange sie sich nicht zu entscheidenden Taten aufschwingt.

Eine monopolfreudige Industrie.

Die Zündholzindustriellen erklären im Handelsteil der bürgerlichen Presse, daß sie schon einige Jahre vor dem Kriege die Monopolisierung der Industrie angestrebt hätten. Es mag dies bei einer Industrie, die durch Vernachlässigung der grundsätzlichsten Arbeiterschutzbestimmungen tausende von Menschenleben jährlich auf dem Gewissen hat, nicht verwunderlich erscheinen, wenn sie dabei ihre Verantwortung auf den Staat abwälzen kann, dafür aber die Gewinne, nunmehr von Staats wegen garantiert, jährlich einstreichen kann.

Es wird Sache der Vergesellschaftungskommission sein, sich gerade diesen Fall besonders anzusehen. Sache der Arbeiter wird es sein, den Betrieb selbst in die Hand zu nehmen, ehe sie von den Herren Fabrikanten als Arbeitskraft dem Staate verschachert werden.

Ein seltsamer Zustand. — Eine Kriegsgesellschaft gegen A. u. S.-Rat.

Der Hamburger A.-S.-Rat hat infolge der Aufrechthaltung der Blockadebestimmungen im Waffenstillstandsvertrag den Schiffen verboten, auszulaufen. Die privaten Seeversicherungsgesellschaften haben infolgedessen erklärt, keine Versicherungen mehr anzunehmen. Die Zentralregierung in Berlin verlangt aber, daß die Schiffahrt unter allen Umständen aufrecht erhalten werden soll. Infolgedessen erklären die beiden staatlichen Versicherungsgesellschaften, daß das Risiko der Reeder bei ihnen gedeckt werden könnte.

Sollte sich die Regierung damit zu einem entschlossenen Handeln aufgeschwungen haben, so ist es unverständlich, warum die Reeder überhaupt noch ein Risiko laufen sollen. Das Einfachste und Selbstverständlichste ist doch, die Schiffe zu beschlagnahmen. Bei dem hohen Prämiensatz, bei dem möglichen eintretenden Verlusten ist doch der einzig Beteiligte der Staat, während der Reeder sowohl für die Charterung als später bei etwaigem Verlust in Höhe der Versicherung als Entschädigung in bar ausgezahlt erhält, ohne auch nur das Geringste zu leisten. Nach den noch geltenden Vorschriften der imperialistischen Regierung stehen die Schiffe auch der neuen Regierung zur Verfügung. Er soll also obendrein noch eine besondere Prämie bekommen.

Aufhebung des Bildungsmonopols.

Der Spartakusbund hat den Plan gefaßt, eine Volkshochschule zu errichten. Unter anderem sollen jugendliche Arbeiter Unterricht in Betriebslehre erhalten.

Das ist wahrhaft produktive Arbeit im Dienste des Sozialismus. Die Kapitalistenklasse soll angeblich allein befähigt sein, die Verfügung über die Produktionsmittel auszuüben. Soweit dies nicht ein bloßer Vorwand ist, um einen Besitztitel aufrecht zu erhalten, der sonst jeder rechtlichen Grundlage entbehren würde, beruht die höhere Qualifikation des kapitalistischen Unternehmers auf dem Bildungsmonopol, das wiederum die Folge des Besitzmonopols ist. Fällt das Bildungsmonopol fort, dann ist die Entbehrlichkeit des Kapitalisten nicht mehr zu leugnen, und es besteht dann kein auch nur vermeintliches Hindernis mehr, daß die Betriebe in den Besitz ihrer rechtmäßigen Besitzer, der Arbeiter, übergehen.

Sofortige Vergesellschaftung ist notwendig.

Nur die sofortige Vergesellschaftung hindert die Flucht des Unternehmerkapitals aus den Betrieben.

Nur die sofortige Vergesellschaftung sozialisiert das Kapital.

Jede Sozialisierung muß vorerst das Kapital sozialisieren.

Socialistische Wirtschafts-Korrespondenz, 20. Dezember 1918

14. [1918/19]

Meine Herren Dadaisten
ich beehre mich Ihnen für Ihr Jahrbuch[1] einen Beitrag zur Verfügung stellen zu dürfen. Der Roman[2] hat den Vorzug soeben fertiggestellt trotzdem nicht aus 1912 zu stammen, auch ist es mir gelungen Bemerkungen von Whisky Huren und San Francisco zu vermeiden, wobei ich auf die Feststellung Wert lege, daß Kunst zumal in Deutschland nicht immer Reklame zu sein braucht. An einer Propagierung vorerwähnter Bedarfsartikel mitzuwirken, halte ich vorerst noch für überflüssig.
    Mit vollkommener Hochschätzung
        Franz Jung

[1] Der nicht erschienene Almanach „Dadaco"; Jungs Brief war als Faksimile zusammen mit einem Auszug aus „Gegen den Besitz" aus *Die Freie Straße* 1918, Nr. 9 auf Blatt V des Andrucks vom Herbst 1919 wiedergegeben.
[2] Vermutlich „Der Sprung aus der Welt".

15. AN CLÄRE OEHRING
Schutzbund deutscher Auswanderer / Breslau–Berlin
[Juli/August 1919]

Liebe Claire,
ich bitte Dich *Ernst* zu benachrichtigen, daß er die Post *Auswanderersachen* vom I.K.[1] zum neuen Büro Burgstr.[2] mit hinübernimmt. Ich werde wohl hier noch länger zu tun haben, damit ich die Kontrakte fertig mache. Jedenfalls kann ich Dich heute nicht anrufen.
    Gruß Jung

[1] *Industrie-Kurier. Finanz- und Handelsblatt für den Osten*, ein Fachblatt für die oberschlesische Eisen- und Kohleindustrie, das Jung mit Dr. Otto Ehrlich im Herbst 1915 gegründet hatte.
[2] Jung & Co. Correspondenz-Büro, Berlin C, Burgstraße 17; hier befand sich auch Jungs Vertretung der *Deutschen Auswanderer-Zeitung*, Breslau–Berlin.

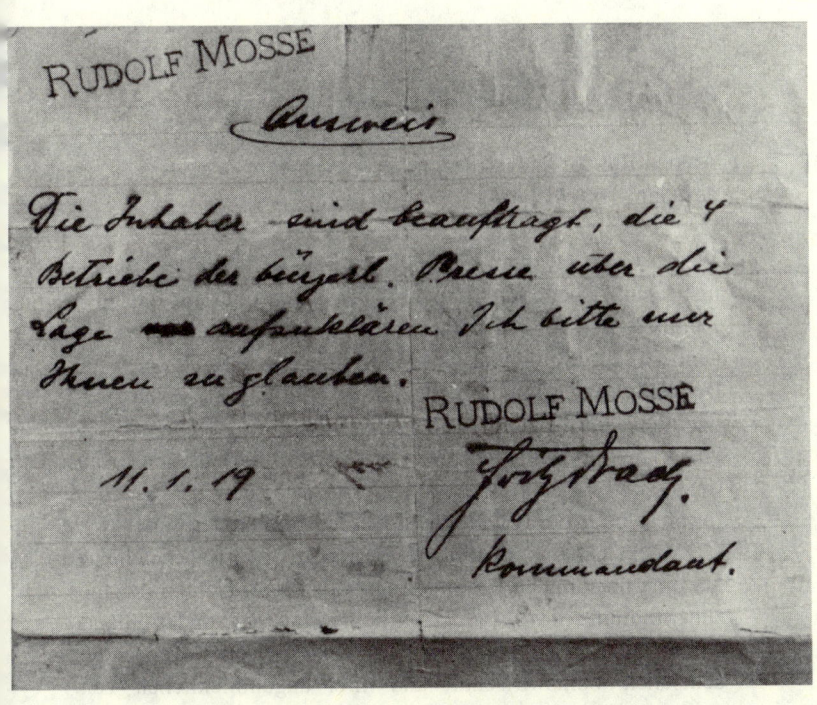

*Franz Jungs von Fritz Drach unterschriebener
Passierschein für das in den Januarkämpfen 1919 besetzte
Mosse-Haus in Berlin*

16. AN CLÄRE OEHRING
[1919]

Liebe Cläre,
ich muß zur Druckerei. Geh inzwischen essen. Wir treffen uns
dann um 3 Uhr Palast Café.   Ja?
   Gruß
         Jung

17. AN GEORGI TSCHITSCHERIN
Moskau [23.5.1920]
Delowoj Dwor

An den Rat der Volkskommissare zu Händen
des Gen. Tschitscherin[1]

Werter Genosse, in meinem Auftrage als Vertreter der kommunistischen Arbeiterpartei zu Verhandlungen mit dem Executiv-Komitee der III. Internationale benutze ich zugleich die Gelegenheit, die Stimmung des deutschen Proletariats über die Behandlung des für die deutsche Revolutionsentwickelung so wichtigen Aufgabenkreises einer russischen Vertretung in Berlin durch die augenblickliche wiederzugeben, und aus den Erfahrungen und Erkenntnis der gegenwärtigen Situation Vorschläge für dieselbe in der beigefügten Denkschrift zu unterbreiten.

Zwecks näherer Begründung dieser Denkschrift[2] ersuche ich um eine persönliche Unterredung zugleich im Namen des hier zum Studium des volkswirtschaftlichen Aufbaus Sowjetrußlands anwesenden Dr. Goldschmidt[3], der ein spezieller Kenner der deutschen Volkswirtschaft und ihrer augenblicklichen Tendenzen ist.

Mit kommunistischem Gruß

---

1 Tschitscherin war von 1918–1930 Volkskommissar für Auswärtige Angelegenheiten Sowjetrußlands.
2 Vgl. Franz Jung, Werke Bd. 11, S. 44–46.
3 Alfons Goldschmidt veröffentlichte 1920 die Bücher „Moskau 1920. Tagebuchblätter" und „Die Wirtschaftsorganisation Sowjetrußlands".

18. AN DEN WIRTSCHAFTSBEZIRK DER
KOMMUNISTISCHEN ARBEITER PARTEI DEUTSCHLANDS
[1920] *Streng vertraulich!*

Werte Genossen!
Die Verhandlungen sind abgeschlossen; der Bericht ist zwar noch nicht in unserer Hand, doch ist Resultat bekannt. Es handelte sich um 3 Punkte: 1. Einheitlichkeit der Partei 2. Parlamentarismus 3. Gewerkschaftsfrage. Zu 1. wurde uns Pamphlet Wolffheim-Lauffenberg vom 1. Mai vorgelegt, ferner Resolution Rühle (Ostsachsen) über Tendenz zur Zerstörung der Partei. Wir erklärten uns mit beiden nicht einverstanden, insbesondere Ansicht, daß Levi als Organisator des Bürgerkrieges die Front 1918 von hinten erdolcht habe. Gesamtlage der Partei ist dadurch entscheidend sabotiert worden, so daß Forderung auf Reinigung der Partei von diesen Tendenzen von uns bewilligt. Wir erklärten diesbezüglich Antrag zu stellen. Zu 2. und 3. vertraten wir konsequent unsern Standpunkt. Es wurde zugestanden, daß Partei, *die zum II. Kongreß der III. Internationale Mitte Juli nach Moskau eingeladen ist,* dort ihren Standpunkt vertreten soll. Die Exekutive will die Fragen auf die Formel bringen, daß keine Partei sich in der Taktik von den Massen entfernen darf. *Wir müssen also beweisen, daß wir bei den Massen trotzdem bleiben.* Von *Lenin* erscheint Broschüre über „Kinderkrankheiten der linken Kommunisten", die für Elastizität der Taktik eintritt. An Hand der Broschüre, die gegen uns sich wendet, müssen wir Analyse der Bewegung in Deutschland geben, die unsere Auffassung erklärt. Wir ersuchen also den Parteitag für Anfang Juli einzuberufen, damit die neue Delegation noch zurechtkommt. Den *Weg* bringen wir. Wir hoffen noch zurecht zu kommen. Die Antwort an uns soll in „brüderlichem" Ton gehalten sein. Mittel bringen wir nicht, doch wird ein neuer Vertreter zu uns delegiert von der Exekutive, der diese Dinge mit uns regeln soll, auch bezüglich Aufträge für die K[ampf] O[rganisation].

Wir bitten dringend, keine persönlichen Momente mehr in die Auseinandersetzungen hineinzutragen und den Weg für die *einheitliche* Front in der bevorstehenden Aktion zu ebnen.

Franz Jung, Berlin J. Appel, Hamburg

19. AN DEN *BERLIN-EXPRESS*
Kristiania, 23.6.1920

abschluß verzögert hiesige[1] firma macht schwierigkeiten nicht vor primo juli. paul [Renard]

1 Gemeint ist hier wohl die norwegische kommunistische Partei, die um Jungs Sicherheit besorgt war; Jung war zusammen mit Jan Appel aus Hamburg von der im April 1920 gegründeten Kommunistischen Arbeiter Partei Deutschlands (KAPD) nach Moskau entsandt worden, um den Anschluß der Partei an die Kommunistische Internationale zu besprechen. Genauso illegal wie die Ausreise aus Deutschland (mit dem gekaperten Fischdampfer „Senator Schröder") war die Einreise via Norwegen, daher das Pseudonym Paul Renard. Während seines norwegischen Aufenthalts schrieb Jung seinen Bericht „Reise in Rußland".

20. AN DEN *BERLIN-EXPRESS*
Kristiania, 24.6.1920

Mitteilt dringendes Ersuchen um Einstellung der vorwegnehmenden Polemik über Gesamtorganisation[1] da starkes Interesse bei Gegenseite dafür vorhanden.
    Paul

1 Gemeint ist die Kommunistische Internationale, die an der Einstellung der Polemik der KAPD um die Beitrittsbedingungen in der Verhandlungsphase interessiert war.

1. "Reise in Rusland" Franz Jung. Verlag der K.P.D., Berlin.
2. "Sowjet." Kommunistische Monatsschrift 1. Heft. Jahrg. 2 September 1920. A. Seehof & Co Verlag, Berlin S54
3. "Kommunistische Rundschau." Herausgegeben von Ernst Däumig, Curt Geyer, Walter Stoecker. Nummer 3. 1. Jahrgang. 1. November 1920 A. Hoffmann's Verlag G.m.b.H., Berlin O27 Blumenstr. 22 f
4. "Revolutionärer Volkskrieg oder konterrevolutionärer Bürgerkrieg?" Erste kommunistische Adresse an das deutsche Proletariat. Buchverlag Willaschek & Co, Hamburg 3.
5. "Rede gehalten auf dem U.S.P. Parteitag am 4. März 1919." Clara Zetkin Verlag "Rote Fahne" Berlin SW.
6. "Die Aktion gegen den Kapp-Putsch in Westsachsen." Von Heinrich Brandler. Herausgegeben von der Kommunistischen Partei Deutschlands (Spartakusbund) 1920
7. "Anarchismus und wissenschaftlicher Kommunismus." N. Buchardin. Verlagsbuchhandlung Carl Hoym Nachf. Louis Cahnbley, Hamburg 11. Admiralität- str. 19
8. "Bauer! Wo fehlt's?" Herausgegeben von der Kommunistischen Partei Deutschlands (Spartakusbund)
9. "Die Entwicklung der deutschen Revolution und die Aufgaben der Kommunistischen Partei." Karl Radek Verlagsbuchhandlung Carl Hoym Nachf. Louis Cahnbley, Hamburg 11. Admiralitätsstr. 19.
10. "Program der Kommunistischen Arbeiter-Partei Deutschlands." K.A.P.D.

Vom norwegischen Zoll konfiszierte Büchersendung,
Kristiania politikammer 1920

21. AN CLÄRE JUNG
[Cuxhaven, 8. November 1920]

Die Vollmacht schicke ich nach, sobald ich hier einen Notar bekommen habe.
Es ist jedenfalls alles ziemlich umständlich und Deine Eile ist für mich sehr wenig erfreulich hier.

22. AN CLÄRE JUNG
[Cuxhaven] 11/11 [1920]

Liebe Claire, ich hoffe, daß diese Vollmacht so richtig ist. Da Du noch nicht geschrieben hast, nehme ich an, daß eine besondere Veränderung noch nicht eingetreten ist. Wenn Du in Grünheide[1] nicht mehr ständig bist, kann ich ja weiter an die Adresse Deiner Schwester[2] schreiben, solange bis Du mir andere Adresse angibst. Nur geht es mit Doppelkouvert sehr umständlich, da ich um Couverts erst immer die Gefängnisaufsicht ersuchen muß. Du weißt, wie peinlich mir das ist, um *eins* zu ersuchen, wieviel mehr um *zwei* für *einen* Brief. Daß Deine Eltern[3] auf mich nicht gerade gut zu sprechen sind, kann ich mir schon denken. Daran ist doch nichts zu ändern.

Hoffentlich hast du auch noch die letzten Hamburger Ms. erhalten. An Goldschmidt, den ich hier nach seinem Brief erwartet habe, schreibe ich demnächst. Mit Empfehlung an Deine Schwester und vielen herzlichen Grüßen Franz

---

[1] Grünheide bei Erkner, Waldeck 4, Villa Alexander.
[2] Henriette Otto (Henny) c/o Emmy und Ernst Otto, Berlin C 54, Koppenplatz 9.
[3] Emmy und Ernst Otto.

23. An Cläre Jung
[Cuxhaven, November 1920]

Liebe Claire, ich versuche auf Umweg[1] Dir mitzuteilen, daß es *auf diese Weise* mit der Verteidigung nicht weitergehen kann. Ich sagte Dir schon, *jetzt* muß sie arbeiten. Nicht einfach bloß Schriftsätze losschicken, die ad acta gelegt werden. Es muß auch die Presse[2] mobilisiert werden, am wichtigsten die *Hamburger Volkszeitung*.[3] Die Untersuchungsführung ist *so* ein Unding. Abgesehen von dem ganz unglaublichen Ton, in dem der Untersuchungsrichter die Verhandlung führt (ich habe Fraenkl darüber geschrieben) ist sie auf einem falschen Gleis. Ich stehe doch darauf, weder eine Beschlagnahme beabsichtigt, noch davon gewußt zu haben. Davon werden weder die Matrosen noch die [unleserlich] viel aussagen können, außer es werden Einzelheiten, Äußerungen etc. gewaltsam konstruiert gegen mich, wie das jetzt der Fall ist – gegen die ich natürlich gar nichts machen kann. Zudem scheinen die Matrosen merkbar aufgehetzt, da sie auch in ihrer Auffassung als mitbeteiligt angesehen werden, so bemühen sie sich die Schuld abzuwälzen. Auch hier muß eingegriffen werden. Ich sehe darin deutlich die Beeinflussung des Amtsrichters, da ja für die Matrosen selbst mein Fall ganz außerhalb liegt. Jedenfalls müßte schleunigst die Objektivität des Verfahrens[4] hergestellt werden. Der Unterschied gezogen werden zwischen dem was *vorher* war, was mich betrifft, und dem, was *auf dem Schiff*, was mich *nicht* so sehr betrifft – worauf aber die Untersuchung fußt, und dem was *nachher* war, was mich wieder nur betrifft. Wird gegen die Art der Untersuchung nicht mit den schärfsten Mitteln nur in der Presse protestiert ist ein Ende nicht abzusehen, auch daß ich die Unverschämtheiten nicht mehr lange zu ertragen gewillt bin. Ich beabsichtige noch einige Tage zu warten u. dann *offiziell* an Fraenkl zu schreiben, daß ich gegen Ende d.M. [wenn] keine Änderung eintritt, in den *Hungerstreik* treten werde. Ich lasse über Termin noch nähere Nachricht zukommen. Dann muß auch die Öffentlichkeit aufgerufen werden. Es ist ja möglich, daß ich daran krepiere, denn der Hungerstreik hat nur Zweck, wenn er ganz konsequent u. scharf durchgeführt wird. Die Leute hier haben natürlich ein Interesse mich verrecken zu lassen. Meine Waffe ist Protest gegen die politische Überreiztheit des Untersuchungsrichters, Protest gegen die

Art der Untersuchung u. gegen die Haft. Fälle, auf die ich mich stützen kann, sind genug vorhanden. Schreibt etwas über die Zustände[5] im Cuxhavener Amtsgericht. Ein 28jähriger Amtsrichter, der sich durch Schneidigkeit die Sporen verdienen [will], weiß nicht, daß die Untersuchung *objektiv* die Wahrheit erforschen sollte, brüllt seine Untersuchungsgefangenen im Kasernenton oder schnoddrigen Studentendeutsch an, beeinflußt die Zeugen, indem er das tatsächliche Verfahren verschweigt und sie im Glauben läßt, es richtet sich gegen sie etc. etc. 4 Matrosen, die wegen einer einfachen Schlägerei, die von Sicherheitswehr auf dem Tanzboden angefangen worden ist, verhaftet sind, sitzen schon ohne Verhör seit 5 Wochen in Untersuchungshaft, obwohl sie am Ort wohnen und können überhaupt erhebliche Strafe zu [unleserlich] haben. Ein Autoritätsschützer, der Exempel konstruieren will. Ein kranker Häftling, dem der Arzt bescheinigt, wird nicht ins Krankenhaus gebracht, weil der Arzt sagt, die Haftzelle ist dort schlimmer für Sie als hier. Er wird aber auch nicht nach Hamburg transportiert, sondern bleibt ruhig hier, weil man auf dem Standpunkt steht, der Mann kann *nach* Verbüßung seiner Strafe ins Krankenhaus. U. so weiter. Herzlichen Gruß. Hoffentlich geht es Dir gut. Nimm die Sache nicht zu schwer, nur Lärm muß geschlagen werden.

1 Der Brief wurde nicht auf Gefängnisvordruck geschrieben.
2 Vgl. Cläre Jung „Paradiesvögel. Erinnerungen", S. 88–89.
3 Nr. 300 vom 12.12.1920 „Zur Inhaftierung von Franz Jung".
4 Jung legte Wert darauf, daß die politischen Aspekte der Schiffsentführung im Mittelpunkt des Interesses standen: seine Delegierung nach Moskau und die Anschlußverhandlungen, vgl. Anm. zu den Telegrammen vom 23. und 24.6.1920.
5 Unter der Überschrift „Unerhört" druckt die *Räte Zeitung* Nr. 38 (1920) Jungs Mitteilungen ab.

24. AN CLÄRE JUNG
[Cuxhaven] 27/11 [1920]

Liebe Claire, schon zwei Wochen ist jetzt das Packet *ausgeblieben*. Ich kann mir hier Kondensmilch, Keks u. Honig *nicht* kaufen. Solltest Du aber trotzdem gesandt haben, so laß sofort bei der Post recherchieren.

Von dem Anwalt höre ich nichts. Wie lange soll das so weitergehen. Jetzt ist die Voruntersuchung hier abgeschlossen. Möglicherweise komme ich nach Hamburg. Warum *jetzt* der Anwalt mit mir keine Verbindung sucht, weiß ich nicht. Ich bitte dringend, spätestens übernächste Woche um *Aussprache* mit einem Anwalt. Wenn nicht mit Fraenkl, dann mit einem andern. Entweder hier oder in Hamburg. Ich telegrafiere, falls ich abtransportiert werde.

Es geht mir nicht gut. Besten Gruß Franz

Fraenkl kann ja seinen Vertreter schicken.

25. AN CLÄRE JUNG
[Cuxhaven] 6/XII [1920]

Liebe Claire, der Artikel von Harden[1] ist leider ziemlicher Blödsinn und wird mir eher schaden als nützen. Er enthält vor allem eine *ganz falsche* Darstellung, direkt auf den Staatsanwalt zugeschnitten. Es war ja eben nicht so. Die gleiche Kenntnis brachte gestern der neue Anwalt Dr. Levy mit. *Wer verbreitet denn das?!* Ich habe auf Fraenkl gewartet, obwohl ich mir schon dachte, daß er nicht kommen würde. Dr. Levy ist ein recht schwacher Ersatz und laß Dir nur keine Illusionen machen. Wenn diese falsche Note bleibt, so wird zwar ein sehr interessanter Prozeß, der aber alles noch mehr verwirrt. Wo dabei alles so einfach liegt. Legt Fraenkl die Verteidigung nieder? Ich kann mir nicht denken, daß Dr. Levy, *so wie er die Sache betrachtet,* mit seinem Einverständnis hinzugezogen worden ist, oder man hätte ihm die Sache jedenfalls nicht in Berliner Literatenromantik schildern müssen. Ich gerate von hier aus als Einzelner mit der Gesamtheit der Leute draußen immer mehr in direkten Gegensatz. Für mich war es vorher, auf der Fahrt, nachher und jetzt alles andere als romantisch. Sondern so schwer, wie es einem Benutzten und Dupierten, auf dessen Kosten man sich jetzt obendrein lustig macht und romantische Vorstellungen aufbaut, nur sein kann. Betreffs des Malik-Verleger[2] bin ich einverstanden, wenn er *schnell* druckt, von sich aus Schritte unternimmt event. für Übersetzungen sorgt. Die Technik[3] wünsche ich ohne Zeichnung und Titelbild. Dagegen erscheint mir der Plan von den Fortsetzungen für den Siemens-Konzern (es handelt sich wohl um die Angestellten) lächerlich. Dieses Buch kann nur mit Rückhalt eines großen propagandafähigen Verlages gemacht werden. *Oder überhaupt nicht.* Ist das Buch schon da, so kann man die Propaganda durch eine billige Ausgabe in dieser Form stärken, *vorher* doch aber nicht.

Nun, gesundheitlich geht es mir den Umständen entsprechend leidlich gut. Ich bin vor allem ganz ruhig. Ich möchte Dich bitten, dem Anwalt zu sagen, er möchte sich mit dem Altonaer in Verbindung setzen, damit wenigstens beide Anwälte der gleichen Meinung sind. Ich habe jetzt so oft immer wieder alles dargestellt, daß ich jetzt keine Lust mehr habe. Und es kommt immer wieder so ein seltsames verworrenes Durcheinander heraus. Ich sagte Dir schon hier, daß ich es aufgebe, noch zu hoffen, daß jemand von denen, die sich jetzt draußen damit wichtig machen, noch einmal begreift, um was es sich denn überhaupt handelt. Von Fraenkl hatte ich noch die meiste Hoffnung.

Hier ist übrigens mein Geld bald alle, wenn möglich lasse nächste Woche etwas schicken. Und mache nur ruhig Deine Sachen weiter und laß Dich nicht mehr in diese Privat-Mißverständnisse hineinziehen. Ich werde schon letzten Endes doch noch damit fertig. Herzlichen Gruß Franz.

---

1 „Adventivknospen. Irischer Wall". In: *Die Zukunft* Nr. 10 vom 4.12.1920, S. 256–60.
2 Wieland Herzfelde.
3 „Die Technik des Glücks. Erster Teil", erschienen im Malik-Verlag 1921.

26. AN CLÄRE JUNG
Unters. Gef. Hamburg, 23/XII [1920]

Liebe Claire, heute hat mich Goldschmidt besucht, doch konnte er die Bücher nicht mir dalassen. Der aufsichtführende Beamte machte die Bemerkung, es läge für mich eine besondere Verfügung vor, wonach mir Bücher und Zeitschriften nicht ausgehändigt werden dürfen u. die Gesamtkontrolle nur über Cuxhaven ginge. Ich bitte das Fraenkl mitzuteilen. Er soll beschleunigt feststellen, wer zuständig ist und an wen Sachen für mich zu adressieren sind. Es tritt ja eine beispiellose Verzögerung ein, so wird mir *heute* ein Telegramm Fraenkls an mich vom 15ten Empfangsstempel Cuxhaven eingehändigt. Dieses ist von Cuxh. an das *Amtsgericht* Hamburg *Abt. für Requisition in Strafsachen* gegangen. Vielleicht ist das die zuständige Stelle, an die Anträge einzureichen sind. Bitte sage auch Fraenkl, ob es sich nicht doch empfiehlt, mit der Interpellation betr. meiner Behandlung nicht länger zu warten, auch mit den übrigen Schritten keinen Tag warten. Ich halte nach allen den neuen Dingen Fraenkls Ansicht des Abwartens nicht für stichhaltig. Schreibe mir erst bitte, oder sende vorläufig über Cuxhaven, bis Fraenkl das genau erkundet hat, damit nicht alles hin und herwandert. Das Geld von Cuxhaven ist *noch* nicht da, jedenfalls habe ich noch nicht quittiert. Sende mir über Cuxhaven die Weihnachtsnummern der hauptsächlichsten Blätter (Frankf. Ztg. B.Z. Voss. Ztg. Freiheit u.a.), ich habe hier noch nicht die Erlaubnis eine Zeitung zu abonnieren. Du kannst aber alles noch über Cuxhaven vorläufig senden, auch ein Packet. Das kleine mit den Apfelsinen habe ich bekommen. Nun, hoffentlich bist Du nicht zu niedergeschlagen. Goldschmidt hat mir leider praktisch gar nichts erzählt, also ist er wohl mit dem Roman[1] noch nicht so weit u. auch mit dem Buchvertrieb[2]. Er sagt, die Sache wartet auf mich. Da ist er sehr im Irrtum. Ich werde in dem Buchvertrieb nicht arbeiten, dagegen *für*. Also braucht man nicht auf mich zu warten. Betreffs der Korrekturen würde ich nur die der Psychotechnik sehen wollen, vielleicht sind Worte mißverstanden. Aber unbedingt nötig ist es auch nicht. Ich hoffe, du wirst das schon machen. Es ist mir nicht lieb, daß die kleinen Sachen[3] doch in der Räte Zeitung erscheinen, wir hatten es doch anders noch besprochen. Sammele sämtliche Pressestimmen in mehreren Exemplaren. Fraenkl braucht sie vollständig für Leipzig *und* für hier. Er selbst kannte manches nicht, was *ich* sogar gelesen hatte. Sonst im allgemeinen laß nur Fraenkl bestimmen, was er für richtig hält, ich habe das mit ihm vereinbart. Erhard hat den Zweck seiner Reise zum Verleger wieder nur *halb* erfüllt. Die Wirkungen haben mir nicht geschadet, aber auch nichts *genützt*, und darauf kam es doch an. Das kann noch nachgeholt werden und *muß* geschehen, weil es auf der Hand liegt und möglich ist. Also viele herzliche Grüße an Dich und Empfehlungen an die sogenannten Freunde. Dein Franz.

1 „Die Rote Woche".
2 Berliner Arbeiter-Buchvertrieb.
3 „Mutter Jones" und „Stiller als Wasser und niedriger als Gras" erschienen in der *Räte Zeitung* 1920 in Nr. 43 und 46; später eingegangen in „Joe Frank illustriert die Welt".

27. An Cläre Jung
Unters. Gef. Hamburg, 27.12.[1920]

Liebe Claire, Packet erhalten herzlichen Dank. Auch Packet von Unterstützungskommission. Da ich nur je *einen* Brief schreiben kann, bitte ich Dich, nach Gürtelstr. 25 Buchladen[1] zu gehen und dort mit meinem besten Dank zu bestätigen, daß alles erhalten. Die Leute haben wirklich fast zu viel getan. Ich war aber auch hier schon am Ende, seit 10 Tagen ohne die geringste Möglichkeit. Was ich bestellt hatte, ist nicht geliefert worden bisher. Nun bitte ich Dich, den Druck der Bücher zu beschleunigen, sie müssen *jetzt* erscheinen. Auch das letzte.[2] Wie ist gleichgültig. In Groschenheftchen, meinetwegen u. *ohne* Verlag, wenn es nicht anders geht. Arbeitsfriede ist schneller fertiggeworden als ich dachte. Sehr schön und sehr wichtig. Die Woche[2] soll nicht in 7, sondern höchstens in 3 Fortsetzungen gedruckt werden, je 2 und dann 3 Kapitel. So paßt es zusammen. Bitte verschicken an Tageszeitung, gleich wo, das Schauspiel[3] ist, wie ich nochmal betone, nur Rahmen. Man kann, *wenn man den Rhythmus versteht* und den Gesamtrhythmus nicht stört, Aktuelles hinein improvisieren vorläufig besser bleiben lassen. Bitte genau den Rhythmus der Bilderfolge einhalten, nicht Rhythmus der Dialektik und des Acht-Groschen-Sozialismus, wie *Prinz Hagen*, der in seinem Ressentiment *nicht gut* ist. Das Problem ist falsch. Sinclair kennt den Bolschewismus nicht! Bitte Malik-Leuten mitteilen. Möchte später darüber schreiben. Auch gegen Robert Müller (in Form eines offenen Briefes). Bitte sag Pfemfert Dank. Schickt mir soeben einen Wells. Vergiß das nicht, schon der Form wegen. Hat mich angenehm überrascht. (Gerade mitten im Schreiben) Druck von Arbeitsfriede auch vorbereiten. (Malik-Verlag?) Stendhal müßte schon vor Wochen in Deinen Händen sein. Auch Wäsche muß noch in Cuxh. sein. Erkundige Dich mal danach. Nun das Wichtigste: Von der Anfrage habe ich gelesen. Ich muß bezüglich derselben noch einmal mit einem Anwalt konferieren. Ich habe gerade darüber nur so oberflächlich bisher gesprochen, daß man sich kein Bild machen kann. Vor allem fehlen die Zusammenhänge Cuxhaven-Hamburg. Außerdem, *wenn* der Fall nun schon einmal behandelt wird, soll er auch ausgedehnt werden. Ich bitte dringend meine Bitte betreffs Fraenkl oder Vertreter zu erfüllen. Es soll nichts *Halbes* gemacht werden. Vielleicht zieht man jetzt Liebknecht *doch* hinzu. Er ist unbedingt mir lieber als der Altonaer, der mir gar nichts nützt. Bitte Fraenkl *kann* das nicht übelnehmen, es ist auch kein Mißtrauensvotum gegen ihn. Liebknecht wird seine Freunde unterrichten können. Unterschätzt das jetzt nicht. Ich habe auch sehr schon beklagt, daß wir die Berliner Wohnung[4] aufgegeben haben. Sieh doch zu, daß Du ein möbliertes Zimmer mieten kannst. Oder such etwas nahe an der Stadt, frage auch mal in Birkenwerder oder Tegel an oder Umgebung (frage Lehmann, Reinickendorf), das ist noch immer näher als Grünheide. Vielleicht geben wir das auf, wenn wir anderes mit besserer Verbindung haben. *Du* machst mir jetzt mehr Sorge, wie *ich* Dir. Warum bist Du so unruhig, warum geht Deine Arbeit mit dem Buchvertrieb nicht? Schreib doch mal, woran es liegt? Hast Du Ärger mit den Leuten? Bist Du mit James [Reich] noch mal in Verbindung gewesen, eventuell laß ihm ein Manuskript da. Ich sehe auch, daß Amerika schwer sein wird, und Norwegen[5]? Unternimmt denn der Malik-Verlag nichts? Auf Goldschmidt zähle ich gar nicht. Sind denn die Novellen[6] gedruckt, auch Fertig[7] etc, sowie Irland? Ich glaube, mit Frank[8] zusammen kann das Pfemfert im Roten Hahn bringen. Der Ton eurer Zeitung[9] gefällt mir nicht, sags Bernhard [Reichenbach]. Das ist jetzt, wie die Dinge geworden sind, zwecklos und beraubt uns der guten Position. *Tatsächliche* Unterschiede in der Praxis *ohne* Schimpferei eher wohlwollend, nur etwas höhnisch aufzeigen. Nicht *Verrat* schreien. Herzlichen Gruß Franz

Sende mir die Voss. Ztg. und schicke später an Dr. Hermann Müller (Hamburg) meine Bücher mit Gruß.

1 Buchhandlung E. Radtke.
2 „Die Rote Woche".
3 „Wie lange noch?"
4 Friedenau, Kaiserallee 64–65.
5 Vermutlich vermittelt von Arvid G. Hansen bestand Aussicht auf Herausgabe von Jungs Büchern im Verlag der Norwegischen Arbeiterpartei. Der im Januar 1921 mit neun anderen kommunistischen Programmschriften nach Kristiania gelangte Bericht Jungs „Reise in Rußland" wurde vom norwegischen Zoll einbehalten. 1923 erschien Jungs Erzählung „Proletarier" norwegisch im Verlag Ny Verden, übersetzt von Rudolf Nilsen: „Proletarer. Fortaelling fra revolutionens Tyskland".
6 Vgl. Anm. 3 zum Brief vom 23.12.20.
7 „Fertig machen!" erschien in: *Kommunistische Montags-Zeitung* vom 20.12.1920; „Wenn der Mond aufgeht" in: *Kommunistische Montags-Zeitung* vom 3.1.1921.
8 Zusammengefaßt erschienen die Novellen als „Joe Frank illustriert die Welt", aber nicht in der Reihe „Der Rote Hahn", sondern als Band 10 der Literarischen Aktionsbibliothek 1921.
9 Kommunistische Arbeiter-Zeitung (KAZ).

28. AN CLÄRE JUNG
[um die Wende 1920/21]

Bemerkungen[1] für Claire:
Titel des Ganzen:

WIE LANGE NOCH?[2]
Schauspiel von Joe Frank

Es ist mehr eine technische Probe. Der Inhalt ist ganz gleichgültig. Man darf *heute* keine Inhaltsstücke psychologisch etc mehr aufbauen. Die müssen in bürgerlicher Ideologie enden. Alles kommt auf rhythmisch betontes Spiel an. Bilder – nur bei den geringen technischen Mitteln muß man erst üben so einfach wie möglich halten. *Schnelles* Spiel. Die Personen dürfen nicht psychologisieren. *Aber* genau abgestimmt nach der Tendenz sprechen. Die bürgerlichen Scenen können einen leichten Stich ins Karikaturhafte haben. *Die Rede* kann *anfangend* etwas übertrieben pathetisch sein und allmählich natürlicher werden. Die Zwischenrufe *sehr* laut. Immer das Publikum im ganzen berücksichtigen, zu dem *hingespielt* werden muß. Eine Art Urform der Komödie. Buchstäblich muß das Publikum annehmen hier wird *Theater* gemacht, *alles ist Technik und Regie*. Ich glaube nicht, daß es sich lohnt die Sache zu drucken. Wenn ja, dann nur in einem Sammelband: Proletarisches Theater. (Ich würde dann noch andere machen)

Jedenfalls aber gib die Sache dem Malik-Verlag, er soll mal versuchen, die Sache im proletarischen Theater aufführen zu lassen. Sage dem Hellmut Herzfeld, wie ich die Sache meine, er wird mich glaub ich schon darin verstehen.

Dann schreib mir mal, was daraus geworden ist, ob was damit gemacht werden kann u. wie man es aufnimmt. Herzlichen Gruß
Franz.

---

1 In Jungs Gefängniskladde, in die er seine Texte schrieb.
2 „Wie lange noch?" erschien zusammen mit den „Kanakern" als Band 2 der 12teiligen „Sammlung revolutionärer Bühnenwerke" im Malik-Verlag 1921.

29. AN CLÄRE JUNG
Unters. Gef. Hamburg, 4.1.21

Liebe Claire, ich habe das Packet mit den Schuhen wie das neue Packet mit Neu-Guinea Buch[1] erhalten, herzlichen Dank. Mit dem was ich noch zu Ende arbeiten wollte, bin ich fertig und es ist die seit langem erwartete Reaktion eingetreten. Ich bin so müde, daß ich mich kaum auf den Beinen halten kann, obwohl ich nachts nicht schlafen kann. Es fällt mir schwer ein paar Seiten hintereinander zu lesen. An dem Erschöpfungszustand mag auch die schlechte Luft hier schuld sein, jedenfalls muß ich jetzt alle Energie anwenden, nicht einfach zusammenzuklappen. Sobald ich die Balzacs ausgelesen habe, sende ich sie Dir zurück mit der Wäsche und den anderen Schuhen. Hast Du denn für die Woche[2]

Brief aus dem Hamburger Gefängnis vom 4. Januar 1921

was unternommen? Man kann nicht länger damit warten. Hast Du mit Herzfeld betr. des Stückes[3] gesprochen? Auch die Woche läßt sich leicht *filmen*, Hennigsdorf bietet doch die schönsten Naturaufnahmen dafür. Du schreibst immer nur so allgemein, ich weiß gar nicht, ob überhaupt Aussicht ist, daß die beiden andern Bücher[4] erscheinen. Pfemfert hat vor Jahren von mir eine deutsche Übersetzung (in Schundromanformat) der Fille Elise Goncourts bekommen. Sieh doch zu, ob er sie noch hat u. mir mal leihen will, auch die Germinie Lacerteux möchte ich noch mal lesen, dann den Louis Lambert Balzacs und einen von Zolas letzten Romanen. Vielleicht kann Herrmann[5] Dir welche leihen. Sieh nur zu, daß Du mir recht viele Zeitungen schickst, von den großen Berliner laß die Inseratenseiten weg, damit sie weniger Platz einnehmen. Möglichst viele Richtungen durcheinander, wie kann ich mir sonst ein Bild machen. Fraenkl muß darauf achten, daß in der Beschwerde genau unterschieden wird, gegen *wen*. Die Behandlung kann doch nur so verstanden werden als durch die *Hinausziehung* des Verfahrens, der Untersuchung etc. Dafür hat doch Fr genug Material, schriftliches wie mündliches. Ist schon festgestellt, was das für eine Verfügung aus Cuxhaven gewesen ist, die hier niedergelegt gewesen sein soll, und die Bücher etc. verbietet. Ich bekomme doch jetzt welche, also um was handelte es sich da? Ist die Frage der Kompetenz entschieden und wie? Werde ich den Besuch eines Anwalts oder Fraenkls Vertreter erhalten? Ich hatte so eingehend mit Fr. darüber gesprochen, aber ich habe den Eindruck, er hört manchmal gar nicht zu. Ich werde jetzt eine Zeitlang nicht mehr schreiben, nur bei dringendstem Fall. Herzlichen Gruß Franz

1 Hermann Detzner „Vier Jahre unter Kannibalen. Von 1914 bis zum Waffenstillstand unter deutscher Flagge im unerforschten Innern von Neuguinea", Berlin (Scherl Verlag) 1920.
2 „Die Rote Woche".
3 „Wie lange noch?"
4 „Proletarier" und „Die Technik des Glücks".
5 Max Herrmann-Neiße.

Es lebe die Weltrepublik der Sowjets!

Die Befreiung der rumänischen Arbeiter ist nur möglich, wenn die deutsche und deutsch-österreichische Revolution, und mit ihr die italienische Revolution die Räuberbanden Südosteuropas von ihrer anglo-französischen Kraftquelle absperrt und sie im Rücken bedrohen kann.

Mitteilungen

Achtung! **Achtung!**

Vorsigwalde. Die Arbeiter der Firma Nother, Waggon- und Maschinenfabrik, Vorsigwalde, befinden sich seit Montag, den 8. Januar 1921 in Lohndifferenzen und bitten jeden Zuzug fernzuhalten. Die Streikleitung.

Versammlungskalender:

Steglitz. Oeffentliche Versammlung: Dienstag, den 11. Jan. abends 7½ Uhr, Aula des Gymnasiums Heesestraße.

Verantwortlicher Redakteur: Kunze, Berlin
Druck und Verlag der K. A. P. D., Berlin

Die Mittwoch-Abende
des Leon Hirsch Verlag
im Skala-Klub-Saal
Lutherstraße Nr. 22—24

26. Januar 1921, abends 7,30 Uhr:

Franz Jung-Abend

Beß-Brenck Kalischer
Einleitende Worte: Anton Kuh

Karten 3.80, 5.50 und 8.40 M. einschl. Steuer bei Bote u. Bock, Leipziger Str. 37 und Tauentzienstr. 7, A. Wertheim, Leipziger Platz und Tauentzienstr. 12a, Buchheim K. u. E. Twardy, Potsdamer Str. 12 und an der Abendkasse.

Inserat für einen Franz Jung-Abend in der
Kommunistischen Montags-Zeitung vom 10. Januar 1921

30. AN CLÄRE JUNG
Unters. Gef. Hamburg, 15.1. [1921]

Liebe Claire, von Zeitungen schicke mir ein paar Nummern der Rot. Fahne u. der Deutsch. Allg. Zeitung. Von Büchern interessiert mich außer den schon geschriebenen *Otto Flake* (Fischer Verl.) Nein und Ja, *Sternheim*[1] (Wolff Verl.) Berlin (vielleicht hat [Max] Herrmann beide). Schicke mir etwas Shag-Tabak mit, sowie englische Cigaretten und Streichhölzer. Viel Chokolade. Ich erhielt eine Anfrage von [George] Grosz nachgesandt, sage ihm, er kann mir *hierher* das schicken, was er will. Viele dringende Fragen meiner letzten Briefe hast Du noch *nicht* beantwortet, auch bei Deinem Hiersein nicht. *Warum* erscheint „Technik" nicht *zuerst,* und der Vertrag mit Malik ist typischer Betrug. *Damit* hast Du also Dich so lange herumgeplagt?! Erscheint wenigstens das andere, auch das in Fortsetzungen[2]? Warum bekomme ich denn nicht wenigstens *unsere* Zeitung[3]? Ich begreife manchmal sehr wenig von dem allen. Ich erwarte dringend und täglich den Besuch des Anwalts. Wenn Du weißt, wie sehr man auf derartiges wartet und es vergeht ein Tag nach dem anderen, dann würdest Du wohl alle Kräfte dafür einsetzen, das wenigstens durchzusetzen. Ich habe nie begriffen, warum Fraenkl zu dieser Reise 3 Tage braucht, die er allerdings weniger bequem jetzt auch in 1 1/2 erledigen kann. Seine letzten Eingaben, von denen er mir obendrein noch schrieb, wirken auf mich wie Hohn. Also sonst nichts, und dazu noch falsch verstanden. Ich muß Dir sagen, das lasse ich mir nicht mehr lange gefallen. Daß er gezwungen hat Liebknecht niederzulegen, der mit seinem großen Büro und Associes *jedenfalls* bessere Verbindung mit mir unterhalten hatte, soll ihm nicht vergessen werden. Ich hätte nur gehofft, *Du* würdest meine Interessen besser vertreten haben. Meine Wäsche u. auch überflüssige Bücher können hier abgeholt werden. Ich bitte Dich, beauftrage jemanden, daß er abholt, entweder hier in Hamburg waschen läßt oder es nach Berlin schickt. Zeitungen kannst Du mir doch auch unter Kreuzband schicken, so daß nicht immer alles so schwerfällig u. auf einmal kommt. Solltest Du mich nochmal besuchen, so schreibe Dir die Punkte, die Du mir sagen willst, ich nehme immer an, daß Du zu diesem Zweck kommst, vorher auf. Es entsteht immer das entsetzliche Gefühl einer Unbeweglichkeit.

Ich brauche auch wieder Wurmtabletten. Herzlichen Gruß Franz
Die gesamte Briefpost geht noch immer über Cuxhaven, Briefe erreichen mich durchschnittlich in 7 Tagen, ich habe aber auch welche, die 12 Tage gegangen sind.

1 „Berlin oder Juste Milieu".
2 In Fortsetzungen erschien „Arbeitsfriede" in der *Roten Fahne*, Berlin Nr. 302–359 vom 5.7.-7.8.1921.
3 Kommunistische Arbeiter-Zeitung (KAZ).

31. RUNDBRIEF DES BERLINER ARBEITER-BUCHVERTRIEBS[1]
Berlin NW 6, den 17. Januar 1921
Luisenstr. 28, I. links

W[erte] G[enossen]
Wir machen Ihnen heute eine Reihe Vorschläge, die dazu dienen sollen, eine nähere Verbindung der proletarischen Organisationen der verschiedenen Länder und eine bequeme Austausch-Gelegenheit der gegenseitigen Publikationen zu schaffen.
Der *Berliner Arbeiter-Buchvertrieb*, der nicht einseitig an eine bestimmte Partei gebunden ist, hat die Aufgabe, dem revolutionären Proletariat aufklärende Literatur zu billigen Preisen zu verschaffen, gleichzeitig will er den ausländischen Genossen das Publikationsmaterial der deutschen Arbeiter-Parteien vermitteln. Daher wenden wir uns heute an Sie mit folgenden Vorschlägen:
1. Fordern wir Sie auf, alle Broschüren, Flugschriften usw., die die deutschen proletarischen Organisationen herausgeben, durch uns zu beziehen.
Wir senden Ihnen als Probe die Broschüre unseres gefangenen Genossen Franz *Jung* „Reise in Rußland", die sich gewiß gut zum Abdruck in Ihrer Presse eignet oder auch gesondert als Broschüre übersetzt, den Genossen wichtige Aufklärung über den Geist der russischen Revolution geben würde. Von Franz Jung, der nicht nur ein klarer entschlossener Führer der Arbeiter-Bewegung, sondern auch ihr künstlerischer Gestalter ist, liegen noch mehrere z.T. unveröffentlichte Arbeiten vor; für den Fall, daß Sie Interesse dafür haben, können wir Ihnen die Manuskripte einsenden, und Sie können entscheiden, ob Sie [das] Über-

setzungs- und Verbreitungsrecht innerhalb Ihres Landes erwerben wollen.

2. Schlagen wir Ihnen vor, für Ihren Zeitungsdienst regelmäßig in beliebigen – etwa 14tägigen – Abständen unsere Berichte über die politischen und wirtschaftlichen Ereignisse in Deutschland zu beziehen. Auch hierfür geben wir Ihnen beifolgend Proben: einen Wirtschafts- und einen politischen Artikel, die zusammenfassend die Situation der deutschen Arbeiter-Bewegung an der Jahreswende darstellen. Für diese Artikel stehen bekannte Führer und Theoretiker zur Verfügung; z.B. ist der heutige Wirtschaftsartikel von Dr. Alfons *Goldschmidt*, dessen Buch „Die Wirtschaftsorganisation Sowjet-Rußlands" die erste große wirtschaftswissenschaftliche Darstellung des russischen Wirtschaftskörpers ist.

Wir schlagen vor, daß Sie die Artikel, die Sie von uns bringen, nach den bei Ihnen üblichen Tarifen honorieren und dadurch, ohne daß es für Sie eine allzugroße Belastung bedeutet, eine international gerichtete Arbeit deutscher Arbeiterkreise unterstützen.

Ebenso werden wir sicher über das Publikationsrecht der erwähnten Arbeiten von Jung, Goldschmidt usw. schnell zu einer Verständigung kommen und erbitten hierüber ihre Vorschläge.

Mit revolutionärem Gruß
    Berliner Arbeiter-Buchvertrieb F. Jung

---

1 Adresse identisch mit der der *Räte Zeitung* von Alfons Goldschmidt.

Paßbild und Personalausweis auf den Namen Franz Klinger, 6. Januar 1921

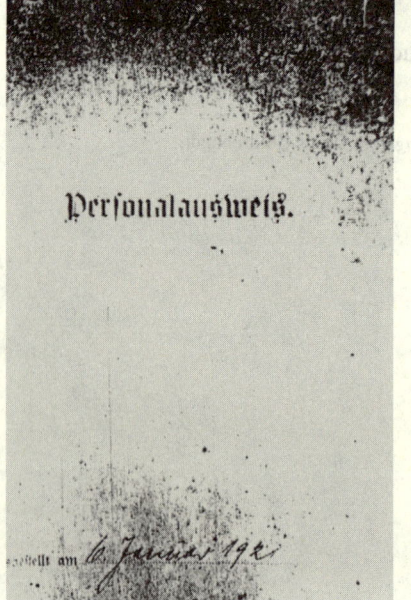

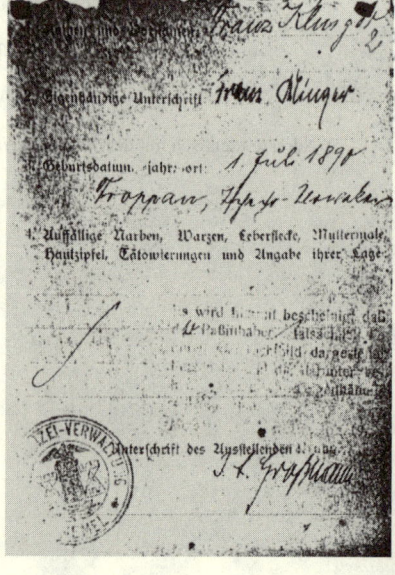

32. An Cläre Jung
Unters. Gef. Hamburg, 19.1. [1921]

Liebe Claire, ich erhielt von Pegu einen Brief, der mich sehr beunruhigt hat. P[egu] ließ in einem sehr officiellen Stil durchblicken, daß die Hbg. Anwälte sich durch Fraenkl gestört fühlten und solange nichts unternehmen könnten, bis sie zum mindesten selbständige Vollmacht hätten. Du kannst Dir vorstellen, wie derartige Kompetenzstreitigkeiten *jetzt* auf mich wirken müssen. Ich sehe auch den Grund nicht ein. Zunächst habe ich hier Dr. Levy gesprochen, der nichts davon verlauten ließ u. mir versprach mit verstärktem Eifer für mich tätig zu sein. Sollte der zweite Hg. Anwalt, *der sich bei mir noch nicht gemeldet hat,* Bedenken hegen, so werde ich ihm die selbständige Hauptvollmacht ohne weiteres ausstellen. Außerdem könntest Du das doch auch tun. Ich begreife nur nicht den Sinn. Wenn man Fraenkl die Gründe klipp und klar mitteilt, können Streitigkeiten gar nicht entstehen. Und warum hat mich der andere noch nicht besucht? Nun, was soll mit Arbeitsfriede werden, was wird mit dem Schauspiel[1]? Es ist jetzt auch noch ein zweites[2] in Berücksichtigung zu ziehen. *Warum* erscheinen die Bücher nicht, insbesondere die Technik? Die „Woche" ist auch noch nicht erschienen, es ist mir vollkommen gleich wo, nur nicht in *unserer* Ztg. Die Arbeit hat doch nicht nur literarischen, sondern höchst *aktuellen* Wert. Die Arbeit wird allmählich wertlos. Die ganze ungeheure Mühe, die ich mir damals gegeben habe, ist also wertlos gewesen. Das ist sehr bitter. Bezüglich des Vortrags[3] bin ich zwar mit Dir einer Meinung, doch hätte ich geschwiegen, *nachdem* die Blamage der Ankündigung einmal geschehen war. *Sie wird jetzt nur noch deutlicher.* Der Vortrag an sich in den dafür bestimmten Kreisen wäre mir gleichgültig gewesen, die Gemeinheit ist die Ankündigung in unserm Blatt. Ich habe Kunze, der mich aufgesucht hatte, Wäsche und die Balzacs mitgegeben, ein anderes Buch gehört Levit. K[unze] hat auch noch eine Bitte an die Gefangenen-Kommission mitbekommen. Bitte kümmere Dich noch mal darum, ob der Bitte auch und zwar *bald* entsprochen wird. Bitte schicke mir auch wieder Condensmilch u. Butter od. Margarine. Die Angelegenheit mit den Anwälten verlier nicht aus den Augen. Es kann auch nicht angehen, daß sich Fr[aenkl] hinter die Partei etwa verschanzt. Dann müßte die Kompetenzfrage rücksichtslos geklärt werden. Schreibe auch nach Hamburg den Leuten, daß ich ihren Brief vom 11. erst heute beantworten kann. Im übrigen haben Briefe, die von mir etwas *wollen*, einen Entscheid oder so, gar keinen Sinn, unter solchen Verhältnissen. Sie quälen mich nur unsagbar. Denn es stehen 2-3 Wochen immer vor mir, die *absolut* verloren sind. Ich bin nicht sehr ruhig, alles andere, und hingeschriebene Beruhigungsworte sind kein wirksames Mittel. Nur *Tatsachen.* Ich warte schon wieder seit einigen Tagen *sehr* auf das übliche Packet. Mit herzlichem Gruß Franz

Schreibe doch an die Hambg. Ztg., daß sie weiter schicken und bezahle die Auslagen.

1 „Wie lange noch?"
2 „Kanaker".
3 In der *Kommunistischen Montags-Zeitung (KMZ)* vom 10.1.1921 war von dem syndikalistischen Leon-Hirsch-Verlag ein „Franz-Jung-Abend" angekündigt worden: Lesung Beß Brenck-Kalischer, einleitende Worte Anton Kuh. Auf Cläre Jungs Intervention wurde der Abend abgesagt wegen zu hoher Eintrittspreise und der zu erwartenden „dekadenten Café des Westens-Literaten". Am 21.1. druckte die *KMZ* eine „Berichtigung", die auf die einwandfreien Motive und Absichten Leon Hirschs verwies.

33. AN CLÄRE JUNG
Unters. Gef. Hamburg [25.1.21]

Liebe Claire, bitte beschaffe doch *sofort* für Fraenkl bzw. den hiesigen Untersuchungsrichter das offene Schreiben des Exekutiv Kommittees der III. Internationale an die K.A.P.D. sowie das Protokoll der Verhandlungen unserer Delegation mit der III. Internationale. (Beide Sachen sind abgedruckt in der *Roten Fahne* Anfang Juli 1920). Oder in der Juli No der Komm. Internationale (Große Ausgabe), da diese nicht zu beschaffen sein wird so schnell, besorge die *Nummern der R.F.* Ferner einen Sitzungsbericht bzw. Protokoll des damaligen Parteitages (4.4.1920), aus dem der Zweck unserer Reise hervorgeht. (Vielleicht Kommunist. Arbeiter Ztg.[1]) Ferner 1 Exemplar Reise in Rußland (hier noch zu den Akten). Bitte besorge das alles *sehr schnell*, da es hier gebraucht wird. Herzlichen Gruß Franz

Das kleine Packet habe ich erhalten. Ich warte sehr auf Nachricht bezgl. der Bücher, *wann* und ob sie erscheinen.

1 Die genannten Dokumente erschienen gesammelt unter dem Titel „Das Exekutivkomitee der 3. Internationale und die Kommunistische Arbeiter-Partei Deutschlands" als Sonderdruck der *KAZ* im Verlag der KAPD Berlin.

34. AN CLARA JUNG
Grünheide (Mark), den 10.II.21.
Waldeck 4

Liebe Mama,
hoffentlich hast Du Dich von Deinem Schreck erholt und Du bist wieder gesund. Aus dem Brief des Jungen[1] war gar nicht ordentlich zu ersehen, ob Du verletzt warst oder nur den Schreck davongetragen hast. Hoffentlich ist alles wieder gut.

Was mich aber am meisten drängt gerade jetzt zu schreiben ist die Frage des Jungen. Was soll nun werden. Von Papa habe ich leider Bestimmtes nicht darüber erfahren können. Ich würde ja vorschlagen, schon mit Rücksicht auf die augenblicklichen u. zukünftigen politischen Verhältnisse, daß der Junge in ein Schulinternat statt ins Gymnasium kommt. In so einer Freiluftschule, wo ich durch gute Verbindungen, etwa durch den Schriftsteller Schutz Verband oder ähnliches sicherlich eine Stelle freimachen könnte, hat er gute u. gesunde Körpererziehung u. freie Entwicklungsmöglichkeit nach seinen Anlagen. Ich halte diese Erziehung jetzt für besser u. gerade für ihn für später vorteilhafter als die ausschließliche Familienerziehung. Ihr dürft auch nicht vergessen, daß viele Jahre das Kind von Euch bewußt *gegen* seine Eltern aufgezogen ist. Es hat sich doch etwas festgesetzt u. kommt gelegentlich zum Vorschein, auch wenn Ihr heute darüber anderer Meinung seid. Mag dem aber sein wie es will, wir müssen uns in diesem Augenblick ganz klar verständigen. Seid Ihr damit einverstanden, daß der Junge in so ein Internat kommt? Wollt *Ihr* ihn unterbringen, so daß er gewissermaßen die Verbindung zu Euch behält mit Ferien etc bei Euch, oder soll *ich* mich darum kümmern, soll ich das alles in die Hand nehmen. Hat

Papa die Absicht, weiterhin sozusagen die Bestimmung über das Kind in der Hand zu halten, auch wenn er die Vormundschaft[2] ja längst nicht mehr hat? Das muß jetzt entschieden werden, schon weil ja ich die Verantwortung meiner ersten Frau gegenüber trage. Schließlich will ich jetzt Eure Ansichten und etwa Eure Vorschläge hören. Versteht mich nicht falsch, wir müssen uns nur eindeutig verständigen. Vielleicht haltet Ihr es für besser, so wie Ihr Euch das bereits ausgedacht habt. Dann wäre es aber am besten, wir bringen die Sache *ganz* zu Ende. Dann wäre darüber zu sprechen, ob Ihr den Jungen nicht adoptieren wollt, dann wäre ich ganz ausgeschaltet. Überlegt Euch das. Eventuell kann ich mich damit einverstanden erklären. Ich verlange natürlich keine Forderungen, weder nach der einen wie der andern Seite, nur daß ich dann wirklich für immer betr. des Jungen ohne jede Verantwortung bin. Ihr könnt doch mich zu Gunsten des Jungen enterben, ich bin gern damit einverstanden.

Auf alle Fälle muß jetzt das eine oder andere geschehen. Schreibt mir bald Eure Ansicht. Ich hoffe, daß wir alles in Ruhe erledigen können. Zu Streiten haben wir doch keine Veranlassung, aber Ihr müßt verstehen, ich will jetzt alles endgültig klarstellen, weil ich mich jetzt in diesen Tagen auch vor dem Standesamt zum zweiten Male verheiratet habe. Meine Frau läßt Euch im übrigen herzlich grüßen. Ich selbst grüße Dich Mama, den Jungen und Papa
    Dein Sohn Franz

---

1 Franz Josef Jung (geb. am 2.6.1911), Sohn Jungs mit seiner ersten Frau Margot, wuchs seit seinem ersten Lebensjahr bei den Großeltern väterlicherseits in Neiße auf.
2 Nach einem Streit um den Jungen zwischen Margot Jung und ihrem Schwiegervater wird Jung Ende 1914 vom Berliner Vormundschaftsgericht die Vormundschaft über den Sohn entzogen und er bleibt in Neiße.

35. AN FRANZ JUNG SEN.
Grünheide [Februar 1921]
Waldeck 4

Lieber Vater,
ich bin mit den Vorschlägen betr. des Kindes gern einverstanden und werde die Vollmacht ausstellen lassen. Ist die Art der mir gesandten Vollmacht schon genügend? Hast du mit kompetenter Stelle darüber gesprochen? Mir sagte man hier, sie sei zu wenig eingehend. Bezüglich des Vorschlages, den Jungen *nicht* studieren zu lassen, bin ich ganz Deiner Meinung. Ich halte auch, wenn er nicht *Techniker* werden will, irgendeinen technischen Beruf, Bankbeamter oder Genossenschaftswesen für das beste. Ich glaube aber, daß Du schon für ihn das Richtige wählen wirst.
    Herzlichen Gruß an Dich, Mama u. den Jungen auch von Claire
        Dein Sohn

36. An Herman Gorter[1]
[Anfang Mai 21]

Werter Herr Gorter!
Herr Senkpiel fährt zu meiner Unterstützung nach Holland. Er soll in Amsterdam oder Rotterdam die Verbindung mit der Seemannsunion aufnehmen, um die aus England kommenden Berichte und Personen weiter zu befördern und einen dauernden Weg offen zu halten. Ich bitte Sie, ihm Rat und Unterstützung angedeihen zu lassen.
    Mit komm. Gruß
        Franz Jung

---

1 Der Brief befindet sich abschriftlich in dem Bericht „Aus der KAPD" vom 12.5.1921, der dem Vorsitzenden des Hamburger Schwurgerichts von dem Vertreter einer Organisation zur Bekämpfung der Kommunisten übergeben wurde (Staatsarchiv Hamburg).

Landgericht in Hamburg.

E IV 1191/20.

6 Anlagen.

Haftsache!

Gesehen.

Hamburg, den 20. Mai 1921.

Der Landgerichtspräsident

Hamburg, den 26. Mai 1921.

An die Senatskommission
für die Justizverwaltung.

Gegen den Schriftsteller Franz J u n g
ist das Hauptverfahren vor dem Schwurgericht wegen
Beihilfe zur Meuterei und Freiheitsberaubung eröffnet
und Haftbefehl erlassen. Gegen eine von Jung geleistete
Sicherheit von 30000 ℳ ist Jung mit der Untersuchungshaft verschont worden. Jung ist trotz Ladung im
Hauptverhandlungstermin vom 12. Mai 1921 nicht erschienen, sondern nach Holland geflüchtet. Das Gericht hat
daher beschlossen, daß Jung ungeachtet der Sicherheitsleistung zur Haft zu bringen ist. Schritte wegen seiner
Verhaftung sind vom Gericht und der hiesigen Staatsanwaltschaft bisher nicht unternommen worden, vom

Da Befreiungsversuche des Jung zu befürchten
sind, dürfte es sich empfehlen, ihn durch einen besonderen Beamten von der Grenze abholen zu lassen. Das
empfiehlt sich auch deshalb, weil Jung Psychopath und
daher schwer zu behandeln ist; an seiner Zurechnungs-
fähigkeit zur Zeit der Tat und jetzt bestehen allerdings
keine Zweifel.

Der Vorsitzende
des Schwurgerichts

Anfang und Schluß der „Haftsache" vom 26. Mai 1921

37. Für Max Hoelz
[Offener Brief¹, Mai 1921]

Der Versuch der Staatsanwaltschaft und der bürgerlichen und sozialistischen Pressemeute, die revolutionären Kampfhandlungen Max Hölz's als Individualakte, kriminelle Verbrechen etc. hinzustellen, verlangen seitens der kommunistischen Parteien schärfste Zurückweisung. Es kommt leider auch in der Kommunistischen Presse im Rahmen der Diskussionen unter den Mitgliederschaften der Parteien nicht genügend zum Ausdruck, daß Genosse Max Hölz nur das getan hat, was die folgenotwendige Auswirkung des wahren eigentlichen Inhalts sogenannter Aktivitätsparolen ist. Derjenige ist ein feiger Lügner, der behauptet, sogenannte „terroristische Einzelakte" schädigen die kommunistische Bewegung. Tatsache ist, daß eine Aktivitätsparole, der Aufruf zum Bürgerkrieg, zum proletarischen Angriff begleitet sein muß von Aktionen, die der Masse des revolutionären Proletariats zeigen müssen, daß es bei dem aufgerufenen Angriff gegen den bürgerlichen Staat und damit auch gegen die bürgerliche Ideologie wirklich ernst ist. Es muß innerhalb jeder Aktion derjenige vorhanden sein, der vorangeht und der wirklich tut, was die Parole vorschreibt. Niemand der die Arbeiterbewegung kennt und das Proletariat soziologisch fühlt und begreift, wird diese Notwendigkeit leugnen können, oder er müßte verzichten, eine proletarische revolutionäre Bewegung gutheißen zu wollen. Dieses Vorangehen, dieses Sichopfern für die revolutionäre Bewegung ist das, was Max Hölz getan hat.

Ich habe Gelegenheit gehabt, Max Hölz während der Aktion nahe zu sein. Ich kenne ihn als Menschen wie als Revolutionär wie als Politiker, denn Max Hölz war mehr Politiker als alle die kommunistischen Politikanten, von den Noskiden ganz zu schweigen, als alle die kommunistischen Zeitungsheroen und Führerhelden, die heute von Max Hölz abrücken möchten, nachdem er ihre Befehle ausgeführt hat, es ahnen. Der ehrliche Glaube daran, daß die Politik der Zeitungsparolen, soll sie nicht Schwindel und lächerlich werden, auch in Wirklichkeit umgesetzt werden muß, setzt voraus, daß die Führer an der Spitze vorangehen. Max Hölz hat das vielen „Führern" abgenommen, er hat sie vertreten mit seiner Person und mit seinem Namen.

Es ist nicht mehr wie Pflicht jedes revolutionären Proletariers für Max Hölz aufzustehen und sich mit ihm solidarisch zu erklären. Der Kampf gegen die Zuchthausurteile der Ausnahmegerichte darf nicht bestehen in Jammern und Wehklagen und in wohlgeordneten Statistiken, sondern in Beantwortung der Provokation mit Angriff: Gegen die Staatsautorität, gegen das Gesetz, gegen die Verankerung der bürgerlichen Ideologie im Besitz, bis die proletarischen Kampfscharen zusammengeschweißt auf breiter Front den Kampf um die Eroberung der politischen Macht wieder aufnehmen.

Franz Jung

1 Jungs „Offener Brief" wurde u.a. veröffentlicht in: *Hamburger Volkszeitung* vom 10.5.1921; *Kommunistische Arbeiter-Zeitung* Nr. 195, 1921 und *Unionist* Nr. 24 vom 16.6.1921.

38. AN HENRIETTE OTTO
Huis van Bewaring te Breda, 30.5.[1921]

Liebe Schwägerin, ich bin hier in Breda im Untersuchungs-Gefängnis, da die deutsche Regierung bezw. das Hamburger Gericht einen Auslieferungsantrag gegen mich gestellt hat. Es handelt sich nun für mich darum, in den nächsten Tagen nachzuweisen, daß es sich lediglich um ein politisches Vergehen handelte. Ich weiß nicht, ob Claire die mitverhaftet schon freigelassen und schon wieder in Deutschland ist. Deshalb bitte ich Sie mir behilflich zu sein, das Material heranzuschaffen. Es handelt sich um das, was Claire damals alles gesammelt hat, und das entweder in Grünheide oder bei Ihrer Mutter liegt. Dann brauche ich die Anfrage Dr. Levis im Reichstag und die Antwort der Regierung sowie Zeitungen aus dem April 1920, worin gegen das Bielefelder Abkommen geschrieben, daß die Regierung es nicht einhalten kann, sowie die damalige Erklärung des Reichswehrministers, daß er nicht in der Lage sei, die Baltikumer zu entwaffnen (so gegen den 15.4.), Berichte über Eisenbahnerstreik gegen die Beförderung von Truppen (auch um diese Zeit). Telefonieren Sie auch bitte mit Fraenkl und wenn möglich suchen Sie Herrn Georg Fuchs Neukölln Elsenstraße 75 oder in der

Redaktion der Roten Fahne auf und bitten ihn für mich noch mit alles rauszusuchen und zu beschaffen und mir sonstwie behilflich zu sein. Ich würd mich auch sehr freuen, wenn Sie mir Nachricht von Claire geben könnten. Hoffentlich geht es ihr gut. Sie blieb in Zundert inhaftiert, während ich nach Breda kam. Mein hiesiger Anwalt ist Advokat *Pels Rycken*, an den Sie auch das Material senden wollen.

Drängen Sie darauf, daß Fraenkl sogleich sich mit Rycken in Verbindung setzt.

Viele Grüße

Ihr Franz Jung

39. An Cläre Jung
Huis van Bewaring te Breda, 8.6.[1921]

Liebe Claire, bisher habe weder ich noch die Anwälte auf zahlreiche Briefe um Material an die verschiedensten Leute Antwort. Ich hoffe, daß Du jetzt zu Hause bist.[1] Das Versprechen dich noch sprechen zu dürfen ist natürlich nicht gehalten worden. Also ich brauche das Presse-Material[2] (Voss Ztg, B.Z. Berl. Tagebl.) Nachrichten über den Prozeß, Anfrage und Antwort an Dr. Levi im Reichstag[3], Anklage und Urteil (gegen Knüfken[4]) sodann Material über den Unterschied zwischen der Behandlung der Matrosen und mir (da man Heyde[5] in Christiania doch ausgeliefert hat, auf welches Delikt?) inwiefern bin ich anders zu behandeln. Material über Taktik der deutschen Gerichte, überall nur das Strafrechtsdelikt zu konstruieren. *Beispiele*. Ablehnung der Auslieferung Hölz Tschecho-Slowakei, Levins in Wien (nach Bayern) etc. Fraenkl oder sonstwer soll längeres Gutachten darüber schreiben. Sodann Material über Bielefelder Abkommen, Parteigründung und daß Ruhe in Deutschland[6] nicht wiederhergestellt war. Die Enthüllungen über beabsichtigten Aufstand im Mai in Mitteldeutschland (Deutsche Tagesztg. Mitte Mai). Sodann bitte ich mir von Berliner russischen Gesandtschaft Bescheinigung zu besorgen, daß ich im Juni 1920 russischer Untertan geworden bin. Eventuell Paß besorgen und Visum nach Reval, daß ich von hier aus evtl. nach Rußland ausgewiesen werden kann. Meine Sache steht hier so ungünstig wie möglich. Von

Hamburg ist Anklage noch nicht eingetroffen. Trotzdem ist aber keine Zeit zu verlieren. Ich hoffe, daß wir uns in Rußland oder schon in Reval wiedersehen. Ich bin an sich sehr ruhig, nur geht es mir nicht besonders gut. Ich schreibe hier auch ein Buch als Fortsetzung der Technik des Glücks[7], so eine Art Taschenbuch für den Reiss-Verlag. Es ist trotzdem schwer hier auszuhalten. Ich fürchte manchmal, daß Du mir große Vorwürfe machst und mir sehr böse bist.

Ich habe jetzt noch einen zweiten Anwalt, Herrn Bekker, Amsterdam, Prinsengracht 721, den mir die Partei gestellt hat. Gib bitte bald Nachricht, daß du gut angekommen bist, am besten an den Bredaer Anwalt durch Telegramm *Advokat Van den Hurk, Breda* (associe von Dr. Pels Rycken). Ich finde es ganz richtig, daß wir nicht sehr weit gekommen sind, weil wir zu wenig vorbereitet waren und noch zu viele Fehler machen. Wir müssen noch lernen. Und selbst wenn ich ausgewiesen werde, so bleibt auch nichts anderes übrig als die Zähne zusammenzubeißen. So schlecht es auch steht, hoffe ich es noch nicht. Es hängt alles von der Herbeischaffung von Material und einer möglichen Intervention bezw. Anfrage der russischen Regierung ab.
Herzlichen Gruß Franz

---

1 Cläre Jung, die mit Franz Jung auf dem Wege nach England in Zundert (Holland) verhaftet worden war, blieb dort einen Monat in Haft und wurde dann nach Deutschland abgeschoben. Franz Jung kam ins Untersuchungsgefängnis in Breda.
2 Von den über 30 Meldungen verlangt Jung hier Georg Bernhards „Schiffsraub. Der Fall Jung" (*Vossische Zeitung* Nr. 623, Abend-Ausgabe, 22.12.1920), Rudolf Leonhards „Der Schiffsraub des Dichters Franz Jung" (*B.Z. am Mittag* Nr. 303 vom 29.12.1920, 1. Beibl.) und „Ein moderner Seeräuberroman. Kommunistische Schiffsräuber vor Gericht" (*Berliner Tageblatt* Nr. 230 vom 19.5.1921, 1. Beibl.).
3 Anfrage Nr. 583 vom 22.12.1920. Antwort des Reichsministers für Justiz, i.V. Dr. Joel, erfolgte am 8.2.1921, von Jung läge keine Beschwerde vor, Haftentlassung „gegen Sicherheitsleistung seitens des Untersuchungsrichters" sei beschlossen. In: Verhandlungen des Reichstags 1. Wahlperiode 1920, Bd. 365, Berlin 1924, S. 867 bzw. 1025.
4 Der Matrose Hermann Knüfken hatte die „Senator Schröder" unter sein Kommando gebracht und nach Murmansk gesteuert. Er wurde wegen schweren Raubes in Tateinheit mit schwerer Meuterei und schwerer Freiheitsberaubung im Mai 1921 zu 5 Jahren Zuchthaus verurteilt; im Herbst 1923 als russischer Staatsbürger vorzeitig entlassen, ging er nach Petrograd, wo er Franz und Cläre Jung wiedertraf. Vgl. Cläre Jung „Paradiesvögel. Erinnerungen", S. 119–120.

5 Der Schiffsmann Hugo Heyde hatte zusammen mit Knüfken den Kapitän und die Schiffsoffiziere „in Schutzhaft genommen" und sie bewacht. Er wurde zu einem Jahr und sechs Monaten Zuchthaus verurteilt.
6 Knüfken hatte zu seiner Verteidigung vorgebracht, das Schiff im Namen einer künftigen Räte-Regierung „beschlagnahmt" zu haben, die seiner Meinung nach wegen der zerrütteten Verhältnisse nach dem Kapp-Putsch unmittelbar bevorstand. Vgl. „Ein Brief des Genossen Knüfken" in: *Kommunistische Arbeiter-Zeitung* Nr. 258 vom 1.1.1922.
7 „Die Technik des Glücks II. Teil. Mehr Tempo Mehr Glück Mehr Macht. Ein Taschenbuch für jedermann" erschien 1923 im Malik-Verlag.

40. AN CLÄRE JUNG
Huis van Bewaring te Breda, 26.6.[1921]

Liebe Claire, ich bin sehr neugierig zu erfahren was und wie du zu arbeiten angefangen hast, ich werde wohl damit aber noch mehrere Monate warten müssen. Bezüglich deiner Manuskripte[1] wird der hiesige Anwalt Schritte unternehmen. Die Untersuchungshaft hier gilt als Vorstufe für die Strafhaft, für die der Gefangene erst mürbe gemacht werden soll. Du kannst dir also denken wie mir zu Mute ist. Es ist gerade für mich sehr grausam und bitter. Der Brief von Reiss, der mir übrigens in *jedem* Falle im Ton nicht gefällt, hat nichts genutzt. Die Sachen von Gross[2] bekomme ich nicht raus, einen *einzigen* Aufsatz habe ich bekommen; was ich allerdings damit anfangen soll, weiß ich nicht. Was die Polemiken über meine Sache angeht, so könnte man in Deutschland höchstens darauf hinweisen, daß aus der ersten Anklageschrift jetzt für die Auslieferungsfrage alle diejenigen Punkte einfach herausgelassen sind, die das politische Delikt klar hervorgehen lassen. Es liegt also ein *nachweislicher* Täuschungsversuch der Deutschen Behörden vor (der allerdings sehr schnell aufkommt). Und die Frage aufwerfen, ob das Ansehen der deutschen Justiz im Auslande nicht erheblichen Schaden dadurch leidet. Daran anknüpfend das *Grundsätzliche* betonen, ob eigentlich jeder Untersuchungsrichter und jedes Gericht *ohne* Prüfung einer Centralinstanz solche Gesuche stellen kann, wodurch doch einer persönlichen Rachejustiz Tor u. Tür geöffnet wird. Und schließlich eine Antwort auf die *Grundfrage* verlangen, ob Communisten überhaupt als „politisch" oder von vornherein als „Verbrecher" gelten. *Das ist das Kernproblem*, und es scheint eine internationale Verständigung darüber stillschweigend zu bestehen. Deswegen scheint mir eine Intervention der russischen Regierung notwendig. Obwohl mein Fall so sonnenklar liegt, *kommt* das Auslieferungsgesuch, ich werde hier *monatelang* festgehalten (allein schon ein Erfolg des deutschen Gerichts) und es ist trotz allem durchaus nicht sicher, daß ich nicht ausgeliefert werde. Auf alle Fälle dauert es hier noch *Monate!* Also völlig rechtlos! Machen dagegen kann man fast nichts, es ist nur möglich eine grundsätzliche Klärung im Hinblick auf *spätere* Fälle. Ich selbst habe hier meinen Kampf um *geeignete* Selbstbeköstigung, um *geeignete* Arbeitsmöglichkeit für mich jetzt aufgesteckt als zwecklos.

Was meine Arbeiten anbetrifft, so bitte ich die „Technik" an die socialistisch-wissenschaftlichen Zeitschriften als Rezensionsexemplar zu versenden, *auch ins Ausland*, an die Aktivisten Rob. Müller, Hiller, Flake (mit Einlage: im Auftrage des Verfassers), an Harden, Mühsam, Müller-Ysenburg, Fuhrmann und einige solcher Leute. Grabisch kann dir vielleicht auch einige nennen. Ich möchte eine Diskussion darüber hervorrufen, gerade an die Gegner und sonstwie populär-wissenschaftlichen Feuilletonisten. Dann bitte dränge auf Herausgabe der beiden Romane[3]. Nach Rußland kann man den Zeitungsabdruck[4] schicken. Ich arbeite hier noch an einer größeren Arbeit[5], die für das Feuilleton einer Zeitung geeignet ist. Man könnte dann *dieses Werk* zugleich mit *Jack London Iron Heel* (das ich bitte dir durch die Goethe-Buchhandlung in englisch besorgen zu lassen, damit du mir es mal später mitbringen kannst) mit Bogdanoff und einem Zola in einer Bibliothek societärer Utopien in Romanform in allen größeren Sprachen zugleich erscheinen lassen von einer Centralstelle des Proletkults aus. Es kommen sicher 10-13 Bände dafür insgesamt in Betracht, nur moderne Utopien, die noch in der Gegenwart wurzeln und mehr wirkliche Tatsachen als Utopien sind. Vielleicht kannst du so einen Plan anregen. Dann bitte ich zur Auffrischung meiner russischen Sprachkenntnisse einen deutsch-russischen Sprachführer mir zu besorgen, eventuell auch *finnisch* (was ist mit Karelien?) Schicke beide hierher, vielleicht bekomme ich sie ausgehändigt. Wenn nicht, so bleiben sie mir ja für später, sogleich wenn ich frei bin. Vergiß nicht, unsere Sachen in Berlin und Grünheide zu sammeln an *eine* Stelle, vor allem die Bücher. Wir werden eine Anzahl Sachen auch nach

Rußland mitnehmen müssen, vor allem Kleidung und solche Sachen. Rüste dich nur schon jetzt gut aus, *du bekommst dort nichts*, und wir müssen uns einrichten dort zu bleiben. Sollte ich hier freikommen, so will ich mir hier auch noch einiges kaufen. Ich hoffe, daß die finanzielle Seite der Verteidigung mit Herrn van den Hurk geregelt ist. Nimmt diese Schrift[6], die du jetzt in Berlin hast, Reiss nicht, so gib sie dem Malik-Verlag oder Hanf in Hamburg. Von diesen bekomme ich noch Geld, vielleicht kannst du schon jetzt den versprochenen Vorschuß einziehen. Du wirst viel Geld benötigen, um dich gut und warm auszuequipieren, daß du die Strapazen auch überstehst. Denke rechtzeitig daran und *spare* nicht an guter Ausrüstung. Sollte es hier noch länger als 2 Monate dauern, *so fahre doch nach Rußland voraus. Das ist vielleicht überhaupt das beste! In jedem Fall!* Herzlichen Gruß Franz

---

1 Cläre Jungs Texte zur Frauenfrage aus ihrer Haftzeit in Zundert, vgl. auch Cläre Jung „Paradiesvögel. Erinnerungen", S. 103.
2 Jung plante die Herausgabe der Schriften von Otto Gross im Verlag Erich Reiss Berlin; die Gefängnisverwaltung verweigerte aber zunächst die Übergabe des Arbeitsmaterials, das Cläre Jung dem Anwalt van den Hurk mitgegeben hatte. Vgl. Cläre an Franz Jung 18.6.1921 in Franz Jung, Werke Bd. 11, S. 71.
3 „Arbeitsfriede", „Die rote Woche".
4 Fortsetzungsabdruck von „Arbeitsfriede" in: *Die Rote Fahne*, Berlin, 5.7.–7.8.1921.
5 „Die Eroberung der Maschinen".
6 „Die Technik des Glücks. II. Teil".

41. AN CLÄRE JUNG
Huis van Bewaring te Breda, 3.7.[1921]

Liebe Claire, am 24.6. sind an dich eingeschrieben ein Heft Manuskripte abgegangen, in diesen Tagen gehen hoffe ich drei weitere Hefte an dich ab. Sind von mir schon abgegeben. *Ich bitte um Bestätigung des Empfangs.* Bei der 2. Sendung ist in dem 1. u. 2. Heft dasselbe wie bei Sendung I, nur befindet sich darin noch ein *Film*[1], weswegen ich die Sachen nochmal schicke. Der Sinn des Films ist durch analytische Technik etwa in *Form eines Determinismus* Spannung u. Interesse zu erwecken, ohne Massenaufgebot, wodurch der Film ja so verteuert wird. Es ist nichts weiter als ein erster Versuch. Ich bitte Heartfield das Manuskript zu geben, mit ihm zu besprechen ob so etwas möglich ist, ob es sich bei den deutschen Filmsnobs durchsetzen läßt, welche Aussichten vorhanden sind etc, eventuell soll er weitere Ratschläge geben, dann könnte ich später eine Reihe solcher Filme herstellen u. er könnte sie vertreiben bei den Gesellschaften u. regissieren. Man könnte auch Theoretisches darüber schreiben, um sich einzuführen. *Dieser* Film selbst als Erstling taugt natürlich noch nichts. Die Novelle Der Brisbane-Fellow gib *Fuchs* für die Redaktion[2]. Das 3. Heft ist der Anfang von einem utopischen Roman *Die Eroberung der Maschinen* (nicht für *Reiss*, *nur* für Fuchs oder ähnliches). Es kommt noch einmal soviel, ich bin bereits so gut wie fertig damit. Druckanweisung und Inhalt folgt im nächsten Heft, das ich im Laufe der Woche noch abgebe. Ich bitte dich überall Verbesserungen oder Streichungen vorzunehmen, wo dir notwendig erscheint. In dem Roman kann das Kapitel Ah – dieses Deutschland! wegbleiben oder vielleicht nur die Überschrift, je nachdem falls es zweckmäßig erscheint. Dann die *Arbeit über Grosz*: Wenn ich auch die Exzerpte nicht rausbekomme, so kann ich mir doch ein Bild machen. Zwei Aufsätze habe ich zudem freibekommen. Es ist viel schwerer als ich entfernt geahnt habe. Es sind schließlich nur wenige Gedanken, und alles ist krampfhaft ins wissenschaftlich Medicinische immer wieder umgebogen. Trotzdem möchte ich, *daß Reiss am 1. August das Manuskript erhält.* Schon damit ich diese wenig erfreuliche Arbeit los bin. Ich bitte dich also mir dabei zu helfen. Den Plan habe ich fertig. Ich werde also schreiben: 1.) Eine Einleitung, 2.) etwas Biographisches, in das Du die

Daten dann ergänzen mußt, 3.) eine Darstellung der Gross'schen Idee (mit meinen Worten zwar, aber nur mit Gross'schen Gedanken). Das kann ziemlich umfangreich werden, und ich denke zusammen 2/3, so daß ich daran 1/3 vom Gesamtraum fülle mit einigen Aufsätzen von Grosz. (Ich habe sie doch allmählich wieder ziemlich im Gedächtnis) Nicht *zuviel* von Grosz, denn die Leute werden sehr enttäuscht sein. Die Reihenfolge denke ich mir so: Organisation der Geistigen (Sowjet), Klassenkampf (Manuskript), Zur neuerlichen Vorarbeit (Forum). Eventuell dann, wenn grundlegend verschieden die beiden Aufsätze aus der Räte Zeitung, dann Paradiessymbolik (Sowjet) Konflikt des Eigenen und Fremden (Freie Straße). Die *3 Aufsätze aus der Aktion*, mit Anmerkung unter dem Strich beim 2ten, daß Rubiner eine Diskussion hervorgerufen hat, eventuell Rubiners Ansicht in einem Satz wiedergeben, dann den Aufsatz Konflikt und Beziehung aus der Broschüre bei Marcus und Webers in Bonn (1919) erschienen. *Dieser Aufsatz enthält sehr präcis u. klar alles, was Gross überhaupt geschrieben u. gewollt hat.* Eigentlich würde sich die Herausgabe auf diesen Aufsatz beschränken müssen. Aber das ist medicinische Fachliteratur. Ich bitte dich nun, diese Sachen schon fertig zu machen. Ich habe hier nur die Sachen der *Nina Kuh*, das ist kaum die Hälfte von dem. *Ich selbst hatte aber alles!* (in Grünheide noch damals) *Sowjet, Forum, Räte Zeitung habe ich hier nicht!* Das was ich hier habe, schicke ich dir dann noch mit, mit meinem Manuskript zusammen. Als Titel schlage ich vor: *Von der geschlechtlichen Not zur socialen Katastrophe* von Dr. Otto Gross. Der Gesammelten Schriften I. Band nebst Einleitung, biographischem Material und einer eingehenden Darstellung der Gross'schen Lehre. Mein Name soll am liebsten nur am Schluß der Einleitung stehen. (Vielleicht auch dort nicht.) – So, nun hoffentlich hast du alles verstanden, und ich bitte dich nun die Sache in die Hand zu nehmen u. fertig zu machen. *Ich werde meinen Teil gegen den 20ten fertig haben.* Ich verlasse mich dann auf dich. Hier hat mich Gorter u. der Redakteur aus der Tribune, mit dem du gesprochen hattest, besucht. Sende Gorter auch die Technik[3]. Die Vernehmung hat hier stattgefunden, Resultat noch unbekannt. Jetzt dürfte alles darauf ankommen, darauf zu drängen, daß sich das Ministerium Im Haag schnell entscheidet. Man sagt mir aber, die Leute lassen sich manchmal Monate Zeit. Ob man da etwas zur Beschleunigung tun kann weiß ich nicht. Jedenfalls sicherlich nichts von Deutschland aus. Denn alles was *dort* in meiner Sache geschieht ist den Leuten *hier* verdammt gleichgültig. Bereitest du etwas vor für Rußland? Gern fahre ich nicht hin, aber was soll man machen? Es ist doch immerhin vielleicht besser als nach Deutschland ins Gefängnis. Und von dort kann man sich überhaupt erst finden, was weiter werden soll. Herr v.d. Hurk hat seine Ferien angetreten, an seine Stelle tritt jetzt hier Herr Pels Rycken. Von Bekker habe ich nie mehr wieder etwas gehört. Es ist Aussicht vorhanden, daß der Vorschlag des hiesigen Gerichts dahin geht, mich *nicht* auszuliefern. Sobald ich näheres erfahre, werde ich es dir mitteilen lassen, allerdings entscheidend allein ist die Stelle Im Haag. Herzlichen Gruß Franz

Hoffentlich geht es dir gut. Du brauchst nicht zu hetzen. Wir haben Zeit.

1 „Vorbestimmung. Im Kampf gegen das Verhängnis. Erster Ryberg-Film".
2 Gemeint ist *Die Rote Fahne*. Die Novelle erschien aber in der *Kommunistischen Arbeiter-Zeitung* Nr. 214 (Juli 1921).
3 „Die Technik des Glücks. Erster Teil".

42. AN CLÄRE JUNG
Huis van Bewaring te Breda, 10/7. [1921]

Liebe Claire, inzwischen ist auch das letzte Heft von dem Roman[1] an Dich abgegangen, so daß du jetzt im ganzen 5 Hefte Manuskript dort haben mußt. Bei dem Roman bitte ich *Zeitroman* zu setzen. Wenn die Leute[2] jetzt doch noch *Arbeitsfriede* bringen, so könnten sie es doch gleich als Buch auch bringen, wie sie schon einmal wollten! *Malik* ist froh, wenn er es los ist. Sieh doch zu, daß sie die *Eroberung* aber als Buch bringen, ich wüßte sonst dafür keinen Verleger. Es ist schade, daß Reiss den II. Teil der Technik nicht bringt, ich hätte ihn dort lieber als bei Malik. Die australische Novelle[3] kannst du ja dem *Gegner* geben, kann auch als Feuilletonmaterial dann gebracht werden, daß du die Fuchs-Leute[4] nicht zu überlaufen brauchst. Ich bitte dich aber, bevor du abfährst, betreffs *beider* Manuskripte *feste* Vereinbarungen zu treffen u. mir je ein Exemplar Manuskript mitzubringen. Ebenso erhältst du noch *diese* Woche *meinen* Teil der Gross-Arbeit. Er wird Mitte der Woche fertig und befriedigt mich eigentlich sehr. Obwohl ich eine große Menge Eigenes hinzu tun muß zu dem „Trümmerfeld Grosz" ist doch die Perspektive von O. G. eine gewaltige. Es wird ein ganz neuartiger Typ von Monographie. Sieh zu, daß du die Aufsätze noch alle zusammen bekommst. Mir fehlen dann nur noch Geburts- und Todesdaten. Ich habe übrigens von Reiss bei Ablieferung 2000 M zu bekommen. Vielleicht bringt er doch noch den II. Teil Technik. Mir sind die Malik-Leute zu sehr zuwider als Verleger, ich fühle mich bei allem Entgegenkommen immer wie zum Narren gehalten. Sonst biete ihn Hanf an. Ich bitte dem Malik noch zu sagen, daß Arbeitsfriede keinesfalls die Bezeichnung „Proletarier-Roman" trägt, wie sie in der Technik ankündigen. Aber handle ganz selbständig, wie es möglich ist.

Du mußt unbedingt sehen, daß du gute und dauerhafte Sachen mit nach Rußland bringst. Man bekommt dort nichts und ich weiß ja auch selbst noch nicht was ich da anfangen soll. Jedenfalls kannst du jetzt noch etwas von ihnen verlangen zur Ausrüstung, *dann* wahrscheinlich nicht mehr. Wir werden kaum sehr gut mit den dortigen Leuten stehen und es ist mir jetzt schon heiß und kalt bei dem Gedanken Radek um etwas bitten zu müssen. Es wird uns also nicht gerade gut gehen, und ich hoffe nicht über Petrograd hinausfahren zu brauchen. Vielleicht kann ich dort am Smolny irgendeine kleine Beschäftigung bekommen bis irgendeine Möglichkeit wieder geschaffen und diesmal etwas besser gesichert ist nach einem andern Land. Ich glaube es ist nur notwendig zu warten und sich auch entsprechend vorzubereiten. Dann ist auch die Atmosphäre in der Internationale erträglich. Frage doch mal bei Levits, ob der Sohn noch in Petrograd ist. Zeitungen braucht man hierher nicht schicken, denn ich bekomme sie doch nicht ausgehändigt. Dagegen erhielt ich die beiden Sprachlehren. Besten Dank an Grete[5], von der sie wohl anscheinend stammen. Betreffs der Frauenpropaganda lies das Buch von Bebel *„Die Frau"*, das insofern wichtig ist, als dieser marxistisch-socialdemokratische Standpunkt die Grundlage ist, von der aus du erst irgend etwas

Psychologisch-Menschliches-Politisches entwickeln kannst. Sonst versteht man dich nicht, oder du hängst „mit gutem Willen" in der Luft. Überhaupt rate ich dir viel noch darüber zu lesen – auch wenn das überholt und falsch alles ist. Es schafft so eine Sicherheit im Weiterwirken. Wenn ich kann und von hier nach Rußland entlassen werden sollte, so schreibe ich dir vorher eine lange Reihe von Sachen, die du mitbringen sollst. Heute kann ich schon sagen, daß ich auch einige neuere Sachen der Psychoanalyse gern möchte. Zwinge Malik aus dem Wiener Internationalen Psychoanalyt Verlag mir einiges zu besorgen (Ich hatte schon im März darum gebeten, aber –) Den *Roman Groddek*[6], vielleicht je ein letztes Heft oder Band Imago, Jahrbuch für psychoanalyt Forschung und Zeitschrift für Individualpsychologie (Die muß man woanders besorgen) Eventuell kaufen – ich möchte Proben, um die Entwicklung zu sehen. Ich werde auch wahrscheinlich meine jetzt grob kollektivistische Produktion (belletristisch) nachdem ich die Technik jetzt raus habe, wieder individualisieren zum Einzelschicksal und nur immer den Zusammenhang zur Masse andeuten. Daneben aber auch noch das Arbeitsproblem weiterbearbeiten. Für beide werde ich mich wieder mehr auf Psychoanalyse stützen. Hier ist zunächst mein Programm jetzt beendet. Bringe auch meinen Roman „Sprung aus der Welt" mit. Dann die beiden neuen Sinclairs, der eine bei Malik, der andere glaub ich bei Kiepenheuer. Und eine Reihe deutscher *Zeitschriften*, die dir doch die Leute geben können. Ebenfalls aus Grünheide die Bände Considerant und Enfantin, Saint Simon. Auch wenn du sonst noch etwas über Fourier bekommst. Bei dem Verlag Arbeiterbuchhandlung in Wien ist darüber eine Schrift erschienen, auch bei Cassirer[7]. Ich denke, daß du *mit allem in ca 3 Wochen* fertig sein kannst. Dann fahre ruhig voraus, mit der nächsten Gelegenheit und wartest auf mich im Hotel International in Petrograd. Wenn es geht, versuchen wir woanders Wohnung zu bekommen. Schreib bitte, wenn die Manuskripte einlaufen, etwaige Fragmente. Abgesandt sind sie. Herzlichen Gruß Franz

1 „Die Eroberung der Maschinen", 1923 erschienen im Malik-Verlag.
2 Vermutlich der Verlag der K.A.P.D. Berlin, in dem 1920 Jungs „Reise in Rußland" erschienen war.
3 „Der Brisbane-Fellow", erschienen in: *Kommunistische Arbeiter-Zeitung (KAZ)* Nr. 214 (Juli 1921).
4 Georg Fuchs war damals Redakteur bei der *Roten Fahne* Berlin.
5 Margarethe Kuh, die mit Cläre Jungs erstem Mann Richard Oehring verheiratet war. Die Kinder des Wiener Publizisten Emil Kuh, sein Sohn Anton und seine drei Töchter Margarethe, Marianne und Nina, waren alle mit Otto Gross befreundet.
6 Georg Groddeck „Der Seelensucher".
7 Dort erschien 1919 „Saint-Simon und der Sozialismus" und 1920 „Charles Fourier und der Sozialismus".

43. AN CLÄRE JUNG
Huis van Bewaring te Breda, 17/7 [1921]

Liebe Claire, ich schreibe weniger weil ich etwas Neues mitzuteilen habe, als weil ich grade diesen einen Tag in der Woche Schreibgelegenheit habe. Das Grosz-Manuskript[1] ist jetzt auch an Dich abgesandt. Den Aufsatz Klassenkampf sende ich ab, sobald ich hier freikomme, da er in meinen Sachen hier liegt und ich ihn seltsamerweise nicht herausbekomme. Eventuell sende ich ihn direkt an Reiss, soviel ich gesehen habe ist er schon in Schreibmaschine geschrieben. Ich selbst arbeite zur Zeit nichts mehr außer Belanglosem. Was ich noch tun will, ist ein größeres Buch über das Arbeitsproblem schreiben. Dazu brauche ich Material. Bringe bitte auch das Büchelchen[2] mit von Maier, Geschichte der socialen Theorien (oder so) bei Teubner Leipzig verlegt. Ich weiß nicht, damals habe ich mirs bei Pfemfert gekauft. Vielleicht ist es bei den Sachen, aber ich brauche es *sicher*. Deswegen bring es nochmals mit. Ebenso wenn möglich Zolas *Fruchtbarkeit* (Insel-Verl.). Eventuell aus Bibliothek. Ich brauche den Roman unbedingt. Vielleicht findest du selbst noch etwas über Arbeitstheorien oder Utopien, alles das mitbringen. Sieh dich mal bei Pfemfert im Laden u. in der Vorwärtsbuchhandlung um. Dieser soll Malik die Technik zum Verkauf anbieten. Wenn Fuchs nicht *sicher* versprechen kann, daß er den Roman[3] bringt, gib ihn Malik oder Pfemfert. Aber so, daß Sicherheit besteht, daß er nicht vermodert. Vielleicht kann man ihn andern Blättern als Feuilleton anbieten. Malik soll auch sehen, daß er Arbeitsfriede noch andern Blättern anbietet, gratis meinetwegen, vielleicht der Neuen Zeitung München, dem Wiener Organ u.ä. Wenn ich dir geschrieben hatte, du solltest nach Rußland auf alle Fälle vorausfahren, so dachte ich gerade weil noch der Kongreß[4] ist. Du hättest dort aus anderen Ländern Leute getroffen und dort bereits den Eindruck gewinnen können, welche Möglichkeiten gegeben sind und wohin wir uns wenden sollen. Ich kann mir nicht denken, daß wir in Rußland bleiben können. Bei einem Congreß läßt sich manches nebenher schnell erledigen, was sonst sehr schwierig ist. Die Russen werden mir in keiner Weise helfen wollen u. ganz mit Recht. In Betracht kommt England oder Italien (bringe auch *italienischen* und *spanischen* Sprachführer mit) aber nur wenn ich so ziemlich legal dahin fahren u. mich aufhalten kann. Aber ob das die Russen werden durchsetzen wollen, Pässe besorgen etc. zweifle ich sehr. So wird also zunächst nichts übrig bleiben, als ein elendes Leben zu führen in Petrograd. Mir graust schon davor. Ich würde glaub ich sogar Wien vorziehen. Wenn irgend möglich werde ich Moskau nicht berühren. Doch würde ich dir raten, erst *dahin* zu fahren. Bringe auch neue Ausweise unserer Partei für mich mit. (Für Glasgow oder Turin oder sonstwo.) Ich schreibe das ruhig, obwohl ich mit ziemlicher Sicherheit annehme, daß man deine Post überwacht. Aber ich werde, wo ich auch bin, derartig das deutsche System enthüllen, daß die Regierung bald merken wird, in welchem Lande ich bin. Wenn Deutschland vom Erdboden verschwinden würde, so verlieren wir daran niemanden dort, der des Erinnerns wert wäre. Von der Denkschrift des Dr. Blass halte ich nichts, ebenso wenig von den Besuchen im A[uswärtigen]A[mt]. Das ist die einzige Stelle, die man *jetzt* nicht aufsuchen darf, weil sie an dem Prestige D[eutschlands], das durch Ablehnung des Auslieferungsgesuchs erschüttert wird, interessiert ist. *Vor* der Verhandlung wäre das anders gewesen, dann hätte das Gesuch zurückgezogen werden können. Herr Bekker wollte in der Sache damals in Berlin vorsprechen. Ich habe nie mehr wieder etwas von diesem gehört. Die Zurückziehung durfte auch nicht politisch, sondern nur juristisch begründet werden. Na, jedenfalls jetzt ist *nichts* mehr zu machen. Nach 9 Wochen Drängen bekomme ich hier jetzt Milch, Weißbrot und 2 Bananen täglich. Viel ist es nicht, aber schon besser. Dagegen verhält sich die Verwaltung, wahrscheinlich weil das gegen ihren Willen geschah, feindlicher. Ich halte es bald hier nicht mehr aus. Manchmal denke ich, ob ich nicht überhaupt einen groben Fehler gemacht habe. Ich hätte vielleicht, gestützt auf solche Denkschriften u. entsprechende Schritte beim Justizministerium, die auf die Rachejustiz hingewiesen hätten, das Risiko der Auslieferung auf mich nehmen sollen – *dann wäre ich jetzt schon frei!* So, hier ist gar keine Aussicht. Es verschlechtert sich alles mit jedem Tag. Der Fall ist zu einer diplomatischen Aktion zwischen Holland u. Deutschland aufgebauscht, also Holland doppelt vorsichtig, d.h. nicht etwa voreilig und schnell mit Entschlüssen, Deutschland wird jetzt erst recht alles dransetzen, mich doch noch irgendwann mal zu erwischen, inzwischen sitze ich hier schon im 3ten Monat, weit furchtbarer wie je in Cuxhaven oder Hamburg und verliere das beste, worauf ich überhaupt aus arbeiten kann, die geistige Elastizität. *Ein sehr schlechter Tausch!* Alle Konflikte sind hier gleich Gespenstern lebendig geworden. Was ich von Grosz geschrieben habe, gilt viel akuter für mich. Wenn ich hier wirklich freigelassen werde, so komme ich erst noch wieder als Gefangener in ein Internierungslager. Aber mit mehr Freiheiten. Dann würde ich aber an Deiner Stelle mindestens fahren.

Herzlichen Gruß Franz

1 „Von geschlechtlicher Not zur sozialen Katastrophe von Dr. med. Otto Gross nebst einer Einleitung, Biographischem und einer grundlegenden Darstellung psychoanalytischer Ethik als Lebensglaube und Lebensform des Dr. Gross. Nachlaß und der gesammelten Schriften I. Teil". Herausgegeben von Franz Jung.
2 Gustav Maier „Soziale Bewegungen und Theorien bis zur modernen Arbeiterbewegung". 4. Auflage, Leipzig 1910.
3 „Die Eroberung der Maschinen".
4 Der Kongreß der III. Internationale fand in Moskau vom 22. Juni bis 12. Juli 1921 statt.

44. AN CLÄRE JUNG
Huis van Bewaring te Breda, 24.7.[1921]

Liebe Claire, daß die Auslieferung abgelehnt ist, wirst du erfahren haben. Nun muß man weiter sehen. Leider komme ich wieder in die Hände der Gendarmerie. Jedenfalls könntest *du* doch jetzt fahren. Durch den Advokat lasse ich morgen das, was von Grosz noch hier liegt, an dich senden. Ich habe es mir durchsehen können. Es ist doch mehr als ich erwartet habe. Der Artikel aus der „Erde" kommt noch mit hinein an 4. Stelle (Über Parlamentarismus). Außerdem schlage ich vor: Als *Anhang*, deutlich sichtbar gemacht dadurch, daß Anhang auf einer Seite für sich steht, das Gutachten von Grosz über sich. Unter dem Strich mit folgender Bemerkung: „Um dem Leser ein Bild zu geben von den Verfolgungen der von Grosz' Vater bestellten Psychiater, die ihm den vollen Gebrauch seiner geistigen Kräfte absprechen sollten, veröffentlichen wir diese Erklärung von Otto Grosz, mit der er schließlich die Aufhebung der über ihn verhängten Kuratel erstritt." Ferner: daran anschließend (neue Seite) „Thesen zur psychologischen Behandlung" und daran „Blätter für Freiheitskunde". Dazu unter dem Strich: „Aus dem Nachlaß mögen beifolgende Entwürfe hier noch Platz finden. Sie legen deutlichst Umstellung und Ziel dar, nach dem Grosz zuletzt strebte." – Ich würde vorschlagen, auch alle gedruckten Sachen abschreiben zu lassen, so daß das Manuskript einen im ganzen fertigen Eindruck macht. Du kannst das doch jemanden machen lassen, der dir sicher genug ist, daß er das auch ausführt, und brauchst nicht mehr auf die Fertigstellung direkt warten. Leider habe ich heute vergeblich auf Brief von Dir gewartet. Sonntag wird hier nur Post verteilt, und wenn du weißt, daß du die einzige Verbindung mit der Außenwelt bist, so ist dein diesmaliges spärliches Schreiben (und inhaltsloses) sehr seltsam. Solltest du noch schreiben, dann bitte *nur* über den Anwalt (Pels Rycken oder v.d. Hurk). Dieser wird es mir dann zustellen. Auch gib Termin deiner Abreise bekannt. *Ich werde nicht mehr schreiben.* Fahre ruhig mit 3 Koffern, überall gibt es Leute, die sie dir tragen. *Bedenke, daß du in Rußland nichts bekommst.* Den *Maier* habe ich hier. Dagegen bringe mir bitte einen Band *Komödien* von Shakespeare mit und *Wilhelm Meisters Wanderjahre* von Goethe. Wenn irgend möglich letzteres auf alle Fälle. Dann so ein *Soenneken-Kollegheft* mit auswechselbaren Inhaltsheften (eine ganze Anzahl gleich davon), dann Bleistifte, 2-3 Farbbänder und Karton Blaupapier, Taschenlampe mit Reserve-Batterien, Rasierapparat, Toilette-Artikel, Medicinalien, Haarwasser und Zahnpasta, ein Taschenmesser, Sprachführer verschiedene, feste warme Handschuh, eventuell wollenen Kopfschützer, gute Filzsohlen, Knöpfe und Nähzeug, ferner eine Dose *Margarine, Zucker,* Chokolade, englischen Tabak und Cigarren. Marmelade. Du kannst *einen* Koffer allein mit solchen Sachen vollpacken. Vergiß nicht, deine Ausrüstung vollständig zu machen, besonders *Schuhe,* ganz feste und kompakte, am besten auf alle Fälle neue kaufen, vielleicht direkte Sportstiefel, die absolut kein Wasser durchlassen. Bring dir nur Gamaschen mit und vor allem warme Sachen. Solltest du eher in P[etrograd] sein, was ich für sicher halte, so warte im *Hotel International.* Ich nehme an, daß du mit einem regulären deutschen Paß fahren kannst. Ich lasse Fraenkl bitten, endlich meine Erklärung auf Verzicht der deutschen Staatsbürgerschaft einzureichen. Der auch dir bekannte Gendarmerie-Kapitän hält auch meine russischen Pässe jetzt für gefälscht. Nette Aussichten, es kann also wieder von vorn losgehen. Auf die neuen Ausweise unserer Leute verzichte ich, nicht ein einziger hat sich bei uns hören lassen. Durch dein mangelhaftes Schreiben bin ich jetzt vollkommen außer jedem Kontakt, ich weiß nicht, ob du meine Sachen, die Gross-Arbeit etc erhalten, ob du verstanden hast, was damit geschehen soll etc. Aber jetzt keine Erklärungen mehr darüber. Was jetzt nicht klappt, das klappt eben nicht mehr. Meinetwegen mögen die Sachen alle jetzt zum Teufel gehen. Auch über Karelien, sowie über den Film[1] habe ich keine Nachricht bekommen. Du schreibst, du willst es abschreiben lassen u. weitergeben – den Film solltest du nur lesen und dann fragen u. mir darüber eine Antwort zukommen lassen. Abzuschreiben ist da nichts. Ich fürchte, du hast meine Briefe kaum gelesen. Wie du ja auch schon nicht mehr Zeit gefunden zu haben scheinst, die Manuskripte zu lesen. Dabei habe ich mich darauf verlassen, daß du sie mir überarbeiten sollst. Sie sind ja so kaum druckfähig. Aber vielleicht täusche ich mich über das alles. Vielleicht sind auch Briefe verloren gegangen. Aus dem Ton des Briefes kannst du schon ersehen, daß es mir trotz Aussicht auf Beendigung der augenblicklichen Situation nicht gut geht. Ich habe an Elastizität und Tempo eingebüßt und bin immer noch starken Depressionen unterworfen. Es wird schwer sein, wieder zu leben anzufangen. Aber laß dir dadurch Mut und Laune nicht verderben. Herzlichen Gruß Franz

1 Vgl. den Brief an Cläre Jung vom 3.7.1921.

45. AN CLÄRE JUNG
[Breda, 3. August 1921]

komme hier noch nicht weg weil keine schiffspassage vorhanden erwarte aber jeden tag sonst alles in ordnung sei nicht beunruhigt herzlichen gruß franz

46. AN CLARA JUNG
27.8.1921

Liebe Mama, ich gratuliere also noch nachträglich zum Geburtstage und wünsche Dir noch manches Jahr das Leben jetzt erst in Ruhe zu genießen. Mach Dir mit Beiliegendem, das Dir der Papa wechseln wird, eine vergnügte Fahrt nach Breslau. Du wirst wohl den Jungen[1] dazu mitnehmen, denke ich mir.

Du hast wohl gehört oder gelesen, daß ich auf Veranlassung der deutschen Regierung hier aufgehalten worden war.

Nachdem aber jetzt die Schwierigkeiten beseitigt sind, fahre ich weiter. Allerdings muß ich erst jetzt nach Rußland fahren, wo man mich in Moskau schon erwartet. Cläre ist schon vorausgefahren vor einigen Wochen.

Von Moskau aus werde ich Euch dann wieder schreiben, wohin die Reise geht. Vorläufig ist meine Adresse:

Moskau Hotel Lux

Hoffentlich seid Ihr alle noch recht gesund und munter. Es wird wohl noch einige Zeit dauern bis ich Euch wieder mal besuchen kommen kann, denn ich werde wohl sobald nicht nach Deutschland zurückkehren. Trotzdem bin ich aber fest überzeugt, daß wir uns noch wiedersehen werden.

Zunächst werde ich so oft als möglich was von mir hören lassen. Wenn ich allerdings nicht pünktlich Papas Geburtstag oder Weihnachten einhalten kann, so müßt ihr das entschuldigen. Es liegt dann nicht an mir. Denken an Euch werde ich dann jedenfalls. Also herzliche Grüße an Dich, Papa und den Jungen
    Dein Sohn Franz

1 Franz und Margot Jungs Sohn Franz, der in Neiße (Oberschlesien) bei seinen Großeltern aufwuchs.

47. AN DIE GENOSSEN DER KAPD
[4.9.1921]

Werte Genossen,
Im Auftrage einer Anzahl deutscher Genossen, die teils Mitglieder der K.A.P.[1] sind, teils als Mitglieder der ausländischen Sektionen in der R.K.P.[2] mit unserer Partei sympathisieren, grüßen wir den Parteitag der K.A.P.D. und bedauern, nicht persönlich an den Beratungen über die künftige Haltung unserer Partei, die wie schon so oft in ihrer noch so kurzen Geschichte an einem kritischen Wendepunkt angelangt ist, teilnehmen zu können.

Wir müssen Euch offen erklären, daß wie aus den letzten Veröffentlichungen unserer Presse und aus den offiziellen Parteibroschüren der letzten Wochen hervorgeht, sich in unserer Partei eine Strömung bemerkbar macht, die nach einer direkten Frontstellung gegen Sowjetrußland drängt. In den Aufrufen der K.A.Z.[3] wird in zunehmender Weise die Kritik der taktischen Grundsätze der K.I.[4] ausgedehnt zu einer Kritik der Sowjetregierung und der proletarischen Diktatur in Rußland, die den Charakter der solidarischen Unterstützung der außerordentlichen Anstrengungen unserer russischen Genossen um Aufrechterhaltung von Sowjetrußland als Kraft-Quelle der Weltrevolution verloren hat. Wir brauchen Euch nicht zu sagen, unter welchen Verhältnissen die russischen Genossen diese in der Geschichte der internationalen Arbeiterbewegung ungeheure Kraftanstrengung Tag für Tag leisten, und es ist auch gerade in unserer Partei unnötig zu sagen, daß die Hauptverantwortung für die schwierige Situation des Kommunismus in Sowjetrußland der opportunistischen Haltung und der mangelnden revolutionären Initiative der westeuropäischen und besonders der deutschen Arbeitermassen zuzuschreiben ist. Die Begründung unserer Partei und die immer schroffere Herausarbeitung unserer taktischen Grundsätze ist doch gerade darin bedingt. Die Beschlüsse des III. Weltkongresses der Komintern[4] haben unserer Auffassung unrecht gegeben, aber die Folgerungen, die aus dieser unserer Niederlage zu ziehen sind, scheinen uns gerade, die wir in Rußland sind, so eindeutig klar zu liegen und so fest begründet in der Tradition unserer Partei, daß wir die Haltung unserer Parteipresse kaum mehr verstehen.

Wenn wir entsprechend unserem Parteiprogramm die aktive revolutionäre Angriffspolitik gegen den imperialistischen Kapitalismus nicht aufgeben wollen, und damit die Grundlage unserer Partei, so dürfen wir den Kampf um die Durchsetzung unserer Ziele in der III. Internationale nicht aufgeben. Es bedeutet aber zweifellos ein Aufgeben dieses nächsten und wichtigsten taktischen Ziels, wenn die Partei losgelöst als Ganzes in eine Kampffront gegen die III. Internationale sich drängen läßt, wobei die Solidarität im Kampf um den Kommunismus zerstört wird zugunsten spekulativer, psychologisch zu wertender Abweichungen in der Auslegung einer Wissenschaft vom politischen Klassenkampf. Wir verlassen den Boden einer proletarischen Politik und setzen dafür eine aus Verärgerung über unsere Niederlage geborene Schlagwortpropaganda. Die Arbeitermasse, die wir zur revolutionären Aktivität und zum Kampf gegen die opportunistischen Tendenzen laut unserem Programm aufrufen wollen, werden uns nicht mehr verstehen. Sie werden in ihrem stärksten Gefühl der Liebe und Solidarität zu Sowjetrußland irre gemacht durch Bestrebungen, die in von Euch in der Presse gebrauchten Wendungen zum Ausdruck kommen, daß wir in Rußland lediglich eine bürgerliche Revolution gesehen haben, daß die Sowjetregierung eine pseudokommunistische und die Komintern ein Organ zum Aufbau des Kapitalismus geworden sei. Wir müssen Euch offen sagen, daß wir hier Eure Erklärung eines offenen Krieges gegen die Komintern und

Sowjetrußland nicht ernst nehmen können, aber solche Entgleisungen beweisen nur zu deutlich, daß in unserer Partei Kräfte am Werke sind, die den proletarischen Charakter und vielleicht sogar das Verständnis für die inneren Wesenheiten des Proletariats verloren haben.

Es ist für uns nicht möglich, in diesem Augenblick zu diskutieren über die Gründe unserer Niederlage auf dem III. Kongreß, aber wir stehen auf dem Standpunkt, daß gerade diese unsere Niederlage einen neuen Impuls geben muß, uns erst recht durchzusetzen. In dieser Grundeinstellung ist unsere Partei groß geworden, und darin liegt auch ihre historische Aufgabe. Aktiv um unsere Auffassung und Taktik im proletarischen Klassenkampfe kämpfen, heißt immer wieder von neuem um die Anerkennung unserer Grundsätze innerhalb der Komintern ringen. Es versteht sich von selbst, daß die Frage eines Aufgehens in die K.P.D. indiskutabel ist. Wir werden also nach dem Beschluß wahrscheinlich außerhalb der Komintern bleiben, aber den Schritt, den Ihr anscheinend plant, nunmehr eine neue Internationale zu gründen, sieht aus wie ein feiges Aufgeben unserer Grundsätze, denn die Kraftquelle unserer Politik liegt in der Komintern und dem Sowjetregime, und nicht nur das, sie liegt sogar in der engen Verbindung des Sowjetregimes mit der Komintern. Wir können, wie das ja schon einmal der Fall war, zurückgewiesen werden, werden aber deswegen nicht aufhören, um unsere Anerkennung zu ringen. Wir werden weiter wie bisher unabhängig von der Staffage des organisatorischen Zusammenhanges uns trotzdem weiter zur K.I. zählen, weil wir wissen, daß wenn nicht heute, so doch morgen die Komintern uns nicht nur brauchen und zurückrufen, sondern sich zu unseren Grundsätzen bekennen wird. Wollen wir statt dessen jetzt dem internationalen Kapitalismus das Schauspiel bieten eines Bruderzwistes, der im Grunde genommen zwischen Personen ausgefochten wird, der die Zerreibung des aktivsten revolutionären Vortrupps zur Folge haben muß?

Eine 4. Internationale bedeutet den Kampf um die Zerstörung der dritten. Wir glauben, daß unsere taktischen Grundsätze im aktiven Kampf und der Erziehung der Arbeitermassen durchgesetzt werden müssen in jener Organisation, die wie die Komintern, mag sie im Augenblick zusammengesetzt sein wie sie will, und mag die Struktur der Weltkrise taktische Regierungsmaßnahmen Sowjetrußlands erfordern, wie sie auch sein mögen, trotzalledem der Generalstab der Weltrevolution, der Sammelpunkt aller Kämpfer um den Kommunismus bleibt. Den wahren kommunistischen Kämpfer schreckt nicht, wo er in der Minderheit geblieben ist, der Verlust der Organisationskarte, das ist durch ein Plus an revolutionärer Arbeit wieder einzuholen und wettzumachen, aber nur dann wenn das Grundziel der beiden taktischen Gegner das gleiche bleibt. Ein Versuch um diese Anerkennung des gleichen Grundziels sich herumzudrücken und durch äußerliche Sammlung durch verschiedenste Gesichtspunkte verärgerter Elemente und Organisationen ist kein revolutionärer Kampf und verdient nicht die Bezeichnung proletarisch. Unsere Aufgabe als ausgeschlossene Partei ist gewiß schwer, aber je schwerer die Aufgaben, desto schneller zum Ziel für denjenigen, der in der Anspannung einer höchsten positiven Aktivität die höchsterwünschte revolutionäre Arbeit sieht.

Wir legen dem Parteitag daher folgende Entschließung vor: Der Parteitag der K.A.P.D. hält fest an dem taktischen Grundprogramm unserer Partei.

Er weist die Zumutung einer Vereinigung mit der K.P.D. als undiskutabel zurück.

Die K.A.P.D. wird aber trotzdem nicht aufhören, in der Komintern den Sammelpunkt der revolutionären Kämpfer für die kommunistische Weltrevolution zu erblicken, und sie betrachtet es als ihre Aufgabe, in Verbindung mit gleichgerichteten Bestrebungen linker Minderheiten der Komintern noch organisatorisch angeschlossener Parteien ebenfalls wie der gewerkschaftlichen und unionistischen Minderheiten innerhalb der Profintern[5] alle Vorbedingungen im Sinne eines aktiven revolutionären Kampfes und für eine Revidierung der Beschlüsse des III. Weltkongresses zu schaffen.

1 Kommunistische Arbeiter-Partei Deutschlands.
2 Russische Kommunistische Partei.
3 Kommunistische Arbeiter-Zeitung.
4 Kommunistische (III.) Internationale.
5 Rote Gewerkschaftsinternationale.

КОММУНИСТИЧЕСКИЙ
ИНТЕРНАЦИОНАЛ
ИСПОЛНИТЕЛЬНЫЙ КОМИТЕТ

№ 344.

Пролетарии всех стран, соединяйтесь!

Москва, 19.10.21 г.

Телефон —

Тов. УНШЛИХТУ.

Предъявитель сего тов. ЮНГ командируется Секретариатом ИККИ в Поволжье, где им будет написана брошюра о голоде для печатания заграницей.

Секретариат ИККИ просит Вас сделать все возможное для облегчения поездки тов. Юнг и выполнения возложенного на него поручения.

С коммунистическим приветом

Copie.

MANDAT.

Genosse Frank J u n g , Berlin ist der Generalvertreter des unterzeichneten Komitees in Russland und von ihm beauftragt und bevollmächtigt, in seinem Namen mit allen russischen Behörden und Regierungsvertretern wie mit der Allrussischen Kommission für Hungerhilfe bei A.Z.E.K. in allen Fragen der Hungerhilfsaktion zu verhandeln und bindende Verträge abzuschliessen und Abmachungen zu treffen.

Moskau, den 27. November 1921.

Für das Auslandskomitee zur
Organisierung der Arbeiterhilfe für die Hungernden in Russland
gez. Willy Münzenberg.

oben: Bitte des Exekutivkomitees der Kommunistischen Internationale an den Vorsitzenden der Allrussischen Tscheka, Jossif Unschlicht, Jungs Aktivitäten im Hungergebiet an der Wolga zu unterstützen, 19. Oktober 1921
unten: Mandat von Willy Münzenberg,
27. November 1921

48. An Karl Radek
Moskau, den 14. September 1921
Hotel Lux Zimmer 304

Werter Genosse Radek,
ich bitte Sie mir mitteilen zu lassen, wann ich mit Ihnen noch einmal kurz über die Möglichkeiten hier zu arbeiten, sprechen kann. Um Ihre Zeit nicht unnötig zu beanspruchen, gebe ich Ihnen im folgenden kurz einen Überblick über das, was ich vielleicht hier tun könnte.

Was meine politische Stellung anbelangt, so habe ich jetzt an die Partei einen offenen Brief gerichtet, der sich gegen ihre jetzige Haltung ausspricht, und wenn es mir von hier aus möglich ist, werde ich gestützt auf die Ortsgruppen Berlin und Rheinland-Westfalen eine Opposition organisieren. Ziel die Verbindung mit der Komintern aufrechtzuerhalten über die A.A.U., die in das Kartell der Unionen und damit in die Rote Gewerkschaftsinternationale eintreten soll. Die Bedingungen hierfür sind nach meinen Informationen gegeben, und es wäre gut, wenn von hier aus jetzt die Frage organisatorischer Zusammenschlüsse mit ausgesprochen aktivem Kampfcharakter wie nach Kartellen, Konzernen und Trusts parallel den entsprechenden Unternehmerorganisationen diskutiert würde. Dieser Gedanke findet in der Agitation in Deutschland guten Boden. Es wird Ihnen vielleicht bekannt sein, daß ich im März dieses Jahres kurz vor der Aktion[2] über diese Frage eine Verbindung zwischen der A.A.U. und der damaligen Kommunistischen Reichsgewerkschaftszentrale hergestellt habe, aus der gute Aussichten für ein Zusammenarbeiten zwischen der A.A.U. und den kommunistischen Gewerkschaftlern hervorgingen. Das gegenseitige Mißtrauen war soweit geschwunden, daß ich mit Genehmigung unserer Zentralinstanzen für die „Internationale" und die Rote Fahne in mehreren Aufsätzen die Kalifrage[3] bearbeitet habe (März-April 1921). Vielleicht würde sich mir hier eine Gelegenheit bieten, nach dieser Richtung hin weiter zu arbeiten.

Sollte aber nach Lage der Dinge jetzt meine Mitarbeit nicht erwünscht sein, so besteht die Möglichkeit, rein literarisch zu arbeiten, um wenigstens ähnlich wie im Gefängnis die Zeit nicht ganz nutzlos verstreichen zu lassen. Sie haben vielleicht gelesen, daß im vorigen Monat ein Roman[4] von mir im Feuilleton der

Für die Bureauakten.

Staatsanwaltschaft
bei dem Landgerichte.

Hamburg 36, den 28. November 19
Strafjustizgebäude, Sievekingplatz.

E IV. Nr. 1191/20.

Steckbrief.

Gegen d en ~~unten beschriebene~~ Schriftsteller Franz J u n g , geb. am 26. 11. 1888 zu Neisse ,

welche r — flüchtig ist bezw. sich verborgen hält —, ist die Untersuchungshaft wegen Beihilfe zur Meuterei und Freiheitsberaubung verhängt.

Es wird ersucht, denselben zu verhaften und hierher zum Aktenzeichen E IV 1191/20 Nachricht zu geben.

Die Staatsanwaltschaft.

Beschreibung:

Alter: Jahre.   Größe: m
Statur: Haare:
                Stirn

Steckbrief vom 28. November 1921

Roten Fahne erschienen ist. Bei dem Mangel an belletristisch propagandistischer Literatur in Deutschland ist meine Mitarbeit der Feuilletonredaktion nicht unerwünscht. Ich hatte auch eine Vereinbarung getroffen, von England aus regelmäßige Beiträge an sie zu senden; augenblicklich ist natürlich diese Verbindung technisch abgerissen, vor allem auch solange nicht grundsätzlich die Frage meiner Arbeit hier geklärt ist.

Schließlich besteht noch die Möglichkeit für mich als Telegrammspecialist journalistisch zu arbeiten. Ich habe in der kurzen Zeit meines Hierseins bereits sehen können, daß, und wenn es nur zu Beobachtungszwecken sein sollte, den englischen und amerikanischen Journalisten ein Attaché, der sich nicht offiziell, sondern „privat" um sie „bemüht", nicht nur wünschenswert, sondern auch sehr dienlich wäre. Es ist selbstverständlich, daß derartiges überhaupt von der Sowjetregierung gewünscht sein muß, worüber ich im Augenblick nicht orientiert bin.

Das sind ungefähr meine Arbeitsmöglichkeiten. Ich höre, daß Lunatscharski[5] das Schauspiel „Kanaker" von mir hier hat übersetzen lassen und es im Winter aufführen will. Natürlich kann ich darauf allein keine Arbeitsmöglichkeit gründen. Ich hoffe mit Hochdruck in kürzester Zeit russisch zu lernen, daß ich mich über das Notwendigste in den Büros verständigen kann.

Ich habe Ihnen diese meine Situation geschrieben, weil es sich wenn man die Grundlagen kennt, nachher besser darüber sprechen läßt. Ich möchte noch betonen, daß mir, wenn ich überhaupt hier arbeiten kann, *jede* mir zugewiesene Arbeit recht ist. Ich bitte Sie nur, mir behilflich zu sein, recht bald eine Entscheidung herbeizuführen. Unter der gegenwärtigen Situation des Stillliegens gehört mein Aufenthalt im Lux einschließlich der Intrigen und Beobachtungen der zahllosen kleinen Geister nicht zu den Annehmlichkeiten. Es läge mir viel daran, bevor ich auf eigene Faust bei einzelnen Stellen um Arbeit nachfrage, mit Ihnen gesprochen zu haben, schon allein weil ich nicht weiß, wessen Fürsprache ich Wohnung und Verpflegung schulde, und ob man mich überhaupt hier haben will. Ich bin augenblicklich so weit erholt, daß ich auch ohne weiteres abfahren kann, wenn keine Arbeitsmöglichkeit vorhanden ist.

Mit kommunistischem Gruß

1 Allgemeine Arbeiter-Union.
2 Gemeint sind die Märzkämpfe in Mitteldeutschland 1921.
3 Vgl. den ungezeichneten Artikel „Kalisozialisierung und Kalisabotage" in: *Die Rote Fahne*, Berlin, Nr. 187 vom 27.4.1921, Morgen-Ausgabe, S. 4.
4 „Arbeitsfriede" erschien in Fortsetzungen in der *Roten Fahne*, Berlin, Nr. 302–359 vom 5.7. – 7.8.1921.
5 Zu der Zeit Volkskommissar für Volksbildung. Eine Übersetzung von „Kanaker" ist nicht bekannt.

49. AN DIE REDAKTION DER *ROTEN FAHNE*
Moskau, den 5. Dezember 1921

Werte Genossen,
nachdem die Zentralleitung der K.A.P.D. weder die an sie gelangten offenen Briefe hiesiger ehemaliger K.A.P.-Mitglieder, noch Schreiben der Genossen Kollontai und Schljapnikoff[1] an die Mitglieder der K.A.P. veröffentlicht hat, ebensowenig wie einen Brief Gorters – an Lenin – der in einem entscheidenden Widerspruch zur gegenwärtigen Haltung der Partei steht, bitten wir Euch, uns die Möglichkeit zu geben, uns mit beifolgender kurzer Erklärung an die Mitglieder der K.A.P. zu wenden.
Mit kommunistischem Gruß
i.A. in Rußland weilender ehemaliger K.A.P.-Genossen

Von den in Rußland als Emigranten[2] und politische Flüchtlinge lebenden Genossen der K.A.P. ist an die Zentralinstanz zum Parteitag der K.A.P. ein offener Brief gerichtet worden, der in einer Resolution die Stellung dieser Genossen zu der während und nach dem Kongreß der Kommunistischen Internationale eingeschlagenen Taktik der Partei zusammenfaßt. Nachdem sicher bekannt geworden ist, daß dieses Schreiben rechtzeitig in die Hände der Parteileitung gelangt ist, haben wir zu erklären, daß die K.A.P.-Leitung ihre Parteigenossen bewußt irregeführt hat und noch weiter irreführt, da sie bis heute weder den Inhalt dieses Schreibens noch spätere Erklärungen führender Genossen oppositioneller Richtung innerhalb der R.K.P. den Mitgliedern zur Kenntnis gebracht hat. Die Schreibweise der K.A.Z. läßt erkennen, daß die Parteiinstanz statt den Mitgliedern der K.A.P.

die Wahrheit zu sagen, es vorzieht, offen den konterrevolutionären Kampf gegen die unter den schwersten Bedingungen ringende russische Kommunistische Partei und die russische Sowjetregierung zu führen. Jene Parteiclique, die jeder ehrliche revolutionäre Arbeiter in der K.A.P. zum Teufel jagen sollte, lügt, wenn sie behauptet, daß auch nur ein einziger Arbeiter und Proletarier mit ihrer Stellung gegenüber Sowjetrußland sympathisiert. Sie benutzt den ehrlichen revolutionären Willen der K.A.P.-Arbeiter zu einer von persönlichem Ehrgeiz diktierten Abenteurer-Politik, die mit einer Klärung und Herausarbeitung der innerhalb der Arbeiterparteien bestehenden Gegensätze über Fragen der Taktik im proletarischem Klassenkampf nichts mehr zu tun hat.

Im Auftrage der in der R.K.P. organisierten ehemaligen K.A.P.D.-Genossen

1 1920–1921 Führer der Arbeiteropposition innerhalb der Kommunistischen Partei Rußlands.
2 Unter der Überschrift „Offene Erklärung an die KAPD-Mitglieder", unterzeichnet von Franz Jung, ist der Text gedruckt in: *Die Rote Fahne* Berlin Nr. 582 vom 20.12.1921, Abend-Ausgabe, S.2. In einem Brief vom 23.12.1921 bestätigte Wilhelm Pieck Jung den Abdruck.

50. Rundbrief der *Kontinent Korrespondenz*
Berlin [22. Mai / 18. Juni] 1924
Bülowstr. 81

Sehr geehrte Herren!
Bei der Bedeutung, welche die politischen und wirtschaftlichen Strömungen in England während der nächsten Monate für die Entwicklung der Lage in Deutschland und für das gesamte kontinentale Europa gewinnen, haben sich die unterzeichneten Nachrichtendienste zusammengeschlossen, um einen gemeinsamen Englischen Dienst einzurichten, den wir Ihrer besonderen Beachtung empfehlen.

In wirtschaftlicher Hinsicht wird die englische Tarif- und Zollpolitik von einschneidender Bedeutung sein für das deutsche Wirtschaftsleben der nächsten Monate, umsomehr, wenn die

Kreditpolitik der Golddiskontbank, die Tarifpolitik einer privatisierten Reichseisenbahn und Abruf und Regulierung der Reparationslieferungen ihre Direktiven aus London beziehen. Es ist eine Lebensfrage der deutschen Wirtschaft, darüber eingehender als bisher durch einen reinen Telegrafendienst orientiert zu sein.

Dazu ist es notwendig, mehr wie bisher in England Land und Leute kennen zu lernen, die englische Wirtschaft, den Transithandel, Export und Industrie, die englisch-amerikanische Großfinanz und die Großkonzerne in England selbst zu studieren, in Interviews führender Wirtschaftsvertreter und Personen des öffentlichen politischen und kulturellen Lebens englische Ansichten und Verhältnisse zu schildern und Artikel führender englischer Schriftsteller selbst den deutschen Lesern zu vermitteln.

Alles das wird die *Kontinent Korrespondenz* in ihrem *Englischen Dienst* Ihnen liefern. Sollten Sie schon einen eigenen Vertreter und Büro in England haben, so wird die Kontinent Korrespondenz diese Vertretung wertvoll und auf die heutigen Verhältnisse zugeschnitten ergänzen.

Wir beginnen zunächst mit Artikeln aus dem öffentlich politischen und wirtschaftlichen Leben von englischen Schriftstellern, die wir unverbindlich als Korrespondenz Ihnen zusenden und für die wir Ihre Aufmerksamkeit gewinnen möchten.

In der Folge berichten wir unter Berücksichtigung der oben genannten Gesichtspunkte über die Wembley-Ausstellung, gleichfalls in der für Sie unverbindlichen Form einer Korrespondenz.

Unabhängig davon haben wir einen besonderen Wirtschaftsdienst organisiert, der in der Hauptsache sich auf Interviews wirtschaftlicher und politischer Persönlichkeiten stützt, den wir im Abonnement abgeben, ebenso eine Serie englischer Reisebriefe.

Unser Ziel ist, einen wirklich erstklassigen Englischen Dienst als Abteilung unserer Kontinent Korrespondenz zu organisieren, dem wir auch einen Telegrafen- und Telefondienst demnächst anzugliedern beabsichtigen.

Wir möchten noch bemerken, daß unserer Londoner Vertretung die Referenzen der deutschen Botschaft sowie der

Pressestelle beim Auswärtigen Amt in Berlin in besonderer Weise zur Verfügung stehen.

Mit vorzüglicher Hochachtung
Associated News Services,   Rosams Korrespondenzbüro,
London   Berlin
(Peter Swasdich)   (Franz Larsz)[1]

[1] Wegen des „Schiffsraubs" steckbrieflich gesucht, lebte Jung bis 1928 unter dem Namen Larsz.

51. AN CHARMIAN LONDON
Berlin W 57, den 10. Juni 1924
Kontinent Korrespondenz, Bülowstr. 81

Sehr geehrte gnädige Frau!
Beiliegend beehre ich mich, Ihnen ein Buch des Jack London, das der Einführung des Jack London dient, zu übersenden. Ich hoffe, daß dieses Buch dazu beitragen wird, Jack London auch unter den deutschen Lesern die große Zahl von Freunden zu verschaffen, die er verdient. Leider ist es durch besondere Verhältnisse schwierig, die notwendigen Schritte für die Popularität Jack London's in Deutschland zu tun. Your publ.[1] haben die gesamte Autorisation der Übersetzung einem Herrn Magnus verliehen, der nicht nur schlecht übersetzt, sondern durch sein rigoroses Verhalten den Verlegern gegenüber nichts zur Veröffentlichung von Jack London's Schriften beiträgt.

In letzter Zeit wird von einem Vertrag mit dem Gyldendal-Verlag, hier, gesprochen, der aber jedes Jahr nur zwei Bände herausbringen will. Ich weise darauf hin, daß es jetzt angebracht wäre, mit einer viel größeren Anzahl von Bänden herauszukommen, da dies zur Einführung unbedingt notwendig ist und jetzt gerade großes Interesse für Jack London's Schriften vorhanden ist. Dem stellt sich aber Magnus entgegen. Auch darum, daß er einen Teil dieser Übersetzungen an andere abgibt, selbstverständlich würde Herr Magnus in diesem Falle eine angemessene Entschädigung zugebilligt werden, wodurch ja Ihre Autorisationsrechte nicht berührt würden, ich glaube sogar eher das

Gegenteil. Im übrigen beruft sich Herr Magnus darauf, daß er die Vollmacht von Ihnen hat, eine Veröffentlichung zu verbieten. Auch versucht er jede Verbindung zu Jack London Erben und zu Ihnen bezw. dem Verlage, der die Autorisation hat, zu unterbinden.

Ich wäre Ihnen sehr dankbar, wenn Sie mir mitteilen könnten, ob tatsächlich Herr Magnus Ihre volle Autorisation für sämtl. Werke Jack L.s besitzt, auch darin, daß er selbst bei Wahrung seiner Rechte das Recht hat, sich zu weigern, sie irgendwie weiter zu vergeben.

Wir sind bereit (ich spreche hier für eine Korrespondenz[2] und für einen Verlag[3]) nicht nur die Autorisationsrechte zu wahren, sondern auch evtl. Zufallsrechte neben dem Gyldendal-Verlag, nur um zu versuchen, sofort mindestens sechs Bände Jack London's, wenn möglich noch in diesem Jahre, herauszubringen teils in Zeitschriften und Zeitungen und später in Buchform.

Mit vorzüglicher Hochachtung

1 In die englische Übersetzung des Briefes vom 18.6.1924 sind die Namen der Publishers eingefügt: „Maxie (Boone and Mills)". Es handelt sich dabei um Macmillan und Mills & Boone.
2 Kontinent Korrespondenz.
3 Deutscher Korrespondenz Verlag (Deko-Verlag).

52. AN ADOLPH HEILBORN, ULLSTEIN VERLAG
Berlin, den 10. Juni 1924

Sehr geehrter Herr Doktor.
In der Anlage überreiche ich Ihnen das versprochene Exposee[1] über *Fourier*.

Ich danke Ihnen sehr für das mir in Aussicht gestellte Interesse und bitte Sie, für mich bei dem in Betracht kommenden Verlage anzufragen, ob ein Interesse für Herausgabe all dieser Bände vorhanden ist.

Ich denke mir die Arbeit so, daß ich eine Rohübersetzung nach meinen Angaben über Fouriers Schriften herstellen lassen würde, daß ich diese Übersetzung dann bearbeiten und den ersten Band über die Einführung etc. allein vornehmen würde.

Ich bin fest davon überzeugt, daß mit einer solchen Herausgabe eine wertvolle wissenschaftliche Pionierarbeit geleistet werden kann, die weit über den Rahmen Deutschlands Beachtung finden wird.

Da ich jetzt für einige Wochen verreise, so wird meine Frau[2] nach einiger Zeit bei Ihnen anfragen, ob Ihren Bemühungen irgendwelcher Erfolg beschieden gewesen ist. Meine Frau würde auch, falls sich das ergeben sollte, weitere Verhandlungen führen können.

Mit vorzüglicher Hochachtung
Ihr sehr ergebener

---

1 „betr. Ausgewählte Werke von Charles Fourier", vgl. Jung, Werke Bd. 11, Seite 123–124.
2 Cläre Jung.

53. AN DIE *KONTINENT KORRESPONDENZ*
[London, 13. Juni 1924]

Mit den Interviews steht die Sache noch schlecht.

Wer nicht verreist ist, liegt krank.

Dazu ist hier große Hotel-Not. Nie Zimmer zu bekommen. 4-5 Betten in einem Zimmer, daher keine Möglichkeit zu arbeiten. Mein dummer Paß, der nur das einmalige Überschreiten der Grenze vorsieht, macht zudem irgendwelche planmäßige Informationen unmöglich.

Besten Gruß
Larsz

54. AN DIE *KONTINENT KORRESPONDENZ*
[London, um den 13. Juni 1924]

Meine Adresse ist dieselbe wie Grabisch:
30 Torrington Square London W.C.1.

1.) Grabisch hat hier *Maxie* (Vertreter von Boon & Mills) aufgesucht u. den Eindruck bekommen, daß wir noch nachträglich die Autorisation v. Jack London bekommen werden. Jedenfalls ist M[axie] mit Gyldendal unzufrieden. Dementsprechend ändert sich auch unser Verhalten zu G[yldendal]. Wir sagen: Wir warten Autorisation von J[ack] L[ondon] Erben bzw. Maxies ab, der für uns sich an die Frau gewandt hat. Kalt ablehnend gegenüber Magnus: Herr J[un]g hat an die Frau[1] geschrieben u. wir warten erst Antwort ab.

2.) *Herr von Kries*[2], den Gr[abisch][3] hier mehreremals gesprochen hat, äußerte etwas über unsere Korrespondenz. Er war im Besitze unseres Rundschreibens, und nahm an, *daß Dr. Haensel*[4] *dahintersteckt!* Woher die Annahme? Außerdem sprach er ungünstig darüber (der Mann versteht nichts davon u. wittert obendrein Konkurrenz). *Er sprach auch ungünstig über Haensel.* Sofort Haensel benachrichtigen, Herr v. Kries ist z.Zt. in Berlin, wird versuchen, nochmehr herauszubekommen von H[aensel]. *Der Mann will uns schaden!*

3.) Anmeldung besorgen bei Polizei!

4.) Kiepenheuer regeln. Sagen, wir bringen O. Henry heraus, dessen Autorisation er uns gestohlen hat. Warten seine Klage ab u. den öffentlichen Skandal. Ich bitte das dem K[iepenheuer] zu sagen oder zu schreiben. Schicke morgen einige Bände an Euch ab.

5.) Ebenso hoffe ich den ersten Brief. Kann schon angekündigt werden vorher durch Karte. (Stuttg. Neues Tagbl., Weser Ztg, Berl. Börsen Ztg, Köln. Tagebl. / event. Leipz. Tagebl., Dresd. Tagebl., Thüring. Allg. Ztg, Schles. Ztg u. andere *neu anbieten.*)

6.) Ich selbst werde morgen Wirtschaftsartikel senden.

7.) *Es ist absolut schon heute sicher,* daß wir noch Geld brauchen. Gr[abisch] hat keinen Pfennig mehr. Mußte eingreifen. *Das Leben ist außerordentlich teuer.* Gr[abisch] braucht mindestens noch 300 M. Ich wahrscheinlich auch noch soviel. Ergreift schon jetzt Schritte, das Geld für Ende d. Monats zu sichern.

8.) Ich bitte bald um Nachricht über alle die verschiedenen Ereignisse.

Wird die Reise nach Magdeburg, Leipzig, Dresden, Breslau, Bremen möglich sein?

Besten Gruß

Franz Larsz

1 Charmian London.
2 Wilhelm von Kries war der Londoner Korrespondent u.a. des *Chemnitzer Tageblatts* und der *Deutschen Rundschau*.
3 Freund Jungs aus Schlesien, Herausgeber von Jakob Böhme, Übersetzer aus dem Englischen, u.a. von Jack London, Chesterton und O. Henry.
4 Jurist, schrieb Feuilletons für die *Deutsche Allgemeine Zeitung*.

55. AN CLÄRE JUNG
London W.C.1 [14. Juni 1924] Sonnabend
Torrington Square 30

Liebe Cläre,
Die ersten 3 Tage habe ich noch nicht viel anfangen können. Heute sind schon um 12 Uhr alle Büros geschlossen. Abgesehen vom Wetter ist es doch sehr schön in London. Eine kolossale Kraft und ganz phantastische Klassenunterschiede.

Für mich ist das Leben sehr teuer. Nicht nur, daß ich Gr[abisch], der mich übrigens am Bahnhof verfehlt hat, so daß ich erst stundenlang nach einem Hotelzimmer rumlaufen mußte, völlig aushelfen mußte – er war so festgefahren, daß ich überhaupt nicht weiß, was er ohne mich hätte anfangen sollen. – Aber auch so: Zimmer 6 sh täglich, Frühstück 2 sh, Lunch 4 sh und Abendbrot 3 sh – zusammen 11 sh, dies alles ohne irgend etwas besonderes. Rechnet man Zeitungen, Fahrten, Rauchen dazu, so kommt man auf 1 Pfund den Tag. Dabei ist an Ausstellung[1], Fahrten ins Land so gar nicht zu denken. Die Ausstellung zu besuchen ist nicht unter 1 1/2 Pfund. An Grabisch gab ich 8 Pfund. So stehen also die Finanzen. Ich bin noch im Besitz von 14 Pfund. Du mußt also sehen, mir bzw. uns bald etwas zu senden. Ich glaube, Beye[2] muß dazu besondere Erlaubnis einholen – wir gelten doch als Angestellte der Kontinent Korrespondenz, für die diese doch die Möglichkeit haben muß, Geld zu senden. Man muß das bald vorbereiten, damit wir dann hier nicht auf dem Trockenen sitzen. –

Gr[abisch] wird ja heute den 1. Brief[3] fertig machen, und ich werde auch gut arbeiten können. Allerdings ohne Stenotypistin. Solche sind nur sehr schwer zu beschaffen und außerordentlich teuer. Ein Mädchen vom deutschen Konsulat verlangt für die Stunde 4 sh u. schreibt nur zwischendurch in ihrer Bürozeit, wenn sie gerade Zeit hat. Ich lasse das ganz. Es wird auch mit Bleistift gehen. Ich wohne hier jetzt bei Grabisch, im gleichen Boardinghouse. Vorher 2 Tage im Hotel (12 1/2 shilling pro Tag!) Die Wohnung ist ganz gut – die Lage wenigstens, Blick auf Garten, ganz still, doch unmittelbar im Centrum, neben Britischem Museum u. Universität. In der Gegend sind nur solche Häuser, 2stöckig ganz wie die Privathäuser in Holland. Zimmereinrichtung ist zwar sehr mangelhaft.

Schreib bald, was dort vorgeht. Ist mit Börs[en] Courier und Haensel schon etwas weitergekommen. Hier geben die großen Zeitungen alle short-stories-Magazine heraus. Ich sende Proben. Wie steht es mit Berl[iner] Tageblatt und Fourier[4]? Montag erledige ich meine geschäftlichen Besuche (Ass[ociated] N[ews] S[ervices] und Singleton). Ich sprach hier Pankhurst u. einige Arbeiter, fahre heute nach Poplar (Hauptquartier der Sozialisten). Morgen will ich die Hydepark Redner hören, abends noch Hampstead. Gr[abisch] wird bis Mittwoch 4-5 Briefe schreiben (ich sorge schon dafür). Dann gehen wir Donnerstag und Freitag in die Ausstellung. Bearbeiten das noch u. fahren nächsten Sonnabend nach Kent zu Campbell. Die *übernächste* Woche hätte ich dann völlig frei für etwaige neue Aufträge, Besuche etc. Wenn irgend möglich würde ich dann (ev. mit Gr[abisch]) als [1 Wort unleserlich] in 14 Tagen über Manchester, Glasgow nach Irland fahren u. von dort nach Haus. So sieht ungefähr das Programm aus. Aber Geld brauchen wir noch unbedingt u. nicht zu knapp. Gr[abisch] muß dann verrechnet werden mit unseren Einnahmen.

Ich hoffe, daß es bei Euch alles gut geht.

Schicke heut abend (mit Gr[abischs] Reisebrief zusammen) noch einige Wirtschaftsinformationen.

Herzlichen Gruß

Franz

1 Britische Reichsausstellung in Wembley.
2 Beye (geb. 1892 in Bodenwerder, gest. 1973 in Freiburg) Geschäftsfreund und literarischer Agent Jungs, Mitinhaber der Kontinent Korrespondenz, später des Deutschen Korrespondenz Verlages (Deko-Verlag).
3 „England 1924. Reisebeobachtungen" in: *Berliner Börsen-Zeitung* Nr. 116 vom 27.6.1924.
4 Vgl. Brief an Adolph Heilborn vom 10.6.1924.

56. AN DIE KONTINENT KORRESPONDENZ
[London, 16. Juni 1924]

Anbei weiteres *Bild*. Ich denke diese *Bilder* als Füller zu behandeln, wenn Euch das Material knapp wird. Man kann aber auch versuchen, sie *billig* im Abonnement zu vertreiben.

Ihr könnt auf 20-30 Stück rechnen – nicht zu lang – so kleine Impressionen.

Vielleicht nimmt sie der B[erliner]B[örsen]C[ourier], auch noch Wiener Zeitungen vielleicht mal versuchen.

Über diese Sachen, die Ihr vielleicht immer gleich *zwei* zusammen anbietet, schreibt nur hierher als „*die andern Sachen*". Ich glaube der Grab[isch] sieht darin eine Konkurrenz und ich möchte ihn jetzt nicht unnötig reizen, obgleich das ja Blödsinn ist. Also *Vorsicht* u. auch darüber, falls sie abgedruckt werden, keine Belege. Nur Mitteilung, ob es mit den „andern" Sachen so geht oder wie es gewünscht wird etc.

Mit Gr[abisch] ist der reine Eiertanz. Sein 2ter Brief stockt schon u. er kauft nur von früh bis abends Bücher. Ich hab es ziemlich schwer. Ihr versteht also, daß ich ihn noch vorsichtig behandeln muß, damit die Quelle wieder fließt und er wieder in Fluß kommt.

Ebenso mit O. Henry. Obgleich er gar nicht weiß, wohin mit der Arbeit, würde er es als fürchterliche Beleidigung auffassen, würde ich die Bände noch Euch zur Übersetzung schicken. So macht er es fast mit allen Kurzgeschichten. Er macht nichts, will aber alles für sich. Na ich denke, es wird noch wieder besser werden.

    Also besten Gruß
        Larsz

Heute abend sende ich Wirtschaftsartikel.

57. AN DIE *KONTINENT KORRESPONDENZ*
London W.C. 1, 17. June [1924]
30 Torrington Square

1.) Bitte um Auskunft, ob die von Gr[abisch] geschickten O. Henry u. Chesterton angekommen sind. (letzten Dinstag abgeschickt.) Erinnere noch einmal daran, daß jedes eintreffende Manuskript sofort mit Postkarte bestätigt werden soll.

2.) Bitte umgehend um Mitteilung, wie die Geldfrage steht, welche Aussichten und wann. Das Geld an Gr[abisch] soll an mich geschickt werden, da ich ihm hier schon alles in Vorschuß zahle u. selbst knapp werde.

3.) Bericht über unsere Lage dort dringend erwartet.

4.) Schickt mal von dem Ass[ociated] N[ews] Serv[ices] Correspondenzsachen raus. So zur Probe gleich 4-5 Sachen zusammen. Mit vervielfältigtem Rundschreiben.

5.) Die Sachen können ruhig *billigst* angeboten werden.

6.) Sandte heute „Idea", darin ist eine Autobiographie eines Kinostars gekürzt zu verwerten (übersetzen lassen, gleich in Berlin)

7.) Sende selbst morgen *Londoner* Kinobericht. (kann auch im Rahmen der „Bilder" verwertet werden)

8.) Die Bilder sind Vorstufen bald zu erwartenden Short stories.

9.) Sind *Reisen* schon möglich? Auf den Reisen müssen *alle* unsere Sachen angeboten werden. *Short stories, Bilder* (Impressionen), *Berichte* (Kultur, Literatur, Kino, Wissenschaften, Erfindungen), *englischer Artikeldienst, Wirtschaftsdienst* (englischer, deutscher und Orientdienst) und Specialinformationen laut Auftrag.

10.) Erinnere an Besuch beim Reichspresseamt. Polizeianmeldung, Reglung der Eintragung, meine Abmeldung, Verkehr mit Göbel u. Platsch

11.) Die A[ssociated] N[ews] S[ervices] hier ist ziemlicher *Bluff*. Vielleicht halten wir sie als Staffage.

12.) Nochmals Nachfrage, ob Telegrafendienst gewünscht, ungefähre Interessenten. Können es *sehr* billig machen.

Gruß allerseits Lars.

58. AN DIE *KONTINENT KORRESPONDENZ*
[London, 20. Juni 1924]

Es ist heut der 20. und ich erhielt am 18ten *einen* Brief – trotz der fast täglichen Manuskriptsendung.

Ich muß verlangen können, daß der Eingang jedes Manuskr. *unmittelbar* bestätigt wird.

Dann wird es doch auch noch möglich sein, *richtig* zu frankieren und zu *adressieren,* bei Mrs *Petersen* wohnt weder Grabisch noch ich.

Adresse nur: 30 Torrington Square, London WC 1
    Larsz

Außerdem warte ich schon auf Geld.

59. AN CLÄRE JUNGS ELTERN ERNST UND EMMY OTTO
[London, 20. Juni 1924]

without any letters please immediate information – franz

60. AN CLÄRE JUNG
[London, 21. Juni 1924]

Liebe Claire,
ich erhalte auch heute (Sonnabend) keine Nachricht. Es ist nur dreierlei möglich
entweder eine unerhörte Bummelei
oder falsche Frankierung, unrichtige Adresse
oder meine Briefe sind nicht angekommen (Ich schreibe fast täglich 2 mal Post)
Unter solchen Umständen ist jedes weitere Arbeiten hier unmöglich. Ihr bringt eine Beunruhigung hinein, die mich jetzt diese Reise bedauern läßt.

Grabisch erhielt heut von seiner Frau einen Brief, wonach über Beye 5 £ hier für ihn liegen.

Ich habe selbst schon Grabisch über 12 £ geben müssen, ganz abgesehen alle anderen Auslagen. Ich schrieb *alles* Geld *nur* an mich, damit ich ihn in der Hand behalte.

Euer Verhalten ist in jedem Fall unmöglich.

Ihr sollt antworten auf *jeden* Posteingang. Es können nicht 12 Briefe verloren gehen, auch *denkt man darüber nach,* wie am besten firmierte Post zu schicken, wenn man denkt, sie geht verloren.

Ich telegraphierte heute um Geld.

Franz

61. AN CLÄRE JUNG
[London] 21/6.[1924]

Liebe Claire,
Brief endlich soeben eingetroffen. Mit dem Geld steht es schlimm und mit Grabisch dito.

Ich bleibe nur *bis Freitag* hier wohnen. Andere Wohnung habe ich noch nicht. Falls ich bis *Dinstag* neue Adresse nicht telegraphiere, dann von Mittwoch ab die Post stoppen.

Es liegt mir ungeheuer viel daran, *Bestätigung* der Eingänge von Briefen u. Drucksachen zu bekommen. *Stenotypistin ist nicht aufzutreiben.* Ich war heute morgen schon ganz verzweifelt. Mit Gr[abisch] ist eine unglaubliche Quälerei. Er kann mir ja viel helfen u. schließlich tut ers ja meist, aber dafür habe ich auch Arbeit genug mit ihm. Augenblicklich streikt er wieder vollkommen.

Wenn schließlich kein anderer Weg geht als über ihn Geld zu senden, dann meinetwegen, er hat es ja auch solange bekommen, geht es aber nur irgendwie anders, dann lieber das.

Schade, daß ich H.K.[1] nicht gesprochen habe, hätte mich riesig interessiert, was dort los ist.

Ich glaube, daß ich bei dem Dicken[2] gar nicht mehr arbeiten werde. Ich lerne hier viel, aber von einer Bewegung ist nichts zu spüren. Vielleicht noch weniger als in Holland. Im übrigen erinnert alles an Holland, die Häuser und die Menschen.

Hoffentlich geht es Dir gut und Grüße an
Deine Eltern u. Schwestern

Franz

Kontrolliert doch mal richtig, ob überhaupt soviel einkommt, daß ich noch hier bleiben kann, bzw. ob es sich verlohnt.

Man muß hier rechnen pro Tag und Kopf 1 Pfund. Das ist knapp zum Leben.

Vielleicht wird aus Fourier etwas. Ich schreibe auch sicher Bücher über England[3] später. Alles ganz neu und riesig interessant. Übe mich mit den Bildern[4]. Auch wenn sie nicht verwertet werden, schadet nichts.

---

1 Vermutlich Hermann Knüfken, der aus Rußland („dort") gekommen war.
2 Der Leiter des Westeuropäischen Sekretariats der Komintern Jakob Reich, der unter den Namen James, Thomas u.a. arbeitete.
3 Es existiert ein bisher unveröffentlichtes Typoskript (15 Kapitel, 114 Seiten) in der Stiftung Archiv der Akademie der Künste Berlin-Brandenburg.
4 Unter dem Namen Frank Ryberg schrieb Jung eine Reihe Londoner Impressionen, 1924 erschienen u.a. in: *Berliner Börsen-Zeitung* Nr. 141 vom 26.7. „Londoner Bilder I. Montmartre in Holborn"; Nr. 142 vom 27.7. „II. Highgate"; Nr. 143 vom 28.7. „III. Die Pubs"; Nr. 146 vom 1.8. „IV. Nachwirkungen des Krieges"; Nr. 150 vom 7.8. „V. Marble Arch". Und in: *Berliner Börsen-Courier* Nr. 289 vom 22.6. „Londoner Kinos"; Nr. 331 vom 17.7. „Aus dem Zentrum des Londoner Filmgeschäftes. Der große Unbekannte"; Nr. 502 vom 24.10. „Englische Hopfenpflücker".

62. AN DIE *KONTINENT KORRESPONDENZ*
[London] 21. Juni [1924]
30 Torrington Square

Soeben trifft, nachmittag 6 Uhr, Euer 2ter Brief ein. Damit ist Telegramm und Brief von heute morgen überflüssig. Trotzdem bitte ich nochmal alle Eingänge sofort mit Postkarte zu bestätigen. Was die „Londoner Bilder" anlangt, so bestätigt nach *Nummern*. Drucksachen sind gar nicht angekommen.
Nun zum Brief:

1.) *Göbels* Artikel können gebracht werden (an alte Bezieher der Wirtschaftsberichte). „Befugnisse des Eisenbahn Kommissars" ist besser wie der andere. Diesen letzteren zeichnet vielleicht *Göbel* mit *seinem* Namen, da er eine *politische* Stellungnahme enthält. Dieser soll so ca 3 Tage hinter dem ersten versandt werden. (Ein bißchen sind die Artikel zu lang.)

2.) Brief *Chemnitzer Tageblatt:* Annehmen, als Correspondenz die „Bilder" schicken. Einen Vertreter in London haben sie nicht, höchstens *Kries*, der *nicht* wirtschaftlich berichtet. (Im übrigen hören wir, daß Kries vollständig hier abgewirtschaftet hat. Er sucht hier mehr Geschäftsverbindungen als Journalismus, man spricht davon, daß er demnächst ausgewiesen werden soll.)
Die Quelle unserer Informationen ist doch jedesmal angegeben, im übrigen sind es meine eigenen Informationen.

3.) Brief *Zeit* dilatorisch behandeln und versuchsweise anfangen. Bei der *Ausschließlichkeit* mindestens 50 M pro Artikel. Vielleicht lassen sie betr. Feuilleton mehr mit sich reden. Reichsausstellung werde ich behandeln.

4.) Für Chesterton die Propaganda *ruhiger*, da wir wahrscheinlich hohe Gebühren zahlen müssen, sowohl an Ch[esterton] wie an Gr[abisch].

5.) Angelegenheit Gr[abisch] entwickelt sich immer ungünstiger. Der Mann ist im Augenblick wieder nicht zu bewegen, weiter zu schreiben. Es ist gräßlich. Er hat dazu heute 5 £ bekommen –

6.) Vertrag mit Ass[ociated] N[ews] Serv[ices] auf folgender Linie getätigt:
a) Telephondienst über Paris täglich 3 Minuten (das genügt), monatlich (inklusive allem) 70 £. (Von Paris nach Berlin muß noch über einen Korrespondenten dort organisiert werden.)

Vielleicht Guttmann fragen, *Dienst geht englisch.* Wenn wir Abonnenten dafür bekämen, ginge die Sache. Wir haben uns zu entscheiden am 15/7.

b) Artikeldienst 20 Artikel den Monat (à 1000 Worte) und 10 Kurzgeschichten Preis 130 £. Entscheidung am 20/7. Bis dahin zahlen wir für jeden *von uns angenommenen* Artikel 75 M. Dies gilt vom 1.7.

c) Gegenseitigkeitsdienst für Wirtschafts- und Finanzartikel aus Deutschland nach England. *Mit Swesditsch müßte andere Vereinbarung getroffen werden, oder am besten gar keine. Jedenfalls könnte er in diese Abmachung überhaupt nicht hinein.*

Alles das könnte nur gemacht werden, wenn wir von irgendwoher finanziert würden. Der Ass[ociated] N[ews] Serv[ices] ist bei der Deutsch. Botschaft *sehr gut* angeschrieben. Habe mit Graf Bernstorff, dem Handelsattachee, selbst gesprochen.

7.) Börsen Courier Kurzgeschichten ist wohl erledigt? Fallengelassen?

8.) Grabisch ist Sonnabend noch hier, falls Jhering kommt.

9.) Die Fourier-Sache könnte wohl meine Frau zu Ende führen, monatliche Zahlungen sind da notwendig. Zeit 9 Monate, mindestens 200 M monatlich und später Prozente.

Besten Gruß

Larsz

63. AN DIE *KONTINENT KORRESPONDENZ*
[London, 22./23. Juni 1924]

1.) Anbei eine zufällige Auswahl. Habe zu wenig Zeit, Material zu besorgen. Es ist auch übergenug England in der K.K. Die Dinge mehr nur als Anregung nehmen oder auf Deutschland abdrehen.

2.) Betreffs der Tenders – wo bleiben die Balkanterr., Ägypten etc. Ich kann in der nächsten Post die Dominions hier zusammenstellen. Aber das nützt wenig. Die Einkäufer sitzen meist nicht im Hause der Dominions, sondern in eigenen Büros und die spec. Funktion der Büros etc muß man eben erst auch von Fall zu Fall im Co[ntinental]Pr[ess]A[gency] nachfragen. Das wird sehr schwierig werden, weil auf C.P.A. absolut kein Verlaß u.

Campbell mir mit jed. Tag weniger gefällt. Hätte ich nicht zufällig Geld schon im voraus für C[ampbell] berechnet, so käme es hier bei ihm alles auf glatte Erpressung heraus. *Nützen u. helfen tut er mir nichts.* Im Gegenteil. Bei der andauernden deutschfeindl. Stimmung hier, die künstlich gemacht wird, ist die Tender-Frage sehr gefährlich anzufassen, besonders mit solchen Leuten wie C[ampbell]. *Heute ist Dr. Mamlock* glücklich weg, das war furchtbar und ich habe überhaupt *keine* Lust mehr, für das B[erliner] T[ageblatt] überhaupt etwas zu schreiben.

3.) Durch den mangelnden Contact mit Göbel ist eine sehr dumme Verzögerung eingetreten. Die Frage steht nämlich: Was kann ich ohne weiteres von Berlin etc aus tun, und *was von hier,* um es einzuleiten und zu festigen, bedarf es schon einiger Tage an sich – warum darüber keine *definitive* Antwort. Ich verliere doch nur Zeit, manches kann sicher von dort besser in Angriff genommen werden.

Bis Ende der Woche hoffe ich in der Hauptsache Wembley zu haben, besonders u. was ja auch wichtiger die verschiedenen Industrieanalysen. Bis jetzt: Optik, Spinnmaschinen, Weißblech, Gas u. Heizung, Elektrisch. Materialien, Schwerindustrie, Werkzeuge, Hüte, Handschuhe, Leinen, Spielwaren, Pianos, Papier, Glas, Tuche, Radioartikel. Das andere vervollständige ich noch. Abonniere ich hier Zeitung + Zeitschriften, halte lose Verbindung trotzdem zu C.P.A. (eventuell über Kurella – auch da muß jetzt G[öbel] entscheiden), es sind doch nur 300-400 M und ein Monat, der uns gut nützen kann – so ist die wichtigste Vorarbeit getan, auf die sich die Leipziger stützen können u. wir treiben es von B[erlin] aus weiter.

Aber ich muß jetzt hier Klarheit haben.

Ein aufschiebender (nichtssagender) Brief von G[öbel] war zudem als Luftpost ungenügend frankiert, so daß er gewöhnlich ging. *Bitte läutet G[öbel] an* und drängt auf Bescheid. Schade um die Zeit.

Habe ich bis Sonnabend keine festumrissene Antwort, Aufträge etc, so rüste ich Anfang nächster Woche zur Abreise.

Sonst, mit Boden unter den Füßen, erledige ich entsprechend alles im Laufe der folgenden Woche, so daß ich Ende d.n.W. abreisen würde.

In *dem* Falle und insbesondere für Ankauf der Zeitsch. u. benötigten Materialien brauche ich noch gut 500 M, auch zur Bezahlung eventueller Hilfskräfte (C.P.A. und andere). Ich würde mich dann in einzelnen Fällen auch an den deutsch. Handelsattachee wenden, den ich in jedem Fall aufsuchen möchte.

Immerhin könnt Ihr betonen, G[öbel] gegenüber, daß er die verschiedenen Industrieberichte auch so bekommen wird. Ich will nur solange als irgendmöglich damit warten – mit Rücksicht auf die unfertige Ausstellung.

Also drängt nochmals G[öbel] auf Definitivum, damit ich nicht unnötig alle die Untersuchungen über Lage u. Kombinationsmöglichkeit mache. Das strengt natürlich furchtbar an und nur zu Artikelzwecken lohnt es sich nicht. Baut aber G[öbel] weitere Dinge darauf auf, so ist das hier im Grunde vorgeleistete Arbeit und dadurch eher tragbar.

Ich kann schon heute mit Bestimmtheit erklären, daß ich nach meiner Rückkehr keine irgendwelche Arbeit im dortigen Büro von irgendwelcher Bedeutung leisten werde. Dazu bin ich viel zu erschöpft.

                Franz

64. AN DIE *KONTINENT KORRESPONDENZ*
[London, 22./23. Juni 1924]

1.) Die Bestellungen der ägyptischen Eisenbahn könnt Ihr glaub ich bringen (Ch[ristian] G[öbel]).

2.) Adressen der Dominions.
Neu Seeland-House Strand 415
South African Trafalgar Square
Australia-House Strand, St. James
Canada Kinmaid-House Pall Mall
Malaya 88 Cannonstr. Lond. E.C.

3.) Von Göbel noch ohne Nachricht. Sagt dem G[öbel], daß ich nur noch morgen für ihn Berichte schreiben kann. Ich kann nur eines tun: Entweder Berichte einholen, nach Informationen laufen u. mit den Leuten sitzen und sprechen – *oder:* Berichte *schreiben.* Ich hatte mich darin getäuscht.

Ich habe tatsächlich keine Zeit zum Diktieren. Ich muß doch auch das Material erst ordnen u. vorarbeiten.

Zum Feuilleton werde ich hier auch nicht kommen, vermutlich.

Ich schreibe morgen (da ich mir den ganzen Tag frei gemacht habe) einen allgemeinen Artikel über Wembley[1] für K[ontinent] K[orrespondenz].

Besten Gruß
Franz

---

1 Larsz: „Die englische Industrie auf der britischen Reichsausstellung. I. Allgemeines über den Zweck und die Organisation" in: *Berliner Börsen-Courier (BBC)* Nr. 317 vom 9.7.1924; II. „Die Motorfahrzeugindustrie" in: *BBC* Nr. 329 vom 16.7.1924; III. „Die Verkehrsgesellschaften" in: *BBC* Nr. 358 vom 1.8.1924.

65. AN DIE *KONTINENT KORRESPONDENZ*
[London, 23. oder 24. Juni 1924]

1.) Ich mache darauf aufmerksam, daß unter den Anschreibg. u. Bedarfsanmeldungen *diejenigen* umgearbeitet werden müssen, die Anfragen beim Oversea-Department enthalten, entweder durch Anfragen beim ägypt. Generalkonsulat, Reichsverband etc oder durch Weglassen des betr. Hinweises.

2.) Anbei eine Anzahl Gossips.

3.) Traf unterwegs Gäde und werde für Göbel morgen berichten. Der Brief an Euch, sorgt dafür, daß Göbel ihn Sonnabend noch erhält.

Ich bitte um Leipziger Adresse Göbels.

Sonst bisher alles soweit ganz gut
Franz

66. An die KONTINENT KORRESPONDENZ
[London] 23/6. [1924]

Grabisch hat 5 £ erhalten.

Ich heute 10 Dollar, in 3ten Brief. Telegramm erhalten mit *Ankündigung* von *6 Briefen und 42 Dollar.*

Schreibe heut noch einmal mit neuer Adresse. Bleibe bis *Freitag* nur hier wohnen. Letzter Brief an *diese* Adresse Dinstag abend.

Larsz

67. An Theodor Beye
[London, 24. Juni 1924] Dinstag Abend

Ich erhielt Ihr Telegramm.

Anbei 1 Artikel. Ein zweiter über englische Industriefilme folgt.

Ich sandte Ihnen „Idea". Darin war eine *Geschichte* von *Rosa Brighton.* (Zum Übersetzen als Kinoartikel) (Mindestens schon vor 8 Tagen).

Haben Sie denn überhaupt keine Drucksachen erhalten?

Grabisch sendet heute an Frau einen Chesterton. Wenn *Ryan* (worüber Gr[abisch] schreibt) die Autorisation aus Propagandagründen bezahlt, wollen wir ihn weiter vertreiben. Holen Sie sich den Artikel u. fragen Sie an. Geldlage durch Grab[ischs] Versagen weiter schlecht. Ich fahre Freitag voraussichtlich für ein paar Tage zu *Campbell*[1].

Dorthin die Briefe.
Besten Gruß
Larsz

Ich habe hier bloß zu schreiben und zu laufen. Zum Verrücktwerden.

Ich hatte mir meine Londoner Reise anders gedacht. Da hätte ich können besser in Berlin bleiben. Dort ist das Schreiben bequemer.

An Göbel sagen Sie, er soll, wenn er Informationen hat, sie gleich durch uns veröffentlichen.

Ich traue ihm nur nicht viel zu. Anregungen ja, aber sonst –
Na wir werden das dann schon einrenken.

1 Englischer Journalist, Freund von Joseph Grabisch, Mitarbeiter der Kontinent Korrespondenz. Beiträge über Joseph Conrad in *BBC* Nr. 369 vom 8.8.1924 und *Germania* Nr. 331 vom 9.8.1924 und über die englische Schauspieler-Gewerkschaft in *BBC* Nr. 487 vom 16.10.1924.

68. AN DIE *KONTINENT KORRESPONDENZ*
[London, 24. Juni 1924]

my new address is 31 charlottestreet w 1 articles arrive friday – larsz

69. AN THEODOR BEYE
[London, 24./25. Juni 1924]

Lieber Beye,
heute erhalten: 1 Luftpostbrief (10 D) und Ihren Brief, enthaltend (12 Dollar). Die Lage hier ist ziemlich schwierig. Ich fürchte, daß wir drüben mit zu hohen Spesen arbeiten. Dafür ist die *beste* Verbreitung zu gering.

Ich glaube nicht, daß wir *irgend etwas* ohne Reisen ausrichten. Aber immerhin – dann haben wir für später Material genug, auf das wir uns berufen können. Ich kann auch für später dann englische Dinge behandeln so nebenbei. An irgendwelche Leute mit *praktischem* Erfolg heranzukommen, ist fast unmöglich. Spricht man endlich mit ihnen, so *wissen* sie nichts. Dann heißt es, werden Informationen durch besondere Specialisten besorgen lassen (kostet 20 £).

Ich denke aber, daß man nach unserer Methode doch hier aufbauen sollte. Ich habe vielleicht 2 Leute an der Hand, die nach meinem Weggange hier allein alles für uns raussuchen werden – gegen Erstattung der Hauptunkosten. Werden wir finanziert, können wir ruhig bei A[ssociated] N[ews] S[ervices] bleiben und den Leuten unsern Mann aufzwingen. An u. für sich könnten sie schon etwas machen. Was Swesditsch anlangt, so fällt ja alles weg, da wir nach der neuen Abmachung pro Artikel bezahlen. Bezahlt Sw[esditsch] davon die Hälfte mit, so teilt er auch die Hälfte der etwaigen Einnahmen. Aber praktisch kommt das gar nicht in Betracht. Ich denke, wir ziehen die Leute bis Mitte Juli hin. *Kleine* Nachrichten werden wir unterbringen können hier, auch direkt, größere Artikel sicher erst später, *heute* ganz aussichtslos. Sagen Sie das Göbel. Wenn G[öbel] u. Pl[atsch] Informationen haben (20-30 Zeilen), schicken Sie sie so ruhig raus, immer mit einer halben Quellenangabe. Aus den u. den Kreisen wird uns geschrieben oder ähnlich.

Mit *Grabisch* ist die Sache sehr unangenehm. Ich werde mich heut abend hinsetzen und den 2ten Brief selbst schreiben. Es ist eine unmögliche Quälerei. Es tut mir sehr leid, aber ich kann jetzt nicht mehr anders. Für mich ist die ganze Schufterei hier gewiß kein Vergnügen. Machen Sie für *Gr[abisch]* eine genaue Abrechnung fertig. Meiner Meinung nach hat er nichts zu bekommen.

Ich gab ihm *bar* zur Verrechnung i.g. 11 £. Soviel bleiben noch stehen, nachdem er einiges zurückgezahlt hat.

Ist der Brief weg an Ch[armian] London?

Was *Chesterton* anlangt, seien Sie künftig *vorsichtiger.* Wer weiß, wieviel Autorisation u. Honorar wir zu zahlen haben. Das ist für uns sicher kein Geschäft. Chesterton muß pro Artikel bringen mindestens 100 M, wenn wir nur die Unkosten raus haben wollen.

An *Magnus* zahlen Sie keinen Pfennig!

Ebenso werden wir Gyldendal noch ganz anders kommen können. Heut nochmal mit Maxie gesprochen.

Beste Grüße

Ihr Larsz.

Schreiben Sie doch mal was übers Büro.

*Brief aus London vom 13.6.1924; steckbrieflich gesucht,
lebte Jung bis 1928 unter dem Namen Franz Larsz*

70. [Vermutlich an O. Bamborough]
[London, 25. Juni 1924]

Dear Sir,
I have received yours and am in agreement with your conditions.

In order to put the agreement into execution on the 10 July, I shall give you full particulars re the conditions of the telephone service that you reckoned at £ 75 per month. With regard to the article service that you reckoned at £ 130, re 75 gold mks pro article, I shall give you a definite answer on the 20th July. I have just written Berlin to the effect that, beginning from 1st July, each of your articles placed shall be reckoned at 75 gold mark.

Many thanks for your note of 25. inst. I shall be pleased to profit from the kind offer of Major Street.

Yours sincerely
        Larsz

A settlement of the articles already placed will be made through Mr. Svasditch.

71. AN CLÄRE JUNG
[London] W1, 27th June
31 Charlotte Str.

Liebe Claire,
ich schreibe gleichzeitig ans Büro. Ich glaube, wir müssen schon jetzt anfangen uns umzustellen. Wenn man die Sache richtig überlegt, ist der neue Versuch, mit Korrespondenz einen Rückhalt zu finden gescheitert. Wir brauchen nur anfangen zu rechnen. Alles, was geschrieben wird, muß ich schreiben. Wenn Du bedenkst, daß jeder Artikel fast 2-3 Stunden benötigt, so kannst Du denken, daß ich den ganzen Tag hier unter schlechten Wohnverhältnissen obendrein sitze u. schreibe. Vormittags laufe ich ein paar Stunden in der City herum, ohne viel Zweck und Erfolg. Alles, was da eingeleitet wird, hat nur Sinn, wenn wir Geldleute hinter uns haben. Aus eigenen Mitteln können wir nichts entwickeln.

Ass[ociated] N[ews] S[ervices] schieben wir dann im ganzen ab, wenn ich zurück bin. Die Abmachung ist nur die Plattform, falls wir Geldleute gefunden hätten. Ich werde noch 2-3 Wirtschaftsartikel schreiben und 4-5 Bilder. Wie Ihr sie verwenden könnt, müßt Ihr schon sehen. Ich bestelle dann hier einige Zeitungen u. Zeitschriften, mit denen ich dann von Berlin weiter arbeiten kann. Außerdem bringe ich noch ein paar Nachmittage in der Ausstellung zu um noch mehr Material zu sammeln, das ich dann in Berlin verarbeiten kann.

An und für sich steht die Frage, ob der englische Dienst überhaupt weiter gemacht werden kann. Man muß mal Ausgaben und Einnahmen genau zusammenstellen, *ob* es sich lohnt. Jedenfalls aber nur in *einfachster Form.*

Ich bin zwar ziemlich niedergeschlagen, aber nicht gerade verzweifelt. Wenn überhaupt sich etwas noch machen läßt, so werde ich hier *Campbell* als unseren Vertreter einsetzen, der uns ständig Ausschnitte u. Zeitungen senden wird. Aber 1.) ist Campbell ein zweiter Tautz, weich, unselbständig u. ungeschickt, obgleich er es gern machen würde, 2.) kostet das auch Geld. 5 Pfund mußte ich ihm dalassen, denn er hat nichts und lebt bei seiner Mutter draußen auf dem Lande sehr kümmerlich. Dann müßte man ihm einrichten eine Art Möglichkeit, von hier aus Sachen an die hiesige Presse zu verschicken. Ich kann nicht übersehen, ob das für uns Zweck hat, aber versuchen würde er es schon u. er kann auch einige Beziehungen dafür auftun, selbstverständlich würde er aber nicht so laufen wie Beye.

Vielleicht verbilligt sich das, wenn Campbell eine Vertretung des Malik-Verlages bekommen würde. Für den Verlag wäre es günstig, hier Bücher herauszugeben. Riesige Nachfrage, auch meine Bücher[1] könnten hier erscheinen. Malik-Verlag könnte mit einem hiesigen Verlage sich verbinden (Henderson). Schrieb darüber an *Malik*. Frage mal nach. Von mir erscheint wahrscheinlich „Rote Woche" im Daily Herald u. Geschichte einer Fabrik im Parteiverlag. Zahlen aber kaum die Übersetzung. Campbell könnte für „Arbeiter Literatur"[2] schreiben u. dort wenigstens etwas verdienen. Würde auch schon seine Position stärken. Sprich doch mal darüber u. lasse an ihn einige Nummern senden.

Mit Grabisch steht die Sache insofern schlimm, weil er weder arbeitet noch Geld hat und nur schimpft, dabei aber nicht mal offen ist. Natürlich hat er alles mit Kries verdorben, mit Jhering wird es jetzt dasselbe werden. Ich kann schließlich aber nichts anderes machen, als für ihn zu bezahlen – solange seine Frau[3] ihm kein Geld von ihren Sachen schickt. Es ist ausgeschlossen, ihn zu weiteren Arbeiten noch zu pressen. Außerdem würde er nur jeden Tag wieder etwas neues anfangen. Chesterton zu publizieren war bedauerlicherweise ein Fehler. Es liegen 10 Pfund Autorisation darauf – und *nur* für Buchform. Auch short stories werden *normalerweise* schwer sein. Nur wo man versuchen kann *ohne* Autorisation, dann ist es möglich.

Alles in allem also – sparen und einschränken. Die Göbelschen Informationen taugen alle nicht viel, ohne Tatsacheninhalt u. plump aufgemacht. Nur mit Vorsicht zu verwenden nur gelegentlich – ich selbst werde sie dann schon besser vielleicht umgießen können.

Ich fürchte auch, daß Göbel zu viel Geld von uns verlangen wird. Jedenfalls, wenn die literarische Arbeit sowieso nur auf mir steht. Apparat verkleinern. Man blufft nur am Anfang, um das Interesse zu wecken – das haben wir genug getan, jetzt muß die Ernte kommen oder *gleich* einstellen. Eventuell kann ja Beye auf Basis der schon geleisteten Arbeit, die hoffentlich alle gesammelt wird, später auch noch wieder vorstoßen, wenn Zeiten u. Aussichten besser sind. Ich habe bis jetzt etwa 44 Dollar erhalten, 10 sind noch angekündigt. Ich muß mir noch ein Paar Schuhe kaufen, (von dem Rumlaufen sind meine kaputt), vielleicht 2 Hemden? Ich schätze das auf 5 Pfund, Rückreise ebenfalls 5 Pfund und dann brauche ich noch für die kommende Woche zum Leben. In meinem Besitz befinden sich noch 5 Pfund, die ich in jedem Fall als Reserve behalten möchte, damit sich nicht die Unruhe der ersten 8 Tage wiederholt. Du siehst an irgendwelche Reisen ist nicht zu denken. Morgen fahre ich über Sonntag zu Campbell heraus, kostet auch über 1 Pfund – und übernächsten Sonntag denke ich dann abzufahren. Ich habe viele neue Eindrücke gehabt u. bin abgesehen von dem augenblicklichen finanziellen Erfolg doch sehr zufrieden. – Es war nur zu viele und zu umständliche momentane Arbeit.

Leider muß ich mich dann in Berlin gleich wieder in die neue Arbeit stürzen. Ich hätte große Lust, mich wo erst mal auszuruhen.

Also bis dahin herzlichen Gruß
Franz

Die Wohnungsfrage drüben beginnt wohl auch schon zu drücken?

---

1 Als Vermittler zu den Verlagen und Übersetzern gedachte Jung offenbar den Schriftsteller Eden Paul zu gewinnen, mit dem er einen kleinen Briefwechsel hatte.
2 In dem von der Kommunistischen Internationale gegründeten Verlag für Literatur und Politik erscheinende Zeitschrift (1–12, 1924) für proletarische Kultur.
3 Agathe Bullit, Schwester des irisch-amerikanischen Diplomaten William C. Bullit, dem späteren ersten Botschafter der USA in Sowjetrußland.

72. An die KONTINENT KORRESPONDENZ
[London] W1, 27/6.24
Charlotte Str. 31

Ich erhielt *heute* bereits Brief an neue Adresse, gestern Brief betr. *Ankündigung* von weiteren 10 D. sowie 10 D., 10 sh.

Die zurückgesandten *Notizen* kann man versuchen, in Deutsch als deutschen Dienst zu verschicken. Die übrigen behalte ich hier, trotzdem ist vorläufig noch nicht daran zu denken, sie hier unterzubringen. Das kann hier noch 4 Wochen dauern und auch dann noch sehr zweifelhaft.

Nachdem die *Finanzierungsfrage* zweifelhaft geworden, kommt *Ass. New. Serv. u. Telefondienst* für uns kaum in Betracht.

Wenn möglich, die *Reisebriefe* ganz unter den Tisch fallen lassen, da Gr[abisch] doch nicht liefert und mir die Sache zu viel wird. *Schließlich hat alle Arbeit auch ihre Grenzen.*

Was *Chesterton* anlangt, habe ich bereits mehrmals geschrieben. Wenn wir von Gr[abisch] später zufällig etwas erhalten, wofür *er* die Autorisation hat, meinetwegen – sonst nicht. Ch[esterton] kommt für uns zu teuer und 50 M ist kein Preis. Ich glaube auch, daß Gr[abisch] über kurz oder lang doch die Beziehung zu B[erliner] B[örsen] C[ourier] *allein* und ohne uns auszunutzen versuchen wird.

Er schickt schon jetzt die Irischen Reisebriefe[1] Chestertons an Gott u. alle Welt (Hochland, Bresl Volks Ztg u. wer weiß noch)

Ich wußte auch, daß Gr[abisch], der überall ableugnet, mit uns etwas zu tun zu haben, mit Kries die Sache in ein ganz falsches Gleis geschoben hat.

Also, ich glaube, *wir werden den ganzen Apparat einschränken müssen.* Vielleicht mindestens 1 Mädchen schon *jetzt* entlassen. Bei dem Zustand der Zeitungen bringt unsere Arbeit das nicht ein.

Ich kann auch nicht daran denken, hier irgendwie herumzureisen. Das billigste (Manchester) kostet schon 5 £ allein Eisenbahn.

Ich muß das wissen, ob *die Drucksachensendungen eingetroffen sind.* Ich muß sonst die Sachen selbst mitbringen.

Zeitungsausschnitte zu senden, hat keinen Zweck. Ich kann hier nichts damit anfangen. Ich habe weder Zeit noch Lust, sie überhaupt zu lesen.

Ich ersuche dafür zu sorgen, daß Frau Grabisch *aus ihren Mitteln* an Gr[abisch] etwas Geld sendet.

Besten Gruß
Larsz

1 Chestertons „Reise nach Irland" erschien in Grabischs Übersetzung u.a. in: *BBC* Nr. 281 vom 18.6.1924, *Münchner Neueste Nachrichten* Nr. 172 vom 27.6.1924, *Germania* Nr. 272 vom 5.7.1924; und „Der Schwarze Fleck. Von einer Reise nach Irland" in: *Münchner Neueste Nachrichten* Nr. 185 vom 10.7.1924.

73. AN DIE *KONTINENT KORRESPONDENZ*
[London] Sonnabend 28/6 Vorm.

Ich erhielt soeben einen Brief (inliegend 10 Dollar). Von den darin erwähnten 62 Dollar insgesamt, habe ich nur 52 Dollar erhalten, die mit einem Brief von Beye / gleichzeitig angekündigten 10 Dollar, die am *Donnerstag* hätten eintreffen sollen, habe ich nicht erhalten. Freitag bin ich umgezogen, aber auch heute dort nicht eingetroffen. Es ist nicht ausgeschlossen, daß der Brief *dort* verloren gegangen ist, die Leute sind nicht sehr freundlich gewesen.

Ist er eingeschrieben gewesen, *sofort* reklamieren. Eingeschriebene Wertbriefe erhalte nicht ich, sondern hier der Householder. Das ist in dem Falle die Wirtin Mrs. Band, 30 Torrington Square. *Nachsenden* gibt es auch hier nicht.

Normalerweise müßte aber ein Dinstag abgeschickter Brief bis Freitag abend hier mindestens eingetroffen sein.

Sendet das nächste Geld in rascher Aufeinanderfolge, vielleicht über verschiedene Firmen, damit ich Ende der Woche alles habe und dann abreisen kann.

Was Grabisch anlangt, so zahle ich ihm *hier* für jeden O. Henry 50 M.

Ich lasse durch *Campbell* eine Anzahl Zeitschriften u. Bücher senden. Welsh „*Underworld*", „*Children of the Dead End*" und „*The Rugged Trousers Philantropists*" will ich Hoym oder Malik-Verlag später anbieten. Die Wirtschaftszeitungen gebt an Göbel, den Rest an *Strüwer* oder sonstwen.

Aus dem heutigen Brief ersehe ich, daß die Sache etwas optimistischer steht, als ich gestern annahm. Betreffs *Telefondienst*

1x am Tag 3 Minuten kostet uns einschließlich *aller* Spesen von London nach Paris 70 £, von dort nach Berlin rechne ich nochmal 30 £, macht 100 £ im Monat. Wir würden den Dienst *abends* nehmen, so daß wir noch *nachts* etwa um 10 Uhr abend Berliner Zeitungen bedienen könnten, sonst nächsten Morgen auch gleich die Provinz. Der Dienst würde sehr günstig liegen. Rechnen wir ca 500 M auf unsere Arbeitsspesen zu, so haben wir also mit 2500 Mark Mindestsumme der Einnahmen zu rechnen. Dienst kann angeboten werden mit 200 M, 100 M und 75 Mark und Telefonspesen *extra*, d.h. wir berechnen den Prozentsatz der Spesen London–Paris, Paris–Berlin, Berlin–Zeitung oder Provinz. London–Paris kostet 8 shilling pro Gespräch. Das andere weiß ich nicht. Diese Summe wird aufgeteilt auf die Abonnenten und nach der Größe der Blätter etwas abgestuft. Praktisch also: 10 Blätter à 200 M decken ungefähr unsere Kosten, Telefonspesen sind *unser* Verdienst.

Auf Graf Bernstorff und Dr. Wendler (Attachees der deutschen Botschaft in London) kann als Referenz Bezug genommen werden.

Die Zeitungen müssen aber Spesenvorschuß stellen. Dann kann der Dienst als Kontrolldienst für große Zeitungen, die schon eigenen Dienst haben, billiger abgegeben werden, wenn die Gesamtsumme schon gedeckt ist. Ich glaube aber, ohne Reisen u. persönlichen Besuch der Zeitungen ist nichts zu machen.

Außerdem: *ohne* finanziellen Rückhalt nichts anfangen. Es ist ausgeschlossen, daß wir aus eigenen finanziellen Kräften derartiges anfangen können. Ich würde darauf keinen Pfennig Spesen verwenden.

Was meine nächsten Wirtschaftsartikel anlangt, so werde ich die Möglichkeit englisch-deutscher Wirtschaftsverbindung sehr *pessimistisch* behandeln. Ich habe darin andere Erfahrungen gesammelt als Dr. Göbel. Die Sache sieht anders aus. Die Lage in England spitzt sich zusehends *gegen* Deutschland zu. Habe darüber gute Informationen.

Ich beginne nächste Woche Wembley zu behandeln. Ihr müßt selbst sehen, wie Ihr die Artikel behandelt, als Wirtschaftsbriefe oder Correspondenz oder sonstwie besonders. Ich kann das von hier nicht übersehen.

Schreibe einen längeren Artikel über Tanganika (früher

Deutsch-Ostafrika). Schickt ihn *besonders* an rechte Zeitungen. Sehr interessantes Material.

Die *München-Augsburger Abendzeitung, Magdeburg. Ztg, Leipziger Tageblatt* u. *Hambg. Correspondent* nicht aus den Augen lassen. Irgendwie müssen wir die Blätter bekommen. Auch die Thüring. Allg. Ztg. nochmal versuchen. Ich glaube, *dort* hat uns Kries geschadet. Er hat an 2 Ztg schlechte Auskünfte geschrieben. Vielleicht kann man noch aufklären.

Einige Bilder schicke ich auch noch. Sie fangen uns vielleicht Leute ein. Grab[ischs] Reisebriefe schreibe ich, wenn irgend möglich, erst von *Berlin* aus.

Wenn es irgendwie notwendig, kann ich auch noch einen Kino Artikel schreiben. Habe einiges Neues, sonst schicke ich Euch lieber ein paar Zeitschriften, aus denen ihr 10 Artikel mindestens nehmen könnt. Man muß sie nur streichen u. ein bißchen neu überarbeiten.

Ich denke, ich habe alle wichtigen Fragen berührt. Fahre jetzt zu Campbell.

Also beste Grüße
Franz Larsz

74. AN DIE KONTINENT KORRESPONDENZ
[London, 28. Juni 1924]

Anbei der Deutsch-Ostafr. Artikel. Ich würde vorschlagen, ihn als allgem. Korrespondenz an alle unsere Zeitungen zu versenden. Aber im übrigen entscheiden Sie, wie das besser ist.

2.) Kleine Notiz – weiß nicht, ob sie schon überholt ist. Kommt heut hier erst raus.

3.) 70 Dollar heut erhalten. *Ich brauche jetzt trotzdem noch das Reisegeld.* Bitte so schnell wie möglich zu senden. Will bald abfahren, spätestens nächsten Mittwoch.

Gruß
Larsz

Brauche noch mindestens 20 Dollar, wenn nicht 30. Muß auch für Campbell und Gr[abisch] noch etwas hier lassen.

75. AN DIE *KONTINENT KORRESPONDENZ*
[London] Montag Vormittag, 30/6 [1924]

Ich weiß nicht, was das Berl. Tagebl. speciell von Wembley[1] verlangt. Auf alle Fälle unabhängig vom Tageblatt (richten Sie das ein, wie Sie wollen)
1.) beginne ich heut mit einer *besonderen* Serie[2]
Englische Industrie in Wembley.
Sende Ihnen die ersten beiden Artikel. Für unsere Besteller geht das auch als *besondere* Korrespondenz, *außer* den Wirtsch. Briefen. Vergessen Sie nicht hinzuzufügen, daß die Industrie mit Rücksicht auf deutsche Industrie behandelt worden. (Konkurrenzfragen etc behandelt)
Ich stelle mir vor etwa:

I   Allgemeines
II   Automobilindustrie
III   Pianoforte, Musikinstrumente
IV   Elektrische Industrie
V   Stahlwaren
VI   Papier u. Büroartikel
VII   Bijouterie, Uhren u. Massenartikel
VIII   Textilindustrie
IX   Lederindustrie
X   Maschinenindustrie (Schiffbau)
XI   Chemische Industrie
XII   Verkehrsindustrie (Eisenbahnen, etc)

eventuell Chemische Industrie oder noch das eine od. andere.
Ich sende Ihnen neben diesen beiden im Laufe der Woche noch *zwei*. Mit diesen vieren müssen Sie auskommen, bis ich dort bin. (Geht als *Larsz*)
2. *Bilder von Wembley* werde ich auch versuchen (im Rahmen der Londoner Bilder). Sie erhalten heute abend *zwei*. (Als *Ryberg*)
3.) Die Wirtschaftsbriefe erhalten Sie weiter. (Morgen u. übermorgen je 1)
4.) Vielleicht kann ich noch einiges Allgemeine schicken zwischendurch.
5.) Erhielt heut 2 Flugpostbriefe. Teile optimistische Ansicht

nicht allzusehr. Besonders auch betr Grabisch u. Chesterton. Werden ja zusehen.

6.) Ich bitte, bei jedem Schritt um *genaueste* Kalkulation, damit wir nicht umsonst arbeiten.

7.) Göbel Artikel kann ich hier nicht unterbringen. Mit *Platsch Artikel*[3] warten. Viel zu lang für einfache Korrespondenz. Können ihn vielleicht *besonders* wo unterbringen.

 Gruß
   Larsz

---

1 Im *Berliner Tageblatt* erschienen unter dem Namen Ryberg zwei Bilder von Wembley, in Nr. 313 vom 3.7. „Spaziergänge in Wembley I. Die Propaganda der Welt" und „II. Australien, the land of gold"; im *Berliner Börsen-Courier* Nr. 296 vom 26.6. „Rodeo in Wembley" und Nr. 314 vom 7.7. „Deutsch-Ost-Afrika auf der Wembley-Ausstellung" (ungezeichnet).
2 „Die englische Industrie auf der britischen Reichsausstellung" erschien unter dem Namen Larsz in 3 Fortsetzungen im *Berliner Börsen-Courier* Nr. 317 vom 9.7. „I. Allgemeines über den Zweck und die Organisation"; Nr. 329 vom 16.7. „II. Die Motorfahrzeugindustrie"; Nr. 358 vom 1.8. „III. Die Verkehrsgesellschaften".
3 Dr. Max Platsch, Wirtschaftsjournalist beim *Industrie-Kurier*.

76. AN DIE *KONTINENT KORRESPONDENZ*
[London] Montag, Abend [30. Juni 1924]

Ich erinnere nochmals daran, daß Gr[abisch] von drüben von anderer Seite noch Geld erhalten muß. Ich sehe bei der Freundschaft für Gr[abisch] keine Möglichkeit, daß wir ihn weiter erhalten. Selbst wenn wir alles 50:50 rechnen, so hat er schon einen beträchtlichen Vorschuß. Chesterton verlangt wahrscheinlich ebenfalls die Hälfte unserer Einnahme, ebenso O. Henry Manager, wenn er uns zu fassen kriegt. Vorläufig verstecken wir uns hinter Kiepenheuer. Man muß *richtig rechnen* lernen. Und dann, *unsere* Arbeit rechnet überhaupt nichts?

Jack London – Gyldendal hinhalten. Machen Sie, wie Sie denken. Jedenfalls ist doch möglich, daß wir von Frau London noch Autorisation bekommen, jedenfalls Maxie hat für uns darum geschrieben.

Die beifolgenden Wembley-Bilder verwenden Sie, wie Sie

denken. Ich denke an folgende Liste: 3.) Der Streik der Lyons Girls. 4.) Ein Geschichtsunterricht des Negers. 5.) Die Goldküste (vielleicht mit i). 6.) Deutsch-Ostafrika. 7.) Die Sängerin im Kohlenschacht. 8.) Hongkong-Restaurant und später noch ein paar mehr. Da kann man soviel schreiben, wie verlangt wird.

Das 2te schreibe ich morgen.

Die 10 Dollars (Dinstag alte Adresse abgeschickt) sind sicher verloren. Forschen nun nach. [Absatz gestrichen, darunter:] *Soeben eingetroffen.*

Wirtschaftsbrief erhalten Sie morgen früh.

Schreiben Sie mal an unsere Interessenten nach *besondern* Wünschen. Das ist gut für die spätere Überleitung.

Schreiben Sie mir mal ausführlicher, *was* das Berl. Tageblatt eigentlich will.

Ist es noch Zeit, die *Zeit*[1] von Berlin aus zu bearbeiten. Dort wird es leichter sein.

Ich schicke demnächst einen Artikel: *An der Außenseite der englischen Politik* (interessanten Klatsch um die engl. Politik herum – das kann man alle 14 Tage dann bringen, als Serienartikel). Fragen Sie *nach* dem Artikel mal an.

Besten Gruß
    Larsz

Gr[abisch] hat Ihering[2] heut abgeholt.

---

1 In *Die Zeit* Nr. 153 vom 2.7.1924 erschien von Jung „England und die Kreditfrage", gezeichnet „Von unserem Londoner Mitarbeiter K.K." (= Kontinent Korrespondenz).
2 Ihering schrieb die Londoner Impressionen „Zwischen Tower und Wembley" in: *BBC* Nr. 388 vom 19.8.1924, Nr. 397 vom 24.8.1924, Nr. 400 vom 26.8.1924 und Nr. 424 vom 9.9.1924.

77. AN DIE *KONTINENT KORRESPONDENZ*
[London, 2. Juli 1924]

send twenty dollars for journey home – franz

78. AN DIE *KONTINENT KORRESPONDENZ*
[London, 5. Juli 1924]

send thirty dollars quickest way wire answer – larsz

79. AN DIE *KONTINENT KORRESPONDENZ*
London, Sonnabend, den 5. [Juli 1924] Vormittag

Ich erhalte soeben einen Brief Beyes vom 3./7. Am 2ten sandte ich 2 Telegramme, eins mit der Bitte um 20 Doll., das andre mit der Bestätigung der erhaltenen 70, Bedingungen des Telefon Dienstes u. nochmaliger Bitte um Reisegeld. Euer Brief scheint anzudeuten, daß die Telegramme nicht angekommen sind.

1.) Was den Telefondienst anlangt, so will ich deswegen so schnell wie möglich nach Berlin. Selbstverständlich können wir die Conferenz[1] behandeln, wenn es sich trägt. Über die Kosten müßt Ihr Euch ja klar geworden sein. Und dann: So einfach, *ohne* Abonnement ist das nicht zu machen. Telefondienst geht *nur* über Paris. Ihr könnt ja alles vorbereiten, auch principiell zusagen, ich werde dann den Schluß regeln.

2.) Das *Geld* langt ja bei weitem nicht. Wenn ich hier den weiteren Dienst vorbereiten soll, muß ich doch die Unkosten *vorher* bezahlen, selbst die bescheidensten: Presseanmeldung, Zeitungsabonnements, Büro, bezw. Wohnung für Campbell, Briefbogen, Visitkarten etc.

Dazu habe ich Grab[isch] und Campbell *ganz* auf dem Hals, die zum Leben nicht ein Pfennig haben. Gr[abisch] ist z.Bspl. so abgerissen, daß ich ihm Schuhe u. Wäsche kaufen mußte, damit er überhaupt auf die Straße gehen kann. Eins hängt eben mit dem andern zusammen.

Ich brauche *heut,* wenn ich Dinstag fahren will, 30 Dollars. Dinstag sind es vielleicht schon mehr.

Ich telegraphierte heut um dringende Antwort an Euch. Das Geld müßte wenn möglich telegraphisch gesandt werden. Oder per Luftpost auf Risiko.

Ich fürchte, Ihr habt schon Zeit verloren und es klappt jetzt nicht mehr.

Ich habe hier die vorbereitenden Schritte für den weiteren Dienst nur deswegen eingeleitet, weil ständig Anfragen nach Telefondienst von Euch kommen. Bin ich erst einmal weg, kann ich hier nichts mehr tun.

Ich sende heut im Laufe des Tages noch einige Manuskripte an Euch, W[irtschafts]B[erichte] u. Bilder
besten Gruß
Larsz

Findet schnellstens Möglichkeit, Geld aufzutreiben u. hierher gelangen zu lassen. Jeder Tag kostet jetzt doppelt.

1 Internationale Reparationskonferenz, die vom 16.7. bis 16.8.1924 in London stattfand und den Dawesplan beschloß, der die Zahlungsfähigkeit Deutschlands bei den Reparationsforderungen in Rechnung stellte.

80. AN DIE *KONTINENT KORRESPONDENZ*
[London, 8. Juli 1924]

send money immediately by telegramm – larsz

81. An den Ullstein Verlag
15. Juli 1924

Sehr geehrte Herren!
Nachfolgend überreichen wir Ihnen nebst den dazugehörigen Anlagen einen Vorschlag zur Herausgabe einer Zeitschrift nach dem Vorbild der englischen Magazins.

Solche Magazins beruhen darauf, literarisches Material mehrfach zu verwerten. Sie sind angegliedert an große Zeitungen und Druckkonzerne und es findet ein ständiger Austausch dieses Materials mit dem Material der Zeitung oder an beschränkte, in sich abgeschlossene Leserkreise gelangende Zeitschriften statt, so daß sie damit in die Lage versetzt sind, besonders hochwertiges Material durch dessen mehrmaligen Umsatz zu verwerten und in der Form der Zusammenfassung und Zusammenstellung dieses Materials eigentlich erst ihre Bedeutung gewinnen.

In Deutschland hat sich bisher ein solches Magazin nicht dauernd halten können, einmal weil der große Verwertungskreis im Rahmen des Konzerns an sich gefehlt hat, dann aber auch, weil es an genügendem Inhaltsmaterial gefehlt hat. Dieses Inhaltsmaterial ist in der Hauptsache der Typ der amerikanischen short stories[1]. Diese Kurzgeschichten haben bisher in Deutschland nicht Eingang gefunden. Die Kurzgeschichte ist allgemein gesprochen ein Ausschnitt aus dem wirklichen Leben, bearbeitet mit literaturtechnischer Vollendung unter Berücksichtigung des Leserinteresses seine Einführung in die Geschichten, den entsprechenden Ausklang bzw. die Überleitungen. Der Wert einer Sammlung solcher Kurzgeschichten, wie sie ein Magazin darstellt, besteht darin, daß solche Kurzgeschichten die verschiedensten Themen des Lebens der Weltgeschichte und ihrer Entwicklung enthalten und gewissermaßen eine literarisch zusammengedrängte Zeitung darstellen in literaturtechnischer Aufmachung. Die in Deutschland bisher erschienenen Magazins haben es nicht verstanden, weil ihnen das Material gefehlt hat und sie wirkten deshalb so langweilig, weil diese Kurzgeschichten fast immer dasselbe Thema behandelten und niemand zugemutet werden kann, zehnmal hintereinander im Grunde genommen dasselbe zu lesen. Dabei spielt keine Rolle, was als selbstverständlich bewertet werden muß, daß diese Kurzgeschichten ergänzt werden durch technische Artikel, durch reiches Bildmaterial und durch besondere, außer dem Rahmen feuilletonistischer Artikel liegende Einstreuungen.

Die Kontinent-Korrespondenz hat sich mit der Frage der Kurzgeschichten besonders befaßt und ist gewissermaßen als einzige in Deutschland darauf spezialisiert.

Die Kontinent-Korrespondenz vertreibt seit einigen Monaten als Literatur-Agentur Kurzgeschichten an die deutsche Presse, und sie hat denjenigen Typ der Kurzgeschichten aus der Praxis herausgefunden, der in Deutschland heute Interesse begegnet. Weiterhin hat die Kontinent-Korrespondenz sich Verträge gesichert mit einer Reihe ausländischer Literaturagenturen, um als einzige in Deutschland die von diesen Agenturen vertretenen Schriftsteller, die Spezialisten für Kurzgeschichten sind, zum Abdruck zu bringen. Ebenso hat sich die Kontinent-Korrespondenz Verträge mit deutschen Verlegern und den Zeitungsdruck von Autoren gesichert, die als Vertreter der Kurzgeschichten in Frage kommen. Schließlich hat auch die Kontinent-Korrespondenz einige Verträge mit Schriftstellern direkt.

Die Kontinent-Korrespondenz gibt zurzeit wöchentlich erscheinende Korrespondenz ausschließlich für Kurzgeschichten heraus. In dieser Korrespondenz sind vertreten: O'Henry, Jack London, Kipling, Katherine Mansfield, Corkery, Chesterton, Lennox Robinson, Artemus Ward, Aslagsson, Mikkelsen, Ryberg, Zuckmayer, Jenny, Jung, Rosen, Juhani Aho, Arvid Järnefelt, Awertschenko, Tolstoi, Grin u.a.m.

Die Korrespondenz verfügt zurzeit über hundert der besten Kurzgeschichten ausländischer und inländischer Autoren und sie ist in der Lage, wöchentlich 10 solcher Kurzgeschichten laufend zusammenzustellen.

Die Unterzeichneten schlagen daher vor, ein solches Magazin im Verlage Ullstein in Verbindung mit den in Frage kommenden erscheinenden Zeitungen und Zeitschriften herauszugeben und sie stellen ihre Mitarbeit hierzu zur Verfügung. Diese Mitarbeit denken sich die Unterzeichneten so, daß die Korrespondenz eine bestimmte Menge von Kurzgeschichten für jede Nummer zusammenstellt, und soweit dieser literarisch-belletristische Teil eines solchen Magazins in Frage kommt, ausschließlich diesen beliefert. Dieses Magazin kann von dem Verlag beliebig für die im Verlage erscheinenden Zeitschriften und Zeitungen weiterverarbeitet werden.

Die Korrespondenz ist zudem bereit, den doppelten Umfang an dem gebrauchten Material zu liefern und so der Redaktion Gelegenheit zu geben, eine Auswahl zu treffen.

Zunächst macht die Kontinent-Korrespondenz den Vorschlag, im Monat 20 Kurzgeschichten dem Verlag Ullstein zu liefern, von denen der Verlag 10 auswählen kann. Diese Geschichten gehen völlig mit allen Rechten, auch denen einer weiteren Korrespondenzverbreitung auf den Verlag über.

Dafür bezahlt der Verlag pro Kurzgeschichte (Umfang von 3-6000 Silben) 100,- Mk.

Mit vorzüglicher Hochachtung

---

1 Übernahmen aus dem von Dr. Harald Hoerschelmann geleiteten Feuilleton-Dienst („short stories") der *Kontinent Korrespondenz* lassen sich in einer Reihe von Zeitungen seit 1924 nachweisen, u.a. übersetzt von Josef Grabisch, Wilhelm Strüwer, Marie Beßmertny.

82. AN DIE *KONTINENT KORRESPONDENZ*
[London, Mai 1925]

1.) Erhielt soeben Schwabs Brief vom 16. betr Göbel. Mein Telegramm um Reisegeld war schon abgesandt. Erwarte trotzdem das Geld, da auf G. kein Verlaß. Ebenso wie ich nicht die versprochenen Briefe von ihm erhalten habe. Außer einem kleinen Zettel überhaupt keine Mitteilung.

Dasselbe wird mit dem Geld sein. *Mit solcher Verbindung* ist es schade hier um jeden Tag unnütz herumlaufen. Man kann ja doch etwas Definitives nicht tun.

2.) Soeben geht die Maschine kaputt. Ich schreibe die weiteren Informationen mit der Hand. Schreibt sie ab und sendet sie an G[öbel].

3.) Ich fahre, vorausgesetzt daß Geld von Euch eintrifft, *Mittwoch abend* hier ab und bitte mich am *Bahnhof Friedrichstraße* zu erwarten. (Donnerstag abend)

Es folgt kein weiterer Brief mehr, *Freitag* diktiere ich den gesamten Schwung für Göbel samt meinen Vorschlägen.

Dann lasse ich mich die ganze Woche nicht mehr im Büro sehen.

Wenn ich das Geld v. G[öbel] (was ich sicher annehme) nicht bekomme, so mag es doch ruhig zurückgehen.

Ich schreibe jedenfalls Freitag zugleich auch meine Rechnung.

Ausschreitungen / nicht mit Johannesburg etc melden, das ist doch Blödsinn.

Larsz.

83. AN HERMANN VON WEDDERKOP,
REDAKTION DES *QUERSCHNITT*
Berlin, den 12. Juni 1925

Sehr geehrter Herr von Wedderkop!
Ich hatte leider keine Gelegenheit, Sie persönlich bei meiner letzten Anwesenheit in Berlin anzutreffen, und frage daher schriftlich bei Ihnen an, ob Ihnen eine Aufsatzreihe[1] über eine Anzahl soziologischer Themen für Ihre Zeitschrift von mir genehm wäre. Ich lege Ihnen eine Probe bei, damit Sie sich ein ungefähres Bild über die Art der Behandlung machen können. Von weiteren Aufsätzen könnte ich Ihnen noch zwei andere Themen: „Notwendigkeit der Sklaverei" und „Der innere Widerstand im öffentlichen Leben" gleich bearbeitet einsenden.

Vielleicht geben Sie mir gelegentlich an meine Berliner Adresse[2], Koppenplatz 9, 2. Stock, bei Otto, Bescheid, sonst werde ich mir gestatten, von meiner neuen Londoner Adresse aus mit Ihnen weiter in Verbindung zu treten.

Mit vorzüglicher Hochachtung

---

[1] Die Idee blieb unverwirklicht, vergleichbare Aufsätze erschienen erst 1931/32 in der *Neuen Revue* und im *Gegner*.
[2] Jung wurde noch steckbrieflich gesucht und ließ seine Post über die Adresse der Eltern von Cläre Jung gehen.

84. AN FRANZ JUNG JUN.
Berlin W.57 [Sommer 1925]
Bülowstraße 106

Lieber Franz,
erhalte soeben Deinen Brief und schlage vor, daß Du noch auf 14 Tage zu uns auf Besuch kommst. Wir werden an die See noch fahren, vielleicht Hiddensee.

Dagne ist hier bei uns, und es wäre doch fein, wenn Du auch noch kämest. Bitte den lieben Papa, daß er Dich bald auf die Bahn setzt. Solltest Du schon in Warmbrunn sein oder noch hinfahren wollen, läßt sich das ja leicht noch ändern. Ich denke, es ist doch besser an der See als in W., das Du ja schon kennst.

Gib bald Nachricht, damit wir alles vorbereiten können.
Herzlichen Gruß an Papa und Dich
        Dein Vater Franz

85. AN JOSEF THIENEL
21. Mai 1926

Sehr geehrter Herr Thienel,
zu meinem Bedauern bin ich bisher von Ihnen ohne jede Nachricht geblieben. Da ich jetzt vom hiesigen Gericht in der Erbschaftssache meines Vaters eine Vorladung erhalten habe, so wäre ich Ihnen dankbar, wenn Sie mich wenigstens in großen Zügen über das bisher Geschehene orientieren würden, damit nicht vor Gericht der Eindruck erweckt wird, als stände ich ganz außerhalb jeden Kontakts mit Ihnen. Leider habe ich auch von anderer Seite erfahren müssen, daß Fräulein Tuma[1] recht eigenwillig in die Auflösung eingegriffen hat und verschiedene Gegenstände, darunter auch die Uhr, zur Aufbewahrung an sich genommen hat, was keineswegs in meinen Absichten lag.

Wenngleich ich zwar auf die Erbschaft verzichtet habe, so werden mich solche Verhältnisse doch zwingen, die Besitzverhältnisse aus der Erbschaft des verstorbenen Theodor Lubeck[2] aufzurollen.

Für Ihre freundlichen Bemühungen im voraus besten Dank.
Mit vorzüglicher Hochachtung

1 Klavierlehrerin der Familie Jung in Neiße.
2 Untermieter bei Jungs Eltern in Neiße, dem sich Jung als Kind anschloß, er nannte ihn Onkel und hing sehr an ihm, vgl. „Der Weg nach unten".

86. AN THEODOR BEYE
4. Juni 1926

Lieber Herr Beye,
in der Anlage übergebe ich Ihnen die gewünschte Anzahl der Exemplare von der Komödie[1]. Ich bitte Sie, für mich über die mögliche Unterbringung zu verhandeln, ich selbst bin im Augenblick gerade mit meinen anderen beruflichen Dingen so stark in Anspruch genommen, daß ich gar nicht daran denken kann, zur Zeit etwaige Verhandlungen selbst zu führen. Es wird mich freuen, wenn Sie mir positive Ergebnisse werden mitteilen können.
Mit bestem Gruß

1 „Geschäfte".

87. AN ERWIN PISCATOR
Berlin SW68, den 17. September 1926
Kontinent-Korrespondenz, Markgrafenstr. 74

Lieber Piscator,
mit gleicher Post sende ich eingeschrieben an Ihre berliner Adresse das Manuskript der „Legende". Verabredungsgemäß sende ich Ihnen die ersten beiden Akte. Den Aufbau der Gerichtsverhandlungs-Scene finden Sie noch angedeutet. Im übrigen glaube ich, daß es bei den mit Ihnen bereits besprochenen „simultanen" Einschubs-Scenen: *Revolution* nach dem Verhör Pauls, *Kinder* nach dem Schlußwort der Mutter, *Tanz und Negerscene* nach der Rede des Verteidigers, sowie der *Lautsprecher* mit Bruchstücken aus dem belehrenden Teil des Tagesprogramms bleiben sollte. Dazu der *Pausen*-Schlußtrick.

Wenn es Ihre Zeit erlaubt, könnten wir auch in Hamburg über das Ganze sprechen, da ich in etwa 10-14 Tagen da zu tun haben werde. Ich würde dann unbeschadet der etwaigen technischen Schwierigkeiten oder gar Unmöglichkeiten den von mir aus fertig skizzierten Schluß gleich mitbringen. Vielleicht geben Sie mir darüber Nachricht.
    Mit bestem Gruß
        Franz Larsz

88. AN ERNST PRECZANG
Berlin C 54, den 20. Dezember 1926
Koppenplatz 9

Sehr geehrter Herr!
Nach Rücksprache mit Schönherr-Leipzig bitte ich Sie, mir einen Termin anzugeben, wann ich Sie einmal aufsuchen darf. Ich möchte der Gutenberg-Gilde eine Arbeit[1] vorschlagen, etwa des Inhalts: Geschichte eines Industrierviers mit Wirtschaftskämpfen, Trustentwicklung, Krisen etc. als Rahmen und daheineinverwoben naturalistisch geschildert Lebensentwicklung des Arbeiters, der Familie, seiner Stellung zu allen heutigen sozialen Fragen insbesondere der kulturellen.

Der besondere Zweck meines Besuches ist, über die Möglichkeit einer solchen Arbeit mit Ihnen zu sprechen, wobei ich zugleich einige Einzelheiten der Gliederung erläutern könnte.

Ich wende mich schriftlich an Sie, da ich bei einem persönlichen Besuch Sie nicht angetroffen habe.

Mit vorzüglicher Hochachtung

1 Vermutlich der Oberschlesienroman „Gequältes Volk".

89. AN DEN VERLAG WELLER & CO.
Berlin C 54, 20. Dezember 1926
Koppenplatz 9

Sehr geehrter Herr!
Ich beziehe mich auf den Besuch des Herrn Beye von der Kontinent Korrespondenz Berlin bei Ihnen, der Ihnen das Schauspiel „Heimweh" und die Komödie „Geschäfte" für Ihren Bühnenvertrieb angeboten hat. Es wäre mir angenehm, von Ihnen zu hören, sei es über Herrn Beye oder auch direkt, ob Sie sich für diese beiden Arbeiten interessieren und wann ich Ihren definitiven Bescheid erwarten darf.

Mit vorzüglicher Hochachtung

90. AN DEN PAUL LIST VERLAG
Berlin C 54, den 20. Dezember 26
Koppenplatz 9

Sehr geehrte Herren!
Ich beziehe mich auf den Besuch des Herrn Beye von der Kontinent-Korrespondenz, Berlin bei Ihnen und teile Ihnen mit, daß ich gern bereit wäre, Ihrem Verlag als Gegenstück zu dem Mussolini ein Lenin-Buch anzubieten.

Der Stoff zu einer Lenin-Monographie ist an und für sich reichlich spröde, da das biographische Material zum Teil geflissentlich von sowjetrussischer Seite von den politisch- und wissenschaftsgeschichtlichen Zusammenhängen überdeckt wird. Ich besitze diesen Schwierigkeiten gegenüber den Vorteil einige Jahre in Sowjetrußland gewesen zu sein, nicht nur als Emigrant, sondern in Wirtschaftsstellungen, die mich mehrfach auch persönlich mit Lenin in Verbindung gebracht haben. Zudem verfüge ich über persönliche Beziehungen zu einigen Mitgliedern der besonderen wissenschaftlichen Kommission, die von der Sowjetregierung zur Herausgabe einer russischen Lenin-Enzyklopädie eingesetzt worden ist. Durch diese Beziehungen ist es mir auch möglich, Ihnen ein Lenin-Buch in spätestens 6 Monaten fertig zu stellen. Ich glaube auch, daß es Ihnen dadurch möglich sein wird, früher als jeder andere deutsche oder ausländische Verlag eine rein neutral orientierende Lenin-Monographie auf den Markt zu bringen.

Es würde mich freuen, wenn Sie mir Gelegenheit geben würden, persönlich einzelne Details mit Ihnen näher zu besprechen, sei es hier oder auch bei Ihnen in Leipzig.

Ich habe 1924 für Ullstein eine kurze orientierende Übersicht[1] über das neue Rußland geschrieben, die ich Ihnen zu Ihrer Orientierung beilege. Natürlich erforderte [der] Zweck der Sammlung und der dafür gebotene Raum nur ganz oberflächliche Charakterisierungen.

Ihre geschätzte Antwort erwartend begrüße ich Sie inzwischen
mit vorzüglicher Hochachtung

---

1 „Das geistige Rußland von heute", Berlin 1924.

91. AN FRANZ W. SEIWERT
Berlin C 54, den 10. Januar 1927
Koppenplatz 9

Werter Genosse Seiwert!
In Beantwortung Ihres Briefes vom 5. Januar übersende ich Ihnen in der Anlage die Bücher „Joe Frank illustriert die Welt" und „Eroberung der Maschinen". Ich würde als vielleicht am geeignetsten empfehlen „Erinnerung" aus Joe Frank, stelle es Ihnen aber völlig anheim, irgend eins der anderen Stücke aus diesem oder dem anderen Buche zu wählen.

Sehr verbunden wäre ich Ihnen, wenn Sie mir gelegentlich später ein Exemplar der französischen Anthologie zusenden würden.

Mit bestem Gruß

92. AN THEODOR BEYE

Vollmacht.
Hiermit bevollmächtige ich Herrn Theodor B e y e zu rechtmäßigen Abschlüssen für Verträge mit Verlegern über die Stücke „Heimweh", „Legende" und „Geschäfte".
Berlin, den 12. Januar 1927.

93. An Paul Wiegler, Ullstein Verlag
Berlin C 54, den 28. Januar 1927
Koppenplatz 9

Sehr geehrter Herr Doktor!
Nach Rücksprache mit Herrn Beye habe ich die Absicht Ihnen für das Haus Ullstein eine Lenin-Monographie anzubieten.

Unmittelbar nach dem Tode Lenins sind aus dem engeren Mitarbeiterkreis heraus zwar eine Anzahl Gedenkbücher erschienen, doch kann keins von diesen beanspruchen, als einheitliche Biographie oder auf wirkliche Dokumentensammlung beruhende Monographie angesprochen zu werden. Es wurde zwar in Moskau ein Lenin-Archiv gegründet, das auch schon fünf Bände Dokumentensammlungen zum Leben Lenins herausgebracht hat. Bearbeitet aber oder auch nur verwertet ist dieses Material nicht. Das hängt zum Teil auch damit zusammen, daß diesem Archiv die Bearbeitung einer zusammenfassenden Geschichte des russischen Umsturzes übertragen worden ist, so daß die weitere Bearbeitung der sogen. Leniniana zurückgestellt werden mußte. Auf eine Anfrage bei den zuständigen Stellen, ob mir die Dokumentensammlungen für die Bearbeitung einer Lenin-Monographie zur Verfügung gestellt werden können, ist inzwischen bejahend geantwortet worden, und ich habe durch besondere Zwischenverträge mit Mitarbeitern dieses Instituts die Gewißheit mir verschafft, daß alle Materialien und Dokumente, die ich für eine Lenin-Monographie benötige, mir bis zu einem gewissen Grade schon vorgearbeitet zur Verfügung stehen. Ich bin also in der Lage, eine solche Monographie in ca 6 Monaten fertigzustellen.

Diese Monographie wird die einzige sein, die bisher erschienen ist, und ich glaube, daß sie nicht nur im deutschen Buchhandel, sondern insbesondere auch auf dem ausländischen und amerikanischen Markt Interesse finden wird. Bis zu einem gewissen Grade ist jede Monographie Konstruktion. Die Monographie Lenins, der man den Untertitel: Der Weg eines Politikers geben könnte, könnte deswegen sensationell wirken, als wichtige Dokumente und Zeugnisse von Zeitgenossen die Rolle Lenins in den Tagen des Umsturzes, in den Friedensverhandlungen mit Deutschland, in den Auseinandersetzungen mit England zur Zeit des russischen Vormarsches auf Warschau anders darstellen, als dies bisher die kommunistische Geschichtsschreibung dargestellt hat.

Die Bedingungen würde ich gern in einer persönlichen Aussprache behandeln, vorauszuschicken wäre nur, daß ich das finanzielle Risiko der Materialbeschaffung und einer gewissen vorherigen Durcharbeitung nicht selbst übernehmen kann, zum Teil bin ich durch die schon erwähnten Privatabmachungen gebunden. Ich schätze die Kosten der Vorarbeit auf 12-15000 Mark, die in bestimmten Raten bis zur Ablieferung des Manuskriptes gezahlt werden müßten. Ich glaube, daß diese Unkosten nicht ohne Einfluß auf den Typ des Buches sind, über den ja erst zu sprechen wäre, ehe ich Ihnen einen Prozentanteil als mein Honorar nennen kann.

In Erwartung Ihrer geschätzten Rückäußerung verbleibe ich mit vorzüglicher Hochachtung
Ihr sehr ergebener

94. An Friedrich Kaminski
Berlin, den 1. April 1927

Sehr geehrter Herr Kaminski,
Ihr Beschluß hat mich etwas erstaunt, weil ich fürchte, daß ich nicht genügend für die Vereinigung[1] hier werde tun können. Indessen will ich natürlich Ihnen wirklich keinen Korb geben und muß eben jetzt sehen, wie die Sache weiter läuft. Auf alle Fälle bitte ich Sie aber, nicht zu sehr, wenigstens für die allernächste Zeit, mit meiner aktiven Teilnahme zu rechnen. Warum haben Sie eigentlich nicht den Dr. Grabisch bestimmt, der erstens sehr viel Zeit hat und auch der Vereinigung sehr großes Interesse entgegenbringt?

Es ist mir angenehm zu hören, daß Sie die merkwürdige oberschlesische Gruppe des Schutzverbandes Deutscher Schriftsteller abgelehnt haben. Ich hätte übrigens in dieser Sache etwas tun können, da ich, was Sie vielleicht nicht wissen, zu den Gründern des Schutzverbandes Deutscher Schriftsteller gehöre und zweifellos noch in den Reihen dort gezählt bin, obwohl ich seit Jahren aus bestimmten Gründen außer Kontakt mit den Leuten gekommen bin. Indessen ist meine persönliche Beziehung zu den Herren Eloesser und Breuer noch eine sehr gute geblieben.

Das Oberschlesien-Buch[2] werde ich bis Ende April voraussichtlich abliefern. Ich kann mir zwar einige Bilder aus dem Oberschlesien-Film[3] leihen, doch wären mir die von Herrn Trzionka gelieferten lieber gewesen. Bedauerlicherweise läßt er mich auf die hauptsächlichsten Aufnahmen, die ich seinerzeit mit ihm besprochen habe, noch immer warten. Handelt es sich vielleicht nur darum, daß ich ihm die Bilder vorher bezahlen soll? An und für sich stünde dem natürlich auch nichts im Wege.

Inzwischen verbleibe ich
mit bestem Gruß Ihr

P.S. Schicken Sie nur an die Kontinent-Korrespondenz ein paar Nachrichten, damit wir für die Vereinigung etwas tun können. D.O.

1 Vereinigung oberschlesischer Schriftsteller.
2 „Gequältes Volk".
3 Vermutlich der Deulig-Film „Aus Oberschlesiens schwerster Zeit: Land unterm Kreuz".

95. AN MORIZ SEELER, J.M. SPAETH VERLAG
Berlin, den 1. April 1927

Sehr geehrter Herr Seeler,
nachdem ich einige Male vergeblich versucht habe, Sie telefonisch zu erreichen, möchte ich Ihnen auf diesem Wege mitteilen, daß Leo Reuss sich für die Regie der „Geschäfte" interessiert, und vielleicht hätten Sie selbst die Liebenswürdigkeit, sich mal mit ihm in Verbindung zu setzen.

Mit bestem Gruß

96. AN DEN GUSTAV KIEPENHEUER VERLAG
Berlin, den 29. Juli 1927
Koppenplatz 9

Sehr geehrte Herren,
Ihr Schreiben vom 25. Juli hat mir Herr Beye übermittelt. Ich bemerke, daß ich selbstverständlich bereit bin, mich an den Unkosten der Drucklegung der „Geschäfte" zu beteiligen und zwar in dem gleichen Prozentsatz, der sich aus dem Vertrag betreffend Bühnenvertrieb ergibt. Ich hatte nur seiner Zeit mit Herrn Dr. Landshoff vereinbart, daß der Zweck dieser Drucklegung in der Hauptsache darin besteht, die „Geschäfte" als reguläres Buch auf den Markt zu bringen. Ich bin von Ihnen völlig im Unklaren gelassen darüber, ob Sie das Buch als Rezensionsexemplar an Zeitschriften und Zeitungen versandt haben, ich habe es nirgends im Eingang angezeigt gefunden, was mir außerordentlich merkwürdig erscheint. Ich bitte mir daher vorerst mitzuteilen, was mit dem Buch eigentlich geschehen ist. Ferner bitte ich mir die Gesamthöhe der Druckunkosten mitzuteilen, damit ich wenigstens einen Überblick über die Abrechnung erhalten kann. Mir ist die Summe überhaupt nicht bekannt.

Ich gestatte mir schließlich die Anfrage, was aus meinem Stück in Ihrem Bühnenvertrieb geworden ist. Ich habe nämlich erfahren, daß Ihnen gar nicht bekannt gewesen ist, daß die „Junge Bühne" in Magdeburg in ihrem Winterprospekt „Legende" als zweite Aufführung anzeigt. Ich bin auch darüber gar nicht im Klaren, ob eine solche Anzeige, der anscheinend keine Verhandlungen mit Ihnen vorausgegangen sind und auch entsprechend keine Verhandlungen mit mir oder meinem Vertreter, überhaupt statthaft ist. Das Gleiche hat sich seiner Zeit mit der „Jungen Bühne" Berlin abgespielt, eine Ankündigung, die mir damals zweifellos sehr geschadet hat.

Vielleicht geben Sie mir bei Ihrer geschätzten Rückantwort auch gleich Ihre Ansicht kund, ob Sie bereit sind, unseren Vertrag ganz aufzuheben oder vielleicht wenigstens für das eine oder andere Stück.
Mit vorzüglichster Hochachtung

97. AN DEN GUSTAV KIEPENHEUER VERLAG
Berin C 54, den 6. August 1927
Koppenplatz 9

Zu Ihrem Schreiben vom 2.8.27
In der Anlage überreiche ich Ihnen einen Scheck über Mk. 274.35 zum Ausgleich Ihrer Forderung.

Was meine Anfrage betr. Versand der „Geschäfte" anlangt, so haben Sie mich mißverstanden. Ich erwartete keine Besprechung, sondern die Anzeige im „Büchereinlauf". Ich will annehmen, daß ich diese Anzeige selbst im Buchhändlerbörsenblatt übersehen habe.

Auch betreffend des gedruckten Programms der Magdeburger Volksbühne, von dem Sie keine Kenntnis hatten und infolgedessen auch nichts veranlaßt haben, um einen Vertrag zustande zu bringen, weichen Sie meiner Frage aus.

Daher bedaure ich den Schlußsatz Ihres Briefes. Ich bestätige Ihnen jedenfalls nochmals meinen Eindruck, daß Sie weder bisher [etwas] für die Stücke getan haben, noch nach meinen Kenntnissen der Vorgänge ernstlich gewillt sind, etwas dafür zu tun. Die Gründe sind mir unbekannt.

Mit vorzüglicher Hochachtung

98. AN JOSEF GIELEN
[August/September 1927]

Lieber Herr Gielen,
Sie finden einliegend einige Zusätze zu der ersten Scene[1] der drei jungen Leute. Ich hoffe, daß es etwas deutlicher ist, *zu sehr* auf die Einzelheit eingehen, daß die drei *Sport* und *Politik* gleichwertig ansehen, möchte ich nicht. Man kann es ruhig etwas vage lassen. Die Auflösung geht dahin: Fritz Arbeiter, aus der Parteibewegung kommend, Ehrgeiz nach der sportlichen Leistung – Emil nach größerer Leistungsmöglichkeit in der Partei, Existenzfrage, räumt Fritz beiseite, nachdem er ihn zum Aufstieg benutzt – Paul hat die bessere Existenzchance, erst abseits, begreift Partei vom Gemüt her, Revolutionär, gibt daher die Chance auf – hoffnungsloser Fall in heutiger Zeit. Das sind sehr allgemein charakterisiert drei Typen der heutigen proletarischen Jugend

(*gänzlich unbetont*). Die Verbindung zur Gerichtsverhandlung: Welche Rolle spielt jeder einzelne zur Tat, Suche nach dem Motiv – zur Illustrierung also des Ganzen gewissermaßen als Teil der Voruntersuchung – ergibt sich, für das *Gericht* scheiden die drei als Täter, Mittäter, Anstifter aus – obwohl sie (Akt II) *beteiligt erscheinen*.

Was die Filmstreifen anlangt, bitte ich darum besonders den Jugenderinnerungsfilm der Mutter zu beachten. Dieser Streifen muß durchaus im Charakter des *Spielfilms* gehalten sein. Mit Spannungen, verschieden im Tempo, leicht gehalten – direkt im Gegensatz zu den illustrierenden Streifen. Auch der Sportfilm (kaum mehr als 20 Meter) nur auf den Niederbruch hin – und doch ausschließlich referierend. Verstehen Sie, wer alle diese Streifen irgendwie *nicht* sieht, bleibt trotzdem in der Handlung, *ohne* den Jugendfilm der Mutter aber bleibt ein wesentlicher Teil der Lösung offen.

Haben Sie für die Musik schon jemanden gewonnen? Ich glaube beim nochmaligen Durchsehen, daß es *ohne* Musik doch nicht geht, allerdings keine prätenciöse.

Für die Musik während der Rede des Verteidigers (III. Akt) schlage ich vor: *Elektrola Platte* Gideon von den Cooptimists Gesang „Lindy Lou". Man sollte diese Musik noch durch ein Tänzerpaar illustrieren. Die große Pause in der Rede läßt sich sehr gut damit ausfüllen.

Statt Gerhart Hauptmann läßt man vielleicht besser irgendeinen Professor einen landwirtschftl. Vortrag ankündigen u. einige Worte reden. Ich habe so den Eindruck, G.H. wird die Leute zu sehr vor den Kopf stoßen.

Gegenüber dem *schleppenden* Gang der Verhandlung im III. Akt empfiehlt es sich, die einzelnen Spitzen in den Vernehmungen besonders *Paul* Frieda und Frieda u. Mutter ganz scharf und grob pointiert zu geben. Dazu die Musik untermalend nervös, immer im gleichen Thema, aber *ständig* etwas schneller werdend. Ich glaube, es macht dabei nichts, wenn diese Musik dann ab u. zu durch die Einschaltungen unterbrochen wird – das sind ja nur einige Takte.

Sobald mir noch was einfällt, werde ich Ihnen schreiben.

Mit best. Gruß

Zu Seite 3.
Zeile 7 zwischen dir. √ An
√ Dafür sind schon überall die besondren Leute, die den Karren schieben.
Zeile 16 Paul (nachdenklicher) Irgendwo an der Spitze zu stehen oder zu mindestens nahe daran, mit da oben, *wir* jedenfalls, so wie wir – schaffens heute nicht. Immerhin – etc
Zeile 26 hinter *bloß.*
Beiträge, versteht sich
Zeile 36 hinter *geht*
(leiser, wie sich besinnend) Wenn auch manche politischen Sachen Quatsch sind, es kommt doch darauf an, was draus gemacht wird.
Seite unten Einschub zwischen *Paul* und *Emil* (Seite 4 oben)
Emil (zu Paul sich ereifernd, schnell) Was du nur immer zu unken hast. Wenn du in der Partei was werden willst, mußt du erst recht zeigen, daß du in andern Sachen ein Kerl bist. Gerade deswegen eben.
Paul (zögernd) Bisher habe ich das nicht gewußt. Ich kann es mir auch schwer denken.

1 Von „Legende"

99. AN JULIUS FERDINAND WOLLF,
SÄCHSISCHES STAATSTHEATER DRESDEN
Berlin C 54, den 14. September 1927
Koppenplatz 9

Sehr geehrter Herr Doktor!
Auf Ihre freundliche Aufforderung vom 12.9. teile ich Ihnen mit, daß ich gern bereit bin, den Programm-Aufsatz in dem von Ihnen gewünschten Rahmen bis zum 29.d.Mts. Ihnen einzusenden.
   Mit besten Empfehlungen Ihr sehr ergebener

100. AN JULIUS FERDINAND WOLFF,
SÄCHSISCHES STAATSTHEATER DRESDEN
Berlin C 54, den 3. Oktober 1927
Koppenplatz 9

Sehr geehrter Herr Doktor,
beifolgend übersende ich Ihnen den gewünschten Aufsatz[1], wiewohl ich nicht ganz sicher bin, ob er dem besonderen Zweck entspricht. Ich sträube mich etwas, zu sehr in den Inhalt des Stückes selbst einzugehen.

Würden Sie gestatten, daß dieser Aufsatz am Vortage der Aufführung hier in einer Berliner Zeitung veröffentlicht wird?

Mit den besten Empfehlungen Ihr sehr ergebener

1 „Vorbemerkung zur ‚Legende'" im Programmheft der Dresdner Uraufführung am 13.10.1927.

101. AN DAS PALAST-HOTEL WEBER
Berlin, den 7. Oktober 1927

Auf Empfehlung des Herrn Dr. Wollf vom Dresdner Schauspielhaus möchte ich für die Zeit vom 9. bis 13. Oktober einschließlich ein Zimmer mit Bad bei Ihnen bestellen. Ich werde Sonntag abend dort eintreffen.

Hochachtungsvoll

102. AN JULIUS FERDINAND WOLFF,
SÄCHSISCHES STAATSTHEATER DRESDEN
Berlin, den 7. Oktober 1927

Sehr geehrter Herr Doktor,
anbei überreiche ich Ihnen eine Liste von Leuten, denen ich bitte noch eine Einladung zu übersenden. Vielleicht lassen Sie mit der Einladung zugleich um Antwort bitten, da ich nicht glaube, daß alle Eingeladenen erscheinen werden.

In vorzüglicher Hochachtung

Herrn [Max] Herrmann-Neisse	Berlin-Charlottenburg Kurfürstendamm 215
Herrn Egon Erwin Kisch	Berlin-Wilmersdorf Güntzelstr. 3
Herrn Hanns Eisler	Berlin-Wilmersdorf Jenaer Straße 4
Herrn Rechtsanwalt Dr. Curt Rosenfeld, M.d.R.	Berlin C 2 An der Spandauer Brücke 1a
Herrn Rudolf Kurtz	Berlin-Charlottenburg Fasanenstr. 13
Herrn Theodor Beye	Berlin-Halensee Johann Georgstr. 7
Frau Agnes Straub	Berlin-Grunewald Trabener Str. 45
Herrn [Felix] Gasbarra Dramaturg der Piscator-Bühne	Berlin Nollendorfplatz
Herrn Direktor Erwin Piscator	Berlin Oranienstr. 83
Herrn Theodor Fisher	Berlin-Westend Alemannen Allee 10
Herrn Uli Klimsch	Berlin-Charlottenburg Bismarckstr. 2
Herrn Paul Rilla, Redakteur der Breslauer Neuesten Nachrichten	Breslau
Herrn Georg Fuchs	Leipzig Clara-Wieck-Str. 24

103. AN GEORG FUCHS
Berlin, den 7. Oktober 1927

Lieber Fuchs,
die Einladung des Dresdner Staatstheaters habe ich jetzt für Dich bestellt, und ich erwarte Dich Donnerstag bestimmt in Dresden. Ich wohne im Hotel Weber, Postplatz.
    Mit bestem Gruß

104. AN BABETTE GROSS, NEUER DEUTSCHER VERLAG
Berlin C, den 8. Febr. 28
Koppenplatz 9

Werte Genossin Gross,
um unsere morgige Aussprache zu erleichtern übersende ich Ihnen heute eine grobe Skizze meines Vorschlages. Ich bin mir zwar bewußt, daß diese Skizze[1] etwas unverständlich ist und Sie vielleicht eher abschrecken wird, weil Sie ja von der wirklichen, dem Zweck dieses Romans entsprechenden Behandlung des Themas, wenig Aufschluß gibt. Es ist dem Sinne mehr ein Entwurf nur für den Autor. Nur meine ich, wenn dieser nicht feststeht, kann ich auch schließlich nicht über das Detail sprechen. Von diesem Detail kann der Autor ja nur im Roman selbst, das ist in der Ausarbeitung Proben geben. Es wird sich also darum handeln, ob Sie mir das Vertrauen entgegenbringen können, daß ich diese Ausarbeitung in der mir durch die Umstände vorgeschriebenen handlungsdetaillierenden Form leisten kann. Darüber denke ich, sollten wir in der Hauptsache sprechen, alles andere ist dann mehr oder weniger von selbst gegeben.
    Mit bestem Gruß

1 Vorschlag des Romans „Arbeiter Thomas", vgl. „Zum Thema des Romans" in: Franz Jung, Werke Bd. 11, S. 156–57.

105. AN HERBERT IHERING
Berlin, den 6. April 28
Koppenplatz 9

Verehrter Herr Ihering,
man hat mich von einer Meyerhold befreundeten Seite darauf aufmerksam gemacht, daß der von mir beabsichtigte Artikel M[eyerhold] jetzt im Augenblick sehr schaden würde. Zwar würde es sich ja direkt weder um M. noch um Piscator als Person gehandelt haben, vielmehr um die Analyse einer noch nicht genügend geklärten *Tendenz zur Lockerung* im Sinne einer neuen und noch gesuchten theatermäßigen Zwischenlösung, die man erst kennen lernen muß, um darüber zu diskutieren – aber ich selbst bin schon zu sehr als Querulant und Outsider verschrieen, so daß gerade ich vielleicht am wenigsten geeignet bin, den Fall dieser Hetze gegen Meyerhold anzuschneiden. Den Anlaß bot die Aufführung v. A.S. Gribojedoff: Vernunft schadet[1] – eine Biedermeier-Komödie, deren Typen von Räsonören M. modernisiert und erweitert auf die Gegenwart gebracht hat. Darin liegt in der Hauptsache die so umstrittene dramat. Lockerung (Dynamik einer tieferen Perspektive, fälschlich gedeutet als Kammerspiel). Ich glaube, Sie werden auch schon bei Granowski etwas ähnliches sehen. Ich bitte Sie sehr um Entschuldigung, daß ich mich in dieser Sache noch zurückziehe. Ich werde Ihnen die beiden Iswestija-Artikel übersetzen lassen und Ihnen als Material zusenden, ebenso, sobald sich dazu etwas Neues äußert. Dann geht es wenigstens als Material nicht verloren.
   Mit den besten Grüßen
       Ihr Franz Jung

[1] Es geht um Meyerholds Inszenierung „Wehe dem Verstand" nach Gribojedows Stück „Verstand schafft Leiden".

106. AN DEN J.M. SPAETH VERLAG
Berlin C 54, den 10. April 28
Koppenplatz 9

Sehr geehrter Herr!
Mein Vertreter, Herr Theodor Beye, Berlin-Halensee, Johann Georgstr. 7 hat Ihnen vor einiger Zeit für den Spaeth-Verlag zwei Manuskripte[1] von mir überreicht. Herr Beye teilt mir nun mit, daß es ihm trotz mehrmaliger telephonischer Bitten nicht möglich gewesen ist, die Manuskripte, nachdem sie sich für Ihren Verlag als ungeeignet erwiesen haben, zurück zu erhalten. Herr Beye hat darauf aufmerksam gemacht, daß insbesondere für den Roman ihm sowohl wie mir durch diese Verzögerung ein Schaden erwächst, da es sich um die letzte verfügbare Kopie handelt.

Ich nehme an, daß es sich in der Verzögerung dieser Rücksendung um ein Versehen Ihres Büros handelt und bitte Sie sehr, Fehler oder Mißverständnisse in Ordnung bringen zu lassen.

Mit vorzüglicher Hochachtung

1 Vermutlich „Gequältes Volk" und „Das Erbe".

107. AN DEN VERLAG DIE SCHMIEDE
Berlin C 54, den 10. April 28
Koppenplatz 9

Sehr geehrte Herren,
ich beziehe mich auf meinen Brief vom 27. III., worin ich Ihnen unter Festsetzung einer neuen Frist für die Erfüllung der Zahlungsverpflichtung unseres Vertrages über den „Verlorenen Sohn" die Alternative zu stellen gezwungen war, diesen Vertrag sonst als aufgehoben zu betrachten. Auf diesen Brief habe ich keine Antwort erhalten, auch ist Zahlung nicht erfolgt.

Zu meinem Bedauern bin ich nunmehr gezwungen, Ihnen mitzuteilen, daß der Verlag Die Schmiede sich damit außerhalb des Vertrages vom 30.XII.1927 gestellt hat. Dieser Ihr Schritt scheint mir reichlich ungewöhnlich, da doch von Ihrer Seite gewisse

Aufwendungen zur teilweisen Erfüllung des Vertrages bereits getätigt sind. Ich wäre daher interessiert zu erfahren, welches Ihre Absichten bezüglich dieses Stückes nunmehr sind. Nachdem als Ganzes der Vertrag als aufgehoben zu betrachten ist, wäre ja immerhin denkbar, daß Sie sich in Auswertung der bereits aufgewendeten Vorarbeit entschließen würden, dieses Stück weiterhin in Ihrem Vertrieb zu vertreten. Ich bin durchaus bereit, Ihnen darin entgegen zu kommen, da ich ja selbst kein Interesse daran habe, den Vertrieb zu wechseln. Nur werden Sie verstehen, daß ich jetzt darauf dringen muß, von Ihnen darüber eine absolut eindeutige und klare Antwort zu erhalten.
Mit vorzüglicher Hochachtung

108. AN DEN VERLAG DIE SCHMIEDE
Berlin C.54, den 16.4.28
Koppenplatz 9

Sehr geehrter Herr,
In der Anlage übersende ich Ihnen die Kopie meines Schreibens vom 27.3. Der Brief ist nicht „eingeschrieben" abgesandt worden, in der Hauptsache, weil ich die darin evtl. [zu] erblickende Verschärfung unserer Beziehungen vermeiden wollte. Ich hoffe, daß dieser gleichfalls nicht eingeschriebene Brief in Ihre Hände gelangen wird. Ich darf Sie nun darum bitten, die darin enthaltene Mahnung nunmehr berücksichtigen zu wollen.
Mit vorzüglicher Hochachtung

Amtsgericht.
Abteilung für 2a Strafsachen.

Hamburg 36, den 30. Juli 1928
Strafjustizgebäude, Sievekingplatz.

In allen Eingaben in dieser Sache ist die nachstehende Geschäftsnummer anzugeben.

Geschäftsnummer:
2a St. Nr. 7060/1924

Eingaben ohne Rückporto bleiben unbeantwortet.

In der Strafsache

gegen K n ü f k e n u. Gen.,

hier gegen

den Schriftsteller Franz J u n g ,

geboren am 26. November 1888 zu Neisse,

wohnhaft : Berlin C , Koppelplatz 9 II b/Otto.

beschließt das Amtsgericht in Hamburg, Abteilung 2a für Strafsachen:

Das Verfahren gegen J u n g wird gemäß Reichsgesetz über Straffreiheit vom 14.VII.28 eingestellt.

Kosten des Verfahrens trägt die Staatskasse.

Das Amtsgericht.

Abteilung 2a für Strafsachen.

gez. Behrends

Amtsgerichtsdirektor.

Zur Beglaubigung:

Der Urkundsbeamte
der Geschäftsstelle
des Amtsgerichts

Verfahrenseinstellungs-Bescheid, 30. Juli 1928

109. AN CURT ROSENFELD
8. Juni 28

Werter Genosse Doktor Rosenfeld,
anbei schicke ich Ihnen das gewünschte Buch. Was den Generalkonsul Schklowski anlangt (der Beamte des russischen Auswärtigen Amtes, der damals zufällig in Murmansk weilte und bei dem ich mich darum bemüht habe, die durch einen Irrtum eines untergeordneten Beamten für einige Stunden eingesperrten Offiziere frei zu bekommen, was dann auch geschah) arbeitet augenblicklich, wie man mir mitteilt, als Referent im Auswärtigen Amt in Moskau. Übrigens muß sich bei den alten Akten früher eine Notiz gefunden haben, der zufolge Schklowski schon damals bereit war eine solche Aussage zu machen. Damals – das muß 21 oder 22 gewesen sein, war Schklowski Generalkonsul in Hamburg.
  Mit bestem Gruß

110. AN DMITRI UMANSKI
Berlin C 54, den 19. Juni 1928
Koppenplatz 9[II]

Werter Genosse Umanskij,
mit gleicher Post übersende ich Ihnen Ihrem Wunsch gemäß das Buch „Annemarie". Bezüglich der neueren Dramen „Legende", „Heimweh", „Geschäfte" und „Der verlorene Sohn" bitte ich Sie, sich direkt an meinen Verlag und Bühnenvertrieb „Die Schmiede" A.-G. Berlin W 35, Magdeburgerstr. 7 wenden zu wollen, da ich keines von den Büchern in meiner Hand habe. Ich würde mich freuen, wenn Sie etwas für mich tun könnten und bin stets gern für Sie bereit[1].
  Mit kommunistischem Gruß Ihr

---

[1] Von einer Übersetzung der genannten Stücke ins Russische, um die es hier vermutlich geht, ist nichts bekannt.

111. AN DAS AMTSGERICHT HAMBURG
Berlin, den 29. Juni 1928

Ich ersuche ergebenst nach Rücksprache mit meinem Anwalt, Dr. Rosenfeld, der durch die Reichstagssitzungen verhindert ist, am 4. Juli nach Hamburg zu kommen, den Termin der kommissarischen Vernehmung noch wenn möglich verschieben zu wollen. Mir liegt sehr daran, bei der Verhandlung mit meinem Anwalt zusammen zu erscheinen.
Ergebenst

112. AN DEN VERLAG DIE SCHMIEDE
Berlin-Lankwitz, 23. März 1929
Apoldaerstr. 7
Einschreiben.

Ich habe davon erfahren, daß gegen Ihre Gesellschaft der Konkursantrag gestellt worden ist, wodurch für mich die Gewißheit erwächst, daß Ihre Gesellschaft nicht mehr die nötige wirtschaftliche Zuverlässigkeit für mich besitzt, meine Interessen zu vertreten.

Sie haben indessen den mit mir seinerzeit geschlossenen Vertrag schon dadurch verletzt, daß Sie schon einige Monate vorher nichts mehr für die Ihnen im Vertrag anvertrauten Stücke von mir unternommen haben. So habe ich feststellen lassen, und kann dies jederzeit durch Zeugen erhärten, daß Briefe und Anfragen über diese Stücke nicht beantwortet worden sind, und daß Sie insbesondere das Schauspiel „Der verlorene Sohn" ohne die von mir nachträglich hinzugefügten Änderungen nach wie vor liegen gelassen haben und das so veränderte Stück auch nicht zum Versand gebracht haben.

Ich behalte mir noch entsprechende Schadensersatzansprüche vor und teile Ihnen mit, daß ich mich vom heutigen Tage ab nicht mehr an den Vertrag mit Ihnen für gebunden erachte.
Hochachtungsvoll

113. An den Verlag Éditions Sociales Internationales
Berlin-Lankwitz, den 29. November 29
Apoldaerstr. 7

Werte Kameraden,
ich danke Ihnen für Ihre Aufforderung und sende Ihnen ein in sich abgeschlossenes Stück aus einem Roman „Hausierer", der im nächsten Jahr als Buch in einer deutschen und russischen Ausgabe erscheinen wird. Als Titel für dieses Stück schlage ich Ihnen vor: „Unfall".

Autobiographische Notiz: Geboren 1888, literarisch hervorgetreten zuerst in Kreisen der Expressionisten der Zeitschrift „Die Aktion", später im Kriege mit den Dadaisten der Zeitschrift „Neue Jugend". Im Kriege und den Jahren nachher tätig in der revolutionären Bewegung, Begründer der Kommunistischen Arbeiter-Partei, mehrfach verhaftet, zuletzt in Holland, ausgewiesen nach Rußland, dort längere Zeit tätig in der Arbeiterhilfe, in Fabriken im Ural und Leningrad, nach der Amnestie wieder in Deutschland. Mit Trotzki außerhalb der offiziellen Partei.

Mit kameradschaftlichem Gruß

114. AN DEN PAUL LIST VERLAG
Berlin-Lankwitz, den 30.6.1930
Apoldaer-Str. 7

Sehr geehrte Herren!
Ich danke Ihnen für Ihren aufschlußreichen Brief vom 25.d.M. und weiß nun wirklich nicht, ob ich Ihnen das Manuskript noch einsenden soll. Ich möchte vorerst noch vielleicht darauf hinweisen, daß der Roman-Bearbeitung des Manuskripts zum Arbeiter Thomas auch eine Fassung als Drama desselben Stoffes vorausgegangen ist. Dieses Drama hatte ich im Vorjahr dem Drei-Masken-Verlag zum Vertrieb übergeben, der aber nicht mal das Stück vervielfältigt hat. Insofern ist das Stück überhaupt nicht angeboten worden. Auch hat der Drei-Masken-Verlag die von mir eingeleiteten Verhandlungen, wie ich jetzt erst festgestellt habe, nicht weiter geführt. Leider war ich mit anderen Arbeiten so beschäftigt, daß ich mich selbst nicht um das Schicksal des Stückes gekümmert habe. Ich schreibe Ihnen dies so ausführlich, weil ich eben der Meinung bin, daß das Stück wesentlich zur Propagierung des Romans beitragen dürfte und letzten Endes auch umgekehrt. Ich habe in diesen Tagen mir das Stück vom Drei-Masken-Verlag zurückgeholt und habe jetzt darin vollständig freie Hand. Für das Stück interessiert sich die Berliner Volksbühne und in *Leipzig* das Alte Theater. Vor seinem Weggang habe ich noch mit Direktor Kronacher darüber verhandelt. Die dramatische Bearbeitung ist noch nicht ganz endgültig und zwar deswegen, weil zu diesem Stück Hanns Eisler eine Musik geschrieben hat mit verschiedenen Chören. In wie weit Chöre herangezogen werden können und in wie weit die Musik benutzt wird nach der Zahl der engagierten Musiker, das ist wesentlich für die Gestaltung einiger Szenen. Infolgedessen sind diese bisher im Grunde genommen nur angedeutet. Was Leipzig angeht, so hat das Arbeiter-Bildungs-Institut sich verpflichtet, 8-10 Vorstellungen abzunehmen. Ein solcher Beschluß des Instituts liegt schon vor. Wenn es trotzdem mit keinem der Leipziger Schauspieler zu einem festen Vertrag gekommen ist, so liegt das einmal daran, daß ich mich selbst nicht hatte darum kümmern können und zweitens, daß noch kein Bühnenvertrieb sich der Sache angenommen hat, um die beiden Parteien zu einem Vertragsabschluß zusammen zu bringen. Soweit ist die

Situation für Leipzig. Für Berlin kommt in Frage, daß ich mich mit dem Dramaturgen Dr. Stark noch mal zusammensetzen muß, um die beiden Szenen auszuarbeiten. Vielleicht ließe sich doch diese Situation mit der Roman-Herausgabe jetzt vereinigen. Schließlich möchte ich Sie vielleicht noch darauf hinweisen, daß Aussicht besteht, daß eine der größeren Buchgemeinschaften das Werk in ihrem Vertrieb mit übernimmt, so daß auch dadurch gewisse Chancen zugleich für den Verlag entstünden, insofern ja das Risiko im Druck sich verringern würde. Ich teile Ihnen dies vorerst noch mal mit, nachdem Sie mir Ihre Ansicht zu verstehen gegeben haben, weil beide Tatsachen vielleicht doch geeignet sind, die Sachen in einem etwas anderen Lichte erscheinen zu lassen. Ich sage Ihnen auch ganz offen, daß mir dieses Mal besonders daran liegt, aus einer vorher schon abgegrenzten Atmosphäre herauszukommen und in einem großen neutralen Verlag mit diesem Buch zu erscheinen.

In aufrichtiger Hochschätzung

115. AN DEN VERLAG DER BÜCHERKREIS[1]
Berlin-Lankwitz, den 22.8.1930
Apoldaer-Str. 7

z.H. von Herrn Geschäftsführer Albrecht

Zu Ihrem Schreiben vom 20. d.M. teile ich Ihnen mit, daß ich 1) niemals die Behauptung ausgesprochen habe, noch irgendeine Forderung an den Bücherkreis zu haben. 2) habe ich auch eine solche Behauptung Herrn Dr. Abraham gegenüber nicht getan. Ich muß also die in Ihrem Brief wiederholt erhobene Forderung, mich mit Ihnen darüber vorher zu verständigen, als völlig gegenstandslos zurückweisen. Ich habe mit der Sache überhaupt nichts zu tun. Wenn Sie im allgemeinen Geschäftsverkehr mit Verträgen und Zessionen erfahren sein wollen, so werden Sie wissen, daß es einfach für Sie genügt, dem Rechtsanwalt Abraham auf seine Forderung mitzuteilen, daß eine solche Forderung, auf die er sich beruft, bei Ihnen nicht mehr besteht. Jede weitere Korrespondenz darüber und insbesondere an mich ist eine unzulässige Einmischung in meine Privatverhältnisse und muß von mir nur so aufgefaßt werden, daß Sie beabsichtigen, mich in Ihren Kreisen mit unausgesprochenen Verdächtigungen herabzusetzen.

Obwohl ich an und für sich mich nicht dazu für verpflichtet halte, werde ich Ihnen doch den Tatbestand aufklären, schon um Ihnen die Möglichkeit zu nehmen, weiterhin Ihre Verdächtigungen zu verbreiten.

Ich habe seinerzeit nach Rücksprache und mit Genehmigung des Verlages Bücherkreis meinen Vertrag an die Firma Kuhn Loeb & Co. verpfändet. Aus dieser Verpfändung besitze ich noch einen Anspruch an die Firma Kuhn Loeb & Co. in Höhe von Mk. 900.–, der automatisch dann fällig wird, wenn die Einzahlungen bei der Firma durch den Bücherkreis die Summe von Mk. 1 600.– erreicht haben. Der Deutsche Feuilleton-Dienst, dem ich zwar nahestehe, dessen Inhaber ich aber nicht bin, wie Sie fälschlich annehmen, befindet sich seit längerer Zeit im Stadium der Liquidation. Ich habe dem Inhaber des Dienstes, Herrn Alfred Marx, seinerzeit die Liquidation und die Abwicklung mit seinen Gläubigern dadurch zu erleichtern versucht, daß ich persönlich für die Rückzahlung eines Teiles der Schulden aus den laufenden Einnahmen, solange der Dienst aufrecht erhalten wird, die Garantie übernommen habe. Ich habe dabei dem Feuilleton-Dienst, damit dieser mit meiner Garantie überhaupt etwas anfangen kann, eine Liste meiner zu erwartenden Einnahmen und Außenstände, die ich für die Inanspruchnahme zur Verfügung hätte stellen können, aufgestellt, darunter noch einen Betrag in Höhe von Mk. 700.–. Seit der Zeit habe ich von der Sache überhaupt nicht mehr gehört. Vor allen Dingen ist Ihre Annahme nicht richtig, daß ich einen Honorarsanspruch an den Bücherkreis nochmals verpfändet hätte. Erstens hat eine zweite Verpfändung überhaupt nicht stattgefunden und verpfändbar wäre nur mein Anspruch an die Firma Kuhn Loeb & Co. gewesen. Zwar geht Sie das gar nichts an, da ich mich ja an Sie gar nicht gewandt habe. Ebensowenig wie es Sie das geringste zu interessieren hat, in welcher Weise der Deutsche Feuilleton-Dienst jetzt seinerseits mit dem Dr. Abraham und der jetzigen Inhaberin des Buchvertrages zwischen dem Bücherkreis und mir die Sache regelt bzw. meine Garantie überhaupt in Anspruch nimmt, wozu nämlich nicht die geringste Veranlassung gegeben ist.

Ich stelle mir das überhaupt nur so vor, daß aus einer vom

Deutschen Feuilleton-Dienst aufgestellten Liste, die damit ja noch keineswegs eine Verpfändung ist, weder von mir noch vom Deutschen Feuilleton-Dienst, Dr. Abraham als Vertreter einer der Gläubiger des Deutschen Feuilleton-Dienstes, erst eine Zession für die einzelnen Posten herbeiführen wollte. Unabhängig ob zu Recht oder nicht, hat er sich dabei fälschlicherweise an Sie gewandt. Eine Rückfrage an den Deutschen Feuilleton-Dienst oder was noch selbstverständlicher gewesen wäre, an mich, hätte im übrigen ergeben, daß er sich dabei an die Firma Kuhn Loeb & Co. hätte wenden müssen. Auf der anderen Seite hätte eine einfache Erklärung Ihres Verlages genügt, auch von dieser Seite her das Mißverständnis sofort aufzuklären. Ihre Briefe jedenfalls an mich waren dabei vollständig überflüssig.

Hochachtungsvoll

1 Im Verlag Der Bücherkreis, Berlin, erschien 1929 „Das Vier-Männer-Buch" mit Jungs Novelle „Das Erbe" und 1931 der Roman „Hausierer".

116. AN GERT VON GONTARD
18.12.1930
Franz Jung, privat

Sehr geehrter Herr von Gontard!
Leider steht die Möglichkeit einer weiteren Zusammenarbeit[1] mit Ihnen unter einem wenig glücklichen Stern. Es ist mir wirklich peinlich, nachdem Sie mir so freundlich entgegengekommen sind, mit einer Beschwerde über das neuerliche Vergessen einer mit Ihnen getroffenen Verabredung zu kommen. Davon bin ich ja bestimmt überzeugt, daß irgendwelche besonderen Gründe, die eine persönliche Entfremdung hineinzutragen geeignet sind, nicht vorliegen können. Trotzdem kann man schon bei den sich immer mehr anhäufenden Mißverständnissen nervenmäßig eine derartige Verbindung nicht mehr aufrecht erhalten, die obendrein noch dazu durch den unverschämten Ton Ihrer Sekretärin mir gegenüber belastet ist.

Es tut mir leid, daß ich unter diesen Umständen nicht weiter

an eine Mitarbeit in Ihrer Zeitschrift denken kann. Mit dem Ausdruck vorzüglicher Hochachtung
  Ihr sehr ergebener

1 Jung hatte Vorschläge zur Neugestaltung von Gontards *Neuer Revue* gemacht, die er dann in seiner Zeitschrift *Gegner* verwirklichte, vgl. „Prospekt für den Inhalt der Zeitschrift", „Prospekt für die gesellschaftliche Auswirkung" (Jung, Werke Bd. 11, S. 170–72).

117. AN DIE FEUILLETON-CHEFREDAKTION DER FRANKFURTER ZEITUNG[1]

Berlin-Lankwitz, den 6. Januar 31
Apoldaerstr. 7

Sehr geehrter Herr!
Ich möchte für das Feuilleton der Frankfurter Zeitung einen Roman zur Prüfung anbieten und gestatte mir vorher die Anfrage, ob überhaupt eine grundsätzliche Möglichkeit dafür besteht.

Das Thema ist folgendes: Ein junger Amerikaner, der im Weltkrieg durch eine Verletzung die Erinnerung verloren hat, ist Mitglied einer Bande von Autobanditen geworden und Revolvermann im Dienste einer politischen Partei. Bei einem dieser Aufträge in die Hände der Polizei gefallen, wird die Familie, die trotz der amtlichen Todeserklärung die Hoffnung auf die Wiederkehr des „verlorenen Sohnes" nicht aufgegeben hat, auf diesen hingewiesen. Die Mutter bemüht sich den Sohn sich zurückfinden zu lassen, was durch die Behörden, die immer neue Straftaten des jungen Mannes aufdecken, erschwert wird, auch durch die übrigen Familienmitglieder, die an dem Jungen zweifeln. Dem Sohn wird so allmählich die Rückkehr in die Familie verbaut. Durch eine Revolte im Zuchthaus befreit, wobei die Mutter ihm die Flucht ermöglicht, weist er die Hilfe der Mutter zurück und kehrt zur Landstraße zurück.

Das Thema hält sich an einen 1928 durchgeführten amerikanischen Prozeß und gibt in der Behandlung die Darstellung der psychologischen Zusammenhänge. Insofern ist auch auf die sprachliche Diktion das Hauptaugenmerk gelegt. Das rein Artistische ist bewußt in Gegensatz zu der üblichen Dokumenten-Literatur gestellt.

Ich wäre Ihnen dankbar, wenn Sie die Freundlichkeit hätten, mir mitzuteilen, ob ich den Roman „Samtkragen, der verlorene Sohn" zur Prüfung einreichen darf.

In vorzüglicher Hochachtung
Ihr sehr ergebener

1 Gleichlautende Briefe sandte Jung am 9. Januar an Dr. Bermann vom S. Fischer Verlag und am 10. Januar an Generaldirektor Dr. Kilpper von der Deutschen Verlagsanstalt Stuttgart.

118. AN GOTTFRIED BERMANN, S. FISCHER VERLAG
Berlin-Lankwitz, 14. Januar 31
Apoldaerstr. 7

Sehr geehrter Herr Dr. Bermann,
in Beantwortung Ihres Schreibens, für das ich Ihnen verbindlichst danke, gestatte ich mir, Ihnen meinen Roman „Samtkragen, der verlorene Sohn" zur Prüfung zu übersenden.

In vorzüglicher Hochschätzung
Ihr sehr ergebener

119. AN DIE DEUTSCHE VERLAGS-ANSTALT
Berlin-Lankwitz, 14. Januar 31
Apoldaerstr. 7

Sehr geehrte Herren,
In Beantwortung Ihres Schreibens vom 12.I. gestatte ich mir, Ihnen das Manuskript meines Romans „Samtkragen, der verlorene Sohn" zur Prüfung zu übersenden.

In vorzüglicher Hochachtung

120. An Erwin Piscator
Berlin-Lankwitz, 2.März 1931

Lieber Piscator,
um keine Mißverständnisse aufkommen zu lassen und da Sie anscheinend Hemmungen haben, mit mir persönlich darüber zu sprechen, möchte ich Ihnen auf diesem Wege zu der Arbeit[1] an der „Amerikanischen Tragödie" folgendes sagen: Ich habe trotz des für mich zumindesten recht peinlichen Ausganges der Mitarbeit am Wallnertheater die Arbeit an der „Amerikanischen Tragödie" aufgenommen, weil es mir notwendig erschien, wenn überhaupt mit einer gemeinsamen Arbeit gerechnet werden konnte, Ihnen selbst eine feste Arbeitsbasis (in dem Falle bei den Klein-Bühnen) zu schaffen. Dazu war zuerst einmal notwendig, das Stück äußerlich so schnell wie möglich fertigzustellen und gegenüber den vielen Zweiflern im Hause namentlich aus Schauspielerkreisen den Eindruck zu verwischen, als wäre Piscator gar nicht in der Lage, gestützt auf ein fertiges Manuskript, die Arbeit zu beginnen.

Wieweit das Manuskript in dem Sinne „fertig" ist oder nicht, darüber brauchen wir jetzt nicht zu sprechen, da Sie ja selbst wohl annehmen, daß eine Arbeit, die anderthalb Jahre liegt, nicht in vier Tagen restlos „fertig" gemacht werden kann. Im Grunde genommen war also meine Arbeit damit, daß ich Ihnen das abgeschlossene Manuskript in die Hand gegeben habe, beendet. Ich betone dabei, daß ich dieses Manuskript ausschließlich nach Ihren Angaben zurechtgemacht habe. Sie haben mir ungefähr gesagt, was noch fehlt und was geändert werden soll und welche Stellen nach Ihren Intentionen sind und bleiben können. Zu letzterem gehört die zweite Scene, die Sie hier in meiner Gegenwart als ungenügend empfunden haben und änderten. Wie Sie ja aus dem alten Manuskript feststellen, ist in dieser Scene so gut wie nicht geändert worden, ganz nach Ihren Wünschen.

Sie werden daraus erkennen, daß irgendwo eine andere Fehlerquelle sein muß, die eine Zusammenarbeit mit Ihnen so erschwert und ich glaube, die liegt in folgendem: Für Ihre Arbeit einer gestaltenden und dramaturgisch-nachzeichnenden Regie können Sie nur eine Methode der Arbeit wählen, die bei jedem Thema mit dem dramaturgischen Aufriß beginnt. (Sie haben ja auch einen solchen in Ihren Vornotizen zur „Amerikanischen

Tragödie".) In diesem dramaturgischen Aufriß muß das Stück in seinem gesamten Scenarium bereits enthalten sein. Zu diesem Scenarium, das ausdrückt, welche Bedeutung jede Scene hat und was in ihr enthalten sein muß bis zum Übergang, muß sodann erst die Regie für Bewegung, Ausdruck und Raum festgelegt werden. Das heißt, Sie müssen Ihr Regiebuch bis ins letzte fertig haben. *Dann* erst können Sie einen Dialogschreiber hinzuziehen. Der Dialogschreiber wird dann die Scene, die eindeutig dann festgelegt ist, ausfüllen. Ich weiß, daß ich Ihnen damit nichts Neues erzähle, praktisch aber kommen Sie immer wieder darauf zurück, aus dem Dialog das Dramaturgische und die Regie aufzubauen. Und darin liegt der Fehler. Vielleicht auch, daß Sie den Dialog für Ihre Arbeit überschätzen. Jedenfalls zwingen Sie in der Praxis den *Dialogschreiber* ständig eine völlig nutzlose Vorarbeit zu leisten, die Ihnen für Ihre Arbeit niemals genügen kann, weil Sie eben das Schwergewicht Ihrer Arbeit außerhalb des Dialogs und *vorher* legen müssen.

(Es braucht Sie nicht zu beleidigen, wenn ich Ihnen sage, daß Dialogschreiben keine Kunst, sondern eine Technik ist, die man an der Übung erlernt. Sie hat wie alle Technik gewisse Voraussetzungen, wie beispielsweise die, daß der Dialog im Drama *niemals* ein Frage- und Antwortspiel sein kann. Bei dem gemeinsamen Versuch eines Herumdoktorns um den Dialog gleiten Sie automatisch in den Fehler von Frage und Antwort. Es ist ganz nutzlos mit einem Dialogschreiber sich darum zu streiten. Denn für Ihre Arbeit gehen Sie ja gewisse technische Gesetze einer Dialogführung auch gar nichts an.) Wenn Sie jetzt nach der Vorlage eines wenigstens dramaturgisch geschlossenen Stückes anfangen die analytischen Voraussetzungen Ihrer Dramaturgie und Regie einzubauen, so kann ich Ihnen nur sagen, gerade das hätten Sie *vorher* tun müssen. Denn das sind die Voraussetzungen dieses von Ihnen bearbeiteten Stückes. Sie werden einwenden, daß Sie um dies zu tun, zu sehr mit anderen Dingen belastet waren, außerdem daß die Zeit zu sehr drängt etc. Das mag alles richtig sein, andrerseits können Sie aber nicht verlangen, daß jemand, der mit Ihnen zusammen arbeiten will, *allein* den Nachteil dieser Belastungen auf sich nehmen muß.

Dabei möchte ich einmal aussprechen, daß ich für mich persönlich mir von der Mitarbeit an der „Amerikanischen Tragödie" nichts erwartet habe. Das Stück zurechtzuschustern hat mir Spaß gemacht. Es hätte mir ebensoviel Spaß gemacht, wenn ich statt Ihrer vagen Angaben präzise Richtlinien bekommen hätte, die Arbeit wäre dieselbe gewesen und ich entfalte durchaus keinen Ehrgeiz, genügend oder ungenügend in diesem Falle und überdies nach Ihren Hinweisen „gedichtet" zu haben.

Da nun obendrein die Arbeit aus den oben dargelegten Gründen zum großen Teil nutzlos gewesen zu sein scheint, so ist das natürlich sehr bedauerlich, ich bitte sie aber in Ihren Urteilen darüber nicht die Gründe, an denen Ihre Arbeitsmethode so stark beteiligt ist, außer Acht zu lassen.

Ich glaube ja, daß ich an einer so grundlegenden Umarbeit, an die Sie denken, nicht weiter arbeiten kann, schon rein zeitlich wegen und aus bestimmten materiellen Gründen. Also das beste wird ja doch sein, Sie ziehen für die wirklich nebensächliche und fast automatisierte Bearbeitung des Dialogs Ihnen näherstehende Mitarbeiter heran. Wenn Sie genau an die oben von mir angedeutete Methode sich halten, die ja im Grunde genommen auch Ihre Methode ist, nur daß Sie sich immer davon abbringen lassen, so kann die Sache nicht mehr so schwer sein.

Ich glaube jedenfalls nicht, Sie bei dieser Arbeit im Stich gelassen zu haben.

Mit den besten Grüßen

1 Jungs Bearbeitungsmanuskript befindet sich in der Akademie der Künste Berlin-Brandenburg, Stiftung Archiv.

121. AN EUGEN CLAASSEN, SOCIETÄTS-VERLAG
Berlin-Lankwitz, den 9. April 1931
Apoldaerstr. 7

Sehr geehrter Herr Doktor!
In Verfolg unseres Briefwechsels vom vorigen Jahr über mein damals Ihnen übersandtes Buch „Arbeiter Thomas" möchte ich Sie heute anfragen, ob Sie für eine neue Arbeit von mir, einen Roman „Samtkragen – Der verlorene Sohn" für den Frankfurter Verlag Interesse haben.

Ich möchte allerdings von vornherein bemerken, daß der

Schwerpunkt dieses Buches, das ein an und für sich spannendes Erzählungsthema behandelt, in der rein artistisch-literarischen Bearbeitung der Perspektiven innerhalb der Handlungs-Vorgänge liegt. Ich bin sozusagen im Zweifel, ob es für Ihren Verlag, der ja soziologisch-aktuelle Themata bevorzugt, in Betracht kommt.

Ich benutze also gewissermaßen die Gelegenheit, mit Ihnen wieder in Verbindung zu kommen und würde mich freuen, wenn Sie trotzdem bereit wären, das Manuskript prüfen zu lassen.

Mit dem Ausdruck vorzüglicher Hochachtung

122. AN GERT VON GONTARD
Berlin-Lankwitz, den 13.IV.1931
Apoldaerstr. 7

Lieber Herr von Gontard!
In der Anlage übersende ich Ihnen den versprochenen Artikel[1].
Die kleinen Glossen (etwa für eine Seite und anonym) sende ich Ihnen morgen.

Mit den besten Empfehlungen

[1] In Nr. 1 (April 1931) der von Gert von Gontard herausgegebenen Zeitschrift *Neue Revue* erscheinen „Schwarze Seelen. Plauderei" und in Nr. 2 (Mai 1931) „Hat Deutschland den Krieg verloren?"

123. AN PAUL GUTTFELD, FOLKWANG-AURIGA VERLAG
Berlin-Lankwitz, den 13.IV.1931
Apoldaerstr. 7

Lieber Guttfeld!
Ich habe aus Deinem Brief nicht entnommen, daß ich unmittelbar antworten soll. An und für sich hat sich nichts Neues ergeben, wenngleich sich die wirtschaftlichen Verhältnisse weiter verschlechtert haben.

Ich wünsche Euch für den Ausbau des Folkwang-Auriga Verlages Erfolg und würde mich auch freuen, in der Zeitschrift Fuhrmanns[1] irgendwie mitarbeiten zu können.

Was die Aussichten für die Stücke anlangt, so kann ich beim besten Willen darüber nichts sagen. Im Augenblick sind alle Theater so gut wie geschlossen, neue Stücke sind nicht anzubringen, oder nur mit besonderem Interesse und gelegentlich für Matineen. Dazu muß man aber abwarten können. Ich kann das keineswegs beschleunigen oder sonstwie forcieren. Alle Arbeit daran wäre völlig nutzlos. Ich habe Dir das auch damals hier gesagt. Beye, dem ich auch den „Vampyr"[2] zu lesen gegeben habe, findet den Dialog ausgezeichnet. Es ist selbstverständlich, daß es für welche Aufführung auch immer noch besonders bearbeitet werden muß. Das könnte der Regisseur tun, oder wir würden das hier machen, aber wir können im Augenblick absolut keinen Termin angeben. Wenn unter den vielen Studios sich ein literarisch-experimentelles mal finden wird, so ist mit Sicherheit anzunehmen, daß der „Vampyr" in Betracht kommt, schon wegen seines wirklich grotesken und scharfen Witzes.

Es ist schade, daß Ihr nicht mehrere Exemplare davon habt, denn es ist natürlich notwendig, daß man das Manuskript vorkommendenfalls bei der Hand haben muß.

Ich glaube zwar nicht, daß Dir diese Auskunft irgendetwas nutzen wird, besonders wenn Du eine sofortige Auswertung erwartest, und deswegen schicke ich Dir auch, wie gewünscht, die Manuskripte zurück.

Mit bestem Gruß

1 *Zweifel.*
2 Drama von Ernst Fuhrmann.

124. AN JEWSEJ LJUBIMOW-LANSKOI
Berlin, den 14. April 1931

Werter Genosse Lubimow,
ich habe leider nichts mehr gehört, was aus dem Stück „Arbeiter Thomas"[1] geworden ist. Der Genosse Hanns Eisler, der kürzlich ein paar Tage in Moskau gewesen ist, hat mir erzählt, daß das Stück in Moskau (er wußte nur nicht, an welchem Theater) und in Charkow aufgeführt worden sein soll. Da doch vermutlich das Stück von Ihnen übermittelt worden ist, wenn es nicht an Ihrem Theater[2] aufgeführt wurde, möchte ich Sie bitten, dem Genossen Piscator mitzuteilen, ob für mich Tantiemen entstanden sind und wo sie der Genosse Piscator, den ich hiermit dazu beauftrage, einziehen kann.
    Mit kommunistischem Gruß

[1] Wie aus einem Brief Piscators an Jung vom 17.5.1931 hervorgeht, ist das Stück in Rußland nicht gespielt worden, vgl. Bd. 11 der Jung-Werkausgabe, S. 194.
[2] Moskauer Gewerkschaftstheater.

125. AN DIE REDAKTION DES *PROSHEKTOR*
Berlin, den 14. April 1931

z.Hd. von Genossen Deutsch
Werter Genosse,
es ist mir bisher immer noch nicht möglich gewesen, die mir seinerzeit zugesicherten 1500,– Rubel Tantieme für meinen Oberschlesier-Roman[1] zu bekommen. Ich habe nun den Genossen Piscator gebeten, die Summe für mich in Empfang zu nehmen und auf sein Konto zu nehmen und würde Sie zudem bitten, mir doch ein Exemplar des Buches oder den Abdruck aus dem „Projektor" zu übersenden.
    Mit kommunistischem Gruß

[1] „Gequältes Volk"; in seinem Brief vom 17.5.1931 teilt Piscator mit, daß auch der Roman Jungs russisch nicht erschienen sei.

126. AN DEN VERLAG DER BÜCHERKREIS
Berlin-Lankwitz, d. 28.4.31
Apoldaerstr. 7

Zu der heute erhaltenen Korrektursendung, die ich Ihnen anbei von mir korrigiert zurücksende, teile ich Ihnen mit, daß der Korrektur das Manuskript[1] *nicht* beigelegen hat. Ich erwähne das besonders mit Rücksicht auf das Kapitel der Zeitungsausschnitte, die mir in der vorliegenden Form kaum zu stimmen scheinen.

Mit sozialistischem Gruß

1 „Hausierer".

127. AN DEN VERLAG DER BÜCHERKREIS
Berlin-Lankwitz, den 13.V.31
Apoldaerstr. 7

Ich schlage vor, die beiliegenden Zeilen als ein besonderes Kapitel unter dem Titel *„Zwischen-Bilanz"*[1] auf Seite 235 vor dem Kapitel „Menschlich sein" einzuschieben. Der Umbruch wird sich dadurch um etwa zwei Seiten erweitern.

Korrektur kann wohl gleich in Ihrem Büro gelesen werden.
Anbei folgt der Rest der Revision.
Mit sozialistischem Gruß

1 Kapitel aus „Hausierer".

128. AN ERWIN PISCATOR
[nach dem 17. Mai 1931]

Lieber Piscator,
besten Dank für Ihre Mitteilung vom 17. Mai. Zur Sache selbst möchte ich Ihnen mitteilen, daß Lubimoff das Stück in Moskau bestimmt nicht herausgebracht hat, das weiß ich. Ich habe nur vor vielen Monaten einmal in dem Baronschen „Neuen Rußland" eine Mitteilung gelesen, wonach das Stück[1] in Charkow aufgeführt sein sollte. Etwas ähnliches hat mir auch mal Gen. Torner von der Komintern, der seinerzeit mal in einem Auftrage über Berlin kommend, mich hier besucht hat, erzählt. Torner wollte sich damals noch genauer erkundigen und mir Mitteilung machen, wenn er in Moskau zurück ist (was vielleicht jetzt der Fall ist), aber ich habe nichts mehr darüber gehört. Die Frage an Lubimoff sollte also dahin gehen: hat er das Stück jemanden weitergegeben und an wen und weiß er, was daraus geworden ist.

Im übrigen hat die Frage wirklich für mich nur akademisches Interesse. Anders liegt der Fall mit Deutsch und den Krasny Novy. Der Roman[2] brauchte nämlich von Deutsch gar nicht übersetzt werden, sondern ist hier von Marianow übersetzt worden. Marianow hat auch das Honorar für die Übersetzung bekommen und zugleich eine Mitteilung, daß für mich als Autor-Honorar 1500 Rubel angewiesen sind. Dabei schrieb damals Deutsch an Marianow, er soll ihm mitteilen, wie man mir dieses Geld überweisen soll. Darauf schrieb ich an Deutsch und erhielt auch von diesem die Antwort, daß diese für mich ausgewiesenen 1500 Rubel zu Abholung bereit liegen, aber nicht überwiesen werden könnten (aus den bekannten Gründen). Von diesem Zeitpunkt an geht eigentlich erst meine gelegentliche Nachfrage. *Ich habe ja auch den Brief von Deutsch noch in den Händen,* woraus Sie ersehen können, daß die Sache keine Phantasie ist, und den Marianow kann ich ja jederzeit zur Stelle schaffen. –

Ich habe auch diese Sache längst abgeschrieben, weil ich ja praktisch doch nichts erreichen kann. Eine Zeitlang habe ich nur gehofft, wenigstens das durchzusetzen, daß [ich] die Krasny Novy wenigstens bekommen hätte (in dem der Roman nach Angaben von Deutsch und Marianow erschienen ist). Auch hierfür wollte sich der mir ja persönlich sehr befreundete Gen. Torner seinerzeit einsetzen.

Ich teile Ihnen das alles mit, weil Sie sich nun einmal so liebenswürdigerweise dafür eingesetzt haben. Ich kann das von hier gar nicht übersehen, ob es jetzt noch für Sie zweckmäßig ist, den Strudel, in den die Sache anscheinend hineingeraten ist, näher zu untersuchen. Davon hängt ja wesentlich ab, welchen Eindruck dieser Gen. Deutsch auf Sie persönlich gemacht hat. Sonst ist es besser, die Sache auf sich jetzt beruhen zu lassen.

Mir tut es jetzt nicht mehr weh.

Mit besten Grüßen und herzlichem Dank

1 „Arbeiter Thomas".
2 „Gequältes Volk".

129. AN RAOUL HAUSMANN
Berlin-Lankwitz, 22. Juni 1931
Apoldaerstr. 7

Lieber Hausmann,
von Dr. Jenne erfahre ich, daß Du den Einstein-Artikel[1] an ihn absenden willst. Das ist mir, ohne den Artikel gelesen zu haben, nicht angenehm. Beye hatte mir erzählt, daß Du einen Artikel über die Scham[2] schreiben wolltest, und ich war damit sehr einverstanden, das ist ein Artikel, der Dir bestimmt mehr liegt und der gerade in dieser Nummer, die sehr viel Politisches und Wirtschaftliches enthalten soll, als Synkope zu den geistigen und soziologischen Dingen außerordentlich hineinpaßt. Du mußt Dir die Mühe geben, diesen Artikel noch so schnell wie möglich schreiben.

Außerdem benötige ich eine längere Darstellung über Dein Buch[3] etwa 60 bis 80 Zeilen, da wir das Inserat Deines Buchs halbseitig herausbringen wollen.

Schließlich muß ich Dich bitten, mir mitzuteilen, ob Du an dem Fourier arbeitest und was und ob Du bereits über deutsche Unterlagen dazu verfügst. Man interessiert sich hier für das Fourier-Buch und man kann [es] möglicherweise sofort in einem Verlag herausbringen.

Es ist natürlich ziemlich lächerlich, daß Du Dich gerade jetzt

auf Ferien zurückgezogen hast und zumindesten ohne Kontakt bleibst, wo ein für Jahrzehnte bisher Eingefrorenes in Fluß kommt und wir alle Kräfte daran setzen müssen, uns darin eine Position zu schaffen und diese Position scharf zu präzisieren.
Mit bestem Gruß
Franz Jung

1 „Trommelfeuer der Wissenschaft. Herr Einstein! Womit heizen Sie die Sonne?" In: *Gegner* H. 3, 1931, S. 26–27.
2 „Scham und Erziehung". In: *Gegner* H. 2, 1931, S. 14–15.
3 „Heute und Übermorgen"; erweitertes Inserat in: *Gegner* H. 2, 1931, S. 2.

130. AN RAOUL HAUSMANN
Berlin-Lankwitz, 1. Juli 31
Apoldaerstr. 7

Lieber Hausmann,
inzwischen sind Deine beiden Artikel bei mir eingetroffen. Es ist außerordentlich schwer, ohne jetzt mißverstanden zu werden, Dir darüber von hier aus etwas zu schreiben. Wir müssen darüber ausführlich sprechen, damit ich Dir gleich an der Hand des Materials sagen kann, was ich meine. Selbstverständlich werde ich einen bringen, wahrscheinlich den über Scham, aber er gefällt mir nicht. Es steht für mein Gefühl nichts Präzises drin, keine Forderung, nirgendwo sogar ein präzisierter Angriff. Ich fühle nur dunkel, daß Du etwas Bestimmtes sagen willst, das aber in der vorliegenden Diktion völlig nebulos verschwindet. Bis auf die ja ganz richtige Kritik der Erziehung, aber das ist ja schon hundertmal und überall abgewandelt worden. Ich bin überzeugt, Du hättest den Artikel genauso geschrieben, den ich mir vorstelle, von Dir zu bekommen, wenn wir darüber hätten sprechen können. Ich sehe nicht, wie diese Schwierigkeit, solange Du da unten noch arbeiten mußt, wird überwunden werden können.
Mit bestem Gruß
Franz Jung

131. An Raoul Hausmann
Berlin-Lankwitz, 15. Juli 1931
Apoldaerstr. 7

Lieber Hausmann!
Mangelnder Kontakt mit Beye hindert mich zu wissen, ob Du bereits in den Besitz der neuen Nummer gekommen bist, ob von Dir aus die zweite Nummer wieder verschickt wird und ähnliches mehr.

Bei der augenblicklichen Lage scheint es mir notwendig unmittelbar mit der dritten Nummer herauszukommen und zwar wird diese Nummer gestützt sein auf positive Vorschläge zur Überwindung der augenblicklichen Staatslage. Wir haben hier eine Anzahl Programme, darunter auch eins von Fuhrmann[1]. Ich weiß nicht, ob Du Dich in diesem Rahmen dazu auch äußern willst; mir würde von Dir ein Artikel[2] vorschweben, der das Persönliche, umgeben von der Gesellschaftsordnung, gleich welcher Art, gleich mit welcher engeren oder weiteren Beziehung man dazu steht, behandelt, wie in dem von Dir angekündigten Roman, einfach geschildert den Ablauf des Persönlichen, in immer geringer werdendem Kontakt dieses Persönlichen zur Umwelt. Ich denke mir, solange die Gesellschaftsordnung, welche auch immer, dieses Persönliche nicht mit in sich übernimmt, ihm Entwicklungsmöglichkeiten gibt, die sozusagen die Voraussetzung für das kollektive Mitleben schafft, wird irgendwie langweilige, manchmal feindliche, manchmal groteske, manchmal überflüssige Umwelt bleiben. Der Wert Deiner Ausführungen aber kann nach meinem Dafürhalten nicht in einer doktrinären Deklamation liegen, sondern in einer ganz nüchternen Schilderung des Ablaufs dieser Beobachtung des Persönlichen zur Umwelt.

Auf einen solchen Artikel würde ich eine ganze Menge setzen und außerdem weiß ich, daß Du einen solchen Artikel auch schreiben kannst.

Ich bitte Dich bis Mitte nächster Woche spätestens um Mitteilung, ob ich einen solchen Artikel von Dir bekomme, am besten gleich das Manuskript.

Mit bestem Gruß!
           Jung

Inzwischen teilt mir Dr. Jenne eben mit, daß Du von ihm die Unterlagen willst für den Prospekt Deines Buches. Wir können ja beim besten Willen diesen Prospekt nicht machen, wenn wir nicht etwas mehr von dem Buche wissen. Aus der Atmosphäre heraus, wenn man es zumindesten gelesen hat oder wenigstens einen Teil davon, kann man etwas wiedergeben, was für eine solche Art Werbung benutzbar ist. Wir können ja auch praktisch weiter nichts unternehmen, als einen Verlag als Garantie dahinter zu bekommen. Du darfst ja auch nicht vergessen, daß die Werbung heute außerordentlich schwierig ist. Wahrscheinlich wird ja in der Hauptsache individuell geworben werden müssen. Die große allgemeine Prospekt-Werbung erfaßt ja nur das, was auf anderm Wege nicht geworben werden kann. Hier wird ja die Lage auch recht schwierig. Die Geschäftsstelle funktioniert nicht aus Mangel an Mitteln und an Zeit, da Beye sehen muß, sich auf andere Weise über Wasser zu halten. Auch Herr Tichauer funktioniert nicht, zumal wir ihm ja schon gar nichts nebenbei bieten können. Mit Späth[3] scheint es auch ein großer Mißgriff gewesen zu sein. Die Aussichten sind recht trübe, und eigentlich Beye hält die Sache bloß noch hoch.

Was ist mit Deiner Werbung geschehen? Gib doch dem Beye mal darüber einen Bericht. Und was soll mit der 2. Nummer werden? Schicke die Adressen her, an die wir noch expedieren sollen oder willst Du Deine Leute wieder von dort expedieren?

Jedenfalls ist praktisch jetzt auf Deine Hilfe kaum zu rechnen, da Du ja selbst von dort aus die Schwierigkeiten richtig kaum übersehen kannst. Vielleicht wäre es praktischer gewesen, irgendeinem jungen Mann die Expedition und das Geschäftliche für ein Monatsgeld, vielleicht auch als Nebenarbeit zu übertragen, jedenfalls müßte das ein *Fachmann* sein, der sich den ganzen Tag darum kümmern kann.

Mit Fuhrmann bin ich sozusagen in Konflikt. Hat aber einen guten Artikel geschrieben. Best. Gruß Franz

---

1 „Gefühle in der Wirtschaft". In: *Gegner* H. 3, 1931, S. 9–13.
2 Vermutlich „Jenseits der Gesellschaft". In: *Gegner* H. 4, 1931, S. 6–7.
3 Die Auslieferung des *Gegner* erfolgte über die Buchhandlung J.M. Spaeth, Berlin C 2, Königstraße 52.

132. An Hugo Hertwig
Berlin-Lankwitz, 17. September 31
Apoldaer Str. 7

Sehr geehrter Herr Hertwig,
besten Dank für Ihren Brief und die Übersendung der Artikelserie[1].

Selbstverständlich halte ich es für das beste, daß wir persönlich mal darüber sprechen, auch über die Form Ihrer Mitarbeit am Gegner. Ich habe ja in der letzten Nummer aus Ihrem Artikel einen Abschnitt[2], den ich als Gegengewicht gegen einen vorherstehenden Aufsatz sehr gut verwenden konnte, trotzdem das schon anderwärts gedruckt war, verwendet. Ich hoffe, daß Sie nichts dagegen einzuwenden haben.

Vielleicht besuchen Sie mich mal in den nächsten Tagen. Es ist ja keine Prestigefrage, ob ich zu Ihnen komme oder Sie zu mir, es ist nur praktischer, weil ich es hier nach der Zeit besser einrichten kann. An und für sich ist mir vormittags am liebsten, sonst würde ich Sie aber bitten, vorher zu telefonieren um sich zu vergewissern, ob ich auch anwesend bin, falls Sie abends kommen.

    Mit den besten Grüßen
        Franz Jung

1 Im *Gegner* von Hertwig erschienen: „Der Stoffwechsel der Literatur" (1931, H. 5, S. 23–24); „Die organische Erziehung des Kindes" (1931, H. 6, S. 23–24); „Der Geist des Nordens" (1931, H. 7, S. 10–11); „Verwandlung von innen" (1932, H. 9, S. 14).
2 Aus: „Die gesellschaftlichen Triebkräfte Idealismus und Materialismus". In: *Gegner* H. 4, 1931, S. 12–13.

133. AN DAGNY JUNG
[London] 22/1. [1932]

Liebe Dagny,
ich habe hier in der Lesehalle des Clubs täglich ein paar Stunden zu tun. Und dann kann man auch gleich baden und auch sonst sind große Sportsäle da. Für Damen ist allerdings der Eintritt ganz verboten. Die haben ihre eigenen Clubs. Wenn du gut stenographieren und englisch kannst, nehme ich dich das nächste Mal nach London mit.
    Viele Grüße
        Franz

134. AN CLÄRE JUNG
[Sommer 1932]

L.Cl.
Dieser Brief ist gestern an Joseph[1] abgegeben worden.
    Auch als Unterlage für Guttmann-Glück zu verwenden.
    Besprich bitte die Sache mit Joseph, eventuell soll er Sell u. Jakobsohn hinbestellen, zugleich Conferenz mit Haensel, und so *ernstlich* die Liquidation[2] in die Hand nehmen. Hat Jakobsohn den *Brief* betr. der Wechsel geschrieben? (Landau hatte es ihm gesagt)
    Morgen schreibe ich die Vorschläge für Guttmann
    besten Gruß
        Frz

1 Rechtsanwalt Dr. Otto Josef.
2 Liquidation des Deko-Verlages (Deutscher Korrespondenz Verlag, Berlin) infolge des „Bauhüttenskandals"; vgl. die folgenden Briefe sowie Jungs Briefe an Cläre Jung vom 30.7.1962 und an Karl Otten vom 14.9.1962.

135. AN CLÄRE JUNG
[Sommer 1932]

Liebe Claire,
das Geld habe ich soeben bekommen. Herzl. Dank. Dein Brief heute morgen schafft ja für die Beurteilung der Situation der beiden Compagnons[1] zu mir ein völlig verändertes Bild. Es wäre doch dringend notwendig, daß eine *präcise Erklärung* von B[eye] u. Dr. Sch[önherr] erzwungen wird, wie sie zu der Abwicklung u. dem ganzen Fragenkomplex stehen. Wenn die Leute schon mit Dir sich nicht in Verbindung setzen (was ich geradezu ungeheuerlich finde), so wäre es doch zum mindesten Sache des Anwalt, die entsprechenden Informationen zu geben. Ich will Dir nicht hineinreden und da ich ja wirklich *nicht* weiß, wie die Dinge liegen, ist meine Ansicht sehr individuell, aber ich traue M.-B. nichts zu u. ich traue ihm überhaupt nicht. Schließlich wirst Du selbst *ultimativ* von B[eye] oder Dr. Sch[önherr] fordern müssen, daß sie mit Dir sprechen. Das mit der Untersuchungs-Behörde ist doch glatter Schwindel und Bluff.

Ich kann keine neuen Vorschläge machen, außer was ich bisher schon geschrieben habe, bis ich nicht die Situation kenne und die ganze Stimmung.

Ich bitte Dich, Dich von dieser meiner (vielleicht begreiflichen) Unruhe nicht beeinflussen zu lassen und das zu tun, was Du nach Deinem selbstgewonnenen Einblick für richtig hältst. Es ist mir bestimmt nicht angenehm, hier dem Sch[wab] auf der Tasche zu liegen, besonders weil ich mit ihm ja ganz gut weiterarbeiten kann, wenn wir halbwegs gemeinsam die Sache über Wasser halten, von Berlin aus wird sich die Korrespondenz[2] schnell entwickeln lassen. Es kommt für mich auch darauf an, daß meine Stellung ihm gegenüber nicht zu schwach wird. An und für sich geniere ich mich ja, Dir um Geld zu schreiben, denn ich kann mir doch Deine eigene Situation genügend selbst vorstellen. Sicherlich ist es auch nicht gut, B[eye] und Dr. Sch[önherr] gegenüber finanziell jetzt so schwach zu erscheinen. Zur Not wurstelt sich das hier noch so weiter, besser jedenfalls als irgendwie eine Position in der Abwicklung vorschnell aufzugeben.

In der Dagny-Sache muß etwas geschehen und zwar bei Schulbeginn von *mir* aus, also von Dir in meiner Vertretung. Ich schreibe Dir den Brief vor, an Margot, Du kannst ja den Anwalt (M.-B.) hinzuziehen. Ich möchte nicht noch von der Seite (Vernachlässigung der Aufsichtspflicht etc) noch hineingezogen werden.

Ich möchte überhaupt, daß wir uns irgend mal sprechen. Auf halbem Wege oder so. Schä[fer] deutete schon mal an, daß er das bewerkstelligen möchte. Wie Du weißt, hat Schä[fer] keine Ahnung, daß wir korrespondieren, überhaupt daß ich irgendeine Kenntnis von den Berl. Vorgängen habe. Er hält das für mich für sicherer.

Herzl. Gruß

Franz

1 Die Geschäftsführer des Deko-Verlages Jung, Theodor Beye und der Bankier Fritz Schönherr hatten zur Vermittlung und finanziellen Realisierung von Bauvorhaben der Pommerschen Bauhütte in Frankreich, speziell in Paris, die „Sofaf" (Société Franco-Allemande d'études financières et industrielles) gegründet. Der Versuch, Verbindlichkeiten in Frankreich durch Begleichung französischer Kapitalforderungen in Deutschland zu tilgen, führte zum Vorwurf des Devisenvergehens. Auf Grund der Notverordnung war die Ausfuhr von Devisen untersagt. Beye und Schönherr wurden verhaftet, Jung entzog sich der Verhaftung durch die Flucht nach Binz auf Rügen, von wo er Cläre Jung eine Darstellung zur Liquidation des Deko-Verlages schickte.

2 Wahrscheinlich seit 1929 gaben Jung und Alexander Schwab, der Pressereferent der Reichsanstalt für Arbeitsvermittlung und Arbeitslosenversicherung war, die Pressekorrespondenz *Deutsche Wirtschafts-Berichte* im Deko-Verlag heraus. Im Mai 1932 kam der *Deutsche Arbeitsbeschaffungs-Dienst* hinzu, der aus dem ebenfalls im Deko-Verlag erscheinenden *Gegner* hervorging.

136. AN CLÄRE JUNG
den 7.9.32

Liebe Claire,
Aus deinem letzten Brief ersehe ich mit Bedauern, daß anscheinend deinem Hierherkommen größere Schwierigkeiten entgegenstehen, ich kann nur annehmen in der Hauptsache finanzieller Natur. Sich in Str[alsund] zu treffen hat ja wirklich wenig Zweck. Dann soll man schon bald warten, bis die Verhandlung in Stettin[1] gewesen ist. Denn es hat sich ja auch anscheinend wenig ereignet, was du mir über den Stand der Dinge hättest mitteilen können. Schließlich ist es vielleicht wirklich besser, die Kosten zu sparen und evtl. die 20 Mark aufzuheben. Es ist ja gar nicht ausgeschlossen, daß ich sie zur Übersiedlung brauche. Ich hätte hier schon von Schä[fer][2] das Geld nicht bekommen können, um nach Str[alsund] zu fahren, weil natürlich, wie wahrscheinlich bei deiner Korrespondenz[3] und hier desto mehr alles furchtbar knapp jetzt ist.

Es hat wenig Sinn, noch weitere ausführliche Exposés über die Möglichkeit, die deutschen Wirtschaftsberichte aufleben zu lassen, jetzt zu schreiben, bevor ich nicht erstens mit dir gesprochen habe und zweitens die Möglichkeit sehe, daß man einen entsprechenden Mann sofort dafür einsetzen kann. Der immer wieder angekündigte Brief von Boys[en][4] ist noch nicht eingetroffen und ich habe schon bei der laxen Behandlung dieser Frage Zweifel, ob man ihn verwenden soll, zumal das, was er über das Exposé des Arbeitsdienstes damals mir geschrieben hat, bei einer etwas kritischen Betrachtung nicht viel mehr ist als ein aufgeblasenes Nichts.

Vielleicht ist es tatsächlich am besten, um jetzt jede Nervosität auszuschalten, die uns nur tiefer hineinreißen kann, noch abzuwarten, bis du dich in einer neuen Wohnung[5] eingerichtet hast, bis sich für mich in Berlin auch tatsächlich einbringende Arbeitsmöglichkeiten vom ersten Tage an ergeben.

Es fällt mir hier nicht ganz leicht, in dieser Weise weiter vollständig von Schä[fer] abhängig zu sein, aber es scheint doch schließlich nichts anderes übrig zu bleiben, schon zeitlich, denn ich kann mich nur dann auf einen Filialbetrieb in Berlin stützen, wenn dieser schon eingerichtet ist und halbwegs wenigstens nach der großen Richtung hin zu funktionieren beginnt, nicht aber erst

wenn ich selbst und evtl. im Gegensatz zu Schä[fer] möglicherweise sogar ihn erst einrichten muß.
Es bleibt mir ja infolgedessen auch zunächst nichts anderes übrig, als weitere Nachrichten von dir abzuwarten.
Herzlichen Gruß
Franz

---

1 Gleichzeitig mit Beye und Schönherr war auf Veranlassung der Zollfahndungsstelle in Stettin der Direktor der Pommerschen Bauhütten Albert Lück wegen angeblichen Devisenvergehens verhaftet worden. Zuständigkeitshalber hätte die Verhandlung in Stettin stattfinden müssen.
2 Heinrich Schäfer war der Syndikus des im Januar 1932 im Deko-Verlag gegründeten „Allgemeinen Pressebüros" (Basel/Berlin).
3 Der 1927 gegründete *Deutsche Feuilleton-Dienst*, der seit 1932 von Cläre Jung und Felix Scherret geleitet wurde.
4 Im Zuge der Liquidation des Deko-Verlages beauftragte Jung Harro Schulze-Boysen, der seit Frühjahr 1932 Schriftleiter des *Gegner* war, mit dem Verkauf der Zeitschrift. Nach dem Verkauf gab Schulze-Boysen den *Gegner* noch bis Anfang 1933 heraus.
5 Cläre Jung zog von Lankwitz, Apoldaerstraße 7, nach Halensee, Ringbahnstraße 8b.

---

137. AN E.H. SCHICH
Berlin-Nikolassee, 29.12.36
Prinz Friedrich Leopoldstr. 46 I

Sehr geehrter Herr Doktor Schich!
In der Angelegenheit des Verlages für Pressekorrespondenzen[1] (Gaertner und Dr. Schwab) ist es mir nach längerem Bemühen erst jetzt gelungen, die bisherige Sekretärin persönlich zu sprechen, aus deren Informationen ich entnahm, daß seitens der Familie des Dr. S[chwab] anscheinend auf eine geregelte Liquidierung kein Wert gelegt wird. Jedenfalls wird es mir außerordentlich erschwert, präzise Angaben über den weiteren Eingang der Post etc. zu erhalten. Da die Wohnung von den Kindern nicht mehr benutzt wird, hat auch die Sekretärin bisher keine Kenntnis darüber. Sie ist die von Herrn Gaertner und Dr. Schwab gleicherweise Unterschriftsbevollmächtigte für das Postscheckkonto und sie hat die bisher darauf eingelaufenen Beträge abgeholt, zum größten Teil zur Deckung ihrer eigenen Gehalts-

ansprüche, der Nachzahlung rückständiger Sozialbeiträge und zur Wirtschaftsbeihilfe für die Kinder des Dr. S[chwab]. Wenn auch selbstverständlich dagegen nichts einzuwenden ist, so scheint es mir doch zweckmäßig, daß diese Unterschriftsvollmacht jetzt aufgehoben wird, um überhaupt die Grundlage für eine spätere Liquidierung oder Fortführung des Betriebes zu finden bezw. wäre das möglich der Einfachheit halber, daß künftige Abhebungen nur mit Ihrem Einverständnis im Auftrage des Herrn Gaertner erfolgen können.

Ich würde daher vorschlagen, daß Sie diese Sekretärin, Fräulein Herting, Gleditschstraße 17, in Ihr Büro bestellen, um mit ihr das Weitere für die Liquidierung Erforderliche dort zu vereinbaren. Ich habe ihr persönlich gegenüber bereits angedeutet, daß Herr Gaertner für seine Interessen in der Korrespondenz einen hiesigen Bevollmächtigten eingesetzt hat, der sich mit ihr voraussichtlich in Verbindung setzen wird. Ich möchte noch betonen, daß die Zurückhaltung der Kinder des Dr. S[chwab], für die im übrigen meines Wissens noch kein Vormund[2] eingesetzt ist, weniger aus der Betonung eigener materieller Interessen oder sonstigen bösen Willens besteht, sondern mit der allgemeinen Zurückhaltung in der schwebenden Untersuchung auch mir gegenüber sich begründen dürfte, was vermutlich aus den Kreisen der engeren Verwandtschaft ihnen geraten sein dürfte.

Ich habe leider in den letzten Tagen Herrn Danckwerts nicht erreichen können, mit dem ich auch die Frage einer zunächst provisorischen Weiterführung der Korrespondenz besprochen hatte und wende mich daher mit dem vorliegenden Schreiben zunächst an Sie.

Mit deutschem Gruß!
(gez.) Franz Jung.

---

1 Inhaber des Verlages, in dem seit 1935 der *Pressedienst für Wirtschaftsaufbau* erschien, waren Alexander Schwab und Heinrich Gärtner; die Geschäftsstelle befand sich in Schwabs Berliner Wohnung in der Martin-Luther-Straße. Nach Schwabs Verhaftung wegen seiner Widerstandsarbeit in der Gruppe „Rote Kämpfer" im November 1936 ging es um die Liquidation des Verlages.
2 Zum Vormund der Kinder Schwabs, Franziska und Hans-David, wurde der Schriftsteller Hermann Schüller bestellt.

b) Neuorganisation "Rote Kämpfer". /. L i n d t n e r u.A.
- Stapo B 2 L. 3518/36 - illegale marxistische Betätigung
in Berlin. (1) **Für Tgmldg.verw**

Die Staatspolizeistelle in Bochum stiess im Laufe von Ermittlungen gegen die illegale KPD. im Bezirk Dortmund - Wattenscheid auf eine bisher unbekannte marxistische Organisation mit dem zentralen Sitz in Berlin, die über das ganze Reich verbreitet ist.

Reichsleiter waren bis zur Festnahme:

1.) der Schriftsteller und Inhaber des Verlages für Pressekorrespondenz Dr. phil. Alexander S c h w a b , am 5.7.87 in Stuttgart geb., Reichsdeutscher, Diss., verheiratet, Ehefrau verstorben, hier, Lutherstr. 47 wohnhaft und

2.) der Schriftsteller Dr. phil. Karl S c h r ö d e r , am 13.11.84 in Polzin/Pomm. geb., Reichsdeutscher, Diss., verheiratet, Berlin-Nezkölln, Fuldastr. 38 wohnhaft.

Dr. S c h w a b und Dr. S c h r ö d e r wurden am 17.11.36 von Beamten der Stapo Aussendienststelle Bochum festgenommen und am 18.11.36 nach Bochum überführt.

Die Organisation führt die Bezeichnung "Rote Kämpfer". Als Organ galt die illegale Schrift "Roter Kämpfer". Später wurde dieselbe umbenannt und erschien als illegale Schrift mit dem Titel "Arbeiterkommunist".

Die Organisation ist über das ganze Reich verbreitet und unterhält ausserdem Beziehungen zu England, zur CSR. und zur Schweiz.

Über Zweck, Ziele, Gliederung und Tätigkeit dieser Organisation ist dem Gestapa eine Niederschrift und eine Vernehmungsdurchschrift aus Bochum des Dr. S c h w a b besonders zugeleitet worden.

Diese und folgende Seite:
Aus der Akte „Rote Kämpfer", 4. Dezember 1936

4.) <u>R i l l</u>, Georg, 6.6.90 Pelplin geb., verheiratet, Bezirksschornsteinfegermeister, Berlin-Neukölln, Hobrechtstr. 48 wohnhaft, Reichsdeutscher, Diss., fr. evgl., gedient von 1915 bis 1918.

5.) <u>D o n a l i e s</u>, Udo-Heinz, Maler, 26.8.07 Königsberg/Pr. geb., Reichsdeutscher, Diss., fr. evgl., ledig, nicht gedient und nicht gemustert, Berlin, Gneisenaustr. 94 wohnhaft.

6.) <u>B e c k</u>, Erwin, Glaser, 17.4.11 Berlin-Treptow geb., Reichsdeutscher, Diss., fr. evgl., ledig, Arbeits- und Militärdienst nicht gemustert, Berlin, Alexandrinenstr. 111 wohnhaft.

7.) <u>B e r g n e r</u>, Karl, kaufmännischer Angestellter, 17.6.09 Dresden geb., Reichsdeutscher, Diss., fr. evgl., ledig, Arbeits- und Militärdienst nicht gemustert, Berlin-Britz, Talbergerstr. 6 wohnhaft.

8.) <u>S c h r ö t e r</u>, Erich, Bibliothekar, 11.7.94 Breslau geb., Reichsdeutscher, Diss., fr. evgl., verheiratet, beim Militär gedient von 1914 bis 1916, Berlin-Neukölln, Thüringerstr. 1 wohnhaft.

9.) <u>E n g e l</u>, Alfred, Expedient, 12.9.09 Stettin geb., Reichsdeutscher, Diss., fr. evgl., verheiratet, Arbeits- und Militärdienst nicht gemustert, Berlin, Brauner Weg 109 wohnhaft.

10.) <u>U t z e l m a n n</u>, Franz, Tischler, 1.5.96 Berlin geb., Reichsdeutscher, Diss., fr. evgl., verheiratet, gedient von 1915 bis 1918, Berlin, Gleimstr. 36 wohnhaft.

11.) <u>B ü t t n e r</u>, Kurt, Korrespondent, 5.3.10 Berlin geb., Reichsdeutscher, Diss., fr. evgl., ledig, Arbeits- und Militärdienst nicht gemustert, Berlin-Reinickendorf-Ost, Amendestr. 5 wohnhaft.

12.) <u>J u n g</u>, Franz, Schriftsteller, 26.11.88 Neisse/O.S. geb., Reichsdeutscher, katholisch, verheiratet, gedient von 1914 bis 1915 als Kriegsfreiwilliger, Berlin-Nikolassee, Prinz-Friedrich-Leopold-Str. 46 wohnhaft.

13.) <u>H e r t i n g</u>, Ella, Sekretärin, 3.12.1900 Berlin geb., Reichsdeutsche, evgl., ledig, Berlin W., Gleditschstr. 17 wohnhaft.

14.) <u>G r z y w o t z</u>, Erna, Stenotypistin, 13.12.11 Neukölln geb., Reichsdeutsche, Diss., fr. evgl., ledig, Arbeitsdienst nicht erfasst, Lichtenberg, Rathausstr. 15 wohnhaft.

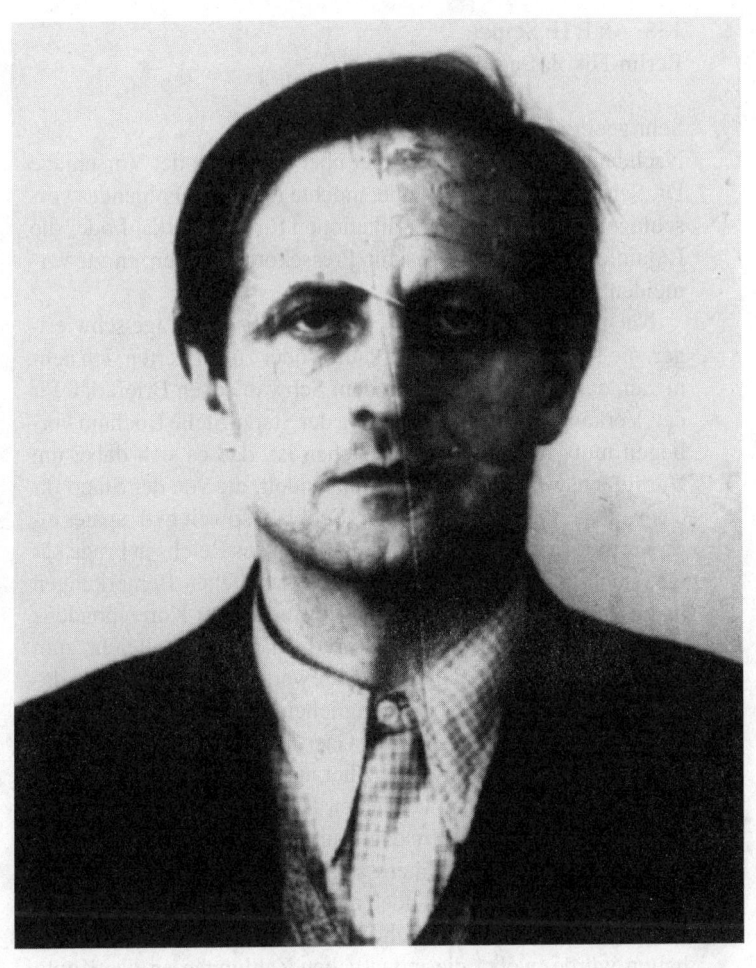

*Foto aus der Haft Ende 1936, das der Liste „Rote Kämpfer"
der Staatspolizeistelle Berlin beilag*

138. An E.H. Schich
Berlin-Nikolassee, 15.1.37

Sehr geehrter Herr Dr. Schich!
Nachdem ich mit Herrn Schüller über den Inhalt der Vorschläge Dr. Schwabs gesprochen habe, möchte ich Ihnen Folgendes vorschlagen, um weitere Komplikationen für den Verkauf oder die Liquidierung des Verlages für Pressekorrespondenzen zu vermeiden.

Nach meinem Dafürhalten wird es mit jedem Tage schwieriger, die Korrespondenz zu verkaufen oder zu verwerten. Ich nehme an, daß die Bemerkung in dem Schwab'schen Brief, daß für den Verkauf auch die Zustimmung der Stapo-Stelle Bochum vorliegen muß, nur soweit zu verstehen ist, daß es sich dabei um Vermögenswerte des Dr. Schwab handelt, die von der Stapo für das weitere Verfahren gegen Dr. Schwab, soweit evtl. später eine Vermögensbeschlagnahme zugunsten des Reichs in Frage käme, sichergestellt werden sollen. Die sachlichen Bemerkungen in diesem Brief gehen ja, was die Bewertung der Korrespondenz anlangt, an der Wirklichkeit vorbei und sind vielleicht zum großen Teil auch nur „taktisch" zu bewerten. Ich möchte also daher vorschlagen, auf den ursprünglichen Plan des Herrn Gaertner zurückzukommen, wonach Herr Gaertner aus der gegenwärtigen Zwangslage der Korrespondenz heraus in seiner Eigenschaft als Mitinhaber einen verantwortlichen Hersteller und Herausgeber des Pressedienstes für Wirtschaftsaufbau bestellt. Als solcher käme dann der als Käufer-Interessent[1] aufgetretene *Herr Schuren* in Frage und es wäre dann doch das einfachste, mit diesem einen Vertrag aufzusetzen, der sich im wesentlichen an das Angebot halten würde, wobei die monatlichen Zahlungen an das Konto Korrespondenz auf die spätere Kaufsumme bei gewährter Option zu verrechnen wären oder als Zahlung für den später noch zu erwerbenden Anteil des Dr. Schwab und in zweiter Reihe den Anteil des Herrn Gaertner, wobei ja die Auseinanderrechnung, wie sie Dr. Schwab vorschlägt, zunächst gar nicht in Betracht zu ziehen wäre. Es würde ja genügen, wenn mit einem solchen Vertrage Herr Schüller einverstanden wäre.

In der Zwischenzeit könnte ja die Frage eines Ausscheidens Dr. Schwabs in aller Ruhe geklärt werden, vielleicht wäre es zu diesem Zweck wünschenswert, wenn Sie als Vertreter Herrn

Gaertners an Herrn Dr. Schwab direkt schreiben würden und ihm den Status der Korrespondenz darstellen würden, der ja selbst bei optimistischer Berechnung für einen Barverkauf gerade die Schulden und die Bareinlage Gaertners decken würde.

Als Fachmann im Korrespondenzwesen darf ich Ihnen sagen, daß für jeden Interessenten die Korrespondenz nur einen reinen individuellen Arbeitswert hat, wobei entscheidendes Gewicht darauf gelegt werden dürfte, daß ich selbst als Mitarbeiter der Korrespondenz dem Käufer die Tips für die weitere individuelle Auswertung in seinem Sinne erst an die Hand geben muß. Praktisch bedeutet das, daß ich eine Reihe von Tagen im Beisein des Käufers und unter dessen Mitarbeit die Korrespondenz in der bisherigen Weise mache. Ich habe mich dazu verpflichtet, aus dem alleinigen Grunde, weil ich Herrn Gaertner die Verwertung der Korrespondenz und nach dem heutigen Stand der Verkaufsaussichten die Rückzahlung seiner Einlage erleichtern und ermöglichen will. Ich verlange hierfür keine Entschädigung, ebenso wie eine weitere Mitarbeit meinerseits über diese Anlaufszeit hinaus in keinem Fall in Frage kommen dürfte.

Der Verkauf der Korrespondenz als Mantel unter der heute in Geltung befindlichen Sperrfrist für Neugründungen ist eine sehr zweischneidige Sache, sie kann jederzeit auch noch nachträglich verboten werden und ich möchte Sie darauf aufmerksam machen, daß insbesondere, wenn mehrere Interessenten dafür vorhanden sind, der Verkäufer wie auch der Käufer jeder Denunziation beim Verlegerverband ausgesetzt wäre. Mit anderen Worten, der Käufer wird deswegen sein Risiko an der Korrespondenz noch nicht los. Ich kenne Dr. Schwab so weit, um sagen zu können, daß er darin mit mir einer Meinung sein würde. Ich halte es nur nicht im Augenblick für zweckmäßig, darüber mit ihm eine briefliche Diskussion zu führen.

Bei der gegenwärtigen Sachlage wäre es also notwendig nach meinem Vorschlag mit Herrn Schuren die Verhandlungen recht bald aufzunehmen. Herr Schuren hätte beim Verlegerverband die Frage zu klären, ob gegen seine Bestellung als Schriftleiter zur Weiterführung der Korrespondenz etwas eingewendet werden kann. Dieser Schritt erscheint mir notwendig, weil möglicherweise von der Stapo in Bochum der Verlegerverband nunmehr unterrichtet worden ist und weil evtl. unsere anderen Interessenten dort ebenfalls vorgesprochen haben. Ist diese Vorfrage geklärt, dann erscheint es mir unerläßlich die Tätigkeit der Korrespondenz unmittelbar aufzunehmen, weil tatsächlich kein Tag länger mehr zu verlieren ist, wenn die Korrespondenz überhaupt noch Aussicht haben soll, bei dem bisherigen Bezieherkreis Eingang zu finden.

Mit deutschem Gruß!

1 Im Februar 1937 übernahm Ernst Schuren den *Pressedienst für Wirtschaftsaufbau*.

139. AN HEINRICH GÄRTNER
Wien XIII, Ober St. Veit, d. 11.5.1937
Winzerstraße 5

Sehr geehrter Herr Gaertner!
Ich bin in großer Sorge, daß die Bestätigung über meine Geldzuweisungen bisher noch immer nicht eingetroffen ist. Ich komme dadurch zum mindesten auch meinem Anwalt hier gegenüber in eine schiefe Lage.

Von Prag zurück, möchte ich Ihnen bezüglich des Aufbaus eines privaten Wirtschaftsdienstes[1] folgendes mitteilen: Wie ich Ihnen schon neulich in der Skizzierung des allgemeinen Programms mitteilen konnte, habe ich dort Beziehungen zu einem Dr. Beck, der in Prag eine tschechisch-bulgarische Handelskammer aufgezogen hat, aufgenommen. Über diesen bin ich mit einem Herrn Wolf (bis 1934 Verleger des Wirtschaftsringes in Berlin und Schwager von Müller-Jabusch von der Deutschen Bank) bekannt gemacht worden, dessen Vetter, der frühere Handelsredakteur der Frankfurter Zeitung, Wolf, heute Leiter des Wirtschaftspolitischen Büros bei Bata in Zlin ist und als dessen maßgeblicher Finanzberater gilt. Zusammen mit einem Dr. Haas, einem tschechischen Wirtschaftsjournalisten, der im Büro des Centre Economique arbeitet, wollen diese Leute einen privaten wirtschaftlichen Informationsdienst für Mittel- und Südosteuropa mit Zweigstellen in den hauptsächlichsten Balkanländern aufziehen. Ich habe eingehend mit den Herren verhandelt, es kommt da auch noch ein Verleger in

Betracht, der im Rahmen dieser Arbeit eine mehrsprachige wöchentliche Wirtschaftszeitung herausgeben will. Durch Dr. Beck bin ich den Herren in einem Rahmen als Vertreter des Verlages für Pressekorrespondenzen vorgestellt worden, der auf der einen Seite wahrscheinlich zwar weit über meine Kompetenzen und Möglichkeiten hinausgeht, auf der anderen Seite bei der Gesamtkonstruktion meiner Arbeit aber notwendig war, um zunächst überhaupt einen Kontakt auf gleicher Stufe mit dieser Gruppe herzustellen. Ich habe angedeutet, daß meine Mitarbeit und Eingliederung in den Rahmen in der Möglichkeit beruht, amerikanische Kreise als Interessenten oder Kunden zu gewinnen. Wie bei allen ähnlichen Gründungen teilt sich ja jetzt die Arbeit immer nach zwei Richtungen, die eine geht rein arbeitsmäßig auf die Gewinnung und Verarbeitung sogenannter kontorfertiger Informationen, die andere auf die Herstellung und Durchführung von Verbindungen rein geschäftlicher Art. Die geplante Gründung sieht eine Synthese beider Arbeitsrichtungen in solider und sicherlich sehr aussichtsreicher Weise vor. Ich benötige nun (und zwar bitte ich mich hierin nicht mißzuverstehen, wenn ich Sie dringend um Präzision und Beschleunigung Ihrer Antwort ersuche) eine Entscheidung darüber, inwieweit ich den Kontakt erstens aufrecht erhalten kann, zweitens liquidierend hinhalte, ohne den Kontakt nicht völlig zu verlieren, drittens völlig liquidiere, indem ich einfach mitteile, daß der Verlag z.Zt. an einer Zusammenarbeit kein Interesse hat. Ich möchte hierbei bemerken, daß aussichtsreicher die Durchführung der mir seinerzeit von Ihnen dargestellten Möglichkeiten in absehbarer Zeit kaum mehr gegeben sein wird.

Meine persönliche Meinung geht dahin, daß ich Sie persönlich als Inhaber des Verlages nunmehr in diese Gruppe einschalte und daß es nunmehr wirklich dringend erforderlich geworden ist, daß wir persönlich darüber sprechen. Bei weitem das beste wäre es, wenn Sie und zwar sobald als möglich mich aufsuchen könnten, worauf wir beide nach Prag fahren oder daß wir uns in Prag gleich von vornherein treffen. Ich bin (und das werden Sie auch aus taktischen Gründen verstehen) heute schon gezwungen, da ja Ihre Antwort doch zwei bis vier Tage auf sich warten lassen wird, den Herren in Prag eine Mitteilung zukommen zu lassen, die diese Möglichkeit andeutet, ohne daß ich uns oder irgendeine Person dabei selbstverständlich festlege.

Mit den besten Grüßen auch von Frau und Kind Ihr

1 Vermutlich der *„Mitteleuropäische Wirtschafts-Dienst" (Central European Service)*, den Jung in Prag mit initiierte und den er in Zusammenarbeit mit Georg Fuchs und Helmut Wickel (Prag) und Bernhard Reichenbach (London) sowie Arkadi Maslow (Paris) von Wien und Genf aus leitete; in Wien wohl vom „Mitteleuropäischen Wirtschaftsbüro" (Miro) aus.

140. AN CLÄRE JUNG UND FELIX SCHERRET
Wien, den 11.5.1937

Liebe Cläre und lieber Felix!
Ich bitte, mir vielleicht ein- oder zweimal wöchentlich den Deutschen Feuilleton-Dienst nach hier zu senden. Ich möchte ihn mir hier sammeln und benötige ihn hier auch, um ihn gegebenenfalls vorlegen zu können. Ferner bitte ich um Übersendung der Landpost (erscheint freitags an den Kiosken) und zwar nur den rein wirtschaftlichen Teil, wobei auf der ersten Seite die Firmierung herausgeschnitten werden muß. Ferner gelegentlich den V[ölkischen] B[eobachter] erstens Wirtschaftsartikel ausgeschnitten, selbstverständlich nur größere, etwa mit Nonnenbruch gezeichnet und aus der 3. Seite Außenpolitik ausgeschnitten, Berichte aus der Tschechoslowakei und sonstwie über den Donauraum mit Ausnahme von Österreich. Dann bitte ich um die Berichte der Deutschen Bank, der Berliner Handelsgesellschaft und des Normenausschusses.

Ich erinnere noch einmal daran, daß mindestens die Deutsche Volkswirtschaft, am besten die Nummer 10, an Fuchs gesandt werden möchte.

Sonst weiter nichts Neues.

Mit bestem Gruß auch von Harriet und Peter
Franz

Was ist eigentlich mit Dagny los?

141. AN ERWIN PISCATOR
Wien XIII, 3/7 [1937]
Winzerstr. 5

Lieber Piscator,
zunächst zur Beantwortung Deiner Fragen: Ich bin von der Frau Cläre Jung seit Anfang d. J. geschieden.[1] Cläre lebt schon seit Jahren mit Herrn Scherret, dort wird nach wie vor der Deutsche Feuilleton Dienst gestartet, den ich der Cläre abgetreten habe, bis Ende 1936 hatte ich von den Erträgnissen einen Teil, außerdem war es sehr gut für meinen Rückhalt den Behörden gegenüber.

Ich lebe hier mit Frau Scherret und einem inzwischen 4 Jahre alten Jungen. Frau Scherret vertritt den D.F.D. in Wien.

Nach dem Zusammenbruch des Deko-Verlages (Schönherr – Aufricht – Beye) war ich in meiner früheren Tätigkeit, einer Handelskorrespondenz, untergetaucht. Im Hintergrunde eines solchen Dienstes (Verlag für Pressekorrespondenzen – Pressedienst für Wirtschaftsaufbau) habe ich mich bis Mitte 1936 (bis auf einige gelegentliche Denunziationen gegen mich, die harmlos verliefen) ungefährdet halten können – ohne Kultur- und Pressekammer. Der Leiter (Dr. Alex. Schwab) war mein alter Freund aus der K.A.P. Dann brach die Sache zusammen. Der Verlag flog unter dem Verdacht getarnt zu sein auf und wir kamen alle in Schutzhaft[2]. Ich wurde mit einigen andern nach ca 3 Monaten entlassen, gegen andre schwebt noch Verfahren.

Der Verlag ist inzwischen verkauft, ich halte, zum Teil als Abfindung meines Anteils, noch Verbindung, kassiere die Auslandsabonnenten in Prag, Wien und Zürich – als Mitteleuropäisches Wirtschaftsbüro.

Das ist die Basis, wenn auch brüchig. Mit dem Wirtschaftsbüro suche ich jetzt neue Beziehungen, mit andren Worten: ich fange zum 20ten Mal wieder von vorn an.

Inzwischen schreibe ich einen Roman[3], d.h. ich schreibe alle 27 Bücher noch einmal in *einem* Buch. Abrechnung – sehr individualistisch, sehr überheblich und ziemlich demütig. Mit der Hoffnung, eine neue Plattform wiedermal zu finden.

Viele Grüße
Franz Jung

1 Die nach Jungs Amnestierung (im Zusammenhang mit dem „Schiffsraub" von 1920) am 21. Juli 1928 geschlossene Ehe zwischen Franz und Cläre Jung wurde am 8. Januar 1937 geschieden.
2 Schwab und Jung wurden am 17. November 1936 gemeinsam in Schwabs Wohnung in Berlin, Martin-Luther-Straße 47 wegen Vorbereitung zum Hochverrat von der Gestapo verhaftet, vgl. den Brief an E.H. Schich vom 29.12.1936.
3 Bisher unbekannt.

142. AN HANS DANCKWERTS
Wien, den 12.11.1937

Sehr geehrter Herr Danckwerts!
In der Angelegenheit des Transportes der Druckkessel von der Firma Lindner nach Posen habe ich heute Herrn Spahn gesprochen, der mir den letzten Brief des Herrn Paul Lindner übergeben hat, den ich in Abschrift beilege. Sie wollen bitte daraus ersehen, daß vor dem 5. ds. Mts. irgendwelche näheren Angaben über den Transport bei Herrn Spahn nicht vorgelegen haben. Ich habe vereinbart, daß Herr Sp. sich morgen zu Herrn Imanuel Lindner begibt und die weitere Durchführung des Abtransports mit ihm vereinbart.

Gleichzeitig habe ich mit der Firma Oswald Lindner telephoniert, wobei mir Herr L. mitteilte, daß er in den letzten Tagen einen Brief des Herrn Strehlow erhalten hätte, ungefähr mit den gleichen Angaben wie der Brief L.s an Spahn. Herr L. sagte mir, daß er heute an Herrn Strehlow geschrieben hätte, da ihm die Hinweise noch nicht präzise genug gewesen wären. Nachdem ich ihn aber auf den gleichlautenden Brief des Herrn Paul Lindner aufmerksam gemacht habe, erklärte er sich bereit, mit der Abmontage zu beginnen und ich hoffe, daß auch wirklich nächsten Dienstag (Montag ist hier Feiertag) mit der Abmontage begonnen werden kann.

Immerhin wäre es gut, wenn noch einige präzisere Angaben zu erhalten wären. Wer beschafft den Spediteur, Lindner, Spahn oder ich? Lasse ich die Firma Lindner aus dem Obligo, sofern die Maschinen aus dem Hause wegfahren, wer quittiert oder ist es nicht überhaupt zweckmäßig, mit der Firma zu vereinbaren, daß sie den Transport über den Spediteur im ganzen durchführt? Wobei nur festzulegen wäre, aber auch dies muß durch einen

Brief von Herrn Strehlow oder Herrn Lindner geschehen, daß die Zahlung an mich zu leisten ist oder an wen sonst? Ich verstehe hier aus der Auskunft beider Herren, daß dies noch völlig ungeklärt ist.

Weiterhin möchte ich darauf hinweisen, daß auch die Provisionsfrage für Spahn geklärt werden muß. Herr Spahn erwartet eine Provision von 400 Schilling, die ihm nach seiner Angabe von Herrn Paul Lindner seinerzeit zugesagt worden ist. Herr L. hat mir auch seinerzeit in Berlin dies bestätigt bezw. mich vorher darauf aufmerksam gemacht, daß von dem zu erzielenden Betrag die Provision für Herrn Spahn abzuziehen wäre. Herr Imanuel Lindner weiß meines Wissens nicht, daß ein solcher Provisionsanspruch besteht. Soweit ich die Dinge hier überblicken kann, wäre jetzt zum mindesten eine Einschaltung des Herrn Spahn gar nicht nötig und ich glaube vielmehr, daß Herr I. Lindner die ja im Augenblick jetzt vielleicht nicht mehr zu vermeidende Mitwirkung Spahns als eine Art Mißtrauen empfindet. Zwar könnte dies nach der ganzen Sachlage gleichgültig sein. Es dreht sich im Grunde nur darum, an wen der Betrag gezahlt wird und von welchem Betrag die Provision an Herrn Spahn abzuziehen ist und wieviel? Soweit ich darüber einen Eindruck gewonnen habe, soll Herr Spahn für Herrn P. Lindner bezw. dessen Mittelsmänner die Einrichtung dieser Anlage durchführen. Es wäre daher auch denkbar, daß in diesen Arbeitsauftrag, der sich ja auf mehrere Monate erstrecken soll, der Provisionsanspruch schon begründet wäre bezw. dahinein überführt werden könnte. Schließlich ist es mir aufgefallen, daß es sich nicht nur um die Einrichtung einer Fabrik in Polen bezw. Danzig handelt, sondern daß gleichzeitig auch an den Aufbau eines solchen Betriebes in Österreich gedacht ist. In diesem Falle wundert es mich, daß die Interessentengruppe des Herrn Lindner nicht an eine Kombination mit der ja ohne Arbeit dastehenden Oswald-Lindner-G.m.b.H. denkt. Dies wäre ja ein viel stärkerer Druck als die heute noch vage Andeutung von Kompensationsgeschäften, um Herrn Lindner zu effektiven Vorschlägen für Rückzahlung der Kredite des Herrn Strehlow zu zwingen.

Ich wäre Ihnen sehr verbunden, wenn Sie mir für die Weiterbehandlung der hier aufgeworfenen Fragen baldmöglichst

Mitteilung zukommen ließen. Ferner wäre ich Ihnen dankbar, wenn Sie mir eine kurze bestätigende Nachricht über meine letzte Mitteilung zukommen ließen.

Mit vielen Grüßen Ihr

143. AN ROBERT PLATOW
[Ende 1937]

Sehr geehrter Herr Dr. Platow!
Ich habe zwar vergeblich auf die mir von Ihnen mehrfach in Aussicht gestellte Wiederaufnahme unseres Briefwechsels gewartet, möchte aber das alte Jahr nicht vorübergehen lassen, ohne Ihnen nochmals die möglichen Grundlagen einer Zusammenarbeit auf der Basis des Pressedienstes für Wirtschaftsaufbau darzustellen.

Meine Tochter, die augenblicklich hier bei mir zu Besuch weilt, wird Ihnen diesen Brief und die dazugehörigen Unterlagen persönlich überbringen und zur Erleichterung des Briefverkehrs mit Ihnen über die darin enthaltenen Vorschläge sprechen können.

Es handelt sich kurz um folgendes: Die Berichterstattungen über die wirtschaftlichen Vorgänge im Donauraum sind so zersplittert und so wenig einheitlich ausgerichtet für deutsche Interessen (Tages- und Fachpresse, Nachrichten- u. privaten Informationsdienst), daß ich für jede Korrespondenz und Vermittlungsstelle eine Chance sehe, einen solchen Informationsdienst aufzuziehen, bzw. anzugliedern, umsomehr, als die hiesige Tätigkeit sozusagen als Nebenbeschäftigung abfallen würde und keine Devisengenehmigung, bzw. Devisenüberweisung beansprucht.

Wie Sie aus dem Briefkopf ersehen, vertrete ich hier ein Mitteleuropäisches Wirtschaftsbüro, das sich im wesentlichen mit der Im- und Exportberatung der technischen Vorbereitungen von Kompensationsgeschäften, der Analyse von bestimmten Sonderkonjunkturen der einzelnen Warengruppen befaßt, und das ohne eine besonders registrierte Dachgesellschaft zu sein, korrespondierende, selbstständige Büros in Prag und London unterhält und auch über Korrespondenten in Mailand, Zagreb,

Bukarest und Warschau verfügt. Der Kreis solcher Korrespondenten könnte nötigenfalls beliebig erweitert werden, jeweils nach dem Grad der Inanspruchnahme. So haben wir längere Zeit mit einer Bank in Zürich korrespondiert, die Verbindung aber mangels praktischer Inanspruchsmöglichkeit inzwischen wieder aufgegeben.

Diese Tätigkeit stellt, soweit sie hier über mein Wiener Büro läuft, eine Art wirtschaftsinformatorisches Clearing dar, aus dem ich, ohne große, besondere Inanspruchnahme meiner Zeit, eine zentrale Wirtschaftsbeobachtung der Vorgänge im Donauraum für deutsche Interessen und für die Bedürfnisse der deutschen Öffentlichkeit herausschälen, bzw. zusammenstellen kann. Selbstverständlich bin ich über die aktuellen Sondervorschriften für die Behandlung dieser Themen in der deutschen Presse hier nicht auf dem laufenden, deswegen benötige ich ja auch die Berliner Vermittlungsstelle und ich denke eben gerade, daß eine Eingliederung dieser Nachrichten an den Pressedienst für Wirtschaftsaufbau so, wie wir es ja vor einigen Monaten versucht haben, diese Schwierigkeiten beseitigen könnte.

Von Januar ab wird das hiesige Konjunkturforschungsinstitut einen laufenden Wirtschaftsdienst, vielleicht zwei bis dreimal in der Woche, herausgeben. Von vornherein ist beabsichtigt, diese Nachrichten mit ähnlichen noch im Aufbau begriffenen Nachrichtendiensten der Konjunkturinstitute in den übrigen Donauländern abzustimmen und zu ergänzen. Es lohnt sich also schon, schon allein im nationalen, deutschen Interesse, diese Nachrichtenblockade zu durchbrechen. Wie ich Ihnen ja auch schon früher schrieb, könnte man in absehbarer Zeit daran denken, die von hier erreichbare Presse mit Nachrichten zu beliefern, trotzdem halte ich es im Augenblick für besser, zunächst die deutsche Presse, möglichst einheitlich, zu gewinnen und dann erst einige Monate später einen deutschen Nachrichtendienst für den Donauraum nach hier zu starten.

Im einzelnen gehen meine Vorschläge dahin: Ich sammle hier den Querschnitt aus allen mir erreichbaren privaten und Firmen-Nachrichtendiensten, die Mitteilungen der Konjunkturinstitute, der Handelskammern, der doppelstaatlichen Verbände etc. und gebe sie teils im Original, teils im Auszug und in der eigenen Beurteilung, zum Teil auch gelegentlich in Stichworten nur, wieder. Da meine Tochter hier einige Zeit sich in meinem Arbeitskreis eingearbeitet hat, und auch die Zusammenstellungen und Quellen in der technischen Konstruktion kennt, wird es am praktischsten sein, daß ich zunächst ihr das ganze Material übermittle. Es läge also dann jetzt an Ihnen, mit ihr zu vereinbaren, was von diesem Material, in welchem Umfange und in welcher Form, Sie für den Pressedienst benutzen wollen. Dabei läßt sich vielleicht auch eine Form finden, meine Tochter als Verbindungsstelle in den Dienst einzubauen, etwa in dem Sinne, daß ein prozentualer Anteil an dem Erlös aus dem Abdruck oder aus der sonstigen Verwertung in Frage käme.

Meine Tochter wird von hier aus auch noch Empfehlungen an einige führende deutsche Wirtschaftsfachblätter von anderer Seite mitbekommen, es läge mir aber daran, von vornherein, wenn dies überhaupt möglich ist, genannten Versuch über eine Zentralstelle zu leiten, wofür ich Sie in Ihrem Dienst immerhin noch, trotz Ihres langen Schweigens auf meine früheren Vorschläge am geeignetsten halten würde.

Ich nehme also an, daß Sie die Sachlage und die Aussichten meines Vorschlages mit meiner Tochter offen besprechen werden und verbleibe

mit vielen Grüßen und den besten Wünschen für ein neues Jahr Ihr

144. AN ROBERT PLATOW
Wien, den 27.1.1938
Josef Gangl Gasse 17
Franz Jung, privat

Sehr geehrter Herr Doktor Platow!
Sie waren so liebenswürdig, meine Tochter zu empfangen, die mir von dem Ergebnis ihrer Unterhaltung mit Ihnen berichtet hat. Bezüglich des ersten Vorschlages glaube ich, sollten wir die Angelegenheit bis Anfang April vertagen, weil ich bis dahin erst wirklich übersehen kann, ob aus den Vertretungen und Zweigstellen des Miro-Büros genügend Material zusammenläuft, das sich für eine journalistische Bearbeitung in Ihrem Dienst zweckmäßig verarbeiten läßt.

Dagegen leuchtet mir der zweite Vorschlag ein. Um ihn

durchzuführen, muß ich zunächst einmal bei den Exportförderungsinstituten und Handelskammern feststellen, inwieweit ich Angebote und Nachfragen soweit legal erhalten kann, daß sich die interessierten Firmen direkt und unter Berufung auf das Material an die betreffenden Stellen wenden können. An und für sich sollte dies keine Schwierigkeiten machen. Trotzdem hängt gerade die geschäftliche Seriosität eines solchen privaten Informationsdienstes im wesentlichen davon ab und ist auch für die Beurteilung der Erfolgsaussichten notwendig.

Ich denke, daß ich Ihnen in einigen Wochen genauere Unterlagen zusenden kann. Übrigens hoffe ich Anfang April selbst nach Berlin kommen zu können, so daß wir die Vereinbarungen dann noch mündlich eingehend durchsprechen können.

Mit deutschem Gruß

145. An Adrien Turel
Genève, den 7.7.1938
30, Chemin de la Petite Boissière

Lieber Turel!
Mit bestem Dank Ihren Aufsatz zurück. Es wird Sie interessieren zu hören, daß man in deutschen technisch-militärischen Kreisen die Bedeutung der Luftwaffe für überschätzt hält und beginnt, die Infanterie moralisch in kleinen Verbänden zu schulen, den ersten Schock eines überraschenden Luftangriffs zu überwinden. Ich glaube, daß dies durchaus in der Linie der vierdimensionalen Kriegstechnik liegt, den Menschen mit seinen telophysischen Kräften gegen die dreidimensionale Technik einzusetzen. Schließlich ist mir beim Lesen Ihres Artikels auch der Gedanke gekommen, die Gründe des Erfolges der deutschen nach innen gerichteten Propaganda gerade nach außen vielleicht gleichfalls mit dieser Vierdimensionalität in Verbindung zu bringen. Je schlechter es doch praktisch in Deutschland im einzelnen geht, umsomehr fallen die Grenzbezirke und auch fremde Nationen der Propaganda zum Opfer. Sollte man dieses Prinzip als einen Anhang zu den üblichen soziologischen Untersuchungen nicht einmal gesondert behandeln?

Ich hoffe sehr, daß wir in gutem Kontakt bleiben werden.

Sollte an mich noch ein Brief aus Prag eintreffen oder eingetroffen sein, so bitte ich sehr, ihn mir zuzusenden. Ich werde ja kaum vor vier Wochen wieder nach Zürich kommen können.

Mit vielen Grüßen
Franz Jung

146. AN ADRIEN TUREL
Genève, 12.7.1938
30, Ch. Petite Boissière

Sehr verehrter Herr Turel!
Ich finde Ihre Anordnung[1] durchaus berechtigt. Ich fürchte, ich habe im Lauf der Gespräche vergessen, Ihnen mitzuteilen wieso überhaupt ein Brief an mich über Ihre Adresse gelangt ist. Ich hatte vor, mich vor meiner Reise nach Paris in Zürich aufzuhalten und hatte gebeten, in dringenden Fällen diese Reise betreffend mir eine Mitteilung an Sie zu übersenden, da ich Sie ja unmittelbar aufsuchen wollte. Dann hätte sich das schon geregelt, falls wirklich ein Brief eingegangen wäre, d.h. ich hätte mich bei Ihnen der Eigenmächtigkeit dieser Disposition wegen pflichtgemäß entschuldigen können. Später ist das in Vergessenheit geraten und ich habe an die Sache überhaupt nicht mehr richtig gedacht, so daß auch die Entschuldigung unterblieben ist. Aus nach hier gesandten Briefen entnahm ich bei meiner Rückkehr, daß der betreffende Prager Herr irrtümlicherweise überhaupt angenommen hat, ich sei nach Zürich übersiedelt und er beabsichtige mir nach dorthin Artikel, die ich anscheinend für ihn unterbringen soll, nachzusenden. Daher meine Anfrage, von der ich allerdings nicht ohne weiteres angenommen habe, daß sie Sie beleidigen könnte.

Immerhin ist die Sache ja an und für sich belanglos, wenn Sie aber Wert darauf legen, so ist es selbstverständlich nicht in Ordnung und es tut mir leid.

Bitte nehmen Sie es nicht als Kontroverse und wenn so als eine nur gegen mich gerichtete.

Mit den besten Grüßen
Franz Jung

1 Turel hatte sich dagegen verwahrt, als Jungs Züricher Postadresse zu dienen und angeordnet, daß Briefe an Jung als an „Unbekannt" zurückgingen.

147. AN FRITZ WILLE
Genf, den 2.8.1938
30, Ch. Petite Boissière

Sehr geehrter Herr Doktor Wille!
Ich nehme an, daß Sie von Ihrer Erholungsreise inzwischen wieder zurück sind, so daß es sich vielleicht empfehlen wird, die direkte Korrespondenz wieder über Ihre Adresse aufzunehmen. Durch längere Erfahrungen schon gewitzigt, habe ich auf eine Beantwortung meiner verschiedenen an Dr. Platow gerichteten Anfragen im Ernst nicht gerechnet.

Es handelt sich darum, genügen die mir gelegentlich hier zugänglichen Presseübersichten und Auszüge aus Jugoslavien, Ungarn und Rumänien in der Form, wie ich sie bisher probeweise gelegentlich übermittelt habe, oder halten Sie es für besser, wenn ich sie schon hier auswähle und evtl. auch bearbeite? Was wünschen Sie bzw. Herr Dr. Platow speziell an Ausschnitten, alle internationale Rohstoff-Kartellierung behandelnden Fragen oder insbesondere welche Spezialgebiete? Interessiert Sie die französische oder deutschsprachige tschechoslovakische Fachpresse und was daraus besonders?

Ich habe in der Zwischenzeit auch zwei Artikel (ich nehme an für die Sonderberichte) geschickt. Wünschen Sie, daß gelegentlich das fortgesetzt wird? So etwa einen über Veränderungen, Abwanderung etc. an der tschechoslovakischen Industrie (*nur* für die Sonderberichte geeignet) oder etwa mit einigen interessanten Details (vielleicht auch nur für die Sonderberichte) über die französische Konjunkturankurbelungsaktion. Ich verreise Ende der Woche für zehn Tage, könnte aber den tschechischen Artikel Ihnen noch vorher zustellen.

Sodann bitte ich mir mitzuteilen, ob der Briefwechsel bezw. die Materialzusendungen nunmehr an Ihre Adresse oder an die mir von Dr. Platow angegebene Büro-Adresse in der Lennéstraße gehen sollen.

Mit besten Grüßen für Sie wie für Herrn Dr. Platow
Heil Hitler

148. AN ROBERT PLATOW
Genf, den 21.9.38
5, Rue de Beaumont

Sehr geehrter Herr Dr. Platow!
Sie werden von dem Vorschlag, den mir Herr Dr. Wille jetzt unterbreitet hat, sicherlich orientiert sein. Ich bin mir im Augenblick nicht sicher, ob ich ihn in dieser Form annehmen kann, da er schließlich wohl kaum mehr als die Honorierung der Übermittlungsspesen enthält. Vielleicht wäre das noch nicht das Entscheidende, aber ich vermisse in dem Schreiben eine Angabe über die Honorierung der seinerzeit übersandten längeren Mitteilungen (um nicht zu sagen Artikel), von denen ich ja jetzt gar nicht weiß, ob sie von Ihnen bezw. Herrn Dr. Wille benutzt worden sind, und ob Sie auf gelegentliche weitere Zusendungen dieser Art Wert legen.

Um ganz offen zu sein, ich glaube, Sie stehen mit dem Dienst finanziell nicht zum besten, um eine laufende Mitarbeit so oder so zu honorieren. Darüber haben wir ja auch schon gemeinsam in Berlin gesprochen.

Bevor ich Herrn Dr. Wille seinen Brief offiziell beantworte, hätte ich gern von Ihnen eine Mitteilung, die mir sozusagen offiziös die Möglichkeit gibt, den offiziellen Vorschlag in einem Ihnen beiden genehmen Sinne zu beantworten.

Was die gegenwärtigen „Informationen" anlangt, von denen auch in dem Brief des Herrn Dr. Wille die Rede ist, so möchte ich nochmals feststellen, daß es sich dabei um seinerzeit von mir von Wien aus aufgenommene Verbindungen handelt, die in regelmäßigen Übersichten aus der Wirtschaftspresse der Balkanländer heute einfach noch weiter funktionieren, ganz stur, obwohl ich sie nicht mehr benötige. Ich schicke sie Ihnen so wie sie hier einlaufen zu, vielleicht können Sie sie für den Dienst gelegentlich mit verwerten, irgendeine Bedeutung haben sie selbstverständlich nicht. Ebenso kann ich Ihnen natürlich aus dem Bulletin Quotidien oder aus sonstigen Zeitschriften Darstellungen und Informationen, die mir wirtschaftlich belangvoll erscheinen, und von denen ich mir denken kann, daß Sie sie vielleicht benutzen können, zusenden, da sie wie gesagt sonst bei mir in den Papierkorb wandern. Irgendeine größere Arbeit entsteht selbstverständlich dafür bei mir nicht und es ist in dem Sinne

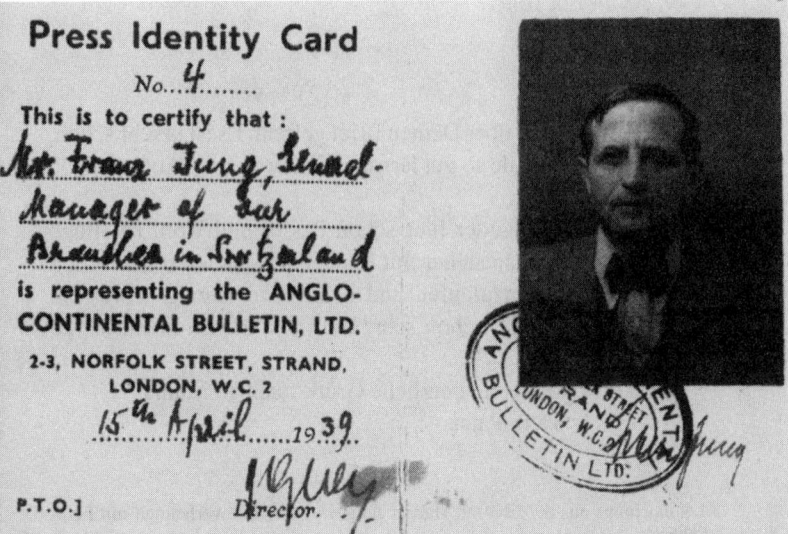

Presse-Ausweis für die Schweiz

auch wirklich die Frage der Übermittlung oder wenn Sie ganz kaufmännisch wollen, die Frage der Übermittlungsspesen oder einer Anerkennungsgebühr.

Viel lieber wäre mir ja allerdings, wenn ich auch aus eigener Arbeit für den Verlag mitarbeiten könnte, es wird doch auch einmal die Zeit kommen, wo eine geregelte und ruhige Arbeit, der Ansatz für eine weitere Perspektive, möglich sein wird.

Haben Sie die Liebenswürdigkeit, diesen Brief mit Herrn Dr. Wille, den ich im Rahmen dieser diplomatischen Démarche bestens grüßen lasse, zu besprechen.

Mit vielen Grüßen Ihr

149. AN PETER JUNG
4.5.1939

Liebes Peterchen[1],
ich habe mich sehr über Deinen Brief gefreut. Es ist ja sehr schön, daß Du in der Schule so gut lernst und so artig bist. Auch daß Du so fein spielst.

Heute ist das Wetter hier schon besser und wohl bei Euch auch. Dann wirst Du sicher mit Mama viel spazieren gehen. Ich habe hier viel rumzulaufen und kann daher wenig schreiben. Aber ich freue mich schon sehr, Dich und Mama in Zürich zu treffen.

Also bis dahin viele herzliche Grüße auch an Mama
Dein Papa.

---

1 Sohn Jungs aus der Ehe mit Harriet Jung, in erster Ehe verheiratet mit Felix Scherret.

Franz Jung mit seinem Sohn Peter, um 1939

Hausdurchsuchungsbefehl
Mandat de perquisition

No. Gn 12.504

| **Die schweizerische Bundesanwaltschaft,** gestützt auf die Art. 67—70 und 73 des Bundesgesetzes über die Bundesstrafrechtspflege vom 15. Juni 1934, verfügt eine **Hausdurchsuchung** | **Le Ministère public de la Confédération,** vu les articles 67 à 70 et 73 de la loi fédérale du 15 juin 1934 sur la procédure pénale, ordonne de **perquisitionner** |

bei / chez: Jung Franz, wohnhaft in Genf, Rue du Beaumont 5

betreffend / concernant: Dringender Verdacht der Zuwiderhandlung gegen den Bundesbeschluss betr. den Schutz der Sicherheit der Eidgenossenschaft vom 21. Juni 1935

Nötigenfalls kann die Durchsuchung auch zur Nachtzeit stattfinden (Art. 67 BStP).

Au besoin, la perquisition domiciliaire pourra avoir lieu même de nuit (art. 67 CPP).

Bern, den 1. September 1939
Berne, le

Der Bundesanwalt:
Le Procureur général de la Confédération:

Hausdurchsuchungsbefehl vom 1. September 1939

RÉPUBLIQUE ET  CANTON DE GENÈVE

DÉPARTEMENT DE JUSTICE ET POLICE

DECLARATION

L'an mil neuf cent 39 et le 2 du mois d' octobre je soussigné déclare ce qui suit :

Je me nomme J U N G Franz , de f. Franz et de f. Clara née Dörring, épous de Frida Harriet, née Lipiaski, divorçée de Scherret, né le 26 novembre 1888 à Neisse (Haute Silésie), ressortissant allemand, journaliste et homme de lettres. rue de Beaumont 5.

Certifie avoir été informé, par Mr. Enneveux, Officier de Police, de la décision prise par le Conseil Féderal, en date du 25 septembre 1939, m'expulsant du territoire de la Conféderation suisse, en vertu de l'Article 70 de la Constitution féderale.

J'ai pris connaissance de l'Article 63 du Code pénal féderal, qui dit : " La rupture du bannissement prononçé par une autorité judiciaire féderale est punie d'une amende qui, dans les cas graves, peut être cumulée avec l'emprisonnement jusqu'à deux ans. Est condamné à la même peine:

A. tout étranger qui, en application de l'article 57 (actuellement 70) de la Constitution féderale, a été renvoyé par mesure de police et qui rentre sans l'autorisation de l'autorité compétente.

Je prends note qu'un délai de départ m'a été imparti jusqu'au mercredi 4 octobre 1939, à midi (12 heures) pour quitter le territoire de la Conféderation suisse.

Genéve, ce 2 octobre 1939

Franz Jung

Zustimmungserklärung Jungs zu seiner Ausweisung aus der Schweiz vom 2. Oktober 1939

RÉPUBLIQUE ET CANTON DE GENÈVE

DÉPARTEMENT DE JUSTICE ET POLICE

SÛRETÉ

RUE DU PUITS SAINT-PIERRE, 4
TÉLÉPHONE 43.200

Genève, le 2 octobre 1939

Monsieur J U N G Franz, né le 26.11.1888 ressortissant allemand, expulsé du territoire de la Confédération par arrêté du Conseil Fédéral du 25 septembre 1939, doit quitter la Suisse avant le 4 octobre 1939 à 12 heures.

Cette pièce est à présenter soit à la Police soit à la Douane du poste frontière qui vérifiera la sortie du territoire.

Cette pièce sera retournée à la Police Fédérale des étrangers.

Bestätigung des Grenzübertritts durch die Sureté Genf, 2. Oktober 1939

> Vollmacht.
>
> Hierdurch bevollmächtige ich Herrn
>
> **Dr. Günther Gaede**
> Rechtsanwalt u. Notar
> Berlin W8, Kronenstr. 72
> Fernspr.: A1, Jäger 2246/7
> zur Wahrnehmung seiner Interessen in dem Verfahren betreffend meine Ausweisung aus der Schweiz.
>
> Berlin, den 24. Oktober 1939.
>
> *[Unterschrift]*

Vollmacht für Günther Gaede vom 24. Oktober 1939:
Die Revokation bzw. Milderung des Urteils der
Landesverweisung wurde abgelehnt

150. AN ARKADI MASLOW
Budapest XII, 23.9.1940
Carl Tiso & Co.[1], Varázs Ucca 4-6 Sz.

Lieber Maslow!
Ich bin über deinen letzten Brief[2] vom 14. sehr besorgt. Sollten darin Vorwürfe gegen mich herauszulesen sein, so können sie mich nicht treffen, schon weil ich die Verhältnisse von mir aus nicht ändern kann, ich kann nichts beschleunigen, ich habe auf die Ausstellung der Vollmachten keinen Einfluß, und nur weil ich deine prekäre Lage kenne und dir gern helfen möchte, versuche ich aus meinen eigenen kleinen Reserven etwas zu überweisen in der immerhin vagen Hoffnung, daß die Firmen das wieder in eine feste Subventionsform umwandeln werden. Ich habe auch allgemein gehaltene Zusagen, aber auch weiter nichts.

Es wäre mir obendrein schmerzlich annehmen zu müssen, daß du den unter den heutigen Verhältnissen nicht ganz einfachen und vor allem zu präzisen Briefwechsel mit dir mißverstehen könntest und Andeutungen und Hoffnungen kourant in Zahlung nimmst, wo du sie eher geben solltest.

Ich hatte schon in Paris den Eindruck, daß du meine Möglichkeiten leicht überschätzt, das mag manchmal für beide Teile ganz nützlich sein. In diesem Falle aber und in deiner Lage – von meiner ist es besser jetzt nicht zu sprechen – hat es keinen Zweck. Ich versichere dir, daß ich das Ziel, das dir vorschwebt, kenne und daß ich alles tun werde, was ich kann, dir dabei zu helfen und vor allem deine gegenwärtige Lage zu erleichtern und so eine Art vorübergehenden Schwebezustand in Ruhe mit ermöglichen zu helfen, aber meine Verbindung zur Vorsehung ist ziemlich gestört.
In diesem Sinne alles Gute. Eine vorläufige Vollmacht, die ich hier beglaubigen lassen muß, folgt hoffe ich morgen.
    Viele Grüße an Euch beide
        Franz

---

1 Jung war der Budapester Vertreter dieses Berliner und Wiener Versicherungsbüros.
2 Aus Marseille, wo Arkadi Maslow und Ruth Fischer auf ihre Einreisevisa für die USA warteten.

151. An Arkadi Maslow
Budapest XII, 16. Oktober 1940
Carl Tiso & Co., Varázs Ucca 4-6 Sz.

Lieber Maslow!
Inzwischen sind die an Dich nach Marseille gerichteten Briefe, darunter auch der provisorische Ausweis, heute nach hier zurückgekommen. Bezüglich der letzten Geldsendungen habe ich noch keine Mitteilung erhalten.

Ich weiß nicht, ob Dir diese Ausweise genügen, ich hoffe aber, daß Du wenigstens provisorisch, wenn es notwendig ist, davon Gebrauch machen kannst.

Zu Deinem letzten Brief aus Lissabon[1], worin Du Deine Lage schilderst und aufzeigst, was man tun sollte, um Dich dort zu installieren, möchte ich Dir doch in aller Freundschaft sagen, daß zwischen Deinen Wünschen und den mir gegebenen praktischen Möglichkeiten ein formidabler Unterschied ist. Ich habe noch niemals einen festen Auftrag zur Herstellung eines Bulletins oder zu einem subventionierenden Abonnement eines solchen von meinen Versicherungs-Gesellschaften bezw. den sie patronisierenden Banken erhalten bezw. durchsetzen können. Ich hänge ja selbst bei diesen Gesellschaften nur sehr am Rande, wenngleich ich jetzt bei der obigen Makler-Firma wenigstens in einem festeren Verhältnis stehe. Die Subventionen für solche Bulletins oder wie früher für die Erhaltung wirtschaftlich-perspektivischer Informationen, z.B. für meine Reisen nach Paris und Lyon waren immer verhältnismäßig leicht durchzusetzen, weil dies im Rahmen der Geschäftspraktiken des Konzerns liegt und leichter unterzubringen war. Bisher ist das auch immer noch ganz gut ausgegangen und ich konnte auch da hinein, gestützt auf einen Brief des Mr. Man seinerzeit an mich, auch für das Bulletin das Notwendigste herausholen, z. B. den seinerzeit etwas größeren Betrag in Paris. Seit der Zeit ist aber diese Chance, zumal der Zusammenhang im Konzern abzubröckeln beginnt, wesentlich geringer geworden.

Unter Berücksichtigung Deiner Lage und um Dir zu helfen habe ich unter Hinweis auf Deine früheren russischen Bulletins[2] die Möglichkeit aufgezeigt, daß man das wieder aufnehmen könnte, und auch zum Beispiel von dem nicht unmaßgeblichen de la Roche aus Basel in unserem Konzern[3] die Zusage erhalten, daß er eine weitere informative Behandlung der Russenfrage begrüßen und unterstützen würde. Die Amerikaner hier haben weniger positiv reagiert, was an und für sich zwar nichts besagen will, da sich schließlich jeder Amerikaner in Europa neuerdings von vornherein als den bestinformierten Mann der Welt betrachtet. Von Man habe ich überhaupt keine Nachricht bekommen. Obendrein hat gerade dieser erst kurz vor Toresschluß in Kowno eine eigene Vertretung aufgemacht und sitzt wohl jetzt schon im russischen Geschäft selbst darin. Ich hatte eine Empfehlung, einschließlich Deines Bulletins an die amerikanische Wirtschaftszeitschrift „Fortune". Eine Antwort habe ich bisher nicht erhalten. Ebenso an L.L.B. Angas Investment Economist, 570 Lexington Ave, New York. Diesem habe ich auch eins Deiner letzten Bulletins zugesandt. Der Dir vielleicht von Wien oder Paris bekannte M. Bergman (schrieb in der letzten Zeit viel für die Grünen Berichte) sitzt z. Zt. in Stockholm-Traneberg, Kinnekulevägen 29. Er hat eine Reihe wirtschaftlicher Informations-Verbindungen an amerikanische Institute und Zeitschriften und es bestünde vielleicht die Möglichkeit, mit ihm zusammen eine wirtschafts-statistische Europa-Information für drüben zu kombinieren. Vorläufig geht es ihm allerdings selber noch nicht besonders gut.

Auf der anderen Seite habe ich damals versucht, Dich auf direktem Wege in den Arbeitskreis unserer Gesellschaften einzuschalten und es war mir gelungen, unter Aufzeigung perspektivischer Möglichkeiten (Untersuchung einer Generalpolice für Rückversicherung Europa-Übersee für späteren Umschlagsplatz Marseille) Interesse zu erwecken und Dich als Korrespondenten dafür beauftragen zu lassen. Obwohl in der heutigen Zeit technisch nicht alle beteiligten Stellen befragt werden konnten, konnte man doch soviel Interesse voraussetzen, daß meine hiesige Firma die Durchführung des Korrespondenz-Auftrages in die Wege geleitet hätte. Mit Lissabon liegt die Sache schon etwas anders, denn dort sind nicht nur die englischen Maklerfirmen vertreten, sondern es besteht eine fachlich sehr gut fundierte Konkurrenz, der man schon etwas mehr entgegenstellen muß als die zwar an und für sich nicht zu unterschätzende perspektivische Analyse. Erschwerend kommt noch hinzu, daß ich selbst bei meinen Leuten nicht ohne weiteres mit einem Hintermann auftreten kann, der im wesentlichen ja nicht viel anders geartet ist als ich selbst und der als solider Fachmann nicht ohne weiteres passieren kann. Infolgedessen müssen wir, wenn ich die Empfehlungen wieder in Gang bringen will, jetzt sehr langsam operieren, wenn die Sache nicht von vornherein mit einer glatten Absage enden soll.

Es hat ja keinen Zweck, sich Illusionen zu machen. Ich kann von hier aus nicht so gut übersehen wie Du selbst, was geschehen kann, um Deine Ausreise nach U.S.A., mit den nötigen Empfehlungen versehen und mit dem nötigen Geld, zu organisieren. Ich bekomme auch hier nicht mehr den präzisen Überblick, was aus Deinem Bulletin besonders interessiert und vor allem für das weitere Interesse zündet. Dagegen kann ich Dir versprechen, für das Endziel Deiner Reise alles zu tun, was Interesse wirbt und die Angel mit dem Köder Deines Bulletins so lange auszustecken, bis der passende Fisch anbeißt. Bei Deiner Lage ist das selbstverständlich nicht viel, unter Berücksichtigung aber unserer Verhältnisse ist es alles, was ich dazu tun kann.

Was ich selbst materiell und mehr noch in der Möglichkeit der technischen Übermittlung tun kann, um Dir zu helfen, werde ich selbstverständlich gern tun, unabhängig davon, ob z.B. die Schweizer Konzern-Gesellschaft ihre Zusage, das Bulletin zu unterstützen, einhält oder nicht. Ich lasse mich auch von dem Snobismus der hiesigen amerikanischen Vertreter nicht abschrecken. Leider steht diesem Optimismus die Erfahrung entgegen, daß trotzdem ohne eine gewisse Stabilität wenig zu erreichen sein wird. Das aber können wir beide nicht ändern.

Mir und Frau und Kind geht es den Umständen nach ganz gut und ich hoffe, daß auch Ruth die Aufregungen inzwischen gut überstanden hat, von Dir setze ich das als selbstverständlich voraus, da Du ja in dieser Hinsicht zum mindesten stabil genug bist.

Also mit vielen herzlichen Grüßen von uns an euch beide
Franz

---

1 Inzwischen hatten A. Maslow und R. Fischer Durchreisevisa für Spanien und Portugal erhalten und waren am 2. Oktober in Lissabon eingetroffen, wo sie auf eine Schiffspassage nach den USA warteten.
2 1937–39 gab Maslow in Paris den Wirtschaftsdienst *Conseil Analytique* heraus.
3 Jung arbeitete in Budapest als Agent der Baseler Transportversicherung.

152. An Arkadi Maslow
Budapest XII, 21.11.1940
Carl Tiso & Co., Varázs Ucca 4-6 Sz.

Lieber Maslow!
Nachdem bis heute der schon am 13. ds. Mts. fällige Bericht, der durch eine besondere Karte von Dir angekündigt wurde, nicht eingetroffen ist, ist kaum anzunehmen, daß er noch zu erwarten sein wird. Falls Du ihn eingeschrieben gesandt hast, so wird er ja also nach dort wieder zurückkehren.

Nach Deiner Ankündigung fürchte ich, daß es sich um eine Privatarbeit besonderer Konstruktion handelt und daß er von merdealen Individualismen, vom Privaten ausgehend auf das Allgemeine übertragen, nur so wimmelt. Immerhin bleibt die so eingetretene Panne, die die Gefahr eines Abreißens der Verbindungen in sich schließt, sehr bedauerlich.

Zur Sache selbst möchte ich nochmals betonen, daß die Analyse der wirtschaftlichen und auch politischen Entwicklung, so wie sie heute die Versicherungswirtschaft und insbesondere der Interessentenkreis der Rückversicherer benötigt, im allgemeinen von den mit der Zensur beauftragten Stellen und zwar eigentlich überall in der Welt zugelassen wird. Unsere Gesellschaften haben früher Erfahrungen mit England und Frankreich in dieser Hinsicht gemacht, ebenso wie neuerdings auch unsere Verbindungsgesellschaften in Deutschland, denen man, nachdem einmal der Zweck solcher wirtschaftlicher Analysen klargelegt und sozusagen für die Aufrechterhaltung der Wirtschaftsbeziehungen (vom Standpunkt der Versicherungswirtschaft aus) anerkannt worden ist, für ihren Briefwechsel weitgehendst entgegenkommt. Ich kann mir also nicht denken, daß man in Ungarn neuerdings eine Praxis in dieser Hinsicht bevorzugt, die päpstlicher als der Papst einen informativen Kontakt der über Europa verstreuten Versicherungsgesellschaften und Makler verhindern wird.

Selbstverständlich sind solche Mitteilungen an Voraussetzungen gebunden, d. h. in unserem Fall: sie müssen den Charakter der Analyse, nämlich die Aufzeigung der möglichen Entwicklungen, so wie sie die Rückversicherung braucht, tragen. Aus unserer bisherigen Zusammenarbeit weißt Du ja zur Genüge, daß wir irgendwelche direkten „Informationen", nämlich was da oder dort geschieht, mit der ganzen Romantik, wie sich sonst der kleine Mann die Politik und den Krieg vorstellt, ja grundsätzlich nicht benötigen. Und ich kann mir auch nicht vorstellen, daß Deine letzten Mitteilungen eine solche romantische Vorstellung enthalten. Die sogenannten Tatsachen anzukündigen und wiederzugeben kann man ruhig den dafür zuständigen Stellen und dem amtlichen Propaganda-Apparat überlassen. Dadurch wird das Risiko eingegangener Rückversicherungsverträge keinesfalls vermindert.

Im Grunde genommen arbeitet die Rückversicherungswirtschaft zwar schon früher, aber heute besonders betont mit der Grundtendenz, den gegebenen Entwicklungsmöglichkeiten und Zuständen eine Form der Versicherung anzupassen, die ein sonst unmöglich zu übernehmendes Risiko trotzdem noch durch die Verteilung des Risikos auf viele Schultern tragbar macht. Für diese Neukonstruktion bezw. für die Bemühungen, eine solche zu finden, benötigen wir eine sehr eingehende wirtschaftliche und auch politische, sofern diese auf den Wirtschaftsverkehr ausgerichtet bleibt, Analyse. Dies dürfte allgemein anerkannt werden.

Für die Zukunft gesehen ist das selbstverständlich eine Zwischenetappe auch im internationalen Maßstab für eine Verstaatlichung der Versicherungswirtschaft, wobei die Verstaatlichung nicht das Ziel, sondern die zwangsläufige Folge einer Entwicklung ist, die der Versicherung allmählich die Funktion einer Kontrolle der Wirtschaft und auch vor allem der sogenannten privaten Initiative zuweist. In diesem Schwebezustand kann man natürlich den heutigen staatlichen Instanzen nicht zumuten, für diese Sonderaufgabe und doch verhältnismäßig sehr speziellen Kreis innerhalb der Wirtschaft durch Errichtung eigener Zensurämter eine Sonderbehandlung zukommen zu lassen, die sozusagen verbrieft ist, sondern man ist darauf angewiesen, eine Art atmosphärisches Verständnis neben dem allgemeinen guten Willen vorauszusetzen. Im allgemeinen ist dies auch bisher der Fall gewesen und ich kann nur hoffen, daß bei diesem ersten Fall einer wirklichen Panne keine weiteren Rückwirkungen mehr zu erwarten sind. Als höchstens nur diese, daß Deine Mitteilungen sich wie bisher die ganze Zeit über, schließlich doch auch in schwierigeren Situationen als die jetzigen, auf die eigentliche Aufgabe beschränken.

Dunkel besteht die Möglichkeit, daß ich vielleicht im Januar nach dort kommen kann und ich hoffe, daß ich Dich dort dann erreichen kann. Auch für die Übersiedlung nach der U.S.A. wäre ein Zusammentreffen ganz nützlich, andererseits ließe sich an Ort und Stelle das leichter durchführen, Dich mit einigen der Direktvertretungen der Gesellschaften am Platz in Kontakt zu bringen. Brieflich funktioniert das aus alter Erfahrung gerade mit den Versicherungsmaklern, die im Gegensatz zu den Gesellschaftsdirektionen für eine analytische Behandlung an sich wenig Interesse haben, sehr schlecht. Etwas anderes ist, wenn ich mit einer Direktionsvollmacht und einer Anweisung an diese Makler ausgerüstet, persönlich ihnen das Mißtrauen wegnehme, daß zu dem übersetzten Maklergeschäft in Lissabon eine neue Konkurrenz hinzukommt.

Ich nehme an, daß Du inzwischen meinen Brief, dessen Übermittlung eine uns befreundete Gesellschaft durch ihren Vertreter zugesichert hat, erhalten hast, so daß wenigstens vorerst nicht alle Verbindung zwischen uns gestört ist. Trotzdem hoffe ich, daß auch die direkte Verbindung wieder aufrecht erhalten bleiben kann.

Mit vielen Grüßen
Franz

153. AN AUGUST HEINRICHSBAUER
Budapest XII, 1940, 1.12.
Carl Tiso & Co., Varázs Ucca 4-6 Sz.

Sehr geehrter Herr Heinrichsbauer[1]!
Ich bestätige Ihnen dankend den Eingang Ihres Schreibens vom 9.10.

Wenn Ihre seinerzeitige Ankündigung noch Wirklichkeit wird, daß Sie demnächst einmal durch Budapest kommen, so bitte ich vorsorglich von meiner Adressen-Änderung Kenntnis zu nehmen.

Ich bin am 1. ds. Mts. von Budapest XII, Varázs – utca 4/6 nach *Budapest XI, Miasszonyunk utja 58* verzogen. Das Telefon ist dasselbe geblieben.

Mit den besten Grüßen
Heil Hitler!
Franz Jung

1 Hauptgeschäftsführer der Anfang 1940 auf Initiative des Reichswirtschaftsministers und Reichsbankpräsidenten Walther Funk in Wien gegründeten Südosteuropa-Gesellschaft (SOEG), für die Jung bis 1943 über 30 spezielle wirtschaftspolitische Berichte über Südosteuropa schrieb, vgl. Findbuch Bd. 20 im Bundesarchiv Koblenz „Südosteuropa-Gesellschaft e.V. in Wien".

154. AN ARKADI MASLOW
Budapest XII, 21. Jan.1941
Carl Tiso & Co., Varázs Ucca 4-6 Sz.

Lieber Masloff!
Die beiden Geldsendungen für das Bulletin[1] vom 18.12. v.J. und 4.1. ds.J. dürften inzwischen in Deinen Besitz gekommen sein. Das Bulletin Nr. 15 habe ich noch nicht erhalten. Es ist mir leider nicht möglich, regelmäßig über unsere Vertretung in der Schweiz mit Dir zu korrespondieren, sondern das hängt von Zufällen ab, wenn gerade ein Herr von dort hier mal anwesend ist. Die Kopie dieses Schreibens werde ich in etwa 14 Tagen wahrscheinlich der Sicherheit halber von dort noch nachschicken können. –

Für den Fall Deiner Abreise, ehe es mir noch möglich ist, nach dort zu kommen, was wieder zweifelhaft geworden ist, möchte ich noch einmal betonen, daß für unsere Gruppe der Rückversicherungsgesellschaften und Makler die Aufrechterhaltung der Verbindungen in der Analyse der weiteren geschäftlichen Entwicklungen und Perspektiven an und für sich in jedem Falle erwünscht wäre. Es wird sich zweifellos auch eine Form finden lassen, nicht nur das Bulletin aufrecht zu erhalten, sondern sich auch stärker dafür zu interessieren. Die hiesige politische Entwicklung und überhaupt die aktuelle Frage des neuen Europas füllt zwar die Tageszeitungen, ist aber im Grunde genommen für uns ganz uninteressant. Es gibt nur zwei Möglichkeiten von hier aus gesehen: entweder setzt sich die sogenannte europäische Revolution durch, gleichgültig in welchen Phasen und von welcher

Dauer, so werden sich in der weltwirtschaftlichen Basis in der Fixierung der Stellung des Goldes eine Reihe Möglichkeiten ergeben, die gewissermaßen Zwischenlösungen offerieren, die von längerer oder kürzerer Dauer für die internationale Rückversicherung der staatlichen, halbstaatlichen und privaten, von besonderem Interesse sind, oder die Revolution bleibt stecken, oder – was kaum anzunehmen ist – bricht überhaupt in Teilen zusammen, so verlagert sich das Schwergebiet des Versicherungsvertragswerkes außerhalb Europas, also etwa nach der USA. Nach meiner Kenntnis und der Ansicht führender Leute auch der amerikanischen Versicherung wird die USA kaum in der Lage sein, diese Rolle zu übernehmen, im Gegenteil, die Lage im Innern zumindestens, was den interationalen Finanzmarkt anlangt, ist dort alles andere als stabil und man rechnet eher mit einer Unterstützung durch die in Europa verbliebenen Möglichkeiten. Dabei spielt es keine Rolle, welche Möglichkeiten etwa ein noch militärisch aufrechterhaltener Krieg gegen Europa dann noch bieten würde. Man wird wohl auch einen andern Namen dafür finden müssen. –

Ich habe überall feststellen können, daß man in den führenden Schichten der europäischen Länder, in welcher Phase zur Entwicklung des neuen Europas sie stehen mögen, mit dem Anspruch auf Führung oder besetzt oder sonstwie beeinflußt, über die voraussichtliche Entwicklung ziemlich genau und nüchtern orientiert ist und daß eine Umstellung sich anzeigt, von der aus innerpolitischen Gründen bedingten Phrase zu sachlichen Analysen und Perspektiven hinüberzuwechseln. Selbstverständlich sind da noch einige recht unklare Positionen vorhanden, wie etwa die der S.U., entscheidend werden sie aber kaum etwas ändern, zumindestens für die grundsätzliche Entwicklung, will man sich nicht etwa berufsmäßig Illusionen hingeben. –

Ich glaube übrigens, daß Du drüben zunächst eine gute Aufnahme finden wirst, denn die Zeitschriften und Zeitungen bringen neuerdings regelmäßig besondere Spalten als „Perescop", Perspektive, der Analytiker und ähnliches. In einigen Monaten werden vermutlich drüben diese Spalten verschwinden, weil man mit der einheitlichen Ausrichtung der öffentlichen Meinung beschäftigt sein wird, sicher werden sie aber dafür in der europäischen Literatur in den geduldeten und halbgeduldeten Bulletins dafür dann neu auftauchen. Für eine

freundliche Aufnahme dieses Deines Spezialzweiges brauchst
Du also nicht in Sorge zu sein. –
Insoweit mit vielen Grüßen von Haus zu Haus
Franz

1 Maslow gab in Marseille und Lissabon sein *Analytisches Bulletin* (Juli 1940 –
Juni 1941) heraus, das er u.a. an Karl Retzlaw in London schickte, vgl. die
Korrespondenz Maslow-Retzlaw im Deutschen Exilarchiv, Frankfurt a.M. Dort
auch Maslows Bericht vom 11.12.1940 „Hitlers Wirtschaftsperspektiven vor
Berliner Rüstungsarbeitern".

155. AN ARKADI MASLOW
Budapest XII, 3. Februar 1941
Carl Tiso & Co., Varázs Ucca 4-6 Sz.

Lieber Masloff!
Brief und Bulletin vom 12.v.M. mit Dank erhalten. Bezüglich meiner Reise bin ich im ungewissen, da ich auf das spanische Transitvisum warten muß, das nur von hier aus zu besorgen ist. Das portugiesische Einreisevisum ist mir an und für sich zugesagt. Möglicherweise kann ich allerdings die Reise nur damit verbinden, daß ich einen unserer Schweizer Versicherungsfreunde nach Marseille begleite und von dort aus nach Lissabon schnell hinüberkommen kann. Jedenfalls hängt es dadurch noch von der Reisedisposition dieses Herrn ab, der mehrfach schon ab- und dann wieder zugesagt hat, was meine Dispositionen betreffs der Visen nicht gerade erleichtert.

Ich würde Dir empfehlen gelegentlich ein Londoner oder New-Yorker Versicherungsfachblatt zu beschaffen, weil es mir zweifellos sicher erscheint, daß Du Deine perspektivischen Arbeiten dort unterbringen kannst, denn der Hauptinhalt dieser Blätter ist nicht so sehr das direkte Geschäft, das ja nicht vorhanden ist, als eine Analyse der künftigen Entwickelung und diese fällt reichlich mager aus. Diejenigen, die bisher für diese Fachblätter geschrieben haben, sind kaum ökonomisch und umfassend genügend vorgebildet, um zu den künftigen Problemen Stellung nehmen zu können. So schreibt Sir Ernest Benn, der Vorsitzende des Londoner Instituts der Privatversicherungen, in dem Blatt „The Post Magazine and Insurance Monitor", daß die Hauptaufgabe darin bestehen wird, bei der zu erwartenden allgemeinen Pleite, bei der er verständlicher Weise die Engländer nur als dreiviertel Pleite rechnet, eine Zusammenarbeit der internationalen Versicherungsgesellschaften, unter der auch direkt die Kapitalgeber und Kreditgesellschaften zu verstehen sind, wieder herzustellen, die einzelnen Vorarbeiten und Investitionen auf einen einheitlichen Nenner wieder zu bringen und sozusagen für das internationale politische Forum, wie immer es auch aussehen mag, eine Basis zu schaffen, auf der diese Leute dann überhaupt erst arbeiten können. Mit geringen Verschiebungen, im Grunde aber genauso, ist die Ansicht derjenigen Herren, mit denen ich Gelegenheit habe zu sprechen, von denen die meisten heute auf der anderen Seite stehen.

In diese Diskussionen würde also Dein letztes Bulletin sehr gut hineinpassen.

Ich freue mich von Fuchs gehört zu haben. Falls er noch dort ist, kannst Du ihm sagen, daß ich ihm seinerzeit unmittelbar auf seinen Brief aus Clermont-Ferrand geantwortet habe, der Brief ist nach drei Monaten unbestellbar an mich wieder gelandet, nachdem er noch eine Zeitlang anscheinend in Marseille postlagernd gelegen hat. Eine gleichzeitig abgesandte Geldsendung wird wohl auch nicht angekommen sein, allerdings ist diese bisher noch nicht zurück. Mit seiner Frau konnte ich damals keine Verbindung aufnehmen, da Briefe nach Paris nicht angenommen, evtl. bestimmt nicht weiterbefördert worden wären. Inzwischen ist dies wohl jetzt möglich, aber wahrscheinlich ist wohl die Frau gar nicht mehr dort.

Ich hoffe also bald wieder von Euch zu hören und herzliche Grüße an Frau Ruth und Dich

Franz

156. An Arkadi Maslow
Budapest XII, 19. Februar 1941
Carl Tiso & Co., Varázs Ucca 4-6 Sz.

Lieber Masloff!
Aus Deiner heute hier eingetroffenen Karte vom 24.I. ersehe ich, daß im Augenblick der Postverkehr sich anscheinend wieder schwieriger gestaltet hat. Die darin angekündigten Bulletins No. 16, 17 und 18 sind bisher hier nicht eingetroffen. Auch scheint mindestens ein Brief von mir, der eine vom 15.I., der andere vom 28.I. dort nicht eingetroffen zu sein. Ich gebe diesen Brief wie auch den letzten wieder eingeschrieben auf und werde Dir eine Copie desselben auf anderem Wege zukommen lassen.

Zunächst möchte ich Dir vorschlagen, wenn möglich, eine Copie der letzten Bulletins an den hiesigen Handelsattaché bei der Amerikanischen Gesandtschaft, Budapest, Szabadságtér zu senden. Sein offizieller Titel ist, glaube ich: Assistant Secretary und sein Name ist: John Ronto. Da der Herr Empfänger und Expedient jeder Clipperpost ist, so würde es zweckmäßig sein, die Bulletins der übrigen Expedition an ihn mitzugeben und zu diesem Zweck die dortige Gesandtschaft aufzusuchen.

Ich glaube nicht, daß das Ausbleiben der Bulletins auf Zensurmaßnahmen von der einen oder anderen Seite zurückzuführen ist, zumal die darin enthaltene ökonomische Analyse der Entwickelung keinen Anlaß dazu bieten dürfte, um so mehr, als solche Wirtschaftsanalysen heute nicht nur bei den kriegführenden Gruppen, sondern auch bei den neutralen Staaten gang und gäbe sind, als selbstverständliche Voraussetzungen für eine perspektivische wirtschaftliche Tätigkeit angesehen werden und insbesondere für die Tätigkeit der Versicherungswirtschaft unentbehrlich sind. Sofern keine direkten Beleidigungen führender politischer Persönlichkeiten oder sonstwie allgemeine beleidigende Herabsetzungen einer der kriegführenden Parteien darin enthalten sind (und ich kann nicht annehmen, nachdem ich diese Bulletins schon jahrelang beziehe, daß dazu überhaupt eine Möglichkeit gegeben ist) pflegt die Zensur keine Schwierigkeiten zu machen. Ich glaube, daß eher eine fehlerhafte Adressierung oder der Mangel an einer dezidierten Absenderadresse oder sonst irgendwelche postalische Verstopfung an der diesmaligen Panne Schuld tragen.

Bezüglich meiner Reise kann ich leider keine bestimmte Angaben machen, es sieht aber eher so aus, daß sie nicht zustandekommen wird.

Hier allgemein und in den mir nahestehenden Kreisen insbesondere interessiert man sich natürlich in der Hauptsache um die Nachkriegsprobleme, und es ist interessant festzustellen, daß die Auffassungen darüber in den mit der allgemeinen Sozialpolitik und den Problemen einer umfassenden sozialen Versicherung beschäftigten Kreisen zwischen den kriegführenden Gruppen und in diesem Falle muß man wohl auch die U.S.A. dazurechnen, nicht mehr allzu sehr verschieden sind. Wenn man berücksichtigt, daß die Kapitalträger und die Organisationen der Kapitalverwaltung mit einem Schwund ihrer Kapitalien nach Kriegsende rechnen, so steigt denen gegenüber die Chance einer intensiveren Beschäftigung mit den Problemen zur Hebung und Sicherung des Lebensstandards der bisher mit Kapital nur ungenügend ausgestatteten Bevölkerungsschichten, und diejenigen Länder gewinnen dann eine bevorzugte Bedeutung, die ihre Wirtschaft wie die heute kriegführenden Länder nicht mehr unter großen Opfern erst wieder umzustellen und aufzubauen haben werden, sondern die, deren Wirtschaft für diese Krisenländer für die Ernährung von besonderer Bedeutung sein werden. Je stärker die amerikanische Wirtschaft in den Krieg hineingezogen werden wird, umso mehr scheidet auch die U.S.A. dann für diese Zwecke aus und, für Europa gesprochen, umso mehr steigt die Chance für den europäischen Südosten. Ich glaube, daß sich alle kriegführenden Länder darin einig sind, ich kann jedenfalls feststellen, daß in den neueren amerikanischen Publikationen etwa vom Ende Januar, die mir hier zugänglich sind, auch die Amerikaner sich dieser Aufgabe besonders bewußt werden.

Ich empfehle Dir übrigens noch einmal den Whaley-Eaton Service, Washington, Munsey Building, und ich habe gehört, daß dieser Dienst auch unabhängig von seinen ständigen Korrespondenten Sonderuntersuchungen und analytische Perspektiven sucht und herausbringen will, sofern sie genügend fundamentiert sind. Ich glaube, daß die im Bulletin enthaltenen russischen Analysen dort anzubieten wären, ebenso sogenannte Editorial-Notes an das New Yorker Journal of Commerce und die Zeitschrift Business.

Mit perspektivischen Nachkriegsproblemen beschäftigen sich drüben in den U.S.A. vor allem die Annales.

Im übrigen ist von uns nichts Neues zu berichten und besten Dank für Eure Grüße, die ich mit gleicher Herzlichkeit erwidere.

Franz

Ich höre gerade noch, daß Du die fehlenden Bulletins direkt adressieren kannst an: John J. Ronto, American Legation, Budapest, Hungary.

157. An Arkadi Maslow
Budapest, 5. III. 1941.

Lieber Masloff!
Die Bulletins No. 19 und 20 sind hier eingetroffen. Desgleichen Dein Brief vom 24.v.M. Die vorhergehenden Bulletins sind bedauerlicherweise wenig geeignet größeres Interesse bei hiesigen amerikanischen Stellen zu erwecken, das Dir unmittelbar für Arbeitsaufträge und sonstige Hilfsstellungen nützen könnte. Und zwar hauptsächlich der Form wegen. Eine Verknüpfung der analytischen Durcharbeitung der wirtschaftlichen Vorgänge mit pädagogischen Tendenzen, deren Du in der nur Dir eigenen Ausdrucksweise Dich obendrein noch genierst, setzt eine langjährige Kenntnis Deiner Arbeitsweise voraus, die Du bei Fremden nicht ohne weiteres erwarten kannst. Zweifellos sind die beiden letzten Bulletins schon sehr viel besser, und ich habe sie auch unmittelbar weitergeleitet, um den ersten Eindruck möglicherweise etwas zu verwischen. Das, was für unsere Gesellschaften nützt, zumindestens haben sich die Leute allmählich daran gewöhnt, eignet sich für eine Analyse für amerikanische Wirtschaftsexperten wenig. Ich bitte Dich, Dich an das Modell des Whaley-Eaton Service zu erinnern, der zu den großen Wirtschaftszusammenhängen die analytischen Feststellungen in wenigen Zeilen bringt und die Kenntnis der Zusammenhänge beim Leser voraussetzt, statt sie in Briefform, wie dies noch bei solchen für Europa bestimmten Analysen üblich ist, zu erklären, etwa im Stil des schweizerischen „Spiegel der Wirtschaft".

Ich weiß nicht, ob es mir gelingen wird, Herrn von Eckhart, der sich von hier Mitte März nach U.S.A. begibt, zu veranlassen, Dich in Lissabon auf der Durchreise aufzusuchen, zumal bei Deiner Adressierung leider die Initative ganz allein bei ihm liegt. Indirekt bist Du aber durch die Bulletins und persönlich durch einen Herrn Sas bei ihm eingeführt und es wäre vielleicht möglich über die dortige ungarische Gesandtschaft Ankunft und Adresse zu erfahren und ihn so persönlich aufzusuchen. Es unterliegt keinem Zweifel, daß dieser Herr Dir für drüben sehr behilflich sein kann.

Ich freue mich übrigens von Dir zu hören, daß Du die Verhältnisse in U.S.A. genau so nüchtern einschätzt, wie andere Leute hier. Wer gezwungen ist, den ungeheuren Wirbel der amerikanischen Konjunktur täglich auf sich einwirken lassen zu müssen und dazu kistenweise die Literatur über die verschiedensten Wirtschaftspläne, die Lenkung und Verstaatlichung des Versicherungswesens, den Aufbau einer staatlichen Sozialversicherung und die Propagandaliteratur der rivalisierenden Gewerkschaften zu studieren, der muß mächtig aufpassen, in den Strudel nicht mit hereingezogen zu werden, denn schließlich zu welchem Zweck? Illusionen werden heute nicht nur nicht mehr bezahlt, sondern eher im Gegenteil. Und die Zeit, trotzdem damit einige Lebensjahre auszufüllen mangels besserer Betätigungsmöglichkeit und infolge der Unmöglichkeit, seine eigenen Kenntnisse und Einsichten in der einem selbst gegebenen Form zu verwerten, liegt schon weit zurück.

Ich möchte Dich noch bitten, den wirtschaftlichen Übersichten der D.A.Z. nicht allzu großes Gewicht beizulegen und sie vor allem nicht als Grundlage für Diskussionen zu benützen. Ähnlich wie bei der Form der Analyse gilt auch hier, daß die Diskussion über eine Analyse schließlich nur unter Fachleuten geführt werden kann, daß also bestimmte Voraussetzungen von vornherein gegeben sind. Ich erinnere Dich hier nochmals, soweit deutsche Verhältnisse in Betracht kommen, an die Diskussion, die in der Dezember- und Januar-Nummer der Geopolitik zwischen dem Leiter des Hamburger Wirtschaftsinstituts Berghändler und den Herausgebern der Zeitschrift über Autarkie und Monokultur geführt wird und wo in einer phantastisch offenen Sprache das

Problem gestellt ist, was geschieht in der europäischen Neuordnung im Falle einer zwangsläufigen deutschen Wirtschaftsexpansion und was kann geschehen, um die Ergebnisse dieses Weltwirtschaftskrieges und seiner revolutionären Theorien auf ein normal funktionierendes Wirtschaftsgebilde im sogenannten deutschen Raum zurückzuführen. Die Theorie von einem Lebensraum hat in dieser Diskussion schon einige Wandlungen durchgemacht, die Du ja schließlich selbst in Deinen Bulletins bereits andeutest.

Nachdem hier die Mehrzahl der amerikanischen Journalisten und Nachrichtenbüros bereits abgezogen sind, ist der Kontakt mit diesen für Deine Zwecke jetzt schwer herzustellen. Die Assopress ist z.B. mit dem Hauptbüro nach Bern übersiedelt. Mit diesen Leuten hatte ich gleichfalls schon für Dein Bulletin eine lose Verbindung angeknüpft, die jetzt leider abgerissen ist, gleichfalls über Herrn Sas.

Die direkten Verbindungen zu Bankiers und Versicherungsbrokern werden von hier aus sehr schwierig sein. Die Leute antworten einfach nicht, weil sie es mit ihrer Stellung nicht vereinbaren zu können glauben neue Verpflichtungen einzugehen, ohne die Ware zu kennen, wobei überdies für diesen Sector des Geschäftszweiges, Abonnements, Bulletins etc., ganz untergeordnete bürokratische Instanzen zuständig sind. Der andere Grund ist der, daß sie fürchten schließlich bei einer solchen Empfehlung Gefahr zu laufen, eine politische Atmosphäre zu berühren, was grundsätzlich abgelehnt wird und wovon man sie nur in persönlichen Gesprächen überzeugen kann, daß dies nicht der Fall ist. Eine Vorlage der Bulletins genügt hierfür allein nicht. Als drittes kommt dann noch hinzu, daß an und für sich genügend Stellen drüben vorhanden sind, die sich mit solchen Hilfsstellungen befassen und die allerdings fast ausschließlich von Europäern besetzt sind, mit denen ich hier wiederum keinen Kontakt habe und auch keinen herstellen kann, und mit diesen Leuten wiederum setzen sich die Versicherungsbroker nicht an einen Tisch. Ich sehe also nicht, wie man diesen Kreis so ohne weiteres durchbrechen kann.

Ich möchte nicht, daß Du diesen Brief nur nach der mehr pessimistischen Seite hin beurteilst. Unter Berücksichtigung der Schwierigkeiten, denen heute der Postverkehr unterliegt, kommt leicht eine Note hinein, die vielleicht gar nicht beabsichtigt ist, die man aber nicht verhindern kann, wenn man nicht so zügig schreibt, wie man will.

Mit vielen Grüßen von Haus zu Haus.
Franz

158. AN AUGUST HEINRICHSBAUER
Budapest, den 12. März 1941

Sehr geehrter Herr Heinrichsbauer!
Zu Ihrer Anfrage vom 4. kann ich Ihnen leider nur einen recht dürftigen Bescheid geben. Bei meiner Information habe ich die Frage einer Zusammenarbeit mit deutschen Schulen[1] selbstverständlich nicht angeschnitten. Falls Sie darüber und über deren Möglichkeit Näheres noch hören möchten, so müßte ich dazu noch einige Einzelheiten von Ihnen erfahren.

Mit den besten Grüßen und
Heil Hitler!
Franz Jung

---

1 Als Anlage schickt Jung einen einseitigen Bericht über die Situation der deutschen Schauspielschulen in Ungarn mit.

159. AN ARKADI MASLOW
Budapest, 31. März 1941

Lieber Masloff!
Deinen Brief vom 13ten habe ich erhalten, ebenso wie die Bulletins No. 19 und No. 22. Ich weiß nicht, ob die Zwischennummern auch unterwegs gebracht worden sind. Hier sind sie jedenfalls weder an meine Adresse, noch an Herrn Ronto eingetroffen.

Zunächst möchte ich Dir sagen, daß ich die Darstellungsform des letzten Bulletins außerordentlich befriedigend finde. Sie entspricht nach meiner Schätzung etwa dem, was ein an der Aufrechterhaltung internationaler Wirtschaftsbeziehungen interessierter Finanzmann erwarten kann, u. zw. unter besonderer Berücksichtigung des Umstandes, daß dieses Interesse z.B. für unsere Freunde aus der Rückversicherungswirtschaft leider ein zwangsläufiges ist. Das will sagen, daß im Grunde genommen in unserem Arbeitsbereich weniger das Schwergewicht auf einer Initiative des Aufbaus, der Neukonstruktion, der schöpferischen Kombination und ähnliches mehr liegt, sondern auf der Beurteilung, der errechenbaren Einschätzung solcher Möglichkeiten und Entwickelungen, die sich aus dem früheren und dem heutigen Zustand in die Zukunft ergeben und die von anderen Faktoren und nach Grundsätzen gänzlich veränderter Einstellung und Einschätzung geplant, vorbereitet oder vorgetäuscht werden. Die Analyse über die Größe X in der Beurteilung der Sowjetunion ist in diesem Zusammenhange geradezu vorbildlich und ich glaube, daß es Dir auch leicht fallen wird nach dem alphabetischen Register entsprechende Größen-Analysen auch für die übrigen Mächtegruppen fortlaufend zu behandeln. Wir sind also darin wiederum durchaus einig.

Es wäre nun von Vorteil, die gleiche Technik auf die eigene Situation und auf unsere gegenseitigen Beziehungen anzuwenden, wenn ich Deinen Brief im einzelnen beantworten soll. Ich glaube aber, daß Du darauf weniger Wert legst und Dir nur eine persönliche Nervosität von der noch vorhandenen Seele ins Unbekannte hinüberschreibst. Diese unbekannte Größe dürfte in diesem Falle leider ich selbst sein.

Selbstverständlich bedauere ich, daß die Voraussetzungen meiner Reise nach Lissabon aus den verschiedensten technischen Gründen sich aufgelöst haben und daß es gar nicht in meiner Macht liegt, von mir aus selbst diese Reise zu unternehmen. Ich glaube, Du könntest heute die gleiche Aufforderung und eine dezidierte Begründung der Notwendigkeit mit der gleichen Aussicht auf Erfolg an einen Herrn richten, der zur Erholung in Dachau weilt.

Ich bedauere weiterhin, daß es nicht in meiner Macht liegt, die Generaldirektoren und die Sachverständigen für die Beurteilung des Europa-Geschäftes der mit uns befreundeten Versicherungsgesellschaften von der Notwendigkeit zu überzeugen, Deine Analysen und das Bulletin zu studieren und infolgedessen dafür Sorge zu tragen, daß diese Arbeit zunächst einmal in ihrer Existenz gesichert und weiter ausgebaut werden muß. Es fällt dies unter einen früher einmal und obendrein unverbindlich aufgestellten Dispositionsfond zur Beschaffung von ökonomischem Studienmaterial, über den ich beschränkt verfügen kann. Hierbei sind obendrein die Beträge in Schweizer Franken durch Vereinbarung mit der dortigen Genfer Bank von vornherein festgelegt und können an sich schon nicht durch Vorerhebung eines größeren Betrages für den laufenden Monat überschritten werden.

Bezüglich des Herrn Ronto bitte ich zu berücksichtigen, daß der betreffende Herr sich in seiner diplomatischen Beamteneigenschaft nur im Rahmen seiner ihm zugewiesenen Tätigkeit initiativ bewegen kann. Obwohl er von dem Bulletin bisher nur eine schwache Vorstellung hatte, will er gern Empfehlungen unter Bezugnahme auf die von Dir angegebene Adresse nach drüben weiterleiten und hat dies wohl auch schon getan. In Lissabon selbst kann er aber nichts tun. Es besteht vielleicht eine Möglichkeit, wenn erst einmal der frühere amerikanische Gesandte in Lissabon, der ja nach hier bestimmt ist, hier eingetroffen ist. Vorerst befindet sich aber dieser Herr noch in Washington.

Über die Einschätzung Deiner Position sind wir uns beide durchaus im klaren. Es nützt aber wenig, die Forderung eines schnellen Handelns allein zu berücksichtigen und in den Mittelpunkt zu stellen, wenn hierfür alle technischen Voraussetzungen fehlen. Ich bin ziemlich überzeugt, daß es uns gelingen wird, das, was Dir an Beziehungen und Freunden drüben fehlt, doch noch zu ersetzen und Dir die Schwierigkeiten aus dem Wege zu räumen, es kann dies aber nur mit den vorhandenen Möglichkeiten und unter Einhaltung des dafür vorgeschriebenen Weges geschehen. Unabhängig von Deiner Nervosität haben wir ja das hier trotzdem eingeleitet. Ich weiß, daß dies an und für sich ein schwacher Trost ist und daß es schließlich nur in Frage kommt, wenn Deine anderweitigen Bemühungen nicht zu einem Erfolge führen. Aber es ist doch schließlich immerhin schon etwas, und ich möchte beinahe vorschlagen, daß Du vielleicht in Erwägung ziehen solltest, Madame, die ich herzlichst grüßen lasse, vielleicht schon vorher allein auf die Reise zu schicken[1]. Ich könnte mir auch denken, daß sie drüben Deine Interessen dann intensiver wahrnehmen kann.

Ich bin übrigens durchaus nicht so überzeugt davon, daß wir

uns auf absehbare Zeit nicht mehr sehen werden und verbleibe
jedenfalls bis dahin mit besten Grüßen von uns allen,
Franz

1 Ruth Fischer verließ Lissabon am 11.4.1941 tatsächlich allein, sie erreichte am 21.4. New York, während Maslow am 15.5.1941 nach Havanna aufbrach, wo er am 21. November 1941 unter ungeklärten Umständen starb.

160. AN ARKADI MASLOW
Budapest, 8. April 1941

Lieber Masloff!
Ich beeile mich Dir heute bezüglich des Herrn Ronto von der hiesigen amerikanischen Gesandtschaft mitzuteilen, daß dieser einige Empfehlungen an amerikanische Institute, die sich mit Wirtschaftsanalysen und Perspektiven für die Nachkriegszeit befassen, unterwegs gebracht hat. Es befindet sich darunter auch ein Einführungsschreiben an die Herausgeber der Zeitschriften „Fortune" und „Nations Business". Aus technischen Gründen sind diese Schreiben direkt übermittelt worden und zwar an einen ihm besonders nahestehenden Herrn in New York, der das Weitere veranlassen wird und auch sonst, falls Deine Visumschwierigkeiten noch nicht behoben sind, Dir helfen kann. Das direkte Einführungsschreiben lege ich Dir in der Kopie bei. Ebenso habe ich an die von Dir angegebene Adresse eine Mitteilung, sich an diesen Herrn zu wenden, gelangen lassen.

Ich habe am 25.3. die Genfer Bank beauftragt, Dir weitere 300 Fr. zu schicken.

In der Zwischenzeit hat mich hier ein Herr aufgesucht, der sich besonders für eine perspektivische Analyse der Verhältnisse in der Sovjetunion interessiert. Aus seinen Äußerungen habe ich entnommen, daß er anscheinend mit dem vom Konzern der Münchner Rückversicherungsgesellschaft geplanten kontinentalen Rückversicherungs-Pool in Verbindung steht und auch Beziehungen zu portugiesischen Behörden unterhält. Er sagte mir, daß er in absehbarer Zeit auch nach Lissabon kommen würde. Ich habe ihm Deine Adresse gegeben und es ist auch wahrscheinlich, daß er Dich aufsuchen wird.

Mir persönlich ist der Herr kaum bekannt, ich nehme aber an, daß falls sich deine Situation schwieriger gestalten sollte, es in jedem Falle Dir vielleicht von Nutzen sein kann durch irgend einen Arbeitsauftrag einer Analyse Dir Deine Wartezeit zu erleichtern.

Ich bitte Dich daran zu erinnern, daß für den Fall, daß die Verbindungsschwierigkeiten noch größer werden könnten, Du auch mit Herrn Ronto von der American Legation für mich direkt korrespondieren kannst.

Mit den herzlichsten Ostergrüßen von Haus zu Haus
Franz

161. An August Heinrichsbauer
Budapest, den 7. VII. 41

Sehr geehrter Herr Heinrichsbauer!
In der Beilage übersende ich Ihnen zu meinem früheren allgemeinen Bericht[1] eine Art aktuellen Nachtrag[2], von dem ich vielleicht hoffen darf, daß er noch Ihr Interesse findet. Gleichzeitig bin ich bemüht, das seinerzeit besprochene Buch auf den Weg zu bringen, mit der Bitte, den damals Ihnen gemachten Vorbehalt freundlichst in Erinnerung zu behalten.

Es wird Sie interessieren zu hören, daß auf eine Anfrage anläßlich der damaligen Tagung der Gesellschaft[3] die übliche ablehnende Haltung von hiesigen Herren der Gesandtschaft zu hören war: es wird wieder ein neuer Laden aufgezogen und die Leute rennen einem die Bude ein, das Ganze dient nur dem schon bekannten Geltungsbedürfnis der Ostmärker und die Leute sollten sich nur nicht einbilden, daß sie hier im Südosten etwas entscheiden können, alles bis aufs Kleinste wird ausschließlich in Berlin entschieden. Als der Herr darauf aufmerksam gemacht wurde, daß aus der Rede des Minister Funk ja der eigentliche Aufgabenkreis der Gesellschaft als Clearingstelle genügend hervorginge, antwortete der Herr: Das sind solche Redensarten, in der Praxis haben wir es, nämlich die Herren von der

Gesandtschaft dann im einzelnen auszubaden, wenn dann die Kompetenz-Streitigkeiten kommen.

Neben dieser an und für sich gleichgültigen Angelegenheit, die nur die übliche Stellung der Gesandtschaftsräte im Südosten charakterisiert, möchte ich Sie noch auf eine andere Sache aufmerksam machen: Ein Herr Rafelsberger, der Gauwirtschaftsberater von Wien, soll hier vor ca. 14 Tagen gewesen sein. Er hat sich beim Handels-Attaché u.a. vorgestellt und diesen gebeten, ihm einen geeigneten Mann hier namhaft zu machen, der als Vertrauensmann für die Südosteuropa-Gesellschaft mit einem Monatsgehalt von 3-4000 Pengö hier tätig sein kann. Die Kandidaten oder vielmehr der Kandidat soll sich bei dem Herrn Direktor Böhm von der Österreichischen Kreditanstalt-Wiener Bankverein, hier, vorstellen, der ihn dann auf seine nähere Eignung prüfen soll. Der Handelsattaché Englert hat daraufhin den Dr. Misch, den Vertreter des Eildienstes hier, angerufen und diesen gebeten, sich bei Herrn Böhm zu melden. Er selbst würde ihn Herrn Rafelsberger noch besonders in Vorschlag bringen. Dr. Misch ist zufällig persönlicher Freund von mir, der z.B. auch weiß, daß ich Sie, Herr Heinrichsbauer, persönlich kenne. Er hat mich gefragt, ob ich etwas von dieser Sache weiß. Ich konnte ihm natürlich darüber nichts sagen, habe ihm aber den Rat gegeben, sich nicht an den Direktor Böhm zu wenden (denn ich kann mir nicht vorstellen, daß diese Form der Auswahl gewählt worden sein sollte), sondern mit Herrn Geheimrat Clodius, der zur Zeit hier ist, und dem er ja mehr oder weniger untersteht, zu besprechen, unter Berufung auf die ihm von Herrn Englert gemachten Mitteilungen.

Ich weiß leider nicht, welche besonderen Aufgaben diese Vertrauensmänner hier haben. Als Vertreter des Eildienstes berichtet Dr. Misch über wirtschaftliche Vorgänge und zuweilen auch auf Anfragen über deren Zusammenhänge und Hintergründe. Ich glaubte aus Ihren damaligen Äußerungen entnehmen zu dürfen, daß Sie hierfür bereits den Herrn Michaelis in Aussicht genommen haben. Es wäre ja sehr bedauerlich, wenn bei so unklaren Verhältnissen über einen möglichen Konkurrenzkampf hier schon im Anfang der Beginn einer Intrige sich entwickeln sollte. Der Kreis der in Frage kommenden Mitarbeiter ist an und für sich schon sehr begrenzt und eng miteinander verwoben.

Indem ich hoffe, Gelegenheit zu haben, Sie vielleicht auf der Durchreise hier einmal wieder zu begrüßen, verbleibe ich
Ihr sehr ergebener
Franz Jung

1 „Zur Lage in Ungarn" vom 14. Mai 1941 (Typoskript BA Koblenz R 63, 207, S. 43–48).
2 Vom 6. Juli 1941 (Typoskript BA Koblenz R 63, 207, S. 38–40).
3 Mitte Juni 1941 fand eine Tagung der „Südosteuropa-Gesellschaft" (SOEG) in Wien statt, auf der Walther Funk, Reichswirtschaftsminister und Reichsbankpräsident und Schirmherr der Gesellschaft, über die wirtschafts- und kulturpolitische Bedeutung der SOEG sprach.

162. AN AUGUST HEINRICHSBAUER
Budapest, den 16. Dezember 1941

Lieber Herr Heinrichsbauer!
In der Anlage übersende ich Ihnen als I 21 einen vorläufigen Bericht, den ich hoffe sehr bald noch etwas detaillierter ergänzen zu können.

Ich benutze die Gelegenheit, Ihnen wie Ihrer Familie ein frohes Weihnachtsfest und ein gutes neues Jahr zu wünschen.
Mit den besten Grüßen
Heil Hitler! Ihr
Franz Jung

I.21
Budapest, den 16.12.1941
Die Auswirkungen des Kriegseintritts Ungarns und der Abbruch der Beziehungen mit der U.S.A. werden sich hier im wesentlichen auf innerpolitischem Gebiet zeigen. Es ist heute noch zu früh, darüber auch nur perspektivisch zu berichten. Nur soweit kann man feststellen, daß die höhere Beamtenschaft, bisher das Rückgrat einer nach außen zum mindesten einheitlichen Regierungspolitik vollkommen überrascht worden ist, außerordentlich desorientiert ist und sich in politische Cliquen bereits aufzulösen beginnt. Charakteristisch sind die sich verdichtenden Gerüchte über den bevorstehenden Rücktritt des Reichs-

verwesers, die zunächst einhellige Ablehnung des angeblich von deutscher Seite vorgeschlagenen Feldmarschall Rac und die Kompromiß-Kandidatur des Stefan v. Horthy, während die von der höheren Beamtenschaft propagierte Kandidatur des Erzherzogs Albrecht z.Zt. ganz in der Versenkung verschwunden ist. Charakteristisch weiter eine Mitteilung des Grafen Stefan Bethlen, die im engeren Kreise der Regierungsmitglieder kolportiert wird, wonach jetzt die Einheit der Nation das wichtigste sei und dieser zuliebe alle deutschen Forderungen berücksichtigt werden müßten, also Ministerpräsidentschaft Imredy und die Beschlagnahme des jüdischen Vermögens.

Für die Amerikaner ist nicht nur der Krieg mit Japan, sondern auch der Abbruch der Beziehungen und schließlich die Kriegserklärung Ungarns völlig überraschend gekommen. Es herrscht eine absolute Verwirrung und man hat in den ersten Tagen versucht, sowohl mit den Schweden wie mit den Argentiniern in engeren Kontakt zu kommen; die Verbindungen mit der amerikanischen Gesandtschaft in den westeuropäischen Ländern und in Ankara waren in den ersten Tagen völlig gestört. Inzwischen beginnt sich die Lage schon etwas zu klären. Mit der Schweiz werden gute Beziehungen aufrecht erhalten werden, die auch eine Reihe von Verbindungsstellen der U.S.A. hier entweder direkt übernehmen oder sonstwie decken wird. Es handelt sich hier um die schon früher hier aufgezeigten und mit der ungarischen Regierung verhandelten Verbindungsleute im Falle eines plötzlichen Abbruchs der Beziehungen. Die diesmalige Entwicklung ist aber so überraschend gekommen, daß man amerikanischerseits nicht sicher ist, ob die früheren Vereinbarungen eingehalten werden können. Es sind daher auch diese Verhandlungen über die Zwischenstellen unter ganz neuen Voraussetzungen im Gange. Man spricht heute von der Europa-Union in Luzern, einer katholisch-caritativen Organisation, die die internationale Rote Kreuz-Organisation ersetzen soll. Ferner wird diese Europa-Union vermutlich Untergesellschaften errichten, die sich mit dem Ausbau von Völkerrechtsbestimmungen nach dem Kriege befassen werden und so schon heute als Verbindungsstellen zur U.S.A. dienen können. Daneben geht hier in Ungarn die Organisierung einer Zweigstelle der amerikanischen katholischen Organisation der „Knights of Columbus".

Das Schwergewicht dieser Bemühungen liegt im Augenblick

auf den katholischen Kreisen und der Apor-Linie zum Vatikan. Gestern hat sich zur allgemeinen Überraschung Kardinal Seredi in öffentlicher Ansprache gegen das Geisel-System und die Repressalien gegen Nichtbeteiligte ausgesprochen und damit sich offen zur Apor-Linie und zu einer Widerstands-Aktion der katholischen Aktion bekannt. Damit dürfte die innerpolitische Krise auch auf der katholischen Seite nunmehr rasch in Fluß kommen.

Bemerkenswert ist übrigens auch die völlige Überraschung des Kriegseintritt Bulgariens für die hiesige bulgarische Diplomatie. Man war im ersten Schreck doch geneigt, jedem der es hören wollte zu erklären, die weitere Folge würde die bulgarische Revolution sein. (Inzwischen hat man sich dort auch schon etwas beruhigt.)

163. An August Heinrichsbauer
[Januar 1942]

Lieber Herr Heinrichsbauer!
Besten Dank für Ihren Brief vom 22.12., der heute glücklich in meinen Besitz gelangt ist. Aus den verschiedenen Stempeln geht hervor, daß er sich hier längere Zeit an den Zensurstellen herumgetrieben hat. Ich möchte vorschlagen, daß wenn Rückfragen, Bestätigungen, etc. notwendig ist, Sie einen persönlichen Zustellerweg wählen. Z.B. würde ich Sie bitten, über Herrn von Ammon[1], der am 2.2. wieder nach hier zurückkommt, etwaige Wünsche mich wissen zu lassen.
   Alles Gute und mit besten Grüßen
   Heil Hitler!
            F. Jung

Interessiert Sie die Dollar Manipulation hier? (Die Aktien des Bankhaus Beer in Zürich)

---

1 Wiener Vertreter der Versicherungsfirma Carl Tiso & Co.

Ungarischer Paß von 1942

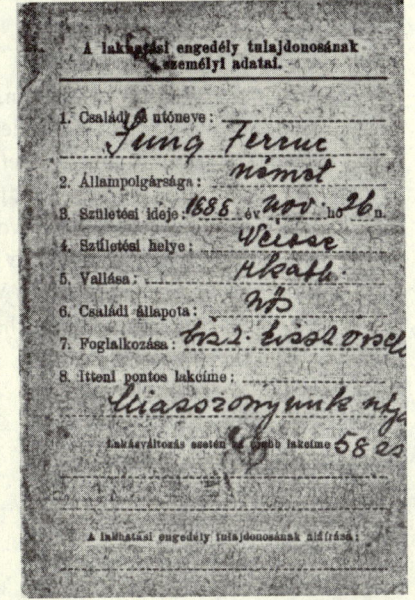

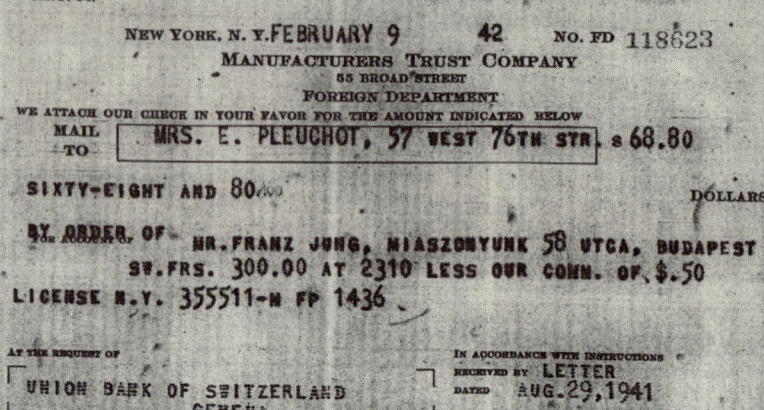

*Überweisung an Elfriede Pleuchot (d.i. Ruth Fischer)
vom 9. Februar 1942*

164. AN CLÄRE JUNG UND FELIX SCHERRET
Wien, 6/9 43

Liebe Cläre, lieber Scherret,
laßt mal von Euch was hören, und wie es so geht. Bei uns in Budapest ist soweit noch alles in Ordnung, Harriet und dem Peter, der sich ausgerechnet jetzt ein Fahrrad dringend wünscht, geht es gut. Harriet kutschiert fleißig in ihrem Adler-Wagen.

Ich werde voraussichtlich vorerst so schnell nicht nach Berlin kommen können, auch diese Reise, die eigentlich nach dort führen sollte, ist leider hier in Wien soeben abgeblasen worden. Also gebt mal ein Lebenszeichen von Euch.
    Herzliche Grüße
        Franz

165. AN CLÄRE JUNG
Pressburg, 6/12.43

Liebe Cläre,
ich weiß nicht, ob Dagny noch bei Euch ist. Ich habe ihr etwas zum Geburtstag geschickt. Ich versuche heute noch etwas Neues in Gang zu bringen[1]. Aber ich weiß ja gar nicht, wie es Euch geht. Versucht doch, mich über Danckwerts, wenn die Reichskohle nicht mehr vorhanden, über seine Privatadresse in Lichterfelde-West (Telefon Buch) zu benachrichtigen.

Ich bin leider sehr viel unterwegs, aber nach Budapest erreicht mich schließlich jede Nachricht.

Wenn Tiso & Co noch vorhanden, so versucht doch Herrn v. Ammon dort zu erreichen. Sollte er nicht mehr da sein, so bittet, daß ihm eure Nachricht an das Wiener Büro von Tiso & Co, Wipplingerstraße 32 weitergeleitet wird. Von dort kann man mich dann irgendwie benachrichtigen.

Also herzliche Grüße an Euch alle
Franz

---

[1] Offenbar ging es um Dagny Jungs Übersiedlung von Berlin über Wien nach Budapest oder Pressburg. Der Wirtschaftsjournalist Hans Danckwerts fungierte als Vertrauensperson, er bezahlte z.B. kurz darauf, Anfang 1944, in Jungs Auftrag Dagnys Krankenhausaufenthalt in Bergen (Rügen). Seine Adresse in Lichterfelde war Margaretenstraße 39. Eberhard von Ammon, Wiener Vertreter des Versicherungsbüros Carl Tiso & Co., sollte vermutlich Dagny in Wien unterbringen.

166. AN OSKAR MAURUS FONTANA
Budapest, den 11. Jan. 1944

Lieber Fontana!
Zu Ihrem letzten Brief möchte ich Ihnen sagen, daß die Verhältnisse mit dem Buch[1] sich sehr unerfreulich entwickeln. Nachdem ich jetzt den 2. Teil fertiggestellt habe, werde ich wohl doch versuchen müssen, es hier oder in der Schweiz von mir aus drucken zu lassen. Die Deckung über einen deutschen Verlag wäre mir natürlich viel lieber gewesen. Wir können ja nochmal

darüber sprechen, wenn ich wieder in Wien sein werde. Leider kann ich heute noch keinerlei Termine dafür angeben.

Ich bedaure, daß Sie diese Sache mit dem Pester Lloyd so leicht nehmen. Es kann doch Ihnen nichts schaden, wenn Sie einen aus allen möglichen Gebieten zusammengestellten Kulturbericht, darunter auch über Theater, an das hiesige Blatt schicken, und wenn es schon keinen anderen Zweck haben sollte, als sich später vom Pester Lloyd zu Besprechungen nach hier einladen zu lassen. An und für sich ist es hier mit den hiesigen Herren[2] so besprochen, und es tut mir leid, daß Sie anscheinend dazu sich noch nicht haben entschließen können.

Ich hoffe, daß Sie wie Ihre werte Frau Gemahlin den Verhältnissen entsprechend, gut ins Neue Jahr gekommen sind und grüße Sie herzlichst.
Ihr Franz Jung

1 Nicht näher bekannt.
2 U.a. mit Dezsö Keresztúry, dem Feuilletonchef des *Pester Lloyd*, der unter Umständen das oben erwähnte Buch ins Ungarische übersetzen wollte.

167. AN DAGNY JUNG
[Anfang 1945]

Liebe Dagny, ich habe gerade Gelegenheit Dir noch einmal zu schreiben, bevor ich abfahre. Ich bitte Dich, verstehe mich nicht falsch, wenn ich Dich auf die großen Gefahren, die heute Krank-Sein bedeuten, ernstlichst aufmerksam mache. Ich weiß, Du kannst nichts dafür und bist nicht daran schuld, aber man muß sie erkennen, damit [man] an dieser Gefahr so rasch wie möglich gesundet, zum mindesten wieder außerhalb der *öffentlichen* und zwangsmäßigen ärztlichen Behandlung gelangt. Ich kenne nicht die Vorgeschichte Deiner neuerlichen Erkrankung[1] in St. Lambrecht und weiß daher auch nicht, wie abgesehen von dem sicherlich nicht ernst zu nehmenden Selbstmordversuch die Einweisung in eine geschlossene Abteilung der psychiatrischen Klinik erfolgen konnte und zwar zur Beobachtung, der sogar schlimmsten Falls eine Internierung folgen kann. Da ich ja weiß, daß Du in Deiner Dienststelle[2] sehr angesehen warst, ist das sehr bösartige Gutachten des Arztes von St. Lambrecht auf irgendeine persönliche Verärgerung zurückzuführen; vielleicht hast Du ihn, als er die Schmerzen nicht beseitigen konnte, in Deiner begreiflichen Ungeduld beleidigt. Ich verstehe nur nicht, wie die Leute der Dienststelle so passiv der Sache ihren Lauf haben lassen können. Dr. Ro[tter] gibt darüber eine verständliche Erklärung: es hat heut jeder soviel an Belastungen mit sich selbst zu tragen, daß er eine neue von draußen kommende Belastung eines immerhin Fremden einfach nicht mehr aufnehmen kann. Das gleiche gilt schließlich allgemein für den Arzt, das Krankenhaus und die ärztliche Behandlung.

Der kranke Mensch zählt heute nur noch halb und wird zur Belastung nicht nur für das Personal, sondern auch für die Gemeinde, die Anstalt und den Staat, wenn die einfachen sozusagen automatischen Mittel zur Heilung, wie Ruhe und Ausspannen, schmerzstillende Mittel etc versagen oder nicht anzuwenden sind. Der Kranke nimmt einfach Platz und Zeit weg, und seine Wünsche, die sonst und früher einfach selbstverständliche waren, und aus denen der behandelnde Arzt die wesentlichsten Bausteine für seine Diagnose zu gewinnen gewohnt war, werden als Unruhe diagnostiziert und als Belästigungen angesehen. Du mußt Dich zunächst damit abfinden, daß Wünsche von vornherein nicht mehr berücksichtigt werden, erstens weil sie in der Hauptsache sowieso unerfüllbar heute sind, zweitens weil sie den nur noch auf Vierteltouren mühsam gerade noch laufenden zivilen Krankenhausbetrieb zu stören und noch mehr zu belasten geeignet sind. Dann darfst Du auch nicht Deine besondere Lage vergessen, die geschlossene Station, in der gewohnheitsmäßig das Wort, die Ansicht, der Wunsch des Kranken nichts gilt.

Die Beobachtung erschöpft sich darin, ob der Kranke *ruhig* ist, d.h. keine Wünsche etc hat, oder unruhig. Das letztere ist die Basis für den ärztlichen Befund. Ich bitte Dich also, so dringend ich das nur kann, *nichts* zu tun, was Dich mit dem Pflegepersonal in Konflikt bringt, und was von diesem besondere Leistungen verlangt, die heute Dir letzten Endes als anmaßend etc angekreidet werden. Leider geht es ja heute nicht anders, als daß der behandelnde Arzt zunächst allein auf die Aussagen der Pfleger sich verläßt. Im allgemeinen scheint man dort Dich im Sinne einer Rauschgift-Entziehungskur zu behandeln, man glaubt Dir zwei-

fellos Deine Medikamenten-Abneigung und die Vorgeschichte Deiner ersten Erkrankung nicht so ohne weiteres, ebenso wie es ja auch kaum mehr möglich sein wird, die Greifswalder Krankengeschichte heranzuziehen. Es kommt also darauf an, soviel Vertrauen bei dem behandelnden Arzt zu gewinnen, daß er sich persönlich damit beschäftigt und überhaupt *ernsthaft* zuhört, was Du über Deine frühere Behandlung und Deine jetzige Krankheit vorzubringen hast. Hoffentlich ist es uns gelungen, durch eine persönliche Beziehung Fontanas über eine Frau Dr. Ro[tter] zu dem Primarius darin etwas voranzukommen. Deine Aufgabe ist es nun, durch ein völliges Sich-Anpassen an die heutigen Gegebenheiten den Beweis zu erbringen, daß Du zu mindesten Deine Nerven wieder unter Kontrolle und in der Gewalt hast – Ruhe und Durchhalten, nicht auffallen – das ist dasjenige Zeichen von *geistiger* Gesundheit, die Dir und uns es erst überhaupt ermöglicht, aus dieser Station herauszukommen bezw. Dich herauszubringen. Das weitere, ob eine Behandlung in der Inneren Abteilung möglich und notwendig ist, wird sich dann schon finden. Sorge Dich auch bitte nicht, was dann werden soll, wenn Du draußen bist und ich noch nicht zurücksein sollte. Das wird sich finden, Frl. Garlieb weiß darüber Bescheid. Also, liebe Dagny, bitte, werde bald gesund und sei vielmals herzlichst gegrüßt von
    Deinem Vater.

1 Wohl nach einem Selbstmordversuch befand sich Dagny Jung von Januar bis April 1944 im Krankenhaus, zunächst in Bergen auf Rügen und anschließend in der Universitätsklinik Greifswald, wo sie ihr Vater besuchte und mit ihr Möglichkeiten einer Übersiedlung nach Budapest über Wien besprach.
2 Dagny Jung hatte als Stenotypistin in einem großen Berliner Nachrichtenbüro gearbeitet und war nach ihrer Entlassung aus dem Krankenhaus ohne die vorgeschriebene Freistellung von ihrer Arbeitsstelle nach Wien gefahren, wo sie, von der Polizei aufgegriffen, in ein Arbeitskommando in der Steiermark (St. Lambrecht, Publikationsstelle) zwangsverpflichtet wurde.

Name des Arztes _____ Wohnort Wien, den 26.1. 194_

Straße/Platz Nr. _____

Fernsprechnummer _____

ÄRZTLICHES ZEUGNIS
für die Durchführung einer Heilkur nach den Bestimmungen zur Lenkung des Fremdenverkehrs im Kriege
(Das ärztliche Zeugnis ist vom Wohnungsgeber einzubehalten und aufzubewahren)

Herr/Frau/Fräulein *Franz Luig...* in dzt. Wien, Hotel Bristol

56 Jahre alt, wurde heute von mir untersucht, steht seit *2 Monaten* in meiner Behandlung.

Ich habe nachstehenden krankhaften Befund erhoben:*) *Zustand nach Blutung, Blutarmut, Neurasthenie, Schwächezustand, Hypotonie (3 Wochen Spitalsaufenthalt)*

Ein krankhafter Befund war nicht festzustellen.*)

*) Nichtzutreffendes ist zu streichen.

*Ärztliches Zeugnis, Wien, Januar 1945
(Vorder- und Rückseite)*

Als Heilbäder bzw. heilklimatische Kurorte kommen nach ihren Heilanzeigen in Frage:

Höhenluftkurort

Die voraussichtliche notwendige Dauer des Kuraufenthaltes beträgt *4* Wochen.

(Bei einem über die ortsübliche durchschnittliche Kurdauer hinausgehenden Kuraufenthalt ist die gutachtliche Beurteilung des im Heilbad oder heilklimatischen Kurort behandelnden Arztes erforderlich.)

Diese Bescheinigung wurde de _____

zur Vorlage bei _____

zum Zwecke _____ erteilt.

_____
Unterschrift.

**DER BEFEHLSHABER
der Sicherheitspolizei und des SD
in Italien
Pol.-Durchgangslager-Bozen**

B. Nr.

Bitte in der Antwort vorstehendes Geschäftszeichen und Datum anzugeben

Bozen, den 30. April 1945

ENTLASSUNGSSCHEIN

Der Jung, Franz geb. 26.11.1888

in Neiße wurde heute aus dem Pol.-Durchgangslager Bozen entlassen.

Vermerk:

Mit der Auflage entlassen, sich sofort bei

Der Lagerkommandant

SS - Untersturmführer

zu melden.

Entlassungsschein aus dem Lager Bozen vom 30. April 1945

ÖSTERREICHISCHES AMT FÜR KULTUR UND WISSENSCHAFT

AUSTRIAN INSTITUTE OF CULTURE AND SCIENCE
INSTITUT&AUTRICHIEN POUR LES ARTS ET LES SCIENCES

Bescheinigung

Herr Franz J u n g , Schriftsteller und Dramatiker, gegenwärtig wohnhaft in St. Anton am Arlberg Nr. 18, ist durchlaufend mit seinen künstlerischen Arbeiten beschäftigt.

Aus diesem Grund ersucht das obige Institut, davon Abstand zu nehmen, Herrn Jung irgendeiner anderen Verwendung zuzuteilen.

Innsbruck, 5. Okt. 1945.

Arbeitsbescheinigung vom Österreichischen Amt für Kultur und Wissenschaft vom 5. Oktober 1945

168. An Erwin Piscator
Fregene (Roma), 9.5.46
Via Tortureto 10 Casa Mazzoli

Lieber Piscator,
ich danke Ihnen sehr für Ihren freundlichen Brief. Das Manuskript von „Samtkragen" lasse ich Ihnen rechtzeitig gesondert zugehen. Ich möchte Ihnen damit aber keineswegs zur Last fallen. Es ist im wesentlichen Handwerksarbeit. Ich wäre Ihnen schon sehr dankbar, wenn Sie mir Ihre Meinung als Fachmann darüber sagen würden.

Ich scheue mich nicht zu Ihnen als Kameraden zu sprechen und ich will Ihnen gern meine augenblickliche Lage und deren geringe Möglichkeiten schildern.

Mir ist es bisher in meinem Leben nicht gelungen, eine Synthese zwischen den verschiedenen Begabungen zu finden, mich zu behaupten. Ich habe immer sehr leicht Geld verdient als Wirtschaftskorrespondent oder als Wirtschaftsanalytiker, obwohl ich im Grunde kein fachmännisches Wissen habe, Ansätze auch nicht vertieft und weiterentwickelt habe. Ich möchte sagen, ich habe damit nur gespielt oder besser gesagt nur meine Phantasie spielen lassen. Das hat meiner Entwicklung als Schriftsteller sehr geschadet. Ich hatte immer den bequemen Ausweg bei der geringsten Schwierigkeit oder einem Mißerfolg, der mich zu einer intensiveren Arbeit als Schriftsteller hätte anspornen sollen, auf meine Wirtschaftsbetätigung mich zurückzuziehen. Daß ich trotzdem immer wieder zur schriftstellerischen Arbeit zurückgekehrt bin, begründet lediglich meine Außenseiterstellung, in der ich mich, wenn auch ohne äußeren Erfolg, sozusagen wohlgefühlt habe. Mit zwangsläufiger Notwendigkeit mußte das einmal zu Ende gehen. So habe ich denn auch die letzten Jahre, eigentlich seit 1930, nur noch von den Trümmern meiner Existenz vegetiert.

Ich leide noch unter dem Schock, daß ich mich habe in Rußland nicht einleben können. Ich sage mir oft zu meiner eigenen Verteidigung, daß man mir keine präzisen Aufgaben gestellt hat, daß ich vor äußeren Unzulänglichkeiten und Menschen, mit denen ich hätte zusammenarbeiten sollen, zurückgeschreckt bin; wahrscheinlich werden auch noch andere individual-psychologisch gefärbte Momente mitsprechen, die mich in eine Gemeinschaft schwerer einleben lassen.

Die Verhältnisse in Deutschland haben mich immer wenig interessiert, vielleicht aus Bequemlichkeit mich durchsetzen zu müssen. Ich sehe auch nicht, was ich dort direkt tun kann. Gegen die Entwicklung und die zu erwartenden Folgen bin ich nicht blind gewesen, und ich habe auch meine eigene Meinung über die dortigen Verhältnisse, die von der heute herrschenden etwas abweicht. Ich sehe auch, daß sich im Wesenskern der Menschen dort nichts geändert hat und daß gewisse Konjunkturerscheinungen, die dagegen zu sprechen scheinen, jetzt nicht überschätzt werden sollten. Aber vielleicht ist es noch zu früh darüber zu sprechen.

Für mich stellt sich das soziologische Problem weit über das deutsche Zwischenspiel hinaus, das nur ein Beispiel ist. Daran arbeite ich jetzt, die menschlichen Beziehungen, die Stellung des Einzelnen in der Gesellschaft, die wechselseitigen Bindungen usw. auf den einfachsten Nenner zu bringen. Ansätze dazu finden sich eigentlich in allen meinen früheren Schriften, nur nicht durchgearbeitet und zur Darstellung gebracht. Das ist meine Aufgabe[1], die ich mir noch gestellt habe.

Über die materielle Seite kann ich wenig sagen. Früher ist mir gerade diese sehr leicht gefallen. Es ist daher ganz in der Ordnung, daß ich auch mal schwere Zeiten hinnehmen muß. Ich hoffe, daß von der Arbeitsbasis manches abfällt, das ich durch Mitarbeit an Zeitschriften verwerten kann oder auch sonst einer schriftstellerischen Laune gelegentlich nachgehen darf, die mir etwas einbringt. Ich habe keine Ansprüche und auch keine großen Erwartungen.

Hier ist meine Basis sehr eng, vorläufig leben wir noch von den Pelzen, die meine Frau aus Budapest gerettet hat. Für mich ziemlich beschämend, in der Not wird sich aber irgend eine Arbeit gleich welcher Art finden. Möglicherweise hält mich die Illusion, daß ich durchkommen werde und auch meiner Frau wieder helfen kann, aufrecht.

Soweit das Bild. Ich habe in Rom auf einem Bücherkarren ein Aktionsjahrbuch gefunden und darin ein Gedicht von Ihnen. Ich schicke es Ihnen zur Erinnerung.

Seien Sie herzlichst gegrüßt von Ihrem
Franz Jung

1 Vermutlich das Albigenser-Projekt.

169. AN WIELAND HERZFELDE
Fregene (Roma), 14. Juni 1946
Via Tortureto 10 Casa Mazzoli

Lieber Wieland,
durch Piscator, an den ich nach einer Möglichkeit, nach drüben zu kommen, geschrieben hatte, ist mir dein Gruß bestellt worden; vielen Dank. In ganz groben Umrissen habe ich ihm auch mitgeteilt, wie ich die Jahre in dieser Zwielichtsatmosphäre von Budapest verbracht habe. Besonders betroffen hat mich persönlich, daß meine Tochter, die immer wieder versucht hatte, mit mir einen Kontakt herzustellen, im Laufe dieser Aktionen der Gestapo in die Hände gefallen ist und später bei der Evakuierung Wiens in der geschlossenen Abteilung des Allgemeinen Krankenhauses vergiftet worden ist.

Ich sitze hier in einer ziemlich traurigen Situation, die noch dadurch besonders erschwert wird, daß ich hier keinen Menschen kenne und ein wenig scheinbar auch die Fähigkeit verloren habe, eine Verbindung zu schaffen oder aufzunehmen. Ich schreibe den ganzen Tag an allerhand Themen herum, die ich zu einem Ganzen fertigzumachen mir vorgenommen habe. Aber es ist schließlich ein Wettlauf mit der Zeit, ob ich irgend etwas beendet vorlegen und vor allem verkaufen kann, ehe noch der Erlös aus dem Verkauf meiner Frau gebliebener Wertgegenstände aufgezehrt ist. Es wäre sicher praktischer gewesen, eine einmalige Investition etwa durch Ankauf einer Kaffe-Expressmaschine mit entsprechender Beteiligung an einer kleinen Konditorei vorzunehmen. Fregene, inmitten eines Pinienwaldes unmittelbar am Meer gelegen, 30 km von Rom, entwicklungsfähig als Seebad, wäre der richtige Platz dafür gewesen. Jetzt ist es dazu leider, nachdem ich mich nicht habe damals mit meinem Vorschlag durchsetzen können, schon zu spät – es reicht nicht mehr.

Über das, was gegenwärtig in der Welt gedruckt wird, kann ich mir nur ein sehr schwaches Bild machen, Informationsmöglichkeiten gibt es hier meines Wissens noch nicht. Ich müßte versuchen, mit einer Zeitschrift in Verbindung zu kommen, um zunächst das zu sagen, was ich als Grundlage zu meinen neuen Arbeiten sagen will – das Einfache mit den einfachsten Mitteln, bescheiden in der Zurückhaltung und in gewissen Sinne demütig in der Perspektive; ich gebe von mir nichts auf, ich schwöre nichts ab, ich bezichtige mich nicht einer besonderen Schuld. Ich stehe zu meinen Fehlern, denn ich muß schließlich die Außenseiter-Stellung, in die sie mich gebracht haben, hinnehmen um darin zu leben.

Im vorigen Jahr, als ich noch in Rom direkt gewohnt habe, bin ich öfter in die Bibliotheken gegangen. Mich hat die Krise der ecclesia militans im 18. Jahrhundert, der Streit zwischen dem Dominikaner Orden und den Jesuiten, der seinerzeit vorübergehend zu ungunsten der letzteren ausgegangen ist, besonders interessiert, die politische Strategie und die militärischen Führerkurse und Instruktionen. Zum großen Teil haben sich diese Kämpfe auf amerikanischem Boden abgespielt, in Canada und auf dem Gebiet des heutigen Californien, in Paraguay – mit der Zielsetzung einer politischen Durchdringung des Kontinents, akute Parallelen zur Gegenwart auch was die soziologische Erfassung in Verwaltung, Herrschaft usw. anlangt. Das Thema würde sich für ein Buch in welcher Form immer eignen. Ohne jede Polemik, sachlich und so trocken wie möglich. Hinter einer sehr gefeilten Diktion der Sprache kann man dann den eigenen Standpunkt beziehen. Sonst nur sich halten an die Dokumente, Berichte und was in den bezüglichen Archiven zu finden ist, die Staatsverträge mit den widerstreitenden Kolonialmächten Spanien und Portugal, später Frankreich und England, ein großes Stück Weltgeschichte, gesehen von der ecclesia militans aus, würde in einer eigenartigen und meiner Meinung nach höchst interessanten Beleuchtung erscheinen. Ich könnte das Buch schreiben und es steht mir plastisch vor Augen, aber die Schwierigkeit liegt darin, daß ich materiell die Zeit nicht durchhalten kann, ehe ich es anbieten könnte, d.h. es müßte ein bestimmter Auftrag vorliegen. Vielleicht wäre ein Ausweg möglich, daß sich drüben jemand findet, der das Buch schreiben würde, so daß ich lediglich die Materialbesorgung zu erledigen hätte (für die Paraguay-

Schriften müßte ich mir auch eine Hilfskraft verschaffen). Die übrigen Übersetzungen könnte ich selbst übernehmen, die Konzilienverhandlungen sind lateinisch, etwas Literatur mit Streitschriften, die übersetzte Dokumente enthalten, ist französisch und italienisch vorhanden, an den portugiesischen Kirchenstil traue ich mich allerdings nicht heran. Das wäre eine Möglichkeit und ein Vorschlag, vielleicht könntest du mir helfen, mir einen Rat geben oder eine Verbindung herstellen. Ich weiß nicht die Möglichkeiten und Absichten des Aurora-Verlages, den Piscator in seiner Antwort erwähnt, und ob er überhaupt einen Außenseiter drucken würde.

Entschuldige diese etwas lang gewordene Epistel. Es würde mich sehr freuen, wenn du mir deine Meinung sagen würdest.

Ich hoffe, daß es dir gut geht, ebenso wie deiner Familie
mit herzlichen Grüßen
Franz Jung

170. AN DAS SCHAUSPIELHAUS ZÜRICH
[Juni 1946]

Sehr geehrte Direktion,
ich bitte Sie zunächst um Entschuldigung, daß ich Ihnen ohne Voranfrage ein Manuskript[1] zur Prüfung für eine etwaige Aufführung im Schauspielhaus übersende und bitte es mir nicht als Aufdringlichkeit anzurechnen.

Ich stehe in Verhandlungen, im Sommer nach Amerika gehen zu können, um dort im Dramatic Workshop der New School in New York unter Piscator zu arbeiten, bei dem ich früher in Berlin als Dramaturg lange Jahre tätig war. In Deutschland sind in den Zwanziger Jahren mehrere Werke von mir aufgeführt worden. Ich werde wohl kaum noch Gelegenheit haben, dieses beiliegende Werk auf einer deutschen Bühne aufgeführt zu sehen und ich wende mich daher an Sie als der einzigen mir bekannten Bühne, die es aufführen könnte, wenn es Ihnen geeignet erscheint und es in Ihr Arbeitsprogramm passen sollte. Ich habe auch für eine etwaige deutsche Aufführung mir erst keinen Agenten besorgt. Das Stück ist jetzt ins Italienische übersetzt[2] und ist für Italien der Theatergesellschaft [unleserlich] übergeben.

Ich möchte noch, den heutigen Anforderungen entsprechend, einige Zeilen über meine Person hinzufügen. Ich bin 1933 einige Monate in Deutschland von der Regierung eingesperrt[3] gewesen, bin dann 1934 geflüchtet und lebe seit dieser Zeit im Ausland. Zuletzt in Budapest bin ich nach dem Einmarsch der Deutschen dort wieder verhaftet, später nach einem KZ Lager in Bozen abgeschafft worden, wo ich Ende April 1945 befreit worden bin. Seit dieser Zeit lebe ich hier.

1 „Samtkragen. Der verlorene Sohn".
2 Der Übersetzer ist der italienische Lehrer Giovanni Bassanello, den Jung im KZ Bozen kennenlernte.
3 Jung war erst im November 1936 zusammen mit Alexander Schwab verhaftet worden. Nach seiner Freilassung ging er zunächst nach Prag.

171. AN DIE BÜCHERGILDE GUTENBERG
Fregene (Roma), den 29. August 1946
Via Tortureto 10

Sehr geehrte Herren,
nach dem Empfang Ihres Schreibens vom 30.7. habe ich mich bemüht, die Maschinenschrift des bisher vorliegenden Teiles des Manuskriptes[1] fertigzustellen. Ich habe aber nur die Hälfte zuwegegebracht, etwa ein Drittel des Gesamtumfanges. Das zweite Drittel, das schon im Manuskript fertig vorliegt, hoffe ich Ihnen in etwa 10 Tagen senden zu können. Ich wollte nicht länger warten in der Befürchtung, daß sonst Ihre freundliche Aufforderung vielleicht in Vergessenheit geraten könnte. Auch der restliche Teil ist eigentlich fertig, muß nur noch durchgearbeitet werden. Ich bitte Sie meine Säumigkeit zu entschuldigen. Ich habe hier während der Badesaison eine Beschäftigung[2] angenommen, die mich den ganzen Tag in Anspruch nimmt und mir kaum Zeit für irgendwelche andere Arbeit läßt. Ende nächsten Monats ist aber diese Beschäftigung zu Ende, so daß ich dann wieder Zeit und freien Kopf zur Verfügung habe.
    Mit bestem Gruß

1 „Das Jahr ohne Gnade", der Roman über das Schicksal seiner Tochter Dagny.
2 Als Kuchenbäcker.

172. An Wieland Herzfelde
Fregene (Roma), 10.9.46
Via Tortureto 10

Lieber Wieland,
vielen Dank für deinen freundlichen Brief und auch für die Grüße deiner Frau, die ich herzlich erwidere.

Ich bin mir der Schwierigkeiten mich über Wasser zu halten durchaus bewußt und ich glaube auch kaum, daß ich auf mehr wie einen kameradschaftlichen Zuspruch und einen guten Rat rechnen kann. Auch dies ist schon für meine Lage sehr viel. Ich kann mich trotzdem nicht entschließen, nach Deutschland zurückzukehren, unabhängig ob es dort schlechter oder besser ist als hier, weil ich einfach nicht diese wirkliche Basis sehe, dort zu arbeiten – vegetieren kann ich schließlich überall. Es ist ja etwas ganz anderes, wenn ich von irgend einer Stelle, also etwa von Moskau, nach dort komme, mit einem entsprechenden Auftrag, begrenzt auf politischem, socialem oder kulturellem Gebiet, mit dem gegebenen Rückhalt, und für das Volk zu arbeiten beginne – oder ob ich von vornherein mit zu den zu Bearbeitenden gehöre, ganz gleich nach welchem Grade der Nützlichkeit man mich vielleicht zuläßt. Nicht nur mein bisheriger Entwicklungsweg, sondern beinahe automatisch meine gegenwärtige Lage weisen mich eigentlich auf meine Außenseiter-Stellung, so unangenehm auch das sein mag.

In Rom zu wohnen habe ich finanziell nicht durchhalten können, ich lebe nicht nur auf dem Dorfe – denn das hier reicht an unsere Vorstellung von einem Dorfe noch lange nicht heran, sondern praktisch von aller Welt abgeschnitten. Abgesehen von einem Dutzend Fischerfamilien leben hier nach Beendigung der Badesaison nur Carabinieri und Hausmeister – mit Rücksicht auf die zahlreichen leerstehenden Hotels und Pensionen. Zu den letzteren kann ich mich auch zählen, denn ich wohne in einer solchen Pension, nur damit in der toten Zeit eben jemand im Hause ist. Den Sommer über habe ich Dobos-Torten und ungarische Kleinbäckerei produziert und an die Lizenzinhaber für den Verkauf geliefert, so daß mein Nutzen sehr bescheiden war, bekanntlich ein allgemein gültiges ökonomisches Prinzip. Falls ich überhaupt Leute sehe, so komme ich sehr gut mit ihnen aus. Da meine Lebensgefährtin von Hause aus ungarische Baronin ist, so bin ich hier ironisierend als „der ungarische Baron" weithin bekannt. Zu einer Hochstapelei hat es allerdings noch nicht gelangt. Dagegen sind wir auf der ungarischen Liste der Displaced Persons für die Auswanderung nach Brasilien eingetragen – eine Möglichkeit, die in etwa zwei Jahren verwirklicht werden kann. Ich werde dann dort Gelegenheit haben, als Maispflücker zu einem neuen Leben zu erwachen.

Deutsche Schriftsteller aller Farben sind übrigens hier zahlreich vorhanden und es gibt verschiedene Büros und Organisationen, nach denen ein wilder Wettlauf eingesetzt hat. Ich mag mich nicht daran beteiligen. Ich habe einmal an Silone geschrieben, den ich ja von Zürich her kenne und der dort in der selben Lage war, wie ich heute hier, bin aber ohne Antwort geblieben. Er spielt hier eine große Rolle, Direktor des Avanti, Präsident der Schriftsteller-Organisation, Mitglied für Italien in einer Reihe internationaler Organisationen auf dem kulturellen Gebiet und ähnliches – aber er wird wohl keine Zeit gehabt haben.

Ich muß eben sehen, wie ich allein weiter komme. An die Pantheon Books habe ich geschrieben und lege die Kopie der Vorschläge[1] bei. Richtige outlines sind das nicht, denn in dem einen Fall müßte ich mindestens einen geschlossenen Abschnitt einreichen, damit man sich ein Bild von der Technik, wie ich das Thema bearbeiten will, machen kann; im zweiten Falle kann ich nur die Idee aufweisen, fundieren kann ich sie erst, wenn ich wenigstens ein grundlegendes Sammelwerk, etwa die Geschichte der Päpste von Pastor durchgelesen habe. Das kann ich aber so von hier in absehbarer Zeit gar nicht. Obwohl nur eine knappe Autostunde vom Zentrum Roms, besteht kaum Verkehr, und selbst wenn ich per fortuna mitgenommen werden könnte, müßte ich ein paar Tage unterkommen. Im Sommer wäre das gegangen, da hatte ich keine Zeit, und jetzt, wo ich mehr Zeit habe, fährt nichts mehr. Ich habe keine große Erwartung, aber ich habe es halt versucht.

Meine Frau hat damals aus Budapest statt meiner Anzüge und Schuhe eine große Kiste Bücher, die ich dort so gesammelt hatte, mitgeschleppt, meistens Kuriositäten, von denen ich schon Piscator einige versprochen habe zu schicken, aber darunter auch eine Luxusausgabe von Joyce' Ulysses, das King ping meh und ähnliches. Hier kann ich das nicht verkaufen, besteht drüben eine Möglichkeit? Dabei habe ich noch die Bitte, könntest du mir nicht mal ein Deutschland behandelndes Buch eures Verlages schicken, ein Fahnenabzug würde auch genügen. Eventuell können wir tauschen? Alkohol trinke ich nicht mehr, so daß mir eine geistige Injektion ganz dienlich wäre. Dagegen rauche ich noch ziemlich stark, um in dem ziehenden Qualm meine Illusionen zu spinnen. Vielleicht würde ein solches Buch mich auch davon befreien können.

Dann habe ich noch eine Bitte. Hast du irgend mal etwas gehört, wo die Sopade[2]-Leute hingekommen sind, insbesondere die von den Grünen Berichten, Dr. Rinner, Helmut Wickel und Georg Fuchs? Besonders mit den beiden letzten war ich ja sehr befreundet und habe ihnen auch praktisch geholfen, damals aus Frankreich herauszukommen.

Was macht dein Junge und wo steckt dein Bruder? Jedenfalls, solltet Ihr beisammen sein, grüße ihn von mir und sei selbst herzlichst gegrüßt von
       Deinem Franz Jung

1 „Entwurf A", „Entwurf B", vgl. Franz Jung, Werke Bd. 11, S. 231–235.
2 Abkürzung für Sozialdemokratische Partei Deutschlands. Jung arbeitete an den Deutschland-Berichten der SOPADE (1934–38 Prag, 1938–40 Paris) mit. „Grüne Berichte" hießen sie nach der Farbe des Papiers, auf dem sie gedruckt waren.

173. AN RUTH FISCHER
Fregene (Roma), 10.10.46
Via Tortureto 10

Liebe Ruth,
Mit einer Verspätung von 2 Jahren hat mir die Genfer Bank jetzt den Brief[1] geschickt, in dem Sie mir von dem Schicksal Masloffs schreiben. Ich hatte das damals noch von der Bank irgendwie erfahren, ich glaube durch die Zurückschickung einer Anweisung, und ich bin auch heute noch tief traurig, wenn ich an diesen so begeistert skeptischen und virtuos melancholischen Freund denke. Ihr erster Schmerz, den ich aus Ihrem Brief mit Erschütterung lese, ist jetzt hoffentlich überwunden. Ich schreibe heute nur kurz, weil ich erst hören möchte, ob Sie überhaupt dieser Brief noch unter der alten Adresse erreicht.

Es war jedenfalls sehr abenteuerlich und unbequem, das Ende des Krieges hat mich im KZ von Bozen vorgefunden. Ich bin dann in Italien geblieben und hier gestrandet. Ich habe ein Theaterstück[2] geschrieben, das der Reiss Verlag in Basel nach Amerika verkaufen möchte, und ich habe hier während der Badesaison ungarische Tortenspezialitäten gebacken und an die Bars und Kioske verkauft.

Mit Piscator und Herzfelde stehe ich seit einigen Wochen im Briefwechsel; wenn also jetzt Sie noch hinzukommen, so habe ich schon zwei schwache Säulen und einen festen Stützpunkt, falls es mir gelingt, nach drüben zu kommen. Vorläufig habe ich mich allerdings auf der Brasilienliste eintragen lassen. Ich nehme an, daß ich dort als Maispflücker in Betracht komme. Literatur wird dort weniger gebraucht.

Viele herzliche Grüße. Schreiben Sie bald. Es ist möglich, daß ich der Einladung eines KZ-Freundes[3] folge, der Professor in einem Dolomitendorf ist und nach dort übersiedle, Masi di Cavalese (Trento).

Also nochmals –
Ihr Franz Jung

Dieser Brief wie auch die Briefe an Ruth Fischer vom 5.12., 8.12.1946, vom Januar 1947 und vom 17.9.1947 und der Brief Jungs an Sheba Strunsky vom 1.7.1947 erschienen mit Anmerkungen zuerst in: „Ruth Fischer / Arkadij Maslow. Abtrünnig wider Willen. Aus Briefen und Manuskripten des Exils." Hrsg. v. Peter Lübbe. M. e. Vorwort von Hermann Weber. München 1990.
1 Jung bezieht sich offenbar auf Ruth Fischers Brief vom 12. März 1942 aus New York, den sie ihm über die Genfer Union des Banques gesandt hatte, vgl. Franz Jung, Werke Bd. 11, S. 213–15.
2 „Samtkragen oder Der verlorene Sohn".
3 Giovanni Bassanello.

174. AN THEATERVERLAG REISS
Fregene (Roma), 10. Oktober 1946

Sehr geehrte Herren,
Ich bin mit Ihrem Schreiben vom 3. d.M. einverstanden und erteile Ihnen gerne die gewünschte Option.

Gestern habe ich gerade die zusammengestrichene Fassung

des Stückes[1], die auch einige präzisere Erklärungen enthält, an Sie abgehen lassen. Für die USA würde ich natürlich raten, diese Fassung zu wählen.

Wenn ich mir erlauben darf noch einige Hinweise zu geben, die vielleicht für eine outline in Betracht kommen.

Das Stück bringt die Darstellung einer Atmosphäre, nicht diejenige einer Idee. Es wird dazu ein Grundthema benützt unter Anwendung einer Vielzahl von dramaturgischen Mitteln, die zum Thema abgewandelt werden. Im Gegensatz zu O'Neill und Wilder, die eine ideeliche Lösung in den Mittelpunkt stellen und diese durch Atmosphäre verstärken, ist von einer solchen Lösung ganz Abstand genommen. Das Ziel ist die Verstärkung der Atmosphäre durch verschiedene Lösungsmöglichkeiten. Dadurch kann die reine Schauwirkung verstärkt, der Dialog schwebender gehalten, d.h. spielerischer werden. Zu dem Grundthema sind einige Nebenthemen angeschnitten, mit deren Abgleiten zu einem neuen Schwerpunkt gespielt wird. – Darin liegen auch die besseren Möglichkeiten für eine Verfilmung. Der gegenwärtige Schwerpunkt des Stückes, die Mutter-Familien-Samtkragen-Atmosphäre müßte zum Beiwerk werden, dagegen aus der angedeuteten *Morelli-Idee* eine handfeste Handlung durchkonstruiert werden, wie sie eben der Film braucht. Diese thriller-Handlung ist zwar auch im Stück in ihren Elementen vorhanden, aber eben nur angedeutet und in ihrer Entwicklung abgeschnitten. Nach meiner Kenntnis besteht drüben zur Zeit eine absolute Hochstimmung für hausgefertigte Eigenproduktion. Es wäre vielleicht zu erwägen, einen amerikanischen Partner zu finden, der sich um das Filmmanuskript kümmert und zugleich auch im Stück mit zeichnet. Stück und Film würden sich dann gegenseitig ergänzen, der Film sogar eine Art Fortsetzung des Stückes sein.

Mit den besten Empfehlungen
Franz Jung

1 „Samtkragen oder Der verlorene Sohn".

175. AN DIE BÜCHERGILDE GUTENBERG
Fregene (Roma), 21. Oktober 1946

Sehr geehrte Herren,
mit gleicher Post, als eingeschriebene Drucksache, lasse ich den Rest des Manuskriptes „Das Jahr ohne Gnade" an Sie abgehen.

Ich bitte davon Vormerkung zu nehmen, daß ich in den nächsten Tagen meine hiesige Wohnung aufgebe. Meine wahrscheinliche neue Adresse[1] ist:
Masi di Cavalese (Trento) Val di Fiemme, Villa Rosa
Da es aber noch nicht absolut sicher ist, werde ich mir erlauben, Sie mit einer Karte zu benachrichtigen.

Mit freundlichem Gruß

---

1 Jung wohnt im Ferienhaus seines KZ-Kameraden Bassanello.

176. AN WIELAND HERZFELDE
Masi di Cavalese (Trento), 30.10. [1946]
Val di Fiemme, Villa Rosa

Lieber Wieland,
ich habe mich nicht länger in Fregene halten können und bin zunächst einer Einladung folgend über den Winter in das obenstehende Dolomitendorf übersiedelt. Meine Lage wird langsam kritisch. Ich habe zwar jetzt den Staatenlosenpaß von der Regierung, aber damit habe ich die Einreise irgendwohin nur theoretisch. Ich schreibe dir meine neue Adresse, weil es doch immerhin möglich sein könnte, daß du mir in der Zwischenzeit geschrieben hast, und seit dem 24.d.M. bin ich von Fregene weg; bezüglich meines Nachsendungsantrages bin ich nicht sehr zuversichtlich. Ich möchte dich also bitten, falls du geschrieben hast, mir eine kurze Mitteilung auch nach hier zu senden.

Von den Pantheon Books habe ich leider auch keine Nachricht bekommen. Der Theaterverlag Reiss in Basel versucht ein Stück[1] drüben unterzubringen, direkt oder nur die Dialoge oder das Thema, mit Autornamen und allem, ganz Wurst. In Rom habe ich die letzten Tage noch den Ohlenmacher und die Dinah

Nelken getroffen, wohnen in der früheren deutschen Akademie und arbeiten bei der UNRRA – schade, jetzt ist es zu spät, sie hätten mir viel helfen können. Sie erzählten mir übrigens, daß in Hannover der Malikverlag Lizenz erhalten hat, bist du das?

Möglicherweise ist auch mein letzter Brief verloren gegangen. Nimm es nicht als eine Pression und gib kurz Nachricht.

Mit herzlichen Grüßen auch an Deine Frau
Dein Franz Jung

1 „Samtkragen oder Der verlorene Sohn".

177. AN ERWIN PISCATOR
Masi di Cavalese (Trento), 30.10. [1946]
Val di Fiemme, Villa Rosa

Lieber Erwin Piscator,
Ich teile Ihnen obenstehend meine neue Adresse mit, in Rom habe ich mich vorläufig nicht mehr halten können, so daß ich ohne Besinnen das Angebot eines KZ-Kameraden angenommen habe, der mir sein Sommerhäuschen in einem versteckten Partisanennest in den Dolomiten, abgeschnitten von allem Verkehr, zur Verfügung gestellt hat. Allerdings muß ich es erst instandsetzen und bewohnbar machen, was ziemlich schwierig ist, zumal hier schon reichlich Schnee liegt. Ich habe übrigens jetzt meinen Staatenlosen-Paß von der Allied Commission bei der italienischen Regierung bekommen, so daß ich mich jetzt ernstlich um eine Ausreise kümmern muß.

Ich habe schon seit langem von Ihnen keine Post mehr bekommen, vor allem keine Bestätigung, ob Sie meine beiden Büchersendungen erhalten haben. Ich bin etwa vom 24.d.M. weg von Fregene, es läuft zwar ein Nachsendungsantrag, aber sicherer wäre es doch, falls Sie mir inzwischen geschrieben haben, mir noch bitte nach hier eine kurze Mitteilung zu schicken.

Ich habe in Rom noch eine Frau Edna List, die Frau eines jungen Komponisten, die Sie persönlich kennt, getroffen. Sie arbeitet in dem Internationalen Flüchtlingskomité, und hat über das Büro oder auch die Botschaft immer Leute an der Hand, die nach drüben reisen, Beamte, die hier ihr Büro auflösen und ähnliches, die also auch in der Lage sind, etwas ohne große Belastung mitzunehmen. Vielleicht wäre es praktischer, weiter Sendungen auf diese Weise unterwegs zu bringen.

Für Samtkragen hat der Reiss-Verlag in Basel eine Option für USA genommen und will versuchen, drüben etwas zu unternehmen. Der 1. Akt ist übrigens vollständig neu gemacht, auch mit veränderter Perspektive.

Bis zum Frühjahr bleibe ich sicher hier, also bitte ich Sie, lassen Sie mir eine Nachricht zugehen.

Herzlicher Gruß
Ihr Franz Jung

178. AN RUTH FISCHER
Masi di Cavalese (Trento), 30/10 46
Val di Fiemme

Liebe Ruth,
ich schreibe inzwischen wieder, obwohl ich noch keine Antwort habe, so daß ich also auch nicht weiß, ob mein letzter Brief Sie erreicht hat. Ich habe die Wohnung bei Rom aufgeben müssen und eine Einladung eines KZ-Kameraden angenommen, der mir sein Sommerhäuschen in einem kleinen Dolomiten-Dorf zur Verfügung gestellt hat, so daß ich wenigstens ein Dach über dem Kopf habe. Zunächst bleibe ich hier die nächsten 6 Monate sicher. Ich glaube nicht, daß sich in meiner Einreisefrage unterdessen etwas Positives entschieden haben wird.

Ich habe zwar von Fregene einen Nachsendungsantrag, doch sollten Sie inzwischen geschrieben haben, bitte geben Sie mir auch nach hier Nachricht.

Mit herzlichen Grüßen Ihr
Franz Jung

INTERGOVERNMENTAL COMMITTEE ON REFUGEES

Ref. 18/60/J
Q. 1266

Allied Commission Headquarters
Via Vittorio Veneto 33
Roma.

7 November 1946.

DICHIARAZIONE

Su richiesta dell' apolide Franz JUNG si dichiara che il medesimo ha presentato istanza al Ministero dell' Interno per tramite di questo Comitato, tendente ad ottenere il rilascio di un certificato d' identità per apolidi.

Lt. Col. Julian L. Tomlin
Resident Representative,
I.G.C.R.

Bestätigung des Antrags auf einen Staatenlosenschein beim italienischen Innenministerium, Rom, 7. November 1946

179. AN RUTH FISCHER
Masi di Cavalese (Trento), den 5.12.[1946]
Val di Fiemme

Liebe Ruth,
ich erhielt heute Ihren Brief und bin glücklich, daß unsere Verbindung wieder aufgenommen ist. Das Kabel habe ich noch nicht bekommen, es wird nach Rom nachgesandt worden sein. Von dort werde ich es einfordern. Ich war zuerst durchaus noch nicht entschlossen, nach hier in die Einöde zu gehen.

Ich will versuchen alle Ihre Fragen zu beantworten und schlage vor, vieles zunächst nur in Stichworten zu sagen, was ich, wenn es Sie interessiert, in einem späteren Brief dann ausführlicher behandeln kann. Budapest: in der ersten Etappe noch unterstützt und im Auftrag meines Versicherungskonzerns, Bemühungen zum Ankauf oder Gründung einer ungarischen Gesellschaft für die Rückversicherung der Balkanrisiken. Enger Kontakt mit dem amerikanischen Handelsattachee (Name vergessen) in B[udapest], auch noch als dieser auf der Margareteninsel interniert wird. Hinter mir steht die American-European Securities in Genf (deutscher Makler Tiso & Co, als dessen Vertreter ich in B[udapest] auftrete), auf der Gegenseite die äußerlich inzwischen deutsch infiltrierte Gruppe der Basler Rückvers. mit dem italienischen Anhang (deutscher Makler der Verein Hamburger Assekuradeure, der beliebig je nach Nationalitätenbedarf durch eine seiner Maklerfirmen in Erscheinung tritt, Inhaber der Rußland-Klausel und monopolistischer Vertrauensmann der russ. Versicherung im Europageschäft). Wir haben keinen Erfolg, ich werde 3mal aus B[udapest] und Ungarn ausgewiesen, jedesmal aber hintenherum durch den Polizeipräsidenten selbst, der mir den ungar. blauen Interimspaß zuschiebt, gedeckt. Tiso wird von Fa. Jauch und Hübner (V. Hamb. Assek. mit eigenen Gesellschaften in Paris, London und Rio) bei der Gestapo denunziert, kann mich nicht mehr halten, Genf liquidiert das europäische Geschäft – ich bin mit Komplimenten, Empfehlungen etc auf mich selbst gestellt.

Zweite Etappe (etwa von Ende 42) schwache vergebliche Versuche, Kleinkram, Ausarbeitung einer Qualitätsklausel in der Transportvers. für Nahrungsmittel wird mir von Schenker gestohlen, Verbindung mit einem mir von Tiso zugeführten Herrn

Chrambach, Verbindung unter dem Motto: der Blinde und der Lahme! Chrambach, früher Präsident der Hohenlohegesellschaft in Berlin, hat sein Millioneneinkommen aus Rassegründen verloren und kämpft als ein Verrückter um Arisierung. Ein ansonsten ziemlich amüsanter Irrer, der im Ernst Nazi sein und werden will, trotzdem alle seine sehr zahlreichen Freunde aus der internationalen Großfinanz, die ihn über Wasser halten, auf der Gegenseite stehen. Gefälschte Dokumente, gekaufte eidesstattliche Erklärungen, bestochene Funktionäre und Gestapobeamte, Prozesse, ein ungarischer General, der gegen eine monatliche Rente sich als Vater bekennt mit allem gesetzlichen Drum und Dran, tritt, als die monatlichen Zahlungen ausbleiben, als Erpresser auf. Chrambach hat bei seiner Konstruktion eins vergessen: die Nachfolger in der Verwaltung, ein Nazi-Konsortium, das die Pfründe verlieren würde – der Vorgänger von Chr[ambach], Schwager von Stresemann, hatte bei der Verwaltung dieser Gesellschaft rund 120 Millionen Reichsmark zusammenstehlen können, die ihm zum Teil Chr[ambach] wieder hat abjagen können – konnten auch und besser zahlen. Der Mann wird zu Fall gebracht und reißt die Familie, Dutzende von Finanzgrößen und auch mich mit sich. Ich verschwinde in die Provinz.

Zeitlich mit der deutschen Totalbesetzung zusammenfallend breitet sich eine Zwielicht-Atmosphäre aus, in der einer den anderen nicht mehr erkennt. In der Gewerkschaftsleitung taucht neben dem mir gut bekannten Payr, mit dem ich mehrfach zu tun hatte, eine effektive kommunistische Gruppe auf, beraten von einem deutschen SS-Mann, dem Budapester Vertreter des parteiamtlichen Reischachdienstes. Ich werde über meine in B[udapest] zurückgebliebene Familie immer dringender zur Mitarbeit aufgefordert. Wiederanfang literarischer Tätigkeit, Arbeit an einem Roman, den der rausgeworfene Redakteur des Pester Lloyd, Keresztúry, heute Kultusminister, übersetzt. Auftrag des Bischof von Veszprém (heute der Kardinalprimas), für die Kalot-Bewegung (Jungbauern), die unter Leitung der Jesuiten steht, Vorschläge für ein Socialversicherungsprogramm auszuarbeiten, Berücksichtigung bereits der von den Russen vorgesehenen Bodenreform in Ungarn, das Bistum Veszprém stellt 800.000 Joch nach Verhandlungen mit den Russen freiwillig zur Verfügung. Lerne Jesuiten kennen, die begeisterte Russenfreunde sind, der Vorsitzende (Offizial?) der Ordensprovinz Ray war Mitglied der von Moskau 1939 oder 40 berufenen Mission zur Reorganisation der Orthodoxen Kirche. Unter Ausnutzung meiner Bankbeziehungen kaufe ich für den Orden (oder die Kirche) Devisen auf. Dritte Etappe. In der vierten und letzten Etappe zeitlich zusammenfallend mit der Szálasi-Regierung wird die Lage immer schwieriger und unhaltbarer, ich bin wieder nach B[udapest] zurückgekehrt, statt Devisen werden jetzt am Markt Tito-Passierscheine und deutsche Schutzbriefe für Juden gehandelt. Im November 44 werde ich von der Straße weg von einer Gruppe Pfeilkreuzler verhaftet, man kennt nur meinen Namen, weiter nichts. Ich erfahre auch nichts. Ich werde in einen Todeskeller gesteckt, mit noch drei anderen Opfern an einem Seil zusammengebunden. Dort blieb ich 2 Tage und 3 Nächte ohne Essen. Es werden etwa 20 Menschen gewesen sein, auch Frauen darunter. In der Mehrzahl ung. und rumän. Juden, mein Begleiter, ein österreichischer Emigrant, Inhaber einer mechanischen Werkstatt, und ein Hamburger Kaufmann, der für seine Firma Außenstände einkassieren und möglichst die Pengö in Juwelen anlegen sollte. Dieser Mann, unglaublich dumm, unwissend und arrogant wurde praktisch meine Rettung. Irgendwie hatte er sich bei den beiden Wachen Respekt zu verschaffen gewußt, wir waren in der letzten Nacht nicht mehr gebunden, für die Wache war irgendwoher Wein beschafft und der Mann hat es fertiggebracht in der Frühe eine schwere Eisentür aufzubrechen, beinahe unter den Augen eines schlafenden Wächters und hinauszuspazieren. Ich hatte nicht viel mehr zu tun als hinterherzulaufen.

Liebe Ruth, wissen Sie, daß mich das heute viel mehr aufregt als damals, wo ich alles eigentlich ziemlich leicht und mehr spaßhaft genommen habe. Den Rest schreibe ich morgen oder übermorgen.

Persönliches: Seit Anfang 44 bin ich von meiner Frau getrennt, aller Wahrscheinlichkeit nach geschieden, denn die Frau wollte einen Hauptmann heiraten, der das Gesetzliche schon in die Wege geleitet hatte. Von meinem Sohn Peter habe ich keine Nachricht, auch von der Frau nicht. Der Mann, Wisser mit Namen, war zuletzt in der Ortskommandantur in Baden bei Wien, von dort aus müßte ich auch anfangen nach Peter zu suchen. Meine Tochter aus erster Ehe ist im Allgemeinen Krankenhaus in Wien bei der Evakuierung der Stadt als nicht transportfähig vergiftet worden. Wieso und warum, später, von ihrer Arbeitsstelle dort eingeliefert mit einem Gestapo-Schein für das KZ, wie mir später Fontana, den ich gebeten hatte sich um sie zu kümmern, hat noch mitteilen lassen.

Ziemlich krank und zu Tode erschöpft in Rom Herbst 45, nach einem heute unwirklich erscheinenden Zwischenspiel in Meran, wo ich der Intrige zweier ungarischer Dunkelmänner, Agenten wahrscheinlich auf beiden Seiten, die ich selbst gar nicht kannte, die aber, wie ich heute weiß, vor mir Angst hatten, zum Opfer fiel. Später auch darüber. –

Ich beginne mich langsam erst zu erholen. Ich habe auch aus tiefer Gleichgültigkeit versäumt, rechtzeitig mich um eine Unterstützung zu bemühen. An Piscator und Herzfelde[1] habe ich mehr zufällig geschrieben und eine halb freundliche und halb neugierige Antwort erhalten. Weiter nichts. Über den Zweck meiner neuen Produktion und meine diesbezüglichen Pläne später.

Ich könnte vielleicht trotz meines zur Zeit noch schwachen Lebenswillens Ihnen vielleicht doch von Nutzen sein. Ich möchte Ihnen vielleicht einige Tips für die technische Seite Ihrer Korrespondenz geben – grundsätzlicher Art, wenn Sie es nicht übel vermerken. Überhaupt dürfen Sie mir vorerst nichts übelnehmen. Ergebnis: Ich habe in diesen Jahren einen neuen, sehr tiefen Einblick in die internationalen Finanzbeziehungen gewonnen. Ich habe viel gesehen und kennengelernt und ich kenne den Nazismus von einer Seite, wo er nur ein Aushängeschild gewesen ist. An dem Kriege halte ich für den Hauptschuldigen die KPD und gewisse englische Finanzkreise in zweiter Linie, die Göring und Konsorten sind nur die Folgen. Ich halte in der heutigen Form das Umerziehungsprogramm für Deutschland für zwecklos und oberflächlich. Wenn man eine deutsche Totalschuld als Grundlage nimmt, muß man umfassender vorgehen gegen Eigenschaften, die sich auch bei anderen finden und wieder zu einem Kriege führen werden. Meinetwegen kann man das als Modell am deutschen Volk demonstrieren, aber die andern müssen das wissen.

Es wäre viel zu Ihrer Korrespondenz[2] und dem Interessentenkreis, den Sie finden müssen, zu sagen. Später.

Können Sie etwas für meine Einreise tun? Was brauchen Sie an Daten? Ich weiß nicht, ob ich mich behaupten kann. Meine literarischen Versuche, in denen ich nach einem einfachen Stil suche mit knappesten Ausdruckmitteln, dienen da zu einer Art Therapie.

Äußerlich fehlt mir allerdings alles. Ich bin vorläufig mit einer Freundin aus Ungarn[3], die mir nachgekommen ist und der ich außerordentlich viel verdanke, ohne jede Romantik im übrigen, die Frau ist sehr krank und könnte ohne mich im Augenblick kaum existieren, obwohl ich zur Zeit von den Schmuckstücken und dem Pelz lebe, den wir verkauft haben – hier gelandet, da ich mich keine 8 Tage mehr hätte in Rom halten können. Mir fehlt alles, am meisten aber Lebensmut, von dem mir Ihr Brief einen Tropfen vermittelt hat.

Ich schreibe bald wieder.

Viele herzliche Grüße

Franz

---

1 Vgl. die Briefe in diesem Band.
2 *The Russian State Party*. New York. März 1946 – März 1947.
3 Anna von Meißner.

180. AN RUTH FISCHER
Masi di Cavalese (Trento), 8.12.46
Val di Fiemme

Liebe Ruth,
über meine literarischen Arbeiten und Absichten habe ich gestern an Thomas geschrieben. Sie werden mir verzeihen, wenn ich diese allgemeine Übersicht nicht wiederholen möchte. Ich hoffe Gelegenheit zu haben, es Ihnen, wenn es Sie interessiert, noch an speziellen Beispielen erläutern zu können. Die Novelle[1] würde ich Ihnen gern schicken, sobald ich das einzige Manuskript von Zürich zurück habe. Nicht der literarischen Konzeption wegen, ich will das Ganze wegwerfen, als Übungsstück hat es seinen Zweck erfüllt, aber es sind einige Beobachtungen drin, die Sie interessieren werden, und wir können uns darüber auseinandersetzen. Wenn Sie die Schilderung einer Nazi-Nachrichtenagentur irgendwie verwenden wollen, so steht es Ihnen

frei, machen Sie damit, was Sie wollen. Morgen habe ich schon vergessen, daß ich überhaupt darüber geschrieben habe. – Zu Ihrer Korrespondenz[2]: Ich würde Ihnen vorschlagen, im Grundplan eine klare Unterscheidung herbeizuführen zwischen Anregung, Prognose, Perspektive, Information und Bericht, Aufklärung, Belehrung etc. Der Verteiler ist im Augenblick des Stärkeverhältnisses wichtiger als der allgemeine Leser. Dem Verteiler können Sie sich, wenn Sie seiner Bequemlichkeit und Eitelkeit entgegenkommen, mit Tips und Prognosen (Achte darauf ..., look for ...) unentbehrlich machen, es wird Ihnen leichtfallen die Schlußfolgerung, die Sie der Aufklärung zugrunde legen, zwangsläufig zu machen. Also zuerst die Auswahl der Korrespondenten, Büros, Informationsstellen etc. Mischen Sie den Stoff mit ökonomischen Perspektiven, die großen Zusammenhänge, ohne Fingerzeig Propaganda en passant, so etwa, mir kann es gleichgültig sein, aber es ist halt so. Verschmähen Sie nicht die Kultur, die Hintergründe zu jeder Leistung und Modebewegung auf diesem Gebiet kann man ganz nach Belieben deuten und zwar mit einem Satz, wie überhaupt so ein nebenherwischendes Aperçu eine wunderbare Waffe sein kann, etwa den Existenzialismus mit einem politischen Satz beleuchtet – das läßt die Verteiler aufhorchen, weil sie spüren, hier denkt jemand für sie – und Sie fangen sie damit ein. Bedenken Sie, die Leute wollen geistreich erscheinen, also helfen Sie ihnen dabei. Schreiben Sie so, daß der Mann oder Apparat es in seiner Präzision nicht mehr vergißt. Dann wirkt es noch zwischen den Zeilen nach, auch wenn der Mann nachher das Gegenteil schreibt. Trennen Sie den Stoff streng von dem, den Sie Personen und Gruppen, Informationsblättern liefern müssen und die zu Ihnen und Ihrer Anschauung gehören. Dort ist es am besten nicht korrespondenzmäßig, sondern mit Namen zu zeichnen. Dort braucht man einen Umsetzer, der vielleicht eigens geschult werden muß. Dort werden Schlußfolgerungen gezogen, die man wieder in die Tips zurückübernehmen kann etc.

Und schreiben Sie nicht zu ernst, nicht zu dick mit Programm, leicht und eher bagatellisierend, das wirkt nachhaltiger und auch tödlicher. Liebe Ruth, ich würde brennend gern mithelfen, wenngleich ich reichlich passé, ziemlich angeschlagen und nach innen verkrampft bin. Ich verfüge auch über kein fundiertes Wissen. Ich könnte nur mitbenutzt werden, und in gewissem Sinne eignen sich vielleicht hier gerade meine Schwächen – sie drängen mich geradezu auf den Weg der Prognosen und Perspektiven, alles, was statt der facts mit Phantasie zu tun hat. – Meine Lage ist nicht die beste, und ich bin bedenklich passiv, um sie nicht rechtzeitig energisch geändert zu haben. Stellen Sie sich vor, anstatt zur UNRRA[3] zu gehen und mich ausreichend wenigstens verpflegen zu lassen, habe ich erst, als die Aufenthaltsfrage drohend zu werden begann, mich an Silone gewandt, der dann die Sache in die Hand genommen hat (inzwischen waren wieder Monate vergangen). Mit der UNRRA ist es jetzt zu spät, aber ich habe jedenfalls jetzt meinen Staatenlosen Paß, d.h. den Ersatz, den die italienische Regierung vorläufig dafür ausstellt. Um hier wegzukommen, was muß ich tun? Die Brasilienliste, auf der ich eingezeichnet bin, scheint mehr eine vorsorgliche Form der hiesigen Flüchtlingsstellen, denn weit und breit ist noch nichts zu sehen, daß da etwas geschieht.

Dann ist hier die Frage der jungen Frau[4], für die ich irgendwie mitverantwortlich bin und die zugrunde geht, wenn ich mich nicht um sie kümmere. Sie hat vor ihrer Flucht aus B[udapest] dort geheiratet, einen Mann[5], dessen Staatszugehörigkeit unentschieden war, in der Heiratsurkunde war provisorisch die ungarische Staatsbürgerschaft angenommen, sollte noch entschieden werden. Der Vater des Mannes ist in Amerika geboren, der Großvater desgleichen. Die Papiere habe ich beschafft, jetzt erst, ebenso noch den Heiratsschein – läßt sich da eine amerikan. Staatsbürgerschaft ableiten?

Schwab[6] ist 42 oder 43 im KZ gestorben, unter besonders tragischen Umständen. Sein Sohn[7], an dem er sehr gehangen hat, war im Arbeitsdienst, dann Offizier bei der Wehrmacht, in Rußland beide Füße erfroren, amputiert und inzwischen fanatischer Nazi. Vielleicht in guter Meinung (wie die Tochter[8] berichtet hat seinerzeit) wollte er, um dem Vater zu helfen, Erleichterungen verschaffen etc, diesen im KZ besuchen, übrigens gegen die Vorschrift in Uniform. Als er dem Vater gemeldet wird, weigert sich dieser ihn zu empfangen, zumindest nicht in Uniform. Die Sache wird an die Leitung gemeldet, Schwab verliert die Vergünstigung der Lagerarbeit, wird ins Moor geschickt und stirbt einige Tage später an Lungenentzündung. Schröder[9] hat die Sache überstanden, Näheres weiß ich nicht, ich hörte von ihm von Dressler in der Büchergilde Zürich, der mir schrieb, er steht mit ihm in Verbindung, mehr nicht. Es scheint, daß über Zürich die Gilde in Deutschland neu aufgebaut wird und daß Karl [Schröder] mit dabei ist. Knauf, der Lektor der deutschen Gilde, ist aufgehängt. In der Schweiz sind einige Darstellungen über den Putsch der deutschen Generale gegen Hitler erschienen. Zufällig in einer Züricher Zeitung habe ich ein Bruchstück davon gelesen. Diese Bücher (und die Vorgänge) verdienen die schärfste Kritik. Ich habe in B[udapest] einige solcher „Verschwörer" kennengelernt, zynische Nutznießer des Regimes, was auch selbst in der heutigen Darstellung deutlich hervorgeht. Diese Canaris-Leute bedienten sich übrigens mit Vorliebe der Versicherung. B[udapest] war eine Art Startplatz für die Tätigkeit dieser Leute im Nahen Osten und der Türkei. So wurde der Delphinfang im Marmarameer von einer Poolgesellschaft versichert, an der freundnachbarlich deutsche und englische Gesellschaften beteiligt waren. Den Deutschen gehörten das Schiffs- und das Transportrisiko, den Engländern die Hafenquais, Ladeeinrichtung und Verfrachtung, alle beteiligten Vertreter waren Agenten des entsprechenden Nachrichtendienstes. Über allen diesen Geschäften in Konstantinopel präsidierte wohlwollend Herr Earl. Als den deutschen Herren in Gestalt des SD eine Konkurrenz aufgezogen wurde, ging der ganze Apparat zu den Engländern über, was dann die Hinrichtung von Canaris zur Folge hatte, und zwar, nachdem diese Herren als Rückendeckung beim SD ihren Chef preisgegeben hatten und gegen Bezahlung, aus Deckung und Tarnung verrät einer den andern – das ist das Charakteristikum dieser Gesellschaft. Die Engländer revanchieren sich, indem sie die deutsche Armee aus Griechenland und von den Inseln unbehelligt abziehen lassen, um sie zur Liquidierung von Tito aufzusparen. Hitler, vom Vatikan zur Abdankung geraten, von den Türken (Anglo-Amerika) beschworen, verpaßt seine letzte Chance, weil der SD, folgerichtig im Sinne der Nachfolge von Canaris, die Informationen nicht mehr an ihn gelangen läßt und auf eigene Faust operiert – so war das Ende und liegt die Verantwortung für die letzten Folgen – bezeichnenderweise hat man in Nürnberg von allen Seiten darüber geschwiegen.

Jetzt beendige ich auch meine Erlebnisse: Der Hamburger Kaufmann, Breuer mit Namen, war zunächst mit mir gekommen zu einem meiner Bekannten, der in der Nähe des Kellers wohnte, war dann seinerseits zum deutschen Konsulat gegangen, um für sich um Schutz zu bitten, wird von dort einer SD-Stelle übergeben, die ihn isoliert, nach Verbindungen und Beteiligten ausforscht, er nennt mich, ich werde dort, wo er mich verlassen hat, ausgehoben und wir beide der Feldgendarmerie überstellt, die uns nach Wien transportieren soll. Das geschieht noch in der nächsten Stunde mit einer Kraftwagenkolonne, in die wir hineingesteckt sind. Die Leute wissen aber weiter nichts, als daß sie uns beim SD absetzen sollen. Wir geraten gerade in einen Bombenangriff, der Mann will nach Triest zu einer Filiale seiner Firma gehen, mich eventuell mitnehmen, ich versuche die Tiso-Filiale aufzusuchen, komme dann aber bei einem Einkäufer für Heilkräuter, mit dem ich mich manchmal in B[udapest] unterhalten habe, unter, der mir auch seinerseits weiterhelfen will. Ich bin überdies im Besitz eines deutschen Schutzscheins auf den Namen Grätzer. Eine plötzliche Erkrankung macht allem ein Ende. Von Herrn Schütte (der Einkäufer) werde ich ins Elisabethspital gebracht, Arthritis, 3 Wochen, davon die letzte in der Filiale in Rekawinkel. Ersparen Sie mir die Schilderung dieser gräßlichen Zeit, dazu die Unsicherheit meiner Position. Mit Schütte fahre ich als Spezialist im Sortieren von Wermutkräutern im Auto Richtung Milano als Grätzer, komme nur bis Görz, höre dort, daß eine Triestiner Seeversicherung, zu der ich von dem Wiener Tiso-Vertreter eine Einführung hatte, in Meran bzw Hafling residiert, fahre im Lastwagen tagelang kreuz und quer in Oberitalien herum inmitten einer aufmarschierenden Heeresgruppe und gelange auch wieder als Jung nach Meran, treffe dort niemanden, muß im Hotel übernachten und werde am nächsten Morgen verhaftet, zunächst im Zuge der allgemeinen Kontrolle. Meine Papiere genügen nicht, Rückfragen etc. Nach kurzer Haft erst interniert, dann Rückfragen nach Wien, anscheinend unbestimmte Auskunft, in der Tat ist den Leuten meine Identität nicht klar, der Hamburger wird vernommen und konfrontiert, Anfrage nach Budapest – ich komme nach Verona, um den Fall zu klären. In Verona, wo ich noch nicht einmal vernommen worden bin, abgeschoben ins KZ in Bozen. Ausländer Baracke G, hauptsächlich desertierte Wlassow-Leute, französische Maquis, daneben etwa 5000 Partisanen. Für mich sehr schlechte Behandlung, Steinbruch etc – am 30. April durch das Intern. Rote Kreuz befreit.

Neue Etappe: Meran im Rot. Kreuz-Lager. Vorsitzender der Organisation ein holländischer Bankier van Harten. Ich kenne den Mann nicht. Spreche mit ihm über eine Möglichkeit nach St. Anton Tirol zu kommen, wohin ich annehme, daß meine Familie geflüchtet ist. Der Mann ist sehr freundlich, wir entdecken gemeinsame literarische Bekannte, er verspricht alles zu tun, kommt am nächsten Morgen und verweist mir unter Gebrüll das Heim, ich sei ein deutscher SS-Offizier und hätte eigenhändig in B[udapest] 15 Juden erschossen und die ungarische Regierung verlangt meine Auslieferung, weil ich dort zu Tode verurteilt sei. Das Gebrüll bringt die Mitinsassen in Wallung, eine amerikanische Streife wird gerufen, ich werde, ohne überhaupt zu Wort zu kommen, ins Gefängnis gebracht und bis aufs Hemd ausgeplündert. Nach einer Woche meldet sich endlich ein amerikanischer Offizier, der das Gefängnis von den Partisanen übernimmt, hat keine weiteren Vollmachten, als mich, da ich als Deutscher registriert bin, einem Lager als Civilinternierter zu überweisen. Meran – Bassano – Modena. Ich bin völlig reaktionslos, krank und am Ende. In einem Anfall von Energie gelingt es mir nach 6 Wochen die Sperre der deutschen Lagerleitung zu durchbrechen. Ich komme vor einen amerikanischen Verhörsoffizier und werde noch am selben Tage entlassen.

Zurück nach Meran – treffe niemanden mehr an. Höre, daß im amerikanischen Auftrag dort ein Herr Buchner aus Saloniki, mit Schweizer Paß, als Säuberungsagent tätig gewesen ist – dunkel ist mir der Mann aus den ersten Kriegsjahren von Tiso her bekannt, vielfacher Millionär als Tabakshändler, am ganzen Balkan gefürchteter deutscher Agent. Erinnere mich, Tiso hat mich eingehend vor dem Manne gewarnt. Vermute nun, Harten, von dem ich übrigens später erfahren habe, daß er auch in Budapest gewesen ist und dort als Mittelsmann für den SD gefälschte englische Pfundnoten abgesetzt hat (ich hatte auch seinerzeit davon gehört, kannte aber nicht die Zusammenhänge, nicht den Namen und die Organisation) – hat nach mir bei Buchner angefragt, dieser muß mich gekannt, einen Mitwisser gefürchtet haben und hat die ganze Sache in Scene gesetzt. Wie dem auch sei, ich habe nichts mehr feststellen können, wäre mir auch in meiner Verfassung egal gewesen. Versuch in St. Anton, treffe niemanden, höre, daß mich die ung. Frau gesucht [hat] und nach Italien weitergefahren ist. Wieder zurück, schwarz über die Grenze, da die

Franzosen bürokratische Schwierigkeiten machen, die mich wochenlang aufhalten, inzwischen wäre ich in St. Anton verhungert und erfroren. Halbtot bei einer ungarischen Familie in Gossensaß gelandet, auf dem Paß lag über 1 Meter Neuschnee.

Die Familie hilft mit suchen, lande in Rom, wo ich die Frau treffe. Ein halbes Jahr in Rom, fast ein Jahr in Fregene.

Hier untergekommen, fast alle Mittel, die die Frau noch hat retten können, verbraucht, umso eher, weil wir im Anfang in Rom Möbel gekauft haben, da die Frau in Fregene eine Pension einrichten wollte. Von vornherein Fehlschlag, heute sind diese Möbel nicht mehr den Transport wert.

Liebe Ruth, Sie fragen, was ich dringend brauche – alles, das habe ich auch Thomas geschrieben. Aber schicken Sie mir vielleicht, wenn es geht ein paar Dollar, das ist schon eine große Hilfe, im Brief. Und ein paar Zeitschriften und dann bald wieder einen Brief und halten wir Kontakt aufrecht, daß ich wieder mehr Lebensmut bekomme. Behandeln Sie mich als Kranken, und ich verspreche Ihnen, daß ich wieder gesund werde, aber noch etwas Geduld ...

Viele herzliche Grüße

Ihr Franz

1 „Das Jahr ohne Gnade".
2 Vermutlich die von Ruth Fischer im Brief vom 26. November 1946 erwähnte *International Correspondence – Correspondence International – Internationale Korrespondenz*, die in 2 Ausgaben im März und Juli 1946 erschien. Vgl. Ruth Fischer/Arkadij Maslow, „Abtrünnig wider Willen". Hg. von Peter Lübbe, München 1990, S. 192.
3 United Nations Relief and Rehabilitation Administration.
4 Sylvia bzw. Anna von Meißner.
5 Hansjörg von Meißner.
6 Alexander Schwab starb am 12. November 1943 im Zuchthaus Zwickau.
7 Hans Schwab-Felisch.
8 Franziska Violet. In einem Vortrag, gehalten Anfang 1992 vor dem Arbeitskreis Sozialdemokratischer Frauen in München, berichtet sie von ihrem Leben und der Verhaftung ihres Vaters (unveröffentlichtes Manuskript in der Stiftung Archiv der Akademie der Künste Berlin-Brandenburg). In ihrem Tagebuch notiert sie am 12.9.1972 über Franz Jung:
„*Lektüre*, sehr passend zur ganzen Stimmung: Franz Jung, Der Torpedokäfer. Ein einziger Aufschrei eines Verzweifelten. Miserables Deutsch, aber unheimliche Erlebnis- und (trotz des fürchterlichen Stils) Ausdruckskraft. Und er hatte so viel Charme. Ich glaube, es war die Einsamkeit, die mich schon als Kind an ihm faszinierte. Erinnere deutlich Spaziergang mit Vater, Franz Jung (und dessen Sohn? Tochter?, weiß nicht mehr) in der Nähe von Birkenwerder, muß also ziemlich

früh gewesen sein, ich schätze 1925 etwa. Sehe ihn dann später in der Lutherstraße am Schreibtisch sitzend, immer diese mich unerhört stark anrührende Verlassenheit ausstrahlend. Wie ein gescheuchtes Tier, das sich zu uns flüchtete, wo es dann auch keine Sicherheit fand. Sehr bemerkenswert S. 390/91. Über Vater S. 420 f. Über Brecht und Weill (S. 353): ‚... sie haben oft für Tage nicht ein einziges Wort miteinander gesprochen, sie sind sich geradezu aus dem Wege gegangen; aber sie haben auch nicht übereinander gesprochen zu Dritten.' Und vieles."
9 Karl Schröder überlebte seine Haft im KZ Sachsenhausen, vgl. sein Buch „Die letzte Station", Berlin 1947.

181. AN RUTH FISCHER
Masi di Cavalese (Trento), 3.1.47
Val di Fiemme

Liebe Ruth,
vielen herzlichen Dank für den lieben Brief, den ich sogleich beantworten will, und für die darin zum Ausdruck gekommene Hilfsbereitschaft, die mich sehr berührt, mehr als es meinem Charakter nach ich zugeben möchte. Nur darfst du dir eine Hilfe für mich nicht allzu leicht vorstellen. Ich stehe mir selbst sehr im Wege und du wirst mit mir etwas Geduld haben müssen. Es wird notwendig sein, daß Du aus meinen Darlegungen nur das Zweckdienliche verwendest und zugleich berücksichtigst, daß wenn ich alles, was notwendig wäre, klar, allgemeinverständlich und geordnet vortragen könnte, zugleich das Problem meines Lebens und meiner Krankheit gelöst wäre. Ich will nicht verschweigen, daß ich mich geistig irgendwie krank fühle, nicht müde, sondern gehemmt; ich habe die Ursprünglichkeit verloren, direkt an Ziele und Arbeitsaufgaben, Probleme heranzugehen, ich sehe mich wie durch einen Schleier, als einen unbeteiligt und von mir selbst losgelösten Fremden, und wenn ich auch mit großem Energieaufwand und Willensanspannung dagegen ankämpfe, so wird doch ein Großteil des unmittelbaren Erfolges durch diese betrachtende Gleichgültigkeit wieder paralysiert. Äußerlich fehlt es mir vermutlich an einer Arbeit, die mich ganz einspannt, die mich sozusagen überwältigt, und auch an Selbstvertrauen. Ich war zu lange jetzt völlig isoliert und ohne jede Interessensverbindung, allein in einer feindlichen Umwelt, bei der jedes Wort und jede Handlung einer mehrdeutigen und gefährlichen Auslegung un-

terworfen war, und ich muß obendrein gestehen, ich habe diese Gefahr selbst in einem sturen Eigensinn aufgesucht, zumal diese Isolierung einem Grundfehler in meiner Charakterveranlagung entgegenkommt, den ich nur durch Arbeit im Rahmen einer kameradschaftlichen Zugehörigkeitsatmosphäre verdecken und überwinden kann. Du wirst jetzt verstehen können, daß Deine Briefe mich sehr beglückt haben und mir eine neue Aussicht erschließen, der ich unbedingt und vorbehaltslos folgen will.

Das mußte zuerst gesagt werden, ehe wir uns praktischeren Dingen zuwenden. Ich werde also noch heute an das Generalkonsulat in Genova schreiben, um mich auf die Liste setzen zu lassen. Dann die Daten des Lebenslaufes zusammenstellen, von denen Du nach Deinem Gutdünken einiges streichen kannst und dabei wahrscheinlich nur zu deiner Information begründen, warum ich nur in sehr beschränktem Umfange auf Gutachten europäischer Persönlichkeiten rechnen kann. Hier wird also schon die erste große Schwierigkeit liegen. Dann will ich versuchen zu erklären, womit ich hoffen darf, mich drüben in der Wirtschaft nützlich zu machen, um meinen Lebensunterhalt zu verdienen und niemandem zur Last zu fallen, hauptsächlich auf versicherungstechnischem Gebiet. Hier liegt die Schwierigkeit, daß ich gerade mit einer grundsätzlich anderen Auffassung von der Versicherung hier kläglich Schiffbruch erlitten habe, also den Gutwill brauche, mich überhaupt anzuhören. Ohne nähere Kenntnis der dortigen Praxis und Konstruktion der Gesellschaften ist es mir auch unmöglich, ein Exposé zur Begutachtung zu verfassen, ich muß mich also auf Stichworte und Aufzeigung der Linie der Theorie beschränken. Ferner noch aufzeigen, was ich sonst noch dort tun und mich in eine Arbeit einspannen lassen kann. Von meinen literarischen Plänen wird sich kaum lohnen zu reden. Das werde ich mehr als meine Privatsache behandeln müssen. Für mein sociales Weltbild habe ich eine Anreicherungstheorie entwickelt, von der die von Rosa Luxemburg auf das Kapital bezogen nur ein beschränkter Teil ist, die in ihrer Auswirkung und Analyse ihrer Begrenzung wegen notwendigerweise zu Fehlschlüssen führen muß, wenn sie nicht das Gesamtgebiet des menschlichen Lebens und Erlebens umfaßt. Ich erreiche damit eine größere Relativität in der Beurteilung der Krisen und Schwankungen der materiellen und geisteswissenschaftlichen Zusammenhänge der Gesellschaft, einschließlich der Religionen, etwa unter dem Motto eines Naturgesetzes: Nichts geht verloren, während es bisher nur heißt: Nichts darf oder dürfte verloren gehen.

Damit Du nicht noch mehr erschreckst, will ich anfangen:

Ich habe Tibor v. Eckhardt nicht persönlich kennengelernt, er wird sich aber eines Herrn Sas Laszlo erinnern, vor dem Kriege Vertreter der Wiener Wirtschaftswoche in Budapest. Wie Reichenbach in London, Wickel in Prag habe auch ich für das Blatt viel gearbeitet und aus dem Vertreterkreis den Central European Service gegründet mit dem Ziel, unmittelbarer als dies das Szemere-Blatt[1] in Wien tun konnte, den deutschen Wirtschaftsimperialismus und die zu erwartenden Folgen am Balkan zu bekämpfen. Für den Service wurde in London eine Dachgesellschaft gegründet, an deren Spitze Wickham Steed[2] stand. Ich besitze noch heute theoretisch die Hälfte der Anteile dieser Gesellschaft. Eine beabsichtigte Übernahme des Wiener Blattes an eine englische Gruppe scheiterte an dem Widerstand Szemeres, dem in Gestalt der Subvention der Wiener Staatskanzlei der Spatz in der Hand lieber war als die Taube auf dem Dach, zumal die österreichische Anleihe in London, für die ich mit unserer Gruppe die Vorbereitungen geführt hatte, scheiterte. Als ich nach Budapest kam, versuchte ich mit Sas aus dem Trümmerhaufen noch eine kleinere Widerstandslinie von Budapest aus aufzubauen, Sas war mein Sekretär und wurde von mir über Wasser gehalten. Leider hatte das wenig Erfolg. Zu den wenigen, die uns ermuntert haben, gehörte Eckhardt, und als er nach drüben ging, hat er von mir durch Sas die grünen Berichte der Sopade[3], die Neuyorker Adresse der Sopade und ich glaube auch einen Brief an Wickel, den er freundlicherweise mitnehmen wollte, bekommen.

Durch Sas habe ich auch die Verbindung zu dem amerikanischen Handels-Attachee aufgenommen, dessen Name mir vollkommen entfallen ist, ich vermute Friedmann oder so ähnlich, ein in USA geborener Ungar. Wir haben für ihn verschiedene Wirtschaftsanalysen, Produktionsstatistiken etc geliefert, außerdem hat er versucht eine Verbindung für mich herzustellen für Harry Hopkins, dem ich meinen Versicherungsplan für die Südostländer in Abwandlung des antiquiert-oberflächlichen Beveridgeplanes[4] übersandt hatte. Leider wurde Sas von den ungarischen Behörden bald interniert. Anscheinend war das dem Attachee in die Glieder gefahren, er ließ mich kommen und teilte mir mit, daß er meinen Briefwechsel nicht mehr vermitteln könnte, so daß die Verbindung sehr schnell wieder zerrissen war.

Ähnlich war es mir schon 34 mit dem Leiter der Berliner Vertretung der National City Bank in Berlin gegangen. Dieser Mr. Man, später in London, stand in sehr guten Verbindungen zu einigen Nazis, bestellte von uns, dem Pressedienst für Wirtschaftsaufbau (Korrespondenz, die ich gemeinsam mit Dr. Schwab herausgab) Analysen über die deutsche Wirtschaft, im Grunde mit der Tendenz, den unmittelbar bevorstehenden Zusammenbruch des Systems zu prognostizieren, eine Aufgabe, die wir sachlich nicht ganz erfüllen konnten. Eingeführt waren wir bei Man durch einen Herrn Gärtner[5], den ich später in Genf wiedergetroffen habe. Gärtner war sozusagen der Vertrauensmann von Man, eingesperrt in der ersten Nazirevolte 34, ging dann mit Unterstützung und Empfehlungen von Man nach Genf. Schwab war oder fühlte sich legal, ich war illegal, Grund, daß ich mich in dem Verkehr mit Man sehr im Hintergrunde hielt. Schwab hatte die praktische persönliche Verbindung. In dem Ehrgeiz, unsere Arbeiten für Man auch einem größeren Kreis nutzbar zu machen, hatte Schwab einen Kreis alter Freunde um sich versammelt, den er durch Korrespondenzmitteilungen dieser Art zusammenhielt. Das Ende war, wir wurden alle eingesperrt, ich nach vier Monaten ohne Verhör und Verfahren wieder entlassen, ähnlich behandelt wie die beiden Stenotypistinnen; in der Tat war mein Name in dem entsprechenden Schwabkreis niemals aufgetaucht und Schwab hatte glücklicherweise seinen Leuten den eigentlichen Ursprung unserer Arbeit, das Fundament der offiziellen Korrespondenz verschwiegen, so daß die ganze Konstruktion Man nicht in Erscheinung trat; es hätte uns beiden schon damals den Kopf gekostet. Mit Unterstützung von Camill Hoffmann, dem damaligen Presseattachee bei der Tschechoslowakischen Gesandschaft in Berlin, bin ich dann über die Grenze gekommen. Man hatte mir indirekt eine finanzielle Unterstützung durch Gärtner zukommen lassen, später stand aber überall Gärtner, der mir sehr undurchsichtig schien, bei allen Empfehlungen und Einführungen vor mir, sodaß ich auch später in Genf trotz aller freundlichen Aufnahme durch die Schweizer Banken eigentlich [k]einen rechten Fuß fassen konnte. Das gilt vor allem für die European-American Securities in Genf, eine Dachgesellschaft der Man-Gruppe, die mich zwar über Gärtner-Man unterstützt, aber mich nicht voll aufgenommen hat. Es ist mir außerordentlich schwer gefallen, schrittweise eigene Bank- und Versicherungsbeziehungen aufzubauen, auf Grund deren ich dann nach Ungarn gehen konnte. Und die haben ja schließlich entsprechend der allgemeinen Lage auch nicht mehr viel genützt. Daß ich zwischendurch auch bemüht war, in Wien eine Zweigstelle der Thomas Mann-Stiftung[6] aufzuziehen und auch ein paar Bücher verkauft und Unterstützungen verteilt habe, ist belanglos, zumal ich Thomas Mann nicht persönlich kenne. Ebensowenig, daß ich für die Weltbühne[7] laufend Glossen geschrieben habe oder für die Sopade deren Grüne Berichte vertrieben habe. Ob daraus besondere Empfehlungen herauswachsen können, möchte ich kaum glauben.

Nun zu meinem Lebenslauf: Geboren 26.11.1888 in Neisse O/S, Vater Uhrmacher, später Gründer von Handwerkergenossenschaften und drin ganz aufgegangen. Im Auftrage des Vaters meine erste Publikation: Das Borgunwesen im Handwerk (Mönchen-Gladbach), Mittelschule und Universität (Leipzig, Jena, Breslau) Jura und Nationalökonomie, Referendarexamen nicht beendigt, da mit der Familie überworfen und ohne jede Unterstützung. Börsenjournalist in der Kuxen-Zeitung Berlin 10 bis 12. 12 erscheint meine erste belletristische Arbeit, das Novellenbuch Trottelbuch, großer äußerer Erfolg. Veranlaßt mich Studium wieder aufzunehmen in München, Promotion[8] in München bei Lotz-Sinzheimer über die Steuerlichen Einflüsse auf die Zündholzindustrie 14. Vorher 4 Monate praktische Arbeit in der Zündholzfabrik in Rosenheim. Doktorat wird nicht verliehen, weil vorher der Krieg ausbricht und ich meine Doktorarbeit im Druck nicht vorlegen kann, die ich inzwischen an die Frankfurter Zeitung verkauft hatte. In München tätiges Mitglied des Mühsam-Kreises[9]. Als solcher der Polizei verdächtig und sogleich eingezogen[10], beinahe ohne Ausbildung ins Feld geschickt, im November 14 in Polen desertiert, im Januar 15 in Wien verhaftet, Verfahren in Spandau, durch Intervention des Schutzverbandes[11] deutscher Schriftsteller im Juli 15 freigelassen (Manische Depression). 16 Wirtschaftsredakteur im Deutschen Kurier, 17 im Verein Hamburger Assekuradeure, Seeversicherung und wirke mit am Aufbau des Seedienstes (Konkurrenz von Lloyds). Politisch tätig in den Liebknecht–Haase Gruppen, Spartakus. 18/19 Spartakusbund, KAPD. 20 erste Reise nach Moskau, nach der Rückkehr verhaftet, nach einigen Monaten gegen Kaution freigelassen, führend beteiligt am Hölz-Aufstand, als Verbindungsmann[12] zwischen KPD und KAPD, Flucht nach Holland, dort verhaftet und nach 6 Monaten nach Rußland ausgewiesen. (Ein Auslieferungsbegehren von Deutschland war in einer Verhandlung in Breda abgelehnt worden, da ich inzwischen russischer Staatsbürger geworden war.) In Moskau Leiter der Intern. Arbeiterhilfe auf dem Gebiet des russ. Territoriums, später Präsident etc, Intrigen, Ausscheiden, reorganisiere die Zündholzfabriken[13] im Novgoroder Bezirk, später die Fabrik Ressora in Leningrad (Werkzeuge und Schiffsreparaturen). 24 illegal nach Deutschland. Außerhalb der internen Parteikämpfe, mit loser Beziehung zur russischen Gesandtschaft. Allmählich jeden Kontakt verloren. Bis 28 illegal unter dem Namen Larsz, Rosenfeld erreicht meine Amnestie (Schiffsraub auf hoher See). In all dieser Zwischenzeit viele Bücher, bis 19 mehre Romane im Aktionsverlag (Expressionismus, Dada), nachher ein halbes Dutzend im Malikverlag, mehr Reportage mit dem Zweck, der kommunistischen Presse Roman für das Feuilleton zu liefern. Mehrere Theaterstücke, 27 großer Erfolg mit Legende im Dresdner Staatstheater, ich werde in Dresden am Tage der Premiere verhaftet (auf den alten Namen hin), auf Intervention des Theaters vorläufig freigelassen, immerhin kommt damit mein Amnestie-Verfahren in Gang. Sofort allerdings vollkommen boykottiert, das Stück wird sofort abgesetzt. Intrige der Piscatorbühne, 28 wird dort Heimweh unvorbereitet, mit das Stück völlig entstellenden Streichungen gespielt. Katastrophaler Mißerfolg – ich scheine vollkommen erledigt, der neue Start mißlungen. Ziehe mich wieder auf Wirtschaftskorrespondenzen zurück. Langsamer Wiederaufbau Bücherkreis des Vorwärts: 29 das Erbe (meine beste Arbeit), 30 ein Roman[14], dessen Titel ich vergessen habe. In der Zeit über Korrespondenzverlag Herausgabe einer Zeitschrift Der Gegner, Sammlung aller Elemente gegen Hitler, (Kommunisten bis Strasserleute). Der Verlag verdient das Geld durch Analysen, Patentvermittlung etc, konzentrierter Angriff der Nazis[15] – wir hatten den Bauhütten einen großen Siedlungsauftrag am Pariser Festungsgürtel verschafft, Anlaß zu einer großen

Pressekampagne wegen angeblicher Devisenverfahren. Verhaftungen der Zollfahndungsstelle, Zerschlagen der Bauhütten, ich werde wieder illegal, die Zeitungen schreiben, ich sei nach der Schweiz geflüchtet – das war 33 meine Rettung. Um die Zeitschrift konnte ich mich nicht mehr kümmern, durch einen Studenten[16], den ich als Sekretär hatte, ist das Blatt allmählich ganz in die Hände der Strasserleute geraten, was mir später in Wien nicht ganz unnützlich gewesen ist. Muß noch erwähnen, daß ich schon 28 dramaturgisch bei Piscator tätig gewesen bin, später 30 und 31 war ich als Dramaturg dann im Wallnertheater tätig. Über den Korrespondenzverlag hatten wir neben dem Gegner auch Aufricht finanziert und die Mahagonny-Aufführung von Brecht–Weill gestartet.

Das ist für heute, liebe Ruth, alles.

In den nächsten Tagen mehr.

Herzlichen Gruß

Franz

Das Packet ist noch nicht angekommen, ebensowenig die Drucksachen. Ich bin natürlich für alles, was Ihr mir senden könnt, sehr dankbar. Vielleicht sollte man aber erst warten, wie das erst angekündigte Packet ankommt. In Rom war das einfacher, hier ist ein zu langer Transportweg mit vielen Umladungen, so daß leicht Steine etc hineinpraktiziert werden könnten. Wenn es geht, schickt mir ein paar Dollar im Brief oder in einem Buch oder Broschüre Umschlag. Für ein Dollar gleich 600 Lire auf dem schwarzen Markt kann ich mir in Verona oder Venedig schon amerikanische Konserve kaufen. Wegen der Unterwäsche, die ich am dringendsten benötige, habe ich schon an Thomas geschrieben.

Also nochmals herzlichst!

---

1 *Wiener Wirtschafts-Woche*
2 Auslandskorrespondent der *Times* bis 1913, später Herausgeber der *Times*; von 1925–1938 Dozent für Geschichte Mitteleuropas am King's College in London.
3 Vgl. Anm. zum Brief an W. Herzfelde vom 10.9.1946.
4 Von dem englischen Wirtschaftswissenschaftler und Sozialreformer William Henry Beveridge (1879–1963) ausgearbeitetes System sozialer Sicherheit für alle „von der Wiege bis zur Bahre".
5 Vgl. Briefe 1932, 1936–1938.
6 Jungs Aktivitäten für die Thomas Mann-Gesellschaft in Prag (die spätere

Londoner Thomas Mann-Gruppe) des Czech Refugee Trust Fund liefen vermutlich über sein Wiener Mitteleuropäisches Wirtschaftsbüro (Miro).
7 Gemeint ist die von H. Budzislawski herausgegebene *Neue Weltbühne*, deren Rubrik „Am laufenden Band" Jung vermutlich belieferte.
8 Die Arbeit heißt „Die technisch volkswirtschaftliche Entwicklung der Zündholzindustrie".
9 Jungs Mitarbeit in Mühsams Gruppe „Tat" vgl. auch Mühsams Tagebücher.
10 In Wirklichkeit hatte Jung sich am 2.8.1914 als Freiwilliger gemeldet.
11 Die Freilassung war dem Verbandsvorsitzenden Robert Breuer zu verdanken, den Jung seinerseits vor dem Militärdienst bewahrt hatte.
12 Vgl. Cläre Jung „Paradiesvögel", S. 93–94.
13 Vgl. Jungs Bericht von 1924 „Die Geschichte einer Fabrik".
14 „Hausierer".
15 Vgl. Brief an den Luchterhand Verlag vom 4.8.1962.
16 Harro Schulze-Boysen, vgl. die Briefe von 1932.

182. AN RUTH FISCHER
Masi di Cavalese (Trento), 10.1.[1947]
Val di Fiemme

Liebe Ruth,
ich setze meinen Brief vom 2. mit einer Untersuchung der Möglichkeiten fort. *1. das Versicherungsproblem.* Du mußt dich freimachen von der üblichen Vorstellung einer Versicherung. Im allgemeinen beruht sie auf dem Prinzip, eine Unsicherheit durch eine scheinbare d.i. errechenbare Sicherheit zu ersetzen, im Grunde nicht viel anders als ein psychologisches Puzzlespiel um den Begriff des Risikos. Es handelt sich darum dem zu Versichernden den Unsicherheitsfaktor zu vergrößern, während der Sicherungsfaktor nach den primitivsten kapitalistischen Spielregeln verteilt und „gedeckt" zu werden pflegt. Das gilt in gleicher Weise für die Personen- wie Sachversicherung. Erste Phase: bessere Aufteilung des Risikos aus Konkurrenzgründen, Prämienmanipulation und veränderte Servierung der Leistung, Auffinden immer neuer Versicherungsmöglichkeiten, Agentenstab und Propaganda; Grundtendenz Stabilisierung und ständige Heraufschraubung der Kapitalrente. Die angesammelten Versicherungskapitalien werden ähnlich den Sparkassen (im wesentlichen ist die Versicherung nur eine etwas unseriöse Form der Sparkasse) von der öffentlichen Hand in Anspruch genommen, an der Börse als „Tagesgeld" gehandelt, das notwendige Kraft-

futter für die Banken, zumal die Prämiensumme von der Versicherungssumme um ein Vielfaches übertroffen [wird], die letzte wird aber als Grundlage genommen – aus diesem auf spekulative Buchung für die Zukunft geschaffenen Kredit schöpft der Staat nach dem Prinzip: Je mehr du mir abgibst, je größere Freiheit gebe [ich] dir. Im allgemeinen ist noch heute die Versicherungswirtschaft zum größten Teil auf diesen Grundsätzen konstruiert.

Die zweite Phase stößt auf die Tendenz der Selbstversicherung. Der Versicherungsnehmer kommt zu dem Versicherer in Konkurrenz. Die Versicherungsvereine auf Gegenseitigkeit, die Gruppenversicherung in der Warenversicherung, der Versicherte manipuliert sich selbst, wie etwa in der Neuwertversicherung der Maschinenwirtschaft, gestützt auf sein Eigenkapital, das Risiko, Förderung der Tendenz zu Produktionsringen und Monopolen, Steuer- und Abschöpfungssperre gegen den Staat. Die Versicherungswirtschaft wird zur technischen Funktion, Berater gegen Prozente, Lohnempfänger. Um die mannigfaltigsten Spielarten dieses Verhältnisses wird zurzeit gekämpft. In beiden Phasen kann man im Spülwasser der kapitalistischen Übergangswirtschaft noch eine gute Weile angenehm plätschern.

Dritte Phase: Kristallisierung der Versicherung als Funktion des Kapitals, als Kontrolle, als „Radar-Auge", für den Menschen als Einzelwesen wie in der Form der Gesellschaft, in der Aufeinanderfolge nach Wert und Leistung, für die Wirtschaft als Einheit von Produktion, Wert und Vertrieb, für das Kapital als Substanzmesser in der Tendenz der Akkumulation. Mittel gleicherweise zur Sicherung des Hochkapitalismus wie zu dessen Auflösung, je nach dem Einsatz. Entstehung versicherungstechnisch der Klausel (mein Spezialgebiet), entscheidend und Neuland, wo im Entwicklungsprozeß diese Klausel einzusetzen und sie so zu formulieren, daß die eine zwangsläufig die andere nach sich zieht, System der Klauseln, auf dem Boden des so harmlosen und allbekannten Versicherungsgeschäft. (Keine Drohungen und Erpressungen, mit denen antiquiert noch das Geschäft der Politiker zu arbeiten gezwungen ist. Die 51 Milliarden Dollar des Lend Lease Systems könnten einen wunderbaren Start ermöglichen.) Allerdings ist auch bei Komplettierung der Klauselkette die Sozialisierung der Wirtschaft auf kaltem

Wege in Sicht – Frage der Taktik. Ferner erkennbar, daß allmählich die alte Versicherungsform sich selbst auffrißt – ginge in Etappen, als zunächst die Initiatoren-Gruppe die Konkurrenz auffressen würde. Ungefähres Teilbeispiel: Die Qualitätsversicherung am Weizenweltmarkt (Eosin-Gehalt). Ohne die Klausel gibt es kein Geld für den Anbau, keinen Schutz der Ernte, keine Lagerung, keinen Transport, keinen Marktpreis und keinen Käufer. Weizen als Ware ist zu dem Eosin-Träger kristallisiert. Andeutungen dazu finden sich schon in dem Standardwerk über Weizen des früheren Generalsekretärs der Londoner Weizenkonferenz, des Ungar Hevesy. Der Charakter der Klausel ist nicht der gegenwärtige Zustand (das A und O des Versicherungsgedanken), sondern das Ziel.

Ich bilde mir nicht ein, mit diesen paar Sätzen das Gesamtproblem umrissen zu haben. Anders geht es aber nicht, für den Fachmann bleiben 1000 Einwände, zumal er ja überzeugt ist, seinerseits im Teil alles bereits zu berücksichtigen. Die Schwierigkeit ist die, ich müßte aus der Praxis Schüler um mich sammeln, Vorlesungen halten etc – eine Unmöglichkeit. Oder ein oder zwei junge Leute finden, die ich einpauke und starten lasse, oder auf dem Wege einer Korrespondenz an Fachleute und Politiker Hinweise, Perspektiven und Kritik entwickeln. Hierzu wäre die Kollaboration mit einem eingeführten Wirtschaftsjournalisten erforderlich. Oder in einem Planungsbüro eines großen Konzerns, besser noch einer Maklerfirma arbeiten – wie es aber auch sei, irgendwo müßte ich den ersten Durchbruch erzwingen. Am schlechtesten wäre die Abfassung einer Broschüre oder ähnliches.

Ich sage absolut nichts Neues, bei einiger Mühe kann man das schon aus Fourier herauslesen, ich bringe nur eine einfache und der heutigen Zeit angepaßte Verwendungsform.

Damit komme ich zum 2. Punkt, euerer Korrespondenz.

Ich habe inzwischen die beiden Nummern bekommen. (Habe ich nicht Adolf Weingarten damals bei Euch in Paris flüchtig kennengelernt? Ich danke ihm jedenfalls herzlich für die Übersendung.) Einiges habe ich nicht ganz lesen können, weil der Postbote vor einem bissigen Hund die Post weggeworfen hatte und der Hund große Fetzen herausgerissen hat. Immerhin, ich sehe schon, das Ziel ist Anknüpfung und Nutzbarmachung der Verbindungen, die Fixierung des Gegners und der daraus resultierenden Analyse seiner Stellung, Aufhellung der Hintergründe und Zusammenhänge, aus der sich in der Perspektive dann gemeinsame Thesen entwickeln dürften. Ich unterschreibe zum Beispiel in deiner Deutschland-Übersicht jedes Wort; besonders gefallen hat mir die französische Analyse im 1. Heft. Was ich jetzt sagen will, soll aber keinesfalls als eine Kritik angesehen werden, dazu bin [ich] vor allem seit langer Zeit gar nicht im Stande und berechtigt. Ich denke, allerdings mehr in die blaue Luft, an das finanzielle Fundament. So würde es mir zweckmäßig erscheinen, von dem Fundament dieser Verbindungsschrift aus, an dem man nicht rütteln sollte, an Spezialaufgaben, die sich daraus ableiten, heranzugehen, also etwa die Deutschlandfrage. Korrespondenzmäßige Materialsammlung, eingestreut Analysen und Aufsätze, herangetragen an die Deutschlandkorrespondenten und das Amt, das die Erziehungsleute nach D[eutschland] startet und an diese über dieses Amt selbst – sehr abgeschliffen und sorgfältig redigiert. Als weiterer Schritt, die Erlaubnis bekommen, daraus eine direkte Zeitschrift für deutsche Bezieher zu entwickeln, weniger Material, mehr Aufsätze, zuredend, soziologische Perspektiven, wirtschaftliche Analysen, Internationalismus, anknüpfen an das tägliche Leben, Loslösung vom KZ- und Märtyrer Begriff, meinetwegen auch Kritik und Literatur. Die Besatzungsbehörden brauchen nicht zustimmen, sondern teils teils erlauben. Dann ist eine Basis, auf der Freunde in D. weiterarbeiten können. Die Grundkorrespondenz hält die Führung in der Hand. Nach dem gleichen Prinzip ähnliches aus dem französischen und englischsprachigen Sektor, in Südamerika – überall dort, wo sich Aufnahmegruppen finden. Die Zusammenfassung findet sich rückwirkend wieder in der Grundzeitschrift, die dadurch an Gehalt und Interesse für einen größeren Kreis gewinnt.

Sollte ich an meinen Sachen etwas drüben verkaufen können, so würde ich gern zu den Kosten beisteuern und mit finanzieren helfen.

Dritter Punkt: Du schreibst, daß Du eine Publikation über Maslow vorbereitest. Ich würde vorschlagen, dies in der Form eines Sammelbandes von Briefen *an* Maslow zu tun. Zum Teil imaginären, versteht sich. Maslow hat sich nolens volens in den letzten Jahren mit dem Zurschautragen eines Merdeanismus vergnügt (Maslow würde jetzt hell auflachen), aber es sollte unsere Aufgabe sein, den ganzen geistigen und ideellen Grundriß seines Lebens herauszuarbeiten. Das kann auf die verschiedenste Art variiert geschehen. Erlebnisse und Anekdoten aus dem Vorkrieg, dem Krieg und nachher, zum Teil höchst ernst, zum Teil auch in Merde-Charakter, als ob unser Maslow noch vorhanden wäre, die seiner Auffassung und Perspektive entsprechen. Daraus wächst dann, von dir redigiert und mit Fußnoten versehen, das ganze Bild Maslows hervor, zugespitzt auf das dramatische Ende. Laß dir die Sache einmal ruhig durch den Kopf gehen und denke an die Disposition, ich könnte eine Menge dazu beitragen. Wir sind durchaus in der Lage daraus eine Grundkonstruktion zu schaffen. Ich fürchte nur, daß solche briefliche Hinweise zu wenig Überzeugungskraft besitzen, ich müßte dir das persönlich an Beispielen klar machen können, daß dies ein ganz außerordentliches Buch werden kann.

Hast Du meine beiden Briefe an Thomas gelesen? Da wirst Du vieles beantwortet finden, wonach Du mich über meine persönliche Lage gefragt hast, auch über meine literarischen Arbeiten. Inzwischen habe ich von ihm auch eine Antwort bekommen, die mich sehr gefreut hat und ich bin in glücklicher Erwartung. Hier gibt es weder Radio noch Zeitung noch Post oder Telefon, kein Arzt und keinen Menschen, mit dem ich auch nur ein Wort sprechen könnte. Ich lebe hier mit der Frau, die mir aus Budapest gefolgt ist und die ich zu betreuen habe, eine schwere Prüfung, der ich mich gern unterziehe, um mir einmal zu beweisen, ob ich überhaupt für einen Menschen noch zu etwas nutze bin. Im Grunde aber allein, mit dem Blick nach innen, in einer unvorstellbaren Härte, ohne jede Ablenkung und ohne jeden Kompromiß. Wenn ich zugrunde gehe, so werde ich dankbar sein, trotzdem werde ich aber nicht aufhören, um meine äußere Existenz bis zum Ende zu kämpfen. Die äußeren Verhältnisse sind beinahe gleichgültig. Nach den nächsten Ortschaften zu gehen, kommt bei ständig 20 bis 30 Grad Kälte einer Expedition gleich, für die ich obendrein nicht ausgerüstet bin. Das Dorf liegt auf der anderen Seite des Tales, ohne gangbare Verkehrswege im Winter, auf der drübigen Seite ist die von einem Postkurierwagen befahrene Straße Cavalese – Predazzo. Ein und eine halbe Stunde Weg und von dort kann ich erst Anschluß an eine Kleinbahn gewinnen, die im übrigen auch nicht über den Paß (Rolle) fährt, obwohl Masi ziemlich nahe daran liegt, sondern nach der Gegenseite (2-3 Stunden hinunter ins Etschtal) Richtung Südtirol, obwohl ich näher an Padua und Venedig liege. Ich kann mich über die Leute hier nicht beklagen, dieser Menschenschlag, in Generationen in der Irredenta gegen Österreich aufgewachsen, ist härter als der Tiroler und mißtrauischer als der Italiener der Niederung und unglaublich arm und verschlossen. Und dennoch habe ich an kleinen scheuen Hilfsleistungen das Gefühl, daß die Leute mir wohl wollen. Postalisch gehört Masi zu Cavalese, und ein Bote besorgt theoretisch täglich den Postgang. Da die Leute aber hier für den ganzen Ort kaum einmal in der Woche Post bekommen, so war ich anfänglich für den Ort eher eine Last, bis ich die Sache über den Fuhrmann, der für die Kooperative hier täglich das Brot bringt, regeln konnte. Es ist bisher alles angekommen, auch das Packet gestern. Ich muß euch vielmals herzlich danken und es ist wirklich rührend von Euch so an mich zu denken. Es war offen und alles von der Post in Trento in einen Sack gepackt, vielleicht hat auch einiges gefehlt, aber ärgert euch darüber nicht, man müßte, sagt man hier, das Packet noch in Leinwand einnähen. Manipuliert wird an den Umschlagsstellen, hier bestimmt nicht. Der Mann war ganz unglücklich, wie er es mir übergeben hat. Ich hoffe, daß in den nächsten Wochen milderes Wetter wird, so daß ich mich dann wieder bewegen kann. Dann wird es auch mit der Post leichter sein. Auch mit dem Schreiben wird es besser gehen. Ich sitze hier ohne Licht und mit dick geschwollenen Frostfingern. Aber merkwürdig, wenn überhaupt macht mir das beinahe irgendwie Spaß, allerdings darf ich an die Frau dabei nicht denken. So lebe ich also, liebe Ruth, noch immer nicht ganz ohne Abenteuer!

Vergiß nicht, daß das Manuskript[1], das ich dir geschickt habe, keine allzu ernste Arbeit ist. Ich habe es schon weggeworfen, einiges Beobachtete nur zu deiner Orientierung. Von Reiss, der für das Stück[2] bis April die Option für USA hat, keine Nachricht, kann auch das Manuskript vorher nicht zurückbekommen, so daß ich es dir schicken könnte.

Viele herzliche Grüße
Franz Jung

---

1 „Das Jahr ohne Gnade".
2 „Samtkragen oder Der verlorene Sohn".

183. An Ruth Fischer
Masi di Cavalese (Trento), 24.1.47
Val di Fiemme

Liebe Ruth!
Eben kommt Dein Brief, glücklich auch mit Inhalt heil angelangt, und sehr vielen Dank. Gerade hatte ich vorgestern einen Brief weggebracht, und einer vom 9.d.M. muß auch noch unterwegs sein. Beide sind mit gewöhnlicher Post. Besonders bei diesem würde mir viel daran liegen, wenn du dich bald zu meinen Vorschlägen bezgl eines Maslow-Buches äußern würdest. Denn allein die äußere Konstruktion muß sehr sorgfältig durchgefeilt sein, ehe an das Rahmenwerk, wo ich dann einen großen Teil übernehmen könnte, gedacht werden kann. Und da werden wohl noch einige Briefe hin- und hergehen müssen, ehe die Sache klar wird.

Zunächst liegt [mir] aber noch eine ganz wichtige Sache am Herzen. Der Brief von Thomas, von dessen Gelingen die weiteren Aktionen anscheinend abhängig sein sollen, ist nicht angekommen; entweder verloren oder der Mittelsmann, der ihn expedieren sollte, ist nicht mehr da, oder bei ihm funktioniert etwas nicht. Ich fürchte, daß Thomas, darüber sehr ärgerlich, die ganze Aktion einstellen könnte. Bitte rede ihm etwas zu, vor allem die in Aussicht gestellten Medikamente wären von dringendster Wichtigkeit. Aber vielleicht findet sich auch für das andere ein Weg. Wenn du mit ihm sprichst, laß dir doch meinen Brief an ihn geben. Dort findest du eine Analyse dieser Novelle[1] und den Grund einer technischen Fehlkonstruktion, so daß die Ablehnung der Büchergilde (ich bin ja mit dem Dressler in Verbindung gestanden) nicht ganz unbegründet ist, nur ist die oberflächliche Begründung falsch und doppelt unangenehm, weil mich die Leute monatelang getriezt und gedrängt haben, ohne sich die Mühe zu machen, mir zu sagen, in dieser Form geht es nicht, denn sie haben das Manuskript bruchstückweise bekommen. Darin liegt eine nicht zu verkennende Bösartigkeit des Dr Oprecht, was ich ihm auch geschrieben habe.

An und für sich kann man sie entweder auf den inneren Entwicklungsvorgang oder auf die äußere Situation zusammenstreichen und einen vollständig getrennten zweiten Teil als Parallele eines anderen, allerdings lose damit verbundenen zweiten Schicksals anhängen. Ein wenig arbeite ich an dieser zweiten Novelle[2], die ja auch für sich allein verwertbar wäre, aber nicht sehr intensiv. So wie dieser Teil, der bei dir liegt, jetzt aussieht, lohnt es sich kaum, damit bei Verlegern hausieren zu gehen. Ich muß mit Ablehnungen jetzt sehr vorsichtig umgehen, früher habe ich mir den Luxus erlauben können, solche zu provozieren. Bei dem Stück[3] liegt das Unglück, daß niemand von denen, an die ich mich bisher gewandt habe, versteht oder verstehen will, was ich davon denke. Das Stück ist eine saubere handwerkliche Arbeit mit einigen neuen Tricks in der Dialogführung und in der Thematik, beliebig übrigens veränderbar. Abgesehen von einer gewissen unterschiedlichen Beurteilung der ersten beiden Scenen (die ich inzwischen verbessert habe) ist die Beurteilung allgemein sehr günstig. Ich will nun mir den Umweg über einen jahrelangen Kampf eine Aufführung durchzusetzen ersparen, indem ich über einen Agenten entweder einen Autor oder Mitautor suche, der die Aufführung durchdrücken soll, weil er sie bei entsprechenden Verhältnissen schon in der Tasche hat. Das ist, speziell in USA, auf dem dortigen Markt nichts Ungewöhnliches, im Gegenteil das übliche. Es ist im Grunde genommen eine Vertrauensfrage. Piscator ist darauf nicht eingegangen, der Reissverlag in Basel läßt auch nichts von sich hören, hat mir auf meine Vorschläge, nachdem er die Option in der Tasche hatte, nicht mal geantwortet. Leider ist er auch im Besitz meiner beiden Manuskripte. Ich hatte ganz gute Aussichten im Züricher Schauspielhaus, wo ich das Stück wenigstens hätte ausprobieren können, durch das Dazwischentreten von Reiss ist das auch verdorben, zum mindesten für diese Saison, und obendrein, habe ich in USA Verkaufmöglichkeit, kann ich das Stück natürlich nicht vorher aufführen lassen – so sitze ich in der Zwickmühle! Ohne Agenten kann ich nichts tun – und der Enderfolg: auch diese Chance ist verloren. Ich bin bereit, einem Theaterbüro auch einzelne Scenen an Dramatiker etc zu verkaufen. Ich habe aber niemand, der mir das drüben anbietet. Piscator schreibt mir eine lange Berechnung, was eine Aufführung durchschnittlich am Broadway kostet, daß das ein schwieriges Finanzgeschäft unter Bankiers ist – das weiß ich selbst, und wenn heute das amerikanische Theater erst bei Sudermann steht, um so besser. Ich will ja nichts, ich will mit so einem Modell einen neuen Thornton Wilder entwickeln helfen.

Ich weiß totsicher, es sind Interessenten vorhanden, ich komme nur nicht heran, und der Reiss tut in dieser Sache leider gar nichts. Das Stück, so wie es ist, fertig und firmiert einem Agenten nach Hollywood oder für den Broadway und die Theaterguild zu schicken, ist doch zwecklos. Das liest nicht mal jemand, wenn man ihn nicht vorher bezahlt. Ob auch soweit vom Schuß, kenn ich scheints die Verhältnisse drüben besser. Ich hätte hier müssen einem Studenten von drüben, als er hier noch in Uniform war, das Stück verkaufen, der es als sein Kriegserlebnis mitgebracht hätte. Leider war ich damals zu unbeweglich, das Stück war auch noch nicht fertig, als diese Leute schon abgerückt sind. Um diese Chance ist es ewig schade, weil sie wie ein Brett gewesen [wäre] für die ersten Schritte über den Sumpf, mit einem solchen und noch einem und so fort konnte ich hoffen, auf festen Boden zu kommen.

Ich habe mich jetzt mit dieser Sache solange aufgehalten, weil sie mir ständig durch den Kopf geht. Ich arbeite leider mit Unwillen an einem andern Stück[4], Bewußtseinsspaltung auf sozialem Hintergrund mit einer leisen ironischen Allegorie an Hitler, halb fertig. Dann am Xanthippe-Problem, einige Dialoge und die Grundkonstruktion fertig, eventuell als Hörspiel drüben zu verschrotten. Xanthippe im Gegensatz der philosophischen Geschichtsfälschung auf drei Grundeigenschaften: Liebe, Gottesfurcht, Betreuung (können auch in die sozialistische Nomenklatur gedeutet werden). Sokrates hochmütig, unkameradschaftlich, eigensinnig (herrschsüchtig) bis zum Giftbecher. Problem der Tragik der Frau (mit Perspektiven). Aus solchem minderwertigen Typ Sokrates sind in langer Kette die philosophischen und politischen Monstren von Männern entstanden, arrogant dumm und unwissend. Meinetwegen durchgeführt bis Stalin, Hitler und dem Versicherungsagenten Maier. In jeder Frau lebt als Wesenseinheit Xanthippe, in jedem Mann Sokrates. Verhöhnung der Geschichtswissenschaft. Ziel die Erfassung der vegetativen Vorgänge des täglichen Daseins, Kameradschaft und Hilfsbereitschaft und das Wissen um den Menschen statt aller philosophischen Spekulationen, Natur ist der Mensch und nicht die Atombombe. Verachtung aller Wissenschaft und Bildung des Mannes, der Fluch des Sokrates.

Weiterhin spukt auch noch die Idee einer Selbstbiographie. Ohne Namen. Titel: Die Vögel und die Fische. 33 Stufen abwärts. Aus dem Leben eines Deutschen. Zwei Teile. Erster leicht, ironisch, in Abenteuern und Grotesken schwelgend. Zweiter ernst und düster, etwa nach unserem Zusammenbruch in den Zwanziger Jahren, Selbstanalyse bis zur bohrenden Tendenz zur Selbstzerstörung. Zunehmend retrospektiv, das gleiche noch einmal wie in I, nur mit umgekehrten Zeichen. Wer zuerst sich halbtot gelacht hat, kann zum Schluß nicht mehr weiterlesen von der erstickenden Atmosphäre dieser Bitterkeit. Ich setze mich vorn gar nicht auf den Titel, aber figuriere mit Namen im Text aus Verachtung für den Leser. [Das] Buch kann aber erst ernstlich angefangen werden, wenn ich Boden unter den Füßen habe.

Danke für deine Hinweise. Grosz und [Felix] Weil sind meine Feinde. Von denen ist nicht das geringste zu erwarten. Grosz, mit dem ich ja einmal ziemlich befreundet war, ist ohne Grund unter die Feinde gegangen, er sieht glaub ich in mir irgendeine zerstörende Tendenz, vor der er sich und seine Kunst bewahren möchte oder so ähnlich. Weil will ohne mich zu kennen, von mir nichts wissen; schon immer Gegenstand des Streits in dem früher von ihm finanzierten Malikverlag. Wohnungsfrage ausführlich später. Nichts für ungut.

Herzlichen Gruß
Franz

Von Genova Lebenszeichen in Gestalt von Karabinieri. Ich nehme an, das U.S.A. Generalkonsulat [üb]ergibt erstmal jedes Gesuch der ital. Polizei zur Feststellung der Person, eine Art Führungszeugnis etc. Ich schreibe bald wieder, aber gewöhnlich.

1 „Das Jahr ohne Gnade".
2 Vermutlich „Sylvia".
3 „Samtkragen oder Der verlorene Sohn".
4 „Herr Grosz".

184. An Ruth Fischer
[Ende Januar 1947]

L.R. Ich habe mich so weit über meine literarischen Pläne ausgelassen, weil ich noch immer glaube, daß sie für die Auflockerung der Einreiseschwierigkeiten von Bedeutung werden können. Die Biographie „A German tells on his life" kann natürlich nur in englisch erscheinen, eine deutsche Ausgabe würde ich geradezu verbieten. Damit komme ich zu dem Punkt: Was soll ich denn überhaupt für deutsche Leser schreiben – ich sehe wenig Möglichkeit, wenngleich ich Dir in einem der letzten Briefe einen Plan zur Durchsetzung einer Korrespondenz in D[eutschland] unterbreitet habe. Technisch kann ich helfen, dafür brauche ich aber doch nicht selbst zu schreiben. Ich hätte nur zwei Themen: Über die Tarnung (eine schlechte Nachäffung der englischen Politik), die bei den Deutschen zum Nationalcharakter geworden ist und bis in das Privatleben hinein greift – auch heute noch, es ist für mich unmöglich, dem deutschen Radio beispielsweise zuzuhören. Und gegen die KZ-Mystik. Was im KZ an Intrige, Neid, Angeberei und Kameradschaftslosigkeit geleistet worden ist, gleicht beinahe die Greuel aus. Dann die Selbstaufgabe, aus Mangel an politischem Instinkt, aus Angst vor der eigenen Inhalts- und Belanglosigkeit, die schlechte Erziehung und das Fehlen jeglicher Selbsterziehung (ganze Kontingente der KPD marschieren ins KZ, mit der Schalmeienkapelle voran). Aber soll ich den Kopf hinhalten und ihn mir mit Steinen einschmeißen lassen, wo ich ihn gerade erst über Wasser halten kann?

An die Schweizer[1] will ich mich wenden, Erlebnisse werden die aber nicht brauchen können, zumal sich meine nicht von denen tausend anderer unterscheiden. Ich brauche Einführung und Interesse eines Verlages in der Schweiz, der mich so etwas betreut und mich fördert und mir selbst ein wenig Zutrauen gibt.

Ich gestehe, daß ich bisher selbst dem im Wege gestanden bin, weil ich dazu neige alle Welt vor den Kopf zu stoßen, besonders diejenigen, die mir wohl wollen.

Ich schreibe dir dies alles, um es nur auszusprechen, nicht etwa um dir noch schnell eine Last aufzubürden. Nur wirst du dann besser sehen können, was sich für die Operation eignet und was nicht.

Ein Brief an dich, worin ich gerade über die Wohnungsfrage schrieb, scheint verloren gegangen zu sein. Ich werde es in Ruhe noch einmal schreiben.

Und dann: Ich kann mich überall schnell anpassen, wenn ich auch fremd bleibe, so wirke ich doch nicht als Fremder, zumindestens nicht störend. Ich bin überall gut ausgekommen und liebe eigentlich alle Völker, mit denen ich in Berührung gekommen bin, mehr beinahe noch die schlechten Seiten als die guten – nur mit einer Ausnahme: Deutschland. Ich hasse dieses Land (was heute nicht sehr taktvoll sein mag), die Menschen dort, die Erinnerung und die deutsche Zukunft. Es mag nicht richtig sein, und ich soll mich zwingen, zumindest darüber zu schweigen – gut, aber dir will ich es wenigstens gesagt haben.

Und damit nochmals herzlichen Gruß
Franz

Seneca als Motto: Numquam efficies ut recte incedent canceri. Du wirst es nicht erleben, daß die Krebse vorwärts gehen.

---

1 Ruth Fischer hatte Jung in ihrem Brief vom 12. Januar 1947 geraten, sich wegen möglicher Veröffentlichungen an den Korrespondenten der *Zürcher Zeitung* Dr. Robert Rödel in Rom sowie an George Huber, Rom, zu wenden.

185. AN RUTH FISCHER
Masi di Cavalese (Trento), 5.2.47
Val di Fiemme

Liebe Ruth,
mit vielem Interesse habe ich die No Deiner Korrespondenz[1] gelesen. Ich verstehe durchaus, daß Zweck und Ziel solcher Aggression mit sehr vereinfachenden Mitteln arbeiten muß, und bei dieser Italien-Nummer hast du auch noch glücklich vermeiden können, die Perspektive einer Analyse der Situation vorzuziehen. Die großen Richtlinien sind ja auch durchaus zutreffend, wenngleich die vielen Widersprüche in der politischen und wirtschaftlichen Situation, die den Charakter des italienischen Volkes beeinflussen in seiner politischen Grundhaltung, sogar ihn

überhaupt erst gebildet haben, natürlich für die vereinfachende Perspektive nicht berücksichtigt werden konnten. Wichtig ist zu erkennen, daß der industrialisierte Norden ein Fremdkörper in der italienischen Gesamtwirtschaft ist und als Musterbeispiel falscher Standortsbedingungen einer Eiterbeule gleicht, die in dieser Form jeden italienischen Einheitsstaat vergiften muß. Insofern kann auch eine sozialistische und kommunistische Bewegung aus dem Norden kommend niemals auf Mittel- und Süditalien als ein einheitlicher politischer Faktor sich durchsetzen. Alles was in dieser Weise heute und früher versucht worden ist, wird immer eine vorübergehende Spielerei bleiben. Es läßt sich darüber viel sagen. Wenn jetzt Amerika diesem Norden Lohnarbeit zuweist (Fiat, Pirelli, Marzotto etc), so können in der Wirtschaftsankurbelung davon rund 20 Millionen erfaßt werden, möglicherweise von der kapitalistischen Rente aus gesehen ein gutes Geschäft auf kurze Sicht – aber trotzdem nicht ohne Risiko, weil die darin investierten amerikanischen Kredite ein intaktes politisches und wirtschaftliches Italien als Einheit zur Voraussetzung haben (die Schweizer, die traditionell in Oberitalien größere Investierungen haben, beschränken sich auf die Erntefinanzierung und die Mühlenindustrie und sind in einer besseren Position), während die Finanzierung des Agrarsozialismus, die Lebensfrage für Mittel- und Süditalien, leer ausgehen muß. Dieser Staat ist gar nicht in der Lage, darin etwas Entscheidendes zu tun. Ob da unten sich die Bauern und kleinen Pächter der brachliegenden Ländereien der großen Latifundien bemächtigen, ist nichts weiter als tägliche Lektüre für verängstigte Bürger, eine Bedeutung hat das nicht. Denn wenn die Besitzer aus Mangel an Kapital, rentierender Lohnarbeit, Fehlen jeglicher Produktionsbedingungen die Bewirtschaftung nicht mehr vorwärtsbringen, so trifft dies für die Bauern erst recht zu. Vielleicht können sie sich recht und schlecht ernähren, in ihren Erdhütten, aber das ist niemals eine Basis beispielsweise für eine kommunistische Politik, das hält nicht. Trotzdem liegen hier die großen Chancen für Investierungen auf lange Sicht, nur ist der Staat hierzu nicht in der Lage. Angefaßt muß die Sache werden dezentralisiert, mehr autonom in bestimmten Produktionszentren, vielleicht unter Einschaltung von Provinzialgenossenschaften – hier läge auch die Chance für die Sozialisten, die schon seit Jahren darüber reden, aber nichts tun – weil schließlich alle gebannt von der politischen Einheitsidee des Wiederaufbaus hypnotisiert sind. Ich habe ja selbst lange genug inmitten eines dieser großen Staatsgüter bei Rom gelebt, Maccarese (Fregene war nur ein aufgelassenes Vorwerk), wunderbar organisiert, neben dem russische Sowchosen wie Stümperwerk wirken, sehr gut ausgewogenes Pächtersystem, eigenen Flugplatz für die Obst- und Frischgemüsetransporte nach London, die Tiberniederung kanalisiert, die Bevölkerung zu 90% Stimmzettelkommunisten, in der Erwartung, daß dadurch ihre Verhältnisse nicht geändert werden, sonst im Kern eher rechts-monarchistisch und streng katholisch. Ihre Ansicht über die Landarbeiterrevolten im Süden: Fascisten, die Leute sollen auswandern, wenn die kommunistische Presse diese Leute für sich beansprucht, nur als Taktik und Schreckmittel – soweit der Querschnitt!

Die komm. Partei ist eine nicht wegzudenkende Stütze des Bürgertums. Man vergißt zu leicht, daß Italien die Wiege des europäischen Bürgers gewesen ist und daß die Londoner Börse von Mailand aufgebaut und gelernt hat und nicht umgekehrt. Der Bürger lebt von der Einheitsidee und der Kommunist stützt sie, in Ermangelung irgendeiner weitgreifenden Politik. Das kann noch lange so gehen, an irgendeinen konstruktiven Aufbau ist aber nicht zu denken, noch viel weniger etwa an eine kommunistische Machtergreifung.

Dabei denke ich nebenbei an eine Möglichkeit, ob ich nicht für eine amerik. Firma (Finanz, Export oder Versicherung) als beratender Agent in Genova oder Neapel tätig sein könnte – im Stile des Lloydsagenten, der die Situationsanalyse gibt und die Möglichkeiten, die Kontrollen und das Risiko laufend untersucht. Der Italiener beispielsweise hat schon seinen ersten Verdienst in die Tasche gesteckt, wenn er nur die Türklinke in die Hand nimmt. Auf diese Berücksichtigung muß jedes Geschäft konstruiert sein, es dürfen nur Übergewinne sichtbar sein, um die man mit dem Italiener feilschen kann, d.h. für den fremden Partner muß schon vorher der Gewinn im Geschäft drin sein, so daß der Italiener nur um den Teil betrügt, der ihm eigentlich sowieso schon zusteht. Man vergißt das oft, die amtlichen und halbamtlichen Informationsvertreter der drübigen Firmen, die in den Konsulaten sitzen, übersehen das und noch mehr die UNRRA, die sich hier das Geschäft sehr leicht gemacht hat. In diesem Gefolge wird nichts herauskommen. Aber das steht schließlich auf einem anderen Blatt. Ich erwähne das nur, weil es mit meiner Übersiedlungsfrage zusammenhängen könnte. Sonst sehe ich eigentlich dafür keine Aussicht. Genf kommt nicht in Frage aus verschiedenen Gründen; zudem bin ich mit den Brüdern Pictets, die mit ihrer Bank die Dachorganisation für die American-European Securities abgegeben haben, nicht im besten auseinandergekommen, und einzelne Firmen des Groupement des Banques privees, mit denen ich im Kontakt geblieben war, können mich ohne weiteres nicht brauchen, ich müßte erst einen konkreten Vorschlag in der Hand haben, hieb- und stichfest, ein sofort zu entrierendes Geschäft, keine Perspektive. Wie kann ich das aus dem Handgelenk –

Ich schrieb schon, daß ich Fregene in einer Panikstimmung, veranlaßt durch den Krankheitszustand der Frau, mit der ich hier zusammenlebe und für die ich mich verantwortlich fühle, verlassen habe und in dieses hier mir zur Verfügung gestellte Sommerhaus gezogen bin, mit den Resten einer Pensionseinrichtung, die einmal für Fregene geplant war, ein Klavier, zwei Teppichen, zwei Feldbetten und einer Schreibmaschine und vier Kisten Plunder und Bruch – und das ganze war, so lächerlich und unklug das äußerlich aussehen mag, geradezu eine Rettung aus einer völlig festgefahrenen Situation. Was also weiter – so ohne jede Planmäßigkeit geht das jetzt nicht mehr, vor allem wo ich mich praktisch kaum aus dem Haus rühren kann und mich eigentlich selbst jeden Tag immer von neuem wundere, daß ich noch existiere. Alles weitere kann jetzt nur sehr schrittweise erfolgen. Stimmt es nicht, daß mir zu helfen sehr schwer sein wird?

Ich glaube auch nicht, daß sich drüben aus meinem alten Bekanntenkreis sehr viele Leute finden werden, die mir helfen wollen. Unter uns gesagt, Reimann, von dem Du schreibst, kenne ich meines Wissens überhaupt nicht, eine Bekanntschaft muß wenigstens sehr am Rande gewesen sein, daß ich sie so vergessen haben sollte. Ähnlich wie der Ohlenmacher in Rom, der sich Silone gegenüber als ein intimer Freund von mir ausgegeben hat, obwohl ich nichts von ihm gehört und gesehen habe. Später hat er mir gesagt, er kenne mich aus dem Verlag für Politik in Berlin – möglich, ich erinnere mich jedenfalls nicht. Das mag bei Reimann wohl auch ähnlich sein. Es schadet nichts, wenn er mir helfen kann, dann werde ich ihn noch besser kennen lernen.

Piscator und Herzfelde sind alte Bekannte von mir, dem ersteren habe ich später viel geholfen, er mir niemals, der andere wird schon aus irgend einem psychologischen Prinzip niemals etwas Ernstliches für mich tun (etwas befreundet war ich mit dem Bruder). Mit beiden diskutiere ich nicht über Politik und es ist auch gar nicht denkbar, daß sie das von sich aus tun würden, dafür kennen wir uns zu gut. Beide haben übrigens deutlichst abgewinkt, für mich etwas in der Einreise tun zu können und mir abgeraten nach drüben zu gehen. Herzfelde hat mir die Adresse von meinem früheren Verleger Kurt Wolff (Pantheon Books) gegeben, an den ich mich wenden sollte. Der Mann, der mir sehr liebenswürdig geschrieben hat, kann aber gar nicht daran denken ein Buch von mir zu verlegen, was mir bei seinem Produktionsprogramm auch durchaus einleuchtet. Die von ihm mir übermittelte Liste von deutsch-lesenden Verlagsagenten, an die ich mich eventuell wenden sollte, nützt mir nichts.

Das ist alles, was ich so gehabt habe. Gute alte Freunde von mir sind die beiden Fuchsen – die können aber für mich nichts tun. Sei doch bitte so gut und laß einen Gruß von mir an sie bestellen. Dann wären noch der Wickel und vielleicht Stampfer und der Dr. Rinner (Grüne Berichte)[2], aber anscheinend wollen sie sich doch nicht für mich einsetzen, was mich besonders eigentlich bei Wickel etwas verwundert. Warum schreibe ich das alles? – Bestimmt nicht um Dir zu zeigen, daß auf Dir allein die ganze Last ruht. Verstehe mich recht, wenn ich alle Möglichkeiten in den Briefen an dich durchgehe und sozusagen alles dorthin konzentriere, so heißt das noch nicht, daß du nun auch alles in Gang bringen solltest. Es schafft nur eine Klarheit in der Situation. Wenn du wirklich dann zufällig etwas tun kannst, hast du einen besseren Überblick. Und dann, wie ich dir schon schrieb, bin ich gehemmt, angeschlagen und irgendwie krank, ich stoße nicht mehr direkt von mir aus vor, um meine Existenz zu behaupten. Das mag eine Schande sein, im Augenblick kann ich es aber nicht ändern.

Dabei fällt mir noch ein, daß eins meiner Bücher „Die Eroberung der Maschinen" zu den 100 Büchern gehört, die 33 von den Nazis symbolisch öffentlich verbrannt[3] worden sind. Ebenso habe ich (mit Piscator als Regisseur) Dreisers Amerikanische Tragödie für die deutsche Bühne dramatisiert, meinen Anteil am Vorschuß habe ich damals Piscator, der in

Schuldhaft saß, überlassen. Ebenso habe ich an der ungarischen Aufführung von Thornton Wilders „Our Town" im Budapester Lustspielhaus mitgewirkt und mit meinem Namen gezeichnet jenen Artikel im Pester Lloyd[4] und im Programmheft geschrieben, der die Wut der Nazis erregt hat und von der ungarischen Regierung englischen und amerikanischen Stellen (mitten im Kriege) zugestellt worden ist als eine Art Beweis, daß die Regierung im Rahmen ihrer Möglichkeiten (etwa durch Duldung einer solchen Aufführung) bereit ist, sich dem Eindringen der Nazi-Ideologie zu widersetzen. Dem gegenwärtigen (er soll schon zurückgetreten sein) Kultusminister Keresztúry[5] hat das damals seine Stellung am Lloyd gekostet.

Das sind so Reminiszenzen, die mir gerade einfallen.

Alles das wird einmal amüsant sein, wenn ich mich erst von dem inneren Druck befreit haben werde. Ob mir das jetzt was nützt, glaube ich nicht. Ich kann auch praktisch dann erst mich an die beiden mir aufgegebenen Schweizer Herren wenden, wenn ich etwas in der Hand zum Anbieten habe. Mit allgemeinen Erlebnisschilderungen ist es ja nicht getan. Das ist auch langweilig, zum Ende.

An Thomas habe ich wirklich einen guten Freund. Vielleicht kommt noch der Tag, wo ich ihm drüben eine erstklassige ungarische Dobostorte backen werde. Schicken kann man die nicht. Übrigens wäre das nicht ausgeschlossen, daß ich drüben als Spezialitätenkoch in einer Pension oder Hotel mein Brot verdienen könnte. Ich glaube, ich könnte das – auch könnte ich mir von dem alten Savarin und anderen noch einige hundert Rezepte besorgen und mitbringen und (als Literat) drüben unter meinen Gästen (natürlich einiges Falsches hineingebracht, daß mir die Leute das nicht nachmachen können und etwa selber zu backen anfangen), schön gedruckt verteilen. Die Phantasie, die hier auf Kartoffeln und Polenta gesetzt ist, hat da weiten Spielraum.

Damit bin ich am Ende. Es heißt, daß das Wetter hier wärmer werden soll. Also bis dahin mit herzlichsten Grüßen
    Dein Franz Jung

L.R.
Ich nehme an, daß Du mit Deinem Buch[6] sehr beschäftigt bist. Oder hast Du sonstwie Unannehmlichkeiten? Nach Deinen

Ankündigungen wäre das nicht zu verwundern. Ich bin in Sorge, daß Briefe verloren gegangen sind oder sonstwie etwas fehlt.
Antworte bald.
Franz

1 Vermutlich der von Ruth Fischer herausgegebene Newsletter *The Russian State Party*.
2 Vgl. Anm. zum Brief an Wieland Herzfelde vom 10.9.1946.
3 Vgl. „Liste des schädlichen und unerwünschten Schrifttums. Stand zum 31. Dezember 1938", Leipzig o.J., S. 66. Reprint Vaduz 1979.
4 „Artistische Dramaturgie".
5 Feuilletonchef des *Pester Lloyd*.
6 „Stalin und der deutsche Kommunismus".

186. AN ADOLPH WEINGARTEN
Masi di Cavalese (Trento), 6.2.47
Val di Fiemme

Lieber Adolf,
ich habe deinen Brief vom 20ten gerade bekommen, nachdem ich gestern eine [2 Zeilen unleserlich]. Ich habe alles, was ich bekommen habe, bestätigt, auch den Inhalt der Briefe von Ruth [1 Zeile unleserlich]. Bestimmt ist aber mein Brief an Ruth mit den Daten für meine Immigrationsangelegenheit angekommen, denn Ruth hat mir darauf geantwortet. Zur Sicherheit noch einmal die Daten in Kürze: zweimal offiziell ausgebürgert (20 und 34), staatenlos, Inhaber eines Passes des Intergovernmental Committee on Refugees in Rom, dort und beim Generalkonsulat in Genova als Interessent für die Einreise nach USA registriert. 26.11.1888 Neisse in OS, kath., Schriftsteller. In Begleitung eine Frau, 26.7.1916 in Delt (Komitat Eger Ungarn), keine Papiere über unsere Eheschließung vorhanden, besteht auch nicht, da verheiratet mit Baron Schnehen, Ritter von Meiszner 44 in Budapest, der Mann ist verschwunden, auch von den Behörden zur Zeit nicht aufzufinden, so daß Annullierung der Ehe etc. vorläufig möglich wäre. Die Frau ist auf mich völlig angewiesen und im Augenblick allein noch nicht lebensfähig. Das einfachste, sie als meine Frau auszugeben, Papiere auf der Flucht aus Ungarn (wurde meinetwegen von den Pfeilkreuzern verfolgt und hat dort

alles verloren) verloren. Meine Schuhgröße ist 41, diejenige der Frau 38/39 nach Modell-Körpergröße ich 1,70, die Frau 1,67 beide sehr schlank, Untergewicht. Wenn ihr mir noch weiter Lebensmittel schicken könnt, so würde ich bitten im Hinblick auf die kommenden Schwierigkeiten *nur* Mehl, das ich hier oben nicht bekommen kann und am dringendsten brauche. UNRRA Zuschüsse haben hier längst aufgehört, ich habe sie übrigens sowieso nur sehr gelegentlich früher bekommen, war dort überhaupt nicht registriert und als dies nachgeholt wurde, war schon die Einzelversorgung abgeschafft, nur Lager. Mehl und eventuell Haferflocken, also was man sonst am schwarzen Markt leicht kaufen könnte, das gibt es hier weit und breit nicht. Der Winter war unvorstellbar schwer und ist auch heute noch nicht vorbei (2 Meter Schnee ums Haus und minus 15).

Daß Ruth sehr überlastet sein muß, habe ich schon daraus gemerkt, daß sie mir auf meine Anregungen kaum mehr geantwortet hat, obwohl sie ja Antworten auf ihre eigenen Anfragen waren. Es ist für mich nicht ganz leicht, mich nicht nur körperlich, sondern auch geistig über Wasser zu halten. Was soll ich bei den mir früher von Ruth und jetzt auch von dir genannten Leuten tun? Wenn ich sie persönlich aufsuchen könnte, da würde man noch eher sehen, aber nur so [2 Zeilen unleserlich].

Zu der Erklärung von Ruth: ich kann beim besten Willen kein Urteil darüber abgeben, da ich die Atmosphäre und die aktuelle Verteidigungsperspektive nicht kenne. Von draußen gesehen erscheint die Sache nicht einfach, denn wir müssen drei grundsätzliche Dinge berücksichtigen, die vollkommen getrennt sind, sich aber gegenseitig überschneiden und dann sich gegenseitig zum Teil aufheben. Die scharfe Trennung von dem russischen Staatskommunismus und seiner Ausläufer (bedingt, daß man sich in dessen Auseinandersetzungen und Schwierigkeiten so wenig wie möglich jetzt einmischt), die Abwehr gegen dessen Methoden, soweit sie uns berühren (zur Fixierung der eigenen Grundlinie) und der Angriff von unserer eigenen Basis aus (in einer uns feindlichen allgemeinen Umwelt) bedingt die vordringliche Aufgabe der Sammlung. Denn gegen die Umwelt gelten die gleichen drei Bedingungen wie bei der KP. Zwischen diesen beiden Mühlsteinen gilt es am Leben zu bleiben. Auf was wir uns dabei stützen, was wir als Mittel mitbenutzen, entscheidet taktisch der Augenblick. Ich glaube allgemein annehmen zu können, daß Ruth schon die richtige Zwecklinie wählen wird. Es scheint mir, daß etwas in der Abwehr *und* im Angriff vergessen wird, die Betonung der Verwirrung der Begriffe auf der Gegenseite, das Spiel mit Worten und Bezeichnungen, das die innere Schwäche verdecken soll und nur dem Zweck dient unsere Aktionsfähigkeit zu lähmen. Ich glaube vermuten zu können, daß dieses zu durchbrechen, der Hauptzweck eurer Korrespondenzen[1] ist. Sammlung also, Rückführung und Freihaltung der ursprünglichen Basis und davon aus Neuaufbau. Das ist schwer und langwierig, muß aber rücksichtslos durchgehalten werden. Ein Beispiel: Es ist ganz gleich, was jetzt in Deutschland geschieht, was an Land weggenommen wird etc. Sentiments sind keine Grundlage für eine Politik. Im Gegenteil. Die Perspektive steht, daß einige Millionen (mindestens etwa 10) auswandern müssen (verpflanzt werden) wohin – in welcher Form und welchen Bedingungen, Erinnerung an den Sklavenhandel mit ähnlichen Formen, der Kapital- und Investitionswert des Auswandernden, die zusätzliche Belastung mit nicht sofort Arbeitsfähigen, Frauen und Kindern, der künftige zusätzliche Wert – das ist kein deutsches Problem, sondern ein internationales, ein Prüfstein für das Fundament eines internationalen Socialismus. Die russische Frage rückt dann in ein anderes Licht. Nicht der ideelle Terror eines Imperialismus, sondern die innere Schwäche sind aufzuzeigen, verkleinern die Auswirkungen des Terrors, statt sie zu vergrößern, aufzeigen die Angst, die Niederlagen etc. Dieses (im Sinne des Angriffs) aufzeigen auch bei den andern. Entwicklungsgeschichte in den Mittelpunkt stellen, die Zusammenhänge, auf die heut ein neues Licht fällt, immer wieder historisch begründen, das Kleinste herausarbeiten und nicht die phantasievolle große Perspektive – das ist jetzt unsere Hauptaufgabe im Sinne der Sammlung. Die prachtvolle Aggressivität von Ruth läuft heute Gefahr sich ins Allgemeine zu verlieren, es wäre gut, sich eine Zeitlang, mit den Hitlers zu sprechen, abzusetzen vom Gegner und nach innen um die Sammlung der Vorhandenen zu kämpfen, mit Ruhe und langem Atem und minutiöser Geduld und mit Ironie. Sicher bilden sich die Kräfte schon heran, die den braunen oder weißen, schwarzen Fascismus mit dem roten gleichzusetzen in der Lage sein werden – diesen müssen wir den Weg bereiten. Ich möchte gern daran mitarbeiten, in meinem Sektor und was ich sonst dazu beitragen kann, aber es braucht noch ein wenig Zeit. Ich muß mich auch erst von hier und vielleicht auch aus diesem Land absetzen.

Ich muß schließen. Das Farbband ist kaputt und jetzt auch die Maschine. Nächstens mehr.

Also viele Grüße und nochmals herzlichen Dank
   Franz Jung

1 *International Correspondence* (1946) und *The Russian State Party* (1946–47).

187. AN RUTH FISCHER
[4. März 1947]

Liebe Ruth, deinen Brief vom 8.2. habe ich erhalten nebst Einlage, vielen Dank. Wenn ich heute wieder mit einer Anregung komme, so solltest du das nicht als eine Pression auffassen, mehr als Antwort auf deine Anregungen und im allgemeinen im Rahmen eines Tour d'horizon. Ich begreife das vollkommen, daß du mit aktuelleren Dingen mehr wie genug in Anspruch genommen bist und überdies meine Anregungen nicht konkret genug sein können, um etwas Positives damit anzufangen. Aus meiner augenblicklichen Atmosphäre ist leider nicht mehr zu erwarten.

Meine heutigen Überlegungen sind dahin zusammenzufassen: Ich suche drüben einen Menschen (vielleicht ist jemand derartiges in deinem Bekanntenkreis), der mir ein Informationsblatt aus Italien managen würde. Interessenten wären Banken, Versicherungsgesellschaften, Makler, Spediteure und Exporteure. Inhalt: in Stichworten alles, was für einen Tarifeur von Wert ist, allgemeine Ökonomie, Kaufkraft und Standard, Transport und Umschlag, Preise, Löhne und Steuern (für Interessenten zur Verlagerung von Lohnarbeit), Perspektiven und Sicherung etwaiger Investitionen etc. Umfang: die Nummer höchstens zwei Seiten. In schlechter und oberflächlicher Weise wird so etwas schon in dem Mitteilungsblatt der UNRRA gemacht, nicht viel besser in den halbamtlichen Commerce Reports, ein privates Informationsblatt kann beide Stellen natürlich leicht schlagen. Ich habe hier zufällig einen Mann gefunden, der das mit mir machen könnte, sitzt in Bolzano und ist ein alter Bekannter von mir, augenblicklich noch Leiter des englischen Press and Information Office, das demnächst aufgelöst wird, muß sich also sowieso nach einer Beschäftigung umsehen. Hat die Beziehungen zu den Handelskammern, kann Verbindung nach Triest und Genova schaffen. In ökonomischen Dingen unerfahren, wird sich aber einlernen lassen. Vor allem, er würde mir das Material heranschaffen, ich stelle es ihm zusammen (das Material ist halb so wichtig, wichtiger ist die analytische Perspektive) und wir könnten 2 oder 3 mal im Monat das fertige Manuskript bereits in tadellosem Englisch nach drüben schicken, wo es in Druck-Verfielfältigung hergestellt und versandt werden könnte. Im allgemeinen ist das nur eine Visitenkarte, die allerdings bezahlt werden muß, die weitere Etappe ist, einen engeren Kontakt mit dem Bezieher zu gewinnen, Anfragen und Spezialaufträge herauszulocken, so daß sich hier daraus langsam eine Brokerfirma entwickelt, die selbst am Geschäft als Broker oder Agent auf beiden Seiten mitwirkt. Der Vertreiber drüben wird zum Geschäftspartner – so sind alle größeren Brokerfirmen entstanden! Ich denke mir, daß man wenn auch in der Aussicht in beschränkterer Form das gleiche in England versuchen sollte. Dort hätte ich nötig, die Adresse von Bernhard Reichenbach zu erfahren (dem Freund von Schwab, mit dem ich ähnliches schon von Prag aus[1] mit Erfolg versucht habe. Ich lese in deiner Korrespondenz den Namen Jakubowicz – ist das der Sohn des Bücherkreis-Mannes, dann würde ich ihn kennen und an ihn um die Adresse von Reichenbach schreiben. Ob es möglich ist, drüben die Adresse von Dr. Emanuel (früher Archivar in der Reichsbank, später drüben in der National City Bank, meines Wissens) [zu erfahren]. Wenn der Mann nicht inzwischen zu groß geworden ist, würde er mit starten helfen können. Also das ist eines meiner letzten Programme. Es hat den Vorzug, daß es mir die Aussicht gibt, mich von hier wegbegeben zu können, am besten nach oder in die Nähe von Genua, denn von dort kann ich die erwähnte zweite Etappe bearbeiten und sogar später meine Amerika-Einreise darauf aufzubauen. (Hört man übrigens etwas davon und konntest du irgendeinen Schritt bereits einleiten?) Obendrein würde ich eure beiden Korrespondenzen in den dortigen Vertrieb und Herstellung mit einbauen, die Spesen mit übernehmen, so daß es an sich schon am besten wäre, wenn ein euch nahestehender Mann für das Management gefunden werden könnte. Ich weiß, du bist arbeitsüberlastet und

hast dafür keine Zeit, aber versuch es doch, es weiterzugeben und nenne wenigstens jemanden, mit dem ich darüber korrespondieren kann, es lohnt sich – und ich sehe, da ich mit den literarischen Sachen doch anscheinend nicht vorwärtskomme, hierin von hier vielleicht die letzte und einzige Chance. Ich bin doch obendrein zur Zeit noch bewegungsunfähig, an alle deine hier angegebenen Adressen kann ich nur persönlich herangehen, brieflich hat gar keinen Zweck. Frau Sylvia ist in großer Sorge um dich und läßt dich grüßen.
 Und sei auch von mir herzlich gegrüßt
    Franz.

Schade, daß sich Wickel nicht gemeldet hat, technisch würde er auch die Sache verstehen. Aber wenn der Mann vielleicht quersteht – besser dann sein lassen.

1 Gemeint ist der „*Central European Service*" (1937–38), an dem Bernhard Reichenbach in London und Helmut Wickel in Prag beteiligt waren.

188. AN ADOLPH WEINGARTEN
Masi di Cavalese, 7/III [1947]

Lieber Adolf,
ich habe deinen Brief noch einmal genauer durchgelesen und ich finde, ich muß ihn doch präziser beantworten, als dies gestern geschehen ist. Ich möchte euch jedenfalls in keinem Falle zur Last fallen, daher ist es notwendig, daß ich euch einen genauen Überblick über meine Lage und Möglichkeiten gebe. Ihr könnt dann selbst sehen, ob und was Ihr von Euch aus und aus Euern Möglichkeiten tun könnt, um mich aus dem Marasmus herauszuheben. Selbst wenn nichts geschehen kann, schadet es nichts, denn es ändert im Grunde die Frage meiner Existenz nicht entscheidend. Ich habe nur die große Bitte, daß Ihr mir die Möglichkeiten Punkt für Punkt beantwortet.
 1. Meine *Einreise Möglichkeit*. Ich habe die wesentlichsten Daten an Ruth geschrieben, was meine Person und den Lebensweg anlangt. Genügt das? Was muß ergänzt werden? Sind die

Daten in der Fülle von Brief-Korrespondenz von Ruth verloren gegangen, so daß ich sie noch einmal schreiben soll? – Was die Frau anlangt, so liegt die Sache wie folgt: ich bin ihr wie ihrer Familie, die mich mehreremals verborgen und gerettet hat, zu allergrößtem Dank verpflichtet, nicht nur sie selbst, sondern auch die Familie hat durch mich alles verloren, der Bruder, der mit mir zusammen von den Pfeilkreuzern eingesperrt war, hat durch Mißhandlungen im Gefängnis sein Gehör verloren und damit auch seine Arbeitsmöglichkeit. Der Mutter hat man im Dorf das Haus niedergebrannt. Die Frau ist in dem allgemeinen Flüchtlingsstrom mitgespült worden und hat mich in Tirol und Italien gesucht und schließlich aufgefunden. Die Familie lebt in den kümmerlichsten Verhältnissen bei Verwandten und sie selbst kann dort nicht zurück. Das ist das äußere Bild, nebenbei ist sie krank und in der Schockwirkung ihrer Abenteuer menschenscheu bis zur Grenze der Geistesverwirrung, so daß sie allein auf sich gestellt zur Zeit kaum lebensfähig ist. Es ist für mich ausgeschlossen, daß ich sie jetzt allein sich überlassen kann. Leider ist der Fall noch dadurch kompliziert, daß sie unbedingt danach strebt, in ein Kloster einzutreten. In einen dienenden Orden (Kranken- oder Lehrschwester) – sie hat das Lehrerinnendiplom – wird sie aber ihres Zustandes wegen nicht aufgenommen, für einen kontemplativen Orden fehlt das Geld, die Mitgift. (Du kannst dir vorstellen, daß ich all diesen Versuchen etwas kopfschüttelnd gegenüberstehe.) Es bleibt also nichts anderes übrig, als die Sache von mir aus zu einem guten Ende zu führen, d.h. sie körperlich und geistig gesund zu machen, soweit das von meinem guten Willen abhängig sein kann und in meinen Kräften steht. Ich schreibe das so genau, um zu erklären, daß ich nicht anstehen würde, sie zur Erleichterung der Einreise zu heiraten, wenn sie nicht 44 gerade auf meine Veranlassung obendrein geheiratet hätte, diesen sagenhaften Baron Schnehen, der verschollen ist. Leider sind diese Ehepapiere die einzigen Papiere, die sie überhaupt besitzt. Vielleicht genügt eine eidesstattliche Versicherung von mir, daß ich sie heiraten werde, wenn die Auflösung ihrer Ehe gerichtlich eintreten kann. Oder ich kann sie auch so einfach als meine Frau oder Ziehtochter ausgeben (ohne entsprechende Papiere), vorausgesetzt, daß dies nicht an religiösen Skrupeln der Frau scheitert, denn wenn auch sie meint, von Engeln nach drüben geleitet zu werden, so muß ja ich auf dem

Boden der Wirklichkeit bleiben und muß mit behördlichen Untersuchungen und Vorschriften rechnen. Oder aber es geht vielleicht auch auf ihre eigenen Papiere, der Baron ist zwar als Ungar angenommen worden, da aber in Bozen geboren, ist auch italienische Staatsbürgerschaft zu beweisen, und sogar, sein Vater ist im Staate Texas geboren, die amerikanische so halbwegs, den Geburtsschein des Alten habe ich. – Nun auch zur äußeren Situation: Als die Frau mich gefunden hatte, bin ich, passiv und heruntergekommen wie ich damals war, auf ihren Vorschlag eingegangen, eine Pension einzurichten, in Fregene. Sie hatte noch Schmuck bei sich, den wir verkauft haben und dafür die notwendigsten Einrichtungsgegenstände angeschafft, das Haus gemietet. Die Sache sollte zusammen mit zwei Mädchen aus der ungar. Flüchtlingskolonie in Rom gestartet werden. Die Mädchen sind nach kurzer Zeit mit englischen Soldaten verschwunden, die Frau lag krank im Bett und schrieb Gedichte an Gott, ich allein konnte das Haus für einen Pensionsbetrieb nicht in Ordnung bringen, ich habe dort Torten gebacken für die Badegäste aus Rom, bis ich damit so in Verlust geraten bin durch die ständigen Stromsperren, mit dem Treibholz, das ich am Strande gesammelt habe, konnte ich den Backofen nicht in Betrieb halten, und der elektrische Ofen fiel aus – daß ich die Sache einstellen mußte. Dann, um einer noch größeren Krise auszuweichen, das Angebot eines KZ Freundes angenommen, der hier in diesem Dorf mir ein Sommerhaus zur Verfügung gestellt hatte, Hals über Kopf mit dem, was von den Sachen noch geblieben war nach hier, um ein Dach über dem Kopf zu haben. Natürlich war es Unsinn, eine ungeheuere Erschwerung, den Kopf frei zu bekommen und für mich jetzt auch eine Arbeitsbasis zu finden. So sind wir hier und es ist nicht so einfach, sich hier abzulösen. Erstensmal, wohin und dann haben wir auch kein Geld mehr. Von den Sachen kann ich hier oben nichts verkaufen. So stehts. Ich schreibe das alles, um einen klaren Überblick über die Lage zu geben.

2. Meine *Möglichkeiten,* die Situation aufzulockern. Aus verschiedenen Einzelvorschlägen in letzter Zeit hat sich der Vorschlag der Tarifeur-Briefe, über den ich im letzten Brief an Ruth geschrieben habe, verdichtet. Ich nehme an, daß du ihn bei Ruth einsehen kannst (vom 4.3.), so daß ich ihn nicht nochmal hier niederzuschreiben brauche. Notwendig wäre, daß ich drü-

ben das Management finden kann. Ein guter Mann wäre Wickel, der mit mir schon einmal etwas ähnliches gemacht hat. Anscheinend will aber der Mann von mir nichts mehr wissen, denn obwohl ihm Ruth meine Adresse gegeben hat, läßt er nichts von sich hören. Das wundert mich zwar, da wir gut miteinander ausgekommen waren und ich ihm meines Erachtens in den letzten Pariser Tagen sehr geholfen habe, jedenfalls hat er mir einen entsprechenden Dankbrief damals noch geschrieben. Also gut – vielleicht wird sich ein anderer drüben doch auftreiben lassen. Von dem Start dieser Sache hängt sehr viel für meine Loslösung und Auflockerung ab, zum mindesten am einfachsten. – Weiter meine eigenen literarischen Arbeiten, die ich als absoluter Außenseiter unterbringen müßte, was ohne Agenten und einen halbwegs freundlich und wohlwollend gesinnten Verleger nicht möglich ist, auch nicht in der Schweiz. Das ist außerordentlich schwer, und ich muß mir diese Verbindung erst schaffen, wenigstens scheint das für den Augenblick auszuscheiden. Lassen wir das also vorläufig beiseite, obwohl der Hauptteil meiner Arbeit darin liegt.

3. Meine *Anregungen*, das Maslow-Buch. Mehreremals an Ruth darüber geschrieben. Ich meine folgendes: Seit dem Zusammenbruch der KP-Politik als Instrument eines internationalen revolutionären Sozialismus werden von Freunden aus aller Welt, gestützt auf Gespräche und Verbindungen, Briefe und Berichte an Maslow geschrieben, die Vorbereitung des Krieges, aus dem Krieg, die Parteien, die Kriegführenden analysierend, tolle und groteske Geschichten von Querverbindungen, aus der Widerstandsbewegung, Partisanen, aus KZ etc – alles imaginär an den Empfänger Maslow, etwa beginnend mit dem Besuch der Labour-Delegation bei Hitler, so daß ein ganz anderes Bild der letzten 10 Jahre entsteht, zurückgeführt auf die weltanschauliche Grundhaltung und von dort aus beurteilt und zum Teil ironisiert. Wo vorhanden, kann man dazwischen Briefe von Maslow selbst einstreuen. Aus dem Briefwechsel wächst so ein Programm heraus, das in vielem auf heute künstlich aufgeblähte Probleme in den Kern stößt und manches Unscheinbare zur wahren Bedeutung bringt. Gegen Ende, aber nicht am Schluß, steht das tragische Ende als Glied einer Kette ähnlicher Schicksale. Wie schon gesagt, würde das Buch nicht nur als Andenken, sondern als Dokument und Programm wirken. Die Briefe müssen natür-

lich jetzt geschrieben bzw zusammengestellt werden, einen Teil davon könnte ich übernehmen. Herausgeber der Sammlung ist Ruth.

Die Behandlung des *Auswanderer-Problems.* Vielleicht zunächst eine Broschüre, die das deutsche Problem aufzeigt. Kämpferisch gegen den sturen Wahnsinn der Regierungen, 10 Millionen Deutsche einzusiedeln, um sofort wieder 20 Millionen aussiedeln zu müssen, nicht viel anders das Geschrei um die Kriegsgefangenen, die man besser an Ort und Stelle lassen sollte, allerdings unter anderen Bedingungen. Auf diese Masse, die ein ungeheures soziales und wirtschaftliches Problem ist (bei der heutigen Geistesverfassung kaum lösbar, Sklaven-Reservoir zur Aufrüstung, Tummelplatz der Imperialismen) vollzieht sich der Kampf um das sozialistische Grundprinzip. Wir sollten von unserer Anschauung und Basis einer politischen Linie die Initiative in die Hand nehmen, auch wenn zunächst die ganze Welt über uns herfällt. Aussiedlung nicht nach Ländern (über die man sowieso sich Jahrzehnte streiten würde), sondern nach internationalen Arbeitsaufgaben u. Programmen. Andersartige Lösung des Reparationsproblem: Müßte Vorstoß zu neuer Sammlung werden. Würde vorschlagen für diese Frage Gründung eines Studien-Ausschusses unter unserer Initiative u. Führung. Hätte zudem den Vorzug, daß wir aus unserem Kreis ins volle Licht treten, daß wir bei den zu erwartenden Diskussionen der Regierungen, *die sowieso kommen werden,* als Sachverständige gehört u. herangezogen werden. Wer *zuerst* spricht, hat immer das meiste Gehör. Also, sagt mir ja oder nein, es ist für mich jetzt doppelt schwer, auch mit meinen Gedanken in der Luft zu hängen.

Also – die kleine Frau Sylvia würde sagen, Gott segne Euch, ich verbleibe vorläufig noch mit herzlichen Grüßen

Franz Jung

189. An Ruth Fischer
Masi di Cavalese (Trento), 20.3.47
Val di Fiemme

Liebe Ruth,
Deine beiden letzten Briefe habe ich erhalten, den einen mit 3 Inhalt, wofür herzlichen Dank, wenn ich mich auch ein bißchen schäme in Berücksichtigung der Schwierigkeiten, die Ihr drüben habt. Inzwischen ist auch das zweite Packet eingetroffen, das ich schon verloren geglaubt hatte. Es ist ja wirklich großartig, und ich weiß gar nicht, wie ich mich revanchieren kann. Ich habe auch zwei Briefe an Weingarten geschrieben, der mir von Deiner besorgniserregenden Arbeitsüberlastung geschrieben hatte. Ich verstehe das vollkommen, daß du selbst einen Briefwechsel in dem bisherigen Umfange nicht mehr aufrechterhalten kannst. Was meine im Grund so persönlichen und unwichtigen Sachen anlangt, so liegt mir eigentlich zuerst daran, Dir alle Möglichkeiten aufzuzeigen, die sich im Nachdenken bei mir entwickeln. Findest du jemanden, dem du das weitergeben kannst, so ist das natürlich sehr schön, so daß ich dann von mir aus selbst mit diesen Leuten in der Sache korrespondieren kann, aber sonst solltest du dir keine Kopfschmerzen weiter darüber machen.

Mit dem Generalkonsulat scheint die Sache jetzt in Ordnung zu kommen, es sind mir schon einige Instructions angekündigt. Sobald ich die habe, teile ich sie mit, dann wird man weiter sehen.

Wenn ich den Mann in Bolzano veranlassen kann, mir eine Nummer der Tarifletters zu machen, schicke ich sie.

Von und über Krause[1] möchte ich natürlich gern etwas hören. Die Sache ist die, daß ich ihm eigentlich vorher erst mitteilen müßte, was ich eigentlich will, und ob wir auf dieser Basis überhaupt zusammenkommen können, nämlich: Ich stelle mir jetzt drüben einen Verlag vor, völlig weg mit dem Blick von einem zufälligen Lande Deutschland, der sich an Interessenten wendet, die in deutscher Sprache lesen wollen. Dieser Kreis muß erst aufgebaut werden, hat aber große Chancen, denn es wird sich erweisen, daß diese Sprache eigenartige Affekte aufweist, eine besonders atmosphärische Betonung, Verknüpfungen bei größter Einfachheit und sparsamster Benützung der Phraseologie wie sie kaum eine andere Sprache bringt. Grundsätzliche Abkehr von der Klassik oder etwa Thomas Mann, präzis mit Wirkungen, die einen geradezu schockartigen Charakter haben, zwingend verständlich – kurz eine neue Sprache. Damit läßt sich allerhand machen und auch sagen. Ich stelle mir sozusagen ein deutsches Lesebuch vor, den Themen nach in allerhand Stilarten, die so etwas wie die neue Sprache entwickeln. Umkehr der Geschichte, zur Römerzeit hat es doch nicht nur Cäsaren gegeben, der Centurio, der Händler und kleine Mann der Straße ist wichtiger, Cäsaren und Politiker, Philosophen etc nur am Rande zu streifen – man wird sehen, es kommt eine andere Linie der Weltgeschichte heraus, nämlich die Geschichte unserer Tage, grundsätzlich anderes Blickfeld. Im Französischen hat dies Marcel Schwob schon versucht, allerdings mit Reverenz vor einer franz. geistig-ästhetischen Tradition – würde bei mir wegfallen, Diktion ist brutaler und unerbittlicher. In einem solchen Buch hat auch die Dagny-Novelle event. Platz, ganz auf das Atmosphärische zusammengestrichen, also um etwa zwei Drittel, Handlung, die ich auf die Büchergilde schielend hineingezwungen habe, nur in ein paar Zwischensätzen. Über alle diese Sachen müßte ich mich mit diesem Krause vorher verständigen können, schon von wegen Aufbau und Betonung des Schwergewichts im Thema.

An alle mir aufgegebenen Adressen werde ich gelegentlich höflich und gesittet schreiben und ein Schleppnetz auslegen.

Außerdem in den nächsten Tagen an A[dolph] W[eingarten] einen Korrespondenzbrief aus Italien – mehr zu Euerer Information.

Und nun hab nochmals vielen Dank. Die kleine Frau Sylvia läßt gleichfalls danken und grüßen. Reichenbach und Jakubowicz[2] haben sich schon gemeldet.

Herzlichst
Franz

---

1 Friedrich Krause, dem Inhaber eines Buchvertriebs und eines kleinen deutschsprachigen Verlages in New York seit Ende der 30er Jahre, wollte Ruth Fischer Jungs Bücher zum Druck anbieten.
2 D.i. Heinrich Hellmann, vgl. P. Lübbe „Abtrünnig wider Willen", S. 633.

190. An Cläre Jung
Masi di Cavalese (Trento), 21.3.47
Val di Fiemme

Liebe Cläre,
von London hat mir Reichenbach[1] geschrieben, daß er Euch aufgesucht hat und daß Ihr eine Nachricht von mir erwartet. Ich beeile mich, dem nachzukommen.

Ich weiß nicht, wieweit Ihr über meine letzten Schicksale in Ungarn unterrichtet seid, meine Verurteilung zum Tode von einem Standgericht der Pfeilkreuzer Regierung, es gelang mir noch einmal aus dem Todeskeller zu entkommen, um allerdings kurze Zeit nachher in die Hände des SD zu fallen, durch einige Polizeidurchgangslager geschleppt, und zuletzt im KZ Bozen gelandet, wo ich dann Ende April 45 befreit wurde. Die damals schon im Zuge befindlichen Evakuierungen haben mich gerettet, so daß ich nicht mehr wie vorgesehen vor das Militärgericht in Verona gekommen bin. – Ich bin dann von einem kurzen Zwischenaufenthalt in Tirol abgesehen in Italien geblieben, erst in Rom und dann bis zu diesem Herbst in Fregene bei Rom. Jetzt bin ich hier in dieses Dolomiten-Dorf verschlagen, wo mir ein aus dem KZ befreundeter Professor[2] in seinem Sommerhaus eine Wohnung zur Verfügung gestellt hat.

Ich warte hier auf eine Einreise in die USA, vielleicht vorher nach Mexiko, meine Freunde drüben, Piscator, Herzfelde u.a. bemühen sich sehr, in Mexiko Franz Pfemfert.

Ich habe ausreichend Gelegenheit, mir mein eigenes Spiegelbild und das meines Lebens zu analysieren. Ich arbeite sehr viel, allerdings weniger zu einem neuen Aufstieg, als eher unter einem übermächtigen Druck von Erinnerung und Scham, aufzuarbeiten und Nachlese zu halten. Ich habe mir so eine Art Anreicherungstheorie zurechtgelegt. Von dem Grundsatz ausgehend, daß kein Gedanke in der Welt verloren geht, glaube ich, daß viele meiner Überlegungen und Konzeptionen zu gleicher Zeit bei anderen keimen werden, auch wenn ich selbst nicht mehr in der Lage sein sollte sie auszusprechen und zu vollenden. Unter dem erschütternden Eindruck der Dagny-Katastrophe habe ich eine Arbeit[3] darüber geschrieben, über die ich noch mit der Büchergilde hin- und herkorrespondiere. Ich glaube aber, daß ich sie in meine Lebensgeschichte mit hineinnehmen werde, die ich vielleicht einmal unter so einem Titel veröffentlichen werde wie „33 Stufen abwärts" – es wird bald Zeit, denn ich bin schon am Rande der dreißigsten. Harriet[4] habe ich verschiedentlich gesucht, aber bisher ohne Erfolg. Vielleicht habt Ihr die Adresse. Es wäre denkbar, und wenn ich damit helfen könnte, daß ich Peter und vielleicht auch Harriet, wenn sich gewisse bürokratische Schwierigkeiten überwinden lassen, mit nach drüben nehmen kann, ich selbst habe hier von dem Intergovernmental Committee den neuen Staatenlosenpaß, der ja irgendwie auch auf Angehörige Ausdehnung findet. – Nach Deutschland ruft mich nichts.

Die letzten Jahre dieser Zwielichtatmosphäre und dieses Seiltanzen um die Tarnung haben mich stärker mitgenommen als ich es wahrhaben wollte. Ich bin praktisch am Ende, und wenn ich physisch weiterzuleben gezwungen bin, so bedarf es noch einer großen Kraftanstrengung, diesem Leben auch einen neuen Inhalt zu geben.

Von Reichenbach habe ich gehört, daß es Euch soweit ganz gut geht und Ihr eine zusagende Beschäftigung gefunden habt. Ich wünsche Euch weiterhin und zwar allen beiden viel Glück.
Herzlichen Gruß
    Franz

---

1 Am 1. März 1946 dankt Cläre Jung Reichenbach in einem Brief für das Lebenszeichen, das sie über Alfred Beierle, der jetzt wie sie beim Berliner Rundfunk arbeitete, erreicht hat. Reichenbach, als britischer Nachrichtenoffizier am Breitenbachplatz in Berlin stationiert, besuchte Cläre Jung im März 1947 und fragte sie nach Franz Jung.
2 Der Lehrer für Italienisch und Latein Giovanni Bassanello.
3 „Das Jahr ohne Gnade".
4 Harriet hatte noch kurz vor Kriegsende Budapest verlassen und Hauptmann Wisser, der in Baden bei Wien lebte, geheiratet und befand sich jetzt in Bad Nauheim bei Frankfurt a.M., wo sie in der Nachrichtenagentur Dena arbeitete.

191. An Ruth Fischer
Masi di Cavalese (Trento), 24.3.47
Val di Fiemme

Liebe Ruth,
inzwischen hat sich auch Wickel bei mir gemeldet. Du schreibst zwar, daß er absolut nichts tun kann, ich möchte es aber doch mal versuchen, ihn für die Tarif-Letter Idee zu interessieren, hauptsächlich weil wir wenn auch in veränderter Form etwas ähnliches damals von Prag aus gestartet haben, und er versteht ohne weiteres, worauf es ankommt. Es kann doch schließlich nichts schaden, und ich muß doch nach jeder Möglichkeit greifen, wenn auch nur die geringste Chance besteht, daß ich mich von hier loslösen kann. Meine Lage, mit der ich Dich nicht weiter behelligen möchte, wird doch mit jedem Tage schwieriger.

Ob Dich das folgende interessiert weiß ich nicht, ich finde es nur so typisch, daß ich es dir als Korrespondenz aus Italien trotzdem servieren möchte: Zur Zeit wird die öffentliche Meinung mit Berichten aus zwei gleichzeitig ablaufenden Prozessen bedient, die für den normalen Leser kaum sichtbar eng miteinander zusammenhängen. Der eine ist der Prozeß gegen den ehemaligen deutschen Oberkommandierenden in Italien Kesselring, der vor einem englischen Militärtribunal in Venedig abrollt, der andere in Mailand vor dem obersten italienischen Militärtribunal hat eine Aufklärung über den Verbleib des italienischen Staatsschatzes, der bei dem Zusammenbruch der Mussolinirepublik verschwunden und verschleudert worden ist, zum Ziel, nebenbei auch die Begleitumstände der dabei erfolgten Erschießung Mussolinis und seiner Begleitung.

Beiden Prozessen sind schon Vorläufer sozusagen als Probe vorangegangen, dem Kesselringprozeß ein Prozeß in Rom gegen die an den Geiselerschießungen, die auch Kesselring zur Last gelegt werden, hauptbeteiligten beiden deutschen Generale Merker und Mackensen, die dort zum Tode verurteilt wurden; dem Mailänder Prozeß vor dem gleichen Tribunal ein Prozeß gegen einige Intendanten der 8. Armee, für das Verschwinden der Kriegskasse dieser Armee, ein Betrag von etwa zwei Milliarden Lire in neuen Banknoten, wenn nicht gerade mitbeteiligt, so doch verantwortlich gewesen zu sein. In diesem Prozeß waren Hauptschuldige nicht aufzutreiben, da das Gericht als erwiesen angenommen hat, daß der größte Teil dieser Summe nach Frankreich verschoben worden ist und dort als Kriegsbeute beschlagnahmt worden sein dürfte, daß die französische Regierung später ein Teil zurückerstattet hat, der dann in französischen Franken umgewechselt im Tresor der Mailänder Staatsbankfiliale vergessen und nicht rechtzeitig zum Umtausch in Frankreich in die neue Währung angemeldet worden ist, so daß ein Betrag von ca 200 Millionen Franken wertlos geworden ist. Bei dem Kesselringprozeß wie schon bei seinem Vorläufer ist der Hauptzeuge ein SS-Oberst Kappler, der die Exekutionen in den Fosse Ardeatine durchgeführt hat. Es dreht sich darum aufzuklären, ob nur schon zum Tode verurteilte oder auch sonst vorerst nur Inhaftierte, um die Relation von 10 zu 1 aufzufüllen, als Geiseln erschossen worden sind, bezw. ob die Wehrmachtsgeneralität gewußt hat, daß unter den 234 Opfern sich einige Dutzend anderer Personen befunden haben, die zum Teil erst an diesem Tage eigens festgenommen worden sind; darunter befanden sich einige liberale und antikommunistische Staatssekretäre aus der ersten Badoglioregierung und ihrer Englandhörigkeit wegen bekannte Bankier und Industrielle, auch einige Juden. Die Generale bestreiten energisch, etwas davon gewußt zu haben, die Anklage glaubt es ihnen auch, behauptet aber, es wäre ihre Pflicht gewesen, sich darum zu kümmern. Kappler behauptet, er hätte einen besonderen Befehl gehabt. Niemand hat bisher die Frage gestellt, von wem? (auch die Verteidigung nicht) und die Berichterstattung geht darüber hinweg. Dagegen ist in Rom ein kleiner schlecht präparierter Zufallszeuge, daß bei der Erschießung möglicherweise auch ein SS-Oberst Dollmann die entscheidende Rolle gespielt haben könnte, aufgetreten. Er erinnert sich, daß bei wichtigen Aktionen immer ein solcher Dollmann im Sonderauftrage in Erscheinung getreten sei. Allgemeine und peinliche Verblüffung, die große Presse nimmt davon erst Notiz, als am nächsten Tage gemeldet werden muß, daß Dollmann von der italienischen Polizei verhaftet worden ist. Dollmann, ein schon vor dem Kriege in Mailand ansässiger deutscher Kaufmann, im militärischen Range eines SS-Oberst, war von den Amerikanern bei Kriegsende verhaftet worden, schon wenige Tage nachher aber aus dem Lager entflohen, und hatte sich die ganze Zeit über in der Umgebung von Mailand, wo er bekannt und gefürchtet genug war, um auch hinter einem angenommenen Namen seine Identität nicht verbergen zu können, aufgehalten. Bei seiner Verhaftung, die in einem Kino erfolgte, war er in Begleitung zweier leitender Beamten aus der Kanzlei des Mailänder Kardinals Schuster. Die Verhaftung war auf Grund der Denunziation eines früheren Faschisten Polizeibeamten, der direkt die Karabinieri auf Grund der Prozeßnotiz herbeigerufen hatte, erfolgt. Dieser Mann war seinerzeit früher von Dollmann denunziert worden und hatte im entsprechenden Gerichtsverfahren Stellung und Vermögen verloren. Am nächsten Tage wurde es wieder um Dollmann still. Die Polizei lieferte Dollmann an die Aliierten, in diesem Fall an die Engländer aus, die den Oberst noch am gleichen Tage nach Algier (wahrscheinlicher Tanger) spediert haben. Heute soll Dollmann in Tanger im Kommissariat für Ausländer dienstverpflichtet sein. Allgemeines Schweigen – es ist bekannt, daß Dollmann in Begleitung des Sonderbeauftragten von Hitler General Wolff die ersten Übergabeverhandlungen der Armee Kesselring mit den Alliierten in der Schweiz geführt hat, im November 44 und im Januar 45, zu einer Zeit, wo das Feldgericht in Verona Dutzende von deutschen Offizieren, die ihrer Meinung nach von einer Möglichkeit von Verhandlungen über das Schicksal der Italienarmee gesprochen hatten, füsilieren ließ, von Mannschaften ganz zu schweigen. In dem Mailänder Prozeß wird darüber verhandelt, wer den in die Milliarden gehenden Staatsschatz Mussolinis, darunter 2 Millionen Sterling in Gold, in 42 großen Koffern verschoben, verteilt oder sonstwie weggebracht hat. Unter dem Feuerwerk von kleinen und großen Sensationen, die aufzuzählen ein ganzes Buch ausfüllen würde – Brand der Akten am Tage des Beginn des Prozesses, Anschlag auf den Vorsitzenden General Zingales, der nach 14 Tagen, nachdem er einige Leiter der beteiligten Partisanenabteilungen hat inhaftieren lassen, zurücktritt und nach weiteren 14 Tagen auf Drängen der Regierung wieder weitermacht, Verschwinden von Zeugen und bereits Verhafteten, ein Hauptangeklagter stirbt plötzlich im Gefängnis, ein fieberhaft gesuchter Partisanengeneral wird als kleiner Gemüsehändler in Modena aufgefunden und hängt sich auf, die Exhumierung der Leiche der Claretta Petacci, der Geliebten des Duce, um nach einem Brillianten zu suchen, während Dutzende von Koffern mit Brillianten, die von einer Zeugin genau beschrieben werden, die am nächsten Tag verschwindet, zur Debatte stehen, die

Vermutung, daß bei dem Raub der Leiche Mussolinis das Gold die Hauptsache war, das unter dem Leichnam versteckt gewesen sein soll u. das nicht mehr wiedergefunden ist (in die Hände der Neofaschisten gefallen, nachdem es die Kommunisten an diesem sicheren Ort aufgehoben hatten) – denn die allgemeine Linie der Behandlung der Affäre geht dahin, daß der Schatz von kommunistisch orientierten Partisanen der Partei in die Hände gespielt worden ist, die damit ihre Presse aufgebaut und die Wahlen finanziert haben. Das stimmt zum großen Teil, aber nicht ganz. Abgesehen davon, daß ein nicht unbedeutender Teil auch gestohlen und sonstwie verschwunden ist, die Partei hätte sich gegen den Prozeß nicht in dieser Weise wehren brauchen, wo sie das auch gesetzlich hätte verankern können (ein Justizminister als Kommunist – im übrigen hat sie das jetzt endlich auch getan), sondern es kommt das Moment der Erschießung Mussolinis hinzu, die auf direkten Befehl von Togliatti erfolgt ist. Hier taucht auch das eigentliche Moment auf. Warum hat man den Duce der gesetzlichen Bestrafung entzogen, den Volksgerichtshof nicht abgewartet? Die so ganz nebenbei erfolgte Erschießung des Bruders der Petacci gibt den Aufschluß. Dieser Mann trug eine Dokumentenmappe bei sich und hat bei seiner Verhaftung ebenso wie die Claretta betont, es handelt sich dabei um für Italien wichtigste Dokumente von größter internationaler Bedeutung – was zur Folge hatte, daß aus der Mailänder Parteileitung eigens ein Mann abgesandt wurde, der noch am gleichen Tage den Duce, die Claretta und den Bruder höchst eigenhändig erschoß. Die Dokumentenmappe ist verschwunden. Dieser Mann mit Namen Audisio, ein Parteifunktionär, wie heute von der Partei zugegeben wird, hatte die drei aus dem Hauptquartier der Partisanen in Musso weggeführt unter dem Vorwand sie zu befreien und sie dann etwas abseits an der Ponte di Pa mit noch zwei Helfershelfern niedergeschossen, einen Befehl der obersten Partisanenleitung, die Gefangenen lebend in der obersten Leitung der Partisanenverbände abzuliefern in der Tasche. In der Zwischenzeit verhandelte eine deutsche Panzerabteilung, die zur Bedeckung von Mussolini eingesetzt war, mit der Partisanenbrigade in Musso um die Auslieferung persönlichen Gepäcks, das auch bewilligt worden wäre, da die Abteilung an Feuerkraft den Partisanen bei weitem überlegen war. Vor allem verlangten sie die Auslieferung von Mario Petacci. An der Spitze dieser

Abteilung stand ein Oberst Runge. Heute sitzt dieser Runge in Venedig im Kesselringprozeß neben dem Ankläger als stiller und höchst schweigsamer Berater des Militärgerichts. Er heißt dort nicht mehr Runge, sondern ist der englische Oberst Scotland vom Intelligence Service. Auf eine Anfrage des Vorsitzenden (zweifellos ein lapsus linguae): „Waren Sie während des ganzen Krieges als Generalstabsoffizier im deutschen Heer tätig?" antwortet der Herr schlicht und einfach: Ja; zuletzt im Hauptquartier Kesselring. Selten ist eine Sensation von solchem Ausmaß in größerem verlegenen Schweigen untergegangen.

Bisher handelt es sich um absolute Fakten, die zwar in der Öffentlichkeit in dieser Verknüpfung verschwiegen werden, aber immerhin bekannt sind. Was war also in jener Dokumentenmappe, um die Herr Runge-Scotland sich eigens mit einer Panzerabteilung bemüht und nach der Togliatti seine Killer geschickt hat? Man ist auf Vermutungen angewiesen, deren Wahrscheinlichkeit allerdings zu 99% bewiesen werden kann. Hier taucht wieder die Figur des Herrn Dollmann auf. Es ist nämlich durchgesickert, daß Dollmann im letzten Jahr die Partisanenbekämpfung in die Hand genommen hatte auf eigene Weise und im Gegensatz zur Wehrmacht. Er war der Organisator der sogenannten roten SS, einer Sammlung von deutschen Deserteuren, die inmitten der Partisanen von speziellen SS-Detachements als Kernstück zusammengehalten wurden und praktisch die Partisanen unter Kontrolle hatten. Als Haupt dieser Banden war Dollmann unter dem Namen der rote Adolf bekannt und mit allen sonstigen Partisanenführern, Italienern wie Slovenen in Kontakt. Die Finanzierung seiner Partisanenverbände war ebenso einfach wie genial – er verkaufte die von den alliierten Fliegern abgeworfenen Munition- und Gerätesäcke (meistens Radio- und Abhorchgeräte) für den festen Preis von 2 Gold-Napoleon an die Wehrmacht, die Waffen an den Volkssturm und zwar in solchen Mengen, daß zuletzt die Ankäufe gestoppt wurden. Diese rote SS hatte aber bekannterweise wie das famose SS Freikorps Hagen in der Tucheler Heide (die nebenbei munter deutsche Civilisten und Wehrmachtsangehörige umbrachte) noch eine andere Funktion, nämlich die Verbindung zu den Sowjetrussen herzustellen, und zwar abgestuft unterschiedlich vom Führer, der als Briefträger und Beauftragter größerer Herren benutzt wurde, hinunter über die schwankenden und verärgerten

Gestalten bis zum einfachen Deserteur, der Propagandaschriften las und Cigaretten schnorren ging. In Italien hatte die rote SS besonders bei den Engländern Erfolg, während die Amerikaner sich eher mißtrauisch verhielten. Das Ziel war in größerem Rahmen die SS als diejenige Machtposition zu halten, die als einzige nach dem Zusammenbruch auch für die Alliierten tragbar sein würde. Das schuf die Bindung zwischen der offiziellen und der roten SS Führung. Die Verhandlungen gingen sowohl nach der russischen wie der anglo-amerikanischen Seite. In der Schweiz spielte Dollmann die russische Karte den Engländern in die Hände. Oberitalien sollte gestützt auf die Partisanenverbände neutralisiert werden, herausgehalten aus der allgemeinen Kapitulation, und er hatte hierfür die russische Zusicherung. Er selbst hatte die Verbindung zwischen der kommunistischen Partisanenleitung und Mussolini hergestellt und nach außen Kardinal Schuster als Interventen gewonnen. (Von Schuster in seinem Bericht über den Mailänder Aufstand auch zugegeben.) Über diese Abmachungen sind Briefe gewechselt worden und Dokumente ausgetauscht – das war der Inhalt der Dokumentenmappe Petaccis. Mussolini ist im Sinne der Partisanen (wie auch die Petaccis immer betont haben) einem Mißverständnis zum Opfer gefallen. Für die KP waren aber die Abmachungen durch den unerwarteten Zusammenbruch der deutschen Front inzwischen überholt, die rote SS war der Führung aus der Hand geglitten, die zwei kanadischen Divisionen haben bei Imola zur größten Überraschung am stärksten Teil der Front wider Erwarten der Alliierten Führung einen Durchbruch erzielt, der die Wilde Flucht über den Po ausgelöst hat. (Wer schreibt übrigens die Geschichte dieser Flucht, die verlustreicher als der Übergang Napoleons über die Beresina war und zu den grauenvollsten Ereignissen dieses Krieges gehört – merkwürdigerweise sind auch die alliierten Kriegsberichterstatter darüber hinweggegangen.) Der Zusammenbruch war da, die Ereignisse hatten sich überholt, die Dokumente mußten verschwinden mit den Hauptbeteiligten, die rote SS existierte nicht mehr und die Amerikaner haben Partisanen und Deserteure gleichmäßig in die Lager gesteckt. England stellte sich aus gutem Grund nichtwissend, sie ließen die Amerikaner oben alleine aufräumen. Geblieben sind die amüsanten Begleitumstände. Ein Berichterstatter, der Dongo und Musso besucht hat, schildert im Oggi bewegt, daß dort die Kinder auf der Dorfstraße noch mit

Goldsovereigns „Tatschen" spielen, was den diesjährigen Turistenverkehr nach diesen gesegneten Gefilden am Como-See sicherlich heben wird, und die katholische Zeitung „Il Popolo" entrüstet sich darüber, daß im Verhandlungssaal des Kesselringprozesses Erfrischungen gereicht und Cafe serviert wird, während der Gerichtsvorsitzende bei der Verlesung einer Zeugenaussage eine Zeitung liest, wobei ihm seine Perücke herunterzurutschen droht.

Ein Roman? Nein – matter of facts in dieser Zeit.

Mit schönem Gruß

Franz

192. AN RUTH FISCHER
Masi di Cavalese (Trento), 9.4.47

Liebe Ruth,
es ist bisher hier nichts erfolgt, das mir die Möglichkeit gegeben hätte, von hier fortzukommen. Ein kürzlicher Besuch in Genova hat eher die Unmöglichkeit gezeigt, die Preise steigen rapide an, ohne längeren Aufenthalt, den ich zur Zeit nicht finanzieren kann, ist es unmöglich etwas zu finden. Es ist leichter, von hier ganz fortzugehen, als etwa nach Rom zurückzugehen oder woandershin in Italien. Bis Ende Juni sollen nach einer Regierungserklärung alle Flüchtlinge und D[isplaced]P[ersons] das Land verlassen haben, diese Unruhe kommt noch hinzu. Wenn mich auch das im Augenblick weniger stört und bekanntlich auch die Suppe nicht so heiß gegessen zu werden pflegt als sie angerichtet ist, so hat es doch wieder größere Laufereien und sonstige Unbequemlichkeiten zur Folge. Auf meine verschiedensten Briefe nach allen Richtungen der Welt bin ich noch ohne Antwort.

Inzwischen ist deine Korrespondenz zum Fall Eisler[1] sowie der New Leader mit deinem Artikel hier eingetroffen. Ich finde alle beiden Sachen besser als die erste Erklärung, vor allem weil weniger verteidigt und entschuldigt wird. Vor wem sich entschuldigen? Ich weiß, du denkst an die Millionen, die im guten Glauben und vielleicht mit einer gewissen Hoffnung, die dich berührt, einer KP-Parole folgen und die du selbst nicht enttäuschen möchtest, obwohl du gar nicht in der Lage bist, zu ihnen zu sprechen. Dann bleibt doch nur der Weg der von dir gewählten Fronteinstellung gegen das Zentrum dieser Partei, andere vor den Enttäuschungen zu bewahren, denen wir selbst zum Opfer gefallen sind. Etwas anderes ist es mit der Sammlung, vielleicht noch zu früh. Unabhängig davon kann aber die Form der Analyse breiter gemacht werden, auch mit einem Rückhalt bei einem weltanschaulichen Antipoden, der das gleiche Ziel verfolgt, die Grundeinstellung, von der du ausgegangen bist, braucht davon nicht berührt zu werden.

Ich verstehe, das ist nicht zu leicht zu nehmen und es ist sehr schwer. Um so stärker aber die innere Konzentration auf die eigentliche Aufgabe. Ich glaube sogar, daß ein gewisser Spielraum gewonnen werden kann.

Kennst du übrigens das Buch „Aurora" von dem Schweizer Mühlestein, das so um 35 in der Schweiz erschienen ist und das ziemlich gut die Entwicklung vorausgesagt hat. Zeitweilig soll der Mann dann ganz von Moskau eingekauft gewesen sein, ich kann es mir aber heut nicht mehr denken.

Übrigens hat sich Piscator bei seinem hier in der Nähe wohnenden früheren Dramaturgen[2], der ihm anscheinend bei der Herstellung eines Buches helfen soll, zum Besuch angesagt und hat dabei erwähnt, daß ihm die dortige Staatsbürgerschaft abgelehnt worden ist. Ist er rausgeworfen worden?

Dieser Brief hat mehr den Zweck ein Lebenszeichen von mir zu geben und auch dafür, daß ich noch immer sehr schwach und unbeweglich bin.

Sollte das Dagny-Manuskript wieder bei dir sein, so gib es doch weiter an Thomas.

Sei vielmals herzlich gegrüßt, von uns beiden.

Dein Franz

---

1 Es geht hier um Ruth Fischers Bruder Gerhart Eisler, der sich wegen seiner kommunistischen parteipolitischen Tätigkeit in den USA zu verantworten hatte. Vgl. P. Lübbe „Abtrünnig wider Willen", S. 29ff. Ruth Fischer als Kritikerin des sowjetischen Parteikommunismus hatte ihrem Bruder im Februar 1947 eine Nummer der von ihr herausgegebenen Korrespondenz *The Russian State Party. Newsletter on Contemporary Communism* gewidmet.
2 Felix Gasbarra.

193. AN RUTH FISCHER
Masi di Cavalese (Trento), 26.4.[1947]

Liebe Ruth,
ich war dieser Tage in Mailand und habe dort den Dr. Faggioni aufgesucht – ein sehr aufgeschlossener und hilfsbereiter junger Mann, Typ der Politiker-Bohème etwa in Paris. Er hat in meiner Sache einen Brief an die Saragat-Leute in Rom geschrieben und um einen Auftrag für eine Studienreise oder Korrespondenzauftrag für Mexiko gebeten (fiktiv). Wenn daraus etwas werden sollte (ich habe meinerseits jetzt auch an Matteotti geschrieben), so taucht die sehr ernste Frage auf, was dann werden soll. Würde ich durch diese Vermittlung das Visum nach M. bekommen, wie komme ich dann hin? Wenn es mir gelingt, Klavier und Teppich und event. Schreibmaschine zu verkaufen, so schaffe ich im Höchstfall 60 bis 70000 Lire, das sind knapp 100 Dollar. Es ist bei der gegenwärtigen Situation und dem Andrang kaum anzunehmen, daß ich eine Chance als Heizer oder so auf dem Schiff bekommen kann. Die gleiche Frage steht auch bei der Aktion Babette Gross. Ich habe auf ihr Ansuchen Daten für eine Einreise nach Schweden geschrieben. Wie soll ich hinkommen und was kann ich dort tun? Ich stelle nur theoretisch diese Frage und weiß, daß ich darauf keine Antwort bekommen kann. Ich weiß, daß ich mich selbst flott machen muß, aber ich muß hinzufügen, ich habe dazu im Augenblick keine Aussicht, bisher sind alle meine Bemühungen gescheitert. Ich darf mir darüber nichts vormachen.

In der USA-Register Sache hat das Konsulat in Genua nach 3 Monaten nach meinem ersten Gesuch geantwortet, neue Daten verlangt, im Grunde noch einmal den präzisen Geburtsort. In dem vorgedruckten Brief stand, daß ich dann unmittelbar Nummer und Instruktionen erhalten würde. Darauf warte ich jetzt schon weitere 2 Monate. Man sagte mir bei der UNRRA in Mailand, daß möglicherweise Neisse als in dem umstrittenen Gebiet Südschlesiens gelegen als Polen angesehen wird und die Entscheidung erst abgewartet werden wird. Was tun?

Ich spüre, daß in meinen persönlichen Verhältnissen eine schwere Krise heraufzieht, der ich nicht gewachsen bin. Ich kann von niemandem Hilfe erbitten und erwarten, wenn ich mir vorher nicht selber helfen kann. Und ich rudere mit den [Armen] in der Luft – eins habe ich wenigstens fertiggebracht. Sylvia geht in den nächsten Tagen hier in der Nähe in ein Spital, wo verschiedene Injektionsexperimente durchgeführt werden sollen. Ob das obendrein richtig ist, weiß ich auch nicht. So ist die Lage, die ich nicht [verschweigen will].

Dich wird es interessieren, daß die Russen über den bisherigen kommunistischen Finanzminister Scoccimarro mit der Regierung bezw. der Staatsbank ein Abkommen abgeschlossen haben, wonach von italienischen Banken auf dem Weltmarkt Platin angeboten wird, das Rußland im Depot nach [Italien?] legt. Die Operationen sind im Gange, der Weltplatinpreis wird bis um 30% unterboten, stürzt bereits beträchtlich. Nach außen handelt es sich um italienische Verkäufe der Währung, in Wirklichkeit nur um eine Provision der Nationalbank, deren Hälfte an eine Gesellschaft weitergeleitet wird, die mit der Sanierung der kommunistischen Verlage beauftragt ist. Den Nettoerlös aus den Verkäufen wünschen die Russen in Italien zu belassen zur späteren Finanzierung von Lohnaufträgen in der Textil- und Elektroindustrie, über die demnächst verhandelt werden soll, die in Aussicht gestellte Kommission aus Moskau ist aber schon seit Monaten überfällig, so daß vermutlich auch diese Summen zunächst der K. Partei zur Verfügung stehen, falls die Situation es erfordert. Das russische Verfahren ist durchaus nicht neu, es erinnert an ähnliche Dumpingmethoden Ende der 20er Jahre, nur traten damals die Russen über ihr Depot in Amsterdam offen auf, während sie sich diesmal unter Ausnutzung des Wohlwollens für Italien in der westlichen Welt dahinter verstecken. Die absolut zuverlässige Information stammt aus englischen Kreisen, die vorerst mit der Sache noch sehr geheimnisvoll umgehen, weil sie eine Ausdehnung dieser Operationen auf andere Märkte erwarten, um das System scheints besser zu übersehen.

Wenn es Dir möglich ist, frage doch bei Wickel an, ob er meine beiden Briefe erhalten hat. Wenn ich direkt danach schreibe, glaube ich verliere ich möglicherweise an Gesicht. Merkwürdig ist, daß gleichzeitig die beiden Londoner übrigens in der gleichen Sache des Tarif Letters auch nicht antworten.

Also – mit herzlichem Gruß
Franz

194. An Oskar Maurus Fontana
Masi di Cavalese (Trento), 26.4.47
Val di Fiemme

Lieber Fontana,
ich mache einen neuen Versuch, Sie zu erreichen, nachdem der erste, im September 45, anscheinend nicht gelungen ist.

Wie ich Ihnen damals schrieb, hat mich das Ende des Krieges im April im KZ in Bolzano angetroffen. Ich ging damals nach St. Anton, um dort Frau Sylvia aufzusuchen, hörte daß sie ihrerseits nach Italien gegangen sei, und bin daher wieder nach Italien zurück. Hier habe ich beinahe zwei Jahre in Rom gelebt, seit einigen Monaten hier, um meine Einreise nach USA abzuwarten. Vermutlich wird mir das Piscator schaffen können, ich habe aber auch noch andere Eisen im Feuer. Inzwischen habe ich wieder einiges geschrieben. Ich möchte gern von Ihnen hören und wie es Ihnen und der Frau geht. Haben Sie übrigens etwas von der Frau Jung gehört. Ich suche sie die längste Zeit, schon um mich mit dem Sohn Peter in Verbindung zu setzen. Mein Staatenlosenpaß wirkt sich auch auf ihn aus und ich könnte ihn sogar nach drüben mitnehmen, wenn er Lust haben sollte. Die beiden waren zuletzt meines Wissens in Baden, wo voraussichtlich Frau Jung nach der inzwischen erfolgten Scheidung den Hauptmann Wisser, damals in der Ortskommandantur in Baden, noch geheiratet hat. Über das entsetzliche Schicksal von Dagny habe ich noch erfahren. Wissen Sie näheres? Wenn ich weiß, daß ich Sie sicher erreiche, hätte ich Ihnen noch vieles zu schreiben.

Vorläufig aber seien Sie beide herzlichst gegrüßt
Ihr Franz Jung

195. An Cläre Jung
Masi di Cavalese (Trento), 12.5.[1947]

Liebe Cläre,
ich danke Euch[1] für den herzlichen Brief und habe noch die Bitte, vielleicht könntet Ihr von dort aus etwas tun, um Peter und Harriet aufzufinden. Es könnte sein, daß Harriet noch in den letzten Wochen vor dem Ende einen Hauptmann Wisser, der schwer kriegsbeschädigt im Februar 45 der Ortskommandantur in Baden bei Wien zugeteilt war, geheiratet hat, jedenfalls war nach meiner Kenntnis damals ein solches Gesuch im Gange. Eventuell müßte man auch nach diesem Wisser suchen. Immerhin hat mich schon sehr bedenklich gestimmt, daß Harriet sich nicht bei Euch bisher gemeldet hat. Ich hatte immer das Gefühl sie in Salzburg oder sonstwo in Österreich suchen zu müssen. Aber weder das Rote Kreuz noch das päpstliche Hilfswerk haben reagiert, was an und für sich bei der sehr oberflächlich gehandhabten Suchaktion nicht viel besagen will.

Dagny ist am 22. März im Allgemeinen Krankenhaus in Wien bei der Evakuierung des Spitals von der amtierenden Ärztin der Neurosestation mit noch 18 anderen unglücklichen Opfern vergiftet worden. Wußtet Ihr das nicht?

Ich versuche in meiner Arbeit dieses Ende mit einer Analyse ihres Schicksals und Lebensweges in Einklang zu bringen als typisch, als charakteristisch für das Schicksal einer Generation, die eigentlich noch gar nicht angefangen hatte zu leben, entsprechend auch die allgemeinen Begleitumstände auf diesen Nenner zu bringen – wir hätten es besser wissen müssen. – Du hast mich übrigens mißverstanden, das Buch erscheint nicht in der Büchergilde, ich habe nur sehr lange mit diesen Leuten darüber hin- und herkorrespondiert, sie haben sich zum Schluß nicht recht getraut. Es ist mir auch nicht gelungen, die naturgegebene Bitterkeit so abzuschwächen, daß es für einen Durchschnittsleser ertragbar gewesen wäre; einen Roman drüber zu schreiben hatte ich ja auch weder Lust noch Veranlassung.

Ich habe Frau Babette Gross gebeten, in deren Händen sich ein Manuskript befindet, das letzte auf europäischem Boden, es Dir gelegentlich ihrer Reise nach Deutschland, sie wird glaube ich in etwa 4 Wochen in Frankfurt sein, zuzustellen. Wenn es dich interessiert, diese kompromiß- und schonungslose Abrechnung zu lesen. Es ist nur ein Teil, nur auf Dagny konzentriert im allgemeinen, die Analyse wird noch weitergreifen müssen – dazu bin ich zur Zeit, mit meiner Ausreise noch zu sehr beschäftigt, nicht im Stande.

Ich freue mich zu hören, daß Ihr in Euerer Arbeit Befriedigung findet.

Seid beide herzlichst gegrüßt
Franz

---

1 Gemeint sind Cläre Jung und Felix Scherret, der erste Mann von Harriet, mit dem Cläre Jung seit Harriets Trennung von ihm zusammenlebte.

196. AN RUTH FISCHER
Masi di Cavalese (Trento), 12.5.[1947]

Liebe Ruth,
um nur ein Lebenszeichen zu geben, ich habe das ein wenig umgestellte Manuskript an Babette Gross und an Thomas gesandt. Zu einer vollständigen Umarbeitung hat es nicht gelangt. Von Wickel habe ich Antwort auf meinen zweiten Brief, leider nicht auf den ersten, in dem ich ihm die Korrespondenz auseinander gesetzt habe. Damit scheine ich kein Interesse zu finden, obwohl es so einleuchtend ist und die Verhältnisse hier das geradezu hervorrufen; auch die beiden Londoner antworten nicht.

Ich weiß nicht mehr, wie ich mich loslösen soll. Jetzt habe ich 4 Wochen intensivster literarischer Arbeit hinter mir und bin keinen Schritt weiter, nur müder geworden. Babette wird das Manuskript kaum mehr in der Schweiz antreffen, die Expedition hat sich mit ihrem Brief gekreuzt, wo sie ihre Abreise ankündigt. Deine Korrespondenz vom März habe ich auch erhalten. Ich sehe geradezu zum Greifen vor mir, wie ich dir mit ein paar wenigen Einschaltungen helfen könnte, an die Abnehmer zwingend heranzukommen – so ist es schon ausgezeichnet, aber vielleicht fehlt noch etwas in der Grundkonstruktion, um den Eindruck einer praktisch unbegrenzten Informationsfülle zu vermitteln. Schließlich nur eine technische Frage von Andeutungen und Stichworten en passant.

Auch zwei weitere Packete habe ich erhalten und danke herzlich. Aber wird es Euch nicht zuviel? Ich kann das Gefühl nicht loswerden, daß ich Euch schrecklich zur Last fallen muß, und ich kann ja auch nicht nur von Unterstützungen leben – das wird für mich zu einem sehr kritischen und ernsten Problem.

Genauer gesagt, ich beginne mich sehr zu schämen. Es wird nachgerade für mich entscheidend, daß ich jetzt auch für euch etwas tun kann, aber wie und was – ich habe in diesem Winter sehr viel an Spannkraft eingebüßt. Leider ist es nicht nur die allgemeine Malaise.

Was soll ich nur machen, an Händen und Füßen gebunden? Entschuldige diesen Stoßseufzer.

Herzliche Grüße
Franz

197. An Ruth Fischer
Masi di Cavalese (Trento), 19.5.[1947]

Liebe Ruth,
ich habe jetzt auch die Labor Action bekommen. Die Angriffe gegen dich waren eigentlich zu erwarten und gerade von socialistischer Seite. Selbst das dir doch freundlich gesinnte Blatt windet sich in anderen Artikeln um die gleiche Frage, es kommt immer auf dasselbe hinaus, die Grenze zu finden zwischen dem ideologischen Kampf und dem ideologischen Sentiment. Die Parteisocialisten leben eben existentiell und organisatorisch von diesem Sentiment, das beweist die Geschichte der letzten 30 Jahre und sie werden unbedingt aufgefressen, wenn sie nicht klar herausarbeiten, daß umgekehrt der Parteikommunismus dem Überkapitalismus die Zutreibedienste leistet. Dafür sind Fakten übergenug und wenn nicht anders als dadurch, daß sie das Sentiment, das die Socialisten alten Schlages als Religion gepachtet haben, zerstören.

Du solltest dich nicht allzusehr daran stören. Das ist nicht die Plattform, von der aus eine Sammlung vonstatten gehen kann. Die Grundlage ist eine andere geworden, daher eine andere Analyse und entsprechend auch eine andere Methode. Ich würde dir übrigens empfehlen, die Genfer internat.

Handelskonferenz zu behandeln, Analyse der Welthandelsbedingungen, die auf der Konferenz klar zum Ausdruck kam, und von dort aus untersuchen, warum die Russen die verschiedenen Kartell- und Poolkonferenzen nicht beschickt haben und jedes Abkommen stören werden. Sie sind ja in ihrer gegenwärtigen Situation grundsätzliche Gegner jeder Markt- und Preisstabilisierung. Der Kampf wird nur auf dem Rücken ihrer Satelliten ausgetragen, die dadurch automatisch fester gebunden werden – auch wenn sie verhungern und die Wirtschaft in ein Chaos versinkt. Ich glaube, daß dabei auch ein Licht auf die Zweigleisigkeit der amerikanischen Außenhandelswirtschaft fällt. Das nebenbei. Ich sehe nicht, wie ich hier wegkomme. Vielleicht kann ich für die Sommersaison einen Posten als Portier in einem der Hotels in Como oder an der Riviera bekommen. Ich muß etwas Entscheidendes tun, um aus der Erstarrung, die mich sonst auffrißt, herauszukommen. Ich fürchte nur, für einen Hotelportier wird Praxis und Vorkenntnisse verlangt. Alles kann ich dabei durch Bluff und etwaige Papiere, die ich mir vielleicht beschaffen könnte, nicht einholen.

Wie ein Maniak klammere ich mich immer noch an meine literarischen Arbeiten.

Ich schreibe wieder, sobald sich etwas in meiner Situation ereignet hat.

Herzliche Grüße
Dein Franz

198. AN OSKAR MAURUS FONTANA
Masi di Cavalese (Trento), 20.5.[1947]

Lieber Fontana, Ihr Brief vom 10. hat mich sehr gefreut. Ich darf Sie also beglückwünschen zum „Professor", zu Ihrer Arbeit und zu Ihren Publikationen. Genieren Sie sich nicht Ihrer Begeisterung, es ist das beste, was wir haben. Ich bin sehr beunruhigt, daß auch bei Ihnen kein Lebenszeichen von meiner früheren Frau und dem Sohn Peter eingetroffen ist. Ich habe schon verschiedene Suchaktionen durchgeführt, alle ohne Erfolg. Das letzte Zeichen war aus Baden, wo sie möglicherweise den an der dortigen Ortskommandantur tätigen Hauptmann Wisser geheiratet hat, jedenfalls war damals das Gesuch im Gange, mehr weiß ich nicht. Ich habe noch das Gefühl, daß Mutter wie Kind meine Hilfe brauchen.

Von Dagny hatte ich schon in Rom gehört, allerdings daß sie bei der Evakuation des Spitals als nicht transportfähig vergiftet worden sein sollte. Ich habe das auch meiner Dagny-Analyse[1] zugrunde gelegt, obwohl die Form des äußeren Endes wie auch die allgemeinen Umstände an und für sich nicht entscheidend sind, da das Schwergewicht der Behandlung des Themas in der Erziehung, der Unausgeglichenheit und der mangelnden Anpassung liegt. Neben dieser Dagny-Analyse, die auch zur Betrachtung meines eigenen Lebens mitzählt, habe ich noch ein Drama „Samtkragen" geschrieben und bin bei der Bearbeitung einiger Prosastücke, in gewissem Sinne stilistische Variationen, die vielleicht eine Novellensammlung[2] ergeben. Ich habe mit einigen amerikanischen Verlegern Kontakt und im übrigen einen sehr eifrigen Agenten dort, bei dem ich auch schon hoch im Vorschuß bin, so daß ich mich gewaltig anstrengen muß, um etwas hereinzuholen. Leider habe ich ein ganzes Jahr verloren, indem ich mich drüben zuerst an die falschen Leute gewandt habe, Freunde von früher, die mir zwar allerhand versprochen haben, aber gar nicht in der Lage waren etwas für mich zu tun, denn sie stehen praktisch ebenso draußen wie ich selbst.

Übrigens interessant, daß sich wenn auch im einzelnen differierend, sich fast alle meinen alten Freunde dort von der Sozial-Ökonomie etwa eines Marx abgewandt haben und mehr zur Sozialpsychologie der gesellschaftlichen Bindungen ohne noch erkennbare orthodoxe Struktur in der Auffassung hinneigen, so daß entwicklungsmäßig alles offen ist, einschließlich der Stellung zur Kirche.

Ich selbst neige heute dem alten Brenner-Kreis[3] zu, obwohl ich eine klare Stellung noch nicht gefunden habe und vermutlich von der Kirche als „Subjektivist" abgelehnt werden würde. Auch darin ist alles noch im Fluß. Nebenbei: Arbeiten Sie weiter an Ihrem Paraguay-Entwurf? Ich würde Ihnen sehr raten dazu, denn ich glaube, daß wenn Sie sich auf Dokumentation in der Hauptsache beschränken und so wenig wie möglich Romantik und eine gestellte Handlung hineinbringen (Sie können sie am Rande andeuten) großes Interesse drüben vorhanden sein würde. Sylvia[4] ist hier, leider ziemlich krank, ihrer hochgradigen

Anämie wegen mußten wir damals auch Fregene verlassen, weil sie das Klima nicht vertragen konnte. Sie sieht und nicht ganz [falsch] auch vom psychisch-therapeutischen Standpunkt ihre Rettung darin, in einen Orden einzutreten, praktisch ist sie aber zu krank dazu, andererseits gewinnt sie aber bei Besserung ihres Zustandes wieder mehr Kraft, das Leben in der uns bestimmten Form anzugehen. Es sieht fast so aus, als wollte sie mich allein nach drüben fahren lassen. Sie läßt sie beide übrigens herzlichst grüßen.

Daß man sich nach mir erkundigt, höre ich mit einem heiteren und einem nassen Auge. Für mich ist die Versicherung[5], in der ich in diesen letzten Jahren untergekrochen war, die wie ein Alpdruck noch oft über mich kommen, gottseidank endgültig vorbei, und ich bin froh, wenn ich von den Leuten nichts mehr höre. Ich bin auch nicht gerade nachtragend, obwohl sich gerade der Herr Ammon sehr schlecht benommen hat im Gegensatz zu seiner Sekretärin, die für mich immer freundlich und hilfsbereit war.

Neulich habe ich in einer ungarischen Zeitung ein Interview mit dem Inhaber von Gellert Herrn Gundel gelesen, der allen Ernstes behauptet: Nur die Köche können Europa retten. Das hat mir gefallen, allerdings hat er gleichzeitig erwähnt, daß ihm seine Sammlung von 500 Kochbüchern gestohlen worden ist, darunter ein Kochbuch in ungarischer Sprache aus dem 12ten Jahrhundert mit über 300 Spezialitäten und 9 verschiedenen Arten der Zubereitung von Zwiebelsuppen.

Und so schlägt man sich halt zwischen Scherz und Ernst durch. Empfehlen Sie mich gehorsamst Ihrer Frau, die den Verlust der Gundel'schen Kochbücher ohne weiteres ersetzen kann.

Und seien Sie beide herzlichst gegrüßt
Ihr Franz Jung

Bitte lassen Sie meine Manuskripte noch bei Ihnen, im Augenblick brauche ich sie nicht.

---

1 „Das Jahr ohne Gnade".
2 Die autobiographische Folge „Variationen".
3 Um die von Ludwig von Ficker 1910 in Innsbruck gegründete frühexpressionistische Zeitschrift *Der Brenner* (seit 1915 in unregelmäßiger Folge als Jahr-

buch) hatte sich ein Kreis gebildet, der aus katholischer Überzeugung eine Kulturreform anstrebte.
4 Jungs vierte Lebensgefährtin, die ungarische Lehrerin Anna Radnóti, später Anna von Meißner.
5 Das Versicherungsbüro Tiso & Co. in Wien, das u.a. von dem Hauptmann a.D., Bankkaufmann Eberhard von Ammon vertreten worden war.

199. AN RUTH FISCHER
Masi di Cavalese (Trento), 2.6.[1947]

Liebe Ruth, vielen Dank für Deinen Brief vom 20.5. mit dem Bemühen mich tröstend aufzumuntern. Julian Gumperz kenne ich eigentlich mehr aus der Distanz, aber in angenehmer Erinnerung. Während er mit Herzfelde den Malikverlag gestartet hat, war ich in Rußland. Als ich zurück war, hatte er sich schon zu Weil nach Frankfurt zurückgezogen. Dort soll er agrarwissenschaftlich gearbeitet haben und hat auch glaube ich eine eigene Theorie entwickelt und ein Buch darüber geschrieben, das seinerzeit dem Georg Fuchs sehr gefallen hat. Es ist eigentlich verwunderlich, daß er nicht dabei geblieben ist. Auf dem Sektor der sozialist[isch]en Agrartheorie ist vor Hitler in Deutschland sehr viel gearbeitet worden und durchaus in die Zukunft weisend, leider scheint alles verschüttet zu sein, darunter auch die Agraranalysen des jungen Haushofer[1], den ja bekanntlich sein Vater der Geopolitiker selbst an die Gestapo ausgeliefert hat, um ihn hinrichten zu lassen. Das Arbeitsthema liegt mir fern, aber ich weiß, daß noch eine neue Entwicklung bevorsteht und Gumperz gehört durchaus hinein. Du solltest ihn einmal darauf anstoßen. Aber es ist immerhin der Weil-Kreis – wie komisch die Leute reagieren, er ist mindestens schon der fünfte, der mich auf Grosz verweist, obwohl es diesem wie auch Weil ein besonderes Spezialvergnügen sein dürfte, für mich nichts zu tun. Was den Grosz seinerzeit veranlaßt hat, sozusagen über Nacht mich geradezu zu fliehen, weiß ich nicht, ich kann mir nicht die geringste Vorstellung davon machen, ich müßte irgendwie im Privaten darüber herumanalysieren und dazu habe ich wirklich keine Veranlassung. Das hat so Ende der zwanziger Jahre angefangen und ich acceptiere die Ablehnung. Ich kenne nicht die Gründe, aber ich will auch nichts mehr von ihm hören.

Ich bin weder beleidigt noch nachtragend, aber trotzdem fühle ich mich jedesmal in einen Kübel mit Dreckwasser getaucht, wenn der Name Grosz in Verbindung mit meiner Situation erwähnt wird.

Ich habe übrigens eine Bitte, die du erfüllen kannst, wenn du es für praktisch hältst. Der schon mehrfach erwähnte Dr. Gasbarra in Bolzano (mit mir zusammen damals Dramaturg bei Piscator) war mit Gumperz anscheinend sehr befreundet. Als ich ihm zufällig den Namen erwähnte, hat er mir einen Brief für G[umperz] in die Hand gedrückt, zur Weiterleitung. Wenn du es für richtig hältst (leider ist auch mein Name wenn auch flüchtig erwähnt), so expediere doch den Brief weiter, am besten vielleicht einfach in ein Couvert stecken und adressieren – ich glaube nicht, daß das wie eine Anbiederung von meiner Seite aussehen kann –?

Zu deinen Anregungen kann ich im Augenblick wenig sagen. Matteotti hat mir noch nicht geantwortet. Ich habe ihm nicht nur in der Mexiko-Angelegenheit geschrieben, sondern ihn auch um Intervention für den italienischen Reisepaß gebeten. Der Paß liegt bereits fertig auf der Quästur, aber die Leute schicken ihn mir nicht, warum weiß ich nicht. So ein Papier wird zwar selten ausgestellt, aber damals schien es mir dank der Intervention der Alliierten Kommission zu gelingen. Dieser Paß erst bringt das Generalkonsulat in Genova in Bewegung, seit drei Monaten habe ich von dort nichts mehr gehört, obwohl ich theoretisch alle Zusagen habe. Vielleicht stoßen sich die Leute an meinen verschiedenen Nationalitäten jetzt neuerdings. Praktisch habe ich doch die deutsche Nationalität schon 20 verloren (als russischer Staatsbürger in Gerichtsverhandlung in Breda nach Rußland ausgewiesen, deutsches Auslieferungsbegehren abgewiesen). Das weiß zwar nicht das Generalkonsulat, zum mindesten habe ich es in dem Fragebogen nicht erwähnt, aber die Kommission. Dann der ungarische Interimspaß, den ich erwähnen mußte, zumal mir gerade auf dieses Papier hin das ungarische Konsulat bescheinigen mußte, daß sämtliche Einbürgerungen in Ungarn aufgehoben worden sind – sonst hätte ich die Staatenlosigkeitsqualifikation nicht bekommen. Irgendwelche deutsche Papiere habe ich überhaupt nicht. Ich kann das Schweigen von Matteotti nicht verstehen, denn praktisch ist die ganze Aktion auf seinen Rat und Intervention seines Flüchtlingsbüros damals erst in Gang gekommen. Er ist ja allerdings jetzt ein großer Politiker geworden und er wird andere Sorgen haben.

Irgendwelche andere Nachrichten habe ich bisher von keiner Seite erhalten, bis auf die rührende mich immer wieder von neuem tief beeindruckende Fürsorge von Thomas.

In meiner persönlichen Lage bereiten sich kritische Entscheidungen vor. Sylvia, die sich im Augenblick besser fühlt (ich glaube nicht an die Dauer), ist von einem überschäumenden Tätigkeitsdrang, will wieder eine Pension aufmachen, so eine Art Einkehrhaus zur geistigen Sammlung. Wir haben ja schon Erfahrungen mit einem ähnlichen Plan in Fregene hinter uns, wobei wir so gut wie alles verloren haben, diesmal allerdings in Kombination mit einem Orden und vielleicht der Empfehlung des Bischofs, aber wir werden dabei den Rest der immobilen Reserve auch verlieren. An und für sich würde das zwar meine Reisepläne erleichtern, aber die Sache kann morgen wieder ganz anders aussehen, und die Verantwortung bin ich deswegen auch nicht los. Nicht nur daß mir das Ganze fern liegt, ich kann ja auch dort als Hausdiener arbeiten, ich glaube nur nicht an den Erfolg, im Gegenteil, ich sehe sicher den Zusammenbruch voraus. Und kann eigentlich auch nicht eingreifen. Das ist nur so ein Stoßseufzer, denn helfen kann mir leider niemand.

Auf der Suche nach Peter und der Frau Harriet, die ich noch immer nicht gefunden habe, bin ich auf einen alten Bekannten den Schriftsteller Fontana gestoßen. Der Mann war ganz außer sich, daß er mich aufgefunden hat und beschwört mich nach Wien zu kommen. Er ist dort Professor geworden, Lektor im Müller Verlag, Chefredakteur erst beim Kurier und jetzt der Welt am Abend. Und will alles für mich tun (ich hatte ihn von Budapest aus etwas betreut). Aber nach Wien in den Naturschutzpark zu gehen ist wohl das letzte, was ich mir vorstellen könnte.

Meine zweite Frau Cläre Jung arbeitet wie mir Reichenbach schrieb an dem Berliner Sender und hat ein Buch über mich[2] geschrieben – wohl in der Annahme, daß ich bereits zur Strecke gebracht bin. Du siehst, der posthume Ruhm dringt von allen Seiten auf mich ein. Während ich mit dem Auskehren der Wallfahrtskapelle, die neben der Pension errichtet werden soll, beschäftigt bin ...

Also und mit herzlichen Grüßen von uns beiden
Dein Franz

1 Vermutlich zieht Jung die beiden Söhne des Geopolitikers Karl Haushofer, Albrecht und Heinz, zu einer Person zusammen: Beide wurden in Zusammenhang mit dem Attentat auf Hitler am 20. Juli 1944 verhaftet, doch nicht der Agrarwissenschaftler Heinz, sondern der Geopolitiker Albrecht Haushofer wurde hingerichtet.
2 Vermutlich eine Verwechslung; 1946 war von Cläre Jung das Buch „Aus der Tiefe rufe ich" erschienen, eine Chronik der Schicksale jüdischer Bekannter im Berlin der Hitlerzeit.

200. AN ADOLPH WEINGARTEN
Masi di Cavalese (Trento), 14.6.[1947]
Val di Fiemme

Lieber Adolf, nachdem ich schon in meinen letzten Briefen an Ruth den Eingang einiger Packete bestätigt hatte, sind inzwischen zwei weitere Sendungen eingetroffen, eins mit Nudeln und heute eins mit verschiedenen anderen feinen Sachen, darunter auch die Peanut-Butter. Ihr seid wirklich großartig und wir danken euch recht herzlich. Ihr könnt gar nicht annehmen, wie wichtig das hier ist, wo sich die Dinge zu gewissen Wirren nach allgemeiner Erwartung für die nächste Zeit zuspitzen. Auch den Reader Digest habe ich erhalten.

Ich lese gerade, daß Matteotti mit Saragat in diesen Tagen nach drüben fliegen, um dort Konferenzen abzuhalten. Wenn es irgend möglich ist, solltet ihr versuchen, mit Matteotti zu sprechen. Er hat mir auf meinen Brief noch nicht geantwortet, worin ich ihn um seine Intervention in meiner ital. Paßangelegenheit bat. Er hat ja damals die Sache eingeleitet, und es genügt für ihn ein Telefonanruf beim Fremdenamt, damit ich wenigstens den ital. Reisepaß, der zugleich so eine Art Daueraufenthalt bedeutet, bekomme. Der Paß liegt beim Amt schon fertig ausgestellt, ich habe ihn im November mit eigenen Augen gesehen, und ich verstehe nicht, warum ihn mir die Leute nicht zuschicken. (Den Mexiko-Ausweis, worum ich ihn gleichfalls gebeten hatte, kann man fallen lassen, wenn das nicht geht.) Unbedingt solltet ihr sehen, des Mannes habhaft zu werden.

Bitte bestelle auch einen Gruß an Ruth, ich möchte ihren Arbeitseifer nicht erst durch meine überflüssigen Jammerbriefe stören.

Und sei selbst herzlichst gegrüßt und bedankt
Dein Franz

201. AN CLÄRE JUNG
Masi di Cavalese (Trento), 15.6.[1947]
Val di Fiemme

Liebe Claire,
vielen Dank für Deinen Brief vom 25.v.M. Ich hoffe, daß Du inzwischen auch meinen Brief vom 12.5. erhalten haben wirst. Ich habe auch eine Mitteilung von Margot erhalten, nebst einem Begleitschreiben einer Dame aus Berlin-Zehlendorf, deren An- und Unterschrift ich leider nicht genügend entziffern kann, sonst würde ich ihr gern für ihr verständnisvoll-werbendes Eingehen und die gute Meinung auch meinerseits in einem Briefe danken. Vielleicht kann ich Dich bitten, das für mich zu tun. An Margot werde ich schreiben. Es wird nicht leicht sein, ihr auseinanderzusetzen, daß sie sich an dem unglücklichen Ende von Dagny natürlich unmittelbar keine Schuld beizumessen haben würde, wenn nicht dieses Schuldgefühl anscheinend mit der Intensität des Willens zum Weiterleben gekoppelt und in eine neue Lebenserwartung umgewandelt ist, von der es durch eine neue und schmerzliche Operation erst getrennt werden müßte. Um behutsam und betreuend darauf einzugehen, ist es mit einigen Worten über die Relation von Schicksal und Bestimmung, innerhalb der das Bewußtwerden des Lebensablaufs sich vollzieht, nicht getan. Dafür reicht auch der notgedrungen oberflächliche Kontakt über einen Briefverkehr, zumal in dieser Zeit, nicht aus. Ich möchte ihr wünschen, daß sie sich von diesem Schuldgefühl befreit, ohne an Lebensintensität einzubüßen.

Ich lasse alle, die mir durch Dich haben Grüße bestellen lassen, freundlich wiedergrüßen und auch sonst, wer sich an mich noch mit einem Ansatz von Wohlwollen erinnern mag. Der Entschluß, wieder von neuem in der Emigration zu bleiben, ist mir sehr schwer gefallen, eine zwangsläufige Folge in der nun nicht mehr ausweichbaren Entscheidung über meine Daseinsberechtigung und geistige Existenz. Bei der Verachtung, der der Deutsche heute in der Welt und gerade bei den uns verwandten geistigen Kreisen begegnet – unabhängig von den verschiedensten Einschränkungen, ist diese leichter im Lande drinnen in der Masse und im Rahmen einer Arbeit zu tragen, als draußen als Einzelner, im Brennpunkt des Mißtrauens und selbst bei allem Entgegenkommen irgendwie schief angesehen. Ich muß mir dagegen eine Arbeit als weitere Lebensaufgabe erst entwickeln, selbst unter einer vereinsamenden Atmosphäre, die mich zu ersticken droht, als drinnen unter vielleicht günstigeren äußeren Umständen dahinzuvegetieren, niemandem zum Nutzen und mir selbst zur Last. Denn zu einer Erziehungsaufgabe eigne ich mich nicht, solange ich noch selbst mit mir damit nicht fertig bin.

An Kurtz habe ich ein paar Zeilen geschrieben. Ich würde Euch übrigens empfehlen, zur Auflockerung Eures Rundfunkprogramms[1] gelegentlich kulturhistorische Miniaturen, als Hörspiel gegliedert und serviert, zu bringen, die man ganz amüsant und auch aktuell gestalten könnte, kontradiktorisch und wahrscheinlich auch erziehungsmäßig, etwa die Disputation auf einer Kardinalsversammlung in Urbino, so um 1200 herum über die Frage, welches ist die größere Sünde, zu betrügen oder betrogen zu werden. Oder das Diner des Kriegslieferanten aus der Jakobinerzeit, über dessen ausschweifende Lebensführung im Konvent Klage geführt worden war. Er hatte schließlich eine Reihe prominenter Konventsmitglieder mit Robespierre an der Spitze zum Diner eingeladen. Die Leute, die mit großen Erwartungen gekommen waren, sahen sich aber sehr enttäuscht, es gab nur Kartoffeln und eine Schale Milch, während in den Vorzimmern die begleitenden Nationalgarden und neugierigen Sansculotten von der Straße mit Pasteten und Wein etc bewirtet wurden. Inmitten des fröhlichen Tumultes wurden dann drinnen Ansprachen vom Gastgeber und einigen Deputierten über die Tugend und Mäßigkeit gehalten. Oder die Predigt des hl. Antonius an die ungeborenen Kinder im Mutterleib, worin er 900 Jahre vor Freud die Analyse vorweggenommen hat und zum Schluß genaue Anweisungen gibt, unter welchen Umständen, wieoft, zu welchem Zweck und mit welcher Wirkung darf der Ehemann seine Frau prügeln. Viele solcher Miniaturen findet ihr in den Memoirenwerken, bei Goncourt oder Aretino, auch Gespräche bei Lucian, etwa über die Todesfurcht, wären geeignet. Das meiste ist ja auch deutsch gedruckt, bei Georg Müller oder im Inselverlag. Wenn Paul Wiegler noch erreichbar ist, der könnte vieles beisteuern. Ihr müßtet nur bei einer Aufblätterung zum Hörspiel auf den dramaturgischen Grundsatz achten: erst genaueste und eindringliche Angaben über die Zeit, die Situation, die Schilderung der Personen, dann das Thema und dann erst sprechen lassen. Bei Hörspielen, die ich hier gehört habe, wird diese

Grundvoraussetzung für die Wirkung oft vergessen.

Ich nehme an, daß ich bald von hier weggehe, weil das Häuschen, das mir ein Bekannter zur Verfügung gestellt hat, meist über die Sommersaison vermietet wird. Über die bisherige Adresse wird man mich aber auf jeden Fall erreichen können, falls bis dahin meine Visen nicht erledigt sind, wozu im Augenblick wieder etwas bessere Aussicht ist.

Und soweit dann mit herzlichen Grüßen an Dich und Felix
Franz

1 Seit Mitte 1945 waren Cläre Jung und Felix Scherret beim Berliner Rundfunk tätig, Cläre Jung zunächst als Chefredakteurin der Abteilung Kulturpolitik und Volksbildung.

202. AN MARGOT RHEIN
Masi di Cavalese (Trento), 15.6.[1947]
Val di Fiemme

Liebe Margot,
Dein Brief vom 25.v.M. hat mich mit Trauer und Sorge erfüllt. Ich möchte Dir gern helfen, wenn es in meinen Kräften stünde. Von hier aus kann ich wenig tun, aber ich will versuchen, eine Kombination über Bekannte draußen zu finden, nur wird dies eine Weile dauern und ich möchte Dich bitten, Geduld zu haben.

Deinen Brief kann ich unter den erschwerten Korrespondenzbedingungen nur ungenügend beantworten und ich muß nur hoffen, daß Du mich im wesentlichen verstehst. Nähere Einzelheiten über das Ende unserer Tochter Dagny[1] weiß ich auch nicht mehr, als Dir glaub ich Fontana aus Wien schon geschrieben hat. Es ist ja derselbe, der auch mich informiert hat. Eine besondere unmittelbare Schuld solltest Du Dir nicht zuschreiben. Es ist die Frage von Bestimmung und Schicksal, in deren Relation, Gegensätzlichkeiten und dem Bemühen um das Gleichgewicht das Leben des Einzelnen verläuft. Unsere Verantwortung mag deswegen nicht weniger groß sein, aber sie ist mittelbar und vielleicht auch mitbestimmend für das Schicksal, aber doch trotzdem nicht eine unmittelbare Schuld, wenigstens nicht in diesem Fall.

Dagny hat sich jener zersetzenden Umklammerung der Atmosphäre in Deutschland nicht mehr entziehen können. Sie hat dazu nach dem glückhaften Beginn in der Greifswalder Klinik nicht mehr die Kraft gehabt. Ihr Aufenthalt in Wien war ein schrittweises Abgleiten in Passivität und Selbstaufgabe. Ich selbst war bereits verfolgt und tödlich bedroht, ebenso wie meine Bekannten, die ihr nach dem Plan hätten über die Grenze zu kommen helfen sollen. Es war uns trotzdem noch gelungen, sie vor den Verfolgungen des Berliner Arbeitsamtes und ihrer alten Stellung durch Untertauchen in eine neue Arbeitsstelle zu schützen, aber sie hat sich dort entgegen allen Warnungen und Bitten nicht gehalten, sie hat die Endkatastrophe geradezu hervorgerufen. Erschütternder für mich als das Ende waren die Briefe und Mitteilungen, die ich noch im Sommer 1944 erhalten habe, aus denen man schon beinahe hellseherisch die Entwicklung voraussehen konnte. Und dabei nicht mehr helfen zu können. Gewiß, die Tatsache allein, daß ich als Einzelner nichts gegen den Nazi-Apparat ausrichten kann, spricht an sich mich, und zwar für mich selbst, nicht von der Verantwortung frei, aber ich muß und zwar auch nur vor mir selbst, auf die harte Wirklichkeit hinweisen, daß ich in der Zeit der entscheidenden Krise bereits selbst in den Händen der Gestapo war. Der Selbstmordversuch Dagnys in ihrer neuen Arbeitsstelle war nur der Schlußstrich, praktisch hatte sie sich schon Monate vorher aufgegeben. Er hat nur den ganzen Apparat gegen sie in Bewegung gesetzt. Sie ist in die Neurosenabteilung des Krankenhauses eingeliefert worden zur Untersuchung auf Simulation und Arbeitssabotage und ist dann bei der Evakuation des Spitals im März 45 wahrscheinlich mit noch anderen unglücklichen Opfern vergiftet worden. So war die letzte Entwicklung. Den jungen Meiszner[2] muß man zum Beispiel bei der Beurteilung der Verantwortung oder Schuld ganz ausschalten.

Aber überhaupt, die Intensität des Willens zum Weiterleben hängt von der Möglichkeit ab, mit sich selbst fertig zu werden, eine gewisse Gesetzmäßigkeit in der bisherigen Entwicklung der eigenen Unausgeglichenheit zu erkennen. Von da aus kann man dann auch noch den anderen, jeder an seinem Platz und nach seinem Ausmaß, von Nutzen sein. Und das ist eigentlich eine tröstliche Gewißheit – auch im Gedanken an unser Kind, die nicht unglücklicher war und ist als wir selbst, in der Spontaneität ihres Widerspruchs vielleicht glücklicher.

Mit dieser Erkenntnis leben wir weiter.

Herzlichen Gruß
    Franz Jung

---

1 Vgl. „Das Jahr ohne Gnade".
2 Hansjörg von Meißner, Dagnys Freund. Er war 1944 nach Budapest gefahren, um eine Basis für ein gemeinsames Leben mit Dagny Jung zu finden. Auf Veranlassung Jungs ging er eine Scheinehe mit Anna (Sylvia) Radnóti ein.

203. An Sheba Strunsky, International Rescue and Relief Committee
Masi di Cavalese (Trento), 1. Juli 1947

Sehr geehrte gnädige Frau,
auf Empfehlung von Karl August Wittfogel und Julian Gumperz erlaube ich mir, mich an das Komitee zu wenden mit der Bitte um Unterstützung für eine Einreise in die USA.

Meine Daten sind folgende: Geboren den 26.11.1888 in Neisse (Oberschlesien), katholisch, auf den Universitäten Leipzig, Jena und Breslau Jurisprudenz studiert, später, nach einer Zwischenzeit als Handelsjournalist, Nationalökonomie und Betriebswissenschaft in München, dort 1914 über die Zündholzindustrie promoviert. Bei Ausbruch des Krieges als Mitglied einer kriegsgegnerischen Studentengruppe strafweise eingezogen[1] und sogleich an die Front geschickt, nach drei Monaten desertiert, später vor dem Kriegsgericht, auf Intervention des Schutzverbandes deutscher Schriftsteller ein Jahr später entlassen. Bis Ende des Krieges tätig in einem Hamburger Maklerbüro für Seeversicherungen, Mitglied des Spartakusbundes. Nach dem Umsturz bei einer Oppositionsgruppe[2] zur Kommunistischen Partei, verschiedentlich eingesperrt, 1921 nach Holland geflüchtet, das deutsche Auslieferungsgesuch wird von Holland abgelehnt, und ich nach Sowjetrußland ausgewiesen. 3 Jahre Rußland, in der Hungerhilfe in leitender Stellung, später Zündholzfabriken[3] in Tschudowo und Iraida aufgebaut, zuletzt ein Schiffsreparaturwerk in Petrograd organisiert. Differenzen

*Identitätsbescheinigung des italienischen Außenministeriums
für eine Ausreise in die USA, Trento, 28. Juni 1947*

mit den Sowjets, Enttäuschung, ich kehre illegal 1924 nach Deutschland zurück. Von allen Verbindungen getrennt und zurückgezogen unter dem Namen Larsz betreibe ich ein Korrespondenzbüro[4], Wirtschaftsanalysen bis 1928. Dann werde ich amnestiert, arbeite wieder unter meinem Namen als Dramaturg bei verschiedenen Berliner Bühnen und gebe 1930 eine Zeitschrift gegen den Nationalsozialismus, „Der Gegner", heraus, die schon 1932 illegal wurde und die nach meiner Flucht aus Deutschland mein Redakteur Schulze-Boysen zum Ausbau seiner Widerstandsgruppe benutzt hat.

Während des Naziregimes – ich selbst war schon 1932 Gegenstand einer wütenden Pressehetze und war wieder in die Illegalität untergetaucht – war ich erst in Prag, später in Wien, wo ich mich um die österreichische Staatsbürgerschaft beworben habe, das Verfahren wurde so schleppend betrieben, bis es zu spät war; Mitarbeiter der Wiener Wirtschaftswoche und verschiedener deutscher Emigrationszeitschriften, nach dem deutschen Einmarsch dann in der Schweiz als Experte für die Wirtschaft der Balkanländer bei einer von der „Patria" geführten Rückversicherungsgruppe. Bei Ausbruch des Krieges ging ich für diese Gruppe nach Budapest. Inzwischen waren in dieser Gruppe selbst Auseinandersetzungen und Verschiebungen eingetreten, die amerikanischen und holländischen Interessen wurden von den deutsch-italienischen Beteiligungen überschattet und verdrängt, was für mich erst viel später ersichtlich wurde. Dann war es aber schon zu spät, aus Ungarn wieder herauszukommen. Ich konnte mir durch Adoption einen ungarischen Interimspaß besorgen, mit dem ich mich schlecht und recht bis 1944 durchhalten konnte. In der letzten Zeit war ich mit dramaturgischen Arbeiten beschäftigt. Nach dem Einmarsch der Deutschen hielt ich mich im Lande verborgen, von den Pfeilkreuzlern wurde ich dann eingesperrt und zum Tode verurteilt wegen Zersetzung der Wehrtüchtigkeit – Anlaß gaben verschiedene Aufsätze, die in ungarischen Zeitschriften vorher erschienen waren. Es gelang mir zwar noch einmal, zusammen mit anderen Opfern aus dem Todeskeller zu entkommen, um aber noch am gleichen Tage in die Hände des deutschen SD zu fallen. Ich wurde Ende 1944 nach Wien gebracht, um anscheinend für ein besonderes Verfahren aufgespart zu werden, später im Zuge der schon einsetzenden Evakuierungen nach Innsbruck, Verona und Bozen. Dort im KZ wurde ich dann Ende April 1945 befreit. Den damals schon zu bemerkenden Zersetzungserscheinungen im Apparat verdanke ich mein Leben. Ich bin dann, nachdem ich einige Monate schwer krank war, und die Frau, die mir aus Ungarn nachgereist war und mich mit Hilfe des Roten Kreuzes in Italien schließlich aufgefunden hatte, nach Rom gegangen, später nach Fregene bei Rom, und bin seit November 46 hier in dem Dolomitendorf, wo ein aus dem KZ her befreundeter Kamerad uns aufgenommen hat.

Soweit in großen Zügen der gewiß nicht sehr sympathische abenteuerliche Ablauf der letzten dreißig Jahre.

Gnädige Frau, das Entscheidende, warum ich das Committee um Unterstützung bitte, liegt aber woanders. Ich bin von Beruf Schriftsteller. Ich habe an die dreißig Bücher veröffentlicht, Romane, Novellen, Dramen, von denen auch einige aufgeführt worden sind, soziologische Dokumentation. Ich unterscheide drei Phasen meiner Produktion, von 1913 bis 1918, von 20 bis 24 und etwa von 30 bis in die erste Zeit der Emigration hinein. Immer sind es nur Ansätze geblieben, und das ist allein nicht meine Schuld oder mein Unvermögen. Wenn ich von Literaturhistorikern mit einem freundlichen Achselklopfen als Anreger bezeichnet werde, so weiß ich, daß man mir damit Unrecht tut. Ich bin noch niemals dazu gekommen, eine Atmosphäre um mich zu schaffen, in der ich mich auf meine schriftstellerische Arbeit sammeln kann. Ich gebe zu, daß die Außenseiterstellung, in die ich mich hineinmanövriert habe, im wesentlichen mir zur Last fällt. Ich erkenne auch, daß ich diese Außenseiterstellung durch das leichte Ausweichen auf meine geschäftliche Tätigkeit geradezu provoziert habe, statt das eine durch das andere zu stützen. Denn ich bin ja auch schließlich auf dieser Seite ebensowenig weitergekommen, da ich sie meist nur als Tarnung gegen politische Verfolgungen benutzt habe. Ich fühle mich aber vor mir selbst verpflichtet, nunmehr das eine oder andere *ganz* zu tun. Daher kann ich nicht nach Deutschland, zu welcher Tätigkeit immer, zurückgehen, ohne nicht von vornherein in dieselbe Zwitterstellung zu geraten, wenn ich nicht mit einer Leistung, die bestehen kann, vorher fertig bin. Und auch dann glaube ich nicht, daß man in Deutschland dafür Interesse haben wird. Ich habe jeden Kontakt mit diesem Land verloren, schon lange vorher und auch jetzt.

Dagegen scheint es mir einfach als meine Pflicht, alles zu tun und jeden Weg zu gehen, der mir die Möglichkeit bieten kann, zu einer Arbeitsatmosphäre zu kommen, in der ich mich beweisen kann. In diesem Sinne bitte ich Sie, mein Ansuchen um Unterstützung meiner Einreise nach drüben aufzufassen.

Ich bemerke noch, daß ich einen von dem Intergovernmental Committee on Refugees ausgestellten Ausweis als Staatenloser [habe] und bitte noch entschuldigen zu wollen, daß ich dieses Ansuchen in deutscher Sprache an Sie richte, für diesen Brief hätten meine englischen Sprachkenntnisse noch nicht gereicht.

Ich begrüße Sie, gnädige Frau, mit ergebenster Hochachtung

---

1 Tatsächlich meldete sich Jung als Freiwilliger; um seine oppositionelle Rolle zu betonen, zieht Jung unterschiedliche Bestrebungen zeitlich zusammen.
2 Vorstufe der Kommunistischen Arbeiterpartei Deutschlands (KAPD).
3 Gemeint sind die Zündholzfabriken „Sonne" in Tschudowo und „Iraida" in Grusino.
4 *Kontinent Korrespondenz* (seit 1924).

204. AN RUTH FISCHER
Masi di Cavalese (Trento), 1.7.[1947]

Liebe Ruth,
ich danke dir sehr für deinen Brief nebst der sehr erfreulichen Beilage. Ich lege den Brief bei, den ich an das Committee sowie Copie an Wittfogel[1] abgesandt habe. Ich glaube, es wird wohl bald der letzte Schritt sein, den ich in dieser Sache tue. Du siehst ja auch, er ist mir nicht besonders gelungen. Unter uns gesagt, ich kann nicht mehr. Meine Situation in Europa ist nicht erst jetzt völlig verfahren, wie du schreibst, sie war schon immer so. Ich will dich nicht betrüben oder dir Ärger bereiten, denn du hast für mich mehr getan, als du vielleicht vor dir selbst und anderen Hilfsbedürftigeren gegenüber verantworten kannst, denn wenn es sich nur um das Vegetieren handelt, ist es doch gleich, wo das zu Ende abläuft. Aber eins mußt du mir noch gestatten zu sagen: Warum denn diese Kerle Grosz und Hülsenbeck – ich habe schon soviel Demütigungen geschluckt und nun muß ich diese auch noch hinnehmen. Wie wenig du mich doch kennst, und auf der

anderen Seite: wie sehr muß ich dir schon zur Last fallen! Ich schicke die erwähnten Beurteilungen in kurzen Etappen, im Laufe dieser Woche noch, dazu noch eine Skizze „Leitfaden für die Behandlung russischer Diplomaten", nur skizziert, du müßtest das leicht beschwingt und witzig ausarbeiten und als Sondernummer deiner Korrespondenz der UNO Versammlung überreichen. Das alles aber nicht aus besonderem Arbeitseifer, sondern erstens ist es dein Wunsch, und dann ist es nur Aufarbeiten, der Rest, was noch im Hirn ist.

Mit herzlichen Grüßen
Dein Franz

1 Karl August Wittfogel und Julian Gumperz gaben die für die Einreise in die USA erforderlichen Affidavits.

205. AN CLÄRE JUNG
Masi di Cavalese (Trento), 1.8.[1947]

Liebe Cläre,
vielen Dank für Deine Mitteilung der Adresse von Harriet. Ich befürchte allerdings, daß die Tatsache, daß sie sich nirgendwo von selbst gemeldet hat, eher dafür spricht, daß sie keinen Kontakt wünscht. Jedenfalls habe ich sogleich versucht, mich mit ihr und Peter in Verbindung zu setzen.

Seltsam, daß ausgerechnet dieser Eberhard [von Ammon][1] die Adresse vermitteln sollte – denn dieser Mann ist ungefähr der letzte, von dem ich zu hören wünschte und dessen Gruß ich nur mit einem ziemlichen Erstaunen quittieren kann. Was sich dieser Mensch an Bosheit, Intrigen, Ausnutzung meiner Lage etc geleistet hat, erinnert mich sehr an Münzenberg in Moskau[2], und ebenso stand ich bei Kriegsende, als eine besondere Mine eines seiner Freunde gegen mich zur Entladung kam, die mir schwer zu schaffen gemacht hat, vor der Alternative, entweder einige Jahre darauf zu opfern, um den ganzen Wust von boshafter Intrige (genauso wie bei M[ünzenberg] aus Angst, ich würde ihnen was tun) zu entwirren oder die Sache schweigend einzustecken, und wie damals habe ich das letztere getan – ich weiß nicht, wie ich sonst wieder hätte arbeitsfähig werden können.

So wiederholt sich alles. Ich bin heute leicht in der Lage den Spieß umzudrehen, auch das schon aber widert mich an. Ich habe diesen ganzen Kreis in meiner Erinnerung gestrichen. Die Leute haben ja in Gisevius ihren offiziellen Geschichts- oder besser Geschichten-Schreiber gefunden, von einer unerträglichen Arroganz und Verzerrung – im Gegensatz zu dem sehr hausbackenen, aber um so vieles saubereren und anständigen Pechel.

Liebe Cläre, es tut mir richtig weh, Dir von diesem Dreck zu schreiben, wo wir uns sehr viel Wesentlicheres und auf unsere innere Verbindung Bezügliches zu sagen hätten. Entschuldige bitte.

Herzlichen Gruß
Franz

1 In den 30er Jahren Wiener Vertreter des Versicherungsbüros Tiso & Co.
2 Anspielung auf die Anklage Münzenbergs im Zusammenhang mit Jungs Tätigkeit für die Ural AG der Internationalen Arbeiterhilfe (IAH) in Sowjetrußland 1922–23, vgl. Babette Gross „Willi Münzenberg. Eine politische Biographie", Stuttgart 1967, sowie Jungs Gegendarstellung in seiner Autobiographie.

206. AN MARGOT RHEIN
Masi di Cavalese (Trento), 4.8.47

Liebe Margot,
ich habe Deinen letzten Brief erhalten und ich möchte daraus die Hoffnung nehmen, daß Du Dich über den Verlust unserer Dagny schon etwas beruhigt hast. Ich fühle, wie schwer Dir das sein muß, allein zu stehen, aber die Prüfung, auch das zu ertragen, muß auch noch durchgestanden werden und ist nicht zu Ende, die räumliche Trennung ist dabei nicht das Wesentliche. Wer lange einsam in seinen eigentlichsten Bindungen gelebt hat, der weiß, daß kein Gedanke, keine lebendige Erinnerung nutzlos und im Dämmer unserer Existenz verloren geht, gleich wo unser Dasein auch abläuft.

Wenn ich von meinem Wunsch Dir zu helfen geschrieben habe, so wollte ich damit ausdrücken, daß ich die mir gegebenen Möglichkeiten damit in Einklang zu bringen versuchen will. Ich bin im Augenblick ein beim Internationalen Flüchtlingskomitee registrierter Staatenloser, ohne Bleibe und ohne Basis und Arbeit. Wohin ich auch immer gehen werde, ob zurück nach Deutschland oder hier bleiben kann oder nach USA auswandern, die Vorbedingung ist, daß ich erst Mut und innere Sicherheit genug wiedergewonnen habe, eine neue Arbeit aufbauen und durchstehen zu können. Davon hängt alles ab. Ich habe zwar überall noch ein paar alte Freunde, die mir dabei behilflich sein wollen, aber ich glaube, ich falle ihnen schon reichlich zur Last. Dieser Start muß aber erst geschehen und wenigstens Ansätze einer weiteren Lebensfähigkeit aufweisen, dann können wir uns darüber klar werden, ob wir uns gegenseitig helfen können, auch dadurch, daß Du zu mir kommst oder umgekehrt ich zu Dir. Dann werden sich auch die technischen Schwierigkeiten, die heute dem entgegenstehen, überwinden lassen.

    Mit herzlichem Gruß
        Franz Jung

Ich habe hier einen Schein aufgetrieben, vielleicht hat er drüben noch Gültigkeit.

207. AN RUTH FISCHER
Masi di Cavalese (Trento), 2.9.[1947]

Liebe Ruth, ich bestätige mit herzlichem Dank ein von Weingarten gesandtes Packet mit sehr erfreulichem Inhalt wie Deinen letzten Brief mit der Bitte um eine Information über hiesige Verhältnisse, die ich im Augenblick noch nicht erfüllen konnte. Ich hoffe in den nächsten Wochen nach Rom fahren zu können und werde mich dort umhören. Ich sende mit gleicher Post eine Publikation ungarischer Emigranten in Wien über die ungarische „Verschwörung", worin mit minutiöser Genauigkeit die Technik der KP zur Eroberung der Macht in Ungarn in allen Details geschildert ist. Leider aber auch nicht mehr, denn die Publikation geht auf die eigentlich entscheidenden politischen und socialen Verhältnisse in Ungarn, die den KP Leuten und ihren Mitläufern den Weg geebnet haben, nicht ein. Du kannst das aber aus meinen früheren Briefen ergänzen und dann hast du, glaub ich, das ganze Bild. Wenn du dich noch an meine Bemerkungen über die „Dorfforscher" erinnerst, wird es dich interessieren, daß diese überall heute eine wesentliche Rolle spielen und typisch in allen Lagern, Erdei sitzt in der Kleinlandwirte Partei und Veres ist der Führer der nationalen Bauernpartei, ein Anhängsel der KP, nachdem er vorher noch zeitweilig der Propagandachef bei Szálasi gewesen war.

Der Bericht des Times-Korrespondenten über die Wahl dürfte den tatsächlichen Verhältnissen entsprechen.

Amüsiert habe ich mich über deine Bemerkung, bei den Osservatore Romano Artikeln prorussischer Tendenz habe es sich um einen unverantwortlichen Redakteur und Außenseiter gehandelt – weit gefehlt, der Verfasser ist Graf Dalla Torre, der Chefredakteur des Blattes.

Nun zu meinen Angelegenheiten:

Von der Internat. Rescue and Relief in New York habe ich einen Brief erhalten, nachdem Gumperz sich für ein Affidavit bereiterklärt hat, das zweite würden sie noch versuchen zu bekommen. Ebenso einen Brief von Miss List, der Repräsentantin in Rom, worin diese um nähere Informationen schreibt und auch ein Schreiben der Stockholmer Zweigstelle erwähnt, woraus sie schließt, daß ich erst nach Schweden gehen möchte. (Davon weiß ich aber nichts, da mir Babette Gross über den Erfolg oder Mißerfolg ihrer Bemühungen nichts mehr geschrieben hat.) Seit diesen Briefen, seit etwa 6 Wochen ist nichts mehr erfolgt. Miss List hat auf meinen Brief auch nicht mehr reagiert. Sie deutete an, daß mich die Organisation auch hier schon unterstützen würde – und zwar ist das dringend notwendig, sonst kann ich mich von Masi nicht loslösen. Ich müßte entweder eine Wohnungsmöglichkeit irgendwo erhalten, oder wenn ich selbst mir das suchen soll, die Zusicherung, daß man mir etwas in der Miete hilft. Ich habe Miss List um einen Termin gebeten, wo ich ihr persönlich alles erklären könnte, aber eben bisher ohne Antwort. Aufs Geratewohl nach Rom zu fahren ist sehr riskant, dazu reicht es nicht recht. An das Generalkonsulat in Genua habe ich noch einen langen Fragebogen ausgefüllt. Hier ist aber der Circulus vitiosus, wenn ich die Namen der Affidavits nicht angeben kann, geht es dort nicht weiter. Und noch andere Kleinigkeiten, wie ein Unbescholtenheitszeugnis von einer Stelle im Justizministerium, das ich wieder nur in Rom erledigen kann. In dem Personalbogen habe ich auch Frau Sylvia vorsorglich mit aufgeführt und erwähnt, da ich ja keinerlei Papiere darüber besitze, daß unsere in Ungarn registrierte Civilehe heute dort nicht mehr anerkannt wird. Dazu kommt noch, daß Sylvia ganz unentschlossen ist, ob sie überhaupt fahren soll, anscheinend eher nein wie ja. Sie läßt sich aber für Bluse und Rock sehr bedanken und hat für Dich einen Segen des Hl Vaters besorgt, der dir demnächst separat zugestellt werden wird.

Von meiner persönlichen Lage und Stimmung und der sinkenden Arbeitsintensität wage ich erst nicht zu sprechen.

Mit herzlichen Grüßen von uns beiden
Franz

208. AN ADOLPH WEINGARTEN
Masi di Cavalese (Trento), 12.9.[1947]

Lieber Adolf,
ich hatte schon in meinem letzten Brief an Ruth den Eingang eines Packetes bestätigt, nochmals herzlichen Dank. Schon die längste Zeit habe ich keine Korrespondenz, auch von Ruth nicht mehr, erhalten. Schreibe mir doch mal, sind es Portoschwierigkeiten oder habt Ihr die Sachen einstellen müssen. Dann habe ich aber noch eine große Bitte, die Ihr mir nicht übelnehmen sollt. Nach langen Bemühungen ist es mir zu meiner großen Freude gelungen, meinen 14jährigen Jungen in Deutschland aufzufinden, der in Bad Nauheim dort die Schule besucht, die Mutter arbeitet in der Dena. Wenn Ihr noch einmal beabsichtigen solltet, mir ein Packet zu schicken (wie unbescheiden, nicht?), so schickt es doch dem Jungen – ich kann ihm von hier nichts schicken, auch von Euren Sachen nichts. Seine Adresse ist: Peter Jung, Bad Nauheim, Karlstraße 23.

Mit herzlichen Grüßen
Franz

209. An Oskar Maurus Fontana
Masi di Cavalese (Trento), 12.9.[1947]
Val di Fiemme

Lieber Fontana,
vielen Dank für Ihren freundlichen Brief.

Frau Harriet und den Sohn Peter habe ich inzwischen glücklich aufgefunden, durch Vermittlung der Cläre Jung in Berlin. Sie hat sich in der Tat mit Herrn Wisser verheiratet, ist von Baden damals noch weggekommen, war eine Zeitlang in Bayern und ist jetzt Abteilungsleiterin (feature desk) bei der Dena[1] in Bad Nauheim, wo es ihr im allgemeinen ganz gut zu gehen scheint. In meinen Angelegenheiten bin ich einen kleinen Schritt vorwärtsgekommen, insofern mir die International Rescue and Relief die Affidavits in USA beschafft hat. Jetzt liegt die letzte Entscheidung beim Einwanderungskommissar. Normalerweise müßte also die Sache jetzt vorwärtsgehen.

Ich hatte vor einigen Wochen über einen hiesigen Bekannten, der seinerseits wieder mit jemandem in Verbindung stand, der nach Österreich und auch nach Wien fahren wollte, Ihnen das Manuskript von der Dagny-Novelle „Das Jahr ohne Gnade" zustellen lassen. Ich habe aber nichts mehr davon gehört, und es scheint eher, daß es verloren gegangen ist. An und für sich, daß ich es hätte noch ein wenig umarbeiten müssen, auf Grund Ihrer Mitteilung von den tatsächlichen Umständen des Todes der armen Dagny, würde ich natürlich gern Ihr Urteil gehört haben, weil ich bewußt das Schwergewicht auf die Analyse der eigenen Entwicklung gelegt habe, so daß der Zusammenbruch mehr darauf als auf den Rahmen der allerdings besonders unglücklichen Zeitumstände zurückgeführt wird. Damit bekommt auch die Schuldfrage, wenn man bei einem Einzelindividuum überhaupt davon sprechen soll, eine andere Perspektive. Wie gesagt, ich hätte gern gesehen, wenn Sie es gelesen hätten – sonst aber habe ich die Arbeit, die eigentlich mir nur genutzt hat, in dem ich viel Schutt, der auf meiner Arbeitsfähigkeit gelegen war, damit wegzuräumen in der Lage war, bereits ziemlich vergessen. Es ist ja vorläufig noch sehr schwer, wenn nicht wahrscheinlich unmöglich, Ihnen ein Manuskript zu schicken, denn ich kann nicht verlangen, daß ein Zensor ein Manuskript von 200 Seiten durchliest. Das trifft auch für das Bühnenwerk[2] zu, das ich Ihnen sonst auch gern schicken würde. Also müssen wir bessere Zeiten abwarten.

Wenn meine Amerika-Reise akut wird, so ist es nicht ausgeschlossen, daß ich über Schweden nach dort fahre, an und für sich bin ich von Dora Branting eingeladen, aber nur für einige Wochen nach Schweden zu gehen und dann nicht sicher zu wissen, wohin weiter, habe ich mich bisher noch nicht entschließen können. Ich würde dort auch sicherlich den Herrn Bermann-Fischer sehen, mit dem ich eigentlich schon längst den Kontakt verloren habe, obwohl ich in der ersten Zeit noch in Berlin ganz gut mit ihm stand. Übrigens ist der Verlag auch an der Herausgabe neuer Schulbücher im Auftrage der amerik. Militärregierung für Deutschland sehr stark beteiligt. Ein alter Freund von mir, Georg Fuchs, jetzt in New York, früher ein orthodoxer Marxist, bearbeitet die Geschichte (ich nehme an Socialgeschichte) und hoffentlich hat er für Literatur- und Kunstgeschichte andere Mitarbeiter als nur aus dem Kreis der USA-Emigranten. Wenn Sie gut mit ihm stehen, würde ich an Ihrer Stelle ihm Ihre Mitarbeit anbieten. Sie brauchen ja nicht gerade ausschließlich über Kohle und Gas zu schreiben –?

Lieber Freund – an und für sich geht es mir in spirito ziemlich schlecht, die zunehmende Vereinsamung beginnt mich zu zerdrücken und eintrocknen zu lassen, ich habe das pneuma verloren und die vorwärtstreibende (revolutionäre) Kontemplation, die ich dem Quietismus mancher Sekten des Protestantismus entgegenstellen will, zerfällt in spekulative Seifenblasen.

Auch aus Ihrem letzten Brief lese ich bereits ein wenig Resignation heraus. Ist es richtig? Dann hätte ich die Pflicht, Ihnen ernstliche Vorhalte zu machen. Ich bekomme demnächst ein kleines Honorar in Schw. Franken, das ich in Packete umsetzen will. Existiert dort die Transkont oder eine Organisation, wo ich Gutscheine kaufen lassen könnte, die Ihnen zugestellt werden? Sonst würde ich es mit einem Packet versuchen, obwohl es immer hier heißt, die Packete kommen nicht an – aus Italien kann ich wenig schicken. Augenblicklich läuft hier zwar eine Aktion, aber nur für hier ansässige Südtiroler. Und soll ich Fett oder Cigarren schicken lassen? Also – Frau Käthe soll bereits anfangen, das Feuer im Herd vorzubereiten.

Und so mit herzlichen Grüßen an Sie beide auch von Sylvia
Ihr Franz Jung

1 *Deutsche Nachrichtenagentur*, Vorgängerin von *dpa*.
2 „Samtkragen oder Der verlorene Sohn".

210. AN RUTH FISCHER
Masi di Cavalese (Trento), 17.9.[1947]

Liebe Ruth, ich schreibe dir nur kurz, um Dir für deine Sorgen um mich und deine Betreuung zu danken und den Brief vom 8. nebst Inhalt zu bestätigen. Ich bin in der ganzen äußeren Lage in einer Krise und ich mache niemanden dafür verantwortlich außer mich selbst, am wenigsten etwa dich. So schlimm und verfahren es auch äußerlich aussehen mag, innerlich bin ich sehr ruhig und gefaßt mit einer leisen Hoffnung, daß ich irgendwie die Sache doch noch wieder lösen kann und eine gewisse Bewegungsfreiheit wiedergewinne.

In den letzten Tagen ist mir noch eine besondere Freude widerfahren, daß ich den kleinen Peter aufgefunden habe, der in Nauheim (Adresse Karlstraße 23) die Schule besucht, die Mutter, Frau Harriet Wisser (neuerdings, aber auch schon in Scheidung), leitet bei der Dena die Feature Desk. Wenn du jetzt noch hörst, daß meine andere Frau, Cläre Jung, im Berliner Sowjetsender die kulturpolitische Abteilung[1] leitet und anscheinend maßgeblichen Einfluß im Kulturbund besitzt, so möchte man annehmen, daß sich auf meinem Buckel ein Teil der Auseinandersetzungen West-Ost abspielen wird.

Also hoffentlich, liebe Ruth, kann ich bald wieder etwas von mir hören lassen.
    Herzlichen Gruß
        Dein Franz

1 Cläre Jung leitete von Herbst 1945 bis Anfang 1948 das Referat Kulturpolitik und Volksbildung im Berliner Rundfunk, in dessen Rahmen sie auch die regelmäßige Sendung „Stimme des Kulturbunds" begründete.

211. An Cläre Jung
Masi di Cavalese (Trento), 18.9.[1947]

Liebe Cläre, schönen Dank für deine beiden Briefe vom 21. und 28. Ich bin ganz gerührt und sehr dankbar, in welcher Art du dich um meine Interessen sorgen möchtest. Weißt du auch, daß das sehr schwer und beinahe unmöglich ist, da ich ja obendrein mir selbst auch noch im Wege stehe. Zunächst: Das Stück „Der verlorene Sohn" ist zu dem Stück „Samtkragen" umgearbeitet. Ich habe dieses Stück, das auf Grund eigener Korrespondenz in Zürich so gut wie angenommen war, über den mir von Zürich angegebenen Reiss Verlag in Basel in Amerika anbieten lassen – mit dem Erfolg, daß erst mal der Verlag das Stück aus dem Schauspielhaus zurückgezogen hat, und dann aus dem Stück zwei Scenen drüben an einen Agenten verkauft hat, wobei ich, da sie für eine ganz andere Handlung und Milieu bestimmt waren, noch obendrein mehr Arbeit damit hatte, sie anzupassen, als ob ich ein neues Stück geschrieben hätte. Jetzt habe ich die Lust verloren. Bei Samtkragen handelt es sich im wesentlichen um eine kalte rein technische Sache, Abwandlung aller dramaturgischen Mittel, die bislang gegeben waren – um mehr nicht. Ich habe mit gleicher Post versucht, dir das Stück direkt zu schicken. Ich habe es jetzt zum 2ten Mal endgültig ad acta gelegt. Ich habe eine Erklärung an die Zensurbehörde beigelegt, in der vagen Hoffnung, daß die Herren ein Einsehen haben und die Prüfung nicht als anmaßende Belästigung empfinden. Einen Mann zu finden, der das so mit hinübernimmt, geht nicht. Du siehst ja, daß anscheinend auch die Dagny Novelle anscheinend verloren ist, die Babette Grosz nach der Schweiz bekommen hat und mit hinübernehmen wollte. Weiter: Vom „Arbeiter Thomas"[1] habe ich keine rechte Vorstellung mehr. Vielleicht könnte man den drucken, er ist seinerzeit von Marianow ins Russische übersetzt worden und soll im Novi Mir erschienen sein. Ich habe jedenfalls Honorar dafür quittiert, das in Moskau dann Eisler für mich erhoben und bei einem Bankett zu irgendeinem Sammelzweck gestiftet hat. Ob die von dir erwähnten Bücher[2] in die von Moreck geplante Sammlung hineinpassen, kann ich nicht beurteilen. Jedenfalls wäre wichtig darauf hinzuweisen, daß sie keineswegs Anspruch auf literarische Gunst erheben und während meiner Gefängniszeit zu dem Hauptzweck geschrieben, der damals aufblühenden linken Tagespresse Feuilletonromane aus der Gegenwart zu vermitteln. Der allgemeine Grundsatz für meine Beurteilung ist, ich bin im ersten Teil meiner Produktion gestartet mit der *Beziehung* als auf der Suche nach einer Bindung zwischen den Menschen, vom Standpunkt der Analyse aus, ich habe im 2. Teil dieses erweitert auf dem Gebiet der socialen Bindungen in den Ansätzen der socialen Revolution, auch hier mit dem Einzelwesen im Blickpunkt. In beiden Etappen bin ich nicht weiter gekommen, zu der mir vorschwebenden künstlerischen Synthese – aus den verschiedensten Ursachen. Ich beginne jetzt noch einmal eine dritte Etappe, unter den gleichen ursprünglichen Voraussetzungen, ich suche die Größe X historisch aufzuhellen, die in der materialistischen Geschichtsauffassung zu kurz kommt und die Kollektivismus allein nicht ersetzt, wenigstens heute noch nicht, wo der Einzelne, thomistisch gesprochen, die Relation von Gut und Böse noch nicht in einer durchlebten Selbstverantwortung im großen wie im kleinen zu regulieren in der Lage ist und wo Moral und Gesetz, Weltanschauung, Nation und Parteidoktrin nur ein Notbehelf ist, das sich in der Gegenwart als richtig erweisen mag, in der geschichtlichen Perspektive sich aber als grundsätzlich falsch erweist, mit anderen Worten, noch zerbricht der Einzelne daran, der Gute wie der Böse, der Große wie der Mann von der Straße, der Starke wie der Schwache. Zum Beispiel, der religiöse Glaube ist mehr die Perspektive in die Vergangenheit mit Symbolen, die zu Dogmen geworden sind, es fehlt die Perspektive in die Zukunft, was sich heute an Symbolen und Dogmen dafür anbietet, genügt nicht. Ich möchte beispielsweise eine Geschichte der Ketzer schreiben und grundsätzlich jeden Ketzer verteidigen, denn irgendwo war jede Abweichung vom Dogma im Recht – was im übrigen auch in der Kath Kirche heute schon zugegeben wird. Damit bin ich wieder im Beginn meiner Arbeiten angelangt, dem Problem des Widerspruchs, der revolutionären Unruhe, geläutert und erkenntniskritisch aufgeblättert in der Unruhe und Erfahrung meines eigenen Lebens bezw meiner Illusionen, meiner Fehler und Schwächen. Es ist nicht nur die Gefahr, sondern geradezu eine notwendige Begleiterscheinung, darin mißverstanden zu werden. In der notwendig bedingten Erschwerung der gegenwärtigen Korrespondenz fürchte ich, daß auch du mich mißverstehen wirst, wenn ich dir zum Beispiel sage, daß ich die „Vita" der Theresa von Avila, von der Kirche erst in der Inquisition gefoltert und später heiliggesprochen (übrigens auch deutsch bei Kösel-Pustet), für das großartigste Buch halte, das je in Selbstanalyse von einer Frau geschrieben worden ist – die Formen der Kristallisation, zeitgebunden und zum Teil auch zweckbestimmt in der Vereinigung und Verinnerlichung zu dem persönlichen Gott der Kirche, brauchen nicht zu stören. In einer der letzten Nummern der engl. Zeitschrift Horizon untersucht ein gewisser Brenan vom marxistischen Standpunkt aus das Wirken dieser Führer der kath. Gegenreformation und stellt sie an Bedeutung auf die gleiche Stufe mit der franz. Revolution. Du siehst also, ich stehe nicht allein. Der engl. Geschichtsphilosoph Toynbee, der Amerikaner Burnham, der Franzose Maritain arbeiten auf ihrem Sektor bereits viel konzipierter, aber ich will diesmal nicht mehr ausweichen, sondern auch nach meinen Möglichkeiten zur Klärung dieser Größe X mit beitragen. Bisher hat man mich schon in den Ansätzen abgewürgt, zum Teil von mir selbst provoziert, ich versuche es noch einmal.

Darf ich mich darüber beklagen, daß jetzt die Voraussetzungen für mich noch schlechter geworden sind?

Herrn Moreck würde ich empfehlen in seiner Serie unbedingt den „Meravoglio" von Giovanni Verga mit aufzunehmen, auf den alle die Silone, Vittorini etc hier zurückgehen, ebenso von dem Ungarn Veres (heute Führer der Nat. Bauernpartei, Liebling von Rakosi) den Roman „Verdorrte Erde", ein völlig aus dem Rahmen fallender revolutionärer ungar. Bauernroman, mehr soc. Analyse in Romanform, ein ganz großartiges Buch. Besagt es dann etwas, daß dieser Veres, erst Kommunist, dann von Haus und Hof vertrieben, jahrzehntelang im Elend und verfolgt, später Propagandist der Pfeilkreuzer, heute von den Kommunisten verhätschelt und zum künftigen Ministerpräsidenten geschult wird, stolz erklärt, sein Fehler war, daß er überhaupt lesen und schreiben gelernt hat?

Ich könnte ganze Bücher mit solchen Beispielen füllen.

Liebe Cläre, zum Praktischen:

Möchtest du nicht meine Sachen übernehmen, wo es not tut, überarbeiten, streichen etc. Vielleicht den Samtkragen zur Aufführung bringen lassen und die Moreckangelegenheit nach deinem Gutdünken betreiben. Sollte dafür etwas gezahlt werden, so ist es *Dein* Honorar, wovon du, wenn es reicht, vielleicht etwas der Margot oder an Peter abgeben kannst, nach deinem Ermessen. Ich brauche wohl eine besondere Vollmacht nicht zu schicken – du bringst doch die Sachen.

Und dann habe ich den Kopf frei, mich mit den Sachen zu beschäftigen, die mich mehr angehen, zum Beispiel dem Buch „Variationen"[3], an dem ich arbeite, und der Fertigstellung des Dramas „Herr Grosz" (die Hitler Version), die für Piscator bestellt ist und wo ich sehr im Rückstand geblieben bin.

Mit vielen herzlichen Grüßen
Franz

Erklärung für die Zensur-Behörde

Das beiliegende Bühnenmanuskript ist bereits 1928 in Deutschland veröffentlicht. Es handelt sich hier um eine technische Überarbeitung, die für einen amerikanischen Übersetzer angefertigt worden war.

Das Original ist zurückgesandt und ist für den Berliner Rundfunk, Kulturpol. Abteilung, Frau Claire Jung bestimmt.

16.9.1947 Franz Jung

---

1 Vgl. Jungs Brief an Piscator im Mai 1931. Der Roman ist in *Nowy Mir* nicht erschienen.
2 Moreck plante beim Potsdamer Verlag Ebert eine Reihe sozialer Romane, in die er neben Zola, Dickens, Sinclair und Gorki auch Jungs „Die Eroberung der Maschinen" und vermutlich auch „Proletarier" und „Die Rote Woche" aufnehmen wollte. Cläre Jung hatte „Arbeiter Thomas" vorgeschlagen, vgl. Franz Jung „Der tolle Nikolaus", Leipzig 1980, S. 316–17.
3 Teil 1–4: 1. Bewegung. Abstieg; 2. Pilgerfahrt. Theresa. Heimkehr; 3. Ich liebe das Böse. Amok – und habe die Hölle gewählt; 4. Die törichte Jungfrau. Vgl. auch den Brief Jungs an Dr. Knaus vom 8.5.1958.

212. An Ruth Fischer
Masi di Cavalese (Trento), 1.10.[1947]

Liebe Ruth, vielen Dank für deine erfreulichen Nachrichten. An meinem Ende hat sich nichts geändert, es kann sich auch eigentlich nichts ändern. Denn, um noch einmal alles zusammenzufassen, das Konsulat, das meine Sache bearbeitet, ist Genua und bleibt auch Genua, selbst wenn ich jetzt auch irgendwo anders hingehen würde, etwa Rom, wo dann Neapel an sich zuständig wäre. Weil Genua bereits den Fall bearbeitet und weil 3 Monate ununterbrochenen Aufenthalts vorausgegangen sein müssen, bevor überhaupt ein Gesuch angenommen wird; geschehen ist bisher folgendes: erste Etappe, mein Gesuch (liegt genau ein Jahr zurück) darauf nach 4 Wochen etwa Nachfrage der Lokalpolizei; Gründe, Absichten, Personalverhältnisse – alles Fragen, die ich eigentlich von dem Konsulat erwartet hätte – es scheint demnach, daß die erste Erhebung das Konsulat durch die italienische Polizei durchführen läßt. Nach 3 Monaten Antwort des Konsulats, Gesuch würde geprüft, ich solle noch einmal genau den Geburtsort angeben, dann würde ich unmittelbar weitere Instruktionen erhalten. Wieder vergehen 4 Monate, dann bekomme ich eine Art Bulletin, was alles notwendig ist an Papieren, daneben aber auch einen umfangreichen Fragebogen, der speziell für D[isplaced]P[ersons] berechnet ist deutsch zu beantworten mit 50 zum Teil lächerlichen Fragen, anscheinend nach dem Vorbild eines Entnazifizierungsverfahren – Bemerkung: antworten Sie sofort! Geschieht, seit 2 Monaten warte ich jetzt wieder. Liebe Ruth, wir wollen uns doch nicht darüber streiten, du mußt mir schon glauben, ich kann in der Sache nichts mehr tun. Ein persönlicher Besuch in Genua war ganz zwecklos, erste Abfertigung durch den speziell für Emigration angestellten Portier, gelingt es diesen zu passieren, stößt man auf die Barriere eines Sekretärs, der nur eine Kartei verwaltet und einen abschiebt, aber auch diese Hürde genommen kommt man zu einem anderen Sekretär, der dann eine Karte in die Hand nimmt und daraus abliest: Sie bekommen von uns Antwort – Schluß!

Würdest du dich überzeugen lassen, daß das Konsulat nur dazu da ist, die Emigration niederzuhalten und abzustoppen? Dann nimm noch folgendes zur Kenntnis: die vervielfältigten Instruktionen widersprechen sich zum Teil. Erst heißt es, welche

Dokumente vorgelegt werden müssen, ehe das Gesuch bearbeitet werden kann, dann aber: schicken Sie keine Dokumente an das Konsulat, nur an die Washingtoner Behörde, auf Anforderung. Im Fragebogen wird auch nach Dokumenten gefragt, ich habe angegeben den Staatenlosigkeitsausweis, eine alte ungarische Identitätskarte, den Entlassungsschein aus dem KZ, die italienische Aufenthaltsgenehmigung und die Identitätskarte des Ausw. Amtes, mit der Unterschrift gültig für USA – dh das ist der neueste ital. Paßersatz und bekommt man nur, wenn das kleine und große Leumundszeugnis vorhanden sind, nämlich von dem Amt eingeholt – ich brauche sie doch also nicht noch einmal extra einzuholen. Und wo und wem soll ich dieses Zeug schicken? Also – an mir liegt es nicht. Wenn du Gelegenheit hast, frage drüben nochmal. Vielleicht besteht überhaupt eine Möglichkeit, daß man von drüben das Konsulat anstößt. Es heißt ja sowieso in dem Fragebogen nach den Affidavits genaueste Angaben dieser Leute, die ich ja sowieso nicht beantworten könnte und eigentlich in den Bereich des drübigen Amtes fallen. Wenn dir also jemand sagt, ich müßte erst die Nummer aufweisen, so stimmt das nicht oder nicht mehr. Bist du mir sehr böse, daß ich so – nicht weiter kommen kann und deine ganze Mühe droht umsonst gewesen zu sein, wenn wir diesen Kreis nicht durchbrechen können.

Im großen Abstand dazu sind die anderen Schwierigkeiten erst zu erwähnen. Miss List hat auf meinen sehr dringenden und ausführlichen Brief, in dem ich meine Lage darlege, bisher nicht geantwortet (bald 3 Wochen vorbei). So lange sitze ich hier fest. Ich schreibe darüber ausführlicher gleichzeitig an Thomas. Aber auch sonst stehe ich materiell und geistig vor dem dead blank. Aber das macht im Augenblick auch nichts. Ich halte schon noch aus, wenn die Hauptsache in Gang kommen würde, von Depressionswellen abgesehen. Vielleicht könnte man drüben mit einer der Schiffahrtslinien, die Waren nach hier bringen, verhandeln, die mich als deckhand, Stewards- oder Kochgehilfen nehmen, als Superkargo oder so etwas; hier werden aus Prinzip keine angenommen, drüben kann man aber eher die Sache einfädeln, selbstverständlich nicht nur für die Überfahrt, sondern meinetwegen für 3 bis 4 Reisen. Wenn es Aussicht hätte, würde ich schon die Romantik des blinden Passagiers riskieren, aber das zieht heut nicht mehr und ohne Einverständnis der Mannschaft und zum mindesten des Zahlmeisters geht es überhaupt nicht. Heute ist das nur auf einem legalen oder halblegalen Wege über die Linie zu machen, die sich damit eine Reserve für die Ausfälle hält. Und zwar nur von drüben aus. Am besten so einen wackligen Kaiserkahn, der schon halb aus den Fugen ist, und für den reguläre Seeleute an sich schon schwer aufzutreiben sind.

Was ist eigentlich mit Babette Grosz los? Ich erhalte keine Antwort mehr, ob sie das Manuskript erhalten hat und was daraus geworden ist? Leider spielt der Dr Oprecht, über den es nachgesandt werden sollte, dabei eine Rolle – derselbe Mann, der dagegen in der Büchergilde intrigiert hat.

In das Abenteuer eines Berichtes aus Italien stürze ich mich noch heute Abend, da ich gerade die Maschine zur Verfügung habe (meine ist schon verkauft), so daß ich morgen es abschicken kann. Also noch einen Tag Geduld.

Und herzliche Grüße
Dein Franz

213. An Ruth Fischer
Masi di Cavalese, 3/10.[1947]

Liebe Ruth,
ich erhalte soeben Deinen Brief vom 24/9. Er hat mich tief erschüttert, so daß ich sogleich schreibe. In der *Instruktion* heißt es wörtlich: „Schicken Sie an das Konsulat keine Dokumente. Die Angelegenheit der Einwanderung wird nicht hier entschieden, sondern ausschließlich von der Einwanderungs-Kommission in Washington. Von dort werden die Dokumente zur gegebenen Zeit eingefordert werden."

Ist also unsere Sache schon halb verloren? Den Namen des Konsuls kann ich erst nächste Woche schicken, da er bei meinen Papieren in Bozen liegt.

Erwähne nicht Genf u. die Schweiz, weil ich es auch nicht getan habe, um so weit wie möglich Rückfragen abzukürzen. Die Leute wollen wissen, was ich 1933, 34 etc bis 45 getan, verdient, mit wem gesprochen, an wen geschrieben etc habe. Abgesehen daß die ersten 2 Jahre ja wegfallen, weil ich in Berlin u. Brandenburg im Gefängnis war, ebenso die beiden letzten Jahre, habe ich die allgemeine Emigrantenatmosphäre angegeben, hier u. da in Zeitschriften mitgearbeitet, ein bißchen kaufmännische Tätigkeit, Agentur, Versicherung und Theater (in Budap. 43) (das Thomas Mann-Stiftung[1] Sekretariat in Wien habe ich sogar vergessen). Was *vorher* war, wollen die Leute kaum wissen, dafür waren 3 Zeilen vorgesehen, dagegen 3 Seiten für die Zeit von 33 an.

Deine Einlage habe ich mit Dank erhalten. Gegenwert in Luftpostporto 10 Briefe, davon habe ich 1 (Bericht) abgezogen, bleiben noch 9, die ich laufend senden werde. Ich bin derartig depressionsgespannt mit der Loslösung von hier u. den damit zusammenhängenden psychologischen Schwierigkeiten (nicht wegen meiner Amerika-Chance), daß ich freudig nach dieser Arbeit greife. Vielleicht kann ich den Kopf über Wasser halten.

Herzlichen Gruß
Franz

1 Vgl. Brief an Ruth Fischer vom 3.1.1947.

214. AN RUTH FISCHER
Masi di Cavalese (Trento), 8/10.[1947]

Liebe Ruth, in aller Eile, nachdem die Affidavits nach Genua gegangen sind, wäre es schon besser, auch Deine Sache jetzt nach dort zu senden, es bleibt ja nichts anderes übrig.

Den Namen des General Konsuls kann ich nicht feststellen, er unterschreibt bisher auch nur mit einer Art Strich. Dagegen hat in einem früheren Brief für ihn unterzeichnet der Vicekonsul William E. Knight I.

Im Grunde genommen ist es ja gleich, was Du schreibst, ich denke, es wird wichtig sein, auf mich als kommunist. Schriftsteller in den 20er Jahren Bezug zu nehmen, meinen Bruch mit der Union, Verfolgung in der Emigration nicht nur von den Nazis, sondern auch den Kommunisten, meine Absichten und Vorbereitungen wirtschaftlich und sociologisch schriftstellerisch gegen die Propaganda des Parteikommunismus zu arbeiten, vielleicht nebenbei erwähnen: Theater, rein literarische Dramen,

Übersetzer bzw. Einrichter (adapter) von Thornton Wilder. Eventuell: harmloser, d.h. leicht angeschlagener Idealist, der sich erst wieder finden muß.

Ich hoffe, daß ich nächste, spätestens übernächste Woche nach Genua gehen kann. Ich möchte dort oder in der Nähe eine billige Pension suchen. Problem: wie überbrücke ich die 10-14 Tage dort, ehe ich von Euch etwas bekommen kann. (Denn darauf bin ich für die erste Zeit zum mindesten unbedingt angewiesen.) Ich würde, wenn ich das Geld dafür schaffe, von Genua zunächst meine Adresse kabeln.

Herzl. Gruß
    Dein Franz

215. AN CLÄRE JUNG
Masi di Cavalese (Trento), 12/10 [1947]

Liebe Cläre, herzlichen Dank für das Buch[1] (war eigentlich auch ein Brief dabei, weil es offen ankam?). Ich habe es mit großem Interesse und sehr eingehend gelesen. Gefallen hat mir besonders die sehr prägnante Darstellung nach der realistischen Seite hin und ein sehr guter Dialog – mit diesem Handwerkszeug, dem wichtigsten für den Schriftsteller, bist du also genügend ausgerüstet. Du brauchst jetzt nur noch eine tragbare Idee, ich möchte sagen das Schwergewicht einer Idee. An diesem Schwergewicht fehlt es in diesem Buch, zum mindesten ist es falsch gelagert, und es scheint so, daß es dir gar nicht besonders darauf angekommen ist. Infolgedessen wirkt es nur wie eine Zusammenstellung von Beobachtungen. Das gleiche läßt sich übrigens gegen die meisten meiner Bücher auch sagen. Trotzdem lese ich einige Themen heraus, die in einer sehr guten Anlage leider nur angedeutet sind und dann fallengelassen, ich möchte dir raten sie zu halten und darum das andere als Beiwerk zu gruppieren. Da ist erst mal das Thema Jacobsohn – die Chance eines großen Erfolgsbuches, ein wenig mehr ausgearbeitet und auch umgruppiert. Du stellst in den Mittelpunkt ein jüdisches Schicksal dieser Zeit, ungeschminkt, in seiner Sentimentalität, Überheblichkeit und Rücksichtslosigkeit, abseits von der heute schon im Abflauen begriffenen Propagandawelle, umrahmt von den anderen Geschehnissen, die gerade gestatten, die Analyse der Geschwister schärfer herauszuarbeiten. Du stehst da sofort vor der Notwendigkeit zu zeigen, daß es nicht so sehr ein jüdisches (obwohl zufällig bedingt), sondern ein allgemein bürgerliches ist, das Schicksal einer im Glashaus aufgewachsenen Generation, die den Schwierigkeiten einer härteren Zeit (gleichgültig woher sie kommt) nicht gewachsen ist, menschliche Gefühlswerte durcheinanderbringt und egoistisch wird. Alles in der Atmosphäre der Rassensentimentalität, zum Guten gesehen bei den Juden, zum Schlechten bei den Nazis – aber böse sind im Grunde noch beide. Das Problem liegt eben tiefer. Es ist doch beinahe so, daß jeder, der aus Erziehung oder Tradition oder bösem Willen die Menschenwürde beleidigt, in socialem oder welchem Sinne immer, dafür zur Rechenschaft gezogen wird, gleichgültig zu welcher Zeit und ob es ihn noch persönlich sichtbar trifft. Damit deutet sich ein Gesetz an, das in jedem Menschenwesen selbst liegt und das sich Geltung verschafft, in der Form socialer Theorien, religiöser Vorstellungen, in der Revolution oder im Leberkrebs. In der Spannung und Überwindung dieser Schuld, in dem Bemühen um Wiederherstellung des so immer wieder gestörten Gleichgewichts liegt das Schicksal des Einzelmenschen bestimmt. Das alles lese ich, wenn auch nicht so dozierend hingeschrieben, aus Deinem Buch heraus. Eigentlich mit diesem Jacobsohn Thema verbunden, aber genügend mit Eigenleben erfüllt, steht das Bettina-Thema. Hier hast du dir selber eine durch nichts begründete Zurückhaltung auferlegt. Warum? Die Überschrift mag wohl in etwa den ja tatsächlich fehlenden Schluß ersetzen, aber das genügt nicht. Zweifellos überschattet doch das Bettina Problem alles und liefert erst den Ansatz zu der Beantwortung der Frage, was tut in einer solchen Zeit der Einzelne, wie findet er sich ab, und zwar in einer durchgreifenden Analyse mit Vorgeschichte, Entwicklung und Perspektive. Hier liegt leider nur in Andeutungen der Keim zu einem sehr wesentlichen Buch. Es steht in dem Buch bereits drin, aber nur in 5 oder 6 Zeilen und du bist dir auch der Bedeutung genügend bewußt, da du sie ja nochmals später wiederholst, aber es reicht meiner Meinung nach nicht zu einem Schwergewicht.

    Wir werden erst dann diese Zeit mit Nutzen verstehn lernen und Propaganda und Politik begrifflich wieder zu der handwerklichen Funktion zurückführen können, statt sich in wilde Spekulationen über Sieger und Besiegte, Weltmacht-Gruppierungen und künftige Kriege einzulassen – wenn jeder Einzelne diese Frage in zunächst für sich befriedigender Weise, das heißt der analytischen Wahrheit am nächsten kommenden, beantworten kann. Das hat mit politischer Moral nichts zu tun, auch nicht mit Weltanschauung – diese wird erst daraus erwachsen.

Der Schriftsteller, der heute Bücher schreibt, muß dem Leser bei der Beantwortung dieser Frage helfen. Das gilt nicht allein für Deutschland, wo die Verpflichtung sozusagen offenliegt und daher leichter ist, sondern ebenso für die anderen Länder. Man sollte es sich nicht leicht machen und eine sentimentale Illusion, mag sie noch so ansprechend sein, mit Weltanschauung verwechseln. Das Erwachen in der Wirklichkeit wird dann recht bitter sein. Und dann soll man auch in Deutschland und einigen anliegenden Ländern nicht vergessen: Eines Tages erhielten so viele das größte, zwar unverdiente, Geschenk ihres Lebens, sie waren keine Juden, man tut ihnen nichts – und später wieder, so viele bei dem Pokerspiel um die nackte Existenz stellen auf einmal fest, sie haben mit der sogenannten Widerstandsbewegung den Joker gezogen.

Überall werden nur Geschenke ausgeteilt, was aber haben diese Leute wirklich getan? Geschenke führen meist nicht zur inneren Besinnung und pflegen eine gewisse geistige Erstarrung zur Folge zu haben. Ich will sagen, der Einsatz im Bettina-Problem deutet das richtig an, aber stelle die ganze Bettina hin, und du wirst das Thema sehr erweitern und allgemein gültig machen. Das ist heut um so notwendiger, wo sich die Grenzen zwischen Bürger und Proletarier verwischt haben, zwischen revolutionär und progressistisch und wo eine Schicht sich bildet, eine gemeinsame Front der Geschenksempfänger und Nutznießer, die das mit einer zwar zeitgebundenen Weltanschauung untermauern wollen, nur weil sie nicht gelernt haben und auch zu bequem und ängstlich geworden sind, sich selbst zu sehen. Sollen wir noch einmal zu Boden getreten und überwalzt werden, nur weil wir ein paarmal schon noch gerade so davongekommen sind? Hier liegt, glaube ich, die Aufgabe des Schriftstellers, jeder mit seinen Mitteln und in seiner Form darauf hinzuweisen. Du hast es schon getan, du mußt es noch präziser und vor allem lauter, ich meine ohne Hemmungen, tun.

Darüber wäre es natürlich besser zu sprechen, Einwände anzuhören und behutsam vorzugehen, als kalt zu dozieren; wie es leider die an sich begrenzte Briefform bedingt. Also nimm es mir nicht übel.

Ich fahre morgen von hier weg und hoffe euch bald meine neue Adresse angeben zu können, wahrscheinlich Genua.

Mit herzlichen Grüßen an Felix und Dich
    Franz

1 Cläre Jung „Aus der Tiefe rufe ich. Chronik der Jahre 1938–43", Berlin 1946.

216. An Ruth Fischer
Bolzano, 15.10.[1947]

Liebe Ruth, auf der Reise nach Genua habe ich vorerst in Bolzano Station gemacht, jedenfalls sind wir erst einmal endgültig von Masi weg, nicht ohne große Schwierigkeiten. Ich verkaufe hier den Rest der Möbel. Ganz egal was auch wird, in der Form wie bisher hätten wir sowieso nicht leben können. Zu was sich Frau Sylvia entschließen wird, weiß ich noch nicht, ich bin jedenfalls für jede Reise fertig. Wenngleich sehr skeptisch, ob wir die Schwierigkeiten bürokratischer Art werden überwinden können. Bestimmt werde ich in Genua versuchen, bei dem Generalkonsul vorzudringen und ebenso versuchen, mich einige Zeit zu halten.

Zu deinem Brief vom 6. (mit herzlichem Dank habe ich die drei Vögel erhalten) möchte ich zunächst erwähnen, daß sich Peter, wie ich glaube geschrieben zu haben, bei seiner Mutter aufhält, die in der Dena beschäftigt ist (heißt jetzt Harriet Wisser).

In meinem Fragebogen habe ich nicht angegeben, daß ich irgendwelche Rolle 1920 in der Bewegung gespielt hätte, dagegen daß ich nach Moskau gegangen bin und drei Jahre dort in der Hungerhilfe beschäftigt war und daß ich aus Rußland geflohen bin. Ideologisch habe ich keine Bemerkungen gemacht. Mehr geschrieben von Literatur und Theater und daß ich gezwungen gewesen bin, mich schlecht und recht gegen den Boykott von links und rechts auf alle mögliche Weise über Wasser zu halten, Versicherung, Handelskorrespondenz, Wiener Wirtschaftswoche etc. Dagegen habe ich angegeben, daß ich 1914 als Kriegsdienstverweigerer in der Wehrmacht bis 16 eingesperrt war (vielleicht war das falsch), wo man heute anscheinend nichts für einen Pacifismus mehr übrig hat. Jedenfalls geht aus meinem Vorbericht nur hervor, daß ich ein etwas romantisch verwirrter Jüngling gewesen bin, dem man nicht die Zeit gelassen hat zu reifen. Über das, was ich etwa drüben tun würde, hat man nicht gefragt.

Zu deiner Italienauffassung: ich glaube nicht, daß etwas Irrationales und Dynamisches geschehen kann, ohne daß es im Sinne des historischen Materialismus in der Analyse auf sociale und ökonomische Vorgänge zurückgeführt werden kann, und wo dies fehlt, wie meiner Meinung nach in Italien, ist es auch mit der Dynamik nicht weit her. Etwas anderes wäre es, wenn du es nur auf den amerik.-russischen Gegensatz zum Beispiel gemeint hättest, dann will ich eben sagen, Italien wird dabei keine wie immer geartete Rolle spielen können, weder auf der einen oder anderen Seite und ich versuche den Beweis anzutreten, daß es für USA eben falsch ist, sich mit diesen Vorgängen hier, die so oder so belanglos sind, und für eine allgemeine amerik. Konzeption verständlicherweise stark übertrieben werden müssen, zu sehr zu beschäftigen.

Obwohl es mich nichts angeht, möchte ich nur warnen für eine italien. Zentralregierung Geld herauszuwerfen. Sonst läßt sich vielleicht sagen, ich kann von hier aus, wenn das so gewünscht wird, seitenlang Argumente zusammentragen, die deine Auffassung stützen, ebenso viele Seiten aber genau das Gegenteil, nur steht auf meiner Auffassung die Logik und die Erfahrung, und es sollte mir scheinen, daß man eher diese hören wird, weil sie warnen, weil sie vielleicht ohne Kenntnis größerer Zusammenhänge und Absichten vor Schaden bewahren wollen, als wie es fast die gesamte amerik. Berichterstattung tut, sozusagen in dem gewünschten Strom schwimmen. Mir liegt auch gar nichts daran recht zu haben, nur zu sagen, was ich dazu meine. Das ist für einen Kaufmann immer wichtig und für den Berater liegt eigentlich erst darin das Geschäft, zu hören und zu verbreiten, was gegen die allgemeine Ansicht spricht. Über die tragische Rolle der Socialisten will ich heute nur soviel andeuten, daß sie ihre

Kraft und Position im Lande aus den Zerfallserscheinungen des Zentralismus ziehen, zugleich aber aus falsch verstandener Tradition zu den schroffsten Verfechtern dieses selben Zentralismus gehören. Ebenso wie es ohne jeden Zweifel ist, daß alle ernste Beschäftigung mit wirtschaftlichen Problemen in Italien, die Basis für Investierung und Kredite geben würde, also gerade durchaus in amerikanischem Sinne kapitalistisch gesehen, in Italien die Socialisierung der Banken und Schwerindustrie zur Voraussetzung hat. Der Grund, warum die Experten sich scheuen, einen Plan aufzustellen, weil der zentrale Etatismus in der gegenwärtigen Form in Italien selbst für jeden Seminaristen sichtbar keinen Kredit und keinen Ausgleich, geschweige denn einen socialen ohne Socialisierung garantieren kann. Besondere Tragik der Saragatisten, die in Tremelloni einen sehr begabten Finanzfachmann haben sollen, der durchaus in der Lage wäre eine Plankonzeption aufzustellen, aber die Partei fürchtet sich das Wohlwollen der USA zu verlieren, nachdem selbst die KP, die in dem früheren Finanzminister Scoccimarro nur einen Dummkopf und Charlatan zur Verfügung hat und nach den bisherigen Erfahrungen, die das Land mit diesem Herrn gemacht hat, sich hütet, das Experiment zu erneuern. Dann aber ist obendrein eine Socialisierung im Gegensatz zu allen anderen europäischen Ländern hier nur regional und dezentralisiert durchzuführen, wie soll man das den Amerikanern, die den Schuh nach Einheitsmaß auf den Leisten schlagen, klarmachen – selbst wenn sich im Socialismus die Erkenntnis durchsetzen könnte? Daher bleibt alles vorsichtig bei dem im Grunde neapolitanischen Durcheinander, und da der Marshallplan nicht nach wirtschaftl. Gesichtspunkten, sondern nach politischem Prestige zu rechnen gewillt ist, wird Italien ein Faß ohne Boden bleiben, wobei der Socialismus nebenbei [Brief bricht ab]

Nächstens mehr. Herzl. Grüße
Dein Franz

217. AN RUTH FISCHER
Bolzano, 25/10.47.

Liebe Ruth, ich fahre heut für einige Tage nach Mailand und dann über Genova nach San Remo. Sylvia hat dort über ihre Beziehungen eine Wohnung zur Verfügung gestellt bekommen und ich werde versuchen mich dort aufzuhalten. Adresse (ab 1. Nov.) San Remo, via Duca degli Abbruzzi 7. Wenn es nicht gehen sollte, würde ich die Post nach „ferma posta" leiten, denn ich glaube, ich werde in San Remo bleiben, da in Genova kaum unterzukommen ist, während in San Remo alles viel billiger und leichter ist (von den Luxus-Hotels abgesehen).

Ich sehe trotzdem voraus, daß ich dort eine schwere Zeit haben werde, wenn ich auch froh bin, endlich von Masi weggekommen zu sein. Ich werde dir von dort regelmäßig berichten.

Hier erwartet man den offiziellen Bruch in der UNO, ein wenig in der Betonung, daß die Sowjet-Union „hinausprovoziert" wird. Bei allem Wettlauf um die Schuld, die man sich gegenseitig zuschieben möchte, neigt man allgemein aber dazu anzunehmen, daß die U.S.A. sichtlich es auf diesen Bruch anlegt. Als Folgerungen: hiesiges Ziel, nicht *zu sehr* unter USA-Abhängigkeit, eher mit amerikan. Unterstützung neutral, nach beiden Seiten. Etwa so: Neutralisiertes Europa, mit scharf abgegrenzten direkten Interessensphären, über die U.S.A. und die Union sich über kurz oder lang verständigen, nach der officiellen Zweiteilung Deutschlands, für die man jetzt bald ein USA-Ultimatum an die Union erwartet. Es gibt aber auch Meinungen, daß die Union *weiter* zurückweichen wird als die Interessenabgrenzung, um im Mittleren Osten und Asien desto stärker aufzutreten. An die tatsächliche Absicht [der] U.S.A., *dann* diese europäischen Länder ernstlich auf die Dauer zu unterstützen, glaubt man nicht recht. Möchte es obendrein nicht mal, die amerikan. Kapitalisierungspolitik wird als zu schroff u. einseitig empfunden. Man will so lieber den augenblicklichen Schwebezustand länger erhalten. *Weitere* Folge: die Politik wird hier nicht mehr sehr ernst genommen. 1.) Krise in der K.P.: das Terracini-Interview, worin dieser für eine mögliche Verständigung zwischen Truman u. Stalin eintritt, im Augenblick der Kominternerneuerung sieht wie eine taktische Propaganda für Rückzugsmöglichkeiten aus. Immerhin hat es überrascht, weil man einen linken (syndikalistischen) Flügel gegen Togliatti und Longo zu erkennen glaubte, während aus dem Terracini-Interview eine *rechte* Opposition, sogar über Nenni hinaus, eher zu Saragat hin zu lesen war. 2.) Noch größere Krise, wenigstens nach außen, im Lager der Socialisten. Nenni und Basso scheinen isoliert, würden ernstlich Lombardi und Silone Parteirevolution planen, so wäre jetzt die Chance, d.h. *wer* spaltet *wen*: die Sozialisten die K.P. oder umgekehrt. Aus *beiden* Krisen zieht aber Saragat keinen Nutzen. „*Die Partei wartet ab*", heißt es dort; keine Opposition, keine Regierungsbeteiligung, überhaupt keine Stellungnahme. Warum: Vielleicht gibt die Tatsache einen kleinen Aufschluß, daß sich Saragat seinen Geheimbriefwechsel (worin der Partei die amerikanische Unterstützung zugesagt ist, wenn sie an die Macht kommen sollte) hat stehlen lassen, bestimmt nicht ohne Absicht. In der K.P.-Presse, der der Briefwechsel in die Hand gespielt wurde u. die sich anfangs geradezu vor Sensation überschlagen hat, ist es nach wenigen Tagen völlig still geworden, die Nenni-Presse hatte schon von Anfang an kaum reagiert. Alles wirklich macchiavellistisch und unernst. 3.) Krise bei den Christl. Demokraten, die durch Zuzug von Monarchisten u. allerhand Rechtselementen zwar in Rom Gemeindewahlen gewonnen hat, aber immer noch zwischen rechts u. links auseinanderklafft und kaum mehr zusammenzuhalten ist. Was bereitet sich auf dem Trümmerfeld dieser Krisen? Bestimmt keine kommunistische Aktion! Eher: heutige u. noch kommende Streiks in der oberital. Industrie tragen deutlich das Stignum der Provokation. Löhne sind 2 bis 3 Wochen im Rückstand, Drohung mit Stillegungen – Streiks sollen dem vorbeugen u. arbeiten der Aussperrung in die Hände. Wenn das im Plan einer amerik. Kapitalkontrolle liegen sollte, so ist der *Endzweck* damit nicht zu erreichen, der latent vorhandene anarchische Individualismus im ital. Arbeiter wird dadurch nur gestärkt. Z. Bsp. ein Rechtskurs in Frankreich würde hier (wenn auch vorerst lokale) Unruhen auslösen.

Herzl. Grüße
    Franz

218. An Ruth Fischer
27/10 [1947]

Liebe Ruth, soeben noch Deinen Brief vom 25. erhalten. Bin noch in Bozen, da Sylvia unterwegs noch rasch einen Migräneanfall bekommen hat und hier festliegt. Immerhin: Adresse ab 1. Nov. San Remo, via Duca degli Abbruzzi 7. (Das ist absolut sicher.) Kaum eine Autobusstation von Ventimiglia und es wäre natürlich großartig, wenn Du nach San Remo kommen würdest.

Ich gratuliere zur Fertigstellung Deines Buches[1], Deine Freude darüber leuchtet aus den Zeilen und ich freue mich mit. Ein bißchen Optimismus kann ich gut gebrauchen. Meine Papiere reichen nicht über eine Grenze, mit der Schweiz schon gar nicht, damals zum Pen Klub Kongreß hat es Silone versucht, Frankreich weiß ich nicht, wahrscheinlich eine Sache der dortigen Touring Centrale, ich glaube aber, für Dich ist das doch nicht so schlimm, ein kleiner Ausflug von Nizza, nicht? Trotz alledem werde ich erst noch die Stimmung in Genua sondieren.

Sylvia hofft in San Remo bleiben zu können. Wenn es gesundheitlich zu machen wäre, könnte sie das Haus, wohin sie empfohlen ist, wahrscheinlich in so eine Art Halbpacht auf Verdienstprozente über die Saison übernehmen.

Herzliche Grüße
Franz

---

[1] „Stalin und der deutsche Kommunismus. Der Übergang zur Konterrevolution"; englisch „Stalin and German Communism. A Study in the Origin of the State Party".

CASELLARIO GIUDIZIALE

Certificato^(a) *Penale Generale*

Procura della Repubblica presso il Tribunale di ^(b) *Roma*

Casellario giudiziale

Al nome di ^(c) *Jung Francesco*

(di o fu) ^(d) *Francesco* (di o fu) ^(e) *Daering Clara*

nato il *26. 11. 1888* in *Naissa*

Provincia (o Stato ^(f)) di *Germania*

sulla richiesta di ^(g) *dello stesso*

per ^(h) *uso passaporto*

si attesta che in questo Casellario giudiziale risulta: ⁽ⁱ⁾

Allgemeines Führungszeugnis, 7. November 1947

219. AN CLÄRE JUNG
San Remo, 15. Novemb. 47

Liebe Claire,
ich bin inzwischen hier nach der Riviera verzogen, obwohl ich nicht sagen kann, daß es mir hier besser gefällt als in den Trentiner Bergen. Ich kann dieses enervierende suppige Klima schlecht vertragen, und auch sonst geht es mir nicht eben besonders. Ich weiß nicht, was werden soll, wenn ich noch allzulange auf das Visum warten muß. In meiner sehr lebhaften Korrespondenz mit Peter mache ich zwar sehr in Optimismus, um den Jungen nicht zu sehr zu enttäuschen, aber in Wirklichkeit bin ich darin etwas zurückgeblieben. Ich weiß nicht, ob es noch Zweck hat, daß Du mir nach hier noch schreibst, denn lange bleibe ich hier bestimmt nicht, aber wenn etwas Dringendes trotzdem wäre, dann *fermo posta*.

Der Zweck dieses Schreibens ist eigentlich nur folgender: In Genua habe ich in einer deutschen Bibliothek – so etwas gibt es dort noch, gesehen, daß das Buch von Panzini „Xantippa" auch ins Deutsche übersetzt ist, und zwar Ende der 30er Jahre bei Bruckmann in München unter dem Titel „Sokrates und Xanthippe". Ich empfehle dir sehr, dieses Buch dir zu verschaffen. Du wirst für dein literarisches Kernproblem, den fraulichen Instinkt im tragischen Konflikt in den menschlichen Beziehungen, zum Mann und der allgemeinen gesellschaftlichen Umwelt, die du ja im wesentlichen männlich beherrscht siehst, darzustellen, außerordentlich fruchtbare Anregungen finden. Wenn zwar auch hier wie bei allen Italienern das Problem oberflächlich überspitzt erscheint, so wirkt es bei deutscher Mentalität, vom Gemüt her, umso entwicklungsfähiger.

Ferner würde ich dir raten dich mit den Schriften und vielleicht auch dem Traktat „Nichts ist unmöglich" der Gründerin der Diakonissenheime Eva von Tiele-Winckler zu beschäftigen. In dem Buch Die Frauen und die Liebe von Marianne Weber (Langewiesche Verlag) hat diese Frau unter dem Rubrum „sociale Mütterlichkeit" ein eigenes Kapitel (ziemlich schlecht, aber ganz instruktiv).

Worauf es ankommt, und das wäre für dich der Gewinn, wenn du dich entschließen könntest dich damit zu befassen, ist aus der traditionell engen Sammelbezeichnung von Gebet und Gnade, und was dogmatisch dazu gehören mag, herauszukommen, analytisch diesen Halt in der religiösen oder bigotten Verkrampfung aufzulösen und allgemein als ein Erlebensprinzip aufzuzeigen, das für solche Menschen wie wir sehr beglückend ist und das bisher überall, besonders in Parteidoktrinen fehlt. In der dogmatischen Theologie wird das Charisma genannt, was ins Materialistische übersetzt etwa bedeuten würde die Sucht zu helfen, mit negativen und positiven Vorzeichen, woraus sich das eigene Erleben und dessen Auswirkung herausschält. Interessant übrigens, wie drei Jahrhunderte später eine deutsche Version der Theresa von Avila aussieht. In der Geschichte dieses Charisma (in der Verzerrung rein kapitalistischer Gesellschaftsordnung zur Caritas geworden) liegt zugleich die Geschichte der socialen Revolutionen, der Grundstein zum „socialen Dogma", das das Glaubensdogma abzulösen im Begriffe ist.

Dies nur in aller Kürze als Anregungen.

Und mit herzlichen Grüßen an Dich und Scherret

Franz

220. An Oskar Maurus Fontana
San Remo, den 26.11.1947

Lieber Fontana,
nach mancherlei Irrfahrten hat mich hier Ihr Brief und Buch[1] erreicht – Sie haben mir damit eine große Freude gemacht. Ich habe das Buch mit großer Aufmerksamkeit gelesen und ich bin sicherlich am wenigsten geeignet dazu kritisch Stellung zu nehmen, weil das, was ich etwa dagegen sagen würde, zu allererst ich mir selbst immer vorwerfe, nämlich zu viel auf ein Thema zusammengepackt. Ich verstehe Sie sehr gut, Sie wollen das Brüchige auf einen Nenner bringen gegen die Gesellschaft und diese wiederum gegen eine Vergangenheit, die alles heutige umso brüchiger erscheinen läßt. Aber warum behandeln Sie dieses Thema nicht auf einem Typ allein? Zum Beispiel steckt in der Arina-Figur ein ganzer Roman für sich und zwar bei Ihrer psychologischen Behandlung der Figur ein ganz großartiger, ebenso das Svoboda-Problem und auch Bärenstein. Dazu diese wunderbaren Charaktertypen, der Hoteldirektor und der Barmann –

alles das scheint mir geht in dieser gedrängten und zusammengeballten Roman-Form verloren. Unbedingt müssen Sie dem Stoff noch einmal eine andere Form geben – ruhiger, besinnlicher, wenn ich so sagen darf, mehr ausgeschrieben, nach meinem Gefühl etwas mehr mit Reflektionen durchsetzt – ich habe den Eindruck, Sie scheuen sich davor? (Sie werden inzwischen gemerkt haben, daß ab Seite 288 ein ganzer Bogen fehlt und dafür ein früherer eingeschoben ist.)

Zu mir persönlich: Ich warte noch im Endkampf auf das Visum. Jetzt verlangt das Konsulat das Originalgeburtszeugnis, auf das sie zuerst verzichtet hatten, angesichts der Unmöglichkeit aus dem heute polnischen Neisse etwas derartiges zu beschaffen – also wieder eine neue Schwierigkeit. Ich bin schon reichlich angeschlagen. Ihre Schweizer Stumpen bekommen Sie aber trotzdem und ich hoffe, sie sind schon unterwegs, wenigstens von meiner Seite.

Darf ich Ihnen noch sagen, daß mir die Riviera überhaupt nicht gefällt, die Mimosen riechen nach Urin, oder ist das nur meine Nervosität?

Jedenfalls einen schönen Gruß an Ihre Frau und seien Sie selbst herzlich gegrüßt
   Ihr Franz Jung

1 „Katastrophe am Nil", Wien 1947.

221. AN CLÄRE JUNG
San Remo, den 26.11.47

Liebe Cläre,
ich schreibe dir noch einmal in aller Eile und komme mit einer Bitte, von der ich allerdings kaum glaube, daß du ihr nachkommen kannst. Auf einmal verlangt das Konsulat noch zu allerletzt, daß ich trotzdem noch ein Original-Geburtszeugnis einreichen muß, obwohl sie erst angesichts der Unmöglichkeit aus dem heute zu Polen gehörenden Neisse ein solches zu verschaffen, darauf verzichtet hatten. Besitzt du vielleicht zufällig ein solches Papier noch aus der Zeit der Arier-Nachweise oder irgendein Papier, aus dem halbwegs hervorgeht, daß ich überhaupt geboren worden bin?
    Entschuldige die Eile und herzliche Grüße
           Franz

222. AN MARGOT RHEIN
[29. November 1947, Fragment]

du gerade aus Erinnerung und Erfahrung eines ganzen Lebens klarer erkennst, was zu dir gehört und was nicht. Natürlich wird jeder Mensch zu irgendeiner Zeit müde, du darfst aber deiner ganzen Veranlagung nicht dazugehören. Du hast dir nichts vorzuwerfen und du wirst weiter kämpfen, dich zu behaupten und gesund zu erhalten, auch wenn manche Menschen das besonders in der heutigen Zeit für unwahrscheinlich halten; für dich aber gilt das nicht. Was übrigens die äußere Gesundheit anlangt, so habe ich hier einen analogen Fall beobachten können, jahrzehntelange Knochenhautentzündung in der Nasenwurzel, nicht operierbar und mit *einer* Serie von Injektionen mit Penicillin geheilt, zum mindesten alle äußerlichen Nachwirkungen weg. Bestimmt würde dir das sehr helfen, denn das Klimawechseln, Meerluft etc sind nur sehr oberflächliche Reizmittel, sie helfen, aber sie heilen nicht. Ich glaube gehört zu haben, daß in deutschen Kliniken allerdings auf Dringlichkeitsschein des Arztes jetzt auch mit Penicillin gearbeitet wird.
    Ich warte hier auf das Visum und es ist bitter diese Zeit durch-

zustehen, wo ich praktisch brach liege und der Anschluß an eine Tätigkeit innerlich wie äußerlich dadurch immer schwieriger wird. Ich muß auch die Zähne zusammenbeißen, zumal mir das ganze Riviera-Klima mit der ganzen Aufdringlichkeit von Wärme und Blumen durchaus nicht gefällt. Es stört mich sehr, und wenn ich heute an deinem Geburtstag dir schreibe, so denke ich gerade doppelt intensiv daran, wie wir uns beide helfen könnten. Zunächst aber darfst du nicht den Mut verlieren. Ich bin sicher, daß am heutigen Tage meine Gedanken Dich erreichen und dir ein wenig Mut machen.

Herzlichen Gruß
Franz

223. AN CLÄRE JUNG
San Remo (Italia), 6.XII.47
Via Duca degli Abruzzi 7

Liebe Cläre, entschuldige, daß ich nochmal mit der Bitte komme. Gibt es nicht jetzt in D[eutschland] eine Behörde, die sich mit den Papieren der aus Schlesien Abgeschafften befaßt (worunter ich ja theoretisch auch gehören würde) und die entsprechende Geburtszeugnisse ausstellt bzw. beschafft (zum Zwecke der Einwanderung etc) oder bescheinigt, daß aus Nysa augenblicklich ein Papier nicht zu bekommen ist.

Ich glaube, ich brauche dann, wenn es jetzt so genau genommen wird, auch ein polizeiliches Leumundszeugnis von meinem letzten ständigen Aufenthaltsort in Deutschl. – das würde Berlin-Nikolassee sein (bis 1935). Kannst Du mir das besorgen, gibt es das überhaupt?

Bitte entschuldige, ich möchte nur keine Wege (auch wenn sie aussichtslos erscheinen) ausgelassen haben.

Herzliche Grüße
Franz

224. An Ruth Fischer
San Remo, den 8.12.47
Duca degli Abruzzi 7

Liebe Ruth, von Adolf habe ich deine Adresse erfahren und beeile mich dir zu sagen, daß es eine sehr große Enttäuschung wäre, wenn ich dich nicht persönlich sprechen könnte, vielleicht sogar noch mehr, ich weiß buchstäblich nicht mehr, wie ich mich weiter halten kann und was ich tun sollte, eine Aussprache würde Wunder wirken können.

Es sind im Grunde immer die gleichen Parallelen, die nebeneinanderlaufen und sich überschneiden, meine materielle und meine persönliche Situation, worüber man leider sehr schlecht und verständlich genug schreiben kann – aus eigener Kraft kann ich beide nicht lösen und zwar weil mir dazu die materiellen Voraussetzungen fehlen, und für die persönliche Linie benötige ich einen Start, eine Arbeitsmöglichkeit, die ich heute hier nicht mehr habe, nachdem ich in der Überschneidung der beiden Linien im letzten Jahr jede persönliche Initiative eingebüßt habe. Ich schreibe dir das eigentlich nur, um vor mir selbst keine Möglichkeit, ein Verständnis für meine unmöglich gewordene Situation zu suchen, ausgelassen zu haben. Im Grunde genommen weiß ich zu gut, daß wenn ich mir selbst nicht helfen kann, auch du das nicht tun kannst.

Mit dem Konsulat bin ich festgefahren, nachdem die Leute auf einmal wieder meine regulären Papiere verlangen, worauf sie ursprünglich verzichtet hatten, d.h. Geburtszeugnis (aus dem heutigen Polen) etc. Ich habe zwar überall hin geschrieben, auch nach Berlin um ein Leumundszeugnis aus dem Jahre 35, aber ich habe keine Hoffnung, daß ich die Papiere zusammenbringe. (Anscheinend scheint die frühere Sonderregelung für die Flüchtlinge heute aufgegeben worden zu sein.)

Was soll und was kann geschehen? Ich weiß nicht mehr, und wie du ganz richtig sagst, alles ist verbaut, selbst Frau Grosz hält mich nicht mehr für würdig mir zu antworten, mir auch recht.

Hoffentlich erreicht dich noch der Brief oder kann dir nachgeschickt werden.
Herzliche Grüße
Dein Franz

225. AN CLÄRE JUNG
San Remo, den 31.12.47

Liebe Claire,
vielen Dank für das Dokument[1], obwohl ich glaube, daß es mir leider nicht viel nützen wird. Es ist ja tragisch, daß, nachdem ich die eigentlichen Schwierigkeiten, die beiden Affidavits[2] und das moral certificate, erledigt habe, an diesen sonst so nebensächlichen Dingen die ganze Sache zuletzt noch scheitern wird. Die Leute in Genua sind von einer hervorragenden Bürokratie und es ist einfach nichts zu machen. Bisher war sogar noch die Möglichkeit, solche Personalpapiere durch ein beglaubigtes Notariatszeugnis zu ersetzen, auch das gilt heut nicht mehr. Das schafft für mich eine völlig veränderte Situation. Hast du übrigens meinen Brief, worin ich mich über dein Buch bedanke, bekommen? Ich hatte schon den Verdacht, da du nicht schreibst, du hättest mir es übelgenommen –

In der ideologischen Propaganda werden hier in der KP große Vorbereitungen für die Hundertjahrfeier des bürgerlichen Revolutionsjahres von 1848 getroffen. Ich nehme an, daß auch bei euch drüben der bürgerliche erste Stoß zur Demokratie die gleiche Beachtung findet, zumal er in der Gründung eines „europäischen Zentrums" beachtliche Parallelen zur heutigen Zeit enthält. Ich empfehle dir, aus dem Briefwechsel Mazzinis an Jacobi, den du sicherlich in einer Bibliothek auftreiben kannst, einige hochaktuelle Stellen über individualistische und kollektivistische Auffassung herauszunehmen und im Rundfunk zu verwenden. Auch sonst bietet dieses Jahr in der Wiedererweckung der deutschen vormärzlichen Literatur manche Möglichkeiten. Vor vielen, vielen Jahren habe ich mal eine Sammlung deutscher Revoluzzer Gedichte gelesen, mit Biographie der sonst unbekannten Verfasser, die du vielleicht auch noch auftreiben kannst.

Ferner ist die Biographie Wit von Doerrings zu beachten (gekürzt im Inselverlag erschienen), der als Jenenser Burschenschafter ganz Europa als demokratischer Revolutionär bereist hat und jahrzehntelang als Staatsfeind No 1 verfolgt worden ist, um gegen Ende seinen Idealen abzuschwören und für das Junkertum Spitzeldienste zu leisten, gerade in der entscheidenden Form des Vormärz 48. Schließlich ist eine Fundgrube Mehrings Aufsätze zur preußischen Geschichte. Da ich sonst nichts für dich tun

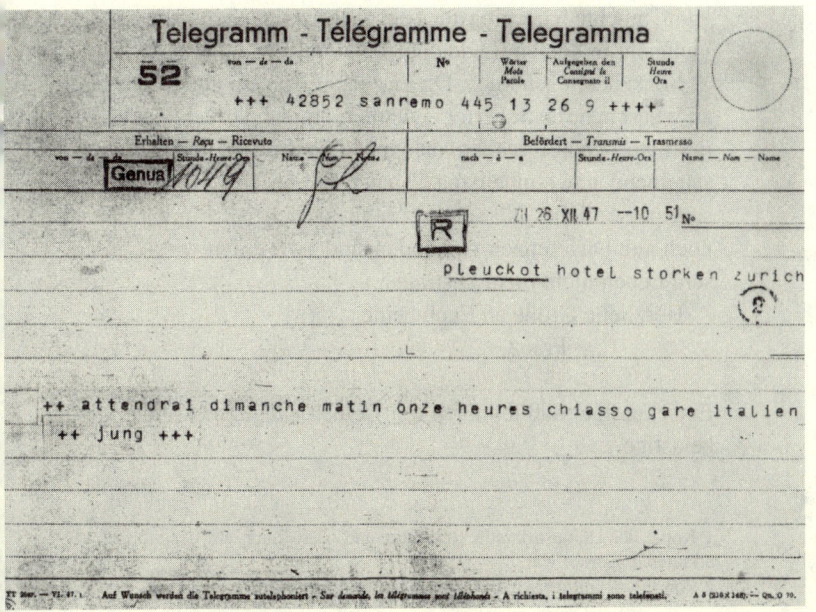

*Telegramm an Elfriede Pleuchot (d.i. Ruth Fischer)
vom 26. Dezember 1947*

kann, möchte ich wenigstens ein paar Anregungen geben, die dir vielleicht in deinem Laden nützen können.

Sonst beeile ich mich, Dir und auch Felix ein gutes neues Jahr zu wünschen. Ist Scherret eigentlich krank oder verstockt, es ist mir natürlich aufgefallen, daß in deinen Briefen, in denen du anscheinend gewohnheitsmäßig auch Grüße von Felix bestellst, sein persönlicher Namenszug fehlt, oder irre ich mich? Wenn noch alte Differenzen vorhanden sind, so werden wir sie in diesem Leben nicht mehr austragen.

Herzliche Grüße an Euch beide
Franz

Entschuldige, daß ich Dich mit Deinen Dingen noch obendrein belästige.

1 Kopie der Heiratsurkunde von Franz und Cläre Jung, auf der die Geburtsurkunde registriert war.
2 Von Julian Gumperz und Karl August Wittfogel.

226. AN RUTH FISCHER
San Remo, den 1.1.48

Liebe Ruth,
herzlichen Dank für deinen Brief nebst dem blauen Schmetterling. Es muß dann eben dabei bleiben, daß ich versuchen muß das wesentlichste wenigstens brieflich zu sagen. Merkwürdigerweise hätte ich statt vieler Belanglosigkeiten manches auch schon am Gitter[1] sagen können, aber irgendwie war der Vorgang zu überraschend und die Annahme, daß es sich bald regeln würde, zu groß, daß ich gar nicht darauf gekommen bin. Ich muß noch einen Irrtum deinerseits berichtigen, wenn du meinst, ich hätte über die Grenze mich schleichen können. Das war schon vorher, ehe du noch in Sicht warst, vorbei – nämlich, die Leute haben uns gut zugeredet, einfach hinüberzugehen, sie wären uns dabei sogar behilflich gewesen, weil sie uns einfach loswerden wollten und alles wäre mobilisiert gewesen, uns nicht mehr hineinzulassen. Andererseits wären wir drüben in der Schweiz so-

fort verhaftet worden und zunächst auf drei Wochen (feste Taxe) eingesteckt, um dann zwangsweise abgeschafft zu werden – das ist die übliche und sehr gebräuchliche Methode, das Flüchtlingsproblem zu lösen.

Ich will versuchen deinem Punktierungssystem zu folgen. Zunächst meine *Situation*; auseinandergehalten muß werden, was ist geschehen darin durch Verkettung ungünstiger Umstände, was in der Folge durch Schwinden des Selbstbehauptungswillens und was durch Veranlagung und Charaktereigentümlichkeit. Alle drei Elemente sind vorhanden. Anders ausgedrückt, mir fehlt die Lebens- und die Arbeitsbasis. Deine Forderung Ellbogen und Beziehungen zu verwenden, mag richtig sein, trifft auf mich leider nicht zu, Beziehungen habe ich nicht, bin dabei, mir auch noch den Rest zu zerstören, und Ellbogen liegen mir in der Anlage nicht, ich halte dies Verfahren für zu grob und provinziell und habe mein Ziel bisher immer auf andere Art und dann um so sicherer erreicht. Daß mir heute dazu die technischen Voraussetzungen fehlen, liegt auf dem Sektor der ungünstigen Umstände. Bleibt also die Frage, kann überhaupt und soll dieses Bündel Malaise, das an einem Uferloch strudelt, wieder in Fahrt gesetzt werden? Das kann ich nicht beantworten, nicht mal zur Erwägung stellen – denn ich habe den direkten Kontakt zu solchen mehr neutralen Dingen verloren. Für diese heutige Situation, in die ich mich im übrigen zum großen Teil selbst hineingebracht habe, bin ich überreif, d.h. ich müßte mich aufhängen, nicht jeder kann das, man muß ein Organ dafür mitbringen, das mir fehlt. Ich kann das vielleicht ersetzen, indem ich mich in eine Situation bringe, wo man mich aufhängt – aber auch dazu fehlt noch der Ansatzpunkt, der erst gestartet werden muß, das Bündel muß in Bewegung sein. Über diese Grundfragen hätte man zuerst sprechen müssen.

Dann die praktischen *Fragen*: Sicherlich ist es notwendig von San Remo und überhaupt aus Italien wegzugehen, eine Frage, die bald zwangsläufig entschieden wird. Zweifellos wäre die USA das beste, weil der innere Loslösungsabstand am größten ist, die Anforderungen an die Existenz am härtesten – der New Yorker Provinzialismus wirkt wie eine Injektion. Es ist keine Katastrophe, wenn ich es nicht schaffe – schaffen ist nicht der richtige Ausdruck, denn ich tue fast nichts dazu, aus dem oben Gesagten. Ich vernachlässige aber auch nichts. Nachdem der

Vizekonsul Arthur L. Paddock Jr mir am 24.11. mitgeteilt hat „that you will have to procure and present the following list [of] documents: original birth certificate, family status certificate, penal and pending judicial charges certificates, all in duplicate. Your financial documents have been found to be sufficient and have been retained in our files. Your case will be suspended pending receipt of the above mentioned documents." Inzwischen habe ich das penal certificate vom römischen Justizministerium eingeschickt, das Geburtszeugnis aus Neisse (Polen) habe ich erbeten, 1. persönlich, in wundervollem polnisch, 2. über das polnische Konsulat in Genua, 3. über die Dena (sozusagen für meinen Sohn), über die polnische Militärmission in Berlin (durch Frau Cläre Jung). Keine Antwort bisher.

Die Familienpapiere werde ich durch meine diversen Scheidungsurkunden, die ich freundlicherweise von den Frauen bekommen habe, zusammenbringen können. Sicherlich wär eine Agentur aus der Umgebung des Konsulats das beste, dazu habe ich kein Geld. Ich kann oft den Kaffee am Tage nicht bezahlen und die Zeitungen lese ich aus den Aushängekästen – ich habe zwar dem Snob Reichenbach, mit dem es mir ratsam schien eine Verbindung aufrechtzuerhalten geschrieben, ich würde hier versuchen eine Pension aufzumachen und habe ihn eingeladen mich zu besuchen – wie du siehst, habe ich den letzten Rest von Taktik noch nicht aufgegeben. Ich würde wo immer hingehen, wenn ich in Arbeit bin, nämlich daß ich etwas tun kann und daß man etwas von mir verlangt – das zur Hauptsache. Es ist mir auch gleichgültig in dieser Form nach Deutschland zu gehen, obwohl am unliebsten, denn ich hasse diese Menschen und sie sind mir mehr als fremd. Aber ich kann mich unterordnen.

Meine *Möglichkeiten*: Ich bin Fachmann in perspektivischer Analyse, ich habe damit in meinen Wirtschaftskorrespondenzen und zuletzt in der internationalen Transportversicherung viel Erfolg gehabt und auch leicht Geld verdient. Die Kriegsjahre und die beiden letzten Jahre in Italien habe ich diese Fähigkeiten noch verbreitern und vertiefen können durch Einbeziehung der socialen und existentiellen Lebenserwartung, versicherungstechnisch gesprochen. Das will heißen, daß man mir wie wenig anderen Aufgaben stellen kann, auf welchem speciellen Interessensgebiet gleichgültig, die ich im analytischen Niederschlag löse, wo der traditionelle Nachrichten- und Beobachterdienst noch mit den veralteten Facts operiert. Mit anderen Worten: aus den Beobachtungen schälen sich Anregungen heraus, eine Atmosphäre, aus der der Interessent mehr herausnimmt als aus der berufsmäßigen Kette der Facts. Beantworten präcise kann ich nur eine präcise Frage, z.B. kann ich nicht beantworten, ob die Demokratie in Deutschland sich durchsetzen kann und ob die amerikanischen Verwaltungsmethoden richtig oder falsch sind. Dagegen kann ich präcise beantworten, ob die Kapitalinvestierung durch Staatsanleihen, Verträge mit Monopolgesellschaften und Wiederaufbau Anleihen an Kommunen oder socialisierte Gesellschaften in D[eutschland] Aussicht auf politische Rendite haben oder nicht. Von der Basis ausgehend einer stabilen Form der amerik. Gesellschaft und der Staatsauffassung kann ich die Prognose einer russischen Beherrschung Europas in ihrem Für und Wider für diese amerikanischen Interessen analysieren, ebenso aber auch für eine unstabile Entwicklung. Der Fact, die Beherrschung, ist derselbe, die Perspektive aber eine andere.

Das liegt an der Spitze, und ich muß mich in kleineren Fragen dazu erst hinaufarbeiten, um überhaupt heute Gehör zu finden. Aber immerhin, selbst aus kleinsten Teilchen, ob mit oder ohne Burnham, könnte ich irgendwem und nicht zuletzt meinem Starter, wahrscheinlich Nutzen bringen. Kommt es dazu, ist eine Frage, wie man mich in Bewegung setzen kann, ob es sich lohnt etc, denn ich selbst kann mich nicht in Bewegung setzen, ganz genau gesagt, ich will es auch eigentlich nicht. Man muß mich zwingen – das setzt sehr viel voraus, eine große Freundschaft und viel Nachsicht – ich habe darauf kaum mehr Anspruch.

Meine erstere Fähigkeit kommt nicht aus der Luft, sie ist eine Gegenkomponente gegen eine andere Fähigkeit, die literarische, die sich oft als starker Druck erweist. Ich habe bisher zu Gunsten der ersteren die zweite niederhalten können, zum mindesten einen Ausgleich schaffen können (in dieser Konstruktion habe ich daher auch im Literarischen kaum Erfolg gehabt). Heute werde ich von beiden zerrieben. Trotzdem ich meine Fehler genau kenne, tue ich alles, um den Auspuff nach der literarischen Seite, der ja eine Art innerer Entspannung auslösen könnte, zu stören und stehe mir selbst dabei sehr im Wege, ich mache alles falsch. Abgesehen von meinen eigenen Provokationen, falle ich jeder internen Intrige automatisch zum Opfer (Fall der Büchergilde Gutenberg und des Herrn Oprecht).

Trotzdem, um zum Praktischen zu kommen, es wäre sehr gut, wenn ich irgendwo, ganz gleich was, schreiben könnte, ruhig auch in D[eutschland] und auch mit einem Verleger in der Schweiz ins Korrespondieren käme, d.h. daß ich ihm Vorschläge mache und er mir antwortet und mich ein wenig führt, damit das Pneuma, das mich so innerlich auffrißt nach außen sich ein wenig in Bewegung setzt, dann wird auch schon das andere wieder in Lebensform zu kommen leichter gehen. Bedürfnisse habe ich gar keine, und Hunger [Schluß unleserlich]

1 In den letzten Dezembertagen war es an der italienisch-schweizerischen Grenze in Chiasso zu einer kurzen Begegnung von Ruth Fischer mit Franz Jung und Anna von Meißner gekommen.

227. AN RUTH FISCHER
San Remo, den 3.1.48
Via Duca degli Abruzzi 7

Liebe Ruth,
ich benutz eine Welle des Sich-wieder-Auffangens Dir noch einiges zu schreiben:
1) im Rahmen deines Interesses an Deutschland, das ich in seiner kurzfristigen und auch allgemeinen Zielsetzung leider nicht kenne – wir hätten uns darüber unterhalten können – würde ich anregen, sich die Lizenz für die Herausgabe einer Zeitschrift im Stil des Economist zu verschaffen. Die Person des Lizenzträgers ist an und für sich gleichgültig, ich aber könnte an dem Aufbau der Zeitschrift von welcher Stelle immer mitwirken. Die Idee ist, einen Sammelpunkt und Ansatzpunkt zu schaffen, der nicht unbedingt mit dem gedruckten Material, das ökonomisch neutral gehalten sein kann, identisch zu sein braucht. Wirtschaftliche Fact-Berichte aus und über Deutschland sind überflüssig, ebenso aus USA, aber in analytischer Kombination, perspektivisch gesehen noch unbekannt. Praktisch würde das bedeuten, daß in den deutsch betreffenden Analysen das Schwergewicht auf die sociale Struktur, Gewerkschaften und Genossenschaften, Socialwirtschaft auf die Produktion projiziert gelegt werden würde,

gegen eine politische Zusammenfassung – wie ich überhaupt den Aufbau von politischen Parteien mit der traditionellen Zielsetzung für D. für falsch halte – mit horribile dictu – syndikalistischer Tendenz also für deutsche Leser Analyse, Überblick, Information weltwirtschaftlicher Zusammenhänge mit der Tendenz für die Arbeiter, Korporationen, Körperschaften mit Unionscharakter etc, für die Militärregierung ein Instrument zum Verständnis dieser Wirtschaft, der Notwendigkeit der Arbeit des Wiederaufbaus, wie er sich für D. im Rahmen der Weltwirtschaft stellt. Darin kann man ungeheuer viel variieren. In der äußeren Servierung ist die Tendenz ähnlich wie bei dem engl. Vorbild sorgsam wegradiert. Ich glaube diese Form ist für D. neu, aber von großer Wirkung sicherlich. Man kann darin auch ein wenig in die Utopie gehen, Kolonial-Aufgaben, die Romantik großer wirtschaftlicher Projekte in internationalem Maßstabe, Auslese und Wiedererziehung des deutschen Technikers und Fach-Handwerkers, Gruppenauswanderung in bestimmte und vordiskutierte Arbeitsaufgaben. Ich sollte mir vorstellen, daß man in USA bei bestimmten Gesellschaften und Stellen Mittel und Papier für eine solche Zeitschrift auftreiben kann, selbst wenn sich die augenblickliche Verwaltung der Militärregierung als zu stur erweisen sollte.

2) In der hiesigen KP trifft man Vorbereitungen das Jahr 1948 als Hundertjahrfeier der bürgerlichen demokratischen Revolutionen in Europa groß propagandistisch aufzuziehen. Abgesehen von den Aufsätzen Mehrings zur preußischen Geschichte findet man bei Mazzini, Jacobi etc Material zum Centro Europeo in Hülle und Fülle mit außerordentlich interessanten Parallelen zum Thema Kollektivismus und Individualismus. Wird die Westzone ruhig zusehen, wenn wie ich sicherlich vermute die SED ihr den Wind für die Erziehung zur Demokratie aus den Segeln nimmt, oder startet sie selbst etwas. Ich weiß es nicht, vermute aber, daß es kläglich genug sein wird. Sollte man nicht deinen Freunden in Hannover und Frankfurt einen Wink geben für einen Kalender, Bibliographie, Broschüre und was so zu so einer Feier gehört?

„Der Nazi kämpft für Reich und Thron
Viel Nazis sind die Nation"
hat ein Revoluzzer im Jahre 1848 gedichtet.

3) eine Frage, die ich natürlich nur persönlich hätte mit dir besprechen können – ich habe unlängst in Genova auf der Straße

einen albanischen Studenten getroffen, den ich kurze Zeit zuvor in Bolzano kennengelernt hatte. Er war dort von der SS, bei der er wohl Dolmetscherdienst in Athen geleistet hat, als unzuverlässig eingeliefert worden. Ein ganz sympathischer und für Balkanverhältnisse nüchterner und kluger junger Mann. Seine Familie ist in Albanien eingesperrt, ein Bruder erschossen. Dieser Mann sprudelt über von Berichten aus Albanien und Griechenland, scheint auch mit den in Genua einlaufenden griechischen Schiffen etwas zu tun zu haben und bewegt sich, wie ich später feststellen konnte, als ich ihn einmal später auf der von ihm angegebenen Adresse besuchen wollte, in einem Kreis, den man als Werbebüro für eine internationale Brigade für Griechenland ansprechen kann. Für einen alten Kenner wie ich war es amüsant zu sehen, daß in diesem Büro mit dem Schild einer harmlosen Baufirma sowohl für die griechische Regierung (von einem Franziskaner-Pater, 2te Tür rechts) als auch für Markos (2te Tür links) geworben wurde. Wie dem aber auch sei, dieser Mann (Namik Dinö) schreibt mir, daß er auf einem griechischen Schiff heimlich nach USA einreisen wird und fragt an, ob ich ihm nicht eine Adresse in New York angeben kann. Vielleicht ist der Mann für irgendwelche Informationen zu gebrauchen, ich weiß es nicht. Soll ich ihm, das ist die Frage, eine Adresse angeben und welche? Ich tue es nicht, bevor du mir nicht schreibst, den guten Adolf? Allzu großen Schaden kann der Mann nicht anrichten, aber vielleicht brauchbaren Stoff (hot) liefern. Und 4) schmeiß meinen letzten Jammerbrief in den Papierkorb. Es nutzt ja nichts, daß ich meine Unzulänglichkeit analysiere, und wenn du ein wenig deinen Eigensinn beiseiteläßt (an und für sich ein großer Vorzug für eine politische Frau), so denke daran, daß ich weiß, daß du mir nicht helfen kannst, daß aber ich – trotz allem – den Eigensinn habe, dir zu helfen, d.h. dir irgendwie nützlich sein zu können.
    Herzliche Grüße
        Dein Franz

228. AN RUTH FISCHER
[Januar 1948]

Liebe Ruth, da es nicht sicher scheint, daß dich mein Brief noch nach Paris erreicht, sende ich eine Copie an die Adresse Hellmann in London.

Ich muß noch hinzufügen, daß mir es vielleicht in meiner Erstarrung nützen würde, wenn ich an einer Zeitschrift mitarbeiten könnte. Vielleicht könnte ich es mit einem geschichtlich-sociologischen Essai versuchen. Ich könnte auch in socialen Skizzen aus Italien der Gegenwart trainieren.

Die Frau Babette Grosz hat sich sehr schlecht benommen. In der Sache dieser Novelle[1] wollte ich ja von ihr nichts. Sie hat mich um das Manuskript gebeten, es sich über denselben Dr. Oprecht, mit dem ich den Konflikt mit der Gilde hatte, nachschicken lassen – dann habe ich nichts mehr von ihr gehört. Ich hatte sie gebeten, das Manuskript, wenn sie es gelesen hat, an Frau Claire Jung nach Berlin weiterzuschicken, einfach weil es diese Frau interessiert, und ich ja von hier damals wenigstens nicht die Möglichkeit hatte, ein Manuskript zu schicken. Nichts – endlich lasse ich durch Frau Wisser (die Mutter von Peter) anfragen, was aus dem Manuskript geworden ist. Grobe Antwort irgendeines deutschen Kerls und Mitarbeiters, das Manuskript sei schon an mich zurückgeschickt, sicherlich eine grobe Unwahrheit. Ich schreibe einen Brief an Babette – keine Antwort. Ist das die neue Form, Leute zu behandeln? Siehst du, solche Erfahrungen möchte ich nicht, und daher glaube ich auch, daß du die Möglichkeiten für mich zu leicht und optimistisch einschätzt. Außerdem ist nach Deutschland zu kommen und ohne Geld eine Zeitschrift aufzuziehen, kein Bravourstück – wenn man die Lizenz in der Hand hat, die ist mehr wert als bares Geld. Und daran haben auch diese Leute [unleserlich] will ich auch keine.

Entschuldige die Maschine und meine (scheints) Nervosität. Aber im Grunde ist es nicht so schlimm. Ich müßte natürlich das Zeug (ein schwacher Ersatz, was wir eigentlich hätten durchsprechen sollen) nochmals schreiben. Aber ich denke, es sollte heute noch fort.

Herzlichen Gruß
  Franz

1 „Das Jahr ohne Gnade".

229. AN ADOLPH WEINGARTEN
San Remo, den 11.1.48

Lieber Adolf,
für mich kann ich mich leider noch nicht bedanken, denn deine angekündigten Packete sind noch nicht angekommen. Dagegen erhielt ich einen Brief von meinem Jungen Peter aus Nauheim, der voller Jubel auch sein zweites Packet erhalten hat. Der Junge hat sich so außerordentlich gefreut, daß ich sicherlich mich mehr mit gefreut habe, als wenn ich selbst das Packet erhalten hätte. Hab vielen herzlichen Dank. Inzwischen wirst du hoffentlich auch meinen letzten Brief erhalten haben. Wenn du mit solch einer Vertretung etwas anfangen kannst, schreibe mir bald, damit ich die Leute benachrichtigen kann. Die Förderung der handicraft in Europa liegt augenblicklich eigentlich sehr im offiziellen amerikanischen Programm. Also laß bald von dir hören.
 Herzliche Grüße auch an Ruth, die wohl jetzt schon zurück ist
  dein Franz

230. AN RUTH FISCHER
San Remo, den 20.1.48
Duca degli Abruzzi 7

Liebe Ruth, vielen Dank für deinen Brief aus London, den ich nach dort zeitgemäß nicht mehr beantworten konnte. Ich danke auch noch sehr für das Packet aus Zürich, das große Freude ausgelöst hat. Inzwischen ist hier auch noch ein Packet von Adolf eingelaufen, bitte bestätige ihm doch den Empfang und meinen herzlichen Dank.
 Von Herrn Roth habe ich datiert vom 1.1. einen Brief und Einladung nach Basel bekommen, er schreibt, ich möge beim nächsten Konsulat das Schweizer Visum unter Bezugnahme auf ihn beantragen, er würde mir aber noch mitteilen, wann ich kommen soll, da er sich erst inzwischen in Basel einrichten will. Ich habe ihm den Brief bestätigt und ihm geschrieben, daß ich meinerseits neben dem Schweizer Einreisevisum mich auch vorher um das italienische Rückvisum bemühen müßte. Das letztere habe ich getan, und ich bekomme auch (gegen eine gewisse

Zahlung) das Visum und kann da dann zu den Schweizern gehen. Von Herrn Roth habe ich aber nichts mehr gehört, das Datum und auch ein wenig der Ton des Briefes spricht dafür, daß er noch sehr angeregt von deiner Sylvesterunterhaltung sogleich losgeschrieben hat und jetzt noch ein wenig Kopfschmerzen über sein großzügiges Angebot hat.

Die 4 Zeugen, die ich für die Herstellung der mir noch fehlenden Dokumente beim Notar benötige, sind nicht so ohne weiteres zu beschaffen, wahrscheinlich nur gegen Geld und dann weiß ich auch nicht, ob der Konsul dieses Dokument anerkennt – jedenfalls bin ich in dieser Sache bemüht. Dein Interview für die United Press habe ich in der hiesigen Presse gelesen und daraus deine prominente Stellung in der Campagne ersehen, viel Glück und eine gewisse Vorsicht nach dem Stoßseufzer des Mohr, der einiges getan hat.

Ich bleibe noch in der Hoffnung, daß du vielleicht Zeit finden wirst, wie du es mir in Aussicht gestellt hast, einige Fragen meines letzten Briefes zu behandeln, und insbesondere soll ich irgend etwas jetzt schon unternehmen, wenn alles hier scheitert, um nach D. abzuschieben? Ich glaube, das muß auch in gewissem Sinne vorbereitet werden.

Viele herzliche Grüße auch von Frau Sylvia
Dein Franz

231. AN OSKAR MAURUS FONTANA
San Remo, den 27. Januar 1948
Via degli Abruzzi 7

Lieber Fontana,
das war sehr nett von Ihnen, daß Sie mir jetzt das komplette Exemplar Ihres Buches noch geschickt haben; herzlichen Dank. Von mir ist wenig zu berichten. Nachdem ich endlich glaubte alle Papiere für das Visum zusammenzuhaben, fehlt mir auf einmal das Originalgeburtszeugnis, auf Ersatz lassen sich die Amerikaner nicht ein. Seit drei Monaten warte ich auf eine Antwort aus dem inzwischen polnisch gewordenen Neisse und werde es wohl auf diese Weise nicht bekommen. Ein neues Stück[1] habe ich fertig und nach drüben geschickt und suche jetzt

einen amerikanischen Partner. Bei der Spedition Gontard, die aus der Schweiz die Cigarren schicken sollte, habe ich reklamiert, aber noch ohne Antwort. Diese Dinge haben alle das mörderische Tempo dieser modernen Zeit. Von Frau Sylvia, die mir ihrerseits einen Brief an Sie diktieren wollte – d.h. ich hätte ihn in Schriftdeutsch umarbeiten müssen, was ich abgelehnt habe, während sie Ihnen nicht ungarisch schreiben möchte, warum eigentlich? – nach diesem schönen Satz also soll ich bestellen, daß der Schwiegervater auf den Namen Emil August Ritter v. Meisner hört, und (meiner Erinnerung nach) in Neu-Waldeck gewohnt hat. Zu erfragen wäre, event. auch bei seiner Frau, wenn der Alte etwa schon gestorben sein sollte, was aus seinem Sohn Hansjörg geworden ist.

Wissen Sie übrigens, daß man die Welt am Abend hier kaufen kann? Neulich habe ich eine Theaterkritik von Ihnen gelesen. Leitartikeln Sie auch und in welcher Ausgabe? Das Blatt kostet hier 40 Lire und ist im Verhältnis zu amerikanischen oder französischen Blättern (20-25 L) zu teuer, aber es scheint der Einheitspreis für österr. Zeitungen hier zu sein, denn Ihre Konkurrenz kostet auch so viel.

Eine Empfehlung an Frau Käthe und seien Sie beide herzlichst gegrüßt von Ihrem
Franz Jung

Sylvia, die noch einen besonderen Gruß beilegen wollte, ist gerade wieder weggelaufen, so daß ich für sie grüße. Sie sollen, will sie Ihnen schreiben, noch bis zu Anfang Mai, wo sie glaubt, dann hier eintreten zu können, noch einmal beide nach hier kommen.

1 „Herr Grosz".

232. AN CLÄRE JUNG
San Remo, den 28.1.48

Liebe Claire, ich bin mit meinem Visum in einer richtigen Sackgasse festgefahren und weiß nicht, wie das weiter gehen soll – an und für sich soll auch ein Notariatszeugnis von 4 Zeugen beglaubigt genügen, ich weiß aber gar nicht, wo ich hier die 4 Zeugen hernehmen soll und ob dann diese Art Zeugen, die ich mir zusammen „hole", auch dem Konsulat genügen werden.

Der eigentliche Grund meines Schreibens ist aber ein anderer. Von Margot erhielt ich einen erschütternden Brief über ihre Lage, umso furchtbarer, als ich so gut wie gar nichts tun kann, ihr zu helfen. Ich lebe doch selbst von dieser Internationalen Hilfsorganisation in New York, die mir auch meine Reise bezahlen will, und ich kann den Leuten, die an sich für mich genug tun, nicht noch zumuten, auch für Margot etwas zu tun, nachdem ich schon einmal mit Ach und Krach durchgesetzt habe, daß sie Peter auf die Liste gelegentlicher Zusendungen gesetzt haben, was auch mir schon ein wenig geschadet hat. Wäre ich erst von hier weg, ist die ganze Sache sofort anders. Tatsächlich kann man ja von hier nichts schicken oder nur auf krummen Wegen, ich habe sogar neulich an Peter Feigen geschickt und auch für Harriet etwas zum Geburtstag. Ich würde auch gern euch Feigen oder Datteln im Ausmaß eines Päckchen als Muster ohne Wert schicken können, was hier zwar nicht offiziell erlaubt aber stillschweigend geduldet wird, wenn ich wüßte, ob es auch ankommt. An und für sich darf der Wert nicht 50 Lire übersteigen – dafür kann ich aber gerade hier Straßenbahn fahren. Vor einigen Monaten schon habe ich mal versucht, an Margot einen Brief mit einer Einlage zu schicken, der Brief kam aber zurück und zwar von der englischen Zensurbehörde, ist denn Hiddensee englische Zone? Ich möchte dich bitten, schreibe doch mal an Margot, sie scheint sich in einer ernsten Krise zu befinden.

Herzliche Grüße an Dich und Scherret
Dein Franz

233. AN MARGOT RHEIN
San Remo, den 28.1.48

Liebe Margot,
verliere nicht deinen Lebensmut und halte durch. Dein letzter Brief hat mich sehr erschreckt und erschüttert. Umso mehr, weil ich ja von hier gar nichts tun kann um dir zu helfen und wenigstens deine äußere Lage zu erleichtern. Ich warte noch immer auf das Visum und zwar fehlt es jetzt am Originalgeburtszeugnis, das ich aus dem inzwischen polnisch gewordenen Neisse nicht bekommen kann, trotz aller möglichen Anfragen und Gesuche.

Sieh mal, Du fühlst dich einsam und auch ein wenig zwecklos, nachdem Dagny nicht mehr bei uns ist, mit der zusammen Du Dir sicherlich bereits ein weiteres Leben im stillen aufgebaut hast – Dagny wollte nicht mehr, und ihre Lebenskraft war schon verbraucht, vielleicht hat sie sie auch aus irgendeinem Mißverständnis im Rahmen der allgemein furchtbaren Zeit weggeworfen. Gerade daran aber sollten wir ersehen, daß unsere Aufgabe und unser Leben eben noch nicht beendet ist. Das Geringste, was du in Gedenken daran an einem anderen Menschen an Entgegenkommen, Freundlichkeit und Verständnis tust, und selbst einem Tier gegenüber, wird dir deinen Lebensmut und einen neuen Lebenszweck wiedergeben, Du lebst das Leben auf einer höheren Ebene noch einmal und jetzt erst recht beglückend intensiv.

Du schriebst doch einmal, daß der Inhaber des Hotels ein Italiener ist, hat er keine Verwandte hier, bei denen ich auf Deine Rechnung bei ihm etwas einzahlen könnte, was er dir dort irgendwie zurückvergütet? Vielleicht haben diese Verwandten auch die Möglichkeit über Rotes Kreuz oder sonstwie etwas Lebensmittel zu schicken. Ich habe sie nicht, und mein Versuch über die Schweiz ist nicht gelungen, weil einfach unter meinen vielen Bekannten dort keiner sich wirklich bereit erklärt, für mich ein Packet zu schicken an eine von mir aufgegebene Adresse, wenn ich nicht gleich zahle und das kann ich im Augenblick von hier einfach technisch nicht. Es ist furchtbar, Dich in einer solchen Lage zu wissen. Möchte es dir doch gelingen, etwas Trost in dem Gedanken zu finden, daß ich schmerzlich und drängend auf den Tag warte, wo ich von hier wegkomme und Dir helfen kann.

Schreibe mir gleich, ob Du den Brief bekommen hast und habe wieder Mut. Die Kraft, die Du für Dein bisheriges Leben eingesetzt hast, gegen alle Widerstände und widrigen Umstände, manchmal ganz verdeckt und verschüttet von äußeren Belanglosigkeiten – diese Kraft ist noch nicht verloren. Ihr steht es eigentlich jetzt erst bevor, sich voll auszuwirken.
    Viele herzliche Grüße
        Franz

234. AN RUTH FISCHER
[Anfang 1948]

L.R.
zu meiner persönlichen Lage ist zu sagen, daß ich noch keinen Schritt weiter gekommen bin. Die Zeugen habe ich noch nicht, weil ich sie einfach nicht bezahlen kann. Ich habe einen neuen Versuch über das Rote Kreuz gemacht. Rückreise Visum nach Italien, womit ich erst den Paß nach Schweiz beantragen kann, habe ich auch nicht. Die Papiere sind nach Rom geschickt worden – aus Bosheit, wahrscheinlich waren die 2000 Lire, die ich gezahlt habe, um eben die Sache hier und in Imperia zu erledigen – versprochen ist es mir worden in 3 Tagen – zu wenig.
    Helf er sich – es nützt auch nichts, daß du mit mir darüber schimpfst. Sei friedlich –
    Herzlichen Gruß
        Franz

Alla POLIZIA FEDERALE DEGLI STRANIERI

N° della Legazione o del Consolato B. J. 45 / St.

N° della Polizia federale degli stranieri

Domanda d'entrata in Svizzera

(Non si prenderanno in esame le domande illeggibili o incomplete)

1. Cognome (scritto in stampatello): Jung — JUNG
2. Nome (sottolineare il nome abituale): — Franz
3. Data di nascita: 24 November 1888
4. Stato civile: celibe, nubile, sposato, vedovo, divorziato, separato (sottolineare secondo il caso)
5. Nazionalità: apolide — Religione: Cattol.
6. Documenti di legittimazione, descrizione: Soggiorno degli stranieri in Italia, Certificato d'identità rilasciati da Ministero degli Affari Esteri — valevoli fino come profugo (autorizzato uscir Svizzera)
7. Domicilio attuale (indirizzo preciso): San Remo, via Ruca degli Ebrienci 7
8. Attività o situazione attuale: sotto la protezione degli Intergovernmental Committee on refugees a Roma
9. Moglie, se accompagna il marito:
    Cognome prima del matrimonio e nome (sottolineare il nome abituale):
    Data di nascita: — Nazionalità prima del matrimonio:
10. Marito o padre (se la moglie o i figli sotto i 18 anni viaggiano soli):
    Cognomi e nomi (sottolineare il nome abituale):
    Data di nascita: — Professione:
11. Figli che accompagnano i genitori:
    Nomi: — Data di nascita:

12. Scopo del viaggio in Svizzera (indicazioni precise): per instituzione degli Sibe Vacuum A.C.E. Basel, Lyon, Rolf Roth, 4 Spiegelgasse.
13. Luogo della dimora prevista in Svizzera: Basel
14. Durata della dimora prevista in Svizzera: 4-5 giorni
15. Referenze nel paese dove il richiedente dimora presentemente: International Rescue & Relief Committee Roma via Lucera 12
16. Referenze in Svizzera (indirizzo preciso): Herren Rolf Roth Basel 4 Spiegelgasse

Alle domande che seguono deve rispondere solo il richiedente che non possiede documenti di legittimazione riconosciuti dalla Svizzera, e il richiedente che desidera soggiornare in Svizzera più di tre mesi.

17. Da quando il richiedente possiede l'attuale nazionalità? perduta la nazionalità ungherese 1944
    Eventuale nazionalità precedente: ungherese
    Gli stranieri senza nazionalità indicheranno la ragione della perdita della stessa:
    Sono antifascista; campo di concentramento a Ungheria e Italia

Einreisegesuch für die Schweiz, 1. März 1948

235. An Cläre Jung
San Remo, 3.3.48

Liebe Claire, herzlichen Dank für deinen Brief vom 19ten 2. Ich habe damals unter dem Eindruck des Briefes von Margot unmittelbar geschrieben, leider kann man ja so wenig tun, ich möchte mich auch nicht mit der etwas zweideutigen Erklärung begnügen, wenigstens darf ich auf meine Weise das Elend mittragen.

Ich danke euch auch sehr, daß Ihr euch so um den Samtkragen bemüht, ich verspreche mir davon leider nichts. Durch Peter bin ich neulich, ich nehme an aus Harriets Beständen, mit einer großen Menge deutscher Zeitschriften und Zeitungen beliefert worden. Ich fürchte, er hat um das Porto aufbringen zu können, seine Karl May Bände verkaufen müssen. Ganz allgemein möchte ich sagen, das Niveau ist wider Erwarten nicht schlecht, sehr bemüht. Vieles hängt, besonders die politischen und wirtschaftlichen Diskussionen hängen im luftleeren Raum und wirken daher für einen Draußenstehenden eher unsympathisch, das trifft für die Gegenwart z.B. zu, die Tendenz, mit allem in der Welt heute als wäre nichts gewesen mitreden zu wollen, stimmt eben nicht. Ost und West ist mir persönlich allein schon wegen der Person seines Herausgebers[1] unsympathisch. Der Aufbau mag hingehen, einige Mitarbeiter sind sichtlich Neulinge und eher zu beflissen, das spürt man und das stört. Gut gefallen haben mir die Aufsätze von Bernhard Schultz und besonders Harry Laeuen in der Athena. Daneben steht allerdings ein blödsinniger Aufsatz von Ilse Langner und die mir nichts sagende Anna Seghers. Nicht jeder Roman, der in der Kriegszeit der besonderen Verhältnisse wegen Erfolg gehabt hat, braucht heute als Standardwerk angesehen zu werden. Der gute alte Pechel liegt mit seiner Deutschen Rundschau gar nicht schlecht. Wenn man die Tradition verloren hat, ist es sicher richtig auf der Suche nach dem Aufbau einer neuen erst mal sich auf die alte zu stellen. In jedem Fall besonders in der eigentlichen Zusammenfassungsarbeit sehr sympathisch und aufgeschlossen. Aufgeschlossen ist auch die Hamburger Geist und Tat, gute SPD Arbeit. Von Karl Schröder habe ich ein Kapitel aus einem Roman[2] in der Reichenbach'schen Wochenpost gelesen, technisch besser als der frühere proletarische Hackepeter, aber ich halte es für falsch – nicht zu beschreiben ist die Katastrophe eines Gefangenen, der weil er für andere mit ausgeholfen hat umgebracht wird, sondern die innere Katastrophe derjenigen, für die er ausgeholfen hat und die die Strafe mit ansehen, dies bleibt Karl schuldig. Über die Wandlung möchte ich nach einer Nummer, die zudem speciell dem Ruhrkohlenproblem gewidmet ist, nicht urteilen, dagegen gefällt mir die Umschau gut, sie knüpft dort an, wo wir 1914 stehengeblieben sind, und das ist für uns, ich meine meine Generation, sehr verdienstlich. Leider ist sie, wohl aus Mangel an geeigneten Mitarbeitern, zu sehr auf die Pariser table ronde ausgerichtet. Von Zeitungen ist die Tägliche Rundschau technisch sehr gut gemacht, im Gegensatz zu der Münchener Neuen Zeitung, die ein unlesbares Mittelding zwischen Tageszeitung und Zeitschrift ist. Was ich aus Provinzblättern der Westzone gesehen habe, erstaunt mich mit der Sorgfältigkeit, mit der der unscheinbarste Text durchgearbeitet ist, es sind anscheinend viele Redakteure an so einem Blatt am Werk. Ganz überflüssig und irgendwie unangenehm wirkt nebenbei noch die Weltbühne.

Ich fürchte, der Zensor verliert schon die Geduld. Ein Päckchen mit Feigen, das ich dir zum Geburtstag geschickt habe, scheint nicht angekommen zu sein. Dann hatte ich dir mehr zum Durchlesen ein Stück Manuskript geschickt, das ich einer englischen Zeitschrift angeboten habe.

In meiner Lage hat sich nichts verändert, bestimmt nicht zum Guten. An Piscator habe ich endlich das Grosz-Hitler Stück schicken können, und bin die unangenehme Arbeit los. Leider war ich blödsinnig genug, geradezu wie ein Maniak mich wieder in eine neue zu stürzen. Da stecke ich nun wieder mitten drin, fluchend selbstverständlich.

Wenn du es für richtig hältst, so möchte ich deiner Mutter einen Gruß bestellen lassen. Ebenso bedanke ich mich besonders für die Grüße von Felix Scherret und seid beide herzlichst gegrüßt

Franz

1 Alfred Kantorowicz
2 „Die letzte Station", Berlin 1947.

236. An Ruth Fischer
San Remo, den 5.3.48

Liebe Ruth, zu Deiner Orientierung teile ich mit, daß ich mir die notarielle Beglaubigung der noch ausstehenden Daten besorgt habe, die Sache ist jetzt an den Konsul abgegangen. Ferner ist das ital. Einreisevisum ergangen, so daß ich das Schweizer jetzt beantragt habe. Wie mit Herrn Roth vereinbart, habe ich ihn davon in Kenntnis gesetzt. Ich habe es für notwendig gehalten, ihm die Schwierigkeiten, in die ich bei Ausbruch des Krieges mit meinen Leuten durch unglaubliche Intrigen verwickelt war und die mich zum Verlassen der Schweiz veranlaßten, kurz zu skizzieren, da der Mann im wesentlichen glaubt, mich wieder bei meinen früheren Genfer Bankiers einführen zu können, aber auch sonst vielleicht in Bern noch auf mich betreffende Akten stößt. So ist es jedenfalls besser, den Mann ganz klar sehen zu lassen; wenn er seine Zusage jetzt zurückzieht, macht es auch nichts. Mit dir hätte ich auch gern mal persönlich über die Schweizer Affäre gesprochen, hauptsächlich darum, ob ich heute die Nerven aufwenden soll, jetzt noch nachträglich einen Kampf gegen die damaligen Akteure zu führen oder die Sache auf sich beruhen zu lassen, wenn du dich erinnerst habe ich schon bei Beginn des Briefwechsels einmal darauf hingewiesen – zu brieflichen Auseinandersetzungen eignet sich nur das ganze Thema nicht, sprechen läßt sich einfacher darüber. Na ja es ist uns nicht gelungen, und ich werde ja jetzt sehen, wie Herr Roth reagieren wird.

Ich habe hier irgendwie gelesen, daß von drüben eine Zeitschrift in deutscher Sprache[1] für D[eutschland] demnächst erscheinen soll. Schade, da hätte ich gut mitarbeiten können. Nach meiner Meinung ist das, was bisher geschieht, in Aufmachung und Tenor falsch, nämlich unwirksam. Es gibt da hundert derlei Gründe, aber ich habe keine Lust, mich in dieser Materie zu verlieren. Einige Beobachtungen aus Italien: es sieht beinahe so aus, als wollte man Italien dem Kommunismus überlassen zu einem Experiment, denn hier wird Moskau ja anders vorgehen als hinter dem eisernen Vorhang, mehr freies Feld respektive: sehen und abwarten, wie sich so eine Sache abwickelt, oder Erwartung, daß das Volk und besonders die Bauern und organisierte Arbeiterschaft sich umso stärker von dem System abwenden werden. Für beide Möglichkeiten ließen sich Argumente, die hinter dem offiziellen Wahlkampf sichtbar werden, anführen. Aber noch mehr ein drittes: gerät I[talien] in die Direktion von Moskau, halb oder noch besser ganz, so läßt sich über kurz oder lang die gesamte Sowjetfront über Italien aufrollen, denn die Regierung ist für alles käuflich. Die ganze Wahlideologie der Hintermänner hier geht um die Frage, wer zahlt mehr und wer zahlt dauernder, das Winken mit dem Dollar allein genügt nicht, hat sich auch abgenutzt. Daß blödsinnigerweise (vom Politischen gesehen) hier die Schulen und Waisenhäuser, die Klöster etc gefüttert werden, sieht der Mann auf der Straße nicht, und wenn, macht er sich darüber lustig. Noch nie hat eine Außenpolitik kläglicher versagt wie die USA, falls es ihr im Ernst darauf ankommt, Italien jetzt zu halten – was ich nicht weiß und auch bezweifle – noch niemals eine socialistische Bewegung wie die Saragat etc elender sich aufgeführt. Nicht die Kontrolle (und Stützung, schamhaft gesprochen) muß für solchen Zweck angestrebt werden, sondern die Kontrolle der Banken, der Industriellen und Latifundienbesitzer, also auch des aristokratischen Kammerherrenflügels im Vatikan. Hier liegt der Punkt. Tremelloni, der Saragat-Industrieminister, ist mit einem Wirtschaftsplan nicht hervorgetreten, nur ein solcher drei oder 5 Jahresplan kann die Situation retten, zu dem USA oder die Europa Union präzise erklären muß, was sie dazu zu zahlen oder kreditieren gedenkt – einem Seminaristen ist es bereits bekannt, daß alle Haushaltspläne in I[talien] leeres Papier sind, weil niemand (ohne Streik) Steuern zahlt, nicht erst seit heute. Also müßten bis infinitum immer neue Überbrückungskredite von USA geholt werden oder es wird ein Wirtschaftsplan, nach Sektoren präzise unterteilt, hinter dem die Regierung verantwortlich steht, und die Großkreditgeber suchen sich die einzelnen Brocken heraus, die sie kreditieren und mitbewirtschaften, die Banken nur als Kommissionäre und Abwickler, nicht selbständig. Auf einen solchen Plan, genossenschaftlich, sogar syndikalistisch hat man gewartet. Statt dessen kündigt jetzt im Wahlkampf die Industrie Einschränkungen und Stillegungen an, in Sardinien, in Ancona werden die Gruben stillgelegt – in Erwartung der billigen USA Kohle. Natürlich führt dies zu neuen Unruhen, Betriebsbesetzungen etc und das alles inmitten des Wahlkampfes – es ist schwer, keine Satyre etc. Natürlich liegt dem die Pression an die USA zu Grunde mehr zu zahlen und schneller zu zahlen. Klar, daß das ewig nicht so weiter gehen kann. Also den Laden abschreiben? Vor 6 Wochen wäre das noch richtig gewesen, aber jetzt? Mit der verworrenen und eigentlich irreparablen Lage in Frankreich daneben? Erstaunlich, wie falsch und leichtfertig die USA Korrespondenten berichten, betrunken oder höhere Strategie?

    Herzliche Grüße
        Franz

1 Vermutlich *Der Monat*, der erstmals 1948 erschien.

237. AN RUTH FISCHER
San Remo, den 11.3.48

Liebe Ruth, von Roth habe ich einen sehr freundlichen Brief bekommen, der mir geradezu beinahe dankt, daß ich ihm meine Schwierigkeiten damals bei Ausbruch des Krieges mitgeteilt hab und mir zugleich verspricht, sich für mich, falls von Bern aus deswegen Schwierigkeiten eintreten sollten, einzusetzen. Es war schon richtig, daß ich ihm die Sache geschrieben habe.

Gestern war ich wieder in Genua und habe ausführlich mit dem Konsul gesprochen (beinahe ein Wunder). Es stellt sich heraus, daß wie ich schon vermutete die Notariatserklärung trotz meiner 4 Zeugen für ihn wertlos ist und zwar hauptsächlich deswegen, weil neuerdings Tschechen und Polen sich als Deutsche in Schlesien geboren ausgeben, um in die deutsche Quote hineinzukommen; deswegen ist die Handhabung verschärft worden und es müssen Zeugen sein, die die Gewähr geben, mich vor 1924, das ist der Stichtag, als in Neisse geboren kennen. Aber – er hat mein Scheidungsurteil aus Berlin als Ersatz angenommen und hat mir zum Schluß gesagt, er glaube, daß meine Sache in Ordnung gehen wird (Typ eines jungen Studenten – Brüning Schüler von Harvard). Nun fehlt wieder das Penal Certificate, das inzwischen abgelaufen ist und das ich mir von neuem besorgen muß – Dauer hoffentlich nicht länger als 4 Wochen. Ich warte nun nebenbei noch auf das Schweizer Visum, wahrscheinlich wird eine Rückfrage sich erst ergeben, dann muß ich das ital. Rückreisevisum neu beantragen, das inzwischen auch dann abgelaufen sein wird. Darf ich dir sagen, daß alle diese Dinge auch meine oder Sylvias Mittel langsam erschöpfen und daß ich die Zeit herankommen sehe, wo ich absolut nichts mehr tun kann, weil ich einfach bewegungsunfähig geworden sein werde, – bedauerlicherweise scheint auch das Int. Rel[ief] Comm[ittee], das mir zweimal seit dem Herbst damals Care-Packete geschickt hat, mich aufgegeben zu haben, oder meinst du, ich sollte die Leute nochmals darauf ansprechen hier oder die dortige Organisation? Aber das ist alles vielleicht gar nicht so wichtig, mehr wie sicherlich Euch falle ich mir selber immer mehr zur Last. Du willst auch von all diesen Sachen schon nichts mehr hören und ich beeile mich daher, dir einige Sachen vom hiesigen Wahlkampf zu schreiben. Augenblicklich ist hier ein Vatikan-Skandal, der ganz breit ausgewalzt wird. Äußerlich scheint der Fall harmlos genug, ein Prälat Prettner-Cippico, Mitglied der Päpstl. Archivkommission, ist wegen Unterschlagung päpstlicher Gelder gesucht und verhaftet worden nebst einigen Freunden, die hohe Funktionäre der früheren Staatsmiliz gewesen sind bis 43, später von Mussolini im zweiten Stadium verfolgt worden sind. Die Unterschlagung liegt eigentlich bis September zurück, ist aber jetzt von der Front aufgerührt und das ganze Verfahren in Gang gebracht worden, Entlassung, Hinauswurf aus dem Priesterstand seitens des Vatikans, Anzeige und Verfolgung durch die Polizei und Verhaftung, nachdem der Mann einige Wochen sich verborgen halten konnte. Cui bono? Die KP als Sittenrichter und eigentlich als Wahlmanöver nicht unmittelbar zugkräftig, da mindestens ebensoviele Leute die Kurie bedauern, Geld an einen ungetreuen Priester verloren zu haben, wie die Schadenfreude, daß auch im Vatikan Betrüger und Schwindler sitzen. So war die Sache bisher aufgezogen. Aber der Vatikan hat außerordentlich scharf reagiert und eigentlich erst zu dem Fall, in dem die Sache jetzt steht, beigetragen. Niemand hat die Person des hl. Vaters bisher in die Sache hineingezogen, der Osservatore tut das selbst, indem er zur allgemeinen Überraschung dauernd den Papst reinzuwaschen beginnt. Also sind vielleicht auch entsprechende Dokumente gestohlen? Wo sind die Werte von rund einer Milliarde Lire, die sich aus Abhebungen durch gefälschte Unterschriften, Unterschlagungen aus einer Filmkasse, aus der

Farbfilme religiösen Inhalts hergestellt werden sollten, und Juwelen – alles Schätzung nach der vom Vatikan an die Polizei erfolgten Anzeige – hingekommen? Warum bringt überhaupt der Vatikan solche Details an die große Glocke? Cippico ist ein verhältnismäßig junger Prälat, dalmatinischer Abstammung, befreundet mit einem Kreis von Pavelič-Anhängern, von denen auch einige, darunter der Neffe des Poglavnik, der im übrigen ja auch noch nicht ausgeliefert ist und auf dessen Auslieferung ja nicht einmal Tito besonders besteht – jetzt mit verhaftet sind. Irgendwas geht da im Hintergrund vor, was mit der Wahl nicht das geringste zu tun hat. Und warum hat eigentlich niemand bei den großen Interessen, die auf dem Spiel zu stehen scheinen, diesen Cippico außer Landes gebracht, besonders wie es anfangs schien der Mann mit der Tito Regierung irgendwie zusammensteckt, oder nur mit den Neufaschisten? Er soll übrigens ein Blatt, den Mattino in Rom, einen Ableger von Giannini, finanziert haben und dieses Blatt ist plötzlich eingestellt worden. Bestimmt steckt dahinter mehr als nur ein von der Volksfront aufgezogener Wahlskandal gegen den Vatikan und nach welcher Pointe werden schließlich die Karten fallen? Großes Rätselraten.

Die Tschechenkrise hat hier wieder einmal mehr gezeigt, daß es Vorbedingung für einen Putsch ist, daß die Männer der KP in der Regierung sitzen, wehmütig geht dies aus den Kommentaren Nennis hervor. Werden die Gewerkschaften als Machtposition das gleiche erreichen können? Nenni scheint das zu glauben, Togliatti weniger, der überhaupt sich so zahm im Wahlkampf und so nationalistisch gefärbt benimmt, daß manche bereits nach den Wahlen von einer Spaltung der KP bezw Ausbootung ihres radikalen Flügels sprechen. Hierbei würde Nenni, mit seiner Kerntruppe von social. Parteisekretären eine Art Zentrum und Sammelpunkt für diese Art SED bilden, anscheinend schwebt dies auch Nenni vor. Das nach außen gefährlichste Moment in diesem Wahlkampf ist, daß Nenni (nicht Togliatti) von neuem und Tag für Tag mit einem Aufstand bezw selbständigem Vorgehen in der Po-Ebene, wenn die Front nicht die Macht erhält, droht. Gestützt auf die Gewerkschaften mit dem dort auch sehr radikalen Bauernverband ist eine Lahmlegung der Wirtschaft in der Poebene ohne weiteres denkbar, wobei Puglien, Sicilien, Sardinien und vielleicht die Romagna nur Druckpunkte im Außengelände bilden würden. Um so seine Drohungen schmackhaft zu machen, spricht Nenni zugleich immer von der Zusammenarbeit mit einem tragbaren Flügel der Christlichen Demokraten, etwa Gronchi. Das Merkwürdige, diese täglichen Drohungen und Bürgerkriegsperspektiven werden fast allgemein mit Stillschweigen übergangen – also muß dahinter auch noch etwas Besonderes stecken. Das kann nicht nur Feigheit und Gleichgültigkeit der andern sein. Zu meiner letzten Analyse der hiesigen Situation und des Fehlers der USA Politik in der Einschätzung Italiens habe ich nichts bisher zu revidieren.

Herzliche Grüße von mir und auch von Frau Sylvia

Dein Franz

238. AN MARGOT RHEIN UND HANS LANGE
San Remo, den 13.3.1948

Liebe Margot, mit vielem Dank und einer großen Erleichterung habe ich deinen letzten Brief bekommen und ich möchte nur hoffen, daß dir jetzt, wo du noch jemanden neben dir weißt, dir das Leben und das Durchhalten leichter sein wird. Ich habe es am Eigenen gespürt, daß das Alleinsein langsam aber unaufhaltsam einen geradezu zerquetscht. Uns ist es nicht gegeben, so einfach und im Zuge der Zeit, möchte man beinahe sagen, sich in eine Allgemeinheit oder wie man die Gemeinschaft sonst nennen mag (Notgemeinschaft) hineinzufinden, umso mehr, als sich im Kern nichts geändert hat und, was ich aus den Zeitungen und Zeitschriften ersehe, die ich hier zugesandt bekommen habe, die gleiche innere Bosheit geblieben ist. Man hat manchmal den Eindruck, diese Menschen werden in ihrer nur mühsam niedergehaltenen Bösartigkeit, Dumpfheit und Enge eines Tages ersticken oder sich selbst explodieren lassen. 30 Jahre habe ich das nun mit angesehen, bin immer mehr in eine Außenseiterstellung hineingedrängt worden und es ist mehr ein Wunder, daß man mich nicht umgebracht hat. Gewiß, es ist erstaunlich, wie schnell eigentlich ein intellektueller Wiederaufbau vor sich gegangen ist, verdächtig sogar – aber ich kann mich nicht entschließen weder auf gute Worte noch versteckte Drohungen jetzt da mitzumachen. Ich fühle die Pflicht, zunächst einmal mit meiner literarischen Produktion zu mir selbst zu kommen und nehme lieber ein neues und vielleicht noch drückenderes Emigrantendasein in Kauf.

Wohin ich verschlagen werde, mag gleichgültig sein, an jedem Ort der Welt werde ich an mir arbeiten können, nur nicht in diesem Deutschland. Ich sehe übrigens voraus, daß auch in der sogenannten kulturellen Spitze erst jetzt die notwendige Auseinandersetzung kommen muß, dieses Kesseltreiben mögen diese Leute dann unter sich ausmachen.

Leider bin ich mit meinen Visumfragen immer noch steckengeblieben, aus dem polnisch gewordenen Neisse ist ein Originalgeburtszeugnis, was man heute verlangt, nicht zu bekommen. Irgendwie wird sich schon aber noch ein Ersatz auftreiben lassen. Ich bin im Grunde sehr optimistisch, daß wir noch einmal alle zusammenkommen können, man muß nur Geduld haben.

Vom Praktischen zu sprechen, ich habe versucht über die Centrale Sanitaire Suisse zunächst als Probe dir Kaffee zu schicken, ob es ankommt und ob es in Wirklichkeit überhaupt geht, weiß ich nicht, denn bisher war von hier aus jeder Transport verboten, aber seit einiger Zeit findet man hier solche Inserate. Deine nächste Zuteilungsstelle dürfte nach dem Prospekt Greifswald, Brinkstraße 13/14 sein. Wenn du den Bon bekommen solltest, müßtest du dahin schreiben und dir das Packet nach Kloster schicken lassen. Und schreibe bald, denn wenn es ankommt, so will ich noch mehr und Wichtigeres als Kaffee versuchen. Das ist nur eine Probe. Sei herzlich gegrüßt
Franz

An Lange, über dessen Brief ich mich sehr gefreut habe, kann ich vielleicht gleich anschließend schreiben.

Lieber Hans, du solltest dir darüber keine Gedanken machen, daß du vielleicht eine innere Spannung nicht durchhalten kannst. Vergiß nicht, daß der Mann ganz anders zu dem Sinn und dem Ziel seines Lebens steht als die Frau. Das was wir heute noch nach unseren Begriffen Religion nennen, ist nicht so sehr eine Glaubensfrage (obwohl für harmlose und wenig aufgeschlossene Gemüter auch dies sein kann) als vielmehr das Bewußtsein, daß wir mit allem Tun und Denken Teil eines unendlichen Ganzen sind, mit allen Pflichten, mit allen Freuden und allen Katastrophen. Wer sich dies vereinfachen kann durch eine durch-

lebte (nicht nur anerzogene) Disciplin zu Bekenntnis und Glauben – gut, wer dies aber nicht kann und vor seinen eigenen Widerständen nicht durchdringt, auch gut, vielleicht noch besser, denn dieser arbeitet an seiner eigenen Disciplin, die ihm noch gar nicht so sehr bewußt zu sein braucht, einer Disciplin, die er mit Tausenden teilt und die auch alle die Tausende in der Erkenntnis einmal weiterbringt. Das Maßgebende ist, daß er sich seine Stellung zur Umwelt ins Gleichgewicht zu bringen bemüht ist – die Gesetzmäßigkeiten, die Bereitschaft, die tiefere Erkenntnis, die Spannung und das beglückende Existenzbewußtsein kommt dann alles von selbst. Wir müßten uns eingehender darüber aussprechen können. Und schreibe mir, frage, und geniere dich nicht, wenn es manchmal nicht weiter zu gehen scheint. Laß bald mehr von dir hören, wie es geht und was du treibst. Herzlichen Gruß
 Franz

239. AN RUTH FISCHER
San Remo, den 17.3.48

Liebe Ruth, ich beeile mich Deinen Brief vom 11.3. zu beantworten. 1) Von einer Fahrt nach Basel kann noch keine Rede sein. Ich habe noch nicht das Schweizer Visum, es ist auch sehr zweifelhaft, ob ich es bekomme; allerdings hat mir Roth geschrieben, daß wenn die Anfrage an ihn kommt, er alles tun wird um die Sache zu unterstützen. Von einer Zusammenarbeit hat er übrigens nie geschrieben, nur daß er mir behülflich sein würde mich bei meinen Genfer Bankiers von früher zu unterstützen, um event. alte Verbindungen wieder aufnehmen zu können. Dann aber als das Wichtigste, er besteht darauf, wenn ich das Schw. Visum habe, mich erst vorher mit ihm in Verbindung zu setzen, um eine Zeit zu disponieren. Mit andern Worten, inzwischen ist das ital. Rückreisevisum abgelaufen und ich muß es wieder erneuern lassen, was auch diesmal, wie man mir sagt, zwar nicht wie bisher 4 Wochen, aber eine Woche dauert. Vorausgesetzt, daß das Schweizer Visum nicht terminiert ist. Wie du siehst, wird das alles nicht so schnell gehen, wenn es überhaupt geht.
 2) Bis auf das Penal Certificate (vom römischen Innen-

ministerium, das inzwischen ungültig geworden ist, die USA nimmt nur eins auf drei Monate vom Ausstellungsdatum an) habe ich alle Dokumente zusammen, das Cert. kann ich in etwa 3 Wochen erwarten, damit rechnet auch der Konsul. Ich schrieb dir bereits, daß dieser mir ziemlich wohlgesinnt zu sein scheint.

3) Ich habe leider nicht die Adresse von Gumperz und du hast sie mir auch nicht mitgeteilt. Ich mußte annehmen, daß es ihm oder dir nicht erwünscht sei, daß ich ihm schreibe. Ich lege einen Brief bei, den du an ihn weiterleiten kannst, wenn es dir richtig erscheint, oder schicke mir seine Adresse.

4) Ich fasse in Stichworten meine Beobachtungen zu den hiesigen Wahlen zusammen: a) Ich bin bei meiner bisherigen Beurteilung davon ausgegangen, was man meiner Meinung nach in USA wissen sollte und insbesondere diejenigen Kreise, die politisch oder wirtschaftlich Italien bei ihren Interessen in Rechnung stellen, also eng und zweckbestimmt, in der Nebenabsicht dir event. Tips an die Hand zu geben, die du deinen Verbindungen gegenüber benützen kannst. (Da wir darüber nicht haben sprechen können, ist es leicht möglich, daß ich mich getäuscht habe.)

b) Alle Schätzungen über das Zahlenverhältnis der beiden Lager (pro- und antikommunistisch) sind großen Schwankungen unterworfen. Weder die Ziffern der Parteimitgliedschaften noch die Zahl der Gewerkschaftsmitglieder, die zwar total unter KP Führung stehen, sind maßgebend. Der Volksblock hat für sich die erstmalig straff in einem politischen Kampf eingesetzte Gewerkschaftsbewegung, die er aus den Korporationen Mussolinis übernommen und einzuschmelzen verstanden hat, in der auch der bisherige Leerlauf des überdisciplinierten KP Parteiapparates praktische Betätigung findet, der bisherige Erfolg der gewerkschaftlichen Lohnkämpfe, die Konzentrierung der Wahlparole auf Arbeit und Brot (Kontinuität der Arbeit und Erhaltung des im Vergleich zum gegenwärtigen allgemeinen Niveau überhöhten Lohnstandards). Diese einleuchtende Primitivität (primitiv, weil große Teile der gewerkschaftlich neu Organisierten wie Landarbeiter, Bergbauern, einige Beamtenkategorien zum ersten Mal überhaupt in einen Lohnkampf eingetreten sind und mit Erfolg) wird unterstrichen durch akademische Erörterungen von der Gegenseite, die auf Unrentabilität der Produktion, kommende Stillegungen, Einsparungen der Beamtengehälter, Abbau, grundsätzlich Umstellung der Wirtschaft plädieren und damit eine USA Hilfe begründen – auf lange Sicht, zudem ohne präzises Programm, während die Frontparole greifbar nahe liegt, mehr Lohn und mehr Brot.

c) Die Hilfestellung des Vatikans, der die Wahl unter Gewissenszwang (wenn auch nicht allzu offiziell) stellt und zur Wahl verpflichtet, wird die Frauen zur Wahlurne bringen. Diese Entwicklung der letzten Wochen hat die direkten Erfolgsaussichten des Blocks geschmälert, die Zieltaktik geändert, indem bereits auf Aktionskommittees schon vor den Wahlen hingearbeitet wird, d.h. schon jetzt wird man einen zahlenmäßigen Sieg der Front-Gegner nicht anerkennen. Streiks, Sabotage, völlige Lahmlegung der Wirtschaft wird nicht nur angekündigt, sondern ist zu erwarten. d) Wird die Regierung diese Welle brechen können – nach meiner Beurteilung aus eigenen Kräften nicht, und fremde stehen ihr nicht zur Verfügung. Geld und Freundschaftszüge genügen hierfür nicht.

e) Will man wirtschaftlich von außen Italien auf die Beine helfen, so geht dies nur über gemischt staatliche Gesellschaften in der Textil-, Automobil oder Elektro-Industrie, Hanfölraffinerien, Schiffbau und landwirtschaftliche Produktionsgenossenschaften, Früchte und Olivenöl. Diese Gesellschaften schließen den Arbeitsvertrag – autonom, Löhne, Verpflegung, Wohnungsbau. *Nachher* als koordinierende Spitze tritt erst der Staat mit seinen Zollgesetzen und Devisen etc in Erscheinung. Alles Lohnaufträge, in welchem Rahmen immer. Staat, Banken, Industriellenkorporationen nicht als dirigierende, sondern als Verwalter. Das gleiche also, was der russische Staat machen würde, nur mit der Rückendeckung einer Westeuropawirtschaft und dem Dollar sicherer als bei der USSR und ohne das Odium des Terror. Zwischen beiden zu wählen wird der Masse nicht schwer fallen, wenigstens hier. e) Diese Chance scheint aus unbekannten Gründen versäumt. f) Die Rolle des Vatikans ist begrenzt. Die Kirche befindet sich in einer der schwersten Krisen, dem Zerfall in eine Reihe nationaler katholischer Kirchen. Die KP spielt auch bereits mit der Andeutung einer Säuberung der Kirche zu einer nationalkatholischen Volkskirche und hat bestimmt auch Boden im Klerus. (Das marxistisch-kommunistische Aushängeschild wird dann ein wenig übermalt werden.) Zweifellos wird dies bei den Wahlen und mehr noch nachher eine bedeutsame Rolle hier spielen. g) Es ist im Volk analytisch gewertet keine revolutionäre Bereitschaft vorhanden, wohl aber ein revolutionäres Sentiment. Auf diesem spielt der Block, während die Gegenseite mit Disciplin und Autorität zu operieren gezwungen ist, was genau dem Sentiment zuwiderläuft. Einem seit 20 Jahren hysterisierten Volk (zusätzlich des besonderen italienischen Volkscharakters) ist mit Vernunftgründen nicht beizukommen, es muß geschont und betreut, d.h. es muß in „Würde" bezahlt werden. Die USA Hilfe tut das Gegenteil. Unabhängig davon, ob es sich überhaupt für USA lohnt und ob der irgendwie zu erreichende Zweck nicht auch auf anderem Wege erreicht werden könnte, z.B. operiert die KP mit der Andeutung lebenswichtige Verbindungsinteressen der USA auch ihrerseits zu garantieren, h) Die Tatsache, daß jährlich 2 Millionen Italiener auswandern müssen (man kann das auch drehen, daß für 2 Millionen bessere Arbeit und mehr Essen geschaffen werden sollten im Ausland), ist als Argument vernachlässigt, wird aber negativ für die Regierung herumgereicht.

i) Das Mißtrauen gegen die USA ist sehr tief. (Dankbarkeit für irgendwelche Hilfssendungen kann man nicht erwarten, im Gegenteil, typisches Krankheitsbild der Hysterie – es schürt noch mehr die Wut.) Die Meinung ist allgemein, daß die USA nach Laune oder politisch ausgedrückt, sofern sich ihre Interessen verlagern, die Versprechungen über Nacht nicht mehr halten wird. Vergessen ist auch nicht, daß die Militärs sozusagen von Volk zu Volk einen überheblichen Eindruck hinterlassen haben, der Italiener fühlt sich noch heut beleidigt. Er nimmt das Geld, aber er ist wütend darüber und wird wo immer er kann dem Spender einen Streich spielen. Dies mehr zum Verständnis des allgemeinen Volkscharakters. k) Gegenwärtig probt man die Revolution in Puglien mit Ausschüssen und so – es wird in diesen Landdistrikten nachgeholt, was man bei der KP in Norditalien schon sicher in der Hand zu haben glaubt.

l) Das Militär ist unzuverlässig.

m) Die socialistische Union ist erst dieser Tage mit einem Tagesblatt herausgekommen, unverständlich wer dieses Blatt, das dem Combat aufs Haar gleicht, lesen soll. Sonst wird nur mit kleinen Zetteln gearbeitet. Haben diese Leute keinen Fond?

Die Katholische Aktion startet eine Plakatserie „Rom spricht" (Roma parla), sehr schöne Plakate für die Familie, für Frieden etc, ungeheure Menge schön gedruckter Text, geradezu künstle-

risch, aber niemand auf der Straße wird das lesen, für den einfachen Mann auch unverständlich. Das einfache Garibaldi Plakat der Front, nur der Kopf in Großformat ist wirksamer. n) Die Wahlskandale halten sich bisher in den üblichen Grenzen: der eine hat das Gold Mussolinis gestohlen, was alle ganz richtig finden, der andere das Gold des Papstes, worüber sich alle freuen.
 Herzliche Grüße
 Franz

240. An Oskar Maurus Fontana
San Remo, den 12.4.48

Lieber Fontana, nach der lebhaft gewordenen Korrespondenz mit Frau Sylvia muß ich schließlich auch an die Reihe kommen. Von mir ist zu sagen, daß ich in enttäuschendster Weise auf das Visum noch immer warten muß und wahrscheinlich an der Bürokratie endgültig scheitern werde. In wenigen Monaten läuft dann die Gültigkeit der Affidavits ab. Meine Lage wird recht schwierig werden. Vor längerer Zeit schon habe ich die Dagny Novelle drüben an den Agenten verkauft und höre nichts mehr davon. Ein Stück „Herr Grosz" liegt bei Piscator, der mich die ganze Zeit gedrängt hat und jetzt sich ausschweigt. Außerdem wird es für mich zu einem schweren Problem, etwas drucken lassen zu müssen, um so eine Art innerer Bestätigung zu erhalten, ohne die ich diese Rückschläge nicht gut überstehen kann. Ich arbeite hier an einem Roman „Variationen", in dem auch die alte Fassung der Sylvia Novelle ihren Niederschlag findet, der zu 2/3 fertig ist, und habe eine Dramatisierung des Falles Steinmayr (der Innsbrucker Jesuitenpater, der von der Gestapo hingerichtet wurde, auf Grund einer Spitzelaussage eines Gestapos, der sich als Unteroffizier der Wehrmacht bei ihm eingeführt und monatelang Konvertitenunterricht erhalten hatte) beinahe beendet. Für mich liegt die Schwierigkeit darin, Verständnis zu gewinnen für meine dramaturgische Auffassung, daß das mitleiderregende Moment nicht bei dem Pater als Opfer, sondern bei dem Spitzel als Einzelmensch dem Bösen anheimgefallen und dem Bösen überlassen liegt. Die Mainzer Zeitschrift Umschau hatte mich überraschenderweise aufgefordert mitzuarbeiten und ihr etwas einzuschicken, ganz gleich was – vorsichtshalber habe ich, weil ich einen Akt des Dramas schicken wollte, vorher mit der Themenangabe angefragt und seit zwei Monaten bin ich ohne Antwort. Das ist bitter. Wenn ich jetzt hier hinschreibe, ob Sie nicht mir durch eine Empfehlung etwa an die Europäische Rundschau einen Weg öffnen könnten, so brauchen Sie das nicht wortwörtlich zu nehmen – ich weiß zu gut, daß bei meiner besonderen Stellung zwischen den Kräften ich mir die Verbindung nur allein schaffen kann oder zugrunde gehen muß – gesetzmäßig, denn ich bin kein verlorener Sohn oder Konvertit, den man in die Arme schließen kann, und wenn mir auch der aktiv-progressistische Katholizismus der Esprit-Leute geistig sehr behagt und liegt, so bin ich doch nicht dominikanisch geschult, ich würde mich auch nicht trauen, von der Dogmen-Disciplin zu sprechen, denn die Dogmen sagen mir nichts. Ich verstehe schon, daß sie eine große Erleichterung sein können, aber für mich eben nicht, ich muß anscheinend den schwereren Weg gehen. Ich habe einen Essay über die Albigenser geschrieben, in dem ich die damalige Krise zwischen Individuum und Kollektiv mit der heutigen in Parallele setze, ich müßte aber den Essay um ihn anzubieten noch bearbeiten – er ist mehr für mich selbst skizziert.

Nun haben Sie das Bild dieses Jung.

Vergessen Sie mich nicht, auch wenn es mir noch schlechter gehen sollte.

Ich muß ja auch sagen, daß die furchtbaren Kämpfe, die die arme Sylvia mit sich auszukämpfen hat, wobei ich teilnahmslos dabeizustehen gezwungen bin – die Budapester Hausfrage ist noch das gleichgültigste davon – nicht ganz spurlos an mir vorbeigehen. Als advocatus diaboli muß ich ja auch die Möglichkeit einrechnen, daß zwischen Berufung und geistiger Erkrankung nur ein sehr geringer und oft nicht ohne weiteres sichtbarer Unterschied ist; oder daß diese Berufung andererseits ein zwangsmäßiger Heilungsvorgang aus einer Erkrankung heraus ist.

Damit beschäftige ich mich, statt Transportprämien für direkte und zusätzlich private Marshallieferungen zu analysieren – damit käme ich bestimmt leichter nach drüben, so hat aber meine Manie und Gott diesen Weg verschlossen.

Herzlichen Gruß an Sie und Ihre Frau
    Ihr Franz Jung

```
                AFFIDAVIT OF IDENTITY IN LIEU OF A PASSPORT   No. G-379

American Consulate General ) SS
Genoa, Italy              )

    I,  Franz JUNG          , residing at   San Remo, Italy
    Via Duca degli Abbruzzi 7  being first duly sworn, do hereby
declare under oath that:

    (1) I was born at  Neisse, Germany     , on   November 26, 1888

    (2) I am not married;

    (3) My husband wife, a citizen of _____, is named
    _____ and was born at _____, on _____

    (4) I desire to immigrate to the United States of America,
and will be accompanied by   alone
_____

who was were born at _____

on_____

respectively, and who is a are citizen(s) of_____

    (5) I cannot obtain a regular passport because   of the post
        war conditions in Europe
```

My photograph appears at the
right hereof, and my personal
description is as follows:

Height: 5'3"   Weight: 122 pounds
Eyes: brown   Hair: brown
Complexion: / medium) scar on forehead and face

            Franz Jung

Subscribed and sworn to before me at Genoa, Italy, this
____15th day of____April____, 194 8

                            Peter Rutter
                            Peter Rutter
                            Vice Consul of the United
        PR:sp   States of America
        Seal.

            AMERICAN CONSULATE GENERAL   SERVICE NO. 104
                    [$2.00 FEE STAMP]   FEE ___ DOLLARS
                    APR   EQUIVALENT LIRE
                GENOA, ITALY

Einwanderungsantrag für die USA, Genua, 15. April 1948

241. An Ruth Fischer
San Remo, den 17.4.48

Liebe Ruth, gestern hat die Gesellschaft „Italia", Niederlassung auch in New York, an Dich gekabelt, daß drüben die Schiffskarte (ca 250 Dollar incl der Kabelspesen etc) für mich bezahlt werden muß. Ausreise mit der Vulcania am 5. Mai von Genua. Mitteilung von der Einzahlung drüben muß bis Ende des Monats in den Händen der Gesellschaft in Genua sein, sonst verliere ich den Platz.

Liebe Ruth, ich habe lange nichts mehr von dir gehört – du schriebest seinerzeit, daß die Int. Rescue die Kosten bezahlt oder vielleicht die Affidavit[1]-Leute. Ich möchte dich sehr bitten, nachdem du bisher alles so wunderbar für mich erledigt hast, auch noch die Krone dem aufzusetzen und für mich noch das in Gang zu bringen. Für Sylvia ist die Ausreise aus den verschiedensten Gründen nicht möglich.

Bitte gib mir bald Nachricht.

Für alles Dank – Du magst verstehen, was diese Ausreise trotz mancher Bedenken für mich bedeutet u. herzlichen Gruß
     Franz

Nachdem ich die Affidavits jetzt in der Hand habe, werde ich an beide sogleich schreiben.

[1] Karl August Wittfogel und Julian Gumperz

242. An Heinz Maus
San Remo, den 18.4.1948

Sehr geehrter Herr Dr. Maus,
ich hatte Ihnen auf Ihren freundlichen Brief vom 20.2. ein kleines Manuskript[1] gesandt. Leider habe ich dann nichts mehr von Ihnen gehört.

Es tut mir das besonders leid, weil ich außerordentlich gern – so abgeschnitten wie ich von aller Welt bin – mit einer Zeitschrift in Deutschland[2] in Kontakt geblieben wäre.

Ich kenne nicht die Gründe Ihres Schweigens, und sie mögen auch technischer Natur sein, aber das ist ja auch gleichgültig, denn ich gehe von hier weg wieder ein Stück weiter auf Wanderschaft, wahrscheinlich schon Anfang Mai nach New York.

Ich habe nun die große Bitte: Wenn Sie das Manuskript noch nicht in den Papierkorb geworfen haben, sind Sie so freundlich und schicken Sie es an meine Frau, die mit dem Sohn leider noch in D. ist und bei der Dena arbeitet – Frau Harriet Wisser, Bad Nauheim, Karlstraße 23; die arme Frau hat sich in den Kopf gesetzt, meine Manuskripte zu sammeln, viele sind es schon sowieso nicht und sie kann so die Sammlung um ein neues Stück vermehren.

Mit den besten Wünschen und vielen Grüßen
Franz Jung

1 Vermutlich „Variationen".
2 Heinz Maus war der Schriftleiter von *Die Umschau. Internationale Revue* (Mainz 1946–48).

243. AN RUTH FISCHER
San Remo, den 27.4.48

Liebe Ruth, ich beeile mich deinen Brief vom 21. sofort zu beantworten.

Das Visum habe ich im Laufe einer nochmaligen Vorsprache für mich eigentlich überraschend bekommen.

Mit Edna List stehe ich in Verbindung, mit ziemlichen Schwierigkeiten. Es ist aber alles erledigt, ich hatte ja schon vorher einen Platz bestellt und brauchte daher nicht den Platz 14 Tage später, den Frau List mir bestellt haben wollte. Ich brauchte nur die Zusicherung der Bezahlung oder das Geld. Wie ich nach vielerlei Telefonierens zwischen Büros und dem Committee entnehmen kann, ist jetzt der Platz bezahlt oder zumindestens die Bezahlung über Amer. Express zugesichert.

Ich fahre Sonntag nach Rom, hoffe Montag Frau List noch zu sprechen und fahre dann nach Neapel, wo am 5.5. die Vulcania abfährt. Ich hoffe dann am 12. circa in New York zu sein.

Ich möchte dich noch sehr bitten, mir für die ersten Tage eine Unterkunft besorgen zu lassen, vielleicht in einem Unterkunftshaus der Heilsarmee oder sonst einer solchen Organisation.

Wenn ich glücklich ankomme, werde ich mich sofort bei dir melden.

Habe für alles, was du für mich getan hast, nochmals vielen herzlichen Dank.

Tausend Grüße, auch Dank und Gruß von Frau Sylvia
Dein Franz

244. AN CLÄRE JUNG
San Remo, den 29.4.1948

Liebe Claire,
ich habe schließlich doch noch das Visum bekommen und fahre in den ersten Maitagen von Neapel ab. Es bleibt mir nun noch übrig dir und Scherret ein herzliches Lebewohl zu wünschen.

Im Grunde genommen wäre ich jetzt lieber in Europa geblieben, aber meine persönliche und materielle Lage ist so schwierig geworden, daß ich jetzt nicht riskieren kann, länger hier zuzuwarten. Schade – ich hätte müssen vielleicht noch ein Jahr etwa länger warten können.

Ich war die letzten Monate über verzweifelt bemüht, bei irgendwem in Deutschland ganz gleich in welcher Zone einen Arbeitskontakt zu finden. Ob das in den schlechten Postverhältnissen begründet ist oder der Zensur – in den meisten Fällen habe ich nicht einmal eine Antwort bekommen. Das ist alles sehr bitter.

Ich fahre ohne materielles und geistiges Gepäck, ohne Illusionen und ohne etwelche Zukunftshoffnungen.

Ich kann im Augenblick nicht mal eine halbwegs sichere Adresse angeben, wo ich zu erreichen sein werde. Ich hoffe aber mich bald melden zu können.

Ich danke Dir noch für deine Briefe mit ihrem betreuenden Zuspruch. Auf Wiedersehen!

Herzliche Grüße an Dich wie an Felix Scherret
Euer Franz

245. AN CLÄRE JUNG
New York, den 25.5.48

Liebe Claire,
meine Adresse ist 514 West 110th Street New York 25. 8 Tage bin ich herumgelaufen, ehe ich ein Zimmer bekommen habe. Da ich ja ohne Illusionen hierhergekommen bin, habe ich mir auch Enttäuschungen erspart.

Der Betrieb in der Emigration hier ist noch derselbe wie in Prag und Paris oder anderswo. Ich bin damit beschäftigt die erste Neugierde dieser Leute zu befriedigen, d. h. ich muß der Reihe nach eine Menge ob ich will oder nicht aufsuchen und hoffe bald wieder in Vergessenheit zu geraten, damit ich mich dann ungehindert wieder mit meinen eigenen Sachen beschäftigen kann. Zeitungen und Zeitschriften aus D. gibt es hier übergenug, jeder hat seine Privatbeziehungen in allen Zonen und analysiert Lage und Aussichten und glaubt sich wichtig machen zu sollen. Ich bin dieses Treibens ungeheuer müde und sehe mit Vergnügen voraus, daß ich bald völlig allein stehen werde, vielleicht sogar im Mittelpunkt von Intrigen und Angriffen, das wird mir die Langeweile dieser Provinzstadt etwas verkürzen.

Meinen Pflichtbesuch bei Piscator habe ich auch hinter mir. Er hat mir die Brecht-Hymne von Ihering, als Berliner Dramaturgie bezeichnet, in die Hand gedrückt und ich werde auch dieses Standardwerk von innerer Unsicherheit ernsthaft lesen, um meine Distanz zu Ihering und dem ganzen Betrieb noch zu erweitern.

Ein Gutes hat das Ganze, daß ich erkenne, daß es im Moment völlig ausgeschlossen ist, mit irgend etwas jetzt dort herauszukommen, um dort sofort abgeschlachtet zu werden. Da ich niemanden hinter mir habe, könnte das für mich katastrophal werden.

Ich fühle mich augenblicklich sehr schlecht und habe daher auch das Angebot von Piscator mit ihm das Sommertheater bei Boston zu machen vorerst mal abgelehnt, obwohl ich nebenbei hätte dort mein Stück[1] einrichten und ausprobieren sollen, alles das hat noch Zeit.

Ich lebe hier im Augenblick von der Mindestwochenrate, die die IRA Neueinwanderern als Unterstützung ausgesetzt hat. Wenn ich für Euch etwas besorgen soll, teile mir das mit, ich werde das trotzdem schaffen können, jedenfalls habe ich auf alle Fälle über die Arbeiterwohlfahrt ein übliches Packet an Euch absenden lassen.

Herzliche Grüße an Dich und Felix, den die Familie Großmann, die selbstverständlich auch hier wieder obenauf ist, noch besonders grüßen läßt.
Franz

1 „Herr Grosz".

246. AN OSKAR MAURUS FONTANA
New York, den 25.5.48

Lieber Fontana,
falls Sie mir noch geschrieben haben, so haben mich Ihre Briefe nicht mehr erreicht, ich bin seit langem ohne Nachricht von Ihnen. Sind Sie nett und schreiben Sie mir, ob mit Sylvia etwas geschehen konnte, denn ich bin in großer Sorge – (wie immer). Hier hat sich natürlich nichts geändert in der Emigration und die Leute fressen sich nach wie vor gegenseitig auf.

Schreiben Sie mir, ob ich etwas für Sie hier tun kann.

Meine Adresse ist West 514 110th Street a. 44 New York 25, N.Y. An der Ecke 96th Street und Broadway sind hier zwei Zeitungshändler, die anscheinend auf Wien spezialisiert sind, wo ich alle Zeitungen und Zeitschriften finden kann, falls ich darauf neugierig bin.

Sonst bin ich im allgemeinen sehr deprimiert und ich beginne schon jetzt einzusehen, daß es besser gewesen wäre in eine der Versuchssiedlungen am Nordpol zu gehen.

Ich lege Ihnen den Gegenwert für eine Luftpostantwort bei.

Herzliche Grüße an Sie wie Frau Käthe
Ihr Franz Jung

247. An Cläre Jung
7.7.48

Liebe Claire,
vielen Dank für Euren lieben Brief, inzwischen bin ich umgezogen, ohne allerdings sagen zu können, daß ich mich hier schon eingewöhnt oder auch nur zurechtgefunden hätte. Da ich ja von vornherein nichts erwartete und die Situation genügend kannte, spielt das auch keine Rolle. Ich glaube schon, daß man einen Arbeiter, Angestellten oder Kaufmann nach einiger Zeit hier mit Erfolg „umschmelzen" kann (im Augenblick ist auch dieses ziemlich schwer), für jemanden aber mit geistigen Interessen, besonders wenn man ein Gepäck von Illusionen, positive oder negative, noch mitschleppt, ist das völlig unmöglich. Was hier von alten Bekannten an zerbrochenen und zermatschten Existenzen herumläuft, ist geradezu erschütternd. Die meisten können ja nicht mehr weg, und die es könnten, trauen sich nicht, ich nehme an, weil sie sich schämen, denn sie haben, um sich hier durchzuschaukeln, im Laufe der Zeit nach so vielen Seiten hin Kompromisse gemacht, daß sie eigentlich nirgend, wohin sie auch gehen würden, richtig auftreten können. Ich glaube nicht, daß dabei materielle Fragen oder politische Ideologien eine große Rolle spielen, denn man sieht hier die Lage drüben sehr realistisch und gleichmütig. Nicht jeder kann die Konjunktur so ausnutzen wie Brecht und seine Gefolgsleute. Abgesehen, daß dazu eine mehrjährige Vorarbeit notwendig ist, um sich bei den verschiedenen Gilden und Instituten durchzusetzen, wozu ja auch schon eine besondere Begabung gehört, kann man solche Bluffs auch nur einmal machen. Zum Beispiel haben Brecht und Feuchtwanger für einen Roman, der nie geschrieben worden ist, dessen Filmrechte für 70000 Dollar bar verkauft; davon kann man ganz gut eine Zeitlang leben und auf die armen Schweine, die sich um eine Researcharbeit auf der 200 Dollarbasis herumjagen, herunterspucken, besonders wenn die Konjunktur sowieso vorbei ist. Ich neide es ihnen nicht. Bei Piscator sollte der Fall Grosz aufgeführt werden, und P. glaubte damit wunder was für mich zu tun. Da er aber weder die Möglichkeit noch die Macht hat, mich in seinen Etat aufzunehmen, müßte ich schon beinahe ein Millionär sein um mir diesen Luxus zu leisten vielleicht monatelang ohne Bezahlung in seinem Affenzirkus mitzuwirken als

unbezahltes Schauobjekt für den continental flavour. Dort lernen die Veteranen, denen das von der Regierung eine Zeitlang bezahlt wird, Theaterspielen als eine Art besonderer Spaß – die Aufführungen sind dann auch danach. Ich habe seine Fliegen-Aufführung[1] gesehen, dargestellt vom örtlichen Theaterverein in Treuenbrietzen und das eigentlich Amüsante ist nur, daß eine solche Veranstaltung groß in der europäischen Presse beschrieben und verherrlicht wird, wobei sich solche „Kritiker", wie mir einer der Beteiligten selbst lachend erzählte, eben auch ihrerseits einen Spaß gemacht haben. Ich bin aus dieser Bude jedenfalls sehr bald weggeblieben, und ich will lieber als Beifahrer bei einem Möbeltransporteur für jede Ablieferung 1 Dollar verdienen, als bei Piscator mir die Zulassung zur Playwriter Guild absitzen.

Georg Fuchs und Elisabeth, mit denen ich öfter zusammenkomme, lassen dich grüßen. Kurt Grossmann, der sozusagen geschworen hat, nicht mehr deutsch, sondern nur noch israelitisch zu sprechen, nachdem er auf einen Posten in der dortigen Regierung wartet, selbstverständlich möglichst mit Amtsbereich hier, werde ich über die Frau, die ich sehe, wenn ich mir bei dem Kommittee meine Wochenunterstützung abhole (wie lange noch?), die Grüße bestellen lassen. Kleiderpackete sind auch über das Kommittee zu bekommen, es fragt sich nur, ob sie ankommen. Ich werde mal sehen, ob ich für Scherret etwas herausholen kann. An meine Cousine[2] werde ich mal schreiben.

Von Margot habe ich einen Brief bekommen, daß das Kaffeepacket, das ich noch aus San Remo geschickt hatte, angekommen ist; an euch war damals dasselbe abgegangen, und dann noch eins von hier aus.

Wenn es irgend möglich ist, laßt mal bald wieder von euch hören.

Herzliche Grüße an dich und Felix
Franz

---

1 Jean-Paul Sartre „Die Fliegen".
2 Hedwig Symanczyk, geb. Klose war die Tochter der Schwester von Jungs Vater.

248. AN OSKAR MAURUS FONTANA
4.11.48

Lieber Fontana,
warum höre ich nichts mehr von Ihnen? Ich bin hier bemüht irgendwie Fuß zu fassen, es geht nur sehr schwer. Bei Piscator habe ich ein Stück[1] liegen, möchte aber lieber es in einem Commercial Theater versuchen. Einen kleinen Kontakt habe ich auch mit Gontard, der hier die Players of abroad herausbringt und eben mit Jaray Egmont gespielt hat. Aber ich muß versuchen, über die sehr monopolistisch auftretenden Agenten eine Art Column für die hiesige Presse zu starten, was sehr schwer ist in der Hauptsache wegen der Anpassung an die Übersetzung.

Ich versuche als eine Art Übung zunächst auch die Sachen direkt unterzubringen, was selbstverständlich bei der herrschenden Konkurrenz sehr schwer ist. Habe ich Ihnen schon geschrieben, daß mein Junge[2] bald die Ausreise aus Deutschland bekommen wird? Die Mutter[3], die ja bei der Dena arbeitet, wird wahrscheinlich mitkommen, da ihr hier eine Stellung angeboten worden ist.

Mein Stück, das hier „The Way home" heißt, liegt in der deutschen Originalfassung bei Dr. Werner in München, der übrigens mit dem Herrn Zeiz aus Wien gesprochen hat, wie er mir schreibt, der an sich dafür interessiert wäre – obwohl ich nicht so ohne weiteres glaube, daß im Augenblick das Stück auf einer deutschsprachigen Bühne aufführbar ist. Haben Sie noch Manuskripte von mir? Wenn es möglich wäre, schicken Sie sie doch an Frau Wisser, Bad Nauheim (Dena), ehe diese abreist oder direkt zu mir, aber das wird wohl nicht möglich sein. Schreiben Sie mir doch, ob ich was für Sie hier tun kann, ob ich etwas schicken soll etc und wie es Ihnen und Frau Käthe geht. Ich lege Ihnen zwei Features bei, die ich hier versucht habe, ich habe Namen als Pseudonyme darunter geschrieben, die zwar auch wirklich existieren, weil ich die Kolumn, wie es hier jetzt modern ist, als Doppel nämlich Adolf und Carola W[eingarten] starten möchte. Bitte wenn es Ihnen nicht zuviel ist, sehen Sie sich doch die Sache mal an, ob man so etwas auch deutschsprachig starten könnte. Vielleicht ist es noch zu lang und der Flavor ist noch nicht getroffen, aber ohne Übung geht es doch nicht, auch in diesen Dingen.

Also sind Sie nicht zu bockbeinig und lassen Sie wieder von sich hören. Sehen Sie das um Gotteswillen nicht so an, als wollte ich schon wieder etwas von Ihnen, wovon soll ich sonst sprechen als von mir und meinen Versuchen mich hier über Wasser zu halten.

Herzlichen Gruß an Sie beide
Ihr Franz Jung

1 „Herr Grosz".
2 Peter Jung.
3 Harriet Wisser.

249. AN CLÄRE JUNG
31.12.48

Liebe Claire,
vielen Dank für Deinen letzten Brief, ich hatte inzwischen schon gelegentlich mehr von Euch über Harriet erfahren. Verbindung und Verständigung sind ja allerdings schon wieder schwieriger geworden, so betrübt es mich sehr, daß doch anscheinend ein Packet, das ich an Euch vor etwa 3 Monaten abgeschickt habe, nicht angekommen ist.

Von mir kann ich wenig sagen. In meiner Außenseiterstellung bin ich zwar nicht gerade unzufrieden, aber es fällt mir natürlich schwer mich materiell über Wasser zu halten, zumal ich auf keine Hilfe von irgendeiner Seite rechnen kann. Mit meinen früheren literarischen Bekannten aus Berlin zusammenzukommen hat keinen Zweck, den größten Teil habe ich noch nicht einmal aufgesucht, was sie mir verständlicherweise sehr übelnehmen. Es hat ja keinen Zweck zum Beispiel mit dem Graf in einer deutschen Bierkneipe „Donauperle" sich zu treffen. Nach dem 5ten Glas Bier fängt er an nationale Lieder zu singen, was er sich ja nach dadaistischer Methode leisten kann, da er eingeschriebenes k. Parteimitglied ist. Oder mit dem betrunkenen Grosz, der dann seine Vorliebe für den Kaiser Wilhelm Rex entdeckt – ich habe an solchen Sachen gar keinen Spaß mehr. Piscator hat seinen Vertrag mit der New School gelöst und muß sehen für die nächste Saison ein eigenes Theater auf die Beine zu stellen. Natürlich würde er es gern sehen, daß ich ihm dabei helfe, aber ich habe schließlich die Millionäre nicht an der Hand. Solche geistigen Abenteurer wie ich müssen schließlich an der Grenze der Senilität ihren eigenen Kuchen backen, wie es sich geziemt. Ab und zu kommt mal jemand hier aus Berlin oder fährt nach dort – es hat gar keinen Zweck den Leuten für Euch Grüße mitzugeben, denn man sieht es ihnen schon an, daß sie sie nicht bestellen werden. Also es ist nichts Erfreuliches und Aufmunterndes, was ich euch schreiben kann, und ich weiß auch, für mich wenigstens, daß sich das nicht mehr ändern wird.

Margot hat mich aufgefordert sie in Hiddensee zu besuchen – eine etwas skurrile Idee, wie macht man das?

Zum Schluß habe ich die angenehmere Aufgabe euch ein gutes neues Jahr zu wünschen. Mit den herzlichsten Grüßen an Dich und Felix Scherret
Franz

Ich soll noch Grüße bestellen von Georg u. Elisabeth Fuchs, mit denen ich im gleichen Haus wohne.

HELPPARCEL SERVICE, Inc.
216 EAST 80th STREET, NEW YORK 21, N. Y.

119   Telephone: REgent 7-2603

Order No. **H 6951**   Date 1/12//49

From   **RECEIPT**

    Franz Jung
    100 Morningside Dr. $ 3.55 _____ for
    New York 27, N.Y.
                                                     Parcel No. Coffee II

                                                     and

To

    Dr. Hartmann Goertz
    Gstadt/Chiemsee
    Post Breitenbrunn/ Oberbayern
    Amer. Zone (13b)
    Germany

                                                            received.

Subject to conditions on reverse side   Thank You.

*Päckchensendung für den Lektor des Krüger Verlages
Hartmann Goertz, 12. Januar 1949*

250. An Oskar Maurus Fontana
I/27.49

Lieber Fontana,
herzlichen Dank für deinen lieben Brief, selbstverständlich werden wir uns du sagen und ich danke dir sehr für diesen Beweis von Freundschaft und Vertrauen.

Ich bin mit der Arbeit an dem Feature Service etwas in Rückstand gekommen, da ich alle Kräfte anspannen muß hier eine Art Existenz zu schaffen und daher möglichst 10 Sachen auf einmal machen muß, von denen dann vielleicht eine Aussicht hat sich zu verwirklichen. Von den mehr praktischen Versuchen, Importer von Stilmöbeln, Tiroler Holzhäuser, Devisenspecialist für Schwarzmarktkurse an allen Plätzen der Welt – vorläufig alles Papier – will ich hier nicht sprechen, sondern von Dingen, die ich unmittelbar beenden mußte, Umarbeitung des Schauspiels „Herr Grosz", das in der amerik. Übersetzung den Titel hat „The Way home" für das Copyright und die Fertigstellung meines Buches „Variationen", für die ich von meinem deutschen Agenten, ein Herr Dr. Goertz, sehr gedrängt wurde. Was mit dem Stück werden wird, weiß ich nicht, nachdem der hiesige Bearbeiter und der Agent es ablehnen bei Piscator zu verschleudern und praktisch ja auch das Stück in der Hand haben. Piscator hat übrigens seinen Vertrag mit der New School Dramatic Workshop gelöst und sucht neue Finanzleute um ein Theater aufzumachen, was ihm kaum gelingen wird. Die Variationen, an denen mir an und für sich sehr viel liegt, kann ich vielleicht in französischer Übersetzung unterbringen, worüber ich mit Robert Morel korrespondiere, vielleicht erscheinen sie auch in einem deutschen Verlag, aber nur in einer kleinen Auflage und als Liebhaberdruck, worauf ich Wert lege. Ich suche dafür keine übliche Publicity, und am wenigsten deutsche.

Obwohl es Wahnsinn und Zumutung ist, habe ich angefangen, meine Albigenser Studie zu bearbeiten und bemühe mich noch um eine sehr weit fassende Konstruktion, die bis in die Gegenwart reichen sollte – eine Sache, mit der ich auch den spärlichen Rest der mir noch verbliebenen Freunde vor den Kopf stoßen werde.

Der Junge hat das Visum und Harriet Wisser kämpft noch darum, mit terminmäßig nicht gerade günstigen Aussichten.

Von Sylvia, die beginnt in Rom eine Zeitschrift herauszugeben, „Combattenti d'amore", habe ich eine alte Kapuzinerschrift „Le Grandezze di S. Michele Arcangelo" neu herausgegeben und etwas modernisiert zum Übersetzen und Propagieren in englisch und deutsch bekommen, wahrscheinlich soll daraus eine specielle St. Michaelgesellschaft gestartet werden, wie sie vielleicht als Basis dieser Zeitschrift gedacht ist. Hier sollte eine solche Gesellschaft eigentlich Erfolg haben, da man den Erzengel Michael (Daniel in der Löwengrube!) in etwas modernisiert übertragenem Sinne als den Schutzpatron der Psychoanalytiker bezeichnen könnte.

Ich lege ein paar Feature Manuskripte bei, noch nicht so wie ichs eigentlich möchte, und noch zu holprig.

Herzliche Grüße an dich und Frau Käthe
Dein Franz Jung

251. AN ADOLPH WEINGARTEN
I/27 49

Lieber Adolf,
über Etzkorn habe ich jetzt auch aus Frankfurt eine sehr ungünstige Auskunft bekommen, herausgeworfen aus der Frankfurter Rundschau, Versuch des Aufbaus eines Kulturdienstes, für den er Vorschüsse bereits einkassiert hat, höchst unzuverlässig, so daß kaum eine deutsche Zeitung etwas mit ihm zu tun haben werden will.

Vielleicht ist viel übertrieben, und die moralische Sache dabei würde mich kaum interessieren, aber es scheint doch notwendig, ehe man dem Manne jetzt etwas schickt, vorher festzustellen, was er sich denkt und welche Garantien er zu geben vermag – man sieht das dann schon an seiner Antwort; aufs Geratewohl ihm einfach etwas zu schicken, ist wohl doch gefährlich.

Die Behandlung von Hämorrhoiden, die du anscheinend für mich bestellt hast, muß ein Irrtum sein, ich habe noch keine und nehme daher an, daß du die Ratschläge entweder selbst besser oder anderweitig verwenden kannst.

Beste Grüße
Franz

252. An Rudolf Muenzberg
New York 27, N.Y., 3/29 49
100 Morningside Drive

Sehr geehrter Herr Muenzberg,
auf Veranlassung von Adolf Weingarten wende ich mich an Sie mit einer Anfrage. Es handelt sich dabei kurz um folgendes:

Ich habe seit einigen Monaten über eine mir hier zur Verfügung stehende Firma einen privaten Wirtschaftsbrief in D[eutschland], gestützt auf hiesiges Wirtschaftsmaterial herausgegeben, die Lizenz für diesen Brief besitzt Herr Maruhn (Mitarbeiter der JEIA), die Herausgabe besorgte meine Frau, die bei der Dena arbeitet, Bad Nauheim 23 Karlstraße – Frau Harriet Wisser. Beide haben sich nur wenig um die Sache kümmern können, beide besitzen keinerlei Erfahrung in der Werbung für einen solchen Brief, so daß kein Kontakt mit etwaigen Interessenten zustande gekommen ist. Im Augenblick ist die Herausgabe unterbrochen, da die USA Behörde drüben verlangt, daß eine deutsche Firma statt meiner New Yorker (das Globus Institut) als Herausgeber zeichnet und ich habe gern das als Vorwand genommen, die Sache eventuell neu zu organisieren.

Aus dem bisherigen Ergebnis ist unabhängig von der mangelnden Werbung klar zu ersehen, daß ein Dienst, rein auf wirtschaftliche Perspektiven gestellt, im Augenblick drüben kein Interesse findet, es sei denn, er ist von vornherein an eine allgemeine Korrespondenz oder an ein Wirtschaftsfachblatt angegliedert. Man könnte das natürlich auch noch versuchen, ich würde aber lieber in Erwägung ziehen, den Dienst auch auf weltpolitische Themen auszuweiten.

Ich weiß, und ich sehe das ja auch aus der deutschen Presse, daß man vorzieht die einzelnen Themen ausgewalzt zu behandeln und gewohnt ist lieber lange Artikel zu lesen statt Stichworte. Trotzdem würde es sich nicht um Stichworte handeln, sondern um knappste analytische Perspektiven, die interessant genug gehalten werden können, um jeweils ein Gesamtbild der Weltsituation wirtschaftlich und politisch zu vermitteln, sozusagen im trend. Ich stelle mir vor, daß man deutsche Fragen überhaupt nicht behandelt, zum mindesten politisch nicht, und den Interessenten selber Schlüsse ziehen läßt, ebensowenig wie das ganze keinesfalls etwa als durch das USA Auge gesehen erscheinen würde.

Material steht ja hier in außerordentlich reichhaltiger Menge zur Verfügung, nicht die Tages- oder Fachpresse, die ja auch keinerlei Überblick hier vermittelt, sondern die Privatletter aller Art und Richtung, das bei der UNO einlaufende Material, die vielen Sonderberichte der Gesandtschaften und Interessengruppen, die sich hier in Washington konzentrieren, das hier sehr rasch erhältliche englische Material, wie etwa der confidential letter des Economist, und ähnliches mehr. Ich glaube, daß man aus allem dem etwas ganz außerordentliches machen könnte, und wenn ich den Economist Sonderletter etwa als Beispiel nehme, mit 4 Druckseiten in Briefformat, so ließe sich bei wöchentlichem Erscheinen auch noch Raum erübrigen für einige hochwertige sozusagen Visitenkarten Inserate von Banken, Versicherungen, internationale Spedition und ähnliches.

Die wichtigste Frage ist ja schließlich, ob man das anfassen kann und durchsetzen, einen solchen für Einzelinteressenten bestimmten Dienst, der in dieser Form noch ziemlich ungewöhnlich ist, zu starten. Denn der Kreis der Interessenten ist nicht nur von vornherein begrenzt, sondern soll auch klein gehalten werden, um eine gewisse Qualität der Bezieher zu garantieren. Ähnlich wie hier bei dem Whaley Eaton Service wäre vielleicht zu erwägen gelegentlich eine Liste der Bezieher den Interessenten mitzuliefern.

Auch hier im ganzen wäre daran zu denken, die Sache einem bestehenden Druck und Zeitschriften Unternehmen als Sonderdienst anzugliedern.

Um auf den Kern zu kommen: Haben Sie Interesse an der Sache mitzuarbeiten, einen Verleger oder Drucker zu finden, die Werbung und das eventuelle Inseratengeschäft zu entwickeln?

Auch Ihre Meinung zu dem Plan wäre mir sehr erwünscht.

Selbstverständlich müßte der Plan noch durch ein memo etc schärfer fixiert werden, nach jeder Richtung hin.

Wenn es Sie interessiert, fordern sie von Frau Wisser die bisher erschienenen Nummern des Globus Dienstes an, allerdings würde die Aufmachung und Bearbeitung jetzt völlig geändert werden müssen.

Ihrer Antwort entgegensehend mit bestem Gruß

253. An Adolph Weingarten
4/13 49

Lieber Adolph,
Peter hat eine Liste der Bücher geschickt, aus der ich auswählen soll, was er eventuell davon mitbringen soll. Wenn dich einiges interessiert, schreibe ihm direkt die Nummern (Karlstraße 23, Bad Nauheim). Er hat das Visum und wird nach Schätzung von Opel in etwa 4 Wochen hier sein.

Ich bin auf der Suche nach einer Wohnung. In Greenwich Village habe ich eine schwache Aussicht und in der 18th Str East – beide leer. Wahrscheinlich werde ich wenigstens zwei Bettstellen mir besorgen müssen und vielleicht einen Stuhl. Ich kann auch die beiden Kisten natürlich als Stühle benutzen.

Sollte er hier ankommen, werde ich dann sehen, was weiter geschieht. Irgendwelche Hilfe von den mir bekannten Stellen werde ich nicht in Anspruch nehmen, Ratschläge brauche ich nicht. Dich werde ich natürlich mit ihm aufsuchen oder er dich allein.

Ich bin dabei meinen Namen zu ändern und so aus dem Gesichtskreis meiner „Freunde" zu verschwinden.

Etzkorn hat mir geantwortet, er hat mich nicht verstanden, schade.

Herzliche Grüße auch an Carola
Franz

Peter kommt Anfang Juni.

254. An Oskar Maurus Fontana
5/17 49

Lieber Oscar Maurus Fontana,
herzlichen Dank für deinen Brief. Du vermutest, wenn auch unausgesprochen ganz richtig, daß ich mich in einer schweren Krise befinde. Es ist mir in diesem Jahre nicht gelungen hier Fuß zu fassen, trotz wildester Anstrengungen und auf den verschiedensten Gebieten, und ich habe auch keine Chance.

Die Gründe sind sehr vielseitig, aber alle logisch durchaus

fundiert und eigentlich zwangsläufig. Es ist nur eine Frage der Zeit, wann ich in den Slum und auf die unterste Stufe des „Proletariats" absinke, und es dreht sich eigentlich nur darum, ob ich aus eigenem Willen diesen Weg noch abkürzen kann. Es besteht die letzte Chance, daß ich auf dieser Ebene, irgendwo auf dem Lande als unbezahlter Arbeiter gegen Essen und Dach, noch eine gewisse Lebensfähigkeit, nach innen wie außen entwickeln kann, allerdings unter anderen Voraussetzungen, als unter denen ich hier und auch früher gestartet bin.

Erschwert wird dieser Abstieg, vor dem ich mich keineswegs fürchte, durch die Tatsache, daß ich in D[eutschland] niemanden habe, um den ich sozusagen meine früheren Interessen und Arbeiten konzentrieren könnte, um wenigstens zu wissen, ob und was daraus noch wird. Um meinen letzten kleinen Roman „Variationen", von dem je ein Exemplar in D[eutschland] liegt, der eine bei meinem Agenten Dr. Goertz (Wolfgang Krüger Verlag), von dem ich schon seit 6 Monaten keine Nachricht habe, der andere bei einem Dr. Maus, der mir vor 3 Monaten schrieb, daß er eine Professur in Berlin angenommen hat und der verständlicherweise seitdem nichts mehr hat von sich hören lassen. Meine Frau Harriet Wisser betreibt selbst ihre Ausreise sehr gegen meine zahlreichen Warnungen, der Junge kommt überhaupt vielleicht schon Anfang nächsten Monats her – Harriet versteht meine Lage überhaupt nicht, und für den Jungen werde ich hier noch etwas besorgen können, hoffentlich; wenigstens fühle ich mich noch dafür verantwortlich. Dies erledigt, werde ich in der Masse untertauchen.

Lieber Freund, ich schreibe dir das, weil ich gern noch dein Verständnis dafür finden möchte, daß wenn ich alle Bindungen abschneide doch noch eine offene Wunde bleibt, die mir den Abstieg erschwert. Sehr vieles kann man selbstverständlich von meinen Arbeiten wegwerfen, aber um einiges tut es mir doch leid, besonders um die „Variationen" und gegen alle Logik spüre ich so etwas wie eine Verantwortung dafür. Immerhin muß ich es nehmen wie es kommt.

Selbst wenn wie es scheint alle Verbindung mit D. abreißt und ich hier in die völlige Isolierung gerate, gewollt oder getrieben, werde ich mich doch gelegentlich an Dich wenden und etwas von mir berichten. Sylvia scheint, hoffe ich, ein Arbeitsfeld gefunden zu haben und lebt in Marina di Pisa. Sie hat dort eine Vereinigung gegründet, die der katholischen Aktion attachiert ist, will eine Zeitschrift herausgeben und veranstaltet Schneiderinnen Kurse für die dortigen Frauen und sonstiges Bekehrungswerk. Ursprünglich war eine St. Michaelsgesellschaft geplant, aber der Plan ist anscheinend fallen gelassen, sie schreibt sehr wenig, zum mindesten sehr unpräzis „ich bin ganz außer Atem vor Arbeit, so daß ich nicht mehr darüber schreiben kann" – das ist ungefähr der Stil.

Ich gratuliere dir nachträglich zu deinem 60. Geburtstag, aber ich sehe keinen Grund, daß du besonders darauf stolz sein solltest, erstens ist es der Durchschnitt, auch heute bei der Versicherung, und zweitens habe ich es auch schon hinter mir.

Wenn mich dein Roman erreicht, werde ich mich sehr freuen und dir sogleich berichten.

Der Katholizismus ist hier schroff in zwei Richtungen gespalten. Eine offizielle, hundertprozentig dollaramerikanische, die dem „american way" angepaßt ist, sehr mächtig und in der Presse vollständig beherrscht von Konvertiten – für mich sehr abstoßend und eine andere, die den neuen Bestrebungen in Frankreich (zum Beispiel Michandeau) entspricht, sehr lebendig, neutral gesehen vielleicht zu radikal, aber durchaus beeindruckend, mit großen Perspektiven. Bisher habe ich von beiden Seiten, auch von der mir so sympathischen strikte Reserviertheit mir gegenüber erfahren, an irgendwelche Unterstützung (nicht etwa materielle) ist überhaupt nicht zu denken. Ich muß ein merkwürdiges Kainzeichen mit mir herumtragen. Dabei komme ich je mehr ich gegen meinen katholischen Ursprung revoltiere, immer tiefer hinein.

Meine Verehrung und Verneigung vor Frau Käthe und herzliche Grüße
      dein Franz Jung

255. An Cläre Jung
12/15 49

Liebe Cläre,
wir haben in letzter Zeit wenig voneinander gehört. Zum Teil auch aus gewissen Gründen, die ich hier schwer erklären kann. Ich habe hier gehört, daß Herzfelde wütend über mich schimpft. Ich weiß zwar nicht, warum, denn ich habe ihn hier überhaupt nicht gesprochen und er kann also auch gar nicht wissen, was für Ansichten ich hege oder zu propagieren gedenke – nämlich gar keine. Irgend etwas in der herzfeldischen Linie zu tun, habe ich keine Veranlassung, ich bin auch gar nicht aufgefordert.

Die Tatsache, daß ich ihn nicht aufgesucht habe, genügt eigentlich alleine nicht. Ich glaube, daß ich dir schon schrieb, daß meine Manuskripte bei einem Dr Maus liegen, der jetzt irgendwie an der Berliner Universität ist und dort wie er mir schrieb ein sociologisches Institut aufbaut.

Ohne ihn näher zu kennen stand ich mit ihm sehr freundlich, auch nach seiner Übersiedlung von Mainz nach Berlin. Jetzt schreibt er allerdings, daß er für mich nichts tun kann, hofft aber, die Verbindung aufrecht erhalten zu können.

Von Schröder habe ich durch einen anderen gehört, daß er der SED beigetreten ist. Ihr habt eure eigenen Probleme, die mir offen gestanden ganz fern liegen, ich weiß nicht einmal, ob ich sie überhaupt verstehe. Eines ist sicher: Ich beschäftige mich nicht damit.

Ich habe augenblicklich eine sehr schlecht bezahlte Tätigkeit bei einem Newsletter[1], der sich mit Kurs- und Devisentabellen befaßt – gerade um nicht zu verhungern und einer sehr zweifelhaften Wohlfahrt zur Last zu fallen. Weder Piscator noch sonstwer hat mir außer guten, d.h. üblen Ratschlägen auch nur im geringsten geholfen, und das hätte auch Herzfelde nicht getan, deswegen bin ich schon zu ihm erst gar nicht hingegangen.

Wenn er indessen glaubt, das seiner Stellung schuldig zu sein, jede Verbindung abzuschwören, so nehme ich ihm das nicht weiter übel. Es ist mir auch völlig gleichgültig – vielleicht hätte er eine bessere Form dafür finden können, nämlich wahrheitsgemäß, daß er keine Verbindung zu mir hat und auch nicht weiß, was ich tue oder denke – denn es wird ihm schwerfallen irgend etwas Beweiskräftiges dafür zu finden, wenn er etwas darüber behauptet oder glaubt behaupten zu müssen.

Der Brief soll euch Weihnachten erreichen und ich wünsche euch ein gutes Fest.

Von Margot erhielt ich einen Brief aus Spandau, also aus eurer Nähe, ich habe aber nicht mehr diese Adresse. Falls ihr sie seht, bestellt Grüße und ich hoffe, daß es ihr gelingt, mit L.[2] wieder in Verbindung zu kommen.

Herzliche Grüße
Franz

---

1 Die 1947 von Günter Reimann gegründeten *International Reports on Finance and Currencies*.
2 Hans Lange, mit dem Margot auf Hiddensee zusammengelebt hatte und der im September 1949 mit Jungs Unterstützung nach Ludvika in Schweden gegangen war.

256. An Oskar Maurus Fontana
1/9 50

Lieber Freund,
vielen herzlichen Dank für dein neues Buch[1], das ich mit großem Interesse und in einem Zug gelesen habe. Ich habe dabei gleich eine große Bitte: könntest du es nicht an Sylvia schicken – Adresse S. v. Meiszner, Casa Michael, via Francardi 9, Marina di Pisa, Italia. Sylvia hat dort in ihrer unwahrscheinlichen Energie gegen die phantastischsten Widerstände von seiten der Fischerbevölkerung dieses Dorfes sich durchgesetzt und ein Waisenhaus ganz aus eigener Kraft aufgemacht. Es scheint dort jetzt etwas besser zu gehen, zuerst schliefen aber die armen Würmer auf dem Steinboden, einige Monate hat es gedauert, bis Matratzen beschafft werden konnten, jetzt sind es schon Betten geworden und irgendeine Organisation garantiert jetzt sogar den Grundstock des Essens. Du wirst lachen, ich habe 10 und 20 Dollar aus dem nichts hier wöchentlich und monatlich gezaubert und den Behörden dort einen interessierten „Mäzen" vorgetäuscht, sie wollten sie schon dort in ein Lager stecken, nachdem sie sie schon ausgewiesen hatten. Allerdings bin ich jetzt auch vollkommen fertig mit der Spannung der Nerven, wahrscheinlich war das ganze doch mehr eine Protestaktion von mir und ist mir sicherlich nicht als Verdienst anzurechnen.

Je mehr ich in der Nachwirkung über dein Buch nachdenke, der Zug sich selbst zu verbrauchen, gegen übermäßige Widerstände anzurennen, Verschmähung, Mißdeutung und Bosheit auf sich zu konzentrieren ist nicht frei von Eitelkeit, ein Ausweichen von der Notwendigkeit ins Gleichgewicht zu kommen und zwar doch wahrscheinlich auf einem höheren Niveau, als es nach Anlage einem bestimmt ist. Den Menschen helfen und „Gutes" tun zu wollen hat im Unterton auch etwas von dem Bestreben, sich von dem Geschmeiß zu befreien.

Das trifft für die Heldin deines Buches gewiß nicht zu, aber für mich. Was wird aus den Menschen, die sich zum Beispiel dieser Frau entgegengestellt haben – sie haben weiter gelebt, und ihren Tee getrunken und sind in Ehren und Frieden gestorben oder drehen sie sich – belehrt – im Grabe herum? Wer zieht sie zur Verantwortung – außer der emotionellen Wissensvorstellung von Gott –

Ich bin mit meinem Latein zu Ende. Ich bin entsetzlich müde und ich verachte mich, daß ich noch immer nicht verschwinde.

Was den Dr. Maril anlangt, so habe ich deinen Brief dem Betreffenden, der eine charakterliche Durchleuchtung der Abteilungsleiter der Voice of America im Auge hat, weitergegeben, er hat ihn photokopiert – aber praktisch ist im Augenblick nichts weiter zu machen, solange es sich nur um einen privaten Tratsch handelt. Aus deinem Brief geht leider nicht hervor, ob dir Maril beruflich geschadet hat. Mit andern Worten, an diesem Ende hier ist im Augenblick nichts zu machen. Ob es für dich lohnt, von deinem Ende etwas anzufangen, bezweifle ich. Aber wenn ja – werden wir dich von hier aus unterstützen.

Leb wohl. Herzliche Grüße an Frau Käthe und Dich

Dein Franz Jung

Peter wird im Mai eingezogen.

1 „Der Engel der Barmherzigkeit. Roman der Menschenliebe", Wien 1950.

257. AN OSKAR MAURUS FONTANA
New York 14 [Mitte Januar 1950]
47 Jane St.

Lieber Oscar Maurus,
vielen Dank für deinen letzten Brief. Ich komme darauf noch eingehender zurück und werde dann auch näher über mich schreiben können.

Heute komme ich nur mit einer Bitte, die ziemlich eilig ist, weil sie zusammenhängt mit einer Möglichkeit hier etwas zu tun. Ich arbeite mit an einem „Report on foreign Currencies and Finance", der monatlich in der Form der Business Letter erscheint und in der Hauptsache an Banken und Exporters geht.

Wir sind mehrfach schon angefragt worden, auch über etwaige Devisenkurse zwischen den Russen und den Satellitenstaaten zu berichten, auch die Frage der Reisedevisen und Zuteilung im inneren Verkehr zwischen diesen Ländern. Es ist vielleicht anzunehmen, daß in Wien eine Art schwarzer Markt für diese

Devisen und Noten besteht, der anders aussieht wie die Notierungen in Zürich oder hier.

Hättest du nicht einen Bekannten, noch von der Zeitung her oder sonstwie in Bankkreisen, der mir ein paar Notierungen und auch den trend des Handels, Umsatztätigkeit etc mitteilen könnte. Da wir hier den officiellen Rubelkurs und die Dollarrelation zu den einzelnen Satellitenwährungen haben, kann man aus den dortigen Notierungen, soweit sie tatsächlich vorhanden sind oder geschätzt werden können, die Relation zu hier ohne weiteres berechnen.

Sieh doch zu, ob du das bei jemandem bekommen kannst und wenn möglich einen kleinen Bericht dazu, vielleicht gibt sogar irgendeine der Banken darüber etwas laufend oder gelegentlich heraus. Entschuldige daß ich mit solchen Dingen komme, aber ich muß es halt versuchen. Eventuell wenn tatsächlich etwas laufend vorhanden wäre, könnte man einen Berichterstatter in Wien hier einbauen.

Die Sache eilt sehr, wenigstens die Antwort, ob von Wien so etwas zu bekommen ist.

Herzliche Grüße an Frau Käthe und Dich

Dein Franz Jung

258. AN CLÄRE JUNG
1/21 50

Liebe Claire,
vielen Dank für deinen letzten Brief, der mich als Lebenszeichen nach so langer Pause sehr gefreut hat. Ich wünsche dem Scherret gute Besserung und hoffe daß er schon wieder auf dem Damm ist – im allgemeinen ist der erste Schlaganfall ein Gesundungssymptom, da er angesammelte Gefahrenknoten aufzulösen bestimmt ist. In dieser Hinsicht sieht es also zum besten aus.

Mit Margot bin ich selbstverständlich genau wie du der Meinung, daß es ein großer Blödsinn war, die Wohnung in Kloster aufzugeben. Einer dieser Selbstzerstörungsstreiche, der in ihrem Leben nicht der erste ist. Auf wen glaubt sie eigentlich in dieser Zeit und in dieser besonderen Situation sich als Rückhalt zu verlassen?

Ich glaube, ich schrieb dir schon, daß ich mit einem Dr. Maus, der in Berlin über Frühsocialismus an der Universität liest, in einer gewissen Korrespondenz stehe, die von beiden Seiten sehr freundschaftlich geführt wird, mit einigen Untertönen – jedenfalls hat dieser Maus meine Manuskripte in der Hand und wenn du Interesse hast, die „Variationen" zu lesen, so laß sie dir doch von ihm mal geben.

Wielands Sprößling hat hier ein hochbezahltes Radioprogramm für Tony' Dauerwellen, was ideologisch nicht ganz den Anschauungen des Vaters entsprechen dürfte. Da die Beziehungen zwischen Vater und Sohn sehr eng und glücklich sind werden sich später mal Konflikte ergeben, die insofern etwas pikant sind, daß Wieland das steuerfreie Ausreisevisum nach drüben erhalten hat durch Übertragung seines Buch- und Briefmarkengeschäfts auf den Sohn. Die Folge ist, daß der Sohn nicht nachfolgen kann – wenn er nicht die Steuern nachbezahlen will – und gezwungen ist, mit dem Vater einen ideologischen Schau- und Schattenkampf auszuführen, zu beider Nutzen und „Sicherung". Alles das ist mehr amüsant als boshaft, im Grunde geht es mich nichts an. Ich habe mich nur einmal minutenweise geärgert über Schattenkämpfe, die er mit mir anscheinend zu starten beabsichtigt. Ich gehöre nicht zu einer „Garnitur", die gerade verfrühstückt wird, weder so noch auf der Gegenseite.

Wenn dir zufällig einmal ein „Aufbau" in die Hand fällt, ich habe dort in der 2. Novembernummer einen Aufsatz zum 70. Geburtstag von Franz Pfemfert[1] geschrieben, der hier ein sehr beifälliges Echo gefunden hat.

Ansonsten kristallisiert sich meine Stellung und Auffassung immer mehr und ich werde wohl demnächst etwas publizieren – über den Tagessumpf hinaus und die Verwirrungen der Gegenwart nicht sonderlich berücksichtigen, so daß man die Sache mit Interesse in 10 Jahren vielleicht lesen wird. Ich lege auch keinen besonderen Wert darauf, daß jemand es jetzt liest, obwohl ich natürlich von beiden Seiten weidlich beschimpft werden dürfte – im Grunde genommen warten sie ja nur darauf.

Peter ist seit etwa 6 Monaten schon hier. Wußtest du das nicht? Er geht hier in die High School, 4. Term. Es ist und war zuerst ein wenig schwierig, sich hineinzufinden hier, mit all den vielen falschen Vorstellungen, aber es geht schon. Wir hausen hier in einem Zimmer schlecht und recht zusammen. Harriet ist noch in

Bad Nauheim, sie hatte große Schwierigkeiten, in jeder Hinsicht. Der Termin ihrer Ausreise ist noch ganz ungewiß. Ich glaube sie hat sich nicht bei euch gemeldet, weil sie sich ihrer Lage etwas geniert hat.

Mit besten Grüßen an Scherret und dich, auch von Peter, der bald mal von sich aus schreiben wird
Franz

1 „Franz Pfemfert – 70 Jahre". In: *Aufbau* (New York), 2. Novembernummer 1949.

259. AN OSKAR MAURUS FONTANA
1/21 50

Lieber Oscar Maurus,
das war sehr nett von Euch, daß Ihr wieder einmal an mich gedacht habt. Zunächst die Adresse von Sylvia ist Via Francardi 9 *Marina di Pisa*. Sie hat dort eine Schneiderschule aufgemacht – ich sehe zwar nicht wie das gehen soll, zumal sie mit der Unterstützung des Klerus rechnet, der kaum zu erreichen ist, da der Dorfklerus erfahrungsgemäß auf der Seite des Aufopferns steht, was bekanntlich materiell immer irgendwie begrenzt ist. Die amerikanische Phase des Katholizismus ist in das italienische Dorf – soll ich sagen Gottseidank? – noch nicht vorgedrungen. Bitte schreib ihr doch einmal, es ist für sie eine Botschaft aus einer anderen Welt, und sie würde sich sehr darüber freuen. Wie ich dich aber kenne, wird es bei dem guten Willen bleiben, ein wenig wird aber schon von deinen Gedanken hinüberspringen.

Meine Lage hat sich nicht wesentlich verändert. Ich warte auf das Ende, leider in dem Bewußtsein, daß ich noch viel zu tun habe und vieles nicht getan habe und daß mir noch allerhand bevorsteht, dem ich mich nicht entziehen kann.

Für einen „runner" in Devisenstatistik mag das eine komische Geisteshaltung sein, aber wie man sieht, gibt es das auch.

Peter ist jetzt hier, der Termin einer Ausreise der Mutter ist nicht abzusehen. Er besucht den 4. Term der Highschool und hat es sehr schwer sich hier hineinzufinden und die paradiesischen

Illusionen Europas abzustreifen. Wir hausen in einem kleinen Zimmer zusammen und streiten uns meist darum, wer den Schreibtisch benutzen darf – der Klügere gibt nach, was ich für mich beanspruche.

Die Wiener Schwarzmarktkurse sind kein Geheimnis, sie werden täglich im Mailänder Sole veröffentlicht, ich hätte sie natürlich gern mal durch eine Direktinformation nachgeprüft, aber es ist vollkommen gleichgültig, ob ich das bekomme oder nicht. Ich lasse Frau Dr. Hanel vielmals grüßen. Was ist denn aus ihrem Boss Heinrichsbauer geworden?

Ich weiß, du wirst so bald nicht schreiben, aber sei überzeugt, daß ich mit großer Freude an unsere gemeinsamen Tage zurückdenke und wenn ich die erste Million hier gesammelt habe und mir von der Steuer noch das Reisegeld gelassen wird, komme ich und besuche euch um bei der Jause ein wenig über die Verwirrung der Zeit und die verkrampften Ideologien zu schimpfen.

Herzlichen Gruß an Frau Käthe und dich
Dein Franz Jung

260. AN CLÄRE JUNG
1/27 50

Liebe Claire,
ich muß noch einen Brief nachfolgen lassen. Wir erhielten hier per Kabel die Nachricht, daß Harriet am 23. im Krankenhaus Frankfurt gestorben ist[1], sie wird heute in Bad Nauheim begraben.

Es ist eine ziemliche Katastrophe, ganz besonders für Peter, der in seinen letzten entscheidenden Entwicklungsjahren mit allen Fasern an Harriet hängt.

Ich bin völlig machtlos ihm hier irgendeinen Ersatz zu bieten oder ihm einen neuen Sinn des Lebens auszurichten.

Für mich hat zwar schon lange das Leben seinen Sinn verloren, aber ich habe aus den 60 Jahren (für mich eine viel zu lange Zeit) soviel innere Disciplin gewonnen bzw ist sie mir zugewachsen, daß ich etwas weiter aufrechterhalte, was ich weder zu ändern noch zu beenden imstande bin, sozusagen wie schon draußen stehend und hinter einem Vorhang dem weiteren Ablauf zuschaue. Für den Jungen liegt die Sache aber wesentlich anders. Ich habe noch keine Position, wie ich dieser Sache, die eine besondere Bitterkeit enthält, weiter zuschauen soll.

Ich bitte dich mich Scherret zu empfehlen und grüße dich herzlich
                Franz

1 Harriet starb kurz vor ihrer Übersiedlung in die USA – der Auswanderungsantrag war mit der Wiederverheiratung mit Franz Jung begründet worden – an Krebs.

261. AN OSKAR MAURUS FONTANA
New York 27, 10/30 50
414 West 120th St.

Lieber Oscar Maurus Fontana,
ich habe die längste Zeit nichts mehr von Euch gehört. Ich hoffe aber, daß kein ernstlicher persönlicher Grund vorliegt. Bei mir hat sich nichts wesentliches geändert, ich ersticke langsam, da ich hier nichts tun kann, was mich innerlich berühren würde und irgendeinen Kontakt mit drüben herzustellen, ist mir nicht gelungen und kann mir auch gar nicht mehr gelingen.

Ich habe hier eine kleine Anstellung im International Statistical Bureau, wo ich die Devisenstatistik mache, nachdem der eigene Devisenreport sich für sich allein nicht hat halten können, das Bureau hat den Laden übernommen und ich bin so mit übernommen worden. Ich verdiene weniger wie der Elevatorboy, der mich in das office hinauffährt.

Unlängst habe ich zufällig bei einem Bekannten den Dr. Maril getroffen, der gerade aus Wien zurückgekehrt war. Ich fragte ihn, ob er dich gesehen hätte und er war sogleich äußerst ablehnend. Er behauptete verächtlich, daß du inzwischen überall hinausgeworfen worden seist, als ehemaliger Nazi und hatte noch sonstwie einige beleidigende Bemerkungen an der Hand, als ich das zunächst bezweifelte. Ich schreibe dir das alles – nicht um dich damit zu quälen, sondern vielleicht ergibt sich daraus die

Möglichkeit dem entsetzlich aufgeblasenen und unsympathischen Maril, der hier den österreichischen Desk in der Voice [of America] leitet, ein Bein zu stellen. 1) Entweder ist die ganze Sache nicht wahr, so hätte ich über höhere Leute in der Voice, wo Maril verhaßt ist wie die Pest, Gelegenheit, gegen Maril vorzugehen oder wenn du selbst das tun willst, dich darin weitgehend zu unterstützen. 2) Die Sache ist irgendwie wahr, so würde ich gegen solch eine Beurteilung meinerseits etwas tun können, gutachtlich und persönlich, auf eigene Kenntnisse gestützt – wahrscheinlich würde es sich dann um eine der üblichen Intriguen handeln, an denen das neue Europa so reich ist. Wenn du also willst, greife in Fall 1 oder 2 entsprechend ein und gib mir Nachricht. Wenn daraus eine Beschwerde gegen Maril wegen verleumderischen Behauptungen herauskommen würde, wäre es großartig.

Du wirst allerdings die ganze Sache für dich gesehen vielleicht gelassener hinnehmen und ich kann mir denken, daß du dem Goetz von Berlichingen näher stehst als ich in meiner schon etwas zittrig gewordenen Unsicherheit vermute.

Trotz alledem – versäume nicht, dich bei mir zu melden.

Und herzlichen Gruß an Dich und Frau Käthe

Dein Franz Jung

262. AN ADOLPH WEINGARTEN
New York 10, 4/4 51
170 Fifth Avenue

Lieber Adolf,
ich hätte die letzte Entwicklung unserer Verbindung schweigend auf sich beruhen lassen und dieser Brief ist nicht ganz ohne einen sentimentalen Unterton. Ich glaube aber, daß ich es Dir schuldig bin, etwas über die Gründe zu schreiben, die unsere Verbindung auf das hy-level jetzt heruntergebracht haben.

Ich habe nie verschwiegen und immer dankbar anerkannt, in welcher Weise du dich seit meinem Hiersein um mich gekümmert und mir geholfen hast. Im Laufe der Zeit habe ich leider feststellen müssen, von einer Begebenheit zur andern, daß diese Hilfe im wesentlichen von deiner Laune abhängig ist, wenn es dir gerade Spaß macht, d.h. daß ich in Fällen, wo ich deine Hilfe wirklich brauche, darauf und zwar mit einer mathematischen Sicherheit, nicht rechnen kann. Das verschiebt das Bild natürlich völlig. Es liegt ein wenig Verachtung drin, in dem was du mir bisher glaubtest helfen und geben zu können.

Es ist auch nicht ganz einfach, sich zu dieser Erkenntnis durchzuringen und sie sozusagen widerspruchslos zu acceptieren. Deswegen hat es auch so lange gedauert, bis ich darüber offen sprechen kann – wenn nämlich der Endstrich darunter gezogen ist.

Nun ist es soweit. Lassen wir auch den Spaß jetzt beiseite.

Ich habe kaum Anlaß darüber besonders mich zu verbreiten, andern gegenüber. Du kannst deiner Phantasie, was mich anlangt, freien Spielraum lassen, du bist ja dein eigener Herr in deinen Ansichten und Urteilen, nur ich persönlich habe falsche Schlüsse daraus gezogen, die Schuld fällt auf mich und ich bin leicht gewohnt, weitere Beleidigungen einzustecken, irgendwie ist das ein wenig mein Beruf. Nur eines muß ich von dir verlangen – solange du Wert darauf legst, daß wir auf dem üblichen Grußverkehr bleiben – bringe dein Privatvergnügen an Situationsverschiebungen und Komik nicht mit rein sachlichen Dingen in Zusammenhang, die ich so schwierig wie sie sind mühsam ausbalancieren muß und die mir sehr schaden können, wenn sie von deiner Phantasie infiziert sind.

Du hast bei Sternberg-Cadon behauptet, wahrscheinlich auf eine daraufbezügliche Frage hin, du würdest mich und den Jungen und das Kind an demselben Abend treffen, mit mir alles besprechen, ich wäre mit der Gesellschaft bei dir eingeladen und ähnliches mehr.

Damals war ja das schon reine Phantasie, denn nach dem Vorhergegangenen war ja schon keine Möglichkeit eines Zusammentreffens auf dieser Basis mehr gegeben.

Das Ganze hat sich nur störend ausgewirkt – und ich sehe eigentlich nicht, welches besondere Interesse du daran haben solltest.

Man kann sich gegenseitig helfen oder man kann miteinander Späße machen oder man kann sich gegenseitig nach Kräften schaden – in jedem einzelnen Fall setzt das die gleiche Einschätzung und die gleiche Absicht voraus, sonst wird jedes Verhalten zu einander sinnlos.

Deswegen schreibe ich dir diesen Brief – bewegen wir uns jetzt auf der Basis, die sich für unsere Verbindung im Laufe der Zeit ergeben hat.
Mit bestem Gruß
Franz Jung

263. AN OSKAR MAURUS FONTANA
4/17 51

Lieber Fontana,
warum habe ich schon so lange nichts mehr von Euch gehört? Inzwischen sind hier gleichzeitig zwei Bücher über Florence Nightingale erschienen, Du wirst davon gehört haben. Wie bist Du mit der Aufnahme Deines Buches zufrieden?

Wenn ich nicht schreibe, so hauptsächlich deswegen, daß von mir nichts weiter zu berichten ist, zum mindesten nichts Erfreuliches. Ich quäle mich noch immer mit meinem Report[1] herum und die Arbeit dort nimmt hier nicht nur meine Zeit sondern auch jede geistige Frische und Beweglichkeit, die ich brauchte um aus dieser Mühle herauszukommen. Dabei werden die auf mir lastenden Verpflichtungen immer größer. Mein ältester Sohn ist jetzt auch nach hier gekommen und hat seine 10jährige Tochter mitgebracht, die Frau ist noch in München geblieben. Das bedeutet, daß ich kaum ist Peter ein wenig hier eingerichtet und beginnt sich in seiner Highschool selbständig zu bewegen, von neuem anfangen muß, diesmal mit einem Musiker. Alle vorhergegangenen Warnungen haben nichts genützt, er sieht eben hier das Paradies und da ist nichts zu machen. Daß er jetzt hier Gefahr läuft, alles an geistiger Spannung zu verlieren, was er als Musiker noch mitgebracht haben mag, trifft schließlich in der Beobachtung nur mich. Abgesehen daß ihn die Union nicht vor 6 Monaten aufnimmt, läuft er jetzt hier von einem Agenten zum andern, wobei ich wunderbarerweise wenigstens ihm noch einige Empfehlungen vermitteln kann, natürlich ohne greifbaren Erfolg und mit immer stärker sichtbaren Enttäuschungen. Tragisch zu sehen.

In München hat er bei der US Besatzung als Soloentertainer gearbeitet, shows begleitet und eingerichtet, hier wird er zuguterletzt Teller waschen. Daß er hier die Clique der intermission

Spieler durchbrechen wird können, würde ein großes Wunder sein. Auf diese Weise habe ich den letzten Rest meines mühsam aufrechterhaltenen privaten Lebensraums auch noch verloren, denn die beiden wohnen bei mir, bzw. halten sich den ganzen Tag über auf und wollen meinerseits „unterhalten" sein.

Sollte es mir je gelingen, auch diese beiden ins hiesige Leben einzuordnen und „flügge" zu machen, wird der nächste auftauchen. Wird das nie ein Ende nehmen?

Mit ungeheurer Mühe ist es mir gelungen so eine kleine Verbindung zur Frankfurter Allgemeinen Zeitung herzustellen. Ursprünglich sah es so aus, als hätte ich Chancen, der US Vertreter des Blattes zu werden. Herausgekommen ist, daß ich ab und zu einen kleinen Wirtschaftsbericht mache und über die Union Fragen schreibe, ohne daß die dortigen Leute natürlich das geringste davon verstehen, und Unions mit Gewerkschaften verwechseln, was ja schließlich ganz allgemein ist. Ich werde zwar in solchen Artikeln als „unser New Yorker Vertreter" bezeichnet, aber ich bekomme kaum Geld, nicht mal das Belegexemplar und ich werde bald die Sache wieder aufgeben. Kulturell sind die Leute an mir nicht interessiert. Für die Frankfurter Hefte habe ich meinen Essay über die parasitäre Lebenshaltung[2] geschrieben, schon seit 2 Monaten ohne Nachricht. Ich muß die Möglichkeit, überhaupt noch einmal zu Worte zu kommen jetzt endgültig abschreiben. Daß ich dabei zu meinen eigentlichen Arbeiten überhaupt nicht komme, bzw. nicht mehr weiterkomme, brauche ich nicht erst besonders zu betonen.

Ich muß mich entschuldigen, daß ich Euch etwas vorklage – aber ich habe niemanden, zu dem ich sonst sprechen kann, und es tut mir schon wohl überhaupt einmal darüber geschrieben zu haben. Nimm es dir nicht besonders zu Herzen – was fällt, soll man noch stoßen, stimmts?

Ich erwarte von Euch Besseres zu hören. Herzlichen Gruß
    Dein Franz Jung

---

[1] Jung ist von 1950 bis 1954 für das wöchentlich erscheinende New Yorker Börsenblatt *News Letter. International Reports on Finance and Currencies* tätig.
[2] Vgl. Brief vom 12.4.1948 an O.M. Fontana.

264. AN WALTER DIRKS
New York 27, N.Y., 5/1 1951
414 West 120th St

Sehr geehrter Herr Dirks,
ich wende mich an Sie als den Mitherausgeber der Frankfurter Hefte, um Sie zu fragen, ob Sie für die Zeitschrift an einem Aufsatz[1] über die „parasitäre Lebenshaltung" Interesse hätten. Der Aufsatz ist der Extrakt einer längeren Arbeit, im wesentlichen eine sociologische Studie über Lebensführung und Lebenserwartung, um die Stellung des Einzelwesens in der Gesellschaft – die Gesellschaft im weitesten Sinne – gruppiert.

Ich bin kein sociologischer Fachwissenschaftler und kann mich statt in Schlußfolgerungen freier in Perspektiven bewegen, die vielleicht ganz anregend sein könnten. Ursprünglich hat mich für meine größere Arbeit das Erlösungsproblem der Albigenser beschäftigt, das ich in den Bibliotheken der Dominikaner in Rom und Turin eingehend studiert habe, ich habe es in Beziehung zur heutigen Geisteshaltung gesetzt und allmählich sind diese Brücken größer geworden als das eigentliche Problem, woraus dann die Arbeit in der heutigen Form entstanden ist.

Ich glaube, ich sollte vorher bei Ihnen anfragen, ehe ich Ihnen ein Manuskript einsende. Über meine Person ist wenig zu sagen. Ich habe in den zwanziger Jahren, auch schon vor dem 1. Kriege eine Reihe Bücher veröffentlicht und bin nicht ganz unschuldig daran mich allmählich in eine völlige Außenseiterstellung hineingebracht zu haben. Seit einigen Jahren lebe ich nach mancherlei Irrfahrten hier in New York, als Statistiker.

Ich vermute, daß in der nächsten Woche Frau Ruth Fischer in Frankfurt sein und sicher auch Ihren Verlag[2] besuchen wird. Sie kennt mich seit vielen Jahren ganz gut und wenn Sie es wünschen, würde Sie Ihnen über die geistige Atmosphäre von der ich stamme und aus der heraus ich heute spreche, Auskunft geben können.
    Mit bestem Gruß
        Franz Jung

---

[1] „Die Revolte gegen die Lebensangst. Anmerkungen zu einer Studie über die parasitäre Lebenshaltung".
[2] Verlag der Frankfurter Hefte.

265. An Walter Dirks
New York, 6/26 51
414 West 120th St.

Sehr geehrter Herr Walter Dirks,
Ihrer freundlichen Aufforderung vom 9.5. folgend übersende ich das Manuskript. Ich möchte betonen, daß mir eigentlich ein Aufsatz über die „parasitäre Lebenshaltung" gestützt auf Beobachtungen aus der Gegenwart mehr liegt – ich muß leider sagen, Aufsatzreihe, denn um es verständnismäßig zu halten, ist das kaum in einem Aufsatz unterzubringen.

Dazu kommt, daß ich mich selbst damals mit einem Bezug auf die Albigenser festgelegt habe. Nun habe ich zwar eine größere Arbeit darüber liegen, aber davon noch einen verständlichen Extrakt im Gesamtzusammenhange in den Aufsatz hineinzubringen, muß, fürchte ich, den Rahmen sprengen. Ich habe es daher auch „Anmerkungen" genannt und die mir wesentlich erscheinende Vorgeschichte der Kreuzzüge nicht hineingenommen, sondern als selbständigen Anhang ans Ende gesetzt.

Falls Sie für die Zeitschrift[1] an dem Aufsatz Interesse finden können, sich aber an dem Umfang stoßen, so könnte man eventuell d.h. notgedrungen von mir aus das Kapitel Lyon auslassen.
    Mit freundlichen Grüßen
        Franz Jung

---

[1] *Frankfurter Hefte*. Der Aufsatz „Die Revolte gegen die Lebensangst" ist dort nicht erschienen.

266. An Ruth Fischer
10/16 51

Liebe Ruth,
ich hoffe, daß du die augenblicklich wieder ansteigende Sensationen Welle mit der nötigen Ruhe betrachtest.

Abgesehen von der englischen Wahlpropaganda im Ausland sind alle Probleme, zunächst die wirtschaftlichen, so gelagert, daß sie nicht allein für sich zu lösen sind und alle miteinander zusammenhängen. Das gilt besonders für die Abwertungen.

Vorerst muß die Preisfrage für die Commodities bezw die US Interventionen auf diesen Märkten gelöst sein, ehe man sich mit der Preislage im Inland und den Auswirkungen auf die Exportpreise beschaffen [befassen?] kann.

Ich hoffe im nächsten Brief dir ausführlicher schreiben zu können. Nach hiesigen Auffassungen erwartet man Butler als neuen Schatzsekretär, der allen Experimenten abgeneigt sein wird. Dagegen ist der zweite Kandidat Lyttelton eher „Freimarkt" geneigt. Beide werden abwerten, wenn ihnen die US Unterstützung sicher ist, nicht wie das 1949 der Fall war *gegen* die US.

Die französische Situation hängt nicht unmittelbar mit der englischen zusammen, eher mit einer Revision des E[uropean] P[ayments]U[nion] Statuts. Frage des Rearmament und dessen Finanzierung, Umfang der US Dollar loans etc sind die Vorbedingung, ehe man sich an eine europäische Devaluation heranmachen wird. Auch hier werden sich die Vorgänge 1949 nicht wiederholen. Für Frankreich steht die Führung einer (financiellen) europäischen Opposition gegen den überbewerteten Dollar im Ziel, für England der Zusammenhalt der Commonwealth *für* London als pool Zentrum.

Frankfurter Adresse: Werner Ursinus, Steinlestraße 9, Frankfurt a/Main.

Am besten persönlich einzahlen oder mit Postanweisung einzahlen, in beiden Fällen mit der Bemerkung „für Onkel Ettlinger oder für Alfred Ettlinger". Hiesige Bank Alexander Kremer & Co, Beaverstraße 25.

Mein Rat: die Sache zu machen und bald zu machen, da die Frage allmählich immer schwieriger zu lösen ist. Auch in

Deutschland ist eine Abwertung nicht ausgeschlossen, Schätzungen zwischen 10 und 15 %.

Nicht unmittelbar notwendig, aber besser, wenn du mir mitteilst, ob Zahlung und in welcher Höhe erfolgt ist.

Nächstens mehr an die gleiche Adresse. Ich fühle mich doch reichlich vereinsamt und werde künftighin besonders Sonntag auf schmale Kost gesetzt sein.

Viele Grüße
Franz

267. AN RUTH FISCHER
10/23 51

Liebe Ruth,
ich hoffe, daß du meinen Brief mit Adresse erhalten hast. Erwarte deine Antwort und weitere Anweisungen.

Heute war hier die Börse außergewöhnlich schwach, mit einem ausgesprochen panicken Unterton. Bemerkenswerterweise waren aber auch die Commodity Preise und die Devisen ohne Geschäft und rückläufig, sogar der Goldpreis. Man kann viele Argumente, die auf der Hand liegen, anführen, alle zusammengenommen stimmen aber nicht ganz, und es ist schwer die Vorgänge irgendwie zu analysieren.

1) Rein technisch gesehen, handelt es sich um Lösung von spekulativen Positionen und zwar auf allen Marktgebieten. Unter Druck, das spricht für die Einheitlichkeit des Preisverfalls, das Fehlen jeder neuen Anlagespekulation, weder in Aktien oder Goldwerten oder Waren, die außerordentliche große Unsicherheit allenthalben, überwiegend rein in das Dollarguthaben, beweglich bleiben für das neue noch nicht sichtbare Investment. Eine technische Erklärung, aber keine grundsätzliche, von der Kapitalbewegung her oder der politischen Entwicklung gesehen.

2) England – die Auflösung der Commonwealth. Ob abgewertet wird, der Sterling ist ganz gleichgültig, höher wie 10-15 % kann sowieso nicht abgewertet werden und das ist genau die Spanne, die in jedem Fall zwischen dem officiellen „Devisen" Sterling und dem „commercial" Sterling, dem sogenannten transferablen im Warenhandel, bleibt.

Das State Department, wo Reimann gestern den zuständigen Mann gesprochen hat, glaubt nicht an die Abwertung, bringt eine Reihe treffender Argumente dagegen, insofern wichtig, weil der Sterling, so oder so von Washington aus gestützt werden muß, das heißt die Abwertung hängt von einer Mitwirkung Washingtons ab. Im Monetary Fund glauben die Sachverständigen eher an eine Abwertung, etwa gegen Ende November, die neue Regierung benutzt die Abwertung um zunächst abzulenken und Zeit zu gewinnen. In beiden Fällen, irgendeine Änderung bringt sie für England nicht, bricht die Commonwealth auseinander, im Anfang der sogen. Dollar-Gold Pool, in den die Dominions ihre Dollar Erlöse abliefern müssen. Ergebnis der letzten Washingtoner Konferenz: Washington wird die Rohstoffpreise nur stabilisieren helfen, helfen ein stabileres Niveau zu finden als den bisherigen Weltmarktpreis, wenn jedes Dominion mit einer eigenen Währung, losgelöst von London, manipuliert, d.h. die Länder brauchen die Dollar und Goldeinnahmen aus den US Stockpile Käufen und den Käufen der übrigen Atlantikpaktländer, für die US Kredite zur Verfügung stehen können, zum Aufbau einer eigenen Währungsreserve. Dafür stehen auch in Washington Währungskredite zur Verfügung. Mit andern Worten, England muß sich währungstechnisch auf eigene Füße stellen. Kann auch als eine Art Kommissionär in der Rohstoffverteilung eingeschaltet werden, um den Konkurs nicht zu offensichtlich zu machen; aber Washington wird die Disposition der Einnahmen mitdirigieren. Staatsdepartment hätte am liebsten gesehen, daß Morrison, der hier sehr gut gefallen hat, die Sache weiter durchgeführt hätte, stand den amerik. Vorschlägen sehr bereit gegenüber, hier rechnet man mit Lyttelton, der auch dahingehende Zusagen bereits gemacht hat, dagegen wird Butler eine schwere Nuß. „Muß sich erst die Hörner abstoßen". Immerhin wird auch Butler nichts anderes übrig bleiben, weil die Dominien drängen. Australien hat sich schon beinahe selbständig gemacht, Süd Afrika ist auf dem Wege. Der Verband der Commonwealth löst sich in eine Interessensgemeinschaft auf, die durch Prioritäten und Prämien wie bei einem Kartell zusammengehalten wird, mit Produzenten, Verkäufern und Kommissionären und einem Manager, nur ist nicht mehr London der Manager, sondern Washington. Verhalten sich die Konservativen sehr brav, kann ein Teil der

Promotion Arbeit auf London übertragen werden – Achesons Idee.

3) In der Zwischenzeit ist die Hitze aus dem Iran Kuchen heraus. Ägypten ist von vornherein nicht so heiß. Amerika verliert im schlimmsten Fall rund eine Billion Dollar in privaten Investments und Beteiligungen (Baumwolle und Coca Cola), England weniger. Nationalisierung der Bank of Egypt und der Anglo Egyptian Oil geht nach Haag ans Gericht, Konten in London werden blockiert, Exporte in ägyptischen Pfunden bezahlt, die in Sterling umgewandelt werden, gesperrt, Muster Iran. Der ägyptische Sterling (Pfund) wird herunter gefixt, Währung geht zum Teufel, Ausverkauf bleibt offen für billige Baumwolle nach Europa und über Europa nach Lancashire. Plan, die Nahen Ost Länder mit daran verdienen zu lassen. Die arabische Union nicht zu sehr aufkommen zu lassen. Dasselbe bereitet sich für Pakistan vor. Unklar, was in Marokko wird und wie das in die Zeittafel mit hineinzubringen ist. Besseres Gefühl für Indien, wie ich höre gegenseitig.

Die ganze Entwicklung der Figuren und Aktionen möglichst auf ein Jahr verteilt, in diesem Jahr China mit Zucker und Brot locken.

Was aber wird mit Europa – schwer zu sagen, unberechenbar. Spielt in dieser Kombination gar nicht mehr mit. Endgültig als dritte Kraft ausgeschaltet, politisch nur für Professoren und Versammlungsredner, in Paris für Dichter und Sartristen. Der Lebensstandard wird mit Parolen von besserer Produktion, höheren Löhnen und mehr Kino heruntergedrückt, Preisschere in der Hand der Drahtzieher von Übersee. Regierungen in der Rolle von Bürochefs. Je schlechter sie es machen, je eher geht der Standard, der herunter muß, herunter. Daher mit den Hohlköpfen europäischer Provenienz nicht mal so unzufrieden. Vive la France – es wird bald nichts mehr zu fressen haben, das wenige, was bleibt, ist für die Touristen, die Devisen bringen, zu reservieren. Und die Devisen gehen in den Währungsfonds, den die US mit Währungskrediten verwaltet und alimentiert, wo es notwendig ist. Harriman Plan zur Finanzierung des Rearmament.

Soweit die äußere Situation. Deswegen braucht die Börse hier nicht in Panik zu geraten. In der Tat war der Chock von Europa aus dirigiert, vornehmlich London und Amsterdam, cui bono? Kapitalflucht nach der US. Hier bereitet man sich vor es wegzu-

steuern und einfrieren zu lassen. Überraschende Feststellung, es geht nicht mehr die Kapitalflucht, die Nationalisierung schreitet fort, in aller Stille und im Wallstreet Untergrund. Die Russen haben das wie so vieles auch zu spät gemerkt. Es gibt keinen Krach, nicht mal den englisch-amerikanischen Gegensatz, bereits darüber hinaus, man legt sich bereits wieder ins Bett.
Mit vielen Grüßen
dein ohne Dinner und Kino zurückgelassener
Franz

268. An Ruth Fischer
11/1 51

Liebe Ruth, ich beeile mich deinem Wunsche nachzukommen.

1) Die beiden hiesigen Linien (Isthmian und Meyer Line), die von hier über das östliche Mittelmeer durch den Suez Kanal nach Indien[1] fahren, haben keine Änderungen vorgesehen, Durchfahrt in der regelmäßigen Passagierlinie ist und wird auch nach hiesiger Annahme nicht gestört, auf Gepäck über 50 Kilo (soweit als Fracht berechnet) wird in der Versicherungsgebühr ein Aufschlag von 5% berechnet, was der allgemeinen Erhöhung der Frachtraten nach Ägypten (von Lloyds) entspricht. Indiendampfer der Isthmian fährt hier am 4 Novemb mit allen Passagieren nach Indien ab.

2) Ich habe nicht mehr genau in Erinnerung, was ich dir über England geschrieben habe, jedenfalls hat sich grundsätzlich nichts geändert. Daß nach außen etwas in Optimismus gemacht wird, ist selbstverständlich, und daß auch mit Zusicherungen über eine US-Hilfe, in der Dollar-Sterling Anleihe nicht gespart wird, ist ebenso selbstverständlich. In keinem Falle aber wird sich etwas wie 1940 und 1947 hier wiederholen, es würde auch technisch nicht durchführbar sein, selbst wenn Sentiment genug vorhanden wäre, was obendrein nicht mal ist. Tendenz a la Churchill: die Engländer in ihrem Fett schmoren zu lassen. Um die Dominien als expansives wirtschaftliches Vorgelände zu erhalten, amerikanisches Investment und billige Rohstoffe in Kompensation d.h. gegen freie Transfermöglichkeit dieser einzelnen Dominien Devisen gegen Dollar, dazu braucht man

England nicht, im Gegenteil, der Versuch, die Commonwealth jetzt zusammenzuhalten, steht der US Konstruktion im Wege. Wenn Churchill glaubt das nur mit Sentiment und Tradition erreichen zu können, meinetwegen, aber wirtschaftlich zu binden – das ist heute ausgeschlossen. Sehen, was aus den Dezember Konferenzen herauskommt. Bestimmt das eine, Indien und Australien werden aus dem Sterling-Dollar Pool ausscheiden, Australien ist in der Praxis bereits ausgeschieden. Süd Afrika wird folgen, wenn der freie Goldmarkt und eine Erhöhung des Goldpreises nicht zu erreichen ist – und das kann man als gegeben annehmen. Es bleibt also nur eine schmale Möglichkeit für London: Konzentriert sich die Aufrüstung in England auch nach Europa hinüber mit Ausstrahlung fakemäßig nach Europa Union etc, Churchill als headmaster, intrigiert in den Schlamassel um die europäische Zahlungs Union, die ja sowieso auffliegen wird, dann wird man das von hier unterstützen und Churchill etwas Geld, mehr aber Stahl und auch Verarbeitungsaufträge geben, Productivity Kredite, falls die Bevan Leute ernste Schwierigkeiten machen. Das ist alles.

3) Was am entscheidensten übersehen wird, ist daß hier eine völlige Umstellung der Produktion in der Rüstung im Gange ist. Alle hier stockgepilten Waren wirken sich als Überschuß aus, Stahl, Aluminium, einige Nichteisen Metalle und Rohgummi. Die Industrie mit ihrem schätzungsweisen 70 Billionen Auftragsprogramm muß umstellen. Massenerzeugung der bisher üblichen Waffen und militärischen Materialien wird gestoppt, wirkt sich zunächst in einer Streckung der Aufträge aus und mehr Investierungen in die technische Umstellung, dazu gehört der Ausbau der Elektrizitätserzeugung, der Kohlengewinnung (Kohle und Elektrizität wird bedenklich bereits knapp) und der Anlage von Ölleitungen. Es werden die atomischen Kleinwaffen, Rockets etc, Elektronengeräte aller Art erzeugt, mit denen man bis Mitte nächsten Jahres Heer, Marine und Luftwaffe völlig umgestellt haben will. Was an den bisherigen Waffen in Reserve liegt, geht zum größten Teil nach dem Ausland als Liebesgabe (nach außen verschleiert, da die Rüstungsproduktion im eigenen Lande draußen nicht recht vorwärts kommt, liefern wir eben die fertigen Waffen, sogar den Stahl, um den armen Leuten dort auf die Beine zu helfen, aber beileibe kein direktes Geld mehr). Die Leute könnten verbrecherisch genug sein, das in die eigene

Konsumgüterproduktion zu stecken und dann obendrein erwarten, daß die US ihnen noch wieder einen Teil davon abnimmt. Wenn Churchill für seine europäischen Kollegen damit als Churchill Plan herauskommt, wäre es erwünscht hier.

4) Wilson ist der Meinung, damit eine Produktionsbalance für die nächste Generation aufzubauen, wobei mit dem technischen Vorsprung der US die eigentliche Verteidigungs- und Angriffswaffe hier im Lande hergestellt wird und aus der Amortisation der dahinein gesteckten Rüstungsbillionen die Konsumgüterproduktion und den civilen Produktionsbedarf an Hard Gütern alimentiert, krisenfest macht, was den Export gegen irgendwelche noch frei herumspielende Auslandkonkurrenz aufrechterhalten macht. Soweit der Wilson Plan im Telegramm Stil. Technisches Produktions Monopol, Rohstoff Monopol, in weitem Abstande das bisher als Allheilmittel angesehene Kredit Monopol (ganz in zweite untergeordnete Linie gerückt). Irgendwie können die Engländer, wenn sie der lange Arm der US für Europa sind, dabei noch ein bißchen mitspielen, aber auch hier mehr in der Tradition als in der Überzeugung der Verwendbarkeit. Selbstverständlich liegt dahinter ein Schimmer von Socialismus american style, „Wohlfahrtsstaat" und ähnliches. Wenn nicht Truman, so wird das eben ein anderer Harry durchführen, als Präsident ist Taft mit selbständigen Ideen nicht zu gebrauchen, Eisenhower kommt im Augenblick nicht in Frage, es müßte denn etwas so schief gehen, daß man für das ganze Programm eine Atempause braucht, wofür er die geeignete Null wäre.

5) Diesem Grundzug gegenüber sind die folgenden Highlights nur Gossips:

a) Die Hoffnung, die Chinesen von Moskau abzuspalten, sind nicht aufgegeben. Sie sind sogar etwas sichtbarer in der Öffentlichkeit.

b) Die asiatischen (arabischen) Staaten als „third force" sich aufbauen zu lassen, wird mit allen Mitteln verhindert werden. Zweigleisigkeit in der Außenpolitik und Doppelsprachigkeit in der Praxis wird zum basic standard. Auf dem Schachbrett Churchill als Versuchsbauer, irreguläre Züge, bis er das Opfer wert ist.

c) Strong arm politic in Ägypten. Churchill braucht dazu nicht hier herzukommen, hier würde man eine sofortige Besetzung Kairos, noch ehe ein Freundschaftsvertrag zwischen Kairo und

Moskau öffentlich verbreitet wird, gern sehen. Wirtschaftliche Sanktionen gegen Ägypten sind Unsinn, Ägypten hat gegen England die besseren Karten in der Hand. Zur Not kann man Ägypten ignorieren. Aus dem sogenannten Mittelmeerpakt wird eine harmlose Development Gesellschaft, international mit den Staatsoberhäuptern von dem Scheik in Kuwait bis Nehru als Administratoren mit beschränktem Stimmrecht. Diese Internationale Gesellschaft, mit den bakern der Mittelmeer Organisation bleibt von vornherein außerhalb der UNO. Öl, Erze, Transporte und Ölleitungen, Baumwolle Getreide für den häuslichen Bedarf und bestenfalls des Nachbarn und socialen Fortschritt, Schulen, DDT und gesundes Vieh, Geld gibt es unterschiedlich, kein Dogma, die einen kriegen das Geld in die Staatskassen, wenn sie diese praktisch, d.h. ohne Dogma verwalten können, oder persönlich. Ein sehr einfaches Princip. Zum Schutz dieser ganzen Anlagen und der Gesellschaft werden militärische Stützpunkte eingerichtet oder die bestehenden ausgebaut, mit Trainingszentren, in die die einheimische Intelligenz hineinwächst. Das Ganze hat so nichts mehr mit Nationalismus, Privatvergnügen, manchmal sogar nützliches, zu tun. Ägypten wird geschützt und nicht angegriffen etc.

d) Pannen und Zwischenfälle müssen hingenommen und bagatellisiert werden.

e) Solche Panne ist in Marokko zu erwarten. Mit den Franzosen ist schwerer zu spielen, nicht weil sie härter sind als die Engländer, sondern irgendwie fremd und eigensinnig. Hoffnung, daß sie das ganze Konzept nicht verpatzen und Ungelegenheiten bringen.

f) Irgendwo liegt auch noch das deutsche Problem. Für die dritte Garnitur und die verbrauchte noch eine Art Versuchsgelände. Solange ein Deutscher auftaucht, der noch in Monopolen zu denken nicht verlernt hat und den Mut hat das auch auszusprechen, wird man sich mit ihm zum Lunch setzen. Es braucht nicht gerade Schacht zu sein.

Viele Grüße, teile mir deine weitere Anschrift mit.
Weiter gute Reise
Franz

---

[1] Die Auskunft bezieht sich vermutlich auf Ruth Fischers erste Asienreise Ende 1951, Anfang 1952.

269. An Adolph Weingarten
11/26 51

Lieber Adolf,
Ruth's Adresse ist: Mrs E.E. Pleuchot c/o Cook & Son Oriental Building, Greensway New Delhi 1, India.
Scheint gut durch den Kanal gekommen zu sein.
Möchte gern Vieles und Neues aus New York hören.
Ich habe nichts zu berichten. Hoffe, daß du einspringst.
Viele Grüße
Franz

270. An Ruth Fischer
12/7 [1951]

Liebe Ruth,
inzwischen dürftest du den über Cook an dich gerichteten Brief erhalten haben. Für deinen Brief vom 11/30 vielen Dank.

Ich wüßte beim besten Willen dir nichts Bemerkenswertes zu berichten, weder aus der Familie noch dem Büro, es sei denn allgemeinen Quatsch.

Meine Lage persönlich und geschäftlich hat sich nicht verbessert. Zeitweise waren im Büro einige Störungen, die eine Einstellung des Dienstes vermuten ließen.

Außerdem habe ich zu berücksichtigen, daß es ein masochistisches Vergnügen wäre, dir darüber Einzelheiten zu schreiben, da du mir persönlich nicht helfen kannst, geschäftlich – neue Arbeitsmöglichkeiten, Start Aussichten, Kontakte, Empfehlungen und Verbindungen – vorziehst, mich auf eigenen Füßen zu belassen, selbst sich durchzuwinden, interessierter Zuschauer zu bleiben vorziehst bei einem Rennen, wo ich als lahmes Pferd das Schlußlicht bin. I don't blame you.

Amerika ist bereit den überhaupt möglichen Preis für den Rückzug aus Korea zu zahlen, das Lösegeld für die Kriegsgefangenen wird sehr hoch sein. Die Krise der Europa Armee und Bewaffnung wird im März erwartet. Zusammen mit den Skandalen über die Auslandsanleihen und ihre Verteilung hier und draußen.

Das alles wirst du leicht aus deinen besseren Informationsquellen und den Ausschnitten, die dir dein fleißiger und begabter Sekretär übermittelt, herauslesen können.

Thomas habe ich nicht gesehen. Adolf und Carola auch nicht. Diesen habe ich deine Adresse telefoniert.

Herr Sahl ist an deiner turbulenten Fahrt interessiert, auch Frau Borchardt habe ich davon berichtet, die Information übermittelte mir Herr Mengelberg. Der Sohn von Aufricht soll nach Korea unterwegs sein. Herr Tillinger wird Ende Dezember zurückerwartet.

Der älteste Junge spielt im Café Wienicke, Chance mit Celesta, eine Art Spieluhr mit Klaviertastatur, als Begleiter in eine Television Show zu kommen.

Peter schreibt Gesuche um College Zulassung, Aussicht nach Ithaca zu kommen (Agronom Ökonomie mit Mathematik Background). Hängt davon ab, ob und was ich bezahlen kann.

Die verschiedenen Frauen erwarten weiterhin von mir Geld.

Das ist alles.

Stets zu deinen Diensten
mit respektvollem Gruß
Franz

271. AN RUTH FISCHER
12/26 51

Liebe Ruth, ich folge gern Deiner Aufforderung, den Brief vom 12/15 zu beantworten. Frau Borchardt habe ich Deinen Gruß bestellt und die Adresse gegeben, sie wird sie an die von Dir genannten verschiedenen Herren weiterleiten. An Herrn Weingarten hast Du selbst geschrieben und entsprechende Aufträge erteilt, so daß ich nichts weiter in der Sache zu tun habe.

Für die freundliche Erwähnung und Erinnerung meiner persönlichen familiären Verpflichtungen und Erinnerungen, die mir sehr zur Last fallen, meinen besten Dank.

Ich habe nicht den Eindruck besonders „brummig" geschrieben zu haben. Ich halte das nur für notwendig, innerhalb eines Briefwechsels, wo der ausgleichende persönliche Kontakt fehlt, die wahre Position des Einzelnen, in dem Falle von mir, genau zu umreißen und statt Stimmungen, die leicht Umdeutungen ausgesetzt sind, sich auf facts zu stützen, meinetwegen auch prefabricated facts.

Die Pfundkrise wird sich schätzungsweise bis zum Mai hinziehen. Ich glaube nicht, daß der südasiatische Raum sehr einschneidend davon berührt werden wird, vielmehr die europäischen Länder. Insofern stellt die ganze Krise nur den Schleier dar, hinter [dem] die Neutralitätsfrage und die Wiedereuropäisierung entschieden werden soll. Ich glaube nicht, daß Churchill mit alten Zauberkunststücken das durchführen kann, es müßte denn vorher die europäische Union geschaffen sein, was kaum anzunehmen ist. So wird es wohl bei ihm mehr bei der Stellung eines roving editors der voice of Washington bleiben. Butler hat etwas konstruktivere Ideen, die indessen die Fortsetzung der Truman Politik d.h. die so weit wie möglich nach außen gezogene Verteidigungslinie zum Gegenstand haben, zur Voraussetzung haben. Ob sich diese Politik fortsetzen kann, wird allmählich zweifelhaft – nur im Falle Eisenhowers als Präsident. So sehe ich viele Schwierigkeiten für den Butler Plan.

Die Investmentpläne aus dem Colombo Plan werden für Indien wahrscheinlich weiter zur Verfügung sein, Canada hat schon Vorschüsse darauf geleistet, Australien wird folgen. Die indische Position ist nicht schlecht. An und für sich könnte Indien, gerade bei der starken inneren Bindung an London, die nur durch Revolution oder Selbstmord zu lösen wäre, einen Großteil des englischen Fluchtkapitals, dem es in Australien und Südafrika ungemütlich zu werden beginnt, Canada ist durch die US versperrt und Ceylon ist schon weitgehends ausgelaufen, wieder an sich ziehen und eine Art Finanzbrücke Hongkong–Bombay bilden mit dem Ziel einer Finanzierung Pekings. Das setzt einen beschleunigten Industrialisierungsprozeß in Indien voraus. Einen Industrialisierungsstoß, wie ihn die russische Revolution gebracht hat. Das wäre theoretisch möglich, aber unter den heutigen Verhältnissen, die ökonomisch mit umgekehrten Vorzeichen arbeiten, höchst bedenklich. Nehru's Mittelweg – langsam treten – scheint mir aussichtsreicher; die Frage nur, wie er die socialen Probleme auf ein einheitliches pattern bringen kann, Heimindustrie, Community-Industrialisierung mit dem dazugehörigen veralteten Ko-Operativen Quatsch, er muß erst eine Konsumgüterindustrie schaffen und hinterher die Konsumenten. Für alte indische Kapitalisten – style 1900 – eine gute nationale Aufgabe, heute aber kaum mehr zu erwarten, und der fremde Investor setzt dort, wo das reine Kapitalrisiko zu groß wird, natürlicherweise Imperialismus ein. Das ist das Problem. Der neue Raffinerie Bauvertrag mit den englisch-amerikanischen Ölgesellschaften mit seinen Klauseln zeigt die Tendenz. Für die amerikanischen Investors ist das Risiko bei diesen Klauseln nicht groß, weniger groß als das Marshall Plan Investment, wie man heute bereits sieht. So ein Vertrag wird Schule machen. Anders ist es, wenn Indien Gewaltslösungen sucht und Produktions Richtungszentrum für den chinesischen Aufbau werden sollte. Hier wird dann eine Entscheidung fallen. Es wird dir nicht entgangen sein, daß heute bereits das Problem so steht: Rußland – stockkonservativ im alten Sinne, hat endlich erfaßt, daß die Inflationswelle als Motor, mit dem die US arbeitet, übrigens schon immer, was die US Industrialisierung erklärt, den russischen Schachplan einer Bankrottierung des kapitalistischen Westens totlaufen läßt und geradezu als lächerlich erscheinen läßt. Die Entwertung der Währungen im Goldwert ist eine viel stärkere Angriffswaffe gegen Rußland als alles Paktgerede, idiotische und schülerhafte Regierungen auf dem Türsteher level in Europa mit einbegriffen.

Rußland kämpft verzweifelt um die Aufrechterhaltung des Goldwertes, verständlicherweise. Das ist eine Politik, die man aber langfristig planen muß, dann stünden heute die Satelliten anders da, mit der Moskauer Kinderstube von Terroristen als Spielzeug Ersatz geht das aber nicht, das kann man nicht beliebig wechseln. Infolgedessen glaube ich nicht, daß Indien zum Beispiel, übrigens auch der ganze Osten, auf die Dauer sehr von Moskau zu begeistern sein werden. Wie schon früher gesagt, wird so ein Problem nicht von einigen belesenen Professoren in solchen Gegenden entschieden, auch nicht von Studenten, obwohl die manchmal schon etwas mehr zu sagen haben. Sondern von einem ökonomischen Trend, an dem nicht mehr der Pariser oder Wallstreet Bankier etc hängt, sondern einige Millionen, die überall ganz gut inzwischen aufgewacht sind, auch in Indien. Die Moskauer Propaganda hält in Wirklichkeit nicht mehr allzulange vor. Das hindert nicht, daß Leute wie Horkheimer noch hundert Jahre leben können. Der ganze Quatsch – Ost-West – hängt einem langsam zum Halse heraus. Nicht die russische Revolution hat den Schlag gegen das Gold geführt, sondern Washington – das zeigt den Leninschen Dilettantismus. Die Leute lernen doch, allerdings nicht diejenigen hervorragenden Analyser, die hier und in London die Magazine füllen und die in ihren Abstufungen von Seriosität und Propaganda soviel Verwirrung anstiften, auch bei dir, deren showmanship auf deinem Lebensgebiet, mit dem du bewundernswerterweise dein living verdienst, so notorisch ist.

    Besten Gruß
        Franz

272. AN CLÄRE JUNG
New York 27, N.Y. [August 1952]
414 West 120th Str

Liebe Cläre,
vielen Dank für deinen Brief.

    Es tut mir sehr leid, daß die mißverständliche und zweifellos recht taktlose Art, mit der Margot meine Bemerkung auf ihren Brief interpretiert hat, Dich verletzt haben muß. Es lag bestimmt nicht in meiner Absicht. Ich habe mich ja auch immer gewundert, daß Margot Dich nie mehr aufsuchen wollte, obwohl ich ihr auf verschiedene Briefe, worin sie mir ihre Lage schilderte, immer geantwortet habe, der einzige Mensch, der ihr vielleicht zu irgendeiner Arbeit, um den notwendigsten Lebensunterhalt zu bekommen, verhelfen könnte, wärest du. Sie hat sich einfach geniert, und das wird mir jetzt auch verständlich. Sie schrieb mir damals in dem Sinne, du wünschtest keine Verbindung mehr mit mir und hättest mir als Letztes nur mitzuteilen, daß Scherret[1] gestorben sei. Offengestanden hat mich das auch ziemlich getroffen, wenngleich ich es mir in deiner Situation noch hätte irgendwie erklären können. Aber ich denke, wir gehen über die ganze Sache, wenn es dir möglich ist, hinweg.

    Ich habe leider nicht die Möglichkeit, so ohne weiteres von hier wegzukommen, ohne Paß und ohne Geld, obwohl ich schon lange nach Deutschland hätte zurückkehren wollen. Ich würde überaus gern mit dir sprechen wollen und vieles erklären, was so einfach in einer Briefkorrespondenz nicht geht. Auch – wenn ich schon diesen Ausdruck gebrauchen will – meine „politische" Stellung ist so anders geartet von der, die man gemeinhin „Politik und Weltanschauung" nennt und die von den zuständigen Organen hier wie drüben gemacht und dirigiert wird und die sich in einer gesellschaftlichen Administration konzentriert, daß ich darüber oder im Niederschlag dessen eine Reihe Bücher schreiben müßte, um mich verständlich zu machen. Dazu wird mir keine Gelegenheit mehr geboten – vielleicht mit Recht – im persönlichen Gespräch und schon in meiner persönlichen Lebenshaltung kann ich mich schon eher verständlich machen. Ich bin im Grunde seit meiner Entlassung aus dem Lager Bozen nicht mehr zu mir selbst gekommen, obwohl ich instinktiv nichts anderes versucht habe, als irgendeine Lebensbasis wiederzufinden. Mit einem großen und fast unverdienten Glück habe ich die drei recht schwierigen Jahre in Italien überstanden. Ich bin dann hier in den US sogleich in eine Atmosphäre hineingekommen, die zu durchstehen stärkstes Lebensgefühl und ein präziser Selbstbehauptungswillen die Voraussetzung gewesen wären. Statt dessen war ich ein Wrack von Verschmähung und Unsicherheit, Hemmungen und Schuldgefühlen, aus denen sich Verpflichtungen herausgelöst haben, zu denen ich noch gerade die Kraft hatte, mich zu disciplinieren. Unter diesem vielfältig gespaltenen Druck habe ich die Jahre bisher überstanden. Auch das ist, geistig wie materiell gesehen, geradezu ein Wunder.

Ich halte mich wirklich unter sehr schwierigen Bedingungen noch gerade aufrecht, und da ich im tiefsten Grunde doch kein eigentliches Ziel mehr habe, so bin ich auch nicht gezwungen, Kompromisse zu machen, was mich natürlich noch mehr vereinsamt. Der Nutzen, den ich davon habe und der mir sozusagen automatisch zuwächst, ist eine klarere Erkenntnis meiner selbst, die Erkenntnis von menschlichen Zusammenhängen, von der ich ja auch überraschenderweise, wie sich jetzt zeigt, ausgegangen bin. Nur wirkt sich das nicht mehr unmittelbar nach außen aus, weder durch ein Buch oder im persönlichen Verkehr. Darüber ließe sich natürlich sehr viel im einzelnen sagen und vielleicht auch mit einer mehr optimistischen Betonung.

Das soll nicht heißen, daß ich resigniere, daß ich das geringste aufgebe, was ich gedacht und getan habe, mag es moralisch vertretbar oder unmoralisch gewesen sein. Was etwa in der gesellschaftlichen Perspektive oder persönlich falsch war, das habe ich zu zahlen, abzuzahlen, und das tue ich. Das ist schließlich auch der Grund, warum ich noch existent bin, weder aufgehangen worden bin noch mich selbst aufgehängt habe. Sicher hätte beides meinen Lebenslauf sehr vereinfacht und erleichtert.

Ich schreibe dir das alles, weil ich versuchen möchte, Dir zu zeigen, wie es bei mir aussieht. Die wahre menschliche Betreuung, ohne die der Einzelne nicht lebensfähig ist, habe ich zurückgestoßen – schließlich habe ich so eine Art Vitalität nach außen hin darauf aufgebaut. Heute weiß ich, wie falsch das gewesen ist, meinetwegen verbrecherisch und selbstzerstörend. Aber das ist aus meiner ganzen Charakteranlage leider zu erklären. Es ist eigentlich ganz folgerichtig, daß ich heute nichts mehr habe, auf was ich mich stützen könnte.

Das beantwortet ein wenig schon Deine Frage. Es wäre etwas übertrieben zu sagen, daß ich überhaupt keinen Ehrgeiz mehr habe, mich verständlich zu machen und zu schreiben. Dazu müßte ich eine Hilfe haben, wie sie mir früher (mit Vertrauen) so oft entgegengebracht worden ist. Damals glaubte ich es nicht nötig zu haben. Heute kann ich sie nicht mehr bekommen. Ich quäle mich zwar allein noch herum, beinahe unter den alten Vorzeichen – so habe ich wieder den Ausweg eines Wirtschaftsjournalismus versucht, wie das früher immer gut gegangen ist. Heute geht es nicht mehr – ich schreibe einen lächerlichen New Yorker Wirtschaftsbrief für den Industriekurier[2], weil ich glaubte darauf eine noch so kleine unabhängige Basis aufbauen zu können. Aber es geht eben nicht mehr. Ein literarisches Comeback ist an dem seltsamen Verhalten des Dr Maus gescheitert, der im Besitz einer Reihe Manuskripte, die ich selbst im Original nicht mehr habe, mich einfach im Stich gelassen hat, als er nach Berlin an die Universität berufen wurde. Später von dort wieder nach Mainz zurückgegangen, hat er mir zwar geschrieben, aber in einem Ton, daß ich ihm nicht mehr geantwortet habe. Mich als Treppe für eine neue Karriere in Frankfurt benutzen zu wollen, beruht ja auf einer völligen Verkennung meiner Situation.

Es ist natürlich irgendwie verlockend, zu wissen, daß Schriften und vielleicht auch Manuskripte, an die ich mich kaum mehr erinnere, vorhanden sind, auf die ich noch einmal zurückblicken kann, ein ganzes Leben von Versuchen mich auszudrücken – aber werde ich jemals dazu noch Zeit haben? Ich wüßte niemanden in Deutschland, an den sie übergeben werden sollten, und du wirst wohl der einzige bleiben, der das Erbe (ohne Anführungsstriche) am besten verwahrt. Daher wird es notwendig sein, daß du deine Herzanfälle überwindest und dich so schnell wie möglich wieder gesund machst. Vielleicht komme ich doch nochmal selbst und hole mir einiges. Frau Eva Marcu (die Frau des vor einigen Jahren verstorbenen Valeriu) wird aller Wahrscheinlichkeit nach Mitte nächsten Monats in Berlin sein, und ich habe sie gebeten, Dich anzurufen und mit dir zusammenzukommen. Ich bin mit ihr befreundet und sie kennt meine Situation etwas, nach der negativen Seite. Sie wird Dir einiges erzählen können.

Bei allem Negativen ist es mir doch gelungen, wenigstens meine Verpflichtungen Peter gegenüber ungefähr bisher soweit zu erfüllen. Ich habe ihn durch die High School bringen können. Er ist nach dem hiesigen Standard sehr begabt, der Beste in der Schule gewesen, mit einer Reihe Auszeichnungen entlassen worden und will Landwirtschaft studieren, in der Hauptsache begabt als Mathematiker und studiert das, was man hier agricultural economic nennt. Im Herbst geht er auf die Cornell Universität, was allein schon als Auszeichnung gilt, mit einem Stipendium vom Staat New York. Augenblicklich arbeitet er bereits praktisch auf einer Farm. Ein sehr netter Junge und scheints ziemlich ausbalanciert. Seine eigentliche Leidenschaft ist allerdings scheints Journalismus und Schriftstellerei. Die technisch exakte Ironie, worin ja auch etwas Sprachschöpferisches steckt, beherrscht er schon ganz gut. Ich habe ihn nicht gerade gezwungen zu seinem Studium, aber etwas tropfenweise beeinflußt. Vielleicht war es falsch, aber ich habe die Hoffnung, daß er zu sehr sich nicht hineinreden lassen wird. Drüben wie auch hier entsteht ja ein ganz anderer Menschentyp, vor dem wir sowieso bald nichts mehr zu bestellen haben werden. Frank ist jetzt auch hier mit seiner Familie, einer Frau, die sehr an Dagny erinnert, in allem, und einer 11jährigen Tochter. Die Probleme sind dieselben wie vor 25 Jahren. Er lebt von seiner Begabung als Musiker, materiell geht es ihm ganz gut, die ersten Monate, ehe er eine Union Karte hatte, waren schwierig, die Frau arbeitete als Chambermaid in einem Hotel. Mit Margot will er keine Beziehungen halten wie ehedem, zum Teil Margots Schuld, die ihn noch vor seiner Abreise in München besucht hat und sich dort typisch margotmäßig aufgeführt hat. Ich schweige mehr oder weniger dazu, obwohl es mir schon rein principmäßig nicht recht ist, wie du dir denken kannst, und halte eine sehr vorsichtige Verbindung aufrecht – ich habe ihn hinübergebracht und der Frau etwas geholfen in der ersten Zeit und auch sonst als Zuhörer, wenn der Topf zum Überkochen ist, aber sonst habe ich weiter auch nichts getan, als eine Verpflichtung zu erfüllen.

Ich selbst arbeite in einem statistischen Büro und mache Devisenstatistik und habe wie hunderttausend andere auch das dumpfe Gefühl, daß ich jedes Wochenende herausgeschmissen werden kann. Im Gegensatz zu den andern weiß ich aber, wenn ich herausgeschmissen werde, ist mir recht geschehen. Dann stelle ich mich an der Heilsarmee oder dem Franziskanerkloster um die tägliche Suppe an.

Herzlichen Gruß
Franz

1 Am 16. Dezember 1950; noch am gleichen Tag hatte Cläre Franz Jung Scherrets Tod in der Nervenklinik Nikolassee mitgeteilt.
2 Der *Industrie-Kurier*, inzwischen in anderen Händen, war eine Gründung von Jung und Dr. Otto Ehrlich aus dem Jahre 1916. Vgl. auch Cläre Jungs Erinnerungen „Paradiesvögel", Hamburg 1989.

273. AN CLÄRE JUNG
[Ende August / Anfang September 1952]
Meine neue Adresse: 75 Fort Washington Avenue, New York 32

Liebe Claire, deine Vorschläge im letzten Brief betr. etwaige literarische Arbeiten mögen zwar sehr gut gemeint gewesen sein. Ich kann das aber nicht machen, weder Balzac noch Fontane auf die heutige Zeit zu übertragen. Abgesehen davon, daß es mir nicht liegen würde, halte ich es auch allgemein für falsch. Die Aufgabe solcher Schriftsteller und überhaupt des Schriftstellers in diesem Sinne allgemein haben ja die Journalisten längst übernommen, die editorial Schreiber und die Kolumnisten. Der „schöpferische" Schriftsteller, wenn er noch überhaupt eine Bedeutung haben soll, muß ganz andere Aufgaben anfassen, etwa das Zerbröckeln der menschlichen Existenz, die Aussichtslosigkeit sich in der aus der Historie, die meinetwegen gestern aufgehört hat, Historie zu sein – übernommenen Anschauung von „menschlicher Würde" als Einzelwesen mit eigener Verantwortung und Verpflichtung zu erkennen und zu behaupten, und die Lösung der jetzt akuter gewordenen Frage nach dem „Sinn des Lebens", nachdem die Religion in jeder Form in die Brüche gegangen ist und der an einen Apparat und Weltanschauung, wiederum vertreten durch einen Apparat, sich klammernde Glaube vielmehr den Charakter einer Hysterie angenommen hat als den einer Erkenntnis.

In dieser Hinsicht wird sicherlich später sehr viel zu arbeiten sein. Heute aber scheint das alles reichlich früh, es würde erstens es niemand lesen und drucken und zweitens würde es von den Anhängern des Althergebrachten und nur kümmerlich progressiv Veränderten zerdrückt, ausgemerzt und totgeschwiegen werden. Wer den Mut noch hat (später sicherlich wieder haben wird), sich gegen diese Widerstände durchzusetzen – Hut ab. Er braucht aber eine mitverstehende und sozusagen betreuende Atmosphäre, die eben im Augenblick noch nicht vorhanden ist.

Wir wollen in einem hoffentlich recht regen Briefwechsel bleiben. Inzwischen habe ich von Frau Marcu erfahren, daß du sie aufgesucht hast. Sie macht mir Vorwürfe, dich zu vernachlässigen und nur meinen schlechten „Launen" im Briefwechsel mit dir Ausdruck zu geben. Das ist bestimmt nicht der Fall. Nur – das Entscheidende, was in sogenannten „Anschauungen" trennt, ist erstens überhaupt nichts Trennendes, zweitens läßt es sich nicht in einem Briefwechsel auseinandersetzen. Die Kategorien der Beurteilung sind doch von Vorurteilen überlastet, die Schritt für Schritt abgebaut werden können, wenn man auf die Stütze einer Orthodoxie verzichten kann. Das ist sehr schwer.

Die Ehe von Frank geht auseinander. Die Frau arbeitet in Miami in einem Hotel, er hier, das Kind ist bei der Mutter, und die ganze Sache ist höchst unerfreulich.

Peter ist an der Cornell Universität.

Herzlichen Gruß

Franz

274. AN CLÄRE JUNG
New York 32, N.Y. [Oktober 1952]
75 Ft Washington Avenue

Liebe Cläre,
ich hatte damals auf deinen letzten Brief sogleich geantwortet. Er muß entweder verloren worden oder dir nicht abgegeben worden sein. Bereits schon an die Adresse von Frau Claus[1]. In diesem Brief stand auch schon meine neue Adresse. Augenblicklich verschwinden auch Briefe bei den verschiedenen Censurstellen, hier wie drüben – weniger weil diese Leute darin etwas besonders finden, sondern einfach, weil der geöffnete Brief nicht mehr fachmännisch zugeht, oder sonst sich die angehaltenen Briefe in solcher Menge ansammeln, daß sie dann einfach aus Platzgründen eines Tages weggeworfen werden. Schließlich war das schon immer so. Inzwischen hatte mir auch Frau Marcu geschrieben, was ich in dem anscheinend verlorenen Brief bereits erwähnt hatte. Sie schreibt über deinen Besuch sehr nett, bedauert nur, daß du immer in Begleitung[2] gewesen bist, was ja an sich einen sehr merkwürdigen Eindruck macht. Das führt dazu, daß von beiden Seiten immer zu einem Dritten gesprochen wird und das Gespräch von vornherein einen etwas unwirklichen Unterton erhält.

Ich schrieb dir in diesem Brief auch, daß mich weder Balzac noch Fontane im geringsten interessiert und daß der Grundzug dieser Art Schriftstellerei, die zu der damaligen Zeit sicher etwas mit Kunst zu tun hatte, heute längst in den Journalismus gerutscht ist. Was damals diese Prosadichter sich ausgedacht haben, in der Perspektive, in der Form und der Wirkung, ist heute die Voraussetzung für einen sogen. Tagesschriftsteller, den Propagandisten, den Columnisten und den einfachen Journalisten. Die Aufgaben einer literarischen „Kunst" liegen heute woanders, wenn sie überhaupt noch in der Breite, d.h. durch besondere Verleger betrieben, gestattet sind.

Selbstverständlich wird jeder einzelne eine andere Antwort auf die Frage nach dem Sinn des Lebens suchen und nach seinen Anlagen darauf herumspielen. In absehbarer Zeit wird auch einmal wieder dabei etwas herauskommen, was unter die Rubrik Kunst etc fällt, im Augenblick aber ist es noch nicht so weit. Durch handwerkliche Technik sollte man sich nicht täuschen lassen.

Ich hoffe sehr, daß wir eine sehr enge Verbindung aufrechterhalten können. Ich wäre schon einmal nach dort gekommen oder überhaupt um ganz dort zu bleiben. Es stehen nur sehr viel Schwierigkeiten entgegen. Einmal das Geld, als ich es mit vielen Mühen schon zusammen hatte, kam die Krankheit Harriets dazwischen und ich mußte alles sofort dem Hospital überweisen, anstatt hinüberfahren zu können – vielleicht hätte ich manches dort noch retten können. Außerdem hätte ich mir dort bei Zeitungen auf handelsjournalistischem Gebiet für hier eine Dauereinnahme schaffen können, was jetzt bereits zu spät ist. Dann kam das hiesige Gesetz dazwischen, was ungefähr bedeutet, daß wenn ich fahre, ich nicht mehr mit einer Wiedereinreise rechnen kann. Auch das wäre schließlich egal – heute weiß ich aber, daß ich mich dort nicht werde finanziell halten können, zum mindesten nicht ohne eine längere Übergangszeit und dazu müßte ich etwas mitbringen, was ich anzubieten hätte. Das weiß ich zwar genau, kann es aber hier nicht schaffen, weil mir die Zeit und die Nerven fehlen, die von der Notwendigkeit, hier meine Existenz zu verdienen, aufgefressen werden. Das ist das Dilemma, und ich sehe im Augenblick noch keinen Ausweg. Es zeigt sich immer mehr, daß meine bisherige Aufgabe, Peter wenigstens durch die High School zu bringen, nicht genügt, ich muß auch jetzt für das College sorgen. Das heißt, ich habe Verpflichtungen, die wenn ich sie nicht erfülle, das Ganze als umsonst geschehen erscheinen lassen. Es wird soviel davon geredet, daß man hier seinen Weg durchs College sich durcharbeiten muß – das ist alles unvorstellbarer Quatsch, ein widerlicher Snobismus und doubletalk. Natürlich wird er dazwischen als Kellner oder Taxidriver arbeiten, aber Arbeit, die das Studium nicht stört und ihn nicht in den Tests zurückwirft, erhält eben nur eine bevorzugte Klasse, die sich einander in die jobs hineinschiebt. Der Fremde und besonders der „alien" ist entweder auf das Nachtstudium oder die Nachtarbeit angewiesen – beide drücken den Standard so herunter, daß er jede Chance sich hier durchzusetzen verliert.

Alles andere ist dumme Romantik, so als ich dachte, als Frank hier herkam, der immer noch seine Begabung als Musiker ausnutzt, der man sehr weitgehend nachgekommen ist, daß er hier etwas helfen könnte. Er könnte sehr viel Geld mit Leichtigkeit verdienen, aber er zieht nur die „Leichtigkeit" vor. Er verdient gerade soviel, daß er alle seine Launen befriedigen kann, zum

Glück sind es kleine Spielereien, die seine Existenzgrundlage nicht ernsthaft gefährden, aber er hängt völlig in der Luft, das wird noch ein zwei Jahre so gehen, dann wird er bestenfalls sich in eine der Dinner Bars an einem der großen Autowege als Klavierspieler gegen Prozente einkaufen können, oder er muß als Klavierstimmer gehen, was hier ein gesuchter Beruf ist. Mehr wird nach dem augenblicklichen Stand nicht herauskommen. Dabei hätte er noch große Chancen als Coach für irgendwelche Stars oder in die Television hineinzukommen – nur müßte er ernsthaft eine Zeitlang daran arbeiten – dazu langt es scheints nicht.

Die Ehe ist denkbar schlecht. Das Kind ist – wenn man genauer hinsieht, beiden im Wege und daher hin- und hergeschubst, augenblicklich bei der Mutter, die in Miami Beach eine ganz aussichtsreiche Stellung als housekeeper hat. Aber – und das ist merkwürdig, die Frau gleicht sehr der Margot, in allen den Unausgeglichenheiten, ohne Geduld und Betreuung, jammernd wenn sie etwas verdorben und falsch gemacht hat, so als sie jetzt Frank weggelaufen ist mit einem Mann, der sie jetzt und Frank und sogar mich zu erpressen versucht. Ab und zu fängt sie an zu trinken (selbstverständlich unter dem Motto: immer allein und ausgenutzt und ähnliches mehr), wirft sich einem beliebigen Mann an den Hals, alles geht kaputt, und dann erwartet sie, daß die „Familie", zu der auch ich gehöre, alles wieder in Ordnung bringt und hilft. Ein furchtbarer amoralischer Egozentrismus. Wieweit das hier noch gehen wird, weiß ich nicht. Wenn sie erst mal hier den Immigrationsbehörden auffällt, kann es sehr schlimm ausgehen.

Natürlich, ich möchte am liebsten mir den Hut aufsetzen und einfach weglaufen. Nicht deswegen tue ich es nicht, weil ich vielleicht glaube, die „Familie" braucht mich noch hier, sondern einfach weil ich nicht draußen irgendwie unter weniger Belastung sitzen will mit dem Gefühl, auch nicht das geringste befriedigend erledigt und zu Ende geführt zu haben. Deswegen muß ich unter dieser Belastung meiner täglichen Arbeit und unter dem größten Dreck hier sitzen bleiben.

Ich habe der Margot geschrieben, die von Zeit zu Zeit von mir Geld haben will, das ich ihr immer gern geschickt habe, nicht so sehr der Margot wegen, sondern weil es mir selbst Spaß gemacht hat – ich habe hier selber nichts mehr und ich mußte es geradezu auf der Straße stehlen, aber ich glaube, daß das in Berlin für sie leichter ist als für mich hier. Dabei möchte ich ihr natürlich gern helfen, aber es geht eben weder so noch so. Mit Frank hatte sie sich sehr schnell es wieder verdorben, was ja vorauszusehen war.

Also – soweit meine Situation. Ich fürchte, einiges wirst du nicht so ohne weiteres verstehen wollen oder können. Wenn du die Verbindung aufrechterhältst, wird manches klarer werden. Hoffentlich hast du selbst keine zu großen Schwierigkeiten, ich könnte von mir aus kaum etwas tun, um dir zu helfen. Briefe sind ein schwacher Ersatz, zumal ich ja keine romantischen Phrasen mehr schreiben kann und jeder mißverständlichen Auslegung ausgesetzt bin.

Frau Marcu sieht da das meiste falsch und ist auch nicht interessiert daran sich mehr als die allgemeine Neugierde damit zu befassen. Mit einer weitverzweigten Verwandtschaft zur Hand und einer finanziellen Sicherheit im Hintergrunde geht es leichter, über eigene Enttäuschungen zu sprechen und gute Ratschläge zu geben.

Herzlichen Gruß
Franz

---

1 Deckadresse in Westberlin; Charlotte Claus war eine ehemalige Arbeitskollegin von Cläre Jung aus der Bibliothek des Funkhauses.
2 Vermutlich die ehemalige Reinhardt-Schauspielerin und Rezitatorin Elsbeth Bruck, mit der Cläre Jung seit Scherrets Tod und ihrem Umzug nach Berlin-Pankow zusammenlebte.

275. An Cläre Jung
New York 32, N.Y., 10/14 52
75 Ft Washington Ave

Liebe Cläre, ich fürchte fast, daß du auch meinen letzten Brief nicht erhalten hast und ich bitte dich mir den Eingang zu bestätigen.

Ich bin etwas in Sorge, nachdem ich hier mit Frau Marcu gesprochen habe, die nach hier zurückgekehrt ist. Selbstverständlich sollten wir einen möglichst engen Verkehr aufrechterhalten, besonders jetzt, wo du doch zweifellos Rat und einen guten Zuspruch und auch ein wenig Optimismus brauchst. Du solltest immer bedenken, daß der Mensch nicht aus einer „Anschauung" gebildet ist, sondern abgesehen vom Biologischen aus einer Summe von Erfahrungen, Vorstellungen, Lebensinhalten, in denen sich der Charakter bildet und widerspiegelt und erst den Menschen zu dem macht, was er ist. Für mich spielen „Anschauungen", wie sie jetzt hier wie dort herumgereicht werden, überhaupt keine Rolle – erst dahinter dann kommt der Mensch, wobei es ganz gleichgültig sein mag, an was er sich zur Zeit klammert. Man soll sich überhaupt an nichts klammern. Wenn mir das gelingen würde, dir ein wenig näherzubringen, wäre ich schon sehr froh.

Laß bald von dir hören.
Herzlichen Gruß
Franz

276. An Cläre Jung
New York 32, 11/9 52
75 Ft. Washington Ave

Liebe Cläre,
Margot hatte mir davon geschrieben, daß sie sich an Benn etc gewandt hat. Selbstverständlich ohne meinen Auftrag und völlig gegen meinen Willen. Ich habe ihr darauf überhaupt bisher nicht geantwortet, weil das Ganze ein solcher Blödsinn [ist], daß man es am besten mit Schweigen übergeht. Ich habe nichts gegen Benn, und wenn ich das Bedürfnis haben sollte, mich an ihn zu

wenden, kann ich das selbst und weit vernünftiger tun. Wenn ich Margot darauf überhaupt nicht antworte, kommt die ganze Angelegenheit besser zum Schweigen, als wenn ich erst argumentiere.

Wie geht es dir?

Laß dich um Himmels willen auch deinerseits nicht auf einen Kampf ein, irgend etwas für meine Bücher tun zu wollen. Das kommt schon irgendwann mal in Ordnung.

Ich bin ja inzwischen auf einer ganz anderen Linie und für West und Ost beiderseits nicht genießbar.

Ich lege eine kleine Probe[1] bei – ich hatte sie an Schwab-Felisch geschickt, aber er hat nicht darauf geantwortet. Wie du siehst (das Ganze ist vorerst mehr ein Experiment, vielleicht eine Spielerei), konzentriere ich alles auf Ausdruck (Folgerhythmik) der Schriftsprache, löse die Handlung, jede Handlungsmöglichkeit nebenbei, darin auf. Vielleicht bildet sich daraus eine bessere präcisere Ausdrücklichkeit für die Sprache an sich.

Ich bin überzeugt, daß es dir gar nicht gefallen wird. Aber was kann ich machen –

Herzlichen Gruß
Franz

1 Vermutlich „Der Verkehrsunfall", den Hans Schwab-Felisch zur *Neuen Zeitung*, Berlin, brachte, wo er am 19.11.1952 erschien.

277. AN RUTH FISCHER
11/27 [1952]

Liebe Ruth, ich hoffe, daß du inzwischen von der Reise erholt einen ruhigen Aufenthalt gefunden hast.

Ich vermag über die Vorgänge in New York nicht viel zu schreiben. Ich nehme an, daß deine Freunde dir genügend farbige Einzelheiten übermitteln werden, so daß du die New Yorker Atmosphäre nicht vermissen wirst. Ich habe Adolf gebeten, dir so ausführlich wie möglich zu schreiben.

Die Stimmung unter den berufsmäßigen Analysern ist, was

die Friedensaussichten anlangt, so pessimistisch wie nur möglich. Die meisten sind der Ansicht, daß der truce nicht lange halten [wird] und alle Zeichen in sich trägt, den Krieg da unten auszuweiten.

Besonders kritisch wird die Lage für England angesehen. Nicht nur Malaya, das nach neueren Ansichten kaum intakt – als Rohstofflieferant – zu halten sein wird, sondern auch in Australien und Südafrika kriselt es bedenklich im Sterling Pool. Man kann eine kräftige Beruhigungspropaganda in officiellen englischen Stellen bemerken, sie erreicht aber in ihrer skrupellosen Aufdringlichkeit – zu plump, und gewisse Fakten sind nicht wegzuleugnen, das genaue Gegenteil. Das Pfund hat seinen tiefsten Punkt hier erreicht. Maßgeblich ist nicht der Spot oder Future Preis der Devise, sondern der Preis des residential Sterling – weil er den Grad der Kapitalflucht aus dem Sterling anzeigt. 2.22 wie er heute notiert wird, ist geradezu sensationell. Sterling dieser Kategorie ist in Millionenbeträgen hier angeboten, aus Hongkong, Indien und Singapur, aber immerhin decken diese Quellen kaum mehr als die Hälfte des Angebots, der Rest muß aus den Dominien stammen, Australien, neuerdings auch aus Südafrika. Das bedeutet, daß man dort stillschweigend über die Sterling Verträge sich hinwegzusetzen beginnt, was für die Januar Konferenz der Commonwealth allerhand erwarten läßt.

Was sonst in der Welt vorgehen mag, weißt du besser als ich. Ich bin auch nur interessiert, endlich einmal von dem Druck der Unfruchtbarkeit loszukommen, was mir leider nicht gelingt.
  Viele Grüße
      Franz

278. AN CLÄRE JUNG
12/3 52

Liebe Cläre,
vielen Dank für deinen Brief. Dein Manuskript[1] ist zwar noch nicht angekommen – das dauert zwei bis drei Wochen; ich bin schon sehr gespannt. Wenn du glaubst, daß du etwas Interessantes für mich dort hast (ich nehme an Belehrendes), so schicke es mir doch ruhig. Ich muß dir allerdings sagen, daß ich an mehreren Stellen die Gelegenheit habe, ostdeutsche Literatur und Zeitschriften zu lesen – der Oscar Maria Graf bekommt eine Masse und auch andere Leute. Manchmal blättere ich auch einiges durch, aber es liegt mir ja völlig fern. Es ist eine vollständig andere Welt – vor allem ist mir ja auch das Ziel fremd, zum mindesten, wie es in der dortigen Literatur dargestellt wird, und ich will auch gar nicht gezwungen sein, mich damit auseinanderzusetzen, besonders mit dem *Ton*. Das wäre eine Arbeit für sich, die mich vielleicht ausfüllen würde. Ich muß allerdings sagen, daß die westdeutsche Literatur noch viel schrecklicher ist. Das, was so [ein] Ableger wie Kasack verzapft, ist ja eine Schande – was hat da der Kafka angerichtet. Weisenborn ist mir zu arrogant – um das zu sein, muß man in Wirklichkeit mehr können. Plivier konnte (und kann vielleicht) mehr, aber zum Krieg und Frieden langt es trotzdem nicht – dann kommt eben eine Karikatur heraus, was scheints zum deutschen Schicksal gehört.

Übrigens dein Buch[2] liegt hier in der Public Library – die Freundin von Alexander Schwab, die Frau Ruminoff[3], hat es mir sogar neulich gebracht, aber ich kannte es ja schon, ebenso wie du in der public library die verschiedenen Becher und Abusch etc finden kannst.

Aber etwas anderes muß ich dir noch berichten. Der kleine Schwab hat mir geschrieben, an dem Tage, an dem dort im Blatt[4] meine kleine Arbeit[5] erschienen war, erschien dort Frau Krusenbaum, alias Lucie Köllich[6], und führte aufgeregt Klage, daß das Blatt ein „Individuum" wie mich überhaupt druckt. Sie gab an, im Auftrage auch von anderen Menschen in Berlin zu sprechen. Sie bezeichnete mich, wie mir Schwab ohne das weiter näher zu erklären, sehr „eindeutig" und hatte auch einige mysteriöse Worte und Beziehungen von dir (Claire Jung) auf Lager. Schwab schreibt mir, daß er sich nicht drum kümmert, und es scheint eher, daß er sie herausgeworfen hat. Was ist mit dieser Vettel los? Ich will nicht gerade sagen, daß es mich sehr aufregt, aber es hat mich doch betroffen, mehr eigentlich, als ich mir selber zugestehen will, rein menschlich.

Ich teile dir das eigentlich nur mit – genau so wie auch mir Schwab das Ganze mitgeteilt hat – „um es zu wissen". Ich glaube, du solltest – bei dem besonderen Dreck, der doch anscheinend daran hängt, gar nichts unternehmen. Wenn es zufällig sich ergibt, kannst du dir es höchstens von dem Schwab selbst erzählen lassen.

Und damit zunächst herzlichen Gruß
Franz

Frau Marcu läßt dich grüßen, ebenso Pegu, der mir aus Palestina, pardon Israel, wo er als Regierungsbeamter[7] sein Leben fristet, geschrieben hat.

Graf möchte gern von dir die Adresse der Frau Schrimpf[8] wissen, mit der er anscheinend sehr befreundet war. Er verlegt übrigens ziemlich viel in der Ostzone, nur sind seine Sachen ja kaum mehr Literatur, der reine Queri seligen Angedenkens.

---

1 „Das gefährliche Leben" („La vie dangereuse"), Cläre Jungs Studie von 1944 über den Filmschauspieler Eberhard Leithoff, vgl. ihre Erinnerungen.
2 „Aus der Tiefe rufe ich".
3 Käte und Basil Ruminoff kannten Cläre und Franz Jung aus ihrer Zeit bei der IAH in Moskau 1921–23. Durch Jungs Vermittlung waren sie als Übersetzer nach Deutschland gekommen.
4 *Die Neue Zeitung*, Berlin (19.11.1952).
5 „Der Verkehrsunfall".
6 Lucie Köllich verh. Krusenbaum, Fotografin, war eine Cousine von Cläre Jung.
7 Paul Guttfeld (Pegu) war Landwirtschaftsinstruktor, vor allem für biologische Schädlingsbekämpfung.
8 Sie wohnte in Berlin-Pankow.

279. An Cläre Jung
New York 32, 1/4 53
75 Ft. Washington Avenue

Liebe Cläre, besten Dank für deinen Brief. Die „Studie"[1] ist vergangene Woche angekommen und ich habe sie gleich gelesen – allerdings war ich mir nicht ganz klar, wie und was ich dir darüber schreiben sollte. Sieh mal, ich bin ja eigentlich der ungeeignetste Beurteiler, der sich überhaupt denken läßt. Erstens bin ich kein gelernter Kritiker, denn man muß nach irgendwelchen Grundsätzen immerhin gelernt sein. Zweitens kann ich Literatur, auch wenn sie als Studie auftritt, überhaupt nicht objektiv beurteilen, weil ich meine eigenen Grundsätze und Aufgaben, auch wenn diese selbst mir nur vorschweben und ich sie selbst nicht erfüllen kann, dann der Beurteilung zugrunde lege – was dem andern nicht nur nichts nützt, sondern eher schadet, zum mindesten meist immer enttäuschend sein wird. Eigentlich solltest es du nicht von mir verlangen. Ich bin ja gegen alle Art Literatur – auch wenn ich sie selbst noch mache. Es wird immer zu Gegensätzen führen, die aufzureißen ohne zwingenden Grund nicht nötig ist.

Also: 1) vom allgemeinen Standpunkt: die Arbeit ist zweifellos druckreif und sollte gedruckt werden. (Allerdings wirst du in Ostdeutschland dafür keinen Verleger zur Zeit finden.) Sie ist im Stil sehr sauber geschrieben, sozusagen gelernt und fachmännisch, in der Darstellung präzise, abglättend, worin ja das Gekonnte liegt. Was an Anschauung und Existenzphilosophie vorgetragen wird, ergibt sich aus dem Thema, unaufdringlich und, wie man auch dazu stehen kann, durchaus verständlich (bis auf den angehängten Zweck-Schluß). Durch die gekonnte Darstellung ins Interessante erhoben. Wie gesagt – kein technischer Grund, es nicht zu drucken.

2) von mir privat aus gesehen: ich nehme an, daß du nicht einfach nur einen mehr oder weniger bunten Lebensablauf, der sich aus dem Grau der Allgemeinheit erhebt, beschreiben wolltest. (Das geschieht zum Beispiel in vollendeter Konzentration in dem üblichen Konversationslexikon, dem du nur einen mehr privaten Neuzugang anfügen würdest.) Aber es fehlt dann bei dir der Mittelpunkt, von dem alles auszugehen hat, in der Analyse, d.h. der Konzentration auf Charakter, Lebenshaltung und Verflechtung der Grundperson. Dieser Konzentrationsmittelpunkt wird

nicht sichtbar, im besten Fall wird dem Leser es überlassen ihn herauszuraten. (Ein Fehler.) Wahrscheinlich in der Hauptsache begründet durch eine unglückliche Konstruktion im Aufbau, retrospektiv die einzelnen Stücke zusammenzusetzen. Das kann bei diesem Thema nicht gutgehen – der innere Bewegungsmoment im Thema verflüchtigt sich dadurch. Das kann auch in einer schärfer zugespitzten Darstellung nicht mehr eingeholt werden. Zum Beispiel: die Marjolljen Scenen sind klarer und wirksamer nachwirkend wie die Diana Scenen – hier zeigt sich schon, daß die innere konzentrische Verbindung fehlt. Die Endbombe wird zum Zufall (Pech gehabt), wo sie zwangsläufig gezeigt werden müßte. Infolgedessen kann der Ablauf nicht beispielhaft auf die Allgemeinheit (oder eine Allgemeinheit) ausgedrückt und gezeigt werden – hier beginnt erst die eigentliche schriftstellerische Arbeit. In der Dialogführung (wo hast du sie so gut gelernt, das Verhaltene) laß die zusätzlichen Einführungen und Erklärungen weg – das ist letzte Erinnerung an Schiller, den irgendjemand mal aus schlechter Laune als Dramatiker entdeckt hat, oder Friedrich Wolf – verknappe den Dialog noch mehr, auf das zuständig Wesentliche – in gewissem Sinne kann das Brecht ganz gut – und laß das ausschwingen. Du kannst das schon im Grunde. Zu dem zuständig Wesentlichen gehört (trotz Brecht) auch das Belangloseste. Ich habe in meinem ganzen Leben noch keinen getroffen, der wie Goethe oder Thomas Mann geredet hätte. Es muß nur in der inneren Perspektive sitzen.

Und dann noch eins: Schreibe im Grundansatz für dich, für dich allein – wenn es Wirkung auslösen soll. Kümmere dich grundsätzlich nicht um irgendeinen Leser, am wenigsten um diesem etwas zu erklären oder ihn zu beeinflussen. So zu schreiben, ist ein anderer Beruf. Entweder so oder so – beide Berufe lassen sich nicht mischen. Deine Persönlichkeit und deine Auffassung und Stellung zum Thema muß drin sein, auch wenn sie äußerlich nicht sichtbar ist. Jeder Mensch lebt sein eigenes individuelles Erleben, es ist nicht notwendig und auch nicht mal glücklich, ihn darin zu beeinflussen und dazwischenzufahren. Er nimmt sich, was du ihm schreibst, sowieso das, was er braucht, sich zu bestätigen oder abzulehnen. Wenn du diese Distanz aufgibst, bist du als Schriftsteller verloren – du siehst das selbst am besten an meinem Beispiel.

Ich bedaure dies für mich auf keinen Fall, aber ich erlaube mir nachträglich festzustellen, daß es eben falsch war.

Ich bin nicht so sicher, ob unser Briefwechsel dich nicht gefährdet. Es nützt ja nichts, wenn ich erkläre, ich bin kein Politiker – weil das eben auch ein eigener Beruf ist, den man erlernen muß, wie irgendein Handwerk. Ich bin auch nicht sicher, ob deine Verbindungsstelle richtig ist. Dazu müßte Frau Claus ja alles von den Zusammenhängen, die ja über ein ganzes Leben gehen, verstehen – es ist nicht anzunehmen. So entsteht eine Grenzfrage, hauchdünn, was ist politisch wertvoll oder schädlich – Dinge, um die ich mich ja gar nicht kümmern kann und eigentlich auch will. (Allerdings dürfte ich logischerweise dann auch keine Verbindungen aufrechterhalten.)

Um dir das noch näher verständlich zu machen: Alles was in der Welt abgelehnt, verurteilt, prozessiert und hingerichtet wird, ist das „Rechte" – im innersten Kern. Das wissen auch die andern. Sie schlagen einen tot, nur weil er recht hat. Sonst kann man nicht totgeschlagen werden. (Die Formen spielen keine Rolle.) Und das muß so sein – vom Standpunkt der Gesellschaft und der politischen Funktionen der Allgemeinheit wie des Einzelnen. Man kann sich anpassen, entweder als Politiker, als Politisierter und zu Politisierender, und wenn man dabei Schiffbruch erleidet – das hängt nur zufällig von mir selbst zum Teil beispielsweise ab. Ich aber – in all der persönlichen Bedrückung und Ausweglosigkeit, die mich nicht einmal stört, gehöre aber nicht dazu.

Ich fürchte, daß jemand, der dir den Briefwechsel mit mir zum Vorwurf macht, nicht verstehen kann, zum mindesten hängt es ganz von ihm ab, ob er es verstehen will. Daß „ich" recht habe, soll dir nicht zum Verhängnis werden. Man wird mich hier wie drüben in irgendeiner Form auslöschen oder totschlagen, zum mindesten aus dem allgemeinen Verkehr ziehen, wenn ich für die Allgemeinheit oder für das, was die jeweilige Richtung als störend empfindet, als gefährlich und lästig erscheine. Das ist selbstverständlich. Nicht ganz vernünftig ist es, wenn ich Grenzen überschreite, die zwar traditionell gegeben wären, aber politisch nicht tragbar sind, Schlüsse daraus gezogen werden können, die für mich zwar zutreffend sein mögen, nicht aber für meinen Verbindungspartner, der es gar nicht in der Hand hat, etwas dazu zu tun oder sich überhaupt nur seinerseits den für ihn geltenden Bedingungen auf meine Worte anzupassen. Das kann zu einer Katastrophe führen, denn was für den einen – noch – legal ist, kann für den andern schon illegal sein. Wer trägt das Risiko? Wirklich diese Frau Cl, die ja weder in Wirklichkeit etwas davon verstehen kann noch das geringste damit zu tun hat?

Deswegen ist es eigentlich fast unmöglich, außer über die einfachsten äußeren Vorgänge, mich oder dich betreffend, zu korrespondieren.

Ich begieße meine literarische Begabung wie einen verstaubten Blumentopf am Fensterbrett, für mich, und lerne und verbessere und alles das. Mehr nicht. Tiefere Fragen über Zweck und Aufgabe kann ich schon nicht beantworten. Denn es ist alles auf mich selbst und meine Entwicklung konzentriert und an sich schon nur für wenige verständlich, für kaum ein Dutzend Menschen dann auch noch acceptabel.

Vorläufig störe ich noch niemanden direkt damit. Vielleicht eines Tages eben wird man mich dafür totschlagen, und dann mit Recht.

Theoretisch möchte ich sehr gern nach dort kommen und mit dir sprechen.

Ich sehe aber noch keine Aussicht, das zu verwirklichen.

Herzlichen Gruß

Franz

Dein Buch[2] ist hier in der circulating library, für das Publikum zum Ausleihen. Von mir sind einige Bücher in der geschlossenen Abteilung, nur im Haus im Lesesaal zugänglich.

---

1 „Das gefährliche Leben".
2 „Aus der Tiefe rufe ich".

280. An Oskar Maurus Fontana
New York 32 [7. Januar 1953 Poststempel]
75 Ft Washington Avenue

Lieber Oscar Maurus Fontana,
herzlichen Dank für Ihren Brief. Ich bin zwar schon lange nicht mehr in der alten Adresse, aber er hat mich dennoch erreicht. Kesten habe ich mal vor sehr langer Zeit dort getroffen, sonst aber weiter keine Verbindung zu ihm. Auch die Bemerkung meiner Absicht, nach Deutschland zurückzukehren, stimmt nicht, wenigstens soweit das in meinen eigenen Beschlüssen bleibt.

Ich schlage mich hier zwar sehr schwer durch, aber ich glaube nicht, daß sich die Situation für mich drüben ändern und bessern würde.

Seit einiger Zeit schreibe ich auch wieder Wirtschaftsartikel für einige deutsche Blätter, darunter auch den Berner Bund, für den ich vielleicht hier eine Art Vertretung zu übernehmen hoffe – die Leute zahlen nur für hiesige Verhältnisse gerechnet so wenig, daß nicht soviel dabei herauskommt, daß ich meine Arbeit im Intern. Statistischen Büro aufgeben kann.

Peter ist jetzt in Cornell im 2ten Term. Leider muß ich ziemlich viel Geld dafür aufbringen – die Annahme, weitverbreitet und als Glaubenssatz angenommen, daß der Student in USA sich durch das College aus eigenen Mitteln „durcharbeitet" gehört zu einem der vielen Märchen, die über Amerika im Schwunge sind. Er verdient zwar 5 Tage der Woche als usher in einem Kino ein paar Dollar, aber abgesehen, daß seine eigentliche Arbeitszeit damit verloren geht, reicht es noch nicht einmal für das Essen. Dabei ist der usher-job noch der gesuchteste. Was können auch schon 13 000 Studenten in einer Stadt wie Ithaca mit 30 000 Einwohnern schon nebenbei verdienen. Er studiert dort agricultural economy. Von hier ins Ungewisse wegzugehen, hieße ihn einfach sitzen lassen. Wie Sie sehen, ist dafür gesorgt, daß die Verpflichtungen nicht abreißen.

Sylvia ist noch in Marina di Pisa, nach wie vor in den gleichen schlechten Verhältnissen. Sie hat es mit einer kleinen Hühnerfarm versucht, das scheint aber auch nicht gegangen zu sein. Ich bekomme von Zeit zu Zeit schreckliche Briefe von ihr, ohne ihr helfen zu können. Ihre Adresse ist Via del Ordine St. Stefano.

Ich habe auch wieder einen Vorstoß in die Literatur unternommen. Ich habe eine kleine Novelle[1] in der Neuen Zeitung in Berlin veröffentlicht und sofort eine Unmenge von Protesten ausgelöst. An und für sich stört mich das nicht, ich habe sogar die Sache etwas provoziert – nachher war ich aber doch ein wenig niedergeschlagen.

Ich hatte Putnam gebeten, der damals zu einer Penclub Tagung nach Frankreich ging, Ihnen einen Gruß zu bestellen – wahrscheinlich hat er es vergessen oder Sie nicht dort getroffen. Ich habe ihn auch hier nicht mehr gesehen. Er wird in Paris hängengeblieben sein.

Mein zweiter Sohn (der Bruder von Dagny) ist jetzt auch hier, als Musiker-Pianist. Von Zeit zu Zeit verdient er ganz gut, hat sich aber noch nicht durchsetzen können. Als Soloentertainer muß er den schweren Weg gehen, zunächst den Agenten „warm" zu halten, das heißt daß der Agent für publicity etc neben seiner Kommission fast 75% der Gage erstmal einsteckt. Der Junge hat sich das auch, als er noch im Civil Service bei den Amerikanern drüben 600 Dollar im Monat verdiente, hier anders vorgestellt.

Viele Grüße an Sie und Frau Käthe
Ihr Franz Jung

---

1 „Der Verkehrsunfall".

281. AN CLÄRE JUNG
2/15 53

Liebe Cläre,
vielen Dank für deinen Brief, den ich schon mit einer gewissen Ungeduld erwartet habe. Ich freue mich zu hören, daß du wieder so eifrig arbeitest – auch das gibt schließlich in dieser Zeit eine gewisse innere Sicherheit.

Ich kann von mir das gerade nicht sagen, weil meine Arbeit, die ich hier tue, gar keine Beziehung zu dem, was ich eigentlich will und auch eigentlich tun müßte, mehr hat. Das einzige ist, daß ich wenigstens damit zur Not meinen Verpflichtungen Peter gegenüber nachkommen kann. Aber es [ist] doch ziemlich bitter – manchmal steigt es recht bedrohlich hoch.

An literarische Arbeiten ist zur Zeit wieder einmal gar nicht zu denken.

Ich hatte hier großen Ärger mit Frank – der wie ich dir schrieb vor etwa einem Jahr mit Frau und Kind hier hinüber gekommen ist. Im Anfang ging es noch so leidlich, obwohl er, wie ja alle, sich schließlich erst in die hiesigen Verhältnisse hineinfinden mußte. Er hat sich dabei ziemlich schwer getan und meistens sich auf mich verlassen und gestützt. Als er endlich etwas flügge war, kam der alte Frank Charakter zum Vorschein, überheblich und von einer geradezu klassischen Rücksichtslosigkeit, was er für „smart" hält. Zunächst ging die Ehe in beiderseitig ziemlich brutalen Aktionen auseinander. Um die Scheidung, die ja eine Geldfrage ist, zu erzwingen, hörte er auf zu arbeiten oder arbeitete nur sporadisch, um nicht als unterstützungspflichtig zu erscheinen, die Frau muß sich schwer als Hausmädchen in einem Hotel in Miami durchrackern, als einzigen Halt das 12jährige Mädchen. Jetzt hat er es fertig gebracht, der Frau auch noch diesen Halt wegzunehmen – das alles spielte sich vor meinen Augen ab, ohne daß ich hätte eingreifen können. Das war das allerbitterste – genau das Gegenteil, was ich mir sozusagen – vielleicht sentimental vorgestellt habe, muß ich miterleben, in meinem Haus, alle die Emotionen in der brutalsten Form vordemonstriert.

Es ist wieder soweit, obwohl ich gerade das auf alle Fälle vermeiden wollte, daß die Beziehungen wieder völlig abgebrochen sind. Es war noch gerade so, daß ich nicht selbst mit hineingezogen und von den Füßen gekommen wäre.

Aber das ist halt so im Leben – es muß weiter gehen.

Und außerdem will ich dir auch noch zum Geburtstag gratulieren und dir viel Gutes wünschen und es gehört sich, daß ich dabei auch ein wenig optimistisch bin. Ich weiß noch nicht wie, aber es wird sich doch noch ergeben, daß wir uns noch wiedersehen und uns ein wenig mit Ruhe über die Vergangenheit und sehr weise – sicherlich – über die Zukunft unterhalten können.

Herzlichen Gruß
Franz

282. AN CLÄRE JUNG
New York 32, 4/25 53
75 Ft Washington Avenue

Liebe Cläre, vielen Dank für deinen Brief. Ich melde mich wieder eigentlich nur um meine Existenz zu bestätigen.

Bei mir hat sich nichts wesentlich Neues ereignet.

Ich werde im nächsten Monat meine Bürgerschaft hier einreichen, das ist das einzige, was eine Wendung vielleicht bringen kann. Wird sie angenommen, so besteht die Aussicht für einen Paß, so daß ich im Herbst etwa würde reisen können. Ich hätte große Lust nach einem der südamerikanischen Staaten zu gehen – voraussichtlich kann sich Peter ungefähr vom Herbst ab etwas besser erhalten, bezw eine Anleihe für ein weiteres Studium Jahr aufnehmen – ich würde nach Columbien oder Mexico gehen, in beiden Ländern bestehen für mich kleine Chancen das Notwendigste für den Lebensunterhalt zu verdienen, in einer Verbindung zu meiner gegenwärtigen Finanzstatistik. Ich würde aber vorher noch auf etwa 6 Wochen nach Deutschland kommen und dabei wahrscheinlich auch nach Berlin. Alles hängt aber vom Paß und den Bürgerschaftspapieren ab. Bekomme ich sie nicht – und zwar daß es sich hinzieht, auf ein weiteres Jahr oder mit der Erklärung, daß ich die Resident Papiere bekomme, aber nicht Bürgerschaft oder Paß, so würde ich mir dann als resident hier einen deutschen West Paß besorgen und mit diesem nach Deutschland fahren, allerdings mit dem Risiko hier nicht mehr einreisen zu können. Damit ich da eine kleine Chance habe, die Ausreise wenigstens zu bekommen, würde ich mich vorher hier als Korrespondent deutscher Zeitungen registrieren lassen. Da ich ja sehr oft für den Industrie Kurier, die Bremer Nachrichten und den Berner Bund Wirtschaftsartikel über hiesige Finanz etc schreibe, wird das nicht allzu schwer fallen – so unerfreulich die Arbeit an sich auch ist und tatsächlich die beste Zeit, die mir noch verblieben ist und verbleibt, stiehlt. Leben davon könnte ich hier sowieso nicht.

Das sind meine Pläne – darin sind etwelche literarische nicht einbegriffen. Ich versuche mit kleinen Experimenten den Anschluß nicht zu verlieren und habe den Eindruck, daß es nicht so dringend ist.

Und wie geht es dir? Danke dir für die Grüße deiner

Familie[1], die ich ebenso herzlich zu erwidern bitte.
Ebenso sei du selbst herzlichst gegrüßt
Franz

1 Cläre Jungs Mutter Emmy Otto und die Schwestern Henriette und Käthe.

283. AN MARGOT RHEIN
3. Mai 1953

Liebe Margot,
Anbei schicke ich Dir eine Kopie der „Erinnerung an Dagny"[1], die gleichzeitig wieder an Hans David Schwab-Felisch von der „Neuen Zeitung" geht. Sollte dieser, wie ich hoffe, die Arbeit drucken, so wird das Honorar wieder an Dich gehen. In jedem Fall würde ich Dir aber raten, in etwa acht Tagen nach Erhalt dieses Briefes, entweder ihn aufzusuchen oder anzurufen, vor allem auch für den Fall, daß er Dir vielleicht raten kann, die Arbeit anderweitig anzubieten, in Betracht käme dann hierfür „Der Monat" meines Erachtens. Aber Schwab wird das besser herausfinden können.

Zu der Sache selbst möchte ich folgendes sagen: Ich habe über dieses Thema 1946 ein Buch von etwa 180 Schreibmaschinen Seiten – cirka 50.000 Worte – geschrieben und zwar auf Anraten und Veranlassung der Büchergilde Gutenberg in Zürich. Ich habe das Manuskript seinerzeit unter dem Drängen der Leute in drei Monaten heruntergeschrieben und mußte unter äußerlich äußerst ungünstigen Verhältnissen kapitelweise das Buch abliefern, so daß, vom rein technischen Standpunkt gesehen, das Manuskript nicht druckreif ist. Ich erhielt damals aus Zürich nach Ablieferung des Restes einen derartig überheblichen Brief, der auf die besonderen Bedingungen, unter denen die Arbeit durchgeführt worden ist, so wenig Rücksicht nahm, daß ich die Beziehungen zu dem Verlag abgebrochen habe, unter ziemlich groben Formen. Es hat Monate gedauert, bis ich das Manuskript überhaupt zurück bekommen habe und wenn ich heute die Arbeit überblicke, so ist es für mich unmöglich, irgend etwas daran noch heute zu verbessern. Sie müßte vollkommen neu umgeschrieben werden und das hat für mich keinen Zweck.

Der Titel, den ich damals für das Manuskript gegeben hatte, hieß: „Das Jahr ohne Gnade". Inzwischen hat jemand, wie ich aus einem deutschen Bücherzettel ersehen habe, den gleichen Titel verwendet. Wäre das Buch 1947 erschienen, so hätte es sich von der damaligen Welle der anti-Nazi und Konzentrationslager-Literatur wesentlich abgehoben, als es viel stärker auf die eigentlichen Ursprünge der damaligen Verhältnisse und der Situation der Gesellschaft eingeht und die Dinge auch ganz anders darstellt, als dies in der Routine-anti-Nazi-Literatur geschehen ist. Inzwischen ist aber auch diese Vernachlässigung von der deutschen und europäischen Schriftstellerei jetzt nachgeholt worden, so daß ein solches Buch heute nichts Besonderes mehr sein wird.

Ich selber bin von der Literatur in der Form der fortlaufenden Erzählung und der darin hineinverflochtenen psychologischen Zusammenhänge völlig abgekommen. Selbst wenn ich das Manuskript druckreif machen würde, könnte ich die antiquierte Erzählungsform und den psychologischen Zusammenhang nicht aufgeben. Deswegen hat es keinen Zweck, auch die Sache nur zu versuchen.

Dagegen könnte ich mir vorstellen, daß jemand in der jetzt von mir bevorzugten Form – technisch gesagt, der psychologisierten Beschreibung statt der psychologisierten Erzählung, mit einer jeweils herausgearbeiteten Situations-Spitze, aufgelockert in Dialoge – Interesse hätte, unter dem Titel „Erinnerungen an Dagny" etwa ein Dutzend solcher Situations-Spitzen nebeneinander und nicht direkt an Ablauf gebunden, herauszubringen. Wenn eine solche Möglichkeit besteht, dann würde ich Dir das bei mir noch befindliche Manuskript, das einzige, was ich habe (es bestehen auch keine sonstigen Aufzeichnungen etc) – nach dort schicken.

Wer daran Interesse hat und es auch beurteilen kann, würde automatisch schon die dafür in Betracht kommenden Situationsspitzen herausfinden. Ich bin auch überzeugt, daß ein halbwegs gelernter Schriftsteller das aufmachen kann – vielleicht sogar besser als ich selbst. Ich würde, sofern ich selbst als Bearbeiter dann in Frage kommen sollte, das nur gegen einen festen Auftrag tun. Es würde immerhin mehrere Monate meine Zeit und Nerven voll in Anspruch nehmen und diese Zeit müßte mir auch vorher bezahlt werden, da ich von diesem Geld hier meinen Existenzunterhalt bestreiten müßte.

Ich glaube nicht, daß sich im heutigen Deutschland noch jemand dafür findet. Ich, für meine Person, habe auch kein Interesse und keine Lust, solch einen Menschen oder Firma zu suchen. Vielleicht ist es aber Dir möglich, mit dem Buch noch etwas anzufangen. Vielleicht findest Du einen Verleger oder Bearbeiter. Ich würde auch auf meinen Namen als Herausgeber verzichten und gebe Dir im ganzen dadurch die Möglichkeit, etwas zusätzliches Geld für Deine Rente zu gewinnen.

Selbst im besten Fall, daß sich jemand direkt im oben angegebenen Sinne interessiert, würde ich nur sehr ungern die Sache wieder aufnehmen und weiter daran arbeiten. Besser wäre es, einen anderen dafür zu finden. Ich würde es aber schließlich dennoch tun, wenn ich die Sicherheit und Gewißheit hätte, daß Du daran etwas Geld verdienst.

Mit bestem Gruß
Franz Jung

1 Als „Die Geschichte mit Dagny. Erzählung von F. Jung" in: *Die Neue Zeitung*, Berlin, vom 21. Oktober 1953 erschienen.

284. AN CLÄRE JUNG
New York 32, 5/10 [1953]
75 Ft Washington Ave

Liebe Cläre, ich lege eine kleine Arbeit[1] bei, die ich wie die frühere an Schwab geschickt habe.

Da Margot wieder das Honorar bekommen soll, habe ich eine Copie an sie auch geschickt.

Nun ereignet sich das Merkwürdige, daß ich einen aufgeregten Brief von Margot bekomme, worin sie mich „flehentlich" bittet, die Arbeit nicht drucken zu lassen. Das ist mir ganz unverständlich. Sie spricht davon, daß ich mir etwas von der „Seele geschrieben hätte", während sie in „Versteinerung" zurückbleibt, und ähnliches Pathetisches mehr.

Das Gegenteil ist gerade der Fall, wenn überhaupt, so habe ich mir etwas „vor die Seele" geschrieben, damit ich es nicht vergesse.

Das Ganze ist ja eine komprimierte Scene aus einem längeren Roman, den ich damals in Italien für die Büchergilde geschrieben habe und der damals aus verschiedenen Gründen, zum Teil auch durch meine schroffe Ablehnung etwas daran zu ändern, nicht gedruckt wurde.

Aus dieser kleinen Scene, die das Modell einer neuen literarischen Betrachtungsweise darstellt, nämlich eine präzis minutiöse Schilderung eines Vorgangs mit einem nicht ausgesprochenen Untergrund zu verbinden, der sich im eigentlichen Sinne dramatisch entwickelt und so eine Gesamtwirkung zu erzielen versucht – sehe ich nichts, was Margot in solche Aufregung versetzen könnte.

Ich würde dich bitten, mir gelegentlich deine Ansicht und wie es auf dich wirkt, mitzuteilen.

Herzlichen Gruß
Franz

1 „Die Geschichte mit Dagny".

285. AN RUTH FISCHER
7/10 53

Liebe Ruth,
vielen Dank für deine freundliche Karte.

Ich bin nicht allzu deprimiert, dagegen wenig aktionslustig und lasse die Dinge herankommen, die ich praktisch sowieso nicht ändern kann.

Die Russen werden jetzt wieder das Steuer umwerfen und eine aggressivere Politik betreiben. Wieweit sie damit noch Erfolg haben werden, hängt von der Schwäche der Gegenseite ab und davon, ob man den trend zum Optimismus, der nach dem Ostdeutschland Coup auf Seiten der Westmächte [sich] entwickeln kann, wieder stoppen kann – ob durch starke Gesten allein, scheint fraglich. Daher bekommt der trend in Washington, jetzt energischer nachzustoßen, immer mehr Oberwasser.

Der Krieg ist zum mindesten für die Börse und die Großwirtschaft wieder etwas näher gerückt. Die Wilson Linie wird davon reichlichen Gebrauch machen. Schließlich kann man auch die neuen inflationistischen Spritzen in der amerikanischen Wirtschaft gut begründen. Nach vielem Hin und Her ist der Golfball schließlich doch zur allgemeinen Überraschung im Loch noch gelandet. Für den Herbst wird sich die Eisenhower Administration dann zur allgemeinen Überraschung wieder auf den Füßen stehend gefunden haben.

Ich schickte dir noch nach London den Heinrichsbauer Brief. Sollte er dich nicht erreicht haben oder nicht nachgeschickt werden, so stand darin, daß H. erst am 18. Juli in Bonn zurücksein wird.

Ich empfehle dir das Whitehall Window, ein Letter, der dem blauen Economist Konkurrenz macht und sich in der Spitzeninformation wesentlich vom Ec. unterscheidet (der Rest sind übliche Füller), Herausgeber F. Reynolds, Adresse Wardrobe Place, Carter Lane, London E.C. 4.

Ich würde mich freuen zu hören, daß es dir gut geht, gesundheitlich und geistig und daß du nur einen kleinen Bruchteil von dem tust, wozu es dich drängt und was du für unbedingt notwendig und wichtig hältst – da dir kein geeigneter Ratgeber und Ablenker – fürchte ich – zur Verfügung steht.

Herzlichen Gruß
Franz

286. AN CLÄRE JUNG
8/10 53

Liebe Cläre,
vielen Dank für deinen Mahnbrief.
Meine Reise hängt leider nicht von mir ab.
Ich muß warten, wie sich die Dinge entwickeln.
Wahrscheinlich wird die Ausreise nicht ganz freiwillig sein.
Aber ich kann nichts forcieren.
Immerhin denke ich, daß im September schon einiges klarer zu übersehen sein wird. Es ist rührend, daß du für mich schon

Geld auf den Besuch sparst. Wir werden keine großen Ausgaben haben, bezw machen. Es wird auch eine Weile dauern, bis jeder die Sprache des andern versteht und ich werde mich obendrein sehr vorsichtig ausdrücken müssen, um dich nicht aus der Balance zu bringen.

Schließlich habe ich einen bestimmten Beruf, nämlich Schriftsteller, wenn ich auch darin zur Zeit – wie schon sehr lange – arbeitslos bin. Das hat mit der Finanzstatistik, die ich hier praktiziere, nichts zu tun. Und als Schriftsteller muß ich sagen, ich sehe kaum einen deutschen Schriftsteller, zum mindesten in der deutschen Sprache, der den augenblicklichen trend der Sprache – nämlich das technische Handwerkszeug versteht, anwendet und sozusagen in Literatur kondensiert.

Ich gebe zu, das ist ein außerordentlich individualistisch-antiquierter Beruf, im Augenblick gar nicht gebraucht, und wenn man sehr großzügig sein will, auch mit Recht von den politischen Faktoren hüben wie drüben abgelehnt. Das hindert aber nicht, daß jemand sich um die Grundform des Ausdrucks, den eigentlichen Zweck (meinetwegen das „entertainment"), die Ausdrucksfähigkeit, die Biegung, die Vereinfachung und alles das kümmern muß, besonders wenn er von Beruf Schriftsteller ist. Ich glaube, ich schrieb dir schon einmal, das womit wir uns früher beschäftigten, die Konvulsionen des Inhalts, das ist keine Schriftstellerei mehr, das ist reine Reportage, das gehört in den Gerichtssaal, in das Erziehungsprotokoll der Schule, in die Kassenabrechnung von Theater und Film oder vor das Steueramt. Was in dieser Zeit geschieht – von den Apparaten aufgezogen und durchexerziert, ist langweilige Zeitverschwendung, vom Standpunkt der Arbeit an der Sprache betrachtet. Der Schriftsteller verbringt, wie der Handwerker, den Rest seiner Tage damit, sich da herauszuhalten. Und das ist nicht einfach, das ist eine fortgesetzte Tortur – darin liegt die konsequente Fortsetzung unserer „Revolution".

Das ist nur ein kleiner Vorgeschmack von dem, worüber wir uns zu „unterhalten" haben werden. Als unzeitgemäßer Kavalier bin ich aber auch bereit darüber zu schweigen und nur zuzuhören.

Peter ist in der army und ich erlebe meinen kleinen privaten Krieg. Peter kann schließlich, wenn er Glück hat, sich an die überall gleichen Formen des Training irgendwie anpassen, zu 80 %, ich bin aber festgenagelt und stiere die Wände meines

Zimmers an in völliger Ohnmacht gegen die überall gleiche Tendenz, einen empfindsamen Menschen, den ich mit soviel Sorgfalt betreut habe (und Opfern), zu brechen und zu uniformieren. Auch das ist keine Literatur, sondern ein bitteres Schicksal, das nur mich persönlich trifft.

Frank klimpert sich so durch. Um sich hier durchzusetzen, müßte er täglich etwas dazulernen. Dazu fehlt ihm die Kraft, nicht mal die Einsicht, die er in billige Überheblichkeit umsetzt.

Das ist alles für heute.

Herzlichen Gruß
Franz

287. An Cläre Jung
11/23 53

Liebe Cläre,
vielen Dank für Deinen Brief und die Wünsche zum Geburtstag. Ich kann mein Versprechen nach dort zu kommen vorläufig nicht einhalten. Leider hängt es nicht von mir ab.

Die Entfernung zwischen uns wird sich noch um das Doppelte vermehren. Da ich mich hier kaum mehr halten kann, aus äußeren und inneren Gründen, werde ich so gegen Mitte Dezember nach San Francisco gehen und vielleicht in der Carmel Kolonie wohnen (später). Ich kenne flüchtig einige der dort wohnenden „Künstler" und kann mir auch eine Einführung zu Henry Miller verschaffen, der noch der beste der dortigen Kolonisten ist. Mit Hollywood hat allerdings das Ganze nichts zu tun.

Voraussichtlich wird Peter nach Deutschland kommen – allerdings in Uniform. Er fährt hier im Transport Mitte Dezember mit der Endbestimmung Berlin ab, die eigentliche Bestimmung erfolgt aber im Nato Hauptquartier in Frankreich und es sieht eher so aus, daß er nach Griechenland und der Türkei weitergeschickt wird.

Von Frank ist wenig Erfreuliches zu berichten. Er hat nicht die Kraft sich auf ein höheres Niveau in seiner Musikerbeschäftigung durchzukämpfen und läßt sich einfach treiben, wobei man hier sehr schnell abrutscht. Die Ehe ist geschieden, die Frau arbeitet in Miami als housekeeper (mit dem Kind), er selbst versucht gelegentlich eine hysterische Millionenerbin zu heiraten. Auch hierzu fehlt ihm die Kraft durchzuhalten, so daß solche Versuche meistens in einem größeren Konsum von Cocktails frühzeitig enden.

Ich schreibe eine größere Novelle: The strange behaviour of an old man – mit dem Untertitel: Einführung in die deutsche Sprache[1]. Sehr provokativ gegen die deutsche Literatur.

Ich fange halt wieder ein neues Leben an. Ich werde in San Francisco am Bahnhof oder der Autobus Station ankommen, mir die örtliche Zeitung kaufen und nach einem möblierten Zimmer suchen. Und anfangen zu arbeiten. Es wiederholt sich alles. Einen Ausgleich zu einer Frau, die mich hält und vor zu großen Schwankungen bewahrt, habe ich nicht gefunden und wo ich ihn hatte, habe ich ihn weggeworfen. Das ist ein fact, den ich nicht weiter zu analysieren brauche. Ich verstehe zwar, daß es noch einen anderen Glauben als Ausgleich geben kann, die konstruktive und den Einzelnen haltende Weltanschauung – ich will aber diese Zuflucht (und Flucht) nicht.

Sollte ich noch nach Deutschland kommen, dann nur als angetriebenes Strandgut.

Ich wünsche Dir in jedem Falle viel Glück und eine ausgeglichene Erinnerung. Und eine Arbeit, die Dich befriedigt. Viele Grüße auch an Deine Familie und herzlichen Gruß an Dich
Franz

[1] Bisher nicht aufgefunden.

288. AN CLÄRE JUNG
San Francisco, Cal., 1/2 54
Utah Street 1260

Liebe Cläre,
ich werde versuchen, mich hier zu halten.

Es war höchste Zeit, daß ich aus New York weggegangen bin. Ich muß jetzt sehen, daß ich zu meinen eigenen Arbeiten komme, ehe es für mich zu spät wird. Dort hätte ich einfach nicht mehr arbeiten können, für mich schon überhaupt nicht.

Aufs Geratewohl kann ich nicht nach Deutschland kommen. Ich muß was anzubieten haben und ich muß fertige Arbeiten mitbringen. Auf allgemeine Versprechungen kann ich mich nicht einlassen. Vielleicht wird dies in einigen Monaten der Fall sein.

Aufricht[1] ist jetzt wieder in Berlin, suche ihn auf und laß dir berichten. Er möchte gern, daß ich auch nach Berlin komme. Das wird bestimmt sein, wenn ich was in der Hand habe.

Vorläufig werde ich mich hier erst beweisen müssen, ob ich überhaupt noch lebens- und arbeitsfähig bin.

Hoffentlich geht es dir gut.

Aufrichts Adresse ist: Charlottenburg, Preußenallee 41.

Herzlichen Gruß
          Franz

[1] Vgl. Jungs Brief an Pinthus vom 7.1.1954.

289. An Carola Weingarten
San Francisco, Cal., 1/2 54
1260 Utah Street

Liebe Carola,
haben Sie nochmals vielen Dank für den netten Abschiedsabend. Ich habe am nächsten Tag sofort meinen Flug vorverlegen können und bin sofort am Abend darauf weggeflogen. Sie werden ja an meiner Verfassung gesehen haben, daß es an sich eine Minute vor 12 war – ich wäre sonst wahrscheinlich niemals mehr weggekommen.

Ich bin zwar hier sehr schlecht angekommen, wir konnten wegen Bodennebel nicht landen und sind schließlich einige Stunden auf einem Behelfsflugplatz bei Sacramento in einem eisigen Wind bei offenen Baracken herumgestanden. Es sah schon beinahe aus, als ob ich in eine Lungenentzündung hereinrutschen würde. Ich habe einige Tage in einem Hotel herumgelegen und gekämpft gegen die Versuchung in ein Hospital zu gehen, was vielleicht das Ende gewesen wäre. So habe ich mich langsam wieder aufraffen können, es geht schon wieder Schritt für Schritt vorwärts. Ich habe hier im Mexikaner Viertel ein kleines Zimmer genommen mit einer Sonnenterrasse davor, Blick auf einen kahlen Hügel und eine bis in die Spitze vertrocknete Palme; es erinnert sehr an eine süditalienische Landstadt. Die Leute sind rührend um mich besorgt, die Frau bringt mir den ganzen Tag zu essen und der Mann will mir Spanisch beibringen. Ich habe die Vermutung, daß er ein weggelaufener Priesterschüler ist, aber beide sind sehr scheu, und ich frage lieber nicht, auch nicht, was ich schließlich einmal zu bezahlen haben werde. Vorläufig sieht es so aus, als könnte ich hier ewig umsonst wohnen.

Ich spüre geradezu, wie mir von Tag zu Tag meine alten Kräfte wiederkommen, auch meine Laune und Hoffnungen, und ich werde langsam wieder ein neuer Mensch. New York liegt wie ein böser Alptraum bereits hinter mir.

Ob und wie lange ich mich halten kann, kann ich natürlich noch nicht übersehen. Ich habe bereits die ersten Artikel wieder herausgeschickt, eine Post Box gemietet No 1154 7th Street Post Station. Stationery bestellt für Franz Jung, Pacific Reports, Durchschlags- und Carbon Papier bei der IBM gekauft und fange wieder an literarisch zu arbeiten, d.h. zunächst erst mal zu sichten, was aus dem Trümmerhaufen noch vorhanden und verwendbar ist.

Ich melde mich wieder, wenn ich wieder den nächsten Schritt weiter bin.
 Herzlichen Gruß auch an Adolph
  Ihr Franz Jung

290. AN HELMUT WICKEL
San Francisco, Calif., 1/5 54
1260 Utah Street

Lieber Wickel, vielen Dank für deinen Brief. Peter hat sich noch nicht gemeldet, ich gebe ihm deine Adresse, sobald er nach Berlin oder sonstwo nach W Deutschland kommen sollte.

Es ist ja erfreulich, daß du wenigstens jetzt festen Fuß gefaßt hast. Bei mir ist das noch völlig ungewiß. Ob ich mich hier halten kann, werde ich erst in 6-8 Wochen beurteilen können. Ich schreibe auch noch für den Bund, den Weser Kurier, den Hamburger Wirtschaftskorrespondent (mit Anzeiger ein wenig), zeitweilig für die Welt und eins der Stuttgarter Blätter, bisher für die Nachrichten, will aber zur Zeitung wechseln. Mit dem Industriekurier habe ich noch nicht völlig gebrochen, bin aber in großen Differenzen. Die Leute sind derart anmaßend, daß mir eben der Kragen geplatzt ist. (Soll der Jules Epstein, den ich empfohlen habe, sich damit amusieren.) Versucht habe ich eine wöchentliche Übersicht an den Bundesverband der Arbeitgeberverbände dafür einzusetzen, wahrscheinlich geht es aber auch nicht. Es fehlt das Verständnis. Diese Leute haben eben keine Ahnung, sage ich wirklich etwas substantiell Neues, so habe ich derart viele Anfragen (abgesehen von dem unmöglichen Ton), daß meine Zeit allein damit in Anspruch genommen wäre. Natürlich gibt es hier eine Fülle von ganz außerordentlich wichtigen Entwicklungen, eine völlige Verschiebung im Manager Arbeiter Verhältnis, wobei man hier von beiden Seiten sehr viel Verständnis aufbringt, eine ganz neue Union Perspektive von der Spitze aus – aber das diesen Dummköpfen dort klar zu machen, dafür fehlt mir im Ernst die Kraft und auch die Lust. Ich will alles andere als ein Prophet sein, ich tue das, um ein wenig nebenher Geld zu verdienen, damit ich endlich in Ruhe zu meinen literarischen Arbeiten komme. Sonst können mir die Leute am Buckel runterrutschen.

Ruth [Fischer] quält sich mit ihren Glaskugel Analysen weiter ab, mit einem Büro von 2 weiblichen und 3 männlichen Sekretären, mit einem ungeheuren Spesenaufwand – eines Tages wird das Ganze einfach in die Luft geblasen und Ruth wird von Mexico oder von Pernambuco weiter analysieren müssen.

Aufricht ist jetzt in Deutschland, in Berlin, und wird dort ein Theater aufmachen. Wenn es hier nicht mehr weiter geht, komme ich hin. Du kannst für mich schon ein Dachzimmer bei einem Bauern in der Lüneburger Heide reservieren lassen. Ich würde eine Witwe heiraten, die nebenbei eine Gastwirtschaft betreibt, und niemanden mehr sehen, natürlich würde ich die Wirtschaft auffegen und die Stühle richten.

Dazu langt es noch.
Viele Grüße an Euch
Franz Jung

291. AN KURT PINTHUS
San Francisco, 1/7 54
1260 Utah Street

Lieber Dr Pinthus,
ich hatte leider keine Möglichkeit mehr, mich noch einmal persönlich von Ihnen zu verabschieden. Wenn Sie Ihre Vortragstätigkeit hier nach der Westküste führen sollte, hoffe ich Sie hier zu sehen.

Wenn Sie mal bei Gelegenheit mitteilen könnten, welche Theaterstücke von mir in Ihrer Columbia Bibliothek vorhanden sind, wäre ich Ihnen sehr dankbar. Sie haben vielleicht inzwischen auch gehört, daß Aufricht in Berlin ist und dort wegen Übernahme eines Theaters verhandelt. Er hat mich aufgefordert nach dort zu kommen. Vielleicht kann ich etwas für sein neues Theater schreiben. Er beklagt sich sehr über das niedere Niveau des Schauspieler Nachwuchses in Deutschland, eine Erscheinung, die er wohl überall in Europa heute antreffen dürfte.

Ich benutze die Gelegenheit gleichzeitig, Ihnen ein erfolgreiches neues Jahr zu wünschen und verbleibe mit den verbindlichsten Grüßen
        Ihr Franz Jung

292. AN RUTH FISCHER
San Francisco, 1/22 54
1260 Utah Street

Liebe Ruth,
ich danke Dir für deinen mitfühlenden Brief. Die ersten 4 Wochen hier sind jetzt herum. Ich kann nicht gerade sagen, daß [ich] sehr viel weiter gekommen bin. Auch kann ich ja leider nicht abschätzen, ob ich Erfolg haben werde, das wird sich in dem zweiten Monat jetzt zeigen.

Es dauert alles sehr lange, bis ich mich überall hineingefunden habe, das nötige Material zusammenbringe, weil ich alles selbst aufspüren muß und das nimmt sehr viel Zeit weg. Ich habe ein Dutzend Leute, Handelskammern, Associations von Schiffahrt und Frachtenmarkt etc aufgesucht – der Empfang war überall sehr freundlich, es schmeichelt den Leuten, daß ein Foreign Correspondent sich mit den größeren Fragen hier beschäftigen will, sogar sich vielleicht niederlassen, Unterstützung würde ich überall finden.

Die drei Zeitungen hier sind für amerikanische Verhältnisse sicherlich sehr interessant, für mich weniger (speciell wirtschaftlich). Was mir fehlt, ist selbstverständlich die Fülle von Material im Reimann Büro, die ich nur durchzublättern brauchte, um genügend Überblick und Anregung zu finden. Hier muß ich mir alles einzeln besorgen, und das wird noch Wochen dauern, ehe das halbwegs einläuft. Financial Times und Agefi gibt es hier leider überhaupt nicht – nicht daß ich sie unbedingt brauche, aber sie covern so bequem das Gesamtbild. Wallstreet Journal und New York Times gibt es zwar hier am selben Tage, NYT kostet aber 40 cts, und die Eisenbahnausgabe ist 3 Tage alt. Times kommt auch per air (30 cts). Dagegen sind alle Probleme, die man sonst so in NY behandelt, hier viel besser zu sehen, viel präziser herausgearbeitet und von wohltuender Distanz behandelt. Der Unterschied zwischen der Ostküste, Texas und Californien ist ganz außerordentlich auch im Sociologisch-Wirtschaftlichen zu sehen, Californien ist wirklich ein anderes Amerika, breiter, perspektivischer und sicherer als die beiden andern erwähnten Beispiele. Wenn man hier Wurzel fassen könnte, wäre es für mich (dich mit einbegriffen) ein Vergnügen hier zu leben.

Über die Stadt brauche ich nichts weiter zu schreiben. Obwohl nur 700 000 Einwohner, trifft das nicht das Bild, denn die Stadt selbst ist ausschließlich auf den Hafen konzentriert, auf den Weltdurchgangsverkehr zum Osten – das prägt der Stadt das Gesicht. Überhaupt kaum Industrie, alles lebt nur vom Hafen und dem Auto (Zentrum für die ganze Westküste bis hinauf nach Kanada). Ungeheuer elegante Hotels, Eßlokale, Nachtklubs – in den Fischlokalen in Fishermans Dwarf triffst du täglich mehr Filmgrößen als in Hollywood, am Nobhill wohnen Dutzende von politischen, wirtschaftlichen und kulturellen Stars, die von hier zu ihren jeweiligen jobs starten, Theater, Oper etc, die Kinos wie in NY, dazu das französische Flavor überall etwas spanisch-mexikanisch schattiert. Du würdest dich hier sehr wohl fühlen. Es fehlt der NY Snobismus, der einer Massenhysterie entspringt und alles so unwirklich und sophisticated erscheinen läßt, ohne es in

Wirklichkeit zu sein, nur kleinbürgerliche Geltungsangst. Die Industrie ist hier längs der Bay postiert, in Oakland, Richmond etc, das sind auch Städte mit einigen hunderttausend Einwohnern jede, die nur über die Brücke hinüber zu erreichen sind, wenn man will. Interessanterweise aber hört mit der Stadtgrenze San Francisco jeder direkte Transitverkehr auf. Das heißt, praktisch können die in Oakland etc beschäftigten Arbeiter in San Francisco nicht wohnen, obwohl diese Städte näher liegen wie die Jersey Küste zu NY. Das ist das Eigenartige dieser Stadt, ganz in sich abgeschlossen.

Ich wohne hier bei einem französischen Koch, den mir Colin empfohlen hat. Der bringt mir zu essen mit, außerordentlich freundlich – er schreibt nebenbei auch Romane. Ich schreibe und lese den ganzen Tag (wirtschaftlich) um mich hineinzufinden und die Probleme gut zu starten – leider komme ich noch nicht zu irgendwelchen literarischen Arbeiten, wie ich eigentlich wollte.

Das ganze ist nicht nur Abenteuer, sondern auch ein großes Risiko – ob ich mich halten kann, weiß ich nicht, ich versuche es aber, Zähne zusammengebissen.

Herzlichen Gruß
Franz

293. AN RUTH FISCHER
San Francisco, 2/10 54
1260 Utah Street

Liebe Ruth,
du nimmst mir es hoffentlich nicht übel, wenn ich Dich bitte, Mitteilungen, die für mich bestimmt sein sollen, nicht über dritte zu übermitteln, am wenigsten über Käthe Ruminoff. Erstens wird es verquatscht und verzerrt in hingeworfenen Stichworten, wobei an und für sich sowieso der Zweifel bleibt, ob es überhaupt stimmt, dann aber weiß ich doch, daß du überbeschäftigt in Anspruch genommen bist und nicht immer antworten wirst, was ja ganz richtig ist und wie du mir das ja auch schon vorher gesagt hast.

Wenn ich dir schreibe, so geschieht dies im Augenblick nur

aus der Routine heraus ein Lebenszeichen zu geben. Denn Wesentliches zu berichten habe ich nicht. Ob K.R. hierhin mitgekommen ist oder nicht, ist völlig belanglos im Grunde und ist auch inzwischen ganz gleichgültig geworden. Ich habe hier mit großem speed die Zeitungen bearbeitet, auch gewisse Teilerfolge erzielt, insofern etwa 4 Zeitungen hinzugekommen sind. Jetzt setzt aber bereits der Rückschlag ein. Die New Yorker Korrespondenten, die im Fixum alles behandeln, beschweren sich bei den Zeitungen, das wird auch für die Leute dann eine Geldfrage, vom Platz schon gar nicht zu reden. So läuft das ganze allmählich wieder rückwärts. Halten kann ich Sonderartikel, möglichst mit Ausschließlichkeit, und da weiß ich nicht, ob sich das in Wirklichkeit lohnt, vor allem wenn mein living darauf eingestellt sein soll. So in der bisherigen Form kann ich es nicht mehr auf die Dauer weiterführen.

Es kommt hinzu, daß ich allen diesen Zeitungen erst nach monatelanger Mitarbeit den Unterschied klar machen müßte zwischen den Berichten, die sie von ihren Korrespondenten bekommen, die im besten Falle nur allgemeine journalistische Routine Fachleute sind, so daß sie Wirtschaftsfragen gerade noch mitbehandeln können, und Berichten, die sich auf eine Analyse des trends konzentrieren, die sie ja auch nicht in der New York Times finden. Sie sehen nach außen vielleicht genau so aus, sind aber doch grundsätzlich anders. Dazu kommt noch, daß schließlich die Zeitungen mit der Tradition ihrer Leser rechnen müssen und wahrscheinlich doch an einer präzisen Berichterstattung nicht so sehr interessiert sind. Ich bin um eine Erfahrung klüger, insofern habe ich die letzten 6 Wochen nicht umsonst gearbeitet.

Ich habe hier auf Matticks Veranlassung eine Reihe Leute aufgesucht, Individual Marxisten, Anarcho Marxisten, Anarchisten und die hier ziemlich weit verbreiteten De Leon Leute. Die meisten sind sehr nette Leute, keinesfalls sektiererhaft verbohrt, international belesen, meist in ausreichenden jobs und fahren mit eigenen Wagen im Lande herum, meist mit Frauen, die aus der Greenwich Village Atmosphäre kommen. Einige, wie der Dichter Kenneth Rexroth (Bücher bei New Directions), der Herausgeber von Resistance David Koven und die Leute um den Dissent vertreten uramerikanische alte IWW Tradition. Der Workman Circle hier ist eine Art wöchentliches Kultur-Forum von hohem Niveau. Bei den meisten steht Korsch merkwürdigerweise in hohem Ansehen, gegen Mattick herrscht eine gewisse Animosität, besser angesehen ist Gerson von der früheren International Review, ist glaub ich jetzt Lektor an einem Brooklyn College, ich habe ihn mal flüchtig bei K.R. kennengelernt. Dann gibt es hier noch einen alten Deutschen, Fritz Gerstäcker, der französische und deutsche Literatur im State College hier liest und der wirklich so eine Art 1848 Figur ist (Freiligrath auf 1950 modernisiert). Alle hängen aber doch irgendwie zusammen und sind alle mit Peggy von der Tin Angel bekannt oder befreundet. Dann gibt es noch hier einen hangout für langshoremen aus aller Welt, auch mit einem anarchistisch literarisch oder sonstwie künstlerischen touch, die Black Cat im Chinesenviertel. Im Hotel Midi in der Powel Straße gibt es einen billigen Abendtisch, ganz im französischen Stil, wo man viele dieser Leute wiederfindet, spanische und italienische Sängerinnen dritter Klasse, mexikanische Tänzer und Musiker und vor allem die baskischen Schafshirten, die nach 3 Wochen Arbeit eine Woche Ferien hier verleben und praktisch das Hotel in Besitz genommen haben. Es geht sehr boheme, aber wie immer in der Boheme auch sehr gutbürgerlich zu.

Zeitungen, Zeitschriften und Newsletter gibt es die gleichen wie in New York, es war nur schwer, sie erst zusammenzusuchen, an den verschiedenen Stellen. Nach außerhalb bin ich noch nicht gekommen, überhaupt im Grunde genommen bewege ich mich sehr wenig, Kino und Theater kommen nicht in Frage, obwohl es hier eine Reihe guter kleiner Theatergruppen gibt, so die angeblich weltberühmten chinesischen Schattenspieler, die Golden Gate Players, die ich leider noch nicht habe aufsuchen können.

(Rexroth ist übrigens ein sehr enger Freund von Ciliga, mit dem er in Triest zusammen war.)

Das ist alles. Hoffentlich hält dich die Arbeit soweit aufrecht, daß du im Drang der Ereignisse nicht übersiehst, was um dich herum in der Welt und bei deinem Freunde Franz Jung vorgeht.

Herzlichen Gruß
Franz

294. An Ruth Fischer
San Francisco, 2/18 54
1260 Utah Street

Liebe Ruth,
ich möchte dich aufmerksam machen auf das allmähliche Wiederaufleben des „Russenwechsels". Du wirst dich dieser Sache aus dem Ende der zwanziger Jahre in D[eutschland] erinnern, wo auf der Basis der deutschen Reichskredite an Rußland dieser Wechsel zwischen 20 und 30% als Diskont als fettes Geschäft in Europa gehandelt wurde.

Natürlich wird der neue Wechsel etwas anders aussehen, gedeckt von England, wahrscheinlich mit einem festen Diskontsatz (nicht über 8) und auf alle Fälle mit einem Diskont Limit versehen. England kann dadurch seine Schulden an die Europ Zahlungs Union abdecken, die Hand über den europäischen Russen Handel behalten und die Notwendigkeit die russischen Lieferrückstände durch neue Kredite in Fluß zu bringen auf die andern Länder mit abwälzen. Nach außen sieht es zudem so aus wie ein englischer Beitrag zur allgemeinen Währungskonvertierbarkeit, zum mindesten über den Russenwechsel auf europäischer Basis. Die Frage ist, wo findet London den dafür notwendigen Re-Diskont? Die Deutschen hatten den Re-Diskont in London. Kann Deutschland sich als Rediskonteur einschalten und seine Überschüsse bei der EZU dafür anlegen? Oder Washington – oder die Schweiz. Das letztere ist das wahrscheinlichere. Die Schweiz würde sich damit ein Alibi für verstärkte Maschinenlieferungen an Rußland verschaffen können. Die Frage, so technisch sie an sich aussieht, ist äußerst perspektivenreich und wird in einigen Monaten sicherlich hier groß so oder so herauskommen. Es ist das fehlende Glied, was den Besprechungen über den Ost-West Handel bisher gefehlt hat. Ohne daß Rußland direkt um einen Kredit nachsucht, würde es ihn hintenherum (nach dem deutschen Beispiel des alten Russenwechsels) bekommen.

Vielleicht aber ist für dich wichtiger, daß endlich auch der Kriminalroman sich mit Rußland und dem eisernen Vorhang beschäftigt. Der eigentliche Plot und der Rahmen ist genau einem der vielen Rußlandbücher entnommen, sehr genaue und lebensechte Details, Verhalten der Kommissare, der Beamten, der Agenten, des Volkes etc – das wird jetzt Stoff für einige Jahre geben. Ich empfehle als wirklich aufregende, das ist lustige Nachtlektüre, aus der Ellery Queen Selection, Mercury Publication den Band „Operation Manhunt" (Alias Uncle Hugo) von Manning Coles – daraus kann man wirklich noch etwas lernen, wie es in Rußland zugeht und wie schwer es die englischen und amerikanischen Cover Agenten haben, ihre Aufträge durchzuführen.

Lies das wirklich, damit du in Laune kommst. Deine Sekretäre können es dir aus dem Drugstore besorgen.

Herzlichen Gruß
Franz

295. AN RUTH FISCHER
SF, 3/9 54
1260 Utah Street

Liebe Ruth,
von mir ist weiter nichts zu berichten, als höchstens daß mein Versuch, Arbeitslosen Unterstützung zu bekommen, nach langem Hin - Her abgelehnt worden ist. Ich mache jetzt in der Sache nichts mehr.

Stehst du eigentlich mit Heinrichsbauer (20 Welcker Str Bonn) in Verbindung? Er schreibt mir ziemlich oft und möchte gern auch von dir was hören und ich glaub auch, daß er dir manches Interessantes sagen würde, ich würde an Deiner Stelle an ihn schreiben (in Verbindung mit der Ankündigung deiner Reise, als Vorwand). Ich glaube, wenn es dir an deutschen Schreibkräften fehlt, du kannst ihm ruhig auch englisch schreiben.

Mit der Bundesvereinigung habe ich so gut wie abgebrochen. Ich habe zwar einige kleinere Aufsätze in deren Presse Dienst, aber das liegt mir nicht, der eigentliche trend ist ja falsch, und für die Feld-, Wald- und Wiesenpropaganda sollen sie sich jemanden anderen suchen. Schreibe ich etwas darüber hinaus, so steckt sich das dort der Mann für sich ein. Wie du weißt, bin ich zwar ein geborener sucker, aber einer der zum mindesten höflich behandelt zu werden wünscht.

Der Versuch, zwischen den dortigen progressiven Gewerkschaftsleuten und der Bundesvereinigung so eine Art Clearingsstelle in dem Bericht von hier herauszubilden, ist an der persönlichen Sturheit und Unanständigkeit von beiden Seiten gescheitert.

Mit der Käte Ruminoff stehe ich nicht mehr in Verbindung. Du kannst eine vorurteilsfreie Beziehung wieder aufnehmen.

Peter hat sich mit der Frau Augstein, die von ihrem Spiegel Mann getrennt in München lebt, aber für den Spiegel noch tätig ist, sehr angefreundet und schreibt mir Briefe, die ich nicht mehr verstehe. Die neue Boheme Generation mit Monokel und Sekt Parties und dem politisch zur Schau getragenen Zynismus liegt mir nicht, Peter scheint sich darin wohl zu fühlen.

Du wirst gelesen haben, daß die für 1956 [?] hier wieder geplante große Ausstellung abgesagt worden ist. Das wird verständlich, wenn man die riesigen Vorbereitungen hier sieht (oder mehr ahnt) mit der die San Francisco East Bay zur größten See- und Luftfestung der Welt ausgebaut wird. Es entsteht hier, wenn man so will, d.h. für den Zeitungsleser, eine völlig neue Welt, in aller Stille. Das geht so die Küste rauf bis Oregon und Washington.

Verfolge die jetzt vor sich gehende Auflösung der Indianer Reservationen Kolchose in der USA. Das Geld schießen die Texas Milliardäre vor, die zugleich damit die Ölproduktionsrestriktionen in den Rocky Mountain Staaten auf billige Weise einhandeln. Gesetzlich wäre das sehr schwierig gewesen.

Ein Artikel von mir über das „Gesundbeten" in der amerikanischen Wirtschaft, erschienen in der Welt[1], hat erst mal Anstände hervorgerufen. Wahrscheinlich werde ich dadurch die Welt wieder verlieren.

Das ist alles.

Herzlichen Gruß
        Franz

---

[1] „Widersprechende Prognosen. Unsicherheit über die wirtschaftliche Lage in den USA für 1954". In: *Die Welt* vom 9.12.1953.

296. An Carola Weingarten
San Francisco, Calif., 3/12 54
P.O. Box No. 1154, Main Station

Liebe Carola,
entschuldigen Sie, daß ich mich an Sie wende, aber ich glaube Sie können mir in dieser Sache am besten Rat geben:

Ich habe hier Arbeitslosen Unterstützung beantragt und höre jetzt nach 8 Wochen Warten mit allem dem Drum und Dran an Interviews, daß die Beschäftigung nicht versichert war (covered). Dagegen habe ich natürlich Einspruch erhoben.

Ich habe einen Brief von der Firma, gezeichnet Reimann, daß ich über 4 Jahre bei der Firma bezw dem Inter[national] St[atistical] B[ureau] beschäftigt war. Ich weiß, daß ich seinerzeit beim ISB auch arbeitslosenversichert war, weil damals bezgl der Abzüge noch besonders geredet wurde. Ich bin vom ISB mit der Firma in den Internat. Reports hinübergewechselt, ohne daß sich mein Standard, Bezahlung etc geändert hätte. Jedenfalls ist mir nichts davon gesagt worden.

Reimann selbst ist überzeugt, daß alles weiter bezahlt worden ist, denn er selber hat mir teils geraten teils gedroht ständig – die Versicherung in Anspruch zu nehmen. Er weiß auch, daß ich eingereicht habe etc und hat selbst noch angefragt, was ich für Termine der Entlassung etc brauche.

Es kann sein, daß bei dem kleinen Betrieb von nur 3 Angestellten jetzt das verbummelt worden ist, entweder ohne Wissen R's oder als besondere Rancune.

Was jetzt notwendig ist für mich zu wissen, *wenn* tatsächlich, wie es scheint, die Versicherung nicht bezahlt war, was kann *ich* tun, kann ich klagen die Firma, kann ich irgendwelche Nachweise über ISB oder so führen, daß das Versäumnis bei der Firma liegt, ändert das in Fakt etwas an dem Anspruch oder bleibt nur der persönliche Schadensanspruch an die Firma bestehen.

Und was soll ich machen. Sehen Sie, ich kenne hier niemanden, der mir raten oder helfen könnte, ich habe auch kein Geld, hier zu einem Anwalt zu gehen. Ich müßte das über New York, wo ich theoretisch sowieso noch wohne, tun. Bitte raten Sie mir, was ich tun sollte, oder geben Sie mir jemanden in New York, an den ich mich dann schriftlich mit den entsprechenden Unterlagen wenden könnte. Und wenn – würde dieser Anwalt das ohne Vorschuß tun – denn ich kann im Augenblick auch nicht einen Dollar zahlen. Ich will nur wissen meine Situation.

Ich bringe sonst lieber mit einem Ruck das Ganze aus dem Kopf.

Darum bitte ich Sie, mir das eine oder andere anzuraten oder mich wohin zu empfehlen.

Mit besten Grüßen, auch an Adolph
Franz Jung

297. AN CAROLA WEINGARTEN
SF, 3/19 54
1260 Utah Street

Liebe Carola,
kein Grund mit Ihnen böse zu sein. Ich danke Ihnen für Ihren Brief und möchte gern, daß Sie das Leben etwas freundlicher ansehen können, es lohnt sich sonst nicht.

Zu der Reimann Sache: Ich kenne die gesetzlichen Vorschriften, und ich weiß auch, daß ich so gut wie keine Chancen habe, mit meinem Anspruch durchzukommen. Was ich gern von Ihnen wissen wollte, ist: habe ich gegen Reimann oder die Firma einen gesetzlichen Anspruch und event. eine Klage. Wie ist die durchzuführen, wenn ja und wo? Als wir vom ISB weggingen, hat Reimann für mich und die damaligen Angestellten ausdrücklich erklärt, daß die Firma „selbstverständlich" die Versicherung weiter deckt bezw bezahlt. Das mag eine Weile gegangen sein, ist dann aber entweder (bei dem vielen Wechsel der Sekretärinnen) in Vergessenheit geraten oder R[eimann] selbst hat es wegfallen lassen, ohne mir eine entsprechende Mitteilung zu machen. Ich glaube eher das erstere, weil R. selbst mir verschiedentlich bis zuletzt jeweils in den verschiedenen Auseinandersetzungen geraten hat die Versicherung vorläufig in Anspruch zu nehmen – das war eine Art ständige Drohung von ihm.

Er hat mir auch alle Ausweise etc zur Vorlage für die Versicherung so ausgeschrieben.

Das ist der Punkt. Ich weiß noch nicht einmal, ob ich wirklich dann gegen ihn oder die Firma klagen werde – vorläufig ist er in Europa und überhaupt nicht zu erreichen, so daß also bei einem pay check, der von hier bereits angeordnet ist, nicht viel herauskommen wird. Das heißt, er hat kaum Möglichkeit, die Sache noch nachträglich in Ordnung zu bringen. Wenn Sie jemanden haben, den Sie auf diese Seite der Sache hin fragen können, tun Sie es bitte.

Ich bringe mich aber deswegen nicht um. Ich habe schon andere Stürme mit ihm durchgestanden und eingesteckt.

Ich tue mich hier sehr schwer. Ich arbeite den ganzen Tag, habe ich dann endlich in einer Zeitung Fuß gefaßt, kommt der auf Fixum gesetzte Vertreter oder die Verlagsleitung und ich werde wieder entweder ganz rausgeschmissen oder auf ein Minimum zurückgesetzt u. ähnliches. Das ist mir bei der Welt, der Stuttgarter Zeitung und den Düsseldorfer Nachrichten bereits passiert.

Im Grunde war ja auch die ganze Korrespondenzsache mehr eine Reserve und Seitenlinie. Praktisch wollte ich hier Kommissionsgeschäfte in Frachten und in Devisen machen und hatte auch Vertretungsschreiben New Yorker Firmen dafür in der Hand. Das kann ich aber alleine nicht machen. Ich brauche Büro, zum mindesten Desk space etc und wenn ich erstmal Leute aufsuche, muß ich bereits die Basis haben. Deswegen glaubte ich eine Lösung gefunden zu haben, daß ich ein solches Büro gemeinsam gleich mit Käte Ruminoff aufmachen sollte. Das war ein großes Mißverständnis, eins der größten, die ich mir bisher überhaupt geleistet habe. Ich habe dabei einen Menschen kennengelernt, vor dem mich wirklich schaudert, obwohl ich eigentlich allerhand gewöhnt sein sollte. Erst bin ich mit Engelsgeduld auf die verschiedenen unglaublichen Briefe eingegangen, dann habe ich die Sache abgewickelt und als jetzt K[ate] R[uminoff] Anstalten machte tatsächlich zu kommen, habe ich leider – anders ist es dort nicht möglich, nämlich ganz grob abschreiben müssen. Das liegt mir nicht – ich bin heute soweit dort schon, daß ich weitere Briefe ungelesen zurückschicke, auch nicht sonst meine Art. Immerhin die Sache hat mich zwei Monate hier gekostet.

Hier ist es sonst sehr schön – ich sehe nur nichts von Leuten und der Stadt, weil ich den ganzen Tag zuhause in einem kleinen ungeheizten Zimmer sitze und Artikel schreibe. Zum Essen komme ich auch wenig – dabei wollte ich hier anfangen wieder literarisch zu arbeiten. Das liegt heute wieder sehr weit.

Ich korrespondiere mit R[uth] F[ischer], die sich erst auch in die Ruminoff Affäre einmischen wollte, in einer sehr komischen Weise. Sie versucht von mir hintenherum Wirtschaftsanalysen zu bekommen, die ich aber jeweils vergesse – ich denke nicht daran, ich gehe auch auf den neckischen Ton nicht ein, und ich denke, daß so allmählich der Briefwechsel aufhören wird.

Ich hatte hier durch Mattick eine Einführung zu dem Dichter Kenneth Rexroth, ein Nachfahre von Jack London etc, ein sehr merkwürdiger und interessanter Mensch, Edelanarchist, der mir eine Menge anderer Leute angebracht hat, meist antiautoritär, „Anarcho-Marxisten", Kriegsverweigerer etc – alles jeder für sich sehr nette Leute, irgendwie in sich eingesponnen, ich würde mit den Leuten öfter zusammenkommen, wenn ich für mich erst eine Basis hätte – so hat es eigentlich keinen Zweck. So daß ich selbst ein wirklicher Einsiedler geworden bin, ich könnte mich ebenso gut auch in die Wüste setzen.

Peter ist in einer Engineer Group in Kaiserslautern. Er hat dort einigen Verkehr (in München, wo er über Wochenende hinfährt, oder Basel) mit jungen Leuten, die zum Spiegel gehören. Mit der Frau des Herausgebers Augstein scheint er ganz befreundet zu sein. Er schreibt entsetzt über den dortigen Zynismus und begeistert über das gute Essen. Da das Hauptquartier aufgelöst wird, ein Teil geht sofort nach Frankreich, der andere nach Spanien, wohin schließlich alle 9 Engineer Kompagnien verlegt werden, wird er wohl bald in Frankreich oder in Spanien landen. Der Abzug soll sich sehr überstürzt in größter Eile vollziehen. Für mich kann er wenig tun, ich will es auch nicht.

Der andere Sohn ist noch in Long Island und schreibt mir nach hier, ich soll ihm einen Agenten besorgen und den Transfer mit der Union regeln. Das kann ich natürlich nicht und versuche es auch erst gar nicht. Die Frau wollte von Miami nach hier kommen und bei mir das Kind absetzen – Sie sehen, es hat sich um mich herum noch nicht viel geändert. Jetzt ist die Frau wieder in New York und sitzt ihm dort anscheinend wegen der Alimente für das Kind auf dem Nacken. Ich kann darüber ganz lustig schreiben, aber es ist ziemlich bitter, die ganze Sache. Ich muß auch gestehen, daß ich dem Kind nicht helfen kann.

An Adolph hätte ich schon gern einmal geschrieben, Sie wissen ja, daß ich ihn sehr gern habe, aber was kann ich ihm schon sagen? Ich glaube, er ist auch eher froh, daß ich mich gar nicht erst melde.

Und für Sie kann ich nur sagen: Natürlich ärgert mich das, wenn Sie mich abschieben und rausschmeißen, aber ich bin Ihnen deswegen nicht böse, ich kann und konnte es nicht ändern, und vielleicht haben Sie sogar wie im Falle K[ate] R[uminoff] recht. Ich sehe viel voraus, in der Praxis komme ich aber immer zu spät.

Herzlichen Gruß
Franz

298. AN CAROLA WEINGARTEN
San Francisco, Calif., 3/28 54
P.O. Box No. 1154, Main Station

Liebe Carola,
das soll nicht als ein Druck aufgefaßt werden, meinen letzten Brief zu beantworten.

Es spielt gar keine Rolle, ob Sie mir antworten oder nicht. Wahrscheinlich geht die Sache mit R[eimann] sowieso nicht.

Aber diesmal bitte ich Sie wirklich etwas für mich zu senden, was ich anscheinend sonst nirgends in NY von jemanden bekommen kann. Bitte, senden Sie mir möglichst noch bis zum 4/12 ein Formular für die Albany Steuer. Ich muß das hier ausfüllen.

Sie brauchen das Formular nur in ein Kuvert zu stecken, und ich werde verstehen genug, welche Widerstände Sie haben zu schreiben.

Viele Grüße
Ihr Franz Jung

299. An Carola Weingarten
SF, 4/5 54
417 Fair Oaks Str

Liebe Carola,
vielen Dank für Ihren Brief und die Übersendung des Tax Formulars.

Wenn ich das angekündigte Material über die restitution erhalte, werde ich sehen – Sie haben zweifellos recht, daß ich den Antrag stellen sollte, und ich werde mir auch Mühe geben, aber ich bezweifle, ob es mir gelingen wird. Ich bin außerordentlich down im Augenblick und muß mich sehr vorsichtig bewegen, daß ich nicht plötzlich ausrutsche.

Was Reimann anlangt, so korrespondiert ja die Firma mit mir, aber ich zweifle auch, daß da noch etwas herauskommt. Es dreht sich ja eigentlich nur darum, hat R. das einfach vergessen damals, als ich aus der ISB ausschied, oder ist es ein besonders bösartiger Trick gewesen. Ich möchte das letztere bezweifeln. Jetzt handelt es sich darum, wie benimmt er sich jetzt – wenn er seine Verpflichtung einsieht, müßte er danach handeln, d.h. mich entschädigen. Rein psychologisch ist das von ihm nicht zu erwarten. Im Gegenteil – er wird das benutzen, um mir eine Mitarbeit vorzuschlagen (was er schon vor seiner Abreise getan hat) und nichts wird sich an der Grundposition ändern, nur daß ich etwa nur ein Zehntel bekomme wie früher und dankbar sein muß – eine ideale Lösung für ihn. Ich kann das nicht mitmachen.

Inzwischen haben die Leute (Rapp), die meine Wohnung übernommen haben, mir geschrieben, daß sie am 1. Mai ausziehen. Das heißt, daß ich entweder von mir aus wieder noch einen neuen Mieter suchen muß für die nächsten drei Monate (Ende Juli läuft meine lease ab). Das ist ganz ausgeschlossen, daß ich das finde. Es hat auch keinen Zweck jemanden damit zu beauftragen. Der Super damals hat trotz Versprechen von 50 $ nichts getan. Die Sache ist nämlich die, daß ich 95 $ Garantie gezahlt habe, d.h. daß der Monat Juli mietefrei wäre. Jetzt geht es darum, kann ich das Geld retten und wie? Der Hauswirt, ein Herr Leroy Rubin, hatte damals schon abgelehnt, mit mir überhaupt nur zu verhandeln. Es ist daher auch kaum von Wert erneut mit ihm zu sprechen, etwa 50 Dollar wenigstens zu retten und ihn schon heute die Wohnung vermieten zu lassen – er hat doch jetzt viel Zeit. Aber ich glaube, der Mann weiß, daß ihm die 95 Dollar sicher sind, das einzige, was ich bösartigerweise tun könnte, wäre ihm erst am 1. Mai einfach die Schlüssel zuschicken zu lassen. Wenn Sie noch etwas Besseres wissen, teilen Sie es mir noch mit möglichst bald, weil ich den Rapps antworten muß, was ich beschlossen habe. Sie müssen ja auch mein Telefon regeln.

Wenn Sie nichts wissen – ich nehme an, das weiß ich dann so gegen Ende der Woche – lasse ich die ganze Sache fallen und stelle mich tot – was ich sowieso schon ziemlich bin.

Herzlichen Gruß
Ihr Franz Jung

300. AN MARGOT RHEIN
SF, 5/2 54
PO Box 1154

Liebe Margot,
unsere beiden letzten Briefe haben sich gekreuzt. Es tut mir leid, daß du gesundheitlich wieder zurückgeworfen scheinst. Ich wünsche baldige gute Besserung.

Viel wird allerdings dabei von deiner Stimmung abhängen. Du hast im Grunde doch keine Veranlassung dich so ohne weiteres aufzugeben. Manchmal versteht man die Ursache der pessimistischen Stimmungen nicht. Meist hat es mit einem Verlust oder der absolut versperrten Aussicht, weiter leben zu können, nichts zu tun. Die Zielsetzung wird dann so begrenzt und wenn schon die Zielsetzung falsch ist, glaubt man natürlich das Ziel nicht erreichen zu können.

Wir wissen heute schon eine ganze Menge von den Lebensreserven und den Elementen, die sich geistig und körperlich in einer Lebenseinheit umsetzen und zyklisch umsetzen müssen, diese sogenannte Transformation, der jeder von Zeit zu Zeit unterworfen ist. Natürlich wird diese Transformation in zunehmendem Alter immer schwerer, weil sie mehr Einsicht erfordert und nicht so illusionär wie in den jüngeren Jahren verlaufen kann, so daß der Einzelne meist überhaupt nichts von der Transformation merkt.

Der Mensch setzt sich fortlaufend in seinen Reserven um, und diese Reserven sind überhaupt nicht zu verbrauchen, sie sind organisch – die Krise entsteht nur, wenn man sie falsch umzusetzen beginnt, d.h. wenn man sich gegen den Transformationsprozeß zur Wehr setzt. In diesem Kampf verzehrt sich natürlich dann der Mensch, er frißt sich sozusagen selber auf. Dazu ist bei dir nicht die geringste Veranlassung. Deine Lebenserwartungen waren und sind verquer, eine sehr große Lebensenergie falsch angewendet, sich überschlagend und im Konflikt, sie auf andere zu übertragen, den entsprechenden Rückschlag zu erwarten, die Gegenwirkung, die ausbleiben muß, wenn die Basis des Energieeinsatzes nicht ausgeglichen ist, daher mehr für den andern zerstörend wirken muß. Was ist da anders zu erwarten? Das läßt sich auch nicht mehr einholen und verbessern. Das ist vorbeigegangen und muß so aufgenommen werden. Die Intensität des Einsatzes und der Umwandlung von Energie aber bleibt, man muß nur einsichtig, d.h. bescheiden genug bleiben, sie anderweitig weiter einzusetzen. Dazu gehört ein gewisser Mut, an Mut fehlt es dir doch nicht. An Äußerlichkeiten, die für dich jetzt wichtig erscheinen, Geld, Wohnung, Gesellschaft, das wird kommen – in veränderten Verhältnissen allerdings wie es dir in der Erinnerung gegenwärtig ist. Dazu gehört Disciplin, Ausgeglichenheit und Geduld. Du mußt zuerst mit dir selbst diese Geduld aufbringen. Das andere kommt von selbst, wenn die bei dir scheints fällige Transformation gelingt. Und das sollte sie – bei dieser Fülle von Lebensenergie.

Ich kann leider so wenig dazu beitragen und mithelfen. Ich bin ja in ziemlich ähnlichen äußeren Verhältnissen. Ich sehe meine Aufgabe in dieser Transformation klar vor mir, ich weiß natürlich nicht, ob es gelingt, aber ich *will*, daß es gelingt, und das sollte bei dir auch der Fall sein.

Vielleicht kann ich bald wieder etwas aushelfen. Bis dahin herzliche Grüße
Franz

301. AN CAROLA WEINGARTEN
SF, 6/7 54
417 Fair Oaks

Liebe Carola,
ich weiß, daß Sie kaum mir werden helfen können, aber ich will es nicht versäumt haben, wenigstens bei Ihnen anzufragen.

Die Sache ist, ich habe überraschend eine Aufforderung zur Immigrationsbehörde erhalten, mit zwei Zeugen dort zu erscheinen. Der erste Termin war schon am 4. Juni, ich habe einen neuen beantragt, der wohl so gegen Ende Juni sein wird.

Ich hatte zwei Zeugen, Frau Marcu und Gumperz. Von dem letzteren habe ich noch keine Antwort erhalten und Frau Marcu kann erst nach dem 10. Juli. Also praktisch scheinen beide auszufallen.

Ich will nach dort kommen, um die Chance wahrzunehmen, aber ich habe kaum zwei oder drei Tage Zeit und ich glaube nicht, daß ich so schnell dann Zeugen finden werde.

Meine Frage ist, wissen Sie jemanden, der für mich als Zeuge so gegen Ende Juni erreichbar wäre? (Wenn ich erst wirklich einen Paß hätte, wäre ein großer Teil meiner Schwierigkeiten leichter zu lösen. Ich würde dann zunächst einmal nach drüben fahren.)

Viele Grüße, auch an Adolph
Ihr Franz Jung

302. AN OSKAR MARIA GRAF
San Francisco Calif., 1954 Jul. 22

CONGRATULATIONS AND SINCERE GOOD WISHES ON YOUR BIRTHDAY–
FRANZ JUNG

303. AN MARGOT RHEIN
SF, 9/11 54
417 Fair Oaks

Liebe Margot,
ich schicke Dir hier einen Antrag auf Ausstellung eines Heimatscheines für mich. Nachdem ich hier kaum die Bürgerschaftspapiere bekomme, habe ich wieder die Ausstellung eines deutschen Passes beantragt. Ohne entweder ein deutsches oder amerikanisches Papier kann ich hier nicht ausreisen. Also um nach Deutschland zurückkommen zu können, brauche ich erst den Heimatschein, auf Grund dessen ich dann einen Paß bekommen kann.

Ich habe mir ein Formular geben lassen. Einiges kann ich darin nicht ausfüllen. Du solltest dich an Cläre wenden, vielleicht hat sie noch Papiere, die mir in diesem Falle nützen würden, Geburtsschein, Heiratspapier und die Angaben über meinen Vater und Großvater. Ich habe sie hier nicht und bringe sie nicht zusammen.

Wenn Du die Angaben hast, so geht mit dem ausgefüllten Schein zum Polizeipräsidium in Berlin-Tempelhof, Tempelhoferdamm 7 und gib ihn dort bei dem entsprechenden Beamten ab.

Der Schein muß mir vom Amt dann nach hier geschickt werden, vielleicht kannst du ihn abholen und mir schicken.

In der Sache Schwab ist kaum etwas zu machen. Cläre kann darüber bzw. über die Korrespondenz auch nichts sagen, weil diese ja mit ihrem Feuilleton Dienst nichts zu tun hatte.

Also versuche das zu erledigen und gib mir dann Bescheid. Ich habe an das Polizeipräsidium geschrieben, daß ich den Antrag zur Ausfüllung einiger fehlender Daten an dich geschickt habe und daß du ihn einreichen wirst.
Mit besten Grüßen
Franz

Eventuell schicke mir mit den zusätzlichen Daten ein neues Antragsformular, wenn die Leute es so nicht annehmen.

304. An Cläre Jung
San Francisco, 11/21 54
417 Fair Oaks

Liebe Cläre,
vielen Dank für deinen Brief und die freundliche Mahnung. Aber es ist noch nicht soweit. Aber sofern ich überhaupt Pläne machen kann, werde ich sicher nach dort kommen, vielleicht nur nach Hamburg, aber das macht ja nichts. Das Problem Margot will ich nicht weiter erörtern, aber sie hat, was meinen deutschen Paß anlangt, eben nichts getan, als nur die Urkunde hinzutragen, und als die Leute das nicht als genügend angesehen haben, sich hingesetzt und mir einen larmoyanten Brief darüber geschrieben. Eine gelinde gesagt sehr lebensfremde Haltung, wo sie ständig was von mir verlangt. Denn hier fängt eben die Sache erst an. Es gibt in Berlin zwei oder drei Stellen, die solche fehlende Dokumente besorgen oder zu besorgen versuchen, dort muß man anfangen zu bohren, von Zeit zu Zeit hingehen etc und dann wieder zu dem Mann in der Paßstelle. Zu irgendeiner Zeit wird man den Heimatschein, den ich hier brauche, schon bekommen. Dieselbe Sache war ja auch, wo ich ihr eine Unterstützung (d.h. meine Abfindung) aus der Restitution besorgen wollte. Sie hat einfach in der Sache der fehlenden Dokumente (hier war es noch leichter, als sie bloß die Unterlagen von der Tochter Schwabs[1] zu besorgen brauchte) nichts getan. Aber *ich* wollte das nicht tun, das ist doch das mindeste, daß *sie* sich darum bemüht. Und so ist es dann dabei geblieben.

Ich habe die Sache jetzt wieder vom amerikanischen Ende angefangen. Hier sieht es augenblicklich damit etwas besser aus. Ich denke, daß ich so im Februar anfangen kann, die ersten Reisedispositionen zu treffen und Reisegeld sammeln.

An Aufricht zu schreiben hat wenig Zweck. Er würde sowieso nicht antworten und du darfst den liebenswürdigen Theaterslogan nicht mit seiner wirklichen Meinung verwechseln. Hier konnte er mich benutzen sich gelegentlich auszusprechen, eigentlich mehr zu hören, was er gesellschaftlich dann als seine Aperçus herumtragen konnte. Würde ich wirklich nach Berlin kommen, ich glaube, ich würde ihn gar nicht aufsuchen, zumal er ja jetzt wieder mit George Grosz alliiert ist, der das nicht zulassen würde, daß Aufricht mit mir spricht.

Die Feigheit dieses Grosz ist geradezu unwahrscheinlich. Grosz hat hier reine Kunststücke vollbracht, mich zu vermeiden, und Aufricht hat wenn auch widerstrebend mitgemacht.

Von Graf habe ich auch schon eine Weile nichts mehr gehört. Er scheint seine Geburtstagsfeier noch nicht überstanden zu haben. Er schrieb mir nur, daß er jetzt mehr in der Ostzone drucken wird, zumal man im Westen seinen neuen Roman[2] abgelehnt hat, wenigstens Desch, sein Verleger. Er hat es fertig gebracht, eine „Grabrede auf einen Freund" zu schreiben, was eine Art Biographie von mir sein soll und worin ich in einem gläsernen Sarg liegend ständig angeredet werde. Sehr sinnvoll, was? Er hält das Ganze für einen großen Freundschaftsbeweis und hat es mir natürlich auch gebracht mit der Aufforderung, ich könnte daran noch einiges verbessern. Abgesehen von einigen ungeheuren Sachen, die manche Tatsachen geradezu auf den Kopf stellen, die ich ihn habe ausmerzen lassen, war mir die ganze Sache zu dumm und zu schmutzig, als daß ich mich hätte mit ihm damit befassen sollen. Er hält das Ganze obendrein noch für ein großes Kunstwerk und kann gar nicht abwarten, daß ich verschwinde, um es drucken zu lassen. Er schickt es schon im Manuskript herum, selbst dem sanften Pegu, der es auch bekommen hat, haben die Haare zu Kopf gestanden. Es ist mir natürlich gleichgültig, daß ich ständig als betrunken hingestellt werde, aber die ganze Zeit der zwanziger Jahre hat sich doch auch noch etwas anderes abgespielt, als daß nur ein betrunkener Zyniker durch die Gegend stolpert. Das scheint aber das Ideal des Graf gewesen zu sein.

Das ist so die eine Seite des Eigenbildes, das mir jetzt hier vor Augen geführt wird. Im allgemeinen kann ich sagen, daß ich seit meiner Herkunft hier eine schwere Zeit durchmache. Mit einem rapiden Automatismus ziehen sich alle Leute, mit denen ich noch glaubte Kontakt aufrechtzuerhalten, zurück, es bleibt so ein bitterer Nachgeschmack zurück, weil es eigentlich ganz unverständlich ist, da *ich* ja von den Leuten nichts will.

Aber das muß wohl in einer solchen Position so sein. Mit einer fast unerträglichen Klarheit sehe ich die Beschränktheit dieser Menschen, ihre Enttäuschung, sich nicht mehr ansaugen zu können, weil vielleicht das Blut schon vergiftet ist. So bin ich also ganz allein auf mich gestellt, ich sehe manchmal in der Woche kaum einen Menschen und werde langsam das Sprechen verlernen. Ich kann nicht direkt sagen, daß ich mich beklage, ich weiß nur nicht, wie es weitergehen soll.

Mit meinen Wirtschaftsartikeln verdiene ich ungefähr soviel, daß ich bei bescheidensten Umständen gerade existieren kann.

Allerdings kann ich Peter, wenn er zurückkommt, kaum mehr davon unterstützen. Daß er nicht nach Berlin gekommen ist, ist schade, er wird wohl keinen Paß nach Berlin bekommen haben, zumal er ja in Berlin geboren ist, was mit ins Gewicht fällt. Ich fürchte, daß ihm sein Aufenthalt in Deutschland nicht gut getan hat. Er hat ein paar alte Schulfreunde und auch Freunde von Harriet aufgetan und gerät so in einen ihm und mir ganz fremden neu-deutschen Einfluß, den ich nur als einen Rückfall ins Kindische bezeichnen möchte. Seine Briefe werden mir langsam ganz fremd. Aber ich kann da wenig tun. Er ist halt jetzt an der Grenze, wo er eigene Wege geht. Er ist, wie ich natürlich nur hintenherum erfahre, mit einem griechischen Mädchen (die Tänzerin werden will) in New York, einer Freundin von Frau Marcus Tochter, die ihm viermal in der Woche Briefe schreibt. Natürlich würde ich das Griechenmädchen jedem deutschen Fräulein vorziehen. Aber officiell weiß ich von der ganzen Sache nichts und natürlich auch nichts von seinen Plänen. Vielleicht heiraten die beiden im Sommer, das kann man hier sehr leicht machen und solche Studentenehen sind beinahe die Regel.

Von Frank weiß ich so gut wie gar nichts. Ab und zu schreibt die frühere Frau, aber ich kann nicht gut selbst den schriftlichen Verkehr aufrechterhalten, solange noch immer die Prozesse um die Unterhaltung des Kindes schweben. Von ihm erhalte ich keine Antwort. Er scheint unten durch gerutscht zu sein.

Ich habe hier eine Menge gelernt und die seltsamsten Eigenbrötler hier getroffen, zu denen ich bald selbst dazugehören werde.

Grüße bitte deine Mutter und deine Schwestern und alle unsere gemeinsamen Bekannten, wenn noch welche sich meiner erinnern wollen und sei selbst herzlichst gegrüßt. So long – auf Wiedersehen.

Franz

1 Franziska Violet.
2 „Die Flucht ins Mittelmäßige. Ein New Yorker Roman", im Nest Verlag Frankfurt a.M. 1959 erschienen.

305. An Ruth Fischer
San Francisco, 1/9 55
417 Fair Oaks

Liebe Ruth,
vielen Dank für deinen Brief und die guten Wünsche. Ich hätte schon vorher geschrieben, wußte aber nicht, ob du vielleicht schon in New York sein würdest. In Wirklichkeit ist nicht viel zu erzählen. Es hat sich nichts geändert. Um hier Fuß zu fassen, müßte ich einen richtigen Betrieb aufziehen, mit einem Partner, Chancen hier in das public relation business zu kommen, insbesondere für den Hafen, sind durchaus gegeben – ich kann das aber alleine nicht machen, und ganz unter uns, ich will es auch nicht gerade. Selbst Reimann schreibt wieder und möchte mir eine Vertretung hier übertragen, ich habe auch wenig Lust. Über Beziehungen zu schreiben, ist ziemlich schwer. Im Grunde bin ich ganz allein. Äußerlich – schon im Hinblick auf meine Zeitungskorrespondenz – sehe ich eine Masse Leute, die Leute vom deutschen Generalkonsulat laufen mir geradezu nach, von 5 Einladungen nehme ich nur eine an, neulich war ich beim indischen Handelsattachee hier, ein junger sehr netter Mann, der mit einer Kanadierin verheiratet ist und im Frühjahr nach Hamburg versetzt wird. Interessant für dich wird nur sein, daß jedesmal, wenn von Deutschland gesprochen wurde (ökonomisch) und dabei die Okkupationsbehörden erwähnt wurden, er sich jedesmal für die Erwähnung entschuldigte. Ich sehe dann eine Reihe von alten Organisatoren der Partei und der Socialist Party, soweit sie noch nicht Spiritualisten geworden sind, sehr nette Leute, jeder für sich einzeln natürlich, aber ich kann wenig anfangen, die alten Sachen interessieren mich nicht gerade und für meinen Zynismus haben sie kein Verständnis. Ich brauche dir nicht zu sagen, daß du bei den Leuten eine große Autorität bist, bewundert, wie seinerzeit vielleicht hier Münzenberg. Dein Foreign Affairs Aufsatz hat sehr gefallen, im Gegensatz zu dem von Chester B., der im High School Niveau geschrieben hat.

Ich bin dann noch mit einem dritten Kreis in Verbindung, Greenwich Village nach hier übertragen. Dreißigjährige Literatur- und Kunstbeflissene, mit leicht kommunistischem background vom College her, die Männer meist Marmelade, Maler, Poeten etc, die Frauen sehr intelligent, begabter als die jeweiligen Männer, aber alle in Stellungen, um das Brot für das Haus zu verdienen. Die Leute sind überall in der Umgegend verstreut, in shacks, ich bin so herumgereicht worden mit einem gewissen Dada-Akzent und zeitweilig ganz populär. Ich bin natürlich in dieser sophisticated Atmosphäre eine angenehme Abwechslung. Als ein verquerer Typ von altem l'homme a femmes haben sich einige dieser Mädchen in mich – literarisch – verliebt, was in dem zeitständigen Amerika sich in exhibitionistischen Konfessionen äußert, die mich, ob ich will oder nicht, stark berühren und in Unruhe versetzen. Das Schreckliche ist, daß zwischen 16 Jahren und 66 Jahren kaum ein Unterschied besteht, das gleiche bitter süße Gefühl von Unruhe und Verlorensein, nur was mit 16 mehr süß accentuiert ist, ist jetzt ausschließlich bitter. Ich muß sehen, daß ich hier bald wegkomme. Daher sind meine Pläne, nach einem Besuch in Mexico, wo ich in Acapulco auch Traven aufsuchen werde und einen Bekannten an der Guatemala Grenze, den ich hier kennen gelernt habe und der mich eingeladen hat, werde ich eine Ranch in der Kalifornia- oder Arizona Wüste kaufen oder pachten, das ist alles sehr billig und ich kann selbst so eine Sache als care taker bekommen, eine mexikanische Familie mit hierher bringen, die so etwa eine Schafherde von 50-80 Stück betreuen kann, die ich auf Weide übernehmen würde. Ich denke an die Umgebung von Needles oder südlich Palm Springs, in der Mount Rosa Range, nach der mexik. Grenze zu. Ich denke, ich werde im Herbst das schaffen können. Ich habe rund 2000 Dollar, und wenn Peter zurück ist, kann er mit der GI Bill die Ranch kaufen. Ich würde dann nur als care taker in dieser Hinsicht fungieren und nur die mortgage etwa $ 50 im Monat zu zahlen haben.

Ich glaube an die Zukunft der Wüste, ich werde dort kein Texas Milliardär werden, aber genug Dollar sammeln können, um auch dir dann beiseite stehen zu können, wie du das immer gewünscht hast.

Ich hoffe, im nächsten Jahr ein Buch in Deutschland[1] zu veröffentlichen, das ich selbst drucken lassen und vertreiben lassen werde, an einen selektiven Leserkreis.

Wenn du zufällig übrigens Sartres Frau, die Simone de B. kennen solltest, so kannst du ihr sagen, daß so unter den jungen Frauen hier ihre existencialistische Autorität ganz außerordentlich ist, sollte sie auf einer ihrer gelegentlichen lecture Touren einmal nach hier kommen, so würde hier geradezu ein riot entstehen.

Peter ist in 4 Monaten mit seiner Sache fertig und wird nach Cornell zurückgehen, wie er mir schreibt. Frank sitzt noch in Long Island, arrangiert dort für die neighbourhood in small scale Songs der dortigen Hausfrauen und bringt sie in seiner Radiostunde in Patchok, verkauft auf Kommission Klaviere und wird wahrscheinlich als Klavierstimmer enden.

Ich empfehle dir die Far Eastern Economic Review zu lesen, sie ist jetzt auch in London zu abonnieren, office: St Stephens House, Victoria Embankment, London 1. Peking gibt zwar auch eigene ökonomische Blätter heraus, aber diese China Berichte und (Japan Correspondence) sind keine offizielle Propaganda, aber großartig in ihrer Perspektive. Das Blatt ist wirklich großartig. Soweit der Lagebericht.

Herzlichen Gruß
Franz

---

1 „Ich komme nicht wieder" („I don't come back"), vgl. Brief an Cläre Jung vom 14.7.1955 und an Ruth Fischer vom 1.8.1955. Nicht erschienen. Manuskript bisher nicht aufgefunden.

Einbürgerungsurkunde für die USA vom 17. Januar 1955

306. An Cläre Jung
San Francisco, 2/14 55
417 Fair Oaks

Liebe Cläre,
zunächst meine besten Glückwünsche zu Deinem Geburtstag.

Was meine Pläne anlangt, so habe ich jetzt die Bürgerschaftspapiere, es hängt also jetzt nur davon ab, ob ich einen Auslandspaß bekomme, den ich beantragt habe. Auf alle Fälle habe ich aber Passage auf einem Hapag-Dampfer, der hier am 20. März abfährt und direkt nach Bremen geht, Ankunft so gegen den 20. April, belegt. Da gibt es nur Plätze für 8-10 Passagiere und die sind meist vorbestellt. Ich glaube, das Geld für die eine Fahrt bringe ich zusammen, bezüglich der Rückfahrt werde ich in D. sehen. Es hängt also nur davon ab, daß ich den Paß bekomme und daß ich mich mit Peter verständige, gerade um diese Zeit herum kommt er zurück und ich möchte ihn noch hier sehen.

Offengestanden ist es ein ziemliches Abenteuer, je näher es zur Verwirklichung kommt. Ich habe in Deutschland nichts verloren und nichts zu suchen. Ich setze meine ganzen materiellen Reserven ein. Das, was ich aus meiner Generation noch behalten habe, als aktives Existenzziel, wirkt sich aus als genau das Gegenteil von dem, worauf ich mein Existenzziel gestellt hatte. Ein anarchischer Individualismus, der die Verantwortung für das Vergangene erträglich macht, der mich aber in Gegensatz zu allem bringt, vor allem zu einer tiefen Verachtung alles sozusagen „Politischen" und besonders auch der einzelnen, die sich damit beschäftigen. Ich kann natürlich noch etwas literarisch experimentieren, die Sprache verbessern etc. Aber versprich dir nicht zuviel von der Möglichkeit einer Zusammenarbeit – ich habe keinerlei Illusionen darüber, was ich drüben antreffen werde. Wir werden uns ausführlich sprechen und tagelang unterhalten können, ich werde mich sehr disciplinieren müssen, denn ich möchte dir nichts von der Sicherheit deiner Arbeit, in die du deinen Lebensinhalt hineingelegt hast, nehmen. Es ist sicher für dich interessant, ebenso wie es interessant hier sein könnte, wenn ich dafür wirkliches Interesse hätte. Ich habe dir öfter geschrieben, soweit *wir* es erleben und übersehen können, besteht zwischen drüben und hier nicht der geringste Unterschied – daß das nicht erkannt wird, dazu sind eben die Politiker etc da.

Aber ich komme trotzdem.

Schreibe, wenn ich dir etwas Besonderes mitbringen soll.

An Margot habe ich nicht darüber geschrieben, es genügt, wenn ich sie dort aufsuchen werde.

Herzlichen Gruß
   Franz

307. AN OSKAR MAURUS FONTANA
San Francisco, 2/24 55
417 Fair Oaks

Lieber Oscar Maurus Fontana,
ich habe mit vielem Dank dein neues Buch[1] erhalten. Es ist mir sehr seltsam damit gegangen. Erst erschien es mir zu dick, um es sofort zu lesen, dann beim ersten flüchtigen Durchblättern gefiel mir die konservativ gepflegte Sprache nicht und dann habe ich doch angefangen und das ganze Buch hintereinander in einem Sitz gelesen, fast wider meinen Willen, weil mich diese Form der Erzählung einfach nicht mehr losgelassen hat, und so bin ich mir selbst untreu geworden. Ich hasse diese Goethe, Stifter und Thomas Mann Form, weil sie dem Leser entgegenkommt, ihn bindet statt wie ich es lieber sehen würde, ihn zu distanzieren, ins Gesicht zu treten, zu eliminieren. Mit solchen Büchern wird die Literatur eben noch eine Zeitlang länger leben, anstatt endlich abzutreten, buchhalten ist wichtiger als buchschreiben.

Ich fürchte, du hast meinen letzten Brief vom Dezember gar nicht erhalten, worin ich dir auch meine neue Adresse schrieb. Das Buch kam noch an die alte Adresse.

Wahrscheinlich fahre ich nächsten Monat für 4 Wochen nach Hamburg, falls ich einen Paß bekomme, den ich inzwischen beantragt habe. Trotzdem habe ich bereits Passage auf dem Dampfer Spreewald, ein Frachter mit 12 Passagieren, der direkt von hier nach Bremen fährt, belegt.

Hoffentlich ist bei Euch alles gut.

Herzlichen Gruß an Euch beide
   Dein Franz Jung

---

1 „Der Atem des Feuers. Roman der Gasenergie", Wien 1955.

308. AN RUTH FISCHER
San Francisco, 2/26 55
417 Fair Oaks

Liebe Ruth,
vielen Dank für deine Karte. Ich schreibe gleich, weil ich hoffe nächsten Monat nach D[eutschland] fahren zu können, auf ca 3 Wochen. Ich will von hier direkt nach Hamburg fahren, Reise 4 Wochen auf einem Hapag Frachter mit einigen Passagier-Möglichkeiten. Abfahrt 20. März. Ich habe aber noch keinen Paß und ich muß von der Handelskammer hier eine Bestätigung einreichen über den sponsor der Reise etc. Ich habe zwar keinen direkten sponsor, aber die Handelskammer wird die Ausstellung eines Passes empfehlen. Sollte der Paß nicht rechtzeitig ankommen, so müßte ich 4 Wochen etwa warten, 16. April geht der nächste Frachter.

Alle meine desert Pläne sind infolgedessen auf die Zeit nach meiner Rückkehr (über New York mit Flugzeug) aufgeschoben.

Die Sache ist natürlich ein großes Abenteuer. Ich habe nicht das geringste Geld, kann gerade knapp die Hinreise bezahlen. Ich erwarte auch drüben nicht allzuviel, aber ich will erstens mit einigen Verlegern persönlich sprechen, dann mit meinen Zeitungen[1], Hamburg, Bremen, Düsseldorf und Stuttgart, dann und das ist schließlich die Hauptsache, mit Claire Jung in Berlin, die mir einige Vorschläge machen wird. Ich werde sie mir wenigstens anhören und ich würde mir ständig Vorwürfe machen, aus Feigheit einer Aussprache ausgewichen zu sein. Natürlich werde ich auch Margot Jung, die Mutter von Frank aufsuchen, obwohl das natürlich am unangenehmsten sein wird, weil die Frau erwartet, daß ich in Berlin bleibe und ihr im Greisenalter Gesellschaft und Stütze bin. Eine furchtbare Vorstellung.

In Bremen werde ich einiges Geld, nicht viel, aufnehmen können und dann werde ich in Hamburg weiter sehen. Die Reise nach Berlin von Hamburg wird mir von Claire und irgend einem Verein, der dahinter steht, bezahlt.

Wie du siehst, ändert sich das Bild ständig.

Kann ich für dich irgend etwas tun, jemanden aufsuchen etc. Schreibe dann gleich, daß mich deine Antwort noch im März erreicht. Andernfalls gebe ich dir auch noch genau den Termin meiner eventuellen Ausreise bekannt. Und wo mich in Hamburg zu erreichen.

    Herzlichen Gruß
        Franz

1 Wirtschafts-Correspondent (Hamburg), Weser-Zeitung (Wirtschaftsteil der Bremer Nachrichten), Weser Kurier (Bremen), Industrie-Kurier (Düsseldorf), Stuttgarter Zeitung.

309. AN CLÄRE JUNG
San Francisco, 3/13 55
417 Fair Oaks

Liebe Claire, den Dampfer am 20. März habe ich nicht schaffen können. Vorläufig muß ich die Reise wieder aufschieben, einmal wegen der Kosten, die ich in New York eher zusammenbringen werde als hier – ich werde sobald Peter zurück ist, dann von New York, wahrscheinlich mit Flugzeug fahren. Glücklicherweise trifft die Rückkehr Peters gerade mit meinen Reiseplänen zusammen, er wird hier Ende April zurückerwartet, und ich muß wohl noch seine Ankunft abwarten, um ihm in die Wiedereinordnung hier behilflich zu sein.

Auf alle Fälle habe ich aber meinen Paß und nichts steht jetzt von hier aus meiner Abreise entgegen.

Du hast auf meinen letzten Brief nicht geantwortet. Hoffentlich geht es dir gut und alles ist soweit in Ordnung.

Bitte schreibe mir auf alle Fälle, ob deine Adresse noch die gleiche ist und wie ich dich in Berlin erreichen kann. Gib zur Sicherheit zwei Möglichkeiten, falls die eine Adresse ausfällt und schreibe mir auch eine Ostadresse, wo ich etwa rückfragen lassen kann. Es besteht ja so in dieser Unsicherheit und alles nur auf eine Adresse konzentriert die Gefahr, daß ich dich gar nicht auffinden kann.

Schwab[1], der einzige, den ich aufsuchen könnte, wird nicht mehr in Berlin sein, er geht zum Suhrkamp Verlag. Und auf Margot möchte ich mich nicht gerade verlassen.

Wenn ich das Geld zusammenbekomme, d.h. wenn Peter nicht zuviel für sich hier unmittelbar braucht, denke ich so also Ende Mai oder im Juni in Berlin zu sein. Wenn ich das Flugzeug nehme, fällt ja die 4 Wochen Seereise, auf die ich mich besonders gefreut hatte, weg. Und ich bin natürlich viel beweglicher.
    Herzlichen Gruß
        Franz

1 Hans Schwab-Felisch, Sohn von Alexander Schwab.

310. AN CLÄRE JUNG
San Francisco, 4/15 55
417 Fair Oaks

Liebe Claire,
vielen Dank für deinen Brief und die Adressen, die mich ein wenig sicherer machen. Auf Margot würde ich mich ja nicht verlassen können. Sie schreibt in der letzten Zeit mehrfach, daß eine Operation notwendig ist und sie wahrscheinlich erblinden wird (mit oder ohne Operation). Ich kann dazu gar nichts sagen, praktisch auch nichts tun, ich weiß nicht einmal, ob es überhaupt stimmt. Trotzdem bleibt es natürlich nicht ohne Reflex, was vermutlich auch der tiefere Sinn der Briefe ist. Einige habe ich an Frank weitergeleitet, der aber mit Sicherheit weder schreibt noch etwas unternimmt. Ich habe seit Monaten nichts von ihm gehört oder über den Umweg der früheren Frau, die die Alimente für das Kind einklagt, nur wenig Erfreuliches. Eine „natürliche Begabung" ohne Verständnis für Arbeit und Arbeitsimpuls wirkt sich aus eher als eine Krankheit mit dem Ende der Selbstzerstörung als ein Geschenk. Das so automatisch ablaufen zu sehen, ist auch nicht sehr angenehm. Er bringt nicht mal die Kraft auf, durch irgendwelche der üblichen „Laster" selbst irgendeinen Ausweg ins Asociale zu verschleiern; er verdummt und verfault, eine schreckliche Reflexbelastung.

Hier ist unser Thomas in den letzten Wochen in New York gestorben. Er hat um die künstliche Verlängerung seines Lebens (eine Art Lungenkrebs und herzkrank) seit Jahren gekämpft. Er hatte eine große Zuneigung zu mir, die mir manchmal beinahe nicht ganz verständlich war, denn schließlich, daß er mir oft sehr geholfen hat und besonders zuletzt in Italien, hatten wir wenig wirklich Gemeinsames, ganz abgesehen, daß er sich niemals mir gegenüber offen über sich, Ziel und Leben etc ausgesprochen hat, wie er das andern wirklichen Freunden gegenüber wie Paul Frölich und einigen alten Spartakus Leuten zu tun pflegte. Er hat mich nur regelmäßig einmal im Monat zum Essen eingeladen, seine neuen Bücher gezeigt, er war nach wie vor einer der größten Büchersammler, las alle russischen Zeitungen und Neuerscheinungen, von denen die meisten er sich von London besorgen mußte und schrieb an einer russischen Geschichte, in der Zusammenstellung von officiellen Dokumenten, für die er Tausende von Dollar ausgab. Für mich blieb das alles geheimnisumwittert. Ich würde, wollte ich einem mehr abenteuerlichen Trend nachgehen, glauben, daß er noch Verbindungen mit Moskau gehabt hat oder wieder aufgenommen haben mag. Aber ich weiß nichts darüber. Mit Ruth Fischer war er die letzten Jahre überworfen, wenngleich Ruth ihn noch regelmäßig aufsuchte. Ich glaube, es ist sein Einfluß, daß Ruth über Nehru (und früher über Tito) sich wieder einer Moskauer politischen Außenlinie nähert, der 2. Band ihres Rußlandbuches, das in der Hauptsache die Moskauer Prozesse behandelt, ist mehrfach umgeschrieben worden, so daß es mir überhaupt zweifelhaft erscheint, ob das Buch noch je herauskommen wird, zum mindesten bei Harvard. Aber ich habe nicht nur nicht das geringste Interesse für solche politischen Kombinationen, sondern ich halte sie auch für völlig abwegig, zum mindesten was die Endbilanz meines Lebens anlangt, an der ich ja arbeiten, d.h. erkennen und leben muß. Meine eigentliche und letzte Aufgabe liegt ganz woanders.

Thomas war hier mit der Frau Dr Annie Reich „verheiratet", mit der er schon in Prag zusammengelebt hat und die auch sein Herkommen nach hier gemanagt haben wird, eine hier hoch angesehene orthodoxe Psychoanalytikerin, die außerordentlich viel Geld verdient, die auch Thomas seine luxuriöse Lebensführung gestattet haben mag. Ich weiß nicht, ob du dich noch erinnerst, in den 20er erregte ein Buch von Wilhelm und Annie Reich (beides orthodoxe Freudschüler) großes Aufsehen über Kindererziehung auf psychoanalytischer Grundlage, mit dem Grundproblem: Teilnahme der Kinder an den sexuellen Beziehungen der Eltern. Der Dr Wilhelm Reich ist dann verschwunden und Thomas ist wahrscheinlich auch papiermäßig an seine Stelle gerückt – eine Vermutung von mir. Später aber, lange bevor ich nach New York gekommen bin, ist Wilhelm Reich auch dort aufgetaucht und ist hier aufgetreten wie eine direkte Copie von Otto Grosz. Er hat ein Buch über „Orgiasmus"[1] geschrieben, das direkt von Otto Grosz stammen könnte, die orgiastische Form von Sex als Lebensbasis, geradezu als Religion, als die politische Bindung der Gesellschaft (ein wenig Fourier etc) mit einer fanatischen Anhängerschaft in der damaligen New Yorker Boheme, von der noch immer in der heutigen hiesigen Schriftstellergeneration ein Niederschlag geblieben ist. Das Buch ist heute tabu, völlig unterdrückt, in einigen anarchistischen Zirkeln als Bibel angesehen und mit einer Reihe sehr attraktiven Formulierungen. Ich höre hier jetzt mehr darüber als in meiner Zeit in New York. Wilhelm Reich wurde im Verlauf einiger Prozesse ins Irrenhaus gesteckt (Parallele zu Grosz), ist aber schon seit längerer Zeit wieder heraus und beschäftigt sich mit biologischen Problemen, in mancher Hinsicht Ernst Fuhrmann jetzt nahe. Zum Beispiel die Wüste im menschlichen Bewußtsein – sie nennen es der Vereinfachung halber in der menschlichen Seele, die Verarbeitung der körperlichen Substanz des Menschen ins Bewußtsein in Zyklen etc, d.h. die ständige Wiedergeburt etc – vieles ist ein wenig kindisch und zu vereinfacht, aber im Kern wahrscheinlich richtig. Interessanterweise erklärt das die starke spiritualistische Betonung in allen socialen Bewegungen hier, in der Charybdis zwischen Religion und Materialismus. Ich habe hier alle diese Bewegungen im letzten Jahrhundert studiert, mit großem Interesse und großem Gewinn – was geblieben ist, steckt tief heute unter der Oberfläche, völlig vom Leben abgeschnitten und jedem Quacksalber offen. Bei dem geringen Interesse an wirklichen historischen Bibliotheken hier ist es überhaupt schwer Material zu sehen.

Mit Fuhrmann kam ich gelegentlich in New York zusammen, merkwürdigerweise hält er etwas von mir, ich weiß nicht warum, er bringt wieder einmal gesammelte Werke heraus, 2 Bände sind bereits erschienen, auf Subscription, etwa 80 Interessenten haben sich gemeldet und er muß wieder Mäzene gefunden haben, die das bezahlen. Er selbst verhungert buchstäblich. Er lebt mit einer Frau Katz zusammen, die eine 1 Zimmer Wohnung mit Küche hat und irgendwie beim Jewish Labor Committee arbeitet. Fuhrmann lebt dort in einem Winkel hinter einem Vorhang, schreibt den ganzen Tag und lebt in der Hauptsache von Tee und Brot. Ich habe ihn zeitweilig mit Cigarren versorgt und Briefmarken, die er sammelt, für seinen literarisch sehr begabten Sohn, der in Zürich bei der Mutter lebt. Bei aller Vorliebe für Außenseiternaturen sehe ich in den Arbeiten von Fuhrmann keinen praktischen Sinn, der mir irgend etwas sagen könnte. Er greift praktisch alles an, was ja nicht so schlimm wäre, aber er sagt nichts Neues, was man als durchgearbeitet ansehen könnte, eigentlich jammert er nur, daß niemand auf ihn gehört hat, niemand ihn unterstützt und er hätte die Welt ändern können, aber jetzt will er nicht mehr usw – was wenn man übersieht, welche Chancen ihm sein ganzes Leben lang geboten wurden, wie man ihn mäzeniert hat und eigentlich noch heute mäzeniert etwas komisch klingt. Dazu kommt die Manie, daß alle, d.h. die noch verbliebenen Freunde, nur ihn ausnutzen und geistig bestehlen wollen und das Vergnügen will er ihnen nicht tun etc. Daher ist auch seine Verbindung zu Hertwig (mit Pegu ist es etwas besser) sehr belastet – sie schreiben sich glaub ich gelegentlich Briefe, aber das ist auch alles. Ich persönlich habe übrigens zu Hertwig gar keine Verbindung (und hatte keine). Ich halte ihn nicht für einen originalen Arbeiter auf dem Gebiet, worüber er schreibt, denken liegt ihm völlig fern und er sammelt nur zusammen und verarbeitet, aber oberflächlich. Ich habe nichts dagegen, wenn jemand so eine Basis aufgebaut hat seinen Lebensunterhalt zu verdienen, allright – würde ich in Berlin ihn treffen bezw aufsuchen, so kann ich ihm sogar noch einige Tips geben, worüber er schreiben, d.h. sammeln könnte, aber das ist auch ganz en passant, je nach der Laune.

So – du schreibst, du hast dich bereits mit mir unterhalten. Ich will in meiner Weise etwas dazu tun. Viel ist es nicht, weil ich ja nicht weiß, was du insbesondere mir zugedacht hättest, so habe ich eben erstmal mit einem allgemeinen Klatsch angefangen.

Herzlichen Gruß und Respekt und Empfehlungen an deine Mutter[2] und Schwestern[3]
Franz

Peter ist noch nicht in Sicht. Weiß auch nicht, ob sein Transport schon abgegangen ist.

Die neueste Version: Er will heiraten!

1 1942 in Amerika entstandene Neufassung des 1927 geschriebenen Werks „Die Funktion des Orgasmus".
2 Emmy Otto.
3 Henriette Kertscher und Käthe Otto.

311. An Ruth Fischer
San Francisco, 5/28 55
417 Fair Oaks

Liebe Ruth,
besten Dank für deine Karte.

Ich bin noch hier und im Augenblick auch nicht beweglich. Peter ist von der army entlassen und wird nach hier kommen, wo wir die Ranch Pläne besprechen und eventuell auch nach Mexico fahren werden um Leute anzuheuern, die sich auf Schafzucht verstehen. Er hat soeben geheiratet, während der lunch hour des Mädchens, die nicht mal von dem Boss frei bekommen hat. Er hat sich von dem beim Militär ersparten Geld einen Wagen gekauft und geht im Herbst wieder nach Cornell. Das girl ist von griechischem stock, ich kenne sie flüchtig von Marcu's her. Jedenfalls werden die beiden jetzt hier eintreffen und im Land herum fahren und bis zum September Freunde besuchen.

Ich muß im Kehlkopf operiert werden, ich habe keine Stimme mehr. Ich kann aber mit der Operation auch noch ein Jahr warten, vorerst ist es noch kein Krebs.

Reimann bombardiert mich mit Briefen, Vertretung hier zu übernehmen. Ich bin sehr skeptisch; ich habe ihm hier aber bei der Handelskammer eine Einladung zu einem Vortrag besorgt, er wird auch in Berkeley und Stanford sprechen können, wenn er will.

Ich habe hier guten Kontakt mit einem jungen Wiener, F.A. Breier, der Assistent Prof in der University of San Francisco ist, sich auf meine Veranlassung auf Devisenwirtschaft specialisiert und auch bereits jetzt einige Großfirmen hier berät. Für mich wird vielleicht herauskommen, daß eine dieser Firmen, die Pacific Oil, der größte Kopra Händler mit einigen hundert Millionen Dollar Umsatz im Jahr, mir meine Reise nach D[eutschland] bezahlen wird. Außerdem besteht eine Chance, daß ich in die Zweiggesellschaft der Firma in Manila für die Arrangierung von Kopra Fracht von Cebu nach Südamerika geschickt werde und einige Monate in Manila bleiben würde zur Unterstützung der Deviseninteressen der Firma in den Verhandlungen mit der Regierung. Nachdem möglicherweise die Schutzfunktion des kalten Krieges für die Commodity Märkte in Fortfall kommt, wird es einen riesigen Krach am Warenmarkt geben. Vielleicht kann ich etwas herausfinden, ein joint Abkommen mit der Manila Regierung bezgl der Marktpreise, was die Firma schützen könnte. Das sind aber alles nur Pläne vorläufig, selbst wenn ich auf der Basis der GI loan die Ranch kaufen würde, brauche ich sie erst nächstes Jahr übernehmen, ich könnte also in der Zwischenzeit ganz gut nach Cebu gehen.

Thomas hat mir 10 Hemden, eine Sportjacke und drei Paar englische Schuhe vererbt. Die Frau will für mich auch einige Bücher (von mir) aus der Bibliothek heraussuchen.

Herzlichen Gruß
Franz

312. An Cläre Jung
San Francisco, 7/14 55
417 Fair Oaks

Liebe Cläre,
vielen Dank für deinen Brief.

Von meinen literarischen Plänen ist wenig zu sagen. Ich arbeite eigentlich direkt fast gar nichts. Das will nicht sagen, daß ich [nicht] ständig schreibe, ich habe mich noch nicht für eine passende Form entschieden. Ich möchte aus der größtmöglichen Distanz schreiben, was so geschieht und geschehen ist nur als Gewürm sehen, das gegenseitige Auffressen der Parasiten, ohne irgendeinen moralischen Anspruch oder Aufforderung – ich gehöre ja selbst dazu und kann es aus meinem Leben beweisen, nur wenn schon etwas gesagt sein soll, so unter dem Titel „I don't come back", was im Deutschen ja leider zweideutig heißen würde: Ich komme nicht zurück – nämlich aus dem Jenseits und ich stehe auch nicht auf am jüngsten Tage etc. Das verrutscht natürlich die Atmosphäre sehr stark und ich muß nicht nur dafür eine besondere Form, sondern fast auch eine besondere Sprache finden. Das dauert – und ich bin auch nicht alle Tage bereit daran zu arbeiten. Für wen? Aber immerhin, wahrscheinlich werde ich es schon machen.

Ich bin ziemlich auf dem Laufenden, was so ringsum geschrieben wird. Wie auch in der sogenannten Politik spielt die europäische Atmosphäre einschließlich der Literatur keine Rolle mehr. Ob sich das nun um den italienischen Verismus mit einigen Spaniern als Nachahmer oder die existentialistischen und surrealistischen Franzosen handelt und erst recht, was alles so dazwischen liegt, z. Bsp. Deutschland. Alles ist ungeheuer wiedergekaut, langweilig in der Problemstellung, wenn überhaupt eine solche ersichtlich ist; es gibt einige mehr aufs Dokumentarische ausgehende interessantere Engländer. Ganz hervorragend sind die jungen Amerikaner und einige davon beeinflußte Südamerikaner, Mexico und Brasilien. Das sind Leute, die auf die Veteranen Beihilfe Literatur studiert haben, was man hier creative writing nennt, und sich irgend ein Thema aussuchen, einen Berufsvorgang, eine typische Situation in der Gesellschaft oder der Landschaft, keine Entwicklung und keine Geschichte, was man hier plot nennen würde. Das ist dann mit einer solchen Präzision geschrieben, die geradezu phantastisch ist. Natürlich ist das keine Literatur im alten Sinne, sie zeigen eigentlich nur, daß sie schreiben können. Bitterkeit und Tatsachen, soweit sie ins Blickfeld eines Einzelnen kommen, ohne jede Tendenz, ohne jede Politik, ohne Erziehungsanspruch etc, meist erschienen die Sachen sofort in der Taschenbuchausgabe anstatt in Buchform, werden als Manuskripte für Film oder Television verkauft und bleiben meist liegen in der Schublade. Praktisch wird auch sehr wenig dafür bezahlt. Auf Grund ihrer Begabungsprüfung gehen dann die Leute meist in irgendeinen Beruf, Werbebüros, nach Hollywood oder in die Zeitung, ab und zu schreiben sie unter einem neuen Pseudonym noch einmal ein ähnliches Buch. Aber das ist die Basis hier und daraus wird sich in einigen Jahren wieder eine mehr ausschließliche Literatur entwickeln, wenn das

Thema der Unberührbarkeit der Individualität, der Unbeeinflußbarkeit, das ursprünglich Anarchistische stärker als Konflikt gestellt werden wird. Vorerst ist das noch nicht gegeben. Ich könnte dir ein Dutzend solcher Namen nennen, aber es hat wenig Zweck, weil diese Bücher technisch nicht zu übersetzen sind, jedes ein besonderer Slang und sie verlieren in einer Übersetzung in eine Literatursprache, die aus jedem Werk noch die Tendenz zur Lebensbejahung oder Lebensverneinung herauslesen will, jeden Charme. Ich brauche dir nicht besonders zu sagen, daß die gleiche Entwicklung in der sowjetrussischen Literatur und der von ihr beeinflußten – mit Abstand – der Fall ist. Der Unterschied besteht nur darin, daß das literarische Geschehen dort als Richtschnur genommen wird, bereits offen als Werbeschreiberei, dadurch von vorneherein sehr gehemmt ist und in allen Problemen eben um 50 Jahre mindestens zurück. Dazu kommt, daß der Sowjet Schriftsteller Angst hat vor seiner eigenen Sprache (verständlich). Bevor die Russen nicht ihren Stil gefunden haben, wird die Partei nicht zulassen, daß sich eine originale Literatur in den Satellitenländern entwickelt. Das Problem liegt doch genau beim Individuum, jemand schaut eine Blume an, jemand lächelt einen andern an, jemand weint oder jemand singt oder betrinkt sich – das sind Vorgänge im Individuum, die sich nur sehr krampfhaft und unkünstlerisch auf eine Partei Grundlinie übertragen lassen, sie sind zu verschieden auslegbar, zu bunt und zu verwirrend. Dafür gibt es keine Einheitsantwort – hier in dem fluktuierenden Milieu beginnt der Schriftsteller zu fixieren, eine Perspektive zu ziehen, groß oder ganz klein, aber das schafft die Wiederkehr einer individualistischen Basis. Die besteht im übrigen, auch wenn überhaupt nicht darüber geschrieben wird. Und darauf wird man glaub ich bis zur nächsten Generation warten müssen, sofern man hier wie drüben überhaupt die Schriftsteller als Beruf am Leben läßt. Manchmal sieht es nicht so aus.

Das Mißgeschick ist doch, daß die eigentliche Anregung positiv oder negativ nicht von einer autoritativen Stelle kommen kann, der Parteilinie oder sonstwie, sondern vom Nachbar, vom Freund, von den Nahestehenden, von der Lebensatmosphäre ringsum, und die besteht in Wirklichkeit nicht, noch nicht und hat wahrscheinlich nie bestanden. Andernfalls muß man leider sagen, hätte es wahrscheinlich überhaupt keine Schriftsteller gegeben. Das heißt, daß der Schriftsteller den Kampf gegen jede Autorität, gegen jede Beeinflussung, gegen seine Freunde und Nahestehenden, von denen nichts ausgeht, jeden Tag von neuem führen muß, gegen die Überheblichen, die sich auf einem Autoritätsposten eingerichtet haben, gegen die Satten und Müden, die verängstigt sind, gegen jede Bewegung und jeden Fortschritt. Diese Atmosphäre herrscht heute in Moskau stärker noch als hier, aber sie deutet sich auch bereits hier an, weil hier alles wieder schärfer in den Konturen ist und deswegen leichter auch erkennbar. Wir müssen zugeben, daß für die Frage nach dem Sinn des Lebens es keine Antwort gibt, nur Substitute, ob Religion oder Politik oder irgend etwas in einer Linie, zu der man sich gezwungen sieht zu stehen. So entsteht dann der Schwindel mit der Zukunft, welche Zukunft? Daß jeder Herr Schulze mit Frau ein Fahrrad haben wird, um Sonntags ins Grüne zu fahren? (Ich habe nichts dagegen, ich habe nur mit den Schulzes nichts zu tun.)

Zu etwas mehr Persönlichem: Daß Peter geheiratet hat, habe ich geschrieben. Ein griechisches Mädchen, aus einer Ballettschule – eine etwas fragwürdige Coinzidenz, sehr nettes und bescheidenes Mädchen. Sie waren beide hier und reisen vorerst im Lande herum mit Zelt und Klepperboot und im September geht Peter wieder nach Cornell. Entweder bin ich schon zu alt geworden oder so dumm, ich habe bisher noch keine zwei Menschen gesehen, die weniger für ein praktisches Leben vorbereitet gewesen wären, vollständige Kinder. Aber bereits in Distanz. Die Verbindung zu mir hält gerade noch, an einem dünnen Faden, was ganz von mir abhängig ist. Sie würden achselzuckend weitergehen. Zu unserer Zeit, wenn ich so sagen darf, gab es die sogenannte innere Höflichkeit, herauszufinden, was dem andern dient und was ihn eventuell beleidigen könnte. Eine Atmosphäre, um beide Teile zu bilden. Keine Rede davon mehr. Wie ich mich zu benehmen hätte, kann ich im Lexikon nachlesen, für sie, die andern, ist es überhaupt kein Problem. Es ist nicht einmal eine Herausforderung, aber wenn es eine wäre, würde ich sie gezwungenerweise annehmen müssen.

Mein Plan nach dort zu kommen, ist noch keinesfalls aufgegeben. Der nächste Termin, den ich mir gestellt habe, ist September/Oktober. Ich versuche das Geld aufzubringen. Leider muß ich vorher, wahrscheinlich, erst im Kehlkopf operieren

lassen, was auch noch etwas vom Reisegeld wegnehmen wird.
Also bis dahin – herzlichen Gruß an Dich und Familie
Franz

Ich schicke ein Paßbild im nächsten Brief

313. AN CLÄRE JUNG
San Francisco, 8/1 55
417 Fair Oaks

Liebe Cläre,
meine Reise nach dort ist wieder etwas weiter zurückgerückt. Ich gehe hier morgen in ein Hospital und lasse eine Kehlkopfoperation durchführen, die mich für etwa 14 Tage dort festhalten wird. Da gehen meine Reisegeld Reserven zunächst einmal drauf. Ich muß das machen lassen, wenn ich mich aktiv weiter bewegen will. Die letzte Zeit konnte ich schon kaum mehr sprechen. Es wird eine Wucherung, die sich über die Stimmbänder gelegt hat, wegoperiert, später wird man erst sehen können, wenn das alles wieder zuheilen soll, ob es sich dabei um echten Krebs à la Kaiser Friedrich gehandelt hat oder nur um eine kurierbare Vernachlässigung der Drüsen. (Ich hätte natürlich auch noch eine Weile weiter wursteln können.)

Peter hat, [ich] glaub ich schrieb das schon, geheiratet, eine Freundin der Tochter von Frau Marcu, eine hier schon geborene Griechin. Beide waren hier, sehr distanziert, ängstlich bemüht als völlig selbständig zu erscheinen, und sehr kindisch. Echte Amerikaner. Beide gehen im September wieder ins College und werden noch irgendwelche Nebenjobs aufnehmen müssen, wenn sie mit den 130 Dollar, die die Regierung den ausgedienten Soldaten als Studienbeihilfe zahlt, im Monat auskommen wollen.

Wenn der Titus Tautz noch erreichbar ist, teile ihm mit, daß in der Autobiographie von Ben Hecht, die hier unter dem Titel „Child of the Century" erschien, auch die Münchener Revolution, die Hecht als Chicago Correspondent erlebt hat, des langen und breiten erwähnt ist, eine ganze Menge über Titus gesagt ist, sein Demonstrationsmarsch zum Rembrandt Museum etc. Ich finde im ganzen das Buch sehr gut, allerdings die Erinnerungen

aus seiner deutschen Korrespondentenzeit sind reiner Unsinn, weil ja eben so ein Mann praktisch die Revolution von der Bar im Adlon aus oder den Münchener 4 Jahreszeiten aus erlebt und gesehen hat. Aber davon abgesehen gibt das Buch eine gute amerikanische Scene, Dadaismus in den 20er Jahren in USA.
Herzliche Grüße
Franz

314. AN RUTH FISCHER
San Francisco, 8/1 55
417 Fair Oaks

Liebe Ruth,
ich gehe Mittwoch hier zur Operation ins Krankenhaus und bleibe dort etwa 10 Tage. Ich hatte einige Schwierigkeiten mit der Finanzierung, weil ich meine Reserve für die Reise nach Europa aufheben wollte. Das ist nicht ganz gelungen. Sollte ich ohne cancer davonkommen, so werde ich hier Verbindungen zu der Pacific Vegetable Oil haben, die hoffen mit Peking wieder ins Geschäft zu kommen und ihre frühere Woodoil Vertretung für die US wieder von China zu bekommen. Vielleicht auch irgend etwas in Cebu im Kopra Geschäft. Ich würde nach Hamburg fahren und sehen eine bessere Kopra Versicherung als Lloyd sie anbietet zu bekommen. In Hamburg hoffe ich auch bei Claassen mein Buch unterzubringen, allerdings nur halbfertig, ungefähr mit dem Titel „Ich komme nicht wieder" (nämlich am Tage des Weltgerichts und auferstehend).
    Peter hat geheiratet und mich hier mit der Frau aufgesucht. Eine Freundin der Tochter von Frau Marcu. Sehr abweisend, sehr distanziert und sehr kindisch, jetzt ein wirklicher Amerikaner. Er reist vorläufig im Lande herum, durch die National Parks mit Zelt und Klepperboot. Ängstlich bemüht den Eindruck zu erwecken, daß er von mir nichts mehr braucht. Ich habe mich mit schwierigeren Dingen abgefunden als das.
    Ich habe hier einige ganz gute deutsche Bücher gelesen, der Barras von Opitz, Nein von Jens und auch der Bronnen[1] ist nicht schlecht, wenngleich unglaubwürdig. Überhaupt die Gruppe der 47 ist voll guten literarischen Willens. Hier ist die Ben Hecht

Autobiographie großartig – „Child of the Century". Allerdings phantastische Dummheiten über die deutsche Revolution, hauptsächlich München. Roosevelt als Judenhasser, Ben Gurion als Verräter und Ebert als Trinkgeldempfänger. Aber alles in allem, ich finde das Buch großartig und interessant.
    Viele Grüße
                dein Franz Jung

1 „A.B. gibt zu Protokoll", Hamburg 1954.

315. AN RUTH FISCHER
San Francisco, 8/24 55

Liebe Ruth,
die Operation war viel schwieriger als ich erwartet hatte, zwei Tumors jedes in der Größe einer Faust wurden heraus operiert, ich war 4 1/2 Stunden auf dem Operationstisch, verlor 7 pints Blut und bekam 6 Transfusionen. Wie du daraus erkennen kannst, habe ich einen völlig andern Körper neu aufzubauen.
    Es waren nicht so sehr die 10 Tage im Hospital (Kosten plus Operation 1138 Dollar – ich weiß nicht, wie das gezahlt werden soll), die eigentlich schwierig waren, vielmehr jetzt beginnt das erst, ich muß starten wieder Geld zu verdienen, ich habe kein Ziel und kann auch den eigentlichen Sinn nicht finden – es haben sich hier zwei völlig voneinander getrennte Interessentenschichten für mich ergeben, die einen, Dichter und Boheme – die meisten kenne ich kaum – stiften Blut, das per pint mit 25 $ auf meine Hospitalbill kreditiert wird bis zu 6 pint, die andere Schicht sind Professoren der Ökonomie hier und in Stanford, die mir einen job als Devisen-Konsultant für die hiesige Exportindustrie aufbauen wollen. Ich muß eine andere Wohnung nehmen mit eigenem Telefon und einem business outfit und soll im Lande herum für 100 Dollar per Tag konsultieren.
    Die Stellung in Cebu für die Copra Verladung, die mir seinerzeit von der Pacific Oil angeboten wurde, ich glaube ich schrieb dir darüber, ist auch noch für mich offen.

Vorläufig kann ich allerdings gar nichts tun und krauche sehr langsam vorwärts.

Unter solchen Umständen werde ich allerdings vorläufig kaum nach Europa fahren.

Herzlichen Gruß
Franz

Für Reimann habe ich hier einen Vortrag im World Trade Council (14. September) besorgt. Wie immer mit großen Schwierigkeiten und ich hab es schon tausendmal bedauert. Ich habe ihn jetzt auf eine Public Relations Firma abgeschoben, die ihm Press release, Television und Radio Forum arrangiert.

316. AN RUTH FISCHER
San Francisco, 9/8 55
PO Box 1154 Main Station

Liebe Ruth,
ich glaube ich sollte Dir recht bald antworten, damit du in der dortigen Wildernis nicht verloren gehst. Es ist ein großer Quatsch auf eine amerikanische Wirtschaftskrise noch zu rechnen. Daß die Russen noch so etwas behaupten sollten, glaub ich nicht. Das Konstruktionsbild einer Wirtschaftskrise hat sich doch völlig verändert, ebenso der Boom Charakter. Die aufeinander folgenden Inflationstrends in den Gläubiger und Schuldner Ländern schöpfen die Akkumulation sogenannter Binnenkapitalien ab und lassen sie in Waren und Finanzanleihen nach anderen Ländern abfließen, einschließlich der Sowjet Union, was zugleich immer wieder einen jeweils neuen Wirtschaftsauftrieb auslöst. Das weiß man in Delhi und Moskau etc besonders gut, deswegen wird auch aus dem Ost Handel nicht viel werden, weil die Russen nicht nur lange Kredite und billige, sondern auch nur sehr geringe Preise bieten, was praktisch aufs Verschenken hinauskommt. Die US wird das auch allmählich tun, wenn es ihr auf anderen Gebieten nützlich erscheint. Eine verspätete Rechtfertigung der Keynes Theorie.

Die Aktien werden überall weiter steigen, besonders in England. Das ist eine technische Begleiterscheinung der Inflation.

Ich würde Utilities den Vorzug geben. Aber das mag zwischen US und den europäischen Ländern verschieden sein. In Frankreich hat noch keine originale Inflation eingesetzt, dort daher die größten Steigerungsmöglichkeiten. Vergiß nicht, daß das Aktienniveau auf der Basis von 350 Franken zum Dollar gerechnet wird, im Fall der sehr umfangreichen Aktienarbitrage New York, London, Paris. In Wirklichkeit ist der Wert des Franken 420, also rechne dir es aus. Deine Form der Spekulation ist natürlich reiner Unsinn. Du weißt ja selber, daß nur der broker verdient. Mit einem verhältnismäßig kleinen Kapital kann man überhaupt nicht in dieser Form an der Börse spekulieren, besonders wenn man selbst nicht die Aufträge gibt und sich täglich einige Stunden im Tickerraum aufhält – das ist ein job wie jeder andere. Du kannst entweder ein oder zwei empfohlene Papiere kaufen, wo ein Aktiensplit oder neue Kapitalausschreibungen zu erwarten sind, dafür gibt es bestimmte Anzeichen, meist ist das schon aus der Bilanz zu ersehen – das hätte etwa vom Vorjahr aus betrachtet dein Kapital heute zum mindesten verdoppelt, oder noch besser in Anteilen an Grundstücksgesellschaften, die ja nicht notiert sind, die aber jede Bank anbietet, natürlich ist da eine gewisse Vorsicht geboten, mit wem man handelt. Marge Käufe bei kleinem Kapital haben gar keinen Zweck, ich nehme an, daß ist das, was du tust. Ich wundere mich, wenn der broker dir befreundet ist, warum er nicht das wenigstens tut, was hier ein anständiger broker tun würde, zwei Konten führen, jede Manipulation einzeln abrechnen und ein gesondertes Plus und Minus Konto führen, dh daß der zur Spekulation bestimmte Betrag immer der gleiche bleibt, während auf dem andern Konto sich der Gewinn oder Verlust einzeln aufzeigt und du Gewinne zum Beispiel sofort abschöpfen kannst. Die Verluste werden durch das Spekulationskonto zunächst kreditiert, zum mindesten auf 4 Wochen. Das hält den Broker wenigstens etwas unter Kontrolle.

Leider ist dir von hier aus wenig zu raten. Ich hoffe nur, so wie es aussieht, daß du nicht zuletzt schließlich alles verlieren wirst.

Wenn du mit geringen Beträgen spekulieren willst, dann mit 5-10% Marge in Waren und Commodities. Die Warenbewegungen sind viel spekulativer und ein befreundeter Broker kennt meistens schon den Anfangskurs des nächsten Tages. Mit 1000 Dollar Marge, das ist ein Schluß über 20 000, kann man in

Zucker, Baumwolle, Kakao oder Kaffee schon täglich seine 300 Dollar verdienen. Natürlich muß man auf den trend aufpassen, aber es kann schon sein, daß du mal eine Woche still liegst und die Zinsen bezahlen mußt, kann auch sein, daß du mal 500 Dollar verlierst, im Augenblick aber bei einem übersehbaren trend für die nächsten 6-9 Monate kannst du an den Futures nicht oft und vor allem auch nicht viel verlieren und manchmal gelingt ein Schlag von 5 Punkten. Aber natürlich muß der broker dir wirklich helfen wollen, das scheint bei deinem Freund nicht der Fall zu sein.

Reimann wird glaub ich nächste Woche in San Francisco sein und hier vor dem World Trade Council seinen Vortrag halten. Er hat es fertiggebracht bis zum letzten Tage alle und alles im Ungewissen zu lassen.

An den Sahl werde ich schreiben. Von Aufricht habe ich seit einem Jahr nichts gehört. Seine letzte Adresse war Preußenallee 41, Berlin Charlottenburg.

Gesundheitlich geht es langsam, sehr langsam aufwärts. Ich darf den Leuten gar nicht zeigen, wie schwach und alt ich mich fühle und so ganz ohne Phantasie und Illusionen.

Herzlichen Gruß
Franz

Ich wünschte, ich könnte dich manchmal hier ausführen. Hier gibt es weltberühmte Eßlokale, aber auch billige Italiener und Chinesen.

317. AN HANS SAHL
San Francisco, 9/12 55
158 B Alpine Terrace

Lieber Sahl,
ich habe Ihre Adresse von Ruth Fischer, wobei ich allerdings mit Bedauern erfahre, daß Sie in einem Sanatorium sich aufhalten. Ich wünsche Ihnen, daß Sie bald wieder gesund werden. Ich hatte Ruth um Ihre Adresse gebeten, weil ich im Spätherbst für einige Wochen nach Deutschland komme und Sie natürlich gern aufsuchen möchte, wenn Sie nicht gerade zu weit aus dem Wege

sind. Ich hatte so dunkel gehört, daß Sie in München sind. Das kann ich noch schaffen; praktisch habe ich eigentlich nur in Hamburg zu tun; natürlich würde ich auch nach Berlin gehen und dort einige alte Verbindungen sehen.

Ich bin schon seit anderthalb Jahren an der Westküste und ich bedaure nur, daß ich nicht früher hierher gegangen bin und soviel Zeit in New York verloren habe. Das Leben sagt mir hier sehr viel mehr zu und es ist wahrscheinlich auch sehr viel leichter. Von den jüngeren Leuten hier dichtet jeder zweite oder zum mindesten malt er. Ich bin mit einer Reihe netter Leute zusammen. Übrigens habe ich zur letzten Jahreswende von Ihnen ich glaube in der Süddeutschen einen Aufsatz über die amerikanische Dichtung[1] gelesen, der sehr gut die Lage wiedergegeben hat und wo ich mich nur fragen konnte, woher Sie das so wissen. Ihre Darstellung trifft genau den Punkt, worauf es hier ankommt. Der Aufsatz war wirklich ausgezeichnet. Leider sprechen hier so wenig Leute, die sich dafür interessieren, deutsch, so daß ich die entscheidenden Stellen einigen Bekannten übersetzen mußte. Ich komme hier öfter mit Kenneth Rexroth, den Sie wahrscheinlich von New York her kennen, zusammen. Es gibt hier sogar ein etwas piscatoreskes Actors Workshop, die dreimal in der Woche spielen und sehr gute Experimente herausbringen. Ich helfe als oldtimer ein wenig mit.

Ich arbeite hier ohne festes Gehalt allerdings bei einer publicity Firma, Blaney and Mathew, deren Hauptbüro in Los Angeles ist und die hier eine Zweigstelle aufgemacht hat und hier Industriekunden sucht, während sie in LA meist mit den Filmagenten arbeitet. Das ist für mich ein ganz neues und interessantes Gebiet, zum Beispiel in eine Minute Radioansage die Geschichte des Volkswagens hineinzubringen.

Werden Sie schnell gesund und auf baldiges Wiedersehen
Ihr Franz Jung

---

[1] „Der verborgene Nerv der Gesellschaft". In: *Süddeutsche Zeitung* Nr. 303, Silvester 1954/Neujahr 1955, SZ am Wochenend, Feuilleton.

318. AN CLÄRE JUNG
San Francisco, 9/21 55
104 Divisadero Street (neue Adresse)

Liebe Cläre,
ich danke dir sehr für deinen Brief.
   Es besteht kein Grund zu einer Beunruhigung, was die körperliche Erholung zum mindesten anlangt. Im ganzen war die Operation mehr anscheinend eine Herausforderung, denn wahrscheinlich wäre sie gar nicht notwendig gewesen, denn wenn ich mit den beiden kropfartigen Geschwülsten 30 Jahre existiert habe, ohne viel zu merken, so wäre es sicherlich auch noch weiter gegangen. Ironischerweise kam die Frage der Operation auf im Rahmen eines allgemeinen Check up, den ich vor Antritt der Europareise machen lassen mußte, die Frachtlinien, die nur einige Passagiere befördern und mit denen ich reisen wollte, haben meist keinen eigenen Doktor an Bord und verlangen so eine Art Gesundheitsattest. Die völlige Entfremdung Peters hat mich schwer betroffen, er ist aus Deutschland als ein völlig Fremder zurückgekommen, der sich praktisch überhaupt scheut mit mir zu sprechen und sich hinter seiner jungen Frau versteckt und plötzlich ganz in eine ihm doch völlig fremde griechische Familie mit Dutzenden von Brüdern und Cousins etc aufgeht. Abgesehen daß das Ganze ja einen höchst kindischen Eindruck macht, verstehe ich es nicht oder besser gesagt, ich will es gar nicht erst mehr versuchen zu verstehen. Da ich nichts von ihm will – er hat ja auch das Jahr in Deutschland nicht das geringste für mich getan, obwohl er für mich einige Leute hätte aufsuchen sollen – werden wir uns wohl kaum mehr sehen. Aber was ich dir offen sagen muß, *nach* der Operation hat sich einiges geändert, ich weiß, daß es keinen Sinn für mich hat weiter zu leben, ich habe keinen Ehrgeiz noch etwas aufzuzeigen, noch um etwas zu werben etc – wenn die Herausforderung so ausgegangen ist, daß Blut, Knochen und Muskeln einfach weiter leben, sich wieder aufbauen usw, so fühle ich dabei wie ein Beamter, ich laß es geschehen, ich werde nicht störend eingreifen, also ich werde mich nicht selbst umbringen, obwohl ich das eigentlich möchte. Aber anscheinend kommt es eben darauf nicht an. Es ist nicht nur, daß ich vielleicht noch mehr müde geworden bin, es ist so, als ob ich schon von einer jenseitigen Grenze her spreche, uninteressiert.

Ein Sklave meines Körpers, der seine eigenen Wege geht.

Es ist rührend von dir mir Geld schicken zu wollen. Aber es ist unsinnig. Was ich für die Reise brauche, ist im Grunde eine Fahrt zu bezahlen, das weitere werde ich dann schon dort bekommen. Dieses Geld hatte ich schon (ca 600 Dollar), davon hat mich Peter ca 250 Dollar hier bei seinem Besuch gekostet, der Rest ist auf die Operation draufgegangen, die insgesamt etwa 1100 Dollar gekostet hat, aber was ich da noch schuldig bin, darüber brauche ich mir keine Kopfschmerzen zu machen. Paß habe ich ja. Ich muß wieder anfangen hier Geld zu verdienen, aus der Mitarbeit für meine 7 deutschen Zeitungen verdiene ich etwa 50–70 Dollar monatlich, das kann ich leicht verdoppeln. Hier mit sogenannten public relations für Firmen, die hier an der Westküste arbeiten und verkaufen wollen, kann ich etwa als Kommission für eine dieser Werbefirmen rund 100 Dollar verdienen, für Reimann kann ich auch wieder arbeiten, da kann ich auch ca 50 Dollar im Monat jetzt verdienen. Das kommt dann ungefähr so heraus, daß ich in ca 4 Monaten wieder das Reisegeld zusammenhabe. Praktisch ist es ja so, daß ich auf die Reise irgendwo Vorschuß borgen kann, weil ich drüben für die Hamburger Versicherung, die Lufthansa, Volkswagen u. a. Aufträge mit hinübernehmen kann. Mir ist sogar schon hier von einer der großen Handelsfirmen eine Stellung als Kopra Einkäufer auf den Philippinen angeboten worden. (18 Monate Vertrag.) Ich würde dann sowieso erst nach Rotterdam (und Hamburg) fahren müssen.

Ich schreibe dir das nur, daß hier keinesfalls eine materielle Panik ist. Der Unterschied zu früher besteht nur darin, daß die Notwendigkeit, die Zügel des Geldverdienens wieder straffer anzuziehen, nicht meine wieder aufgenommene literarische Tätigkeit überwuchern darf (was es bisher getan hatte). Das Schreiben ist das wichtigste jetzt. Ich schreibe täglich, vorläufig völlig ins Unreine, um überhaupt nur ins Training zu kommen, aber es beginnt sich schon zu konstruieren. Ich weiß, bevor ich nicht das Wesentlichste, was ich selber zu sagen hätte, gesagt habe, ich überhaupt nicht abtreten kann. An diesem inneren Kampf bin ich jetzt interessiert und völlig in Anspruch genommen. Ich schreibe die große Herausforderung an die Menschheit, mit der Umdrehung aller moralischen Werte, die uns angelernt sind, der Leser, wenn sich aus Neugierde einer findet, soll aufquietschen, der kann nicht mehr so weiter gehen, als ob er es nicht gelesen hätte – dafür muß ich eine neue Form finden, eine ganz ruhige und beherrschte, und im Grunde genommen beschäftigt mich das völlig. Wenn ich etwa ein Drittel von dem, was ich mir vorgestellt habe, fertig haben werde, werde ich auch das Geld haben zu reisen und kann mich darum kümmern, daß es gedruckt wird. Vorläufig schreibe ich, wie es gerade kommt und wie der Satz mir liegt, halb englisch, halb deutsch. Aber ich will es deutsch mitbringen. Für den englischen Druck werde ich hier schon jemanden finden, der es stilistisch fertig macht und sich darum kümmert.

Pegu hat plötzlich angefangen sich um die Wiedergutmachung zu kümmern. Meinetwegen, ich unterschreibe ihm alles, ich kann nur nicht den Korrespondenzverlag in der Charlottenstraße, wo er für den Gegner angestellt war, d.h. sein könnte, hineinbringen, der bekanntlich ein Jahr vor Hitler aufgeflogen ist und die hineinstürmende SA nicht gesehen hat. Ich kann zu solchen Sachen nur meine Unterschrift hier beglaubigen lassen, aber die Behörden prüfen doch nach und die Sache fliegt heute sehr schnell auf. Mit allem kommt er jetzt reichlich spät, wenn auch seine Tendenz noch so lobenswert sein mag, er will seine Tochter verheiraten und braucht etwas Aussteuer. Wahrscheinlich wird er auch an dich schreiben.

Vorläufig also herzliche Grüße
Franz

319. AN CLÄRE JUNG
San Francisco, 9/28 55
104 Divisadero

Liebe Cläre,
inzwischen ist tatsächlich dein Geld angekommen. Es war wahrscheinlich schon unterwegs, als ich Dir schrieb. Herzlichen Dank, es war eine rührende Geste, die für dich sehr viel ausmacht, während bei mir mehr der psychologische Wert zählt.

Es geht mir leider nicht zum besten, obwohl ich nicht weiß, was mir fehlt – wahrscheinlich der eigentliche Lebenswille. Deswegen dauert auch die Erholung so lange, die Schnittwunden am

Hals und auf der Brust bluten noch immer und ich habe auch abends meist noch Fieber. An und für sich ist das ja ganz normal. Es macht mich nur noch mehr apathischer, als ich sonst schon bin, und eigentlich noch bitterer. Ich wohne hier jetzt auf dem höchsten der vielen Hügel von San Francisco, mit einem Rundblick über die ganze Stadt und die beiden Küsten.

Fuhrmann hat wieder einmal eine neue Gesamtausgabe gestartet, die ersten 5 Bände sind erschienen, von einem Hamburger Drucker Arnholdt, Wilhelm ausgeliefert. Er verlangt einen Subscriptionspreis von 100 Dollar und hat etwa 40 zahlende Bezieher beisammen. Das andere müssen dann seine Freunde aufbringen, von denen es ja erstaunlicherweise immer noch welche gibt. Das ist nun jetzt die dritte Gesamtausgabe in den letzten 25 Jahren – der Stil und die Struktur, herausfordernd, nicht mehr durchgearbeitet und manchmal geradezu albern, sind dieselben geblieben. Anstatt wirklich zu sagen, was er auf biologischem oder sozialem, historischem Gebiet gefunden hat, schimpft er nur, oft ohne Sinn gegen alles und jeden, der irgend etwas bisher dazu geschrieben hat, schließlich „erarbeitet" hat und sagt dann selbst von sich aus gar nichts als nur ein paar vage Andeutungen. Seltsamerweise hat er mir die 5 Bände zuschicken lassen – obwohl ich bei der Fuhrmann Clique (mit Ausnahme von Pegu) verhaßt bin. Ich habe 1) Zweifel geäußert, daß er „verhungert". Er ißt nicht sehr viel, das stimmt – aber da ist seine Freundin Katz, die ihn betreut und der er sicher das Leben schwermacht. 2) habe ich Leuten, die er um Geld angegangen hat, d.h. seine Freunde tun das – erzählt, daß er eine Briefmarken Sammlung hat, die er selbst auf 10 000 Dollar schätzt und die wahrscheinlich noch mehr wert ist. Wenn er stirbt, weil er nichts mehr veröffentlichen und weiterschreiben kann, so soll er ruhig seine Sammlung vorher verkaufen. (Für wen hebt er sie denn auf?) 3) habe ich das „Verbrechen" begangen vorzuschlagen, als mir das ständige Jammern um die Nicht-Anerkennung zuviel wurde, einen Artikel in dem Hamburger Spiegel zu schreiben oder schreiben zu lassen, mit den dort üblichen Übertreibungen und Schiefheiten, aber mit all den Sensationen, wahr oder falsch, die Fuhrmann, gewollt oder ungewollt, schließlich zu bieten hat. Damit wäre er bestimmt wieder in den Mittelpunkt gerückt. Einer seiner Söhne, ein ganz passabler Dichter, der in der Schweiz im Tessin als verspäteter Boheme lebt, hat mir geschrieben (Pegu hatte die ganze Sache weitergetratscht), daß ich das Andenken seines Vaters vernichten würde und daß die Familie mit Klage vorgehen würde – irgendwo lebt auch noch eine Frau mit zwei andern Kindern – daß ich selbstverständlich nichts weiter mehr unternommen habe. Pegu, dem es in Israel ja auch nicht zum besten geht, er verdient sehr wenig Geld als Anbau Berater für eine Dorfsiedlung, arbeitet noch immer als eine Art Sekretär, er schreibt an alle Welt für Fuhrmann und wird dafür in monatlichen Abständen von dem Meister reichlich beschimpft. Ursprünglich hatte mir die Form der Herausforderung an die Autoritäten auf jedem Gebiet gefallen, aber es ist nichts darauf in allen den Jahren gefolgt und heute erscheint es mir in höchstem Maße langweilig. Und sich obendrein noch vorzustellen, daß dann noch Leute kommen, die die wenigen Andeutungen, die F. bringt, von sich aus ungeheuer aufblähen und noch weiter verwässern wie dieser Hertwig. Für diesen allerdings wären die neuen Bände eine Fundgrube.

Weißt du übrigens, daß dieser Reimann hier, mein ehemaliger Boss, früher Redakteur der Roten Fahne in Berlin war, aus dem Katz Kreis stammt und praktisch später diejenige Stellung bekleidet hat, die mir seinerzeit Lania angeboten hatte, Berater bei der Handelsvertretung? Er ist noch heute sehr stolz darauf.

Er ist noch heute mit dem Hamburger Wehner sehr befreundet. Sein Name war Steinitz oder Steinicke oder so. Das ist alles an Klatsch für heute.

Herzlichen Gruß
Franz

Grüße an Deine Familie

320. An Cläre Jung
San Francisco, 10/9 55
102 Divisadero

Liebe Cläre,
inzwischen wird doch mein letzter Brief Dich erreicht haben. Aus diesem ersiehst du, daß zu einer besonderen Beunruhigung kein Anlaß ist. Daran hat sich auch bisher nichts geändert.

Ich denke, ich schreibe weiter an die bisherige Adresse. Im Grunde hat sich meine Reise nur verschoben. Ich denke bestimmt, daß ich wenigstens das direkte Reisegeld zusammenbringe, ich glaube, ich kann dann in Hamburg schon etwas Geld aufnehmen, außerdem kann ich ja auch von den Zeitungen etwas Geld bekommen. Also auch finanziell ist zu Besorgnissen keine Veranlassung.

Wir werden ausreichend Gelegenheit haben zu sprechen – ich habe zwar in Berlin nichts zu tun, aber ich komme selbstverständlich dorthin, denn ich glaube, es wird doch auch viel leichter sein für dich, mich dort zu treffen.

Ich rechne im Dezember nach dort kommen zu können.

Ich versuche natürlich nicht jemanden von irgend etwas überzeugen zu wollen, dieser kurzsichtige Quatsch, der von Bürokraten über Amerika und Rußland geschrieben wird, wird bestehen bleiben, was auch jemand dagegen anführen würde, ich glaube, weil man bisher noch nicht verstanden hat, daß es sich um zwei völlig verschiedene Menschenkategorien handelt, die von solchem Quatsch leben. Menschen, die eine wirkliche Perspektive herausfinden und vor allem an sich selbst erlebt haben, fallen anscheinend nicht mehr in diese Kategorie – natürlich ist für diese andere Kategorie, zu denen wir uns zählen müssen, zum mindesten nach der Vergangenheit und dem Erlebnis die Frage der Moral, der Gesellschaft, Gottes als der vereinfachenden praktischen Lebensregel einer Gesellschaft etc und der vielen Teilerkenntnisse auf den verschiedenen Gebieten des Lebens und der Einsicht eine völlig andere, es besteht überhaupt nicht die Möglichkeit einer Verständnisüberbrückung – daher glaube ich, daß nur davon ausgehende Bemühungen der Erziehung und „Heraufbildung" völliger Unsinn sind. Der Mensch in einer bestimmten Erlebensform kann weder erzogen noch umerzogen werden. Was wir lernen müssen ist, wenn wir leben wollen, sich anzupassen – meistens tun wir es nicht. Aber wir wissen, daß die Konflikte, die daraus entstehen, vermieden hätten werden können oder noch vermieden werden können. Also die Tragik ist niemals groß und niemals unüberwindlich. Ich denke, daß man 300 Jahre Literatur wird revidieren müssen. Ich halte überhaupt von der Literatur, von der aus wir gestartet sind, nicht sehr viel. Leider habe ich für mich selbst noch immer keine Form gefunden, ich bemühe mich und es fällt mir reichlich schwer. Ich betrachte das als eine Art Herausforderung an das Schicksal.

Was du schreibst, was nicht in Vergessenheit geraten sollte von meinen Schriften und so – ich habe darin keinen Ehrgeiz, hatte ihn anscheinend auch niemals, selbst wenn es in den letzten Jahrzehnten bitter war, daß ich nichts mehr veröffentlichen konnte. (Zum großen Teil meine eigene Schuld, d.h. meine eigentliche Absicht.) Ich glaube, was wirklich ausgesprochen hätte werden sollen, wird sowieso automatisch von andern auch ausgesprochen und es ist vielleicht wertvoller als Dünger zu dienen, als Vorkauer von Sprüchen, die andere fertig machen. Auch das hat einen sehr tiefen Sinn. Ich selbst würde, sollte ich es vollenden, mich bewußt oder unbewußt auf allgemein Gedachtes und Gefühltes stützen. Ich meine natürlich nicht damit die plumpe Verzerrung für das sogenannte zufällig vorhandene oder zusammengezwungene „Volk" zu sprechen. Ich sehe kein Volk und weiß auch davon nichts, außer, daß es eine Illusion ist. Man geht etwas sehr leichtsinnig um mit dem Begriff Gemeinschaft – welche Gemeinschaft? Das Volk ist keine Gemeinschaft oder etwa eine Gemeinschaft von Fressern und Parasiten – den Einzelnen kann man herausheben, in integren Kontakt mit sich selbst bringen, wie an einem Stück Ton herumkneten und vielleicht sogar daraus etwas schaffen – aber meist unter Aufopferung des Selbst, was ja durchaus kein Schaden zu sein braucht und meist Glücksgefühle auslöst.

So bewegen sich ungefähr meine Gedankengänge. Ich bin neugierig mit welchen Argumenten du dagegen auftreten wirst.

Bis dahin herzlichen Gruß
Franz

321. AN HANS SAHL
San Francisco, 10/30 55
102 Divisadero

Lieber Sahl,
vielen Dank für Ihren Brief und meine besten Glückwünsche für Ihre Gesundung.

Der Brief wird Sie hoffentlich über den American Express erreichen. Ich kann leider den genauen Termin meiner Reise nicht sagen, da ich in der Hauptsache für die Reise von der Pacific Vegetable Oil abhängig bin und einem der hiesigen V.Präsidenten für Verhandlungen in Rotterdam und Hamburg zur Verfügung stehen soll. Praktisch bin ich erst dann frei.

Ist wirklich für die Nachkur Lugano der richtige Ort für Sie? Es regnet doch dort im Winter wochenlang. Ich würde Ihnen Bordighera vorgeschlagen haben, es ist windgeschützter als San Remo und hat noch mehr Sonne. Aber alles läßt sich doch nicht mit den Dutzenden von Oasen zwischen Palm Springs und San Diego längs der Salton Sea vergleichen oder Arizona. Die Scandinavian Airl. fliegt Sie, sofern Sie nur irgend etwas pro forma selbst mit Hollywood zu tun haben, beinahe gratis über den Nordpol.

Jedenfalls sollten Sie wirklich in Lugano sitzen bleiben – ein ganz schrecklicher Ort – werde ich mit Ihnen in Verbindung kommen. Wahrscheinlich werde ich auf einen Tag nach Mailand gehen – ich vertrete jetzt auch den 24 Ore[1] hier an der Westküste.

Weiter schnelle Erholung und viele Grüße
Ihr Franz Jung

---

[1] Die 1946 gegründete täglich erscheinende Mailänder Wirtschaftszeitung *Il Sole. 24 Ore*.

322. An Ruth Fischer
San Francisco, 10/30 55
102 Divisadero

Liebe Ruth,
nur ein kurzes Lebenszeichen, um deinen Brief zu beantworten.

Reimann hat hier einen ziemlichen Erfolg gehabt. Der Vortrag ist als Sonderdruck von der Handelskammer herausgegeben worden. Persönlich ging es gerade, ein paar Tage länger hier wäre es allerdings nicht mehr gegangen. Schrecklich, wie viele Irre herumlaufen ohne daß man es ihnen äußerlich ansieht.

Wie du inzwischen überall gelesen haben wirst, hat der Börsenkrach damals nichts mit Eisenhower zu tun. Natürlich hat man die Krankheit etc benutzt später. Der Grund ist, daß die großen Investment Trusts hier, Versicherungen, lokale Staatskassen etc einen Teil ihrer Gelder in sogenannten blue stocks, Spitzenkategorie an Aktien, anlegen müssen, dies aber nicht getan haben wegen des hohen Kursniveaus und dem Andrang ausländischer Käufer, wobei der geringste Kauf seitens der Trusts die Kurse weiter hinaufgeschnellt hätte. Dies zu verhindern, haben die Banken aus dem Depot verkauft, ohne jede Intervention am Markt, am nächsten Tage fingen die Ausländer an zu verkaufen und die Trusts schalteten sich ein, sehr langsam, wie du aus der heutigen Kursentwicklung siehst. Das hat nichts mit Konjunktur, Demokratenfurcht und Spekulation zu tun, eine kalte lesson, die dem ausländischen Spekulanten erteilt wird und weiter erteilt werden wird. Konjunktur und Präsidentenwahl ist eine issue nur für die Dummen.

Ich bin hier in gutem Kontakt mit dem Rocca Konzern (Vegetable Oil). Die Pacific VO ist ein alter zaristischer outfit aus Odessa, Getreidehandel, später nach der Mandschurei emigriert, Soyabohnen etc mit großen Zweiggesellschaften in China (fast Monopol für einige chinesische Öle). Die Gesellschaft hat bis zum Koreakrieg in China gearbeitet, dann ca 300 Millionen Dollar verloren (an Kontrakten) und steht an erster Stelle, sofern China wieder aktiv wird, die Ölvertretung für Peking wieder zu bekommen, fast alle ihre chinesischen Direktoren arbeiten in den heutigen roten Trusts. Die PVO hatte eine eigene Filiale in Zürich errichtet, nur um über die Schweiz besseren Kontakt mit

Peking und neuerdings auch mit Moskau aufrechterhalten zu können.

Im Augenblick hat sich alles gedreht. Die Firma ist über japanische Geschäfte praktisch in Schwierigkeiten, China und Moskau Geschäft weiter denn je entfernt und die Gesellschaft wird von Washington eine Anleihe suchen müssen, um ihre Koprakäufe in den Philippinen und Indonesien aufrechterhalten zu können. Andernfalls wird die Gesellschaft in den Unilever-Konzern aufgehen.

Du wirst gelesen haben, daß Herr Leir von der Continental Ore in NY die französische Beteiligung an den Roechlingwerken an der Saar aufgekauft hat. Herr Leir, früher ein guter Kunde von Reimann, mit dem sich R. allerdings bald überworfen hat, ist ein waschechter Wiener (Wien dringt immer stärker in den Vordergrund der Weltwirtschaft), ist ein Strohmann für das frühere Internationale Stickstoffsyndikat, das nach Ausscheiden der IG Farben sich auf die belgisch-luxemburgische Gruppe konzentriert hat, von der die Continental Ore als New Yorker Agent fungiert. Wieviel original deutsches Fluchtkapital aus der Nazi Zeit ist von dem alten Stickstoffsyndikat unter Kommissionsbeteiligung der Belgier, Luxemburger und Franzosen noch intakt erhalten?

Ein weiterer Teil von Fluchtkapital findet sich in den Schweizer Übersee Schiffahrtsgesellschaften, die ohne Regulationen durch irgendein Schweizer Gesetz wild in der Welt herumfahren (27 Einheiten) und alle Tarife etc unterbieten, Schiffsmannschaft geflüchtete deutsche Fremdenlegionäre, karibische entlaufene Strafgefangene etc. Finanzier dieser Swiss Oversea ist die Genfer Privatbank Pictet & Pictet (es lohnt sich ein Besuch), die Privatbank aller depossedierten Fürsten einschließlich während des Krieges der Nazi Würdenträger. Die Firma verwaltete während des Krieges die European American Securities (Hauptbeteiligter die National City Bank), damals mein outfit. Aufgabe, die alliierten Liegenschaften in den Balkanländern in eine schwedische Frontgesellschaft zu bringen und so dem Nazi Zugriff zu entziehen (Teil meiner Aufgabe in Budapest).

Du siehst, es geht noch immer verschiedenes vor in der Welt, warte nur ein Weilchen ....

Herzlichen Gruß
Franz

323. AN CLÄRE JUNG
San Francisco, 11/12 55
P.O.Box 1154 Main Station

Liebe Cläre,
vielen Dank für deinen Brief.
Es ist wieder mal soweit.
Ich habe vor, am 2. Dezember von New York mit einem Boot der United States Line nach Bremerhaven zu fahren. Das heißt, daß wenn alles gut geht, ich so gegen den 10. in Hamburg sein werde. Du kannst mich dort c/o American Express erreichen. Ich würde etwa 8 Tage in Hamburg bleiben – hängt von meinen Geschäften dort ab, vielleicht noch vorher nach Frankfurt für 2 Tage gehen und dann nach Berlin kommen. Vielleicht könntest du mir in Berlin in der Westzone ein billiges Zimmer oder Pension besorgen, meine Geldmittel werden überaus knapp sein und ich werde Mühe haben, die Rückreisekosten aufzubringen, immerhin, ich will dieses Risiko nehmen. Sonst glaub ich komme ich nie zu der Reise. Im Augenblick habe ich noch nicht einmal die reinen Hinreisekosten zusammen. Wenn ich wirklich in Hamburg etwas für den hiesigen Hafen tun kann, so bekomme ich ja Kommission oder Geld dafür auch erst hier später nach meiner Rückkehr.
Das ist das äußere Bild.
Ich freue mich auch dich zu sehen und deine Argumente für die Zweckmäßigkeit der geplanten literarischen Arbeit zu hören. Ich werde sehr geduldig sein. Ich fürchte nur, du übersiehst in einem optimistischen Überschwang, daß ich gegen jede Art von Literatur, zum mindesten was man heute darunter versteht, bin. Außerdem ist mein Einfluß bei Verlegern meist noch unter Null, d. h. daß eine Verbindung mit mir, auch nur der Verdacht, jeden Kontrakt scheitern lassen würde. Die Historie eines geistes- oder socialwissenschaftlichen Abschnittes unserer Zeit ist ohne individuelle Accente nicht zu denken, d. h. sie wird zum persönlichen Erlebnis – daher die vielen Differenzen in der Auffassung von Ereignissen. Daher unterliegt eine von uns gegebene Darstellung demselben Handicap, als ob wir eine gewöhnliche Handlungsstory schreiben würden.
Leider – aber du bist disziplinär geschult genug, daß du das

selber sehen wirst und daß es nicht nur eine krankhafte Sensibilität von mir ist.

So wird unser besseres Auskommen in den Gesprächen mehr in allgemeinen psychologischen Perspektiven auf der Seitenlinie sich bewegen, und hier bin ich überzeugt, daß ich dir wirklich helfen kann, auch zum Verständnis deiner sonstigen Arbeit.

Nach diesem Tropfen Wermuth gieße ich wieder etwas Stimulans hinzu
und auf Wiedersehen, herzlichen Gruß
Franz

324. AN HANS SAHL
New York 40 [November 1955]
c/o Peter Jung, 179 Bennet Avenue

Lieber Sahl,
ich bin vorübergehend hier von San Francisco auf dem Wege nach Paris und hätte Sie, wenn es Ihnen möglich ist, gern gesehen. Ich fahre am 19. mit der Maasdam. Ich habe Sie bisher erfolglos versucht telefonisch zu erreichen. Wenn es Ihnen genehm ist, geben sie mir einen Ring.
Viele Grüße
Franz Jung

325. AN RUTH FISCHER
New York, 11/29 55

Liebe Ruth,
ich fliege diesen Samstag mit der Swiss Air nach Frankfurt. Route dann Hamburg (dort ca 8 Tage) Berlin (weitere 8 Tage) Frankfurt Zürich – Paris.

Schreibe mir, ob ich für dich etwas erledigen kann, gib mir Ratschläge, was ich tun und wo ich Geld aufnehmen kann, nach Hamburg American Express oder gib mir die Züricher Adresse der Eva [Walter] etc und sage mir, wo ich dich treffen kann.

In aller Eile und mit besten Grüßen
    Franz

326. AN CLÄRE JUNG
New York, 11/30 55

Liebe Claire,
ich fliege Samstag den 3. Dezember von hier mit der Swiss Air nach Frankfurt, bleibe etwa 2-3 Tage in Frankfurt, gehe dann für etwa eine Woche nach Hamburg und von dort fliege ich nach Berlin. Ich denke etwa eine Woche in Berlin zu bleiben, wo ich nichts sonst zu tun habe als mit dir eingehend zu sprechen und im Grunde mich völlig ruhig zu verhalten.

Ich bin doch, wie ich hier schon sehe, von der Operation noch nicht erholt genug, um groß herumzulaufen – das muß ich leider in Hamburg schon genug tun.

Von Berlin fliege ich über Frankfurt nach Paris. Ich habe auf Abzahlungskredit das Flugbillet der ganzen Rundreise.

Schreibe mir deine Dispositionen nach Hamburg c/o American Express.

Auf baldiges Wiedersehen, herzlichen Gruß
    Franz

327. AN RUTH FISCHER
Hamburg, 12/8 55

Liebe Ruth,
ich habe nur *gehört*, daß Du einen Brief nach S[an] F[rancisco] geschrieben hast. Ich habe den Brief nicht bekommen, da ich dort schon vom 11/20ten weg bin.

Wenn Du *so* kontinental disponierst, fürchte ich, werden wir uns verpassen.

Weder hier noch in Frankfurt war eine Benachrichtigung von Dir.

Die nächste Chance ist zwischen 13ten und 20ten Dezember *Berlin* c/o American Express, zwischen 20ten und 30ten *Frankfurt* c/o American Express. Dazwischen fahre ich aber nach Bonn, Mannheim und Stuttgart.

Alles weitere ist unbestimmt.

Rückflug habe ich von Paris.

Viele Grüße
    Franz

328. AN CLÄRE JUNG
12/8 [1955]

Liebe Claire,
ich fahre heute von Frankfurt nach *Hamburg*. Falls Du noch nicht nach Hamburg c/o American Express geschrieben hast, tue es noch heute, *wo* wir dort oder in Berlin uns treffen können.

Herzlichen Gruß
    Franz

329. AN CLÄRE JUNG
[Dezember 1955]

Liebe Cläre,
ich hoffe, daß Du mich bald erreichst. Die Zeit ist ziemlich knapp.
Da ich von Dir keine präzisere Nachricht hatte, so wohne ich *Pension Scherpf*, Ludwigkirchstr. 10a Telef. 91 54 08.
(Ich hatte schon Hugo Hertwig nach Deiner Adresse angerufen.)
Viele Grüße
Franz

330. AN CLÄRE JUNG
[14. Dezember 1955 Telegramm]

EINTREFFE 14 UHR PENSION SCHERPF – JUNG

331. AN CLÄRE JUNG
[Dezember 1955]

Liebe Cläre,
ich bin um 4h zum Anwalt bestellt. Paulsbornerstr. *Dr. Bauer.*
Warte auf mich
Franz

332. An Carola Weingarten
Berlin, 12/18 55
Pension Scherpf

Liebe Carola,
bis hierher bin ich glücklich gekommen, Frankfurt und Hamburg machen einen ziemlich deprimierenden Eindruck, die Leute laufen und fahren undiscipliniert herum wie in einem aufgescheuchten Ameisenhaufen und man wird herumgestoßen, daß es ein richtiges Wunder ist, wenn man nicht überfahren wird, das Benehmen ist servil und unsympathisch und irgendwie verlogen.

In Berlin ist es sehr viel besser, mehr Haltung und auch der Zuschnitt der Stadt wirkt ganz anders. Ich habe hier einige Verhandlungen begonnen und stoße auf außerordentliche Schwierigkeiten. Es wird Sie interessieren zu hören, daß ich eine der meist gehaßten Personen in der Ostzone bin. Offengestanden weiß ich nicht warum. Das geht soweit, daß Verleger im Westen und einige Schriftsteller überhaupt nicht mit mir sprechen wollen, weil sie dann Boykott in der Ostzone fürchten. Überhaupt sind die intellektuellen Beziehungen Ost-West anscheinend sehr eng. Ich habe versucht zu erfahren, welche officiellen Gründe dort gegen mich sprechen, weil heute hier für westdeutsche Schriftsteller die antisowjetische Einstellung an sich keine besondere Rolle mehr spielt, um selbst im Osten gedruckt oder zum mindesten gelesen zu werden. Ich habe dabei erfahren, daß anscheinend auf Johannes R. Becher[1] zurückzuführen von mir verbreitet wird, ich hätte während des Krieges in einem Büro gearbeitet, das sich mit Spionage in Sowjet-Rußland beschäftigt hätte, wobei meine Aufgabe gewesen wäre, über meine Beziehungen zu emigrierten Schriftstellern Verbindungen zu nach der Sowjet-Union emigrierten Schriftstellern herzustellen. So unsinnig und phantastisch das alles ist, ich weiß nicht einmal, ob es sich überhaupt verlohnt, dagegen aufzutreten und einige der Verbreiter dieser Dinge hier im Westen zu stellen.

Ich kann mir nur so denken, daß man vorsorglich, falls ich mal wieder etwas schreiben sollte, mich bereits klassifiziert hat, wozu wahrscheinlich obendrein die Beziehung zu Ruth[2] den Anlaß gegeben haben dürfte. Aber unter uns – es hat mich doch allein der Bosheit und Unsinnigkeit wegen ziemlich getroffen.

Ich hoffe, daß meine anderweitigen Bemühungen – wenn ich

auch vom Westen als Schriftsteller boykottiert werde, dann kann ich es eben nicht ändern – irgendeine Gesellschaft zur Förderung der direkten kontinentalen Handelsbeziehungen zum amerikanischen Westen herzustellen, Erfolg haben möchten. Bisher sieht es vielversprechend aus und ich kann vielleicht eine Exportgruppe Baustoffe und Baumaschinen drüben vertreten.

Ich wünsche euch ein gutes Fest und ein recht glückliches neues Jahr. Mit herzlichen Grüßen
Franz

1 Nach einer mündlichen Mitteilung Cläre Jungs aus den 70er Jahren hatte Becher ihr in einem persönlichen Gespräch gesagt, er rate Jung von einer Übersiedlung in die DDR ab, da Jung wegen seiner Verbindungen zu Canaris eine Verhaftung von sowjetischer Seite zu befürchten habe.
2 Tatsächlich hatte ein so enger Kontakt wie er zwischen Ruth Fischer und Franz Jung bestand, in der DDR derartig negative Folgen; Cläre Jung hatte das zu spüren bekommen, als man sie im Berliner Rundfunk des „Trotzkismus" beschuldigte, dem Ruth Fischer weiter zugerechnet wurde.

333. AN CAROLA WEINGARTEN
Hamburg, den 27.12.55

Liebe Carola,
ich bin inzwischen wieder heil nach Hamburg zurückgekehrt. Was in Berlin persönlich zu erledigen war, habe ich erledigt. Leider fühle ich mich nicht allzu gut, bei dem geringen Blutdruck und allen möglichen Grippeerscheinungen schleppe ich mich durch den Tag und muß noch obendrein bei den verschiedensten Verhandlungen, literarisch und geschäftlich, frisch und munter erscheinen. Viel wird bei allem nicht herauskommen, das weiß ich schon heute, die Lage ist ähnlich wie nach dem ersten Weltkriege und ungeheure Luftgeschäfte sind die Regel, ohne daß etwas Positives dahintersteht. Hochstaplerischerweise habe ich als Vertreter der Interessen des Hafens von San Francisco mit dem Leiter der chinesischen Handelsmission in Ost Berlin, einer charmanten Dame (Namen habe ich nicht behalten), Tee getrunken, die mir die Vorteile eines direkten Verkehrs der Linie Swatow oder Tientsin nach San Francisco auseinandergesetzt hat. Sie war zu diesem Zweck nach dem Westen gekommen und die

Teestunde fand in einem der zahlreichen Ost West Handelsbüros in Westberlin statt. Es war ganz spaßig.

Die Stimmung in Westberlin ist recht pessimistisch. Alles, was früher an Initiative vorhanden gewesen [sein] mag, ist verschwunden. Man wartet apathisch auf die Eingliederung von Berlin in die Ostzone und hält es eben für unvermeidlich, daher wozu noch kämpfen.

Sie machen auch drüben alle Anstrengungen, den Westberlinern zu zeigen, was der Osten zu bieten hat. Gänse, Fleisch, Butter, Eier und Kaviar sind in Massen zu haben und verhältnismäßig zum Ost West Kurs gerechnet billig, daher auch ein umfangreicher Schmuggel, Lebensmittel versucht der Westberliner im Osten einzukaufen, der Osten kauft dafür Kleidung im Westen. Die Kontrollen in den U und S Bahnen sind ausschließlich auf die Einkauftaschen konzentriert, Ausweise werden kaum mehr kontrolliert, da der Übergang von der West zur Ostzone Berlins garantiert frei sein soll, dagegen gibt es Fallen im Osten, zum Beispiel einige Enklaven, die man im Westen kaum kennt und die auch wechseln, plötzlich nicht mehr Sektor, sondern Zone sind und dementsprechend einem Visumzwang unterliegen. Zum Beispiel ist die Brechtwohnung Zone (die Theaterschule) und die zahlreichen Besucher Brechts aus dem Westen haben schon manche Schwierigkeiten gehabt, meist genügt allerdings eine Nacht auf der Polizeistation, das ist zum Beispiel dem englischen Agenten, der ein Brechtgastspiel in London zu verhandeln hatte, passiert. Brecht selbst genießt allerdings bei dem großen Propagandawert seiner Theatertruppe völlige Narrenfreiheit im Osten.

Der neue Dichter ist jetzt Curt Corrinth, ein drittklassiger Nachläufer des Expressionismus seinerzeit, der sich vom Westen in diesen Wochen nach dem Osten abgesetzt hat.

Ich habe noch etwa 14 Tage lang hier im Lande herumzufahren, Düsseldorf, Stuttgart und nochmal Frankfurt, dann über Paris zurück. Wenn ich noch halbwegs heil ankomme, wird es wie ein Wunder sein.

Nochmals Neujahrsgrüße an Adolph und den Hund
herzlichst dein
Franz

334. AN CLÄRE JUNG
Frankfurt, 1/7 55 [tatsächlich 1956]

Liebe Cläre,
ich verlasse in der nächsten Stunde wieder das Land.
 Es war sehr schön, daß wir uns haben – wenn auch vielleicht nicht ausführlich genug – sprechen können.
 Hab vielen Dank.
 Vorläufig ist aus allen meinen Plänen nichts Konkretes geworden. Nur Versprechungen und Aussichten – das ist nicht sehr viel.
 Vor Ende Januar werde ich kaum in S[an] F[rancisco] zurück sein, da ich 8-10 Tage in New York werde bleiben müssen.
 Nochmals viele Grüße
  Franz

335. AN HANS SAHL
San Francisco, Calif.–USA, 4. Februar 1956
Postbox 1154

Lieber Sahl,
ich bin auf meiner Blitzreise durch Deutschland leider nicht bis München gekommen, noch weniger hätte ich Gelegenheit gehabt, in die Schweiz zu gehen. Es tut mir sehr leid, daß wir uns nicht haben treffen können, und Sie können sich denken, ich hätte natürlich gern Ihre Ansicht über dieses Deutschland gehört. Ich habe außer Piscator noch eine Reihe Theaterleute gesprochen, darunter auch Barlog (noch hier in New York vor meiner Abreise) und später in Berlin natürlich Aufricht. Sogar den Dr. Rehfisch in Hamburg, mit dem ich eine überaus freundschaftliche Unterredung hatte, im Gegensatz zu meinem früheren Verhältnis zu ihm hier in New York. Die Zeiten ändern sich, und Leute, die man als Feinde angesehen hat, stellen sich zum Schluß als Freunde heraus. Oft mag es dann allerdings zu spät sein. Immerhin – ich höre, ich glaube von Ruth, daß Sie eine Rückreise nach hier ins Auge fassen. Dann denke ich, sollten Sie gleich nach dem Westen kommen. Lassen Sie sich nicht wieder

in New York einfangen. Und ich werde Sie dann hier sehen, ich hoffe bei bester Gesundheit und vielleicht gerade zwischen zwei Erdbeben.

    Mit besten Grüßen
            Ihr Franz Jung

336. AN CLÄRE JUNG
San Francisco, 2/7 56
PO Box 1154

Liebe Cläre,
ich habe deinen lieben Brief hier vorgefunden, vielen Dank.

Ich glaube du übertreibst, sehr viel habe ich nicht tun können, vor allem werden meine Ansichten nicht allzuviel ausrichten. Sie sind ja auch mehr oder weniger wertlos, weil sie auch außerhalb jeder praktisch bewertbaren Atmosphäre sind – man kann schließlich weder darauf arbeiten noch leben. Du ignorierst das gütigerweise, was sehr tröstlich für mich, aber auch ein wenig beschämend ist.

Ich muß mich hier wieder hineinfinden und versuchen, die große Zahl von geschäftlichen Verbindungen, die ich angeknüpft habe, irgendwie auszunutzen. Das zeigt sich leider erst nach Monaten, ob das möglich sein wird. Vorerst bin ich noch in der Phase der Korrespondenz und der Projekte.

Ich habe nichtsdestoweniger bei diesen Verbindungen eine ganze Menge neu hinzugelernt und die westliche kontinentale Atmosphäre in mich eingesogen – eigentlich nur um festzustellen, daß ich dort nichts mehr zu suchen habe.

Um sicher zu gehen, daß der Brief dich zur Zeit erreicht, füge ich zugleich meine herzlichsten Glückwünsche zu deinem Geburtstag bei.

Bei dieser Gelegenheit wirst du deine Mutter und deine Schwestern sehen und ich lasse sie bestens grüßen.

Ich wünsche dir allen Erfolg und die Möglichkeit alle aufkommenden Bedrückungen auf die leichte Schulter zu nehmen.

    Herzlichen Gruß
            Franz

337. An Ruth Fischer
San Francisco, 2/7 56
PO Box 1154

Liebe Ruth,
ich bin seit einigen Tagen wieder in SF zurück und auf der Wohnungssuche. Die Sache mit meinen Schulden wird ziemlich bitter werden – vorläufig habe ich noch eine Gnadenfrist. Trotzdem werde ich alles ruhig an mich herankommen lassen. Soweit, was mich persönlich betrifft, gesundheitlich scheint es mir besser zu gehen.

Dann hab nochmals vielen Dank für die freundliche, unverdient herzliche und generöse Aufnahme, die du mir bereitet hast. Ich bereite mich vor, dich entsprechend hier zu empfangen und alle Vorbereitungen zu treffen, dich hier zu installieren.

Weingartens waren sehr aufgeschlossen und freundlich. Sie wußten über deine Lage mehr als ich selbst, ich hatte wenig zu erzählen, was sie nicht selbst schon vor längerer Zeit dir selbst mitgeteilt hatten. Neu ist dort ein Television Set, wobei die Quiz shows besonders beliebt sind.

Carola möchte aus New York weg und versucht Adolf zu überreden, hier im Westen irgendeine der vielen kaum ausgenutzten heißen Heilquellen auszunutzen. Du wirst dort einer der ersten und bevorzugten Gäste sein (außer mir natürlich).

Halte den Kopf hoch, es kann ja nur besser werden, Krankheiten sind von den Ärzten erfunden, man kann sie ruhig vergessen. Das wünsche ich dir von Herzen und völlig aufrichtig.

Reimann ist noch im Lande und scheint sich bereits wieder nach hier zu nähern. Er will auf dem Rückflug von Mexico, wo er eine Scheidung durchführt, hier vorbeikommen. Sein „Foreign Letter" wird eingestellt.

Viele herzliche Grüße
Franz

338. An Carola Weingarten
San Francisco, 3/30 56
799 Oak Str

Liebe Carola,
würden Sie nochmals mir den Gefallen tun und als Garant bei der League for Mutual Aid für mich auftreten?

Ich bin hier in eine phantastische Lage geraten, weil zu allen meinen Schulden, die ich gerade anfange nach der Größenordnung abzuzahlen, plötzlich hinzugekommen ist, daß ich von neuem operiert werden muß. Diesmal an den Stimmbändern, angeblich ein Tumor, der beide überwachsen hat – so daß eigentlich die erste Operation überhaupt nicht notwendig gewesen wäre. Immerhin – selbst wenn es Krebs sein sollte, ist es auch nicht so schlimm – ich kann und will auch nicht ewig leben. Aber immerhin ich muß vorläufig weitermachen. Die Operation steigt schon am nächsten Donnerstag. Also an und für sich wird die Anleihe der League, wenn es überhaupt geht, daß ich sie nach hier bekomme, für die Anzahlung beim Krankenhaus zu spät kommen (Childrens Hospital hier). Aber nachher – ich muß mindestens 6 Wochen im Zimmer bleiben und *kein Wort* sprechen, was mir an und für sich nicht unangenehm ist. Ich schreibe schon gleichzeitig die application, ich glaube aber, es wird nach hier nicht gehen, obwohl im Board ein Mann von hier aufgezählt ist. Aber ich will es wenigstens versuchen.

Hoffentlich geht es Ihnen und Adolph besser als im Augenblick mir.
Herzlichen Gruß
Franz

Vorläufig will ich noch die Wohlfahrt vermeiden, obwohl ich schließlich so oder so dort enden werde.
Bisher aus D. keinen Erfolg, weder so noch so.

339. AN RUTH FISCHER
SF, 4/15 56
799 Oak Str

Liebe Ruth,
erfreut wieder von Dir zu hören. Hätte dir nach NY geschrieben, wenn ich deine Adresse gewußt hätte. Nehme an, du warst unter Klausur.

Operation ist soweit anscheinend normal verlaufen. Erwarte nicht mehr allzuviel. Leider ist aus allen meinen Anknüpfungen in D[eutschland] nichts herausgekommen. Mein Fehler war, weder für das eine – die geschäftliche Seite – noch die literarische Seite genügend konzentrierte Zeit aufgewandt zu haben. War auch allgemein nicht stabil genug für die Aufgabe.

Du hast einen sehr freundlichen Brief an Breier geschrieben. Was ich anfragen möchte, kannst du ihm nicht empfehlen sich an Frankfurt die Wirtschaftspolit Gesellsch auf deine Anregung hin zu wenden und einige Vorträge oder einen Sommerkurs (wahrscheinlich schon zu spät) organisieren zu lassen. Schließlich ist es gleichgültig, wenn die Gesellschaft dann ablehnt oder auf nächstes Jahr verschiebt etc – nur daß die Aktion, die irgendwie auch auf mich hier abfällt, aus dem Hirn ist und abgeschlossen wird. Ich glaube, du vergibst dir dabei nichts.

Herzlichen Gruß
Franz

Höre, daß du noch immer laborierst, mach dich gesund durch mehr Optimismus.

340. AN CLÄRE JUNG
San Francisco, 4/16 56
799 Oak Str

Liebe Cläre,
wahrscheinlich ist ein Brief von Ende März, worin ich dir mitteilte, daß eine neue Operation unternommen werden muß, verloren gegangen. Wie ich dir aber auch darin schrieb, es ist nichts besonderes, und es ist ja jetzt auch schon vorbei. Das einzige ist, daß ich einige Wochen nicht sprechen darf. Natürlich bringt mich das und vor allem auch wieder die neuen Kosten in allen meinen Plänen sehr zurück. Ich schrieb auch, daß Graf über deinen Brief sehr erfreut war. Ich fürchte, du hast ihm auch geschrieben, daß er für mich etwas tun sollte, bei Becher oder wo – das will er bestimmt nicht hören. Ich selbst will es auch nicht.

Für die damalige Zeit, meine Person, meine Bindungen, meine Ansichten und die Art das weiterzuvermitteln hatte die Schreiberei einen Sinn – zum Teil auch den, mir Freunde und Helfer zu gewinnen. Das ist nicht gelungen. Heute brauche ich diese nicht mehr. (Wieland Herzfelde schon überhaupt nicht.) Heute sagt auch diese Schreiberei nichts mehr, vor allem nichts darüber, was ich *damals* ausdrücken wollte.

Was ich heute und wenn überhaupt noch schreibe, braucht wie damals ein Publikum, zu dem und aus dem es sprechen würde. Ich habe kein solches Publikum und kann es mir auch nicht aufbauen. Und selbst wenn es nicht ganz wahr sein sollte – ich will es auch nicht.

Ich habe hier für den Spiegel den Jack London Artikel[1] noch in der Arbeit. Ich werde dir eine Copie davon schicken.
    Herzlichen Gruß
        Franz

1 Nicht bekannt.

341. An Oskar Maurus Fontana
San Francisco, 5/9 56
799 Oaks Str

Lieber Oscar Maurus Fontana,
ich habe mich über deinen Brief sehr gefreut, vielen Dank, meine besten Empfehlungen an Frau Käthe, der Obstschnaps wird noch eine Weile stehen müssen, falls er warten kann. Dieses Jahr werde ich kaum wieder reisen können, ich habe erst ein Drittel der Reiseschulden bisher abgezahlt. Aber ich mußte Cläre Jung und Margot Jung sprechen und es hat mir schließlich einen großen Druck abgenommen, daß ich es getan habe. Das Geschäftliche nebenbei war nur der Rahmen, ein großer Geldverdiener bin ich nicht geworden.

Sylvia scheint es halbwegs zu gehen, ihren Briefen nach zu schließen. Solltest du mal wieder nach Mailand kommen, Scala oder so, suche sie auf, ihre Adresse ist Sylvia v. Meisner, 95 Via Vallazze – eigene Wohnung, sie vertreibt irgendwelche Bücher, ich fürchte Carmeliter Traktate, aber ich weiß es nicht. Schließlich streitet sie sich zwischendurch mit der ungarischen Regierung herum, die ihr Haus in Maria Remete beschlagnahmt hat, weil sie nicht nach Budapest zurückgekehrt ist. Sie hat zwei Heilige organisiert, die wöchentlich je eine Stunde für sie beten, die eine ist ein schwarzes Waisenmädchen aus dem Waisenhaus in Marina di Pisa, wo Sylvia früher Nähunterricht erteilt hat, die andere ist eine Carmeliterschwester in San Remo, mit deren Oberin Sylvia noch korrespondiert. Für mich dagegen betet sie nicht mehr, wie sie mir schreibt. Ich kann mir jetzt sagt sie alleine weiterhelfen.

Ich hatte hier eine zweite Operation an den Stimmbändern und bin für 2-3 Monate stumm – eine ganz angenehme Erfahrung, nur schwer damit Geschäfte zu machen, wenn ich Firmen etc inzwischen aufsuchen muß.

Wenn es dir nicht zu viel Umstände macht, schicke mir das Bändchen aus der Serie Jüngster Tag[1] – ich habe nicht die geringste Ahnung mehr, was darin stehen mag.

Ich nehme an, ihr reist bald in die Ferien, laßt es euch gut gehen und steige nicht zuviel in den Bergen herum, ver-

schiebe den Höhenflug noch etwas für später.
Viele herzliche Grüße an euch beide
Dein Franz Jung

1 In der gleichnamigen Reihe des Kurt Wolff Verlages erschien 1918 als Band 43 Jungs Prosasammlung „Gnadenreiche, unsere Königin".

342. AN RUTH FISCHER
SF, 5/20 56
799 Oak Str

Liebe Ruth,
ich kann nicht gerade sagen, daß es mir besonders geht, ich kann noch immer nicht sprechen und es wird noch 1-2 Monate dauern, ehe das Stimmvolumen wiederkommt, sagt der Arzt. Nicht nur daß die Schulden enorm angewachsen sind, ich habe hier auch alle meine angebahnten Möglichkeiten verloren, weil ich nicht am Markte bin, es hilft mir auch niemand, wenigstens einige Telefonate zu machen.
  Eine kuriose Situation.
  Reimann ist auf dem Wege nach dort, wird dich vielleicht aufsuchen, geht nach Belgrad. Herr Strauß war hier und ich hatte dieserhalb einen Besuch hier, zusammenhängend mit meiner Reise. Der Herr scheint jetzt unter starkem Scheinwerfer zu stehen. Den Besuch verdanke ich den Farago Leuten, ich hatte einen aufgesucht, um ihm Grüße von dir zu bestellen und dabei auch etwas von und über Deutschland erzählt. Phantastisch – schade, daß ich damals nicht schon stumm war.
  Ich weiß, daß du für Breier nichts tun kannst. Er selbst ist nur sehr ungeschickt und ängstlich sich nichts an Prestige zu vergeben. Auf diese Weise ist auch ein von den Frankfurter Heften bestellter Artikel nicht zustande gekommen, den er an einen Kollegen weitergegeben hat. Es laufen eben die merkwürdigste Sorte von Wienern in der Welt herum. Wenn es für dich nicht eine Frage des Prestiges ist, schreibe ihm doch ein paar Zeilen, daß es leider sehr schwer ist etc etc – auch das würde mir schon helfen. Im übrigen sehe ich wirklich nicht ein, warum er nicht we-

nigstens im Rundfunk einen Vortrag über die amerikanische Wirtschaft im Wahljahr oder die Geld- und Kreditpolitik halten soll. Er schreibt hier eine monatliche Column für die A[merican] F[ederation of] L[abor] Union Blätter. Er braucht wahrscheinlich etwas mehr äußeres Prestige, um hier vom assistant zum associated Professor zu avancieren.

Er hat hier große Beziehungen und kann mir sehr viel helfen, tut es auch – leider hat er sich jetzt hysterisch auf die Vorträge festgelegt, glücklicherweise ist die Fulbright Professorship inzwischen negativ erledigt. Ich gebe dir nur die Atmosphäre, wenn du leicht, d.h. mit der linken Hand eine Empfehlung managen kannst, so – daß man hier davon etwas hört, wäre es fein, wenn nicht, ist es auch noch so – aber schreibe ihm ein paar Zeilen.

Carola W[eingarten] will auch nach Europa dieses Jahr fahren. Ich wünsche dir, daß deine Gesundheit so gut bleibt, um den Optimismus in vollem speed aufrechtzuerhalten und trinke zum lunch Mosel statt Rotwein. Der Mosel ist mir als einzige Erinnerung aus Berlin geblieben. Schade, daß man das nicht schon trank in Berlin als ich da herumlief.

Viele herzliche Grüße
Franz

343. AN RUTH FISCHER
San Francisco, 6/8 56
799 Oak Str

Liebe Ruth,
du brauchst dich nicht zu entschuldigen – obwohl die Sache völlig belanglos ist und weit harmloser als du vermutest, fühle ich mich sehr im Unrecht und habe mich schon für mich geärgert genug. Das Mysteriöse ist dadurch entstanden, weil ich unmittelbar nach dem Besuch seitens der CIA die eigentlichen Vorgänge nicht zu deutlich machen wollte, auf der andern Seite aber dir andeuten, von wo die Sache hier ausgegangen ist. Natürlich habe ich Farago etc nicht gesprochen, aber ich war auf der Suche nach Tillinger, den zu grüßen du mich beauftragt hattest bezw mir aufgetragen ihm zu bestellen, er soll an dich schreiben. Tillinger

konnte ich in NY nicht auftreiben, am Telefon wurde ich sichtbar unwirsch abgefertigt, wenn ich T. sprechen wollte. Also dachte ich, ich suche jemanden auf, der für ihn gelegentlich arbeitet, liefert Material für den Top Secret Outfit. Das ist ein alter Bekannter von mir, ein Dr Richard Peters, früher Korrespondent der Kölnischen und des Hamburger Fremdenblattes in Athen und später in Istanbul. Löste sich während des Krieges zusammen mit einigen OKW Leuten von Berlin und wurde in der Türkei bis Beendigung des Kriegs interniert. Kam dann später über Schweden, nachdem er in Deutschland von den Engländern keine Press Erlaubnis bekommen konnte, nach New York und lebt hier schlecht und recht, im Augenblick zwar Vorsitzender des deutschen Press Clubs, aber sonst sehr unbedeutend beschäftigt (bei der Staats Zeitung).

Ich kenn ihn ganz gut und stand von Budapest eine Zeitlang mit ihm in guter Verbindung. Habe ihn zufällig in NY wiedergetroffen (damals durch Epstein, bei dem er sich zufällig nach mir erkundigt hatte). *Diesen Mann* habe ich nach meiner Rückkehr in NY angerufen um mich nach dem Verbleib von T. zu erkundigen. (T. war damals nicht in NY.) Bin mit ihm zusammengekommen und habe ein paar Fragen über meine Eindrücke in Deutschland beantwortet, nicht mehr als das übliche, was man von einem Rückkehrer erwartet. Wahrscheinlich habe ich aber trotzdem noch zuviel gesagt – denn dann entstand, wie ich inzwischen von Peters gehört habe, das folgende: Herr Lochner hielt auf Einladung des Press Clubs eine Rede über Deutschland, wobei in der nachfolgenden Diskussion Peters zu erzählen begann, was er gerade von einem Zurückkehrer gehört hätte. Das sind die eigentlichen Unterlagen. Es ist zu vermuten, daß Lochner daraus irgendwelche Informationen weitergegeben hat und Herr Peters wurde dann offiziell interviewt und verwies dabei auf mich – die Folge, daß auch ich dann einen Besuch von der CIA hier bekam. Daß ich überhaupt an die Verbindung über Peters dachte, ist darauf zurückzuführen, daß in dem Gespräch hier und in den an mich gerichteten Fragen eine Redewendung immer wiederkehrte, die ich Peters gegenüber gebraucht hatte, nämlich daß auf die Deutschen kein Verlaß sei und wenn man ihnen die geringste Chance in die Hand spiele, etwa über Kombinationen und Lizenzen über Atomkraftherstellung etc, sie das in der Folge als politische Erpressung ausnützen würden. Am besten wäre es die Besatzung aufzugeben – jetzt sei noch Zeit – und die Deutschen ihrem eigenen Schicksal zu überlassen. Jetzt – sind sie noch ungefährlich, je länger man aber auch nur aus Prestigegründen die politische und wirtschaftliche Integration forciert, um so gefährlicher kann das später werden. Natürlich habe ich das nicht so formuliert exakt gesagt, aber es kommt schließlich darauf hin und so hat es die CIA anscheinend auch verstanden. Das ist meine persönliche Auffassung, ich war ja nur 3 Wochen überhaupt dort, gesagt hat mir das niemand, aber ich habe mir diese Gedanken in eigener Kombination gemacht und im übrigen, ich bin kein Politiker, nicht mal politisch geschult genug, um überhaupt rein politisch kombinieren oder analysieren zu können. Hier drehte sich dann das Gespräch auf die Person von Strauß. Offensichtlich hat man in NY solche Ansichten auf meinen Eindruck von Strauß und was ich über Strauß gehört haben mag zurückgeführt bezw in Zusammenhang gebracht.

Glauben Sie, daß Str einen politischen Einfluß gewinnen und mit dem Atomministerium die Bonner Außenpolitik zu beeinflussen wünscht? Ich kenne Herrn Strauss nicht und verfolge die deutsche Politik zu wenig, um das beantworten zu können.

Glauben Sie, daß die Person von Str für die deutsche Politik störend sein kann? Weiß nicht. Es ist bekannt, daß Str im wesentlichen anti amerikanisch eingestellt ist. Inwiefern wird sich das äußern? Ich habe nicht den Eindruck aus einigen Gesprächen mit Bekannten, bei denen auch von Str gesprochen wurde, daß er eine besondere politische Persönlichkeit ist. Was ist nach ihrer Meinung sein Ziel? Ich würde sagen, wahrscheinlich hat er überhaupt kein Ziel. Ich kenne nur von früher den Typ solcher Persönlichkeiten: Bayer, Biertrinker und daher sehr laut. Politisch also ungefährlich? Ich würde sagen, ja. Noch eine Frage: Wir hören von verschiedenen meist deutschen Quellen, daß Str ins Kabinett als Atomminister aufgenommen worden ist, damit er sich dort das Genick bricht. Würden Sie das bestätigen können? Unmöglich zu sagen, weil ich die deutsche Politik nicht verfolge.

Das ist ungefähr das wesentliche. Ich war im ersten Eindruck mehr berührt, weil mir eine dirigierte Aktion über Strauß Outsider Material zu sammeln wahrscheinlich schien. Wie gleichgültig mir das ist, brauche ich nicht besonders zu betonen. Hier wurde Herr Strauß sehr gut aufgenommen. Er soll nach deutschen Quellen hier einen sehr guten Eindruck hinterlassen haben. Adenauer werden aber wahrscheinlich andere Ansichten und Protokolle hier vorgelegt werden. Selbst der Generalkonsul hier meint, leider spricht Herr Strauß zu viel und zu frei manchmal ...

Das muß ich leider auch von mir sagen.

Das wird mir jetzt leichter fallen, als ich sowieso nicht mehr sprechen kann und es wahrscheinlich ist, daß ich die Stimme überhaupt nicht mehr wiederbekomme.

Aber kein Grund mich zu bemitleiden und aufzumuntern – ich kann mich daran gewöhnen und es kommt mir sogar ganz gelegen.

Du hast recht, daß ich nochmal nach Europa fahren sollte, das ist aber vorläufig ganz ausgeschlossen und es hat auch kaum mehr Zweck. Herr Strauß war mein letzter Kontakt mit Deutschland.

Über Breier schreibe ich nach einigen Tagen.

Herzlichen Gruß
Franz

344. AN RUTH FISCHER
San Francisco, 6/19 56
799 Oak Str

Liebe Ruth,
Reimann, der bereits unterwegs ist, wird dich wahrscheinlich nicht in Paris antreffen. Wenn dir an einem Zusammentreffen liegt, schreibe an G[ünter] R[eimann] c/o Dr Platow, 16 Fehlandstraße Hamburg deine Termine, wo du die nächsten 4 Wochen anzutreffen bist. Er reist zwischendurch in Italien herum, geht nach Belgrad und wird wahrscheinlich auch einige Tage in Zürich bleiben. Hamburg ist mehr ein Verbindungszentrum – von dort wird er jeweils benachrichtigt.

Ich bin nicht ganz sicher, ob du die Breier Sache verstehst – ob er schließlich einen Vortrag hält oder nicht, das wichtigste ist, daß er in Verhandlungen kommt, Anfragen etc, die er bei der Universität vorlegen kann. Er ist an der kritischen Stelle, vom assistant Prof zum associated Prof aufzurücken – was dann schließlich eine permanente Karriere bedeuten würde. Noch einmal seine Privat Adresse: 120 Graystone Terrace San Francisco oder Department of Economics, University of San Francisco – F.A.Breier. (Sohn des Geh Hofrats Breier, Freund von Schuschnigg.)

Laß es dir gut gehen und verwirre nicht zu sehr die guten Deutschen, alas.

Herzlichen Gruß

345. An Cläre Jung
SF, 7/10 56
799 Oak Str

Liebe Cläre,
Dank für Brief und gute Wünsche. Ich bin nicht eigentlich krank, ich hatte nur eine Nachoperation an den Stimmbändern mit der unangenehmen Nachwirkung, daß ich noch immer nicht mit Ton sprechen kann, sondern im besten Fall nur verständlich flüstern. Das hat natürlich alle meine Pläne hier ruiniert – ich kann ja nicht herumgehen und irgendwelche Werbekontrakte und Artikel für Hafen und die Westwirtschaft hier aushandeln, ohne richtig sprechen zu können. Ich habe niemanden gefunden, der mir dabei helfen würde, und in der Gegenwirkung, ich habe auch dann nicht mehr die Kraft gehabt, die mir in Deutschland gemachten Zusagen zu erzwingen. Dies hätte dann wenigstens die Möglichkeit gegeben, hier eine Firma und Büro aufzuziehen, was das Handicap ersetzt hätte. Insofern ist alles mit einem phantastischen Fehlschlag geendet. Ich stehe jetzt hier ziemlich schlecht, nicht nur wegen der Schulden, sondern auch weil ich alle Kontakte hier verloren habe, zum Teil auch selbst abgebrochen habe.

Das ist die Lage.

Ich trage mich eventuell mit dem Gedanken von hier wegzugehen und zwar nach den Virgin Islands, San Thomas. Ich kann dort verhältnismäßig billig leben und primitiv, 4 Monate ist Saison dort (wie Hawai) und es gibt dort so kleine Odd Jobs während dieser Monate, von denen man auch noch die übrige Zeit dann leben kann. Das Ganze ist so ungefähr die Südsee des kleinen Mannes, Ferienleute aus New York, denen Florida oder

Hawai zu teuer ist. Ein nicht gerade sehr nahestehender Bekannter von mir hier hat dort eine Buchhandlung aufgemacht, kleinsten Stiles, aber da die Insel laufend von Seeleuten überlaufen ist, eine der Südseestationen der US- und kanadischen Marine, geht der Laden vielleicht – ich könnte mich, wie er mir schreibt, irgendwie beteiligen.

Nach Deutschland werde ich nicht mehr kommen, es sei denn, es ergäbe sich ein Kontakt von Zeitung und Verlag, für die ich arbeiten könnte, müßte erst sehr sorgfältig entwickelt werden, ehe ich daran glauben würde. Das berührt deine zweite Frage. Ich würde dir raten, dich nicht mehr um irgendeine Rehabilitation oder Wiederbeachtung meiner literarischen Arbeiten zu bemühen. Es ist zwecklos. Und du stehst dir damit nur selbst im Wege. Literaturhistorisch gesehen ist es eben eine sehr verquere Konstellation. Die expressionistischen Anfänge habe ich nicht ausnutzen können, um mir eine historische Bedeutung zu verschaffen, weil ich aus Deutschland in den dafür entscheidenden Jahren weg war, sogar auf der Gegenseite stand. Die KP etc hat aus dieser Zeit nur die mehr negativen Erscheinungen behandelt (Lukács), der mich auch überhaupt nicht erwähnt. Die aus meinem Expressionismus entwickelten Malikbücher sind ja literarisch nicht wertvoll, wertvoll nur als Zeitdokumente, mehr journalistisch zu werten (allerdings die ersten dieser Art). Darüber ist der Zerfall, Wiedergeburt und Wiederzerfall der Partei hinweggegangen. Kein Anschluß mehr an die heutige Linie. Den Rest hat dann die Herzfelde Intrigue gegeben, die als Schutz gedacht war gegen etwaige Veröffentlichungen von mir, die man nach meiner Verbindung mit Ruth Fischer anscheinend erwartete. Diese sind nicht gekommen, es hat mich auch niemand danach gefragt und heute wird die Fischer bald wieder persona grata sein (bei ihrer engen Verbindung zu Tito). Herzfelde hätte den Bann durchbrechen können, stattdessen hat er das Gegenteil gemacht, aus Furcht selbst kompromittiert zu werden. Was kann da überhaupt noch geschehen? – offengesagt liebe Cläre nichts. Und offengesagt, es ist auch ganz gleichgültig, ob ich wo erwähnt werde oder nicht, was soll mir das nutzen?

Und: ich selbst habe anscheinend nicht mehr genügende Kraft von mir aus allein die Barriere zu durchbrechen. Und darauf kommt es schließlich an.

Ohne direkten inneren Kontakt, ohne Reaktion und ohne sozusagen Mithilfe kann kein Schriftsteller arbeiten. Das ist unmöglich.

Ich kann Pamphlete schreiben, Essays etc, d.h. angreifen und verteidigen – aber diese Zeit und auch innere Kraft brauche ich noch für das wenige, was ich brauche, um meine Existenz aufrechtzuerhalten. Ich habe nach 45 noch einmal 10 Jahre schlecht und recht um diese Kontakte gekämpft, unter großen Schwierigkeiten und sehr unglücklichen äußeren Verhältnissen. Ich habe nichts erreicht, nicht nur meine Enttäuschung und Bitterkeit, sondern auch meine Einsicht in die Widerstände und auch Haß und Verachtung sind größer geworden, d.h. ich habe immer weniger Chancen eine Position wiederzugewinnen, von der aus ich schreiben könnte. Das ist die nackte Wahrheit. Ich weiß natürlich nicht, was noch geschieht und geschehen kann – aber im Grunde, ich will nicht mehr. Ich torture mich genug, Tag und Nacht, dann sollte ich das, die literarische Bemühung um meine Position, endlich über Bord werfen können.

Ich bitte dich, gib es auf für mich dich noch einzusetzen – es lohnt sich nicht und es wirkt nur wie eine zusätzliche Marter. Ich ersehe aus deinem Briefe nur, daß sie dir die Zeitschriften und Manuskripte[1], die für dich nicht nur eine Erinnerung, sondern auch eine Art Selbstschutz waren, jetzt abgenommen haben. Das tut mir für dich leid, von deinen Erwartungen wird und kann nichts eintreffen. Das ist ein historischer Prozeß.

Herzlichen Gruß
Franz

---

1 Cläre Jung übergab der Deutschen Akademie der Künste zu Berlin damals nur eine Kopie ihrer Erinnerungen (1911–1955) – „Der Rechenschaftsbericht". Außerdem übersandte sie laufend Ergänzungen des 1955 begonnenen Findbuchs der in ihrem Archiv befindlichen Schriften von und über Franz Jung. Vgl. auch „Der tolle Nikolaus", Leipzig 1980, S. 382–383.

346. AN CLÄRE JUNG
San Francisco, 9/18 56
799 Oak Str

Liebe Cläre,
jetzt bist du schon lange ohne Lebenszeichen geblieben.
 Ist ein besonderer Grund vorliegend oder woran liegt es?
 Ich hoffe, daß dich mein letzter Brief mit all der Nervosität nicht allzu sehr erschreckt hat. Was kann ich anders machen als den Kampf mit all den Widerständen immer wieder von neuem aufzunehmen und weiterzuwursteln. Manchmal wird das eben reichlich schwer und es scheint manchmal wirklich kaum eine vernünftige Aussicht. Aber immerhin – – – Das soll nicht heißen, daß ich nicht soviel wie möglich immer wieder von dir hören will. Du lebst doch hoffentlich mehr und auch unabhängig nicht nur vom Schreiben und der Aussicht etwas unterzubringen und jemanden zu gewinnen etc, der dir hilft. Das Leben hat doch auch noch andere Perspekte. Bitte schreibe doch auch mal darüber.
 Pegu hat mir übrigens geschrieben, daß er eine beträchtliche Abfindung erhalten soll und ist anscheinend überglücklich. Du siehst, wozu doch schließlich der Hitler zum Schluß noch gut war. Niemals wäre der gute Pegu in die Lage gekommen eine größere Summe Geldes in seinem Leben zu verdienen.
 Also schreibe bald.
 Herzlichen Gruß
  Franz

Ich kann immer noch nicht richtig, das ist laut und verständlich genug, sprechen.

347. AN RUTH FISCHER
SF, 9/21 56
799 Oak Str

Liebe Ruth,
ich habe selbst mit einem Vergrößerungsglas nicht feststellen können, ob die Person in der Haustür, die in eine verlassene Gegend schaut, mit dir identisch ist. Ich hätte dich mir eher vorgestellt von des Daches Zinnen ...
　Jedenfalls vielen Dank für die Atmosphäre.
　Von Zeit zu Zeit schicke ich meinen Zeitungen so eine private Information als eine Art service. Ursprünglich nur als eine gelegentliche Erinnerung gedacht, mich besser zu behandeln, hat sich das leider eingeführt und die Leute mahnen mich an, obwohl keine vertragliche Grundlage vorhanden ist und ich obendrein auch kein Geld dafür bekomme. Wenn ich das nächste rausschicke, sende ich dir eine Copie, wahrscheinlich stelle ich aber die Sache sowieso ein, wenn ich den Dienst als solchen einstelle, was ich hoffe Ende des Jahres tun zu können.
　Hier, was die Wahlen angeht, ist noch nichts zu sagen. Ganz offensichtlich ist aber mit einigen Überraschungen zu rechnen – das liegt sozusagen in der Luft. Bisher haben beide Parteien die Außenpolitik etc vermieden, auch bisher kein klares und verständliches Programm aufgestellt. Der erste, der damit klipp und klar herauskommt, gewinnt die Wahlen. Entscheidet man sich, d.h. kommt auch von außen keine Anregung, so wird alles beim alten bleiben, d.h. man wird Eisenhower weiter wursteln lassen, was für beide Parteien das bequemste sein würde.
　Eins sieht man draußen nicht: Eisenhower ist alles andere als populär. Die Leute lachen in den Kinos, wenn er auftritt, das berühmte „Lächeln" sprich Grinsen wird oft als Beleidigung empfunden. Interessant, daß er bei zwei der Radioketten nicht mehr top billing hat. So wie es bis jetzt ist, wirkt übrigens Stevenson nicht viel besser – weit weniger interessiert und offensichtlich ennuyiert als in den primeries. Ich bin sicher, daß hinter den Kulissen sich etwas zusammenbraut, eine Weltfriedenskonferenz oder so etwas oder ein plötzlicher und radikaler Abzug aller Besatzungstruppen, Aufgabe der Luftstützpunkte etc – irgend etwas liegt in der Luft. Eisenhower wirkt übrigens ohne jede Führung, ganz auf sich gestellt und daher überaus dumm – seine

Friedensrede, die erste in der offiziellen Kampagne, hat ihm sehr geschadet – das Wort „Frieden" allein zieht nicht mehr, wenn es sich inzwischen allgemein herumgesprochen hat, daß niemand Krieg will. Und natürlich Suez – obwohl die Politik sicher richtig ist – aber das Hinterherlaufen hinter Nasser Argumenten wird ihm schaden. Überhaupt, beide Parteien sind weit davon entfernt als Einheit aufzutreten, der Streit geht bis in die Spitzen.

Wie du weißt, gibt es keine Arbeiterstimmen, die Arbeiter stimmen 1) lokal und nach der community und 2) jeweils mit der Industrie, d.h. die Großindustrie etc kann die Stimmen kaufen.

Die Farmer stimmen, trotz allen Geschreis, mit den Hypothekenbanken entsprechend dem Zinssatz der loans und der Chance einer Verlängerung bezw dem Creditsatz dafür. Diese lokalen Banken, die natürlich nur Teile einer Kette sind und in der Spitze bei Mutual Trusts und den großen Versicherungsgesellschaften enden, bestimmen das Farmer vote. Die politischen Journalisten und Kommentatoren verschweigen das oder sie verstehen es nicht – immerhin der Grund, warum dann auch im Ausland, das ja erst die Beurteilung aus zweiter Hand bekommt, eine falsche Meinung aufkommt. Bisher haben Banken und die Versicherungskonzerne sich sehr zurückgehalten, nichts Definitives, die milliardenschwere Metropolitan Life soll zu Stevenson tendieren – aber noch nicht klar. Immerhin hat allein dieses Gerücht eine Panik hier bei den Banken ausgelöst, die ihren Großkunden erzählen, eine Kapitalflucht (nach Canada) hätte bereits eingesetzt, weil die Demokraten gewisse Chancen die Wahl zu gewinnen hätten. So unsinnig das im einzelnen sein mag, besonders was die Kapitalflucht nach Canada anlangt, da diese von London und Paris ausgeht und die hiesigen Oel- und Minengesellschaften etc das englische und französische Fluchtkapital benutzen um es zunächst vor das eigene Investment, das lange vor den Wahlen bestimmt war, vorzuschieben, d.h. die Option nehmen, die Lücke, im Falle dieses kurzfristige Investment fließt zurück (nach Zürich z. Bspl), dann auszufüllen. Komisch, wie die Leute hier fähig sind, klare Fakten zu verdrehen.

Etwas wird ja auch mit Ost-Westhandel geschehen müssen. Die Ostländer Wechsel mit Südamerika etc werden in Zürich im Dollar billiger diskontiert als in New York, d.h. daß die Ostländer in der Außenhandelsfinanzierung über größere Dollarbeträge verfügen als London oder New York. Man spricht von Ost Dollar

Pool in Höhe von mindestens 300 Millionen Dollar, der für diese Zwecke eingesetzt ist und der selbstverständlich das ganze Washington Konzept sehr stört.

Bevor die US aus Deutschland abzieht, werden sie dafür sorgen, daß die D Mark ihre führende Rolle unter den europäischen Währungen in der E[uropäischen] Z[ahlungs] U[nion] etc verliert. Wieder einmal schwingt das Pendel währungstechnisch in der entscheidenden Stunde zu Gunsten Frankreichs, der echte Franken, der Umlaufs und Außenhandelsfranken, d.h. der französische Wechsel wird von New York als Balance für die europäische Wirtschaft wieder stärker gestützt werden, die D Mark ist keinesfalls Substitut in Europa für den Dollar – du wirst sehen, eher im Gegenteil, die Jagd, die D Mark wieder bescheidener zu halten, hat schon begonnen.

Ich hoffe, was ich dir hier erzähle, ist für dich nicht nur Schall und Rauch, es lassen sich für geborene Politiker, zu denen du dich leider rechnest, statt Gedichte zu schreiben, manche langfristige Schlüsse daraus ziehen.

Herzlichen Gruß
Franz

348. AN RUTH FISCHER
San Francisco, 11/7 56
799 Oak Str

Liebe Ruth,
ich lege dir etwas für deine Lektüre bei. Story stammt von *REAL the exciting Magazine,* Dezember No For Men only.

Inzwischen ist die Wahl vorbei, die Zeitungen werden anfangen sich wieder etwas mehr mit den Auslandsvorgängen zu beschäftigen. Ich nehme an, daß du die Privat Korrespondenz *Bonner Bericht* kennst, G.B. Hassenkamp und D. Behm, Hohenzollernstraße 1 – kommt wöchentlich und scheint in der Zusammenfassung besser als der tägliche Platow Brief, dann gibt es noch den Schmitt Brief (Detmold), hinter dem der Arbeitgeberverband steht. Der Bonner Bericht hat scheint mir internationales Format, die SPD scheint ihm nahezustehen, zum mindesten mit zu informieren.

Wenn es weiter keine besondere Umstände macht, ich meine, daß eine deiner Sekretärinnen zu einem Altbuchhändler Beziehungen unterhält, würde ich dich bitten dich zu erkundigen, ob man ohne zu große Schwierigkeiten von Restif de la Bretonne *Le Palais Royal* oder *L'Annee des Dames Nationales* oder *Les Posthumes* – kurz die journalistischen Schriften und Pamphlete, alt oder in einer Gesamtausgabe mit versteckt, es gibt zwei Neuausgaben einer sogenannten Gesamtausgabe – bekommen kann. Ich will über Restif schreiben und da man hier mit der Wiederentdeckung des Marquis de Sade große Geschäfte gemacht hat, kann daraus auch etwas werden. Der Nicolas und die reine Literatur interessiert nicht – ich möchte aus den Restif Berichten, die ja ironisch sind, beweisen, daß die französische Revolution nicht stattgefunden hat. Den Anfang hat ja schon, wie du aus dem Spiegel ersehen haben wirst, Romi „Livre de Raison du Patriote Palloy" Éditions de Paris gemacht. Ich will das auf einer breiteren Basis fortsetzen, die Geschichtslüge des Bastille Sturmes ist nur der Anfang.

Es wäre mir angenehm, wenn ich wenigstens [den] einen oder anderen Band aus den erwähnten Sammlungen gelesen hätte, andernfalls muß ich es mir hier aus Büchern über Restif etc zusammenkombinieren. Es gibt hier eine sehr schlechte Ausgabe der Revolutionsnächte, zurechtgeschnitten in deutsch, und eine italienische Ausgabe der Palais Royal, Teile davon wurden seinerzeit von der italienischen KP 1948 als Wahlkampfliteratur verwendet. Von Kurt Kersten gibt es einen sehr schlechten und zweckbeeinflußten Essay[1] aus dem Jahre 1920.

Viele Grüße

Franz

---

[1] Jung meint wahrscheinlich Kurt Kerstens Nachwort zu der deutschen Ausgabe von Rétif de la Bretonne „Revolutionsnächte", München 1920, S. 213–226.

349. AN HUGO HERTWIG
[12. Dezember 1956]

Lieber Hertwig,
ich habe Ihnen zunächst die schmerzliche Mitteilung zu machen (zugleich im Auftrage von Ilse Katz-Fuhrmann), daß Ernst Fuhrmann am 28sten November im Knickerbocker Hospital in New York gestorben ist.

Ich bin von Ilse Katz gebeten worden, ihr zu helfen, das in den Korrekturbogen bereits zum größten Teil vorliegende Manuskript für Band 6 „Ergebnisse" druckfertig zu machen, und habe das Arbeitsquartier vorübergehend in der Wohnung Fuhrmanns hier aufgeschlagen. Man muß jetzt, schon allein um einen neuen Auftrieb für die bisherige Ausgabe der „Neuen Wege" zu erreichen, noch einmal eine Aktion in Presse und Zeitschriften einleiten, die natürlich möglichst koordiniert sein soll. Ich bitte Sie, sich sofort mit uns hier in Verbindung zu setzen, mit I[lse] K[atz] insbesondere, weil wir hoffen, daß Sie sich nicht nur beteiligen, sondern auch von großem Nutzen sein werden.

Ich denke, daß man aus dem bisher druckfertig vorliegenden Manuskript, das ganz großartig ist, Teile vorveröffentlichen kann, um dem Nachruf einen breiteren Rahmen geben zu können. Ich bitte Sie daher auch, nicht Vorschnelles für sich allein zu unternehmen – ich würde vorschlagen, diese Vorabdrucke nach einem bestimmten Verteilungsplan zu plazieren, entsprechend auch dem Spezialinteresse des Nachrufschreibers. Die Genehmigung des Druckers bezw Verlegers muß von hier aus auch erst eingeholt werden. Ich denke mir, daß mein Freund Schwab-Felisch von der Frankfurter Allgemeinen mir bei der Disposition behilflich sein wird.

Dies zunächst nur in aller Eile, ich hoffe, bald nach hier von Ihnen zu hören, und verbleibe mit besten Grüßen und Empfehlungen an Ihre Frau Gemahlin
Ihr
   Franz Jung

Mit Gruß Ilse – es ist mir so gar nicht nach Schreiben zu Mute, bitte sagen Sie doch auch Voglers, Ilse Molzahn + anderen Bescheid.[1]

1 Zusatz von Ilse Katz.

350. AN CLÄRE JUNG
New York – Flushing, 12/12 56
35-05 Parsons Boulevard c/o Fuhrmann

Liebe Claire,
ich möchte dich bitten, dich mit Hertwig in Verbindung zu setzen, dem ich heute ebenfalls geschrieben habe, damit nichts geschieht, was eine gemeinsame Aktion für Fuhrmann stören könnte – er soll sich mit uns hier sofort in Verbindung setzen. Fuhrmann ist hier am 28. November in einem New Yorker Hospital gestorben.

Ich bin von Ilse Katz-Fuhrmann gebeten worden, ihr bei der Fertigstellung eines bereits im Druck vorbereiteten Bandes 6 der Sammelausgabe behilflich zu sein. Ich bin nach hier gekommen und habe vorübergehend mein Arbeitsquartier hier auch in der Wohnung Fuhrmanns aufgeschlagen.

Kann nicht auch was in der ostdeutschen Presse oder in einer der dortigen Zeitschriften gebracht werden? Der Band 6 beschäftigt sich mit der Perspektive des Sinnes der Geschichte und der Stellung des Menschen biologisch in dieser „Geschichte", die Fuhrmann als gesellschaftliche Funktion ja überhaupt ablehnt. Eine Diskussion dieser zunächst nach außen gesehen biologischen Perspektive von welchem marxistischen Standpunkt immer, selbst einem streng orthodoxen, glaube ich würde sehr interessant und sogar nützlich sein.

Ich denke noch für die Ausarbeitung der geistigen Hinterlassenschaft eine Reihe hier vorzuschlagen, wenn ich erst mal mehr mit den Dingen allgemein und den Manuskripten vertraut bin – vorläufig nur eine allgemeine Anfrage – vielleicht kannst du auch eine Stelle oder Persönlichkeit dort vermitteln, mit der man direkt oder durch dich korrespondieren kann. Ich brauche dabei nicht direkt in Erscheinung zu treten, die Korrespondenz würde entweder durch die Gesellschaft der Freunde Ernst Fuhrmanns[1], den Hamburger Verleger[2] oder die Frau[3] hier als Verwalterin der Hinterlassenschaft geführt werden. (Eins ist sicher, es ist sehr viel mehr an neuer Perspektive – für jede Form von Gesellschaft und Orthodoxie provokativ – erträglich vorhanden, als etwa Hertwig versteht und sich träumen läßt.)

Schreibe bald nach hier
inzwischen mit herzlichen Grüßen
Franz

1 Hertwig beabsichtigte, die Gesellschaft neu zu gründen, zu der in den 20er Jahren Rudolf Pannwitz, Hugo von Hofmannsthal, Rainer Maria Rilke, Alfred Döblin, Walter Gropius und Emil Nolde sowie die Verleger Albert Langen, Eugen Diederichs und Ernst Rowohlt gehört hatten.
2 Wilhelm Arnholdt.
3 Ilse Katz-Fuhrmann.

351. AN HUGO HERTWIG
New York, 12/26 57 [tatsächlich 1956]

Lieber Hugo Hertwig,
es ist Zeit, daß ich Ihren Brief beantworte, obwohl ich noch lange nicht den Überblick über die Arbeiten und Manuskripte habe, der eigentlich notwendig wäre.

Sie werden verstehen, daß ich mich so präcise als möglich fasse, um die allgemeine Stellung zu fixieren – ich möchte hoffen, daß sie den „Ton" nicht mißverstehen.

1) Die Person Ernst Fuhrmanns, Aufbau und Entwicklung persönlicher Beziehungen, Atmosphäre etc ist *eine* Sache, Arbeiten und hinterlassene Manuskripte etc ist eine andere. Ich will nicht gerade sagen, daß beide nicht irgendwie selbstverständlich zusammenhängen, aber jede unterliegt eben besonderen Bedingungen. Das gilt insbesondere für die weitere Herausgabe und Propagierung der Schriften und hinterlassenen Manuskripte.

2) Die „Freunde" EF setzen sich aus den verschiedensten geistigen und persönlichen Elementen zusammen, sie sind erinnerungsmäßig accentuiert. Die weitere Herausgabe und Werbung für Arbeiten EF hat völlig unaccentuiert zu erfolgen. Es ist *Material* und als solches unterliegt es allgemeinen Bedingungen, Druck, Herausgabe und Werbung für eine Leserschaft, zum mindesten für eine Beachtung in ausreichend fundiertem Maße, um daraus eine Quell Reserve zu schaffen und zu erhalten, auf die Spätere dann zurückgreifen können.

Das alles mag akademisch klingen. Es muß nur ausgesprochen

werden, weil man sonst den Unterschied nicht verstehen wird.

3) Das Besondere in diesem Fall, d.h. der Herausgabe hinterlassener Arbeiten von EF, liegt darin, daß es weder eine persönliche Interpretation (durch nähere Kenntnis der Person, Planung etc, selbst gemeinschaftliche Arbeiten) gibt noch eine allgemeine Interpretation mit Anspruch auf Gültigkeit. Was EF zum Beispiel 1920 geschrieben oder geplant haben mag, findet sich im wesentlichen wieder in neueren Arbeiten 1954 oder bis zuletzt. Der Zugang ist ein anderer, um es plump auszudrücken, ein vertikaler, der sich auch vertikal verwurzelt und nur von der Wurzel aus sich verbreitert, wie das normalerweise bei Arbeiten an sichtbarer Oberfläche zu geschehen pflegt.

4) Eine so konstruierte Gedankenwelt, die man nur zu einem Teil als Erlebniswelt bezeichnen könnte (obwohl gerade diese das Signum des Denkers und Schriftstellers allgemein ist), erklärt die Wurzeln und die Vielfältigkeit der Denkarbeit Fuhrmanns, die in dieser Vertikalkonstruktion der immer tiefer bohrenden Wiederholungen, der gleicherweise vertikal nach unten gehenden Associationen, wie dem biologischen Sektor seiner Arbeiten, eben das Wesentliche EF's ausmachen.

5) Man kann, überspitzt gesagt, alle Arbeiten Fuhrmanns in 2-3 Bänden zusammenstellen, je nach den Grundthemen der verschiedenen Denk Departments, oder 100 Bände herausbringen, in der nach der Breite gehenden Oberflächenfolge – in der Weise aufzeigend, wie es geworden, wie es sich weiterentwickelt und wie die weiteren Ergebnisse sein werden, eine höchst aufregende und phantastisch nützliche Aufgabe.

6) Die „Freunde" EF sind hierzu nicht fähig, wahrscheinlich nicht einmal gewillt. Die Außenseiterstellung EF haben sie nicht durchbrechen können, weder bei EF selbst noch für irgendeine beschränkte Öffentlichkeit. Sentimentale Erinnerungen, jeder nach seinem eigenem Maßstab und Association sind übrig geblieben. Die jetzt vorhandene Situation ist gerade der Beweis der Unfähigkeit der „Freunde".

Was das Praktische anlangt, so ist die Situation folgende:

Arnholdt wird den Band 6, der im Manuskript fertig vorliegt, in den Korrekturen bis zu 3/4 im Januar drucken und bald herausbringen – aller Voraussicht nach auch Band 7, der von EF noch im wesentlichen aus Manuskripten zusammengestellt ist, die allerdings noch editiert werden müssen.

Band 6 ist ziemlich einheitlich auf sociale und gesellschaftliche Zusammenhänge und Wirkungen abgestellt, aus der biologischen oder nach Fuhrmann aus biopsychischer Sicht, ein Teil beschäftigt sich mit der Möglichkeit neuer Gesellschaft und eines neuen Menschentyps. Ich habe Arnholdt vorgeschlagen, aus diesem Band eine Anzahl Vorabdrucke herzustellen, die ich noch zusammenstelle, um eine gewisse Publizität zu erreichen, von der auch noch der Band 7 zehren könnte.

Ferner habe ich vorgeschlagen (nur aufnehmend, was Arnholdt schon früher vorgeschlagen hatte) eine Art Zeitschrift als Werbeorgan der Fuhrmann Ausgabe des Verlages herauszugeben, vielleicht unregelmäßig oder 4 mal im Jahr und hier etwa 16 Seiten einen besonderen größeren, in sich geschlossenen Aufsatz zu bringen aus den Schriften – ich könnte den Grundstock solcher Hefte noch vorbereiten (3 oder 4) – den ersten aus einer Aufsatzreihe „Wie ich es sehe", Analyse und Verfall des heutigen Menschen, das defekte Menschenvieh, das die heutige Gesellschaft ausmacht etc – dieses Sonderheft weitmöglichst zu verbreiten – natürlich von vornherein nur bei entsprechenden Buchhandlungen etc mit einer großen Zahl von Privatadressen, die man sich hier, drüben und überall in der Welt zusammenholen sollte. Für den Titel dieser „Zeitschrift" habe ich vorgeschlagen: Herausforderung oder Die Herausforderung. Natürlich müßten für den Rahmen der Sache noch einige Notizen etc, anschließend die Werbenotizen dort hergestellt und zusammengestellt werden.

(Die Antwort Arnholdts steht noch aus.)

Band 7 würde meist neuere Arbeiten aus den letzten Jahren enthalten – Sprach- und Legenden Analyse, allgemein Biologisches (Technik), Zusammenhänge und Rückschlüsse in der prähistorischen Sicht, aber eben nur die letzten Arbeiten. (Das kann sich natürlich noch ändern.)

Dann: ich werde hier versuchen, einen Vorstoß in englischer Sprache und bei englischen bezw amerikanischen Verlegern etc zu lanzieren. Das wird nach drei Richtungen geschehen: direkt Verleger, New Directions, Laughlin etc, der Doubt Kreis[1] Tiffany Thayer mit der Zeitschrift Fate: die biologische Seite der Gesellschaft und der Einzelne etc und bei Zeitschriften, wo ich Leute zu finden hoffe, die einfach in Zeitschriften hier, halb politisch, halb wissenschaftlich mit dem Außenseiter Accent wie Partisan Review, Dissent, einige Universitätszeitschriften Artikel schreiben, was ihnen gerade gefällt aus den Arbeiten F und eigentlich ohne inneren Zusammenhang.

Das Ziel ist einen größeren hiesigen Verlag für ein Ernst Fuhrmann Buch oder mehrere zu interessieren.

Verstehen Sie mich richtig, ich leite die Aktion nur ein und suche die Leute dafür zu finden und in Gang zu bringen.

Genau so stelle ich es mir auch in Deutschland vor.

Wenn Zeitschrift und Vorabdrucke auch nur die geringste Resonanz finden, so sollte auch der Durchbruch in Deutschland vorbereitet werden. Das betrifft nicht nur die weiteren Sammelbände und die bisherigen, sondern aus dem hier vorliegenden Material die Möglichkeit kleine oder größere Einzelbände mit besonderen Themen herauszubringen und Verleger hierfür zu finden. Es wäre zum Beispiel ein Sonderband Tierfabel oder Medizin oder die biologische Struktur Mensch etc – alles nur wahllos herausgegriffene Vorschläge – möglich, die vielleicht Sie selbst herausgeben könnten und einleiten oder wie immer. Was mir dabei vorschwebt, ist eben der Durchbruch – mit allen möglichen Mitteln.

Ich könnte mir vorstellen, daß Sie später den ganzen deutschen Sektor übernehmen sollten. Cläre hat eine Liste von möglichen Zeitschriften in der Ostzone geschickt, Sie werden ja sicherlich mit ihr in Verbindung stehen. Herauskommen mit der Diskussion, weg mit der Schablone von Anarchismus, Asozialität und anti social etc, sondern das Individuum erklären, wie es überhaupt erst „Gesellschaft" verstehen kann, Kapitalismus etc – Erklärungen dazu können die Bonzen dort geben, wie sie wollen – wir geben ihnen nur das Stichwort. Aber das wird Fuhrmann in den Mittelpunkt bringen, und das ist ja genau das, was wir wollen und erreichen müssen.

Bitte schreiben Sie mir bald, wie Sie Ihrerseits es sich denken und wie Sie zu meinen Plänen bezw Vorschlägen stehen. Schreiben Sie bald – ich kann hier nicht allzu lange mehr bleiben und vergessen Sie eben nicht, daß ich nur hier bin, um Anregungen zu geben, keineswegs Anordnungen zu treffen.

Und schreiben Sie, was Sie an Arbeiten brauchen oder was Sie

von dort aus an dort vorhandenen Arbeiten tun möchten.
Mit besten Grüßen
Franz Jung

1 Freunde von Charles Fort, unter ihnen Theodore Dreiser und Tiffany Thayer, gründeten 1931 die Fortean Society und gaben eine Zeitschrift heraus, die seit 1937 *Doubt* hieß. Ihr Zweifel richtete sich gegen den Anspruch der Wissenschaft, alles erklären zu können.

352. AN CLÄRE JUNG
Flushing – New York, N.Y., 12/30 56
c/o Fuhrmann 35-05 Parsons Boulevard

Liebe Cläre,
vielen Dank für die Aufzählung der Publikationsmöglichkeiten in der Ostzone. Ich würde vorschlagen, dich noch einmal mit Hertwig in Verbindung zu setzen, dem ich das folgende vorschlagen würde:

1) Es sollte ein Aufsatz von Fuhrmann über die Form der Wasserwirtschaft, die F. Sawah nennt, zusammengestellt werden. Als Kernstück. Solche Sawah Aufsätze finden sich bei F. an den verschiedensten Stellen, zuletzt in einem der Sammelbände, die ja bei Hertwig stehen. In dieser vorgeschichtlichen Entwicklungsgeschichte, die ja Hertwig auch anscheinend meint, wenn er vom biologischen Socialismus F's spricht, ist ein grundsätzliches Kernproblem der Socialvorstellung F's dargestellt. Daher auch als Fuhrmann Arbeit in den Mittelpunkt eines zur Diskussion gestellten Aufsatzes. Entsprechend dem vereinbarten Umfang könnte H. das zusammenstellen.

2) Das allein geht aber nicht. F. bleibt bei der Sawah Wirtschaft nicht stehen. Er zeigt den Verfall, er begründet ihn biologisch (Raubtier- und Weidetiercharakter etc), die Umwertungstheorie der Materie, Integration der Nahrung etc, endend im Verfall des Menschen an sich als biologisches Wesen, des Tierwesens – ein anderes kennt die biologische Betrachtungsweise sowieso nicht.

3) Bis dahin werden die Marxisten-Orthodoxen (die politische Führung als Institution) konform gehen – die Umwertungs-

theorie biologisch ist noch vertretbar, weil sie auch marxistisch gesehen auf dem Grundsatz beruht, daß lebende Materie nicht verloren gehen kann – im Gegensatz zur landläufigen Religionsauffassung.

4) Die Wege trennen sich, wenn F. dann in der Verfallsdarstellung Gesellschaft und Gemeinschaft einzubeziehen beginnt, den Staat, Verwaltung, Autorität – biologisch als Raubtierfunktion zu erklären beginnt, die Emanationsfremde, wie F. das nennt, das biologisch Beziehungslose und auf den Einzelnen zu sprechen kommt, der um biologisch als Mensch wertvoll in eine Zukunft hineinleben will, sich von Staat, Gemeinschaft und Gesellschaft etc lösen muß.

5) Hier beginnt die Arbeit Hertwigs in der Interpretation. Nur so für sich gesehen, würde es so aussehen, als propagiere Fuhrmann nur eine Form von Individual Anarchismus, Asocialität, anti Disciplin, Amoralität etc. Hertwig muß trennen: biologische Beobachtung und Folgerungen und politische – mit Politik haben alle Arbeiten F's überhaupt nichts zu tun. – Er schiebt bewußt alles Politische auch in Folgerungen beiseite, weil es eine biologische Politik – Politik im heutigen Sinne – eben gar nicht gibt und geben kann. Wozu er seine biologischen Deduktionen benutzt sehen möchte, ist, dem Einzelnen, dem Leser, dem Schüler, demjenigen, der ihn hören, lesen und verstehen will seine biologische Entwicklung ins Gedächtnis und Bewußtsein zu rufen, eben die Bioanalyse. Diese Einzelnen, so ihrer selbst bewußt geworden, können Bausteine zu einem Neuen Menschen entwickeln und entwickeln lassen. – Das ist das Grundthema. Und hier wird es auch für die Politisch-Orthodoxen wieder diskussionsmöglich.

6) Das ist die Aufgabe Hertwigs, wenn er um das Interesse drüben wirbt.

7) Alles andere sind unwichtige Seitenlinien – die Pflanzengeschichte etc, die Heilkräuter besonders und die Krankheitsanalysen, die Erklärung der physiologischen Funktionen des menschlichen Körpers, in biologische Associationen versetzt – alles das mag für die besonderen Freunde Fuhrmanns und Hertwig riesig interessant sein, berührt aber nicht das Problem, besser Phänomen Fuhrmann. Diese Seitenlinien, auch die Sprachforschung und die Vorzeit Konstruktionen sind die Wurzeln, die Fuhrmann für seinen Gedankenaufbau sich ent-

wickelt hat, eine Art Schutzpanzer, wenn es ihm darum geht, das Problem Mensch, die Stellung, die Vergangenheit und Zukunft (für ihn in der Augenblicksatmosphäre gesehen die Ausrottung) anzugehen. Das Janusantlitz einer solchen Menschen Darstellung trägt die Gefahr der eigenen Versteinerung, das Grauen in sich.

8) Ich glaube, daß man das den Ostautoritäten klar machen könnte und sollte. Dann beginnt eben erst das Studium. Die Endergebnisse werden dann anders aussehen, als nur eine schablonenmäßige Einregistrierung.

Ich hoffe, du verstehst, was ich meine. In der Sache selbst spricht ja jetzt nicht mehr Fuhrmann selbst, auch nicht die „Freunde", die sich aus den verschiedensten Standpunkten zusammensetzen und aus einem Lager kommen, wo sie persönlich irgendwie angesprochen worden sind – die wenigen, die es sowieso sind – sondern ein neutrales Drittes, eine „Technik", die das Material Fuhrmann – nicht das Material Fuhrmanns – vor sich hat, in die Diskussion hebt und zur Verarbeitung, d.h. zum Nachdenken stellt. Eine Reihe selbständiger Auffassungen und Theorien mögen sich daraus entwickeln, gewertet nach dem Grade, wie groß die Aufnahmebereitschaft und die Gefolgschaft der jeweiligen Verarbeitung (Interpretation) sein wird.

Hertwig muß also ganz scharf trennen, wenn er sich zur Verfügung hält, was ich hoffe – was ihn anspricht und interessiert, konform mit eigenen Arbeiten, und was die Grundtendenz der Arbeitsbasis und der Arbeiten Fuhrmanns sind, für die eben eine Leserschaft, besser Beachtung von *Berufenen*, gefunden werden soll, aus der sich erst später eine Art Einregistrierung, Umsetzung in geistige Wirkung heißt das, entwickeln kann und sollte.

Um jede Mißdeutung auszuschließen – ich komme aus den verschiedensten Gründen, hauptsächlich meine eigene persönliche Situation und deren Verständnis aus der persönlichen Erkenntnis Vergangenens und der noch zu negativen Unterordnung in eine Zukunft, nicht für eine solche Arbeit in Betracht, kaum für eine Mitarbeit. Als Außenstehender habe ich begonnen Anregungen zu geben, Vorschläge und bin bereit das auch weiter zu tun.

Ich bin auch bereit, eine etwaige Niederlage unserer bisherigen Versuche hinzunehmen, die Ursachen zu studieren und den

Kampf, nach besserer Vorbereitung in etwa zwei Jahren von neuem wiederaufzunehmen – wenn ich jemandem, d.h. Fuhrmann und dessen engeren Interessen, besser Nachinteressen, nützen kann und es gewünscht wird. Wahrscheinlich würden dann völlig neue Leute gefunden werden müssen, in der Zwischenzeit, eine schärfere Frontstellung gegen die bisherigen „Freunde".

Ich möchte noch etwas mehr Persönliches als Beurteilungsgrundlage anfügen. Ob jemand sich heute aus irgendeiner Orthodoxie, aus technischen Gründen oder aus persönlicher Abneigung gegen Fuhrmann stellt, ist völlig gleichgültig. Sofern auch nur einer da ist, Fuhrmann in persönlichem Aufnahmebereitschaft Kontakt zu lesen und nachzudenken, ist eine motorische Kraft genug da, in welcher Form immer solche Widerstände über den Haufen zu rennen oder im Friedlichen aufzulösen. Insofern spielt also der heutige Boykott kaum eine besondere Rolle. Wichtiger aber ist, daß im Grunde die 60-70 Bände ungedruckter Manuskripte, die vielen Anmerkebände, die Associationsnotizen, nicht unbedingt benutzt zu werden brauchen. Es würde zwar die Arbeit kolossal erleichtern, aus diesem Material von Riesenumfang den Kampf für die Durchsetzung Fuhrmanns zu führen und das Feuer immer wieder anzuschüren – notwendig ist das aber keineswegs.

Aus dem Vorhandenen, dem gedruckt Vorliegenden und jedem Zugänglichen läßt sich zur Not das gleiche herausholen – das vorliegende noch Ungedruckte ist nur der *Beweis*. Kämpfe lassen sich aber auch ohne „Beweise" einleiten und durchführen.

Ich habe trotz jahrelanger Bekanntschaft mit Hertwig von ihm nur eine unklare Vorstellung, ich halte ihn in einigen Punkten für „schwach" – kann mich aber durchaus täuschen. Ich schreibe dir den Grundriß, damit du mit ihm das durchsprechen kannst, das muß geschehen – wenn Hertwig so ungefähr den deutschen Sektor der „Erklärungen" übernehmen kann und will. Es kann dies aber nicht anders geschehen als in der oben vorgezeichneten Linie.

Herzlichen Gruß
Franz

Hast Du den Brief mit Einlage für die Blumenbesorgung erhalten?

353. AN RUTH FISCHER
Flushing 1/3 57

Liebe Ruth,
es gehen hier Gerüchte, daß du krank bist. Mach keinen Unsinn und sei nicht eigensinnig – du kannst dir das nicht leisten und hast auch keinen Grund dazu, schreibe mir bald, daß du es aufgegeben hast, auch nur daran zu denken, dich krank zu fühlen und entsprechend zu benehmen.

Hier ist Ernst Fuhrmann gestorben, einige Tage nach seinem 70. Geburtstag, wo ich in der Frankfurter Allgemeinen gerade noch einen großen Aufsatz[1] mobilisiert hatte. Jetzt hat mich Ilse Katz gebeten, ihr zu helfen den Band 6 der Sammelausgabe, der bereits ungefähr im Druck war, fertig machen zu helfen und auch sonst ihr mit den Manuskripten zu helfen. Es liegen 48 Großoktavbände bis 1950 im Manuskript vor und weitere 20 Bände nach 1950 – ich könnte also noch für etwa weitere 10 Jahre ständig publizieren. Zunächst will ich den Hamburger Verleger, der eigentlich nur der Drucker ist, veranlassen eine Werbezeitschrift „Herausforderung" zu drucken, die den Druck der weiteren Sammelbände propagieren soll. Ilse Katz ist die legale Frau E[rnst] F[uhrmanns], wie sich erst jetzt herausgestellt hat.

Ich bin nach hier geflogen und sitze seit 3 Wochen an der Arbeit, hoffe in weiteren 2 Wochen soweit angekurbelt zu haben, daß ich nach S[an] F[rancisco] zurückfliegen kann. Vorher werde ich Mattick in Vermont aufsuchen, vielleicht auch Fromm in Mexico – ich brauche Propagisten für eine englische Ausgabe.

Ilse Katz kennt übrigens Picard, Ruth und diesen Buchhandelskreis in Paris mit dem Ausschnittsbüro sehr gut – kann Picard nichts für die Palais Royal tun oder Hachette – die Antiquarabteilung?

Ich brauche wenigstens ein Paar Seiten von dieser Retif de la Bretonne Ausgabe.

Herzliche Grüße und ein gutes Neues Jahr
Franz

---

1 In der *FAZ* vom 20.7.1957 erschien von Ernst Fuhrmann (anläßlich des Erscheinens des 6. Bandes seiner Werke) „Bausteine zu einem neuen Weltbild".

354. AN CLÄRE JUNG
Flushing, 1/4 57

Liebe Cläre,
in aller Eile: Deine etwaige Aktion, Leute drüben für Fuhrmann zu interessieren und etwa eine Diskussion auf höherer Ebene in Gang zu bringen, würde sich sehr vereinfachen, wenn du den Leuten aus dem Band 1 der neuen Sammelausgabe den Abschnitt über Sawah vorlegst, vielleicht auch aus Band 2 die Einleitung.

Hertwig hat die Bände.

Am besten wäre es natürlich die beiden Stücke in Fahnen zur Verfügung zu stellen.

Ich habe an den Verleger Wilhelm Arnholdt, Hamburg Falkenried 42 geschrieben, dir solche Fahnen zu schicken. Willst du dafür eine andere Adresse genannt wissen als die bisherige, etwa die Adresse Hertwigs, bitte schreibe dem Mann.

Viele Grüße
Franz

355. AN HUGO HERTWIG
Flushing, 1/17 57

Lieber Hugo Hertwig,
ich danke Ihnen zugleich im Namen von Ilse Fuhrmann für Ihren Brief. Offengestanden, ich habe nicht ganz verstanden, wieso Sie der Meinung sein sollten, es würde etwas geschehen, was die Arbeit, die Persönlichkeit und die Erinnerung an Ernst Fuhrmann interpretieren und verfälschen würde. Sie können darüber ganz beruhigt sein, es geschieht nichts, was nicht schon von EF selbst vorbereitet gewesen ist. Es ist eine rein technische Arbeit in der Hauptsache, die beiden Bände noch so rasch als möglich herauszubringen.

Von dem Erfolg dieser Ausgabe eigentlich wird es erst abhängen, was aus der Fülle der vorhandenen Arbeiten geschehen soll.

Vielleicht ist wirklich dafür, wie Sie schreiben, eine ganze Lebensarbeit notwendig, auf die man sich konzentrieren müßte – aber dies steht jetzt nicht zur Diskussion. Ich denke, daß Ilse

Fuhrmann durchaus in der Lage ist, das dann zu tun – eine Vorbedingung wäre allerdings, daß die Freunde ihr auch wirklich dann helfen.

Daß wir Ihnen keine Abzüge bisher schicken konnten, liegt eben daran, daß wir selbst keine haben. Wir haben ja nur die 2 Exemplare, die für die Korrektur notwendig sind und die wir jeweils an den Drucker[1] zurückschicken müssen. Wir haben um mehr gebeten, aber noch nicht bekommen – vielleicht bessert sich das in den nächsten Tagen. Inzwischen werden Sie bitte nicht ungeduldig.

Auch über die Zeitschrift, die ja eigentlich keine richtige Zeitschrift ist, sondern ein von Zeit zu Zeit erscheinendes Werbeblatt, haben wir noch keine Nachricht. Es scheint mir nur, daß wir bald erfahren sollten, ob so etwas möglich ist, weil der Band 6 doch wahrscheinlich schon Ende Februar erscheinen soll. Ich weiß auch nicht, ob dieser Band, wie Fuhrmann geplant hatte, als eine öffentliche Buchausgabe, d.h. im Buchhandel erscheinen wird. Alles hängt ja vom Drucker ab.

Vieles, worüber Sie sonst schreiben, sind technische Dinge der Durchsetzung, die Sie doch eben nach den dortigen Verhältnissen besser verstehen sollten als [wir] Außenseiter, die wir die dortigen Verhältnisse kaum kennen und eigentlich auch offengestanden nicht zu interessiert sind kennen zu lernen. Natürlich darf die Arbeit an den Fuhrmann Bänden darunter nicht leiden und deswegen dachte ich eben, Sie würden, ohne zu große Prestige Fragen daraus zu machen, mithelfen (und das werden Sie doch auch hoffentlich tun).

Besten Gruß
Franz Jung

1 Wilhelm Arnholdt.

356. An Cläre Jung
Flushing, 2/6 57

Liebe Cläre,
zunächst meine besten Glückwünsche zu deinem Geburtstag. Hoffentlich verlebst du ihn bei bester Gesundheit und guter Laune.

Was machen deine Arbeitspläne?

Mit der Fuhrmann Arbeit, die Bände 6 und 7 der Sammelausgabe, bin ich hier fertig und werde nächste Woche nach San Francisco wieder zurückfahren. Die Arbeit hat mich sehr interessiert und ich habe auch viel dabei gelernt. Um tiefer in alle Probleme einzudringen, müßte ich allerdings viel mehr Zeit aufwenden, wahrscheinlich viele Monate nur mich ausschließlich damit beschäftigen, bevor ich überhaupt einen Überblick gewinnen kann. So habe ich ja nur technisch eigentlich das fertiggemacht, was Fuhrmann selbst schon vorbereitet und eingeleitet hatte.

Mit einem Vorstoß für die Presse und auch hier für ein englisches Interesse habe ich bisher keinen Erfolg gehabt. Ich werde aber die Bemühungen nicht aufgeben – es wird nur mehr Zeit darüber noch vergehen – was vielleicht nicht einmal schadet.

Von Hugo Hertwig habe ich nichts mehr gehört. Anscheinend hat er keinen Kontakt für sich entwickeln können.

Auch andere persönliche Freunde Fuhrmanns – die anfangs mit Ratschlägen gekommen sind, dann mit allerhand Kritik aus den verschiedensten Meinungen her – scheinen alle gegensätzlich eingestellt und halten mich scheinbar für einen unerwünschten Eindringling. Mit nur Gegnern ringsum wird meine Arbeit natürlich mehr als nur erschwert, im Grunde eigentlich eher komisch. Vor allem wenn man bedenkt, daß ich ja nicht das geringste davon habe, mich mit einem Gebiet beschäftigen muß, das mir sowieso mehr oder weniger fremd ist.

Immerhin, ich werde versuchen von San Francisco aus wenigstens die Prospekte in Gang zu bringen – vorläufig habe ich allerdings noch nicht einmal eine Antwort vom Drucker, der wahrscheinlich von den Freunden natürlich gegen mich aufgehetzt wird.

Also das ist die Lage – ein wenig wie immer und üblich, was mich betrifft.

Herzlichen Gruß
Franz

357. AN RUTH FISCHER
San Francisco, 3/15 57
Pacific European Service, 327 Lake St.

Liebe Ruth,
oben findest du meine neue Gesellschaft, die allerdings bisher noch kein Geld eingebracht hat.

Ich bin seit einigen Wochen wieder zurück in SF und bereite eine neue Reise nach Europa vor, falls es mir gelingt, die Flugreise in Abzahlungen zu bekommen.

Der Service[1] will Collectiv Vertretungen von kleineren Firmen hier organisieren – und ich hoffe persönlich in Hamburg und Düsseldorf etwas in dieser Richtung zustande zu bringen.

Anscheinend kommt ein kleiner Auftrag für Reimann, seine deutsche Ausgabe betreffend, hinzu – was aber keineswegs sicher ist; reisen würde ich auch ohne diesen. Der Unterschied ist nur, daß ich dann 2 Monate in Frankfurt sein müßte, allerdings würde es für mich leichter sein, meinen deutschen Aufenthalt zu finanzieren.

Ich werde mir erlauben, dein Einverständnis abwartend, dich in Paris aufzusuchen oder in D zu treffen – Termin gleichgültig, kann auf der Hin- oder Rückreise arrangiert werden.

Ich will in Hamburg auch etwas noch für Ernst Fuhrmann starten bei dem dortigen Fuhrmann Verleger, wahrscheinlich so eine Art Werbezeitschrift – wie das hiesige „Doubt".

Mit vieler Mühe habe ich hier Restif Werke in den Bibliotheken aufgetrieben, so daß ich den Picard keineswegs brauche – er hat sich selbstverständlich auch nicht gemeldet, zumal er Ilse Fuhrmann Geld schuldig ist.

Vor meiner Rückreise nach hier habe ich in New York Weingartens mehrmals gesehen – sie waren beide rührend nett und besorgt. Man scheint allgemein zu erwarten, daß ich bald sterben werde, wovon ich allerdings weniger überzeugt bin, aber willig. Auch Mattick habe ich in Vermont aufgesucht und seine Einsamkeit mit einer geräucherten Gänsebrust und Gänsefett bereichert.

    Herzlichen Gruß
        Franz Jung

1 Der von Jung in San Francisco gegründete *Pacific European Service. Associated Agencies.*

358. AN RUTH FISCHER
San Francisco, 4/12 57
Pacific European Service, 327 Lake St.

Liebe Ruth,
ich habe eine Reservation für den 10. Mai nach Amsterdam – Frankfurt. Werde etwa eine Woche vorher in NewYork sein. Solltest du völlig andere Dispositionen haben, so könntest du mich sicher c/o International Reports 200 – 4th Ave in NY erreichen. Sonst lassen wir es doch lieber, daß ich dich von Deutschland aus benachrichtige. Natürlich könnte ich auch erst von Amsterdam nach Paris fliegen und dann nach Frankfurt, wenn das besser ist – sonst komme ich irgendwann auf der Rückreise, wenn wir uns nicht schon vorher in D treffen können. Natürlich würde ich dich gern in Paris aufsuchen statt in einem deutschen Hotelzimmer.

    Ich bleibe 2-3 Monate unterwegs. Fliege auf das Kredit Ticket und werde versuchen etwas in D zu verdienen (fürs Mittagessen). Sonst werde ich natürlich sehen, ob ich Klienten für den Service bekomme – leider ist die Grundbasis hier schon wieder ziemlich wacklig, so daß ich für etwas verhandele, was hier schon nicht mehr besteht. Restif de la Bretonne habe ich hier bekommen.

    Weingartens werde ich in NY aufsuchen. Soll ich für dich etwas hier besorgen? Schreibe darüber nach NY, event auch an Weingartens.

    Herzlichen Ostergruß
        Franz

359. AN CLÄRE JUNG
San Francisco, Calif., 4/16 57
Pacific European Service, 327 Lake St.

Liebe Cläre,
ich habe lange von Dir keine Antwort, hoffentlich geht es dir gut, auch gesundheitlich.

Wie ich in meinem letzten Brief schrieb, werde ich wieder nach drüben kommen und etwa 2-3 Monate in Hamburg mit dem Arbeitszentrum bleiben. Wäre es dir nicht möglich nach dort zu kommen? Wir könnten zusammen nach Sylt oder sonstwo an die See fahren und ein paar ruhige Tage haben. Ich komme natürlich auch wenn es nicht anders ginge nach Berlin, aber eigentlich sehr ungern – außer dich dort zu treffen hätte ich nichts dort zu tun; bei Margot kann ich mich auch brieflich melden.

Ich werde am 10ten Mai von New York nach Amsterdam fliegen und so gegen Mitte Mai schon in Hamburg sein. Du kannst mich über Carl Tiso & Co in Hamburg, Alter Wall erreichen oder über den Platow Dienst, Fehlandstraße 6 Hamburg. Ich werde mich aber sowieso sogleich nach meiner Ankunft noch einmal bei dir melden.

    Inzwischen herzliche Ostergrüße
           Franz

360. AN CLÄRE JUNG
4/25 57

Liebe Cläre,
ich fahre jetzt von hier ab, bleibe noch etwa eine Woche in New York und fliege am 10. Mai nach Amsterdam.

Für den Fall, daß dich überhaupt dieser Brief oder der vorhergehende erreicht – es ist ganz unsicher, ob ich überhaupt nach Berlin kommen kann. Wenn irgendmöglich solltest du versuchen, mich in Hamburg zu treffen. Du kannst mich inzwischen dort bei Carl Tiso & Co, c/o Franz Jung Alter Wall 12 Hamburg 11 erreichen. Schreibe dorthin, ob du irgendwelche Dispositionen machen kannst.

    Herzlichen Gruß
           Franz

361. An Erwin Piscator
Frankf. 12.5.57

Lieber Piscator,
auf der Durchreise nach Hamburg schreibe ich Ihnen an die mir von Colin aufgegebene Adresse, er vermutet Sie allerdings in Paris.
 Ich bleibe in Hamburg etwa 6-8 Wochen und habe dort als Adresse *Carl Tiso & Co* (c/o Franz Jung) Alter Wall 12, Hamburg 11. Sie werden mich dort erreichen. Schreiben Sie mir, ob wir uns treffen können. Ich muß sowieso einigemale nach Süden u. Westen zwischendurch fahren, so könnte man allenfalls Sie auch irgendwo aufsuchen.
 Viele Grüße
  Franz Jung

362. An Cläre Jung
Hamburg, 5/15 57

Liebe Cläre,
mein herzlichstes Beileid Dir und Deinen Schwestern für das Ableben Deiner Mutter.
 Ich weiß, daß für sie selbst und auch für Euch der Tod eine gewisse Erlösung bedeutete, wenngleich der Zerfall einer lebenden Bindung immer schmerzlich bleiben wird.
 Ich bin unter der Hambg. Adresse Carl Tiso & Co weiter zu erreichen. Vorläufig weiß ich noch nicht, wie lange ich bleiben werde. Muß wahrscheinlich auf Reimann warten, der kaum vor Ende d.M. von New York eintreffen wird. Ich schreibe bald wieder und hoffe es arrangieren zu können, Dir das Reisegeld zu schicken und den hiesigen Aufenthalt zu finanzieren. Es ist nicht sicher, im Moment, aber gute Aussichten.
 Viele Grüße
  Franz

Sieh zu, daß die Briefzustellung gut finanziert [vermutlich funktioniert] – auch falls ich Dir an diese Adresse Geld schicke. F.

363. An Ruth Fischer
Hamburg, 17 5 57

Liebe Ruth,
im Alster Hof bist du hier noch nicht gemeldet, auch unbestimmt, wann du erwartet wirst.

Inzwischen sitze ich nach einem kurzen Zwischenaufenthalt in Frankfurt hier in Hamburg.

Einiges ist schief gegangen in meinen Dispositionen, insofern Platow, in dessen Büro ich hätte vielleicht einige Dinge tun können, plötzlich bis Pfingsten verreist ist und keine Anweisungen für mich hinterlassen hat. Die Arbeit sollte dort etwas Geld für Wohnung und Tagesverbrauch für mich schaffen.

Irgendwie hängt das auch zusammen mit Reimann, der hier herkommen will, um seinen deutschen Dienst hier neu zu organisieren. Auch dort kann ich etwas verdienen, vor allem wenn Reimann wieder mit Platow zusammen gehen will. Leider wird jetzt Reimann nicht, wie ursprünglich beabsichtigt, Ende des Monats nach hier kommen, sondern sicher erst nach Pfingsten.

Bis dahin sitze ich eben fest.

Meine Verbindung zu Carl Tiso besteht darin, daß sich Tiso & Co vielleicht an der Pacific European Service beteiligen wird, wenn ich genügend Firmen hier interessiere, die sich an einer Kollektiv Vertretung in San Francisco beteiligen. Um diese Firmen aber zu werben, brauche ich Bewegungsgeld für Reisen etc, gute Stimmung, den Leuten die Notwendigkeit sich von mir in SF vertreten zu lassen zu erklären – beides habe ich im Augenblick nicht. Ich habe überhaupt etwas die Lust verloren, Geschäfte zu machen und neue zu entrieren.

Ich möchte nach Mexico gehen und mich dort unter einen Baum in den Schatten setzen und nichts tun, zum Beispiel nach Porto Allerden[1] an der Pacific Küste, 300 Meilen südlich von Acapulco mehrere Monate im Jahr überhaupt nicht mit Wagen zu erreichen, sondern nur im Flugzeug von Mazatlan, zweimal wöchentlich, das von einem local Geschäftsmann, der den Tequila nach Porto Allergen[1] bringt, betrieben wird, 6 Personen Fassungskraft. Elektrizität nur 4 Stunden am Tag, daher weder Radio noch Telefon. Alter Hafen, in dem noch Pizarro gelandet ist, heute versandet, 2 Meilen von der Küste. Ein idealer Platz für mich. Ich möchte dort den Sinn des Lebens entdecken und darüber schreiben, optimistischer, wenn auch gleich aktuell wie Jean Genet.

Du kannst mich hier über die Firma Carl Tiso & Co, Alter Wall 12 erreichen. Schreibe deine Dispositionen und ob wir uns hier irgendwo treffen können.

Viele Grüße soll ich von den Weingartens bestellen und natürlich auch von mir
Franz

1 Vermutlich eine Verwechslung; es könnte sich um Puerto Galera oder Puerto Angel handeln.

364. AN RUTH FISCHER
Hamburg, 27 5 57
p/a Carl Tiso & Co, Alter Wall 12

Liebe Ruth,
vielen Dank für deine freundlichen Zeilen, aus denen ich eine Einladung für August herauslesen möchte.

Ob ich bis dahin noch hier sein werde, ist eine andere Frage. Ich muß mich hier mit irgendeiner Arbeit, die mir sofort etwas einbringt, über Wasser halten können. Leider ist bis Pfingsten Platow verreist, Reimann kommt auch erst um diese Zeit, wo ich eventuell helfen könnte, seinen Dienst wieder von Frankfurt nach Hamburg zu verlegen – wobei ich auch wenigstens room and board verdienen würde.

Alle andern Dinge gehen ja sehr langsam und erfordern Zeit und Vorbereitung, zudem ist sowohl Schwab in Frankfurt auf dem Sprung abzureisen, ebenso wie mein Mann in Stuttgart[1] verreist ist.

Wahrscheinlich werde ich mich in den Dschungel nach Mexico zurückziehen, ich denke nach Porto Allerde[2] an der Pacific Küste, was nur zweimal in der Woche per Flugzeug von Mazatlan zu erreichen ist.

Ich war trotzdem in der Zwischenzeit im Ruhrrevier und habe dort einige Leute, Heinrichsbauer, Martin Blank und einige Regierungsräte vom Außenhandelsministerium gesprochen, werde auch den Bundesverband der Industrie demnächst in Köln aufsuchen.

Das ist aber viel Geschwafel, wenig guter Wille etc, aber du hast in Düsseldorf einen neuen Verehrer, den Dr. Elbrechter, der große Stücke von dir hält und dein ergebener Schüler zu sein scheint. Du mußt ihn wo getroffen haben, er ist jetzt Arzt in Düsseldorf, nachdem er früher als Zahnarzt in Berlin zum Schleicherschen Gehirntrust gehört hat und am 30. Juni vor der SS flüchten mußte, später nach seiner Rückkehr aus dem Exil in London von Hitler (im Kriege) eingesperrt wurde und den Rest des Krieges ziemlich obskur vegetierte. Ein sehr sympathischer Mann, wie du festgestellt haben wirst und der dir sehr viele interne Zusammenhänge aus der damaligen Herrenclub Atmosphäre erzählen kann. Es scheint, daß er drauf und dran ist, sich wieder politisch betätigen zu wollen, und zwar nicht nach rechts, sondern nach links (Diskussion über Möglichkeiten in der SPD).

Und so, liebe Ruth, alles Gute mit der etwas schwächeren Hoffnung auf ein Zusammentreffen (Wiedersehen kann ich nicht sagen von wegen eines ähnlichen Volksliedes).
Dein Franz Jung

1 Artur Müller.
2 Vgl. Anm. zum Brief an Ruth Fischer vom 17.5.1957.

365. AN ERWIN PISCATOR
Hamburg, 27.5.57
p/a Carl Tiso & Co, Alter Wall 12

Lieber Erwin Piscator,
Dank für Ihren Brief.

Vielleicht kann ich Sie nach dem 6/6 aufsuchen, ich nehme an vielleicht in Frankfurt. Aber es hängt leider nicht von mir ab, wenngleich ich wahrscheinlich noch vor Pfingsten sowieso in Frankfurt sein werde.

Ich würde Ihnen dann noch Nachricht nach Tübingen geben.

Sonst könnten wir uns leicht in Paris treffen. Bitte geben Sie mir an, wo ich Sie in Paris oder in Frankreich erreichen kann –

ich werde sicher einige Wochen in Frankreich bleiben, zwischen Paris und Grasse, in Paris werde ich bei Ruth Fischer, die mich eingeladen hat, wohnen, 6 rue Montalivet, Paris 8 e, in Grasse auf dem Gut der Frau Eva Marcu – genauere Adresse weiß ich nicht, ich treffe vorher E[va] M[arcu] in Paris.

So sieht also ungefähr die Zeittafel aus.

Mit vielen Grüßen
Ihr Franz Jung

366. AN HUGO HERTWIG
Hamburg, 27.5.57
p/a Carl Tiso & Co, Alter Wall 12

Lieber Hugo Hertwig,
vielen Dank für Ihren Brief.

Ich weiß nicht, ob ich nach Berlin kommen werde, jedenfalls für Ihre freundliche Einladung vielen Dank.

Mein Aufenthalt hängt hier ab von geschäftlichen Dispositionen, für die im Grunde genommen andere bezahlen, auch wenn zum Schluß aus allen diesen Geschäften, wie fast zu vermuten ist, nichts wird. Jedenfalls fahre ich hier zunächst viel herum mit einem amerikanischen Wagen, der die Straße mit 180 Stkm nimmt und wundere mich immer wieder, daß noch nichts passiert ist. (Vielleicht kommt es noch, mir scheint es wenigstens sicher, andere Gegeneinflüsse mögen stärker sein, zum Beispiel für die Mitfahrer.)

Ich war schon ein paar Tage im Ruhrrevier und in der Frankfurter Gegend und werde wahrscheinlich nächste Woche wieder runterfahren müssen.

Abgesehen daß ich Arnholdt einmal besucht habe, konnte ich mich noch nicht viel um die Fuhrmann Ausgabe und sonstigen Probleme kümmern, werde es aber bestimmt tun, sobald ich weiß, wie lange ich hier noch zu bleiben habe und ob ich und wie ich das zur Verfügung stehende Aufenthaltsgeld verwenden und aufbrauchen kann.

Eins glaube ich aus Ihrem Brief herausgelesen zu haben, daß Sie den von Ilse vorgeschlagenen Gedächtnisband[1] falsch einschätzen – es soll darin nämlich überhaupt nichts von Fuhrmann stehen oder über Fuhrmann, sondern jeder der Leute, die einen Beitrag senden, soll von sich aus schreiben, das Beste was er zu sagen hat über sich oder seine Arbeit und das Ganze wird gedruckt als ein Beitrag zu Ehren und zur Erinnerung an Ernst Fuhrmann.

So ist es ungefähr gedacht.

Aber wir haben eigentlich sehr viel zu sprechen und wenn ich nicht nach Berlin kommen kann und würde, so wäre es doch vielleicht möglich, daß wir uns verständigen und Sie kommen nach hier. Etwas ähnliches habe ich auch Cläre vorgeschlagen.

Mit vielen Grüßen
Ihr Franz Jung

1 Nicht zustandegekommen.

367. AN CLÄRE JUNG
Hamburg 11 [nach dem 27. Mai 1957]
Carl Tiso & Co Assekuranz, Alter Wall 12, V.

Liebe Cläre,
ich kann noch nicht sagen, wann ich dir das Reisegeld schicken kann. Wahrscheinlich im Laufe der Woche.

Wenigstens vorläufig DM 100. Bis dahin wird hier wieder mehr Geld sein.

Hertwig schrieb mir, daß er gern mitkommen möchte. Er hatte auch jemanden, wo du die Nacht unterkommen könntest, so daß wir das Hotelzimmer, was hier schwer zu bekommen ist und sehr teuer, sparen könnten. Ich würde natürlich auch gern mit Hertwig sprechen, aber im Augenblick habe ich kaum für ihn das Reisegeld. Schließlich eilt es ja nicht, denn ich bleibe noch einige Wochen im Lande – bisher habe ich niemanden gesprochen, den ich hätte treffen sollen und ich muß also abwarten.

Laß dir für alle Fälle Hertwigs Adresse, wo du übernachten könntest, geben.

Inzwischen viele Grüße
Franz

368. AN HUGO HERTWIG
Frankfurt, 14 6 57
Hainerweg 139, b/ Schwab

Lieber Hertwig,
Sie werden von Cläre erfahren haben, daß ich vorübergehend nach Frankfurt fahren mußte, wahrscheinlich Mitte nächster Woche noch nach Stuttgart und hoffe Ende der nächsten Woche zurück zu sein in Hamburg.

Es wäre doch sehr gut, wenn wir uns dann dort treffen könnten. Im Augenblick kann ich nichts versprechen, aber bis dahin werde ich etwas Geld haben, so daß ich Ihren und Cläres Aufenthalt bezahlen kann.

Es bahnt sich möglicherweise etwas bei Diederichs an, obwohl ich nichts „besprechen" möchte. Es bestehen aber auch in Stuttgart Möglichkeiten und eventuell bei Hoffmann & Campe in Hamburg. Es bespricht sich alles persönlich besser.

Bitte bestellen Sie Cläre, daß ich im Laufe der Woche über Sie mitteilen werde, wann ich Sie beide in Hamburg treffen kann.
Viele Grüße
 Franz Jung

369. AN HUGO HERTWIG
Hamburg, 25 6 57
Carl Tiso & Co, Alter Wall 12

Lieber Hertwig,
also ich bin wieder in Hamburg zurück. Sagen Sie es Cläre. Ich erwarte Sie, sobald sie kommen kann, für den Aufenthalt komme ich hier auf, sie wollte nicht, daß ich ihr Geld schicke. Aber ich kann es hier finanzieren.

Und ich hoffe, daß Sie mitkommen werden, da läßt sich auch was machen, wenn Sie kein Geld haben.

Ich habe eine Menge Leute um Fuhrmann herum gesprochen und wir werden hier etwas beginnen.
Also auf bald
viele Grüße
 Jung

Ich wohne im Augenblick im Hotel am Holstenwall, Holstenwall 19, bin aber am besten über Tiso zu erreichen. Ich nehme an, daß Ihr mit dem Bus kommt, telefonieren Sie an Tiso und ich hole euch am Bus ab.

370. AN HANS HENNECKE
Hamburg 11, den 28. Juni 1957
Carl Tiso & Co., Alter Wall 12, V.

Lieber Hans Hennecke!
Ich bin inzwischen wieder nach Hamburg zurück und über obige Fa. noch für die nächsten Wochen zu erreichen.

Ich habe mich sehr gefreut, Sie kennengelernt zu haben und hoffe, daß sich daraus ein bleibender Kontakt ergeben wird. An Rex Roth werde ich noch von hier aus schreiben, Henry Miller werde ich besser persönlich drüben aufsuchen. Auf alle Fälle will ich beide in direkte Verbindung zu Ihnen bringen. Es ist mir übrigens hier noch eingefallen, daß über die San Francisco Poeten-Gruppe ein Artikel im Life vorbereitet war und vielleicht schon erschienen ist.

Ich beeile mich, Ihnen das versprochene Bild von Fuhrmann zu senden. Sie werden über die F.-Aktion bald noch mehr von hier von mir hören. Dr. Kloss habe ich gesprochen und wertvolle Anregungen bekommen.

In aller Eile mit vielen Grüßen
Ihr Franz Jung

371. AN ILSE FUHRMANN
Hamburg, den 2. Juli 1957

Sehr geehrte Frau Fuhrmann,
Ihr Brief über die Stellung der Söhne E[rnst] F[uhrmann]'s zu den Problemen der Hinterlassenschaft schafft leider eine sehr unangenehme und bedrückende Situation. Ich möchte noch einmal wiederholen, was ich im Gespräch mit einer Reihe von Leuten, darunter langjährigen Freunden von E.F., gefunden habe, um

auch von dieser Seite aus die Lage klar überblicken zu können.

Ihre Bemerkung, daß diese Leute viele Jahre lang, besonders in der Zeit der zunehmenden Vereinsamung von E.F., sich überhaupt nicht, oder nur sehr selten, bemerkbar gemacht haben, mag richtig sein, wenn Sie das in Zusammenhang bringen mit einer gewissen Scheu, sich in neue Kontroversen und Ablehnungen seitens E.F. zu stürzen. Sie fühlen sich jetzt natürlich bis zu einem gewissen Grade davor sicher, zum Teil mag auch der Wunsch mitspielen, etwas nachzuholen, was vielleicht bisher versäumt worden ist, nämlich E.F. einem breiteren Leserkreis zuzuführen. Wie dem aber auch sei, man soll in der heutigen Situation, wo es sich um die Verwertung und Ausnutzung des schriftstellerischen Nachlasses und seiner bisherigen Arbeit handelt, nicht allzu wählerisch sein, und aus Ressentiment eine Hilfe ablehnen, die übrigens diese Leute selbst nicht etwa als eine Hilfe, um die sie angegangen sind, betrachten, sondern aus freien Stücken und aus eigenem Interesse sich beteiligen wollen, das Werk E.F. in einer breiteren Öffentlichkeit durchzusetzen. Das ist alles, was wir erwarten können. Daher habe ich auch Ihnen nahegelegt, sich mit den Kernleuten in Verbindung zu setzen, weil automatisch von jedem dieser Leute auch wieder eine Kettenreaktion auf andere, E.F. sonst ferner stehende Leute, ausgeht. Das heißt, jeder dieser Leute ist für einen Kreis von Fernerstehenden eine Art Propagandist in sich selbst. Sie sollten sich Mühe geben, diesen Grundzug meiner Erwägungen zu verstehen, weil es notwendig voraussichtlich werden wird, im Falle eines Streites um die Zuständigkeit für die Hinterlassenschaft von E.F., deren Hilfe in der Öffentlichkeit in Anspruch zu nehmen. Ich zweifle nicht, daß die von mir bisher genannten Leute dazu durchaus bereit sein werden.

Praktisch ist doch überhaupt zunächst nur daran zu denken, daß für den Fall, daß mit Verlegern Verträge abgeschlossen werden, von seiten der Söhne gegen die Rechtsgültigkeit dieser Verträge Einspruch erhoben wird oder, wenn man sich das durchaus weiter ausdenken will, durch eine sogenannte einstweilige Verfügung Drucklegung und Vertrieb des Buches oder Bücher verhindert werden sollte. Für diesen, zunächst für mich noch unwahrscheinlichen Fall, müßte also ein juridischer Vorstoß der Söhne erfolgen, der Gegenstand öffentlicher Diskussion werden müßte. Mit anderen Worten, man würde den Fall

Fuhrmann auch über den Weg eines literarischen Skandals aufziehen können, was im letzten Ende dem Vertrieb der Bücher reklamemäßig helfen würde, obwohl es selbstverständlich, selbst im Moralischen, grausige Aspekte aufzeichnet. Wenn die Söhne das riskieren wollen, im Mittelpunkt dieses Skandals zu stehen, so kann man sie und sollte man sie daran nicht hindern. Wir haben letzten Endes, abgesehen von einer gewissen Reverenz E.F. gegenüber nichts weiter zu verlieren. Ich kann mir nicht denken, daß die Söhne es darauf ankommen lassen wollen. Ich kann Ihnen nur, und zwar ohne Optimismus und Übertreibung, erklären, daß die von mir genannten Leute, einschließlich des Druckers Arnholdt, hinter uns stehen werden, und ebenso einen Appell gegen die Übergriffe traditionsloser und amoralischer Zerstörung einer geistigen Hinterlassenschaft, unterzeichnen werden. Wie sie heute einen Appell für die Fortführung der Drucklegung des Werkes von E.F. zu unterzeichnen bereit sind.

Was den Sohn Torolf angeht, so ist dieser ja an und für sich ohne Bedeutung und den Leuten kaum bekannt. Der zweite Sohn Arend ist insofern bekannt, als er in früheren Jahren mit Werbebriefen sich an viele dieser Leute persönlich gewandt hat und bisher den Eindruck zu erwecken verstanden hat, im Interesse der Verbreitung der Arbeiten von E.F. tätig zu sein. Ich habe bereits weitgehendst die bisherige Tätigkeit von Arend im angeblichen Interesse von E.F. neutralisiert. Es bestand sowieso eine sehr lose Beziehung, größtenteils höflichkeitsbedingt, alte Freundschaft zum Vater, etc.etc. Und es war verhältnismäßig leicht, Arend aus irgendwelchen Erwägungen von vornherein auszuschalten. Die größte darin bestehende Schwierigkeit war eigentlich bei dem Drucker Arnholdt vorhanden, der eine sentimentale Zuneigung zu Arend hatte, von dieser aber gründlich kuriert worden ist. Der einzige, der heute von allen E.F.-Freunden Arend geradezu haßt, ist Arnholdt, und zwar, weil er ihm nicht verzeihen kann, daß er durch sein Dazwischentreten den hoffnungsvollen Anfang einer fruchtbaren Arbeit für E.F.'s Werke zu gefährden beginnt.

Ich bemerke hier dazwischen, daß ich keinesfalls irgend etwas im Verhältnis Arend-Arnholdt übertrieben habe oder falsch sehe. Was die Zusendung von Band VI an Arnholdt anbelangt, so hat Arend bei Arnholdt gebeten um die Zusendung von Büchern, da er den Vertrieb von Newyork aus organisieren wolle. Für

Arnholdt ging daraus hervor, daß Arend beabsichtigte, Sie ganz auszuschalten. Das hat er mir gleich bei meinem ersten Besuch erklärt und auch hinzugefügt, er, Arnholdt, war über diese Zumutung so entsetzt, daß er den Brief nicht beantwortete. Das Verhältnis Arend-Kloss mag undurchsichtiger sein, vor allem deswegen, weil Kloss in Arend denjenigen sah, der ihm bei Herausgabe der Gedichte von E.F., und zwar selbst gegen den Willen von E.F., würde helfen können oder würde geholfen haben. Das ist aber jetzt vorbei. Kloss wird sich nicht nur an denjenigen halten, der für ihn der Erbe des Nachlasses ist bezw. ihm die Erlaubnis für Drucklegung der Gedichte, Propagierung der Dramen etc. mit evtl. zu erwartenden ergänzendem Material, sondern selbst wenn die Erbschaft umstritten sein sollte, an denjenigen, mit dem er über sein Material und das noch zu Erwartende korrespondieren kann. Und dies ist in keinem Falle Arend. Das habe ich ihm klar gesagt, und er glaubt es auch mir. Vor allem erhofft er von mir, daß ich ihn wieder in den Kreis der Fuhrmann-Freunde Hennecke, Turel etc. zurückbringen kann. Kloss leidet an der Ablehnung der ausgesprochenen Literaten, an einem Anti-Literaten-Verschmähungs-Komplex, unnötig sich um die Gründe zu kümmern, in einer untergeordneten Stellung beim Auslands-Institut, aber als Referent für Deutschtum in Amerika etc. für die E.F.-Aktion jetzt sehr nützlich. Ich bin von einer Sauberkeit und Integrität des Mannes absolut überzeugt.

Überhaupt nicht von irgendwelchem Streit um die Nachlassenschaft betroffen ist der Drucker Arnholdt, der für das in seinem Besitz befindliche Material, gedruckt oder ungedruckt, alle Rechte in Anspruch nehmen wird, im Sinne eines bestehenden oder noch vorzudatierenden Vertrages. Arnholdt wird die zehn Bände ausdrucken, er wird von niemandem sich hineinreden lassen, außer von Ihnen, die er als die alleinige Erbin des literarischen Nachlasses anerkennt. Was die Mitarbeit der uns zur Verfügung stehenden Leute anlangt, so ist diese Mitarbeit grundsätzlich eingestellt auf die Fortführung der Gesamtausgabe und die Fertigstellung der Drucklegung. Das heißt, daß die eigentlichen Autoren-Rechtsabgaben in einen Fond fließen, aus dem die Druckkosten und evtl. die Schulden abgetragen werden. Selbstverständlich unterliegt die Regelung des Fonds etc. Ihnen, darin besteht bei keinem der Beteiligten der geringste Zweifel, am wenigsten bei Arnholdt.

Ich würde trotzdem aus praktischen Erwägungen vorschlagen, daß Sie mir eine Vollmacht schicken, worin Sie als die Erbin des literarischen Nachlasses von E.F. mich beauftragen, für die Verwertung des Nachlasses in Deutschland tätig zu sein. Vielleicht könnten Sie zur inneren Sicherung noch mit beifügen, diese Verwertung hätte zu erfolgen im Einvernehmen mit Wilhelm Arnholdt. Bisher ist ein offizieller Schritt der Söhne noch nicht bekannt geworden, wenigstens hier nicht, und ich würde also mit vollem Recht und gutem Glauben Abschlüsse tätigen können, wahrscheinlich zum größten Teil auf Grund bei Arnholdt bereits liegendem Material (wie gesagt, bisher liegt noch kein juristischer Vorstoß vor, ein Rechtsanwalt ist noch nicht aufgetreten, sodaß wir mit dieser Konstruktion sicherlich durchkommen werden. Im Notfall tritt dann Arnholdt für sich dann noch als Reserve auf).

Ich würde dann weiter vorschlagen, daß man Hans Hennecke freie Hand läßt, einen Verleger für einen Auswahlband von E.F. zu suchen, die Herausgabe zu übernehmen, und ihm die Zusicherung zu geben, daß man, entsprechend seiner Grundkonzeption ihm eine Reihe neues Material geben wird. Hennecke hat noch keine Grundkonzeption in dieser Hinsicht festgelegt, weil er mit verschiedenen Verlegern sprechen will und entsprechend auch dann die Grundkonzeption der Auswahl zu ändern hätte. Er denkt in erster Linie an seinen eigenen Verlag, wo er englische Dichtungen in Übersetzung herausbringt, das ist der Limes-Verlag in Wiesbaden, ein etwas vornehm-snobistischer Literatur-Verlag, Gottfried Benn war der Hauptautor, heute in dem deutschen Literaturbetrieb hoch angesehen. Er hat aber auch enge Verbindungen zur Deutschen Verlags-Anstalt in Stuttgart und zu Ernst Rowohlt hier. Hier erschien seine Ezra Pound-Übersetzung. Ich bekomme über den Fortgang seiner Pläne noch genaueste Details. Es ist vereinbart, daß er darüber auch Nette vom Diederichs-Verlag auf dem laufenden hält, was sowieso von mir aus auch geschieht. Diederichs will entweder auch einen ähnlichen Auswahlband bringen, wofür er allerdings von mir die Grundkonzeption der Linienführung erwartet, wobei dem Dr. Nette die Herausgabe des Bandes mit Einleitung und einer besonderen Art von Interpretation der Bibliographie vorbehalten bleibt bezw. von mir von vornherein angeboten worden ist. Das letztere würde aber auch bei Nette bleiben, wenn man Diederichs einen Band Tier-Fabeln anbieten kann. Solche Tierfabeln bestehen in Sammlungen, die sr. Zt. aus Beiträgen von E.F. in der Frankfurter Zeitung privat vorhanden sind, bei Karl Zimmermann in Frankfurt. Auch Kloss hat einige. Ich denke, man könnte auch bei den noch nicht gedruckten Manuskripten einen solchen Band ergänzen – die Hasenlegende z.B. Das ist im Augenblick noch unentschieden, und Diederichs läuft nicht weg, weil Nette an einem E.F.-Band zu stark für den Verlag interessiert ist. Ich habe bisher noch nicht wieder an ihn geschrieben, weil ich erst das Ergebnis meiner Rundreise verarbeiten muß. Es besteht aber weder zwischen Hennecke noch zwischen Kloss der geringste Gegensatz zu Nette bzw. Diederichs.

Ich würde dann weiterhin vorschlagen, entweder durch Sie selbst oder durch mich im Auftrage mit Vollmacht, dem Dr. Kloss freie Hand zu geben, seinen Auswahlband Dichtungen mit den Dramen, wobei er den Anschluß dieser Dramen an die heutigen Ionescos propagiert und interpretieren würde. Er sieht überhaupt in E.F. den heutigen zeitgemäßen Dramatiker, der vor 40 oder 50 Jahren eben noch nicht verstanden werden konnte. Warum soll sich die allgemeine E.F.-Aktion nicht einen solchen Sonderband leisten – schaden kann er jedenfalls nicht! Dr. Kloss hat den Piper-Verlag für diesen Band in Aussicht genommen und hat auch schon früher mit ihm darüber verhandelt. Was fehlt ist, ihm lediglich die Erlaubnis zu geben, in Verhandlungen einzutreten. (Interessanterweise ist auch Arnholdt für einen solchen Band sehr begeistert, der ja auch besonders den Priester-Band[1] sehr schätzt und sich eigentlich auch mit dem Gedanken trägt, diesen Band neu herauszubringen.)

Ich persönlich habe mit Rowohlt noch keinen Kontakt aufgenommen. Ich möchte das erstens dem Hennecke nicht vorwegnehmen, falls dieser sich dahin konzentrieren würde. Zweitens sollte man Rowohlt reservieren für eine zweite Garnitur von E.F.-Aktivisten, wie Turel, Helwig und wahrscheinlich noch eine Reihe anderer, die unsere erste Garnitur noch anbringen wird, so stehen auch die beiden Jünger[2] noch auf der Liste der zweiten Garnitur.

So sieht zunächst einmal das äußere Bild der E.F.-Aktion aus. Es ist evtl. daran zu denken, daß ein Rowohlt- oder Diederichs-Band gleichzeitig als Band VIII oder IX der Gesamtausgabe erscheint, d.h. daß den Subskribenten in der von Arnholdt herausgegebenen Form geliefert wird und der Verlag nur einen anderen Deckel nimmt, das ist natürlich nur möglich, wenn Arnholdt nur die Gesamtausgabe subskriptionsmäßig weiter ausdrucken will und nicht sich auf den Buchhandels-Vertrieb umstellt. Ich weiß nicht, wie das überhaupt geschehen kann, aber es wäre in der Erwägung zu halten.

Ich berühre jetzt die etwas schwierige Frage des Verkaufs der Hinterlassenschaft an das Schiller-National-Museum. Ich glaube, daß, wenn überhaupt, die Söhne dort sich gemeldet haben oder melden werden (was natürlich durch Dr. Kloss leicht festzustellen sein wird). Ich würde vorschlagen, daß Sie mich beauftragen, mit einer entsprechenden beglaubigten Vollmacht an das Schiller-Nationalmuseum, Direktor Zucker Marbach am Neckar, mich zu wenden, und über die Übernahme des Nachlasses und deren Form zu verhandeln. Wie Dr. Kloss mir mitteilte, ist eine rechtsverbindliche Bereitschafts-Erklärung des Museums an das Institut für Auslandsbeziehungen in Stuttgart erfolgt, und zwar in einem an das Institut gerichteten Schreiben vom 19.12.56 (für Dichtung), unterm 9.1.57 (für wissenschaftliche Manuskripte). Ein Schreiben von mir, resp. die Ankündigung eines Besuches, würde zunächst unmittelbar aufstechen können, was inzwischen etwa dort von den Söhnen erfolgt ist.

Das Nationalmuseum ist eine von der Regierung mit außerordentlichen Geldmitteln ausgestattete Stiftung, Manuskripte, Nachlässe etc. etc. zu übernehmen. Bei allen Auktionen von Büchern, Manuskripten etc. hier tritt das Museum in rund 80% der Fälle als Käufer auf. – Nur aus persönlichen Verhandlungen, im Notfalle aus einem intensiven Briefwechsel, kann man festlegen, wie die Überführung des Nachlasses erfolgen soll. Es ist z.B. möglich, daß der Nachlaß spezifiziert und gesichtet etc. einem Institut E.F. verbleibt, das ihn verwertet etc. In diesem Fall besteht nur ein Eigentumsrecht und eine Garantie gegen Verschleuderung. Es besteht auch die Möglichkeit, daß es dem Erbfolger bis zur Gründung eines Instituts überlassen bleibt, vorausgesetzt, daß die nötige Qualifikation nachgewiesen werden kann, oder noch verschiedene andere Möglichkeiten, z.B. für den Fall einer in Gang befindlichen Drucklegung bestimmte Manuskripte erst nachträglich eingeliefert werden. Jedenfalls besteht eine Reihe von Punkten, über die man sprechen sollte. Ich bin auch überzeugt, daß eine ganz ansehnliche Summe erreicht werden kann.

Das Institut für Auslandsbeziehungen (Kloss) hat jetzt mit der Sache nichts mehr zu tun, ebensowenig wie die Deutsche Akademie für Dichtung (Kasack), von der ursprünglich das erste Angebot ausgegangen ist.

Ich hoffe, daß ich alles, was zum Verständnis notwendig ist und was auch als Unterlage dienen kann, für Korrespondenzen, Verhandlungen etc. hier zusammengebracht habe. Ich bin der Meinung, wenn es zu einem Kampf mit den Söhnen in der Erbschaftsfrage kommt, so sollte man diesem Kampf nicht ausweichen, sondern ruhig an sich herankommen lassen – auch wenn es bittere Gefühle erweckt. In dem Falle gibt es ja keinen Kompromiß, und in einem solchen Fall, wie z.B. der Verwertung des schriftstellerischen Nachlasses, müssen die Söhne Qualifikation und guten Willen vor der Öffentlichkeit nachweisen. Es scheint mir ausgeschlossen, daß ihnen das gelingen wird. An dieser Stelle ist zweifellos unsere Position stärker.

Dagegen schwächer in der juristischen Auseinandersetzung des Gesamterbes. Aber selbst diese kann nur durch einen juristischen Vorstoß in die Entwicklung gebracht werden, wobei jeder juristische Vorstoß von uns aus gesehen als auf das geistige Erbe zurückbezogen und entsprechend in der Öffentlichkeit angeprangert werden würde.

Dies scheint mir also der Kernpunkt der Situation.

Verbindlichst

1 „Vom Himmel durch die Welt zur Hölle", 1. Band der dreibändigen Fuhrmann-Ausgabe im Auriga-Verlag, Berlin 1925.
2 Ernst Jünger und sein Bruder Friedrich Georg.

372. AN HUGO HERTWIG
Hamburg, 7/2 57

Lieber Hertwig,
vielen Dank für Ihren Brief und die Beilagen. Ich denke wir besprechen alles hier. Vieles was besonders die Söhne[1] in ihrem Verhältnis zu Ilse anlangt, beginnt sich sehr unglücklich zu entwickeln. Aber auch darüber hier. Ich kann mir nicht denken, daß es die Söhne zu einem in dem Falle ja öffentlich auszutragenden Streit werden kommen lassen – außer einem Rechtsanwalt und einigen ästhetischen Idioten werden sie ja niemanden auf ihrer Seite haben.

Ich selbst bin allerdings schon reichlich müde und ein wenig krank geworden, wahrscheinlich von der Hitze und all den Schwierigkeiten.

Es ist ganz gleich, auf welchem Bahnhof Sie ankommen, die Tiso Firma Alter Wall 12, 34 44 09 Telef liegt zwischen Dammtor und Hauptbahnhof. Da ich ja dort als Zentrum zu erreichen bin, im Hotel bin ich ja nur nachts – ist es eben gleich. Ich glaube der Hauptbahnhof ist der erste von Berlin aus, ich würde Sie also dort abholen.

Wohnen Sie irgendwo oder muß ich ein Zimmer besorgen? – an und für sich ist das hier eine Katastrophe und sehr teuer. Muß unbedingt vorher geregelt werden, wenn man nicht phantastische Preise bezahlen will. D.h. wenn man hier ist, [kann] man dann eher sich arrangieren und was finden eventuell weiter draußen am Stadtrand.

Ich selbst bin noch weiterhin auf der Wohnungssuche, mein jetziges Hotel am Holstenwall ist nur provisorisch, immerhin aber besser als die bisherigen Hotel Pensionen.

Also melden Sie sich und hoffentlich kann Claire die Schwierigkeiten überwinden.
    Viele Grüße und Empfehlung an Ihre Frau
        Ihr Franz Jung

[1] Arend und Torolf Fuhrmann.

373. AN CLÄRE JUNG
Frankfurt, 7/6 57
c/o Hans Schwab, Heinerweg 139

Liebe Cläre,
vorläufig bin ich wieder in Frankfurt, wo ich bessere Chancen habe Geldeingang abzuwarten.

Ich komme aber nach Hamburg zurück. Dein Brief liegt in Hamburg bei Tiso & Co, wie mir Tiso soeben mitteilte.

Du mußt also mit der Reise nach Hamburg warten, bis ich Nachricht gebe, daß ich wieder zurück bin
herzl. Grüße
   Franz

374. AN HANS HENNECKE
z.Zt.Hamburg, den 17.7.57

Lieber Hans Hennecke,
vielen Dank für Ihren Brief. Ich würde sehr gern noch einmal nach München kommen, kann aber noch gar nicht übersehen, wann ich von hier wegkomme und wie es mit den Reservationen für den Rückflug wird.

An Rexroth habe ich geschrieben, zugleich Ihre Adresse angegeben, so daß er sich mit Ihnen in Verbindung setzen wird. Allerdings wird er in diesen Monaten von San Francisco abwesend sein. Ebenso habe ich an das Poetry Center geschrieben, an die Sekretärin Ida Hodes, und vor allen Dingen an Robert Duncan, den ich Ihnen sehr empfehlen würde. Leider – Duncan und Rexroth sind im Augenblick ziemlich verfeindet, obwohl Duncan sehr viel für Rexroth getan hat.

Duncan ist jetzt der Direktor des Center, viel jünger als R[exroth] und sehr aktiv. Ich denke, er wird Ihnen eine Menge Material schicken können.

Wenn Sie von Henry Miller etwas Besonderes wünschen für Ihren beabsichtigten Aufsatz, so schreiben Sie es ihm oder teilen Sie es mir mit. Eventuell könnten Sie sich auch an den Maler Emil White, Big Sur, Cal. wenden, der jahrelang als eine Art Sekretär für M. fungiert hat und meist auch noch heute seine

Korrespondenz erledigt. Aber M. ist ja ein sehr netter und zugänglicher Mann, heute wenigstens, und froh über jeden neuen Kontakt. Sie werden bei ihm keinerlei Schwierigkeiten haben, wenn Sie von ihm irgendwelches Material oder Hinweise für Ihren Artikel brauchen. Wenn es natürlich Zeit hat bis zum Herbst, kann ich Ihnen natürlich alles dort erledigen.

Dr. Heinz Kloss (im Institut für Auslandsbeziehungen in Stuttgart) habe ich gesprochen. Ich habe einen sehr aufgeschlossenen Menschen gefunden, der mir offengestanden auch sehr gefallen hat. Merkwürdigerweise hat er irgendwelchen Verschmähungskomplex gegen „Literaten" und muß irgendwelche bitteren Erfahrungen gemacht haben, bedauerlich genug. Im Institut selbst hat er allerdings eine ziemlich untergeordnete Stellung. Er ist Referent für Amerika, d.h. Auslandsdeutsche, die in den beiden Amerikas deutsch publizieren oder publiziert haben – soweit ich ihn verstanden habe. Die Arbeit dort spielt aber für ihn gar keine Rolle, reiner Broterwerb. Dagegen sehr interessiert noch für Fuhrmann, hat eine Reihe früherer Manuskripte, schreibt an eine Reihe Leute, von denen er annimmt, daß sie Manuskripte von Fuhrmann noch besitzen, war mit dem Fuhrmann-Sohn Arend bisher im Kontakt und wollte auch, veranlaßt von A., im Vorjahr einen Band Gedichte von Fuhrmann, anscheinend im Piper-Verlag, herausbringen. Die Sache ist an dem Widerstand von Ernst Fuhrmann damals gescheitert, der damals nicht die Erlaubnis gegeben hat. Evtl. würde Kloss das Projekt heute wieder aufnehmen. Er denkt an Gedichte wie „Der große Atem", einiges aus dem Bande „Priester", einige Dramen, besonders „Zahl" und vielleicht Tierfabeln, von denen er [eine] Reihe, seinerzeit in der Frankfurter Zeitung erschienen, gesammelt hat.

Ich habe an Ilse Fuhrmann dieserhalb geschrieben, sie ist bereit, ihn zu autorisieren und ihm evtl. neuere Arbeiten herauszusuchen. Vorerst müßte allerdings ein kompletter Vorschlag von Kloss vorliegen. Ich habe ihm auch von Ihnen gesprochen, er würde sich natürlich auch mit Ihnen gern in Verbindung setzen.

Wie er mir sagte, steht er oder stand er der Rudolf Steiner-Bewegung nahe, jetzt aber etwas in Opposition.

Von mir selbst kann ich nicht gerade sagen, daß ich in der Arbeit für Fuhrmann sehr viel weiter gekommen bin, das sind aber in der Hauptsache technische Fragen. Sobald der Drucker, der im Augenblick außerordentlich viel zu tun hat, etwas mehr

Luft bekommt, werden wir einen neuen Prospekt drucken und herausschicken. Wir haben etwa 300 Namen außerhalb der Bibliotheken usw. hier schon gesammelt. Wenn Sie noch Namen beitragen können, an die man einen solchen Prospekt schicken kann, wäre das fein.

Leider ist ja immer noch nicht die „Auswahl" in der Frankfurter Allgemeinen erschienen, auf die wir hier warten, damit der Drucker auch im Buchhandel etwas unternehmen kann.

Ich habe jetzt hier von Ilse Fuhrmann auch die allgemeine Vollmacht bekommen für die Verwertung des literarischen Nachlasses und Verhandlung mit etwa interessierten Verlegern. Wenn Sie in der Sache etwas tun können und irgend etwas wünschen für Ihre projektierten Aufsätze, den Rundfunk-Vortrag, schreiben Sie es mir oder an Ilse Fuhrmann direkt nach New York. Wir werden alles tun, Ihnen mit Material behilflich zu sein. Wenn Sie irgendwelche Vorschläge für Verleger haben oder etwa für einen Sammelband von Freunden, einen sogenannten Gedächtnis-Band für Ernst Fuhrmann, bitte zögern Sie nicht, uns das mitzuteilen oder handeln Sie selbständig nach eigenem Gutdünken.

Ich selbst bin, wie gesagt, etwas ins Hintertreffen geraten und offen gestanden wächst mir die Arbeit im Augenblick etwas über den Kopf.

Sobald ich indessen etwas Konkretes von mir aus Ihnen sagen kann, was sich hier tut und praktisch bereits herausschält, melde ich mich bei Ihnen.

Mit den besten Grüßen
Ihr Franz Jung

N.B. Ich habe hier von Hugo Hertwig den Text seines Vortrages bekommen, den er an verschiedenen Stellen in der Ostzone über Ernst Fuhrmann gehalten hat. Dabei möchte ich erwähnen, daß ich anscheinend über ihn in Beziehung zu Ihrem Aufsatz in der Frankfurter Allgemeinen falsch unterrichtet gewesen bin. Er spricht sich zu diesem Aufsatz sehr lobend aus, wenngleich er gegen Sie über biologische Anwendungsprinzipien polemisiert, aber durchaus respektvoll. Ich glaube, er ist weit mehr Ihr Freund als Ihr Gegner.

D.O.

375. An Karl Otten
Hamburg, 7/19 57
p/a Carl Tiso & Co., Alter Wall 12

Lieber Carl Otten,
vielen Dank für Ihren Brief und das Lebenszeichen. Selbstverständlich haben Sie die Autorisation[1] und ich wünsche Ihnen und dem Verlag viel Glück – hoffentlich bekomme ich die Skizze mal zu Gesicht, denn ich habe natürlich keine Ahnung mehr davon, wie den meisten von meinen Büchern auch.

Gegen Ende des Krieges wurde ich in Budapest noch eingesperrt und sah das Ende des Krieges im Konzentrationslager in Bozen. Nach 4 Jahren Italien bin ich 48 nach New York gekommen. In Italien habe ich versucht wieder zu schreiben, einiges ist auch (ein Stück)[2] ins Italienische übersetzt, aber nicht aufgeführt, ein anderes[3], später ins Englische übersetzt, ist über öffentliches Vorlesen bei Piscator nicht hinausgekommen. Piscator war ja schon damals in NY viel zu schwach.

Ich lebe jetzt in San Francisco, 327 Lake Str, bin augenblicklich vorübergehend in Deutschland und beschäftige mich hier mit der Propaganda für Ernst Fuhrmann, der im Vorjahr in NY gestorben ist. Ich sammle die alten Freunde, um den Weiterdruck der neuen Gesamtausgabe bei einem hiesigen Drucker zu ermöglichen, irgendwo einen Auswahlband von EF bei einem Verleger unterzubringen und den Erlös dem Fuhrmann Fonds zuzuführen. Für mich selbst habe ich keine rechte Lust mehr etwas zu tun, weder im Osten noch im Westen, persona non grata.

Ab und zu schreibe ich kleine Übungen[4], früher in der Neuen Zeitung, jetzt in der Frankfurter. Übrigens habe ich in der Stuttgarter Zeitung gerade eine Besprechung über Ihr letztes Buch[5] gelesen und in derselben No ist auch ein kleiner Aufsatz[6] von mir über Ernst Fuhrmann.

Ich habe mich sehr gefreut von Ihnen zu hören und grüße Sie herzlichst
Ihr Franz Jung

---

[1] Für die Skizze „Die Liebe wandert" in Karl Ottens Anthologie „Ahnung und Aufbruch. Expressionistische Prosa", Luchterhand Verlag, Darmstadt und Neuwied 1957.
[2] „Samtkragen oder Der verlorene Sohn", Übersetzer Giovanni Bassanello.

3 „Herr Grosz", ins Englische übersetzt von Saul Colin als „The way home".
4 „Der Verkehrsunfall" (*Die Neue Zeitung* vom 19.11.1952), „Die Geschichte mit Dagny" (*Die Neue Zeitung* vom 21.10.1953), „Der Reisebericht" (*FAZ* vom 20.8.1957).
5 Gerhard Neumann „Die entscheidende Nacht. Karl Ottens Rückkehr: Sein neuer Roman ‚Die Botschaft'". In: *Stuttgarter Zeitung* vom 13.7.1957, S. 40.
6 „Bausteine zu einem neuen Menschen. Das Gesamtwerk von Ernst Fuhrmann".

376. AN HUGO HERTWIG
Hamburg, 7/20 57

Lieber Hertwig, warum antworten Sie nicht? Hat sich Claire noch nicht bei Ihnen gemeldet? Es handelt sich darum, ob Sie selbst wenn Sie nicht kommen, einige Adressen senden könnten, an die ein neuer Prospekt herausgehen sollte?

Werden Sie sich mit Hennecke, Kloss, Helwig, Nette etc, die einen Gedächtnisband für Fuhrmann hier planen, in Verbindung setzen?

Ich werde die nächste Woche hier anfangen einige Hamburger Leute aufzusuchen – Hühnerfeld, Haas etc, was soll ich denen sagen, Ihre Arbeiten betreffend? Würden Sie einen Artikel über Fuhrmann (auf Band 6 bezugnehmend) hier schreiben können? Haben Sie einen, den ich sogleich anbieten kann?

Ich wundere mich sehr, daß Claire Sie nicht sogleich aufgesucht hat. Allerdings hängt das vielleicht zusammen mit ihrer strikten Ablehnung von Fuhrmann, die leider unseren letzten Abend hier ziemlich belastet hat.

Ich halte natürlich auch absolut nichts von einer Weltfriedensbewegung, so wie sie Frau Hoppkins Huth [richtig: Hoppstock-Huth] verzapft. Solange die Menschen sich in ihren Beziehungen zueinander täglich umzubringen versuchen, wüßte ich nicht, was so eine Friedensbewegung bezwecken sollte.

Wenn es Ihnen möglich wäre, könnte ich noch eine Copie Ihres Vortrages[1] haben? Kann ich daraus einen Artikel zusammenstellen?

Die mir zugesandte Copie habe ich auftragsgemäß an Ilse Fuhrmann weitergeschickt.

Viele Grüße
Franz Jung

1 Vermutlich handelt es sich um den überarbeiteten Vortrag zu Fuhrmanns 70. Geburtstag am 19.11.1956 (9 Seiten Manuskript im Deutschen Literaturarchiv Marbach).

377. AN CLÄRE JUNG
Hamburg 7/25 57

Liebe Claire,
ich sende dir noch einen Auszug von dem Artikel[1], inzwischen sind in der Frankfurter die „Anmerkungen"[2] auch erschienen. Sobald ich sie bekomme, schicke ich sie – aber ich glaube Hertwig bekommt die ZT sowieso.

Hertwig schreibt, er hätte zuviel zu tun, um die Namenliste abschreiben zu können. Vielleicht würdest du eines Abends hingehen können und dir einfach die Namen diktieren lassen. Wir brauchen sie jetzt. Es wird ein Prospekt[3] gedruckt, der Ende der Woche fertig sein wird und den müssen wir hinausschicken.

Einen Aufsatz von E[rnst] F[uhrmann], den ich gern hier irgendwo unterbringen möchte, schicke ich dir in der MS Kopie. Ich halte ihn für EF ziemlich aufschlußreich. Eventuell gib ihn dann an Hertwig weiter.

Ich kann ja für H[ugo] H[ertwig] wenig tun – nur so zu Verlegern zu laufen geht doch nicht, würde auch nicht den geringsten Erfolg haben. Ich kann ja nicht einmal über Hertwig schreiben, weil sich seine Prospekte mit dem allgemeinen Sammelsurium nicht eignen darüber auch nur eine Zeile zu schreiben. Er scheint auf mich eingeschnappt zu sein, ebenso wie ich es ein wenig auf Dich war, als du offensichtlich [Dich] letzten Abend so scharf gegen Fuhrmann ausgesprochen hast um vor dieser Friedenstante[4] eine geistige Distanz mir gegenüber aufrechtzuerhalten.

  Mit vielen Grüßen
      Franz

---

1 „Bausteine zu einem neuen Menschen. Das Gesamtwerk von Ernst Fuhrmann", zuerst erschienen in: *Stuttgarter Zeitung* vom 13.7.1957.
2 Ernst Fuhrmann „Bausteine zu einem neuen Weltbild". In: *Frankfurter Allgemeine Zeitung* vom 20.7.1957.
3 Prospekt der 10bändigen Fuhrmann-Ausgabe „Neue Wege" von Wilhelm

Arnholdt; dort heißt es: „Die zweite Sammelausgabe der Werke von Ernst Fuhrmann ‚Neue Wege' wurde – mit der Unterstützung einer nach 1945 in New York ins Leben gerufenen Vereinigung der Freunde von Ernst Fuhrmann – 1952 begonnen. Sie lag bis zu dem 1956 erfolgten Tode Ernst Fuhrmanns in der ersten Serie von fünf Bänden vor. Sie ist noch vom Autor selbst zusammengestellt und durchgearbeitet. Die zu dieser Zeit im Entwurf der Auswahl gleichfalls bereits vorliegende zweite Serie von fünf Bänden wurde auf Veranlassung der Freunde Ernst Fuhrmanns nach 1956 weitergeführt unter der Leitung des Ernst-Fuhrmann-Archivs, Flushing–New York, das von Ilse Fuhrmann registriert und betreut wird."
4 Wohl Elsbeth Bruck, Schauspielerin und Vortragskünstlerin, mit der Cläre Jung damals zusammenlebte. Sie war seit ihrer Emigrationszeit in London in der Friedensbewegung engagiert, vgl. auch ihre Erinnerungen „Ein Leben für den Frieden" (ungedrucktes Ms. im Märkischen Museum, Berlin).

378. AN RUTH FISCHER
Hamburg 11, den 8/1 57
Carl Tiso & Co., Alter Wall 12, V.

Liebe Ruth,
vielen Dank und nochmals Dank für die freundliche Einladung.

Ich fürchte, diesmal werden wir uns nicht sehen können. Ich werde gleich von Hamburg aus direkt nach NY fliegen.

Ich bleibe zwar noch bis Anfang September im Lande hier, aber ich muß noch nach Düsseldorf und wahrscheinlich auch nach München und das Geld ist sehr knapp geworden. Außerdem habe ich wenig Neigung übrigbehalten sowohl für Deutschland als auch für das sonstige Europa, Paris interessiert mich schon überhaupt nicht. Abgesehen davon, daß ich dich natürlich gern gesehen und gesprochen hätte, scheint mir Paris dafür der am wenigsten geeignete Platz. Für dich mag das natürlich anders sein, aber ich bin ja weder an Philosophie noch an Politik interessiert, eigentlich sogar an gar nichts.

Für Fuhrmann habe ich hier ein wenig Propaganda machen können, hoffentlich kann ich noch einen Auswahlband bei einem Verleger unterbringen, wenn ich allerdings aus dem Lande bin, wird wahrscheinlich alles wieder in die alte Apathie und Interesselosigkeit zurücksinken. Ich sehe, daß ich mich an der Aufgabe selbst übernommen habe.

Für mich hatte ich nicht Interesse genug etwas zu tun, bis auf einige kleine Stilübungen[1] in der Frankfurter und Süddeutschen habe ich nichts weiter eingeleitet.

Piscator habe ich nicht gesehen, Sahl auch nicht ... ich bin sehr betrübt aber nicht hoffnungslos unglücklich.

Soll ich was in NY bestellen, so schreibe mir nach hiesiger Adresse, gültig noch bis etwa zum 20. August.
Herzlichen Gruß
auf Wiedersehen in der Südsee
dein
        Franz Jung

[1] „Der Reisebericht". In: *FAZ* vom 20.8.1957.

379. AN HUGO HERTWIG
z.Zt. Hamburg, den 12. August 57
c/o. Tiso & Co., Alter Wall 12

Lieber Hugo Hertwig,
Ihr Brief vom 7.8.57 enthält im Unterton eine besondere Animosität, die ich nicht verstehe, die ich aber auch in keiner Weise erwidern möchte.

Es ist leider nicht gelungen, eine Zusammenkunft zu arrangieren; ich glaube, nur aus dieser persönlichen Zusammenkunft hätte sich die Möglichkeit ergeben, Erfahrungen über das, was an Werbungen bisher geschehen ist und weiter geschehen kann, auszutauschen. Mit dem Briefwechsel wird es nicht möglich sein. Vor allem nicht, wenn Sie abschließende Bemerkungen machen wie die in Ihrem vorletzten Brief: Kläre lehnt alles ab – was mich zwar anfangs sehr betroffen hat, nachher sich aber als Ihre etwas boshaft akzentuierte Privatmeinung herausgestellt hat.

Wo haben Sie gelesen, daß ich „seit Jahren E.F.'s Arbeiten vertrete"? Ich beschäftige mich schon seit Beginn der 20iger Jahre mit den Arbeiten E.F.'s, habe später im „Gegner"[1] E.F. in jeder Nummer gedruckt, dem damals für E.F. werbenden Guttfeld eine Reihe von Beziehern der ersten Gesamt-Ausgabe vermittelt. Das ist alles. Seit ich mit E.F. wieder in persönlichen Kontakt gekommen war 1948, bin ich auch in eine menschlich nähere Berührung mit ihm gekommen und habe auch schon 1955 anläßlich des Besuches, den Sie erwähnen, mit Arnholdt über die Fortführung der zweiten Gesamt-Ausgabe verhandelt und auch schon Kontakte mit Zeitungen für Artikel etc. hergestellt. Ich sehe in diesem Verhalten keinerlei Grund zu einer Feststellung einer Wandlung meiner Stellung oder sonstwelche Widersprüche.

Ich habe Sie um das Manuskript Ihres Vortrags gebeten, nachdem ich es hier gelesen und Ihrem Auftrage gemäß gleich an Ilse Fuhrmann weitergeschickt hatte. In diesem Manuskript waren eine Reihe mir unbekannte Daten, die zur Erklärung des E.F.-Lebens-Entwicklungsganges absolut notwendig sind, und ich hätte das den Leuten, die bereits Artikel über E.F. schreiben, gern als Material übermittelt. Ich sehe nicht ein, daß das Ihnen irgendeinen Schaden hätte tun können. Die Daten, die ich in meinem Beitrag in der Stuttgarter Zeitung verwendet habe, stammen von Dr. Kloss, im übrigen ist auch dieses vollständig gleichgültig, denn ich selbst habe nicht den geringsten Ehrgeiz, einen Artikel über E.F. zu schreiben. Ich tue das so ungern, wie überhaupt möglich, im Falle der Stuttgarter Zeitung war nur einfach niemand da, der die Zusage der Redaktion, etwas zu bringen, sofort hätte mit einem Aufsatz befriedigen können. Es war eigentlich ganz selbstverständlich, daß [ich], nachdem ich nun einmal dort war, die Situation sofort ausgenutzt habe.

Was Ihre anderen Anfragen betrifft, so bin ich nicht der Meinung, daß Ihr sozial-biologischer Entwicklungs-Roman[2] – das soll um Gottes Willen kein Wert-Urteil sein – irgend etwas für die Durchsetzung von E.F. tun kann. Ich meine das ganz allgemein, denn ich habe diesen Roman nicht gelesen, kann also überhaupt kein Urteil darüber abgeben.

Der Zugang zu den Arbeiten von E.F. und zum Verständnis seiner Denk-Konstruktion bildet die sehr umfangreiche Selbst-Analyse E.F.'s, eine seiner überhaupt letztgeschriebenen Arbeiten. Zwar wird auch mit dieser Arbeit keine große Massenwirkung erreicht werden, aber sie bildet doch einen verständlichen Schlüssel für Freunde, die noch heute zu ihm halten oder für solche, die von ihm abgefallen sind, oder für ganz Fernstehende, die sich neu mit Fuhrmann beschäftigen.

Ich wünsche Ihnen für Ihren Roman vielen Erfolg. Ich selbst kann nichts dazu tun. Ich halte die Inhaltsangabe, die Sie damals ja auch mitgeschickt haben, für nicht gut im Technischen, und ich glaube auch nicht, daß Sie damit allein Verleger interessieren können. Aber das ist eine technische Ansicht, und ich kann mich natürlich irren.

Ob ein Gedächtnisband herauskommt, weiß ich nicht, drüben scheinen die Vorarbeiten jedenfalls ins Stocken geraten zu sein. Ich selbst habe hier noch nicht einmal angefangen, nach dieser Richtung hin etwas zu tun.

Der Prospekt für Band VII erscheint in den nächsten Tagen. Da es wichtig erschien, diesen Prospekt herauszubringen, ist die Idee einer Werbung über eine Zeitschrift fallengelassen worden.

Der Prospekt richtet sich durchaus nicht nur an Leute, die die Gesamt-Ausgabe kaufen werden, sondern er stellt mehr oder weniger auch das Gesamtwerk Fuhrmanns in die Erinnerung, auch von Leuten, die heute kein Geld haben.

Deswegen wären Ihre Adressen von Wert gewesen, aber wenn Sie zu arbeitsüberlastet sind und wenn es Ihnen auch sonst zuviel Mühe macht, so lassen Sie es sein.

Mit besten Grüßen
Franz Jung

1 1931 bis 1932 erschienen hier mehr als ein Dutzend Fuhrmann-Texte. Außerdem druckte die Zeitschrift den von Rudolf Pannwitz, Leopold Ziegler, Theodor Däubler, Alfons Paquet, Emil Nolde, Alfred Döblin und Jean Sibelius unterzeichneten „Aufruf für Ernst Fuhrmann" zu der 10bändigen Sammelausgabe „Das Werk der kommenden Generation".
2 „Heinrich Reif" (unveröffentlichtes Manuskript im Hugo Hertwig-Nachlaß, Köln).

380. AN CLÄRE JUNG
Hamburg, den 14. August 57
c/o Tiso & Co., Alter Wall 12

Liebe Cläre,
ich erhielt von Hugo Hertwig einen ziemlich peinlichen Brief, voll versteckter Animosität, worin er mir sozusagen vorwirft, ich behaupte „seit Jahren Fuhrmann zu vertreten", während ich noch bei meinem letzten Besuch in Berlin mich ihm gegenüber sehr ablehnend ausgesprochen hätte. Ich kann beim besten Willen auf eine solche Diskussion nicht eingehen. Ich habe versucht, ihn darauf aufmerksam zu machen, daß ich praktisch seit den 20er Jahren mich für Fuhrmann interessiert habe, die Bücher gekauft und vermittelt und schließlich auch Fuhrmann in jeder Nummer des „GEGNER" gedruckt habe. Was er unter „vertreten" meint, weiß ich nicht und wahrscheinlich lohnt es sich auch gar nicht das zu wissen. Ein Anhänger von Fuhrmann, anscheinend in demselben Sinne wie Hertwig es in irgendeiner Weise zu sein vorgibt, bin ich nicht. Ich sehe aber aus dieser Distanziertheit keinen Grund, mich [nicht] für den Druck der Gesamtausgabe und für einen Auswahlband Fuhrmanns bei einem größeren deutschen Verlage einzusetzen.

An und für sich brauchte ich das Dir auch nicht zu sagen, weil wir ja auch hier genügend darüber gesprochen haben. Da aber Hertwig anscheinend jetzt mangels anderweitiger Zündung sich diese Linie ausgewählt hat, ist es vielleicht für Dich notwendig dies zu wissen. Er hatte mir übrigens geschrieben: Cläre lehnt alles ab – zunächst war ich davon etwas betroffen. In der Zwischenzeit kam Dein Brief, der die Sache ja wieder richtigstellt. Selbstverständlich möchte ich von Hertwig die so oft angekündigten Adressen, die Frage, daß nur Adressen wichtig sind von Leuten, die auch die Bücher kaufen können, ist ja eine überaus dumme Ausrede. Die Adressen für die Prospekte braucht man, um bei Leuten, die schon von Fuhrmann etwas gehört oder sich mit ihm beschäftigt haben, Namen und Arbeiten wieder in Erinnerung zu bringen, gleichgültig ob sie die Bücher kaufen oder nicht.

Ich hatte ihn ferner gebeten, mir noch einmal, wenn möglich, eine Copie seines Vortrages, den ich auf seine Veranlassung sogleich an Frau Ilse Fuhrmann nach New York weitergeschickt habe, zu senden, weil darin Namen und Daten vorhanden waren, die für Leute, die jetzt über Fuhrmann schreiben, interessant sein könnten. Er hat diesen Vortrag nicht geschickt – möglich, daß er auch keine Copie mehr hat, aber er behauptet jetzt anscheinend, wobei er sicher die Inhaltsangabe seines Romans verwechselt, den Vortrag noch einmal an mich geschickt zu haben, was – wie gesagt, nicht der Fall ist.

Er beschwert sich dann ohne Grund über mangelnde Zusammenarbeit etc. etc. – darauf ist im Ernst nicht zu antworten.

Ich bereite mich jetzt langsam darauf vor, meine Zelte hier abzubrechen. Ich fahre noch einmal nach München, Stuttgart, Frankfurt und Düsseldorf. Ich denke so Anfang September von Hamburg aus zurückzufliegen.

Mit herzlichen Grüßen
Franz

381. An Cläre Jung
Hamburg, 8/24 57

Liebe Cläre, ich sende dir den Brief von Hertwig – ich kann diese Art Korrespondenz nicht auf die Dauer fortsetzen. Hertwig will oder kann mich nicht verstehen, auch noch so. Wäre er hergekommen, hätten wir uns unterhalten können, vielleicht hätte ich ihm sogar manchen guten Rat geben können, per Brief nicht.

Die Fuhrmann Sache ist leider zu eindeutig klar, da gibt es nichts zu interpretieren – das was da gesagt wird – allerdings anders als mit den billigen Hertwigschen Schlußfolgerungen, ist überhaupt nicht wichtig – es ist die Form eines Denkprozesses, ein „Denken wider den Strom" wie EF es nennt, das eben so oder so verläuft, alle möglichen Kombinationen aufzeigt und verläuft wie ein Film, interessant, anregend, aber das Gegenteil von einer neuen orthodoxen Religion oder sonstwas. Unser Hertwig wird das eben nicht verstehen, falls ich überall im Fuhrmann Kreis gewesen sein sollte, würde ich heute auch nichts mehr sagen können oder tun.

Ulkiger Brief von Grieger, ich nehme an der Freund von Max Herrmann, der kleine Schullehrer aus Neisse-Breslau – vielleicht will er mich für einen Oberschlesier-Band[1] verwenden.

Tolle Sache das mit Kantorowicz – ich erinnere mich, daß dieser Mann es war, der gegen mich damals in der Frankfurter intrigiert hat, den Abdruck des Romans[2] verhindert hat und später auch an dem Boykott gegen mich jetzt nicht unschuldig ist. Zum mindesten hat er bei Lukács verhindert, daß ich überhaupt erwähnt werde. Und dieses Ende – hier wird dieser Lump jetzt zum Heroen gemacht werden, na ja.

Herzlichen Gruß

Franz

1 In der Zeitschrift *Schlesien* Nr. 1 erschien 1959 „Akzente I" mit einer Einleitung von Friedrich Grieger, der auch schon 1958 über Jung geschrieben hatte: „Verschollen und vergessen? Zum 70. Geburtstag des schlesischen Dichters Franz Jung (*Schlesische Rundschau* Nr. 33 vom 25.11.1958) und „Franz Jung, ein Mann der Literaturrevolte. Literarische Notizen zu seinem 70. Geburtstag" (*FAZ* vom 26.11.1958).
2 „Samtkragen, der verlorene Sohn", vgl. Brief an Feuilleton-Chefredaktion der *Frankfurter Zeitung* vom 6.1.1931.

382. AN CLÄRE JUNG
Hamburg, 9/6 57

Liebe Cläre, bei meiner Rückkehr nach Hamburg fand ich deinen Brief vor, vielen Dank. Hoffentlich hast du dich in deine Redaktion[1] eingelebt und hast weiter keine Schwierigkeiten.

Aus dem letzten Brief von Hertwig, den ich dir ja in in einem letzten Brief mitgeschickt habe, geht ja die ganze Hysterie von H[ugo] H[ertwig] hervor – es ist bedauerlich, aber es hat einfach keinen Zweck die Korrespondenz aufrecht zu erhalten. Von mir aus wenigstens – wenn er etwas für E[rnst] F[uhrmann] glaubt noch tun zu können, Briefe zur Verfügung zu stellen, falls ein Verlag sich zu einem Gedächtnisband für EF entschließen würde, die so oft angekündigten Adressen schicken oder eine Copie seines Vortrages, eben weil dieser Vortrag eine Reihe wichtiges bibliographisches Material, bisher weniger bekannt, enthalten wird, so soll er das schicken – ich glaube ihm nicht mehr, daß er es tun wird.

Mir tut es leid, daß es mir nicht möglich gewesen ist, HH aus seiner EF Verkrampfung zu lösen. Es wird ihm niemand bestreiten, daß er von Beginn an mit EF zusammen und befreundet gewesen ist – darum handelt es sich eben nicht mehr, sondern nur darum, das vorliegende Werk von einer Gesamtperspektive aus auf einen Rahmen zu heben, von dem aus Leute und Interessierte, wie immer sie zu EF stehen mögen, Zugang zu weiterem und intensiverem Studium von EF Gedankenkonstruktionen gewinnen können. Das hat einfach bestimmte technische Voraussetzungen, verlangt eine gewisse Systematik, ob EF diese gewollt hat oder nicht, eben kurz gesagt einen Verlagsband, der sozusagen EF für die Bibliotheken etc tragbar macht. Das war meine Aufgabe – ob ich ein EF Anhänger bin oder nicht. Diese Aufgabe ist ungefähr erledigt – daß HH mir dabei geholfen hätte, überhaupt die Absicht gehabt hätte im Grunde das zu unterstützen kann ich nicht gerade sagen.

Deswegen trage ich HH nichts nach, bin ihm weder böse, noch irgendwie für ihn begeistert, jeder nach seiner Art, was er tun kann.

Das ist alles.

Zu korrespondieren ist darüber nichts mehr. Alles was HH glaubt noch tun zu können, soll er entweder Ilse Fuhrmann oder dem Drucker Arnholdt mitteilen. Wenn ich jetzt nach US Westküste zurückbin, kann ich sowieso nichts mehr für EF hier tun.

Dich möchte ich bitten, schicke doch noch von dort aus 2 Briefe, einen sogleich an mich noch unter Tiso & Co – Inhalt gleichgültig – und einen an den Drucker Arnholdt, Falkenried 42 – in diesem Brief kannst du entweder einige Adressen schicken, an die der Prospekt geschickt werden sollte, oder selbst Prospekte anfordern. Der Zweck ist, daß beide Briefe mit den Bert Brecht Sondermarken frankiert sein müssen. Sowohl A. wie ich für Ilse Fuhrmann bin ein Sammler für diese Marken.

Also herzlichen Gruß
Franz

Ich fliege Ende nächster Woche zurück.

1 Vermutlich Cläre Jungs Aushilfsarbeit bei der *Berliner Zeitung*.

383. AN HANS HENNECKE
z.Zt. Hamburg, 7.9.57

Lieber Hans Hennecke,
zunächst möchte ich nachholen, daß der Name des Freundes von Emmy Hennings, auf den wir uns nicht besinnen konnten, Franz [richtig: Ferdinand] Hardekopf ist.

Wenn ich sonst noch kurz zusammenfassen darf, was wir in der Angelegenheit Ernst Fuhrmann besprochen haben, so bitte ich Sie, sich zu erinnern, daß eine Liste von Namen, an die der neue Prospekt für die Gesamtausgabe geschickt werden sollte, für den Drucker Arnholdt von größtem Nutzen sein würde. Es ist ja nicht unbedingt so, daß diese Leute auch alle die Gesamtausgabe sofort bestellen werden. Mindestens ebenso wichtig ist, daß der Name Ernst Fuhrmann wieder in Erinnerung gebracht wird.

Dabei erwähnten Sie die Möglichkeit, daß Sie an die Rundfunkstationen schreiben wollten, um sie zu veranlassen, das Gesamtwerk zu subskribieren. Unglücklicherweise liegen von einigen dieser Stationen bei Arnholdt Gesuche um Übersendung von Besprechungs-Exemplaren vor, z.B. von Frankfurt, Stuttgart und München. Das mag für den allgemeinen Buchhandel ganz angängig sein, in diesem Falle aber ist es unmöglich, dem Drucker zuzumuten, freie Besprechungs-Exemplare zu versenden. Im Gegenteil, einer der Hauptzwecke unserer Aktion ist ja, dem Drucker durch den Verkauf der Subskriptions-Exemplare die Druckkosten wieder hereinzubringen.

Ich erzählte Ihnen ja, glaube ich, daß Herr Arnholdt bisher ca. DM 20.000,- zugesetzt hat. Die Gesamtausgabe wird ja bis Ende nächsten Jahres auf 10 Bände abgeschlossen sein.

Wir sind uns ja darüber einig gewesen, daß der zweite Teil unserer Aufgabe darin bestehen soll, [daß] durch Herausgabe eines Sammelbandes von Fuhrmann bei einem der großen marktgängigen Verleger im Buchhandel ein Zugang zu dem Gesamtwerk von Ernst Fuhrmann geschaffen werden soll, den die bisherige Gesamtausgabe in ihrer beschränkten Auflage und zudem außerhalb des Buchhandels nicht geben kann.

Liegt einmal ein solcher Auswahlband vor, dann werden sich Leute, die sich dann intensiver für F. interessieren, auch sich an die Gesamtausgabe wenden bezw. an das Ernst-Fuhrmann-

Archiv, das bis dahin dann auch richtig in Erscheinung getreten sein wird. Diese Entwicklung scheint mir eine absolut notwendige Voraussetzung, d.h. Einordnung in die öffentlichen wissenschaftlichen Bibliotheken, die Bibliographie etc. Das was wir eben noch tun können, ist die Plattform aufzurichten, auf der Spätere sich mit Ernst Fuhrmann beschäftigen können. Ich habe durchaus den Eindruck, daß Sie mit mir darüber übereinstimmen, und ich hatte ja auch das beglückende Gefühl, daß, nachdem ich selbst jetzt aus der Arena wieder sozusagen verschwinde, Sie diese Vorarbeit nicht nur weiterhin aufnehmen, sondern mit besserem äußeren Erfolg auch weiterführen werden.

Ich bitte Sie, in allen vorkommenden Fragen, Anregungen und Vorschlägen sich sowohl mit Frau Ilse Fuhrmann (dem heutigen Ernst Fuhrmann Archiv – in Bildung begriffen –) Flushing-Long Island, 35-05 Parsons Blvd. und Herrn Wilhelm Arnholdt hier in Hamburg, Falkenried 42, in Verbindung zu setzen. Herr Arnholdt besitzt bereits die Manuskripte zu dem Band VII der Gesamtausgabe, mit deren Druck ja noch in diesem Jahr begonnen werden wird. Ein weiterer Teil Manuskripte für Band VIII und IX werden Arnholdt in den nächsten Monaten zugehen. Hierbei handelt es sich um alle die Arbeiten von E.F. in den letzten Jahren, die E.F. für die Gesamtausgabe bereits ausgewählt und auch ungefähr zusammengestellt hatte.

Wir sind auch darüber einer Meinung, daß diese Gesamtausgabe in der Form ihrer bisherigen Subskription nicht unbedingt mit der Herausgabe eines Sammelbandes in einem Verlag zu tun hat, obwohl beides sich, was die Durchsetzung von E.F. bei der Öffentlichkeit anbelangt, eben ergänzt.

Was nun die Verhandlungen mit hiesigen Verlagen anbetrifft, so möchte ich wiederholen, was wir schon darüber besprochen haben: Ich schreibe mit gleicher Post an Dr. Nette[1], der sich z.Zt. auf Ferien in Süd-Tirol aufhält, über den Verlag, daß er sich bei seiner Rückkehr durch München mit Ihnen in Verbindung setzen soll. Herrn Dr. Heinz Kloss in Stuttgart wollte er an und für sich sowieso aufsuchen. Es wäre aber gut, wenn Sie auch noch Ihrerseits direkt an Dr. Nette, unter Berufung auf mich evtl., schreiben würden. Er hatte mich u.a. auch beauftragt, als ich ihm andeutete, daß ich Sie in München jetzt aufsuchen würde, Ihnen seine Vorschläge für den Auswahlband bei Diederichs auch mitzuteilen, wobei er von vornherein auf Ihre Mitarbeit rechnen würde. Dr. Nette stellt sich den Band als einen Querschnitt durch die wichtigsten Arbeiten von E.F. vor, wenn möglich auch unter Benutzung von Briefen, endend mit dem auch bei Ihnen befindlichen neuen Manuskript der Selbstanalyse[2]. Er möchte nicht sich auf einen Herausgeber beschränken. Ich nehme an, daß er die Grundeinleitung sozusagen selbst schreiben würde, daneben aber zu den verschiedenen Teilen der Arbeiten Unter-Einführungen und Zuschriften, Beurteilungen und Analysen auch von anderen, insbesondere nach seiner Meinung von Ihnen und Dr. Kloss. Er hat schon in früheren Jahren viel mit Dr. Kloss über einen solchen Band korrespondiert und scheint auch der Meinung zu sein, daß Dr. Kloss mehr oder weniger im Rohzustand einen solchen Auswahlband bereits zusammengestellt hat.

Dies ist aber, wie ich dann später bei Dr. Kloss selbst feststellen konnte, leider nicht der Fall. K. hat eine große Materialsammlung von Arbeiten von und über Fuhrmann. Er hat vor einigen Jahren (drei bis vier) einen Auswahlband über Fuhrmann bei dem Piper-Verlag vorgeschlagen. Dies geschah sr.Zt. in Verbindung mit einem der Söhne Fuhrmanns, Arend. Arend hat dann später, wahrscheinlich unter dem Druck des Vaters, der einen solchen Auswahlband nicht wünschte, Zustimmung und Mitarbeit zurückgezogen, so daß das ganze Projekt praktisch damals über das erste Verhandlungsstadium nicht herausgekommen ist. Dabei ist interessant, was Dr. Kloss erzählt, daß schon Anfang der zwanziger Jahre der Piper-Verlag einen Band Fuhrmann herausbringen wollte. Der Band wurde damals bereits auch in einem Verlagsprospekt angekündigt, und zwar mit einem Artikel vom Rudolf Pannwitz im Verlagsprospekt über Ernst Fuhrmann zu der bevorstehenden Ausgabe. Aus irgendwelchen Gründen, wahrscheinlich der fortschreitenden Inflation damals, ist es zu dieser Herausgabe nicht gekommen.

Immerhin sollte diese Vorgeschichte eine gewisse Perspektive bieten, mit Piper erneut zu verhandeln. Soviel ich gehört habe, würde ja auch Piper zunächst nur interessiert sein, einen allgemeinen Auswahlband aus den Arbeiten von E.F. zu bringen. Im Grunde genommen wahrscheinlich dasselbe, wofür auch Diederichs zu interessieren wäre. Ich persönlich kann nicht entscheiden, auf welche Seite man das Schwergewicht legen sollte, wenn der Verlag Piper original zu interessieren wäre, würde ich wahrscheinlich Piper vorziehen, aber ich kann mich auch täuschen. Und Sie können es sicherlich von sich aus besser entscheiden.

Zunächst möchte ich hierbei feststellen, daß Dr. Kloss in jeder Weise sich zur Verfügung stellt. Er möchte Sie gern persönlich sprechen, um Ihnen das zu bestätigen. Es besteht keinesfalls irgendein besonderer Ehrgeiz in der Durchsetzung von E.F., irgendeine Rolle, geschweige denn eine führende als Herausgeber von irgendeinem Band zu spielen. Er will nur mithelfen und wird praktisch das tun, was man von ihm verlangt. Seine Adresse ist entweder das Institut für Auslandsbeziehungen in *Stuttgart, Charlottenplatz,* wo er als Referent für den amerikanischen Kontinent tätig ist, oder *Schwäbisch-Gmünd, Mauchstr.14.*

Wie Sie wissen, steht uns die Frankfurter Allgemeine Zeitung jederzeit für irgendwelche Publikationen über das Ernst-Fuhrmann-Archiv oder Neuarbeiten von Ernst Fuhrmann etc., für die Propagierung des einen Auswahlbandes zur Verfügung, Herr Schwab-Felisch. Er wird auch uns, d.h. in der Hauptsache *Sie* jetzt, gern beraten, was wir etwa noch tun sollten und an wen sich zu wenden.

Ich würde Sie auch bitten, mit Frau Oda Schäfer in München in Kontakt zu bleiben. Sie hat sich so spontan der E.F.-Werbung zur Verfügung gestellt und versucht, das Bestmögliche zu tun, ohne selbstverständlich in der Lage gewesen zu sein, das gesamte Material durchzuarbeiten. Wir brauchen solche Hilfstruppen und wir müssen sparsam damit umgehen.

Wahrscheinlich wird auch Herr Helwig, sobald er nach Genf zurückgekehrt ist, sich dieserhalb an Sie wenden. Ich habe leider nichts von ihm gehört.

Inzwischen habe ich hier mit Herrn Willy Haas von der „Welt" gesprochen. Er besitzt leider nicht mehr den Fuhrmann-Artikel aus der „Literarischen Welt". Aber er hat mir ausdrücklich erklärt, er wird jederzeit bereit sein, etwas für Ernst Fuhrmann in seiner Einflußsphäre zu tun. Er steht uns jederzeit zur Verfügung – allerdings sagte er, könne man von ihm nicht erwarten, daß er die zehn Bände durchliest und sich selbst intensiver mit dem Problem E.F. befaßt. Das müßte ihm schon von anderen gereicht sein. Ich habe mit ihm lange über den ganzen Fall gesprochen, über unser erstes eigentliches Ziel der gegenwärtigen Aktion und auch darüber, daß sich die künftige Tätigkeit bei

Ihnen konzentrieren würde, und er erwartet von Ihnen den Ruf, wann und was von ihm aus geschehen soll.

Dagegen habe ich beim Rowohlt-Verlag eine klare Ablehnung erfahren. Dr. Wolfradt, der ja ursprünglich zu den E.F.-Freunden gehörte und der auch E.F. in New York mehrfach aufgesucht hat, sagte mir klipp und klar: Der Rowohlt-Verlag hat sich vielleicht mehr wie jeder andere Verlag mit dem Problem Ernst Fuhrmann beschäftigt. Nicht nur Herr Rowohlt selbst, sondern auch Herr Ledig-Rowohlt, sind an Fuhrmann persönlich interessiert, zum Teil sogar wie R.-Senior zeitweilig mit E. Fuhrmann befreundet gewesen. Trotzdem ist mindestens ein Dutzend Mal, immer wenn Vorschläge auf eine Fuhrmann-Publikation an den Verlag herangebracht worden sind, eine solche Publikation abgelehnt worden, weil nach übereinstimmender Ansicht aller Zuständigen und Beteiligten Fuhrmann in den Verlagsrahmen nicht hineinpaßt. Daran hat sich nichts [geändert] und wird sich nichts ändern! Die ganze Unterredung entbehrte trotz freundlichster Oberschicht nicht einer gewissen Aggressivität. Aber ich kann daran nichts ändern.

Dr. Hühnerfeld von der „ZEIT" konnte ich aus zeitlichen Gründen nicht mehr aufsuchen. Er hat sr.Zt. schriftlich sein Interesse bekundet, über Fuhrmann zu schreiben, und insbesondere anläßlich der Herausgabe eines neuen Bandes, eine eingehende Darstellung zu veröffentlichen, mit anderen Worten, man müßte ihm etwas anbieten. Ich gebe zu, daß ich das vielleicht hätte tun müssen – aber offen gesagt, ich bin nicht mehr dazu gekommen.

Eine gleiche Zusage liegt von dem Feuilletonchef des „Tagesspiegel" in Berlin vor. Ich habe diese Möglichkeit auch nicht wahrnehmen können.

Das, lieber Hennecke, ist alles, was noch zu sagen wäre. Was die Stellung zum National-Museum in Marbach anbelangt, so muß ich darüber noch persönlich mit Frau Ilse Fuhrmann sprechen. Selbstverständlich ist das auch eine Prestigefrage, wenn wir erklären könnten, daß das Ernst-Fuhrmann-Archiv von dem Museum übernommen, weitergeführt und einer breiteren Öffentlichkeit zum Studium zugänglich gemacht wird. Damit ist keinesfalls, wie Dr. Kloss ausdrücklich bestätigt, verbunden, daß, was Ernst Fuhrmann befürchtete, die Manuskripte verpackt nach Marbach geschickt und dort in einem Keller vergraben werden sollen. Im Gegenteil, das Ernst-Fuhrmann-Archiv, für das ein

Aufruf vorangehen sollte, hier im Lande befindliche Briefe, Manuskripte, Fotos etc. zur Verfügung zu stellen, kann, was den Grundstock der zurückgelassenen Manuskripte anlangt, auch in Flushing existieren, zum mindesten, solange von dort aus der Abschluß der Gesamtausgabe bearbeitet wird und solange auch drüben ein Interesse besteht, einen Fuhrmann-Band original in englisch, d.h. original aus Manuskripten schöpfend, herauszubringen. Aber, wie gesagt, das ist eine Angelegenheit, die mit Ilse Fuhrmann zuerst besprochen werden muß. Wenn wir daran denken, einen deutschen Beirat für das Ernst-Fuhrmann-Archiv aufzustellen, so schlägt Kloss vor, zum mindesten jetzt auch schon den Herrn Direktor Zeller vom National-Museum in diesen Beirat mit hineinzunehmen.

Persönlich möchte ich noch Ihnen sagen, daß ich mich sofort um die amerikanischen Dichter von der Westküste bemühen werde und sie mit Ihnen in Verbindung bringen. Ich kann natürlich auch vortasten, wer und welche Institution gewonnen werden könnte, Sie zu einem Studium der amerikanischen Dichtung nach USA einzuladen. Ich würde das selbstverständlich ganz auf meine eigene Kappe nehmen und keinesfalls das als eine von Ihnen ausgehende Anfrage behandeln.

Also leben sie wohl und guten Mutes und vielen Erfolg in der Ernst Fuhrmann-Aktion und herzliche Grüße
Ihr Franz Jung

1 Lektor im Diederichs Verlag.
2 Vermutlich Fuhrmanns „Summe".

384. AN HANS HENNECKE
NewYork, 10/8 57

Lieber Hans Hennecke,
ich bin vorläufig noch in New York und Sie können mich dort erreichen unter der Adresse 35-05 Parsons Blvd, *Flushing*, c/o Ernst Fuhrmann Archiv – ich werde in San Francisco nicht vor Ende dieses Monats sein – dort erreichen Sie mich am besten unter PO Box 1154 Main Station San Francisco; ich bin dabei mir erst dort eine neue Wohnung zu mieten.

Ich hätte von Ihnen gern gehört, wie die Aktion für Ernst Fuhrmann weiter gelaufen ist. Haben Sie noch etwas tun können? Ist der Kölner Rundfunkvortrag noch zu erwarten? Konnten Sie dem Drucker Arnholdt in Hamburg einige Adressen senden, an die er den Prospekt schicken kann? Haben Sie mit Diederichs oder Piper verhandelt? Viele Fragen auf einmal, aber Sie werden verstehen, wir sollten hier wissen, ob die angelaufene Aktion weitergeht oder ob eine neue Welle gestartet werden sollte. Das ungefähre Bild zu haben ist schon deswegen notwendig, weil ja noch die drei Bände von der Gesamtausgabe ausstehen, die der Drucker über das Jahr 1958 verteilt herausbringen will. In Verbindung dazu wird ja auch hier vom Archiv aus etwas getan werden können, Versuch etwas in Englisch herauszubringen, zum mindesten einige Leute hier zu interessieren. Ich bin sicher, daß Sie uns hier nicht im Stich lassen werden.

Was den Kontakt zu amerikanischen Lyrikern anlangt, so kann ich weniger Direktes von hier aus tun, dagegen werde ich das sogleich von SF aus herstellen können. Hier lege ich Ihnen zunächst den Ausschnitt aus Life bei – es ist allerdings nicht viel dabei herausgekommen, wenn man bedenkt, daß drei Life Leute sich einige Wochen in SF damals aufgehalten haben nur zu dem Zweck um Material für den Artikel zu sammeln.

Ich habe hier mit der Grove Press (Buch Prospekt liegt bei) und den Criterion Books, 257 4th Avenue NY telefoniert – The Criterion Book of Modern American Verse – telefoniert und auf Ihr Interesse hingewiesen. Beide würden selbstverständlich gern Ihnen behilflich sein, Ihnen Bücher etc schicken – falls Sie darüber schreiben wollen; besonders die Grove Press scheint mir für Sie wichtig – dort brauchen Sie nur angeben, was Sie aus dem Katalog wünschen. Alles andere, Vertretung oder Lizenz etc folgt von selbst. Frau Ilse Fuhrmann ist bereit für Sie von hier aus alles zu arrangieren, auch die Übersendung von Büchern zu veranlassen, die Sie wünschen und Verhandlungen mit beiden Verlagen etc. Bitte teilen Sie Ihre Wünsche mit; auch ob Sie mit dem hiesigen Poetry Center in Kontakt zu kommen wünschen – diese Leute würden Ihnen Dutzende von jungen versprechenden Poeten vermitteln können. Für den Fall also, daß Sie über junge amerikanische Lyrik [zu] schreiben, lecturn oder so wünschen, lassen Sie es Frau Fuhrmann wissen.

Ich selbst werde Ihnen von SF Patchen, Rexroth, Ginsberg und das Poetry Center dort vermitteln – der im Artikel erwähnte Mann von der City Lights Bookshop ist ein guter Freund von mir.

Ich nehme an, daß Sie an Henry Miller inzwischen selbst geschrieben haben, sonst teilen Sie mir auch noch mit, welche Angaben sie insbesondere über ihn oder von ihm wünschen. Ich werde ihn etwa Mitte November in Big Sur sehen.

Inzwischen viele Grüße
Franz Jung

Noch eins: Werden Sie einen Fuhrmann Aufsatz im Merkur schreiben? Brauchen Sie dazu noch einige Unterlagen?

385. AN CAROLA WEINGARTEN
San Francisco, 10/18 57
PO Box 1154

Liebe Carola,
ich schreibe nur um mich zu melden und zu berichten, daß ich gut angekommen bin. Ich habe noch kein Zimmer, vorläufig wohne ich bei einem Freunde, dem es zudem nichts ausmacht. Ich denke, nächste Woche werde ich auf die Suche gehen.

Ich bin hier in den Rummel der Industrie Konferenz hineingekommen und muß ja vorerst etwas tun, weil es schließlich einer der seltenen Fälle ist, wo von hier an die Zeitungen etwas zu berichten ist und aus irgendeinem Grunde, wahrscheinlich aus Konkurrenzgründen gegen Time Mag, die großen Nachrichtendienste kaum etwas berichten, obwohl die Themen bei der großen internationalen Beteiligung, namentlich aus den Kolonialländern, außerordentlich interessant sind; ein etwas verspäteter Versuch, scheint mir, die neuen Länder gegen den russischen Einfluß abzuriegeln. Phantastisch, was die Regierung in Washington (durch Nixon) hier alles diesen Ländern verspricht. Über 500 Teilnehmer aus 66 Ländern.

Wenn ich das hinter mir habe, werde ich dann nur noch ganz gelegentlich je nach meinen Schulden in D Wirtschaft berichten.

Ich fand hier einen Beleg über einen meiner Fuhrmann Artikel in D vor – vielleicht wird es Adolph interessieren, ich lege ihn bei.

Ich melde mich wieder, sobald ich eingeordnet in Zimmer und Arbeit bin
   viele Grüße
      Franz

386. AN HANS HENNECKE
San Francisco, 10/18 57
PO Box 1154

Lieber Hans Hennecke,
ich teile Ihnen nur kurz mit, daß ich wieder nach San Francisco zurückgekehrt bin.

Während Frau Ilse Fuhrmann Ihre Wünsche betr Kontakt mit dem dortigen Poetry Center und den entsprechenden Verlagen erledigen wird, werde ich hier das von mir aus arrangieren.

Inzwischen habe ich Ihnen einiges Material über das hiesige Poetry Center geschickt, daneben die Evergreen Review 2 „San Francisco Scene"[1], die Ihnen einen guten Einblick in die neue Dichtung der Westküste vermitteln wird. Sowohl von Patchen wie von Rexroth existieren auch jetzt Records, Langspielplatten der Experimente des Vortrages in Verbindung mit Kammermusik und Jazz. Rexroth hat darüber auch einen längeren Aufsatz geschrieben, den ich Ihnen ebenfalls besorgen werde.

Ich glaube, es lohnt sich für Sie, die Sache hier dort in einem Aufsatz oder über einen Rundfunkvortrag aufzugreifen. Ich verstehe nicht viel von poetry, aber es ist ganz sensationell hier und wird auch noch Wellen schlagen.

Bitte melden Sie sich recht bald und sagen Sie mir im einzelnen, was ich jetzt hier tun soll. Ich möchte nicht gern die Leute hier direkt ansprechen, bevor ich von Ihnen höre, ob Sie überhaupt noch daran interessiert sind.

Übrigens Ginsbergs „Howl" ist in der „Franciscan Scene" mit enthalten.

Was hören Sie von der Fuhrmann Aktion?

Viele Grüße inzwischen

Ihr Franz Jung

1 Vgl. Kenneth Rexroth „San Francisco Letter" in: Evergreen Review 1957, Bd. 1, Nr. 2, S. 5–14. In dieser Nummer auch Allen Ginsbergs „Howl", S. 137–147.

387. AN OSKAR MAURUS FONTANA
San Francisco, 10/24 57
PO Box 1154

Lieber Fontana,
dein Brief hat mich erreicht, als ich gerade in Deutschland war. Ich war fast drei Monate drüben, meistens in Hamburg. Ich hatte sogar in meiner Flugkarte einen Flug von München nach Wien gebucht, ihn aber wieder streichen lassen, da ich kaum wußte, ob und wo ich dich hätte erreichen können, wahrscheinlich wirst du zu dieser Zeit gerade in Ferien gewesen sein. Außerdem war der Salzburg Touristen Rummel zu der Zeit, der mir nicht gerade sympathisch ist. Ich wollte bei dieser jetzt endgültig feststellen, ob es für mich noch eine Arbeits- und Lebensmöglichkeit in D. gibt. Ich habe mich dagegen entscheiden müssen – ich verstehe dort die Leute nicht mehr. Wenn ich schon isoliert weiter vegetieren muß, dann kann ich das ebenso gut hier und leichter, denn hier berühren mich die Leute im einzelnen nicht. Fremder unter Fremden zu sein ist immer noch besser als Fremder unter Zugehörigen. Ich habe für Ernst Fuhrmann, der im Vorjahr in New York hier gestorben ist, eine Menge Artikel geschrieben und schreiben lassen, wahrscheinlich wird Piper oder Diederichs einen Auswahlband drucken, nach dem der Drucker Arnholdt in Hamburg, ein enger Freund Fuhrmanns, die neue 10bändige Gesamtausgabe, die bis zum 7. Band inzwischen gediehen ist,

beendet haben wird. Mein Vertreter wenn man so sagen darf in dieser Fuhrmann Aktion in Deutschland ist Hans Hennecke in München, der dir vielleicht bekannt ist.

Ich war überall herum in Deutschland, von Hamburg als Zentrum aus, habe sehr viele Leute gesprochen, wunderte mich, daß sie alle noch sehr freundlich waren und mich in guter Erinnerung hatten, und werde vielleicht bei Goverts im nächsten Jahr ein Buch[1] herausbringen können, wenn ich hier Zeit zur wirklichen Arbeit habe und nicht immer nur Wirtschaftsartikel schreiben muß.

Den Zwetschenschnaps hätte ich schon gern getrunken, ich denke immer noch vielleicht das nächste Mal, Erdbeben, von dem du als guter Zeitungsleser schreibst, war hier nicht – ein wenig wackeln tut es hier immer von Zeit zu Zeit, und mehr war damals auch nicht als der erstaunlichen Pressepropaganda.

Empfehlungen an deine Frau und seid beide herzlichst begrüßt
Euer Franz Jung

---

[1] Gemeint ist Jungs Autobiographie, vgl. den Brief an Dr. Knaus vom 8. Mai 1958.

388. AN ODA SCHAEFER
San Francisco, 11/11 57
42 Ord Court, PO Box 1154 Main Station

Liebe Frau Oda,
Ihr Brief hat bereits beantwortet mein Frage, gerade als ich dabei war meinerseits zu schreiben. Ich antworte trotzdem auf Ihren Brief, weil ich Ihnen vielen Erfolg für Ihre Arbeiten wünschen möchte. Ich bin auch nicht eigentlich verzweifelt, nur aus of charm and form, to say so.

Was Fuhrmann anlangt, so spielt die Absage des Rundfunk Genies kaum eine Rolle – nichts als die sonst übliche Reaktion. Worauf es bei Fuhrmann ankommt – er ist in gewissem Sinne ein Antipode von Pannwitz und weniger glücklich gewesen, Freunde zu halten, trotzdem haben beide viel gemeinsam, nicht nur eine direkte beiderseitige Freundschaft – worauf es ankommt, Fuhrmann aus der Isolation eines sektiermäßig beschränkten Schülerkreises herauszubringen und einen der marktgängig anerkannten größeren Verleger zu einem Auswahlband zu veranlassen. Darüber ist schon seit Jahren verhandelt worden, auch mit Piper und Diederichs. Es ist nicht gelungen, weil bei Lebzeiten Fuhrmann das selbst jeweils zu zerstören verstanden hat und zweitens weil sich niemand gefunden hat, die Aufgabe eines Auswahlbandes vorzubereiten und durchzuführen, es gehört dazu sehr viel Arbeit und wenig äußerer Gewinn. Durch meine persönliche Intervention und gewisse günstigere Umstände schien es diesmal möglich, auch nach alle den Zusagen und dem guten Willen von Hennecke, Kloss und ein paar anderen. Sie mögen recht haben mit dem Hamburger Drucker, aber schließlich ist es sein Geld und seine Arbeit und er selber ist gar nicht so erpicht darauf, Fuhrmann wo anders gedruckt, selbst besprochen zu sehen – auch ein Teil der Fuhrmann Manie. Außerdem hatte Hennecke versprochen, durch einen besondern Brief an die Rundfunk Leitungen den Kauf der Gesamtausgabe anzuregen und zu erklären, warum aus Privatdrucken keine Besprechungsexemplare gesandt werden können. Sie sehen, es war alles überlegt, ich persönlich hatte den Drucker gebeten, das Exemplar zu schicken – er hat eben meinen Rat nicht befolgt. Wäre es nicht so schwer, gegen eine Wand von Hindernissen etwas trotzdem für Fuhrmann zu tun, hätte ich es auch gar nicht angefangen. Ich selbst bin ja nicht einmal ein wirklicher Fuhrmann Schüler.

Sie erwähnen einen Schwabing Band – schade, daß wir nicht haben persönlich darüber sprechen können. Ich bin zwar ein Spätgekommener für das eigentliche Schwabing, aber ich weiß natürlich noch eine Menge. Das eigentlich Charakteristische der Schwabing Boheme waren ja nicht die Simplizissimus Leute in der Torgelstube oder die Gäste von Katy Kobus, sondern Leute, die eigentlich als Künstler kaum bekannt genug geworden sind, die meisten haben überhaupt nichts dergleichen getan. Ich denke zum Beispiel an die Holzer Buben, Konstantin der Bildhauer, Carlo der Maler, Emilio und Eugenio, ohne ausgesprochene Begabung – die Holzers hatten einen entscheidenden Einfluß, dann *Fritz Klein*, der niemals was getan hat und der zeitweilig ganz Schwabing beherrscht hat. Das war eine Art Künstler Gang – die meisten sind im ersten Jahre an der Front 1914/5 gefallen, die meisten als Freiwillige. Außerdem darf Otto Gross, Schüler von Freud nicht vergessen werden, der erste von den Psychoanalytikern, der die Freud Lehre in die Praxis umzusetzen versuchte. Überhaupt ist die typische Schwabing Boheme eine Begleiterscheinung der ersten Psychoanalytiker Welle. Karl Otten gehört dazu, der später Josef Roth analysiert und beeinflußt hat, Arnold Zweig, der von Gross analysiert worden ist, Leonhard Frank, ebenfalls ein Produkt von Gross. Vielleicht erzählt er Ihnen die story, wie er im Cafe Stefanie analysiert eine Mutprobe ablegen wollte und einen Holdup im Milchladen gegenüber der Straße in der Amalienstr versuchte, die Sache ging schief, weil Frank damals noch stotterte und die Frau ihn auslachte. Trotzdem endete die Sache vor der Polizei und Gross verlor in der Folge seinen Assistenzposten bei Kraepelin. Ich habe diese Jahre alle vor 1910 nicht mehr mitbekommen, auch nicht die Filiale der Schwabinger in Ascona, aber Frank und Otten waren da mittendrin und die Graesers – der eigentliche Mühsam Anarchismus hat mit Schwabing kaum etwas zu tun.

Und dann gab es die Candle Poeten, die Stefan George und Wolfskehl etc – in der Distanz, aber mehr Schwabing wie Halbe und Konsorten. Becher und Achenbach – beide gaben damals eine Zeitschrift Revolution heraus, die ich von ihnen geborgt habe anläßlich einer Otto Gross Aktion gegen dessen Vater, der das berühmte Handbuch für Untersuchungsrichter geschrieben hat und Professor in Graz war – habe ich nur sehr oberflächlich gekannt. Becher war der erste Morphinist, den ich persönlich und im Fleisch gesehen habe.

Herzliche Grüße

Franz Jung

389. AN CLÄRE JUNG
San Francisco, 11/21 57
PO Box 1154 Main Station

Liebe Cläre,
vielen Dank für deinen Brief. Die obige Adresse ist noch dieselbe geblieben. Ob ich allerdings hier lange bleiben werde, scheint mir sehr zweifelhaft; vielleicht werde ich nach Los Angeles oder ganz nach Mexico gehen. Vorläufig habe ich allerdings kaum Geld für einen Umzug oder eine Übersiedlung. Ich habe eine Menge Schulden bei meiner letzten Deutschland Reise gemacht, irgendeinen geschäftlichen Erfolg habe ich nicht erreicht und meine Lage hier ist recht kritisch geworden, zumal ich ja auch noch die Schulden von der Flugreise auf dem Hals jetzt habe.

Das Erstaunliche ist, daß niemand von all den Leuten, die ich habe für Ernst Fuhrmann interessieren können, jetzt wo ich nicht mehr vorhanden bin, sich meldet, überhaupt daran denkt die Versprechungen einzuhalten oder überhaupt nur Nachricht zu geben, was daraus geworden ist. Selbst der Drucker hat weder an mich noch an Frau Fuhrmann geschrieben – direkt mysteriös, was aus den Charakteren geworden ist. Eine neue bittere Erfahrung. Ich werde aber die Leute, sobald ich halbwegs mich wieder gefangen habe, nicht so ohne weiteres laufen lassen und eben von vorn wieder beginnen.

Natürlich habe ich damals deine Brecht Marken noch bekommen und weitergeben können. Die Marken kann man zwar überall in allen Briefmarken Geschäften kaufen, aber so ein typischer Sammler denkt, er muß sie mit Stempel und am besten am Kuvert bekommen. Die Variation deiner letzten Marken habe ich auch inzwischen weitergegeben.

Ich fühle mich nicht gerade sehr angeregt und eher ziemlich deprimiert und auch sonst habe ich den Auto Unfall noch nicht ganz überwunden und habe Schmerzen im rechten Arm Muskel – wahrscheinlich wird sich ein permanenter Rheumatismus daraus entwickeln.

Sonst hätte ich dir leider nichts weiter Positives mitzuteilen.

Hoffentlich bist du gesund. Sobald ich etwas mitzuteilen haben werde, werde ich mich wieder melden.
 Herzlichen Gruß
 Franz

390. An Carola Weingarten
San Francisco, 12/21 57
42 Ord Court
PO Box 1154

Liebe Carola,
viele Wünsche für ein gutes neues Jahr und falls die Lichter bei Ihnen brennen, auch fröhliche Weihnachten.

Ich winde mich hier vorläufig noch so durch. Die Finance Co hat mir einen Aufschub für ein paar Monate gegeben – ich dachte erst auf Grund eines Schreibens von Reimann, höre jetzt aber, daß er überhaupt nichts unternommen hat, wahrscheinlich umso besser.

Viel unangenehmer ist, daß die Zeitungen in D kaum noch etwas drucken, so daß mein Konto drüben nicht aufgefüllt wird, um meine dortigen Schulden zu bezahlen. Vorläufig kann ich dazu nichts tun. Ich habe an meine Schuldner drüben geschrieben und die Sache geklärt, sonst denkt noch jemand, ich hätte einen direkten Transfer veranlaßt. Es lohnt sich nicht, von neuem um einen stärkeren Artikel Abdruck zu kämpfen, es liegt mir doch sowieso nicht diese Art von Bluff Information.

Noch unangenehmer ist, daß sich Frau Fuhrmann nicht meldet, sie scheint verreist oder verstorben oder sonstwie gestört. An und für sich wäre mir es gleichgültig, es ist nur schade, daß alles, was ich drüben eingeleitet habe, jetzt in Rauch aufgehen soll. Sowohl Diederichs wie Piper sind an einem Auswahlband interessiert, haben auch mit dortigen Leuten verhandelt – ich höre erst jetzt davon, weil Diederichs geschrieben hat, an mich, daß er zurücktreten muß, wenn Piper den Band macht, was selbstverständlich zu erwarten gewesen wäre. Dagegen hat aber auch Piper Schwierigkeiten – der Mann, der ihm den Band angetragen hat, scheint verschwunden – wahrscheinlich hat sich Frau Fuhrmann nicht wegen der Autorisation gemeldet und der Mann hing in der Luft – jetzt hat man sich an mich gewandt, weil ich dort mit einer Vollmacht für die Autorisation aufgetreten war. Das Ganze wirkt wie ein hohler Zahn – ich habe eigentlich für EF genug getan und habe nicht nötig eine Hysterie hier oder drüben aufzunehmen und zu verdauen; 1) kann ich von hier sowieso nichts dazu tun, 2) habe ich mir sowieso im Fuhrmann Fall eine Grenze gesetzt. Ich habe zwar an Piper geschrieben, daß das

Fuhrmann Archiv, als solches bin ich drüben aufgetreten, ihm in jeder Weise behilflich sein wird, aber im Ernst könnte ich nichts tun – ich habe ja weder die Manuskripte noch jetzt auch keine Vollmacht mehr. Selbstverständlich höre ich von dem Drucker Arnholdt auch nichts mehr. Ich habe jemanden zu ihm geschickt, der unter den Buchhändlern für die Gesamtausgabe werben will, ohne Kosten und Provisionen, er hat die Frau dreimal abgehängt am Telefon, sie schreibt mir, sie wird nicht mehr anfragen etc.

Etwas besser steht es mit meinen eigenen literarischen Chancen. Der Goverts Verlag ist ernstlich an einem Buch für den nächsten Herbst interessiert. Allerdings denkt er an eine Autobiographie in der Hauptsache, was ich in dieser Form – Grosz, Expressionismus, Revolution etc und sonstige Mätzchen schon abgelehnt habe. Er will aber weiter verhandeln. Ich will natürlich autobiographische Daten etc benutzen, aber in der Nebensache, als Untergrund, als Atmosphäre – interessiert daran bin ich nur zu erklären, warum alles falsch war, warum ich nicht mich normal entwickeln konnte, warum diese Zeit und diese Gesellschaft – Kriege und KZ etc interessieren mich nur ganz nebenbei – zu Ende geht, warum es mir nicht gelungen ist und gelingen konnte, sie vorher zu zerstören, selbst was dazu mit zu wirken an der Zerstörung – auch dazu ist eben der Einzelne und vor allem ich in Wirklichkeit zu schwach. Natürlich weiß ich, daß ich, wenn ich das Buch schreiben würde – eigentlich ist es nur nötig zusammenzustellen, denn das meiste liegt schon vor – ich zugleich meinen Abgang aus der Gesellschaft und aus der Welt überhaupt unterschreiben würde, sicherlich eine Art Selbstzerstörung. Eine andere Art als exhibitionistisch zu schreiben hätte für mich sowieso keinen Sinn – und *muß* ich das eigentlich, frage ich mich manchmal? Für wen und warum überhaupt? Ich kann auch so langsam zu Grunde gehen, ich kann das mit Vergnügen oft sogar zu beschleunigen versuchen. Das sind die Probleme sozusagen – aber es scheint, daß ich mehr und mehr mich damit befreunde, das Buch zu schreiben, auch wenn es Goverts am Ende nicht drucken kann. Wie gesagt verhandle ich noch und ein paar Freunde drüben, eng mit Goverts verbunden, liegen ihm auf der Bude, mir völlig freie Hand zu lassen. Das sind die beiden Lektoren dort und der Kreis um Horst Lange und Wolfgang Koeppen – auch der Südwest Rundfunk Mann Bischoff, ein Landsmann von mir.

So – nun haben Sie das Bild. Schreiben werden Sie mir sowieso nicht, also nehme ich von mir aus an, daß Sie gesundheitlich wohlauf sind, trösten, falls es Ihnen nicht so gut geht, werden Sie sich auch nicht lassen, und ob Sie die Stellung halten sollen oder nicht, werden Sie sich von mir nicht beraten lassen. Das gilt ja auch für Adolph – er hat es aufgegeben, mit mir zu sprechen über sich und mich und die Welt im besonderen.

Seien Sie beide bestens gegrüßt
Ihr Franz Jung

391. AN RUTH FISCHER
San Francisco, 1/28 58
PO Box 1154

Liebe Ruth,
ich wünsche Dir gleichfalls für das neue Jahr alles Gute und vielen Erfolg.

Ich habe das ebenso bedauert, daß ich Dich nicht habe sehen können und bin gleicherweise enttäuscht, als ich der Meinung bin, daß es dir durchaus möglich gewesen wäre, und zwar ohne daß es deine Pläne besonders gestört hätte, mich in Deutschland zu treffen. Aber schließlich spielt dies denke ich beiderseits kaum eine Rolle.

Was meine Beschäftigung hier angeht, so bin ich damit beschäftigt die Schulden in Deutschland und hier bei der Fluggesellschaft abzuzahlen. Das wird noch eine Weile dauern.

Vielen Dank für deinen freundlichen Brief.
Herzliche Grüße
Franz

392. AN PETER JUNG
San Francisco, 2/8 58
P.O. Box 1154

Lieber Peter,
vielen Dank für deinen Brief. Gut zu hören, daß du anscheinend mit deinem Studium noch zufrieden bist. Deine weiteren Pläne werden davon beeinflußt sein. Falls du für irgendwelche außeretaliche Anschaffungen Geld brauchst kann ich dir es schicken – vielleicht $ 100? Ich habe von verschiedenen Seiten Weihnachten Geld bekommen, erstaunlicherweise, obwohl ich niemanden darum gebeten hatte, auch von Frau Marcu – so daß ich einiges entbehren kann. Teile mir das mit und geniere dich nicht – eventuell kannst du es mir später wiedergeben, wenn dir das lieber ist. Von Frank habe ich nichts gehört, er hat auch meine Briefe nicht beantwortet – entweder ist er schon gestorben, ohne mich vorher zu benachrichtigen oder eingesperrt und schämt sich das mitzuteilen. Ich habe nicht die Absicht seinen Frieden weiter zu stören.

In Deutschland ist bei dem Verlag Luchterberg eine Anthologie[1] expressionistischer Prosadichtung erschienen, herausgegeben von Karl Otten, in der ich auch vertreten bin, auch in der Einführung mehrfach erwähnt. In der Geschichte des Dadaismus[2] von R. Huelsenbeck, erschienen im Limes Verlag Wiesbaden, wird auch jetzt hier übersetzt, werde ich auch wenn auch nicht gerade sympathisch erwähnt. Ich arbeite hier ein wenig an einer Art Autobiographie, wenn auch dies nur mehr als Hintergrund – der Scherz Verlag in Stuttgart ist daran interessiert – geht aber sehr langsam vorwärts, und eigentlich habe ich wenig Lust dazu. Die Fuhrmann Propaganda habe ich fallen gelassen. Ich kann weder die Schwierigkeiten in Deutschland, die Unzuverlässigkeit von Leuten, die sich zur Verfügung gestellt haben, noch die sture Ablehnung der Frau Ilse Fuhrmann, das Archiv der EF Manuskripte in das deutsche National Archiv in Marbach zu überführen, überwinden – und habe daher aufgehört, Briefe in dieser Sache noch weiter zu beantworten.

Den Film Time Limit habe ich gesehen. Für mich zuviel Psychologie und Handlung. Es gibt ja jetzt schon eine bestimmte Kategorie von Filmen, die für TV zugeschnitten sind. Oft auch umgekehrt aus dem TV noch etwa für den Film verbreitert. Ich habe da einen typischen Film mit Franciosa gesehen, ich glaube Midnight Story, ein dummer Titel – spielt hier in Fishermans Wharf und einer typischen Italien Atmosphäre Nord Beach – die Atmosphäre ist großartig getroffen, ausgezeichnet gespielt, aber natürlich kaum ein Film, orthodox gesprochen. Hier läuft ein großartiger indischer Film, Atmosphäre eines indischen Dorfes etc, aber Reminiszenz an die Social Filme hier der 30er Jahre. Hier ist die exotische Version interessant. Sonst kann ich nur sagen, daß die meisten Großfilme von Hollywood so schlecht sie im Aufbau sein mögen und in der Routine der Unterhaltung ganz großartig gespielt, besser „directed" sind. Das glaube ich auch wird den Film in dieser Form der Schau Unterhaltung überleben lassen. Die deutschen oder deutsch orientierten Darsteller wie Jürgens, die Schell etc rufen bei mir Übelkeit hervor – furchtbar. Das ist Konserve, Sprech- und Bewegungs- d.h. Gestenmaschinerie. Die Franzosen sind nicht viel besser. Der Unterschied besteht nur darin, daß die Phantasie des Zuschauer mal auf ein anderes Objekt gelenkt wird, die Abwechslung – dabei muß man den ganzen veralteten Kinoapparat in Kauf nehmen. Dialogue wie diese schrecklichen Saucen, mit denen die Franzosen die Gerichte servieren.

    Ich hoffe, daß es dir wie Joyce gesundheitlich gut geht. Und mit herzlichen Grüßen an Joyce und Dich
        Dein Vater

Ich werde an Raknes schreiben, obwohl ich das schon getan habe (2 Karten) seit Oktober, aber nie eine Antwort bekommen habe. Auch nicht zu erwarten.

    Wenn sich da jemand beklagt, ist viel Luft dabei, höfliche Gesprächsform.

    Ich wohne jetzt übrigens in einer Pension voller Musiker, der Landlord ist ein ehemaliger Drummer, war sehr bekannt, wurde immer unter den 10 besten genannt, fiel einer unter den Jazzleuten üblichen Intrigue zum Opfer. Wurde als Marihuana Raucher angezeigt, kam vors Gericht und bekam eine suspendete Verurteilung auf Probation. Das heißt: Keine Kapelle wird mit dem Mann mehr spielen, keine Kollegen oder nur sehr zögernd, weil alle rauchen und der einmal Verurteilte automatisch das Interesse der Polizei auf die Kapelle zieht etc. Du siehst es ist leicht so einen Konkurrenten einfach los zu werden. Unter diesem Druck leben alle die großen Bands. Gehört zur Charakteristik des freien Amerikas.

1 Im Verlag Luchterhand erschien 1957 „Ahnung und Aufbruch. Expressionistische Prosa" mit Jungs „Die Liebe wandert".
2 „Mit Witz, Licht und Grütze", 1957.

393. AN CLÄRE JUNG
San Francisco, 2/12 58
PO Box 1154 Main Station

Liebe Cläre,
meinen herzlichsten Glückwunsch zu deinem Geburtstag. Hoffentlich bist du bei guter Gesundheit und ich freue mich zu hören, daß du wieder angefangen hast zu arbeiten. Ich selbst bemühe mich die Versprechungen einzuhalten und so etwas wie eine Autobiographie zustande zu bringen. Es geht sehr langsam und eigentlich habe ich dazu auch keine große Lust.

Vor allem liegt mir an autobiographischen Einzelheiten überhaupt nichts. Ich benutze sie nur, um eine allgemeine Entwicklung aufzuzeigen, natürlich in Bezug zu mir selbst – ich will ja auch keine Historie schreiben. Das alles erfordert eine Menge technische Konstruktionen, die eben oft nicht leicht sind zu lösen. Vor allem auch ist mir die präzise Erinnerung mit allen Begründungen und Erklärungen nicht gerade sympathisch. Niemandem ist es schließlich recht, so vieles falsch gemacht zu haben. Ich muß dann hier herausfinden, was davon festzuhalten überhaupt von allgemeinem Wert sein kann. Außerdem bin ich weder ein Reformer noch ein Erzieher.

Wie du siehst, mache ich mir also schon von Beginn reichlich Schwierigkeiten.

Ich glaube kaum, daß ich hier bleiben werde. Ich möchte gern nach Mexico gehen und dort einfach in einem Dorf an der Pacific Küste untertauchen, völlig isoliert. Die Leute fallen mir hier auf die Nerven. Ob es mir noch einmal gelingt nach dort zu kommen, scheint mir höchst zweifelhaft. Vorläufig habe ich von meiner letzten Reise einen Berg von Schulden.

    Laß es dir gut gehen und bleibe guten Mutes
    herzlichen Gruß
        Franz

394. AN ALBRECHT KNAUS
San Francisco, California, 8. Mai 1958
P.O. Box 1154

Sehr geehrter Herr Dr. Knaus,
Ich danke Ihnen für Ihren freundlichen Brief. In der Anlage sende ich die „Akzente", die in dieser Skizzenform zugleich die Einleitung für das Buch bilden sollen.

Das Buch selbst fällt in vier Teile, erster Teil der *Außenseiter*: Hineinwachsen in die Fremdheit (Kindheit und Studentenjahre), literarische Boheme, politische Abenteuer.

Dieser Teil liegt zum größten Teil fertig vor, umfaßt etwa 80 Schreibmaschinenseiten.

Der zweite Teil: *Begegnungen*: enthält die Portraits der Personen, die mir in persönlichen Bindungen nahegestanden sind.

(Hierfür ist die Bearbeitung eines fertigen Manuskripts* „Variationen" aus dem Jahre 1948 notwendig.)

* ungefähr 120 Schreibmaschinenseiten

Der dritte Teil: *Absterben in die Zukunft*. Folgerungen aus den ersten beiden Teilen, Essays mit Erzählungen und autobiographischen Anmerkungen durchsetzt. Folgt im wesentlichen dem seinerzeit im Malik Verlag gedruckten, aber völlig verlorengegangenen „Mehr Tempo". Hierunter fällt Emigration und Konzentrationslager.

(Teil 3 liegt im wesentlichen vor.)

Ungefähr 150 Schreibmaschinenseiten.

Vierter Teil: *Die Zukunft*. Perspektiven auf bio-analytischer Grundlage.

(Liegt noch nicht vor.)

Ein Nachtrag beziehungsweise Schlußwort: Sinn und Perspektive eines Lebens und eines Buches aus der Gegenwart heraus gesehen.

(Liegt vor, wenn auch noch nicht endgültig.) (Ca. 20 Seiten.) Zwischen der Einleitung und dem Schlußwort presse ich die autobiographische Erzählung, Beobachtungen, Anmerkungen und Schlußwort, nicht zu sehr auf meine Person bezogen als auf die jeweilige Umwelt, die Gesellschaftsform und die Gesellschaftserwartung, die in der Tendenz gesehen zu hoch gespannt ist. Ich wünsche keine Anklagen zu schreiben und möglichst auch keine Verbitterung aufkommen zu lassen, eine mehr sachliche und emotionell durchaus kühl gehaltene Feststellung.

Ich hoffe, daß die einleitenden Akzente stark genug nachwirken sollen, das später [zu] Erzählende auszugleichen und abzuschatten.

Mit dem Ausdruck vorzüglicher Hochachtung
Franz Jung

395. AN CLÄRE JUNG
San Francisco, 6/6 58
PO Box 1154

Liebe Cläre,
vielen Dank für deinen Brief. Wenn ich auch nicht schreibe, das ist kein Grund zur Beunruhigung und selbst wenn, niemand könnte dagegen etwas tun.

Ich habe immer noch nicht das Geld zusammen, um nach Mexico abzuwandern, und es fehlt auch bereits ein wenig der Mut dazu, noch einmal wieder von vorn anzufangen.

Ich schreibe hier ein wenig an der sogenannten Autobiographie, wobei das eigentlich Autobiographische sowieso ganz in den Hintergrund treten wird. Dabei habe ich mich gezwungen, eigene Bücher wieder zu lesen, wie das „Erbe". Ich halte das Buch auch heute noch für gut, besonders das eigentliche Erbe-Verhältnis und einiges über das Vater Sohn Problem – und offengestanden, besser kann ich das auch heute nicht schreiben (sehr deprimierend).

Ich kann dir natürlich keine Vorschriften machen, aber ich würde jeden, der heute kommt unter irgendwelcher Flagge, und Material, besonders Bücher von mir will, sofort herausschmeißen. Das sind Lumpen und Schmarotzer, die sich billig

Material für irgendeinen Aufsatz erschleichen wollen. Das Buch von Otten[1] habe ich gesehen, die Einleitung ist nicht schlecht, die Zusammenstellung dafür um so schlechter. Auch meine „Novelle"[2] taugt nichts, vor allem ist sie gar nicht typisch.

Es tut mir sehr leid, daß du über das Piscator Studio geschrieben hast und vor allem über Heimweh. Ich glaube kaum, daß du den Snobismus des Studio richtig wiedergegeben hast und die wirklich einmalig gemeinen Intriguen gegen mein Heimweh – du wirst also leider dazu beigetragen haben, eine an sich schon grobe Geschichtsverfälschung wie das Piscator Buch[3] noch zu bestätigen. An und für sich ist das mir egal, aber ich habe den ganzen Umfang der Intrigue ja in Bozen damals von Gasbarra selbst gehört. Die ganze Atmosphäre dieses Studios war so dreckig, mit solchen Lumpen wie Lania und Grosz als Drahtzieher, daß ich die ganze Episode in meinem Buch einfach verschweigen werde.

Hoffentlich geht es dir gesundheitlich gut. Meine Empfehlung an Henny und herzliche Grüße
Franz

1 „Ahnung und Aufbruch".
2 „Die Liebe wandert".
3 „Das politische Theater (Unter Mitarbeit von Gasbarra)", Berlin 1929.

396. AN CLÄRE JUNG
San Francisco, 7/21 58
PO Box 1154

Liebe Cläre,
vielen Dank für deinen Brief.

Bei mir hat sich nicht viel verändert, zum mindesten nichts, was zu berichten wäre.

Ich arbeite viel an dem Buch, das sich allerdings immer mehr von einer Autobiographie entfernt. Ich schreibe darüber mit drei Verlegern[1] in West, die alle nicht so recht wollen und wahrscheinlich viel hereinreden wollen. Vorläufig sieht es nicht so aus, als ob ich überhaupt einen Verleger finden werde. Die Perspektive ist den Leuten viel zu fremd, ich habe ja auch keineswegs die Absicht einen neuen Regler[2] zu schreiben, die Ignorierung der „Historie" zugunsten einer selbstanalytischen Konzentration auf meine Person, mit völlig veränderten Aspekten zu den Ereignissen und der „Wirklichkeit", ist eben einem Durchschnittsverleger viel zu neu – wenn auch das auch noch geschrieben werden muß, ehe man überhaupt aufhören wird zu schreiben – was wahrscheinlich nicht mehr allzu fern sein wird.

Merkwürdigerweise habe ich über Schäfer eine Nachricht von Leonhard Frank übermittelt bekommen, der sich dafür stark machen will, mir einen Verleger in der Ost Rep. zu besorgen. Er bestellt mir einige persönliche und allgemeinere schmeichelhafte Beurteilungen, weiß aber wahrscheinlich nicht, daß da von oben einige Hindernisse im Wege liegen. Ich habe eigentlich nie besonders nahe zu Frank gestanden und werde mich auch mit ihm, wie er mich auffordert, nicht in Verbindung setzen.

Was die Bücher anlangt, so mache es, wie du für richtig findest, ich habe daran kein Interesse mehr. Über das Piscator Studio werde ich selbst schreiben, in Form eines Vorabdrucks, ebenso über einige Scenen des Mansfeldschen Aufstandes. Du wirst daraus ersehen, was ich mit der Distanzierung meine.

Ich kann einige Proben an deine Schwester senden.

Herzlichen Gruß, hoffentlich bist du gesund und in guter Arbeitsstimmung

Franz

---

[1] Kiepenheuer & Witsch, Claassen, Goverts; Otten brachte Jungs Autobiographie dann zu Luchterhand.
[2] Gemeint ist „Das Ohr des Malchus", Köln 1958.

397. AN HENNI KERTSCHER
San Francisco, 8/13 58
PO Box 1154

Liebe Henni,
bitte würdest du die beiliegenden Manuskripte gelegentlich an Cläre weitergeben? Es ist aber nichts Eiliges. Vielen Dank.
　Wie geht es dir? hoffentlich so allenthalben. Voriges Jahr, als ich in Deutschland war, wäre ich gern nach Berlin gekommen, konnte es aber nicht machen. Vielleicht hätten wir uns dann getroffen – Cläre hat mir erzählt, daß du bei einem Doktor arbeitest. Geht es denn einigermaßen?
　An und für sich möchte ich gern nach Berlin zurückkommen, aber leider besteht dazu kaum eine Möglichkeit.
　Ich bin schon des Hierseins gründlich satt.
　Meine Empfehlungen auch an Käthe
　herzlichen Gruß
　　　　Franz Jung

398. AN HENNI KERTSCHER
SF, 9/30 58

Liebe Henni,
kannst du den einliegenden Brief an Cläre weiterleiten?
　Ich hoffe das geht ohne zu große Schwierigkeiten, denn ab und zu wird Cläre dich sicherlich besuchen kommen. Ich glaube das wäre das beste ihr dann den Brief zu übergeben.
　Ich würde ihr gern etwas Geld schicken, kann das auch über dich geschehen?
　Vielen Dank
　herzlichen Gruß
　　　　Franz

399. An Cläre Jung
San Francisco, 9/30 58

Liebe Cläre,
hoffentlich hast du das Manuskript nicht zu sehr als eine Provokation gefunden. Das lag ganz nicht in meiner Absicht. Es war sozusagen als eine Reaktion darauf, daß man sich drüben jetzt „historisch" mit diesen Jahren beschäftigt. Übrigens das Aufstand Stück[1] ist in der dir geschickten Form sehr gekürzt, weil ich es für einen Vorabdruck zurechtgeschnitten habe, es enthält sonst eine sehr eingehende Einleitung, die sehr viel von der Provokation wegnimmt.

Ich habe noch aus dem 2ten Teil zwei eigentlich in sich geschlossene Novellen vorliegen, die eine Budapest-Rom betreffend, unter dem Titel „Sylvia", die zweite in der allgemeinen Folge voranstehend „Dagny", im wesentlichen eine Zweckkürzung der alten Novelle „Das Jahr ohne Gnade".

Die Proben liegen, einschließlich der allgemeinen Einleitung, die als Vorspann „Akzente" sozusagen den Tenor angeben, bei 2 Verlegern, die ihr Interesse zum mindesten bekundet haben, ein dritter scheint mehr nur neugierig, und Teile bei Schwab in Frankfurt, der sich einsetzen wollte. Inzwischen hat er mir aber das Aufstandskapitel sofort zurückgeschickt, wütend mit etwa den Begleitworten, ich sei wohl verrückt geworden. Ich werde also reichlich Schwierigkeiten haben. Ich weiß auch wahrscheinlich wirklich nicht mehr, was man drüben drucken kann. So doll ist es schließlich auch nicht – – – Ich habe inzwischen das Regler Buch gelesen. Ich finde es ganz gut. Daß das Buch allein meiner Arbeit im Wege stehen sollte, sehe ich nicht. Es geht doch von grundsätzlich anderen Voraussetzungen aus. In der Berücksichtigung, daß Regler erstens wirklich der Romantiker war, der durch Zufall in die Revolution hineingekommen ist – beim Spartakus Aufstand stand er auf der anderen Seite und hätte mich gut damals beim Sturm auf den Vorwärts mit erschießen können – hat er seine Play Boy Existenz in Berlin dadurch gewürzt, daß er Beziehungen zu kommunistischen Literaten aufrechterhielt, von diesen dann, als man seine orginale literarische Begabung erkannt hatte, vorgeschoben wurde, zuletzt wahrscheinlich der Partei gebunden Propagandist wurde, ohne das offizielle Parteibuch. Es ist für mich interessant, daß damals der

Regler Roman[2] mich aus der Frankf. Ztg verdrängt hat, dort war mein Oberschlesien Roman[3] bereits angenommen und wurde dann zugunsten Reglers fallengelassen. Ulkigerweise verhandle ich heute mit demselben Claassen, der damals dafür zuständig war. Aber trotzdem ist das Regler Buch durchaus lesenswert – für dich wird es Schwierigkeiten haben, weil darin sehr bitterböse Worte über Ulbricht, Eisler, Becher und Kurella stehen – so nebenbei, das Buch ist keineswegs deswegen geschrieben. Ich glaube kaum, daß die erwähnten Leute großzügig genug sein werden, das so hinzunehmen, insofern wird wohl schon die Kenntnis von diesem Buch als eine Art Verbrechen angekreidet werden. Es ist keinesfalls eine sensationell tiefgreifende Angelegenheit, aber sehr anständig geschrieben, völlig glaubhaft, was man von dem Renn Buch[4] über den Spanienkrieg nicht so ohne weiteres sagen kann. Renn muß zu vieles verschweigen und entschuldigen was Regler nicht nötig hat, aber trotzdem auch darüber schweigt – das macht den inneren Anstand des Buches aus.

Wenn ich was meine Arbeit betrifft etwas weiteres höre, schreibe ich es dir. Vielleicht kann ich weitere Manuskriptteile schicken. Es ist nur die Frage, ob ich dir damit nicht etwa schade. Dafür lohnt sich schließlich nicht die Neugierde.

Ich denke, daß Henny so liebenswürdig sein wird, dir das hier zu übermitteln, am besten, denke ich, wenn du bei dem nächsten Besuch es dir abholst.

Ich würde dir natürlich gern das Regler Buch kaufen lassen. Aber ich traue mich nicht. Vielleicht hat Tautz[5] die Möglichkeit, das Buch beruflich zu lesen. Ich will gern das Geld dafür an Henny schicken.

Herzlichen Gruß
Franz

Sobald ich einen Vertrag über die Arbeit bekommen würde, gehe ich von hier nach Mexico und hoffe, dort völlig unterzutauchen und zu verschwinden. Der Herzfelde braucht also keine Angst zu haben, daß ich mich jetzt an seine Fersen heften werde. Übrigens Regler erzählt aus der Mexico Zeit die gleiche Intrigue der dortigen Parteileute gegen ihn, die Herzfelde gegen mich angezettelt hat, fast unter denselben Anschuldigungen. Herzfelde hat allerdings keinen Wirkungskreis in New York gehabt als die paar Literaten, die mir sowieso gleichgültig waren.

Ich finde es ungeheuerlich, daß sich Graf nicht bei euch gemeldet hat, völlig unverständlich.

1 „Der Osteraufstand im Mansfeldischen".
2 „Wasser, Brot und blaue Bohnen".
3 „Gequältes Volk".
4 „Der spanische Krieg", Aufbau Verlag Berlin 1955.
5 Tautz war Redakteur bei der *Berliner Zeitung*.

400. AN CAROLA WEINGARTEN
San Francisco, 10/2 58
PO Box 1154

Liebe Carola,
ich melde mich mal wieder so mit einer Art von Tätigkeitsbericht. Ich nehme an, daß Sie den Sommer über in Deutschland gewesen sind. Hoffentlich haben Sie viel Vergnügen gehabt.

Ich schreibe jetzt sehr viel und arbeite an einer Art von Autobiographie, zu der mich damals einige Verleger ermuntert haben. Erst habe ich die Sache nicht anfangen wollen, denn an und für sich habe ich ja genug geschrieben und habe auch nicht mehr den besonderen Ehrgeiz, nochmal mit etwas herauszukommen. Schließlich habe ich es doch angefangen und jetzt macht mir die Sache sogar großen Spaß. Allerdings gerate ich mit den Verlegern in Schwierigkeiten. Ich verhandle gleichzeitig mit Kiepenheuer & Witsch, dem Claassen Verlag in Hamburg und Goverts in Stuttgart. Die Schwierigkeit ist, daß die Leute von vorneherein glauben, ich will nur die Serie der anti komm Autobiographien fortsetzen, zudem ist ja im Vorjahr erst das Regler Buch erschienen, das übrigens sehr gut ist und das ich Ihnen sehr empfehlen kann – wenngleich es grundsätzlich anders ist als meine Arbeit, beinahe im Gegensatz – und daran entsprechende Erwartungen knüpfen. Die Leute haben damit nicht gerechnet, daß sie bei mir keine Konfessionen finden werden, nichts wird bereut und sonstige Sentimentalitäten. Ich gehe nicht von einem humanistischen Grundzug aus, sondern freue mich an jeder Zerstörung – was ich zu bedauern habe, daß solange ich dabei war zu wenig zerstört worden ist und daß ich das Ende früh genug erlebt habe in einem zunehmenden Puritanismus, in einer Verengung, die eben die Menschen einschließlich mir selbst nicht mehr atmen läßt. Daraus baue ich die Analyse meiner Unzulänglichkeit und meines Versagens. Natürlich erwarte ich nicht, daß mir hätte geholfen werden können.

So etwa – Schwab von der Frankfurter Zeitung hatte mir jede Hilfe zugesagt, hat mich auch bei den Verlegern eingeführt, wollte Vorabdrucke bringen etc – die erste Sendung war gleich ein großer Mißerfolg. Er hat mir die Probe sofort zurückgeschickt (meine neue Version über den Osteraufstand 21) etwa mit dem Sinne: ich sei wohl verrückt geworden. Ich weiß, daß man die Wahrheit nicht hören will, aber dafür sind schließlich die Schriftsteller da und – die Verleger. Also ich muß sehen, wie es noch werden wird. Nebenbei habe ich für die ganze Arbeit auch die Absicht, für einige Monate eine kleine Rente herauszuholen, mit der ich mich in ein mexikanisches Dorf setzen kann, in völliger Isolierung. Natürlich kann ich die Isolierung hier auch haben und habe sie sowieso praktisch, aber ein wenig Exotik wäre halt ganz schön, zum Schluß.

Wie geht es euch, wie geht es Adolph? Haben Sie noch Ihre Stellung? Wenn Sie es machen können, schreiben Sie mal. Gott sei Dank habe ich unsere Ruth [Fischer] aus dem Hirn weggeschoben. Ist sie schon tot? Es ist ja gemein, daß ich, selber am Krepieren, mir immer nur ausdenken kann wie die andern abkratzen.

Das gilt nicht für euch beide. Ihr sollt ewig leben.
Herzlichen Gruß
Franz Jung

401. AN KARL OTTEN
San Francisco, 12/17 58
PO Box 1154

Lieber Karl Otten,
es tut mir leid, daß ich erst heute Ihren Brief vom 11/1 beantworten kann. Ich war die ganze Zeit außerhalb der Stadt und der Brief hat mich erst jetzt erreicht; zudem stimmt die Adresse auch nicht mehr.

Selbstverständlich können Sie „Saul" verwenden, wie Sie wollen und ich freue mich doppelt, daß Sie dafür Interesse haben, denn ich halte Saul für eine meiner besten Arbeiten. Leider habe ich nur eine schwache Erinnerung daran, ebenso an den Roman „Sophie", den ich brennend gern nochmals lesen möchte – leider habe ich alle diese Bücher nicht mehr, ich konnte sie im Vorjahr auch nicht in D. auftreiben. Ich wünsche Ihnen für Ihre Sammlung allen Erfolg. Saul ist übrigens das absolute Gegenstück zu Gide's Saul. Sicherlich heute noch interessant zu beobachten der Gegensatz zu einer Art klassizistischen Auffassung (Gide) zu einem durch keine Traditionen beschwerten Vortasten des gleichen Problems, wie ich das versucht habe. Ich beneide Sie um Ihren Aufenthalt in Ascona, hier sitze ich völlig isoliert inmitten einer Horde von Idioten. Die Literatur, die hier fabriziert wird, ist das Produkt von an sich fleißigen Schülern, aber noch nicht ganz erwachsen und durch Zen angereichert.

Was meine „Pläne" anlangt, so arbeite ich an einer Art Autobiographie und verhandle auch mit zwei Verlegern, die grundsätzlich Interesse bekundet haben. Die Schwierigkeiten sind aber bei beiden dieselben. Mich interessieren die einzelnen Vorgänge und Fakten sozusagen einer solchen Biographie überhaupt nicht. Ich muß sie gerade erwähnen, aber sehr in Distanz verkleinernd und leicht ironisch. Ein solches Buch verliert damit die verlagsgesehene Publikumsbasis. Mich interessiert der Nachweis, daß der Mensch nicht „gut" ist, daß es zwecklos ist zu leben und daß der ganze Zauber aufhören sollte je eher je besser und mit Vergnügen so brutal wie nur möglich; ich versuche das an mir zu beweisen; selbstverständlich kann jeder für sich andere Schlüsse ziehen. Ich würde wahrscheinlich noch eher damit zu einem Kontrakt kommen, wenn ich es vorlegen könnte – das kann ich nicht und ich schreibe eigentlich daran auch nicht weiter, weil mir der Zuspruch, wenn man will die Hilfe des Interesses fehlt, für mich das zu schreiben, hat kaum Zweck – ich selbst weiß es sowieso. Bei dieser Art von technischer Behandlung kann ich natürlich ein riesiges literarisches Feuerwerk loslassen, und das ist es auch, was mir an der Arbeit überhaupt Spaß macht. Aber ich sehe in der Sache selbst, was meinen Kontakt mit Verlegern anlangt, schwarz.

Meine verehrungsvolle Empfehlung an Frau Pfemfert. Ich war vor einigen Wochen in Mexico, allerdings nicht in der Stadt, sondern an der Pacific Küste. Ich würde gern dort bleiben, aber überall sind diese amerikanischen „Künstler Kolonien", die schlimmer sind als das mexicanische Wasser für den Durchfall.

Für Sie selbst meine herzlichsten Grüße
Ihr Franz Jung

402. AN LEONHARD FRANK
San Francisco, 12/20 58
PO Box 1154

Lieber Leonhard Frank,
es ist eine ganze Reihe Jahre her, daß wir uns nicht mehr gesehen haben. Ich bin auch erst 1948 nach den Staaten von Italien aus gekommen und erst vor wenigen Jahren hier nach der Westküste, so daß auch hier keine Gelegenheit war wieder zusammenzukommen. Inzwischen war ich voriges Jahr einige Monate in Deutschland und hätte Sie natürlich dann in München aufsuchen sollen. Oda Schaefer hat mich allerdings damals nicht aufmerksam gemacht, umsomehr bin [ich] ihr jetzt dankbar, daß sie mich darauf gestoßen hat, wenigstens mich brieflich bei Ihnen zu melden.

Wir hätten eine Menge gemeinsamer Erinnerungen auszutauschen, weniger über Vorgänge, die sich draußen herum in der Welt an der Oberfläche angeblich abgespielt haben, als über persönliche Beziehungen und Bindungen, die wir beide vielleicht heute anders nach diesen Jahren sehen als damals, als wir darüber uns noch sprechen konnten. Es sind schließlich nur diese, und es ist ein großer Vorzug, wenn jemand in der Lage bleibt, solche Beziehungen später in der Erinnerung zu vertiefen oder zu korrigieren oder zuzudecken.

Ich arbeite hier an einer Art Autobiographie, wobei ich die mich selbst betreffenden äußeren Vorgänge, die Kette der Abenteuer und Mißerfolge nur soweit als gerade unbedingt für den Zusammenhang notwendig erwähne und auch dies nur in äußerster Distanz und ironisierend. Da aber der Durchschnittsverleger nur die Abenteuer erzählt wissen soll, stoße ich auf große Schwierigkeiten und glaube nicht, daß ich einen Druck erreichen kann. Außerdem brauche ich heute das Interesse, den Zuspruch, den Stoß von draußen, ohne den ich überhaupt nicht arbeiten könnte. Und den kann ich eigentlich nicht erwarten. So wird die Sache vorläufig bleiben. Es muß nicht sein. Es sind andere genug da, die (mit Verlaub gesagt) wissen, daß der Mensch nicht „gut" ist, wenn überhaupt, nur einen geringen Lebenswert besitzt und daß das wenige, was der Einzelne tut, um diesen Wert zu verbessern und lebensfähiger zu machen, den Inhalt eines Lebens ausmacht, vorübergeht, so wenig energiegeladen, daß es schon meist auf den Nachfolgenden nicht mehr überkommt. Ich will dies an mir selbst unter Beweis stellen, keine Predigten, keine Bekenntnisse, keine „Wahrheiten" und schon gar keine Moral: es war alles falsch dosiert, im Negativen zu wenig und im Positiven zu viel. Wahrscheinlich ist das der Durchschnitt sowieso.

Jeweils wenn es mir Spaß macht und besonders wenn die Unvernunft in der Zuschrift eines Lektors oder Verlegers mich besonders ärgert, schreibe ich weiter – sonst nehme ich es sehr leicht.

Ich wäre schon lange gern nach Mexiko übersiedelt oder in irgendeinen Ort, wo ich die Sprache der Leute nicht verstehe und allein bleiben kann, die Leute aber wenigstens so sind, daß ich zeitweilig in der Phantasie mit ihnen sprechen würde. Ich habe den eigentlichen Mut dazu noch nicht aufgebracht – hier in diesen Gegenden muß man den amerikanischen Künstler Kolonien ausweichen, die überall zu finden sind, vorläufig sind noch einige Küstenstriche in Costa Rica frei – ich denke aber, ich werde es eines Tages schaffen.

Geld habe ich keins, aber das tut mir überhaupt nicht weh. Das Notwendigste, was ich zum Leben brauche, verdiene ich durch Wirtschafts Analysen, Handelsberatung und Devisenhandel,

sehr eingeschränkt und auch schon nur mehr halb in Phantasie –
aber war es mit mir nicht schon immer so?
    Herzlichen Gruß
            Franz Jung

403. AN CAROLA WEINGARTEN
San Francisco, 12/22 58
PO Box 1154

Liebe Carola, vielen Dank für Ihren Brief und den Check und Sie
dürfen sicher sein, daß ich das Geld für den erwähnten Zweck
verwenden werde. Ich bin nicht mehr so besonders empfindlich,
ich habe mich auch voriges Jahr über den Check von Adolph riesig gefreut, weil er so ganz unerwartet war, nachdem ich ja erst
eben euch beide verlassen hatte. Ich hatte darauf über ein mir
noch verbliebenes Restkonto in Hamburg die Otten-Sammlung
über die expressionistische Dichtung an Adolph schicken lassen
und werde das auch mit dem 2. Band[1], der im Frühjahr herauskommt und in der mein Drama Saul enthalten sein wird, auch
tun. Leider hatte die gleichfalls angeordnete Übersendung der
Huelsenbeckschen Geschichte[2] des Dadaismus nicht geklappt –
damals war schon nichts mehr auf dem Konto; es wächst aber inzwischen wieder langsam auf.
    Ich höre von Adolphs Krankheit mit großem Bedauern und
kann ebenfalls nur raten, daß er nach drüben geht und sich dort
kurieren läßt. Nicht etwa, daß drüben die Ärzte besser und klüger sind als hier, aber irgendwie hat man noch das Gefühl in einer mehr verwandten Atmosphäre zu sein, ich habe auch den
Eindruck, die Ärzte hören noch mehr auf den Patienten und ich
möchte beinahe sagen experimentieren mehr. Leider ist ein guter alter Bekannter von mir, ein Dr Goebel, gerade jetzt gestorben. Der Dr Goebel hat eine Ärztin, wahrscheinlich kurz vor dem
Kriege – denn ich habe sie selbst nicht mehr kennengelernt – geheiratet, die eines der größten Diät Sanatorien in D besitzt, in Post
Kirchenberg *Gut Hengstberg* – nicht weit von Stuttgart. Das soll
ganz außerordentlich sein, specialisiert auf Magenkrankheiten.
Die Frau ist auch führend in der Gesellschaft für Vitalstoffe, eine ärztliche Gesellschaft, die gegen das Nahrungsmittel Gesetz,

wie es jetzt besteht, kämpft. Wäre Goebel noch am Leben, so hätte Adolph ohne weiteres dahin gehen können, aber ich glaube auch so, unter Berufung auf mich, die Frau hat mir einen sehr herzlichen Brief geschrieben – und ich denke, so in der ersten Zeit nach dem Verlust des Mannes wird die Frau noch das Andenken an den Verstorbenen besonders gern wachhalten wollen. – Sonst existiert noch der Dr Elbrechter in Düsseldorf, ein Mann mit einer ganz großen Praxis im Ruhrgebiet bei den ganz Großen, die sich den Magen managerial ruiniert haben. Der Mann nimmt Millionen Honorare oder gar nichts. So ein Typ Wohlgemuth – ursprünglich aus dem Jünger Kreis stammend, später mit Schleicher befreundet, vor den Nazis nach England geflüchtet, dort Medizin gelernt, politisch glaube ich reichlich konfus, jetzt der SPD nahestehend und neuerdings der Promoter für Ruth Fischer im Ruhrrevier – wenn immer Ruth im Ruhrrevier im Prominentenkreis vor den Industriemagnaten sprechen will oder an einer dortigen Hochschule, so arrangiert das der Dr Elbrechter, auch sehr befreundet mit dem Diederichs Verleger. Der Mann strahlt, wenn nur der Name Ruth fällt. (Ich habe ihn zufällig das letzte Mal drüben getroffen als Gast bei meinem Freunde Tiso, dem Versicherungsmakler, Tiso und der Mann stammen beide aus Elberfeld und sind Schulfreunde, Oberschlesien Kämpfer.)

Von Ruth habe ich nichts mehr gehört und habe auch nicht geschrieben. Ich glaube, dieses Kapitel kann abgeschlossen werden. Wenn ich die Kette der Möglichkeiten übersehe, bei denen mir Ruth hätte helfen können, wieder in der mir eigenen Weise arbeitsmäßig auf die Beine zu kommen, so fühle ich natürlich eine tiefe Erbitterung, nicht nur persönlich, sondern allgemein. Ich gebe ohne weiteres zu, daß ich meinerseits wenig dazu getan habe, sie darauf zu stoßen, was sie hätte für mich tun sollen, mich empfehlen, einführen etc bei Leuten, die an meiner Arbeit hätten interessiert werden können, die mich überhaupt wieder in die literarische Ebene hineingehoben hätten – sie hat das, wahrscheinlich aus irgendeinem Grunde, der zu meinem Besten sein sollte, nicht nur vermieden, sondern geradezu verhindert – und das ist ganz meine eigene Schuld, ich habe das alle die Jahre geschehen lassen. Sicherlich hätten wir uns bei dieser Situation schon vor 10 Jahren trennen sollen, d.h. das Zusammenkommen, das Sprechen auf der Basis politischer Zynismen (die mir ganz fremd sind) überhaupt aufgeben – stattdessen über das Plus und Minus bei Reimann unterzukriechen zu diskutieren, und dort intervenieren – das rächt sich jetzt, wenn die ganze Erinnerung auf einen zukommt, zum letzten Mal eigentlich wachgerufen, als Ruth sich weigerte mich in Deutschland selbst zu sprechen – wahrscheinlich aus Angst, ich würde sie dort am Ort sozusagen um Empfehlungen etc bitten. Irgendwie wird Ruth ihre Gründe gehabt haben, nicht nur mich allein betreffend, aber das Ende ist als Fakt, daß eine Basis, warum wir uns weiter in Erinnerung halten sollten, warum wir uns schreiben sollten etc, nicht mehr besteht. God bless her. Meinen Segen werde ich mir selber unter meinen eigenen Bedingungen und Bereitschaften holen oder sogar besser darauf verzichten; Ruth wird dabei bestimmt keine Rolle spielen.

Mit meiner Autobiographie geht es ziemlich schwer. Ich habe drei Verleger, Kiepenheuer, Claassen und Goverts, die sich dafür interessieren, aber ich habe nicht das erreicht, was ich in der Hauptsache will: ein Vertrag mit Monatsraten, auf Grund deren ich mich wohin setzen kann und arbeiten – dann spüre ich das Interesse, die eigentliche Hilfe von draußen, die mich treibt und die mich überhaupt erst arbeitsfähig macht. Wenn ich das selbst aufbringen muß, die Illusion dieser Hilfe, d.h. aus meiner eigenen Phantasie oder aus literarischem Ehrgeiz, dann wird das wohl schwer gehen. Dabei spielt noch nicht mal so sehr eine Rolle, daß die Verleger mich überhaupt nicht verstehen. Mich interessieren die eigentlichen Fakts, die Kette der sogenannten Abenteuer überhaupt nicht. Ich muß sie eben gerade erwähnen, aber ich verkleinere sie, setze sie in eine mehr ironische Distanz und beweise es an mir, daß der Mensch nicht „gut" ist und überhaupt nur einen sehr geringen Lebenswert besitzt – der Versuch diesen Wert zu steigern oder zu manifestieren mag zeitweilig ganz interessant sein, aber es ist nichts Bedeutendes und war es auch nie, solange die Menschen angefangen haben Geschichte aufzuschreiben. Das ist ungefähr der Tenor, dargestellt in literarischem Feuerwerk – dem einzigen, was mir überhaupt Spaß macht. Aber kommt es nicht zustande, ist es auch noch so – das können auch andere machen. Interessant ist, daß solche alten Feinde wie Leonhard Frank oder Karl Otten, Willy Haas & Co sich jetzt plötzlich für mich interessieren und mir schreiben – ich weiß nicht, was ich damit anfangen soll. Auch Becher[3], wie mir

Cläre Jung schreibt, soll noch vor seinem Tode bereit gewesen sein, den Boykott gegen mich aufzuheben und eine Neuherausgabe der Malik Bücher (in Auswahl) zu empfehlen. Das ist mir egal, und außerdem ist der Mann inzwischen tot. Ich tue wenigstens von mir aus nichts mehr dazu.

Herzliche Grüße an Adolph und an Sie speciell
Franz

Ich schreibe wieder von selbst. Sie sollen nicht antworten.

1 „Schrei und Bekenntnis. Expressionistisches Theater", Neuwied und Berlin 1959.
2 „Mit Witz, Licht und Grütze. Auf den Spuren des Dadaismus", Wiesbaden 1957.
3 Johannes R. Becher hatte nach einem Gespräch mit Cläre Jung am 14.5.1958 an sie geschrieben: „Ich bin überzeugt, daß das alles eines Tages in der oder jener Weise wiederkehren wird. Ich selbst plane eine Arbeit, welche die Jahre 1900 bis heute umfaßt. Auch darin darf Jung nicht fehlen."

404. AN HEINZ SCHÖFFLER
San Francisco, 1/6 59
PO Box 1154

Sehr geehrter Herr Dr. Schöffler,
ich schreibe an Sie auf Anregung von Karl Otten, der mir mitteilt, daß der Luchterhand Verlag sich für das Manuskript meiner autobiographischen Arbeit interessieren würde.

Ein Manuskript liegt noch nicht vor. Was von der Arbeit vorliegt, und das ist beinahe der Hauptteil der autobiographisch aneinandergereihten Begebenheiten, in einer Reihe von Kapitel untergeteilt nach den entsprechenden Etappen, gibt von dem projektierten Buch nur ein sehr unvollständiges, wenn nicht geradezu ein falsches Bild. Ich habe so als eine Art Vorspann, „Akzente" betitelt, ein paar Kurzstücke geschrieben und würde sie dem Buch voranstellen, die eben als Akzente bereits die Grundlinie, die Atmosphäre anzeigen und eigentlich auch vorwegnehmen. Ich schicke Ihnen diese Akzente gleichzeitig mit gewöhnlicher Post. Dazu anschließend an den Vorspann eine Einführung und die Überleitung zum ersten Kapitel, die

Atmosphäre der Kindheit. Das würde wahrscheinlich schon so bleiben können.

Dagegen werden die vorhandenen Lebensdarstellungen Kapitel, so wie sie jetzt stehen, nicht so bleiben. Ich möchte Ihnen das erklären: Ich habe (bei meinem letzten Aufenthalt in D, aufgefordert vom Goverts Verlag) damals erst sozusagen die „schmutzige" Arbeit erledigt und hinter mich bringen wollen, die Aufzählung der äußeren Fakten, die Zusammenbrüche und Katastrophen und die Abenteuer (wenn man das so nennen will). Ich bin daran nur sehr bedingt interessiert. Ich werde nichts verschweigen, aber ich werde das, was aus dem Durchschnitt herauszuragen scheint, zu verkleinern versuchen, zu distanzieren. Ich habe keine Botschaft zu verkünden oder zu hinterlassen, ich stelle keine Wertmesser auf, bringe keine Bekenntnisse oder sonstwelche Erklärungen. Ich habe kein aufzeigbares Ziel, keine Bindungen an Tradition, Gesellschaft oder Moral (außer derjenigen der äußerlichsten Zweckmäßigkeit für mich selbst). *Warum?* – das herauszufinden, ist eine der Hauptaufgaben dieses Buches.

Ich muß für die Arbeit eine Art Zwiebeltechnik anwenden. Die erste äußere Schale stellen ungefähr die vorhandenen Kapitel dar, Erzählungen im Ablauf der Lebens Etappen. Deswegen können sie so wie sie vorliegen nicht bleiben. Ich muß sie jetzt weiter aufschälen, die zweite und dritte Unterschicht. Dazu brauche ich Konstruktion und Atmosphäre aus dem Vorspann. Der Blick verschiebt sich. Die sogenannte Handlung wird durch Associationen, Wunschbilder und ähnliches durchsetzt, „durchblutet", wenn [man] so will, das ist im wesentlichen, was jetzt noch zu geschehen hat. Wenn Sie es wünschen, kann ich Ihnen natürlich auch einige dieser Kapitel zusenden, gewissermaßen zur Dokumentation, daß die Arbeit vorliegt.

Hier liegt auch die eigentliche Schwierigkeit, die Arbeit zu beenden. Ich kann nicht so ohne weiteres mit einem Verständnis für meine Auffassung rechnen. Durch Schwab-Felisch von der FAZ bin ich in Verbindung zu Kiepenheuer & Witsch und dem Claassen Verlag gekommen, die um Manuskript Proben gebeten haben, inzwischen ist der Dr. Schonauer zu Goverts hinübergewechselt, der meines Wissens eine outline hat. Ich habe diesen Verlagen die reinen Erzählungs Kapitel, von denen ich oben spreche, geschickt und nichts wieder gehört. Es scheint mir auch zwecklos, noch besondere Erklärungen hinterherzuschicken. Es sind inzwischen einige Monate vergangen. Offengestanden war ich keineswegs sehr eifrig dabei ein neues Buch zu schreiben und mich nach fast 30jährigem Schweigen wieder in die literarische Arena zu begeben. Aber unglücklicherweise bohrt sich die Idee, einmal wieder in Erwägung gezogen, automatisch weiter. Ich konstruiere an der Arbeit, ob ich will oder nicht.

Das ist wahrscheinlich die gegen mich persönlich gerichtete Reaktion dieser Zwiebeltechnik. Aber ich kann eins mit Gewißheit sagen: Ohne Hilfe, ohne Zuspruch, ohne Interesse kann ich die Arbeit nicht beenden. Das mag für mich bedauerlich sein, aber es macht nichts. Wahrscheinlich als eine der letzten Schalen dieser Zwiebel zeigt sich, daß ich plötzlich unter dem Druck dieses langen Schweigens wieder ein großes Vergnügen daran finde, Worte und Sätze zu schreiben, zu konstruieren, zu „spielen" und für literarisches Feuerwerk, so zu sprechen. Wie weit das durch die überlagerten Schichten noch durchzudringen vermag, muß man sehen – auch hier bin ich auf Hilfe von draußen angewiesen. Außerdem: ich muß mich auf die Arbeit voll konzentrieren können, disciplinieren und isolieren. Mein guter Wille ist da nicht genug.

Ich habe versucht, Ihnen ein klares Bild zu vermitteln. Ich möchte annehmen, daß Sie bereits einiges von mir, den literarischen wie den sonstigen Eskapaden wissen. Sonst wird es Ihnen wahrscheinlich schwerfallen, das Gesagte überhaupt zu verstehen. Aber ich denke, ich sollte gerade betreffs der Schwierigkeiten so offen wie möglich zu Ihnen sein.

Mit besten Grüßen

405. AN KARL OTTEN
San Francisco, 1/6 59
PO Box 1154

Lieber Karl Otten,
ich sende Ihnen eine Copy des Briefes an Dr Schöffler. Ich will Ihnen außer dem Vorspann auch die Kapitel, von denen ich in dem Briefe spreche, senden.

Allerdings bleibt die Frage, wie und ob ich mich auf die Arbeit konzentrieren kann.

Übrigens, wenn ihre Bemerkung: „wir müßten die Biographie gemeinsam schreiben" nicht nur eine freundliche Redewendung war, im Ernst, könnten Sie nicht die Rolle eines MC (master of ceremonies) übernehmen, zusprechen, kontrollieren, auffangen, wenn ich abzurutschen beginne, auch im allgemeinen Dialog über grundsätzliche Dinge, mich sozusagen „leiten" – wenigstens was die Literatur Kapitel anlangt?

Das würde auch einen ganz neuen Aspekt bringen. Ich sende das Manuskript mit der gewöhnlichen Post.
Viele Grüße
  Ihr Franz Jung

406. AN LEONHARD FRANK
San Francisco, 1/22 59
PO Box 1154

Lieber Leonhard Frank,
vielen Dank für Ihren Brief. Es ist sehr lieb von Ihnen, daß Sie mir Ihre Hilfe bei der Unterbringung des Buches anbieten. Ich weiß auch, daß Sie das ohne weiteres durchsetzen würden. Aber es ist noch lange nicht soweit. Von einem fertig vorliegenden Manuskript kann überhaupt keine Rede sein. Ich habe ungefähr eine Art von Vorspann[1] aus drei Teilen bestehend fertig, sonst einige für die äußere Konstruktion wesentliche Kapitel, die aber so wie sie heute sind nicht so bleiben werden. Das sind die eigentlichen Etappen der Vorgänge, die ich ja nicht einfach verschweigen kann, als wenn sie nicht gewesen wären. Aber ich bin daran gerade ganz uninteressiert, ich habe sie mir nur aufge-

schrieben oder nachkonstruiert, weil ich diese „schmutzige" Arbeit erst mal lossein wollte. Jetzt müßten sie distanziert, durchblutet oder so werden, entschält wie man eine Zwiebel aufschält, ehe ich sie einordnen könnte. Und jetzt kommt die Schwierigkeit mit so einem Verleger: ich will das nicht tun, ohne daß ich des Interesses (wenn man will Mithilfe) des Verlages sicher wäre. Dabei ist es dann bisher geblieben. Ich habe einigen Verlegern (Kiepenheuer, Claassen bezw Goverts, Dr Schonauer) gerade diese Stücke geschickt als Manuskriptprobe, weil diese Leute glauben sich auf die autobiographischen Vorgänge, die vielleicht für die Epoche und Zeit interessant sein würden, stützen zu müssen, wenn das Buch einen normalen Leserkreis finden kann. Daß ich überhaupt an diese Leute herangetreten bin, hängt mit der Einführung des Schwab-Felisch von der FAZ zusammen, der glaubte mich in Bewegung setzen zu müssen, nachdem ich ihn im Sommer 57 in Frankfurt aufgesucht hatte – er ist der Sohn meines Freundes Alexander Schwab, mit dem ich seinerzeit 35 zusammen verhaftet worden bin, der nicht mehr das Glück hatte herauszukommen und der 42 im KZ[2] umgekommen ist.

Mit diesen Verlegern wird also sowieso kaum etwas werden, ich kann es den Leuten auch nicht verdenken. Es sind doch Leute, die eine Ware kaufen und umsetzen wollen und nicht von vornherein in der Überzeugung stehen müssen, dabei Geld, vielleicht sogar Prestige zu verlieren. Denn, alles in allem, in Zeiten, wo Telepathie unter die gleiche Kontrolle gebracht werden kann wie der allgemeine Straßenverkehr, mit farbigen Ampeln sozusagen, kann ich kaum verhindern, daß man sehr bald herausfindet, daß ich nicht eigentlich für Leser schreibe, sondern im Gegenteil, ich schreibe „nicht nur für mich", sondern ich schreibe zudem auch direkt *gegen* die Leser, ich würde mich etwa einige Jahrzehnte auch nicht genieren, zu erklären, ich schreibe, um die Leute umzubringen, vor allem den interessierten Leser – so sehr, lieber Frank, kann man sich verrennen.

Ich halte nicht allzu viel von Verlegern, was ihre sogenannte kulturelle Funktion anlangt – schließlich ist ihre eigentliche Funktion diejenige eines auf eine Produktion hinaus auf mehrere Jahre basierenden Kunden bei Papierfabrikanten, der Kette vom Drucker zum Buchbinder, aus alledem baut sich der Kredit auf, für den der Verleger eine gewisse Verantwortung zu übernehmen hat – aber verständlicherweise sie sind auch nicht so dumm, daß sie mich nicht durchschauen. Und wenn ich das zu verdecken versuche, daß ich auf eine Mithilfe rechne, Rat und vielleicht sogar gewisse Zügelung, so ist das zu wenig. Warum sollten sie das tun, sich so etwas aufbürden?

Sehen Sie, hier liegt der Punkt. Außerdem: ich *muß* das Buch nicht schreiben, es ist auch nicht etwa die Panik der auslaufenden Zeit, wo noch etwas nachzuholen wäre. Leider ist es so, daß ich, wenn ich schreibe, *aus* einer Panik heraus schreibe, die nur allein mit mir und einer Unausgeglichenheit wahrscheinlich zu tun hat, ganz gleich was und worüber ich schreibe, solange ich selbst in der eigentlichen Basis der Konstruktion bin. Märchen kann ich nicht schreiben, auch wenn ich es versuchen wollte, dazu gehört auch alles, was des Erziehens wert ist, was gut und richtig und sozusagen aufbauend sein würde. Ich habe niemals mich eigentlich darum gekümmert, Wahrheiten zu fixieren. So – leider, lieber Leonhard Frank, bin ich in die ganze Sache schon soweit eingefangen, daß es schon gleichgültig wird, ob ich das Buch schreibe. Viel schlimmer ist, daß ich mich damit beschäftige, daß ich es ständig vor mir habe, so daß es viel leichter sein wird es einfach hinter mich zu bringen, ob es gedruckt wird oder nicht.

Ich möchte schon ganz gern endlich von hier wegkommen, auch nach München, obwohl ich mir in dieser Stadt zu leben nicht recht vorstellen kann. Aber das spielt schließlich keine Rolle, erstens stimmen die eigenen Vorstellungen und Wünsche meistens nicht und zweitens darf man ihnen nicht nachgeben.

Daß ich nicht ganz aus der Luft heraus schreibe, kann ich Ihnen gern beweisen, indem ich Ihnen in den nächsten Tagen gesondert den obenerwähnten Vorspann schicke, für Sie als Probe, ich glaube auch die darin zufällig enthaltene Gross Analyse wird sie interessieren. Sie werfen die Blätter dann einfach weg.

Rückgrüße und meine besten Empfehlungen an Charlotte Frank
   seien Sie selbst herzlichst gegrüßt
      Franz Jung

1 „Akzente I–III".
2 Alexander Schwab starb am 12.11.1943 im Zuchthaus Zwickau.

407. AN CLÄRE JUNG
San Francisco, 1/31 59
PO Box 1154

Liebe Cläre,
in der Einlage ist ein Artikel[1] aus der Frankfurter Allgemeinen Ztg, den du vielleicht schon gesehen hast, jedenfalls hat Hertwig darüber an Frau Fuhrmann geschrieben, und den du vielleicht deiner „Sammlung" einverleiben kannst. Mich hat der Artikel sehr unangenehm überrascht, denn ich wollte überhaupt nichts erwähnt haben, weil ich die autobiographische Arbeit erst fertiggestellt und untergebracht haben wollte, jemand hatte sogar vorher aus Frankfurt angefragt und um einige Daten gebeten, ich hatte ausdrücklich darum gebeten, von einer Notiz Abstand zu nehmen, aus den verschiedensten Gründen – nun ist es doch geschehen, an den Grieger habe ich allerdings ganz vergessen, daß der etwas verlauten lassen könnte. Zu groß ist ja allerdings der Schaden nicht. Nur wenn ich gewußt hätte, hätte ich von mir aus auch etwas veranlassen können, vor allem auch hier, wo ich sicherlich das Geld für eine neue Deutschland Reise zusammengebracht hätte; jetzt nachher ist es dazu natürlich zu spät.

Die Proben, die ich dir damals aus dem Buch geschickt habe, sind wirklich nur Proben, sie werden *so* nicht bleiben, wahrscheinlich lasse ich überhaupt alle sogenannten „Fakten" fallen und schreibe mehr von der Untergrund Atmosphäre her – mit Verlegern bin ich bisher noch nicht zu einer Vereinbarung gekommen, einfach weil ich es ablehne, das Manuskript vorher fertigzustellen. Wenn mir niemand bezahlt, daß ich eben daran arbeiten kann, wird es eben nichts werden, es *muß* ja auch nicht sein. Auf mehrfaches Drängen von München aus habe ich schließlich doch an Leonhard Frank geschrieben. Er hat für mich ganz überraschend aufgeregt reagiert, als wenn wir schon immer im engsten Kontakt gewesen wären, sozusagen schon von der literarischen Kindheit her, und das berührt mich höchst seltsam, denn wir haben uns doch kaum gekannt und ganz wenige Male nur begegnet. Immerhin, er tut so, als ob nur auf seinen Wink hin jeder Verleger für mich sofort zur Verfügung stünde, er will sofort das Manuskript sehen, und scheint daran zu denken, es an den Aufbau Verlag zu schicken – da das Manuskript sowieso nicht vorliegt, brauche ich ihn nicht erst aufzuklären, daß der

Aufbau Verlag ungefähr das letzte wäre, was für mich in Frage kommen würde. Am meisten setzt sich für mich ein Karl Otten, der im Luchterhand Verlag das Sammelbuch über expressionistische Prosa herausgegeben hat, worin ich auch vertreten bin, und der jetzt einen zweiten Band, expressionistische Dramen herausbringt, worin er den „Saul" nochmals abdrucken will. Er möchte mich überhaupt auch mit dem Buch zu Luchterhand bringen. Ich weiß allerdings nicht, ob der Verlag das noch riskieren kann, denn ein „Geschäft" für den Verlag wird das Buch sicherlich nicht. Übrigens hat Leonhard Frank auch einen neuen Roman von Karl Otten an den Aufbau Verlag empfohlen – dabei schreibt mir Otten, daß er von „dritter" Seite gehört habe, du hättest im Osten dort großen Einfluß und würdest wahrscheinlich den Roman zur Begutachtung bekommen etc – ich habe ihm geschrieben, er könne sich beruhigen, das würde sicherlich nicht der Fall sein und dein Einfluß ist gleich Null. (Gottseidank.) Es scheint, daß um den Luchterhand Verlag herum einige Leute versuchen, eine neue Welle für den literarischen Expressionismus in Gang zu bringen, es scheint auch, daß die Anja Pfemfert die Bücher des Aktions Verlages dort wieder unterbringen will und anscheinend auch einen gewissen Erfolg bereits damit hat, denn sie wird immer in den Otten Briefen besonders mit Respekt erwähnt – ich wünsche ihr alles Gute, aber ich habe in New York, damals als Pfemfert noch in Mexico City lebte, sehr unangenehme Erfahrungen mit ihr gemacht, sie ist ungeheuer hysterisch und zugleich anmaßend, was die Bedeutung Pfemferts für die Literatur anlangt, daß ich mit ihr nichts mehr zu tun haben möchte. Ich bin auch ohne sie und den Pfemfert im Leben ausgekommen ... So baut sich also wieder eine literarische Fronde in der Literaturbewegung auf, diesmal allerdings eine Fronde der Alten und wahrscheinlich meist schon recht klapprigen Herren.

Aus dem Grieger Artikel kannst du ersehen, daß die Version, Huelsenbeck hätte mit mir zusammen die „Freie Straße"[2] herausgegeben, bereits in die Historie einzugehen beginnt. Grieger hat dies einfach aus dem Huelsenbeck'schen Buch übernommen. Woher er hat, daß ich etwas mit dem Jedermann sein eigner Fußball zu tun gehabt hatte, weiß ich nicht. Grosz kann das nicht gut selbst behauptet haben. Ich habe dem Grieger und auch dem Otten, der doch anscheinend eine neue Geschichte des deutschen Expressionismus zu schreiben beabsichtigt, darüber geschrieben und das richtiggestellt, eigentlich auch, daß ich mit dem Dadaismus nur in seinen Anfängen, in den Neuen Jugend Heften von Heartfield, etwas zu tun gehabt hätte – und daß es gerade seltsam genug ist, daß diese Neue Jugend nirgendwo mit erwähnt ist, wirkt sich die Eifersucht des Bruder Wieland gegen Johnny hier auch noch aus? Meinetwegen soll Huelsenbeck hier mit als Herausgeber etc sich gelten lassen, aber warum die Freie Straße? Die Freie Straße hat doch überhaupt mit Dada nichts zu tun – eine lose Folge von Pamphlets, geschrieben noch aus der anarcho-sentimentalen Romantik eines Gustav Landauers heraus. Ich habe übrigens beide darauf aufmerksam gemacht, daß du voraussichtlich noch alle der erschienenen Folgen der Freien Straße besitzen dürftest. Vielleicht wird sich der eine oder andere, der jetzt über mich schreiben will, an dich wenden, in der Annahme, daß du die am vollständigsten bestehende Sammlung von Franz Jung Material besitzt.

Ich würde übrigens, falls mir Zeit bleibt darüber zu bestimmen, eine Reihe von Notizbüchern und Manuskripten, die sich in meinem Besitz noch befinden, an die Deutsche Akademie, bezw das Nationalarchiv in Marbach übergeben, die sie dort in einer eigenen Abteilung wahrscheinlich sammeln würden. Ich habe das gleiche für Fuhrmann vorbereitet. Ein großer Teil der Manuskripte, die ich aus Italien mitgebracht hatte, sind hier verloren gegangen, natürlich auch alle Bücher, die ich größtenteils allerdings auch schon vorher sowieso nicht hatte. Ob du das gleiche tun würdest, weiß ich nicht. Ich muß das auch dir allein überlassen. Ich denke nur, es hat wenig Zweck, bei der gegenwärtigen Situation noch die Sachen im Osten zu lassen. Heute noch geduldet, können sie auch ebensogut morgen zerstört werden.

Leider ist es doch so – und auch du bist ja davon beeinflußt, wenn du von den notwendigen „Proportionen" schreibst – daß kein Unterschied gemacht wird zwischen dem, was geschrieben *ist* und dem was geschrieben werden *soll*. Auch die Bewertungsperspektive ist ja dabei eine völlig andere. Ich gehöre nicht zu den Schriftstellern, die schreiben, was geschrieben werden soll, damals ebenso wie heute. Ich schreibe nicht aus einer Idee, einer Theorie und aus einer „Gemeinschaft" heraus, sondern *nur* aus mir selbst heraus, nur für mich, und in meinem Falle meistens gegen mich. Ich nehme von niemandem eine Direktive an, was geschrieben werden soll, damals nicht und heute nicht. Das heißt, die Verleger werden mich nicht drucken, die Partei kann mich totschweigen, meinen Charakter verfälschen, mich eliminieren etc – das ändert aber nicht, daß etwas geschrieben worden ist, ein technischer Fakt, der in der Entwicklung der literarischen Sprache, dem Zugang zu den Ausdrucksformen und ähnlichem eine gewisse Bedeutung hat, eine Rolle spielt, ob erwünscht oder unerwünscht – und es scheint mir sinnlos, das wegzuleugnen und zerstören zu wollen. *Es wird sowieso bleiben.*

Ich selbst habe keinen Erfolg damit, keine Auswirkungen, keine initiative Förderung – na schön, das war doch auch vorher schon so. Aber die Leute, die sich heute noch groß aufspielen, sterben aus, die Becher, die Abusch und die Kläffer wie die Wielands etc oder gehen über wie die Kantorowiczs, der den Lukács gegen mich aufgehetzt hat – wozu das alles aufzählen, jeder weiß das. *Ich* habe doch an dem Ausdruck und an der Sprachkonstruktion gearbeitet und nicht diese Kulturpäpste und „Richter". Ein Grundsatz: die Arbeit bleibt und niemals die Beurteilung – diese ändert sich bekanntlich, selbst nach Marx.

Selbst die Motive, aus denen heraus eine Arbeit entsteht, unterliegen einer wechselnden und unterschiedlichen Beurteilung. Die Arbeit mag im Augenblick und vielleicht überhaupt von keiner praktischen Bedeutung sein – na schön – sie ist aus der Entwicklung nicht auszumerzen.

Ich habe das gerade mal so runtergeschrieben, weil ich die Vermutung habe, daß man sich mehr mit mir wieder beschäftigen wird, vielleicht sogar in Kreisen, die mir nicht einmal besonders sympathisch sind. Ich kann sowieso nichts dazu tun. Vielleicht kann ich sogar noch etwas daraus lernen.

Wie geht es dir sonst? Ich möchte dir gern von Zeit zu Zeit das eine oder andere Buch schicken oder einen Hinweis aus einer Zeitung, die einfach für das allgemeine Verständnis von Wichtigkeit sind. Es geht schließlich nicht alles nur so schwarz und weiß. Aber ich habe nicht den Eindruck bisher, daß du mich dazu ermuntert hättest.

Und infolgedessen weiß ich auch nicht recht, ob ich dir und was zum Geburtstag schenken sollte. Es würde zwar sowieso nicht mehr termingemäß zurechtkommen, aber ich könnte es wenigstens einleiten.

Und vor allem: ich glaube, ich sollte dir jetzt schon, ein paar Tage vorher, zum Geburtstag gratulieren und alles Gute wünschen.
 Viele Grüße
   Franz

1 Friedrich Grieger „Franz Jung, ein Mann der Literaturrevolte. Literarische Notizen zu seinem 70. Geburtstag" in: *FAZ* vom 26.11.1958.
2 An den 6 Folgen der *Vorarbeit* (1915–17) im Verlag Freie Straße hat Huelsenbeck nicht mitgearbeitet; dagegen ist er neben Jung und Hausmann Mitherausgeber des *Club Dada. Prospekt des Verlags freie Straße*, Berlin 1918.

408. AN KARL OTTEN
San Francisco, 2/5 59
PO Box 1154

Lieber Karl Otten,
vielen Dank für Ihren Brief vom 30.1. Hoffentlich werden Sie die Grippe bald wieder los.

Ich will gern alles, was ich jetzt weiter schicke, nur über Sie gehen lassen. Den Vorspann hatte ich auch gleichzeitig an Dr. Schöffler geschickt, der mir inzwischen auch geantwortet hat und in Aussicht stellt, mit mir sich weiter in Verbindung zu setzen.

Ich hatte ihm damals noch eine „Einführung" und die Überleitung zum Kindheitskapitel in Aussicht gestellt. Er erwähnt es „der Ordnung halber", daß ich dies nicht mitgeschickt habe. Das Kapitel will ich Ihnen nach der oben getroffenen „Regelung" bald senden, die Einführung lieber nicht – wenn es mir möglich ist, möchte ich ohne diese auskommen, ich sollte versuchen, sie auf den laufenden Text aufzuteilen, d.h. sie jedenfalls als Übergang zu benutzen oder als Nutzanwendung.

Dabei möchte ich nochmals erwähnen, daß die beiden Stücke, die ich Ihnen sonst noch geschickt habe, keinesfalls als fertiges Manuskript anzusehen sind. Ich glaube, Sie sollten sie auch nicht erst an den Verlag weiterleiten. Man wird später sehen, wie sie im „Gefälle" liegen, wie sie einzuordnen bezw zu distanzieren und aufzulockern sind und was überhaupt davon bleiben kann.

Leonhard Frank hat mir überraschenderweise sein Buch[1] geschickt. Ich kann nicht verschweigen, daß ich davon sehr beeindruckt bin, wenngleich ich natürlich auch die toten Stellen und die inneren Mängel nicht übersehen kann. Aber darauf kommt es vielleicht auch gar nicht an: Die Frage, *warum* diese ungeheure Arbeit ein ganzes Leben lang, diese Manie, zu schreiben und zu schreiben und daran mit einem Todernst zu arbeiten, in der Annahme sich und die Welt zu verändern, auch das „sich" muß man ihm unbedingt zugestehen, wenn er es auch nur sehr zögernd andeutet – wird nicht beantwortet, sie geht in der handwerklichen Konstruktion unter, sicher nicht der Fehler von Frank als Schriftsteller, vielmehr glaube ich, weil die Frage schon von Beginn nicht weit genug gestellt ist und vielleicht so – mit Biederkeit, mit innerem Anstand und alles das, überhaupt nicht beantwortet werden kann. Ich weiß nicht, das Buch hat mich zutiefst deprimiert und – selbstverständlich in diesen Kategorien Franks bin ich überhaupt kein Schriftsteller. Wenn ich nicht unter dem Druck der sich ausweitenden Panik stehen würde, eine Panik, die ich in Wirklichkeit nicht einmal substantiieren kann, sollte ich wahrscheinlich überhaupt nicht schreiben oder sonstwie den Mund auftun. Aber das wächst schließlich über die eigene Kontrolle hinaus.

Haben Sie einen Brief an die FAZ[2] geschrieben? Ich entnehme das Ihren Andeutungen. Wenn ja – könnten Sie mir die No der Zeitung oder einen Abzug mir schicken lassen? Die Zeitung ist allerdings außerordentlich unliebenswürdig. Bis heute haben sie mir noch nicht einmal den Grieger Artikel geschickt, obwohl ich dem Brief einen Dollar für die Spesen angeheftet hatte. (Den Artikel hat mir inzwischen Grieger geschickt.)

Was Ihre Frage meine finanzielle Situation betreffend anlangt, kann ich ganz offen zu Ihnen sprechen. Ich muß dabei für das Verständnis der „Atmosphäre" etwas weiter ausholen. Hier ist es mir die ersten beiden Jahre ziemlich schlecht gegangen, vor allem bin ich ja auch zu spät nach hier gekommen, um den Emigranten Boom noch mitzumachen. Ich habe dann den „News Letter International Reports" aufgebaut mit einem gewissen Reimann zusammen und mich etwa fünf Jahre damit gehalten. Der Partner, ein früherer Redakteur an der Roten Fahne in Berlin, war allerdings in einer weit besseren Position als ich, zudem ein Halbirrer mit einem Schwanz von ähnlichen zweideutigen

Charakteren um sich, die alle von dem Unternehmen gelebt haben. Schließlich habe ich von einem Tage zum anderen den Laden hingeschmissen und damit eine Jahreseinnahme von etwa 10.000 $ einfach weggeschmissen, die laufenden Provisionen von den Devisenbanken, für die der News Letter die Kurse manipuliert hat für den Außenhändler – ich wollte und konnte einfach nicht mehr und bin dann so nach der Westküste gekommen, um hier etwas Neues aufzubauen. (Mehr aus Routine als nach einem wirklichen Plan.) Natürlich hatte ich noch Ansehen und Referenzen genug, allerdings kann man hier weder mit News oder Analysen noch mit Devisenhandel verdienen, sondern vielleicht nur im Import Export – dafür fehlte mir das Geld, eigentlich auch jede Basis – trotzdem habe ich mich weitere 3 Jahre durchgeschlagen, die Vorbereitungen eingeleitet und schließlich so etwas wie eine Vorgesellschaft zusammengebracht, mit den nötigen Rückendeckungen hiesiger Großgesellschaften, Handelskammer, Hafenbehörden etc, um eine amerikanisch-europäische Außenhandelsfirma in die Entwicklung zu bringen, für die ich Ende 56 kurzfristig in London, Paris und Berlin war, um dann Mitte 57 wiederzukommen, um die deutschen Vertretungsverträge unter Dach zu bringen. Und hier trat die Katastrophe ein: ich hatte in Holland und Deutschland mit den größten Firmen und entsprechenden Organisationen wie den Wirtschaftsministerien, Industrieverbänden etc zu verhandeln – es handelte sich um eine gemeinsame Aktion zur Erzielung von Sondertarifen für die US Westküste im Direktverkehr, ich habe auch überall das größte Interesse gefunden, ich war auch sehr gut eingeführt, aber plötzlich, von einem Tage zum andern, konnte ich nicht mehr weiter, ich hörte mit den Verhandlungen auf, ich bin aus einer Konferenz in Köln beim Bund der Industrie aufgestanden, mitten im Satz, und herausgegangen – die Leute müssen mich für verrückt gehalten haben. Ich konnte einfach nicht mehr. Wenn ich einen Schlaganfall bekommen hätte, würde ich mich nicht anders haben verhalten können. Ich bin noch wie im Traum 2 Monate in D. geblieben, habe hier und da alte Freunde aufgesucht und dabei wurde auch über so ein Buch wie die Autobiographie gesprochen. Ich habe es erst wenig ernst genommen, nur gerade der Höflichkeit wegen so getan als wäre ich interessiert, aber später, hier wieder zurück, ist das Samenkorn erst aufgegangen. Dann erst habe ich angefangen, mich damit auch zu beschäftigen und ein paar Briefe herausgeschrieben. So hat dies gestartet.

Hier selbst war die Grundgesellschaft, die Pacific European Service inzwischen pleite, ich hatte alle Kosten zu tragen, auch die Reisespesen, die natürlich jetzt niemand mehr übernehmen wollte, und so ist es dann 58 weitergegangen. Heute sitze ich in einem billigen möblierten Zimmer, gerade das Dach über dem Kopf, große Ansprüche habe ich sowieso nicht, und vielleicht noch 2000 Dollar Schulden, die ich aber nicht mehr bezahle. Ich habe ungefähr schon 3000 $ bezahlt.

Rein materiell gesehen, bin ich vollständig am Ende. Aber das macht nichts. Ich fange nur nicht wieder etwas Neues auf diesem Gebiete an, was auch schon etwas wert ist. Ich habe es noch fertig gebracht, hier die Altersrente aus der Social Security, mit 95 $ den Monat, herauszuholen, und halte noch für gelegentliche Wirtschaftsartikel an Zeitungen die Verbindungen aufrecht, zum Teil als therapeutisches Training, zum Teil als letzte Reserve, viel kommt dabei sowieso nicht heraus. Bitte verstehen Sie mich recht: ich habe nicht etwa angefangen, das Buch zu schreiben, um aus dieser finanziellen Misere herauszukommen. Es ist für mich nicht einmal direkt eine Misere. Ich habe hier niemanden mehr, zu dem ich spreche oder gehen kann, außer einigen verbliebenen gelegentlichen Bekanntschaften, denen ich aber sowieso ausweiche, und einigen guten Freunden in New York, die manchmal besorgt anfragen, was ich tue und was mit mir werden soll. Es fällt mir schwer, selbst solche guten Anfragen zu beantworten. Ich habe hier zwei Söhne, der eine Sohn der Margot, ist Musiker, Musik Institut in Long Island, aber auf schmalster Basis, ist hier völlig zu Grunde gegangen und hält sich gerade so über Wasser. Er hält kaum Verbindung mit mir aufrecht, einmal im Jahr stoße ich ihn an. Der andere Sohn, von Harriet, ist viel jünger, hat in der Armee hier gedient und studiert noch in Cornell, Business Administration, inzwischen mit einer Griechin verheiratet, völlig amerikanisiert. Dieser schreibt öfter, hält eine sehr vorsichtige oberflächliche Verbindung aufrecht, desgleichen ich – ich glaube, ich hinterlasse keine Lücke, wenn ich aus dem Leben dieser beiden verschwinde. Was hält mich noch hier? Ich weiß es nicht, offengestanden; vielleicht noch ein wenig Eigensinn.

Deswegen kann ich auch Ihre Frage über die finanziellen

Wünsche nur so aus dieser Atmosphäre beantworten. Ich will jetzt versuchen, mich auf das Buch mit aller Kraft zu konzentrieren, alle Schwankungen zur Depression mit eingerechnet. Ich schreibe das Buch *gegen mich*, gegen die Zeit, gegen die Gesellschaft und vor allem gegen die Wahrheit sozusagen und gegen die Jugend, gegen alles was nachdrängt und dem Platz gemacht werden soll. Nicht daß ich etwa länger bleiben will, ich schreibe nur gegen die Unwahrheit, daß eine Zeit kommt etc, wo alles besser sein wird.

Es soll gar nicht besser werden. Das wird dabei viel verlangt von einem Verleger, der ja auf Leser Rücksicht nehmen muß. Ich weiß das alles. Ich bin doch selber Geschäftsmann. Man muß also den Leser einlullen und wenn das noch möglich ist beschwindeln. Das muß sehr vorsichtig angefangen werden, das muß gut ausgewogen sein, wie weit man da gerade noch gehen kann. Schließlich ist doch die Sache so: wenn jemand zu einem Bekannten kommt und erklärt, er werde jetzt Selbstmord begehen, so ist die Antwort einleuchtend genug: aber nicht hier in meinem Zimmer – so ungefähr ist es doch mit dem Leser. Vielleicht kann der Verlag trotzdem etwas daraus machen, aber es liegt nicht so offen auf der Hand wie bei den sogenannten guten Schriftstellern.

Ich habe Ihnen ja gesagt, ich werde es versuchen, mich zu disziplinieren, d.h. die Depressionen unter Kontrolle zu bekommen. Ich würde vorschlagen, zunächst noch ein paar Monate hier zu bleiben, um ungefähr alles, was so grob zu schreiben wäre, fertigzuschreiben. Dann wäre es gut, wenn ich mich hier in die Umgebung in ein shack setzen könnte, hier irgendwo an der Küste oder in der Sierra – da brauchte ich noch einen Zuschuß, von vielleicht 100 $ im Monat, um das machen zu können (ohne zu tief abzurutschen). Ich denke, daß ich in 3 Monaten etwa fertig sein könnte. Dann wäre es vielleicht gut, von hier überhaupt fortzugehen. Es spielt dann schon keine Rolle, wohin ich gehe, meinetwegen auch nach Deutschland, etwa in den Schwarzwald (nur eine Idee, ganz vage – – –). Dort könnte ich dann alles fertig machen. Leider muß ich noch eine dramatische Arbeit[3] dann später auch noch beenden. Die Arbeit habe ich in Italien verloren, war auch schon italienisch übersetzt das quält mich jetzt auch auf einmal, ich klaube mir bruchstücksweise die Szenen und die Dialog Konstruktion zusammen – es stört mich natürlich, und unter diesem Druck wird auch das Buch selbst vorankommen. Schließlich muß ich mich jetzt wirklich beeilen, wenn ich auch vorziehe, manchmal das Gegenteil zu sagen. Es muß ja mal ein Ende sein, mit dem Schreiben erstmal und dann auch mit dem Weiterleben. Ich denke, ich könnte mir das Ende mit der Erledigung der Schreibverpflichtungen etwas früher „erkaufen".

Das ist die Situation.

Vielen Dank und viele Grüße
Ihr Franz Jung

1 „Links wo das Herz ist", München 1952.
2 „Franz Jung nicht ganz vergessen" in: *FAZ* vom 22.12.1958.
3 „Samtkragen oder Der verlorene Sohn".

409. AN LEONHARD FRANK
San Francisco, 2/10 59
PO Box 1154

Lieber Leonhard Frank,
ich danke Ihnen sehr für die Übersendung ihres Buches „Links, wo das Herz ist".

Gestatten Sie mir Ihnen zu versichern, daß ich sehr stark beeindruckt bin.

Die außerordentliche Arbeitsleistung, Gradlinigkeit und innere Geschlossenheit und das tiefe jugendhaft scheu gebliebene Verständnis für die lebende Atmosphäre ringsum reflektieren natürlich auch in meine eigene Erinnerung und Entwicklung. Ich verstehe Sie nur zu gut und ich wünschte, ich hätte in mir manches besser verstanden.

Wenn es nicht in der sozusagen beruflichen Bezeichnung und Tätigkeitsbeschreibung eines Schriftstellers zwei völlig getrennte Arten gibt, die nur rein äußerlich die gleiche Arbeitskategorie gemeinsam haben, so kann ich von mir nur sagen: ich gehöre dann nicht dazu; ich bin kein Schriftsteller (was das mehr Wahrscheinliche sein dürfte).

Nochmals herzlichen Dank.
Mit besten Grüßen
Ihr Franz Jung

410. AN ADOLPH WEINGARTEN
San Francisco, 2/26 59
PO Box 1154

Lieber Adolph,
vielen Dank. Das wird schon genügen, um dem Mann drüben ein Bild zu geben. Ich schicke es gleich weg. Waren die Scenenbilder[1] in dem Piscator Buch? Ich könnte mich gar nicht erinnern sie im Buch seinerzeit gesehen zu haben.

Ich habe einen Vertrag mit dem Luchterhand Verlag, der auch das Otten Buch herausgebracht hat seinerzeit. Ich hätte aber auch Verträge haben können bei Claassen in Hamburg und Kiepenheuer & Witsch, der letztere suchte mich damit zu locken, daß er zur „Aufwärmung" meines Namens noch zwei kleinere Stücke als Taschenbuchausgabe vorher bringen wollte, das „Erbe" und den „Fall Grosz". Wenn ich trotzdem bei Luchterhand geblieben bin, so weil die Leute von vornherein wissen, daß das Buch kaum ein Geschäft wird, auch nicht als Geschäft wie ein zweiter Pasternak[2] angelegt werden sollte. Sie wissen, ich schreibe nicht für einen Leser, sondern nur für mich und zwar ausschließlich *gegen mich*. Es muß halt gerade so gehalten werden, daß man es noch den Lesern vorsetzen kann, den dummen ... die nicht merken, daß ich sie verachte und am liebsten umbringen möchte. Sollte einer beim Lesen vor Ärger einen Herzschlag kriegen, das wäre mein größter Triumph.

Außerdem wozu auf einmal der Lärm? Ich habe niemanden, der sich noch interessiert, an meiner Person etc und wo etwas zu „erinnern" wäre. Nicht einmal meine beiden Söhne, die es nicht für notwendig gefunden haben, auf meine Ankündigung, daß ich jetzt noch ein Buch schreiben würde, überhaupt zu antworten. Ich sitze in völlig leerem Raum, im Dunkeln sozusagen.

Vielleicht gebe ich diese schreckliche Stadt hier, wo die Steine mir schon wehtun, endlich auf und geh nach NY zurück. Vielleicht auch vorübergehend noch nach Ascona, wohin ein Geldgeber des Verlages anscheinend mich für einige Wochen eingeladen hat. (Wahrscheinlich aber nur um mich in Kontrolle zu halten, daß ich das Buch auch wirklich zu Ende schreibe, eine Tortur sowieso.)

Ich habe über das Buch der Ruth[3] gelesen, in der Stuttgarter

Zeitung, die sonst sehr freundlich ihr gegenüber war, eine sehr bittere und eigentlich vernichtende Kritik, so etwa: ach, jetzt entdeckt RF auf einmal wieder Lenin und findet, daß Chrustschow zur Demokratie und zum echten Leninismus zurückgefunden hat. Was soll das? Wie lange soll man solchen politischen Schmus anhören müssen? Nur um eine etwas abweichende Meinung wieder irgendwo anbringen zu können. Das zieht nicht mehr usw usw.

Ich weiß nicht, ob sie recht haben, aber die Prophezeiungen des braven Demokraten Chr. stimmen doch schon wieder nicht mehr. RF schreibt sehr schnell, aber nicht schnell genug, um mit den Entwicklungen Schritt zu halten.

Wie geht es dir? Fährst du nach D und wann? Vielleicht fahren wir zusammen?

Meine Hochachtung für Carola
und herzlichen Gruß
Franz

1 Aus „Heimweh" in: Erwin Piscator „Das politische Theater", Berlin 1929.
2 Gemeint ist der Roman „Doktor Schiwago".
3 Ruth Fischer „Die Umformung der Sowjetgesellschaft. Chronik der Reform 1953–1958, Düsseldorf, Köln 1958.

411. AN KARL OTTEN
San Francisco, 2/26 59
PO Box 1154

Lieber Otten,
ich habe heute den Vertrag erhalten und unterschrieben zurückgeschickt.

In dem Begleitschreiben des Dr Schöffler erwähnt dieser, daß er gern weitere Stücke der Autobiographie sehen möchte, „ehe ich mich weiter dazu äußere".

Ich bin sicherlich überempfindlich, wenn ich darin einen versteckten Sinn vermute, als nur den mir mit Rat zur Hand zu gehen. Aber ich schreibe Ihnen das mehr um meine eigene Arbeitssphäre zu klären. Sie schrieben mir, daß Sie den Besuch von Dr Sch[öffler] erwarten. Wenn Sie es für richtig halten, sprechen

Sie mit ihm über das folgende. Wenn nicht, bleibt es bloß Ihnen gegenüber gesagt:

Ich schreibe jetzt das Buch runter in der Bearbeitung, Verbindung und Neufassung von Stücken, die schon vorgearbeitet sind – das heißt etwa in 3 Buch-Teilen: I, Neiße, Kindheit, Studentenjahre, Literatur bis zum Krieg. II, Revolutionsjahr, Osteraufstand, Moskau, Rückkehr (das sind die Theaterjahre). III, Hitler und der andere Krieg — untergeteilt in zwei größere Abschnitte unter den Stichworten „Dagny" und „Sylvia". Es folgt ein Buch 4, etwa Wie leben die Toten? Dafür ist schon eine Menge vorhanden, vor allem alle essayistischen Nutzanwendungen einschließlich der Albigenser Parallele. Diese 4 Teile kann ich, schreibe ich sie ohne zu große Störung runter, etwa in 3-4 Monaten vorliegend haben. Ich denke an ein Buch 5 als Ende – das muß ich noch finden, ergibt sich aber aus dem Ganzen, wenn das vorhergehende gut genug ist: die Darstellung eines Lebens, wie es hätte sein können, rosenrot, glücklich und zu Herzen gehend – Lesebuch Charakter, versöhnlich.

Denn, ich muß das immer wieder sagen: ich schreibe das ganze Buch, nicht, um etwas aufzuklären, zu propagieren, etwas jemandem vorzutragen und zu analysieren. Ich schreibe das Buch überhaupt nicht für einen Leser, sondern nur für mich und zwar *gegen mich*. Ein normaler Verleger wird das und kann das auch gar nicht verstehen. Denn schließlich ist es dann nötig überhaupt ein Buch zu schreiben und jemandem einzureden das auch noch zu drucken? Das ist die Schwierigkeit, und das ist, wo Sie mir so viel zugesprochen und eine so große Hilfe gegeben haben und geben. Es ist eine Art Vertrauen. Denn selbstverständlich bemühe ich mich, in den üblichen Formen zu bleiben, so gut es eben geht und dämpfe ab, aber nicht im einzelnen Satz sozusagen, sondern in der Gesamtfolge.

Ich weiß, daß Sie mich verstehen und ich brauche Ihnen das nicht eigens zu sagen: das Buch ist für mich eine entsetzliche Tortur, sozusagen der Kompromiß, was mir nie gelungen ist: mich selber umzubringen. Ich muß den langsamen und peinlicheren Weg gehen des Selbstzerfalls statt der Selbstzerstörung, die so angenehm wäre, ohne die Hilfe irgendeiner moralischen Stütze als der von mir selbst (die mir sogar zweifelhaft bleiben wird). Ich habe niemanden, an den ich denken könnte, für den schreibe ich in die Erinnerung oder so, als was ich zurücklasse etc, sondern es ist die absolute Leere, das entsetzliche Dunkel, die Kälte um mich. Und ich schreibe es trotzdem, aber ich weiß eben nicht, üblich gesehen, warum.

Ich weiß, daß ich es zu Ende bringen werde, weil ich es zu Ende bringen *muß*.

Und noch eins: Ich schrieb Ihnen damals, daß ich über den Schwab-Felisch von der FAZ auch mit dem Claassen Verlag und dem Kiepenheuer & Witsch in Verbindung gekommen war. Beide hatten auch seinerzeit je eine Manuskript Probe. Beide haben mir geschrieben, daß sie an dem Buch interessiert sind. Die Frau Dr Hilde Claassen schreibt das in einem so menschlich warmen und hilfsbereiten Tone, daß es mich sehr beeindruckt hat, ich will es nicht leugnen. Und der Kiepenheuer-Verlag bestellt mir die Zusicherung von Dr Witsch, daß der Verlag das Buch bringen wird, sobald mehr Manuskript vorliegt, um die Gesamtdisposition auch im Rahmen des Verlages zu übersehen. Daher noch kein unmittelbarer Vertrag, aber als Lockung die Anfrage, ob von den alten Büchern welche neu aufgelegt werden könnten – so zum Beispiel die Novelle Das Erbe, falls sie nicht zu wörtlich im Buch übernommen ist – könnte für den Verlag als „Aufwärmung" der Leserschaft dienen. Ich schreibe Ihnen das nicht, weil ich etwa bei Luchterhand damit Punkte zu gewinnen denke, sondern weil schließlich beide Verlage sich bemühen würden, mich als „Geschäft" zu bringen, in erster Reihe, weil ich eine Verlagslücke ausfülle oder so. Es ist eine gewisse Fremdheit vorhanden, die sich nicht verlohnt, durch Schreiben und Herausgabe eines Buches, des 28.ten vielleicht zu beseitigen. Mir liegt eben nichts daran. Hätte damals der Schwab nicht überhaupt davon angefangen, hätte ich auch meinerseits mich nicht gerührt.

Die Tortur dieses Buches jetzt wird gemildert durch das Vergnügen am Schreiben und durch einige spielerische Tricks, die mir die Unterhaltung mit einer Person ersetzen sollten.

Also, nichts für ungut, lieber Otten.

Vielen Dank und herzliche Grüße

Ihr Franz Jung

412. AN CLÄRE JUNG
San Francisco, 4/6 59
PO Box 1154

Liebe Cläre,
Dank für Brief. Ich kann leider den Termin meiner Reise nicht bestimmen, da es mit einer Einladung des Verlages zusammenhängt, der mich die letzten Korrekturen dort – d.h. unter seiner Aufsicht lesen lassen will. Vielleicht kommt überhaupt nichts raus, zu große Lust habe ich sowieso nicht. Der Verlag Luchterhand scheint sich die Aufgabe gestellt zu haben, die alte Pfemfert Tradition wieder aufleben lassen zu wollen – die alte Literaten Klique hängt eben fest zusammen, daher werden auch Anja Pfemfert und die Einstein, die beide jetzt in Berlin irgendwo leben, auch nach Ascona übersiedeln. Ich wünsche den beiden Ramms alles Gute, aber im Grunde hat der ganze Kreis, der niemals Honorare gezahlt hat und dafür Prestige geliefert hat, mit allen Nachteilen eines solchen Zensurmonopols einzelnen Leuten mindestens ebenso viel geschadet wie genutzt. Daher bin ich auch mit der Aufwärmung meiner Arbeiten durch Luchterhand nicht gerade sehr glücklich. Ich habe lediglich die Sache überhaupt angenommen, weil ich damit Gelegenheit habe, etwas von meinen Arbeiten zu einem Abschluß zu bringen und die „Hinrichtung" durch den Malik Herzfelde konterkarrieren kann. Ich will dir erstens 3 druckfertige Kapitel schicken, mit gewöhnlicher Post, wird also irgendso einen Monat dauern.

Mit Margot mußt du sehr vorsichtig sein. Ich balanziere seit Jahren mich nicht in irgendeine Verpflichtung hineinmanövrieren zu lassen, auf der anderen Seite will ich nicht gerade jetzt so eine Art posthume Abrechnung loslassen – wenn sie glaubt, die braucht jetzt plötzlich so eine Art „Beziehung" zu mir, um weiter leben zu können, so kann ich das liefern – obwohl manchmal mir nicht ganz wohl dabei ist. Schließlich kann ich nicht alle Erinnerungen, die gerade jetzt stärker auftreten bei dem Schreiben des Buches einfach wegwischen. Ich habe ihr damals gesagt, nach Amerika zu kommen oder selbst zu versuchen, ist für sie reiner Selbstmord. Der Junge wird sie nicht aufnehmen, im Gegenteil, falls sie Ansprüche stellt, das könnte sie legalerweise, die Polizei auf sie hetzen. Anders könnte sie überhaupt nicht hierherkommen als unter Bezug auf einen hier lebenden Sohn, den sie aufsuchen will. Bei der Intensität, mit der Margot eine solche Sache betreibt, kann sie behaupten, Frank hätte sie eingeladen, sie kann irgendeine Wohlfahrt Organisation, etwa die amerikanischen Quäker dafür interessieren, die ein Visum befürworten würden, sie kann den deutschen Behörden vortäuschen, sie würde in der USA dann bleiben und so die Berliner Unterstützung den Behörden einsparen und ähnliches mehr.

Die Sache ist also von ihrer Seite gesehen nicht ganz aussichtslos. Dagegen hier absolut keine Möglichkeit am Leben zu bleiben. Hier wird sie niemand unterstützen. Und ich werde ihr nicht das Fahrgeld von York schicken – es ist genau soviel wie von Berlin nach New York – allein schon weil darin die ganze Verpflichtung des weiteren Unterhalts liegen würde oder die übernommene Gewißheit, sie auf der Straße umkommen zu lassen.

Es ist traurig, daß leider ein Grundzug ihres Charakters von anderen zu leben – in irgendeiner Zeit als revolutionäres Leben aufgezogen, sich schon von Naturgesetz aus nicht mehr ändern wird. Wahrscheinlich wird man auch hier mir die Schuld zuschieben, ebenso wie auch ich mir Gedanken mache, daß ich schließlich auch selbst vielleicht mit daran schuld bin. Daran wird sich leider auch nichts mehr ändern.

Bitte grüße deine Schwestern von mir – es ist rührend, daß sie mir die Wohnung für die Zeit ihrer Reise zur Verfügung halten wollen – aber ich werde kaum, wenn überhaupt, im August dort sein; wahrscheinlich sehr viel später.

Ich will auch sehen, daß du ein paar Bücher bekommst. Ich fürchte nur, du wirst sie nicht lesen oder nur mit großen ideologischen Vorbehalten, die ja schließlich jedes Buch sowieso bzw. das Lesen und selbst das Urteil zerstören.

Herzlichen Gruß
Franz

413. AN CLÄRE JUNG
San Francisco, 4/23 [1959]

Liebe Cläre, ich sende dir das 4. Kapitel – das schließt zugleich den Teil I ab. Ich kann nicht gerade sagen, daß mir die Arbeit sehr viel Freude macht. Ich habe mich da in etwas eingelassen, das ich eigentlich nicht mehr nötig gehabt hätte.

Ich schreibe dir bald darüber mehr.

Im Teil II behandele ich die Revolutionsjahre und Rußland – das geht schon sehr viel einfacher.

Herzliche Grüße
Franz

414. AN CAROLA WEINGARTEN
San Francisco, 5/15 [1959]

Liebe Carola,
wie geht es Ihnen und wie geht es Adolf? Ist er nach D gefahren?

Ich habe den ganzen Tag mit dem Buch zu tun und ich bin im Grunde zu 3/4 fertig – vielleicht lasse ich den vorgesehenen 4. Teil überhaupt weg – dann würde das Buch etwa im nächsten Frühjahr erscheinen.

Ich muß mich dabei leider auch etwas mit der Politik beschäftigen – ich schicke Ihnen eine kleine Probe davon – nehmen Sie es mir nicht übel.

Die ganze Sache macht mir so wenig Spaß und ich stehe auch keineswegs gut mehr mit dem Verlag.

Wer weiß, ob nicht zum Schluß die ganze Sache noch auffliegt.

Viele Grüße an Adolf und Sie selbst herzlichst
Ihr Franz Jung

SCHWEIZ. POLIZEIANZEIGER
39/13168/RK

SCHWEIZERISCHE BUNDESANWALTSCHAFT
2 8. OKT. 1959
C. 12.504

Bern, den 28. Okt. 1959

Ausweisung

Schweiz. Bundesanwaltschaft

Im Schweizerischen Polizeianzeiger ist folgende durch Sie erlassene Publikation noch gültig:

1939, Artikel 13 168: **J u n g**, Franz, 26.11.88, Deutscher.

Wir bitten Sie, uns mitzuteilen, ob diese Ausschreibung nun revoziert werden kann.

SCHWEIZERISCHER POLIZEIANZEIGER

*Anfrage des Schweizerischen Polizeianzeigers
vom 28. Oktober 1959*

415. An Cläre Jung
San Francisco, 11/30 59
PO Box 1154

Liebe Cläre, herzlichen Dank für deine Geburtstagglückwünsche und eine Empfehlung auch an deine Schwestern, die ich bestens grüßen lasse. Daß ich so wenig geschrieben habe, hat seinen Grund: es liegt nichts vor, worüber zu schreiben wäre. Mit dem Verleger habe ich große Schwierigkeiten. Das Buch, das wahrscheinlich „Deutsche Chronik" betitelt werden wird, zerfällt in drei Teile: die grünen Jahre, die roten Jahre, die grauen Jahre, und schließt mit Hitler ab, die eigentliche Hitlerzeit wird nur in einem „Nachtrag" behandelt. Ich wollte den 2. Teil für sich herausgeben lassen, was der Verlag abgelehnt hat, auch mich aber nicht aus dem Kontrakt entlassen, was ich wollte – ich habe natürlich auch nicht das Geld, dem Verlag den bereits bezahlten Vorschuß zurückzuzahlen, was die Sache vielleicht erleichtert hätte. Das Buch ist anders geworden als die Teile, die ich Dir geschickt habe. Der größte Teil dieser Blätter fällt weg. (Du hast ja auch nicht dazu dich geäußert.)

So wird es mehr oder weniger eine Art Reportage und die persönliche Analyse, die ich beabsichtigte, gerät ganz in den Hintergrund. Es wird auch nicht mehr das sprachliche Experiment, das mir vorgeschwebt hat. Ich habe alles Interesse daran verloren.

Die Interessenten, die du in deinem Brief aufzählst, sind den Leichenfledderern gleichzusetzen. Je mehr ich mich mit der inneren sociologischen Konstruktion perspektivisch zu beschäftigen habe, etwa dem Automatismus der konservativen Gesellschaftsform in Rußland, so widerlicher werden mir die vorgeschobenen Zwischenstationen und die „Nachläufer" wie die Ostzone. So wenig an dem Siege Moskaus über Washington zu zweifeln ist, je mehr hasse ich das literarische Gesindel in der Ostzone, die sich wie Zecken in einen Gesellschaftsbau eingenistet haben, von dem sie nichts verstehen, weder von den notwendigen Opfern noch von der energieschöpfenden Perspektive, von der ja die Gesellschaft leben muß. Das sind keine Menschen, sondern Würmer und Schweine, auch das von dir erwähnte Institut gehört dazu. Heute ist es mir jetzt wirklich gleichgültig, was aus den bei dir liegenden Materialien wird, am besten restlos vernichten. Was daran noch von Wert sein mag, wird in der einen oder andern Form bei anderen wieder auftauchen.

In der Frankfurter Allgemeinen Zeitung vom 14/11 ist ein Artikel von Schwab erschienen „Nach Sonnenuntergang", den Streit um die literarische Hinterlassenschaft Gerhart Hauptmanns behandelnd. Das was mir damals Metzkow erzählt hat, würde sehr gut das ergänzen können. Ich weiß allerdings nicht, ob es im Interesse Metzkows liegt sich noch einzumischen. Man kann da leicht zwischen die Mühlsteine geraten. Aber immerhin, du wirst den Artikel doch dort irgendwo nachlesen können und zeige ihn Metzkow. Es ist ja auch nicht ausgeschlossen, daß er zur Rehabilitierung der gegen ihn erhobenen Vorwürfe seinerzeit beitragen kann.

Es tut mir leid, daß du mit angina pectoris zu tun hast. Aber es gibt doch jetzt sehr gute und wirksame Mittel dagegen, so daß eigentlich der kritische Aspekt dieser Krankheit nicht mehr vorhanden ist. Tust du denn was dagegen?

Wenn ich nach Deutschland noch überhaupt komme, so glaub ich für dauernd. Aber dazu muß ich erst das Reisegeld haben. Was sehr unwahrscheinlich ist. Körperlich fehlt mir vorläufig noch nichts.

Herzlichen Gruß
Franz

Oskar Maria Grafs Frau (die Mirjam) ist an Anfang November gestorben.

416. AN HANS SCHWAB-FELISCH
San Francisco, 11/30 59

Lieber Schwab,
ich bin jetzt mit der Autobiographie so gut wie fertig. Es hat länger gedauert als ich dachte, weil ich mit einem gewissen Widerstand beim Verlag zu rechnen hatte, der sich eine reine beinahe reporterhafte „Chronik" vorgestellt hatte, während ich eigentlich nur an einer „Analyse" (Person gegen Zeit, Gesellschaft, Familie etc) interessiert war. Außerdem kam die vom Verlag geforderte Rücksicht auf die „jüngere Generation", die für mich sowieso wie ein rotes Tuch wirkt, hinzu. So ist dann schließlich diese

„Deutsche Chronik" entstanden. Ich schreibe Ihnen das, weil Sie selbst an dem Zustandekommen dieser Arbeit nicht ohne jede Verantwortung sind, vielleicht sogar ohne daß Sie es wissen mehr wie üblich, durch Ihr freundliches Zureden. Mir hat dann bei der Arbeit selbst dieser „Zuspruch", den ich vom Verlag erwartete sehr gefehlt. (Herr Schöffler mag darüber anderer Ansicht sein.)

Die Arbeit selbst ist in drei Bücher eingeteilt: die grünen Jahre, die roten Jahre und die grauen Jahre ... mit einem *Nachtrag*. Aus diesem stammt das Stück, das ich beilege, der Anfang des Nachtrags, wo ich gegen die Meinung Schöfflers, daß es nicht geht, verschiedene Stilarten zu mischen, dies trotzdem versuche, als Experiment, und ich weiß, es geht. Der Luchterhand Verlag weiß nicht, daß ich Ihnen das Stück für einen eventuellen Abdruck schicke, aber ich glaube, ich bin dazu berechtigt, zumal der Verlag selbst den „Nachtrag" noch nicht einmal in seinen Händen hat.

Ich habe aber auch noch etwas anderes, was ich Ihnen mitteilen möchte. Mehr durch einen reinen Zufall habe ich die FAZ in die Hand bekommen mit Ihrem Aufsatz über den Gerhart Hauptmann Nachlaß[1]. Vielleicht erinnern Sie sich an einen Prozeß, der so gegen 1946/47 in Ost Berlin stattgefunden hat gegen einen Masseur Metzkow, dem vorgeworfen wurde, hinterlassene Manuskripte, insbesondere die Tagebücher G H gestohlen zu haben, oder zum mindesten seine Treuhandspflicht diesem Nachlaß gegenüber gröblich verletzt zu haben etc. Vielleicht hat der Prozeß nicht in breiter Öffentlichkeit stattgefunden und er hat offensichtlich nur als Alibi zwischen dem Kulturbund und den direkten Erben G H gedient.

Ich kenne diesen Metzkow schon vor dem Kriege, ein harmloser sozusagen biederer Mann, strenggläubiger Kommunist, sehr weich, kommt aus der Reformbewegung, Naturdichter etc (er gehörte zum Freundeskreis der Turel – Cläre Jung – Schulze-Boysen).

In den ersten Hitler Jahren hat er sich als Heilmasseur betätigt, meines Dafürhaltens im Auftrage von Hintermännern. Er massierte in den großen Hotels, war in dem am Anhalter Bahnhof schließlich als Haus Masseur fest angestellt und berichtete über die Leute, die er massierte, offensichtlich an „Parteistellen". Schließlich ist er, wie weiß ich nicht, bei Gerhart Hauptmann gelandet. Er war da die beiden letzten Jahre der Vertrauensmann, nicht nur Masseur, sondern Sekretär, Verwalter, der Vorzimmermann, der G H vor den Besuchen von „Freunden", auch der Frau zu schützen hatte, insbesondere gegen Benvenuto eingesetzt. G H hat ihm einige Bände Tagebuchnotizen aus den letzten Jahren notiert, die Metzkow abzuschreiben und ständig vorzulesen hatte. Ich glaube Metzkow jedes Wort, das Gegenteil von einem Abenteurer, zuletzt hat er eine geradezu hündische Verehrung für G H entwickelt. Dabei spielten diese Tagebücher eine große Rolle, in denen die ständigen Versuche aller Art von Oppositionsgruppen geschildert werden, die G H Position als „Nationaldichter" als Schild zu benutzen, eine Tarnposition, die G H in den letzten Monaten des Krieges den KPD Kurieren, die in Agnetendorf als Zentrum ein und ausgingen, zwar widerstrebend, aber ohne sich im Ernst dagegen zu wehren, gewährt hat. Darüber schreibt G H in seinen Aufzeichnungen, anscheinend mit tieferer Perspektive, aber auch *gegen* die bisherigen literarischen „Freunde", die Klique und die engere Familie, die ihn auch nur ausnützt. Metzkow war als Treuhänder dieses „letzten" Nachlasses sowohl den polnischen Behörden gegenüber wie der Frau G H eingesetzt, auch gegenüber dem Kulturbund – Becher wurde auf Wunsch G H nicht mehr vorgelassen. Er erreichte aber von Metzkow, für den Becher ja eine Autorität war, gleich hinter Stalin kommend, daß Metzkow ihm die Tagebücher zur Einsicht überließ – in Agnetendorf, und nachher auch nicht gerade protestierte, als Becher die MS nach Berlin mitgenommen hat, um sie auf einer Kultur Bund Tagung zu einer Hauptmann Feier verlesen zu lassen, in einigen kleinen Auszügen.

Seitdem sind diese Tagebücher verschwunden. Metzkow hat sie nicht mehr zurückbekommen. Er wurde statt dessen auf Anklage des gleichen Kulturbundes als „Dieb" verhaftet, Unterschlagung, Pflichtverletzung etc und zu einer mehrjährigen Gefängnisstrafe verurteilt.

Für Metzkow war das sozusagen der Schlag mit dem Holzhammer über den Kopp. Er ist schon nach wenigen Monaten entlassen worden, Schweigeverbot und die Verpflichtung als Masseur in einem der großen Krankenhäuser zu arbeiten, ich glaube Charité, ohne Genehmigung einer Privatpraxis, so daß noch 1956, als Metzkow bei mir in Begleitung von Cläre J[ung][2] erschien, er praktisch am Verhungern war. Warum er überhaupt gekommen ist, war: daß er mir erzählen wollte, er sei verleumdet worden, er sei weder ein Dieb noch ein irgendetwas, was man ihm vorgeworfen hätte, er wäre in die Mitte zwischen zwei Mühlsteine geraten und jetzt das Opfer – er hat sich nicht einmal direkt beklagt oder gewehrt. Er hat es hingenommen wie eine echte Naturkatastrophe.

Das ist Metzkow. Er hat einige Freunde, die ihn über Wasser halten, vielleicht wird es ihm jetzt auch schon etwas besser gehen – zu den Freunden gehört außer Cläre J[ung], die Frau des verstorbenen Malers Schrimpf[3], die irgendwo in einem chemischen Labor in der Ostzone arbeitet, und Titus Tautz, ich glaube Redakteur in der Berliner Zeitung.

Ich persönlich glaube Metzkow jedes Wort, was sich da in Agnetendorf um die Hinterlassenschaft abgespielt hat. Aber man kann auch keinen Kriminal Roman daraus machen, weil das so, wie es anscheinend noch steht, einfach das Ende von dem guten Metzkow bedeuten würde, auch für die Freunde Metzkows wahrscheinlich.

Ich schreibe Ihnen das aus der Erinnerung heraus, weil es schließlich immer gut ist zu wissen, daß mit den Darstellungen, die jetzt die Beteiligten geben, noch nicht alles klar gestellt ist und daß da eben noch Vorgänge mitspielen, die noch verschwiegen sind und daß vor allem eine Reihe Tagebücher, die letzten Aufzeichnungen aus 1946 (mit Strindberg Charakter) fehlen. Ich habe übrigens aus Ihrem Aufsatz den Eindruck gehabt, zwischen und hinter den Zeilen lesend, daß Sie es selbst gut genug wissen. Also, das ist alles, für diesmal.

Herzlichen Gruß und eine Empfehlung an die werte Familie, wie man in unseren Kreisen zu sagen bemüht war
Ihr Franz Jung

---

1 „Nach Sonnenuntergang. Auf den Spuren des Gerhart-Hauptmann-Archivs". In: *FAZ* vom 14.11.1959, S. 53.
2 1967 bezeugte Metzkow in einer eidesstattlichen Erklärung anläßlich von Cläre Jungs Antrag auf eine VdN (Verfolgte des Naziregimes)-Rente, daß er sie und den Kreis um Adrien Turel und Harro Schulze-Boysen seit 1933 kenne; sie habe durch den Deutschen Feuilleton Dienst und durch die Überlassung ihres Passes und anderer Papiere verfolgten jüdischen Bekannten geholfen.
3 Hedwig Schrimpf, die damals in Berlin-Pankow wohnte.

417. AN ADOLPH WEINGARTEN
San Francisco, 12/9 59
PO Box 1154

Lieber Adolf,
ich lasse dir als mein Präsent die Sammlung expressionistischer Dramen aus dem Luchterhand Verlag „Schrei und Bekenntnis" zuschicken, worin auch mein Saul Drama (damals im Aktions Verlag) mit aufgenommen ist. Die „Deutsche Chronik" ist bisher noch nicht erschienen und ich weiß auch nicht, wann das Buch überhaupt erscheinen wird. Ich hatte dem Verlag angeboten, das Manuskript mir zurückzugeben, ich hätte es im Cotta Verlag unterbringen können, der auch dem Luchterhand Vg den mir damals gezahlten Vorschuß zurückerstattet hätte. Aber leider hat der Verlag abgelehnt und so weiß ich im Augenblick nicht, woran ich überhaupt bin. Ursprünglich wollte ich gern den 2. Teil[1], von dem ich dir damals ein Kapitel glaub ich geschickt hatte, für sich allein herausbringen lassen. Aber auch daraus ist nichts geworden. Jetzt liegt dieser Teil 2, gut leserlich und gebunden, bei Frau Ilse Fuhrmann, Flushing 54, 35-05 Parsons Blvd IN 3-0517. Ich habe ihr geschrieben, daß wenn du es lesen willst, sie es dir schicken oder sich sonstwie in Verbindung setzen soll – sie ist oft in der Stadt, wo sie bei den Galerien Kunstbücher mit Diskont etc verkauft. Eventuell rufe sie an und verabrede, wie sie dir das MS bringen soll oder schicken. Ich möchte nicht bei dir den Eindruck erwecken, daß ich dir das MS zum Lesen aufdrängen will, aber ich denke, es wird dich interessieren, schließlich kennst du doch die Zeit und es macht ja auch nichts, daß einiges anders dargestellt ist als bei Ruth Fischer, die ich vorsorglich nicht erwähnt habe. Schließlich ist es ja auch „meine" Chronik.

Ich werde wahrscheinlich im Februar für 2 Wochen in NY sein und von dort, wenn alles so geht wie ich möchte, nach Hamburg fahren, wo ich einem Ölmann hier einrede, für den ich manchmal etwas research mache, daß ich dort für ihn etwas tun kann. Er soll mir nur etwas zu der Reise hinzuzahlen. Da ich mit Reimann völlig gebrochen habe, habe ich keine Möglichkeit für die Fahrt einen Abzahlungskredit mehr zu erhalten. Daher der Ölmann.

Wie geht es dir, und wie geht es Carola – arbeitet sie noch in der League?

Zugleich für Euch beide etwas verfrühte Festtagswünsche und herzliche Grüße
Dein Franz Jung

1 „Die roten Jahre" in: „Der Weg nach unten".

418. An Peter Jung
San Francisco, 12/15 59

Lieber Peter,
herzlichen Dank für deine Weihnachts- und Neujahrswünsche, die ich in gleicher Weise erwidere. Für dich stehen ja noch Monate harter Arbeit bevor. Was Herrn Gumperz anlangt, ich habe seit langem nicht mehr an ihn geschrieben, ich nehme an, daß er noch lebt. Seine eigentlichen Verbindungen sind zu Finanzmaklern, Trustverwaltern, wie er selbst einer ist, interessiert an Proxy Kämpfen und ähnlichen Situationen, außerdem Grundstückserschließung wie Levittown und ähnliches. Er hatte seinerzeit enge Beziehungen zu den Aktien Analysern wie Bernhard (Value Line). Es kann nichts schaden, wenn du dich an ihn wendest, schließlich gehört er zu deinen Affidavitgebern – ob er viel nützen kann weiß ich nicht. Man kann es versuchen – auf alle Fälle wird er es als eine Höflichkeit ansehen, die man ihm erweist.

Ich kann leider wenig zu deinen Bemühungen raten. Ich möchte auch nicht den dir bekannten Breier hier darauf ansprechen. Wenn du aber willst, tue ich es – ich sehe, seitdem ich obendrein mit Reimann völlig gebrochen habe, auch kaum mehr Breier, der jetzt nicht mehr an mir interessiert ist. Was ich so ganz von draußen als Laie sagen möchte: es gibt keinen job heute mehr, auf den man sich *für die Dauer* einrichten kann. Bei einem Government Job muß man darauf sehen, daß man nicht in den großen Topf kommt und vergessen bleibt (mit viel Arbeit obendrein). Ein interner Government Job hätte nur Zweck als Start für eine politische Karriere – ich hoffe, daß dies für dich nicht in

Frage kommt. Die andern Govt Jobs also mit Reisen etc, Außendienst Positionen vorübergehende – da kommt es darauf an, daß man im Vordergrund bleibt, so klein selbst der job an sich sein mag, daß die Leute auf einen aufmerksam werden, sowohl draußen wie hier die Industrie und Banken und sonstwie Leute, die in diesen job Rahmen hineinkommen – dann kann man auf „Offerten" spekulieren. Die kommen dann von selbst, das heißt also jeder Government Job ist nur ein *Übergang,* Sprungbrett. Ich glaube als Basis ist das eine wichtige Voraussetzung.

Diese gleiche Basis ist bei einer Bank sehr viel schwieriger, wenn man mit der Bank anfängt. Die Bank schickt auch sehr viel seltener Leute, die bei ihr anfangen, nach dem Ausland – da kommt dann das Senioritäts Prinzip. Leistung für sich zählt bei der Bank überhaupt nicht – dafür ist dann das Team da, mit der entsprechenden Seniorität und Nepotismus – das heißt, daß der Anfänger, dem alles mögliche an Aussichten erzählt wird, erstmal für eine Kette von Vorgesetzten die Arbeit leisten muß, nicht die Leistung an sich – die steckt der VP ein. In den Überseehandelskonzernen, in der Hauptsache die großen Commodity Häuser, mit den großen internationalen Verbindungen, hängt alles von Glück ab. Dort warten die Leute auf ihre Chance, die sie sich nicht selbst berechnen können. Wer zum Beispiel jetzt in die Auslandshilfe etc. hineinkommt, hat große Chancen, als ökonomiegelernter Administrator – und zwar sozusagen ohne desk. Solche Stellen gibt es mehr privat als im government. Das ist ein Spitzengefühl mit ein wenig Kenntnissen. Überhaupt ist der desk an sich bereits ein Grad lower, tötet die Initiative und kann bald automatisch gehandhabt werden. Besser von vornherein die desk Arbeit so viel wie möglich ignorieren (nach außen zum mindesten). Dein handicap ist, daß du erstens foreign born bist, Bürger 2. Klasse – leider lohnt es sich nicht darum den Kopf in den Sand zu stecken – besonders in einem Auslandsjob wird sich das zeigen und zweitens, keinen Geldbackground hast – was auch sehr hinderlich ist und dir gute erstklassige jobs im Anfang sperren wird. So wird meiner Meinung nach nicht viel anders übrig bleiben, als den Leuten in den ersten Jahren zu zeigen, *was* und *ob* sie an dir verdienen können. Leider ist das der Grund-pattern. Du kannst es dir etwas erleichtern, wenn du dich bei solchen Organisationen wie den Analysern etc oder vor allem bei einigen Fachblättern als Experten Schreiber einführst – irgendein gerade zügiges Thema – leicht mit ein wenig äußerem Bluff bearbeitet, in deinem Rahmen – genau das schreiben, was die Leute sich auch gerade gedacht haben. Das hilft sehr in der Beurteilung, weil es den Leuten zeigt, daß du auf „Unabhängigkeit" Wert legst – das heißt jeden Tag auch etwas anderes anfangen kannst, nicht nur hier sondern auch im Ausland. Diese Unabhängigkeit – nicht zu übertreiben betont – ist der eigentliche Charm, den du aufbringen kannst, gegen das sonstige handicap. Ich weiß, daß man das gerade schätzt, wenn die Leute auch vom Gegenteil sprechen, ewige Loyalität etc. Genau das Gegenteil ist der Fall. Jeder job ist nur dazu da, sich nach einem besseren und leichteren umzusehen, mit größrem Einfluß und Beachtung nach außen. Statt der früher reinen brutalen Ellbogen Praxis, die Ellbogen im Hirn – keep smiling. Es ist nicht viel was ich dir sagen kann, und das meiste wirst du selber wissen, wenn du kritisch genug deinen Vorlesungen etc gefolgt bist. Der Typ, den die Universitäten heute noch fabrizieren sollen, auch die Harvard School insbesondere, ist der verläßliche Desk Mann, der heute noch persönlich seine Formeln beherrscht und erklären kann, morgen aber bereits durch das Elektronen Hirn überflüssig sein wird. Nur ein paar Leute oben an der Spitze, entsprechend ihrem Aktienbesitz und dem ihres Onkels bleiben dann noch.

Die Russen brauchen sich nicht aufzublasen: hier herrscht bald allein nur der Typ des Bricklayers mit $ 200 Wochencheck – und keinen Verpflichtungen und sonstigem Ehrgeiz – darauf richtet sich die Konsumwirtschaft ein. Die andern guys stolpern nur im Wege herum.

Also – viel Glück und füge etwas mehr Optimismus für dich hinzu als ich es so tun kann.

Grüße an Joyce – den Eltern darf ich diesmal nichts mehr schicken. Letztes Jahr hat die Mutter mir 5 $ im Brief zurückgeschickt – ich glaube um mich zurechtzuweisen. Ich schicke nur eine Karte.

Und besonders herzlichen Gruß an Dich und viel Glück
    Dein Vater

Bald wird die Tages Zeitung des Spiegel erscheinen (Deutsche Allgem. Zeitung). Hast du nicht Lust, dort gelegentlich zu schreiben? Man könnte es einleiten –

419. An Ruth Fischer
San Francisco, 12/28 [1959]
PO Box 1154

Liebe Ruth, vielen Dank für deinen Brief, die freundliche Erinnerung und die guten Wünsche, die ich Dir für das Neue Jahr erwidere.

Du wirst den Umzug gut überstehen, falls Du inzwischen eine neue Wohnung deinen Wünschen entsprechend gefunden hast.

Von mir ist nicht viel zu berichten. Es hat sich absolut nichts verändert. Nachdem ich jetzt mit Reimann vollkommen gebrochen habe, habe ich die Basis verloren für den Abzahlungskredit, mit dem ich eine neue Europa Reise hätte finanzieren können. So wird es wahrscheinlich nichts werden.

Hin und wieder erledige ich kleine Research Aufträge, eigentlich mehr um nicht völlig aus der Beobachtung der Umwelt herauszukommen.

Ich habe bei dem Luchterhand Verlag, bei dem ich an und für sich für eine Art Autobiographie in Kontrakt stehe, nicht durchsetzen können, daß er das Mittelstück des eingereichten Manuskriptes, Band 2, der die Revolutionsjahre in den Zwanzigern behandelt, als Buch für sich herausgebracht hätte. Daran hätte mir noch gelegen, an der Gesamtchronik bin ich schon weniger interessiert. Noch weniger, ob jetzt in Buch Serien der wiederentdeckten Expressionismus Literatur ein oder zwei meiner Bücher neu aufgelegt werden – ich kümmere mich darum nicht mehr. Für mich hat das auch keinen Zweck mehr.

Ich hoffe, daß Du dich gesundheitlich weiterhin in einer befriedigenden Balance hältst
    mit besten Grüßen
        Franz Jung

420. An Cläre Jung
San Francisco, 2/10 59 [tatsächlich 1960]
PO Box 1154

Liebe Cläre,
meinen herzlichsten Glückwunsch zu deinem Geburtstage. Ich hoffe, daß du gesund bist und daß es dir sonst auch irgendwie gut geht. Ich nehme an, daß dich der Brief noch rechtzeitig erreicht. Ich habe den Verlag Hermann Luchterberg gebeten, dir den Sammelband[1] des expressionistischen Dramas, worin auch mein Saul Drama enthalten ist, an die Adresse deiner Schwester zuzuschicken. Ich hoffe, daß das Buch bald eintreffen wird. Ebenso erhältst du natürlich auch mein Buch, das wahrscheinlich „Deutsche Chronik"[2] betitelt sein wird, sobald es erscheint. Ich nehme an, im Herbst. Hast du vielleicht zufällig noch die Kritik aus dem Börsen Courier[3] über meine Dresdner Aufführung von Legende? Der Verlag möchte sie gern für die allgemeine Vorwerbung für das Buch mit benutzen. Wenn du sie hast, schicke sie mir, eventuell im Photostat, sonst könntest du sie aber auch direkt an *Karl Otten, via S Balestra, Casa Betulla, Locarno, Schweiz* schicken. Otten schreibt zu dem Buch eine Art Einführung, wo er das Bibliographische benutzt. Die Kritik stammt von Hans Sahl[4], der hier lange in New York war und jetzt als Übersetzer von Thornton Wilder und Tennessee Williams ein großer Mann im Westen geworden ist. Er hat auch einen New Yorker Schlüsselroman[5] so als eine Art Autobiographie geschrieben, worin er allerdings seine Freunde sehr schlecht behandelt. Das Buch soll in West Deutschland ein großer Erfolg sein – leider habe ich es nicht gelesen bisher. Ich stehe mit ihm allerdings nicht mehr allzu gut. Graf hat ein ähnliches Buch geschrieben, auch als Schlüsselroman über seine New Yorker Jahre, worin er alle seine Freunde gleichfalls sehr übel behandelt. „Die Flucht in die Mittelmäßigkeit". Ein wirklich übles Buch.
    Meine Empfehlung an deine Schwestern
       und du selbst sei herzlichst gegrüßt
           Franz

---

1 „Schrei und Bekenntnis. Expressionistisches Theater". Hg. v. Karl Otten. Neuwied und Berlin 1959.

2 Jungs 1961 erschienene Autobiographie „Der Weg nach unten".
3 Otto Distler „Franz Jung: Legende". In: *Berliner Börsen-Courier* vom 18.10. 1927. 1. Beilage.
4 Wahrscheinlich ein Irrtum Jungs, Hans Sahl schrieb 1928 eine Kritik zur Aufführung von „Heimweh" in: *Der Montag Morgen*, Ausgabe B Berlin vom 9.1.1928.
5 „Die Wenigen und die Vielen", Frankfurt am Main 1959.

421. AN CLÄRE JUNG
San Francisco, 2/29 60
PO Box 1154

Liebe Cläre,
ich danke dir für die Übersendung der Kritik aus dem Börsen Courier. Ich muß mich mit dem Sahl als Autor getäuscht haben – trotzdem, es ist unverständlich, weil ich mit Sahl noch hier in New York darüber gesprochen habe.

Wenn Du die „Deutsche Chronik" – ich hoffe, daß der Verlag diesen Titel acceptieren wird, erhalten wirst, solltest du daran denken, daß ich nicht beabsichtige und auch keineswegs ein direktes Interesse daran habe, irgendwelche ideologische Linie hier wie dort aufzuzeigen. Allein schon aus diesem Grunde wird das Buch im Osten nicht genehm sein und wahrscheinlich totgeschwiegen werden. Ich beabsichtige auch keinesfalls für mich irgendeine Sympathie zu erwecken, eher im Gegenteil. Es ist im Grunde genommen eine Analyse – der Person wie der Umstände und der Umwelt, in die diese Person gesetzt war. Schlüsse werden daraus nicht gezogen. Ich bin im Gegensatz zu dir und deinen Leuten der Auffassung, daß man eine solche Analyse nicht beseitigen sollte – sie lernt ja erst den Einzelmenschen kennen und verstehen, auch läßt sich dann besser ein Schluß auf die Umwelt und die gesellschaftlichen Begebenheiten ziehen. Diese Analyse von vornherein in eine ideologische Zwangsjacke zu stecken, vorher und nachher, ist einfach dumm, Ausdruck einer tiefen Unsicherheit. Ich habe durchaus nichts gegen die „praktische" Zwangsjacke, aber in einem solchen Fall kann sie nicht angewandt werden. Obwohl das Buch an vielen Stellen vieles bringt, was besonders im Osten gern gesehen und gehört werden wird, wird man manches eben ablehnen müssen, weil es in seiner „Undiscipliniertheit" bereits die Wurzeln brachlegt, aus denen der „Bürgerliche Faschismus" entstanden ist und sich immer wieder weiter bilden wird – ein sehr bedauerlicher Trugschluß, aber eben für die Zeit jetzt sehr bequem, wo praktisch die politische Führung noch keine Schriftsteller hat entwickeln können. Du kannst das jetzt an einem Beispiel sehen: der Autor des Buches über die Wlassow Soldaten[1], der einfach nur die Tatsache der Rückkehr der „bestraften" Wlassow Soldaten in die Dorfgemeinschaft schildert, das Plus und Minus, wie es sich eben abspielt, wird von der Literatur heftig bekämpft, mit dem Verlust seiner Stellung als Herausgeber der Literaturzeitschrift in Leningrad bedroht, aus dem Schriftstellerverband ausgeschlossen – warum? Weil er realistisch eine Tatsache beschreibt eines Menschentyps, der noch atmet und lebt und von der Gemeinschaft aufgenommen werden muß, so oder so – da gibt es keine besondere Perspektive, von der du schreibst, sondern eben nur die Darstellung des Menschen. Und hier das Erstaunliche: die Politik, dh die politische allgemeine wie die lokale Führung hat sich hinter den Autor gestellt, der Schriftsteller Verband ist zurechtgewiesen worden, der lokale Wortführer dieser Literaten ist seinerseits herausgeschmissen worden. Sagt dir das was? Es dämmert ... auch in deiner Ostzone werden die heute tonangebenden Literaten ausgemerzt werden. Ich werde das für meine Bücher nicht mehr abwarten können, am allerwenigsten für das Verständnis meiner Persönlichkeit. Was noch schlimmer ist: meistens verschwinden diese Leute dann in der Westzone und so eine Kreatur wie der Kantorowicz, der Ende der 20er Jahre meine Rückkehr zur Literatur verhindert hat und seinen Meister Lukács derart beeinflußt hat, daß dieser meine Bücher nicht einmal erwähnt, bereitet sich vor eine Art Oberzensur im Westen aufzurichten – das wird die Aufnahme meines Buches auch im Westen sehr erschweren.

Ich kann als Einzelner dagegen wenig machen. Ich kann auch nicht einmal eine Gruppe bilden, weil jede ideologische Plattform fehlt, im Gegenteil in der Form Analyse nur der „Einzelgänger" überhaupt zählt.

So – fürchte ich – werden wir uns immer weniger verstehen. Ich möchte vor allem nicht, daß dir nur weil du erinnerungsmäßig zu mir hältst, irgendwelche Schwierigkeiten erwachsen. Es lohnt sich nicht und es ändert an der Basis selbst, von der die Erinnerung ausgehen mag, nichts.

Meine besten Empfehlungen an deine Schwestern und dem Wunsch, daß Henny bald wieder gesund werden wird, mit herzlichen Grüßen
Franz

---

1 Sergej Woronin, er war von 1957–64 Chefredakteur der Leningrader Zeitschrift *Newa* und veröffentlichte 1959 den Roman über die Wlassow-Armee „In der Heimat".

422. AN CLÄRE JUNG
San Francisco, 3/10 60
PO Box 1154

Liebe Cläre,
ich melde mich sogleich noch einmal. Diesmal mit einer Frage: befindet sich bei Dir noch zufällig der kleine Roman – ich glaube, ich habe ihn damals „Der verlorene Sohn" genannt. Oder die vorher das gleiche Thema bearbeitende Fassung als Schauspiel? Das könnte in der Form eines Bühnen Manuskriptes sein – bei Kiepenheuer herausgekommen. Was mich in erster Linie interessiert, ob das eine oder andere bei dir liegt und in irgendeiner Form wenn benötigt erreicht werden kann. Ich selbst brauche die beiden Sachen jetzt noch nicht.

Es besteht eine leichte Chance, daß ich das eine oder andere dieser Manuskripte an einen Agenten verkaufen kann oder selbst an den Verlag für den gleichen Zweck, nämlich als treatment für Television oder Film. Daher die Anfrage. Ich habe selbst keine Ahnung mehr davon, so daß ich es hier nicht mehr zusammenbringe, selbst im Thema – außerdem ist es für den Verkauf besser, wenn eine ausgearbeitete Sache vorliegt. Ich hatte das Thema noch einmal in Italien verarbeitet. Diese Fassung, auch die italienische Übersetzung[1], die mir damals jemand besorgt hat, sind verlorengegangen.

Wenn ich weiß, daß die Sachen bei Dir liegen, kann man

dann sich überlegen, wie etwaige Interessenten sich mit dir in Verbindung setzen könnten.

Empfehlung an Deine Schwestern, und hoffentlich ist Henny wieder gesund
und herzlichen Gruß
Franz

1 Von Giovanni Bassanello.

423. An Peter Jung
San Francisco, 3/15 60
P.O. Box 1154

Lieber Peter,
vielen Dank für deinen aufschlußreichen Brief. Ich wünsche dir viel Erfolg. Mir ist dabei eingefallen, daß im Augenblick eine größere Diskussion, besonders unter den Exportern im Gange ist, die einem ziemlichem Druck seitens der Regierung und der Handelskammern ausgesetzt sind, sich mehr wie bisher um Export zu kümmern. Nicht nur wird von ihnen mehr Initiative verlangt, mehr Arbeit und entsprechend mehr Marktforschung – sie werden auch darauf hingewiesen, daß team Arbeit verlangt wird, wenn sie konkurrenzfähig bleiben wollen. Das heißt, besonders für die Großfirmen, daß um den Zahlungswünschen und den Kredit Forderungen entgegen kommen zu können, sie sich mit anderen Firmen verbinden – so das Risiko aufteilen, statt auf die Banken und die staatliche Exportförderung zu warten. Die Großaufträge im Überseebau, in der Errichtung neuer Fabriken, der Ausrüstung etc sind verloren gegangen an die Konkurrenz, weil der amerikanische Exporter es bisher ablehnt, sich mit anderen Firmen, die Teilaufträge im Unterkontrakt bekommen können, zu verbinden, überhaupt über dem Wege der Marktforschung allgemein sich um die Wirtschaft des auftragvergebenden Landes zu kümmern und durch Verbindung mit anderen Firmen an und für sich branchenfremde Aufträge auszuhandeln, nur als Spitze und Kredittragender einer „Kette", Fuß zu fassen. Bisher hat man sich dann einfach auf die Auslandshilfe und ähnliches verlassen.

Firmen des Auslandes wie Norman Long, die DEMAG sind darin vorbildlich. Es gibt auch Ansätze hier – aber noch sehr erst im Entwicklungsstadium. Über die DEMAG war vor einigen Wochen ein Artikel im Wallstreet Journal – nach ähnlichen Gesichtspunkten. Auch die Verbindung mit Auslandsfirmen, vor allem einheimischen Firmen, wo der Auftrag fällig ist, wird empfohlen. Das alles liegt ja sehr in deiner Linie – die Banken hier sind bisher unfähig gewesen, solche Konsortien und Ketten zusammenzubringen.

So sehr aussichtslos scheint mir übrigens das Wetter Büro nicht. Ich glaube, es wird stark ausgebaut werden, Teil der „Verteidigung", die technische Wetterbeeinflussung als Hilfsmittel der Produktions- und Marktforschung und schließlich der Rummel um die space-Stützpunkte – alles geht auf das Wetter Büro zu. Ich glaube, es wird eine große Entwicklung nehmen – natürlich kommt es da auf politische Initiative an, solche Aufträge dem ursprünglichen Wetter Büro zu erhalten. Vermutlich werden sich die übrigen in Frage kommenden Ämter Wetter Büros für sich selbst einrichten.

Der Verlag ist der Hermann Luchterhand Verlag in Darmstadt, ein ziemlich snobistischer Verlag, specialisiert auf den Expressionismus. Es hat aber alles noch Zeit – vor Herbst wird das Buch[1] sicherlich nicht erscheinen. Mit dem Cotta Verlag sind die Verhandlungen leider bisher noch nicht weiter gediehen. Ich selbst verhandele dort übrigens nicht, sondern Karl Otten, der auch als Herausgeber der Serie zeichnet. Otten ist übrigens ein guter Freund von Gumperz gewesen, Mitherausgeber des Gegner, seinerzeit mit Gumperz zusammen.

Meine Empfehlung an Joyce und herzliche Grüße an Euch beide

Dein Vater

1 „Der Weg nach unten".

424. AN CLÄRE JUNG
San Francisco, 4/8 60
PO Box 1154

Liebe Cläre,
besten Dank für deinen Brief. Es ist gut zu wissen, daß von dem „Verlorenen Sohn" Thema[1] noch etwas erhalten ist, auf das ich vielleicht, wenn es sich lohnt, zurückgreifen kann. Vorläufig brauche ich es allerdings noch nicht.

Es tut mir leid, daß du das Buch[2] noch nicht bekommen hast. Leider habe ich auf den Verlag wenig Einfluß, zumal der Lektor, ein Dr Schöffler, gerade aus dem Verlag in diesen Wochen ausgeschieden ist, so daß ich dort im Augenblick über niemanden, der für mich etwas tun würde, verfügen kann. Ich werde aber trotzdem an den Verlag schreiben. Zum mindesten müßten sie mir doch das Exemplar zum Buchhandelspreis abgeben. Worum ich sie gebeten habe. Ich selbst habe leider nur ein Exemplar bekommen, das ich hier längst weitergegeben habe.

Meine Empfehlungen an deine Schwestern und herzlichen Gruß
       Franz

1 Cläre Jung hatte Jung am 20.3. mitgeteilt, sie habe davon ein Bühnenmanuskript und ein ca. 100seitiges Prosamanuskript.
2 „Schrei und Bekenntnis".

425. AN RUTH FISCHER
San Francisco, 4/19 60
PO Box 1154

Liebe Ruth,
vielen Dank, etwas verspätet, für deinen Brief.

Ich hatte gute Aussicht wieder dieses Jahr nach Europa zu gehen mit einem Mann, der einen Millionen Prozeß gegen Holland und eine Hamburger Firma, früher Thoerls Oel, jetzt der Aldag Konzern, führt. Wahrscheinlich hätte man in Hamburg einige Richter und den SPD Vorstand bestechen müssen, was in der neuen Form über Gründung von Bildungs- und Forschungs Instituten nicht so schwer gewesen wäre. Leider hat der Mann gerade jetzt in Los Angeles einen Schlaganfall bekommen. Die Familie und die Ärzte lassen ihn nicht reisen und praktisch wird der Mann von den zukünftigen Erben unter Verschluß gehalten, so daß auch ich hier die Beratung und den Vorresearch verloren habe. Mit der Reise auf diese Tour wenigstens wird es also nichts werden. Mit Reimann habe ich auch keine Verbindung mehr, ich beantworte nicht mehr seine Briefe, so daß ich die Reports als Garantiefirma für das Installment der Reisekosten nicht mehr benutzen kann. Ich werde also warten müssen, ob ich eine Einladung von Deutschland bekomme – was mir sehr zweifelhaft erscheint – vielleicht im nächsten Jahr, wenn mein Buch auf dem Markt sein wird.

Du hast das in meinem Brief mißverstanden – um einen Verleger handelt es sich nicht – ich habe ja den Luchterhand Verlag und für die Neuauflage älterer Sachen, etwa einen Novellenband bei Cotta, bin ich nicht allzusehr interessiert. Es ist auch bisher nichts dabei herausgekommen als Abdruck in den expressionistischen Literatur Zusammenstellungen. Ob noch direkt ein Buch für sich aus den alten Sachen erscheint, ist eigentlich völlig gleichgültig, für das Fernsehen eignen sich die Sachen sowieso nicht. In der Ostzone lockert sich der Bann gegen mich scheints etwas – ich bekomme Anfragen und Leonhard Frank scheint sich sehr für mich eingesetzt zu haben. Vorläufig kann ich mich aber auch nicht darum kümmern. Ich habe die „Albigenser" wieder vorgenommen und bringe sie in Parallele zur heutigen Zeit bezw der Lebensangst christlicher und weißer Civilisation. Du wirst verstehen, daß ich durchaus für die Atombombe bin. Ich beneide dich um deine interne Kenntnis der afrikanischen Probleme. Ich kann das nur noch als „Konserve" aufnehmen.

    Viele Grüße
        Franz

426. AN KARL OTTEN
San Francisco, 5/4 60

Lieber Karl Otten,
ich sende Ihnen meinen letzten Briefwechsel mit dem Verlag. Sie nehmen sich in rührender Weise meiner an – ich weiß gar nicht, wie ich das verdient habe und wie ich Ihnen danken soll.

Sie werden mich in meinen Ausführungen an D[r.] S[chöffler] verstehen und warum ich das so deutlich unterstrichen habe, weil es wirklich das Entscheidende ist, daß man diesen Unterschied berücksichtigt oder wenigstens versteht. Natürlich werde ich mich kaum wehren, wenn vieles wegfällt und nivelliert wird. Ich weiß, einiges wird doch schließlich bleiben und das ist schon genug. Worauf es ankommt, ist der Start für die weiteren Arbeiten – ich meine das Albigenser Buch oder wie man das nennen wird. Albigenser ist schließlich nur ein Sammelbegriff, ich könnte es eben so gut auch Pythagoras nennen oder die Revolte der Propheten. Propheten, die nach rückwärts prophezeien und nicht in eine lächerliche und uninteressante Zukunft. In den 5000 Jahren übersehbarer Geschichte ist immer wieder dasselbe passiert. Die jeweils im Menschenwesen vorhandene organische Prophetie, aus der sich ein Glauben abgesintert hat (Lebensangst), und dieser Glauben, welcher immer, muß zerstört werden – das ist die Aufgabe der Propheten und in Wirklichkeit die Basis jeder Revolution, auch der Glauben, der jeweils aus einer Revolution hervorgeht. Ich bin gegen den Glauben, aber für den Aberglauben. Die Magier, die Wahrsager, die Asocialen in der heutigen Gesellschaft, ich bin für die Hexenkultur und für die neuen Waffen, mit denen man sich von den Menschen befreien kann, zum mindesten sie in Schach halten, zurücktransferiert auf das Erlebnis des Ich.

Alles andere sind dann nur Spielereien. Für diese permanente Basis einer Revolution, den Kampf gegen das Parasitäre im Menschen, auch in jedem Einzelnen und bei mir selbst, verlohnt es sich ein Werk zu schreiben, zusammenzustellen etc und für das brauche ich die Plattform der „Chronik". (Leider ist mir das alles erst beim Schreiben dieser Chronik wider Willen klar geworden.)

Daß ich das Albigenser nenne bisher, ist, weil ich einen längeren Essay über die Albigenser fertig habe – aber nichts von

Sentiments, Voltaire und Toleranz und alles das. Die Albigenser sind gescheitert wie vorher die Pythagoräer, die Bar Kochba, die Christen von Lyon, die Manichäer und die verschiedenen Gruppen im Mittelalter bis auf unsere Tage, politisch und national drapiert, Reformer als Revolutionäre oder im kleinen Verein – das ist alles Teil der gleichen Magie, die für den Menschen nicht gelöst ist, gelockert meine ich. Das mit frei zu stoßen glaube ich mich befähigt. Und zwar rücksichtslos, keinen Pardon, keinen Humanismus, gegen die Gesellschaft, gegen die Moral ... nichts wird aufgebaut, nichts wird gelehrt, nichts wird zugestanden. Ich spreche das zu Ihnen, dem Leser und dem Verlag braucht das nicht zu klar zu sein. Dafür ist die Schreibkunst da, das zu verdecken. Aber es wird trotzdem explodieren!

Der Verlag wird sich dafür sowieso kaum interessieren. Ist auch eigentlich gar nicht notwendig. Ich würde sowieso nicht in der Lage sein, etwas davon vorzulegen, nicht einmal das treatment.

Ich dachte, man kann dem Verlag mit den Nebensachen kommen, die dabei abfallen, Späne, die da abfallen und die man zurechtschustern kann in der üblichen Form, wie das der Leser haben will, also die amerikanische Kurz-Geschichte: Washington, Lincoln etc – die große Lüge, die hier geschieht und die sogar ganz amusant ist, amusanter etwa als in dem deutschen Gemüts-Dschungel, und als zweites die Pamphletisten, die genialen Schwindler und Mystificateure, nicht als Geschichte aufgezogen – sowas gibt es schon genug, sondern als Novellen oder Kurzromane oder irgendwie im Zusammenhang unter einem leitenden Gesichtspunkt zusammengefaßt – praktisch eine „Geschichte" zur Geschichte. Das wird sehr amusant sein und auch dem Leser vertretbar. Was es hier schon so gibt, etwa die „Hoaxes" als Buch, sind ganz schlecht. Das ist überhaupt nicht verstanden worden. Und das denke ich mir, könnte der Verlag, wenn nicht selbst, mir als eine Art Agent wohin vermitteln – der Verlag handelt, nicht ich, ich bin dafür ganz ungeeignet. Zum Schluß kann man das Ganze schon irgendwie zusammenbringen (für den Verlag, meine ich).

Ich brauche ja jetzt sowieso „Stilübungen" und ich werde davon einiges probieren.

Ich unterliege – unter uns – einem schrecklichen Druck – die

Dämonen haben mich bereits eingeholt. Ich kann auch eigentlich kaum mehr in die Wüste ausweichen.
    Also soweit über meine Lage und herzlichen Gruß
        Ihr Franz Jung

427. AN ADOLPH WEINGARTEN
San Francisco, 5/18 60
PO Box 1154

Lieber Adolf,
Ich melde mich mal wieder zwischendurch, weil ich eigentlich vorhatte, jetzt im Juni nach New York zu kommen und dann für einen Monat nach Vermont zu gehen, wohin mich Mattick, der ja an sich in Boston sitzt und in der Buchhandlung des Western Socialist arbeitet, eingeladen hat. Aber die ganze Sache hätte nur Zweck gehabt, wenn ich anschließend daran nach Deutschland gefahren wäre. Dieses hat sich leider zerschlagen, da das Buch im Luchterhand Verlag nicht in diesem Jahr erscheinen wird, sondern vielleicht erst im Frühjahr. Jetzt hinzufahren hätte keinen Zweck, zumal die literarische Abteilung des Verlages sich gerade im Umbau befindet. Ich möchte ja bei dem Verlag noch zwei weitere Bücher herausbringen, als unmittelbare Folge der Autobiographie, im Stile der Strindbergschen Blaubücher, mein Albigenser Essay benutzend, für die Atombombe, für die Massenvernichtung und für die Wiedereinführung des Hexenkults – ich habe schon mindestens hundert Bücher darüber gelesen – und außerdem eine amerikanische Kurz-Geschichte[1], angefangen von dem Befreiungskriege eines Landes, das nicht befreit werden wollte, den Lügen und der Doppelzüngigkeit dieses Landmessers, der in der Schule als George Washington gelernt wird, und so weiter bis auf die heutige Zeit – kurz: genau eben das Gegenteil, was in den Schulbüchern gelernt wird, also sehr einfach zu handhaben. Ich kann so eine Sache durch Vermittlung von Luchterhand bei Cotta in Stuttgart unterbringen, außerdem einen Welt Lügen Kalender – es gibt hier schon solche Sammlungen „Hoaxes", aber nicht so schwerfällig und mit dem Unterton, daß solche Hoaxes eben mehr Wahrheit enthalten als alle „Wahrheiten" dieser Zeit. Auch dafür interessiert sich jemand

drüben. (Ich würde dann nur das treatment machen und einige specielle Tips – hier von mir zurechtgemacht.) Mit allem diesem Zeug möchte ich nach drüben fahren und mir eine laufende Zahlung herausholen, mit der ich hier dann herumreisen kann. Meine Social Sec. Rente reicht dazu nicht aus. Jedenfalls, sollte ich wirklich noch im Juni–Juli durch New York fahren, seid ihr denn dann da?

Wie geht es euch sonst? Arbeitet Carola noch in dem Laden?
Viele Grüße an Dich und Carola
Franz Jung

Peter ist bei Esso für market-research gelandet

1 Vermutlich „Die Magie des amerikanischen Bürgerkriegs".

428. AN RUTH FISCHER
San Francisco, 5/18 60
PO Box 1154

Liebe Ruth,
es tut mir leid, daß dich mein Lagebericht nicht befriedigt hat. Von mir selbst ist wirklich nicht viel zu berichten. Was das Persönliche anlangt, so hat sich nicht das geringste ereignet – außer, daß ich eben noch nicht gestorben bin. Gesundheitlich hat sich auch nichts Besonderes ergeben, die zunehmenden Verfallserscheinungen brauchen nicht besonders erwähnt zu werden. Meine Social Sec[urity] Rente bessere ich ein wenig durch die Artikel für meine paar Zeitungen in Deutschland auf; viel kommt da sowieso nicht heraus. Ich lebe hier völlig isoliert, die an sich schon wenigen Leute, die ich noch kannte, sehe ich auch nicht mehr. Das Buch im Luchterhand Verlag, das im Herbst erscheinen sollte, ist auf das Frühjahr verschoben worden (wenn dann überhaupt noch Bücher erscheinen). Über den Verlag, der mir an und für [sich] sehr wohl will, werde ich versuchen noch ein paar andere leichtere Bücher unterzubringen, etwa die Wiedereinführung des Hexenkults, ein Band weltberühmter „Hoaxes" auf deutsch verniedlicht und leichter gehalten als ähnliche Sammlungen hier, die ich benutze, aber nicht nur im Stil verändere, und

eine amerikanische Kurz-Geschichte – im Grunde genommen alles nur umgekehrt als wie es hier in der Schule gelernt wird, also verhältnismäßig sehr einfach. Ich habe mich entschlossen, nicht zum Glauben zurückzukehren, weder offen noch versteckt, sondern ich bin für den Aberglauben.

Ich weiß nicht, ob ich es schaffen werde, dieses Jahr nach drüben zu kommen. Ich muß ja auch was in der Hand haben zu verkaufen, sonst hätte die Reise keinen Zweck. Und auch das Luchterhand Buch müßte wenigstens schon im Erscheinen sein.

Hoffentlich geht es dir gesundheitlich gut. An Arbeit wird es dir nicht fehlen – das brauche ich also dir erst nicht zu wünschen.
Sonst viele Grüße
Franz

429. AN RUTH FISCHER
San Francisco, 7/14 60
PO Box 1154

Liebe Ruth, in Beantwortung deines letzten Briefes bin ich natürlich sehr geschmeichelt, daß meine bisherigen Angaben über meine persönlichen Verhältnisse dir anscheinend noch nicht genügen. Obwohl ich kaum mehr hinzufügen kann. Ich kann dir nicht helfen, aber ich komme kaum mit jemandem zusammen und kann daher auch kaum irgendwelche Beobachtungen, die ich machen könnte wiedergeben, auch nicht was der Hauswirt sagt und tut oder der Friseurgehilfe, bei dem ich mir alle 6 Wochen die Haare schneiden lasse. In Wirklichkeit: ich spreche mit den Leuten nicht. Neben Wallstreet Journal und Time Magazin lese ich ziemlich oft Londoner Zeitungen, um zu entnehmen, was in der Welt ansonsten noch vorgeht und was meine Kulturbedürfnisse anlangt, so lese ich von Zeit zu Zeit Ici Paris. Für San Francisco begnüge ich mich mit den Shopping News. Ich wohne hier in einem südlichen Vorort Daly City, in einem Haus, das ich mit einem andern teile, der bei der Konstruktions Großfirma Bechtel als Zeichner angestellt ist, den ich aber wenig sehe und spreche, so daß ich Haus und Garten für mich allein habe. Mit den Beatniks hier habe ich keinen Kontakt. Die Leute sind auch sehr arrogant, dumm und langweilig. Früher habe ich Duncan und Rexroth aufgesucht. Jetzt aber haben die Sekretäre das Heft in der Hand, Studentinnen, die rhythmisch lallen vortäuschend Marihuana zu rauchen. Oder Peyotl zu schlucken. Ich selbst habe das Trinken aufgegeben, lebe von Eiswasser, bin aber sonst gesund, obwohl ich alle drei Monate zu einem Arzt gehe (immer demselben). Zu einer Behandlung in einem Krankenhaus langt es bei mir nicht – ich wüßte auch nicht, was zu behandeln wäre. Allmählich zerfallen die Knochen sowieso – mit oder ohne Krücken. Ich laufe hier viel herum, in den Straßen, am Meerufer und bin von der Wohnung in walking distance zu den Friedhöfen, was das Ableben etwas verbilligen wird.

Die Gegend hier wird eines der ersten Ziele für Missiles und Neutronbomben sein. Aber niemand schert sich mehr sonderlich darum. Die eigentliche Apathie ist allgemein und sehr beruhigend (nur keine Nervosität noch obendrein). Die Wahlen sind, wie du sicherlich besser weißt, völlig gleichgültig. Der konservative Flügel sozusagen bei beiden Parteien ist unerschüttert und wird wie bisher immer die entscheidende Kontrolle ausüben, sowohl für den Frieden wie für den Krieg oder die Kriege. Es besteht für die Tendenz eines Präventivkrieges sowohl hier wie bei den Russen einige Neigung – ich glaube aber die Russen werden es eher noch etwas abwarten können (cliquenmäßig zu sprechen). Die Chancen einer russischen Weltkontrolle bei stufenweiser Milderung der kommunistischen Phrasenideologie (heute braucht man die Dummen und Halbidioten, dh die Gesellschafts Schwächlinge nicht mehr in Angst und Schrecken zu versetzen und sie mit Schlagworten zu terrorisieren) sind denen Washingtons natürlich bei weitem überlegen, die ja überhaupt keine Theorie aufzuweisen haben, nicht einmal diejenige einer „Verteidigung" – von was und gegen wen? So daß, wenn Washington nichts mehr bei den Alliierten zu erben haben wird, weder bei den Neutralen und nicht einmal bei den ideologischen Feinden – die ganze Sache von selber zusammenfallen wird. Natürlich wird das gewissen Staub aufwirbeln – früher nannte man das Krieg. Heute wird man sich schon einigen können. Immerhin ein paar Millionen werden dabei schon draufgehen. Wen interessiert das schon? Endlich wird dann auch für längere Zeit die Literatur und Kunst etc verschwinden.

Herzlichen Gruß
Franz

430. AN RUTH FISCHER
SF, 8/8 60
PO Box 1154

Liebe Ruth,
vielen Dank für deinen freundlichen Brief. Dieses kleine Ullstein Buch[1], das du erwähnst, ist eigentlich gar nicht so selten. Ich konnte es mir seinerzeit in New York besorgen. Aber ich habe alle meine Bücher, die meisten hatte mir damals Weingarten verschafft, wieder weggegeben, so daß es gut ist, du behältst das Büchlein – bei mir verschwindet es sehr bald. Übrigens eines der großen Seltenheiten ist die damals noch bei Thomas in dessen Verlag[2] herausgegebene „Geschichte einer Fabrik". Thomas selbst hatte noch ein Exemplar, was allerdings jetzt auch verschwunden ist. Die Frau[3] hatte versprochen, es mir zu geben, wahrscheinlich ist es aber mit den ganzen anderen Büchern nach der Brandeis Universität gelangt. Mit diesem Buch hat es eine besondere Bewandtnis, als es kurz vor der Einstellung des Thomas Betriebes nicht mehr zur Auslieferung gelangt ist, sondern später die ganze Auflage eingestampft worden ist. Ein oder zwei Dutzend Exemplare sind vorher verschickt worden. Und das Seltsame: eines dieser Exemplare befindet sich in der Kongreß-Bibliothek in Washington. Wie es dahin gekommen sein mag, ist mir ein Rätsel. Außerdem befinden sich dort, wie mein Junge festgestellt hat, drei Bücher von mir in russischer Übersetzung, eins in tschechischer, ein Drama „Arbeiter" in russischer Übersetzung, von dem ich selbst kaum noch etwas weiß. Ich hatte das Manuskript damals einem gewissen Marianow gegeben, der es übersetzt und in Moskau dann hat veröffentlichen lassen. Ich glaube, es ist auch aufgeführt worden.

Dies alles nur zu deiner Unterhaltung. Du wirst dich wahrscheinlich ziemlich langweilen. Wenn das der Fall ist, rufe doch einen Herrn Friedrich Grieger an oder such ihn auf. Er arbeitet im Südwestdeutschen Rundfunk, ist die rechte Hand vom Intendanten Bischoff, der ihn auch mit aus Breslau gebracht hat. Was er dort ist im Rundfunk weiß ich nicht, ich glaube für irgendwelche Sendungen Lektor. Ich kenne Grieger natürlich von früher, er stammt auch aus Neisse, er war ein enger Freund von Max Herrmann Neisse. In Breslau war er Lehrer unter Ulitz, der damals rot war, inzwischen aber Nazi geworden war und jetzt ziemlich verfemt ist (ein sehr guter Schriftsteller). Dieser Grieger hat mich plötzlich entdeckt. Karl Otten, der ihn im Vorjahr aufgesucht hat, schrieb mir, er hat direkt ein kleines Jung Museum eingerichtet. Nett? was ... Ich habe nicht seine Adresse, aber die wirst du ausfindig machen können. Falls jetzt mein Buch noch auf den Markt kommen sollte, wird er ja wichtig werden, dem Verlag background Material zu geben.

Wenn es dir nicht liegt, den Mann aufzutun, was wirklich auch ganz gleichgültig wäre, höchstens daß du ihm einen Gruß von mir bestellen kannst, kann ich dich noch mit etwas anderem unterhalten.

Die Sylvia hat sich wieder gemeldet. Sie ist bei dem italienischen Benediktiner Pater Pio in San Giovanni Rotondo gelandet und es geht ihr augenscheinlich ganz gut. Dieser Pater, ein berühmter Clairvoyant, der ständig Mussolini den Zusammenbruch und das persönliche Ende vorausgesagt hat, war unter den Faschisten in Hausarrest und zeitweilig auch eingesperrt, gegen die drohende Revolte der Landbevölkerung, meistens Olivenbauern, aber jeweils immer wieder freigelassen. Heute hat der Pater einen ungeheuren Zulauf von Pilgern, Zehntausende im Jahr mit einer nach Nationalitäten eingeteilten Verwaltungsadministration für die Pilger. Sylvia arbeitet im ungarischen Department. Es werden da Bulletins herausgegeben, Zusammenkünfte der Pilger organisiert, Bittgottesdienste, Pio selbst ist nicht mehr zu sprechen, nur noch mit einer Sondergenehmigung des Benediktiner Oberen in Rom. Daher blüht der Verkehr und das Geschäft nur außenherum. Sylvia schreibt mir, ich solle hinkommen. Sie würde versuchen, das Reisegeld aufzubringen. Ich könnte in einer der Unterabteilungen auch vielleicht eine Anstellung bekommen. Vor allem aber könne sie mir room und board garantieren, mindestens zwei Hühner in der Woche. Na – wie wäre das?

Eine andere Möglichkeit steht mir immer noch offen auf St Marguerite, der kleinen französischen Enclave Insel unter den Virgin Islands. Dort gibt es einen Dr Kowalski, ein polnischer Arzt aus Paris, der mit einer kleinen Kolonie von Wilhelm Reich Anhängern auf der Insel residiert. Das Unglück ist, daß der einzige französische Beamte auf der Insel, der zugleich Bürgermeister, Zollinspektor und Polizei ist, ständig betrunken ist. Der Rum kostet dort fast nichts. Außerdem betreibt der Mann auch das einzige Gasthaus. Der Mann braucht einen Sekretär, der für ihn die notwendigsten Schreibarbeiten mit der französischen Kolonialverwaltung auf Tahiti erledigt. Der Kowalski hatte mir schon früher einmal geschrieben, ich kenne ihn durch die Ritters, Wilhelm Reich Vertreter in England, und jemand scheint von mir dort gesprochen zu haben. Wie wäre *das?* Dort könntest du mich besuchen kommen. Ob in Giovanni Rotondo weiß ich nicht, off limits für Ungläubige!

Ich laß gerade einen kleinen Probeteil aus den Albigensern an denen ich arbeite, abschreiben. Ich suche dafür im Augenblick keinen Drucker. Aber wenn du jetzt Zeit zum Lesen hast, könnte ich es dir schicken.

Sonst laß es dir gut gehen. Und vergiß das, was du Politik nennst

    herzlichen Gruß
        Franz Jung

1 Franz Jung „Das geistige Rußland von heute" (1924).
2 Verlag für Literatur und Politik, von James Thomas (d.i. Jakob Reich, später Arnold Rubinstein) im Auftrag der Kommunistischen Internationale in Berlin (Deckadresse Wien) gegründet.
3 Rubinsteins Frau Annie Reich.

431. AN CLÄRE JUNG
San Francisco, 8/16 60
PO Box 1154

Liebe Cläre, vielen Dank für deinen Brief. Ich habe mich allerdings über den Gruß von Graf[1] gewundert, da ich mit ihm kaum eine Verbindung mehr aufrechterhalte. Er hat mir, als ich ihm lediglich u.a. mitteilte, daß ein Buch von mir erscheinen würde, in einer Weise darauf geantwortet, daß ich an seinem Verstande hätte zweifeln müssen, so etwa in der Weise, ich sei schon immer ein eitler Schmock usw gewesen – dabei hat er weder eine Zeile lesen können, noch kann er darüber etwas gehört haben. Selbstverständlich hat auch der Aufbau, für den ich hier immer in letzter Stunde und auf dringende Anforderung ein halbes Dutzend solcher Erinnerungsartikel geschrieben habe, meinen

70. Geburtstag ignoriert. (Das hat mir für den Graf genügt. Als mir die Todesanzeige von Miriam ins Haus geschickt wurde, habe ich noch ein paar Zeilen an Graf geschrieben. Das war das letzte und wird auch das letzte bleiben.)

Ich habe mit dem Luchterhand Verlag anscheinend Schwierigkeiten. Es lohnt sich nicht der Sache nachzugehen und was wirklich dahintersteckt. Otten hat mir ganz aufgeregt geschrieben, und ich habe ihn gebeten nichts zu tun. Mir ist es schon ganz gleichgültig geworden. Die Chance, daß das Buch – in der Vorbereitung und in der zu erwartenden Respons – mir hätte einen Auftrieb geben können, ist sowieso vorbei. Die Welle für eine Wiederentdeckung des Expressionismus ist bereits stark im Abflauen, worauf ich hätte mitschwimmen können. Bei den kritischen Übersichten über die Ausstellung in Marbach – wo ich zwar vertreten war, aber anscheinend ohne jeden Hinweis, ich habe nicht einmal den Katalog zu Gesicht bekommen, ist auch nirgends mein Name mehr erwähnt worden. Meinetwegen – es trifft mich nicht allzu schwer, aber ich kann daraus auf die Absichten des Luchterhand Verlages schließen, der das Buch jetzt fallen lassen wird – machen kann ich durch Vertrag (ohne Termin, und mit Vorschuß akzeptiert) sowieso dagegen nichts.

Ich hatte dir damals den Entwurf des ersten Teiles geschickt. Dieser besteht im endgültigen Manuskript nicht mehr, der zweite Teil des 1. Buches ist völlig umgearbeitet. Das 2. Buch kann ich dir leider nicht schicken, ich habe keine Kopie mehr – es behandelt die kommunistischen Jahre und die Rußland Aufenthalte. Dagegen werde ich dir heute gleichzeitig, vielleicht mit gewöhnlicher Post, das 3. Buch schicken, die Berliner Jahre bis Hitler. Ich weiß nicht, ich denke, du solltest noch Gelegenheit haben es zu lesen. Nicht weil ich von dir eine Stellungnahme dazu erwarte, auch keine Kritik, denn für die wäre es sowieso zu spät, vielleicht nur als einen Akzent in der Erinnerung.

Sollte das Buch noch erscheinen, ist es dann schon gleich, aber wie gesagt, ich glaube nicht mehr an das Erscheinen, jedenfalls nicht so bald.

Ich arbeite im Augenblick ziemlich viel, weniger mit dem Ziel einer unmittelbaren Drucklegung. Ich weiß nicht, ob ich dir seinerzeit meinen Albigenser Essay mal geschickt habe. Diesen falte ich sozusagen jetzt auseinander, benutze ihn nur als Rahmen und füge beinahe mehr novellistisch selbständige Teile ein, so habe ich so eine kleine selbständige Arbeit über den Höllen Feuer Klub[2] gerade fertiggestellt.

Wenn du willst, kann ich es dir auch schicken, ich glaube nur allerdings, daß dich die Sache wenig interessieren wird, es ist keine Novelle, keine Satire und auch kein Essay, alles davon ein wenig, und sehr provokativ. Später könnte man das Ganze etwa nach dem Vorbild der Strindberg'schen Blaubücher zusammenfassen. Damit werde ich noch eine ganze Weile zu tun haben. Aber es eilt auch nicht.

Ob ich noch einmal nach Deutschland kommen werde, erscheint mir jetzt sehr zweifelhaft geworden. Ich bin ja kaum mehr in der Lage das Reisegeld aufzubringen, ich habe auch dafür keinen Kredit mehr. Offengestanden, auch das tut mir nicht sonderlich weh.

Laß es dir gut gehen. Ich freue mich zu hören, daß du wieder etwas Beschäftigung gefunden hast, die dir liegt.
Viele Grüße
     Franz

Meine Empfehlungen an Deine Schwestern

---

[1] Am 31.7. hatte Cläre Jung geschrieben, daß sie O.M.Graf bei einer Lesung in der Berliner Akademie der Künste begegnet sei.
[2] „Wie dem auch sei. Studie über den Zerfall der Zeitgeschichte", in 1. Fassung „Fürchtet euch nicht".

432. AN RUTH FISCHER
San Francisco, 8/25 60
Pacific European Service, 327 Lake St.

Liebe Ruth,
hoffentlich hast du die Übersendung des Manuskripts nicht mißverstanden. Es sollte ausschließlich deiner Erheiterung in einem Sanatoriumsaufenthalt dienen. Es ist nichts weiter als ein Experiment, Ironie mit Historie gemischt, und im übrigen die Engländer haben das alles schon besser gemacht. Mir paßte es in den Rahmen der Albigenser, die auch ein eigenes Kapitel über die Kommunisten dieser Zeit bringen werden. Aber ausschließlich für

meinen eigenen Spaß. Wirf das Ms weg, wenn du es gelesen hast oder schon vorher, wenn dies dir Spaß macht. In dieser Fassung, besonders der Schluß bleibt sowieso nicht.

Ich bin selbstverständlich gern bereit dir in der Maslow Biographie zu helfen. Nur mit reinen Erinnerungen ist es nicht getan. Ich muß ungefähr den Grundton etwas näher wissen, damit sich meine Erinnerungen auch noch mit darum ranken können. Du hast ganz recht, daß jede Biographie in der Konstruktion sowieso aufgezogen werden muß wie ein Roman, der Roman dieses Lebens, politisch oder „literarisch", das ist dann ganz gleich.

Was den Roman anlangt, so würde ich dir vorschlagen, daß ich ihn editen sollte – selbstverständlich ohne meinen Namen zu nennen oder auch sonst dem Verlag gegenüber in Erscheinung zu treten. Unter „editen" verstehe ich die Herausarbeitung und Verteilung der Akzente, zugleich den Zugang zum Leser und zum Verleger. Das ist heute an sich schon eine Specialität geworden, aber ich glaube, ich könnte es machen.

Als Verleger käme meines Erachtens Kiepenheuer & Witsch in Betracht. Der Verlag ist auf solche Bücher specialisiert, und es würde bestimmt dort hineingehören. Herr Witsch ist sehr zugänglich. Er hätte gern mein Buch gebracht, und es ist auch sehr schade, daß ich es ihm damals weggenommen habe und zu Luchterhand gebracht. Er wird auf mich ziemlich böse sein (ich übrigens auch auf mich selbst) daher: meinen Namen nicht erwähnen. Bevor du das Buch anbietest, ist ein Treatment notwendig, worin alle die beabsichtigten Akzente bereits stehen müssen, eine kleine Novelle in sich im Rahmen des Romans. Du wirst denken, du hast das bei deinen Beziehungen nicht notwendig. Ich wünsche dir, daß du recht hast, ich bin nicht so sicher.

Gute Erholung und viele Grüße
Franz

433. An Ruth Fischer
San Francisco, 9/30 60
PO Box 1154

Liebe Ruth,
einliegend ein Artikel aus der Stuttgarter Ztg, der dich sicher sehr interessieren wird. Du wirst wahrscheinlich von deinen verschiedenen Materialsammelstellen den gleichen auch schon bekommen haben. Aber um sicher zu gehen, sende ich ihn auf alle Fälle – die Perspektive ist ganz eigenartig, ich glaube auch deiner sehr verwandt.

Könntest du mir bei nächster Gelegenheit mitteilen, wann du mit ziemlicher Sicherheit in Paris anwesend sein wirst?

Ich glaube, ich werde so gegen Mitte Oktober nach New York fahren. Vorläufig für etwa 2 Wochen. Wenn ich dort einen Abzahlungskredit für die Reisekosten arrangieren kann (ich werde verschiedene Leute aufsuchen und ich kann auch meine Rente verpfänden), so würde ich im Anschluß dann nach Europa fahren. Das heißt, wir könnten ungefähr einen Treffpunkt in Paris vereinbaren, entweder sogleich bei der Hinfahrt oder später auf der Rückfahrt oder zwischendurch in Deutschland oder der Schweiz – ich werde eine Woche in Locarno wahrscheinlich sein, bei Karl Otten.

Selbstverständlich ist das alles noch nicht fest, aber es besteht immerhin der Wille und eine gewisse Möglichkeit.

Hoffentlich hast du die Kur gut überstanden und bist bei guter Gesundheit.
Viele Grüße
Franz

434. Vollmacht für Karl Otten

I hereby authorize Mr Karl Otten, via S Balestra, Locarno Switzerland to enter into negotiations for my literary works published and unpublished with book publishers and magazine editors, to sign contracts on my behalf and to handle the rights for radio, film and television.

Mr Karl Otten has power of attorney to receive advance payments and royalties for my account.

Daly City, October 5, 1960
Franz Jung

435. An Adolph Weingarten
San Francisco, 10/20 60

Lieber Adolf,
ich werde in der ersten Novemberwoche in New York sein. Ich bin dort unter der Adresse von Peter Jung, 179 Bennett Ave New York 40 zu erreichen. Ich werde aber Anfang der Woche in jedem Fall bei Euch anrufen, um einen Treffpunkt zu vereinbaren. Ich will versuchen, einen Reisekredit zusammenzubringen, was diesmal nicht mehr so einfach sein wird, weil ich keine Verbindung mehr zu Reimann habe. Vielleicht kann der Junge als guarant auftreten, was allerdings nicht ganz sicher zu sein scheint. Immerhin, ich werde so oder so Ende des Monats nach Paris fahren und dort einige Zeit bleiben. Ruth hat mir übrigens geschrieben, daß sie dich und Carola bestimmt im folgenden Sommer in Paris erwartet.

Praktisch eingeladen bin ich für einige Wochen nach Locarno zu Karl Otten. In der Zwischenzeit habe ich eine kleine Sendung[1] im Rahmen einer Erinnerungsfeier für Pfemfert im Westdeutschen Rundfunk, ich werde das Band schon in New York vielleicht besprechen können. Nach Deutschland direkt zu gehen habe ich wenig Lust, jedenfalls wenn überhaupt nur für sehr kurze Zeit. Also hoffentlich treffe ich Euch beide bei guter Gesundheit an und vorerst herzliche Grüße
Franz Jung

1 Als Übernahme vom Westdeutschen Rundfunk sendete der Süddeutsche Rundfunk am 4.8. und 7.8.1961 zwei Radio-Essays „Die Aktion I" und „Die Aktion II", an denen unter anderen Zeitzeugen auch Jung mitwirkte.

436. AN RUTH FISCHER
San Francisco, 10/20 60

Liebe Ruth,
ich werde nächste Woche von hier zunächst nach New York fahren. Bin dort unter der Adresse von Peter Jung, 179 Bennett Avenue, New York 40 zu erreichen. Wenn ich den Kredit zusammenbringe, werde ich in Ende November in Paris sein. Ich würde dann noch näher Nachricht geben, ob zu Schiff oder per Flug. Inzwischen habe ich dem Westdeutschen Rundfunk, für den ich in einer Pfemfert Erinnerungssendung ein paar Minuten auf Band sprechen soll, für Ende November deine Adresse angegeben, wo man mich im Notfall erreichen könnte. Die wollten die Arrangements für hier für Mitte November machen, aber dafür zu warten lohnt es sich nicht. Ich kann die Sendung ebenso in Paris machen. Von dort würde ich nach Locarno zu Karl Otten für einige Wochen gehen. Zwischendurch, aber nur sehr kurz, einige Tage in Deutschland.
    Ich habe einiges betr das Maslow Buch mir bereits überlegt. Ich würde das Buch beginnen mit dem Protokoll oder Verhandlungsbericht vor dem Staatsgerichtshof in Leipzig, wo Maslow verurteilt wurde. Von da aus aufblättern die Situation die politische vorher und nachher, mit Maslow zum zweiten Mal als Gefangener, bereits verurteilt. Das könnte die ganze politische Atmosphäre dieser Jahre innerhalb der Partei vor und nach Seeckt aufreißen. Von da aus geht es dann schon leichter: rückblenden die Entwicklung Maslows, wer war er, wo kam er her usw und schließlich die Emigration, der Schwebezustand usw, flash auf den Trotzkismus in den Emigrationsjahren usw. Die Hauptsache ist: 1) die starken Akzente zu finden und zweitens diese Akzente gut zu verteilen. Das alles nur ganz oberflächlich zunächst und nur als event Anregung für dich
    viele Grüße
        Franz Jung

437. AN CLÄRE JUNG
San Francisco, 10/22 60

Liebe Cläre,
ich lasse heute mit gewöhnlicher Post den Teil „Die roten Jahre" an dich abgehen. Ich habe beim Ausmerzen der Manuskripte noch eine (allerdings unverbesserte) Kopie gefunden. Die Verbesserungen an den andern Copien betreffen nur Schreibfehler.

Sonst glaube ich, daß ich diesen Winter doch noch nach Europa kommen werde. Ich werde nach Locarno für einige Wochen zu Otten gehen. Vorher bin ich für eine Woche nach Paris eingeladen. Ich werde dort etwa bis Ende November bleiben. Von dort auch kann ich Dir schreiben, ob ich überhaupt direkt nach Deutschland komme. So gern ich dich wiedersehen möchte, ich weiß nicht so recht, ob es für mich möglich sein wird. Ich weiß, du kannst schlecht aus Berlin heraus. Wenn es dir möglich wäre, wenigstens nach Frankfurt zu kommen, dann könnte ich dich dort einladen lassen und ich würde nach Frankfurt kommen. Aber nach Berlin werde ich glaube ich kaum kommen. Es ist sehr lieb von deinen Schwestern, mich eventuell unterbringen zu wollen. Ich danke ihnen jedenfalls für die gute Absicht und grüße sie bitte. Und du selbst sei herzlichst gegrüßt.
Franz

Der Westdeutsche Rundfunk bringt im März eine Pfemfert Erinnerungsstunde[1]. Ich werde dafür auch ein paar Minuten auf Band sprechen.

---

[1] „Die Aktion (I). Eine Zeitschrift gegen die Zeit", Manuskript Karl Otten, und „Die Aktion (II). Stimmen der Freunde", gesammelt, aufgenommen und kommentiert von Roland H. Wiegenstein.

438. AN RUTH FISCHER
New York, 11/5 60
179 Bennett Ave

Liebe Ruth,
ich bin inzwischen in New York. Brief, falls du noch Nachricht nach San Francisco geschickt hast, habe ich nicht mehr bekommen. Nachsendung, obwohl versprochen, hat anscheinend nicht funktioniert.

Ich fahre von hier den 19. November mit Dampfer Maasdam nach Le Havre. Soll dort eintreffen am 26ten. Ich sende ein Telegramm von Le Havre.

Wenn ich hier noch etwas für dich besorgen soll, gib sogleich Nachricht.

Post erreicht mich hier unter c/o Peter Jung.

Nächste Woche bin ich in Boston, komme aber hier wieder zurück.

Viele Grüße und auf Wiedersehen
Franz

Wenn du für mich ein kleines und sehr billiges Hotel ausfindig machen könntest, wäre es sehr gut.

439. MEMO FÜR PETER JUNG
New York, 11/17 1960

Mit Herrn *Ernst Müller, 342 Daly City* besteht ein mündliches Übereinkommen, kein Vertrag, daß ich zahle monatlich $40 als meinen Anteil an den Kosten des Hauses. Das Haus ist unter der stillschweigenden Voraussetzung von Müller gekauft worden, daß ich mit ihm zusammen wohnen werde. Ich habe ihm jetzt mitgeteilt, daß ich länger wie 3 Monate wegbleiben werde, daß es ihm freisteht, das Haus anderweitig zu vermieten und daß ich ihm außer der Miete bis Dezember 15, für die ein Blanko Check bei ihm liegt, nichts weiter zahlen kann. Vermutlich wird sich Müller betr der Liquidation an Dich wenden. Mir gehören ein gut Teil der Möbel, die ich damals eingebracht habe, einige Wäsche, die zurückgeblieben ist, das Radio und eine Reihe Gartengeräte. Ich lege auf die Sachen selbst keinen Wert – wenn Müller weitervermietet, kann er sie behalten. Gibt er das Haus auf (was zu erwarten ist) werden die mir gehörigen Sachen an *Wolfgang Hadda 38 Ord Court San Francisco* gehen, der auch im Besitz der Schlüssel ist. W H würde die Sachen dann vorläufig bis auf Abruf in seinem Haus unterstellen.

Die *Post Box 1154* San Francisco ist bis Ende Dezember bezahlt. Schlüssel haben Müller und Hadda. Ich kann erst drüben übersehen, ob es sich für mich lohnt, die Box noch weiter zu behalten. Die Zusendung der Zeitungen werde ich in einigen Wochen abstellen lassen. Hängt davon ab, ob ich mich entscheiden kann, den Artikeldienst aufzugeben.

Unter den zur Aufbewahrung deponierten Papieren befindet sich das *Citizenship Paper*, die Qualifikation für die *Social Security Pension* und die Insurance Police (Retired P[erson] im Rahmen der Retired Teachers Association). Die Mitgliedschaft zur Association (2 $ per year) möchte ich aufrechterhalten, die Versicherung, wenn das geht, unterbrechen, sonst einfach auslaufen lassen, Zahlung 6 $ per Monat einstellen.

Was meine Manuskripte etc anlangt, so befindet sich der Vertrag mit Luchterhand unter den zurückgelassenen Papieren. Zu den Verhandlungen über Publikation alter Bücher etc ist zu bemerken, daß sich eine fast vollständige Sammlung aller Bücher und Manuskripte bei *Cläre Jung,* Berlin West Adresse: Henni Kertscher, Schönwalderstr 15, Berlin-Spandau befindet. Im Ernstfall kann darauf zurückgegriffen werden.

Eine Art Agenturvertrag besitzt Karl Otten, Locarno (Schweiz) via S Balestra, Casa Betulla.

Eine *Kiste Briefe,* meist literarische Korrespondenz, befindet sich untergestellt bei *Helen Sullivan,* 97 State Str, San Francisco. Ich versuche diese Briefe, zum mindesten die Option, an das National Museum (Schiller Museum) in Marbach Württemberg zu verkaufen.

Der Verkauf aller Rechte aus allen bisherigen Publikationen sollte in einigen Jahren laufende Einnahmen bringen. Es ist also nützlich auf diese Entwicklung zu achten.

Für *Hadda* werde ich drüben selbst als literarischer Agent tätig sein. Abrechnung an Hadda erfolgt von mir aus noch direkt. Andernfalls wird Hadda selbst sich um seine Rechte kümmern müssen.

Franz Jung

440. AN CAROLA WEINGARTEN
Paris 8e, 12/3 60
24 rue de Miromesnil, Hotel Beauvau

Liebe Carola,
im allgemeinen bin ich gut angekommen. Ruth hat mich am Bahnhof abgeholt, das fette Essen bekommt mir wenig und ich hatte auch sogleich die ersten Magen- und Darmverstimmungen, die jetzt hier jeder bekommt – scheint völlig ähnlich zu sein wie in Mexiko, und außerdem auch die Grippe, die ebenso jeder hier bekommt. Paris ist eben eine scheußliche Stadt, nicht nur daß es geradezu sündhaft teuer geworden ist. Ruth hat mir hier in ihrer Nähe ein kleines Journalisten Hotel besorgt, das noch verhältnismäßig billig ist, 15 NF den Tag.

Das Folgende sollte weder bei Dir noch bei Adolf eine Sensation auslösen und es ist am besten es kaum zu erwähnen, um nicht Mißdeutungen ausgesetzt zu sein – weil die Dinge eben hier in der Perspektive sowieso anders aussehen und liegen als von drüben gesehen. Ich teile es Euch nur mit, obwohl man wenig darüber im einzelnen schreiben kann, weil Ihr es schließlich als zu den wenigen Personen gehörig, die ihr Jahrzehnte lang nahestehen, wissen solltet: das sind längst keine vagen Gerüchte mehr, sondern ganz einfach nackte Tatsachen. Sie hat selbst sogleich davon angefangen, kaum daß wir nach Abbringung meines Gepäcks in einem der scheußlichen Restaurants am Champs-Élysées an einem Tisch Platz genommen hatten. Sozusagen um reinen Tisch zu machen etc. Die Schwenkung bis zum äußersten Ende der Linie, orthodox, in der Peking Opposition. Die Argumente sind teilweise ganz einleuchtend, von der frühen Linie aus gesehen, der trotzkistischen her, und auch für die große Zukunft ... ich könnte das verstehen, nur bin ich eben kein Politiker. Ich nehme dann auch die Enttäuschungen hin, die aus diesem Mangel mich beiseite schieben und meinetwegen auch das ganze Leben mit zerstört haben. Na schön. Das tut manchmal weh, aber ich habe mich nicht zu beklagen. Aber ich behalte in dieser Fixierung trotzdem doch die Personen in der gleichen Beurteilung, die billige Werkzeuge dieser oder jener „Politik" gewesen sind, die mir an den Kragen gegangen sind. Für die „Linie" ist das anders: die gleichen Personen sind wieder die Heroen, ein vollständiges Unterwerfen, selbst bis auf den Spitzbart[1] in der Zone. Das kann ich nicht verstehen und kann auch nicht mit dazu helfen, daß man allgemein das verstehen soll. Und so sehe ich nicht, wie eine Zusammenarbeit überhaupt möglich sein kann. Ich finde keine Ansatzpunkte. Die These, daß jeweils der Zusammenbruch *notwendig* war – später in der Distanz gesehen – ebenso wie alle die Morde und sonstiges, die Denunziationen kollektiv gesehen, nicht vom Einzelnen aus, das Schicksal zählt überhaupt nicht etc ... gewiß, das ist ein neuer Aufbruch in eine neue Zukunft, eine Art zweite Jugend für sie, nachdem sie bisher bereits frustrated abgestorben war, das alles sehe ich ein, aber ich möchte nicht mehr mit dabei sein. Weder aus Altersgründen, noch um eine neue Jugend zu finden.

Was sie anlangt, glaube ich, daß sie bereits sehr erfolgreich ist. Sie ist sich allerdings auch voll bewußt, daß sie alles aufs Spiel setzt, selbst ihre deutsche Rente, denn man beginnt dort bereits schon auf sie sehr aufmerksam zu werden und dort gehen jetzt die Leute gegen solcherart Verdächtigte sehr scharf vor. Nicht daß ich mich darum kümmern würde, wenn man im Zusammenhang damit auch gegen mich etwas unternehmen würde. Nur: es war für mich ein großer Schock. Ich schreibe Euch das, um euch wenigstens anzudeuten, wie es steht. Ihr braucht ja nichts Näheres zu wissen. In Wirklichkeit besteht doch auch kaum eine Verbindung, die über die traditionelle Freundschaft der Jahrzehnte hinausgeht. Nehmt es ruhig und ich glaube, du solltest den Brief am besten gleich vernichten – wozu solch ein Zeug erst aufheben.

Hoffentlich geht es Adolf besser.
Euch beiden herzliche Grüße
Franz

---

[1] Walter Ulbricht, Erster Sekretär des ZK der Sozialistischen Einheitspartei Deutschlands und Vorsitzender des Staatsrats der DDR.

441. AN CAROLA WEINGARTEN
Paris 8e, 12/4 60
rue de Miromesnil, Hotel Beauvau

Liebe Carola,
ich muß zu meinem gestrigen Brief noch etwas nachholen: Es ist nicht so, daß sie etwas verschweigen will. Im Gegenteil. Sie meint nur, man wird sie drüben nicht mehr verstehen, nachdem man dort ein anderes Bild von ihr hat. Sie fühlt sich grundsätzlich anders und wie neu geboren. Sie bedauert sehr, daß sie nicht mehr darüber schreiben kann. Selbst aus den Schriften, die sie jetzt veröffentlicht, geht dies nur für die wenigen, die den Trend kennen, hervor. Es ist mehr im Unterstrom, bestimmt, der Jugend (im wesentlichen der studentischen) einen Halt für die nächste Zukunft zu geben, nach dem sie sich richten können. Das geht soweit, daß das neue Diederichs Buch, das bereits im Druck war, von ihr zurückgezogen worden ist. Es würde sich nicht lohnen, es noch einmal zu überarbeiten, zu viel hat sich geändert und es entspricht eben nicht mehr der Linie. Von Euch spricht sie mit größter Verehrung und wirklich echter Anhänglichkeit, besonders von Adolf. Das ist auch der Grund, warum sie Euch hierhaben möchte, um Euch persönlich alles zu erklären.

Ich muß noch einiges auch über mich hinzufügen. Wie Ihr Euch vielleicht noch erinnert, bin ich damals nach New York gekommen, ohne Ahnung von dem tiefen Riß innerhalb der Emigration, dem tiefen Haß des größten Teils gegen sie – der mich unmittelbar in eine Atmosphäre der „Mitschuld" hineingezogen hat, zum mindesten mich sofort distanziert hat. Ganz unberechtigterweise, denn ich wußte noch nicht einmal genau um was es sich handelte und was es im Einzelfall zum Beispiel mit einem Tito auf sich hat. Außerdem bin ich ja eben auch kein Politiker. Heute ist es plötzlich noch einmal wieder genauso. Tito ist wieder ein stinkender korrupter Lump geworden, das Land ein großer Misthaufen etc – na schön, meinetwegen; mich stört das nicht weiter. Aber natürlich hat sich hier wieder der gleiche Haß entwickelt. Die Herren von dem 4. Kegelklub[1] werde ich kaum aufsuchen können, ohne nicht in ein persönliches Für und Wider verwickelt zu werden und ohne nicht meine Stellungnahme erklären zu müssen, wobei ich absolut keine habe, im Augenblick wenigstens, was mir die Leute nicht glauben. Damit fallen fast alle meine Adressen, die mir Mattick gegeben hatte. Ich werde übrigens an diesen schreiben, daß er dir aus der Buchhandlung das Buch von Joan London, Jack London and his Time, besorgen soll – ich hatte es Dir versprochen. Ich habe bereits von diesem Haß einen Vorgeschmack bekommen, als ich zufällig diesen geschäftstüchtigen Halbnarren Picard aufgesucht habe, für den ich für Ilse Fuhrmann etwas erledigen sollte. Kaum fiel ihr Name auf die Frage, mit wem ich hier zusammenkomme, eisiges Schweigen. Der Mann hat sich nicht mehr die Zeit genommen, die Liste der Bücher, die er für Ilse Fuhrmann besorgen sollte, fertig zu machen, und ich bin sicher, daß er nichts tun wird. (Selbst um das Opfer zu bringen, eine kleine Kommission zu verlieren ... das ist die Lage hier.)

Nun noch etwas mehr Persönliches. Die rue Miromesnil ist strategisch sehr geeignet, als Anmarschstraße für die Demonstrationen gegen de Gaulle zu dienen, neben einigen andern so schmalen Straßen, die direkt auf den Place Beauvau mit dem Innenministerium und dem Präsidenten Palais nebenan führen. Die ganze Gegend wimmelt daher von Cops. Es ist eine ständige Hochspannung in der Luft, die mir im Gegensatz zu meinen mehr psychologischen Schwierigkeiten, der Grippe und dem Durchfall, sehr wohltut. Mich vielleicht überhaupt erst über Wasser hält. Die Reihe Häuser an der Ecke Miromesnil und Place Beauvau, zu der auch das Hotel gehört, stoßen mit dem Gewirr ihrer Hinterhäuser direkt an das Innenministerium. Von dort kommt gelegentlich eine Invasion von Ratten, die an den Aktendeckeln und Polizei Dossiers nicht genügend zu fressen haben und nach Brotresten aus sind, die sich wiederum in unsern Häusern finden. Erstaunlicherweise – so weit reicht noch die Autorität – siedeln diese Ratten nicht nach dem Präsidenten Palais hinüber. Ich glaube nicht, daß der Herr National Gardist, der an das Schilderhaus gelehnt steht, mit eingedrückten Knien und Ansatz zum Hängebauch, den Ratten Angst und Respekt einflössen kann. Herr de Gaulle, der ja sehr sparsam sein soll, würde trotzdem den am Aktenstaub verhungernden Ratten etwas zu fressen servieren lassen.

Ansonsten führe ich die Dame den ihr vom Arzt vorgeschriebenen Spaziergang nach dem Abendessen die Champs-Élysées auf und ab, eine gute Stunde. Obwohl ich sehr gern Straßen laufe, werde ich müde. Das geht so lange, bis im amerikanischen

Drugstore an der Ecke Place Étoile die erste Ausgabe der Herald Tribune erscheint, dann gehen wir nach Hause. Jetzt habt ihr das volle Bild.

Keine Angst, ich werde nicht mehr oft schreiben. Vielleicht von Frankfurt aus, wenn ich deine Schwester besucht haben werde.

Herzlichen Gruß, bleibt beide gesund und munter
Franz Jung

Bitte zerreißt den Brief.

1 IV. Internationale.

442. AN HANS SCHWAB-FELISCH
Paris 8e, 12/5 60
24 rue de Miromesnil, Hotel Beauvau

Lieber Schwab,
ich bin wieder in Europa und ich melde mich bei Ihnen nach der Möglichkeit zu fragen, ob und wann wir uns treffen können. Ich habe Sie nicht mehr im Impressum der FAZ gefunden und muß annehmen, Sie sind aus der Zeitung ausgeschieden? Hoffentlich erreicht Sie der Brief noch über die alte Wohnungsadresse.

Was mich anlangt, so denke ich etwa bis Ende des Monats in Paris zu bleiben. Ich muß dann vorübergehend für ein paar Tage zum Luchterhand Verlag und bleibe dann einige Zeit in Locarno[1]. Wenn Sie mir ungefähr angeben können, wann und wo Sie zu erreichen sein werden, kann ich es so einrichten, daß ich Sie zwischen meinen Terminen aufsuchen kann.

Hoffentlich geht es Ihnen gesundheitlich gut, ebenso wie der Frau Gemahlin und dem Herrn Junior
mit besten Grüßen allerseits Ihr
Franz Jung

1 Jung ist seit seiner Ausweisung aus der Schweiz wegen Verdachts der Wirtschaftsspionage im September 1939 trotz mehrmaliger Anträge nie wieder die Einreise gestattet worden.

443. An Oda Schaefer
Paris 8e, 12/6 60
24 rue de Miromesnil, Hotel Beauvau

Liebe Oda Schäfer,
ich [bin] wieder in Europa und begrüße Sie.
Vorläufig werde ich noch einige Wochen in Paris bleiben. Dann habe ich einige Tage beim Luchterhand Verlag zu tun und bin dann nach Locarno zu Karl Otten eingeladen. Auf dem Wege werde ich sicherlich durch München kommen. Ich nehme an, daß dies so etwa im Januar – Februar sein wird. Ich hoffe, daß ich Sie dann persönlich sehen kann. Werden Sie in München sein und wann in dieser Zeit nicht? Wenn es Ihnen möglich ist, schreiben Sie mir, damit ich Sie auch wirklich antreffe.
Hoffentlich sind Sie bei guter Gesundheit. Meine Empfehlung an Horst Lange. Und für Sie herzliche Grüße
Franz Jung

444. An Cläre Jung
Paris 8e, 12/6 60
24 rue de Miromesnil, Hotel Beauvau

Liebe Cläre,
wie du siehst bin ich bereits in Europa gelandet. Ich werde wohl hier in Paris noch bis Ende des Monats bleiben. Dann wird es sich erst entscheiden, ob ich erst nach Locarno für einige Wochen gehe und dann erst nach Deutschland oder umgekehrt. Davon hängt es natürlich auch ab, ob und wann wir uns treffen könnten. Aber, wenn du mir nach hier schreiben willst in der Zwischenzeit, so erreicht mich der Brief noch auf alle Fälle bis Ende Dezember.
Ich werde hier in Limoges unsern alten Freund Raoul Hausmann aufsuchen, der sich furchtbar über das Huelsenbeck Buch[1] geärgert hat und auch in dem französischen Dictionnaire Dada[2] eine Entgegnung geschrieben hat. Er malt wieder, hatte einige Ausstellungen und ist innerhalb der Konstruktivisten Gruppe der Modigliani Schüler sehr angesehen.
Ich war hier einige Tage mit einem starken Grippe Anfall ans Zimmer gefesselt und habe hier Literatur und Zeitschriften aus

der DDR reichlich im Lesen nachgeholt. Einiges ist schon wieder gut gekonnt (technisch-literarisch gesehen), einiges ist dafür aber auch völlig unbegabt und geradezu scheußlich. Ich habe absolut nichts gegen Propaganda und Erziehungs Literatur und alles das. Das ist ein völlig selbständiger Zweig im Schrifttum. Erstens muß auch das gekonnt sein und zweitens darf man es nicht allgemein mit der Literatur als Schrifttumszweig der Menschen-Ich-Gestaltung und Reflexe (um nicht zu sagen Kunst und Dichtung) zusammenbringen. Das sind zwei deutlich getrennte Zweige in der Handhabung der Schriftsprache. Das hat mit „Realismus" und solchen Schlagworten mehr nichts zu tun. Zum Beispiel ist der neue Roman von Bredel[3] geradezu ein Beispiel von Mißverständnis und Ahnungslosigkeit – das muß ja viel mehr schaden als nutzen, aber nebenbei: in der No 7 1960 der NDL, der Neuen Deutschen Literatur, befindet sich eine Zuschrift eines IM Lange[4] über den revolutionären Expressionismus und den Pfemfert Kreis. Etwas oberflächlich und vielleicht viel zu „vorsichtig" formuliert, aber im allgemeinen durchaus richtig. Das merkwürdige ist, daß dieser Mann geradezu das Kunststück fertig bringt, mich zu verschweigen. Sicherlich ohne eine besondere Bösartigkeit oder Unkenntnis – man spürt geradezu, wie der Mann indirekt und zwischen den Zeilen von mir spricht. Aber was liegt da wirklich vor? Ich wäre ja eigentlich berechtigt, endlich einmal das zu erfahren, die Gründe ... vielleicht kannst du mir sagen, wer dieser IM Lange überhaupt eigentlich ist?

Aber wenn nicht, wird es auch so weiter gehen. Das Ironische dabei ist obendrein noch, daß dieselbe Ruth [Fischer], durch deren Association ich mir den Haß der Wieland Klique zugezogen habe, bereits wieder dabei ist sich der Gnadensonne ihrer Brüder und der SED zu erfreuen. Vorläufig noch an der Spitze, nach einigen Monaten wird das dann auch bis ins Fußvolk der Literaten vorgedrungen sein.

Ich hoffe dich bei guter Gesundheit.
Meine Empfehlung und Grüße an deine Schwestern
und [sei] du selbst herzlichst gegrüßt
Franz

---

1 „Mit Witz, Licht und Grütze. Auf den Spuren des Dadaismus", Wiesbaden 1957.

2 Nicht nur Hausmann, sondern auch Jung hat sich für Georges Hugnets „Dictionnaire du Dadaisme" über seine Stellung zu Dada geäußert, vgl. Brief vom Dezember 1960 an Georges Hugnet.
3 Von Willi Bredel erschien 1960 „Unter Türmen und Masten. Geschichte einer Stadt in Geschichten", Aufbau-Verlag Berlin.
4 „Ein Brief nach Moskau" [an Ilja Fradkin]. Vgl. auch I.M.Lange „Dämmerung eines Schlagwortes". In: *NDL* H. 12, 1969, S. 155–162. Lange war Buchhändler (1918/19 in der Buchhandlung „Die Aktion"), Redakteur und Schriftsteller. Cläre Jung hatte schon 1958 von Lange berichtet, er habe einen „Sammelband mit Beiträgen aus der Zeit von 1918–1950" herausgegeben: „Die Zeit trägt einen roten Stern. Deutsche Schriftsteller berichten über Revolution und Klassenkampf", Aufbau-Verlag 1958.

445. AN GEORGES HUGNET
[Dezember 1960]

Je dois dire d'abord que je ne me sens nullement qualifié à juger de la valeur artistique de dada ni de son influence sur l'évolution culturelle. Lorsque le Mouvement dada proprement dit était au zénith de son éclosion artistique, je n'en faisais plus partie. C'est pourquoi, au fond, on ne peut pas me compter parmi les dadaistes. Cela n'empêche que je m'identifie à dada, aujourd'hui comme à l'époque.

La branche allemande du Mouvement dada est née de motifs politiques uniquement. Le début s'identifie avec les groupes locaux du „spartacus" qui, vers le fin de 1918 et après le révolution s'unissaient en un mouvement politique. En 1916, j'appartenais, avec cinq camarades d'opinion, à un tel group: nous nous occupions à timbrer des billets d'un mark avec des slogan comme „A bas la guerre", „Soldats, jetez les armes", „La guerre est perdue", etc., puis en entrainement la jeunesse du „Wandervogel" (Oiseau migrateur – mouvement libre comparable aux Eclaireurs) à incendier des granges ce qui, à l'époque, déclenchait à Berlin une grande action policière, bref à faire ce qu'on appelait plus tard, en France, la résistance. D'un tel groupe venait le périodique Freie Straße (Route libre). De cette façon, les camarades – pas tous, la pluspart n'avait aucun intérêt littéraire – se sentaient peu à peu le besoin de toucher le public aussi par des provocations écrites. A l'époque, je collaborais encore au périodique *L'Action*, édité par Franz Pfemfert. De dernier mit à ma disposition son imprimeur et également du papier, condition essentielle, puisque, à l'époque, le papier et l'impression étaient sous licence et que chaque nouvelle publication nécessitait un permis de la police. La *Route libre* n'avait officiellement ni éditeur, ni imprimeur, tous les noms étaient fictifs. L'idée du périodique était de servir come estrade à ceux qui avaient quelque chose à dire contre l'époque, contre de gouvernement, contre la guerre, contre la société en général. Nous adressions gratuitement des numéros à des amis, à des personnes intéressées et à des adversaires manifestes. Le périodique était placé sous une citation de l'imitation du Christ: *Pourquoi recherches-tu la quiétude situ es né pour l'inquiétude.* Après la sortie des deux premiers numéros – l'un contenait un essai de moi avec un appel à la destruction de la société par tout moyen approprié, l'autre des estampes sur bois de Schrimpf accompagnées d'un texte court – Hausmann vint nous trouver. Tout de suite il fut à l'unisson, il nous stimulait par ses idéas; en réalité, c'est Hausmann qui, par son infatigable volonté de ne rien abandonner, a rendu possible la continuation de la publication. Vers la fin de 1916 et le début de 1917, s'étaient ainsi trouvées plusieurs centaines de personnes intéressées, à Berlin comme en province, dont le périodique était devenu une espèce de centre spirituel.

Parmi les personnes qui, au courant de l'année 1917, venaient nous joindre il faut mentioner surtout le dessinateur John Heartfield, le peintre George Grosz et Huelsenbeck. Ce dernier venait de Zurich, du cercle du Cabaret Voltaire et apportait son roman *Dr. Billig à bout de son rouleau.* Pour offrir à ces nouveaux venus la possibilité de collaborer plus amplement, nous éditions le périodique *Neue Jugend (Jeunesse nouvelle)*, essentiellement grâce à l'initiative de John Heartfield. C'était là, au fond, le premier périodique dada en Allemagne. La feuille parassait dans le grand format du *Times* londonien, imprimée en trois couleurs. Si l'on veut bien se rappeler que, à l'époque, les grands quotidiens, à cause du manque de papier, n'avaient que quatre pages et pas d'annonces et que, en outre, toute sortie de publications nouvelles était en principe défendue, je *Jeunesse nouvelle* était une provocation extraordinairement efficace. Les cahiers contenaient des articles de Grosz, Huelsenbeck, de Hausmann et de moi. La mise en page avec son extrême provocation politique appartenait à Heartfield. Chaque fois c'était une vraie astuce d'arriver à imprimer et sortir le périodique. Avec quelques efforts nous réussissions même de l'apporter aux kiosques où il fut saisi une demi-heure après au plus tard, juste le temps que premait la procédure de la saisie. Le gros de l'édition était alors expédié, caché dans des enveloppes de grands établissements que nous nous étions procurées ou imprimées dans ce but.

Tous les numéros de la *Route libre* ainsi que de l'édition en grand de la *Jeunesse nouvelle*, beaucoup de documentation sur les actions policières, la réaction du public, etc., se trouvent encore aujourd'hui chez Madame Claere Jung (à l'époque ma femme et collaboratrice), à Berlin-Est, Damerowstr. 46. Il n'est évidemment pas facile de transférer ce matériel au secteur ouest, mais s'il y a des doutes sur ce que je viens de dire, on pourrait peut-être l'obtenir. La collection parviendra probablement à un institut de la D.D.R. de l'Allemagne.

Plus la crise politique approchait de son explosion, moins je pouvais m'occuper moi-même du côté plutôt littéraire et artistique de notre travail dans le groupe Spartacus. Ainsi le champ restait libre en groupe Huelsenbeck-Grosz, auxquels se joignait finalement, après la guerre, le frère de Heartfield, Wieland Herzfelde. Ce dernier avait d'abord essayé de contrecarrer et même d'empêcher par tous les moyens l'édition en grand de la *Nouvelle jeunesse* en bloquant à son frère l'accès à l'héritage paternel. Puis, en 1919, il ré-éditait la *Nouvelle jeunesse* en un format plus petit dans le genre des périodiques littéraires courants et sans physionomie propre. Hausmann essayait de continuer par une tendance moyenne de politique et de provocation littéraire, utilisant dans ce but le *Club Dada* en se servant des noms que Huelsenbeck avait apportés de Zurich. Dès lors, le mouvement, déjà émoussé politiquement, naviguait, sous le nom de dada, aussi en Allemagne. (Vers la fin de 1918 seulement, vers le tournant de la révolution.)

C'est Hausmann qui introduit Baader dans le Mouvement. Hausmann l'avait aperçu depuis son studio à Mariendorf (faubourg de Berlin), lorsqu'il faisait le prophète, chantant des cantiques, entouré de femmes âgées, et prêchant le retour de Dieu que allait maintenant apporter la paix dans le monde. Il appelait sa secte *L'Armée de l'Unique*, et soi-même le sergent-major de cette armée. Hausmann le fit monter chez lui dans son studio et l'entrainait durant des semaines à son rôle de dada-prêcheur; ainsi naquit le dada suprême. Chaque geste, chaque mot, chaque réaction de Baader lui étaient soufflés par Hausmann. Il devenait, comme on dit en Amérique, un zombi, un outil privé de toute volonté propre. Je suis loin de vouloir noircir après coup le mémoire de cet homme, finalement il s'est laissé, avec ou sans volonté, utiliser à toute provocationpolitique et s'est toujours mis à la disposition. Mon rôle dans le Mouvement dada et au fond toute relation direct finissaient déjà en novembre 1918. Il n'y avait pas une coupure proprement dite entre les amis, les camarades et moi, mais j'avais d'autres tâches à remplir qui ne me laissaient plus de temps libre pour dada. Par exemple, contrairement à ce qu'on dit, je n'ai jamais collaboré au périodique *Die Pleite („La faillite")* édité plus tard. C'est par hasard que j'étais présent à la soirée mal famée au Salon Burchard, lorsque les dadaistes rassemblés sur l'estrade, Grosz, Hausmann, Heartfield et encore deux autres dont je ne me souviens plus les noms – on exécutait la sinfonie sur machines à écrire provenant du futurisme – se lançaient vers le public et commençaient à le frapper, des petits bourgeois curieux qui s'étaient tenus jusque là comme des agneaux sans oser manifester quelque déplaisir. De cette façon, le public fut chassé par des coups hors la salle. Je ne faisais plus partie du groupe à l'estrade, mais du public, et c'était là la différence.

Diesen Brief schrieb Jung auf Anfrage von Georges Hugnet, der ihn in seinem „Dictionnaire du Dadaisme", Paris 1976, S. 158–160 abdruckte. Deutsche Übersetzung (von Pierre Gallissaires):
Zunächst muß ich sagen, daß ich mich keineswegs dazu berechtigt fühle, weder Dadas künstlerischen Wert noch dessen Einfluß auf die Kulturentwicklung zu beurteilen. Als die eigentliche Dada-Bewegung auf dem Höhepunkt ihrer künstlerischen Entfaltung war, war ich nicht mehr beteiligt. Deswegen kann ich nicht zu den Dadaisten gerechnet werden, was mich aber nicht daran hindert, mich heute wie damals mit Dada zu identifizieren.
Der deutsche Zweig der Dada-Bewegung ist einzig und allein aus politischen Gründen entstanden. Am Anfang identifiziert er sich mit den lokalen „Spartakus"-Gruppen, die sich gegen Ende 1918 und nach der Revolution zu einer politischen Bewegung zusammengeschlossen haben. 1916 gehörte ich mit fünf Gesinnungsgenossen einer solchen Gruppe an. Wir beschäftigten uns damit, 1 Mark-Scheine mit Parolen wie „Nieder mit dem Krieg!", „Soldaten, werft Eure Waffen weg!", „Der Krieg ist verloren!" usw. zu versehen und, indem wir die Wandervogel-Jugend (eine freie Bewegung, vergleichbar mit den Pfadfindern) dazu brachten, Scheunen in Brand zu stecken, was damals eine große Polizeiaktion in Berlin auslöste – kurz, das zu tun, was man später in Frankreich „résistance" genannt hat. Die Zeitschrift *Freie Straße* wurde von einer solchen Gruppe herausgegeben. Auf diese Weise spürten die Genossen – zwar nicht alle, da die meisten gar kein literarisches Interesse hatten – nach und nach das

Bedürfnis, das Publikum auch durch schriftliche Provokationen zu erreichen. Zu der Zeit war ich immer noch ein Mitarbeiter der von Franz Pfemfert herausgegebenen Zeitschrift *Die Aktion*. Er stellte mir seinen Drucker sowie Papier zur Verfügung, was damals wesentlich war, da für Papier und Druck eine Lizenz zu erwerben war und jede neue Veröffentlichung eine polizeiliche Genehmigung haben mußte. Offiziell hatte *Die freie Straße* weder einen Verleger noch einen Drucker, alle Namen waren fingiert. Die Zeitschrift war als Tribüne für diejenigen gedacht, die etwas gegen die Epoche, gegen die Regierung, den Krieg und die Gesellschaft überhaupt zu sagen hatten. Wir verschickten die Nummern kostenlos an Freunde, Interessierte und offensichtliche Gegner. Sie stand unter einem Motto aus der Nachfolge Christi: *Warum suchst Du Ruhe, wenn Du zur Unruhe geboren bist?* Nachdem die beiden ersten Nummern herausgekommen waren – die eine enthielt eine Abhandlung von mir mit einem Aufruf zur Zerstörung der Gesellschaft durch jedes geeignete Mittel, die andere Holzschnitte von Schrimpf mit einem kurzen Text –, besuchte uns Hausmann. Er stimmte gleich mit uns überein, er regte uns mit seinen Ideen an. Tatsächlich war Hausmann derjenige, der es durch seinen unermüdlichen Willen, nichts aufzugeben, ermöglicht hat, die Veröffentlichung fortzusetzen. So konnten gegen Ende des Jahres 1916 und Anfang 1917 mehrere Hunderte von Interessierten sowohl in Berlin als in der Provinz gefunden werden, für die die regelmäßig erscheinende Zeitschrift eine Art geistiges Zentrum geworden war.
Unter denen, die sich uns im Laufe des Jahres 1917 angeschlossen haben, muß man vor allem den Zeichner John Heartfield, den Maler George Grosz und Huelsenbeck erwähnen. Der letztgenannte kam aus dem Zürcher Kreis um das Cabaret Voltaire und brachte seinen Roman *Dr. Billig am Ende* mit. Um diesen Neuankömmlingen die Möglichkeit einer breiteren Mitarbeit anzubieten, gaben wir die Zeitschrift *Neue Jugend* heraus, vor allem dank der Initiative John Heartfields: sie war im Grunde genommen die erste Dada-Zeitschrift in Deutschland. Das Blatt hatte das große Format der Londoner *Times* und war dreifarbig. Wenn man bedenkt, daß die großen Tageszeitungen damals aus Papiermangel nur vier Seiten und überhaupt keine Anzeigen hatten und daß jede neue Veröffentlichung prinzipiell verboten war, so war die *Neue Jugend* eine außerordentlich wirksame Provokation. In den verschiedenen Heften waren Artikel von Grosz, Huelsenbeck, Hausmann und mir zu lesen; was den politisch äußerst provozierenden Umbruch betrifft, das war Heartfields Werk. Der Druck und die Herausgabe der Zeitschrift erforderten jedesmal wirkliche Findigkeit: mit einigen Anstrengungen gelang es uns sogar, sie in die Zeitungskioske zu bringen, wo sie spätestens nach einer halben Stunde beschlagnahmt wurde – das heißt genau nach der Zeitspanne, die die Prozedur der Beschlagnahme braucht. Der Hauptteil der Ausgabe war bereits in Umschlägen von großen Firmen versteckt und verschickt, die wir uns zu diesem Zweck verschafft oder gedruckt hatten. Alle Nummern von *Die freie Straße*, sowie die großformatigen Ausgaben von *Neue Jugend* sowie eine umfangreiche Dokumentation über die Polizeiaktionen, die Publikumsreaktionen usw. befinden sich noch heute bei Frau Cläre Jung (meiner damaligen Frau und Mitarbeiterin) in Ost-Berlin, Damerowstr. 46. Es ist selbstverständlich nicht leicht, dieses Material in den westlichen Sektor zu transportieren, man könnte es aber vielleicht schaffen, falls Zweifel an dem, was ich hier gesagt habe, bestehen sollten. Die Sammlung würde wahrscheinlich einem Institut der DDR zugehen.
Je weiter sich die politische Krise der Explosion näherte, desto weniger konnte ich mich selbst mit der eher literarischen und künstlerischen Seite unserer Arbeit innerhalb der Spartakus-Gruppe beschäftigen. So wurde der Huelsenbeck-Grosz-Gruppe freie Hand gelassen, der sich nach dem Kriege Heartfields Bruder,

Wieland Herzfelde, anschloß. Dieser hatte zunächst versucht, mit allen Mitteln der großformatigen Ausgabe von *Neue Jugend* entgegenzuwirken und sogar zu verhindern, indem er seinem Bruder den Zugang zum väterlichen Erbe versperrte. 1919 gab er die *Neue Jugend* neu heraus, in dem kleineren, für literarische Zeitschriften üblichen Format, ohne eigenen Charakter. Hausmann versuchte, eine Linie der mittleren politischen und literarischen Provokation fortzusetzen, indem er zu diesem Zweck den *Club Dada* mit den von Huelsenbeck aus Zürich mitgebrachten Namen benutzte. Von nun an segelte die politisch schon abgestumpfte Bewegung auch in Deutschland unter dem Namen Dada (erst gegen Ende 1918, um die Wendezeit der Revolution).

Baader wurde von Hausmann in die Dada-Bewegung eingeführt. Dieser hatte ihn vor seinem Atelier im Berliner Vorort Mariendorf bemerkt, als er, den Propheten spielend und von älteren Frauen umgeben, Kirchenlieder sang und Gottes Rückkehr verkündete, der jetzt der Welt den Frieden bringen sollte. Seine Sekte nannte er *Die Armee des Einzigen* und sich selbst den Oberfeldwebel dieser Armee. Hausmann ließ ihn zu sich ins Atelier hinaufkommen und schulte ihn wochenlang in seiner Rolle als Dada-Prediger: so entstand der Oberdada. Jede Geste, jedes Wort, jede Reaktion Baaders wurden ihm von Hausmann souffliert; er wurde, wie man in Amerika sagt, ein Zombie, ein jeden eigenen Willens beraubtes Werkzeug. Ich bin weit davon entfernt, das Andenken dieses Mannes im nachhinein beflecken zu wollen – er hat sich schließlich, ob er es wollte oder nicht, zu jeder politischen Provokation benutzen lassen und sich immer wieder zur Verfügung gestellt. Meine Rolle innerhalb der Dada-Bewegung und im Grunde jede direkte Beziehung zu ihr waren schon im November 1918 zu Ende. Es gab eigentlich keinen Bruch zwischen den Freunden, den Genossen und mir, ich hatte aber andere Aufgaben zu erfüllen, die mir keine Zeit für Dada ließen. Zum Beispiel habe ich niemals – im Gegensatz zu dem, was behauptet wird – an der Zeitschrift *Die Pleite* mitgearbeitet, die später herausgegeben wurde. Nur zufällig war ich bei dem berüchtigten Abend im Salon Burchard anwesend, als die auf der Bühne versammelten Dadaisten, Grosz, Hausmann, Heartfield und zwei andere, an deren Namen ich mich nicht mehr erinnere, – während man die vom Futurismus stammende Schreibmaschinensymphonie aufführte – sich auf das Publikum stürzten und begannen, diese neugierigen Kleinbürger zu verhauen, die bisher wie Schafe dagesessen waren, ohne es zu wagen, das geringste Mißfallen zu äußern. So wurde das Publikum mit Schlägen aus dem Saal gejagt. Ich gehörte nicht mehr zur Gruppe auf der Bühne, sondern zum Publikum – das war der Unterschied.

446. An Oskar Maurus Fontana
Paris 8e, 12/16 60
1 rue de Messine, chez Me Ruth Fischer

Lieber Fontana,
ich bin im Augenblick wieder in Europa, ich weiß nicht für wie lange. Vorläufig war ich 4 Wochen in Paris. Ich gehe vorübergehend für 2 Wochen nach Frankfurt. Dann zum Luchterhand Verlag nach Neuwied, wo ich mich um die Fertigstellung meines Buches[1], das bald herauskommen soll, kümmern will. Dann werde ich wieder kurz nach Paris zurückgehen und dann vielleicht nach München für weitere 2 Wochen. Ich denke, das ist das ganze Schema, ein Zwischenaufenthalt in Locarno bei Karl Otten ist auch vorgesehen. Wie wäre es denn mit Dir. Bist du in dieser Zeit an einem der Plätze. Vielleicht könnten wir uns in München treffen? Wenn ich, was aber gar nicht sicher ist, nach Italien gehe, um noch einmal Sylvia zu sehen, die in San Giovanni Rotondo jetzt die ungarischen Pilger betreut, könnte ich eventuell auch durch Wien kommen. Aber das ist noch ganz unsicher.

Laß mal von dir an meine Pariser Verbindungsadresse hören. Wie geht es Euch beiden. Hoffentlich gesund?

Und recht schöne Feiertage und ein glückliches Neues Jahr und viele Grüße an Euch
Franz Jung

---

1 „Der Weg nach unten" erschien im Herbst 1961.

447. An Carola Weingarten
Paris 8e, 12/16 60
1 rue de Messine, chez Ruth Fischer

Liebe Carola, ich gebe hier das Hotel am 22sten auf und gehe für etwa 2 Wochen nach Frankfurt. Ich habe deine Schwester[1] gebeten, mir eine Reservation in einer nicht zu teuren Pension zu machen oder ein möbliertes Zimmer zu finden (wenn das überhaupt geht). Das letzte Mal in Fr habe ich ein paar Tage im Bunker am Bahnhof schlafen müssen – das war auch etwa um die gleiche Zeit, zwischen Weihnachten und Neujahr. Ich hatte auch an R[osa] wegen Geldes geschrieben, nicht so sehr aus einer augenblicklichen Dringlichkeit heraus, als um nur sicher zu sein, daß ich darauf rechnen kann, wenn es notwendig werden sollte.

In Frankfurt muß ich bis etwa zum 6. Januar, wo ich in Neuwied bei Luchterhand erwartet werde, den 3. Teil des Buches verstärken. Bei Otten, wie angenommen und eingeladen, kann ich nicht bleiben, er zieht um, praktisch will er sich um die Zusage, die Korrekturen zu machen, drücken, nachdem sie schwieriger geworden sind als er wohl erst erwartet hatte. Sein Schimpfen auf den Verlag, mit dem er das zudecken will, kann mir nichts helfen.

Für Ende Januar erwartet mich Ruth eigentlich zurück. Ich werde wohl aber nicht gehen, weiß auch nicht, ob es ihr wirklich ernst damit ist. Ich schreibe darüber ausführlicher aus Frankfurt. Für die Weihnachtswochen erwartet sie ganz hohen Besuch, so hoch, daß selbst die Gefahr, daß ich aus Vergeßlichkeit und unvermutet bei ihr auftauche, ausgeschaltet werden muß. Sie möchte mich selbst schon nicht in der Nähe wissen. Das gleiche gilt für die Sekretärin. Ich habe erst nicht abgewartet, welche direkte Lösung sie für mich vorschlägt, sondern bin mit einer für den 22sten geplanten Abreise zuvorgekommen.

Was meine persönliche Lage anlangt (außer den aktuellen psychologischen Schwierigkeiten), so sieht sie so aus:

Die Leute, die mir die Post etc aus San Franc nachschicken sollten, haben nicht oder nur sehr unvollkommen funktioniert.

Peter, der als Mittelsmann dienen sollte, hat nicht funktioniert. Briefumstellungen, Nachsendungsanträge etc sind nicht abgeschickt worden. Jetzt, am 13ten datiert aus New York, schrieb er mir, daß er da und dorthin, wie Ende November vereinbart, jetzt schreiben will. Damit ist die Unsicherheit über den Renten Check entstanden, der eben gerade am 13. fast wie ein Wunder bei ihm eingetroffen ist. Er schreibt, er wird ihn „morgen" einlösen. Wie er das machen will, weiß ich nicht, da er gar keine Vollmacht hat und damals, als ich das mit erledigen wollte, erklärt hat, die Bank hätte ihm gesagt, es ginge nicht, und so weiter. Lauter Kleinigkeiten, aber sehr bedrückend für mich. Dazu kommt, daß ich nicht weiß, ob Ruth überhaupt bezahlt – außer den schon spärlicher werdenden Essenseinladungen, da die Verabredungen mit „wichtigen Persönlichkeiten", mittags und abends, immer häufiger werden. Die erste Hotelrate habe ich bezahlt. Im ganzen habe ich bereits etwa 600 NF ausgegeben. Und eigentlich für nichts. Meine Schreibmaschine ist aus SF in NY nicht angekommen. Peter behauptet, er kann ohne entsprechendes Papier nicht einmal *nachfragen* im Greyhound Depot (was nicht stimmt). Wie immer es auch ist, damit fällt die Tauschaktion mit Osner vorläufig auch ins Wasser.

Trotzdem ist die finanzielle Lage nicht verzweifelt, mehr psychologisch enervierend. 1) Ich werde von dem Verlag, ich habe hier mit den Leuten schon gesprochen, drei Leute sind extra hergeschickt worden, der Geschäftsführer, der Lektor und eine Sekretärin, entweder das Manuskript zurückfordern oder Geld und zwar für die Revision des MS und ein zweites damit zusammenhängendes Buch. (Ich muß daher eben nur mit der fertigen Umarbeitung bereits auftreten.) 2) Ich habe neben dem Pfemfert Erinnerungs Symposium eine Serie von 6 Sendungen über 3-4 Monate verteilt mit dem West Rundfunk vereinbart. Ich werde in Frankfurt einem Agenten die Auswertung aller meiner früheren Bücher verkaufen, ganz gleich wie. Ich werde weitere Serien im Südwestdeutschen Rundfunk verkaufen können – ich werde dort schon für Verhandlungen erwartet. Das heißt, ich werde genügend Geld, auch als Vorschuß bekommen können, um meinen weiteren Aufenthalt zu finanzieren – auch wenn die Verbindungen zu New York und SF überhaupt nicht mehr funktionieren. Ich bin sicher, ich kann sogar alles Geld, was mir für die Reise gegeben worden ist, bald wiedergeben.

Was ich unmittelbar leider brauche, ist eine funktionierende Schreibmaschine. Von Ruth, die drei hat, habe ich keine bekommen können – es stört die Arbeits Balance, ich hatte mir eine für

5 NF den Tag geborgt, habe sie zurückgegeben und mir diese alte hier, gut 30 Jahre alt, von einem alten Dada Freund[2] geben lassen. Ich muß eine Maschine haben, da ich den ganzen Tag zu schreiben haben werde. Das heißt, ich muß mir eben eine neue in Frankfurt kaufen, wenn es geht auf Abzahlung, auf meinem SF Konto bei der Bank sind schätzungsweise inzwischen etwa 100 Dollar, ich kann mit gutem Gewissen einen Check über 50 Dollar anzahlen, für den Rest könnte mir der Jola[3] die Garantie stellen.

Also – es sieht finanziell keineswegs so bedrohlich aus, wie es sonst scheint. Ich muß nur erst von hier weg. Ich muß das nötige Handwerkzeug haben, das Dach über den Kopf etc und in einer oder zwei Wochen ist die ganze nightmare meiner Abreise und des Aufenthalts hier vergessen.

Gehabt Euch wohl. Gute Gesundheit, gute Feiertage
und herzliche Grüße
Franz

1 Rosa Kirchgatter.
2 Raoul Hausmann.
3 Joseph Lang.

448. AN CAROLA WEINGARTEN
Frankfurt, 12/25 60
Moselstr 60, Hotel Württemberger Hof

Liebe Carola,
meinen Gruß zuvor.

Deine Schwester hat mir das Hotel besorgt, ihre Schreibmaschine mir geliehen, so daß ich voll versorgt bin, um arbeiten zu können – was mir allerdings vorläufig noch sehr schwerfällt.

Ich bleibe hier etwa bis zum 10. Januar, um dann nach Neuwied zu gehen, um zu sehen, was man mit dem Buch noch machen kann. Den dritten Teil will ich hier noch etwas verstärken, auf Anraten des Verlagsleiters, der mich in Paris aufgesucht hat.

In Paris bin ich schließlich mit dem Rubel Kreis mehrmals zusammengewesen, ich habe auch vor einem kleinen zusammengerufenen Kreis über die KAP erzählt, was die Leute erstaunlicherweise noch immer sehr interessiert. Mehrmals bin ich von Dadaisten aufgesucht worden. Ich habe einige Richtigstellungen für den Dictionnaire Dada[1], das in der Éditions Séguir erscheint, geschrieben und Hausmann in Limoges aufgesucht. Bei Picards war ich eingeladen und habe dort den Kreis, den die Fabian sich aufgebaut hat, gesehen, viel Traffik zwischen Bonn und Frankfurt und Paris mit Konferenzen in Zürich und so.

Mit Ruth ist es halbwegs gegangen und eigentlich allmählich besser geworden. Das Maslow Biographie Projekt ist aufgegeben worden. Die etwa 40 Seiten, die davon schon vorlagen, werden irgendwie einmal als Einleitung zu einem Sammelband von Schriften Maslows benutzt werden können. Praktisch habe ich bereits an einem solchen Sammelband gearbeitet, vorerst den vorliegenden Roman ein wenig aufgeteilt, die Kapitel über Scholem, die in der heutigen Form und Atmosphäre einfach antisemitisch wirken müssen, umgestellt und aus den Generalstöchtern und den Generalen einschließlich der Hitler Röhm Episoden Typen flashlights zur Zeitgeschichte gemacht.

Ich habe von Ruth volle Freiheit darüber zu handeln und mit Verlegern zu verhandeln, wenn das Gesamtbild, wie so ein Sammelband aussehen soll, vorliegt. Das eigentliche Maslow Projekt ist aufgegeben worden, weil es für Ruth unmöglich erscheint, die Zeit der 23 Jahre mit Max darzustellen, wobei sie Maslow niemals richtig gekannt [hat] und sich selbst über die Beziehung niemals klar geworden ist, außer der heutigen Leere, die zurückgeblieben ist und die zu einer hektischen politischen Arbeit treibt. (Ihre eigene Bemerkung.) Das ist ihre Version. (Die Darstellung des Konfliktes Maslows mit Moskau, das Auf und Ab etc und das Ende erscheint meines Wissens ihr auch nicht opportun, im Augenblick in einem Erinnerungsbuch zu analysieren.)

Was das Persönliche angeht, hat Ruth den Rest der Hotelrechnung bezahlt, etwa 300 NF, so daß ich Rosa nicht in Anspruch zu nehmen brauchte. Mit meiner Arbeit war ich nicht fertig, aber Ruth erwartete hohen Besuch über die Feiertage, wobei es anscheinend nicht opportun war, mich dabei in der Nähe zu wissen. An und für sich ist vorgesehen, daß ich im März, nachdem ich mit einigen Verlegern hier vorgefühlt habe, wieder nach Paris zurückkomme. Ich weiß aber nicht, ob ich das machen werde. Hier spreche ich vor einem kleinen Kreis von Gewerkschaft

Spitzen Funktionären am 6.1. über die revolutionäre Atmosphäre 1917/18 bis 20/21, der entwurzelte Intellektuelle hineinwachsend in die Anfänge der revolutionären Bewegung, Spartakus etc – praktisch meine Erinnerungen, das Ganze ist mehr aufgezogen als round table Konferenz, ich führe mich ein und beantworte dann Fragen.

Von der Zeitschrift Periodikum, Herausgeber Dr Arno Peters, der zwischen Weimar und Paris hin und her pendelt, bin ich aufgefordert worden zur Mitarbeit, eine persönliche Zusammenkunft wird vorbereitet – viel kann ich da kaum machen, da ich theoretisch über die aktiveren Formen des wissenschaftlichen Socialismus nicht sehr viel weiß und meine eigene Linie heute viel zu eng und beschränkt geworden ist, als daß ich der sonst großartigen Zeitschrift etwas von Nutzen sein könnte.

Ich hoffe es geht euch gut
herzliche Grüße an Dich und Adolf
Euer Franz Jung

1 Vgl. Brief an Georges Hugnet vom Dezember 1960.

449. AN RUTH FISCHER
Frankfurt, 12/25 60
Hotel Württemberger Hof, Moselstr 60

Liebe Ruth,
ich bin hier sogleich wieder in eine Reihe von Verpflichtungen verwickelt worden. Eine komische Zeit. Zunächst ergab es sich bei meinem Routine Besuch bei Jola. Ich werde am 6. Januar vor einem kleinen Kreis von besonders geladenen Spitzen Funktionären der Gewerkschaft Metall sprechen über die Beziehungen der intellektuellen Kreise zur Arbeiterbewegung während des ersten Weltkrieges, der Beginn der Spartakus Gruppen auf diesem Sektor, das Hineinwachsen solcher „entwurzelter" Elemente in die politische Arbeiterbewegung, Spartakus-Bund und KPD, KAPD, dh die revolutionäre Atmosphäre aus dieser Verbindung 1918–20/21. Nicht in einem politischen Vortrag, sondern nur als Einleitung und Einführung zu meiner Person und dann Fragen

beantworten. Der Kreis soll nicht 20 Teilnehmer überschreiten, die Einladungen sollen persönlich sein und individuell ausgewählt etc. Wenn ich nicht ganz auf den Kopf gefallen bin, ist dies eine Art oppositionelle Gruppe innerhalb der Metall, einigen dafür zugänglichen „Kollegen", die Basis einer Stimmung von revolutionärem Auftrieb von einem noch überlebenden Teilnehmer als geschichtliches Erinnerungsbild zu übermitteln. Ob dann auch Fragen die Gegenwart betreffend gestellt werden, weiß ich nicht.

Dann erhielt ich über einen Artur Müller in Stuttgart (beruft sich auf Karl Otten, der ihm mein Manuskript in Aussicht gestellt hatte) die Zeitschrift Periodikum zugesandt, herausgegeben von einem Dr Arno Peters, der zwischen „Weimar und Paris" hin und her pendelt und der über Müller anscheinend anfragt, nicht nur über meine Möglichkeit der Mitarbeit an der Zeitschrift, sondern auch eine persönliche Zusammenkunft arrangieren möchte. In der Zeitschrift, Dezemberheft, ist ein Artikel über Wallstreet[1] von einem Viktor Perlo, New York, der eine sehr gute Analyse über das amerikanische Super Monopol Kapital bringt, ich unterschreibe in diesem Aufsatz jedes Wort – nur existiert dieser Perlo, der als economic consultant in der Einleitung eingeführt wird, in dieser Form bestimmt nicht. So etwas gibt es in Wirklichkeit längst nicht mehr und der heutige amerikanische Wirtschaftsexperte sieht wesentlich anders aus. Wie dem aber auch sei, der Aufsatz ist ausgezeichnet als Bildungsmaterial für das Verständnis der imperialistischen Wirtschaftstendenzen des Westens. Ich habe mit Genugtuung gelesen, daß die verknöcherte Imperialismus Analyse Vargas aufgelockert und den veränderten Tendenzen des Finanzkapitals angepaßt worden ist. Nur gibt es eben kaum einen Perlo, der von New York aus dies festzustellen in der Lage ist.

Ansonsten nichts weiter Neues. Post aus New York lag nicht vor. Rosa Kirchgatter hat mir ihre Maschine geliehen, damit verhindert, daß ich mir eine neue kaufen konnte. Die guten Menschen, die mir alle so unverdient wohlwollen, verstehen nicht, daß mir eine neue Maschine, geräuschlos, ohne technische Mucken geholfen hätte, abgesehen von dem Gefühl einem „Luxusbedürfnis" (der inneren Eigenzärtlichkeit) nachgegeben zu haben, als eine 20 [Jahre] alte klapprige, mit lauter Hemmungen, die mich an die Anpassungsnotwendigkeit an den underdog, die Armut etc erinnern muß, an die Demut der Gesellschaft gegenüber, die ich ein ganzes Leben ignoriert habe und so weiter.

Vielleicht kann ich mich noch einmal aus dem Kreis dieser wohlwollenden Freunde, ohne sie zu sehr zu verletzen, befreien.

Zur Europäischen Verlags Gesellschaft bin ich ohne mein Zutun durch den Lektor, Freund der Rosa, eingeladen, um alle möglichen Verlagspläne zu besprechen (für mich habe ich dort sowieso keine).

Aber anscheinend versprechen sich die Leute etwas von mir – arme Irren. Ich selbst kann mich gerade von einem Tage zum andern aufrechterhalten, ohne nicht in die tiefste Depression zu verfallen.
Herzlichst
  Dein Franz Jung

In dem Periodikum wird übrigens in einem Leserbrief[2] gefordert, daß man sich mit Deinem Buch[3] ausführlicher beschäftigen sollte. (Forderung einer Gruppe von Jungsocialisten)

---

1 „Wallstreet herrscht noch immer". In: *Periodikum für wissenschaftlichen Sozialismus* 1960, H. 19, S. 34–48.
2 Von Hans-Joachim Lehmann in: *Periodikum* 1960, H. 19, S. 1.
3 „Die Umformung der Sowjetgesellschaft. Chronik der Reformen 1953–1958", Düsseldorf/Köln 1958.

450. AN RUTH FISCHER
Frankfurt, 1/4 61

Liebe Ruth,
dies nur zur Mitteilung, daß ich das Hotel aufgebe. Vorläufig kann ich keine andere Nachsendungsadresse angeben. Ich muß dich daher bitten liebenswürdigerweise etwaige Post, die an mich an Deine Adresse dort noch eintreffen sollte, aufzuheben, bis ich mich wieder melde. Ob ich in Neuwied überhaupt arbeiten kann und wohin ich nachher noch gehen sollte, weiß ich nicht.
    Entschuldige die Störung
    viele Grüße
        Franz

451. AN ADOLPH WEINGARTEN
Frankfurt, 1/7 61

Lieber Adolf,
vielen Dank für deinen Brief.

Ob ich alles so machen kann, wie du mir vorschlägst, weiß ich natürlich nicht. Es hängt ja auch von der anderen Seite ab, wie diese mir entgegenkommt. Vorläufig haben sie mir mitgeteilt, daß sie mir in Neuwied ein Zimmer im *Hotel zum Wilden Mann*, Rheinstraße reserviert haben – vielleicht soll das bereits eine Anspielung auf die künftigen Verhandlungen sein.

Hier habe ich gestern das Band[1] besprochen. Es ging mit der Stimme ohne jede Schwierigkeiten. Ich lege dir die Copie bei. Den Leuten hat das ohne die geringste Änderung vorzunehmen anscheinend gefallen.

Ich habe noch 5 weitere Vorträge im Auftrag, beginnend ab März, jeder für 15 Minuten – ich kann mir die Themen aussuchen, einer ist bestimmt über Wilhelm Reich und einer wahrscheinlich über „Dada kommt in die Jahre", basierend auf dem Manifest der Hundertjährigen, das auf der großen Dada Summit Konferenz im März in Paris verlesen werden wird. (Gegen den Frieden! Die Hundertjährigen an die Front!)

Der Vortrag[2] vor der Jola Gruppe im Gewerkschaftsbund ist auch absolviert. Ich habe den staunenden Leuten erklärt, daß man *gegen* das Gesetz sein muß, gegen die Regierung etc (und gegen die Partei) und meine Erlebnisse als Bombenwerfer etc 19 und 20 erzählt und zugleich etwas Reklame für das Buch gemacht.

Morgen fahre ich nach Neuwied. Röschen habe ich sehr wenig gesehen. Ich glaube, sie fühlte sich krank und wollte lieber ohne meine Gesellschaft sein. Ich gehe jetzt mich von ihr verabschieden, nachdem sie mir gestattet hatte sie anzurufen. Ich habe aber vorige Woche mit ihr, Futner und Riepl gesprochen im französischen Lokal Le Bistro.

Hoffentlich geht es Carola besser und sie ist nicht auch böse mit mir.

Viele Grüße Franz

1 Mit Erinnerungen an Franz Pfemfert.
2 Jung sprach am 6.1.1961 im Frankfurter Gewerkschaftshaus vor der Gewerkschaftsjugend über die deutsche Revolution 1918.

452. AN OSKAR MAURUS FONTANA
Neuwied, 1/10 61
Hotel Zum Wilden Mann, Rheinstr.

Lieber Fontana,
vielen Dank für deinen Brief. Es ist schwer zu sagen, wie mein nächstes Programm sein wird. Vorläufig bin ich noch etwa für 8 Tage hier und werde dann erst nach Hamburg gehen müssen. Einmal werde ich auch noch vor Locarno in Stuttgart und München sein. Ich denke, das beste wird sein, bevor ich eventuell nach San Giovanni Rotondo gehe, wo ich Sylvia besuchen will, ich mache den Abstecher direkt nach Wien, bevor wir ein dubioses Treffen irgendwo unterwegs vereinbaren. Also ihr könnt mich in Wien erwarten – das ist dann schon praktisch am Ende meiner Reise. Aber leider ohne Aprikosenschnaps, wenigstens nur sehr sehr sparsam; ich bin bereits zu Rotwein zusammengeschrumpft. Meine Empfehlung an Käthe, aber ich werde es ihr erklären können.

Und dann denke ich, wann ich komme, ich meine den genauen Tag sende ich ein Telegramm (falls so etwas in Österreich aus-

getragen wird) und ich würde dich bitten, dann eine Reservation in einem billigen Hotel in deiner Nähe telephonisch zu machen. Vorläufig sind die Tage des Bristol noch ziemlich weit im Felde.
 Also auf Wiedersehen und seid beide herzlichst gegrüßt
 Franz Jung

453. AN ADOLPH WEINGARTEN
Köln, 1/21 61

Lieber Adolf,
ich bin des Herumreisens schon reichlich müde. Letzten Mittwoch war ich fertig in Neuwied, dann war ich zwei Tage in Düsseldorf, wo ich auch für Ruth etwas zu erledigen hatte, jetzt in Köln und ich fahre morgen weiter wieder zurück nach Frankfurt (für zwei bis drei Tage), dann für einige Tage nach Stuttgart, später nach Baden-Baden und schließlich nach München. Dort werde ich mich zu entscheiden haben, was weiter werden soll und wohin ich dann gehe – wenn ich dann überhaupt noch gehen kann.
 In Neuwied ist alles gut verlaufen. Ich habe die 10 Tage wie ein Wahnsinniger gearbeitet, der dritte und vierte Teil ist wesentlich verändert und das Buch wird etwa in 3-4 Monaten am Markt erscheinen unter dem Titel „Der Weg nach unten. Aufzeichnungen aus einer großen Zeit". Ich habe mit vieler Mühe gerade soviel Vorschuß noch herausholen können, daß ich mich noch die 4 Wochen hier im Lande herumbewegen kann, mit den Reisen und täglichen Hotelkosten und alles das.
 Die 4-5 Vorträge für den hiesigen Rundfunk bekomme ich erst bezahlt, wenn sie gesendet werden. Den Pfemfert Vortrag habe ich aber bis heut nicht bezahlt bekommen, obwohl das versprochen worden war. Aber darum handelt es sich schließlich nicht so sehr, die Leute gehen mir entsetzlich auf die Nerven, und dann ist ja auch überall hier dieses fürchterliche Wetter, Schnee und Matsch und ein eisiger Wind.
 Ich lege dir so einen blödsinnigen Bericht bei, den der Jola veranlaßt hat, ein richtiger Geschäftelhuber. Solche Sachen haben natürlich überhaupt keinen Zweck. Im Verlag Luchterhand

ist man übrigens von einem Erfolg meines Buches keineswegs überzeugt. In dem Augenblick, wo es „links" eingestuft wird, wird es von der großen Presse ignoriert und auch die Kritiker, die eben noch begeistert sich beim Verlag geäußert haben, wagen dann nicht mehr zu schreiben, um nicht selbst auf die schwarze Liste zu kommen. Dies ist bei meinem Buch mit Sicherheit zu erwarten, nachdem es bedeutend nach links auf Anregung der Verlagsleute verschärft worden ist, die gleichgültig, ob der Verlag dabei Geld verliert, es auf eine Kraftprobe ankommen lassen wollen. Das Buch wird also genau wie ich ja selbst die ganze Zeit zwischen die beiden Stühle fallen, denn auch der Osten wird es fast mit Sicherheit ignorieren, schon allein wegen der Angriffe auf die Komintern Politik. Dabei wird es wenig nützen, ob ich inzwischen versucht habe, diese Politik zu erklären. Ich habe dich auf die Liste gesetzt und das Buch wird dir vom Verlag zugehen.

Wenn du mir schreiben willst, schreibe nach München American Express, wo ich bestimmt Ende Januar sein werde.

Wie geht es dir und Carola? Ist sie inzwischen in besserer Stimmung?

Viele Grüße

Franz

454. AN RUTH FISCHER
München, 1/27 61

Liebe Ruth, der Auftrieb, mit dem du mich in Paris so reichlich ausgestattet hast, beginnt sich jetzt rasch zu verflüchtigen. Ich bin inzwischen über meine Tour Frankfurt, Neuwied, wo ich zehn Tage an der Druckfertigmachung des Buches gearbeitet habe, Düsseldorf, Köln, nochmals Frankfurt, Stuttgart, Baden-Baden und neuerdings München zu Tode erschöpft.

Hier habe ich übrigens keinen der Leute, den ich sehen wollte, sprechen können, höchstens kurz telefonisch, wo man mir sagte, sie seien überbeschäftigt, keine Minute Zeit – sorry – oder schwerkrank an Grippe und führen schon morgen zur Erholung in die Berge. Seltsame Leute, man könnte fast annehmen, ich müsse gemieden werden wie ein Aussätziger. Und das sind dieselben Leute, die mir seit Monaten schreiben, sie müßten mich unbedingt sehen etc.

Ich habe einige Vorbesprechungen gehabt über das Maslow Manuskript. Noch kein endgültiges Interesse, dann würde ich ein Treatment einreichen (ganz allgemein) entweder dann das Manuskript oder die Teile von dir einfordern oder die Leute an dich verweisen. Gesprochen habe ich mit Luchterhand, der Europäischen Verlagsanstalt (Riepl) und dem Cotta Verlag. Ich soll überall Bescheid bekommen.

Ich bleibe hier bis Montag, den 31. Ich weiß nicht, ob du bis dahin mir etwaige Eingänge bei dir nachsenden kannst. Ich wohne hier Hotel Grünwald, Hirtenstraße. Sonst muß alles noch bleiben, bis ich mich entschieden habe, wohin ich gehe um für 2 Wochen völlig auszuruhen, ehe ich wieder neu starten kann. Wahrscheinlich nach Wien – nach dem Debakel mit den Münchener Freunden. Ich gebe dann sofort Bescheid – dann können wir alles schriftlich regeln, was noch zu regeln ist. Ich gebe dir auch einen detaillierten Bericht über meine Eindrücke und was ich sonst erreicht habe. Das Buch wird in etwa 3 Monaten auf dem Markt sein, heißt jetzt (nicht ganz zu meinem Vergnügen) Der Weg nach unten. Aufzeichnungen aus einer großen Zeit. Ich hatte Torpedokäfer vorgeschlagen, ein von mir erfundenes Insekt, das mit großer Kraft ein Ziel ansteuert und immer das Ziel verfehlt, mit dem Kopf anrennt, zu Boden geht und langsam sich wieder erholt um immer wieder von neuem zu starten – ein Symbol und Parallele zu mir.

Also gute Wünsche für deine Gesundheit und herzliche Grüße
Franz

455. AN RUTH FISCHER
Wien, 2/1 61
Hotel Goldenes Lamm, Wiedener Landstr.

Liebe Ruth,
ich bin hier in Wien vorläufig sitzen geblieben und werde etwa 10 Tage bleiben und mich ausruhen, ins Cafe gehen und Zeitungen lesen, was so in der Welt vorgeht.

Wenn ich etwas für dich hier tun und ausrichten kann, laß

es mich wissen. Außerdem würde ich dich bitten, alles was bis dahin vielleicht noch für mich an deine Adresse gekommen ist, mir nach hier nachschicken zu lassen. (Nur dies eine Mal.)

Was ich dann weiterhin tun werde, weiß ich noch nicht. Wien ist keineswegs billig.

Hoffentlich bist du gesundheitlich allright
und herzliche Grüße
Franz

456. AN RUTH FISCHER
Wien, 2/3 61
Hotel Goldenes Lamm, Wiedner Hauptstraße

Liebe Ruth, von hier ist im Augenblick nichts weiter zu berichten.

Du erhältst die beiden Couverts schon fertig mit dem Dada Artikel[1] und Brief. Du brauchst sie nur zukleben lassen und abschicken. Den nach New York per Air Mail.

Ich nehme an, daß ich von dir nach hier Post bekomme, dann ausführlicher und mehr. Im Augenblick bin ich ans Hotelzimmer gefesselt mit einer Wiener Grippe, die etwas ganz Besonderes sein soll.

Viele Grüße
Franz

1 „Dada kommt in die Jahre – Raoul Hausmann zum 75."

457. AN HANNELORE MEYER
Wien, 2/6 61
Gußhausstraße 6 bei Fontana

Liebe Frau Meyer,
einliegend eine neue Arbeit, leider auch noch sehr dringend. Der Rundfunk Köln wartet auf das Exposé[1] schon seit 2 Wochen. Die Sache ist deswegen sehr dringend, weil von der Antwort Kölns die weitere Prozedur abhängt. Ist die Antwort mehr negativ, läßt sich sofort mit dem Aufbau einer besonderen Agentur für solche Vorträge beginnen. Titel: das neue Weltbild – ich habe in Stuttgart einen Mann beim dortigen Rundfunk gefunden, der sich brennend dafür interessieren würde. Vorläufig muß ich aber erst die Reaktion in Köln abwarten, die praktisch so eine Art Option darauf haben. In jedem Fall läßt sich Köln aber mit dem größeren Projekt verbinden. Zu wissen aber wie, muß ich erst die Kölner Antwort in den Händen haben. Also: schreiben Sie auf dünnem Quart, etwa 4-5 Durchschläge, den ersten nach Köln, Westdeutscher Rundfunk, Abteilung Kult. Wort, Herrn Roland H Wiegenstein, Köln Wallrafplatz 5, nach meinen ersten beiden Seiten fangen Sie mit einem neuen Blatt an. Zwischen der Einleitung auf Seite drei und dem ersten Namen lassen Sie einen breiteren Absatz, ebenso dann zwischen jedem einzelnen der 4 Namen. Dann zu Seite 6 auch mit einem breiteren Absatz beginnend, ebenso Absätze zwischen den einzelnen Themen-Gruppen. Ebenso meine Seite 8 im Absatz zu dem bisherigen.

Sie senden das Ganze an die gegebene Adresse. Ich lege einen persönlichen Brief an Wiegenfeld bei, den Sie mit dem Exposé mitschicken.

Hoffentlich klappt alles.

Leider habe ich heute vergeblich auf einen Brief von Ihnen gewartet, ich brauche solche Sofort Antwort, nur um zu wissen, ob der Kontakt noch nicht abgerissen ist.

Besten Gruß

Vorläufig weiß ich also, daß von dieser Sache mindestens 3 lesbare und verwendbare Copien bei Ihnen bleiben.

---

[1] Vgl. Brief an Artur Müller vom 23.2.1961.

458. AN PETER JUNG
Wien 4, 2/7 61
per Adr. Oskar Maurus Fontana, Gußhausstraße 6

Lieber Peter,
ich habe nicht früher geschrieben, weil du mir angekündigt hattest, du seiest für 2 Wochen von NY abwesend.

Im Augenblick ist meine Blitztour durch Deutschland hier beendet, und ich fahre von hier Ende der Woche nach Italien für etwa einen Monat, nichts zu tun als mich auszuruhen. Dann werde ich unglücklicherweise wieder nach Hamburg gehen müssen, um dort gestützt auf das Material bei dem Drucker Arnholdt einen Band Fuhrmann für die Darmstädter Akademie[1] zusammenzustellen. Es liegt mir sehr daran, wenn auch weniger Geld dabei zu verdienen ist. Ansonsten habe ich 6 Vorträge im Rundfunk[2] vereinbart, in Köln und Baden-Baden, und in Stuttgart mit einem Rundfunkmann so eine Art Agentur aufgezogen – „Das neue Weltbild", Rundfunk Vorträge aus den entsprechenden Wissenschaftsgebieten, die etwa im Mai anlaufen soll, falls ich ein paar Probevorträge dann fertig habe, als Modell auch für die andern der gewonnenen Mitarbeiter. Das Buch „Der Weg nach unten", Aufzeichnungen aus einer großen Zeit, wird etwa im Juni erscheinen können. (Du stehst auf der Liste der Leute, denen der Verlag das Buch als ein Präsent von mir zuschicken wird.)

Ich lese mit Erstaunen, daß du nach Houston übersiedelst? Bisher hast du mir nichts darüber geschrieben.

Von Italien werde ich dir falls ich nach Hamburg gehen muß schreiben, ob ich Geld benötige und wohin. Vorläufig gilt in dringenden Fällen als Verbindungsadresse die Fontana Wohnung hier. F[ontana] wird mit mir jeweils in Verbindung sein.

Natürlich geht es mir nicht besonders, da ich von einem Hotel zum andern obendrein auch noch Post erledigen muß, Exposees und Artikel schreiben – eben meine letzte Chance so gut als möglich wahrnehmen muß.

Mit vielen Grüßen und besten Wünschen für Joyce
Dein Vater

1 Vgl. Anm. zum Brief vom 2.5.1962 an O.M.Fontana.

2 Geplant waren Essays über Roger Boscovich, Wilhelm Reich, Teilhard de Chardin, Ernst Fuhrmann, die Albigenser, die Magie des amerikanischen Bürgerkrieges und die ersten Christenverfolgungen in Lyon, vgl. den Brief an Artur Müller vom 23.2.1961.

459. AN RUTH FISCHER
Wien 4, 2/7 61

Liebe Ruth,
in aller Eile: von Rosa K[irchgatter] ist nichts nachgeschickt worden, vielleicht auch nichts eingetroffen. Die Adressierung war auch falsch, nicht No 68, wie du adressiert hast, sondern No 9.

Ich kann da leider nichts machen. Hoffentlich war in dem Bankbrief nichts Wichtiges, etwa daß ein Check geplatzt ist, was durchaus möglich sein kann. Die Fontana Adresse, Gußhausstraße 6, bleibt vorläufig, da Fontana, wo ich auch in Österreich oder in Italien sein werde, mit mir in Verbindung bleiben wird. Von dort schreibe ich dir dann auch ausführlicher. Die Chancen für das Maslow Buch, zunächst nur allgemein gesehen, sind sehr gut, wie ich aus Stuttgart gehört habe. Sobald das Interesse etc näher fixiert sein wird, werden wir dann das Manuskript benötigen. Ich denke, das wird bald sein.
    Viele Grüße
        Franz

460. AN CLÄRE JUNG
Wien 4, 2/8 61
Gußhausstraße 6 b/ Oscar Maurus Fontana

Liebe Cläre,
ich fahre jetzt von hier für einige Wochen nach Süd Italien, in die Nähe von Foggia, wo ich mich einige Wochen aufhalten will. Ich werde dort schlecht zu erreichen sein, aber für dringende Nachrichten wird hier Fontana die Übermittelung besorgen, der mit mir jedenfalls in Kontakt sein wird. Ich bin ziemlich erschöpft und muß dort unten eine Anzahl Rundfunkvorträge fertig machen, aus denen erst das Geld kommen soll für die Weiterreise.

Jedenfalls glaube ich wird es besser sein, dir schon von hier aus zu deinem Geburtstage zu gratulieren und dir alles Gute für das nächste Jahr zu wünschen. Ein Dr Raabe vom Schiller Museum in Marbach, der die Expressionisten Ausstellung in West Berlin betreut, wollte dich aufsuchen und Grüße bestellen. Hoffentlich hat er es getan.

Mein Buch wird unter dem Titel Der Weg nach unten. Aufzeichnungen aus einer großen Zeit in einigen Monaten im Buchhandel sein. Weder ich noch der Verlag erwarten davon einen großen Erfolg, weil es mit ziemlicher Sicherheit von allen Seiten „ignoriert" werden wird. Die einzigen Leute, die es positiv vielleicht werten dürften, sind einige zuständige Akademie Mitglieder in Moskau, da das Buch original sehr prorussisch ist. Ob sie es aber für opportun halten werden, sich in Gegensatz zu dem Sumpf in der Ostzone im Augenblick zu stellen, ist zu bezweifeln. Offengestanden, das Gefühl, daß dieses Gesindel um Abusch und Herzfelde überhaupt auch nur das Buch anfaßt, erweckt bei mir Übelkeit. Und im Westen ist es nicht viel anders.

Deinem Wunsch entsprechend sende ich dir anbei auch noch die kleine technische Spielerei – zwar nicht als Geburtstagsgeschenk. Aber dies kann geschehen, wenn du ein Buch aus dem Luchterhand geschickt haben willst. Nenne es (eventuell schon über Fontana) und ich will es dir schicken lassen. (Vorläufig habe ich dort noch Kredit, also beeile dich.)

Und viele Grüße und meine besten Empfehlungen an Deine Schwestern
Franz

461. AN ARTUR MÜLLER
Wien 4, 2/9 61
Gußhausstraße 6 b/Fontana

Lieber Herr Müller,
ich fahre weiter und würde Sie daher bitten, zunächst solange ich noch keine feste Adresse in Italien habe, die Korrespondenz über die Verbindungsadresse Fontana zu führen.

Hoffentlich sind Sie gesundheitlich wieder auf der Höhe und es geht Ihnen besser.

Herr Fontana übrigens glaubt eine Möglichkeit zu sehen, Ihr Stück „Die letzte Patrouille" dem Volkstheater anbieten zu können. Fontana ist so eine Art Berater in der Organisation und ersetzt praktisch den Dramaturgen. Wenn Sie wollen, schreiben Sie ihm doch mal darüber, damit man sich über die Prozedur, das Stück anzubringen, einigen kann.

Von mir ist im Augenblick wenig zu berichten. Ich habe eine große Panne, insofern eine Sekretärin, die für mich verschiedene Exposés von Düsseldorf aus schreiben wollte, verschwunden ist – mit all meinem Material, darunter auch die outline mit speciellen Vorschlägen für eine Vortragsserie[1] im Rundfunk (für Köln bestimmt), Das neue Weltbild betitelt. Daraus könnte man zur Not auch eine Agentur starten, wenn man die Verbindungen aufziehen kann und später auch die Autoren gewinnt. Ich wollte dabei nur den Anstoß geben und die Sache auch mit etwa 5 Vorträgen einleiten. Hätten Sie nicht an einer Partnerschaft Lust?

Aber vorläufig ist alles wieder in der Schwebe und mit weiteren Rückschlägen ist zu rechnen.

Mit besten Grüßen
Franz Jung

1 Vgl. den Brief an Artur Müller vom 23.2.1961.

462. AN ARTUR MÜLLER
San Giovanni Rotondo, 2/22 61

Lieber Artur Müller, haben Sie vielen Dank für Ihren liebenswürdigen Brief, den Fontana mir nachgesandt hat. Ebenso habe ich das Schreiben der Fernsehredaktion erhalten, das ich wohl kurz bestätigen sollte. Die Verhältnisse haben sich hier nach einer schwierigen ersten Woche etwas stabilisiert. Ich habe eine Wohnung in der Villa Rossi gemietet, das ist der Ingenieur, der die neue Kirche hier gebaut hat und in entsprechendem engen Kontakt und Ansehen bei den Oberen der Kapuziner hier steht. Die Wohnung besteht aus drei Räumen und ist, um Ihnen nur einen Begriff zu geben, völlig kahl, in dem einen Zimmer habe ich mir einen Stuhl, einen Tisch und eine Bettstelle aufgestellt (mit einer Strohmatratze darauf), in dem andern Zimmer, was als Halle anzusprechen wäre, habe ich mir einen kleinen Ofen besorgt. Als Licht dient eine Kerze, die Elektrizität zu bestellen, ist unwahrscheinlich teuer. Also hier bin ich installiert, für einige Wochen, vielleicht zwei Monate. Adresse: FJ, San Giovanni Rotondo (Foggia) viale Cappuccini, Villa Rossi. Viel besagt das nicht, denn die Post wird praktisch in der Kirche ausgetragen. Der Kapuziner, der als Briefträger fungiert – die Stadt selbst liegt etwa 4-5 Kilometer von der Kapuziner Siedlung entfernt, besucht nur die großen Hotels in der Nähe der Kirche, wo meist auch die entsprechenden Pilgerzüge untergebracht sind. Wahrscheinlich würde er die Post dem Führer eines solchen Zuges auch in der Kirche überreichen. Ich muß annehmen, daß mein Hauswirt Herr Rossi für mich die Post in Empfang nehmen wird. Poste restante in der Stadt scheint auch ziemlich riskant. Die Leute haben nicht mal ein eigenes Fach für diese Post und die Briefe liegen überall zerstreut auf den Tischen herum. Also: benutzen Sie die Rossi Adresse.

Nach dieser etwas langatmigen Einleitung möchte ich Ihnen empfehlen das Pater Pio Projekt nicht unmittelbar zusammenzulegen mit dem der Konnersreuth[1], es könnte natürlich serienmäßig verbunden sein. Und zwar weil fast alles, was Sie von hier aus bringen könnten, verloren gehen würde. Die Dinge liegen hier ganz anders und viel viel tiefer. (Ich verstehe vielleicht von den Dingen nichts und bin zu sehr darin völliger Laie, als daß ich effektiv etwas raten könnte, aber wenigstens eine Anregung.) Sie müßten hier mit der Landschaft beginnen als dem zentralen Punkt. Es ist die Landschaft, von der schon Plinius geschrieben hat, daß hier nur die Steine wachsen. Die Kargheit dieser Landschaft und die Steine, die gelegentlich aus dem Boden, den irgendeiner der Kontadini für sich vielleicht verarbeiten wollte, zu Wällen um das kleine Ackerstück aufgetürmt sind, sind unvorstellbar. Die Ackerversuche werden immer nach einigen Jahren wieder aufgegeben, etwas Grün bleibt zurück, gerade genug für die eine Ziege, die sich der Bauer halten kann. Die Steine quellen buchstäblich aus dem Boden wieder hervor. Die Leute hier sind entsetzlich arm, im Herbst und im frühen Frühjahr gehen sie arbeiten auf den Oliven Plantagen, die Hunderte von Meilen weit ins Innere des Landes sich erstrecken, oder neuerdings in die Tongruben von St Severo, wo die Tonerde für die Aluminium Fabriken des Montecassino Konzerns gewonnen wird. Das ganze Monte Gargano Massiv ist von dem Konzern konzessioniert. Am Südhang dieses Massivs, etwa 7-800 Meter hoch, liegt S G Rotondo, das Massiv selbst geht bis 1300 m und fällt dann steil in der Entfernung von etwa 6 km zur Küste ab. Das Klima ist außerordentlich rauh. (Ich wurde hier vergangene Woche mit Schneestürmen empfangen, mit Temperaturen bis zu 10° unter Null.) Morgens und abends, selbst wenn es am Tage warm und sonnig ist, weht von den gegenüberliegenden Bergen Montenegros und Albaniens ein eisiger Wind, der durch die Knochen geht. Daneben sehen Sie hier noch die Kontraste des Bauern, der seinen Lastesel führt oder reitet, und den modernsten Autobus der SITA. Der Autobus Verkehr ist großartig organisiert, ausgezeichnete Autostraßen, die eine bestimmte Zahl Ortschaften miteinander verbinden, bis nach Sizilien hinunter, aber wehe wer einen Schritt abseits will vom Wege. Der Autobus Verkehr hat übrigens auf die Lebenszustände in den davon berührten Gemeinden nicht den geringsten Einfluß. Etwa 10 km von S G Rotondo liegt die Stadt San Marco in Lamis, etwa 30000 Seelen. Der größte Teil der Stadt ist noch ohne Kanalisation, die typisch engen Straßen der Abruzzen Städte, vielleicht noch enger, die Stadt rings von den Bergen des Massivs umgeben, aus dem tiefsten Orient übriggeblieben, die Läden ohne Aufschriften, ein Trompeter geht zweimal täglich durch die Straßen, durch einen langgezogenen Ton ankündigend, daß ein Mann mit einem Eselskarren folgt, der den Schmutz aufladen wird in zwei Eisentonnen, die auf dem Karren bedenklich hin- und herschwanken. Orient. In der Tat stammen noch große Teile der Bevölkerung direkt von den Mauren, der Rest von den Spaniern, die äußerlich in der Lebenshaltung noch die Landschaft beherrschen, darunter wenige echte Italiener gemischt, meist die Beamten. Das ist Landschaft und Volk, aus dem Pater Pio hervorgegangen ist und ohne diese Hintergründe kann man das Phänomen überhaupt nicht verstehen. *Pater Pio ist ihr Heiliger, der Heilige dieses Landstriches.* Es ist gleich, daß der Heilige noch am Leben ist, eher umso besser. Der Pater ist ein außerordentlich primitiver Mann, der sich gebunden und berufen fühlt, im Kontakt mit den Autoritäten und Heiligen des kath Glaubens um Gnaden zu bitten, Gnaden zu vermitteln, diesem Volk durch Gnadenbeweise im Glauben zu helfen. Hier liegt der

Kern der Wirkung Pater Pios. Das Volk kommt um diese Gnaden zu holen, es erhebt den Anspruch darauf, dafür ist der „Heilige" da. Die Devotion ist mehr wie äußerlich. Sie würden den Pater sofort in Stücke zerreißen, wenn er darüber zu argumentieren anfangen würde. Und der Pater denkt auch nicht daran. Er betet, weil er weiß, dieses Volk hat nicht die Kraft zu beten und selbst um die Gnade zu bitten. Dieser Volkstyp hier ist völlig unverständlich (für normalere Verhältnisse) und völlig amoralisch. Sie brauchen die Pilgerfahrt nach S G Rotondo, weil es zu ihrem Leben jetzt gehört, eine tiefere Wirkung bleibt nicht zurück. (Sicherlich dagegen für die vielen Fremden, die aus aller Welt kommen.) Die unmittelbare Wirkung, bis zur Hypnose sich steigernd, ist außerordentlich stark und beinahe zwingend, in all den Kontrasten. Zum Beispiel, fast als Groteske, die Bauern, die auf den riesigen Latifundien in den Olivengärten arbeiten, kommen nach Dörfern geschlossen nach hier, für 3 Tage, um vorher um Verzeihung zu bitten, um die Gnade, daß die Behörden Verständnis haben werden, wenn sie dann nach Hause gehen, die Häuser der Polizeistationen anzünden, einige Lagerhäuser stürmen, unbenutztes Land in Besitz nehmen, dort in Zelten mit den Familien hausen und eine Steinhütte errichten. Eine Weile sehen die Behörden ruhig zu, dann greift die Polizei, oft auch das Militär ein. Und das wiederholt sich Jahr für Jahr, die Zeitungen schreiben darüber einige ironische Zeilen, die Kommunisten schweigen sich meist ganz aus, denn diese Bauern sind Parteimitglieder, allerdings ohne jede Apparat Disciplin. Nach 4 Wochen ist dann der Spuk vorbei. Das eminent wichtige sociologische Problem ist, daß die Leute sich erst hier die Kraft zur Revolte geholt haben. (Einer der Gründe, warum ständig Pater Pio unter Beobachtung nicht nur der kirchlichen, sondern auch der staatlichen Autoritäten steht.) Zeitweilig war es ihm überhaupt verboten „Gnaden zu spenden". In dem Fall der Revolten kommt es meist zu einer Anfrage im Parlament, die Regierung verspricht, und das geht so Jahr für Jahr, etwas von dem Fonds, den die UNO Italien zur Förderung der Auswanderung zur Verfügung stellt, für die Kontadini in Apulien abzuzweigen und wenn alles gut geht, können dann vielleicht 50 Familien nach Argentinien auswandern.

Die *Gier nach Gnade*, mit allen Zeichen der Raffsucht, wie dies dem kapitalistischen System zugeschrieben wird, ist das Charakteristische hier, keine Nächstenliebe, keine Devotion,

Forderungen, eventuell mit Brachialgewalt, der Fanatismus ist für den gewohnten Europäer außerordentlich impressiv. Das übliche Rahmenwerk da herum schmilzt dahin, zu vergleichen etwa dem Parteichinesisch.

Ja, ich bin hier, um das noch etwas zu studieren. Ich glaube, ich habe Ihnen erzählt, daß ich seit langem an einem Buch über die Albigenser arbeite, die Verbindung zur heutigen Zeit, zur gleichen Lebensangst und deren Überwindung mit der Ausrottung als die Folge herzustellen. Ich finde hier außerordentliche Anregungen und Parallelen. Über kurz oder lang wird Pater Pio erledigt werden, umgebracht, an Verordnungen erstickt. Das ist ein sociologisches Gesetz; lesen Sie von Wilhelm Reich: The Murder of Christ, das gleiche Problem hier, ohne Abweichungen und in aller Härte. (Ich habe dann außerdem noch ein persönliches Problem hier, dem ich nicht ausweichen will.)

Es hat mir ein Vergnügen bereitet, Ihnen das so ausführlich zu schreiben, weil ich Ihnen soviel wie möglich von der Atmosphäre vermitteln möchte, ohne die Sie nicht gut an die Konstruktion herangehen können. Alles andere ist dann schon leichter. Etwa die Aufnahmen vom Vorplatz der Frühmesse um 5 Uhr. Hunderte warten vor der geschlossenen Tür, in eisigem Wind, im Augenblick hier bei Schneetreiben. Dann wird durch Lautsprecher eine päpstliche Bulle verlesen, in der auf die Einschränkungen hingewiesen wird, die der Papst dem Wirken des Pater Pio auferlegt hat und weiter auferlegen muß, es hängt von den Gläubigen ab, die sich so und so in der Kirche zu verhalten haben und ihrem Verhalten zu Pater Pio selbst; das wird dreimal wiederholt und dann erst wird die Kirchentür geöffnet. Unglaubliche Scenen spielen sich dann ab, um einen der Plätze an der Seite des Altars zu bekommen, von dem man aus das Zelebrieren des Pater Pio beobachten kann, die Verzückung im Gesicht etc. Bevor noch die Messe beginnt, wird ein weiteres vom Papst verordnetes Gebet von einem Bruder gesprochen, in dem auf die Lehrsätze der Kirche bezgl der Gnade und die Voraussetzungen etc hingewiesen wird. Schon auf dem Vorplatz ist das feindliche Schweigen aufgefallen, mit dem die Menge das hinnimmt. Eine andere sehr eindrucksvolle Scene ist nach der Messe in der Sakristei, bevor der Pater ins Kloster wieder hinaufgeht, versammelt sich eine große Menge Spalier bildend, wo der Pater hindurch gehen muß, um die Hand zu küssen, oder sonstwie ihn am Rock wenigstens zu berühren. Hier spricht der Pater mit einigen Bevorzugten, die vorgestellt werden, hier sind dann auch Blinde und Krüppel, die Heilung erwarten und den Segen – dieser segenspendende Abgang (nur Männer sind zugelassen) ist gleichfalls sehr impressiv.

Dasselbe wiederholt sich dann nachmittags beim Segen. Wenn ich Ihnen einen Rat geben darf, richten Sie vorher nicht allzu große formale Schwierigkeiten selbst auf. Sie können, ich glaube ich kann Ihnen das garantieren, was ich so sehe und höre, alles erreichen was Sie wollen, wenn Sie es ein wenig diplomatisch anfangen. Es gibt hier einen Pater Domenico, einen sehr modern denkenden Amerikaner, von deutschen Eltern, der auch perfekt Deutsch spricht und der alle solche Sachen, Empfänge von Ausländern, Privat Audienzen regelt. Ich habe ihn noch nicht aufgesucht, praktisch kenne ich ihn auch nicht persönlich. Aber ich will das tun, wenigstens allgemein von dem Projekt sprechen. Erreichen kann ich, daß Sie dann direkt mit diesem Pater korrespondieren. Aber ich rate zur Vorsicht. Es ist hier ein großes Intriguenspiel, Tauziehen zwischen den kirchlichen und staatlichen Behörden, und je vager ein Projekt, sozusagen in Form einer allgemeinen Anfrage, je mehr unterliegen Sie irgendeiner Intrigue, selbst innerhalb der Maßgebenden im Kapuziner Konvent. Machen Sie das Projekt im wesentlichen und in den Grundzügen fertig. Beauftragen Sie mich in einem kurzen Schreiben nachzufragen, welche Hilfe der Konvent in Aussicht stellen kann, die Frage nach der Zeit etc und ich gehe zu dem Pater oder wenn Sie wollen, ich versuche das ohne Schreiben vorher festzustellen, sozusagen mehr privat – ich kann beides tun, das erstere aber scheint mir besser.

Aufnehmen können Sie hier alles sowieso – besonders das phantastische Krankenhaus, was aus den Einnahmen des Klosters von den Pilgern gebaut worden ist, ein Wunderbau, ich glaube das schönste und luxuriöseste Krankenhaus in Europa, mit 480 Betten jetzt und weiteren 300 im Bau, 40 Fachärzte und ein Heer von Assistenten – der größte Kontrast in dieser Landschaft und innerhalb dieser Bevölkerung. Das Krankenhaus ist vom Kloster dem Staat zur Verfügung gestellt worden, der es den Krankenkassen der Provinz übergeben hat.

Schwierigkeit allein wird das persönliche Interview mit Pater

Pio sein; aber dafür wird sich eine Form finden lassen, nur nicht zu sehr vorher festgelegt. Der Konvent hat an einer Sendung selbst das größte Interesse, schon allein um indirekt der Gegenpropaganda, zwar nicht im Hinblick auf Pater Pio, sondern mehr nach der geschäftlichen Ausnutzung gerichtet, entgegenzutreten.

So, das ist alles, mein lieber Müller.

Ihren Brief bezüglich der andern Einzelheiten beantworte ich morgen oder übermorgen, nicht zwar so ausführlich, aber ausführlich genug.

Viele Grüße
Franz Jung

1 Gemeint ist die stigmatisierte Therese Neumann aus Konnersreuth.

463. AN RUTH FISCHER
San Giovanni Rotondo (Foggia), 2/22 61
viale Cappuccini, Villa Rossi

Liebe Ruth,
ich bin vorläufig hier gelandet. Über die an sich sehr schwierige Lage schreibe ich Dir später.

Vorerst über das Maslow Buch.

Ich hatte sehr eingehend darüber mit Artur Müller in Stuttgart gesprochen. Müller ist der Verfasser der Trotzki story, Die Sonne die nicht aufging (bei Cotta). Er ist Fernseh Redakteur beim Süddeutschen Rundfunk in Stuttgart, Verfasser eines Dramas, Die letzte Patrouille, das irgendwo mit großem Erfolg aufgeführt wurde, und Freund von Dr Peters vom Periodikum, für dessen Kreis er ein Kontaktmann mit der mehr officiellen Publizistik ist. Der Mann ist durchaus solide, sehr eifrig und alles andere als nur ein Sprüchemacher. Mit großen Sympathien zu Ost ist er doch kein Mitglied, und auch sonst nicht gebunden – er hat mit mir sehr offen darüber gesprochen. Ich hatte ihm ein Exposee über das Maslow Buch[1] in die Hand gegeben. Daß er nicht früher geantwortet hat, liegt daran, daß er ziemlich krank gewesen ist. Er hatte aber schon vorher sein Interesse bekundet.

Er schreibt mir heute: „Das Ganze ist von größtem Interesse.

Ich könnte heute und sofort zwei ernste leistungsfähige Verlage dafür nachweisen. Möchte sie aber erst offenbaren, wenn ich das Manuskript gelesen habe und dann sagen kann, ob ich mich in der Lage sehe, das Skript effektiv zu empfehlen. Ich kann ziemlich sicher zusagen eine Rundfunksendung an 2 Abenden als Gemeinschaftsproduktion der Sender Stuttgart und Köln. Ich glaube, wir würden eine fernsehspielartige Bearbeitung ohne weiteres unterbringen. Vielleicht auch einen regulären Film. Persönlich wäre ich auch noch an einer Bühnenfassung interessiert. Piscator schrieb mir gerade wieder, ob ich nicht ein neues Stück hätte. Er kann überall inszenieren und braucht endlich *sein* Stück. Hier ist es vielleicht. So, das wärs. Nächster Schritt, ich müßte das Manuskript mal lesen können. Sie wissen, ich tue nichts ohne Sie, d.h. Sie entscheiden. Aber ohne Kenntnis des Manuskripts komme ich nicht weiter."

Ich rate dir sehr, diesen Müller anzunehmen. Er weiß übrigens, daß an dem Manuskript noch einige Arbeit zu machen wäre und daß für die Buchform du eine biographische Einführung schreiben würdest. Ich schlage vor: Ich schreibe ihm, daß ich Dir geschrieben habe und daß er sich an Dich direkt wegen des Manuskriptes wenden soll – schon allein um den persönlichen Kontakt herzustellen. Wenn Du willst, kannst du aber auch schon an ihn direkt unter Bezug auf seinen Brief an mich schreiben, Adresse: Artur Müller Stuttgart-Degerloch, Raffstr. 2. Wie geht es Dir? Laß dir Zeit und gehe sparsamer um mit Deinen Kräften.
    Herzlichen Gruß
        Franz

1 „betr. Maslow Biographie", vgl. Franz Jung, Werke Bd. 11, S. 272–274.

464. An Artur Müller
San Giovanni Rotondo, 2/23 61
Viale Cappuccini, Villa Rossi

Lieber Artur Müller, ich muß noch nachholen: Am besten orientieren Sie sich über Pater Pio aus dem Buch von Maria Winowska, Das wahre Gesicht des Pater Pio, erschienen im Paul Pattloch Verlag, Aschaffenburg. Ich selbst besaß eine Übersetzung ins Deutsche von einem in Amerika erschienenen Buch, The Town in the Clouds, von einem gewissen Thompson – das Buch ist bei Fontana zurückgeblieben. Sie können es sich von ihm anfordern. Ein weiteres Buch, ich habe den Verfasser vergessen, ist im Rex Verlag Luzern erschienen. Wahrscheinlich noch sehr viele mehr, ein Teil der Bücher ist auf den kirchlichen Index gesetzt, die Wunderheilungen betreffend. Viel, außer einem mehr allgemeinen background über Herkunft und Leben, können Sie aus allen diesen Büchern nicht lernen. Das Winowska Buch ist noch das beste, weil es sehr „feuilletonistisch" gehalten ist und auch gossips nicht scheut. Im allgemeinen aber, alle sind berufsmäßige Pilgerorte Schilderer, der Thompson, mit das schlechteste Buch, ist offensichtlich für eine kirchlich orthodoxe Richtung voreingenommen. Aber verlieren Sie sich nicht in allzu viel background.

Hier gibt es Dutzende hauptsächlich französische Schriften über das Socialwerk Pater Pios und ähnliches.

Mir ist noch eingefallen einer der Hauptleitsätze Pios: Die Menschen sind böse, aber die Barmherzigkeit Gottes ist größer, d h für hier gesehen: Verzeihung für alle. (Damit kommt er mit kirchlichen Auffassungen in Konflikt.) Erzählt wird z B, die Stadt wimmelt hier von Taschendieben, Räubern und Betrügern aller Art, wie das in jedem größeren Pilgerort der Fall ist. Es heißt, daß die Taschendiebe um die „Gnade" bitten, daß die Frauen in ihre Handtaschen, wenn sie zum Beten kommen, mehr Geld stecken, so daß sich das „Ziehen" lohnt. Pater Pio kann ihnen diese Gnade, wenn sie darum bitten, d h seinen Segen empfangen, nicht abschlagen. Er ist hier zu *spenden* und nicht zu *richten*.

Also jetzt zu ihren Anfragen: Ich habe an Ruth Fischer geschrieben. Ihre Adresse Paris 8 e, 1 rue de Messine. Ich habe über Sie geschrieben, daß Sie versuchen wollen etc und daß Sie das

Manuskript benötigen. Ich schrieb Ihnen damals schon in dem Exposee, daß Ruth ziemlich schwierig zu behandeln ist, daß sie eigentlich eine Biographie über Maslow schreiben wollte (wozu sie mich nach Paris gerufen hatte) und daß schließlich der Plan dort herausgekommen ist, das Manuskript über den Fall Lossow und Hammerstein, das Maslow in Paris seinerzeit geschrieben hatte, für sich versuchen zu publizieren, mit einer biographischen Einleitung von Ruth. (Ich glaube aber nicht, daß dies eine besondere Bedingung ist.) Leider, und das sagte ich Ihnen auch, ist das Manuskript nicht nur sehr ungeordnet, sondern Ruth besitzt überhaupt nur 2 Exemplare. Das macht die Sache schwierig, zumal sie obendrein mit einem französischen Buchagenten verhandelt hat, der meiner Meinung nach ein Schwindler ist.

Immerhin sie hat mir alles übergeben, und ich soll machen, was ich für das beste halte. Aber ich habe eben nicht das Manuskript. Ich rate nun folgendes: Bitte schreiben Sie an Ruth direkt, ganz allgemein unter Bezugnahme auf mich. Daß Sie versuchen werden etc und daß Sie sie daher bitten, das Manuskript zu senden, eventuell auch die Darstellung der französischen Flucht 40/41, die Maslow im Celine Stil geschildert hat – ich habe Ihnen davon gesprochen, schreibe Sie. Und dann werden wir sehen, ob wir das Manuskript in die Hände bekommen. Sie brauchen keine Einzelheiten zu schreiben – sie weiß das alles schon. Ich habe ihr zwar geschrieben, sie sollte sich an Sie wenden, aber vielleicht wird sie das nicht tun, daher schreiben Sie sogleich direkt mit der Floskel etwa, Sie freuen sich, mit ihr in Kontakt zu kommen.

Von dem *Briefwechsel* würde ich vorher *nichts* erwähnen. Ich bin nicht sicher, ob der Briefwechsel nicht an Harvard gegangen ist. Aber das können wir später feststellen. Vorläufig ist der Briefwechsel noch in ihren Händen.

Restif: Ich hatte eine Ausgabe (nur der „Nicolas" in 5 Bänden) – ich weiß nicht den Verlag. Kann es aber vielleicht feststellen, wenn ich dem Manne, dem ich vor etwa 12 Jahren die Bücher gegeben habe, schreibe. Der Mann ist ein sehr guter Freund von mir, aber sehr unzuverlässig. Auf Briefe antwortet er meistens überhaupt nicht. Seine Adresse: Adolph Weingarten, 60 West 76th Str New York 23, N.Y. Ich werde ihm schreiben, zunächst um den Verleger bitten – das wird nicht allzu viel nützen, da der Restif als pornographisch herausgegeben sicherlich von fiktiven

Verlegern und Druckern herausgegeben worden ist. Die dreibändige Ausgabe, die Sie erwähnen, hat von vornherein kaum einen Zweck. Da hat einer anscheinend nur das Pornographische herausgepickt. Die französische wird zuviel Arbeit machen. Also bleiben wir zunächst mal bei Weingarten. Ob er die Bücher schicken wird, als Unterlage für eine Bearbeitung (hier müssen Sie allerdings mich als Mitherausgeber erwähnen, weil er schließlich alles tun wird in der Meinung mir zu helfen), müssen wir sehen. Nicht sofort mit der Tür ins Haus fallen. Also ich schreibe ihm nach dem Verleger. Sie sollten, als Partner, ihm schreiben, ob nicht vielleicht eine Möglichkeit bestünde die Bücher zu bekommen, für einige Wochen, weil wir sonst bei dem Verleger nicht weiterkommen. (Es bleibt immer noch das Risiko, daß die Post drüben oder in D. das Bücherpacket beschlagnahmt.) Also: ich denke, wir versuchen es erst mal mit Weingarten. Zur Not bleibt uns immer eine der vielen französischen Ausgaben, die im Buchhandel völlig frei sind.

Schließlich, als ob wir nicht schon genug auf dem Halse haben. Ich lasse Ihnen durch eine Sekretärin in Düsseldorf, die für mich arbeitet, ein Exposee[1] zugehen, das ich seinerzeit auf Veranlassung und nachfolgender direkter Aufforderung des Herrn Wiegenstein vom Westdeutschen Rundfunk geschrieben habe. Ich sollte damals für 4-5 Vorträge Vorschläge machen. Praktisch war aber die Sache bereits fix und fertig abgesprochen. Seit vielen Wochen habe ich von Köln nichts mehr gehört. Die Sache scheint dort bereits geplatzt. Ich hatte die Absicht, trotzdem sozusagen nur mit der Richtlinie dieses Exposees vielleicht etwas Größeres aufzuziehen, mein Exposee nur als Modell, so etwas wie die Morris Agentur in Hollywood, also hier specialisiert auf das im Exposee angegebene Thema, als Agentur Essayisten, Rundfunkleute und Verleger zu werben, für die das Thema eine bestimmte Marke wird, wenn man will, ähnlich wie Morris für diesen Zweig eine Art Monopol zu entwickeln. Das soll durchaus nicht auf Deutschland beschränkt bleiben, wir finden Interessenten beim BBC, in Paris und bestimmt zum Beispiel in Wien und Italien, wo ich eventuell den Schiwago Verleger Feltrinelli bekomme, zu dem ich mir eine Einführung durch Ruth Fischer besorgen kann, die sehr intim mit ihm steht. Ich hatte das Projekt, damals noch sehr vage, an Schonauer vom Luchterhand V geschrieben. Er schreibt mir, das ginge nicht, die Gesellschaften kaufen ihre Autoren selber ein. Aber er wäre nicht abgeneigt, wenn es ginge, das Projekt vom Verlag aus zu unterstützen. Was denken Sie darüber? Vielleicht sehen Sie eine andere Möglichkeit? Ich weiß zu wenig wirklich Bescheid, wie das hier zu handhaben wäre. Vergessen Sie nicht, daß uns das niemand wegnehmen kann, weil das Ganze „milde gesagt" ein Bluff ist. *Wir interpretieren in Wirklichkeit die großen Autoren in die vorgezeichnete Richtung, das Ganze bleibt Perspektive und damit kann man eine ganze Menge machen.* Den Autoren ist es sowieso egal, wenn jemand kommt und das Essentielle aus dem Wust der Bücher herausfiltert.

So, das ist für heute.

Es tut mir leid, daß ich Sie anscheinend im Augenblick so stark beschäftigen und anspannen will.

Viele Grüße
Franz Jung

1 Vgl. Franz Jung, Werke Bd. 11, S. 278–284.

465. AN ADOLPH WEINGARTEN
San Giovanni Rotondo (Foggia), 2/24 61
viale Cappuccini, Villa Rossi

Lieber Adolf,
ich bin im Augenblick hier im Bergmassiv Gargano, eine Seitenlinie in den südlichen Abruzzen, gelandet besser gesagt gestrandet. Ich muß jetzt sehen, wie ich in absehbarer Zeit von hier wieder wegkomme.

Hier ist praktisch die Welt zu Ende. Das Dorf liegt sehr hoch, an die 800 Meter und es wechselt hier ab zwischen Sonne und Schneestürmen, nachts ist es eisig kalt. Der Wind kommt von dem gegenüberliegenden Albanien oder vielleicht Montenegro, das kann man nicht so unterscheiden. Steinböden und keine Heizung, außer daß Messingschalen wie große Spucknäpfe verkauft werden, mit glühenden Holzkohlen, über die man die Füsse hängt. Die Leute leben unvorstellbar primitiv. Praktisch wachsen in dieser Landschaft nur die Steine, wie schon der alte Plinius festgestellt hat. Aber ich habe es mir so ausgesucht und so muß ich es auch fressen.

Der besondere Grund, warum ich an Dich schreibe, ist aber ein anderer. Ich habe die Möglichkeit, mit einem Redakteur vom Süddeutschen Rundfunk in Stuttgart, Artur Müller, zusammen einige Sachen für Verlage mit Seitenblick auf Rundfunk und Fernsehen zu machen. Darunter habe ich den Restif de la Bretonne vorgeschlagen, der ja bekanntlich gründlich bisher verkannt worden ist. Seine sogenannte Pornographie sind Visionen eines Verschmähten, wahrscheinlich Impotenten. Das geht besonders aus dem Nicolas Roman hervor. Ich habe vorgeschlagen, aus dem Roman nur den ersten Band und den letzten, die Agnes story, zu benutzen und über die anderen einfach mit ein paar Sätzen hinwegzugehen. Dadurch würde ein wunderbarer Roman entstehen, Stendhal zu vergleichen. Die Leute, denen ich das damals in Stuttgart erklärt habe, sind begeistert. Anstatt nun die 16bändige französische Gesamtausgabe, die erhältlich ist, zu benutzen, könnte man vielleicht auf die bei dir befindliche deutsche Ausgabe gerade des Nicolas Romans zurückgreifen. Erstmal: hat diese Ausgabe einen Drucker und Verlag, nach dem man vielleicht noch fahnden lassen kann. Könntest du uns diesen Verlag oder Drucker mitteilen? Vielleicht am besten gleich an Artur Müller, Stuttgart-Degerloch, Raffstr 2. Ich weiß, daß du nicht gern Briefe beantwortest. Hoffentlich gelingt es dir diesmal. Von dem Vorschuß, den ich vielleicht bekomme, wenn die Gesellschaft sich an die Durchführung meines Vorschlags macht, hängt mein Fortkommen von hier ab. Wenn du noch was übriges tun kannst, schreibe mir, wie es Euch geht. Von Carola habe ich schon seit Jahren nichts mehr gehört.

Herzliche Grüße an Euch
Franz

466. An Horst Jaedicke
San Giovanni Rotondo (Foggia), 2/24 61
viale Cappuccini, Villa Rossi

Sehr geehrter Herr Jaedicke,
ich bin sehr gern bereit Herrn Artur Müller in jeder Weise bei dem Fernsehprojekt, den Pater Pio betreffend, zu helfen. Ich habe in diesem Sinne auch bereits an Herrn Müller direkt geschrieben.

Eine vorherige persönliche Fühlungnahme mit dem Pater Pio scheint im Augenblick wenig zweckmäßig. Den Verkehr mit der Außenwelt, vor allem das Ausland, regelt ein Pater Domenico, der seinerseits wiederum von den Entscheidungen des Convents abhängig ist. Ich glaube aber annehmen zu müssen, daß Ihrem Vorhaben hier keine Schwierigkeiten entstehen werden. Sofern Ihr Projekt feststeht, werde ich nach den Vorschlägen des Herrn Artur Müller die einzelnen Fragen mit dem Pater Domenico besprechen.

Für ein gutes Verständnis der hier auftauchenden Fragen würde ich empfehlen einige italienische Illustrierte vom Oktober 1960 einzusehen, so Gentes, Visto No 44 (27.10.) und vor allem Europeo No 42 (16.10.) Sie werden aus den dort veröffentlichten Photo Aufnahmen ersehen, daß kaum Hindernisse für Ihr Projekt zu erwarten sein werden.

Mit besten Grüßen
Franz Jung

467. An Artur Müller
San Giovanni Rotondo (Foggia), 2/27 61
viale Cappuccini, Villa Rossi

Lieber Herr Müller, es tut mir leid, daß Sie inzwischen ungeduldig geworden sind. Ich habe jetzt alle Ihre Briefe erhalten und glaub ich auch beantwortet.

Mit der *Ruth Fischer* müssen wir eben abwarten, was da wird.

Was *Restif de la Bretonne* anlangt, so scheint mir das Thema sehr viel weiter als ursprünglich gedacht. Es ist der Mensch in der franz Revolution. Die Klassik hört bei Voltaire und Rousseau auf, sie beginnt erst wieder bei Constant und Stendhal. Was dazwischen liegt, ist praktisch unbekannt. Hier paßt R hinein. Die Liebesgeschichte ist nur die Unterströmung, wenn man will der Ablauf. Dazwischen liegen die „socialistischen" Projekte, die Land- und Schulreform (Vorwegnahme von Fourier), im Kernstück R als Pamphletist der Revolution (Rue Royal), Verteidiger der Prostituierten, der Hingerichteten und der noch Hinzurichtenden – wechselnd von den Girondisten zu den Robespierre und neigend zur Diktatur des heraufziehenden Napoleon, der ihn ignoriert. Ein typisches Schicksal, sehr bunt auszugestalten, dabei einer der größten Schriftsteller, den Frankreich hervorgebracht hat. Nur: Man muß den Mut haben, nur den Kern zu sehen und nicht die Sexomanie eines Impotenten. Dann sieht das, was R getan und geschrieben hat, plötzlich ganz anders aus. Das heißt, man muß R neu entdecken.

Das Exposé, was ich Ihnen schicken lasse, ist nur ein Modell, ob man so eine Agentur aufziehen kann. Der Westd Rundfunk hat übrigens inzwischen die Essays über Fuhrmann, Reich und Boscovich sowie die amerikanische Bürgerkriegs story bestellt.

Ich selber arbeite an den Albigensern. Ich lerne hier kolossal viel dazu. Deswegen will ich auch noch einige Wochen bleiben, trotz der überaus harten Lebensbedingungen.

Was das *Pater Pio* Projekt anlangt, so heißt der Verfasser des Buches, das ich Ihnen genannt hatte, Piero Delfino Sessa: Pater Pio von Pietrelcina, Rex Verlag Luzern.

Ich glaube Ihnen schon geschrieben zu haben, ich empfehle nicht den direkten Weg zu nehmen, d h eine direkte offizielle Anfrage. Besorgen Sie sich die Photos vom Europeo, eventuell setzen Sie sich mit dem Photographen in Verbindung. Mehr und besser als diese Photos können Sie hier sowieso nichts bekommen. Das Photographieren ist inzwischen sehr leicht gemacht, ohne die betenden Pilger zu stören, als man in der neuen Kirche von einem die ganze Länge der Kirche laufenden Chor oben aufnehmen kann. (Auch direkt über dem Altar, so daß man den Pater direkt ins Gesicht bekommt.)

Eine andere Möglichkeit wäre, bei Anfragen nicht den Pater Pio in den Mittelpunkt zu stellen, sondern Aufnahmen vom Gargano Massiv, mit den drei heiligen Stätten, von denen aus der Kampf gegen den Satanismus geführt wird, und die Verehrung des Erzengels Michael, da ist Monte S. Angelo, mit den Grotten, die schon 420 n. Chr. erwähnt werden als heiliger Platz und die dann in der Geschichtsschreibung der Langobarden eine große Rolle spielen – heute wieder ein großer Wallfahrtsort – dem franz Mont Michel zu vergleichen, und Lèsina, wo eine wundertätige Madonna verehrt wird. Beide Orte mit San Giovanni im Mittelpunkt liegen im Umkreis von 20 km.

Sie könnten dann das Ganze als die Offensive gegen den Satan bezeichnen. Immerhin – das würde die Kapuziner vielleicht locken. Und im Laufe des Ganzen drehen Sie dann den Pater Pio Film so nebenbei. (Nur eine Idee von mir, die mir gerade einfällt.)

Übrigens hatte ich Ihnen auf Ihre Karte von Wien aus sogleich geantwortet. Der Brief scheint verloren gegangen zu sein. Haben Sie an Fontana geschrieben? Die Adresse ist *Gußhausstraße 6*. Er interessiert sich für Ihr Stück Die letzte Patrouille und will es dem Volkstheater, das er dramaturgisch berät, vorschlagen. Gibt es einen Vertrieb und Bühnenexemplare? Sie sind bisher darauf nicht eingegangen. Woran hat es gelegen? Soll ich deswegen noch einmal an Fontana schreiben?

Viele Grüße
Franz Jung

Ich empfehle Ihnen, noch für eine story oder sonstige Bearbeitung sich das Buch (oder mehr eine Broschüre) von Lorédan-Larchey besorgen zu lassen, anscheinend eine historische Doktorarbeit: Les Mystifications de Caillot-Duval – das waren zwei Artillerieoffiziere in Grenoble (?), die sich in ihrer Garnison tödlich gelangweilt haben und die tollsten Dinge erfunden haben und in Umlauf gesetzt. Das war 1770 etwa, einige Jahre vor dem Ausbruch der Revolution. Indirekt haben sie die Revolution außerordentlich in den Intelligenzschichten im Lande mit vorbereiten helfen, zumal sie auch mit gefälschten Verordnungen etc die Bürger in Schrecken versetzt haben. Ich habe das Buch in der Columbia Library in NY damals gelesen.

468. An Ruth Fischer
San Giovanni Rotondo (Foggia), 2/28 61
Viale Cappuccini, Villa Rossi

Liebe Ruth, ich habe dem Müller geschrieben, daß er sich sogleich an dich wenden soll. Für Verlagsabschlüsse und Verwertungen auch bei Rundfunk etc ist jetzt die einzige Zeit. Deshalb muß er sich beeilen. Er selbst hat übrigens die Sache dringend gemacht.

An den Gerold werde ich mich nicht wenden, es genügt der Lissner, der dortige Feuilleton Redakteur[1].

Übrigens weiter: Ich habe in Wien einen alten KAPDisten getroffen, der Mann war als Student während des Kapp Putsches unser Radfahrer, stand der Familie Schwabs sehr nahe. Es ist heute ein großer Mann in Wien, obwohl er gebürtiger Preuße ist – Jörg Lampe, inzwischen österreichischer Professor geworden. Er ist bei der Presse der Kunstkritiker, außerdem Rundfunkkommentator für Ausstellungen, an irgendeiner Kunstschule gibt er Kurse, kurz auf dem Gebiet der Kunstkritik allgewaltig. Wäre das nicht etwas für deinen Neffen[2]? Dieser Mann lebt noch ganz in der KAPD Zeit, trotzdem er sich inzwischen den österreichischen Dialekt beigelegt hat. Von dem kann man alles haben.

Ob die Leute die Spielerei Dada bringen, ist mir ziemlich gleichgültig. Ich habe praktisch nur einen Wunsch damit erfüllt – so gut ich es eben kann.

Mit Köln habe ich eine Serie von 4 Vorträgen (200 Zeilen) abgeschlossen: Fuhrmann, Reich, Boskowitsch und der Voodoo Einfluß im amerikanischen Bürgerkrieg (hat Lincoln überhaupt gelebt?). Zu meinem Buch spreche ich in Stuttgart und wahrscheinlich Baden-Baden. Mit München verhandle ich auch. Bei Luchterhand (wahrscheinlich) zusammen mit der Darmstädter oder Mainzer Akademie mache ich einen Auswahlband Fuhrmann.

Soweit das nächste Programm. Hier sind alles andere als „Ferien". Sylvia ist todkrank (Knochentuberkulose). Die Lebensverhältnisse sind entsetzlich hier (auch für mich). Der Ort liegt ziemlich hoch, im sogenannten Gargano Massiv, tagsüber abwechselnd Sonne und Schneestürme, kaum Heizung, der übliche Steinfußboden und jede Wohnung infolge der primitiven Bauweise feucht. Es ist furchtbar. Ich weiß auch im Augenblick gar nicht, wie ich von hier wegkomme. Habe schon nach New York um Geld geschrieben, dort liegt noch meine Rente als Reserve. Das wird aber kaum reichen. Fontana hat mir Kuchl vorgeschlagen, aber erst muß ich sehen, wie ich dahin komme. Für sociologische Studien ist der Platz ideal. Der Einfluß, den Pater Pio ausübt, ist unvorstellbar. Diese Kraft spürt man hier ganz außerordentlich. Ungeheure politische und kirchliche Intriguen. Das ist hier die Gegend, wo alle Jahre die Kontadini brachliegendes Land in Besitz nehmen, Gendarmeriestationen niederbrennen und die rote Fahne auf den amtlichen Gebäuden hissen. Vorher haben sie sich Mut geholt durch eine Pilgerfahrt zu Pater Pio. Das wiederholt sich Jahr für Jahr, die Zeitungen schreiben nur sehr kurz und ironisch darüber, die Kommunisten und die Nennis schweigen sich meist ganz aus, denn die Gegend ist hundertprozentig kommunistisch oder socialistisch im Stimmzettel. Das ist das Volk, das fanatisch zu Pater Pio hält und an ihn als Heiligen glaubt, mit einer Kraft (zur Schau getragen), die erschüttert. Was sonst noch hier herkommt, sind Neugierige. Sociologisch interessant: die *Gier nach Gnade*, die innere Panik aus einer plötzlich aufbrechenden Lebensangst heraus – eine wunderbare Parallele zu den Albigensern.

Sylvia ist hier bei den Kapuzinern alles andere als angesehen, kaum geduldet, und man macht ihr die größten Schwierigkeiten.

Es ist eine entsetzliche Prüfung zu sehen, wie das Ende naht – helfen kann ich ihr kaum, obwohl sie selbst sich die ganzen Jahre über mit einer ungeheuren Energie und mit an Wunder grenzenden Fähigkeiten hat über Wasser halten können. Es besteht eine äußerst dünne Grenzlinie zum Ausbruch des religiösen „Wahnsinns" hin, dessen sie sich selbst wohl bewußt ist. Sie hat eine Gesellschaft zur Verehrung des Erzengels Michael gegründet, vertreibt Broschüren und hat auch selbst welche geschrieben und drucken lassen[3]. Ich selbst trage in ihrer Meinung die „Uniform des Satans". Übrigens gibt es in der Nähe das aus der Hohenstauffen Zeit bekannte Heiligtum, die Michaels Grotte, dem franz Mt Michele zu vergleichen. Für wohlhabende Touristen aus der USA ist bestens gesorgt. Etwa ein Dutzend Hotels rings um das Kloster, dort habe ich selbstverständlich keinen Zutritt. Die Gegend lebt von der Tonerde, die der Monte Cassino Konzern für seine Aluminiumindustrie hier gewinnt. Sonst gibt es nur Steine, soviel, daß sie zu wachsen scheinen, wie schon

Plinius festgestellt hat. Die modernen Autobusse der Pilgerzüge mit den Bauern auf dem Esel reitend dazwischen.

Ich hoffe, ich habe dir das richtige Bild vermittelt.

Halte dich gesund, meditiere lieber statt zu arbeiten und denke an die guten alten Zeiten, die nicht mehr wiederkehren, wie die Österreicher fälschlicherweise singen. Denn dort allein, in der Welt, kommen sie wieder.

Herzlichen Gruß
Franz

1 An der *Frankfurter Rundschau.*
2 Der Maler Georg Eisler, Sohn von Hanns und Charlotte Eisler.
3 Vgl. „Chi è San Michele Arcangelo?" Foggia 1960. Per ordinazione: Anna von Meissner.

469. AN FRANK BENSELER
San Giovanni Rotondo (Foggia) [Februar/März 1961]
Poste Restante

Lieber Dr. Benseler,
hier in diesem Küstenstrich Apuliens ist sicherlich eins der interessantesten sociologischen Probleme zu studieren, die in Europa noch übriggeblieben sind. Die völlig amoralische Seite der religiösen Bindung und Devotion kann man hier bei den Pilgern, die zu dem ganz außerordentlichen Pater Pio [kommen] – ganz unabhängig von jeder Devotion oder Neugierde – studieren. Der Drang nach „Gnade" (ein nicht ganz unbekanntes psychoanalytisches Phänomen) hat die gleichen Ausmaße der Habsucht, Machtgier, Neid und alles das, was den negativen Aspekt des menschlichen Charakter ausmacht und im allgemeinen die Gesellschaftsform bestimmt, daß die gläubigen Christen nicht davor zurückschrecken würden zu morden und zu stehlen, um dem Objekt der „Gnadenquelle" nahe zu sein. Dem Pater Pio, würde er nicht durch Gendarmen geschützt, würden nicht nur die Kleider vom Leibe gerissen werden, sondern er würde auch buchstäblich zertreten und in Stücke gerissen werden. Dies alles in einer Landschaft buchstäblich aus Steinen bestehend, mit einer Bevölkerung, die auf den Fremden schießt, um den bösen

Geist zu bannen, ein Volk halb Mauren, halb Spanier und die Italiener nur untergemischt. Es macht auf mich einen außerordentlichen Eindruck. Lassen Sie mal von sich hören.

Hätten Sie nicht Lust, an der Herausgabe eines Fuhrmann Bandes mitzuwirken?
    Viele Grüße
              Franz Jung

Schreiben Sie poste restante, wenn Sie Lust haben zu schreiben. Ich bleibe noch etwa 4 Wochen hier.

470. An Ruth Fischer
San Giovanni Rotondo (Foggia), 3/1 61
Viale Cappuccini, Villa Rossi

Liebe Ruth,
ich lese soeben im Figaro vom 27.2., den ich mir zufällig in Foggia gekauft habe, daß dort ein Memoiren Roman[1] der Irene von Jena „Sosnowski, l'espion de Berlin" angekündigt wird. Die Frau war 10 Jahre in deutschen Konzentrationslagern, später in Rußland und lebt jetzt in Berlin. Der Roman wird in Fortsetzungen im Figaro erscheinen – das bedeutet, daß eine Buchausgabe schon überall vorliegen wird, vor allem auch in Deutschland, da die Frau ja in Berlin lebt. Jedenfalls wird das Manuskript auf dem Markt sein. Bestimmt wird darin natürlich die Lossow und die Hammersteins behandelt. Es ist also mit unserem Manuskript[2] höchste Eile geboten. Man muß es sofort – zum mindesten im Thema anbieten können, eventuelle Filmrechte etc registrieren lassen etc.

Ich habe nochmals an Müller geschrieben, daß er sofort an Dich schreiben soll und schicke ihm das Manuskript – ohne das – zum mindesten für ihn zum Einsehen, kann er ja praktisch wirklich kaum etwas machen.

Die tatsächlichen Einzelheiten, Prozente etc können später ausgehandelt werden. Ich schrieb dir damals schon, daß ich selbst nichts daran verdienen will, frei zur Beratung etc zur Verfügung stehe – ein service nicht nur für Maslow (in Erinnerung), sondern auch für dich, die du für mich genug getan hast.

Leider wird Müller im Augenblick bei schlechter Laune sein. Er hatte vor, hier eine Fernsehaufnahme von Pater Pio zu drehen. Der Konvent hat das heute mir strikte abgelehnt. Ein großes Projekt für Müller fällt damit ins Wasser.
 Viele Grüße
   Franz

1 Michael Graf Soltikows Buch „Sosnowski l'espion de Berlin" erschien in Fortsetzungen im *Le Figaro* im März/April 1961. Deutsch war der Roman unter dem Titel „Rittmeister Sosnowski" 1954 in Fortsetzungen im *Stern* (Nr. 34ff) erschienen und als Buch dann im Deutschen Bücherbund Düsseldorf 1959.
2 Maslow-Biographie.

471. AN ARTUR MÜLLER
San Giovanni Rotondo (Foggia), 3/1 61
viale Cappuccini, Villa Rossi

Lieber Herr Müller,
meine Vorsprache ist negativ verlaufen. Ich kann verstehen, daß Sie eine klare und präzise Antwort benötigen. Die Gefahr allerdings, daß die Antwort so fixiert negativ verlaufen würde, war von vorherein gegeben.
 Ich kann nicht einmal sagen, daß die Ablehnung besonders schroff gewesen ist, mit einem sehr freundlichen Unterton. In der Hauptsache darauf konzentriert, die Präfektur in Foggia, das ist die politische Behörde, hat dem Kloster jede Propagandatätigkeit untersagt. Kein einziges der über Pater Pio zum Beispiel erschienenen Bücher ist vom Kloster genehmigt oder angeregt worden. Alles was irgendwie nach Propagierung aussieht, wird daher vom Konvent nicht nur abgelehnt, sondern nach Möglichkeit auch verhindert werden. Das ist die klare Antwort. Allerdings ... heißt es dann weiter, „wir können nicht verhindern, daß Aufnahmen von Pater Pio gemacht werden, in der Kirche oder im Chor, die Präfektur hat Pater Pio zu einer Person des öffentlichen Lebens erklärt, der photographiert werden kann, obwohl wir, der Konvent, das auch zu verhindern versucht haben. Wir haben aber in einem Rechtsstreit nicht Recht bekommen und müssen uns an die Auslegung der Präfektur halten." Man verwies

mich an den Photographen Abresch, der einen eigenen Laden auf der Dorfstraße hat und sehr viele Photos von Pater Pio besitzt. Vielleicht auch raten könnte, wie man trotz des strikten Verbots Aufnahmen machen könnte – sozusagen, ohne daß es ausgesprochen worden wäre, ohne Wissen des Konvents.

Das ist alles sehr vage. Mein Einwand (bezw Vorschlag), daß man die ganze Gegend des Gargano filmen könnte und nur nebenbei San Giovanni mit, schien gleichfalls auf Interesse zu stoßen. Vor allem könnte man „behilflich sein, das Hospital innen wie außen aufzunehmen".

Mir fällt dabei noch ein, daß man einen der deutschen Pilgerzüge, es sind für den Sommer eine ganze Reihe angesagt, einfach begleiten könnte und zunächst die Wallfahrt aufnimmt und dann nur die direkten Pio Scenen behält.

Aber das ist vielleicht alles Schall und Rauch.

Auch mit Abresch müßte man sehr vorsichtig verhandeln. Denn dessen Existenz hängt von dem Wohlwollen des Konvents ab.

Es tut mir leid. Ich habe gesprochen den Pater Domenico, von dem die hauptsächlichste Information stammt und vorher den Pater Guardian, Name ist mir nicht gegenwärtig, den Leiter des Konvents, der mir gleich schon bei Beginn sagte, die Sache ist unmöglich. Er hat mir dann den Domenico erst für die bessere Verständigung geschickt.

 Mit den besten Grüßen
  Franz Jung

472. AN CAROLA WEINGARTEN
San Giovanni Rotondo, 3/6 61

Liebe Carola, vielen Dank für deinen Brief und die Dollar, die ich allerdings wie du bereits vermutest hier und in der weiteren Umgebung nicht einlösen kann. Ich schicke den Check an die Bank of Amerika Düsseldorf, wo ich über meine S Francisco Branch ein Auslands D Mark Konto eingerichtet habe, die mir den Betrag gutschreiben wird. Auszahlung aber erst nach 10 Tagen, gerechnet dazu noch Brief nach Düsseldorf und zurück, je mindestens 3 Tage, so werde ich hier kaum das Geld noch erhalten. Das macht aber auch nichts. Meine finanzielle Lage ist unverändert. Das hängt aber viel von technischen Sachen ab.

    1. der Junge. Die Rente geht ohne daß ich je eine Unterschrift geleistet hätte an den Peter. Ich habe mit ihm kaum einen Kontakt. Er schreibt so, daß praktisch ich nicht das geringste weiß, Fragen beantwortet er nicht. Wahrscheinlich ist er mit seiner neuen Stellung sehr beschäftigt, er wird, wie er so nebenbei mitgeteilt hat, im Sommer nach Houston übersiedeln – aber wie, warum und mit welchen Aussichten hat er mir nicht geschrieben. Zudem wird in diesen Wochen gerade das Kind unterwegs sein. Jedenfalls habe ich ihm geschrieben, mir 100 Dollar von der angesammelten Reserve zu überweisen, und das wird er wohl auch tun. Mit diesem Geld werde ich dann von hier wegkommen. (Wenn alles gut geht.) Auf dieses Düsseldorfer Konto ist noch nichts eingegangen, weil die Rundfunkanstalten, die ja halbstaatlich sind, wegen der Steuer erst eine Bestätigung, daß ich Steuern in USA bezahle, benötigen, anscheinend nicht einsehen, daß wenn ich unter 1200 Dollar im Jahr zu der Rente hinzuverdiene, ich eben keine Steuern bezahlen brauche. Ob ich dann nun von Deutschland aus jetzt neu besteuert werde, weiß ich nicht – das scheinen die Herren erst feststellen zu müssen. Jedenfalls ist bisher noch kein Pfennig bezahlt worden. Ich habe bisher von dem Vorschuß von 1500 Mark vom Luchterhand Verlag gelebt und von diesem habe ich auf absehbare Zeit kein Geld mehr zu erwarten, zumal ich auch den letzten Vorschuß nur verbunden mit einer Option auf einen Fuhrmann Auswahlband erhalten habe. Diesen Band kann ich aber nur machen (etwas Geld würde ich von der Mainzer Akademie erhalten, die über Luchterhand den Band auch für sich herausbringen würde), wenn ich in Hamburg einige Wochen bleiben könnte, bei dem Drucker das ganze Material einsehen und benutzen kann. Ob ich das finanziell schaffen kann, weiß ich nicht. Ich habe auch die DM 200, die ich von deiner Schwester geborgt habe, noch nicht zurückgeben können. Sie weiß aber über meine technischen Schwierigkeiten Bescheid. Mit diesem Geld, ständig im Hotel und den bisherigen Reisen, kann ich mich sehr wenig bewegen und das Essen wird knapp, wenn ich auch oft in München und Wien zum Essen eingeladen war. In Stuttgart dagegen hatte ich selbst einzuladen. Bei den Verhältnissen, die ich hier angetroffen hatte (ich bin nicht

zum Vergnügen hierher gefahren und nicht um mich zu verkriechen, sondern ich mußte den ungelösten Konflikt mit dem Mädchen aus Budapest zu einem klaren Abschluß bringen, zum mindesten für mich selbst), verschwand das Geld, was ich krampfhaft als Reserve gesammelt und aufgehoben hatte, sofort. Sylvia lebt in entsetzlichen Verhältnissen, praktisch in einem notdürftig hergerichteten Pferdestall bei einem Bauern, sie wird betreut ärztlich von dem Internationalen Roten Kreuz der Flüchtlingshilfe in Neapel, die Medizin bezahlen und sie auch schon mal mit einem Geldbetrag unterstützt haben, sonst vertreibt sie Broschüren über den Erzengel Michael hier unter den Pilgern. Ist aber meist zu schwach, lange auf den Beinen zu stehen. Fortgeschrittener Fall von Leukämie mit beginnender Knochentuberkulose. Sie hält sich mit einer ungeheuren Willensanspannung aufrecht, die allerdings bereits in Anzeichen von religiösem Wahnsinn überzugehen scheint. Immerhin, sie lebt noch. Aber ich kann natürlich wenig tun, obwohl allein meine Gegenwart, d.h. daß sie sich nicht mehr alleinfühlt, anscheinend eine leichte Besserung auch im Allgemeinbefinden gebracht hat. Allein schon um sie gegen die Wut der ansässigen Bevölkerung, die außerordentlich ausländerfeindlich sind (soweit sie nicht durchziehende Pilger sind und infolgedessen leicht betrogen werden können und auch sonst Geld dalassen), zu schützen, auch gegen die Kapuziner, bei denen sie nicht sehr angesehen ist und die sie auch wegbeißen möchten. Das ist die Lage. Ich selbst kann hier bei diesem Klima nur sehr schwer arbeiten, ich bin auch nicht mehr anpassungsfähig genug, um mich den hiesigen Verhältnissen anzupassen, obwohl ich das zum mindesten versuchen müßte.

Ich gebe Dir so einen klaren Einblick, damit du die ganze Sache besser verstehst und siehst, daß es nicht nur ein Abenteuer ist.

Was meine sonstigen Aussichten anlangt, so ist eben dieser Müller für mich sehr wichtig, weil er selbst von sich aus angeboten hat, sogar eher eifrig bemüht ist, mit mir zusammenzuarbeiten. Er ist Redakteur am Stuttgarter Fernsehen und hat eine große Menge direkte Beziehungen zu Verlagen. Hoffentlich schickt ihm Ruth aus Paris bald das Manuskript für das Maslow Buch. Er behauptet, er könnte es sofort unterbringen. Im Figaro erscheint übrigens jetzt ein Fortsetzungsbericht der Irene von Jena, die damals im Lossow Prozeß zu 10 Jahren

Zuchthaus verurteilt worden war (Maslow erwähnt sie auch). Das kann natürlich dem Projekt sehr schaden, denn die Jena, die in Berlin lebt, wird ihr Buch auch in Deutschland angeboten haben. Es kann natürlich auch nützlich sein, aber man muß schnell jetzt handeln.

Den Restif de la Bretonne brauche ich in der Hauptsache wegen der „Agnes"[1] story – ich hatte die Erinnerung, sie wäre im 5. Band – überhaupt hatte ich die Erinnerung von 5 Bänden. Ich glaube nicht, daß dies der Privatdruck sein kann.

Könntest du mir das noch schnell mitteilen? Was ich dabei machen würde, ist den Rahmen aufzeigen, wie die Figur R[estif] zu behandeln, vor, während und nach der Revolution, die Pamphlets für und gegen Robespierre, die vorfourieristischen Utopien (le paysan perverti etc) im Rahmen des Nicolas Romans und Agnes, das ist die Frau, die R[estif] geheiratet hat und die ihn dann entsetzlich quält, das ist meines Wissens der 5. Band.

Dann würde ich brauchen den ersten Band – aber nur wenn man einfach die Verdeutschung benutzen kann, wenn es sich um einen noch geschützten Übersetzer handelt, wie etwa Schurig, hätte das keinen Zweck. Dann müßte man auf die französische Gesamtausgabe zurückgreifen. Was ich brauche, ist eben das Exposé, auf Grund dessen man den Vertrag machen kann. Davon könnte ich wieder einen Monat leben, vor allem nach Hamburg fahren.

Es besteht übrigens eine leichte Möglichkeit, daß ich die Fuhrmann Bände auch irgendwo in der Nähe von Salzburg bei einem Herrn von Rauch bekommen könnte. (Ilse Fuhrmann wird den Mann versuchen aufzutun.) Dann würde ich von hier nach Kuchl gehen und mich dort niederlassen, für einige Wochen wenigstens und dort den Fuhrmann Band zusammenstellen. Dazwischen muß ich die 4 Rundfunkvorträge für Köln fertigmachen, Termin 10. April. Wenn das alles nicht geht, werde ich nach Wien gehen. Meine dortige Verbindungsadresse ist sowieso bei Oscar Maurus Fontana Wien 4 Gußhausstraße 6. In Wien habe ich einige alte Freunde aufgetan und ich kann mich dort einige Tage halten und vielleicht sogar etwas verdienen. Ich muß nur etwas Zeit haben.

Von Wien oder von Kuchl aus, das sehr billig sein soll, zwischen Salzburg und München gelegen, werde ich schreiben, wie

es weitergeht. Denn wenn ich noch vorhanden bin, müssen wir uns unbedingt im Sommer sehen in Europa, vielleicht sogar hier.
Herzlichen Gruß
Franz

Gute Besserung und alles Gute für Adolf.
Vorläufig mit den Bänden nichts unternehmen. Das Exposé ist das wichtigste. Wenn denn die Bände schicken, nur an Müller. Ich mache nur das Exposé und gebe Müller die Hinweise.

1 Teil des Romans „Monsieur Nicolas".

473. AN ARTUR MÜLLER
San Giovanni Rotondo (Foggia), 3/6 61
viale Cappuccini, Villa Rossi

Lieber Artur Müller, ich beantworte bereits Ihren letzten Brief, obwohl ich vielleicht erst Ihre Antwort auf die Ablehnung des Convents abwarten sollte. Ich kann ganz gut verstehen, daß eine Organisation wie der Sender sich nicht auf vage Chancen einlassen kann. Es wird hier genug fotografiert und wahrscheinlich selbst für Film, nur nichts officiell. Nach dem Telegramm blieb mir schließlich nichts anders übrig als mich ebenfalls zu melden im Convent. Ich hätte das sowieso nicht vermeiden können, wie Sie daraus ersehen, daß ich inzwischen den offiziellen Besuch der Carabinieri erhalten habe, die mich nach dem Grund meines Aufenthaltes hier ausfragen wollten. Ich habe die Leute sehr kühl auf mein Recht als Turist etc verwiesen, worauf sie auch abgezogen sind – natürlich hatten sie von dem Telegramm Kenntnis. Sie machen sich ja auch keine Vorstellung von dem, was hier eigentlich vorgeht und hinter den Kulissen sich abspielt. Zum Beispiel werden Luftpostbriefe hier wie eingeschriebene behandelt. Sie müssen, aus dem Ausland kommend, in einem Buch, das der Postbote bringt, quittiert werden. Die normale Post wird praktisch in der Kirche ausgetragen. Ein Telegramm wird über Lautsprecher in der Kirche dem Empfänger bekannt gegeben, der es sich beim Klosterpförtner abholen kann. (Ihr Telegramm ist glücklicherweise in den Abendstunden angekommen, sonst hätte es mich wohl kaum so leicht erreicht.) Das sind alles so Kleinigkeiten, die die Atmosphäre hier widerspiegeln. Ihre Briefe zum Beispiel holt mein Hauswirt in der Kirche ab, der sowieso da zu tun hat. Also wenn Sie vielleicht doch noch Interesse finden können, eine Sendung über das Gargano Massiv zu machen, den Erzengel Michael und die Offensive gegen den Satanismus, mit background in San Giovanni und die Umgebung, mit dem historischen Flair der Hohenstauffen, die hierher gewallfahrt sind etc, so lassen Sie mich es wissen. Ich werde noch bis zum 20ten etwa hierbleiben und später sogar noch einmal wiederkommen, im Sommer etwa. Jedenfalls kann ich Ihnen hier Literatur besorgen, Karten und was Sie sonst etwa an Material benötigen. Wie gesagt, es tut mir leid, daß in der einfachen Form das Projekt gescheitert oder zum mindesten jetzt sehr erschwert worden ist.

Was Ihren Brief anlangt, so wäre ich nur zu froh, wenn wir zusammen etwas arbeiten könnten. Wir müßten uns doch noch einmal ausführlicher sprechen, dann wird sich vieles leichter klären.

Ich weiß leider nicht, wohin ich nach dem 20. gehen werde, entweder nach Wien oder nach Kuchl in die Nähe von Salzburg. Es hängt davon ab, ob ich in Kuchl, wo ein Fuhrmann Verehrer[1] wohnt, dort das Material einsehen kann, was ich zur Zusammenstellung eines Fuhrmann Auswahlbandes benötige, den ich entweder für die Darmstädter Akademie oder für den Luchterhand Verlag mit der Mainzer Akademie im Hintergrund machen muß. Praktisch lebe ich bereits von dem Vorschuß, den ich darauf bekommen habe. Also ich muß diese Arbeit jetzt ernstlich in Angriff nehmen.

Eventuell werde ich zu diesem Zweck schlimmstenfalls nach Hamburg gehen müssen, wo ich die Gesamtausgabe bei dem dortigen Drucker[2] einsehen kann. Sonst bekomme ich das Material nur in New York bei der Frau Ilse Fuhrmann, von der ich auch die Rechte bekommen habe. Ich selbst habe ja übrigens in der Gesamtausgabe den 6. Band gemacht. Also das ist das Fuhrmann Projekt, das für mich jetzt dringend geworden ist.

Was den Restif anlangt, so haben Sie mich in Stuttgart mißverstanden. Mir liegt gar nichts daran, als Herausgeber etc zu erscheinen. Ich kenne den Restif ziemlich genau, aber das liegt 30 Jahre zurück. Ich kenne den Nicolas insbesondere.

Weingarten bringt das durcheinander oder er hat nicht mehr die Bände vollständig. Von einem „Privatdruck" weiß ich überhaupt nichts. Der Agnes Band kann dies kaum sein. Außerdem scheint doch die Schwierigkeit zu bestehen, daß noch Rechte der Übersetzer bestehen werden, sicherlich im Falle Schurig, der einen der Nicolas Bände übersetzt haben soll, wie Weingarten mir schreibt. Wollen wir nicht erst mal versuchen, durch ein ausführlicheres Exposé ein Interesse des Verlegers oder einer Filmgesellschaft etc festzustellen? Ich kann dieses Exposé Ihnen machen. Dazu brauchen wir noch nicht die Bände. Finden wir Interesse, dann kann man sich die französische Gesamtausgabe besorgen, eventuell aus alten deutschen Bänden, eventuell auch den bei Weingarten liegenden, den deutschen Text benutzen, zum mindesten bearbeiten, so daß wir schon was haben zum Vorlegen und dann den Vertrag machen. Vielleicht bekommen wir schon vorher etwas Geld, das uns die Spesen einbringt. *Aber Sie zeichnen,* nicht ich. Meine Arbeit wird darin bestehen, im großen ganzen die grobe Grundkonstruktion zu machen, die Vorauswahl zu treffen, die verbindenden Texte auszurichten, dh anzudeuten und sozusagen das Ganze in eine bestimmte atmosphärische Diktion zu heben. Dann kommen Sie und feilen es fertig. Sie verhandeln, Sie machen es fertig und Sie zeichnen auch, entweder als Herausgeber oder als Autor.

Zu *Maslow*. Wenn Eile geboten ist und das Manuskript sich für einen Film an ehesten eignet, könnte man nicht bereits das Projekt registrieren? Ich nehme an, daß Sie jetzt das Manuskript sehr bald bekommen werden. Was immer die Frau von Jena geschrieben haben kann, die Maslow Sache bringt es aus einer andern Sicht. Wahrscheinlich besser, denn das Schwergewicht bei Maslow liegt nicht auf der Spionen Story Sosnowski, sondern auf dem Kampf um die Bendlerstraße, Hammerstein[3] gegen Schleicher, Schleicher gegen Hitler – inmitten der alte Hindenburg – und die Drahtzieher Strasser, Goebbels, Gestapo etc abrollend das Liebesverhältnis Scholems mit der Tochter Hammersteins – benutzt als Erpressung für die Unterwerfung der Bendlerstraße unter Hitler. Das läßt sich aus dem Maslow Manuskript sehr gut herausschälen. Die Sosnowski Sache bleibt dabei ganz am Rande. Trotzdem muß das Manuskript an einigen Stellen wesentlich geändert werden. Vor allem die Charakteristik Scholems, eines der besten Reichtagsabgeordneten, den die KPD je gehabt hat, muß geändert werden. Maslow, praktisch als Schriftsteller ein Amateur, glaubte den Gegensatz zwischen dem Juden Scholem und der Aristokratin Hammerstein besonders kraß herausstreichen zu müssen. Dabei gerät er in einen reinen Antisemitismus (ungewollt) hinein, um so erstaunlicher, als Scholem persönlich eng mit Maslow befreundet war, nicht nur politisch. Also das muß geändert werden. Das geht auch leicht. Wahrscheinlich wird man die Pariser Emigrations Atmosphäre, die praktisch das Ende der Hammerstein Familie herbeiführt, erweitern müssen, die Dialoge mit den Gestapo Leuten etc (auch ziemlich leicht). Irgendwie wird man die Hinrichtungsscenen anders plazieren können. Aber das muß man sehen. Das ganze ist so offensichtlich auf Bildwirkung hingeschrieben, daß man alles sehr leicht zurechtschneiden kann. Vorausgesetzt, daß die Familie Hammerstein nicht Schwierigkeiten machen wird – obwohl gegen die Hammersteins nichts gesagt wird. Aber es gibt doch so ein Namensschutzgesetz in Deutschland. Das müßte man vielleicht feststellen vorher. (Nicht etwa die Familie, was davon noch geblieben ist, anfragen, sondern einen Anwalt.)

Ich werde sicherlich den Sommer über in Europa bleiben. Und dann weiß ich auch noch nicht, wo ich hingehen werde. Ich habe, um meinen Paß valid zu halten, noch anderthalb Jahre Zeit außerhalb Amerikas zu bleiben.

Ich habe noch eine Reihe Pläne, die ich mit Ihnen besprechen könnte, vielleicht in Wien – Sie sollten sowieso dahin fahren, um mit dem Volkstheater zu verhandeln.

Übrigens für alle Fälle – zwar nicht für das gescheiterte Stigmatisierten Projekt, bei dem ich ja keine Ansprüche habe – aber vielleicht für später, in irgendeiner Sache, die wir gemeinsam starten, ich habe in Deutschland ein Konto eingerichtet und zwar bei der Bank of America, Düsseldorf als *Ausländer DM Konto* auf meinen Namen, wohin ich meine Social Security Rente aus Amerika überweisen lassen will und auf das der Westdeutsche Rundfunk einzahlen soll, aber bisher leider noch nicht getan hat.

Das ist alles für heute.
Viele Grüße
    Franz Jung

1 Georg von Rauch.
2 Wilhelm Arnholdt.
3 Vgl. auch Jungs Text „betr. die Hammersteins" in: Franz Jung, Schriften und Briefe Bd. 2, Salzhausen 1981, S. 1237–1253 sowie Franz Jung, Werke Bd. 11, S. 303–306.

474. AN ARTUR MÜLLER
San Giovanni Rotondo (Foggia), 3/6 61

Lieber Artur Müller,
ich habe soeben Ihren Brief bekommen, zu dem ich einiges sagen möchte.

Gargano Projekt: Wenn Sie es machen wollen – Sie riskieren hier absolut nichts, Photographen laufen hier zu Dutzenden herum – sollten Sie am 8. Mai beginnen. Da ist das große St. Michael Fest, auf dem Monte S Angelo, zu dem ganz Süditalien strömt. Das ist alles im Freien, ein großes Folklore Treffen, das einen wunderbaren Auftakt geben würde. Im Vorjahr war hier der bayrische Rundfunk, vielleicht könnten Sie von dort einiges Material bekommen, wahrscheinlich aber auch von italienischen Stationen einschließlich Film und Fernsehen – denn das Fest ist ohne jede Restriktionen. Können Sie es nicht terminmäßig schaffen, so denken Sie, daß Sie darüber Photos und wahrscheinlich auch Filme bekommen können. Es wird hier als ganz außerordentlich bezeichnet. Dann, haben Sie die „Europeo" Photos? – Diese können Sie hier immer aufnehmen, außerhalb und innerhalb der Kirche, wenn es nicht zu auffällig ist. Und außerdem würde man auch die Hilfe des Abresch hier in Anspruch nehmen können. Mit dem hiesigen Konvent würde ich aber im Augenblick nichts mehr tun, lassen Sie die Leute die offizielle Anfrage erst vergessen.

Brauchen Sie Broschüren und sonstiges Bildmaterial, auch für San Angelo, es gibt eine kleine Broschüre darüber, auch in schlechtestem Deutsch. Ich würde sie Ihnen schicken.

Eines der Bücher über Pater Pio sollten Sie aber lesen. Wollen Sie, daß ich Ihnen eines schicke?

Die andern Sachen korrespondieren mit Ihrer Anfrage. Differenzen können wir regeln, was die Prozedur anlangt. Ich habe erstmal an Weingarten geschrieben, was das eigentlich für Bände

sind, die er da noch anführt. Vielleicht brauchen wir sie gar nicht.
Der Agentur Vorschlag ist der Morris Agentur in Hollywood nachgemacht. Dort kauft keine Film oder Fernseh Station ein Skript, ohne daß es von der Morris Agentur angeboten wird. Die Agentur hat eine Reihe Autoren an der Hand, die den Morris touch den einlaufenden Manuskripten aufkleben in der Bearbeitung. Praktisch ein Monopol, zum Beispiel für Reklame Texte, die nur über die Morris Agentur angeboten werden, zum mindesten für die größeren Gesellschaften. Ebenso die verschiedenen Sparten der Vorträge etc – wie ich sie dachte. Das heißt, es würde im deutschen Rundfunk kein Text, etwa popularwissenschaftlichen Inhalts mehr gesprochen werden können, der nicht über diese Agentur laufen würde. Das war so ungefähr die allgemeine Idee. Aber schon Schonauer hat mir gesagt, das geht in Deutschland nicht. An Buch und sonstigen Zusammenfassungen nur ideenmäßig habe ich gar kein Interesse und möchte auch nicht erst die Zeit damit verlieren. Vergessen wir die Sache.
Besten Gruß
Franz Jung

475. AN ARTUR MÜLLER
San Giovanni Rotondo (Foggia), 3/8 61
viale Cappuccini, Villa Rossi

Lieber Artur Müller,
ich lege Ihnen einen Abdruck aus einer Schlesier Zeitung (glaube ich) bei, den Sie vielleicht bei Gelegenheit zurückgeben können. Derselbe Aufsatz ist übrigens auch in der Frankfurter Allgemeinen erschienen (Copie habe ich nicht mehr, auch so 1958 im November). Der Verfasser heißt in Wirklichkeit Friedrich Grieger[1], ist Bibliothekar beim Südwestdeutschen Rundfunk (die dortige Bibliothek hat übrigens fast alle meine Bücher) und ist ein Mitgymnasiast von mir aus demselben Neisse. Sonst hat noch Otten ziemlich viele meiner Bücher. Früher stand ich auch im Kürschner mit einer ziemlich lückenlosen Bibliographie. Ich selbst besitze leider fast überhaupt keines meiner Bücher. Diejenigen, die ich noch in New York auftreiben konnte, habe ich in-

zwischen auch wieder weggegeben. Das Photo[2] hier stammt aus dem Viermännerbuch. Der Dr Raabe aus Marbach hat eine Zeichnung von Meidner.

Es steht jetzt mit fast ziemlicher Sicherheit fest, daß ich von hier aus wieder für mindestens 6 Wochen nach Wien gehen werde. Ich brauche diese Zeit, um meine sehr durcheinandergeratenen finanziellen Verhältnisse zu ordnen. Die Lage ist zwar keineswegs kritisch, aber technisch erschwert, weil ich mich in Amerika auf lauter Leute verlassen habe, die nicht nur nichts geordnet, sondern alles durcheinander gebracht haben. Das muß ich erst entwirren und das kann ich nur von einem Platz aus tun, wo ich einige Zeit fest bleibe und zu erreichen bin.

Dort könnten wir uns doch treffen, um eine weitere Zusammenarbeit zu besprechen. Darf ich Ihnen einen Blitzkurs in angewandter Psychologie hier geben? Jeder Mensch lebt von dem, was er früher gedacht, getan und gearbeitet hat. Ich habe das immer weggeworfen, praktisch meine Verbindung dahin rückwirkend zerstört, so daß ich mich selbst um Rente, Anerkennung und alles das gebracht habe. Selbst wenn ich heute wieder anfange zu arbeiten, dann kann ich nicht mehr schon rein der Jahre wegen erwarten, daß etwas bleibt, was „Früchte" tragen wird. Das ist der Grund, warum ich *meinen Namen als Autor hasse*. Ich will mich durchaus nicht verstecken, ich wollte auch bei Luchterhand meinen Namen gern ändern und beinahe wäre das Buch darüber überhaupt gescheitert, schließlich habe ich mich überreden lassen. Das ist natürlich für eine Zusammenarbeit mit mir ein Handikap. Jedenfalls können wir darüber sprechen.

Inzwischen habe ich noch einige Sachen, die Sie sich vielleicht überlegen können, ehe wir uns sehen. Da ist zunächst das Drama „Schnee" von Przybyszewski (erschienen in den 90er Jahren bei Fontane in Berlin). Dieser P ist ganz zu Unrecht von der Strindberg Welle damals mit fortgeschwemmt worden. Eine großartige Sache für das Fernsehen. Beinahe schon fertig, kaum große Arbeit. Da haben Sie das, was ich schon über den Schwerpunkt des Dialogs sagte, ohne den kein gutes Fernsehstück gesendet werden kann (erst der Dialog, dann das Bild). Hier ist ein wunderbarer Dialog, auf dem und um den herum man das Bild abrollen lassen kann, mit den Akzenten Strindberg'scher Magie. Das Bild, d h die sichtbare Handlung kann beliebig verstärkt werden, stärker als im Buch selbst, weil eben der Dialog den Schwerpunkt bildet. Das Stück ist in dem Stimmungsexpressionismus geradezu wunderbar, ich glaube nie auf einer Bühne aufgeführt worden, weil die Leute damals den handfesten Naturalismus sehen wollten oder den moralisierenden Ibsen. Verschaffen Sie sich aus irgendeiner Bibliothek das Buch – es würde sich lohnen. Als Gegenstück dazu den „Meister Oelze" von Joh Schlaf, Ursprung und Avant Garde des Naturalismus, auch mit einem großartigen Dialog, den man bildmäßig herausheben kann. Mit beiden Bildsendungen zusammen schmeißen Sie das ganze Fernsehen über den Haufen. Eine ganz neue Dramaturgie.

Dann könnte ich Sie erinnern, daß eine Serie über die großen Mystifikationen fällig ist. Ich selbst kann eine dazu beisteuern. Ich habe aus SF von einem jungen Mann, dem ich gern helfen möchte, ein Manuskript mitgebracht, was auf den Bickerstaff Papers von Swift aufgebaut ist, der Fall des Astrologen, den Swift unter dem Pseudonym Bickerstaff in Zuschriften an die Presse für tot erklärt und der auch tatsächlich nicht mehr als lebend dann angesehen wird, trotzdem er sich verzweifelt dagegen wehrt. Das gibt eine Reihe phantastischer Situationen. Swift trägt schließlich den Sieg davon. Das Manuskript ist leider ziemlich schlecht geschrieben, zu flüchtig und ungekonnt in der Hauptsache, als Novelle gedacht, aber es wäre umzuarbeiten, vielleicht nur für den Funk oder Film, ich möchte nur, daß der Name *Wolfgang Hadda*, so heißt der Junge, bleibt. Ich habe sozusagen von dem Mann die Rechte. Vielleicht kann dies dem Hadda, er ist ein junger Bibliothekar in SF, der deutsch schreibt, den Start geben. Damit wäre dann auch meine Aufgabe erledigt. Aber ich bin bereit, das Manuskript aufzukonstruieren und daran zu arbeiten, wenn eine Chance ist. Sonst verlohnt es sich kaum es direkt jemandem anzubieten. (Es ist mehr eine halbsentimentale Verpflichtung, die ich übernommen habe.)

Ich selber hätte ein Manuskript, das in diesen Rahmen fällt, allerdings in der Form eines mehr philosophischen Essays geschrieben. Es ist das Campden Mystery – vor einigen Jahren hat die BBC darüber eine Serie gebracht – aber sehr schlecht und ohne den eigentlichen Kern. Es handelt sich da um eine Hinrichtung, die in Campden stattgefunden hat, wobei die Opfer wie die Hingerichteten später noch verschiedentlich wiedererscheinen und bis in den Höllenfeuer Club reichen. Ich habe das genannt „Wie dem auch sei. Eine Studie über den Zerfall der Zeitgeschichte". Bei Gelegenheit kann ich Ihnen das Manuskript mal geben. Ich habe es dem Luchterhand Verlag geschenkt, der aber kaum Wert darauf legt, höchstens für irgendeine Autorenpropaganda in einem Avantgarde Blatt. Ich habe das auch selbst mehr als Schreibübung angesehen.

Aber Mystifikationen kann man noch eine Reihe bringen, auch aus Amerika, der Salem Prozeß gehört bekanntlich auch dazu.
    Viele Grüße
            Franz Jung

1 Vgl. Anmerkung zum Brief an Cläre Jung vom 24.8.1957.
2 Porträt Franz Jung, Lithographie von Emil Stumpp. In: „Das Vier-Männer-Buch. Erlebnis-Novellen von Barthel, Jung, Scharrer, Wöhrle", Berlin 1929 mit Jungs Novelle „Das Erbe", S. 116.

476. AN ADOLPH WEINGARTEN
S G R, 3/8 61

Lieber Adolph,
Müller hat mir eben wieder geschrieben, daß die Restif Sache in ein dringendes Stadium getreten zu sein scheint.

Ich glaube, man sollte ihm die Bücher jetzt schicken, vielleicht als Drucksache einzeln per Luftpost.

Dabei ist die Hauptsache: Band 1 ist die allgemeine Entwicklungsgeschichte, die Jugend bis zur Verführung der Meisterin (an und für sich ist dieser Band am bekanntesten und sicher oft übersetzt). Band 2, 3 und 4 meiner Erinnerung nach sind die mehr pornographisch angesehenen Bände und sind kaum interessant. Dagegen der 5. Band – die Geschichte der *Agnes*, die R[estif] später geheiratet hat und die ihn entsetzlich quält und die eigentliche Geschichte Restifs bringt, maßlose Eifersucht, Masochismus, die underdog story eines Impotenten. Dies ist die eigentliche Basis, auf der mein Bearbeitungsvorschlag beruht. Damit steht und fällt das Projekt. Ist das das anonym gedruckte – ich kann mir das kaum vorstellen. Bitte sieh doch nach und blättere darin herum. Und schreibe dann dem Müller oder schicke ihm die beiden Bände.

An mich zu schicken hat im Augenblick kaum Zweck. Ich hoffe, daß ich etwa um den 20. herum hier wegkommen kann.

Es steht ziemlich fest, daß ich nach Wien gehe. Ich schreibe schon an verschiedene Leute in Deutschland, von denen ich Geld zu erwarten habe, daß sie mir das Geld nach Wien senden sollen, an die Adresse FJ Wien 4, Gußhausstr 6, b/ Oscar Maurus Fontana. Ich werde da zwar nicht wohnen, aber Fontana wird die Post behandeln. Ich muß sehr schnell disponieren, denn ich werde zunächst in Wien ohne Geld sein. Bis dahin wird hoffentlich auch der Check Carolas auszahlbar sein. Auf den Sohn Peter kann ich mich nicht verlassen. Praktisch weiß ich nicht einmal, wieviel Geld für mich dort liegt und was auf meinem Konto in San Francisco noch liegt. Das werde ich alles erst von Wien aus feststellen können. Ich werde auch von dort alle meine Verträge und sonstigen Verhältnisse, die finanziellen, in Ordnung bringen. Wenn das dann soweit sein wird, ich nehme an etwa 6 Wochen, die ich in Wien bleiben werde, kann ich mich auch erst entscheiden, was dann weiter wird. Ich hoffe, daß ich dann – die finanzielle Sicherung die Voraussetzung – nach Kuchl gehen kann und dort den Sommer über bleiben. Die Pension kostet dort im Gasthaus 50 Schilling pro Tag mit 3 Mahlzeiten, was ziemlich billig ist. Ich kann dort über den Sommer alle meine Verträge erfüllen und nicht nur den Fuhrmann Band, sondern auch für Luchterhand das zweite Buch[1] anfangen. Das sind meine Pläne.

Hauptsache, daß ich erstmal ziemlich heil noch von hier wegkomme, was durchaus nicht so leicht ist, wie man denken würde.

Viele Grüße an Carola und Dich u. gute Besserung beiderseits
Franz

---

[1] Vermutlich „Die Albigenser".

477. AN RUTH FISCHER
San Giovanni Rotondo [Mitte März 1961]
Viale Cappuccini, Villa Rossi

Liebe Ruth,
bitte schicke dem Hausmann den Schein der Maschine, falls du ihn noch hast. Praktisch hat der Mann mir die Maschine geschenkt und ich würde sogar gern bereit sein, die Kosten zu zahlen und nur um die Maschine wiederzugeben; falls der Aufbau mir nach dort hin für den Abdruck des Dada Artikels Geld schickt, solltest du es dafür verwenden. Übrigens hat dieser Hausmann mich schwer enttäuscht. Anstatt ihm eine Freude zu machen, wie ich gedacht habe, ich habe sogar vorher mit ihm darüber gesprochen, hat er jetzt, nachdem ich ihm eine Copie geschickt habe, angefangen wütend zu dementieren. Er hat dem George nach New York geschrieben und Berichtigungen verlangt, u.a. daß er immer ein Kriegsgegner gewesen sei und solchen Quatsch mehr. Er will auch in Amerika nicht ausstellen, was der eigentliche Sinn des Artikels war. Also der Dadaist Hausmann ist eben ein anderer als der Rentenempfänger H.

Betreffend des Maslow Manuskripts mache keinen Fehler. Du verdirbst dir eine große Chance. Für Müller und auch für mich liegt nicht das geringste persönliche materielle Interesse vor. Müller hat die großen Verbindungen zu Film und Fernsehen. Er setzt sich im wesentlichen ein, weil er denkt mir einen Gefallen zu tun, weil er glaubt mich für eines seiner Projekte zu gebrauchen. Er braucht die Vorlage des „Roman" Manuskripts, um daraufhin für andere Möglichkeiten Optionen zu nehmen – was für ihn verhältnismäßig leicht ist. Was den Roman anlangt mit deiner Einführung, das kommt später. Aber tue, wie du willst und wie DU es für richtig hältst. Schreibe ihm wenigstens, dem Müller, wie die Sache liegt und was du vorhast. Ich glaube, mich kannst du jetzt bei dem ganzen Projekt ausschalten.
Besten Gruß
Franz

478. An Oskar Maurus Fontana
San Giovanni Rotondo (Foggia) [März 1961]
Viale Cappuccini, Villa Rossi

Lieber Fontana,
ich habe mich jetzt entschlossen, doch zuerst wieder nach Wien zu fahren und vielleicht etwa 6 Wochen später nach Kuchl weiter zu übersiedeln. Ich wollte dich bitten, könntest du noch einmal versuchen die Pension aufzutun, die billiger ist als das Hotel? Eventuell, wenn es dir nicht gelingt schreibe mir den Namen nach hier, eventuell kann ich von hier aus dann anfragen. Ich brauche nur ein kleines Zimmer, mit Stuhl, Tisch und Bett – das kann alles sehr primitiv sein.

Ich brauche etwa die 6 Wochen Zeit, meine finanziellen Dinge in Ordnung zu bringen, das heißt zu wissen, wie ich überhaupt stehe, meine Rente nach dem Platz zu dirigieren, wo ich dann zu bleiben habe, und viele Dinge wieder aufnehmen, die ich bisher liegen gelassen habe, aus dem gleichen Grunde, weil ich nicht wußte, wo ich bleiben werde. Das hört jetzt auf. Mein Sohn, der bisher meine Rente verwahrt und auch sonst die Dinge für mich drüben regeln wollte, hat sich leider sehr unzuverlässig erwiesen. Ich löse diese Art Geschäftsverbindung auf, zumal er sowieso nach Houston Ende April übersiedelt. Also ich muß alle meine Papiere etc umdirigieren. Aber ich muß wissen wohin. In Wien werde ich ankommen mit soviel noch von Geld, daß ich mich eine Woche aufhalten kann. In dieser Zeit werde ich mir das, was noch in Amerika an Geld geblieben ist, nach Wien telegrafisch überweisen lassen, ebenso alle Papiere schicken und den Rest meiner Schriftsachen, Manuskripte etc. Solange muß ich in Wien bleiben. Dann kann ich mich entscheiden, ob ich auch die Rente direkt nach Wien schicken lasse. Zuviel kann ich den Wohnort für diese Behörde nicht wechseln.

Von Wien aus (oder später von Kuchl) kann ich organisieren, zu der Rente noch etwas hinzuzuverdienen. Etwa 50 Dollar sind mir von den Zeitungen für die Wirtschaftsanalysen sicher. Das will ich wieder etwas forcieren. Auch dazu ist zunächst Wien ein guter Platz, weil ich dort die Zeitungen nach Material einsehen kann. Artur Müller hat mir verschiedenes angeboten für das Television. Er will auch einen Film hier von der Gegend drehen lassen, an dessen Manuskript ich mitbeteiligt werden soll. Ich könnte mich in dieser Zeit in Wien mit Müller treffen und alles vereinbaren.

Übrigens der Kölner Sender wird meinen Aufsatz über Wilhelm Reich bringen. Ich glaube, das ist der erste Vorstoß gegen die Schweigekampagne gegen Reich nach seinem Tode. Da Reich ja ein prominenter Österreicher ist, könnte sich auch die Rawag dafür interessieren. Vielleicht übernehmen sie die Sendung aus Köln. Ich liefere in diesen Tagen das Skript nach Köln ab.

Was ich brauche, ist jetzt 6 Wochen Ruhe (nach den Erfahrungen hier) und anfangen wieder nüchtern auf die Beine zu kommen. (Sonst kann ich auch gleich hierbleiben.)

Ich schreibe dir das alles, damit du den Eindruck bekommst, daß es ziemlich ernst ist. Kuchl kann ich jetzt noch nicht gebrauchen.

Bitte versuche die Pension oder eine andere ausfindig zu machen, für etwa 6 Wochen (ohne Verpflegung, höchstens mit Frühstück) und schreibe mir bald.

Sobald das Geld aus Köln nach hier kommt, reise ich ab. Ich denke, das wird etwa um den 20. herum sein können. Weitere 100 Dollar, die ich mir habe telegraphisch aus New York anweisen lassen, sind hier inzwischen auch draufgegangen.

Herzlichen Gruß an Käthe und Dich
Franz Jung

Es tut mir leid, daß ich Dich so mit meinen ungelösten Dingen belästige, aber sei versichert, wenn du in die gleiche Lage kommen solltest, werde ich mich revanchieren.

479. AN OSKAR MAURUS FONTANA
San Giovanni Rotondo (Foggia) [März 1961]
Viale Cappuccini, Villa Rossi

Lieber Fontana,
vielen Dank. Die Briefe sind angekommen.

Ich kann absolut noch nicht übersehen, was ich machen werde und vor allem, wie hier wieder fortzukommen. Ich habe natürlich vor, solange wie möglich auszuhalten. Ich muß nur sehen, daß ich nicht den Termin der letzten Möglichkeit verpasse, so daß ich dann überhaupt nicht mehr von hier fortkommen kann. Das Maschinenschreiben macht große Schwierigkeiten, die Finger sind praktisch steif gefroren und sich vorzustellen, daß jetzt in Rom über die ganze Stadt die Mimosen blühen, ist reiner Masochismus. Sylvia ist übrigens heute nach Rom gefahren, um über das Internationale Rote Kreuz das dortige Tuberkulose Institut für eine neuerliche Untersuchung aufzusuchen.

Ob ich sehr bald im April etwa nach Hamburg fahren werde, erscheint mir zweifelhaft jetzt, nachdem anscheinend die Mainzer und Darmstädter Akademie sich über das Fuhrmann Buch nicht einig geworden sind. Der Brief des Luchterhand Verlag deutet das klar genug an. Da ich die Arbeit und wahrscheinlich auch die sonstigen Spesen, wie die Herstellung des Manuskripts vorlegen müßte, habe ich es jetzt nicht mehr so eilig.

Vielleicht könnte ich deiner Anregung folgend mich für einige Monate, bis sich meine Verhältnisse etwas geklärt haben werden, in Kuchl niederlassen. An wen schreibt man da? Oder kann man einfach hinfahren und sich dann dort ein Zimmer suchen? Ich könnte von dort aus alle weitere Entwicklung abwarten.

Wie geht es bei Euch? Ich beginne, mich reu- und wehmütig an Hauswirth zu erinnern (und an die Tausend-Schilling Scheine). Hier gibt es nur einmal in der Woche Fleisch, und zwar Pferdefleisch, was Sylvia für besonders gesund hält, weil es so blutig ist. Ansonsten bin ich auf pastasciutta Diät gesetzt.

Viele Grüße an Euch beide
Franz Jung

480. AN CLÄRE JUNG
San Giovanni Rotondo (Foggia), 3/16 [1961]

Liebe Cläre,
besten Dank für deinen Brief.

Ich gehe jetzt nächste Woche von hier weg, zurück nach Wien. Ich lasse dir eine Copie des Vortrages[1], der irgendwann im Mai vom Westdeutschen Rundfunk in Köln gebracht wird, zugehen.

Ebenso werde ich veranlassen, daß dir vom Luchterhand Verlag noch der Dramen Band zugeht (allerdings er ist bei weitem nicht so gut und wenig ausgeglichen). Selbstverständlich stehst du auf der Liste für mein Buch, das allerdings nicht vor Herbst erscheint. Ich habe noch nicht einmal die Fahnen bekommen.

Es wird dich interessieren ein Antiquariatsprospekt, der die „Proletarier" herausstellt.

Bisher ist es mir nicht gelungen einen Entschluß zu fassen, ob ich in Europa bleiben kann. Praktisch reicht die Rente, die ich von drüben beziehe, zum Leben hier nicht aus. Viel Hoffnungen, noch etwas hinzuzuverdienen, habe ich nicht.

Hier habe ich jetzt 6 besonders harte Wochen verlebt. Der Ort liegt hoch im Gebirge – so eine Art italienisches Lourdes – mit eisigen Winden und jetzt liegt noch Schnee, und das in Süditalien – allerdings blühen jetzt die Mandelbäume. Am Tage ist es schon warm, die Nacht kalt und in den Häusern keine Heizung.

Wenn sich etwas bei mir ändert, schreibe ich wieder.

Herzlichen Gruß und Empfehlung an Deine Schwestern
   Franz

Ich habe noch drei weitere Vorträge in Köln, einen über Fuhrmann, einen über Boscovich (den Mann, den jetzt Moskau groß herausstellt), und einen über den amerik Bürgerkrieg.

---

1 „Der Mensch im Kraftfeld biologischer Energie. Aus der Krankengeschichte unserer Zeit. Dargestellt an dem tragischen Schicksal des Psychoanalytikers Dr. Wilhelm Reich". Sendung im Westdeutschen Rundfunk Köln am 11.8.1961.

481. AN OSKAR MAURUS FONTANA
San Giovanni Rotondo, 3/16 [1961]

Lieber Fontana, ich habe mit gleicher Post geschrieben an das Hospiz, daß ich für das Zimmer für S 55,20 reflektiere, eventuell aber auch wenn das Haus sehr besetzt ist das für 46,90 nehmen würde. Allerdings treffe ich erst Dienstag, den 28. ein. Ich habe so einen weiten Endtermin genommen, weil ich keinen genauen Abreisetag hier angeben kann. Das hängt davon ab, ob und wieviel Geld nach hier einkommt, daß ich so halbwegs in Ruhe abreisen kann und nicht einfach davonlaufe. Selbst wenn das erwartete Geld nicht eintrifft, hätte ich dann immer noch das Reisegeld. Den Termin vom 27. Abreise hier haben wir so vereinbart. Vor Mitte nächster Woche kann sowieso das Geld aus New York nicht da sein. Bitte rufe noch einmal das Hospiz an, ob das dann so bleibt. Andernfalls würde ich erst *nach* Ostern kommen und inzwischen über Kuchl auf die paar Tage fahren, um mir dort die Möglichkeiten anzusehen. Abfahren spätestens am 27. *muß* ich von hier, weil sonst alles Geld, das ich mir noch mobilisieren könnte, sofort wieder drauf geht – und ich im Grunde mit allen meinen Reserven jetzt am Ende bin. Schreibe mir bitte noch, ob der 28. im Hospiz geht.

Sonst, schicke mir keine Post nach mehr nach hier. Ich erwarte einen Check von meinem Sohn auf die American Express an deine Adresse, ebenso einen Check von Frau Marcu. Sobald ich in Wien bin, kann ich noch etwa 200 Dollar von verschiedenen Leuten drüben zusammen auftreiben. Und kann auf dieser Basis mich den weiteren Plänen, die meinen Aufenthalt in Kuchl sichern sollen, widmen.

Viele Grüße an Kate und Dich auch von Sylvia
Dein Franz Jung

482. AN ADOLPH WEINGARTEN
[San Giovanni Rotondo, 17. März 1961]

READY TO FLY BUT PROBABLY TOO LATE BETTER WAIT MY LETTER CONTACT FRIEDLÄNDER – JUNG.

483. AN ADOLPH WEINGARTEN
[San Giovanni Rotondo, 17. März 1961]

Lieber Adolf,
in aller Eile: Ruth hat den *schriftlichen Nachlaß* an das Pariser Institut verkauft. Die Bücher an Harvard. Die Leute vom Institut saßen schon zu meiner Zeit herum und fingen an zu registrieren. Die werden sogleich dabei sein.

Vorläufig allerdings liegt noch alles bei dem Sohn zu entscheiden.

Ich *rate*, diesem sogleich mitzuteilen, daß das Maslow Manuskript und einige andere Materialien *Dir* gehört und sie nur zur Verwahrung der Ruth übergeben worden sind.

Zeigt er sich entgegenkommend, so *lohnt* es sich hinzufahren u. die Sachen herauszuholen. Sonst ist wenig Aussicht und die Spesen herausgeschmissen.

Trotzdem, wenn Du willst, fahre ich sofort. Gib Nachricht dann, daß die Flugkarte beim American Express in *Rom* abzuholen ist.

(Ich habe nur einmal am Tage Verbindung nach Rom – etwa 6 St.)

Aber das hat nur Zweck, wenn zwischen Dir und Friedländer Übereinstimmung besteht, daß *ich Deine Sachen* abhole. Alles andre ist dann 2ter Ordnung.
Franz

Ich schreibe heute noch mehr über die Situation. Franz

484. AN ADOLPH WEINGARTEN
San Giovanni Rotondo, 3/17 [1961]

Lieber Adolf, also die Situation ist folgende: Ruth hat wie du weißt ihre Bibliothek an Harvard verkauft und bezog darauf auch eine Rente. Es war ihr ganz klar, daß die französische Regierung nie gestatten würde, die Bibliothek wieder von Paris nach Boston zu verschiffen. Das haben ihr auch die Trustees von dem Institut, bei dem sie zuletzt beschäftigt war, einschließlich einer Reihe von sehr dubiosen Leuten, die damit irgendwie zusammenhängen, klargemacht – ich vermute Partei Kommunisten darunter, die ihr eine Anleihe auf dieselben Bücher gegeben haben. Vertuscht wurde das, daß die Anleihe auf „hinterlassene Schriften und Materialien" gegeben war, Bücher wurden nicht erwähnt, und zwar sollte (oder wurde) gerade während ich noch da war, diese Anleihe in eine laufende Rente umgewandelt. Ich weiß das alles von Ruth selbst, die vor den Leuten geradezu Angst hatte. Zum Beispiel fürchtete sie, daß sie noch bei ihren Lebzeiten sich einer Reihe Briefe bemächtigen würden. (Für Studienzwecke.) Während ich dort war, verlangten die Leute eine Aufnahme in ein Register, und zwar sollten 2 Leute vom Institut für 3 Monate einen Arbeitsplatz in ihrer Wohnung zugewiesen bekommen. Mit großer Mühe hat dies Ruth damals verhindern können, zum Teil unter Berufung auf mich, wobei ich als Sekretär deklariert wurde, der selbst in der Wohnung gerade an denselben Schriften etc zu arbeiten hätte. Es verging aber kein Tag, wo nicht Ruth durch Anrufe und ständige Besuche unter Kontrolle stand.

Also mit diesen Leuten muß man rechnen, vor allem die Sammlung Stalin Briefe – Ruth hat mir nur das Bündel gezeigt, aber nicht aus der Hand gegeben, wird wohl schon verschwunden sein. Für das Maslow Manuskript wird es schon viel leichter sein. Hier kann man ganz gut behaupten, die Ms seien ihr nur zur Verwertung übergeben worden. Maslow kann sie sehr gut Dir oder jemandem über dich zur Aufbewahrung nach der Flucht aus Paris übergeben haben. Es ist nicht mal sicher, ob sie überhaupt von Maslow stammen oder diesem selbst nur zur Überarbeitung übergeben worden sind. Da kann man verschiedenes behaupten. Außerdem kann man als Beweis bringen, daß Ruth selbst kaum großes Interesse daran gehabt hat; sie höchstens als Unterbau für ihre eigene Maslow Biographie verwenden wollte.

Alles das auf dieser Linie könnte dem Sohn Friedländer einleuchten. Die andern Interessenten werden um die Maslow Ms nicht viel kämpfen. Es gibt einen sehr undurchsichtigen Rumäno Franzosen, der als Agent sich aufspielt und der auch Ruth das Maslow Manuskript herausgelockt hat und Geld von ihr verlangte für Umarbeitung und Übersetzung. Es besteht aber mit dem Mann kein Vertrag und Ruth war sehr gegen ihn – deshalb hat sie mir auch die Rechte übergeben (allerdings auch ohne Vertrag oder sonst was Schriftliches). Das seltsame ist, als ich jetzt den Müller angebracht habe und die Chancen bei Cotta, die unbesehen bereits einen Vorvertrag abschließen wollten, schrieb Ruth darauf als Antwort, daß bei Julliard, dem franz Verlag, Verhandlungen schweben und daß sie diese erst abwarten müßte, ehe sie an Müller das Ms schicken kann – ein schwerer Schock für mich. Praktisch droht mir, daß ich Müller und die andern dortigen Chancen verliere. Man kann schließlich einem Mann, der ohne das Ms gesehen zu haben und sich ganz auf mich verlassen hat, nicht allzuviel zumuten. Ich habe ihr, obwohl ich ganz grob schreiben wollte, mich aber dann etwas besonnen habe, meine Enttäuschung nicht verhehlt. Die Sache ist ja auch unerhört. Schließlich habe ich alles offengelassen und ihr die Entscheidung anheimgestellt, Julliard, wenn es überhaupt echt ist, mit den deutschen Projekten von vornherein zu kombinieren. Dieser Brief – unglücklicherweise – muß sie gerade erreicht haben an dem Tage, wo sie verschieden ist. Dieses Frl Joergensen, die Sekretärin aus Hamburg, konnte machen was sie wollte und hat dies auch ausgenutzt. Als Ruth mal für ein paar Tage damals auf Vortragsreise weg war, wimmelte die Wohnung von jungen Leuten, die ungeniert in allen Schränken herumgesucht haben und das Ganze als eine Art Kaffeehaus mit Whisky angesehen haben. Mit ihr darüber zu sprechen hatte keinen Zweck. Sie brauchte eben das Mädchen, obwohl sie [ihr] auch nicht zu sehr getraut hat. Immerhin hat sie mit mir über diese Kalamität ganz offen gesprochen.

Also ist es dir möglich einen Kontakt mit Friedländer herzustellen, der dich ja kennt, und Glauben zu finden, daß eine Reihe der hinterlassenen Schriften etc dir gehören oder sogar soweit Vertrauen zu finden, daß er dich bittet, von sich aus erstmals die hinterlassenen Papiere zu ordnen und du mich an deiner Stelle dann schickst, so besteht eine Chance, auch heute noch. F[riedländer] ist zunächst der Erbe, an den sich auch die Harvard und das Institut erst wenden müssen. Diese Situation kann noch Wochen anhalten. Und in dieser Zeit kann man herausholen, was wichtig ist. Hast du aber nicht diesen Kontakt, wäre meine Reise ganz zwecklos.

Ich bin aber bereit zu fahren, wenn du es so oder so für notwendig hältst. In diesem Falle wäre es das beste, du gibst mir nach hier noch Instruktionen und die Mitteilung, daß im American Express in Rom das Flugbillet und etwas Reisegeld für mich liegt. Nach Rom komme ich noch mit eigenem Geld. Zu berücksichtigen ist, daß wenn ich hier deine Mitteilung bekomme, telegraphisch, ich noch mindestens 12 Stunden brauche, ehe ich eine Verbindung nach Rom entweder direkt oder über Neapel oder Ancona [habe], Fahrt dann etwa 5-7 Stunden, ehe ich in Rom bin und dann von dort starten kann.

Also überlege dir es. Eigentlich kann ich dir kaum dazu raten. Es ist das Risiko, daß ich nichts erreiche. Versuchen will ich es aber. Grüße

Franz

485. AN ARTUR MÜLLER
San Giovanni Rotondo, 3/17 [1961]

Lieber Artur Müller,
ich werde am 28. d M in Wien sein und dort wieder unter der Adresse von Fontana zu erreichen sein. Wie lange ich bleiben werde, kann ich heute nicht sagen. Ich denke aber mindestens 4 Wochen. Sonst habe ich ja die Absicht nach Kuchl (im Salzburgischen) zu gehen, aber auch das ist nicht sicher. Von hier werde ich nicht mehr schreiben. Ich will versuchen, mir hier herum noch einiges anzusehen, die Trèmiti Inseln, falls ich eine Transportation auftreiben kann – der Dampfer geht erst von Mitte Mai ab – den Bosco Umbra, den großen Pinienwald, früher war die ganze Gargano Halbinsel bewaldet und hier haben die Griechen das Bauholz für ihre Schiffe geholt. Einige Quadratmeilen von diesem Wald sind noch übriggeblieben (es soll großartig sein, aber kaum Verbindungen dahin, jedenfalls nur mit einem steinfesten Auto).

Zu den Plänen: Lassen Sie sich beim Lesen von „Schnee" und „Meister Oelze" nicht abschrecken. Das Eigentliche dabei ist: *der Dialog muß aufgespalten werden.* Das ist der Trick. Bei Schnee: das Verzweifelte, Aussichtslosigkeit einer tragenden (Verständigung) Beziehung, die Kette der Mißverständnisse, Falschdeutungen, die immer da sein wird – das ist die Basis des *Grunddialogs,* der wie ein Chor wirkt. Entweder nur die Stimmen (Selbstgespräch aufgespalten) oder die handelnden Personen als eigenes Bild, auf das dann die abrollende normale Konflikthandlung aufgesetzt ist. Also der *doppelte Dialog* in und neben der Handlung, die völlig gleichgültig ist und beliebig verändert und aufpoliert werden kann, als thriller meinetwegen. Das steht nicht so unmittelbar in Schnee darin, kann aber leicht herausgezogen werden. Ich würde an den Schwankungen der Dialoge interessiert sein, vom Unterton zu dem Handlungston. Alles andere ergibt sich dann von selbst. Bei Oelze, der Mann, der über drei Akte hindurch im Bett liegt und stirbt, ergibt sich der Unterton von selbst, die Abwehr gegen das Geständnis (ich glaube eines Mordes), aber gleichzeitig der Kampf gegen die Konfession und über diesem rollt sich das Handlungsdrama ab, kann man beliebig auf Kriminalroman verstärken, wenn man will, jedenfalls auch der doppelte Dialog.

Die Schwierigkeit liegt darin, man muß das versuchen, die beiden Dialoge zusammen wirken lassen, abtönen sozusagen. Das ist das Problem. Wird eine Gesellschaft das Experiment machen, das Einschieben experimentieren lassen? Sonst hat es keinen Zweck viel vorher darüber zu schreiben. Wenn Sie mir die beiden Bücher (als Exempel) mitbringen, können wir zusammen experimentieren am Dialog, was ich meine. Ich kann nachher auch den ganzen Dialog machen, wenn wir das zusammen machen wollen. Alleine aber mache ich nichts, das einzige, was ich machen könnte vorher, ist Otten auf Przybyszewski aufmerksam zu machen. Selbstverständlich gehörten die „Vigilien" in die Sammlung expressionistischer Literatur, die Otten jetzt anscheinlich zusammenstellt (für Luchterhand). Prz ist überhaupt für die deutsch polnische Kulturverständigung im Augenblick ein guter Name, marktmäßig.

Was die andern Sachen anlangt, so ist Restif am leichtesten zu machen. Wenn Weing[arten] die Bände nicht mehr hat, so spielt das schließlich keine Rolle – wir brauchen von dem Nicolas Roman – der wird doch irgendwo aufzutreiben sein, den *Anfang* und den *Schluß*, das Leben mit Agnes, seiner Frau. Was dazwischen liegt, ist das was als Pornographie gewertet wird, die sexuellen Abenteuer, die entsetzlich langweiligen Tagebücher darüber und so weiter. Das ist der Rahmen, die beiden Bände. Dazwischen bringt man Restif, die Person, den Journalisten, seine Rolle in der Revolution und die Gerüchte um ihn (Polizeispitzel etc), Auszüge daraus, als Handlung für den Personen Roman oder eine Art zeitgenöss Biographie – das wird in irgendeiner Einleitung, vor allem sicherlich in der der neuen Gesamtausgabe gut enthalten sein. Wenn es möglich wäre aufzutreiben: nach 1945 erschien in Italien in Mailand in einem Verlag um die von Vittorini herausgegebene Zeitschrift (sophisticated Communismus das Ganze) eine Serie von kleinen Büchern für den kommunistischen Hausgebrauch, darunter auch ein Band Restif, etwa unter dem Titel „Skizzen aus der Französischen Revolution" oder ähnlich. Das waren Excerpte aus den Palais Royal Gesprächen, die Restif in etwa 10 Bänden damals herausgegeben hat. Mit diesem italienischen Band könnte man sich sehr viel Arbeit sparen. Aber ich bin sicher, daß man in Frankreich irgendeine Biographie oder einen längeren Essay über Restif, auch aus der letzten Zeit, finden kann. Diese Vittorini Sammlung, der Mann ist dann später aus der Partei ausgeschieden, ist sicher auch sonst interessant. Zum Beispiel ein Band über Franz von Assisi, der mit Lenin verglichen wird. Nicht so ganz abwegig, weil der erste von Franz eingesetzte Abt des von ihm gegründeten Ordens dann kurz nach dem Tode des Gründers wegen „kommunistischer Umtriebe", würde man heute sagen, vom Papst eingesperrt und hingerichtet worden ist. Franz selbst ist mehr nur wie durch ein Wunder dem gleichen Schicksal entgangen. Alle solchen Sachen hatten die Leute um Vittorini damals ausgegraben.

Zu *Ruth Fischer* – der Teufel soll sie holen.

Wir werden darüber sprechen. Für heute, schreiben Sie ihr noch einmal, wenn Sie wollen, Sie selbst können vorläufig kaum etwas sagen, weil es eben ganz ungewöhnlich ist, ohne das Ms in der Hand zu haben schon Verhandlungen einzuleiten. Sie wissen ja gar nicht, ob sie selbst die Versprechungen, die Sie bereits gemacht haben in der Ankündigung des Projektes, überhaupt einhalten können. Sie erklären, daß Sie alles tun wollen, das Ms unterzubringen so rasch als möglich und auch die weiteren Möglichkeiten der Auswertung, aber sie müsse verstehen, das kann nicht ins Blaue hinein geschehen. Wenn Sie wollen, fügen Sie bei, Sie sagen ihr das auf meinen Rat. Sie kennen ihre Schwierigkeiten, weil sie nur noch das eine Exemplar hat, aber Sie versprechen, es ihr wieder zurückzugeben, falls nichts herauskommt und zwar können Sie versichern, das entscheidet sich in kürzester Frist. Aber bleiben Sie höflich und entgegenkommend. Ich kann im Augenblick nicht ihr schreiben. Das würde bedeuten, daß unsere Verbindungen, d h Ruth's zu mir, wieder abgebrochen würden. Ich selbst kann es nicht fertig bringen ihr jetzt höf-

lich zu schreiben, sondern so grob wie möglich, praktisch Ohrfeigen. Ich werde Ihnen ausführlich die Vorgeschichte erzählen. Also machen Sie sich gesund und hoffentlich sind Sie bald in der Lage mich aufzusuchen. Das erspart viele Briefe.
　Viele Grüße
　　　　　Franz Jung

486. AN ARTUR MÜLLER
3/17 61

Lieber Artur Müller, eben als mein Brief weg ist, kommt eine völlig neue Situation: Ruth Fischer ist gestern gestorben.
　Weingarten telegraphiert mir die Nachricht aus New York und rät mir sofort nach Paris zu fliegen und alle Manuskripte, auch das Maslow Manuskript sicher zu stellen. Die Idee wäre ganz gut, aber so einfach gar nicht durchzuführen. W. kennt in Wirklichkeit nicht die Verhältnisse, wie sie in Paris dort vorliegen. Die Bibliothek ist an Harvard verkauft, alle hinterlassenen Schriften und Materialien gehen an das Institut in Paris, für das Ruth gearbeitet hat. Schon als ich jetzt dort war, liefen Leute vom Institut, zum Teil recht dubiose Gestalten, in der Wohnung herum um zu „registrieren". Ruth hatte vor diesen Leuten geradezu Angst. Das heißt diese Leute werden schon dort sein und zwar an erster Stelle. Ich bin sicher, daß die beiden Bündel Stalin Briefe, die Ruth mir als kostbarsten politischen Besitz gezeigt hatte, inzwischen verschwunden sein werden. Aber es ist ja ein Sohn da, der Prof Friedländer aus Cambridge, der ist zunächst mal der Erbe, an den sich auch die beiden Institute erst wenden müssen. Gelingt es Weingarten, zu diesem Friedländer, den er ja gut kennt, einen solchen Kontakt herzustellen, daß er beauftragt wird, die schriftliche Hinterlassenschaft zu sichten etc, und Weingarten gibt zunächst den Auftrag an mich weiter, so hätte ich eine Chance, vielleicht noch einiges sicherzustellen, ich glaube, die Maslow Ms werden dann auch noch da sein. Ich glaube, da ist niemand besonders darauf aus. Nur dann aber hätte ein Flug nach Paris einen Sinn. Ich möchte für die Leute in New York nicht sinnlose Spesen machen. Ich habe ihm das alles klar gelegt. Aber meine grundsätzliche Bereitschaft zu fliegen erklärt. Sobald ich

Mitteilung bekomme, würde ich von hier nach Rom fahren und von dort nach Paris fliegen. Ich habe ihm aber meine Bedenken nicht verhehlt und ihm eigentlich abgeraten, die hohen Spesen zu opfern. Meine Chancen sind ja unter 50%.

Aber es besteht trotzdem die Möglichkeit, daß wir wenigstens das Maslow Manuskript bekommen, wenn Weingarten es als sein Eigentum deklariert, das er Ruth nur zur Verwertung oder Überarbeitung übergeben hatte. Weingarten war mit Maslow in Paris sehr eng befreundet und es ist durchaus wahrscheinlich, daß Maslow es ihm bei der Flucht aus Paris übergeben haben könnte. Also da liegt eine kleine Chance, daß der Sohn das akzeptiert und es den Instituten entreißt. Die Stalin Briefe und der umfangreiche Briefwechsel mit Potentaten aus aller Welt einschließlich Moskaus, darin sehe ich kaum eine Chance, daß wir dies bekommen, wenn es überhaupt noch da ist.

Sie sehen, es gibt um mich herum immer etwas Neues.
Viele Grüße
Franz Jung

487. AN WILHELM STERNFELD
San Giovanni Rotondo, 3/21 61

Sehr geehrter Herr Sternfeld,
einliegend den Fragebogen[1] zurück.

Ich fürchte, Sie werden nicht viel damit anfangen können. Eigentlich habe ich ja kaum etwas veröffentlicht.

Es ist erstaunlich, daß Sie mich nicht erreicht haben. Denn seit 7 Jahren ist meine ständige Post Adresse San Francisco, Post Box 1154 Main Station. Ich gehe auch wieder im Herbst nach San Francisco zurück.

Wenn Sie aber weitere Auskünfte benötigen, so erreichen Sie mich über die Adresse von Oscar Maurus Fontana, Wien 4 Gußhausstr 6. Ich werde dort von April bis Juni sein.
Jedenfalls vielen Dank.
Mit besten Grüßen
Franz Jung

[1] Der Deutschen Akademie für Sprache und Dichtung Darmstadt.

488. AN CLÄRE JUNG
San Giovanni Rotondo, 3/22 61

Liebe Cläre,
einliegend einen kleinen Artikel über Hausmann[1]. Dasselbe in etwas erweiterter Form ist auch im Aufbau in New York erschienen.

Ich habe damit großen Ärger gehabt. Hausmann, mit dem ich in Limoges darüber gesprochen hatte, auch daß dieser Artikel zur Vorpropaganda für eine Hausmann Ausstellung in New York hätte dienen sollen, schreibt jetzt an alle Welt empörte Briefe. Es sei alles falsch, ich hätte Arp und Tzara beleidigt und er sei immer ein Kriegsgegner gewesen, wobei eben der Dadaist H Krieg anders interpretiert als der Rentenempfänger H. Das hat mich alles sehr deprimiert. Idiotisch anzunehmen, daß alles exakt stimmen muß, oder glaubt etwa jemand, daß Hausmann Chrustschow einladen wird? Dada ist eben wirklich in die Jahre gekommen. Eine große Enttäuschung.

Ich habe dir den Reich Vortrag[2] zugehen lassen. In den nächsten Tagen folgt auch der Fuhrmann Vortrag[3].

Ich weiß nicht, wann die Sendung erfolgen wird, sicherlich erst im Juni.

Die versprochenen Bücher gehen dir zu.

Ich gehe von hier weg, wahrscheinlich zunächst nach Wien, wo ich unter der Fontana Adresse zu erreichen sein werde.

Wie geht es sonst? Auch gesundheitlich? Und Empfehlung und Grüße an deine Schwestern und sei selbst herzlichst gegrüßt
Franz

1 „Dada kommt in die Jahre". In: *Frankfurter Rundschau* vom 9.3.1961. In: *Aufbau* (New York) erst am 15.12.1961.
2 Vgl. Anm. zum Brief an Cläre Jung vom 16.3.1961.
3 „Ernst Fuhrmann. Bausteine zu einem neuen Menschen". Westdeutscher Rundfunk Radio Köln 22.9.1961.

489. AN ADOLPH WEINGARTEN
Paris 6e, 3/25 [1961]
36 rue du Dragon

Lieber Adolf,
ich habe weder gestern noch heute den angekündigten Brief beim American Express hier vorgefunden. *Was soll ich tun? An wen mich wenden?*

Natürlich ist die Wohnung[1] verschlossen. Die Adresse der Sekretärin weiß ich noch nicht. Der Portier weiß sie auch nicht. *Montag* werde ich – vorsichtig – bei Heller (Harvard Büro hier) vortasten. Anruf bei Lucien Goldmann hat bisher nichts eingebracht. Sehe ihn aber Mitte nächster Woche. Dieser Mann soll *eine* Copie der Maslow Manuskripte[2] haben. (Aber nicht sicher.)

Was ich hier von Fabian gehört hab, soll der Sohn Friedlaender sich sehr ablehnend gegen alle Teilnehmer bei der Beerdigung benommen haben. Es sei geradezu ein Skandal gewesen. Also *was* ist jetzt zu tun.

Dein Telegramm nach San Giovanni war völlig unleserlich u. verstümmelt. Meine *Ahnung*, daß Du Geld nach Rom geschickt hättest, hat sich bestätigt. (Aber das war auch alles, was zu erraten war und die Ankündigung eines Briefes nach Paris Am. Expr. Aber vielleicht war hier die Ahnung falsch.)

Beste Grüße
Franz

1 Wohnung der verstorbenen Ruth Fischer in der Rue de Miromesnil.
2 Vermutlich Texte von Maslows Buch „Die Tochter des Generals".

490. AN ARTUR MÜLLER
Paris 6e, 3/25 [1961]
36 rue du Dragon

Lieber Artur Müller,
ich stoße hier in Sachen der Ruth Fischer Manuskripte auf die größten Schwierigkeiten.
    Wie vorauszusehen war.
    Wohnung unter Verschluß beim *Notar* (von der U.S.A. Botschaft bestellt), der mir nicht mal die Adresse der Sekretärin sagen wollte.
    Ich hoffe aber Montag die Adresse trotzdem zu bekommen. Es ist mehr wie wahrscheinlich, daß meine Aktion ohne Erfolg sein wird.
    Bitte schreiben Sie inzw. mal nach hier. Ich habe vorläufig ein Hotel meublé auf 14 Tage gemietet. Solange wird es sicherlich dauern.
    Viele Grüße
        Franz Jung

491. AN ARTUR MÜLLER
Paris 6e, 3/26 [1961]
36 rue du Dragon

Lieber Artur Müller, mir ist noch eingefallen, könnten Sie nicht über die Osterfeiertage nach hier kommen? Dann hätten wir doch Zeit alle unsere Pläne ausführlich zu besprechen, auch etwaige für die Zukunft.
    Ich kann noch gar nicht übersehen, wann ich und ob überhaupt nach Wien fahren kann.
    Ich weiß aber auch nicht, wie lange ich hierbleiben werde. Unsere Aussichten betr des Maslow Manuskripts stehen nicht allzu günstig. Aber vielleicht läßt sich etwas anderes arrangieren.
    Soll ich in der *Restif*-Sache etwas tun? Ich habe eigentlich viel Zeit jetzt, nur warten u. warten.
    Viele Grüße
        Franz Jung

Bitte geben Sie gleich Bescheid

492. AN CLÄRE JUNG
Paris 6e, 3/26 [1961]
36 rue du Dragon

Liebe Cläre, ich bin hier wegen des Nachlasses der verstorbenen Ruth. Und werde wohl einige Wochen bleiben müssen. Vielleicht schreibst Du mal nach hier.
    Viele Grüße
        Franz

493. AN ADOLPH WEINGARTEN
Paris 6e, 3/29 61
36 rue du Dragon

Lieber Adolf,
ich habe heute deinen Brief erhalten. Ich habe mir schon gedacht, daß ein Teil der ganzen Aktion dafür in deiner treuen vorsorglichen Art bestimmt war, mich überhaupt aus dem italienischen Nest loszueisen. Nichtsdestoweniger Dir und Carola meinen herzlichsten Dank.

Über die Angelegenheit hier werde ich noch länger und ausführlicher zu schreiben haben. Heute nur das wichtigste: Der Sohn hat anscheinend dem Heller als dem Bevollmächtigten von Harvard auch die Liquidierung des gesamten Nachlasses übergeben. (Meine Annahme.) Der Concierge von der rue de Messine ebenso wie die bisherige Sekretärin werden von Heller bezahlt, die Sekretärin ist mit der Registrierung beschäftigt, die Wohnung bleibt als Büro Fischer noch bis zur endgültigen Liquidierung erhalten. Nicht von Heller, aber von anderer Seite habe ich erfahren, daß sämtliche Manuskripte an Feltrinelli nach Mailand, dem Schiwago Verleger, verkauft worden sind.

Die Sekretärin hat sich verständlicherweise nicht bisher bei mir gemeldet, obwohl ich sowohl über Heller, Goldmann und den Concierge darum gebeten hatte. Inzwischen konnte ich meine Position klarer machen. Ruth hat von mir Manuskripte liegen (peinlich wenn diese als Ruth Fischer Ms verkauft werden würden). 2) die Maslow Manuskripte sind keine echten Maslows, eine Arbeit aus den letzten Jahren der Emigration in Paris, von vielen zusammengestellt unter Anleitung von Maslow, um dieser Gruppe in dieser Art eines Illustrierten Roman etwas Geld in Paris zu beschaffen. Ruth hat diese Sachen über Jahrzehnte mit herumgeschleppt. Als die Frage einer Maslow Biographie aufkam und diese Biographie dann beim dritten Kapitel stecken blieb, habe ich ihr geraten, diese „Maslow" Fragmente zu einer story zusammenzufassen (was ich dann auch in Paris für sie getan habe) und diesem Fragment als Einleitung und Einführung die bisherigen Teile der Biographie beizugeben. Damit wäre das, was Ruth in der Biographie ausdrücken wollte, nämlich eine Revision ihrer Stellung im Stalin Buch, ohne großes Aufsehen möglich. (Würde im übrigen durchaus der Absicht Ruths entsprochen haben.) Damit bin ich praktisch in die bisherigen Verhandlungen Feltrinellis und Julliard betr der Maslow Manuskripte jetzt officiell eingeschaltet. Heller hat dies auch zugegeben und versprochen dafür zu sorgen, daß „meine Rechte" gewahrt bleiben. Das war Punkt 1, was zu erreichen war.

Der 2. Punkt ist, daß ich in der Woche nach Ostern Zugang zu der Wohnung bekomme und der Sekretärin, die sich bisher vor mir versteckt, behilflich sein werde, die Maslow und Jung Manuskripte von den Ruth Fischer Manuskripten zu trennen. Dann wird man weiter sehen.

Meine Argumente haben offensichtlich Eindruck gemacht. Denn Heller hat mir angeboten, einen detaillierten Erinnerungsbericht[1] an RF für Harvard anzufertigen, der dort unveröffentlicht an die 20 Jahre liegen bleiben soll – ohne Schlußfolgerungen, nur die Impressionen, die politischen wie die persönlichen. Umfang und Ausführung bleibt mir völlig überlassen. Obwohl dies praktisch eine „Bestechung" ist, habe ich das Angebot angenommen, einfach weil ich in der Nähe bleibe und weiterhin am Markt bin. Ich hoffe, Du wirst das verstehen. Wenn nicht, gib Nachricht, dann fange ich es nicht an. Ich bekomme dafür, ganz unverbindlich auf zunächst 2 Monate berechnet, 2000 NF – das sind etwa 200 Dollar den Monat, gerade meinen weiteren Aufenthalt hier. Ich habe noch für die Leute eine Trumpfkarte in der Hand, das ist meine Kenntnis der Stalin Briefe, was zu einem phantastischen Skandal für Harvard und überhaupt auf die ganze Trotzki Bewegung ein neues Licht werfen kann. Dem Heller ist bei meinen nur kurzen Andeutungen einfach die Sprache weggeblieben. Über diese Sache schreibe ich extra, und ohne Namensnennung, weil die Sache heiß ist wie selten etwas. Ich hoffe, daß ihr mir dann, wenn wir überhaupt die Sache aufnehmen wollen, helfen werdet, besonders auch Carola.

Übrigens bin ich den Leuten kein Unbekannter, ebenso die „Weingartens" und die Leute haben alle Briefe, die neuen wie die alten gut studiert.

Also Geduld ... vielleicht verbessern wir unsere Position sehr bald.

Herzliche Grüße an Dich und Carola und bessere Gesundheit beiderseits

Franz Jung

1 „Die Rolle von Ruth Fischer ...", Typoskript von 25 Seiten in 5 Kapiteln: 1) in der Kommunistischen Partei (Spartakus Bund), 2) in der Kommunistischen Partei (KPD), 3) im Zentralkomitee der KPD, 4) in Moskau, 5) in Berlin bis 1933.

494. AN ADOLPH WEINGARTEN
Paris 6e, 4/1 [1961]
36 rue du Dragon

Lieber Adolf,
ich schreibe heute nur kurz als Antwort auf deinen Brief.

Ich werde Dir in wenigen Tagen einen großen Fragebogen schicken, den du mir vielleicht zum Teil beantworten kannst. Das ganze dient dazu, in der Entwicklung der persönlichen wie politischen Persönlichkeit Ruths eine Generallinie zu finden. Ich werde auch hier unter den früheren Freunden, auch in den Gruppen der 4. Internationale herumhören und vielleicht auch diese Äußerungen für Harvard zusammenstellen. Dabei ist noch völlig unklar, welche Rolle Feltrinelli spielt, der einen riesigen Apparat hier aufgezogen hat, der als „neutral" gilt, eher sogar nach dem Schiwago Fall anti Moskau – was indessen heute gar nicht mehr so sicher ist. Irgendwie hat dabei die Kultursektion in Moskau die Hand im Spiele – das würde auch den ganzen Pasternak Fall in ein ganz anderes von Moskau gesteuertes Licht setzen.

Ich kann nur sagen, daß es sehr unwahrscheinlich ist, daß abgesehen vielleicht von einem kleinen Außenseiter mit Sicherheit vorläufig keine Biographie zu erwarten ist. Mindestens nicht vor 10 Jahren. Ein Teil meiner „Sammlung" für Harvard hat den Zweck Material in Depot zu legen, die geradezu eine solche Biographie verhindern müßte. Ich schreibe darüber ausführlich, sobald ich Boden unter den Füßen habe, endlich ein besseres Zimmer und endlich auch etwas Geld. Vorläufig fühle ich mich nach all den Aufregungen in Italien und dem ganzen Herumreisen direkt elend. Ich bin nicht gerade krank, aber zum Umfallen müde und deprimiert. Im allgemeinen liegt mir die Ruth Sache überhaupt nicht. Ich tue es nur, um hier 2 Monate halbwegs in Ruhe existieren zu können und suche meine andern Chancen jetzt besser wahrzunehmen. Auch darüber mehr. Könntest du nicht herkommen? Wir könnten nach Erledigung hier dann irgendwohin gehen, wo du dich auskurieren kannst. Ich weiß nur das, wenn man will, könnte aus der Ruth Sache sehr viel herauskommen – und alles nur hinter den Kulissen. Die Narren, die jetzt über Ruth schreiben, sollen sich ruhig blamieren.

Wie geht es denn Carola? Warum kommt sie nicht her?
Halte du dich halbwegs gesund. Wir brauchen dich hier.
Herzlichst
Franz

495. AN ADOLPH WEINGARTEN
Paris, 4/3 61

Lieber Adolf, zu deinem Brief vom 3/28:
ich bitte dich dringend, keine Daten und Auskünfte irgendjemandem zu geben und zu versprechen, der eine Biographie Ruth's[1] darauf aufbauen und schreiben will. Die Tatsache, daß an Harvard bereits Dutzende solcher Angebote gelangt sind, auch daß Scribner und andere Verleger in Amerika und Europa, besonders London, sich darum bemühen und zugleich die Gewißheit, daß alle diese Leute keine wirkliche Kenntnis von all den Vorgängen haben, außer den engsten Freunden Ruth's und auch diese unterschiedlich und von Ruth selbst absichtlich voneinander getrennt und ferngehalten, stärkt unsere Position. Das ist den Harvard Leuten und auch dem Feltrinelli Kreis (sprich

Moskau) bekannt genug. Das Angebot an mich, eine lose allgemeine Erinnerungs Dokumentation zusammenzustellen, ist nur ein erstes Vorspiel. Ich selbst bin dabei eigentlich überhaupt nicht interessiert – wenn man es so annehmen kann, eher ein Vermittler, der nur erst mal ganz allgemein die wichtigsten Möglichkeiten und Perspektiven zusammenstellt. Und dann wird man weiter sehen. Vorerst hoffe ich die zwei Monate Aufenthalt hier bezahlt zu bekommen und während dieser Zeit muß ich sehen meine anderen literarischen Möglichkeiten hier zu entwickeln und wenigstens soweit aufzubauen, daß sich daraus für die nächsten Jahre eine bescheidene Zusatzrente für mich ergibt. Mehr will ich nicht.

Wenn wir in der Harvard Sache sehr ruhig vorgehen, alles an sich mehr herankommen lassen, wird sich auch daraus etwas entwickeln. Ich würde aber denken, mehr für dich und Carola. Das kann ein Nachprüfungsjob werden für Jahre, soweit ich das heute übersehe. (Vorausgesetzt, daß uns die gegenstehenden russischen Fraktionen einschließlich der Abweichungen nicht vorher in die Seine schmeißen.)

Um es gleich vorwegzunehmen: Was war das eigentliche politische Ziel der Ruth während der fast 4 Jahrzehnte ihrer politischen Wirksamkeit? Die Pannen auf dem Wege – Ausschaltung der KAPD, um hintenherum zum Teil durch Maslow wieder dort Fuß zu fassen? Was – Brandler in die Niederlage hineinschlittern zu lassen, die Konfusion der Kuriere im Hamburger Aufstand? Welcher war der Einfluß Maslows auf Ruth vorher und nachher, als sie die Führung der Zentrale übernahm und dann der Ausschluß? Wie erklärt sich der Prozeß Maslows vor dem Staatsgerichtshof und die komischen Folgen, die Verlängerung des Urteils etc? Die Vorgänge in Moskau und die Ausschaltung der linken Fraktion? Was war später, in der Neuköllner Zeit, Ruth als Wohlfahrtssociologe – ohne Kontakt zu irgendeiner effektiven Richtung, die Distanz zur SPD und dann auch zur SAPD? Die Fiktion einer Verbindung zu einer KAPD kann kaum aufrechterhalten werden. Es baut sich der Trotzkismus auf. Welche wirkliche Rolle hat Ruth (einschließlich Maslow) nach außen in der Trotzkistischen Bewegung die Jahre über gespielt? Nur Verbindung zu Spitzen, die meist nicht sichtbar sind (der äußere und der engere innere Kreis)? Es sind Anzeichen vorhanden, wenn auch nicht beweisbar, daß während der ganzen Trotzkisten Blütezeit im Aufbau einer Internationale die Kontakte mit Moskau nie abgebrochen waren. Nicht nur mit „Oppositionellen", sondern auch mit Stalin direkt. Welcher war der Sinn und das Ziel? Ein Opfer? um die Einheit der kommunistischen Bewegung au fond zu erhalten, Spaltungen wieder zusammenzuführen auch unter der Beseitigung von „Opfern", freiwilligen oder erzwungenen (Radek oder Sinowjew, Bucharin?), eine Kontrolle über die Trotzki Bewegung zu erhalten, das sogenannte politische limit? Welche Rolle haben die beiden oder Maslow, Ruth dirigierend oder eliminierend, in der Spanien Affäre gespielt oder spielen wollen? In Wirklichkeit haben kaum echte Kontakte zur POUM[2] bestanden.

Alles das hört sich sehr phantastisch an. Aber ich habe es, wenn auch nicht wörtlich, von Ruth selbst, wenigstens die Fragestellung, mit der sie sich in den letzten Monaten beschäftigt hat.

Das waren täglich während der letzten 4 Wochen hier im Dezember meine Gespräche mit Ruth, d.h. mein Zuhören. Das heißt die Begründung, daß sie es nicht fertig bringt eine Biographie von Maslow zu schreiben, alle solche Fragen zu beantworten: Beweis – sie hätte Maslow überhaupt nicht genügend gekannt und auch nicht genug verstanden. Nirgendwo ein Beweis selbstverständlich, aber einige Anhaltspunkte, auch von mir. Maslow hat mir 38 und noch 39 kurz vor Ausbruch des Krieges direkte Kontakte zur Russischen Botschaft in Paris über ihn zu der Groupement der Banques privats in Genf angeboten – er wäre im Falle des Krieges nach Genf übersiedelt. Ich habe nicht nur davon abgeraten, zweimal, sondern schließlich das vorgebracht und bin wie ich voraussehen konnte abgewiesen worden. Maslow hatte meine Position in Genf hundertfach übertrieben und überschätzt. Trotzdem wurden im Mai noch 1000 Franken an Ruth für Maslow überwiesen. Genf wollte den Kontakt nicht ganz abreißen lassen. (Einer der Gründe mit, warum ich dann aus der Schweiz ausgewiesen wurde.)

Über alles dieses habe ich mit Ruth hier gesprochen. Sie machte mir noch heute den Vorwurf, daß ich die Sache zu wenig ernst behandelt hätte. Stattdessen erzählte sie mir immer wieder, in welch gutem Kontakt Maslow zur russischen Botschaft gestanden wäre. Nur ihretwegen hätte er das Angebot nach Moskau zurückzukehren nicht angenommen. Und so fort. Die Tatsachen selbst sind nicht wichtig, auch nicht etwelche Folgerungen, die jemand daraus ziehen könnte. Sondern: Welche Rolle hat Ruth dabei in Wirklichkeit gespielt? Wer war der manager? Was später kommt, ist dann auch schon weniger wichtig: der Krach mit dem Bruder[3], in Paris, in Washington, das Schwimmen in den Resten der Trotzki Organisation – mit zunehmender Distanz und auch nicht ohne Angst. Der Honigmond mit dem Titoismus, die Bandung Affäre, Nehru etc – für alles dies gibt es leicht Antworten und Perspektiven.

Also das ist das äußere Bild. Selbstverständlich ohne jede moralische Betonung. Irgend etwas werden sich die beiden gedacht haben, aber niemand weiß es und Ruth war dabei, Maslow jetzt völlig fallen zu lassen, ihn zum Literaten und künstlerisch Veranlagten zu stempeln, dem in Wirklichkeit jede politische Erfahrung gefehlt hat. Ich glaube ihr das nicht und habe es ihr auch deutlich genug gesagt. Geblieben ist dann mein Vorschlag, eine distanzierende und erklärende Einleitung zu dem thriller zu schreiben, worin sie die politische Stellung Maslows weniger nach außen zu deutlich erklären kann und sich selbst gegenüber ihrem Stalin Buch rektifizieren kann ohne zu viel davon zurückzunehmen. Daran, dieses Buch am liebsten jetzt vergessen zu machen, lag ihr offenbar am meisten.

Das sind grobe Umrisse. Für Harvard brauchen wir das alles nicht besonders aufzuschreiben. Lediglich Erinnerungen dazu und auch ihr persönliches Leben. (Warum das, weiß ich nicht.) Wir werden ja sehen, was noch dabei herauskommen wird.

Ich kann vorläufig alle die Leute, die du mir genannt hast, nicht aufsuchen. Ich bin ein wenig krank und ich brauche jede Minute mich in diese Dinge zu versenken und meine eigenen Pläne zu überlegen. Es ist einfach unmöglich, daß ich dabei noch herumlaufen kann. Den Retif muß ich im Augenblick zurückstellen. Ich werde das zusammen mit einer Marat Biographie [machen] und einer über Louise Michel, wobei der thriller ist, daß alle Jules Verne Romane faktisch von der Michel geschrieben worden sind, wie aus einem noch unveröffentlichten Briefwechsel hervorgeht. Die Retif, Marat und Michel werde ich als Serie anbieten, nur als Editor – ich kann das sowieso nicht mehr alles schreiben. Der Marat Roman müßte geschrieben werden im Stil eines Zirkusdirektors, der diesen komischen Pamphletisten und Quacksalber vorführt, unbeschadet der großen Rolle, die

Marat in der Revolution gespielt hat. Dann habe ich die Chance, das Stück The Way Home (du erinnerst dich an das Piscator Desaster) hier für eine Adaption zu verkaufen. Allein von dem Thema sind hier einige sehr begeistert. Dann muß ich das Fuhrmann Buch machen. Ich bin praktisch mit meinen Kräften bereits am Ende.

Dazu noch diese fürchterlichen Wochen in San Giovanni – nicht daß ich nicht das alles voraus wußte, ich bin ja bewußt hingefahren, aber es war ein Grad eben doch zu toll. Einmal in der Woche ein warmes Essen, ein Stück Pferdefleisch mit Pastasciutta und sonst nur Brot, Käse und sehr schlechten Wein. Schnee, Sturm und Kälte in einem nicht heizbaren Raum. Der normale Aufenthalt ist in der Kirche. Es war bei alledem in der ganzen Härte doch großartig und ich bin stolz, daß ich es durchgestanden habe. Das ist aber auch alles.

Also habe etwas Geduld mit mir. Allmählich wird alles wieder in Gang kommen und wenn nicht – dann ist nicht viel verloren.

    Herzlichen Gruß
    Franz

Besteht die Möglichkeit, daß du mir Thyroid Tabletten besorgen könntest? Mein Vorrat geht zu Ende und ich kriege es hier nicht erneuert. Auf der Flasche steht: Physicians Pharmacy SF No 198089 Dr Aggeler Take one Tablet daily (Thyroid Gr 2) 10-21.60 oder was kann ich machen? Soll ich den Zettel ablösen und einschicken? Vielleicht kann der Loewy etwas machen.

Prof. *Langerhans* ist längst zurück in Saarbrücken. Soll bei der Beerdigung gewesen sein. Hat sich einen Packen Manuskripte angeeignet (wahrscheinlich Ms von Korsch), soll einen Vertrag mit Harvard haben und wird mein Gegenspieler sein.

Soweit ich weiß, Ruth hatte ein Barvermögen in Dollar-Aktien (Öl und General Motors) in Höhe von 14000 $, wenn ich mit ihr sprach, war dies zusammengeschrumpft (dank Fahnestock Hilfe) auf 9000 $. Ich habe geraten, die Aktien selbst mit weiterem Verlust zu verkaufen. Weiß nicht, ob sie es getan hat. Ihre *Schulden* bestanden in dubiosen Kaufverträgen von Büchern, Manuskripten, späteren Publikationsrechten, die kaum zu realisieren gewesen wären, zumal sie zwei- und dreifach verkauft wurden. So schuldete sie einem Londoner Verleger 1500 £ für die Rechte eines Mao Tse Buches, das in dieser Form nie geschrieben worden wäre. Ruth war darin (selbst zugestanden) sehr leichtsinnig und hat sich nie darum gekümmert.

Lucien Goldmann, ein Kollege von Ruth am Pariser Institut, hatte in den letzten Monaten großen Einfluß. Der Mann, der als Agent das Maslow Buch an Julliard verkauft hat, angeblich auch hat eine Übersetzung machen lassen. Ruth hat diese Übersetzung aber nie gesehen.

Der Mann, Jugoslave, ist eine Woche nach Ruth's Tod plötzlich nach Jugoslavien abgereist. Wahrscheinlich mit einem Bündel *Belgrader Briefe* (mit denen sich Ruth zu rühmen pflegte, als Tito kompromittierend).

Auch einer der Gegenspieler – wie dieser Langerhans.

---

1 Zu dem Gesamtkomplex vgl. Ruth Fischer / Arkadij Maslow. „Abtrünnig wider Willen. Aus Briefen und Manuskripten des Exils". Hg. v. Peter Lübbe. Mit einem Vorwort von Hermann Weber. München 1990.
2 Partido Obrero de Unificación Marxista.
3 Gerhart Eisler.

496. An Franz Schonauer
Paris 6e, 4/4 61
36 Rue du Dragon

Lieber Dr. Schonauer,
ich bin neuerdings wieder für einige Wochen in Paris festgehalten, am Rande mit zur Registrierung der Hinterlassenschaft von Ruth Fischer hinzugezogen. Meine Ihnen übermittelte Verbindungsadresse in Wien ist also nicht mehr effektiv, so daß ich vorläufig für die nächsten Monate hier unter obiger Adresse zu erreichen sein werde.

Was die Frage eines Auswahlbandes von Ernst Fuhrmann anlangt, so bin ich bereit, diesen für den Luchterhand Verlag zu machen und ich habe davon Kenntnis genommen, daß eine gleichzeitige und parallele Veröffentlichung eines Fuhrmann Bandes durch die Darmstädter Akademie für den Verlag nicht tragbar sein würde.

Ich bitte Sie darauf Rücksicht zu nehmen, daß bei den ungewöhnlichen äußeren Umständen, die bei den gedruckt vorliegenden Werken E F und den hinterlassenen Manuskripten anzutreffen sind, mir es nicht möglich ist, Ihnen diese Bände, aus denen ich die Auswahl zusammenstellen will, jetzt vorzulegen. Sie dürfen aber davon überzeugt sein, daß dies geschehen wird, vielleicht nur successive, sobald ich mit der Arbeit begonnen habe.

Ähnlich verhält es sich mit einer detaillierten outline für die Grundkonstruktion des Bandes. Im Gegensatz zu der von Fuhrmann verwendeten Methodik in den beiden Gesamtausgaben (die zweite ist bis zum 8. Band gediehen) würde ich das Menschenbild in den Mittelpunkt, dh auch schon zu Anfang stellen, die Beziehungen zur inneren und äußeren Welt, der Umgebung, der Gesellschaft in der Fuhrmannschen Interpretation der Zeit, der Mensch heute ohne Vergangenheit und ohne Zukunft – und von hier aus die Verbindungen aufzeigen zur Urzeitgeschichte, den Legenden mit dem Ende der aufhörenden und zum Stillstand gekommenen biologischen Entwicklung. Ich würde diese Rückschlüsse in der Fuhrmannschen Form des associierenden, dh in die Breite gehenden Denkens statt des vertikalen der heutigen Wissenschaft nur knappest bringen – etwa in der Form der Strindberg'schen Blaubücher. Dies glaube ich würde dann die Fuhrmannsche Grundidee der Einheit von Pflanze, Tier und Mensch als biologische „Verdichtungsreihe" als Endziel klar herausstellen und schließlich dann aus den unveröffentlichten Zusammenfassungen, die Fuhrmann im letzten Jahrzehnt immer wieder versucht hat, diejenige wählen, die Fuhrmann selbst „Bausteine zu einem neuen Menschen" genannt hat und die vieles in seinem Amoklauf gegen Gesellschaft und Wissenschaft mildert, wenn auch nicht ganz aufhebt. So könnte ein geschlossenes Bild entstehen, das auch den Titel, ich würde Bausteine etc vorschlagen, ungefähr rechtfertigt.

Sie sehen, mit einer solchen unvollkommenen outline verlange ich einen ziemlichen Vorschuß Vertrauen. Ich fühle mich aber sicher, daß ich Sie nicht enttäuschen werde. Was die technische Seite anlangt, so muß ich das Material einsehen und bearbeiten für die Auswahl in Hamburg bei dem Drucker Arnholdt [Band] 5 der Gesamtausgabe, der auch über viele Manuskriptbände verfügt, ein ziemlich schwieriger Mann oder, wie mir jetzt Frau Ilse Fuhrmann vermittelt hat, ein Herr von Rauch in Salzburg. Im letzten Notfall selbstverständlich in New York bei Frau Fuhrmann selbst – das heißt, ich müßte nach New York fahren. Das bedeutet so oder so, es entstehen im Anfang große Spesen, die weder die Frau Fuhrmann noch ich selbst eigentlich tragen können, obwohl wir beide an sich gewillt sein würden, wenn es überhaupt möglich wäre. Leider ist dies in Wirklichkeit aber nicht der Fall. Mit andern Worten, der Verlag müßte bei den Spesen ein wenig mithelfen.

Das ist das Bild. Ich kann etwa Ende Mai von hier loskommen und mit der Arbeit beginnen. In drei Monaten kann ich mit der Arbeit fertig sein. Es kommt mir dabei zu gute, daß ich das Kernstück bereits im 6. Band der neuen Gesamtausgabe selbst zusammengestellt habe. Ich brauche also nicht erst nach einer neuen Konstruktion zu suchen. Von Frau Ilse Fuhrmann, der Alleinerbin für den literarischen Nachlaß habe ich eine Generalvollmacht, zwar im Augenblick nicht hier, aber bei meinen Sachen in Wien. Zur Not kann ich sie mir aber jederzeit neu ausstellen lassen.

Mit besten Grüßen

497. AN ARTUR MÜLLER
Paris 6e, 4/4 [1961]

Lieber Artur Müller,
die Situation ist jetzt folgende: ich werde etwa zwei Monate hier zu tun haben – sehr am Rande mit der Nachlaß Registrierung von Ruth Fischer mit herangezogen. Während dieser Zeit muß ich versuchen, alles, was ich noch von Paris aus tun kann, zu erledigen. Nachher habe ich dann nicht mehr die persönlichen Verbindungen.

Also 1) das Maslow Manuskript. Es ist verkauft an Julliard. Zwar stammt die Unterschrift nicht von Ruth, kann also angezweifelt werden, wenn man will. Es ist mir auch von dem Nachverwalter geraten worden, mich mit Julliard in Verbindung zu setzen. Sicherlich wäre ein großzügiges Verwertungsrecht für Deutschland herauszuhandeln oder eine Art Abfindung. *Ich* persönlich würde vorschlagen, die Sache fallen zu lassen oder aber nur sie zu beginnen, wenn ich ein substantielles Interesse eines Verlegers hinter mir weiß – was ja nicht der Fall ist (in diesem Vorstadium wenigstens).

2) Retif-Projekt. Das Projekt muß aus dem Stadium des Briefwechsels heraus. Hier ist nichts mehr zu erwarten. Ich kann selbstverständlich alles das, was für den Band noch fehlt, zusammenbringen. Durch verschiedene Möglichkeiten (alles in französisch allerdings). Ich kann es zusammenstellen, für die Auszüge und die Übersetzung bezeichnen. Aber wer wird das dann fertig machen? Haben Sie selbst dafür noch die Zeit? Oder wer sonst? Ist das Projekt überhaupt schon einem Interessenten angeboten?

Dafür hätte ich vielleicht einen größeren Plan, der auch das Ret[if] Projekt mit sich ziehen würde. Ich habe hier noch eine Reihe älterer Freunde, die über vergessene Sammlungen etc verfügen und mir zur Verfügung stehen. Da ist besonders Szittya, der in den frühen 20er Jahren bei Kiepenheuer einen Roman Klaps (nachdadaistisch und nachexpressionistisch) veröffentlicht hat, der heute völlig verschollen und vergessen ist. Dieser Szittya schlägt vor, einen Roman über Louise Michel, die Heldin der Pariser Commune zusammenzustellen. Gestützt auf Michels Buch „Die Commune" einiges aus ihren sonstigen Schriften, der Briefwechsel aus Neu Kaledonien, wohin sie deportiert worden war, die Beziehung zu Marx und der Streit mit ihrem Brotgeber, dem Jules Verne, dessen Sekretärin sie für viele Jahre gewesen ist. Daraus geht hervor, daß die Michel praktisch die Verfasserin der Jules Verne Romane gewesen ist (was auch im Grunde von Verne nie bestritten gewesen ist). Also solch ein Michel-Portrait; es braucht nicht zu lang zu sein, mit der Commune Schrift als Kernstück kaum mehr als 200 Seiten.

Szittya besitzt weiter eine sehr seltene Marat Sammlung, vor allem die fast unauffindbare Biographie der Brüder Desmoulins „Ami du Peuple". Aus der Sammlung Pamphlete und dem Briefwechsel in 3 Bänden kann man sofort ein Marat Portrait zusammenstellen – in einer ganz neuartigen Weise, leicht ironisch, vielleicht mit Einführung eines Sprechers im Stil eines Rummelplatzansagers: der Aufstieg eines kleinen Quacksalbers aus Neuchatel über den Astrologen und Propheten in London, der London fliehen muß vor einer Anzeige auf groben Unfug und

Klienten Betrug, zu dem großen Mann in der französischen Revolution. Alles keineswegs unsympathisch, eben nur leicht ironisch, übrigens war Marat einer Selbstironie, mitten in seinen flammenden Tiraden, durchaus nicht fremd. Also ein neuer und etwas zeitgemäßer Marat. Das Michel und das Marat Portrait können sofort geliefert werden, bei Auftragserteilung. Ich selbst könnte zu dieser Portraitsammlung, für die man einen entsprechenden Namen noch finden müßte, zwei Bände aus der amerikanischen Geschichte beisteuern: den Gouverneur von Minnesota, den Iren O'Donnell, der mehrfach eingesperrt, immer wieder zum Gouverneur gewählt worden ist und auch einen utopischen Roman geschrieben hat, der auch in den 80er Jahren v. Jh. in deutsch unter dem Titel „Die Cäsars Säule"[1] erschienen ist. Abschaffung des Geldes und des Goldes etc – eine außerordentlich aufregende und interessante Gestalt; ferner die Geschichte der Woodhull Schwestern, Vorkämpferin der freien Liebe und des Stimmrechts in der USA, die ersten Frauen, die eine Börsen Agentur aufgemacht haben, über die in den 50er Jahren alle großen amerikanischen Eisenbahnvermögen verdient worden sind, die Astors, Goulds und Rockefellers. Darüber gibt es Dutzende Bücher in USA und die Sache ist sehr leicht auch hier zusammenzustellen, sehr amüsant und zu Unrecht vergessen. Also zusammenfassend: wir hätten eine Portrait Serie von zunächst 5 Büchern anzubieten, Retif, Michel, Marat, Woodhull und O'Donnell. Darauf sollte man einen Kontrakt und Vertrag versuchen zu bekommen. Ich würde als stiller Herausgeber erscheinen. Nach außen Szittya und Sie oder Sie überhaupt allein und Szittya der Bearbeiter für Michel und Marat, Sie für Retif und ein Pseudonym für die andern. Aber das ist eine interne Frage. Ich biete Ihnen an (das heißt auch Szittya), daß wir das Ganze geschäftlich zu dritt machen und auch zu dritt teilen.

Das ist, was ich jetzt noch anzubieten habe. Bitte geben Sie uns einen klaren Bescheid, ob und was Sie tun können. Bitte – wenn sie nichts tun können – das macht nichts; ich weiß, daß Sie einen Beruf haben, der Sie vielleicht voll in Anspruch nimmt.

So wie ich es sehe, könnten Sie versuchen, den Cotta Verlag dafür zu interessieren und wenn es von Ihnen aus geht, den Fischer Verlag. Beide kämen für eine solche Entscheidung in Frage. Finanziell müßten zunächst die Spesen sichergestellt sein und jetzt vor allem die Vorspesen, das heißt eine Reise von Ihnen hierher nach Paris. Sind die Verlage dazu nicht fähig, diese Art von Risiko einzugehen, kommen sie eben nicht in Frage. Exposés werden wir nicht verschicken und schon überhaupt keine Manuskripte ohne Vertrag. Wenn die ganze Sache ins Wasser fällt, machte es eben auch nichts. Aber das wird ungefähr der letzte Brief sein, den ich an Sie in dieser Sache schreiben werde.

Ich rate Ihnen dringend nach hier über ein Wochenende wenn es geht zu kommen. Ich kann Ihnen hier Schnee[2] zum Beispiel besser erklären. Diese „schwulstige" Sprache, eben den Vorexpressionismus, den man in einen Doppel Dialog auflösen muß; darüber kann man im Brief nicht lang und breit diskutieren.

Die Kosten dieser Reise sind doch nicht allzu hoch. Ich würde Ihnen hier ein billiges Zimmer besorgen können. Wir sprechen mit all den Leuten hier und Sie bekommen ein besseres Bild, was man machen kann [eine Zeile unleserlich] nur noch wenige Wochen oder Monate Zeit habe zu sehen, ob ich hier etwas aufbauen kann, das mir eine kleine zusätzliche Rente einbringt, um ein weiteres Jahr in Europa leben zu können. Zu mehr wird es sowieso nicht reichen.

Bitte überlegen Sie es sich
mit vielen Grüßen

1 Das Buch „Caesar's Column: A Story of the Twentieth Century" von Ignatius Donelly erschien 1892 in Klagenfurt deutsch unter dem Titel „Cäsar's Säule".
2 Gemeint ist Stanislaw Przybyszewskis Drama „Schnee", München 1903.

498. AN ADOLPH WEINGARTEN
Paris 6e, 4/5 61
36 rue du Dragon

Lieber Adolf,
deinen Brief habe ich drei Zustellungen später erhalten beim Americ Expr als hier in der Straße. Selbstverständlich ist die Straße Adresse besser. Selbst wenn ich ausziehen sollte, was ich vorerst bestimmt nicht kann, arrangiere ich die Nachsendung.

Dein Brief gibt Hinweise genug, ich werde dich aber noch viele Einzelheiten fragen müssen. Vorläufig ist ein gewisser

Rückschlag zu verzeichnen. Heller war heute sehr unliebenswürdig und hochtrabend. Mit Geld hat er mich auf nächste Woche vertröstet. Ich habe auch den Fehler gemacht, in der Julliard Sache betr der Maslow Ms deinen Brief bezgl der Vorauslagen etc zu übergeben. Das war sichtlich falsch, denn er wurde sehr zugeknöpft, obwohl er mich vorige Woche geradezu ermuntert hatte meine Ansprüche anzumelden.

In der Wohnung bin ich noch nicht gewesen. Die Sekretärin hat sich bisher nicht gemeldet – auch das hatte Heller zugesagt.

Also ... warten wir weiter ab. Ich habe wenigstens heute die Zusage von ihm herausgepreßt, daß er mir eine Schreibmaschine stellt. Er hat in meinem Beisein noch den Auftrag gegeben (vielleicht aber später widerrufen).

Wir werden sehen ... offengestanden, selbst wenn wir ganz ausgebootet werden, das macht auch nichts. Ich werde die Zeit so gut ich nur eben kann ausnutzen, meinen literarischen Boden zu beackern. Natürlich weiß ich nicht, ob ich in 2 Monaten das schaffen kann, aber ich versuche es eben. Ich habe heute wenigstens ein Zimmer hier bekommen, wo ich nicht den ganzen Tag Licht brennen muß. Sicherlich kostet es etwas mehr, aber das spielt jetzt schon keine Rolle. Natürlich habe ich eigentlich heute auf das Heller Geld gerechnet. Ich muß sehr vorsichtig sein mit meiner Kleidung. Ich habe ja einiges in Wien und einiges in Italien zurückgelassen. Ich laufe schon herum wie ein clochard – mir macht das zwar nichts, aber für die Verhandlungen ist das nicht allzu gut.

Immerhin, im Grundzug bin ich optimistisch.

Laßt es euch gut gehen und bleibt gesund herzlichst
Franz

Das Hotel ist ein H meublé – hat keinen Namen draußen, heißt aber wahrscheinlich Hotel du Dragon.

499. An Oskar Maurus Fontana
Paris 6e, 4/7 61
36 Rue du Dragon, Hotel d Dr

Lieber Fontana,
vielen Dank für die rasche Erledigung meiner Bitte. Ich habe heute schon die Sachen bekommen. Meine Adresse bleibt vorerst hier. Wann ich hier fertig werde, weiß ich nicht. Die Schwierigkeiten, sich in die Liquidierung des Nachlasses von Ruth Fischer einzuschalten sind sehr groß. Die eigentlichen Interessenten sind auch zu mächtig, als daß ich dagegen aufkommen könnte. Wahrscheinlich sind die Rechte an dem Maslow Manuskript, die Ruth mir gegeben hatte, inzwischen durch die Liquidatoren (Harvard und Feltrinelli, Mailand) an den Verlag Julliard hier verkauft worden, sicherlich ohne legistischen Titel, aber dagegen kann ich kaum aufkommen.

Es kann natürlich sein, daß eines Tages mir der Boden hier zu heiß wird, dann komme ich Hals über Kopf nach Wien.

Immerhin ist es jetzt hier bezaubernd schön – ich wünschte, ich hätte mehr davon.

Seid herzlichst gegrüßt Käthe und Du
Dein Franz Jung

500. An Emil Szittya
4/7 61

Lieber Szittya,
wollen Sie bitte berücksichtigen, daß diese Vorlage[1] für das Theater Studio[2] als Lehrstück bestimmt war. Jetzt müßte es auf *Accente* konzentriert werden. Die Lazarett Scene mit den Dialogen der Ärzte und dann successive auf die Etappen des Größenwahns (was ziemlich so bleiben könnte) und schließlich das Ende – alles ein wenig schärfer profiliert, auf Schauwirkung gestellt, aber im gleichen Rhythmus abrollend.

Besten Gruß
Jung

Wenn Sie einen allgemeinen Eindruck haben, könnte ich es in 2 Wochen darauf gestützt fertig machen.

1 „Herr Grosz" / „The way home".
2 Piscators Dramatic Workshop in New York.

501. AN ADOLPH WEINGARTEN
Paris 6e, 4/15 [1961]
36 rue du Dragon, Hotel du Dragon

Lieber Adolph,
vielen herzlichen Dank für deinen verständnisvollen Brief. Ich habe ebenso die Thyroids bekommen, habe nur gewartet mit der Bestätigung auf deinen Brief. Also nochmals herzlichen Dank! Sonst muß man eben alles nehmen wie es kommt. Daß ich den Fehler gemacht habe, deinen Brief dem Mann[1] zu geben, ist eben nicht zu ändern. Unser Bluff war eben schwächer und nicht dauernd genug. Der Mann versteht es besser, hat es auch leichter.

Ich habe ihm den Brief gegeben, als der Mann sichtlich kühler geworden war, eine Reihe von Lügen über die Manuskripte zu erzählen begann – so zum Beispiel, daß der Vertrag mit Juillard nicht unterzeichnet sei, was er mir genau drei Tage vorher besonders gesagt hatte und da es mir allgemein nicht besonders ging, äußerst deprimiert, beinahe kaum mehr lebensfähig, aber nicht eigentlich krank, habe ich ihm den Brief schließlich gegeben. Eigentlich – wie ich es heute sehe, wollte ich die Sache beenden, den ganzen Dreck hinschmeißen schließlich bin ich weder ein Moralist und mir ist es ganz gleichgültig, was da gespielt worden ist, und dann geht es mich wirklich nichts an. Wir verstehen uns nicht ganz, weil ich gar keine Gelegenheit hatte, außer in vagen Andeutungen, euch überhaupt richtig zu erzählen, was damals hier im Dezember in Paris mit der Ruth los war. Nicht nur das Gequatsche über Peking und so (so richtig manches gewesen sein mag) und ihre Geständnisse über den Doppelverkauf der Bibliothek und alles das – sondern das Erschreckende war doch die Begründung, warum sie plötzlich die Maslow Biographie aufgegeben hätte – weil sie Maslow für sie nachträglich in eine besondere Rolle hineinmanövrieren wollte, den Moskauer Agenten, die graue Eminenz hinter der Moskauer Kontrolle der Trotzki Bewegung, praktisch hinter allen Prozessen. Was Maslow in Wirklichkeit für Verbindungen hatte zu irgendwelchen Leuten von der Botschaft weiß ich nicht und geht mich auch nichts an auch wenn er glaubte mich in Genf für die Ausnutzung dieser Verbindungen einspannen zu können – jedenfalls war es keineswegs so, wie Ruth das andeutete und in mich hinein pflanzen wollte. Daher auch dann das ständig wiederholte Gerede mit den Stalin Briefen und die Pakete anderer Briefe, die sich um diese Stalin Briefe gedreht haben sollen, zum Beispiel von Tito. Sie hat vor mir Kästen aufgezogen und wieder zugemacht ... da sind alle die Briefe drin ... aber keinen einzigen gezeigt. Dabei ständig gequatscht von der Angst, daß man sie verfolgt, daß man ihr die Briefe stehlen wird und ähnliches. Sich das noch in Erinnerung allein wieder vorzustellen, wird einem schlecht – dabei braucht man nicht einmal sensitiv veranlagt zu sein. Also – ich werde mir das trotzdem allmählich wieder rekonstruieren und das Bild gewinnen eines sogenannten politischen Menschen, die sicherlich sehr unglücklich für sich war, ungeheuer gearbeitet hat, in einer Art Panik, und das Ende kommen gesehen hat. Alles andere ist unwichtig. (Nur ich bin jetzt noch nicht so weit, das Ganze zu beherrschen.) Dieser Heller spielt jetzt die Rolle nur eines Vermittlers – nach außen hin; ich nehme an, der Mann, der verhindern soll, daß ein Skandal entsteht. Bis jetzt hat er mich warten lassen, hat mir von dem Brief an dich erzählt, mit bedauerndem Augenaufschlag, daß er mir gerne hätte helfen wollen etc. Alles baloney. Normalerweise hat er mich in die Position hineinlaviert, daß ich selbst die Sache aufgebe. *Das aber tue ich nicht.* Man macht einen Fehler jeweils nur einmal. Ich warte, wenn es auch noch so demütigend ist. Die Abmachung bleibt nach außen noch bestehen – wenn auch nichts geschieht. Solange ich nicht wenigstens die Schreibmaschine habe, und selbstverständlich das Geld, habe ich ja nichts in der Hand, was mich berechtigen würde, Forderungen anzumelden. Das ist die Situation. Wir werden sehen. Das heißt eben abwarten.

Ich kann im Augenblick nicht weiter schreiben. Aber so viel weiß ich, der Skandal, der heraufzieht, dreht sich darum, inwieweit kann die Rand Corporation über den Namen Harvard verfügen, welches sind die Abmachungen? Die Rand Corp als das Zentrum der wissenschaftlichen und ökonomischen Spionage der USA hat mit einigen Instituten wie Harvard etc Abkommen, direkte oder nur Tarnungsabkommen. Praktisch ist es eine konkurrierende Government Agency gegenüber den anderen

Agencies dieser Art, denn das von der Großindustrie gespendete Geld geht steuerfrei, ist also indirekt genauso Government Geld wie das der direkten Dienste. Daher die Konkurrenz und das Interesse der Dulles Leute bspw gegen die Rand Corp vorzugehen. Inwieweit hat Ruth, wie zu ersehen ist, diese Abmachungen überschritten, das heißt gegeneinander ausgespielt? und für wen? Natürlich ist die Rand Corp von offiziellen KP Apparaten durchsetzt, besonders China und den Bandung Nachfolgern. Allright, aber wohin und nach wessen Schwergewicht geht der Research, die Schlußfolgerungen und die Ausarbeitung der Richtlinien? Wer kontrolliert das und wer garantiert Harvard, daß der Name nicht mißbraucht wird? Das ist das Problem. Erfolgt nach dieser Richtung gegen die Rand Corp jetzt ein Angriff – und die Ruth ist ein wundervolles Beispiel dafür, aus einem Grunde von Madness hat sie sich selbst darüber gerühmt, nicht nur mir gegenüber – gibt es den Skandal, auf den die Dulles Leute etc warten. Was im Augenblick hier geschieht, ist nur der run nach cover. Sorry, ich bin so müde, ich muß aufhören. Bald mehr.

Der Cotta Verlag hat sich übrigens angemeldet, um mit Juillard oder wem immer über das Ms zu verhandeln. Heller sagt, mit niemandem. Für die Erbschaft bezw Harvard oder wem sonst, besteht offiziell das Manuskript überhaupt nicht.

Also ... wir werden sehen.

Bleibt gesund und herzliche Grüße an Carola und dich

Franz

1 Clemens Heller.

502. AN ARTUR MÜLLER
Paris 6e, 4/18 61
36 rue du Dragon

Lieber Artur Müller,
anbei die Copie meiner Antwort an Dr. Störig.

Es ließe sich natürlich viel mehr dazu sagen. Die verschiedenen Hintergründe lassen sich aber nur mündlich erörtern.

Aus dem Schreiben des Verlages, das Sie ja glaub ich gleichfalls in Copie erhalten haben, geht leider hervor, daß er sich für die andern Sachen überhaupt nicht interessiert. Schade – denn dazu braucht man nicht den Lektor.

Immerhin sei dem wie es ist ... ohne einen neu aufgenommenen persönlichen Kontakt können wir in der Sache nicht weiterkommen. Es war ja an und für sich nur eine „Anregung" und von vornherein nur eine schwache Möglichkeit der Verwirklichung.

Übrigens wundere ich mich, daß Sie auf die Zeitungsnotizen den Pater Pio betreffend hereinfallen. Die Messe Ostersonntag liest Pater Pio schon seit Jahren nicht mehr. Nichts hat sich geändert, alles ist wie früher, kein Pilgerzug wird gestoppt etc, der Hauptpunkt liegt auf der Frühmesse und die ist nicht geändert. Aber auch das – die dortigen Verhältnisse wirklich einschätzen zu können, läßt sich im Briefwechsel leider nicht genügend erklären.

Also leben Sie wohl. Bleiben Sie wenn möglich im Kontakt mit mir. Einmal wird schon was Gemeinsames, was wir tun könnten, herauskommen.
  Viele Grüße
    Franz Jung

503. AN HANS JOACHIM STÖRIG,
COTTA'SCHE BUCHHANDLUNG STUTTGART
Paris 6e, 4/18 61
36 rue du Dragon

Sehr geehrter Herr Dr. Störig,
zu Ihrem Brief vom 14. d M muß ich Ihnen mitteilen, daß sich in Sachen des Maslow Manuskripts die Lage inzwischen wieder geändert hat, so daß meine letzten Informationen an Artur Müller nicht mehr stimmen. Ich höre jetzt, daß der Vertrag mit Julliard von Ruth Fischer *nicht* unterschrieben worden ist, was schließlich auch mit dem letzten Brief der R[uth] F[ischer] an mich übereinstimmen dürfte. Wäre der Vertrag [unterschrieben], wie mir erst gesagt wurde und zwar von dem gleichen Herrn, der mir jetzt das Gegenteil sagt, so müßte dies nachträglich durch einen Beauftragten geschehen sein. Dies hätte meine Position bei den Verhandlungen, irgendwelche Rechte anzumelden, wesentlich gestärkt.

Es sind jetzt die folgenden Möglichkeiten in Betracht zu ziehen:

1) *Clemens Heller*, 20 rue de la Baume, Paris 8e.
Cl. H. dürfte der Vertreter von Harvard in Paris sein. Er erscheint nach außen als der Leiter in der Administration der Ecole Practique des Haut Etudes – eine Institution, die dem französischen Erziehungsministerium untersteht und von Harvard subventioniert ist.

(Mit diesem Herrn habe ich bisher zu tun.)

2) *Dr Gerard Friedlaender*, Professor in Cambridge, England, 142 Gilbert Road – der Sohn und Erbe. Dr Fr. hat bisher auf Briefe nicht geantwortet (und wird dies wahrscheinlich auch weiterhin nicht tun). Stand mit der Mutter kaum im Kontakt, ängstlich bemüht jede Verbindung vergessen zu machen.

Es muß angenommen werden, daß er die Regelung der Hinterlassenschaft Harvard bezw Herrn Heller übertragen hat. (Harvard war sowieso laut einem früheren Testament der Erbe der Bibliothek.)

3) Prof *Lucien Goldmann,* Abteilungsleiter in der obenerwähnten Ecole Practique, wo Ruth Fischer auch mit der Abhaltung eines Seminars beauftragt war. Goldmann ist der Vermittler, der das Maslow Ms an Julliard gebracht hat. G. ist im

Augenblick nicht zu erreichen. Nach Jugoslavien abgereist.

Ich würde also vorschlagen, zunächst bei Herrn Heller anzufragen, an wen man sich zu wenden hätte betr der Rechte an dem Ms Maslow, da der Verlag ein direktes Interesse für Publikation etc hätte. Am besten dabei meinen Namen überhaupt nicht zu erwähnen. Die Antwort wird zwar sein, entweder der Prof Fr[iedlaender] oder Harvard, aber es besteht die Chance, daß Heller bereits mehr sagen wird.

Dann, gleichgültig wie die Antwort ausfällt, eine Anfrage an Julliard: beabsichtigt der Verlag das Manuskript zu verlegen, wie Cotta durch einen Mittler gehört hat, bestehen Rechte, und unter welchen Bedingungen und Möglichkeiten kann der Cotta Verlag für die deutschen Rechte eingeschaltet werden. (Ich glaube, eine mehr positive Antwort wäre zu erwarten, eventuell gemeinsames Vorgehen beider Verlage.) Erst dann könnte ich selbst wieder in Erscheinung treten. Ich bin selbstverständlich bereit, für Cotta bei Julliard zu verhandeln, bezw meine Ansprüche, die von Heller übrigens nicht bestritten werden, dem Cotta Verlag zur Verfügung zu stellen.

Zur Sache selbst wäre zu sagen, daß das Maslow Manuskript an sich unter keine der Testamentsverfügungen fällt, vor allem nicht unter den Bibliotheksanspruch von Harvard.

Über das Manuskript selbst möchte ich noch kurz bemerken, daß das Schwergewicht auf einer politisch dokumentarischen Analyse der Intriguen um den Nazi Einfluß auf den Generalstab liegt, Schleicher, Hammerstein, Hindenburg gegen Reichenau, den Untersuchungsrichter Vogt und den Kriminalkommissar Nebe. Im Mittelpunkt steht das Liebesverhältnis einer der Töchter Hammersteins mit dem Reichstagsabgeordneten Scholem. Das ist ziemlich geschlossen und genügend dokumentiert, insofern Scholem einer der engsten Freunde Maslows die Jahre über gewesen ist. Davon gehen dann auch noch dokumentierte Beobachtungen über die Ausstrahlung dieser Affäre auf die Pariser Emigration aus. Alles andere ist nur am Rande behandelt, zum Teil gewaltsam hineinverflochten wie die Sosnowski Affäre, die zwar den Stein erst ins Rollen gebracht hat. Das müßte bei einer etwaig vorgesehenen Bearbeitung berücksichtigt werden. Ich glaube, Artur Müller ist durchaus qualifiziert dafür.

Mit den besten Grüßen

504. AN ADOLPH WEINGARTEN
Paris 6e, 4/22 61
36 rue du Dragon

Lieber Adolph,
anbei einen Brief vom Cotta Verlag, den du mir bei Gelegenheit zurückschicken kannst. In der Sache selbst habe ich nichts Neues zu berichten. Ich habe an Cotta geschrieben, daß neuerdings Heller behauptet, Julliard habe nicht den unterschriebenen Vertrag. Ich nehme an, daß Cotta sich jetzt an Heller direkt wenden wird.

Heute nur soviel – ohne daß ich Fragen beantworten kann – ich habe die Reserve, die noch bei Peter lag für meine etwaige Rückreise, aufgelöst um hier weiter abwarten zu können.

Mein Herumspringen mit Projekten siehst du falsch. Ich habe noch die wenigen Monate bis zum Erscheinen meines Buches Zeit, unter dem Namen Sachen anzubieten, weil man im Augenblick mich noch ernst nimmt – als Faktor am Büchermarkt, meine ich. Natürlich kann ich nicht daran denken, alles das selbst zu machen. Ich muß jemanden finden, der es mit mir zusammen, auch später unter seinem Namen macht. Das schien bei Müller gegeben zu sein. Wie das heute steht, weiß ich nicht. Solange der Mann nicht das Risiko nimmt, nach hier zu kommen und alles persönlich zu besprechen, sieht es nicht so aus, als ob der Mann funktionieren kann. Zum Beispiel, die Retif Sache – er muß das bearbeiten, nicht ich. Ich habe ihm nur die Idee gegeben. Er möchte jetzt eine ausführliche Biographie von Retif, aber *er* muß sie sich verschaffen, nicht ich. Natürlich kann ich sie bei deinem Freunde oder hier in der National Bibliothek bekommen, aber das wäre grundsätzlich falsch. Ich denke, von mir aus gebe ich das Retif Projekt auf. Können die Bücher, wenn es dazu kommt, bei Rosa Kirchgatter abgegeben werden? So daß sie eventuell Carola später abholen kann. Beim Schicken riskierst du, daß sie die Post drüben einbehält.

Louise Michel und Marat würde Emil Szittya hier bearbeiten. Aber wer weiß, ob er es dann tun wird? Das sind eben meine Risiken, die ich nehmen muß. Natürlich erscheint zur Buchmesse – sagt der Verlag – mein Buch, ebenso habe ich den Fuhrmann Auswahlband im Auftrag, Erscheinung nicht vor 1963, also auch kein Vorschuß. Ebenso habe ich die 4 Rundfunkvorträge für Köln abgeliefert. Den Reich Vortrag schicke ich dir einliegend.

Damit du siehst, was für eine Arbeit für solche Zusammenfassung nötig ist. Alles dies ist gleichfalls Prestige – vielleicht kommt daraus ein Interessent für einen Essayband oder so heraus. Das ist eben das, was ich hier tun muß – ob ich krank bin oder nicht. Und ich kann das hier besser tun wie irgendwo sonst. Die Nervenspannung ist hier wacher. Vielleicht gehe ich dabei vorschnell zugrunde – was schadet schon das. Ich habe mich hier schon etwas eingewöhnt. Statt des Touristen Fraßes esse ich in den Self Service Restaurants am Blvd Michel Hering, einfachen holländischen Hering, die Hälfte mit Pommes à Vapeur und einer Flasche Wasser für 1,90 NF und abends Landbrot, Käse und Wein – dazwischen etwas Schokolade am Tag und manchmal ein Glas elsässisches Bier, das besser ist als Pilsner. Im allgemeinen lebe ich damit großartig. Allerdings macht die Galle noch Schwierigkeiten. Aber die werde ich auch noch überkommen. Was mir fehlt, ist praktisch die Kontrolle über die Nerven. Ich unterliege diesen Wellen von Depressionen, wo ich einfach mich hinlegen muß, stundenlang und abwarten, bis es weiter geht. Neuerdings gehe ich in solchen Fällen ins Lutetia Bad hier um die Ecke schwimmen oder nehme ein Schwefelbad für 2,50 NF. Du siehst, ich richte mich ein.

Von dir kann man das scheints weniger sagen. Und ihr seid beide weit kränker als ich – denn ich bin ja weiter nichts als ein wenig geistig angeschlagen.

Gehabt Euch wohl und herzliche Grüße
Franz

505. AN CLÄRE JUNG
Paris 6e, 4/23 61
36 rue du Dragon

Liebe Cläre,
besten Dank für deinen Brief.

Ich hätte natürlich eine große Bitte – aber das wird wohl sehr schwierig sein. Ich suche schon seit langer Zeit, schon in New York, den sogenannten 2. Teil der Technik des Glücks[1]. Während die Technik verhältnismäßig leicht zu bekommen ist, scheint dieser Band völlig verschwunden – ich vermute, der

Herzfelde hat ihn damals nicht mehr erst ausgeliefert, sondern sogleich als Papier verramscht. Ich habe sogar den genauen Titel vergessen – so wie mehr Glück, mehr Tempo und was noch mehr?

Hast du etwa diesen Band? Ich möchte vieles daraus in einem neuen Buch mit übernehmen und mit verarbeiten. Falls du ihn zufällig haben solltest, was könnten wir da machen. Würdest du ihn mir für einige Wochen borgen können?

Übrigens soll eine Autobiographie oder literarische Erinnerung[2] von Wieland Herzfelde erschienen sein. Graf hat mir das aus New York mitgeteilt und hat auch anscheinend das Buch bekommen. Nicht daß ich sehr neugierig bin das Buch zu lesen, aber ich würde gern wissen, was er über mich oder überhaupt etwas über mich sagt. Wenn er noch halbwegs Takt haben sollte, würde er mich völlig verschweigen, was ich meinerseits ja auch tue – ich habe alles WH betreffend aus meinem Buch wieder herausgestrichen.

Mein Vortrag über Wilhelm Reich läuft am 11.8., der über Fuhrmann am 22.9. abends über die Kölner Mittel Welle. Vielleicht hast du Lust und Möglichkeit dir ihn anzuhören.

Vielen Dank an deine Schwestern für ihre liebenswürdige Bereitschaft der Herberge, aber ich werde wohl kaum vorläufig nach Berlin kommen. Ich bleibe noch hier bis Ende Mai.

Herzlichen Gruß
Franz

---

1 „Mehr Tempo Mehr Glück Mehr Macht. EinTaschenbuch für Jedermann", Malik-Verlag Berlin 1923.
2 „Unterwegs. Blätter aus 50 Jahren", Berlin 1961. Jung wird nicht erwähnt.

506. AN PETER JUNG
Paris 6e, 5/2 61
36 rue du Dragon

Lieber Peter,
ich wünsche zu dem Umzug in die neue Wohnung viel Glück. Nach Pariser Brauch müßte ich heute einen Strauß Maiglöckchen senden.

Ich denke, ich werde Ende des Monats wieder von hier weggehen. Wohin weiß ich leider noch immer nicht – also im Notfall, daß ich nicht schreibe nächsten Monat wird meine Adresse wieder Wien 4, Gußhausstr. 6 b/ Fontana sein.

Aus dem Brief der Weser Zeitung ersehe ich, daß die Nachsendung aus San Francisco noch funktioniert. Meine Post Box Adresse dort ist aufgegeben. Eventuell lasse doch noch einmal einen Nachsendungsantrag nach Houston umstellen.

Es tut mir leid und ich kann es nicht helfen – vorläufig kann ich keine bleibende Adresse angeben. Es ist schrecklich, aber es ist eben so.

Ich werde versuchen, die Geldsendungsfrage über die Bank of America Zweigstelle Düsseldorf zu regeln. So einfach scheint das aber nicht zu sein. Es könnte wahrscheinlich nur gehen, daß der Check an die Bank gesendet wird, diese zum Endorsement mir den Check zuschickt und ich ihn dort ins Depot unterschrieben zurückschicke – so scheint die Bank das vorgeschlagen zu haben. Leider bin ich nicht allzu sicher, denn die frühere Tiso Sekretärin, der ich Vollmacht für das Konto gegeben hatte und die auch mit der Bank angeblich darüber verhandelt hat, gibt entweder überhaupt keine Antwort oder nur sehr oberflächlich und verworren. Ich habe ihr jetzt die Vollmacht entzogen und schreibe direkt an die Bank. Leider ist dort durch die Dummheit dieses Wesens ein außerordentliches Durcheinander entstanden. Solche Sachen kommen noch hinzu.

Ich denke, daß du mir dieses Mal noch in jedem Falle das Geld nach hier überweisen solltest – ich verstehe, daß etwa Mitte des Monats dort Dollar 200 vorhanden sein werden (den Rest laß für Spesen etc stehen), ein American Express Büro wird in Houston hoffe ich vorhanden sein. Dann kann ich hier die Dollar abheben und als Reserve mit mir führen, in kleineren Scheinen (falls ich nach Spanien oder Österreich irgendwo aufs Land gehe).

Ich würde das gern tun um mich etwas auszuruhen, denn ich bin furchtbar müde und vielleicht auch schon ein wenig krank.

Die 4 Vorträge[1] habe ich abgeliefert. Ich habe Verhandlungen mit dem Cotta Verlag für die Herausgabe (mehr Redaktion) einer Serie Porträts aus der franz. Revolution und der Kommune – die ich mir aber leider nur hier zusammenstellen muß. Der Verlag aber würde die Spesen tragen. Mein Auswahlband über Fuhrmann[2] wird erst 1963 bei Luchterhand erscheinen. Ich habe also damit mir noch Zeit gewonnen.

Für Harvard habe ich die bestellten Fragen zur Ruth Fischer story[3] zusammengestellt. Geld habe ich zwar noch nicht bekommen und ich weiß auch nicht, wie lange ich werde darauf warten müssen, da technisch das Geld vom hiesigen Unterrichtsministerium ausgezahlt wird. Ich habe mindestens ein Dutzend Fragebogen bereits unterschrieben – eine merkwürdige Prozedur, verwunderlich, weil doch letzten Endes Harvard zahlt. Diese Harvard Beamten hier, meistens naturalisierte Wiener, sind bei aller äußeren Liebenswürdigkeit und Servilität ein widerliches Pack.

Also, ich denke, wenn du mir wieder die American Expr. Checks schicken könntest, etwa bis zum 20ten des Monats, könnte ich von hier abreisen. Unabhängig ob ich das Harvard Geld noch rechtzeitig bekomme.

Nun – und wie gehts sonst? Wie geht es Joyce und was macht der Stammhalter. Ich nehme an, daß er vorläufig noch innen in dem 10 Gallonen Hut Platz hat statt ihn aufzusetzen.

Herzlichen Gruß an die Familie und dich als dem Chef
Dein Vater

---

[1] Gemeint sind die Funkessays über Wilhelm Reich, Ernst Fuhrmann, Jack London und Roger Boscovich.
[2] Vgl. Anm. zum Brief vom 2.5.1962 an O.M.Fontana.
[3] „Die Rolle von Ruth Fischer ...", vgl. Anm. zum Brief an A. Weingarten vom 29.3.1961.

507. An Adolph Weingarten
Paris 6e, 5/6 61
36 rue du Dragon

Lieber Adolph, vielen Dank für deinen Brief. Deine Vorschläge[1] sind sicherlich richtig, aber sehr theoretisch. Wo finde ich den Agenten, das Konsulat danach zu fragen entspricht der Phantasie einer Kinostory. So warten die Leute hier auch nicht, daß man sie einfach aufsucht etc etc, das steht in Büchern. In Wirklichkeit ist die Sache so, daß jeder Verlag (auch der Luchterhand) ein festes Abkommen mit einem Agenten hat, der wiederum zu der Kette der Buchagenten gehört in London, New York und anderswo. Dieser Agent, in dem Falle die Stuttgarter Firma Reiter & soundso (ich weiß den Namen nicht genau), verkauft die Publikation eines Werkes nach dem Ausland, und zwar meist nach Quoten und im Austausch. Wer nicht englische und amerikanische oder französische Bücher im Tausch nimmt, hat eben nur eine geringere Quote. Ohne diesen Agenturring von mir aus das Buch etwa anbieten[2], ist einfach sinnlos. Ich würde kaum überhaupt eine Antwort bekommen. Für Amerika liegt die Verbindung bei der Groves Press, aber den Groves Konzern anzusprechen, direkt – würde sofort im besten Fall die Rückfrage bei Reiter bedeuten. Eine kleine Außenseiter Chance würde bei der Noonday Press liegen, die viel kleiner wie Grove und noch unabhängig sein soll. Aber – ich selbst, ohne nicht mit dem Verlag zu brechen, habe nichts damit zu tun. Den Verlag hier kann ich nicht zwingen. Wenn der Verlag keine Übersetzungschancen sieht, dieses Jahr zu verkaufen, wird er eben das Buch nicht herausbringen. Ganz egal wie das Buch ist, ob es in die neue Welle hineinpaßt oder in die Judenliteratur, mit der der Markt jetzt überschwemmt ist, die Interpretation und alles das – es kann auch in diesem Buch drinstehen, wenn es aber nicht verkauft ist, hat es eben keinen Wert. Wert zählt sowieso nicht: die Relation ist 1) unbedrucktes Papier – verkauft sich am Markt am leichtesten, 2) bedrucktes Papier – hier liegt viel mehr Risiko. Das was man früher Literatur genannt hat, gibt es nicht mehr.

Der Verlag hat mir marktmäßig den Vorschuß bezahlt, den man „gebräuchlich" nennen würde. Schadenersatz wegen Verzögerung kann ich kaum einklagen, außer mit hohem persönlichen materiellen Einsatz.

Die Auswertung des Buches, Film etc hängt von der Marktposition des Buches ab.

Ich kann mich nicht zuviel damit befassen, weil sich dann Magen und Galle zu sehr rührt. Ich glaube, da unten entwickelt sich etwas, ich habe leichtes Fieber und kann die Nacht schlecht schlafen und auch Schmerzen zur Zeit. Ich glaube, du kennst das zur Genüge und wenn du alle die 30-40 Jahre damit ausgekommen bist, werde ich es für die paar Monate, die mir bleiben, auch noch schaffen. Ich tue alles, was ich kann, um zu einer „Rente" zu kommen, mit der ich mich bewegen könnte, nicht nur physisch (dh nicht zu verhungern), sondern auch psychisch. Und das scheint mir beinahe wichtiger. Aber das braucht Zeit und daran fehlt es mir offenbar.

Ich werde vielleicht Ende des Monats von hier wieder weggehen. Ich weiß noch nicht wohin, und darin liegt etwas Furchtbares. Natürlich könnte ich auch nach den Staaten zurückkommen. (Aber es ist noch nicht so weit.) Ich müßte von hier aus Aufträge haben, für die ich arbeiten kann.

Ich möchte dich bitten, wenn du etwas für mich tun willst, gehe nach der Bibliothek und schreibe dort heraus die Titel: Jack Londons Soul ... glaube ich, von einem Reverend[3] verfaßt über die spiritistischen Botschaften J[ack] L[ondons]. Das Buch ist durchaus nicht selten, ich brauche nur genau den Titel für einen Rundfunk Vortrag. Dabei könntest du mir auch den Titel genau sagen von dem letzten Buch von JL, das etwa heißt der Stern Wanderer oder so. Dann: leider habe ich das Buch „Men against the State"[4] verschenkt, darin war eine Bibliographie über die Woodhull sisters[5], aber du kannst aus dem Katalog auch selbst Bücher über die Schwestern finden, eines heißt etwa The terrible Siren[6] oder so. Bitte sende mir die Titel – ich kann aus beiden 2 Vorträge machen, je 250 D Mark – das ist das Geld, womit ich wieder einen Monat länger aushalten könnte.

Dann bitte schicke mir eine Hämorrhoiden Salbe – ich hatte eine sehr gute so wie Tointment, das heißt es war ein Buchstabe davor, aber es gibt auch ein Dutzend andere. Ich hatte einen Anfall in San Giovanni und habe ihn damit wegbekommen. Leider habe ich die Tube auf der Reise verloren. Und wenn möglich: Tum oder ähnlich, um sofort den Magen zu beruhigen.

Viele Grüße an Carola und Dich
Franz

1 In einem Brief vom 30.4.1961 hatte Weingarten angeregt, Jungs Autobiographie oder Teile daraus, vor allem die Rußlandkapitel, einem guten amerikanischen Filmagenten anzubieten.
2 Es geht um eine mögliche amerikanische Ausgabe von Jungs Autobiographie.
3 E.B.Payne „The Soul of Jack London", London 1926. Mit einer Einleitung von Sir Arthur Conan Doyle.
4 Der Verfasser ist James J. Martin, vgl. Brief an A. Weingarten vom 15.5.1961.
5 Victoria Woodhull und Tennie Claflin, amerikanische Frauenrechtlerinnen, die in den 70er Jahren des 19. Jahrhunderts die Zeitschrift *Woodhull and Claflin's Weekly* herausgaben.
6 Die Verfasserin ist Emanie Louise Sachs, vgl. Brief an A. Weingarten vom 15.5.1961.

508. AN CLEMENS HELLER
Paris, 5/7 61
36 rue du Dragon

Sehr geehrter Herr Heller,
ich habe Ihrem Büro mitteilen lassen, daß die Schreibmaschine beim Concierge des Hotels zur Abholung bereit steht.

Sie haben leider meinen letzten Brief nicht beantwortet.

Falls Sie noch zu Ihren Zusagen stehen, würde ich Sie bitten, den mit Ihnen vereinbarten Betrag statt nach der Rue du Dragon 36 auf mein Konto bei der Bank of America Branch Düsseldorf, D Mark Ausländer Konto Franz Jung überweisen zu lassen.

Sie haben leider auf meinen letzten Brief nicht geantwortet. Ich möchte daher wiederholen, daß falls Sie die Zusagen nicht einhalten können, ich Sie bitten würde die Manuskript Sendungen in angemessener Frist an mich zurücksenden zu lassen.

Meine Verbindungsadresse wird sein:
F J, Wien 4 Gußhausstraße 6 b/ Prof Oscar Maurus Fontana.
Ergebenst

Sie haben mir seinerzeit gesagt, Sie hätten die Manuskripte sogleich weitergesandt. Könnten Sie mir mitteilen, an welche Stelle?

509. An Artur Müller
Paris 6e, 5/8 61
36 rue du Dragon

Lieber Artur Müller,
ich erhielt heute die beiden Copien vom Cotta Verlag, die Sie sicherlich auch bekommen haben. Dazu ist von mir aus zu sagen, daß Herr Heller, auf eine gleiche Anfrage von Julliard diese an den Prof Friedländer verwiesen hat. Vielleicht können Sie das Cotta mitteilen. Praktisch bedeutet das, daß Harvard den Anspruch, daß auch die Maslow Manuskripte in die Harvard Erbschaft fallen, aufgegeben hat. Ob das aber sonst etwas nützen kann, weiß ich nicht.

Ich bewege mich in der ganzen Sache auf einer Ebene, die ich nur persönlich erklären kann – was ich eigentlich auch von Beginn Ihnen gesagt habe. Daraus sind viele Mißverständnisse entstanden. Lassen wir sie nicht größer werden, auch nicht für die anderen Möglichkeiten.

Ich werde wahrscheinlich Ende des Monats von hier weggehen. Ich weiß es nicht genau und ich weiß auch nicht – wohin. Unter anderen Möglichkeiten besteht die Aussicht, daß ich nach Wien wieder zu Fontana zurückgehe. Das heißt, daß ich über Stuttgart fahren oder fliegen würde. Dann könnten wir uns ja in Stuttgart treffen. Eventuell könnte ich auch mit Ihnen zusammen Cotta aufsuchen. Wie gesagt, das könnte in den ersten Juni Tagen sein oder auch kurz vorher.

Sollten Sie aber schon vorher die Absicht gehabt haben, nach hier zu kommen, so geben Sie das nicht auf. Sie sind herzlich willkommen.
Viele Grüße
Franz Jung

510. AN CLÄRE JUNG
Paris, 5/13 [1961]

Liebe Cläre, es tut mir leid, daß du mit dem Abschreibenlassen des Buches dir Umstände gemacht hast. Auf alle Fälle aber laß das Manuskript dann nicht nach hier senden. Ich werde so gegen den 24/26 spätestens von hier weggehen.

Wohin genau weiß ich noch nicht. Aber die Adresse bei Fontana Wien 4 Gußhausstraße 6 bleibt bestehen und ich werde über Fontana jederzeit zu erreichen sein.

Bei dem Buch von Wieland H[erzfelde][1] muß es sich um ein eben erschienenes handeln, denn er hat es ja dem Aufbau in New York zur Besprechung geschickt. Auch Graf erwähnt, daß es eben erschienen sein muß.

Empfehlung an deine Schwestern, die wohl jetzt bald in die Ferien gehen werden. Verreist du auch?
Viele Grüße
Franz

1 „Unterwegs. Blätter aus fünfzig Jahren", Berlin 1961.

511. AN ADOLPH WEINGARTEN
Paris, 5/13 [1961]

Lieber Adolph,
anbei weitere Kapitel.[1]
Geld habe ich noch nicht bekommen.
Ich kann mich hier nicht mehr länger halten. Aber es ist nicht allein das Geld. Ich kann eben einfach nicht mehr weiter. Ich bin zwar hier von den Prévost (Freunde von Szittya, der sich rührend um mich sorgt) in den Vercors, wo die Leute ein Landhaus haben, eingeladen worden über Pfingsten, aber ich kann keine Leute jetzt mehr sehen.

Wie gesagt, du brauchst mir nicht mehr nach hier schreiben. Wahrscheinlich wolltest du das sowieso nicht. Ich brauche auch die Erkundigungen nicht mehr, wovon ich im letzten Brief schrieb und das Zeug, das du mir senden solltest ...

vergiß es! Wenn ich soweit bin, melde ich mich wieder.
Gruß an Carola. Hoffentlich seid Ihr beide gesund.
Herzlichen Gruß
Franz

1 Der Autobiographie Jungs.

512. AN CLEMENS HELLER
Paris 6e, 5/15 61
36 rue du Dragon, Hotel du Dragon

Sehr geehrter Herr Heller,
ich habe leider trotz aller Zusagen von Ihnen und trotz der jeweils verschiedenen Termine, die ich von Ihrem Büro[1] bekommen habe, bisher die Zahlung nicht erhalten. Ich kann durchaus verstehen, daß bei der Größe des Unternehmens, das Sie hier vertreten, noch eine Reihe von Kontrollstellen für Auszahlungen eingebaut sind, auf die Sie selbst keinen Einfluß haben.

Trotzdem möchte ich Sie aber daran erinnern, daß unsere mündliche Vereinbarung von der Voraussetzung ausgegangen ist, daß die vereinbarte Zahlung dafür bestimmt sein sollte, die Spesen meines Aufenthaltes hier zu decken. Ich bin mit der Möglichkeit, diesen Aufenthalt von mir aus zu tragen jetzt am Ende, zumal ich mir auf Ihre Zusage hin das Geld sowieso erst habe leihen müssen. Ich bin sogar im Augenblick nicht mehr in der Lage meine Hotelrechnung zu bezahlen.

An und für sich braucht Sie das nicht zu berühren und es ist schließlich das Risiko, was ich übernommen und allein zu tragen habe. Ich habe hier noch einen Teil fertiges Manuskript, das ich Ihnen morgen zusenden kann. Es bleibt dann noch etwa ein Drittel von der Gesamtarbeit, die ich mir vorgenommen hatte zu schreiben. Ich kann das, glaube ich, noch in einer weiteren Woche tun, sonst vielleicht aus Wien, wohin ich so gegen den 28. herum gehen muß.

Meine dortige Adresse wird sein: Wien IV, Gußhausstraße 6 b/ Prof Oscar Maurus Fontana – falls Sie Rückfragen an mich haben.

Für den Fall aber, daß sie noch heute generell von der Vereinbarung zurücktreten wollen – eine *schriftliche* Zusage habe ich ja sowieso nicht – so können Sie das tun, ohne daß ich irgendwelche Ansprüche geltend machen würde. Ich würde Sie dann nur bitten, mir die bisher Ihnen überlassenen Manuskripte zurückzuschicken.

Mit besten Grüßen

1 Heller war damals Leiter des Maison des Sciences de l'Homme in Paris.

513. An Gerard Friedländer
Paris 6e, 5/15 61
36 rue du Dragon

Sehr geehrter Herr Dr. Friedländer,
ich erlaube mir zunächst mein Beileid auszusprechen zum unerwarteten Ableben Ihrer Mutter, meiner langjährigen Kameradin Ruth Fischer. Ihr Verlust hinterläßt weit über den engeren Kreis ihrer Freunde hinaus eine schmerzliche Lücke.

Ich möchte noch einiges über das Maslow Manuskript hinzufügen, das ich im Auftrage von Ruth Fischer einem deutschen Verlag angeboten hatte, der außerordentlich an einer Drucklegung interessiert sein würde, entweder für sich allein oder in Zusammenwirken mit dem hiesigen Verlag Julliard. Ich habe zu verschiedenen Zeiten an der Edition dieses Ms gearbeitet, zuletzt im Dezember 60 hier in Paris. In der vorliegenden Fassung, die bei Julliard liegt, sollte es nicht unter dem Namen Maslow herausgegeben werden. Es ist eine Mischung von politischer Analyse und historischer Dokumentation einerseits und belletristischer Sensationskonstruktion andererseits (die im übrigen nicht von Maslow selbst stammt, nur mit benutzt worden ist), die auseinandergebracht werden sollte. Beide Teile für sich allein sind möglich, aber nicht zusammengemischt. Der Cotta Verlag weiß das und würde bereit sein mir im Verein mit einem der dortigen Mitarbeiter die Edition zu überlassen in dem Sinne, wie ich sie im Dezember mit Ruth Fischer besprochen hatte. Das bei Julliard liegende Manuskript kenne ich nicht.

Ich muß noch erwähnen, daß hier im Figaro ein Fortsetzungsroman „L'espion de Berlin"[1] gerade erschienen ist, der dasselbe

Thema nach der romanhaften Seite behandelt, auf die Memoiren einer Frau [Irene] von Jena gestützt, die in der Affäre selbst mit beteiligt gewesen ist – ein Grund mehr, auf die romanhafte Ausarbeitung tunlichst zu verzichten.
    Mit vorzüglicher Hochachtung

1 Vgl. Brief an Ruth Fischer vom 1.3.1961.

514. AN GÜNTER REIMANN
Paris 6e, 5/15 61
36 rue du Dragon

Lieber Reimann,
ich bin hier u.a. auch mit einer wirtschaftlichen Dokumentation über die neuen afrikanischen Staaten beschäftigt. Es bestehen, wie du sicherlich wissen wirst, große Differenzen in der politischen Propaganda für Aufbau Projekte, was man so in den Zeitungen darüber lesen kann, und der weit nüchterneren Wirklichkeit; besonders gilt das für die französische Einflußsphäre, die im übrigen mit deutscher Hilfe sich auszudehnen beginnt.
    Ich habe mir gedacht, obwohl gewisse Schwierigkeiten einer neuen Zusammenarbeit entgegenstehen, daß die Reports die sehr unsichere und dunkel gehaltene Perspektive dieser Entwicklungsländer in knappen Schlaglichtern ständig behandeln könnten. Vielleicht ließe sich ein besonderer amerikanischer Interessent noch dazu finden. Ich kann mir die Beziehungen zu den hiesigen Vertretungen beschaffen, und wenn die Arbeit auf eine größere Basis gestellt würde, könnte ich auch einen hiesigen Mann, im Augenblick Redakteur in dem Finanzblatt „Pour et Contre", als Mitarbeiter gewinnen.
    Ich bleibe hier zunächst bis Mitte Juni, was genügen würde, die Sache anlaufen zu lassen, gehe dann für 4 Wochen ins Vercors und anschließend noch für 2 Wochen nach Wien, so daß ich im August wieder zurück sein würde.
    Mit besten Grüßen

1 Plan des Bulletins *Africa Finance*.

515. AN ADOLPH WEINGARTEN
Paris 6e, 5/15 61

Lieber Adolph, bitte mach dir keine Sorgen – das hört sich dramatisch an, ist aber wirklich ernst und sachlich gemeint. Bitte schicke kein Geld, wie du heute ankündigst. Dagegen schicke die beiliegende Salbe an Anna Meissner, San Giovanni Rotondo (Foggia) viale Cappuccini. Ich weiß zwar nicht, warum diese Salbe besonders gut sein soll, aber immerhin ... die Frau – für mich noch als Sylvia aus Budapest in Erinnerung, leidet an Knochentuberkulose und die Hirndurchblutung funktioniert auch nicht. Wahrscheinlich kann man ihr sowieso nicht helfen – obwohl ich das ungeheuer gern tun würde, denn sie tut mir schrecklich leid. Das mit der Salbe ist sehr wenig, was ich für sie tun kann. Das beiliegende Gebet habe ich im Druck finanziert, damit du siehst, daß ich mich auch mit andern Dingen beschäftigen kann. Bisher bin ich allen Versuchungen ausgewichen, wieder nach San Giovanni zurückzugehen.

Sonst ist eben nur festzustellen: daß es mir nicht gelungen ist, in die Literatur zurückzugehen. Das liegt an den verschiedensten Gründen, die wenigsten auf meiner Seite. Ich muß erstmal wie ein Hund in eine Ecke kriechen und dort meine Wunden lecken, ehe ich weiter laufen kann.

Aber das macht weiter nichts. Ein Gamble, wo ich eben nicht herausgekommen bin. Und mit diesen körperlichen Dingen werde ich auch noch fertig werden.

Ich habe erst mal reinen Tisch gemacht – an Heller geschrieben, an Friedländer, an Cotta und Müller, an Otten und habe Schluß mit allem gemacht. Ich schreibe nicht mehr und ich antworte nicht mehr – – – – erst wenn ich aus dem Bottom wieder aufzusteigen beginne.

Die Jack London Notizen sind sehr gut. Ich mache aber den Vortrag eventuell erst im Winter. Das Buch über die Woodhull, das der arme Salo (den ich bestens grüßen lasse) nicht gefunden hat, heißt: The terrible Siren, von Emanie Louise Sachs geschrieben, wahrscheinlich eine Doktorarbeit, und ist New York 1928 erschienen. Das Buch „Men against the State" ist von James J. Martin / The Adran Allan Associates, De Kalb, Illinois.

Sobald sich Müller noch einmal bei mir meldet, werde ich die

Sache mit den Restif Büchern regeln. Ich nehme an, daß noch immer die Rosa Kirchgatter die beste Adresse ist.

Ich habe an Reimann geschrieben und will eine neue Vertretung annehmen. (Du siehst, es geht zu Ende, aber dann auch gründlich.)

Und mir geht es jetzt wieder ganz leidlich, fröhlich und guter Dinge. So eine Verzweiflung hält nicht lange vor.

Das sollst du auch der Carola einprägen und auch dir besonders. So lange noch ein bißchen Spannkraft da ist, geht es eben weiter und zwar ohne dein und mein Zutun, sondern automatisch.

Herzlichen Gruß an Euch beide
Franz

516. An Anna von Meissner
Paris, 5/15 61
rue du Dragon 36

Liebe Sylvia[1], dein Brief hat mich sehr betroffen. Er kann leider nichts daran ändern, daß ich nicht nach San Giovanni jetzt kommen kann.

Leider hast du damals vergessen, den Vertrag mit Herrn Rossi aufzuschreiben und unterzeichnen zu lassen. Nichts würde dann im Wege gestanden sein, daß du selbst in [die] Wohnung ziehst und ein Zimmer oder die Halle an Pilger zur Übernachtung vermietest oder selbst umsonst die Übernachtung zur Verfügung stellst, wenn die Betten vorhanden sind. Das Verhalten des Herrn Rossi zeigt, daß man weder mich dort will noch dich. Ein besonderes Entgegenkommen habe ich eigentlich nicht gefunden, außer daß man mir das gegeben hat, wofür ich normal wie jeder andere bezahlt habe.

Aber das alles ist nicht so sehr entscheidend. Der Ort und die ganze Atmosphäre dort ist abgestimmt auf eine besondere Gebetsgemeinschaft, die sich um Pater PIO gebildet hat. Das hat mich sehr beeindruckt, und es hat mir auch sehr geholfen, gewisse Unzuträglichkeiten und auch sonst in mir gewisse Unsicherheiten zu überstehen. Ich könnte mir nur wünschen, daß ich im Jahr für wenigstens 3 Monate nach dort kommen könnte, um diese Atmosphäre wieder in mich aufzunehmen. Es scheint aber, daß man mir das nicht gestattet.

[Zwei Zeilen unleserlich] ich mich jetzt noch wenden kann. Leider bist du selbst nicht so gestellt, daß du mich aufnehmen könntest – im Gegenteil, ich müßte noch dafür sorgen, daß du den Kopf über Wasser hältst. Du bist dir selber nicht im klaren darüber, wie schwierig und schwach fundiert deine Lage dort ist. (Du wirst gerade so geduldet, wie ein Bettler an der Kirchentür.) Ich hätte daran gedacht, dir diese Lage wenigstens zu erleichtern, indem ich die materielle Grundlage mit der Wohnung gefestigt hätte. Alles andere, was die Verlagspläne anlangt, sind vorläufig noch reine Illusion. Mit einer festen Bleibe als erstes und einer gefestigten Gesundheit, d.h. mit den entsprechenden Pflegemöglichkeiten, kann man Schritt für Schritt dann auch sich mit den Verlags- und Vertriebsmöglichkeiten befassen. Alles das zusammen und durcheinander gemischt geht nicht.

Ich werde jetzt von hier Ende des Monats nach Wien gehen und bin dort bei Fontana zu erreichen. Dann werde ich weiter sehen, wo ich bleiben kann.

Nichts steht dem im Wege, daß ich in Wien ebenso für dich Briefe schreiben kann oder etwas einleiten kann, um es druckfertig zu machen. Nur das letztere, etwa die Zeitschrift, die du im Auge hast, kostet eine große Summe Einlagegeld. Ich kann dabei helfen, aber ich kann es nicht alleine machen. Die Chance meiner Hilfe liegt eben gerade darin, daß ich außerhalb von San Giovanni noch Geld verdienen muß – in der heutigen Möglichkeit würden wir sehr bald und zwar beide zugrunde gehen, wenn ich nur meine Rente dort zu verzehren hätte. Nach dem Zuschnitt dieses Luxusortes würde es gerade ausreichen, das Holz für die Heizung zu kaufen. Ich will nicht kritisieren, ich kann ganz gut verstehen, wie ein solcher Ort existieren muß – und die wenigen, die zugelassen sind, von den Pilgern mit zu leben, wollen weder Fremde noch neuen Zuzug. Es ist ausgeschlossen, daß wir im Ernst mit einem Verlag dort durchkommen könnten, sofern der Verlag zeigen würde, daß er sich selbst erhält und sogar Geld verdienen würde. Das ist ohne einen einheimischen Partner nicht zu machen. Ich habe mir das Tag für Tag durch den Kopf gehen lassen und bin zu diesem Schluß gekommen, nicht leichten Herzens, sondern sehr bitter für mich. Denn ich verliere ja damit den letzten Rückhalt, den du mir in Aussicht stellen wolltest. Versuche es doch noch einmal mit Herrn Rossi zu reden, vielleicht gibt er uns, wenn wir die Wohnung für Übernachtungen mit zur Verfügung stellen, noch bis zum Herbst Frist. (Ich glaube es zwar nicht, denn er hat sicherlich bereits jemanden, der ihn zwingt und der selbst vermieten will. Hättest du das nicht auch machen können?)

So ist also die Lage. Ich selbst habe hier keinen Erfolg gehabt. Nach 6 Wochen Arbeit habe ich noch immer das Geld nicht bekommen, und ich weiß nicht einmal, ob ich es überhaupt bekommen kann. Es ist mir hier sehr schlecht gegangen. Ich gehe jetzt nach Wien sozusagen wie ein verprügelter Hund, der sich erst mal die Wunden lecken muß, ehe er weiter laufen kann.

Leider, in vielem wirst du mich nicht verstehen. Ich kann auch nicht sagen, daß du mich früher sehr viel verstanden hast – was an sich nichts ausmacht. [Schluß fehlt.]

---

1 Jung hatte Anna von Meißner, geb. Radnóti in Budapest unter dem Namen Sylvia kennengelernt. In Italien nannte sie sich zeitweilig Silvya de Schnehen Meiszner.

517. AN ARTUR MÜLLER
Paris, 5/18 [1961]

Lieber Artur Müller, es tut mir leid, daß Sie krank sind und ich wünsche Ihnen baldige Besserung. Wann ich von hier weggehe, weiß ich noch nicht. Ich denke aber nicht mehr allzu lange zu bleiben. An Dr. Friedländer hatte ich inzwischen auch geschrieben; habe aber bisher keine Antwort bekommen. Ich hatte in dem Brief den Cotta Verlag sehr empfohlen, in der Weise, daß dieser Verlag allein die genauen Unterlagen hat, aus dem Maslow Manuskript die politische Analyse und Dokumentation von dem darauf gesetzten Romanhaften zu befreien. Ob es etwas nützt, weiß ich nicht ... offen gesagt, ich bezweifle es sogar. Meine Beziehungen zu Heller hier sind so gut wie abgebrochen. Der Mann hat nicht eine einzige Zusage, die er mir gegeben hat, gehalten. Ist über Pfingsten weggefahren und hat mich einfach hier im Stich gelassen. Also: alles nicht so ganz unerwartet. Ich gebe

Ihnen rechtzeitig Bescheid, ob und wann ich fahre. Wir sollten dann eine feste Vereinbarung in Stuttgart treffen. Meine Mitteilung würde ungefähr *eine Woche* vor der Abreise hier sein. Sie laufen also kaum Gefahr, mich nicht hier anzutreffen, wenn Sie kommen wollen.

Viel Zeit werde ich in Stuttgart aber nicht haben. Wahrscheinlich nur, wenn ich einen Frühzug hier nehme, der gegen Nachmittag ankommt, den Abend und den ganzen folgenden Tag und dann abends weiterfahren. Ich weiß natürlich nicht, ob nicht die Wiener Kennedy Chrustschow Zusammenkunft es ratsam erscheinen läßt, erst nachher dann nach Wien zu fahren.

    Viele Grüße
           Franz Jung

518. AN CLÄRE JUNG
Paris, 5/22 61

Liebe Cläre,
ich danke Dir für die Zusendung des Ms „Mehr Tempo", das gut angekommen ist. Ebenso wie die Café Stephanie Erinnerungen[1], die amusant genug sind.

Mit meinem Buch scheinen wieder neue Schwierigkeiten entstanden, denn ich höre von dem Verlag nichts und selbst die versprochenen Druckfahnen sind bisher nicht gekommen – was praktisch soviel heißt, daß auch in diesem Jahr das Buch nicht erscheinen wird. Inzwischen habe ich an dem Buch jedes Interesse verloren und es ist mir schon egal, ob es überhaupt noch erscheint. Ich habe auch keine Lust nachzuforschen, ob irgendeine neue Intrigue dahinter steckt.

    Alles Gute soweit und bleib gesund
    viele Grüße
        Franz Jung

Empfehlung an deine Schwestern

---

[1] „Im Café Stefanie". Aufgezeichnet für Heinrich F.S. Bachmair von Marietta di Monaco. Mit einer Einführung von iml [= I.M.Lange]. In: *Das Magazin* 1961, Nr. 5, S. 12–14.

519. AN ARTUR MÜLLER
Paris, 5/24 61
36 rue du Dragon

Lieber Artur Müller,
ich denke so gegen Mitte nächster Woche von hier wegzugehen, das heißt, ich könnte Ende der Woche dann in den ersten Juni Tagen in Stuttgart sein. Ich würde aber nur in St[uttgart] aussteigen, wenn ich sicher bin sie anzutreffen und am besten wo? Bitte geben Sie mir Nachricht. Eventuell nennen Sie mir ein kleines Hotel, wo ich absteigen kann. Ich würde erst nach Wien weiterfahren, wenn der K.-K. Rummel[1] vorüber ist. Ich könnte auch eventuell in der Nähe von St[uttgart] auf dem Lande ein paar Tage zubringen. Ich werde meine Ankunft in Wien so gegen den 7.-8. ankündigen, also bis dahin habe ich Zeit – ich könnte sogar auch schon früher von hier abfahren.

Hier auf Antwort in der Maslow Sache zu warten, hat keinen Zweck mehr. Meine sonstigen Sachen habe ich hier erledigt.

Ich würde sehr gern den Essay Redakteur[2] im Rundfunk dort sprechen, den Namen habe ich leider nicht genau genug lesen können, sonst würde ich ihm direkt schreiben. Aber vielleicht kann ich den persönlichen Kontakt in St[uttgart] nachholen. Ich hätte eine Serie von Essays anzubieten, im Stil von Erzählungen für die Erwachsenen, um das „Märchen" dabei zu vermeiden, aber genau so aufgezogen, im leichten Plauderstil anstatt der Deklarationen. Das Leben der Großen, das sich heute anders herausstellt als die Geschichte Legende daraus gemacht hat. Anfangen würde ich mit der Jungfrau von Orleans – hier drängt leider die Zeit, denn in einigen Monaten wird die Presse das groß aufgegriffen haben. Die Jungfrau ist, wie heute dokumentarisch feststeht, nicht „verbrannt" worden, sondern von den Engländern ausgetauscht. Verbrannt worden ist eine Mitgefangene, eine bereits verurteilte Hexe. Wie Jeanne weiter gelebt hat und unter welchen Namen und Restriktionen steht in einem soeben in England herausgekommenen Buch, dessen Autor der Chefredakteur [Robert Lazurick] der hiesigen Zeitung „Aurore" ist, der sich hinter einem englischen Pseudonym verbirgt. Ein ziemlicher Skandal ist auch in Frankreich zu erwarten.

Dann: die Jack London story[4]. Ich bin ja ein großer J L Verehrer (gewesen und bis zu einem gewissen Grade auch heute noch). Aber ich habe 10 Jahre in seiner Gegend gelebt und noch viele Leute gesprochen, die ihn persönlich in den Jahren seines Niedergangs gesprochen haben. Auch seine Tochter Joan[5], die eine ausgezeichnete, melancholisch-depressive Biographie geschrieben hat. Ich habe selbst den Sitzungen einiger der hundert Jack London Clubs beigewohnt. Dort spricht J L aus dem Jenseits zu seinen Anhängern, er diktiert Verbesserungen, Konfessionen und fordert die Leute auf, Buße zu tun. Es gibt ein Buch eines Pastors[6], der Dutzende solcher Botschaften J Ls enthält. Das ist alles echt – so lächerlich es sich auch anhört. Die Jack London Mythe ist leider zu Ende. Man kann auch, ohne die deutschen Leser zu sehr vor den Kopf zu stoßen, melancholisch-depressiv darüber einiges sagen.

Und so habe ich noch eine Reihe solcher „Märchen". Es kann ein Typ daraus entwickelt werden, den man alle Monate meinetwegen einmal oder alle 6 Wochen den Hörern vorsetzt. Mit der Jungfrau von Orleans und Jack London könnte man beginnen. Dann die Woodhull Sisters[7] oder Lincoln oder was immer in der Serie ziehen würde. Ich möchte mit dem betreffenden Mann darüber sprechen. Können sie ein Treffen arrangieren?

Etwas von Retif bringe ich mit. Die große Biographie von Lacroix[8] kann ich nicht herausbekommen, zu kaufen ist einfach unmöglich, aber diesen Lacroix, ein klassisches Werk, sollte man auch in Deutschland wo auftreiben können. Ebenso den Hettner, der Mann hat ein dreibändiges Werk über den französischen Roman im 18. Jahrhundert geschrieben, mit etwa 100 Seiten Text über Retif. Aber selbst wenn wir alles das nicht bekommen, einiges, was vielleicht schon genügen würde, bringe ich mit.

Hoffentlich geht es Ihnen gesundheitlich besser
viele Grüße
Franz Jung

---

1 Die Wiener Begegnung von John F. Kennedy und Nikita Khrustschow am 3. und 4.6.1961.
2 Helmut Heißenbüttel.
3 Den Essay hat Jung offenbar nicht geschrieben.
4 Vgl. Jungs Radio-Essay „Das Märchen einer Legende. Jack Londons tragisches Schicksal" in Franz Jung Werke, Bd. I/2.
5 Joan London „Jack London and his time. An unconventional biography", New York 1939.
6 Vgl. Anm. zum Brief vom 6. Mai 1961 an Adolph Weingarten.

7 Vgl. Jungs „Vorschlag für ein Experiment in der biographischen Darstellung". In: Franz Jung „Schriften und Briefe in zwei Bänden", 2. Bd., Frankfurt a.M. 1981, S. 1254–1256.
8 Paul Lacroix „Bibliographie et iconographie des tous les Ouvrages de Restif de la Bretonne", Paris 1875.

520. AN ADOLPH WEINGARTEN
Paris, 5/26 [1961]

Lieber Adolph, ich kann dir auch noch mehr als nur eine Zeile schreiben. Erstmal Dank für die 25 Dollar, obwohl ich dich gebeten hatte, sie nicht zu schicken. Du verstehst leider nicht, daß es sich eben nicht allein um das Geld handelt. Auch schon gar nicht darum, wie Herr Heller und das was von Ruth zurückgeblieben ist, wie der Sohn, mich behandelt. Im Grunde genommen ist es mir egal, es wäre nur für mich angenehm gewesen, wenn von dort aus eine kleine Finanzierung gekommen wäre und wenn es nur für einen Monat gewesen wäre. Aber geändert hätte es auch nicht sehr viel. In der eigentlichen Sache selbst kann mir niemand helfen. Es ist kein Grund um mich in Sorge zu sein. Du hast schon genug dich um mich gesorgt und es wäre natürlich wundervoll gewesen, wenn ich dir in den Büchern und Manuskripten hätte auch meinerseits helfen können. Die Chance war von Anfang an klein, und wir sind den Leuten eben nicht gewachsen. Das muß man aus dem System herausbekommen, sonst sticht es noch obendrein fortwährend. Ich bin dabei, das radikal auszumerzen. Was wirklich aber trifft, daß ich auch trotz guten Starts und guter Aussichten es wiederum nicht fertig gebracht habe, mich sozusagen in der „Literatur zu halten". Ich bin nicht Literat genug und auch eben nicht der Typ dafür. Das Buch hatte den alleinigen Zweck, die Basis zu schaffen, die mir hätte den Aufschwung geben können, einen neuen lift – von dem aus ich freie Hand behalten hätte, mich neu zu betätigen, zu experimentieren und wie man so sagt zu „neuen Ufern zu gelangen". Es lohnt sich nicht, aus den verschiedensten Dingen herauszuanalysieren, woran das wiederum gescheitert ist. Ich weiß nicht, was mit dem Luchterhand Verlag los ist, ich kann ihn zu nichts zwingen, außer durch einen Anwalt zu klagen und das Ms zurückzufordern. Aber ein solcher Kampf lohnt sich noch weniger. Vor allem ist nach all dem Warten, der Beleidigung nicht beantworteter Briefe etc, die Möglichkeit eines lifts jetzt ausgeschlossen. Es ist mir völlig gleich, ob das Buch noch erscheint – es nützt mir nichts mehr. Und das gilt auch für alles das, was daran gehangen wäre, tatsächlich war ich für einige Wochen in Deutschland und selbst hier hoch im Kurs – das hat längst aufgehört, als das Buch nicht erschienen ist, daß auch Leuten, die beim Verlag um Vorabdrucke, selbst um Übersetzungsrechte geworben haben, nicht geantwortet worden ist. Vielleicht liegt das an ganz kleinen und lächerlichen Nebenumständen – für mich ist es aber entscheidend geworden. Wenn mir heute der Verlag das Manuskript zurückgeben würde, ich würde es einfach wegwerfen und mich keineswegs um einen neuen Verlag kümmern. Das heißt eben: der Verlag hat irgendeine andere geschäftliche Möglichkeit im Druck diesem Buch vorgezogen und es aufs Eis gelegt – und das ist es, was das Entscheidende ist: ich passe in die geschäftlichen Kombinationen, die so um einen Verlag spielen, nicht mehr hinein. Ich habe auch nicht mehr die Kraft, dagegen zu kämpfen und abzuwarten, was etwa noch herauskommt und mich anderwärts inzwischen vorzubereiten und zu beschäftigen – was ich wollte und was im Ende eben doch nicht mehr gelungen ist. Das ist der Unterschied: als junger Literat hätte ich da noch mitspielen können, in meinem Alter und in meiner Vergangenheit gesehen kann ich eben das nicht mehr. Das ist im Grunde genommen alles.

Was muß ich also tun? Nur eins: die Sache aufgeben und zwar so schnell wie möglich. Ein unsympathischer Gedanke, obendrein noch als Masochist dazustehen. Ich sehe mit Schrecken, daß ich Dich zugeterletzt noch mit hineingerissen habe. Fast ohne mein direktes Zutun, nur so mehr im Reflex. Und du solltest auch so schnell wie möglich dich davon befreien.

Was ich weiter tun werde, kann ich in Wirklichkeit nicht sagen. Ich unterliege natürlich einem ständig stärker werdenden Druck, nach San Giovanni zurückzukehren und dort in aller Stille zugrunde zu gehen. Das einzige, was ich aber nach dorthin abschneiden müßte, sind alle Korrespondenzen. Vorläufig leiste ich diesem Druck noch Widerstand.

Ich will nach Wien zunächst gehen und dort über den Fontana sehen, ob ich nicht in der Nähe in einem Dorf für einige Zeit ausruhen kann, um überhaupt erstmal mich zu sammeln und irgendwie überhaupt aktionsfähig zu werden.

Ob das geht, weiß ich nicht.

Ich denke sogar daran, in Stuttgart Station zu machen, um mit Müller herauszufinden, was noch von allen Plänen geblieben ist und welche Chancen bestehen, mich daran wie an einem Rettungsseil noch eine Weile fortzubewegen. Das werde ich aber nur tun, wenn Müller mir feste Besprechungen mit dem Cotta Verlag und dem Süddeutschen Rundfunk vereinbaren kann. Leider ist Müller sehr krank – dieses Handikap (irgendeine Nierensache) kommt noch hinzu. Bekomme ich einen festen Termin, fahre ich zwei Tage später von hier ab. Nach all dem, ich verspreche mir nicht sehr viel, aber ich will es so mehr aus Routine noch versuchen.

An einen andern Platz in Deutschland zu gehen, hat keinen Zweck für mich.

Was Reimann anlangt, so habe ich hier durch einen Bekannten, der Redakteur in einem der hiesigen Finanzblätter ist, die Möglichkeit direkter Beziehungen zu all den neuen afrikanischen Staaten, einschließlich der völlig unabhängigen. Wirtschaftlich heißt das, man sollte dem Schwindel des Afrika Booms mit all den Riesenprojekten, der westlich-russischen Konkurrenz und all das, entgegentreten – das Ganze meinetwegen zum Schutz von Kapitalinvestors, was sicherlich eine anständige analytische Aufgabe eines solchen Bulletins sein würde. Die meisten dieser Länder sind praktisch – außer als Spesenverbraucher – so arm, daß sie nicht einmal den Nachtwächter ihrer Regierungspalais bezahlen könnten. Natürlich wäre das für Reimann eine Chance, aber er ist sicherlich viel zu dumm, das zu verstehen. Mein Verbindungsmann hat sich als Korrespondent angeboten, vielleicht wird ihn auch Reimann nehmen – er hat für August sein Hiersein angekündigt. Mein Interesse daran ist, daß dieser Mann dann auf der Verbindung mit den Reports ein hiesiges Bulletin aufziehen könnte, gut unterstützt durch einige der maßgeblichen großen Blätter hier ... selbstverständlich durchaus links ausgerichtet, Erziehung statt Kapitalbluffs, keine direkte kommunistische Ideologie, aber mit Kursen für die hier studierenden Afrikaner, sogenannter Kadre Aufbau, ökonomisch. An dieser Sache wäre ich dann mit beteiligt und auch interessiert. Die Reimann Affäre ist nur das Zwischenspiel, zu der ich mich bereit erkläre.

Diese Tätigkeit würde mir die Literatur ersetzen können.

Also du siehst, kein Grund um mich besorgt zu sein.

Daß es mir so oder so schlecht geht, ist eine andere Sache. Aber das wird sich auch legen, wenn ich erst einmal wieder mehr zur inneren Ruhe gekommen bin. Und das wird werden – mit der Mutter Herden, wie man in Schlesien sagt. Mit der Mutter Horden ist es auch geworden.

Meine herzlichsten Grüße an Carola und Dich, lieber Adolph
Franz

521. AN CLEMENS HELLER
Paris, 5/27 61
36 rue du Dragon

Sehr geehrter Herr Heller,
ich habe Ihrem Büro mitteilen lassen, daß die mir vom Büro geliehene Schreibmaschine beim Hotel zur Abholung bereitsteht.

Ich würde Sie ferner bitten, den mit mir vereinbarten Betrag statt nach der rue du Dragon auf mein Konto bei der Bank of America, Zweigstelle Düsseldorf, D Mark Ausländer Konto Franz Jung überweisen zu lassen.

Sie haben leider auf meinen letzten Brief nicht geantwortet.

Ich muß daher wiederholen: Falls Sie die Zusagen nicht einhalten können, muß ich Sie bitten, die bisherigen Manuskript Sendungen[1] in angemessener Frist an mich zurücksenden zu lassen.

Oder, Sie haben mir seinerzeit gesagt, Sie hätten die Manuskripte sogleich weiter geschickt; könnten Sie mir mitteilen, an welche Stelle?

Vielen Dank. Ergebenst
Franz Jung

Meine Verbindungsstelle für die nächste Zeit wird sein: FJ, Wien IV Gußhausstraße 6 bei Prof Oscar Maurus Fontana

---

1 „Die Rolle von Ruth Fischer ...", vgl. Anm. zum Brief an A. Weingarten v. 29.3.1961.

522. AN ARTUR MÜLLER
[Paris, 29. Mai 1961]

EINTREFFE DIESEN DONNERSTAG 6.49 UHR NACH-
MITTAG – JUNG

523. AN EMIL SZITTYA
Stuttgart-Degerloch, 6/7 [1961]
b/Müller, Raffstr. 2

Lieber Szittya,
bisher habe ich leider noch nichts erreicht. Ich habe mit dem Leiter des Verlages, einem Dr Störig, gesprochen und hatte einen ganz guten Eindruck. Er verwies mich an den Lektor, einen Dr Hasenclever (Verwandter von dem Dramatiker), der weit weniger aufgeschlossen war und mich eigentlich mit allgemeinen Redensarten abfertigte. Jedenfalls nicht so, daß ich Ihnen ohne weiteres raten könnte wegen Ihres Romans oder des Projektes des Anarchisten Buches sich jetzt an den Cotta Verlag zu wenden.

Ich sitze vorläufig hier noch fest, weil ich noch keine Zusage von Wien habe, daß ich dort auch wirklich unterkommen kann. Sobald diese eintrifft, fahre ich weiter.

Über das hiesige Radio Essay habe ich eine kleine Chance, aber erst für den Herbst.

Sobald sich in irgendeiner Hinsicht etwas aufklärt, gebe ich Ihnen sogleich Nachricht.

Inzwischen mit besten Grüßen
Ihr Franz Jung

524. An Karl Otten
Stuttgart, 6/14 61

Lieber Karl Otten,
vielen Dank für Ihren herzlichen und um mich so besorgten Brief. Ich bin sehr beschämt. Denn trotzdem wir von den völlig gleichen Dingen sprechen und den gleichen Unzuträglichkeiten ausgesetzt sind, liegen die Dinge sehr verschieden. Im Grunde braucht man die literarische Betätigung im Rahmen der heutigen gesellschaftlichen Verhältnisse nicht, es sei denn als reiner Broterwerb, wozu uns viele Voraussetzungen heute fehlen und wir sowieso hoffnungslos ins Hintertreffen geraten müssen. Vor allem wäre es völlig sinnlos dagegen anzugehen, das heißt mit dem Kopf gegen eine Wand rennen zu wollen, mag sie uns auch noch so imaginär erscheinen. Wie wirklich diese Wand eben ist, merkt man an den Beulen, die man sich holt und eben auch daran, daß es wehtut.

Das was wir tun können, ich meine wenn ich so sagen darf – Sie und ich, ist sich um die innere Kommunikation zu kümmern. Das will heißen, nach innen zu sehen statt nach außen, sogar wer das kann so auch den Reflex der Außenwelt zu vermeiden oder zum mindesten auf das Minimum herabzusetzen. Eine solche Konzentration auf die eigenen inneren Bindungen löst ein völlig neues und verändertes Kommunikationsfeld aus, ich möchte beinahe sagen eine zweite Lebensform, ein weit tieferes Erlebnis als alles, was bisher vorangegangen sein mag in einem Lebensablauf, eine veränderte Relation von Schuld und Sühne, die glückhafte Vertiefung der eigenen Revolte, das ist die Revolte gegen sich selbst, ausgedrückt in der Revolte gegen Gott. Hierin sind Leute wie Sie und ich allen Figuren ringsum, die in Betrieb gesetzt sind, überlegen. Wir sind in der Lage sie zu ignorieren, sie in Auflösung als Objekte zu versetzen, selbst sogar das einzelne was sich aus einer solchen Auflösung ergeben mag zu verwenden.

Leider – und das muß eben von mir gesagt werden, ich erleide Rückfälle in die alten Illusionen, die Hoffnungen, die Mißdeutungen und Irrtümer, aus denen sich mein Lebensablauf zusammensetzt und die so eingeprägt bleiben, daß ich sie im Grunde nicht ganz aufgeben und vor allem nicht völlig missen kann.

Sie sind darin, wenn ich das sagen darf, besser dran. Sie haben die Kommunikationen etwas erleichtert durch Ihre Sehbehinderung, aber sie sind von vornherein stärker, weiter hinaus tragend, tiefer und eben von vornherein fruchtbarer. Sie haben bereits die inneren Kommunikationen, Sie dürfen sich glücklich schätzen darin zu leben, jeden Tag darin von neuem bestätigt zu werden und vor allem, was dann ja sowieso eine Selbstverständlichkeit ist, Sie leben nicht allein. Hören Sie auf mit dem Unsinn mit dem Kopf gegen die Wand zu rennen. Gegen wen wollen Sie denn kämpfen, gegen die Verleger, die Leser, die Adenauer, die Ulbricht und Kennedys? Das sind doch alles höchstens lästige Fliegen, die Sie mit einem Ventilator entfernen können. Sie haben doch nicht das geringste mit diesen Leuten gemeinsam, viel weniger wie mit Ihrem Milchmann und dem Postboten. Sperren Sie sich doch nicht selber obendrein ab. Sie sprechen etwas, aus sich heraus, aus Ihrer eigenen Kommunikation heraus, zu der Sie einen von vornherein von Ihnen ausgewählten Kreis zulassen. Was wollen Sie denn noch mehr – das ist doch das Höchste, was der Mensch dieser Epoche überhaupt erreichen kann. (Mir ist das lange nicht so gegeben, und deswegen falle ich auch immer noch wieder in allerhand Abgründe – Sumpflöcher, besser gesagt.)

Ich hoffe, daß Sie mich verstehen. Was ich tun möchte – um dies als Beispiel zu sagen, etwa in der Form einer losen Zeitschrift eine Serie von Pamphlets herauszugeben (es besteht schon darüber ein vager Plan mit Artur Müller). Jedes dieser in sich geschlossenen Pamphlets (zur Zeit, zur Gesellschaft, zur Umwelt, zu Gott etc) muß in einer solchen Kraft geschrieben sein, daß die Balance ins Wanken gerät. Der Leser, von vornherein ein beschränkter Kreis, ohne besondere Werbung, wird auf die innere Kommunikation angesprochen, auf die magische Bindung von Mensch zu Mensch und die Isolierung der Einzelnen in der Umwelt und einem falsch verstandenen „Kosmos". Es bleibt dies bei dem Leser hängen – er denkt weiter, er entfaltet sich und den Pamphlet Autor mit oder ... er geht zugrunde, er ist ausgeschaltet, der Fußtritt. Die Arbeit an einem solchen Pamphlet von einem Dutzend Seiten und vielleicht etwas mehr entspricht in der eigentlichen Energie Leistung einem dicken Romanband und selbst dem Satz „Gesammelter Werke".

Sehen Sie, das können Sie machen, ich vielleicht auch zum

Teil und das ist heute unsere Aufgabe ... nicht mit diesen Hanswürsten von Verlegern und Lektoren und Zeitungsschreibern sich herumzuschlagen.

Wenn ich das auf die Beine stellen kann, sind Sie der erste, der mit der Serie beginnen wird. Ich wende mich wieder „Geschäften" zu und ich werde das Geld aufbringen, die Sache mit finanzieren zu helfen, den Anfang wenigstens. Verstehen Sie, damit hätten wir uns immun gemacht. Wir müssen uns diese Parasiten vom Halse halten, das ist eine Sache der Reinlichkeit und auch der äußeren Ästhetik.

Sursum Corda.
Herzlichen Gruß
Franz Jung

Ich gehe jetzt nach Wien, aber ich glaube nicht, daß ich dort bleiben werde. Ich kann Ihnen nicht sagen, wo ich bleiben werde, als ständige Adresse aber vorläufig werde ich über Müller und Fontana zu erreichen sein.

525. AN ADOLPH WEINGARTEN
Wien 4, 6/16 [1961]
Gußhausstraße 6 b/Fontana

Lieber Adolph, vielen Dank für deinen Brief und die Sorge. Warte doch etwas ab – manche Dinge beginnen sich zu klären, hauptsächlich, weil ich *nach außen* die Nerven behalten habe. Allerdings hat es mir dabei geholfen, daß ich an Freunde wie dich meinen inneren Zustand geschildert habe, das ist für mich eine Erleichterung, nicht daß ich damit direkte Hilfe und irgend welches unmittelbares Eingreifen gesucht habe. Ich fürchte, du wirst das nicht verstehen. Es ist mir schrecklich peinlich, daß du Gurland meinetwegen angesprochen hast. Der Mann hat mich sorgfältigst gemieden in New York und mir nicht die Ehre seines Kontaktes erwiesen. Warum also jetzt? Er wird weiter leben und hoffentlich ich auch, ohne daß wir voneinander wissen. Ebenso dieser Rubel. Natürlich habe ich damals im Dezember mit einigen seiner Schüler diskutiert – sehr nette Leute notabene, aber ich hatte keine Lust diesen Rubel schon damals aufzusuchen. Ich brauche ihn nicht und er kann mit einer Nachfrage und Intervention mehr schaden als nützen.

Von dem Buch liegen jetzt die Fahnen vor. Es stand niemals in Frage, daß es gedruckt werden würde – *ich selbst* wollte nicht mehr. Ich habe diesen meinen inneren Zustand mitgeteilt, nicht nur dir allein – und daraus hat sich selbstverständlich auch beim Verlag eine Mißstimmung ergeben, die dadurch ausgedrückt wurde, daß er Anfragen von Leuten, die Vorabdrucke etc wollten, sehr schnoddrig behandelt hat, wenn er überhaupt solche Anfragen beantwortet hat. Und ich selber habe aufgehört darum zu werben. Was soll also eine Intervention von einem Mann, der mir sowieso nicht liegt?

Dein so gut gemeinter Rat mit dem State Department oder einem Pariser Attaché ist ein Witz, manchmal geeignet, die miese Stimmung zu heben, manchmal aber gerade im Gegenteil sich auswirkend.

Artur Müller in Stuttgart will mir helfen und hat auch jetzt schon einiges wieder getan – ich habe zwei Kontrakte mit dem sehr angesehenen Radio Essay dort, je über 1300 D Mark – im Laufe der nächsten Monate wird das Geld einkommen, immer je ein Drittel. Außerdem haben wir mit Cotta wegen des Rétifs verhandelt. Ich hab eine längere outline geschrieben, außerdem habe ich vier weitere Rétifs aus Paris ihm mitgebracht. Wir werden auch mit Suhrkamp getrennt verhandeln. Allmählich wird etwas herauskommen, wenn Müller Zeit findet, die Ausarbeitung zu machen, denn ich mache sie nicht, ich gebe nur das Gerüst.

Herr Friedländer hat sehr freundlich geschrieben an Cotta wegen des Maslow Manuskripts, an Harvard verwiesen, aber er selbst habe keine Bedenken. Vielleicht wird da auch noch etwas. Es hängt jetzt wiederum von diesem Heller ab. Immerhin, ich habe vom französischen Ministère de L'Éducation Nationale nach Paris und von dort nach Stuttgart überwiesen einen Check in Höhe von 1000 NF bekommen (als 2. versement, wo ist das erste?). Da Frankreich an private Ausländer amtliche Zahlungen nicht auszahlt ohne besondere Lizenz, liegt auch dieses Geld wiederum zunächst fest. Die Bank of America, Düsseldorf, wird sich um die Lizenz für mich bemühen. Alles geht zuletzt wie du siehst, aber langsam und mit vielen Hindernissen und Etappen.

In Paris habe ich noch den Vorvertrag mit dem Theater Vieux Colombe für mein Stück unter Dach gebracht. Ich muß es aber erst schreiben bezw umarbeiten.

Ich schicke von den Einnahmen, die jetzt bald kommen werden, ein gut Teil nach San Giovanni Rotondo ... um mich ein wenig von dem Druck freizukaufen, hoffe ich wenigstens. Wenn es mir gelingen würde, solche Zahlungen auf einen konkreten Zweck zu konzentrieren, wäre schon viel geholfen, etwa den Aufbau bezw die Ausstattung eines Pilgerheims mit einem Dutzend Schlafstellen etc, das Sylvia zu betreuen hätte. Dann brauchte ich wenigstens nicht dort zu sein und Pferdewurst zu fressen.

Wie steht es denn mit Carola. Kommt sie oder kommt sie nicht und wo kann ich sie hier sehen?

Wie lange ich hier bleibe, weiß ich nicht. Ich kann nirgends einen Platz finden, wo ich mich festsetzen könnte, und wäre das auch nur für einige Monate. Sylvia hat in dem Irrenhaus in Foggia (ich schrieb schon davon) einen ganzen Saal mit 80 Frauen drin mobilisiert, die täglich für meine sofortige Rückkehr beten, das wirkt sich schließlich aus – ob hysterisch oder nicht, ich spüre eine Art innere Magie, gegen die ich mich zur Wehr setze.

Herzliche Grüße an Dich und Carola
Franz

526. AN ARTUR MÜLLER
Wien, 6/18 [1961]

Lieber Artur Müller,
ich habe heute an Heller geschrieben und um seine Intervention bei Harvard gebeten. Ebenso habe ich geschrieben an Schwab, dessen Münchener Adresse, München 55, Ammergaustr 3 ich wieder aufgefunden habe. Falls er nicht verreist ist, wird er sich melden, eventuell auch an Sie – ich habe ihm auch Ihre Adresse gegeben, weil Sie sich ja an Suhrkamp wenden müßten.

Ich lege die Copie der outline bei – verändern Sie sie, wie es Ihnen gut scheint und lassen Sie es bei unserem „Sekretär"[1] abschreiben.

Viele Grüße auch an Ihre Familie
Franz Jung

1 Vermutlich Ulrich Müller.

527. AN ADOLPH WEINGARTEN
Wien, 6/21 [1961]

Lieber Adolph,
trotzdem ich dich eben erst in meinem letzten Brief so schlecht behandelt habe, komme ich dennoch mit einer neuen Bitte: Ich brauche wieder die Thyroid Tabletten, zu 2 grain, und dann wenn es möglich ist – Augentropfen, die der Arzt normalerweise verschreibt gegen Überempfindlichkeit der Bindehaut gegen Sonne. An und für sich gibt es Dutzende dieser Tropfen frei im Drugstore, sie taugen nur nicht viel, auch was man hier bekommt, taugt nichts. Ich hatte es verschrieben bekommen von Dr Fine in San Francisco, die waren sehr gut, aber jeder Augenarzt hat sein besonderes Rezept, die leere Schachtel von Dr Fine habe ich leider weggeworfen.

Und wenn du mir noch einen großen Gefallen tun willst, ich möchte der kleinen Tochter von Artur Müller in Stuttgart eine Überraschung tun. Kannst du ihr als Muster ohne Wert eine Dose *Heuschrecken* in *Schokoladenguß*, ich glaube aus Südafrika oder Japan – überall in den zuschlägigen Delikatessen Geschäften zu haben, oder geröstete Ameisen schicken an Sabine Müller, Raffstr 2 Stuttgart-Degerloch.

Ich werde in etwa 10 Tagen, wenn ich hier das Jack London Ms[1] fertiggestellt habe (Dank für die Übersendung des Ausschnittes) wieder nach Stuttgart zurückfahren und vielleicht dort in der Nähe mich irgendwo für etwa 3 Monate (solange hoffe ich auszuhalten) festsetzen. In dieser Zeit hoffe ich dann auch mit Cotta so oder so, entweder Retif oder Maslow, ins Geschäft zu kommen. Friedländer hat übrigens auch ganz vernünftig an Cotta geschrieben. Mein eigentliches Problem ist, daß ich irgendwo, ganz gleich wo, eine Stelle finde, wo ich bleiben kann. Irgendwie scheint das eben unmöglich zu sein – außer daß ich selbst auf die Suche gehe, und dazu fehlt mir eben die Initiative und vielleicht auch die Kraft.

Kommt Carola nach hier, und wann? Grüße und alles Gute herzlichst
Franz

Schicke die Sachen nicht nach hier, sondern b/Artur Müller, Raffstr 2, Stuttgart-Degerloch.

1 Der Radio-Essay „Das Märchen einer Legende. Jack Londons tragisches Schicksal". Gesendet im Süddeutschen Rundfunk Stuttgart am 3.11.61, Wiederholung 6.11.61.

528. AN HELMUT HEISSENBÜTTEL
Kuchl (Salzburg), 7/10 61
Weißenbach 55

Lieber Herr Heißenbüttel,
anbei den Jack London Essay.
Bitte teilen Sie mir mit, wenn Sie etwas geändert haben wollen. Vielleicht paßt die Grundlinie nicht ins Programm. Es wäre mir wichtig zu wissen, da ich bereits an dem Fuhrmann Essay arbeite.
Vielleicht ist auch das London Manuskript etwas zu lang. Im letzten Drittel läßt sich streichen. Wahrscheinlich können Sie selbst das besser besorgen, aber wie schon gesagt, andernfalls schicken Sie mir die Sache für Änderungen zurück.
Ich nehme an, daß Sie bald in Urlaub gehen. Bis Ende des Monats werde ich aber das Fuhrmann Manuskript nicht abliefern können. Dagegen können Sie es bei Ihrer Rückkehr mit Sicherheit erwarten.
Viele Grüße und gute Erholung
Franz Jung

529. AN OSKAR MAURUS FONTANA
Kuchl, 7/10 61
Weißenbach 55

Lieber Fontana,
vielen Dank für die prompte Übersendung des Papiers; es ist das richtige.
Ich habe jetzt eine weitere Bitte: Teile mir doch möglichst bald mit, ob aus Paris noch Post angekommen ist, rein technisch. Du brauchst die Post, wenn es nichts wichtiges ist, nicht schicken. Ich habe nur das Gefühl, daß der Patron des Hotels

auch in die Ferien gefahren ist und daß niemand sich um die Nachsendung kümmert. Ich wundere mich nämlich, daß von der Bank noch nicht eine einzige Benachrichtigung gekommen ist, obwohl Beträge dort eingegangen sein müssen. Auch antworten mir die Leute auf eine Anfrage nach hier nicht – wahrscheinlich haben sie nach Paris geschrieben. Es gibt immer solche Stockungen ......

Hier ist es sehr schön, obwohl ich wenig davon sehe, weil ich den ganzen Tag schreiben muß und bloß zur Molkerei hinuntergehe. Aber ich bin diese Woche fertig und werde dann ein wenig wandern, von Golling aus. Es ist überhaupt scheints besser, erst für 1,50 mit der Bahn nach Golling zu fahren und von dort zu starten. Ich bin schon einmal auf der Bärenhütte gewesen, sehr schöner Spaziergang. Zum Purtscheller Haus langt es noch nicht.

Wir hatten hier zwei Tage Regen, heute klärt es sich.

Grüße an Käthe und dich
Franz Jung

530. AN ARTUR MÜLLER
Kuchl, 7/10 [1961]
Weißenbach 55

Lieber Artur Müller,
leider lassen sich die beiden Projekte[1] nicht von uns aus beschleunigen. Sie haben auch vergessen, daß wir sie ursprünglich nur als ganz vage Anregungen gedacht haben, die eigentlich nur Sie selbst, mich dabei einbeziehend, in eine konstruktivere Form gebracht haben. Sie sollten das nicht einfach fallen lassen, umsomehr weil ich ja nur ganz nebensächlich hineinbezogen bin und eigentlich gar nicht dazugehöre. Ich hätte Ihnen geholfen, wenn Sie das durchaus hätten wollen, mehr aber nicht.

Mit Schwab-Felisch direkt darüber zu verhandeln, habe ich gar kein Interesse; er hat zudem nicht geantwortet auf die Suhrkamp Anfrage. Heller (Paris) hat auch nicht geantwortet.

Etwas erstaunt hat mich in Ihrem noch nach Wien gerichteten Brief Ihr Hinweis auf Dühring. Ich glaube, ich habe schon zu Beginn mit Ihnen davon gesprochen: auf diesen Dühring geht wenigstens hier in Deutschland die völlig falsche Auffassung von Restif zurück. Der Dühring mag ganz interessant sein, aber in seiner mixture von Sociologie und Sexualwissenschaft, sociologisch analysiert und dies auf Restif bezogen, ist es eben völlig falsch. Über diesen Dühring können Sie schon bei Engels nachlesen.

Ich werde wohl vorläufig hier noch bleiben.

Wenn Sie in München sind, könnten Sie sich dort erkundigen nach einer Pension oder Zimmer, am Rande der Stadt, nicht in Starnberg, für etwa 3 Monate von September ab oder Oktober. Vielleicht könnte ich dort etwas Fuß fassen. Verpflegen würde ich mich selbst. Ich brauchte es zudem als eine Art ständige Adresse.

Vorher werde ich wahrscheinlich noch einmal nach Paris fahren.

Übrigens ich hatte für Frl. Sabine Müller in New York eine Probesendung von gerösteten Ameisen mit Schokoladenguß überzogen in Auftrag gegeben. Die Sendung scheint beim Zoll nicht durchgekommen zu sein. Ich hörte aber, daß sie abgeschickt worden sein soll. Vielleicht kommt sie noch an.

Sie machen in München Ferien? Gute Erholung.

Und Empfehlungen an den Rest der noch verbliebenen Familie
    und viele Grüße
        Franz Jung

---

1 Maslow und Restif.

531. AN GEORG VON RAUCH
Kuchl, 7/11 61
55 Weißenbach b/Meisl

Sehr geehrter Herr v. Rauch,
ich bin jetzt zeitweilig nach Kuchl übersiedelt.

Wenn es Ihnen noch möglich wäre, mir etwas mit Material über Ernst Fuhrmann zu helfen, wäre ich Ihnen sehr dankbar. Ich besitze hier die letzte Gesamtausgabe, wenngleich die beiden letzten Bände nur in Fahnen. Was ich gern einsehen möchte, sind die ganz frühen Arbeiten und den „Großen Atem". Vielleicht auch einige der „Zweifel"[1] Bände.

Aber wir sollten das besser persönlich besprechen. Ich möchte natürlich nicht irgendwie Ihnen zur Last fallen. Teilen Sie mir doch bitte mit, ob ich Sie eventuell aufsuchen darf und dann wann und wo – wenn es Ihnen zu viele Umstände machen würde, daß ich Sie in Ihrer Wohnung aufsuche.

Selbstverständlich wäre es natürlich auch möglich, daß Sie selbst mich aufsuchen würden. Ich habe hier ein Zimmer in einem der hier üblichen kleineren Pensionshäuser.
Mit besten Grüßen
Franz Jung

[1] Gemeint ist Ernst Fuhrmanns Zeitschrift *Zweifel. Freies Monatsblatt für neue Forschung*, Lauenburg a.d. Elbe (1926–27). Auriga-Buch-Versand Wilhelm Arnholdt.

532. AN ADOLPH WEINGARTEN
Kuchl (Salzburg), 7/13 [1961]
Weißenbach 55 b/Meisl

Lieber Adolf, was ist bei Euch los? Ich höre, daß Carola bei Müller in Stuttgart angerufen hat. Sonst ist aber weiter nichts darauf erfolgt. Um was handelt es sich? Ich bin hier in Kuchl, in der Nähe von Salzburg, wo der Herr v Rauch wohnt, der alle Fuhrmann Manuskripte besitzt. Ich hoffe, daß er sie mir leiht – er hatte es wenigstens versprochen. Vorerst hat er sich noch nicht gemeldet, er scheint verreist zu sein. Ich lebe hier sehr billig,

25 Schilling per Tag mit Frühstück (etwa 1 Dollar), manchmal kann ich mir auch etwas hier in der Küche kochen und die Wirtin wäscht mir gegen ein Trinkgeld die Wäsche. Ich arbeite hier an dem Fuhrmann Auswahlband, für den sich Luchterhand interessiert, aber noch keinen Vertrag gemacht hat. Ich bringe aber den Fuhrmann auch so anderweitig unter. Vorerst habe ich eine zweite Sendung im Radio Essay Stuttgart über Fuhrmann vereinbart, die so gegen Ende des Jahres starten wird. Diesmal über eine ganze Stunde und die Essay Sendungen sind hier sehr angesehen. Zunächst kommt aber das Essay Jack London zur Sendung, im November, die Hälfte des Honorars habe ich schon bekommen. Wenn du dich dafür interessierst, könnte ich dir das Ms schicken, falls du es mir wieder zurückschickst, weil ich es für gewisse Umarbeitungen brauche, falls jemand den Essay drucken will.

Allerdings habe ich die 1000 Fr vom französischen Unterrichtsministerium noch nicht ausgezahlt bekommen. Die Bank in Düsseldorf, der ich den Check übergeben hatte, muß jetzt erst wieder eine Transfer Lizenz beantragen. Ich halte mich über Wasser mit dem Rundfunkgeld, was so eingeht. Mein Sohn Peter schickt meinen Security Check auch sehr unregelmäßig, deutlich sich distanzierend. Sobald ich wirklich weiß, wo ich mindestens für einige Zeit fest bleibe, lasse ich mir dieses Geld direkt schicken.

Wie geht es dir? Ich habe manchmal die Befürchtung, daß es dir nicht zu gut geht. Halte aus, damit du noch das Buch und den Jack London Essay in Ruhe lesen kannst – er wird dir Spaß machen.

Meine Empfehlung an Carola und viele Grüße
Franz Jung

533. AN CAROLA WEINGARTEN
[Kuchl, Juli 1961]

Liebe Carola, hier ist Kuchl. Wo das Kreuz ist, da ist der Bauernhof, wo ich wohne. Die Hotel u. Pensionen sind alle mehr unten im Dorf.
Viele Grüße
Franz

534. An Carola Weingarten
Kuchl (Salzburg), 7/23 [1961]
Weißenbach 55 b/Meisl

Liebe Carola, endlich ein vernünftiges Lebenszeichen. Selbstverständlich wäre es mir lieber, wir könnten uns hier treffen. Sicherlich könntest du ein paar Tage einschieben und ich würde dir hier ein Zimmer besorgen, was durchaus leicht und möglich ist. Und außerdem ist es hier sehr schön, sehr weite und ebene Spaziergänge, richtig geeignet für einen Rekonvaleszenten, keine Bergsteigereien, wenn man das nicht will, und wenn man auf die Höhe gehen will, fährt man heutzutage mit Auto und dem Postomnibus. Nach Salzburg ist es noch etwa 80 km, aber fast stündlich Zugverbindung. Ich denke hier bis zum 20. etwa zu bleiben, das heißt August, vielleicht aber noch eine Woche länger, da ich hier von einem Herrn v. Rauch abhängig bin, der in Salzburg-Aigen wohnt, bisher in Kuba war und auch wieder dahin zurückgehen will und dieser Mann verfügt fast über alle Manuskripte von Fuhrmann, ist sehr eigen darauf bedacht nichts aus der Hand zu geben und ich muß es bei ihm lesen, bezw Auszüge machen, manchmal kommt er auch nach hier mit einigen Sachen und obendrein reist er auch noch herum als Verbindungsmann zu einer Castro Kommission und versucht Geschäfte für Castro zu vermitteln. Das ist die Situation. Was ich von ihm noch herausholen kann an Fuhrmanniana, will ich versuchen. Wenn es nicht mehr geht, mache ich damit Schluß. Zu lange kann ich es sowieso nicht treiben, weil ich ja auch an die Verwertung denken muß. Der Verlag wird etwa gegen Ende des Jahres das Manuskript oder große Teile erwarten; vorher bekomme ich auch kein Geld.

Was mit Müller los ist, werden wir persönlich besprechen. Er ist im Augenblick auch verreist und ich habe bisher keine Nachricht bekommen, daß die eigentlich dringend erwarteten Thyroid Tabletten bei ihm eingetroffen sind. Er schickt mir aber auch sonst keine Post nach, zum Beispiel Bankausweise – übrigens das tut auch Herr Picard aus Paris ebensowenig, so daß ich hier allmählich in Geldschwierigkeiten gerate, weil ich einfach nicht weiß, was ich von dem Konto der Bank abheben kann. Ich kann mit den Adressen bei der Bank in Düsseldorf, die Zweigstelle der Bank of America, nicht zu wild umspringen. Irgendwie brauchen sie eine solide Stammadresse. So habe ich mich bisher auch geniert zu schreiben, sie sollten mir nach hier die Eingänge mitteilen. Dagegen schicken sie nach Paris (anscheinend immer noch) und jetzt an Müller, aber keiner schickt es weiter.

Die Sache ist nicht zu schlimm – es ärgert mich bloß, die absolute Unzuverlässigkeit. Dasselbe ist mit dem Sohn Peter; zum Beispiel ist die S[ocial] S[ecurity] Rente, die ja an ihn geht, bis heute mir noch nicht nachgeschickt worden, obwohl der Check am 3. d M bei ihm eingeht. Das sind so die kleinen Sorgen. Aber ich habe weit größere, worüber wir hier sprechen können, wenn es sich gerade so ergibt. Ändern kann ich es sowieso nicht. Ich weiß eben in Wirklichkeit nicht mehr, wo ich bleiben kann und sollte.

Ich nehme an, du liest das wie ein kleines Feuilleton, es ist mehr zum Lachen über meine Ungeschicklichkeit, sich schließlich am Ende wenigstens ein Dach über den Kopf zu organisieren. Ich amüsiere mich oft selber darüber.

Also – teile mir deine Pläne mit. Vorläufig bin ich wie oben gesagt hier zu erreichen. Hier treffen mich auch deine Dispositionen. Gute Besserung dort in der Klinik oder was das dort ist und gute Erholung und einen guten Schuß Gleichmut zu den aufgeregten Zeitungsmeldungen und den sonstigen Geräuschen
  herzlichen Gruß
    dein Franz Jung

535. AN FRANZ SCHONAUER
Kuchl (Salzburg), 7/29 [1961]
Weißenbach 55

Lieber Dr. Schonauer,
Herr Kloss hat mir Copien des Briefwechsels mit Ihnen sowie weiter zurückliegende Copien eines Briefwechsels mit Herrn Ernst Kreuder gesandt, worin der letztere über seine vergeblichen Bemühungen berichtet, die von Dr. Kloss zusammengestellte Fuhrmann-Anthologie unterzubringen.

Wir selbst haben ja inzwischen mehrmals in der Frage eines Fuhrmann Auswahlbandes korrespondiert. Aus Ihrem letzten Brief in der Angelegenheit vom 10. April geht eigentlich hervor, zum mindesten schien es für mich zum Herauslesen bestimmt, daß Sie damit rechnen, daß ich für den Verlag[1] diesen Band zusammenstelle.

Habe ich mich geirrt oder hat sich grundsätzlich darin etwas geändert?

Ich habe auch mehrfach Ihnen über die von Dr. Kloss angebotene Anthologie gesprochen. Es ist ein altes Projekt von Kloss und er hat sich seit Jahren größte Mühe gegeben es unterzubringen. Ich selbst habe ihn damals in 1956 weitgehendst darin unterstützt, indem ich ihm noch einige Fuhrmann Manuskripte zur Verfügung gestellt habe. Trotzdem habe ich ihm zu bedenken gegeben, daß das sogenannte „dichterisch-denkerische" Werk Fuhrmanns, auf das sich Kloss in der Hauptsache stützt, einen unvollständigen, wenn nicht direkt verbogenen Fuhrmann wiedergibt.

Ich wäre indessen auch damit einverstanden. Einfach, weil ja mein alleiniges Ziel ist, Fuhrmann vor einer breiteren Öffentlichkeit wieder in Beachtung zu bringen und zum Studium der Fuhrmann Bücher anzuregen. Auch solch eine Anthologie ist dafür mit ein Weg. Außerdem würde ich selbst nichts sehnlicher wünschen, als daß dem Dr. Kloss für alle seine jahrelangen Bemühungen endlich ein Erfolg beschieden wäre.

Es ist noch eine praktische Frage zu bedenken. Über die Manuskripte und die literarische Hinterlassenschaft als Ganzes verfügt Frau Ilse Fuhrmann in Flushing – New York, die Witwe. Zwischen den Erben (nach amerikanischem Recht gehören auch die beiden Söhne[2] dazu, obwohl Fuhrmann selbst sie im Testament ausschließlich ausgeschlossen sehen wollte) ist ein Übereinkommen nach langem Hin und Her schließlich gefunden worden, wonach verschiedene Werte, 5 Photo-, Kristall-, Briefmarken-Sammlungen, Bilder und Skulpturen aufgeteilt wurden, der literarische Nachlaß aber allein bei Ilse Fuhrmann verbleibt. Die Aufteilung ist erfolgt, die Söhne besitzen keine Manuskripte etc, außer einigen Briefen des Vaters, worin er sich von ihnen in unmißverständlicher Weise lossagt. Natürlich ist die Atmosphäre nicht allzu freundlich zwischen den Erben, auch heute noch. Am besten nicht weiter daran zu rühren. An Publikationen, sofern sich diese nicht direkt gegen sie richten, sind beide Söhne überhaupt nicht interessiert.

Praktisch liegt also die Sache so, daß Frau Ilse Fuhrmann mit

Ihnen den Vertrag für die Autorisation zu unterschreiben hätte. Ich habe dafür von Ilse Fuhrmann eine notariell beglaubigte Vollmacht, d h ich würde im Namen von Ilse Fuhrmann diesen Vertrag unterzeichnen, selbstverständlich auch im Falle, daß Sie die Herausgabe und Bearbeitung an Dr. Kloss übergeben. Ich würde es für viel zu umständlich halten, daß ich jetzt, ähnlich wie das noch 56 der Fall war, eine besondere Untervollmacht und Autorisation von mir aus an Dr. Kloss gebe. Das würde in meiner Unterschrift in dem Vertrag bereits mitenthalten sein.

Sie können auch natürlich sich an Ilse Fuhrmann, Flushing 54 – New York direkt wenden. Aber offen gestanden, wenn Sie auf meinen Rat hören wollen, tun Sie das nicht – Sie kennen nicht die besondere Fuhrmann Atmosphäre des Mißtrauens, der alles dort unterliegt und sicherlich das ganze sonst so nüchterne Vertragswerk von neuem komplizieren würde. Aber ganz, was Sie selbst für richtig halten.

Ich schrieb Ihnen damals, daß ich für die von mir geplante Zusammenstellung verschiedenes einsehen müßte, entweder wenn ich schon nicht selbst nach New York zurückgehe, nach Hamburg zu dem Drucker Arnholdt gehen müßte oder zu dem Herrn von Rauch, hier in Salzburg-Aigen, der über alle Manuskripte, von 1935 – zum Ableben verfügt. Das ist der Grund meines Aufenthaltes in Kuchl, daß ich diese englisch geschriebenen Manuskripte, etwa 30 Folio Bände durchstudiere, beziehungsweise bereits durchstudiert habe, die „Notes". Dieses Studium eben gibt mir erst die Handhabe aus dem gedruckt Vorliegenden, der bis zum 8. Band gediehenen Gesamtausgabe, die konstruktive innere Linie herauszuschälen. Das ist im wesentlichen jetzt hier bereits geschehen.

Ich habe im Kölner Sender im September einen kleinen Fuhrmann Vortrag[3], der aber nicht sehr über einen damaligen Artikel[4] in der Stuttgarter Zeitung 1956 hinausgeht, sehr allgemein und einführend gehalten ist. Ich habe einen größeren Essay[5], voraussichtlich im Dezember oder Anfang 1962 im Stuttgarter Sender, der sich im wesentlichen auf die Biological Notes, das Spätwerk, stützt. Es ist natürlich nicht uninteressant darauf hinzuweisen, daß bei aller äußeren Verschiedenheit und Perspektive die Frühwerke wie die „Priester" oder der „Große Atem" bereits im Keim alles das enthalten, was in den Spätwerken dargelegt wird, die associative Denkform Fuhrmanns in seiner ganzen Breite und Neuartigkeit freilegend.

Lieber Dr. Schonauer, ich habe vielleicht Ihre Zeit übermäßig mit allen diesen Ausführungen in Anspruch genommen. Ich möchte nur damit unsere Korrespondenz über den Fuhrmann Auswahlband von meiner Seite abschließen. Ich habe kaum noch etwas Neues hinzuzufügen. Ich glaube, ich habe Ihnen die praktischen Möglichkeiten aufgezeigt. Was Sie daraus machen, liegt bei Ihnen, ebenso ob sich der Kloss'sche Vorschlag mit dem früher von mir aufgezeigten vereinigen läßt und in welcher Form ... ich weiß das nicht und vielleicht finden Sie jetzt dafür eine Möglichkeit.

Wie auch immer Sie entscheiden, die Autorisation bekommen Sie, für den Verlag und intern für Dr. Kloss.

Mit besten Grüßen

1 Luchterhand.
2 Arend und Torolf Fuhrmann.
3 „Ernst Fuhrmann. Bausteine zu einem neuen Menschen", Radio Köln 22.9.1961.
4 Tatsächlich erschien der Artikel „Bausteine zu einem neuen Menschen" am 13.7.1957.
5 „Erinnerungen an einen Verschollenen. Ernst Fuhrmanns Lehre von den Zusammenhängen", gesendet im Süddeutschen Rundfunk am 9.3.1962.

536. AN WALTER HASENCLEVER
Kuchl (Salzburg), 7/30 [1961]
55 Weißenbach

Sehr geehrter Herr Dr. Hasenclever,
es tut mir außerordentlich leid, daß sich in der Sache des Maslow Manuskripts immer weitere Schwierigkeiten ergeben. Selbstverständlich kann ich die Beteiligten immer wieder von neuem anstoßen. Bevor ich aber das tun würde, sollten Sie bitte ein Memorandum[1] lesen, das noch einmal alle Unterlagen und möglichen Schritte, die von mir oder von Seiten des Verlags geschehen könnten, zusammenfaßt.

Ich lasse Ihnen das Memorandum über Stuttgart zugehen, wo Herr Müller es im Hause abschreiben lassen wird. Ich bin leider hier in technischen Dingen sehr beschränkt. Der Verlag mag dann entscheiden, was noch weiterhin geschehen sollte.

Sie haben leider mit Ihrer Vermutung eines naß-kalten Wetters in der Salzburger Gegend nur zu recht; es regnet alle Tage.

Vielen Dank für Ihren Brief und beste Grüße

1 Vgl. das folgende Memorandum; dessen 7 Punkte hatte Jung Hasenclever am 29.7.1961 bereits in einem Brief mitgeteilt.

537. MEMORANDUM ZUM MASLOW-MANUSKRIPT
Kuchl, 8/4 61

Ich möchte nochmals kurz die Vorgeschichte und den Gang der verschiedenen Interventionen zusammenfassen:

1.) Ich bin zu verschiedenen Zeiten von Ruth Fischer gebeten worden um meine Ansicht über das Maslow Manuskript, das sich unter ihren von Paris mitgebrachten Papieren befand. Ich sollte es bearbeiten und ich habe es auch mehrfach zu diesem Zweck eingesehen, zum Teil auch bereits anders zusammengestellt. In der Hauptsache aber habe ich damals in den Jahren zwischen 1948 und 1952 eine Bearbeitung abgelehnt, d.h. auch für aussichtslos gehalten.

2.) Ich bin im Sommer 1960 erneut um eine solche Bearbeitung von Ruth Fischer gebeten worden, diesmal mit der Begründung, daß sie das Manuskript mit einer Einleitung, d.h. einer Biographie von Maslow versehen veröffentlichen möchte, ein politisch betonter Wunsch, zu dessen Verwirklichung eben keine andere Möglichkeit bestanden hat als unter Mitbenutzung dieses Maslow-Manuskripts.

3.) Ich bin schließlich durch einen gemeinsamen Freund, Herrn Weingarten, New York dazu überredet worden. Herr Weingarten hat im Auftrage Ruth Fischers für sie das Reisegeld für mich von New York nach Paris ausgelegt.

4.) Ich habe in Paris die Bearbeitung des Manuskripts im November/Dezember 1960 durchgeführt, eine neue Zusammenstellung und große Fremdteile ausgemerzt.

5.) Ich habe dann von Ruth Fischer Auftrag und Vollmacht erhalten, mich in Deutschland nach einem geeigneten Verleger umzusehen, wobei einige, denen eine besonders betonte antikommunistische Verlagsproduktion nachgesagt wurde, bereits namentlich ausgeschlossen worden waren.

6.) Ich habe den Auftrag weitergegeben an Herrn Artur Müller und entsprechend Ruth Fischer davon benachrichtigt. Ich habe Herrn Müller bereits ungefähr den Inhalt des Manuskripts skizziert sowie einige Richtlinien für eine weitere Ausmerzung von Fremdstellen angedeutet. Daraus ist dann von Herrn Müller die Anfrage nach einer Zusammenarbeit mit mir entstanden, die ursprünglich nicht vorgesehen und beabsichtigt war.

7.) Herr Müller ist dann nach einigem Hin und Her auch mit Ruth Fischer direkt in Verbindung getreten.

Alle diese Etappen sind meines Wissens nirgendwo bestritten. Sie können auch beliebig durch Zeugen belegt werden.

Bei meinem Eintreffen in Paris nach dem Tode Ruth Fischers stieß ich auf Herrn Heller als dem Harvard Beauftragten, der Wohnung und Bibliothek einschließlich aller Briefschaften und Manuskripte betreute. Angeblich im Auftrage des Professors Friedländer, Cambridge, dem Sohn der Ruth Fischer. Herr Heller, der Ende der 40er Jahre in New York als Sekretär von Ruth Fischer tätig gewesen ist, hat mir gegenüber stets wechselnde Versionen über das Manuskript zum Ausdruck gebracht, darunter daß Ruth Fischer es bereits im Vertrag bei Julliard hätte, daß Harvard kein Interesse an dem Manuskript habe und ähnliches mehr. Alle diese Äußerungen sind natürlich nicht schriftlich und auch völlig wertlos. Ich habe den Eindruck – persönlich – daß Herr Heller selbst völlig im unklaren war, wem das Manuskript gehört und wie er sich Anfragen gegenüber verhalten solle.

Dies hat dazu geführt, daß meine verschiedenen Anfragen und Interventionen ergebnislos geblieben sind.

Der Versuch mit Julliard direkt ins Gespräch zu kommen, wurde abgebogen durch eine nachträgliche Erklärung, daß Julliard keinen von Ruth Fischer unterzeichneten Vertrag besitze. (Allerdings konnte ich feststellen, daß Julliard ein Manuskript besitzt, eine Fassung, die vom Professor Lucien Goldmann, einem Kollegen von Ruth Fischer an der Ecole

Practique des Hautes Etudes, angefertigt worden ist.)

Der Versuch einer direkten Verbindung zu Prof. Friedländer, auf die ich hingewiesen worden war als sozusagen entscheidenden Faktor, blieb ergebnislos, als Prof. Friedländer sich hinter Harvard verschanzte, genau das Gegenteil, wie Heller es mir gegenüber dargestellt hatte.

Die mir sogleich am Anfang gegebene Zusage nach meinen eigenen Anmerkungen, einer outline, was gestrichen und was umgearbeitet werden müßte, in der Bibliothek zu suchen, zu der Heller allein den Schlüssel besaß bzw. eine Sekretärin dort installiert hatte, ist niemals eingehalten worden.

Ich fasse zusammen: Es ist allmählich offensichtlich, daß böser Wille vorhanden ist, das Maslow Manuskript mir, bzw. Herrn Müller und dem inzwischen offener in Erscheinung getretenen Cotta Verlag vorzuenthalten.

Das drängt zu der Frage: was kann noch geschehen?

Und auf welcher Basis kann noch etwas geschehen?

Es ist Herrn Heller von mir mitgeteilt worden, daß es sich bei dem sogenannten Maslow-Manuskript um eine Gemeinschaftsarbeit handelt, an der mehrere der damals in den dreißiger Jahren in Paris lebenden deutsche Emigranten beteiligt gewesen sind. Der Zweck ist damals gewesen, an der Hand einer politischen Analyse Maslows über die Eroberung des deutschen Generalstabes durch Hitler und einige seiner Agenten, die für die Zeitschrift „Lu" und die Maslow'schen Monatshefte „Revue Internationale"[1] bestimmt gewesen ist und zum Teil auch dort erschienen ist, einen Aktualitäts Roman zu machen, den man an eine Illustrierte als „thriller" hätte verkaufen wollen. Maslow hat daran noch mitgearbeitet, aber im wesentlicheren sind die Arbeiten zusätzlich von anderen beigesteuert worden. Das erklärt die vielen Zusätze und das unterschiedliche Niveau dieser Fremdstellen, oft ganzer Kapitel.

Das Manuskript in dieser ursprünglichen Form gehörte und gehört Herrn Adolph Weingarten in New York, 60 West 76th Str., der auch die Verwertung übernommen hatte. Herr Weingarten hat Maslow während der Pariser Emigrationszeit finanziell über Wasser gehalten (ebenso wie der Unterzeichnete, der den Druck der „Revue Internationale" und ein wöchentliches Bulletin[2] von Genf aus finanziert hatte).

Weingarten hat in Marseille das Manuskript, so wie viele

andere Manuskripte, Briefe etc Ruth Fischer, die als erste Marseilles verlassen konnte, mit einem Visum nach der USA (Maslow bekam dieses Visum nicht) übergeben zur Sicherstellung in New York.

Dies kann noch durch eine Reihe von Zeugen belegt werden.

Ebenso daß praktisch Weingarten die Bibliothek der Ruth Fischer in New York besorgt, gesammelt und bezahlt hat, zum allergrößten Teil, bevor Ruth Fischer mit Harvard verhandelt hatte. (Auch dies ist selbst durch Herrn Heller noch zu bezeugen.)

Herr Weingarten, ein gemeinsamer Freund von mir und Ruth Fischer aus der Emigration in New York, glaubte mir, als die Frage des Maslow Manuskripts und der Maslow Briefe (von Stalin und prominenten Parteiführern Moskaus) durch den Tod Ruth Fischers akut wurde, helfen zu sollen, indem er unaufgefordert an Heller nach Paris einen Brief geschrieben hat und auf diese Dinge hingewiesen hatte. Er verzichtete in diesem Brief auf Teile der Bibliothek, die er angeschafft hatte, sondern verlangte nur die Maslow Manuskripte, die mir auszuhändigen seien.

Ich konnte die unmittelbare Reaktion Hellers ersehen, der geradezu mir gegenüber einen Tobsuchtsanfall bekam. Ich habe dann Weingarten gebeten, diesen Brief zurückzuziehen, nachdem mir Heller ziemlich glaubwürdig versichert hatte, daß er alles tun werde, um das Maslow Manuskript dem deutschen Verlag freizugeben. (Unglücklicherweise konnte ich nicht selbst mehr gut das Manuskript für mich anfordern, nachdem ich einen Tag vor Ruth Fischers Tode ihr mitgeteilt hatte, daß, verärgert durch ihr hinzögerndes Verhandeln mit Herrn Müller, ich selbst als Interessent daran völlig ausscheide – ein Brief, den mir Herr Heller natürlich sogleich vorgehalten hat.)

Das schließt die Frage des Manuskripts selbst.

Eine andere Sache bleibt aber offen – für den Fall, daß der Verlag bereit wäre eine legalistische Aktion einzuleiten, etwa in der Form einer Feststellungsklage – wer ist wirklich der Erbe?

Ruth Fischer ist der Erbe Maslows oder etwelcher Maslow Manuskripte keinesfalls.

Es bestand keine Ehe oder sonstige legalistisch zu wertende Gemeinschaft. Ruth Fischer war zu dieser Zeit legal verheiratet mit einem Pleuchot, gleichgültig ob dies nur eine Scheinverbindung gewesen sein mag, sie ist amtlich fixiert.

Damit ist auch Herr Friedländer als Sohn der Ruth Fischer (zwar Maslow der presumptive Vater) in der Frage der Maslow Hinterlassenschaft ausgeschaltet. Das heißt, daß Harvard sich nicht auf einen Hinterlassenschaftsvertrag, der auch Maslow Manuskripte umfaßt, berufen kann, selbst wenn Ruth Fischer dies so angegeben haben könnte. Sie hatte eben nicht dazu das Recht.

Das kann *bewiesen* werden und etwelche Gegenargumente Harvards sind vor dem Gericht belanglos.

Es fragt sich, wird es Harvard darauf ankommen lassen können?

Der ganze Fall Ruth Fischer und die Testamentsfrage ist für Harvard peinlich genug. Sie werden diese ganze Affäre (Ruth Fischer hat auch die Bibliothek und wahrscheinlich auch die hinterlassenen Manuskripte an die Ecole Practique, d.h. die französische Regierung verkauft, von beiden Seiten laufende Abfindungsraten bekommen und wahrscheinlich auch noch, für irgendwelche Manuskripte, ich würde annehmen die Stalin-Maslow Briefe, von Feltrinelli, Mailand, dessen Vertreter in den letzten Monaten bei Ruth Fischer ständig anzutreffen waren, bereits eine Rente bezogen. Das sind absolute Fakten, die bei einem Feststellungsverfahren ins Feld zu führen wären. Was fehlt, ist das Auftreten eines erweisbar Geschädigten, etwa eines Verlages, der bereits einen Vorvertrag für die Verwertung des Maslow Vertrages vorzulegen in der Lage wäre.

Soweit die interne Situation.

Ich komme zu den Schlußfolgerungen:

1) Es wäre zu erwägen, die ganze Sache um das Maslow Manuskript fallen zu lassen, das Interesse an der Verwertung, wenigstens direkt, aufzugeben.

2) Zunächst noch einmal an Prof. Bryant, Harvard selbst zu schreiben und anzufragen, was die Herausgabe des Manuskripts, das dort liegen *soll,* verhindert. Höflich und zu jeden Verhandlungen bereit, zumal es sich um eine literarische Gemeinschaftsarbeit handelt, an der Ruth Fischer selbst, wie durch zahlreiche Zeugen bekundet werden kann, keinen Anteil gehabt hat, ihr auch das Manuskript selbst nicht gehört hat. (Dies nicht als Drohung, sondern mehr andeutungsweise mit erwähnt.)

3) Im Falle einer ablehnenden Antwort, selbst zu Verhandlungen und im Falle der Bereitschaft, auch legalistische Mittel anzuwenden, die Feststellungsklage, gestützt auf Zeugnisse von Weingarten und anderen, und ebenso von mir.

Ich möchte noch mit einem mehr persönlichen Vorschlag enden: Die Hintergründe und das jetzige Tauziehen *um* das Maslow Manuskript sind beinahe interessanter als das Manuskript selbst. Man kann auch daraus verlagstechnisch eine interessante Dokumentation bauen. Da ist zunächst einmal der Harvard – Ruth Fischer Skandal. In Amerika und nicht nur in Harvardkreisen wartet man schon lange darauf. Dahinter der Schatten der Rand Corporation, für die Ruth Fischer gearbeitet hat, als Harvard Mitglied abgeschützt. Damit kommt an sich schon die zwielichtige Sphäre der Rand Corporation, das heißt nüchtern ausgedrückt: wer beeinflußt wen? Die eigentliche Tendenz solcher politischen Kontakte am Rande der halboffiziellen Diplomatie, für Ruth Fischer gesehen über Eugene Lyons, die American Legion und McCarthy zu Tito. Über Tito zu Nehru, Bourghiba und Kwame Nkrumah und die Afrikaner aller Schattierungen bis Moskau, das heißt vorerst Peking als Endstation. Das Ziel ist eine Professur in Leipzig für politische Geschichte. Das würde wie ein Leitmotiv in Akzenten stets vorhanden und ausgedeutet sein. Der zwielichtige Weg konzentriert sich plötzlich um ein völlig harmloses und beinahe belangloses Manuskript, das eine Affäre in der Hitlerperiode analysiert.

Dahinter stehen aber die Briefe, der letzte 1939 noch von Stalin an Maslow, der darauf schließen läßt, das Maslow-Fischer während der ganzen Jahre der Entwicklung einer 4. Internationale, bezw. einer Trotzkisten Bewegung als Kader Partei-Embryo im Kontakt mit der Moskauer Führung gestanden sind, auch noch während der Prozesse, in denen Ruth Fischer mit angeklagt, aber selbst in contumaciam nicht verurteilt worden ist. (Indirekt als Kronzeuge von der Anklage mit benutzt.)

Die Briefe sind heute verschwunden oder man kann auf sie aufzeigen. Ruth Fischer hat vielen Leuten damit gegenüber sich gebrüstet – wahrscheinlich um ihren Anspruch auf die Leipziger Professur glaubhafter zu machen.

Alles das ist nur der begleitende Unterton einer solchen

Dokumentation. In der Mitte steht das eigentliche Manuskript, das sind die Fakten der Hinrichtung von der Tochter Hammersteins, das Verfahren gegen beide Hammerstein Töchter, das Verfahren gegen Scholem und dessen Hinrichtung im KZ. Das sind Fakten, die man sich besorgen kann. Die Untersuchungsprotokolle des Richters am Reichsgericht Vogt, die Entlassung Hammersteins und der Generale, vorher die Ermordung Schleichers, die Rolle Reichenaus – das läßt sich alles noch beschaffen. Vor allem existiert noch die Familie Scholem, eine Tochter[3] lebt in London, mit der über Karl Otten, der sie gut kennt Verbindung aufgenommen werden kann. Aus den Scholems können wesentliche Einzelheiten der Story überhaupt ergänzt werden.

Und wenn man will, die begleitende Vorpropaganda in der amerikanischen Presse, New Leader, Dissent über die seltsamen Begleitumstände des Verschwindens von Briefen und der Einfrierung von Manuskripten in der Hinterlassenschaft Ruth Fischers als Auftakt. Ich glaube nicht zuviel vorauszusagen, wenn das Ganze zu einer großen Sensation hochgebracht werden kann. Dabei spielt dann schon das Manuskript selbst eben nur eine geringere Rolle. Die Dokumentation, was man davon zusammenbringen kann, scheint mir verlagstechnisch einträglicher.

Ich habe schon gleich zu Beginn der erst auftauchenden Schwierigkeiten Herrn Müller darauf aufmerksam gemacht, der darin meiner Meinung ist und die Sammlung der Dokumentation in die Hand nehmen würde.

Franz Jung

---

[1] Von April 1937 bis Januar 1939 erschienen 9 Folgen des Mitteilungsblattes der Gruppe Internationale.
[2] Maslow gab 1937–1939 in Paris den Wirtschaftsdienst *Conseil Analytique* heraus.
[3] Edith Scholem, verh. Capon, Tochter von Werner und Emmy Scholem.

538. AN ADOLPH WEINGARTEN
Kuchl (Salzburg), 7/31 [1961]
55 Weißenbach

Lieber Adolph, ich habe die Thyroid bekommen, vielen Dank. Es war schon ziemlich schwierig geworden.

Inzwischen läuft die Sache mit Heller und dem Maslow Ms immer noch weiter. Ich habe jetzt an Cotta ein Memorandum geschrieben, nachdem Heller jetzt alles an Prof Bryant, Harvard, abgeschoben hat, und darin einige Vorschläge gemacht. Du bekommst das Memorandum von Müller aus Stuttgart, der es bei sich erst abschreiben lassen muß, sogleich zugestellt. Du kannst dann entscheiden, ob du, falls Cotta eine Feststellungsklage einleitet, dich darin beteiligen willst und wieweit du als Zeuge zur Verfügung stehst. Lies es dir in Ruhe durch und schreibe mir deine Meinung.

Das Buch wird in etwa 14 Tagen hier vorliegen, also rechtzeitig zur Buchmesse. (So sagt der Verlag.)

Bezüglich des Fuhrmann Auswahlbandes habe ich mit dem Verlag Schwierigkeiten, der sich plötzlich jetzt auch an einen andern gewandt hat (vielleicht auf Intervention der Söhne). An und für sich ist es mir egal, weil ich sowieso im Stuttgarter Sender einen 60 Minuten Essay in Vertrag habe, worin ich alles über Fuhrmann sagen kann, woran mir liegt. Wenn dann das Buch trotzdem und unter anderem Herausgeber erscheint, habe ich eben mein Ziel, Fuhrmann der Vergessenheit zu entreißen, auch so erreicht.

Ich werde hier Mitte August abbrechen, vielleicht in die Münchener Gegend. Carola hat mir einmal geschrieben aus Homburg; es scheint ihr nicht allzu gut zu gehen.

Viele Grüße
    Franz

539. AN CAROLA WEINGARTEN
Kuchl (Salzburg), 8/4 [1961]
55 Weißenbach

Liebe Carola, ich schreibe sogleich, weil ja die Gefahr besteht, daß dieser Brief dich nicht mehr rechtzeitig erreicht. *Zwei* Tage mußt du mindestens nach hier Briefpost rechnen.

Also: das Wetter ist hier ziemlich schlecht. Außerdem in der Hochsaison hier in Kuchl schwer ein Zimmer zu bekommen oder nur sehr weit abgelegen; für dich kaum geeignet.

In Salzburg wird man wenigstens eine Unterkunft finden, jedenfalls schreiben das die Zeitungen; auch Hochsaison mit den Festspielen. Schwierigkeit ohne Wagen – sonst kann man immer auf ein Dorf ausweichen. Aber wir werden von Salzburg aus etwas bestimmt finden.

Also: wir treffen uns in Salzburg und können dort alles weitere besprechen. Du mußt nach hier schreiben den Zug – es fahren 5-6 Züge am Tag. Mindestens zwei Tage vorher, außerdem ist dann noch ein Sonntag dazwischen. Am besten *telegrafiere* – ich hoffe, daß hier Telegramme ausgetragen werden.

Auf Sonne ist auch in Salzburg nur zeitweilig zu rechnen. Ich denke beinahe es wird am besten sein, du fährst schon den nächsten Tag nach Italien weiter und wir bleiben *nach* deiner Rückkehr aus Italien längere Zeit beisammen. Ich werde dann in München sein.
 Herzlichen Gruß
   Franz

540. AN ARTUR MÜLLER
Kuchl, 8/6 61

Lieber Artur Müller,
vielen Dank für die Einschaltung des Herrn Schlien. Er hat inzwischen auch an mich geschrieben und ich habe ihn gebeten, für mich etwas für die Monate September und Oktober dort festzumachen. Länger werde ich es wohl sowieso nicht aushalten.

Auch ist auf meinem Konto ein Betrag über DM 250 vom

Stuttgarter Fernsehsender eingegangen, den Sie mir besorgt haben.

Unabhängig daß ich mich natürlich bedanke, wissen Sie genau so gut wie ich, daß dieser Betrag mir nicht zusteht. Ich muß also sehen, das Geld anderweitig guten Zwecken zuzuführen.

Mit Cotta wird ja jetzt für eine Weile Ruhe sein.

Sie hatten in einem Ihrer letzten Briefe in der Tat geschrieben, daß Sie nicht vor 31.8. in Stuttgart zurücksein würden.

Ich hoffe, daß es Ihnen gut geht.

Viele Grüße
Franz Jung

541. AN ROSA KIRCHGATTER
Kuchl, 8/11 [1961]

Sehr geehrte Frau Kirchgatter,
ich sende zwei an Carola gerichtete Postsachen bei.

Ihre Schwester[1] sandte ein Telegramm, daß sie nicht nach Salzburg kommen würde, mit der Beibemerkung: Brief folgt. Nicht ganz unerwartet aus der Erfahrung ist dieser Brief bisher nicht eingetroffen.

Ich werde etwa Mitte nächster Woche von hier weggehen. Wahrscheinlich in die Nähe von München, aber noch nicht sicher. Ich kann auch keine feste Adresse jetzt angeben, wo ich für einige Wochen dort bleiben werde.

Am besten wird sein, falls Ihre Schwester mich ernstlich noch treffen will, bei Artur Müller, Raffstr 2 Stuttgart-Degerloch nachzufragen, der dann sicherlich meinen Verbleib in Deutschland, bevor ich wieder nach Paris zurückgehe (Ende Oktober), wissen wird. Ich nehme an, daß Carola den Müller sowieso aufsuchen wird, um die Rétif Bände abzuholen, die bei ihm liegen und die sie sicherlich Adolph wieder nach NY zurückbringen wird wollen. Dank für Ihre Mühe. Freundliche Grüße
Jung

1 Carola Weingarten.

542. An Carola Weingarten
Kuchl, 8/16

Liebe Carola,
um alle weiteren Komplikationen auszuschließen benachrichtige mich an *Schlien* Schloßhotel Grünwald b/München telegrafisch oder sonstwie über genauen Termin deiner Ankunft in München. Ich werde vom 23. ab in München sein. Genaue Adresse habe ich noch nicht, aber Herr Schlien will sich darum kümmern.
 Besten Gruß, auf Wiedersehen
     Franz

543. An Adolph Weingarten
[August 1961]

Lieber Adolph,
anbei die ersten beiden Kapitel in Rohform.[1]
 Ich habe die Sache angefangen 1) auf Risiko, um den Heller für mich in eine bessere Abschußposition zu bringen,
 2) kann ich es auch sonst verwerten, wenn Heller zunächst erstmal aufgegeben werden muß.
 Ich warte auf seine Entscheidung dem Cotta Verlag gegenüber, der ihm geschrieben hat.
 Die Maschine hat er mir gestellt.
 Geld habe ich nicht bekommen.
 Viele Grüße
     Franz

---

[1] Es handelt sich um Arkadi Maslows Roman „Die Tochter des Generals" über die Hintergründe von Hitlers Machtübernahme, geschrieben 1937/38, den Jung noch zu Lebzeiten von Ruth Fischer auf ihre Bitte hin bearbeitet und verschiedenen Verlagen angeboten hatte, u.a. dem Cotta Verlag.

544. An Adolph Weingarten
Kuchl, 8/20 [1961]

Lieber Adolf, dein Brief ist sehr vernünftig und ich bin auch der Meinung die Sache fallen zu lassen, wenigstens von uns aus. Wenn der Cotta Verlag noch etwas tun will, ist das völlig seine Sache. Ich spiele dann jedenfalls nicht mehr mit.

Ob ich Carola hier sehen werde, scheint mir ziemlich zweifelhaft. Ich werde sie in Grünwald bei München, Lindenwirt, Zeittelstraße erwarten, habe auch das telegraphiert. Aber Carola scheint ziemlich durchgedreht und nervös und anscheinend ungeeignet, sich den europäischen Verhältnissen anzupassen. Bisher hat sie alles falsch gemacht und zudem nicht auf meine Ratschläge gehört. Daß sie nicht nach Kuchl gekommen ist, hängt damit zusammen, daß ich Salzburg vorgeschlagen hatte, weil sie dringend Sonne und Wärme suchte, was hier in Kuchl nicht zu haben ist. Dagegen hätte man von Salzburg etwas finden können. Ich hatte auch schon eine Pension für sie in Meran festgemacht, wo ich hier den Neffen des Inhabers kennengelernt hatte. Das Telegramm, daß sie nicht nach Salzburg kommt, erreicht mich den Tag nachher, nachdem ich den ganzen Tag in Salzburg auf der Bahn auf sie gewartet habe. Ich hatte sie aufmerksam gemacht, daß hier keine Telegramme bestellt werden und auch die gewöhnliche Post mit einem Tag Verspätung.

Sie scheint auch nicht zu wissen, daß alle Zimmer etc nur durch die Reisebüros vergeben werden und wenn man kein Auto hat, um aus der Ortschaft herauszufahren, Typ Motels, kann man weder hier noch in Italien oder sonstwo mehr unterkommen. Es ist oft den Hotels verboten Gäste aufzunehmen, die nicht vom Reisebüro eingewiesen werden. So ist alles nach außen überfüllt, in Wirklichkeit aber nur halb belegt. Ich fahre morgen nach Grünwald und bin fast neugierig, wie es diesmal werden wird.

Die Amerikaner spielen hier eine besondere Rolle als komische Figuren (hoffentlich gehört Carola nicht dazu).

In Salzburg gibt es das Hotel Winkler, oben am Berg, sehr snobistisch und fast ausschließlich von Amerikanern besucht. Die Leute haben die Hosentaschen voll mit Geldscheinen gefüllt und da sie ständig die Hände in den Taschen haben, fallen bei jeder Gelegenheit die Scheine nur so heraus. Der Wirt hat eigens einen Pagen engagiert, der hinter den Amerikanern in der Lobby hinterhergeht mit einem in Landesfarben geschmückten kleinen Korb, der die herunterflatternden Scheine einsammelt – was den Leuten solchen Spaß macht, daß sie sich dabei photographieren lassen. Ich vermute allerdings, daß die Photoleute Agenten der amerikanischen Steuerbehörde sind.

Hoffentlich geht es dir besser und schon ganz gut. Du mußt dich darauf vorbereiten, daß bald mein Buch[1] bei dir eintreffen wird;
mit vielen Grüßen
Franz

1 „Der Weg nach unten. Aufzeichnungen aus einer großen Zeit".

545. AN HELMUT HEISSENBÜTTEL
Grünwald bei München, 9/15 [1961]
Schloß Hotel

Lieber Herr Heißenbüttel,
ich hoffe, daß Sie von dem Urlaub gut erholt zurückgekommen sind, so daß sie genügend abgeschützt sind, mit dem Fuhrmann Essay[1], den ich gleichzeitig als Manuskript eingeschrieben an Sie sende, sich zu beschäftigen.

Ich werde mich vorher nicht verteidigen, bevor ich Ihre Einwände gehört habe.

Ich habe eine Fuhrmann Nachschrift „Summe" mehr als Anhang beigelegt. Ich habe schon im Essay einige Sätze daraus am Schluß zitiert. Vielleicht würden Sie aber lieber den ganzen Absatz bringen wollen – schon zur allgemeinen Abmilderung – in dem Falle müßte aus dem Essay wahrscheinlich einiges gestrichen werden. Da ich hier noch Copien habe, will ich das gern tun, sofern sie mir Umfang und Tendenz angeben würden.

Leider ist beim Abschreiben hier vergessen worden die Abschnitte bezw die Pausen für den Sprecher genügend zu berücksichtigen.

Ich höre, daß Sie mein Buch durch Müller[2] besprechen lassen wollen. Haben Sie schon einen Termin? Bekommen Sie von dem Verlag direkt ein Buch, oder soll ich mich noch darum kümmern?

In absehbarer Zeit werde ich von hier nach Paris gehen. Auf dem Wege würde ich in Stuttgart Station machen und hätte Sie dann gern gesehen.

Geht das in irgendeinem Winkel eines kleinen Lokals? Ich habe vor den Bürozimmern, in denen so etwas zu geschehen sonst pflegt, große Angst, auch nicht in dem schrecklichen Schloß Eschenau. (Herr Müller wird uns das nicht übelnehmen.)

Viele Grüße

Franz Jung

1 „Erinnerung an einen Verschollenen".
2 „Ein Buch und eine Meinung. Artur Müller spricht über das Buch ‚Der Weg nach unten' von Franz Jung". Der Radio-Essay wurde vom Süddeutschen Rundfunk am 18.1.1962 gesendet.

546. AN ARTUR MÜLLER
Grünwald bei München, 9/18 [1961]
Schloß Hotel

Lieber Artur Müller,
ich hoffe, daß ich bei Ihrer nächsten Anwesenheit hier, die Sie bereits angekündigt haben, Sie wieder vielleicht für eine Viertelstunde und noch einige Minuten länger zu sehen – wie das letzte Mal, ohne den Herrn Schlien (mit dem ich mich doch nicht so recht verstehen kann).

Ich suche hier bereits nach einem möblierten Zimmer, habe auch auf Inserate schon geschrieben, aber ohne Erfolg bisher.

Ich werde das Exposé über die Hammerstein-Scholem Angelegenheit Ihnen hier vorlegen können.

Außerdem habe ich noch eine Reihe anderer Vorschläge[1], auch dann schon in Exposé Form. Lediglich Anregungen wie sie mir hier einfallen. Gleichgültig ob und wie man sie durchführen kann. Schließlich könnten Sie das dann entscheiden.

Ich will einfach meinen Kopf, der langsam sowieso müde wird, nicht einfach ganz leerlaufen lassen.

In die Schwäbische Alb würde ich schon ganz gern hinziehen. Nur müßte etwas Wald in der Nähe sein, Möglichkeit eigener Verpflegung, wenigstens periodisch und der Preis kann halt nicht viel höher sein als 75 DM. Dann könnte ich das als Basiswohnung halten, wohin ich alle meine Sachen konzentriere und könnte von dort aus, ohne das Zimmer aufzugeben, gelegentlich für Wochen nach Paris oder die Ostpyrenäen oder sonstwohin reisen. So sieht die Sache etwa aus. Das kann ich eben nicht vom Schloß Hotel hier aus.

Den Hund werde ich mir sicher begrüßen und auch die Klapperschlangen kosten, die hoffentlich jetzt endlich angekommen sind. Ich trainiere schon darauf, indem ich hier neuerdings wieder angefangen habe Bananen zu essen. Die rattle snakes schmecken genauso, nur sind sie sauer statt süß. Aber viel macht der Unterschied nicht.

Viele Grüße und Empfehlung an die Familie, den Hund mit eingeschlossen
Ihr Franz Jung

1 „betr. Die Hammersteins. Der Kampf um die Eroberung der Befehlsgewalt im deutschen Heer 1932–1937"; „Experiment in der biographischen Darstellung". Vgl. Franz Jung „Schriften und Briefe in zwei Bänden", 2. Bd., Salzhausen 1981, S. 1237–56.

547. AN PETER JUNG
Grünwald bei München, 9/22 [1961]
Schloß Hotel

Lieber Peter,
ich habe soweit mich entschlossen, daß ich in der Nähe von Stuttgart in der Schwäbischen Alb ein Zimmer mieten werde, wo ich zunächst bleiben werde. Das Zimmer wird mir ein Herr Artur Müller, der am Stuttgarter Sender tätig ist, besorgen. Der Sinn ist, daß ich mit dem Rückhalt dieses Zimmers dann herumreisen kann und trotzdem die Adresse dann als ständig bleibt.

Vielleicht sollten wir trotzdem die Renten Adresse noch bei dir lassen, wenn das geht. Ich möchte dich aber bitten, meine Sachen, die in irgendeinem Koffer bei dir liegen, an die Müller Adresse bereits unterwegs zu bringen. Artur Müller Raffstraße 2 Stuttgart-Degerloch.

Ich hoffe, daß ich trotzdem die Fiktion der Houston Adresse

für die Stuttgarter Zeitung aufrecht erhalten kann. 1) werde ich kaum selbst in Stuttgart zu sehen sein 2) fahre ich in etwa 3-4 Wochen nach Paris, wo ich auch etwa 2 Monate bleiben werde.

Mit Müller arbeite ich an einigen Manuskripten für die Fernseh-Abteilung zusammen. Ich muß also immer ab und zu wieder zurück und Reutlingen oder die Nähe ist ja kaum 1 Autostunde von ST entfernt.

Ich werde wahrscheinlich wieder etwas Geld brauchen. Bitte überweise das Geld an die Bank of America, Zweigstelle Düsseldorf, DM Ausländer Konto FJ ($ 100).

Ich hoffe, alles bei Euch gesund u. viele Grüße
Dein Vater

548. AN KÄTE RUMINOFF
Grünwald bei München, 10/2 [1961]
Schloß Hotel

Liebe Käte,
ich höre über Breier, daß Fenchel wieder tätig geworden ist. Wahrscheinlich hat er dich aufgesucht. Könntest du mir seine Adresse mitteilen?

Dann hat sich der Herr Müller (Daly City) bei mir gemeldet. Schreibt, er will dich demnächst aufsuchen und dort ein Goulasch essen. Wichtig ist nur, daß er wahrscheinlich im Herbst das Haus verkaufen[1] wird, er wohnt schon jetzt in Stocton, und fragt an, was mit „meinen Möbeln" dann werden soll.

Ich weiß nicht, was noch von mir dort liegt. Ich glaube, die Haddas haben schon damals die ihrigen gleich abgeholt.

Was also noch da ist, wird nicht viel wert sein.

Wenn du noch etwas Brauchbares für dich herausfindest, nimm es dir, sonst wird es wohl am besten sein, den ganzen Ramsch den Goodwills zu übergeben. (Es war allerdings noch eine ganz gute Wolldecke dabei.)

Wie geht es dir?

Ich glaube nicht, daß ich schon diesen Herbst zurückkommen

werde. Ich gehe Ende Oktober aller Wahrscheinlichkeit nach wieder nach Paris. Mein Paß hat ja noch bis zum November nächsten Jahres Gültigkeit.
 Viele Grüße
   Franz

1 Vgl. das „Memo" für Peter Jung in dieser Ausgabe vom 17.11.1960, das Jung seinem Sohn vor seiner Rückkehr nach Europa übergab.

549. AN ARTUR MÜLLER
Grünwald bei München, 10/2 [1961]

Lieber Artur Müller,
Der einliegende Grundriß[1] ist deshalb etwas lang geraten, weil ich die Akzente so klar wie möglich herausarbeiten möchte. Wenn Sie in dieser Weise den Grundriß haben, kann schließlich dann jeder, das braucht nicht Sie oder ich zu sein, das Material nach den Details (der Exaktheit wenigstens im Geschichtlichen) und die Zusammenstellung machen. Außerdem auch beliebig nach dem jeweiligen Interesse als Roman oder Film oder Reportage etc.
 Ich möchte beinahe vorschlagen, daß Sie versuchsweise Ihrem Sohn Ulrich einmal eine Chance geben, sich wenigstens im ersten, dem dokumentarischen Teil zu versuchen, im zweiten Teil würde ich ihm gern helfen, wenn er es sich nicht selbst zutraut. (Einmal müßte er ja sowieso damit anfangen.)
 Aber sonst könnte ich mir auch denken, daß man daraus zunächst eine sogenannte Funk Novelle machen könnte, sozusagen als Vorspann, wenn man die Gesamtarbeit jemandem verkaufen will. Der Vorzug wäre das *Nebeneinander*, ohne die innere Verknüpfung, einfach Abschnitt nach Abschnitt – beinahe wie schon in der outline angezeigt. Da hätte man nur nötig die outline literarisch aufzupolieren und noch etwas schärfer die einzelnen Abschnitte von einander abzusetzen.
 Ich möchte hoffen, daß ungefähr wenigstens die outline dem entspricht, was Sie sich vorstellen und erwarten.
 Ganz offen ist die Frage der *Namen*. Halten wir uns eng an die

vorhandene Historie, so bleibt eine etwas freiere Interpretation, wie etwa die Ausweitung nach dem deutsch-russischen Verhältnis hin frei in unserem Ermessen. Ich könnte mir auch denken, daß man Akzente aus Ihrem Trotzki Buch noch mit hineinbringen könnte. Diese Frage wäre heute besonders akut, als schon ziemlich offen eine neue „nationalbolschewistische" Propagandawelle sich ankündigt und die nächsten Monate im Zeichen solcher vorrevolutionären Erörterungen in Deutschland stehen werden. (Otto Strasser vor den Toren.)

Andernfalls könnte man, da das Schwergewicht auf einer Sympathie mit den Hammersteins steht, natürlich diese Seite anfragen und sich einiges ergänzen lassen.

Anders steht es mit der Seite Scholem. Wenn ich es mir recht überlege, werden wir gerade von dieser Seite keine Hilfe erwarten können. Halten wir Scholem selbst positiv, so wird kein Widerspruch erfolgen. Ich würde es aber auch kaum für richtig halten, die Leute (Mutter und Tochter – soweit mir Otten darüber etwas gesagt hat) jetzt anzusprechen. Ich zweifle, daß wir etwas Positives von der Frau erfahren können, von der Tochter, die ja irgendwo hier Schauspielerin sein soll, jedenfalls aber bestimmt nicht – das ist so mein Gefühl.

Immerhin Sie sind der Praktiker und Sie werden es besser wissen solche Sachen zu behandeln.

Mit vielen Grüßen
Franz Jung

NB Ich sende den Brief eingeschrieben, um sicher zu sein, daß er nicht achtlos liegen gelassen wird und so vielleicht dem Hund ins Maul fällt, der ja bei Ihnen beginnen wird, sich langsam auch an Manuskripte und Bücher heranzumachen. Wenn Sie ihn dazu erziehen, könnte er sogar manche nützliche Arbeit leisten.

1 „betr. Die Hammersteins. Der Kampf um die Befehlsgewalt im deutschen Heer 1932–1937".

550. AN ADOLPH WEINGARTEN
Stuttgart-Degerloch, 10/2 [1961]
b/Müller, Raffstraße 2

Lieber Adolf, ich gehe Ende der Woche von Grünwald weg und bin an obiger Adresse für die nächste Zeit zu erreichen. Ich werde aber außerhalb von Stuttgart, in der Nähe von Reutlingen wohnen.

Ich lege dir eine Zeitung bei, die nach außen aufgemacht ist wie ein astrologisches Quatschblatt, aber darin eingewickelt hochpolitische Dinge – eben getarnt – enthält.

Praktisch gehört das Blatt Otto Strasser, der damit seine Bewegung, die wieder groß im Kommen ist, tarnt. (Ihm selbst ist damals bei der Wiedereinreise jede politische Tätigkeit verboten worden.)

Das was darin politisch geschrieben ist – als Auftakt einer neuen nationalbolschewistischen Bewegung (Marke Strasser) ist durchaus ernst zu nehmen. Interessant das Inserat der Deutschen Soldaten Zeitung, die mit über 200 000 Abonnenten praktisch den Kader der neuen Partei darstellen wird.

Hoffentlich ist Carola gut heimgekehrt.

Viele Grüße und alles Gute an euch beide
Franz

551. AN GEORG V. RAUCH
Mainhardt, Württ., 10/9 [1961]
Pension Weber

Lieber v. Rauch,
soweit ich mich hier bisher herumgehört habe, hat es im Augenblick noch keinen Zweck sich an Dr Zeller zu wenden. Der Mann, der in Wirklichkeit die Vorschläge macht und durchsetzt ist der Dr Raabe. Zu diesem habe ich eine direkte Beziehung, außerdem kann dieser Raabe auch über den Rundfunk Mann[1], der den Vortrag[2] bringt, angesprochen werden.

Ich schlage vor, daß man erst noch abwartet, was Luchterhand zu meinem Aufriß[3] sagt. Dann entweder dies zum Anlaß nimmt, Raabe aufzusuchen, bei sich mit ihm in Stuttgart verabredet, mit

Raabe zusammen und dem Rundfunk Mann den Plan aufstellt und dann erst von Raabe eingeführt an Zeller herantritt. Oder: wenn Luchterhand sehr ablehnend ist, sich dann sogleich an den Präsidenten der Akademie Kasack wendet und mit dem zusammen mit Raabe in Marbach erscheint. Ich selbst (und Sie auch nicht) können sich jetzt schon an Kasack wenden, da dieser von mir den gleichen Aufriß erwartet, den ich an Luchterhand geschickt habe und dem ich diesen bisher schuldig geblieben bin.

Ich würde dann vorschlagen, daß Sie in Stuttgart-Degerloch in einem dieser Hotels ein Zimmer nehmen und von dort aus die Campagne leiten, die verschiedenen Besuche machen etc.

Herr Müller, bei dem ich – postalisch – wohne, wird Ihnen behilflich sein oder dessen Sohn. Sie können auch dort die Schreibmaschine benutzen und den Wagen.

Das sollte aber alles jetzt nicht überstürzt werden. Ich selbst bin sehr weit von Stuttgart ab. Nur zwei Busse am Tage und keine Bahn, etwa 80-90 km von St. auf dem Wege nach Nürnberg. Ich kann hier erst wieder in Erscheinung treten, wenn es sich verlohnt, in Stuttgart die Leute alle zusammenzubringen. Das wird geschehen. Aber – leider, man darf es nicht überstürzen.

Viele Grüße
Franz Jung

---

1 Artur Müller.
2 Fuhrmann-Essay, vgl. Brief vom 29.7.1961 an Franz Schonauer.
3 Plan des Fuhrmann-Auswahlbandes, den Jung sowohl dem Luchterhand Verlag als auch der Akademie in Darmstadt vorschlägt. Die Aussicht auf einen Fuhrmannband sollte das Gespräch über die Aufnahme der Fuhrmann-Manuskripte aus dem Besitz von Georg von Rauch im Deutschen Literaturarchiv Marbach erleichtern.

552. AN PETER JUNG
Mainhardt-Württembg, 10/10 61
Pension Weber

Lieber Peter,
in bin inzwischen hier gelandet, etwa 80 km von Stuttgart auf der Straße nach Nürnberg. Mitten in einem großen Waldgebiet, fast ohne Verkehr, zwei Busse am Tage nach Stuttgart und keine Eisenbahnverbindung. Ich werde hier voraussichtlich bis Mitte November bleiben, weil ich hier noch einige Arbeiten für den Stuttgarter Sender fertig machen will, womit ich hoffe bis Mitte nächsten Jahr finanziell auszukommen. (Ich lege dir den Prospekt der Abteilung bei, woraus die Ankündigung meines ersten Essays hervorgeht.) Diese Pension ist überraschend billig, volle Pension mit 4 Mahlzeiten per Tag DM 10 und dabei ein geheiztes sehr angenehmes Zimmer (vermutlich weil die Gegend eben völlig außerhalb jedes Verkehrs liegt).

Das Geld über die Bank of America ist dort eingetroffen. Ich nehme an, daß vorläufig keine weiteren Sendungen notwendig sein werden. Wenn trotzdem: bitte sende, wenn ich darum schreibe, das Geld an die Müller Adresse in Stuttgart-Degerloch. Du kannst den American Express Check benutzen oder direkt den Renten Check, in Stuttgart sind amerikanische Banken, die beides einlösen. Aber ich werde wahrscheinlich erst wieder Geld brauchen in Paris. Dort hat der Rentencheck gut funktioniert.

Ich nehme an, daß ich im nächsten Jahre zwei kleinere Bücher[1] publizieren werde, in der Hauptsache alte Sachen, ein wenig aufpoliert. Ich tue dies, ohne zu viel Arbeit darauf zu verwenden, einfach aus dem Grunde, daß mein Name am Markt bleibt.

Von dem diesjährigen Buch ist noch keine respons. Es wird zwar jetzt zur Eröffnung der Buchmesse im Buchhandel vorliegen, aber für eine wirksame Vorpropaganda ist es zu spät gekommen. Ich wundere mich, daß du das Buch noch immer nicht erhalten hast. Nach der mir vom Verlag übersandten Versandquittung ist es am 11.9. an dich abgegangen. Auch die übrigen amerikanischen Adressaten haben es noch nicht erhalten, was auf den langsamen Transport nach drüben schließen läßt.

Wenn dir zufällig aus der Ölindustrie ein Artikel unterläuft, den ich hier leicht zu einem Artikel verarbeiten könnte, bitte schicke mir den Ausschnitt. Da ich ja von hier sowieso nicht regelmäßig die Finanzblätter verfolgen kann, tue ich mich in der Beschaffung von geeignetem Material etwas schwer.

Wie geht es zu Hause? Joyce und der Junge gesund?

Und meine besten Wünsche für weiter sowie herzliche Grüße
Dein Vater

1 Vermutlich „Der Fall Gross" im Verlag Petersen Press und der Jung-Auswahlband im Rowohlt Verlag, beide nicht erschienen.

553. AN PAUL RAABE
Mainhardt-Württembg, 10/10 61
Pension Weber

Sehr geehrter Herr Dr Raabe,
zurückkommend auf unser Gespräch seinerzeit in Stuttgart im Februar d. J. über die Möglichkeit, im National Archiv die Werke wie die hinterlassenen Manuskripte von Ernst Fuhrmann zu sammeln, würde ich Sie bitten mir nach hier mitzuteilen, ob das gleiche Interesse des Archivs noch besteht.

Ich bin inzwischen den Sommer über in der Nähe von Salzburg gewesen und habe in Salzburg-Aigen einen der nächsten Freunde von Ernst Fuhrmann aufgesucht und gesprochen, der über eine fast vollständige Sammlung der ungedruckten Manuskripte aus dem letzten Lebensjahrzehnt verfügt. Dieser Herr Georg v. Rauch hat diese Hinterlassenschaft bereits geordnet, mit Index und Inhaltsangaben versehen, eine Arbeit, die den Aufbau eines Studienzentrums für Ernst Fuhrmann außerordentlich erleichtern würde. Herr v. Rauch würde sich selbst gern einem solchen Aufbau zur Verfügung stellen.

Ich weiß nun nicht, wie weit das Interesse des Archivs dafür reicht. Man könnte aber immerhin darüber sprechen. Herr v. Rauch würde nach hier kommen und wir könnten persönlich über alle die sich ergebenden Fragen (und Schwierigkeiten) sprechen.

Ich selbst werde im ersten Quartal in einem Radio Essay hier im Süddeutschen Rundfunk über Fuhrmann sprechen (bezw sprechen lassen) und mit dem Aufruf für eine Sammlung des

Fuhrmann'schen Werkes schließen; vielleicht kann dies einen Anstoß geben. Außerdem werde ich einen Auswahlband für Frühjahr 63 von Aufsätzen Ernst Fuhrmanns vorbereiten, der wahrscheinlich bei Luchterhand erscheinen wird; aber auch Herr Kasack interessiert sich dafür, diesen Band im Rahmen der Akademie publizieren zu lassen. (In diesem Band werden die Gedichte, die für sich gesondert Dr Kloss herausgeben möchte, nicht enthalten sein.) Sie sehen, ich bin dabei einen neuen Vorstoß für Ernst Fuhrmann zu machen.

Sie werden vielleicht gelesen haben, daß mein eigenes Buch jetzt endlich bei Luchterhand erschienen ist. Wenn Sie die Zeit opfern wollen es zu lesen und Interesse dafür haben, lasse ich Ihnen gern das Buch durch den Verlag zusenden.

Mit besten Grüßen

554. AN ARTUR MÜLLER
Mainhardt-Württbg, 10/12 [1961]
Pension Weber

Lieber Artur Müller, vielen Dank für Ihre Mitwirkung an den Pamphlets. Ich bin sehr mit Ihren Vorschlägen einverstanden, auch wenn wahrscheinlich Reich schon aus technischen Gründen ausscheidet und Fuhrmann mit einem eigenen Beitrag vertreten sein sollte. Ich sehe aber, daß es Ihnen keine Schwierigkeiten weiter macht, die Liste zu vervollständigen.

Ich habe aber noch einen anderen Vorschlag für Sie. Ich denke, Sie sollten einen Albigenser Film drehen, nicht den historischen, sondern den heutigen mit Bezug auf den historischen im Hintergrund. Es gibt in Frankreich eine neue Albigenser Bewegung, irgendwo habe ich auch den Namen der Leute, die eine große Missionstätigkeit entfalten. Dazu gibt es einen Professor in Toulouse, der Albigenser Studien – höchst! modern – betreibt und der uns sehr nützlich sein würde. Dazu kommt noch, daß die kath Kirche alles Interesse heute daran hat, das Odium der Albigenser Verfolgungen von sich abzuwälzen. Es sind da bei den Dominikanern in Turin solche Studien vorhanden und die Leute dort sind sehr entgegenkommend. Man könnte also da allerhand machen.

Ich werde von Paris aus im Spätherbst nach Toulouse gehen und dort meinerseits mich ein wenig umsehen. Ich denke das beste wäre, Sie würden gleich mitkommen. Ich bereite inzwischen in Paris einiges für Sie vor. Den Widerstand Ihrer Frau werden wir durch besonders freundliches Entgegenkommen von Ihnen und mir ein wenig mildern können.

Mit dem Auftrieb, daß Sie nebenan die Albigenser story irgendwie in der Bildhistorie einfangen, bekomme ich auch den letzten Stoß meinerseits meine Albigenser Allegorie fertig zu machen.

Hier muß ich ja etwa den 10.11. spätestens weg. Länger würde es auch sowieso nicht gehen.
Viele Grüße
Ihr Franz Jung

Ich sehe Sie hoffentlich hier.
Bitte geben Sie Heißenbüttel das Buch oder eines von den gekommenen.

555. AN KÄTE RUMINOFF
Stuttgart-Degerloch, 10/15 [1961]
Raffstr. 2 b/Müller

Liebe Kate, ich habe deinen Brief erhalten, meine für einige Zeit gültige Verbindungsadresse ist wie oben, obwohl ich im Augenblick etwas abseits davon in Mainhardt-Württbg Pension Weber in der Schwäbischen Alp wohne, aber ich weiß noch nicht wie lange – am 15 Novemb werde ich sicher in Paris sein. Meine dortige Adresse 36 rue du Dragon, Paris 6 e.

Ich glaube auch gelesen zu haben, daß für Schäden und Verluste in Frankreich jetzt Entschädigungen gezahlt werden, wenn auch nicht viel. Wende dich an die dir vielleicht bekannte Frau Fabian, jetzt die Frau des Buchhändlers Picard, 15 rue du Dragon Librairie Calligrammes. Die Frau, die nebenbei in dem gleichen Hause ein Ausschnittsbureau betreibt, beschäftigt sich fast ausschließlich mit Wiedergutmachung, und sie wird dir genau sagen, ob und welche Chancen du hast und was du tun mußt. (Die Privatadresse der Picards habe ich nicht zur Hand.)

Ich glaube, daß ich nicht viel für Fenchel tun kann, zumal er doch anscheinend so krank ist, daß er etwas rechtes nicht mehr anfangen kann. Es hat ja auch wenig Sinn, etwas zu tun, was schon am nächsten Tage nicht mehr weiterläuft. Das was Breier mir schrieb, sah ja leider eben ganz anders aus. Ich denke, in Paris, wahrscheinlich vom Januar an ein Bulletin (in französisch und vielleicht englisch) herauszugeben „Africa Finance" und habe schon mit einigen Negerstudenten damals darüber gesprochen, auch mit einigen 25jährigen, die jetzt inzwischen Finanzminister und Präsidenten von Zentralbanken geworden sind. Der Zweck ist nüchternes Fakten Material über einige dieser kleineren Republiken zu sammeln und zu verbreiten, die heute von roten und weißen Geschäftemachern überlaufen werden mit phantastischen Entwicklungsprojekten, hinter denen nichts weiter steht als die Werbeabsicht einiger der Großgesellschaften.

Also genau das Gegenteil, was Reimann sich vorstellt dort zu machen, nämlich sein Devisenbulletin dort anzubringen. Dafür ist nicht die geringste Chance. Die meisten dieser Republiken sind so arm, daß sie nicht mal den Nachtwächter aus eigener Tasche für das Palais des Präsidenten bezahlen können. Vielleicht hatte Fenchel eine kleine Möglichkeit auf kleinster Basis mit seinen Außenhandelsplänen sich mit einzuschalten. An Reimann hatte ich damals geschrieben, er wollte mich jetzt in München aufsuchen, hat es aber nicht getan. Das macht nichts, ich hätte ihm sowieso kein Exposé etc gegeben.

Er kann das Bulletin beziehen und eventuell es als Beilage mit vertreiben, das ist aber auch alles. Als Herausgeber habe ich einen jungen Mann von der Finanzzeitschrift Pour et Contre gefunden.

Literarisch ist nicht mehr viel zu machen. Das Buch wird bestimmt kein Erfolg, schon allein weil ich die geeigneten Kritiker nicht mehr auftreiben kann, dh diejenigen Leute, die sich die Mühe machen, das Buch von Anfang bis zu Ende zu lesen – anders kann man es nicht besprechen. Die Leute sind heute entweder für reine Literatur (plus Experiment) specialisiert oder auf Sociologie, Zeitgeschichte oder Autobiographie. Alles drei zusammen ist den Leuten zu viel. Obendrein ist es zur Buchmesse zu spät herausgekommen, als daß eine Vorwerbung im Buchhandel durch Sonderprospekte des Verlages möglich gewesen wäre – dazu muß dann das Buch im Laden bereits vorhanden sein, und das ist bis heute noch nicht der Fall. Ich habe einige Rundfunk Besprechungen zugesichert bekommen, darunter eine längere in Köln und Stuttgart, aber das wird nicht viel mehr ausrichten. Ich bin auch der Sache müde geworden. Ich hab hier in Stuttgart, im sogen. Radio Essay noch drei Sendungen, die mich den Winter über in Paris über Wasser halten werden. Es ist an sich sehr angesehen und es bringt auch eigentlich ziemlich viel Geld (für deutsche Verhältnisse), aber auch sehr viel Arbeit, und eine sehr exakte. Ich könnte das natürlich weiter betreiben, auch den Kreis über Köln (wo ich drei Sendungen hatte) nach Hamburg ausdehnen. Aber ich werde es mal erst wieder mit der Finanz versuchen.

Für dich war ein Buch sowieso vorgesehen. Du stehst auf der Liste und ich wundere mich, daß du es noch nicht bekommen hast. Für ein anderes Exemplar sehe ich schwarz. Der Verlag versendet keine Freiexemplare außer denen für seine Werbeabteilung. Ich selbst erhalte 15 Freiexemplare, die bereits vergriffen sind, alles andere muß ich selbst bezahlen bezw. es wird auf mein Konto geschrieben. Das Buch kostet 28,50 DM, für mich so etwa 18 DM. Ich habe ja nichts weiter gegen deinen Herrn Sohn[1], obwohl er selbst sich ständig gegen mich geäußert hat, aber er hat dir doch auch geschrieben, er fasse „Bücher, die nach Politik riechen", nicht an, und das ist sicher hier der Fall. Er müßte also sowieso das Buch unter Verschluß halten. Ob sich das lohnt?

Übrigens hat Franziska, der ich in München schrieb, ob sie mich und wo dann treffen wolle, mir nicht geantwortet – ich hatte sie schon im Februar im Beisein des Bruders[2] gesprochen und da hatte sie sich schon sehr abweisend und „spinsterhaft" verhalten. Auch von dem Bruder habe ich nichts mehr gehört. Er ist übrigens nach einer Pause von etwa 3/4 Jahren in München, nach Ausscheiden aus der FAZ, jetzt Kulturreferent für den Westdeutschen Rundfunk in Düsseldorf beim dortigen Zweigsender, der praktisch Köln untersteht. Ich hatte ihm damals noch in München die Bitte deines Sohnes bestellt, ihm doch die Monat-No zu schicken. Er hat dies zwar zugesagt mit dem üblichen Bedauern, das immer wieder vergessen zu haben, ich zweifle aber, ob die Sachen gekommen sind.

Leider kann ich für Hadda nichts tun, obwohl ich mir reichlich Mühe gegeben habe. Es wird hier soviel gedruckt und vieles was bestimmt schlechter ist, als was Hadda anzubieten hätte.

Aber es ist eben unmöglich einfach von draußen und dazu noch von einem neuen unbekannten Autor (meine Einführung nützt ja nichts) etwas unterzubringen. Ich habe ihm das mehrfach geschrieben und ich sehe auch ein, daß er nicht einfach alles stehen und liegen lassen kann, um sich persönlich und zwar in einem Lektorat in Rundfunk oder Fernsehen oder sonstwo durchzusetzen. Es tut mir leid, er wird sehr ärgerlich sein und enttäuscht, aber es geht eben nicht. Er hatte seinerzeit mir Geld geborgt für die Reise nach hier und sobald ich jetzt in Paris bin, werde ich anfangen es zurückzuzahlen. Im Augenblick geht es eben noch nicht.

Was Müller in Daly City anlangt, kann man eben nichts machen. Ich werde ihm schreiben, daß er auf mich nicht rechnen kann, daß ich diesen Herbst zurückkomme (vielleicht komme ich überhaupt nicht mehr, jedenfalls nicht nach SF) und er soll mit den Sachen, wenn er das Haus verkauft, machen was er will. Er schrieb mir, er würde sie versteigern lassen, was ja Unsinn ist, denn da bekommt er nicht die Versteigerungskosten. Aber wenn du noch etwas für wert hältst, so hole es dir vorher. Ich werde ihm auch das schreiben. Sonst geht eben alles zur Heilsarmee, falls jemand den Transport zahlt. Ich nehme an, daß Hadda die Sofa etc schon vorher abgeholt hat, jedenfalls schrieb mir das damals Müller, so daß ich die Haddas nicht erst besonders noch darauf aufmerksam machen sollte.

Hoffentlich bist du soweit gesund.

Viele Grüße

Franz Jung

1 Len Foster.
2 Hans Schwab-Felisch.

556. AN ARTUR MÜLLER
Mainhardt-Württembg, 10/17 61

Lieber Artur Müller,
wenn Sie ernstlich daran interessiert sind, etwas schon in der Pamphlet Sache zu unternehmen, sollte man an Karl Otten vorher schreiben, ob er noch an dem Projekt interessiert ist, als Mitherausgeber oder Mitbeitragender oder wie immer sonst.

Ich habe zwar den Eindruck, daß die Frau ihm seine anfängliche Begeisterung ausgeredet hat, weil eben die Sache von vornherein nichts einbringt als nur Arbeit – die Arbeit allerdings als eine Art Therapie gedacht, sich gegenüber dem Unverständnis dieser Zeit, der Korruption von Verleger- und Leserschaft abzuschützen und etwas immuner zu machen. Das war eigentlich mit die Basis Idee. Die sonstigen Beiträge wären also mehr als Rahmen anzusehen – eigentlich nur dazu bestimmt, den Prospekt, auf den es ja im wesentlichen ankommt, zu rechtfertigen. Sie fassen allerdings bereits das Ganze sehr viel ernster auf, wenn man das so nennen will, seriöser. Ein wenig verändert das ja dann das Bild, und ich glaube, wenn Sie ihm schreiben, daß Otten eher bereit sein wird mitzumachen – das Ganze bekommt ja einen literarischen Aspekt.

Ich würde das dann auch nicht mehr „Der Gegner" nennen, sondern einfach „Gegner". Vielleicht aber auch einfach „Herausforderung", Schriftenreihe, herausgegeben von Artur Müller – mich kann man auch aus dem Spiel lassen. Mein Beitrag würde besser heißen: In eigener Sache! (indirekt das Abschied Thema umfassend).

Den Bloy kann man vielleicht weglassen, wenn man den Kierkegaard hat. Will man etwas mit Reich anfangen, dann braucht man die Rechte, außerdem sind ja eben erst „selected works of WR" in Amerika erschienen. Selbstverständlich ist Reich hier ein gutes Thema, umsomehr weil über die „kosmische Energie", weswegen Reich verurteilt wurde, bereits eine Reihe wissenschaftlicher Kongresse stattgefunden haben und das Thema sowieso in aller Munde ist. Ich empfehle für eine Reich Schrift das Buch: Listen, little man – eine sehr einleuchtende soziologische Perspektive. Das kann man mit Vor- und Nachwort sehr bunt aufziehen. (Aber wie gesagt, die Rechte liegen drüben.

Es sind ja zwei sehr aktive Töchter, beides Psychoanalytiker, vorhanden.)

Vergessen Sie nicht die Albigenser. In der Time vom April 61 ist ein Artikel darüber erschienen. In Toulouse ist ein vom Staat subventioniertes Forschungszentrum gegründet worden, Prof Nelli, der Sociologe an der dortigen Universität, ist der Leiter – ein sehr zugänglicher Mann. Beauftragt, alle Albigenser Sammlungen in Carcassonne zu einem Museum zu vereinigen. Der Fremdenverkehr hat sich der Sache angenommen. Von dort sind Einladungen und Bildmaterial und alles was Sie brauchen zu erhalten. Die französische Regierung, die Universität Toulouse, das Nelli Institut und der Fremdenverkehr würden Ihr Projekt unterstützen. Vergessen Sie nicht, daß wir die Sache eher pro katholisch heute aufziehen könnten, jedenfalls nicht im alten Voltaire Sinne – darin liegt für uns der Trick. Es gibt bereits einen neuen Catharer Bischof, Deodat Roche, residierend in Arques, früher dort Bischof, der Pilgerzüge nach Montségur organisiert etc. Auf was warten wir noch?

Ich werde nicht mehr allzu lange hier bleiben können. Leider höre ich weder von Ihnen noch von Ihrem Herrn Sohn, den ich bitten möchte in Frankfurt den Herrn Lang aufzusuchen und ihm einen Gruß zu bestellen. Bei dieser Gelegenheit kann er feststellen, ob in Frankfurt etwas für mein Buch geschieht
   viele Grüße
      Ihr Franz Jung

557. AN EMIL SZITTYA
Mainhardt-Württembg, 10/18 61
Pension Weber

Lieber Emil Szittya,
wie geht es Ihnen? Haben Sie den Sommer gut überstanden? Ich habe mich die längste Zeit in Österreich in der Nähe von Salzburg herumgetrieben.

Inzwischen ist mein Buch erschienen, und ich hoffe, daß Sie es bekommen haben. Wenn nicht, bitte schreiben Sie es mir, denn der Verlag ist leider sehr unzuverlässig.

Irgendeine Wirkung des Buches erwarte ich hier nicht. Nicht

nur daß der Verlag wenig getan hat, es ist auch für die Vorwerbung zur Buchmesse zu spät erschienen, und ganz allgemein die Leute hier wollen nicht gerade gestört werden.

Ich hätte gern auch Ihrem Freunde Delvayo ein Buch schicken lassen, finde aber seine Adresse, die er mir damals gegeben hatte, nicht mehr.

Hier bleibe ich nur noch ein bis zwei Wochen. Ich mache hier einen Essay[1] für den Stuttgarter Sender fertig – das ist auch das einzige, was ich in Deutschland erreicht habe. Ich habe mit einer Reihe von Verlegern gesprochen, mit Cotta sogar verhandelt, ganz generell für eine Serie, von der wir damals gesprochen hatten – aber zum Schluß ist nichts herausgekommen. Ich bin nicht gerade enttäuscht, denn ich hatte es so erwartet.

Praktisch bin ich bereits auf dem Wege nach Paris. Ich weiß bloß nicht, was ich dort machen soll, außer einen Tag nach dem andern zu verbringen. Ich werde mein Albigenser Buch, von dem ein Teil ja schon fertig ist, wieder aufnehmen. Wenn ich in Paris Auftrieb genug bekomme, so würde ich so im Januar/Februar nach Toulouse und noch weiter südlich gehen und dort einige Monate verbringen, um etwas Atmosphäre aufzuschnappen.

Ich nehme an, daß ich Sie in dem bekannten Café[2] zwischen 4-6 Uhr nachm erreichen werde. Also erschrecken Sie nicht allzusehr, wenn ich Sie eines Tages dort aufsuche.
Viele Grüße
Franz Jung

---

[1] Über Jack London, vgl. Brief an Adolph Weingarten vom 21.6.61
[2] Aux Deux Magots.

558. An Adolph Weingarten
Mainhardt-Württembg, 10/20 61
Pension Weber

Lieber Adolph, ich habe das Packet dankend erhalten. Der Anzug paßt sehr gut, auch wenn er von einem etwas ausgewachsenen Liliputaner stammt und ich werde den Bauch etwas einziehen müssen, was ja sehr gesund ist. Außerdem kann ich die Wäschesachen und den Pullover sehr gut gebrauchen, denn es wird hier kalt, heute schneit es bereits hier in der Schwäbischen Alb. Aus Grünwald bin ich schon einige Zeit weg und das Packet wurde mir von dort über Müller Stuttgart nachgesandt.

Inzwischen wirst du ja das Buch erhalten haben. Von dem Manuskript, was du kennst, ist nur der letzte Teil wesentlich verändert, durch Zusätze. Großen Erfolg wird es nicht haben, weil ich die Kritiker, an die der Verlag es geschickt hat, nicht zwingen kann, das Ganze wirklich zu lesen, denn sonst kann man nicht darüber schreiben. Die meisten sind aber entweder specialisiert auf Zeitgeschichte oder Literatur oder Autobiographie oder allgemein politische Dokumentation und im Buch ist eben alles gemischt. (Der Verlag hat schon solche Urteile gehört, daß der eine Referent es dem andern zuschiebt.)

Ich bleibe hier noch vielleicht zwei Wochen, weil dann die Pension zusperrt. Bis dahin hoffe ich auch eine Arbeit für den Stuttgarter Sender fertig zu haben. Ich gehe dann wieder nach Paris. Wahrscheinlich aber über Frankfurt. Wenn Carola es wünscht, werde ich dort ihre Schwester aufsuchen. Ich glaube aber, sie ist nicht sehr erfreut mich zu sehen. Aber vielleicht kann ich etwas bestellen. Ich werde etwa 2-3 Tage in Frankf bleiben.

Hoffentlich seid Ihr beide gesund und viele Grüße
        Franz

559. An Helmut Heissenbüttel
Mainhardt-Württembg, 10/21 61
Pension Weber

Lieber Herr Heißenbüttel,
ich vermute, daß Sie in Darmstadt und Frankfurt jetzt Autoren und Themen für das nächste Jahr eingekauft haben, so daß Sie vollauf eingedeckt sind.

Wir hatten neulich sehr vage über eine Reihe von Möglichkeiten gesprochen, die ich vielleicht noch für das Radio Essay tun könnte. Aus diesem bilden sich zwei Vorschläge[1] jetzt präziser heraus, die ich einliegend Ihnen übermittle.

Bei beiden handelt es sich um Experimente, die mich zunächst besonders interessieren und die ich glaub ich leicht machen kann.

Über den einen Vorschlag – die Hammersteins – haben wir schon gesprochen und ich arbeite auch bereits daran, so daß ich es in den nächsten Wochen, jedenfalls bestimmt noch vor meiner Abreise nach Paris, bei Ihnen einreichen kann.

Der andere Vorschlag ist neueren Datums: ein biographisches Experiment über Charles Trent [richtig: George Train], den vergessenen Mann in der amerikanischen Geschichte. Ich habe dafür keinen so präzisen Aufriß wie für den ersten Vorschlag, weil ich diesen eigentlich erst während der Bearbeitung finden kann. Ich gebe Ihnen aber einliegend schon die wichtigsten Stichworte.

Auf der Durchreise durch Stuttgart – etwa in der ersten oder zweiten Novemberwoche könnte ich Sie vielleicht dann anrufen.
  Viele Grüße
    Franz Jung

NB. Ich hätte noch etwas für Herrn Wilimzig zu bestellen. Ich hatte eines Ihrer Programmhefte an meinen Sohn nach US geschickt und dieser schreibt mir nun, ich solle an Herrn W. Grüße bestellen. Er schreibt, daß Herr W. an der DENA mit meiner Frau, dort unter dem Namen Wisser bekannt, zusammengearbeitet hat und mit ihr sehr befreundet gewesen sei. Ich möchte natürlich bei Gelegenheit auch Herrn W. sehen. Der Junge, damals Soldat in der US Armee, hat Herrn W. noch in Frankfurt besucht. Es wird W. interessieren zu hören, daß der Junge jetzt in Houston (Texas) bei der ESSO ist und dort anfängt die Stufenleiter zum Präsidenten zunächst von der untersten Sprosse an aufzuklimmen.

1 Vgl. Anm. zum Brief an Artur Müller vom 18.9.1961.

560. AN ARTUR MÜLLER
Mainhardt-Württembg, 10/21 61

Lieber Artur Müller,
ich habe die beiden einliegenden Vorschläge an Heißenbüttel gesandt. Der eine ist die bekannte Hammerstein story, bei der mich die experimentelle Bearbeitung zu einer Funk Novelle trotzdem sehr reizt. Ich glaube es würde doch der Absicht zu einem größeren Projekt nicht schaden, sondern doch eher als ein Vorspann für das Interesse dienen können. Die zweite Sache[1] interessiert mich ebenso sehr. Hier kann man ein ganz anderes Experiment machen. Ich sende Ihnen die Copie mit, vielleicht regt es Sie an auch Ihrerseits etwas in dieser Sache zu machen – wenigstens lassen Sie es sich ein wenig durch den Kopf gehen ... man schläft nachher besser.

Die Wohnung hier ist leider genau das Gegenteil, was ich mir gedacht und gewünscht habe. Genau wie Wien, Kuchl, Grünwald eben die übliche Durchgangsstation. Ich sehe, daß ich das, was ich eigentlich suche, in Deutschland eben nicht finden kann. Ich brauche eine Stelle, wo ich alle meine Sachen konzentrieren kann, eine Stelle und einen Raum zum *Ausruhen*. Das ist hier für 2 – höchstens 3 Wochen berechnet, dafür ist es großartig, eben als ein Ort – für die Bürger, die das dann Ferien nennen – für mich aber im Gegenteil der Auftrieb nach einer Entspannung der Ruhe. Das heißt, ich muß, um mich überhaupt hier aufhalten zu können, arbeiten, den ganzen Tag denken und associieren und arbeiten. Gerade das kann ich auf die Dauer nicht mehr fortsetzen. Ich muß *ausspannen* können – ich sehe da sehr schwarz für meine Zukunft, der Hirnschlag rückt schon näher.

Selbstverständlich kann ich niemandem einen Vorwurf machen. Ich habe mich auch nicht so deutlich ausdrücken können.

Praktisch brauche ich, wie ich jetzt für den Augenblick sehe, ein größeres, meinetwegen leeres Zimmer, möglichst mit Kochgelegenheit, wo ich einige Tage ohne daß es jemanden stört einfach liegen und sonstwie in alten Manuskripten oder Zeitungen blättern kann, um den Geist auszuruhen, die Nerven und alles das und wo es nichts ausmacht, wenn ich einige Wochen überhaupt nichts tue, keine Briefe empfange und keine beantworte. Anscheinend geht das eben in Deutschland nicht. Vielleicht finde ich [das] jetzt in Frankreich, zwar nicht sofort, aber ich werde mich bemühen, in Paris nach solch einem Zimmer zu suchen. In Grünwald hatte mir das schon jemand angeboten – ich bin aber damals schon nicht mehr weiter darauf eingegangen, weil ich schon die Hoffnung auf den Raum um Stuttgart hatte.

Bei Ihnen wird sich ein Herr v. Rauch melden. Das ist der Mann aus Salzburg mit dem Fuhrmann Archiv. Ich hatte hier eine Unterredung in Marbach beim National Museum. Die Leute haben mich freundlicherweise mit dem Auto abgeholt und wieder zurückgebracht. Es handelte sich um die Gründung dort eines Fuhrmann Archivs und eines Studien Zentrums, für dessen Leitung ich den v. Rauch, der ja schon große Vorarbeiten gemacht hat, vorgeschlagen habe. V. Rauch wird jetzt nach Marbach gehen und sich vorstellen. Ich gehe nicht mit, aber will ihn natürlich nachher sehen, wie die Sache ausgegangen ist. Als Verbindungsstelle habe ich mir erlaubt Sie bezw Ihre Wohnung vorzuschlagen, d h daß Rauch vorher zu Ihnen kommen wird, um das Zusammentreffen zu besprechen. Es hat keinen Zweck, daß R. noch extra nach hier kommt.

Wenn Sie nicht da sind, wird Ihr Herr Sohn das erledigen können.

Viele Grüße inzwischen und Empfehlung an die Familie
Ihr Franz Jung

1 „Experiment in der biographischen Darstellung", vgl. Brief an Artur Müller vom 18.9.1961.

561. AN KÄTE RUMINOFF
Mainhardt-Württembg, 10/23 61
Pension Weber

Liebe Käte, ich habe alle deine Briefe erhalten und auf den heutigen will ich lieber gleich antworten, um einige Irrtümer gleich aufzuklären. Meine Rundfunkvorträge haben mit der Stimme nichts zu tun. Ich spreche diese nicht, sondern sie werden von dem Haussprecher für mich gesprochen – was hier längst üblich geworden ist – und außerdem „Vorträge" ist auch nicht mehr das richtige Wort. Sie haben schon mehr Hörspielcharakter, sie müssen auch für den Sprecher mit Angaben der Pausen, der Modulationen in der Stimme und im Vortrag dem Sprechen nur so nebenbei oder mit gehobener Betonung etc im Manuskript so angegeben werden. Mein Jack London Essay zum Beispiel ist von zwei Sprechern gesprochen worden – und jetzt von Stuttgart so an die BBC in London verkauft worden. Wahrscheinlich wird dies auch bei der Hammerstein Novelle – das ist praktisch das Maslow Manuskript, das Ruth Fischer, nachdem ich es bearbeitet hatte, kurz vor ihrem Tode an Harvard verkauft hat (worum ich mich jetzt nicht kümmere, da Harvard mir die Herausgabe abgelehnt hat) der Fall sein. Ich habe das ganze Manuskript aus dem Gedächtnis zu einer Funk Novelle zusammengezogen, viel Experimentelles dabei, was den Leuten hier sehr gefällt. Diese Sache wird wahrscheinlich sogar von zwei männlichen und einem weiblichen Sprecher (Kommentator) gesprochen werden. Das alles wird hier jetzt sehr modern und wird über kurz die Bücher überhaupt ablösen. Cotta will solche Funk Novellen auf Platten vertreiben. Mir macht das vorläufig Spaß. Und ich bin mit einer der Wenigen, die sich darauf zu specialisieren beginnen. Eine andere Sache, die ich jetzt vorbereite ist die Jungfrau von Orleans story. Nach der neuesten revidierten Historie war Johanna weder ein Hirtenmädchen noch ist sie verbrannt worden, sondern der ganze Prozeß war ein politisch aufgezogenes Intrigue Spiel, eine Farce zwischen der hohen Geistlichkeit und der englischen Gruppe am Pariser Hof. Johanna, ein uneheliches Kind der Königin Isabelle, hat dabei eine vorgeschriebene Rolle gespielt und ist später an einen Grafen nach Straßburg verheiratet worden. Die Sache ist eigentlich nicht neu, taucht nur eben alle 30 Jahre wieder auf und wird in Frankreich natürlich unterdrückt.

Gerade ist wiederum so ein Buch „Operation Shepherdess" bei Heinemann in London erschienen. Daraus kann man eine ganze Sache machen, halb ernst, ironisch mit Sottisen gegen die Dramatiker von Schiller zu Shaw und Brecht & Co. Ich habe schon den Auftrag, aber noch nicht ernsthaft angefangen. Mit solchen Sachen kann ich mich eine Weile über Wasser halten. Spaß würde mir auch in Paris die Africa Finance machen, wenn ich ernsthaft gewillte Mitarbeiter finde, so daß ich die Sache nicht wieder allein machen muß. (Das werde ich bald sehen.)

Daher – im Ernst gesprochen – viel Lust habe ich nicht, mich Hals über Kopf in die Arbeit mit Fenchel zu stürzen. Ich hatte ihm damals gleich noch an das Hospital geschrieben. Ich kann das auch noch mal an das Essex Haus tun. Was ich aber nur tun kann, ist Fragen beantworten, Informationen ihm generell geben oder solche, die ihn besonders interessieren. Mehr eigentlich nicht. Ob er das braucht, weiß ich nicht. *Seine* Dinge, die er voran treiben will, dazu bin ich nicht mehr der richtige Mann. Bei seiner Vitalität würde er sofort merken, daß ich nicht 100%ig ihm zur Verfügung stehe, in technisch geistiger Anspannung nicht wie auch persönlich. Wenn er etwas hat, das man über ein Afrika Bulletin laufen lassen kann, sehr gut. Aber ich glaube, ich kann ihm mehr helfen in persönlicher Korrespondenz, Tips, Analysen etc – wenn er dazu schon nicht zu eigenwillig geworden ist.

Es tut mir leid, daß du wieder mit deinen Tätigkeiten am Ende bist. Wie soll das bloß weiter gehen ...
  Viele Grüße und alles Gute
  Franz

Ich gehe nächste Woche von hier weg.

562. AN ULRICH MÜLLER
Mainhardt-Württembg, 10/30 61

Lieber Ulrich,
um Himmelswillen schicken Sie das Packet nicht nach hier. Aber machen Sie es inzwischen auf, vielleicht liegt eine mich angehende Mitteilung drin.

Das Programm sieht doch jetzt so im Augenblick aus, daß ich

Mitte nächster Woche von hier weggehe, zwei bis drei Tage in Stuttgart noch bleibe (wo ich inzwischen auch den Prof Kasack sprechen muß) und dann über Frankfurt (auch mit etwa 2 Tagen Aufenthalt) nach Paris weiterfahre. Alles kann sich ändern, wenn inzwischen Herr v Rauch aus Salzburg oder Dr Raabe (beide mit dem Marbacher Museum verbunden) dort aufkreuzen, eventuell kann das den Aufenthalt in Stuttgart verlängern. Ich nehme für Frankfurt und Paris wieder nur 2 Koffer mit, fast alle Bücher bleiben bei Ihnen im Depot. Am besten, wir stellen eine Liste zusammen, so daß ich weiß, wenn ich das eine oder andere brauche und mir nachschicken lassen muß. In dem Falle ist es natürlich sehr bedauerlich, wenn Sie von St weggehen, denn dann habe ich niemand, an den ich mich dann in St wenden könnte, vor allem, was so die Hilfsleistungen anlangt. Aber deswegen werde ich mich doch bei Gerold[1] bemühen, Sie dort unterzubringen. Da können Sie unbesorgt sein.

Bitten Sie doch Ihren Vater, den Jäger, wenn irgendmöglich die Pamphletfrage zu konkretisieren, was die Möglichkeiten anlangt. Jetzt können wir es noch besprechen, über Paris dann schon viel schwieriger. Es scheint doch, daß Otten, der jetzt sieht, daß Ernst gemacht werden soll, sich drücken will. Anders ist sein plötzliches Schweigen nicht zu erklären, zudem er weiß, daß ich eigentlich schon Ende des Monats beabsichtigte Deutschland zu verlassen – und deswegen ihn vorher sprechen wollte. Ganz egal, ob mit oder ohne Otten, zum mindesten *mein* Pamphlet[2] möchte ich sichergestellt wissen, es handelt sich ja, da ich es sowieso schreiben muß, eigentlich nur um den Rahmen, einen echten oder einen fiktiven, das heißt den Prospekt, über den ich mit Ihrem Vater sprechen müßte. Ich habe sehr bedauert, daß wir letztes Mal nicht dazu gekommen sind, eigentlich wäre es das wichtigste gewesen. Eventuell sollte man mit Wilimski, den ich in St bestimmt anrufen werde, über den Druck auf seiner Tiegelpresse verhandeln. (Heißenbüttel hatte schon damals diese Möglichkeit angedeutet.)

Viele Grüße und Empfehlung an die Familie
Ihr Franz Jung

1 Karl Gerold war der Herausgeber der *Frankfurter Rundschau*.
2 „In eigener Sache", vgl. den Brief an Artur Müller vom 17.10.1961.

563. AN ADOLPH WEINGARTEN
Stuttgart-Degerloch, 10/30 61
Raffstraße 2 b/Müller

Lieber Adolf, vielen Dank für deinen Brief.

Deine Phantasie läuft allerdings reichlich schnell und ich wünschte nur ein kleiner Teil davon ließe sich realisieren.

In der Anlage des Buches war wenig zu ändern. Daten und Indexe etc hätten den Kern des Buches zerstört. Es ist eben keine Zeitgeschichte, sondern der Reflex dieser Geschichte auf eine Person, in diesem Falle auf mich – was die Leute vermuten läßt, es handle sich um eine Autobiographie. Beides würde aber nicht stimmen, darin liegt ein gewisser neuartiger Charme des Buches.

Selbstverständlich hast du, ganz allgemein gesehen, recht. Denn so werden es weder die auf Literatur oder Biographie oder Zeitgeschichte specialisierten Kritiker lesen. Selbst um es auch nur mit einem unterzeichneten Namen zu kritisieren, müßten die Leute das ganze Buch lesen, und das tut heute niemand mehr.

Aber deine Einwände hin oder her, das steht einem Erfolg des Buches im Wege, das wußten der Verlag und auch ich vorher. Reaktionen habe ich noch nicht bekommen, ein paar Besprechungen werden schon irgendwo erscheinen. Ich werde sie kaum sehen, und der Verlag wird sie mir kaum schicken. Ulkigerweise hat sich Herr Gerold von der Frankfurter Rundschau gemeldet (ein Mann, den ich hasse wie die Pest und der irgendwie indirekt mitverantwortlich ist an dem Tode von Harriet, Peters Mutter). Dieser Gerold hat den Picard auf der Messe gesehen und das Buch über den grünen Klee gelobt. Als Picard ihm sagte, daß er mich wahrscheinlich in Stuttgart treffen würde, hat er ihm aufgetragen, ich sollte mich so schnell wie möglich bei ihm melden, er hätte etwas Dringendes mir vorzuschlagen usw. Ich werde also auf dem Wege nach Paris in Frankfurt, was ich sowieso wollte, Station machen und hören, was mir Gerold zu sagen haben wird.

Geld sehe ich von dem Buch sowieso nicht mehr einen Pfennig, von einer Rente schon ganz zu schweigen. Ich glaube, wenn ich mir vornehmen würde, dir eine Rente auszusetzen, käme das der Wirklichkeit näher wie deine Erwartungen.

Ich versuche etwas mit dem Drama in Paris zu tun. Allerdings der erste Rückschlag, Szittya, der mit seinem Kreis von Lettres Françaises Schriftstellern die Stütze sein sollte das Stück übersetzen zu lassen und anzubringen, hat sich sehr gegen das Buch ausgesprochen, hält es für eine anti-kommunistische Propaganda und behauptet, ich hätte nur lamentiert, weil ich zu wenig gedruckt worden sei und ähnliches mehr. Der Kommunismus, schreibt er mir, wird über das Buch hinweggehen und über mich – was wahrscheinlich stimmt. Der Mann war so freundlich zu mir und ich hatte ihn wirklich ganz anders eingeschätzt.

Wenn aus der Sache mit dem Drama nichts wird, gehe ich vielleicht nach Südfrankreich, an die Küste bei Toulouse südlich, um an dem Albigenser Buch zu arbeiten, das mich sowieso nicht loslassen wird. Dort hoffe ich dann – Dämonen gibt es dort wie Sand am Meer, wie schon viele vor mir einfach zu verschwinden.

Vorläufig bekomme ich noch etwa 1200 DM vom Rundfunk hier für den Fuhrmann Essay – mit diesem Geld und der Rente werde ich wohl einige Monate auskommen können.

Das Fuhrmann Buch selbst (der Auswahlband) ist noch nicht soweit. Ich habe auch an dem Band selbst noch nicht angefangen zu arbeiten. Aber das ist auch nicht so wichtig jetzt, nachdem ich den Essay, was mir bis zuletzt zweifelhaft war, untergebracht habe.

Viele Grüße und viel Glück für Carola und für dich ebenfalls dasselbe und gute Gesundheit
Franz

564. AN ADOLPH WEINGARTEN
Mainhardt-Württembg, 10/30 [1961]

Lieber Adolph, ich muß gleich noch etwas nachholen, weil ich gesehen habe, daß ich dir nicht auf alle Fragen geantwortet habe.

Zunächst: eine Taschenausgabe ist sicher nicht von dem Buch beabsichtigt. Das gehört nicht zu den Programmen des Verlages. Es gehen seit Monaten Verhandlungen zwischen Otten und auch seitens von Kurt Pinthus in einer der Serien von expressionistischer Literatur auch einen Auswahlband Franz Jung zu bringen. Von dem Ergebnis habe ich nichts gehört, Pinthus wollte bei

Rowohlt erneut anbohren, Otten bei Fischer und Cotta. Ich selbst habe keinen Einfluß darauf. Etwelche Rechte, die vergeben werden müßten, hat Luchterhand. Viel kommt sowieso nicht dabei heraus. Mehr eine Prestigesache nach außen.

Ebenso steht es mit der Übersetzung. Das ist ein großes Monopolgeschäft geworden, im Stil einer Börse. Verlage wie Luchterhand haben eine Generaloption gegenseitig mit Seuil in Paris und der Grove Press in New York, vielleicht auch Feltrinelli in Mailand. In diese Option fällt alles, was die Partner verlegen, gegen das dann der deutsche Autor ausgetauscht und verrechnet wird. Da Luchterhand stark an Günter Grass, der Blechtrommel Autor, interessiert ist, überhaupt an der Gruppe der 47, Andersch & Co, werde ich dabei kaum berücksichtigt werden. Auf das einzelne Buch, Qualität etc kommt es schon längst nicht mehr an. Ich könnte natürlich versuchen, von mir aus Leute zu finden, die in ausländischen Zeitschriften etc auf mich hinweisen, Besprechungen bringen, vielleicht sogar kurze Textauszüge in Übersetzungen – aber wo finde ich die, nachdem die Szittya Gruppe sich abgewandt hat, die mir das versprochen hatte. In der USA habe ich sowieso niemanden.

Was ich hier machen kann, ist ein gewisser Einbruch in die Gruppe der 47, die hier das (linke) Kulturleben beherrscht durch den Stuttgarter Sender, das Radio Essay. Dieser Mann (Heißenbüttel), selbst ein prominenter 47er, ist mir sehr wohlgesinnt. Ich werde für den Mann zwei Funk Novellen (neuen Stils) schreiben, beinahe mehr Hörspielcharakter, verschiedene Sprecher, aber keinen direkten Dialog, sehr provokativ – beide sind noch nicht geschrieben und daher auch noch nicht angenommen, an der ersten bin ich schon dabei, eine Umdrehung des Maslow Manuskripts, soweit es mir in Erinnerung ist, das heißt die Hammerstein-Scholem story, ohne den Namen direkt zu nennen, ganz unsentimental, nur das Hinrichtungsgepolter, und eine sehr vulgare Sprache, mit Zitaten aus dem Buch des Professor Knauff aus Braunschweig aus dem Jahre 1740 „Über das Schmatzen der Toten im Grabe"[1], die andere Novelle über Charles [richtig: George] Train, den Kavalier der Woodhull sisters, Gegenspieler Astors etc – ganz auf Jazz hin geschrieben, mit Synkopen. Zwei weitere werden mir im Laufe des Jahres noch einfallen. Wenn mir die Dinger gelingen und ich die Unterstützung der Stuttgarter behalte, kann ich die Sammlung von 4 Novellen auf Schallplatten bei Cotta bringen, in einem Album – auf diese Weise bin ich dann wenigstens die Buchverleger los.

Diese Linie hat eine gewisse Aussicht.

Außerdem plane ich die Herausgabe einer an keinen festen Erscheinungstermin gebundenen Serie von Pamphlets. Ursprünglich wollte sich Otten daran beteiligen und Müller wollte die Herausgabe übernehmen – möglich, daß es in dieser Kombination auch zustande kommt, aber ich bin daran nur an *einem* Pamphlet interessiert, nämlich dem von mir, mit dem die Serie begonnen werden soll. In diesem Pamphlet werde ich alles sagen, was ich gegen die Welt, die Zeit, die Personen etc zu sagen habe „In eigener Sache". Kommt die Kombination nicht zustande, kann ich das Pamphlet auch alleine herausgeben. Ich brauche nur den Rahmen des Prospektes, mit dem die Serie angekündigt wird. Zur Not müßte ich es ohne die beiden machen. Die Finanzierung denke ich mir so, daß ich den Prospekt zunächst an etwa 1000 Namen herausschicke. Mit Bestellschein der ersten beiden Nummern, das zweite Pamphlet kann ruhig nur „fiktiv" sein. Dann lasse ich 300 Exemplare drucken, verkaufe oder verschenke 30 Exemplare und gebe die restlichen 270 an das Antiquariat. Mit etwa 4 Antiquariaten in Paris, London, München oder Frankfurt, Zürich (Pinkus) mache ich einen corner – das heißt wir treiben durch fiktive Suchanzeigen und Angebote die Preise gleich zu Beginn schon auf das Fünffache, das ist mein Preis, den ich für die Druckkosten benötige, was darüber hinausgeht, ist dann der Gewinn der Antiquariate. Pinkus scheint nicht abgeneigt zu sein, wenn ich ihm noch andere Firmen als Interessenten an dem Plan bringe, die Druckkosten vorzuschießen. Ich hätte hier dann noch genug Möglichkeit, etwas über das Pamphlet und die Serie in die Presse zu bringen, über die seriöse Seite wenigstens.

Ich werde damit nicht sehr viel verdienen, aber ich sichere mir einen gewissen Auftrieb – und das ist für mich schließlich das entscheidende. Picard würde auch mitmachen, ist aber vielleicht zu klein.

Schließlich besteht dann ja noch der Plan, in Paris das Finanzbulletin über Afrika herauszubringen. Leider sind daran auch die Leute um Szittya beteiligt, die mir ja die Neger Studenten gebracht haben, wie den Finanzredakteur von Pour et Contre. Was daraus jetzt werden wird, weiß ich nicht – ob ich die

Sache alleine machen soll, vor allem auch alleine machen kann, weiß ich eben nicht. Einer der Gründe, warum ich bald nach Paris gehen sollte. Ursprünglich war eigentlich sowieso nur daran gedacht, daß ich die Sache mit starten helfe, eine Art Berater bleibe und die eigentliche Tagesarbeit eben von den Studenten gemacht werden soll. Ich würde es schon ganz gern tun, um nicht täglich von der Literatur und den verwandten Zweigen abhängig zu sein.

Ich glaube, jetzt habe ich alle deine Fragen beantwortet. Wenn du gerade in Stimmung bist, stelle weitere. Du siehst, ich habe keine Mühe und auch keine Hemmungen zu schreiben.

Herzliche Grüße

Franz

Ich komme nochmal auf eine alte Sache zurück: Der Salo hat damals nicht richtig nachgesehen. Ich weiß, daß es in der Public Library das Buch von *Emanie Louise Sachs „The terrible Siren (Victoria Woodhull)"* gibt, erschienen in New York 1928. Ich brauche das Buch sehr, um über diesen Train einiges nachzulesen, der dort erwähnt wird. Ohne dieses Buch kann ich eigentlich die Funk Novelle kaum schreiben. Das Buch ist keineswegs eine Seltenheit, wahrscheinlich eine Fleißarbeit zur Erlangung des PH[ilosophiae] D[octor] degrees.

Man sollte doch das Buch irgendwo auftreiben können. Ich hatte schon an die Frieda Mattick deswegen geschrieben, die es ohne weiteres im Hunter College gefunden hat. Nur: sie macht solche Umstände, sie hätte keine Zeit es zu lesen etc, daß ich denke, das einfachste wäre, man leiht irgendwo das Buch, sendet es mir per Luftpost, ich lese es in ein bis zwei Tagen durch und sende es per Luftpost wieder zurück. Das ist doch eigentlich gar nicht so schwer zu bewerkstelligen. Denke doch mal nach, ob du darin etwas tun kannst.

FJ

1 Gemeint ist: Michael Ranft „Tractat von dem Kauen und Schmatzen der Todten", Leipzig 1734.

565. An Emil Szittya
Mainhardt-Württembg, 10/31 61
Pension Weber

Lieber Emil Szittya,
haben Sie vielen Dank für die Aufmerksamkeit, mit der Sie das Buch „Der Weg nach unten" gelesen haben.

In einigen Ihren Bemerkungen tun Sie mir nach meiner Auffassung Unrecht, aber ich kann selbst darüber nicht argumentieren, weil ich ja nicht einen bestimmten Standpunkt, eine Weltanschauung oder sonst was niederzulegen bestrebt war, sondern eine Darstellung, Wiedergabe und versuchsweise eine Erklärung meiner eigenen Reflexe zu den Vorgängen um mich herum, also meine eigene Person, zu der ich schlecht für oder wider diskutieren kann. Das ist eben so und kann eben leider nicht anders sein. In dieser Hinsicht haben Sie glaub ich manches in diesem Buch nicht richtig verstanden. Ihre Bemerkung, das Buch reihe sich in die anti-kommunistische Front hat kaum volle Berechtigung.

Sie können zudem beruhigt sein, daß das Buch materiell kein Erfolg sein wird. Auf der Buchmesse ist es überhaupt nicht beachtet worden und ich habe auch noch keine Besprechung, die ja sowieso bedeutungslos sein würde, da niemand von den üblichen Kritikern das Buch von Anfang bis zu Ende lesen würde, um es zu verstehen, in irgendeiner Zeitung oder Zeitschrift gesehen.

Ich stehe auch nicht derart mit dem Verlag, daß dieser mich darauf aufmerksam machen würde.

Ich werde bald in Paris sein. Ich bin aber nicht ganz sicher, ob Ihr „Guten Tag" am Schluß Ihrer Anmerkungen nicht mehr einem „good by" entspreche und werde daher bei Ihnen vorerst schriftlich anfragen, ob mein Besuch Ihnen genehm ist. Mit besten Grüßen
Franz Jung

566. An Georg von Rauch
Mainhardt-Württembg, 10/31 61
Pension Weber

Lieber Herr v. Rauch,
es tut mir leid, daß Sie so ungeduldig sind. Aber Sie müssen warten. Der Dr Zeller wird Ihnen schreiben, wenn er etwas Positives zu sagen haben wird. Dies können weder Sie noch ich forcieren. Übrigens hat Dr Z die Expressionisten Ausstellung des Nationalmuseums in Hamburg eingeweiht (ich glaube vorigen Sonntag).

Ich habe hier Kontakt aufgenommen mit Kasack. Hier entwickelt sich wiederum etwas völlig Neues. Kasack hat mir nach San Francisco einen Brief geschrieben (ich kann ihn im Augenblick für Sie aus dem Original nicht abschreiben und das Original muß ich behalten, vorläufig), worin er für die Akademie die Herausgabe eines Fuhrmann Bandes jetzt seinerseits vorschlägt, Nachwort von mir. Ich habe ihm heute von hier aus geschrieben und eine Begegnung in Stuttgart vereinbart. (Das heißt Kasack wußte von den bisherigen Verhandlungen in Marbach nichts, jedenfalls nicht bei Abgang des Briefes, am 19.10.)

Der Vorschlag ist sehr präzis, gibt selbst schon eine Auswahl an, hauptsächlich aus dem 7. Band, wünscht aber auch aus den Kasack ja unbekannten 5 Bänden und wenn möglich auch Ungedrucktes etc. Ich habe zunächst mal grundsätzlich meine Bereitschaft erklärt. Dann werden wir weitersehen. Eventuell müßten die Luchterhand Pläne gleich von vornherein auf das Tagebuch, das Insane Asylum abgeschoben werden. Vorläufig hat ja Luchterhand auf den Auswahlband so eine Art Option. Sie sehen also, Sie werden so oder so bald in den Mittelpunkt rücken.

Meine Pläne: Ich bleibe hier, bis die Pension schließt, das wird so um den 10. herum sein. Gehe dann nach Stuttgart und bleibe dort, bis Kasack, Marbach etc Gestalt angenommen haben, das heißt, daß von St noch einmal aus verhandelt wird, auch mit Marbach.

Wenn gar nichts bisher erfolgt, sollen Sie dann nach Stuttgart kommen. (Ihren Index mitbringen, Proben von den Biological Notes, dem Insane Asylum, ferner das Ornamenten Buch, irgend etwas über die Schattenspiele – ich weiß nicht, wo das steht.) Eventuell fahren wir mit dem Kram dann gleich weiter. Das wird man von Stuttgart aus sehen. Nur eins: warten Sie mit allem Schreiben an Kloss etc, bis wir etwas Festes und Positives in der Hand haben.

Dann sind Sie frei zu schreiben, mit wem und wieviel Sie wollen.
Viele Grüße
Franz Jung

Und Empfehlungen an Ihre Herren Brüder

567. AN HERMANN KASACK
Mainhardt-Württemberg, 10/31 61
Pension Weber

Lieber Herr Kasack,
ich habe Ihren Brief über San Francisco nach hier erhalten, und zwar wie Sie sehen, ganz in Ihrer Nähe.

Daß ich Sie nicht schon aufgesucht habe, ist darauf zurückzuführen, daß ich hier eine eilige Arbeit[1] für den Süddeutschen Rundfunk fertig zu machen habe und erst nach Beendigung dieser einige Tage in Stuttgart und Frankfurt frei habe, ehe ich wieder nach Paris, wo ich den Winter über bleiben will, zurückgehe.

Ich hatte aber schon Gelegenheit in Marbach, wo ich mit Dr. Zeller über die Möglichkeit eines Studium Archivs für Ernst Fuhrmann zu verhandeln hatte, darauf hinzuweisen, daß ich Sie gern bei diesen Verhandlungen dabei haben möchte.

Aber das sollten wir alles jetzt nachholen.

Ich rechne, daß ich vom 10.11. ab frei sein werde; ich werde mich einige Tage in Stuttgart aufhalten, wo ich über Herrn Artur Müller, Raffstr 2, Stuttgart-Degerloch erreichbar sein werde. Eventuell könnte ich sie vielleicht dann anrufen und eine Begegnung vereinbaren.

Zur Sache Fuhrmann: Ich bin durchaus mit dem Grundriß Ihres Vorschlages einverstanden. Ich möchte gleich bemerken, daß ich im Radio Essay im ersten Viertel 62 eine Arbeit über Ernst Fuhrmann habe, die im großen Ganzen vielleicht bereits als Nachwort – etwas umgearbeitet verwendet werden könnte (die

Lehre von den Zusammenhängen). Ich habe auch schon ungefähr mir einen Grundriß aufgestellt für einen solchen Auswahlband, beinahe schon identisch mit Ihren Anregungen. Ich hätte vorgesehen aus Band 1, 2, 4 und 6 und 7 der Arnholdt'schen Ausgabe, ferner an ungedruckten Manuskripten: Das Oberste Gesetz (praktisch die letzte größere Arbeit von EF), etwas aus den Tagebüchern (Lyssenko gegen Mendel – Improvisation oder Orthodoxie, das Ende der biologischen Forschung) und den von der C G Jung Gesellschaft in Zürich bestellten Vortrag „Der Mensch als Erbmasse"[2], vielleicht auch noch den für den 9. Band bei Arnholdt vorgesehenen „Brief an den Leser"[2]. Ich habe die Skizze nicht bei mir, sie liegt bei den Manuskripten bei Müller, und wenn wir uns sehen, kann ich sie mitbringen. Ebenso glaube ich, kann ich Ihnen jetzt die andern 5 Bände bringen – ich habe sie mir selbst ausleihen müssen (vorerst) und wenn ich präzise Angaben etc machen müßte, sollte ich sie selbst mir erst durchsehen daraufhin.

Es ist kein Zweifel, daß ich alles Ihnen in kürzester Frist zur Verfügung stellen kann.

Mit herzlichen Grüßen

[1] Vermutlich „Das Märchen einer Legende. Jack Londons tragisches Schicksal", im Süddeutschen Rundfunk Stuttgart gesendet am 3.11.1961.
[2] Vgl. „Der Mensch als Erbe", „An den Leser" in Jungs Fuhrmann-Auswahlband „Grundformen des Lebens", S. 9–17 und 219–241.

568. AN ARTUR MÜLLER
Mainhardt-Württb., 11/3 61

Lieber Artur Müller,
mich würden die Auskünfte des Archivar nicht stören. Wenn der Herr Aktenmäßiges zum Fall beisteuern kann, etwa die kriminalistische Seite, für eine weitere Bearbeitung der Themenreihe durch Sie dann umso besser. Akten des Volksgerichtshofes dürften doch schließlich aufzutreiben sein, bezw des Reichsgerichts, ich glaube damals bestand der Volksgerichtshof noch nicht.

Sie haben in der Stalinrede von Chr[ustschow] den Hinweis auf Tuchatschewski sicher gelesen. Ich vermute, daß zunächst

Bucharin rehabilitiert werden wird, dann in irgendeiner Form auch Trotzki – und wenn dies nur geschehen sollte, um die „permanente Revolution" als eine geistig-theoretische Verteidigungsbereitschaft der russischen Errungenschaften neu zu interpretieren.

Ich würde in Ihrer Liste der Pamphlets nur Nietzsche, Panizza, die Enzyklika, falls sich jemand findet, der tatsächlich die eigentliche katholische Kirche kennt, die geheimen Reformen wie die Selbstbeichte, die Transsubstantiationen der Mysterien u.a. – alles das besteht zwar, wenn auch nicht offiziell zugegeben, aber darauf wird man das Schwergewicht legen müssen, nicht auf die Schau und den Schwindel. Warum haben Sie den Kierkegaard ausgelassen und die deutschen Jakobiner? (Marat sollte man auch noch streichen.) Alle diese Themen sind Vorstöße, Feststellungen zur Auflockerung, Beunruhigung, Zerstörung der kulturellen Oberschicht und Oberfläche, und nicht nur Artikel, die gerade als Pamphlet erscheinen sollen, weil sie keine Zeitschrift sonst drucken würde. Das ist ein fundamentaler Unterschied. Halten wir nicht die Grenzen, platzt die ganze Idee auf. Ich glaube daher, wir sollten nichts überstürzen. Wozu die Eile – wir sind doch gar nicht einig. Mein Beitrag braucht (und wird auch) keineswegs No 1 sein. Dazu trägt er nicht das Ganze genug. Ich habe auch „Abschied von Deutschland" längst aufgegeben. Im Mittelpunkt steht der russische Sog (dh der kommunistische, der ein russischer geworden ist) naturgegeben und die Erklärung aller Schattenseiten, in der Intelligenz, in der Kulturspitze und im Funktionärapparat, die geistige Furunkulose. Unmöglich sich diesem Sog zu entziehen, die Furunkulose muß in Kauf genommen werden. In der heutigen Situation etwa in W Deutschland geschieht dazu nichts, nicht mal die Furunkeln stoßen nach oben, nur antiquierte Korruption, Einschläfern, letzte geistige Faulheit etc. Es stinkt aber nach Verdrängung, Verstopfung und zeitweiliger Diarrhöe, nicht nach dem Gesundungsprozeß – etwa im Osten, wo eben das Volk die Fremdkörper im Blut erst ausstinken, dh ausschwitzen muß. Das ist die technische Feststellung innerhalb der klassischen Sociologie. Aber braucht man das überhaupt? – hier setzt meine eigentliche Analyse ein. Ist es nicht besser, einige Millionen erst umzubringen, die radikalere Methode, nicht dem Krieg sich zu widersetzen, wenn Amerika [nicht lesbar] durchaus noch eine Generation des Zersetzungsprozeß warten und aufhalten will? Wozu, würde ich fragen. Der Kinderschreck Marx ist doch längst überholt etc. Und das bringt mich zu der Erinnerung, daß Sie Gleichgesinnte oder auch nur Bereite zum Nachdenken sammeln wollen – eine grausige Vorstellung. Um Gottes willen – nicht wieder neu anfangen; das ist völliger Blödsinn. Die Krankheit der Gesellschaft anzugehen, gibt es nur zwei Möglichkeiten: den Einzelnen, das kranke Glied zu amputieren oder unschädlich zu machen – was die Politik mit Erfolg betreibt, und zwar in Ost und West, oder den Einzelnen gesunden zu lassen, das ist zum Widerstand aufzurufen *gegen sich selbst*, nicht gegen die Gesellschaft, das lohnt sich doch längst nicht mehr.

Sie sehen also, wie weit wir voneinander entfernt sind.

Ich schlage vor, wenn wir überhaupt im Augenblick etwas für die Pamphlets tun wollen, eine Liste von 300 Personen zu finden, sorgfältigst auszuwählen, denen der Prospekt geschickt werden sollte. Das müßte die Spitze der heutigen Kultur Führung sein, vermischt mit einigen Einzelgängern. Da 90% davon praktisch die Feinde sind, hat das Ziel einen Zweck diese aus dem Gleichgewicht zu bringen, zu beunruhigen und vielleicht sogar sie zerstören zu können. Das ist meine Meinung über diese Serie. Warten wir lieber noch ab, bis sich das weiter ideell festigt und ausrichtet.

Wenn Sie trotzdem starten wollen, Glückauf! Nur mein Beitrag käme etwa an 5. Stelle im Programm.

Wenn ich nicht bis Dienstag Mittag telefoniere, würde ich Donnerstag kommen, dh für diesen Tag müßte das Zimmer für Donnerstag bestellt werden. Für Freitag dann für Rauch. Leider hängt alles ab, ob ich Raabe oder Kasack vorher sehen müßte. Dann eben werde ich sogleich telefonieren.

Ich müßte dort ungefähr die Fuhrmann Auswahl für die Akademie fertigmachen, ein neues Exposé etc und wahrscheinlich eine neue Fuhrmann Kampagne für Rauch – das sind die Tagebücher Fuhrmanns, die Rauch erst übersetzen müßte, starten. Ich denke, daß Sie dabei Rauch, der an und für sich für eine solche Auswahl wahrscheinlich doch nicht kompetent ist, helfen. Ich möchte die Angebote an eine Reihe von Verlegern noch von dort aus gleich herausschicken. Die Antwort nehmen Sie entgegen und setzen dann den Rauch an. Ich glaube diese Sache hat eine gute Aussicht, wenn vorher feststeht, daß im nächsten Herbst die

Akademie Ausgabe, bezw bei Lambert Schneider erscheint. Ich werde ja auch Schwierigkeiten mit Luchterhand haben, der an und für sich für den Auswahlband eine Option hat.

Leider schreibe ich immer zu lang und laufe Gefahr Sie zu verwirren.

Viele Grüße

Franz Jung

Also Donnerstag müßte ich abgeholt werden.

569. AN KÄTE RUMINOFF
Mainhardt-Württ., 11/5 61

Liebe Kate,
ich habe deine Karte noch hier erhalten. Aber ich fahre jetzt in den nächsten Tagen hier weg, bleibe ein paar Tage in Stuttgart und gehe dann über Frankfurt (bleibe dort 2 Tage) wieder nach Paris zurück. Ich gebe dir meine Pariser Adresse bald. Notfalls kannst du schreiben nach Hotel du Dragon, rue du Dragon, Paris 6e – wahrscheinlich werde ich dort wohnen. Die Leute heben mir aber sowieso die Post auf. Fenchel hat sich bisher nicht gemeldet, hat vielleicht niemanden zu schreiben. Dagegen hat sich Breier bereits in Paris dort im Dragon gemeldet auf der Durchreise in Paris für irgendeine Organisation in SF; er wußte zwar, daß ich *nicht* vor dem 15.11. in Paris sein würde.

An Hadda habe ich geschrieben, daß ich nichts für ihn tun kann. Damit dürfte die Verbindung zu Hadda jetzt abgebrochen sein. Die ersten 50 Dollar habe ich ihm überweisen lassen. Es tut mir leid. Ich möchte aber nicht eine Illusion aufrechterhalten, die schließlich auf mich zurückfallen muß. Es ist für mich auch unmöglich über Änderungen, andere Grundstellung etc eines Themas mit ihm zu verhandeln, zu schreiben etc Fragen etc zu beantworten – er hat kaum eine Vorstellung davon, was so ein Umweg mit dem Hin und Her beansprucht an Zeit, Energie, Wachsein für die Wünsche eines Lektors etc. Ich kann das eben nicht. Ich kann das nicht einmal allein für mich. Den letzten Brief von Hadda habe ich glaub ich vor 4 Monaten erhalten, dh er selbst ist kaum genug daran interessiert, eine direkte und lebensfähige Verbindung zu mir aufrechtzuerhalten. Warum soll ich das krampfhaft tun. Ich schreibe dir darüber, weil ich annehme, daß man jetzt in der Familie über mich zu schimpfen anfangen wird ... ich kann es nicht ändern.

Ich hätte für dich noch eine Bitte, ganz vage – wenn nichts daraus wird, macht es auch nichts. Da ich hier einen Fuhrmann Band vorbereite – entweder für die Akademie[1] oder Luchterhand oder Cotta – ich habe die Auswahl – wäre es sehr gut gleich daran auch einen Wilhelm Reich Band anzuschließen. Nun gibt es ja dort Rechte (die Töchter[2], bei denen man sie sich beschaffen müßte). Vorläufig aber brauchte ich die Bücher. In Frage hier – im Augenblick – kämen nur die beiden sociologischen gesellschaftsanalytischen Bücher: Listen, little man und The murder of Christ. Ich glaube, ein wenig ist der Bann gegen Reich schon gelockert, sonst hätten die Selected Works im Vorjahr nicht erscheinen können. Immerhin – ich weiß nicht, was da drin steht – es wäre natürlich sofort alles zu machen, wenn ich diese beiden Bücher hier hätte, wenigstens für 2-3 Wochen. Könntest du dich nicht bei Gerd Kohbieter, 208 State Street dort erkundigen, ob man die beiden Bücher nicht bekommen könnte, geborgt, eventuell gekauft – dh der Verlag würde sie kaufen, aber wahrscheinlich nicht ungesehen. Und frage doch bei Helen Sullivan (auch in der State Street – du warst glaub ich mit mir einmal dort) an, ob Kohbieter noch existiert. Ich lasse die Helen Sullivan grüßen, es steht dort ein Koffer mit Briefen noch bei ihr – eventuell könnte sie mir den Koffer schicken. Alles, auch deine Antworten an Müller, Degerloch. Wenn ich unterwegs bin, würde Müller auch die weitere Korrespondenz in dieser Sache führen. Wenn dir Kosten entstehen, können sie dir vergütet werden. Vielleicht könntest du überhaupt einiges aus dem Murder of Christ übersetzen, etwas größer wie eine outline, mehr schon eine gedrängte Inhaltsangabe. Auch dafür könntest du – aber erst feststellen wie und was, damit wir hier ein Angebot fixieren können – auch natürlich bereits etwas bekommen.

Überlege dir, ob du das tun kannst, eventuell laß dir von Kohbieter weiteres Material geben, was für ein Reich Buch hier nützlich sein könnte. Auch den Inhalt der Selected Works etc.

Viele Grüße
    Franz

1 Deutsche Akademie für Sprache und Dichtung Darmstadt, als deren 28. Veröffentlichung „Grundformen des Lebens", Jungs Fuhrmann-Band, 1962 erschien.
2 Lore Reich Rubin und Eva Reich.

570. AN HELMUT HEISSENBÜTTEL
Paris 6e, 11/10 [1961]
36 rue du Dragon

Lieber Herr Heißenbüttel,
wenn Sie den Reich Essay[1] bringen wollen, könnten Sie das nicht bei der Administration fixieren?

Ich schreibe Ihnen, weil es mir außerordentlich schlecht geht. Ich muß morgen von hier in eine Klinik gehen – in Frankreich ist das für Ausländer und ohne Versicherung so gut wie eine Unmöglichkeit und ich habe große Mühe die vorzuzahlende Garantie aufzutreiben.

Immerhin, es sieht so aus, daß ich die Summe auftreiben kann. Das erste Geld vom Rundfunk kommt ja sowieso erst nach einigen Wochen, da ich ja irgendwelche Formulare erst ausfüllen muß, aber irgendwie hebt es meinen augenblicklichen Kredit.

Wenn ein Ruf von Ihrem Büro aus genügt, wäre ich sehr dankbar. Ganz gleich, wo es hingeht, entweder über meine Bank in Düsseldorf oder hierher – ich nehme wo immer es kommt.

Entschuldigen Sie und viele Grüße

1 „Der Psychoanalytiker Wilhelm Reich. Aus der Krankengeschichte unserer Zeit", posthum gesendet vom Süddeutschen Rundfunk am 4.2.1963.

571. AN CLÄRE JUNG
Paris 6e, 11/16 61
36 rue du Dragon

Liebe Cläre,
vielen Dank für deinen Brief und ich habe mich auch gefreut, daß du das Buch so bald erhalten hast. Wie lange ich hier bleiben werde, weiß ich nicht, vielleicht einige Monate, trotzdem wird mich ein Brief über Fontana stets erreichen.

Daß du den Aktions Nachdruck noch nicht erhalten hast, besagt nichts. Sie sind rückständig in der Auslieferung und im Druck, so daß einige Institutionen wie die dortige Akademie eben das Buch bevorzugt früher erhalten haben mögen. Ich war vor einigen Wochen selbst in Marbach und habe dort bei Dr Raabe das Buch, d h die Bücher, es sind vorerst 3 Bände erschienen, gesehen. Ich selbst bekomme leider keine, weil ich nicht mit 12 Beiträgen, das ist die untere Norm, dort vertreten bin. Dr Raabe sagte mir, du hättest ihm versprochen, wenn es möglich wäre, eine Copie des Mikrofilms von deinen Sammlungen, von denen du eine nach Moskau senden solltest, auch dem Marbacher Museum zugänglich zu machen. Vielleicht schreibst du ihm, ob das überhaupt geht, und kannst ihn gleichzeitig daran erinnern, daß er seinerseits die Aktions Bücher versprochen hätte.

Ich glaube, wenn überhaupt, liegt es nicht an Raabe, daß du die Bücher noch nicht bekommen hast.

Es tut mir leid, daß deine beiden Schwestern vom Urlaub krank zurückgekommen sind und ich lasse Ihnen gute Besserung wünschen und hoffentlich bleibst du selbst gesund.
    Herzlichen Gruß
        Franz

572. AN OSKAR MAURUS FONTANA
Paris 6e, 11/17 61
36 rue du Dragon

Lieber Fontana,
ich bin wieder nach Paris zurückgekehrt.

An Luchterhand habe ich wegen des Zolls geschrieben und es ist für ihn ja wichtig, sich darum zu kümmern. Irgendwo verstößt es doch gegen die Konvention. Ich nehme an, die Leute werden sich an dich wenden und dabei auch die Jugoslavien Sache klären. Wie Otten mir schrieb, der dort jetzt gewesen ist, geht im Verlag alles wieder drunter und drüber. Schonauer ist schon seit Wochen verreist und zwei aus dem Lektorat gehen Ende des Jahres weg. Residiert dann der Dr. Schonauer vorläufig alleine.

Von Buchhändlern in Stuttgart und Frankfurt habe ich gehört, daß sie trotz Reklamationen noch immer keine Exemplare des Buches bekommen haben. Die Leute sollten eben lieber Erdnüsse verkaufen statt Bücher.

Hoffentlich seid Ihr gesund. Die Straßen sind jetzt vereist, wie du Käthe mitteilen solltest und es empfiehlt sich daher sehr vorsichtig wenn auch nicht allzu langsam zu fahren. Die meisten Unglücksfälle kommen durch zu langsames Fahren – das wissen alle Experten.

Also noch einmal alles Gute
Dein Franz Jung

573. AN ADOLPH WEINGARTEN
Paris 6e, 11/17 61
36 rue du Dragon

Lieber Adolph,
habe vielen Dank für die Terrible Siren – es war ja großartig, daß du das Buch[1] so schnell aufgetrieben hast.

Inzwischen bin ich in Frankfurt gewesen, habe dort aber Gerold, der mich angeblich so dringend sprechen wollte, nicht angetroffen, auf Urlaub oder verreist oder krank – bei dem Manne weiß man heute nicht mehr, was da los ist. Jedenfalls hat er mich offensichtlich vergessen.

Ich war bei dem Feuilleton Mann Lissner, der noch nicht einmal das Buch hatte, weil Gerold durch Verordnung jede Buchsendung an sich zieht, auch privat an einen seiner Redakteure gesendete Bücher. Immerhin er hat eine Großaufnahme[2] von mir machen lassen und zusammen mit einem Artikel wird die Sache demnächst erscheinen. Sonst ist absolut noch nichts für das Buch geschehen, weder im guten wie im schlechten Sinne. In keiner Buchhandlung in Stuttgart oder Frankfurt habe ich das Buch bisher gesehen, außer bei Jola, der sich anscheinend hintenherum Exemplare besorgt hat. Das Urteil der beiden Gewerkschaftsfunktionäre, denen er das Buch aufgehängt hat, ist nicht sehr freundlich – ein Mensch, der mit der Revolution nur „spielt" und ähnliches. Der andere hat gesagt, das Shirer Buch hat 1100 Seiten, meines nur 550 und kostet nur 4 Mark mehr als das meine etc.

Der Verlag hat Otten erzählt, der gerade dort war, daß der Spiegel eine Sonderseite bringen würde, der Monat einen längeren Abdruck[3]. Wenn es stimmt, werde ich warten das zu sehen und dir, wenn bis hier die Nachricht dringt, die Exemplare senden. Aber vorläufig ist eben noch nichts.

Wenn ich Erdnüsse verkauft hätte statt Bücher zu schreiben, könnte ich eher auf eine Rente rechnen.

Ich schreibe bald wieder, weil ich dich bitten möchte etwas für mich in der Wilhelm Reich Sache zu tun; die Rechte feststellen, und ich geb dir bald die Namen, an die du dich wenden solltest. Außerdem wird fürchte ich bald wieder die Sendung von Thyroids fällig werden. Ich gebe aber noch Bescheid, ob es mir nicht doch gelingt, den Dreck hier aufzutreiben.

Hier habe ich mein letztes Exemplar des Buches gestern dem Picard geliehen, der es auch noch nicht vom Verlag bekommen hatte. Er hat es an Carlo Schmid, der gerade in den Laden kam, verkauft. Ich bin vorher rausgegangen – ich wollte den Mann nicht erst kennen lernen. Der Mann verhandelt hier irgend etwas für Bonn mit der Regierung – und so harmlos geht es hier zu von Tag zu Tag. Gestern ist hier der Amerikanische Drugstore in den Champs-Élysées durch eine Plastikbombe zerstört worden.

Glückauf und viele Grüße auch an Carola
Dein Franz Jung

1 Emanie Louise Sachs „The terrible Siren, Victoria Woodhull (1838–1927)", New York 1928.
2 Jung-Foto von Fritz Frischmann mit dem Artikel von hr „Ein wahrer Pirat. Kleines Porträt Franz Jungs". In: *Frankfurter Rundschau* vom 2.12.1961.
3 In diesen Zeitschriften erschienen Rezensionen: Alfred Liede „Ein expressionistischer Außenseiter" in: *Der Monat* 1962, H. 161 (Februar), S. 69–74. Und: „Franz Jung, Der Weg nach unten" in: *Der Spiegel* 1962, Nr. 14 vom 4.4.1962, S. 76.

574. AN KÄTE RUMINOFF
Paris 6e, 11/18 61
rue du Dragon 36

Liebe Kate,
vielen Dank für deinen Brief und die Bemühungen um das Reich Projekt.

Bevor ich das Angebot machen kann, muß ich sicher sein, daß ich auch die Rechte bekomme.

Ein Freund des Hauses Reich, der auch in Verbindung zu den Töchtern steht, ist ein Dr. Loewenfeld in Berlin. Ich habe Weingarten gebeten, sich mit diesem in Verbindung zu setzen, die Adresse der Töchter zu erfahren und eventuell die Möglichkeit einer Autorisation festzustellen. Die Frau Anna, die ich ja selbst sehr gut kenne, hat gerade einen Schlaganfall bekommen und soll bei einer der Töchter aufgenommen worden sein. Von der Frau selbst wäre nichts zu erfahren, denn die beiden waren seit Jahrzehnten geschieden, und die Töchter hatten sich im Prozeß für den Vater erklärt. Die eine hatte auch das Sanatorium in der Arizona Wüste geleitet.

Falls die Rechte nicht bei Straus Farrar liegen, könnte man auch dann daran denken, beide Bücher microfilmen zu lassen – was nicht allzu teuer sein soll. Der Dr. Hoppe[1] in Israel, ein Reich Schüler, ist an und für sich bekannt genug. Er hat im „Monat" 1958 gegen den dortigen Norbert Muhlen Artikel[2] gegen Reich heftig protestiert. Dort läßt sich auch die Adresse feststellen. Die wichtigsten aber dürften die beiden Ritters in Nottingham sein. Sie haben ein Erinnerungsbuch an Reich[3] herausgebracht und zur Not würde man auch dort die Bücher bekommen können. Der gute Kohbieter sitzt seit Jahren auf allen Reich Büchern, ohne das geringste dafür zu tun. Er hatte mir ja damals alle seine

Bücher geborgt. Ich hätte gar nichts dagegen, wenn er etwas dazu schreiben oder sie herausgeben würde, aber soweit ich ihn kenne, wird es nie dazu kommen ... ein mir sehr sympathischer Mensch, aber sehr sehr schwach.

Wie ich dir schon schrieb, will ich eben Luchterhand neben dem Fuhrmann Band – die Tagebücher Fuhrmanns – auch einen Reich Band in ungefähr derselben Linie, Gesellschaftskritik nicht vom politischen, wirtschaftlichen und socialen her anbieten. Ich werde das tun – bei Reich muß ich warten, bis die Rechte geklärt sind – sobald ich den Vertrag mit der Akademie in Darmstadt über den Auswahlband von Ernst Fuhrmann unter Dach habe, was ich eigentlich schon für die nächsten Tage erwarte. Dann ist eigentlich meine Arbeit für Ernst Fuhrmann abgeschlossen. Da Luchterhand eine Option für diesen Auswahlband hatte, sich aber Monate nicht dazu geäußert hat, geb ich ihn einfach weg und will versuchen Luchterhand auf die Tagebücher hin zu dirigieren. Die Tagebücher würden wir aber auch anderswo leicht unterbringen können. Sobald das im Gange ist, muß ich einen Herausgeber und Bearbeiter suchen, und ich könnte dich dann auch schon gleich bei Beginn in irgendeiner Form mit einschalten. Die Tagebücher sind über 3000 Seiten englisches Manuskript, das sehr sorgfältig durchgesehen werden müßte. Das kann der Mann, den ich dafür im Auge habe, sowieso nicht tun. Vorläufig bewegt sich auch dieses Fuhrmann Projekt außerhalb der Erben[4] von E[rnst] F[uhrmann], einschließlich der Ilse Fuhrmann, weil ich von dieser Seite nur Schwierigkeiten und Bedenken etc zu erwarten hätte. Vorläufig würde ich es eigentlich nur zum Vertrag bringen und erst dann an die Erben herantreten lassen. Praktisch gehört das ganze Manuskript einem Herrn v. Rauch in Salzburg, den ich als Herausgeber vorschlagen würde.

Also so sieht das Ganze aus.

Ich werde im Winter voraussichtlich nach Toulouse und weiter südlich gehen und dort an dem Albigenser Manuskript arbeiten.

Alles Gute und eine bessere Stimmung wünschend mit Grüßen
    Franz

1 Zuschrift an die Redaktion von Dr. Walter Hoppe aus Tel Aviv. In: *Der Monat*, August 1958, H. 119, S. 90, 92.
2 „Der Fall Wilhelm Reich". In: *Der Monat*, März 1958, Heft 114, S. 44–49.
3 Paul und Jean Ritter „The Free Family", London 1959.
4 Fuhrmanns Söhne Torolf und Arend.

575. AN ADOLPH WEINGARTEN
Paris 6e, 11/20 61
36 rue du Dragon

Lieber Adolph,
ich werde einigen Verlegern einen Auswahlband Wilhelm Reich vorschlagen, von dem in Deutsch ja seit 1935 nichts mehr erschienen ist. Ich denke dabei an eine Zusammenfassung der beiden letzten Bücher „Listen little man" und „Murder of Christ" – beide enthalten völlig unabhängig von der Orgon Energie die Kritik der Gesellschaft von einer bioanalytischen Seite her, ähnlich wie dies Fuhrmann tut von der biologischen Seite her. Wenn das Fuhrmann Buch in der Darmstädter Akademie Serie erschienen sein wird (das wird denke ich im Frühjahr der Fall sein), werde ich dann einen Band Fuhrmann Tagebücher vorschlagen, aus einem Manuskript in Englisch von ca 5000 Blätter. Das sind tägliche Aufzeichnungen zu allen Vorgängen in der Welt zwischen 1940 etwa bis 52, das kann außerordentlich interessant zusammengestellt werden. Ist eine Arbeit von 2-3 Jahren und würde im Stil der Blaubücher von Strindberg aufgemacht sein. Hier macht es mit den Rechten kaum Schwierigkeiten. Das Ms liegt bei einem Herrn v Rauch, der daran mitarbeiten würde. Daneben würde dann der Reich sehr gut passen. Aus dieser Sache ließe sich dann schon eher eine Rente entwickeln. Vielleicht könntest du dich einmal erkundigen, welche Aussichten bestehen, die Rechte zu bekommen.
    Ich nehme an, daß die Rechte bei den Töchtern liegen oder bei dem Verlag Straus Farrar, der im Vorjahr gegen das Gerichtsverbot einen Band „Selected Works" von Reich herausgebracht hat. Die Dr Anna Reich wird keine Rechte haben, sie soll sich im Augenblick bei einer ihrer Töchter aufhalten, die ja beide auch Ärzte sind. Es besteht aber ein enger Freund der Familie (und Rubinsteins), der in diesem Sommer in der Schweiz war und dort

Jola getroffen hat. Dieser ist nicht nur mit der Mutter, sondern auch den Töchtern befreundet und dürfte einiges wissen, ob und welche Aussichten für die Rechte bestehen. Vielleicht könntest du den Mann mal anrufen: Henry Loewenfeld, 168 West 86th Str New York 24.

Schreibe doch an Rosa Kirchgatter, daß sie dir alles, was in der Frankfurter Rundschau von mir oder über mich gedruckt wird, schicken soll. Ich sehe ja die Zeitung hier nicht, und es wäre doch auch für euch interessant zu wissen, was da so steht – ich glaube, sie werden jetzt laufend etwas bringen. Die Rosa hat ja leider damals dir den Dada Artikel[1] nicht geschickt. Sie wird es sicher tun, denn es macht ihr doch kaum Arbeit, und ich erledige ja auch etwas für sie hier.

Bitte, wenn du kannst, schicke mir mal eine No des „Enquirer", ich möchte nur die Atmosphäre wieder aufnehmen.

Und dann bitte sende wieder die Thyroid Tabletten. Wenn es geht, lege wieder eine Tube „Preparation H" bei – alles, was ich hier bekomme, taugt nichts. Was kann ich dir von hier senden?

Viele Grüße an Carola und dich dein
Franz Jung

---

[1] „Dada kommt in die Jahre. Raoul Hausmann zum 75." In: *Frankfurter Rundschau* vom 9.3.1961, S. 7.

576. AN CLÄRE JUNG
Paris 6e, 11/28 61
36 rue du Dragon

Liebe Cläre,
vielen Dank für die Geburtstagswünsche und die Grüße der alten Spartakus Kämpfer[1], die mich sehr gefreut haben.

Ich habe eine große Bitte: Könntest du mir die Kurzgeschichte: Der Fall Grosz besorgen, eventuell nur ausleihen? Ich habe hier einen Bekannten, André Kédros, den griechisch-französischen Schriftsteller, der ja auch bei euch drüben übersetzt ist. Dieser Kédros würde eventuell den Fall Grosz ins Französische übersetzen mit einer Adaption für ein Theaterstück.

Das Buch[2] wird kaum mehr vorhanden sein, die Novelle ist aber in Rilla's Erde[3] erschienen, auch glaub ich damals in dem Oberschlesier Blatt[4], so Mitte zwanzig. Vielleicht hast du eines davon – ich könnte dir sie bald wieder zurückschicken.

Rilla hat seinerzeit Otten versprochen, mir die Novelle zu schicken. Aber ich habe nichts mehr davon gehört. Otten selbst besitzt sie auch, aber will sie anscheinend nicht hergeben, weil er sie für einen Sammelband benutzen will. Alles das nützt mir wenig, wenn ich sie jetzt nicht zur Hand habe.

Ich habe deinetwegen noch einmal an das Museum in Marbach geschrieben und sie an die Versprechungen, dir die Bände „Aktion" zu schicken, erinnert. Ich habe dort auch die „Revolution"[5] gesehen, die von Becher und Bachmair herausgegeben mir damals für die Gross Kampagne zur Verfügung gestellt worden war. Die Zeitung wirkt noch heute erstaunlich frisch.

Hoffentlich bist du bei guter Gesundheit und es freut mich zu hören, daß es deinen Schwestern besser geht.

Viele Grüße

Franz

---

1 Cläre Jung hatte im Brief vom 20.11.1961 Grüße von Arthur Wille, Fritz Kuntz und August Wülfradt ausgerichtet.
2 „Der Fall Gross", Hamburg 1921.
3 *Die Erde* 1920, H. 1, S.29–43.
4 Vermutlich Verwechslung mit „Das Erbe" In: *Der Oberschlesier* 1927, Nr. 11, S. 655–62 und Nr. 12, S. 725–31.
5 Vgl. Anm. zum Brief an Bachmair vom 18.11.1913.

577. AN ADOLPH WEINGARTEN
Paris 6e, 11/28 61
36 rue du Dragon

Lieber Adolph, könntest du mir sagen, worum es sich bei der Maslow Geschichte – Scholem/Hammerstein – wirklich gehandelt hat? War das Ganze fiction, und was war Echtes und Wahres dran. Ich versuche nämlich aus der Erinnerung von der Bearbeitung her noch einmal die Geschichte zu konstruieren und muß dabei mit den Namen und Vorgängen sicher gehen, selbst wenn es sich um Pseudonyme gehandelt hätte. Sind die beiden Personen in die Sosnowski story verwickelt oder hat die Hammerstein-Scholem Sache überhaupt nichts mit der Sosnowski Affäre zu tun? Ist es eine völlig separate andere Geschichte und wann soll die Hammerstein – bekanntlich das Kernstück der Maslow story – hingerichtet worden sein? Hast du noch eine Erinnerung von den Sachen? Ist die Hammerstein identisch mit der Falkenhayn? – die hingerichtet wurde zusammen mit der v Natzmer. Über die Sosnowski Sache sind hier, gestützt auf die Erinnerungen einer Frau von Jena, die jetzt aus russischer Gefangenschaft entlassen worden ist, einige Bücher erschienen, sowohl hier wie auch in Deutschland.

Das heißt, ich muß, wenn ich die Maslow story in irgendeiner Form bringe, schon um Harvard eins auszuwischen, ganz sicher gehen betr der Personen, auch wenn ich sie als Pseudonyme benutze. Außerdem leben noch in Deutschland die Frau Scholem und deren Tochter, die Schauspielerin ist. Beide sind bei Maslow sehr ausführlich in der Emigration in Berlin erlebt – durch die Frau Scholem ist nach Maslow überhaupt erst das Verfahren in Gang gekommen.

Otten kennt die Scholems gut aus London und könnte sich dort vorsichtig erkundigen. Bevor er aber das tun kann, muß ich klarer Bescheid wissen, um wen etc es sich gehandelt hat und wenn möglich wann – vielleicht liegt die ganze Affäre zeitlich getrennt von den Sosnowski Hinrichtungen.

Denke doch mal nach, vielleicht erinnerst du dich. Ich weiß darüber überhaupt nichts, außer dem Maslow Manuskript.

Außerdem, könntest du mir nicht mal den „Enquirer" als Drucksache schicken? Und eines dieser Mystic Hefte – inzwischen wird so ein Blatt den Titel geändert haben, aber so ungefähr oder „Fate"? Ich brauche die Sachen als „Atmosphäre" und möchte möglichst genau eventuell sogar einiges zitieren.

Wie geht es? Hat Carola den Job bekommen?

Von mir ist nichts zu berichten. Ich habe noch keine Kritik, Besprechung oder so des Buches gesehen. Das kann allerdings auch am Verlag liegen, wo alles drunter und drüber geht, wie mir Otten schreibt. So ist es eben.

Herzlichen Gruß an Carola und Dich
Franz

Könntest Du mir eine No des „Shipping Digest" schicken? Erscheint in New York.

578. AN MAXIMILIEN RUBEL
Paris 6e, 11/29 61
Hotel du Dragon, rue du Dragon

Dear Maximilian Rubel,
I got your address from Paul Mattick.

I would like very much to see you. Please let me know, what time, day and hour, it would be convenient to you that I call you up.

I have nothing special in mind, no news and sort of that, only to get a general contact to you as Paul has me advised.

Sincerely yours
Franz Jung

579. AN ADOLPH WEINGARTEN
Paris 6e, 12/6 61
36 rue du Dragon

Lieber Adolph,
vielen Dank für die Zeitungsausschnitte und die Medikamente. Hast du nur die halb grain Tabletten bekommen oder hattest du vergessen, daß ich 2 grain Tabletten brauche. So wird die Sendung nicht sehr lange vorhalten. Wäre es nicht möglich, daß mir der Dr Loewy ein Rezept auf die 2 grain ausschreibt und dann die Tabletten automatisch von der pharmacie gesandt werden oder daß ich dann das Rezept hier in der Neuilly Apotheke im amerikanischen Krankenhaus benutzen könnte. Ich kann es mir im Augenblick nicht leisten hier einen Arzt aufzusuchen, der erst den Metabolismus Test durchführen lassen muß, ehe er mir etwas Gleichwertiges verschreiben würde.

Zur Reich Sache: An und für sich eilt es nicht. Ich habe von anderer Seite inzwischen gehört, daß *alle Rechte* bei dem Verlag Straus Farrar liegen, das heißt daß die Erben überhaupt keine Rechte mehr haben. (Das müßte von dem Loewenfeld zu erfahren sein.) Wenn das stimmt, würde das bedeuten, daß die Regierung in Washington die „Selected Works" dem Verlag gestattet hat mit der stillschweigenden Vereinbarung, daß keine weiteren Rechte, insbesondere für die gesellschaftskritischen Schriften der letzten Jahre, vergeben werden. Der Verlag kann das mit Leichtigkeit technisch durchführen. Nun könnte man, falls man die beiden Bücher besitzt, Listen little man und The Murder of Christ, in Mimeographie oder sonstwie die Bücher trotzdem herausgeben, etwa durch einen fingierten Verlagsort in der Sowjetzone oder als Nachdruck aus dem Orgon Institut Verlag, von dem man ja hier nicht zu wissen braucht, daß er liquidiert worden ist. Um den Punkt handelt es sich. Man könnte von den Ritters in Nottingham oder dem Dr Hoppe in Israel vielleicht sogar die Bücher bekommen. Interessant wäre es trotzdem, die Stellung von Straus Farrar zu hören, so nebenbei.

Den Maximilian Rubel habe ich hier endlich aufgesucht. Er läßt dich grüßen und wollte sich schon immer bei dir bedanken, hatte aber keine Adresse. Ich bin jetzt da zum Essen eingeladen. Kennst du einen früheren anti faschistischen Buchhändler in Paris Schmidt? Der Mann macht jetzt custom jewellery und verdient viel Geld, hat einige Häuser (primitiv) im Süden, allerdings in der Mistral Gegend, die einige Monate nicht zu bewohnen sind. Eins ist an spanische Emigranten abgegeben. Ich könnte dort vielleicht auch für einige Monate unterkommen.

Ich habe dir die Zeitschrift Planète geschickt, damit du weißt, was in und außerhalb der Welt vorgeht.

Daß der Verlag mein Buch kaum ausliefert, weiß ich nicht. Ich vermute, daß er erst die Kunden von Grass beliefern wird. Ich selbst kann wenig dazu tun und habe jetzt wirklich die Sache satt bis obenhin.

Gute Besserung und mehr kosmischen Mut
herzliche Grüße auch an Carola und dich
Franz

580. AN KÄTE RUMINOFF
Paris 6e, 12/9 61
36 rue du Dragon

Liebe Kate,
nach einigem Hin und Her ist Herr Fenchel auch jetzt hier gewesen (ich habe einigemal die Reservationen umstellen müssen). Er hat sich nicht sehr viel geändert. Dagegen muß er etwas mehr mit dem Gelde rechnen und er entscheidet genau, was es ihm noch möglich ist Geld auszugeben für seine Ideen und für seine körperliche Balance und was er sonst etwa aus irgendeiner persönlichen Liebhaberei oder Spekulation ausgegeben hätte.

Insofern wird es sehr schwierig sein, für ihn etwas tun zu können, dh irgendeine nützliche Arbeit leisten, für die eine Bezahlung angemessen ist.

Ob er den Prozeß in Hamburg wirklich noch durchführen kann oder soll, ist zweifelhaft, zumal auch seine Familie sehr dagegen ist.

Die andere Sache, worin er noch tätig sein will, ist reine Spielerei. Er hat mir angeboten, und ich habe auch vorerst zugestimmt, darin für ihn in bescheidenem Umfange tätig zu sein. Er wird Schweizer Franken 150 den Monat zahlen. Dafür soll ich ein Dutzend Zeitungen für ihn durchsehen, Annoncen von Leuten, die gesucht werden und die sich anbieten in der Außenhandelsbranche, auf die geantwortet werden soll, mit dem Hintergrund, daß der Auftraggeber sich eventuell auch an dem Geschäft beteiligen würde. Das ist alles sehr antiquiert, denn ein ernsthafter Interessent wird sich einfach an eine Agentur wenden, von denen es im internationalen Rahmen Dutzende gibt und alle Auskünfte über Personen, Firmen und Möglichkeiten bekommen. Das Hintenherum obendrein noch durch einen Dritten, der den Namen seines Auftraggebers verschweigt, aber bereits alles im Detail vom andern wissen will, wird kaum gehen.

Das schlimmste aber ist, ich habe ihn ganz offen gefragt, what is the real goal? Die Frage kann er nicht beantworten. Geld selbst verdienen will er nicht. Er sagt, er sucht eine Stellung für seinen Sohn, den er dann in eine solche Firma setzen will, wobei er selbst ihn noch beraten würde etc. Offen gesagt, das ist Quatsch, zumal ja der Sohn selbst nicht will und gar nicht dazu zu bewegen wäre, sich in so etwas einzulassen, selbst wenn der Vater ein paar tausend Dollar einschießen würde – was übrigens heute für eine aussichtsreiche Firma zu wenig wäre.

So sieht das also aus.

Herr Fenchel hat sich viel nach dir erkundigt, immer wieder versichert, wie gern er dir helfen würde etc.

Im Augenblick ist er im Sanatorium Sonnen Matt, Luzern (Schweiz), um dort wieder Kräfte zu sammeln.

Er spricht davon später nach San Francisco zu gehen und sieht sich hier schon alte Möbel für die Ausstattung des Apartments an, eine etwas schrullige Idee.

Aber wenn es ihm Spaß macht ...

Ich bekomme in diesen Tagen meinen Dollar Check aus der USA. Ich würde dir 10 Dollar senden, um für mich zwei Tuben Eukalyptus Stäbchen einzukaufen. Du bekommst sie bei „Lisa" heißt das Geschäft, in der Castro Staiscsa, von dem Tunneleingang auf der linken Seite.

Alles Gute und herzlichen Gruß
Franz

581. AN KÄTE RUMINOFF
Paris 6e, 12/11 61
36 rue du Dragon

Liebe Kate, ich reiche die Dollar jetzt nach. Wenn du die sticks nicht bekommst, ist es auch nicht schlimm.

Von Fenchel habe ich vorläufig nichts wieder gehört. In der Reich Sache könntest du doch einmal bei einer Buchhandlung feststellen: sind wirklich die 2 Bände „Selected Works" von William Reich erschienen? Sie waren damals angekündigt und ich habe auch im „Time" darüber bereits gelesen. Aber jetzt bekommt man auf Anfrage überhaupt nichts mehr zu hören. Sogar soweit, daß sie auch in den Referenz Büchern nicht angegeben sind. Das heißt: sind sie nachträglich wieder verboten worden? Oder hat der Verlag Straus Farrar so wenig Exemplare gedruckt, daß sie sofort vergriffen waren – das heißt, daß das ganze nur eine Alibi Schau für das Justizministerium gewesen sein würde; dieser Verdacht wird in etwa bestätigt, daß der Verlag alle Rechte besitzen soll, von den Erben an den Verlag abgetreten, und daß er so in der Lage sein würde, die Neuherausgabe der beiden gesellschaftskritischen Bände zu blockieren. Aber wie auch immer: von einer Buchhandlung, wenn schon nicht von einer Library sollte doch eine klare Auskunft zu bekommen sein, was es mit der Straus Farrar Ausgabe auf sich hat.

Wenn du mal Zeit findest, kümmere dich doch mal darum. Ohne das genau zu wissen, kann ich in der Reich Sache nicht mal die ersten vorbereitenden Schritte unternehmen.

Wie mir Peter schreibt, hat Hadda den ersten Check über 50 $, den ihm Peter auf meine Veranlassung senden sollte, bereits zurückgeschickt. Sehr stolz und sehr anständig, aber ich bleibe damit weiter in der Verpflichtung mich um seine Sachen zu kümmern. In Wirklichkeit habe ich im Augenblick gar keine Möglichkeit dazu.

Viele Grüße, einschließlich der üblichen seasonal
Franz

582. An Hans Schwab-Felisch
Paris 6e, 12/12 61
36 rue du Dragon

Lieber Schwab,
ich habe Ihnen mein Buch nicht besonders zuschicken lassen, weil mir der Verlag mitteilte, Sie ständen sowieso auf der Liste und hätten auch bereits Fahnen bekommen. Wenn das nicht so ist, werde ich nochmals an den Verlag schreiben.

Leider scheint das Buch unter völligem Schweigen unterzugehen. Ich habe wenigstens überhaupt noch keinen respons gesehen. Das ist natürlich ziemlich bitter, weniger was mich direkt besonders angeht, als daß praktisch jede Möglichkeit einer Weiterarbeit abgeschnitten scheint.

Falls ich noch je wieder auf den Markt kommen sollte, werde ich den Verlag wechseln. Abgesehen von einem Fuhrmann Auswahlband, den vielleicht die Darmstädter Akademie herausbringen wird, mit oder ohne mich – ich selbst habe im Stuttgarter Radio Essay eine Fuhrmann Sendung im nächsten Quartal – möchte ich meine Arbeit „Gott verschläft die Zeit"[1] noch fertig machen. Angefangen hat die Arbeit eigentlich schon vor 40 Jahren. Sie wird heute immer aktueller, als das Thema: die Überwindung der Lebensangst, die Unsicherheiten des Kollektiven-Gesellschaftlichen und die Erkrankung des Individuellen, in der Masse dargestellt, in den Religionen, den Weltanschauungen etc in Wirklichkeit das alte Albigenser Thema ist, das auch äußerlich den Rahmen abgibt. Ich habe schon große Teile an sich fertig, aber noch keinen Zusammenhang, d h die revolutionär psychologische und psychische Perspektive auf heute. Ich werde noch etwa ein Jahr für die Fertigstellung brauchen. Ich glaube, es hat keinen Zweck, mit dieser Sache wieder bei Luchterhand herauszukommen.

Hätten Sie eine vage Idee, an wen man sich wenden könnte – zunächst mal um überhaupt das Interesse festzustellen?

Es ist jetzt um die Weihnachtszeit, und Sie werden eine Menge Karten sowieso heraussenden – denken Sie dabei auch an mich mit ein paar Zeilen. Bei der Masse wird es nicht so schwer fallen.

In jedem Fall die üblichen seasonal greetings für Sie und Ihre Familie und im Privaten herzlichst
Ihr Franz Jung

1 Für April 1920 angekündigt in: *Die Erde* 1920, H. 1 (Januar), S. 29 in einer Fußnote zu „Der Fall Gross", der Teil dieses Buches sein sollte. In einem Typoskript, das Cläre Jung besaß, waren als weitere Stücke des geplanten Buches genannt: „Hallo mein Johann", „Zur Klärung", „Übungsstück", „Seligmanns Ende", „Babek".

583. AN HELMUT HEISSENBÜTTEL
Paris 6e, 12/14 61
36 rue du Dragon

Lieber Herr Heißenbüttel,
könnten Sie liebenswürdigerweise veranlassen, daß mir ein Programm des Radio Essay für das erste Quartal, falls darin der Fuhrmann Essay bereits aufgenommen ist, geschickt wird?
 Ich brauche eigentlich noch ein zweites, das ich an Frau Ilse Fuhrmann, 35-05 Parsons Boulevard, Flushing 54 – New York, N.Y. senden müßte. Aber vielleicht könnte auch dies durch Ihr Büro bereits direkt geschehen.
 Indem ich mit den üblichen seasonal greetings schließe für ein frohes Fest und ein erfolgreiches Neues Jahr
    verbleibe ich Ihr
        Franz Jung

584. AN ARTUR MÜLLER
Paris 6e, 12/14 61
36 rue du Dragon

Lieber Artur Müller,
ich habe Ihr Trotzki Buch[1] an Maximilian Rubel gegeben. Rubel, ein Freund von Ruth Fischer und ursprünglich den verschiedenen Splittergruppen der 4. Internationale nahestehend, ist jetzt Direktor im staatlichen Zentrum für wissenschaftlichen Research, der Sorbonne angegliedert und hat auf eine Reihe von soziologischen Publikationen und Zeitschriften großen Einfluß. Seine Adresse ist: Maximilian Rubel, Maitre de Recherches au C.N.R.S. 76 rue des Plantes, Paris XIV. Ich habe schon zweimal lange mit ihm über das Buch diskutiert, dessen besonderer Reiz

beim nochmaligen, intensiveren Lesen ja darin liegt, daß die Zusammenstellung aus den verschiedensten Quellen, Biographien und Autobiographien, die Partei- und Prozeßberichte u.a. auf ein besonderes belletristisches literarisches Niveau gehoben wird, aus der fast eine neu erzählende Handlung entspringt. Das hat seinen besonderen Reiz, ist aber für den Leser, der entweder ein politisches oder erzählendes Buch erwartet, ungewöhnlich, zumal Sie ja glücklicherweise und sehr klug vermeiden eine argumentfähige Stellungnahme einzunehmen. Auch das erwartet der Durchschnittsleser eines solchen Buches. Die Frage Trotzki oder Stalin mit der Perspektive: beide als Versager ist glücklicherweise vermieden worden. Sie hätten sie, wenn Sie mehr darauf eingegangen wären, auch falsch beantwortet, falsch beantworten müssen, wie wir alle. Es ist heute noch zu früh, die Analyse der Revolution zu geben, dh, *was* ist heute „Revolution" – der Begriff hat sich grundsätzlich gewandelt und wandelt sich noch, weil wir es erst jetzt erkennen können, welche Rolle das Individuum [spielt] in der Gesellschaft, gezwungen hineingetrieben und illusioniert im Angstrausch, überleben zu wollen oder müssen – allmählich verstehen lernen. Und gerade das hat Trotzki bereits zu verstehen versucht, nur: die permanente Revolution selbst als Schlagwort ist nicht die rechte Lösung. Wir könnten lange darüber diskutieren.

Ich habe das Buch Rubel und seinen verschiedenen Freunden in aller Welt sehr ans Herz gelegt und wir werden weiter sehen, was daraus wird. In jedem Fall wird Rubel eine eingehende Analyse, auch wenn sie nicht 100 % günstig ausfallen sollte, an das Amsterdamer Institut geben. Und an Malaquais nach Stanford, der etwas für das Buch in Amerika wird tun können. Ich bin sehr froh, daß ich etwas in Gang bringen konnte.

Hoffentlich sind Sie wohlauf und nicht zu sehr erschöpft von Ihren Arbeiten
    mit besten Grüßen
        Ihr Franz Jung

Rubel war eifriger Leser des Periodikums. Konnte leider viele No nicht bekommen.

---

1 „Die Sonne, die nicht aufging. Schuld und Schicksal Leo Trotzkis", Stuttgart 1959.

585. AN CLÄRE JUNG
Paris 6e, 12/18 61
36 rue du Dragon

Liebe Cläre,
ich habe die Photokopie der Novelle „Der Fall Grosz" erhalten. Vielen Dank, auch für deinen Brief.

Ich werde versuchen, hier die Novelle übersetzen zu lassen, vielleicht mit Illustrationen von Max Ernst; aber das sind noch sehr unklare und unsichere Pläne.

Obwohl ich sehr gern hier bin, wenigstens hundertmal lieber als irgendwo in Österreich oder gar West Deutschland, fühle ich mich doch immer stärker isoliert. Das nimmt zeitweilig geradezu den Charakter einer Panik an. Manchmal beginne ich schon davon zu träumen, ob ich nicht doch einfach „nach Hause gehen soll". Leider habe ich keines. Ich glaube nicht, daß ich noch einmal nach der USA zurückkehren werde. In ein paar Monaten läuft der Paß sowieso ab und ich müßte nach drüben fahren, um mir einen neuen zu besorgen, Dazu habe ich immer weniger Lust.

Ich hoffe, daß es dir gut geht, gesundheitlich und auch sonst und verbleibe mit herzlichen Grüßen
    Franz

Vielleicht wirst du deine Schwestern sehen, dann grüße sie von mir.

586. AN JES PETERSEN
Paris 6e, 12/19 61
36 rue du Dragon

Sehr geehrter Herr Petersen,
ich habe Ihre Adresse von Raoul Hausmann.

Ich wollte Sie anfragen, ob Sie Interesse hätten an einem kleinen Projekt, das ungefähr wie folgt aussieht: eine Serie von Pamphlets, jedes zwischen 3000-5000 Worte, nicht mehr, darunter eines von mir, das einen von mir schon vor Jahren benutzten Titel tragen sollte „Gott verschläft die Zeit", das Pamphlet Marats gegen die Wissenschaft, Wilhelm Reichs „Listen, little man" gekürzt und vielleicht die Gesellschaftsanalyse von Ernst Fuhrmann aus dem Insane Asyl – aus den Tagebüchern. Soweit die Vorschläge aus meinem Sektor. Vielleicht könnte man Raoul Hausmann gewinnen, seinerseits Vorschläge zu machen. Es sollten etwa 6-8 solcher Pamphlets zusammenkommen.

Mein Vorschlag wäre, diese Sachen in einer Langspielplatte zu vereinigen, durch einen jüngeren Schauspieler nach genauen Akzentangaben sprechen zu lassen und die Platte, eventuell bereits das lizensierte tape auf den Markt zu bringen.

Die Finanzierung würde ich mir so denken, daß bestimmt einige der Pamphlets in den Radio Studios unterzubringen wären, zum Beispiel in Stuttgart und Köln oder als Serie im BBC – englisch übersetzt. Sodann wäre aber auch daran zu denken, eine sehr kleine Auflage drucken zu lassen, in Verbindung mit einigen Antiquariaten zum Beispiel Pinkus in Zürich sogleich aus dem Markt zu nehmen, wobei vielleicht der Antiquar veranlaßt werden könnte, die reinen Druckkosten vorzulegen. Immerhin würde das Schwergewicht auf der Platte bezw dem tape bleiben.

Ich würde mich freuen von Ihnen Ihre Meinung zu dem Projekt und den Grad Ihres Interesses zu hören.

Mit besten Grüßen
Franz Jung

587. AN OSKAR MAURUS FONTANA
Paris 6e, 12/20 [1961]
36 rue du Dragon

Lieber Fontana,
meine herzlichsten Glückwünsche zum Fest und alles Gute für das Neue Jahr. Bis dahin werdet ihr ja schon motorisiert sein, so daß ihr etwas schneller durch die Zeit kommen werdet.

Von mir ist nicht viel zu berichten, als daß ich kaum irgend etwas über mein Buch gehört habe und daß der Verleger anscheinend auch Schwierigkeiten mit der Auslieferung an den Buchhandel hat, weil die beiden Grass Bücher[1] die Druckerei vollauf beschäftigen. Schließlich habe ich es nicht sehr viel anders erwartet.

Der Dr. Schonauer war über 4 Wochen verreist und wird dir

sicher bald antworten; bei mir hat er sich jedenfalls schon entschuldigt.

Ich hoffe, daß Du und Käthe gesund genug seid um dem Wind von den Eisgefilden der Alpen her standzuhalten – selbst im warmen Wien der fröhlichen Laune allezeit.

Viele Grüße
    Euer Franz Jung

1 „Die Blechtrommel" und „Katz und Maus".

588. AN DANIEL KEEL, DIOGENES VERLAG
Paris 6e, 12/20 61
36 rue du Dragon

Sehr geehrter Herr Daniel Keel,
ich schreibe auf Empfehlung von Herrn F Picard.

Ich möchte Sie anfragen, ob der Verlag interessiert wäre, einen Band „Träume" von Emil Szittya im Umfange von etwa 10000-15000 Worte herauszubringen.

Diese „Träume" sind während der Zeit der deutschen Okkupation in Frankreich von E S gesammelt und aufgezeichnet worden unter den Maquisards, der Bevölkerung und den deutschen Soldaten. Sie sind in gewisser Weise ein neuartiger Hintergrund eines Kriegsbuches, von einer ganz anderen Seite her gesehen. Einige dieser Träume sind in der Julliard Zeitschrift Nouvelles Littéraires 1958 in einer Serie veröffentlicht worden.

Zur Zeit werden diese Träume von Elisabeth Picard in Stuttgart-Bad Cannstatt Gnesenerstr übersetzt. Proben könnten Ihnen zur Verfügung gestellt werden.

Ich selbst trete nicht als Vermittler auf, sondern möchte nur im Interesse von Szittya eine Anregung geben, um ihn aus seiner selbst aufgezwungenen Isolierung etwas zu befreien. Die Adresse von Emil Szittya, dem Sie vielleicht auch direkt antworten könnten, ist E S Paris XIV, 149 rue du Château.

Mit besten Grüßen

589. AN EMIL SZITTYA
Paris 6e, 12/21 [1961]
36 rue du Dragon

Lieber Szittya,
ich bin stark erkältet und muß hauptsächlich ein paar Tage zuhause bleiben.

Anbei die Durchschläge – (die Copien sind nicht korrigiert)

Ich habe mich dabei übernommen, eine Übersetzung zu machen. Ich sehe, mir fehlen zu viele Worte. Was ich machen kann, aus einer Rohübersetzung ein fertiges Satzbild zu feilen – das will ich auch gern tun. Es steht also so, daß Frau Picard die Einleitung und vielleicht 2-3 „Träume" schon anfangen sollte zu übersetzen. Dies braucht man, wenn man die Sache dann weiter anbieten soll. Ich denke, die erste Welle der Aktion wird lediglich zeigen, wie überhaupt allgemein die Aufnahme des Vorschlages ist, dann werden wir weiter sehen.

Ich würde vorschlagen, der E[lisabeth] Picard alle Rechte und das Agenten Management zu übertragen und nur: daß wir (das heißt ich) ihr dabei helfen werden.

Alles Gute und Empfehlungen an Ihre Frau
Ihr Franz Jung

590. AN DEN KARL RAUCH VERLAG
Paris 6e, 12/21 61
36 rue du Dragon

Sehr geehrte Herren,
ich wende mich an Sie in Verbindung mit einer Anzeige im Katalog des Buchhändler Börsenblattes, in dem Sie die deutsche Ausgabe einiger Werke von Blaise Cendrars ankündigen.

Ich schreibe für Emil Szittya, der ein Freund über Jahrzehnte von Blaise Cendrars gewesen ist und der anläßlich des Todesfalles einen längeren Aufsatz über B C in den Lettres Françaises veröffentlicht hat. In einer demnächst erscheinenden Sonderausgabe des Mercure de France schreibt Szittya den einführenden Bericht.

Hatten Sie nicht die Absicht, einem Ihrer Blaise Cendrars

Bände eine Einführung in das Gesamtwerk und die Persönlichkeit des Dichters voranzustellen oder eine Broschüre über B C, gesehen und interpretiert von seinen Freunden herauszugeben?

Ich glaube, Sie sollten sich in dem Falle an Szittya wenden und ich wäre nur zu froh, die Verbindung zu vermitteln.

Ich trete nicht auf als Agent, sondern bin nur rein persönlich daran interessiert, meinen Freund Szittya aus der selbstauferlegten Isolierung etwas mit herauslösen zu helfen.

Szittyas Adresse, mit dem Sie sich vielleicht direkt in Verbindung setzen könnten – vielleicht hätte Ihnen Szittya auch eine Neuausgabe seiner Essays aus den zwanziger Jahren vorzuschlagen – ist: 149 rue du Château, Paris XIV

mit besten Grüßen

591. AN CARL LASZLO, PANDERMA VERLAG
Paris 6e, 12/21 61
36 rue du Dragon

Sehr geehrter Herr Laszlo,
ich möchte Sie anfragen, ob der Verlag sich nicht für eine Wiederherausgabe einiger der Schriften von Emil Szittya interessieren würde, etwa die Gebete über die Tragik Gottes oder Teile aus dem Roman Klaps, die in den frühen zwanziger Jahren in deutschen Verlagen erschienen sind und die weder von der expressionistischen Welle noch der Wiederbelebung einiger dadaistischen Schriften erfaßt worden sind. Es sind aus dieser Zeit auch eine Sammlung Essays[1] zum Umbruch der Kunstbetrachtung vorhanden, auf die dieser Tage erst Edschmid in seinen Expressionisten Erinnerungen[2] besonders hingewiesen hat – über Maler und Dichter Persönlichkeiten, in einer eigenen und nonkonformen Sicht, die an der Schwelle des französischen Surrealismus stehen, als dessen Vertreter Szittya neben Apollinaire noch heute anzusehen ist. Zu seinen letzten Veröffentlichungen gehören neben den Aufsätzen über Blaise Cendrars in den Lettres Françaises und dem Mercure de France eine Serie von „Träumen"[3], die in den Nouvelles Littéraires 58 erschienen ist. Diese Träume sind jetzt auch ins Deutsche übersetzt (von Elisabeth Picard) und würden mit etwa 10000-20000 Worten einen eigenen kleinen

Band abgeben – Träume, die Szittya während der Okkupation in Frankreich gesammelt hat unter Maquisards, deutschen Soldaten und den verschiedensten Schichten der Civilbevölkerung und die eine ganz eigenartige Parallele zu den üblichen Kriegsbüchern zeigen.

Ich handle nicht als Agent. Mein Interesse ist auf Szittya aufmerksam zu machen, dem ich aus seiner selbstauferlegten Isolierung ein wenig heraushelfen möchte.

Falls Sie Interesse haben, sollten Sie mit Szittya selbst korrespondieren: 149 rue du Château, Paris XIV, wenngleich ich natürlich nur zu froh wäre diese Verbindung zu vermitteln.

Mit besten Grüßen

---

1 In den 20er Jahren erschienen: „Wilhelm Dressler. Essay", Berlin 1920; „Ein Spaziergang mit manchmal Unnützigem", Wien, Prag, Leipzig 1920; „Malerschicksale. 14 Porträts", Hamburg 1925; „Ausgedachte Dichterschicksale", Paris 1928; „Neue Tendenzen in der Schweizer Malerei", Paris 1929.
2 Kasimir Edschmid „Lebendiger Expressionismus. Auseinandersetzungen, Gestalten, Erinnerungen", Wien, München, Basel 1961.
3 „82 rêves pendant la guerre 1939–1945". Illustré par l'auteur Paris 1963. Deutsch „Träume aus dem Krieg", Löcker Verlag Wien 1987 in der Übersetzung von Hermann Schneider. Aus der von Jung vorgeschlagenen Ausgabe ist nichts geworden.

592. AN ARTUR MÜLLER
Paris, 12/28 [1961]

Lieber Artur Müller, herzlichen Dank für das Weihnachtspacket, für das ich wohl der Familie zu danken habe und für Ihren Brief. Ich höre mit Bedauern, daß es Ihnen nicht gut geht und würde es sehr vernünftig finden, wenn Sie nach Paris kämen, um sich hier ein wenig zu erholen. Sie können das hier besser als in Ihrem Zimmer, wo Sie ständig im Kontakt mit allerhand Ihrer bisherigen Beschäftigung und Plänen stehen. Hier sind Sie das alles für eine Zeit mal los. Hier geschieht gar nichts und wenn Sie wollen, können Sie sich in aller Ruhe und ohne Druck von außen ein paar Anregungen holen. Was die Kosten anlangt, so haben Sie doch von Ihrem Taschengeld wenigstens soviel gespart, daß Sie die

Fahrt nach hier davon bezahlen könnten. Für das andere hier, Wohnung und Verpflegung, würde ich aufkommen – ich nehme an, daß Sie mit Brot und Käse und gelegentlich ein Teller Suppe zufrieden sein werden. Außerdem kriegen Sie auch, wenn wir unterwegs sind, gelegentlich einen kleinen Weißen oder Roten in dem Bistro, stehend an der Theke.

Ihr Sohn fragt mich an, was mit den Pamphlets los ist. Ich hatte von mir aus an einen Amateur Verleger[1] geschrieben, dessen Adresse mir Raoul Hausmann aufgegeben hatte. Ich sende Ihnen seine Antwort. Vielleicht könnten wir mit dem etwas anfangen und Ihre Vorschläge zum Beispiel mit den seinigen kombinieren. Ich denke, Sie sollten vielleicht selbst die Verbindung zu ihm aufnehmen. Ich bin ja sehr an meine Vorstellungen gebunden, und das paßt im Augenblick nicht ganz hinein. Ich habe inzwischen auch die Vorstellung, daß ich eine Langspielplatte – was ich dem P[etersen] geschrieben habe – machen sollte, mein Pamphlet und je eins von Fuhrmann und Reich, eventuell Marat – wie es eben zu der Platte paßt. Das Ganze aufgebaut auf Musik und dazwischen die einzelnen Sprechabschnitte hineingeschnitten, also etwa als Grundlage den Marsch Preußens Gloria oder eine Dschungelmusik dazwischen gelegentlich und dann immer wieder weiter gesprochen – etwa unter dem Titel: Abendunterhaltung von Franz Jung, mit Lesungen aus den Schriften von EF und WR oder so. Wenn dieser Petersen schon einen halbfertigen Plan hat, sollte er ihn starten – ich glaube, meine Sache braucht noch Zeit und sehr sorgfältige Arbeit. Aber man könnte sich vielleicht mal erkundigen, wie man zu einer Plattenaufnahme kommt, mit den entsprechenden ersten Fachleuten – kann der Rundfunk da helfen? – und ob man und wie eine Vertriebsfirma für Schallplatten findet, wenn der kleine Verlag das nicht selbst vertreiben kann, und dann etwa auch überlegen, kann man so eine Sache nicht an einen größeren Verlag wie Cotta z Bsp anhängen, als eine Art Studio (wie bei der Bühne), so daß der größere Verlag das Ganze (ohne weitere finanzielle Inanspruchnahme) unter seine Fittiche nimmt?

Denken Sie doch mal nach und wenn halbwegs möglich, setzen Sie Ihren Ulrich auf die Fährte
herzliche Grüße allerseits und gute Besserung
Ihr Franz Jung

Soll ich Petersen schreiben, sich mit Ihnen in Verbindung zu setzen?
Dank für Rob. Kraft – ein mir sehr ähnlicher Typ!

1 Jes Petersen.

593. AN ADOLPH WEINGARTEN
Paris 6e, 12/30 61
36 rue du Dragon

Lieber Adolph, ich habe dein Päckchen Thyroid mit Dank bekommen.
 Leider hast du eine Reihe von Fragen, die ich in früheren Briefen gestellt hatte, nicht beantwortet. Hoffentlich ist das nicht ein Zeichen, daß du krank oder zu krank bist, dich damit zu beschäftigen.
 In der Wilhelm Reich Angelegenheit ist von mir aus insofern etwas Neues zu berichten, als daß ein neuer Band Reich jetzt in der Noonday Press New York erschienen ist „The Function of the Orgasm" $ 6,50 – was darauf schließen läßt, daß zum mindesten doch von einer Stelle die Rechte vergeben werden müssen. Es ist zwar noch nicht das, was ich hier herausbringen könnte oder eine Schrift darüber, wenn die Rechte nicht zu bekommen sind – Listen little man oder The Murder of Christ, beide so um 54 herum erschienen, kurz vor dem Prozeß. Aber wenn ich auch nicht glaube, daß ich diese beiden Bücher so ohne weiteres bekommen kann, selbst nicht in Photokopie, so muß ich ehe ich darüber schreiben kann wissen, inwieweit ist das Gerichtsurteil gegen die Reich'schen Schriften noch gültig und was ist inzwischen darüber geschehen.
 Der Dr Saul Colin, vom Dramatic Workshop – jetzt im Carnegie Hall Gebäude, will etwas für mein Buch[1] unternehmen, bei Grove Press, er könnte es ebensogut aber auch Noonday Press (der Konkurrenz, die mehr auf Ausländer specialisiert ist) anbieten. Rufe ihn doch mal an, vielleicht kann man eine Kombination mit Noonday machen (Jung gegen Reich). Er hat vom Verlag das Buch bekommen.

In der Zeitschrift Konkret[2], der Hamburger Studentenzeitschrift, ist ein Artikel über das Buch erschienen. Ich lasse dir die No zuschicken. Eventuell könnte dann Colin auch diese Kritik mit benutzen. Ich bekomme von den Leuten keine Exemplare und die Auflage ist beschränkt, sonst hätte ich an Colin auch eine No direkt schicken lassen.

Vielleicht könntest du das Noonday Book für mich kaufen. Ich lege einen Check bei – auf dem Konto sind etwa noch 17-20 $. Einen Zeitungsausschnitt für Carola, wo man Geld anlegen sollte.

In Deutschland läuft die nationalbolschewistische Welle auf Touren.

Mir geht es nicht besonders.

Ich fange an davon zu träumen, trotz allem und dem sonstigen, was mich erwartet, „nach Hause zu gehen". Es wird ja noch erschwert, weil ich weder den Leuten etwas noch bieten kann noch die Absicht habe, das geringste in dieser Richtung zu tun.

Also nur bloß einen mehr für das Altersheim – das werden die Leute auch nicht wollen und selbst wenn man mich ins Gefängnis steckt – was ja sehr leicht ist, weil ich ohne Visum kommen würde – so kostet ja jeder Tag schließlich auch dem Staat, hier wie drüben, ich glaube darin unterscheiden sich die Staaten nicht. Vorläufig sind es nur „Tagträume", aber eines Tages gelingt eben dann in der Panik die Flucht nach vorn. Alles Gute. Grüße an Carola und viel Glück zum neuen Jahr

Franz

1 „Der Weg nach unten".
2 Lewald Gripp „Das Buch des Monats. Franz Jung: Der Weg nach unten". In: *Konkret* 1961, H. 12, S. 21.

594. An Franz Schonauer
Paris 6e, 12/31 61
36 rue du Dragon

Lieber Dr. Schonauer,
ich komme zurück auf das Angebot eines Auswahlbandes von Ernst Fuhrmann. Ich hatte Ihnen vor etwa 3 Monaten eine Skizze der ungefähren Auswahl übersandt, zugleich mit der Copie eines Essays, für den Stuttgarter Sender bestimmt. Sie versprachen mir damals Ihre Stellungnahme so bald als möglich. Da der Essay jetzt im März im Programm ist, kann ich dies jetzt ausnutzen für den Fall, daß der Luchterhand Verlag sich nicht entschließen kann, den Auswahlband zu bringen. Ich möchte Sie daher bitten, mir Ihre Entscheidung noch im Laufe des Januar mitzuteilen.

Sie werden verstehen, daß dies keinesfalls eine Pression sein soll. Es bleibt auch nicht das geringste Ressentiment zurück, falls Sie negativ entscheiden. Schließlich zeige ich Ihnen zum Verkauf ein Pferd in der Distanz vor, ohne Ihnen zu erlauben, in das Gebiß hineinzusehen. Das ist leider in der Fuhrmann Affäre nicht anders möglich. Es ist eben so beim Pferdehandel, es ist nicht notwendig, daß beide Partner sich gegenseitig vertrauen, aber einer muß wenigstens dieses Vertrauen haben, wenn der Handschlag zustande kommen soll. Ich möchte nicht unseren Briefwechsel über Fuhrmann ins Endlose fortsetzen. Nur noch erwähnen, daß in dieser Auswahl eine Grundlinie herausgeschält werden muß, aus der die Folgewirkung der Associationen und Analysen von EF hervorgeht, das heißt, daß Streichungen auch in den zur Auswahl bestimmten Aufsätzen vorgenommen werden müssen und oft auch textliche Umstellungen, ohne daß selbstverständlich auch nur ein Wort des Bearbeiters hinzugefügt werden soll. Immerhin wird ein etwas veränderter Fuhrmann konzentrierter und vor allem überzeugender.

Ich möchte auch noch sogleich hinzufügen, daß für den Verlag die Möglichkeit besteht, später auch die Tagebücher von EF zwischen 39 bis 52 in irgendeiner Form herauszubringen. Es handelt sich hier um tägliche Aufzeichnungen zu allen Vorgängen in der Welt – in englischer Sprache und im Exil in New York geschrieben. Das ist ein Werk, das mehrere tausend doppelseitig beschriebene Manuskriptseiten umfaßt. Es besteht in 3 Exemplaren, von denen eins hier ein Herr v Rauch Salzburg-Aigen besitzt, dem Fuhrmann die Aufzeichnungen als Äquivalent für die von Rauch gewährte Unterstützung täglich nach Havanna geschrieben hat. Der Herr v Rauch ist der einzige, der diese Seiten genau kennt, zum Teil bereits auch mit Inhaltsindex versehen hat. Ich kenne die Sache an und für sich nur sehr oberflächlich. Kann aber sagen, daß man daraus auch einen größeren Bucherfolg machen kann – es hängt von der Auswahl, der Bearbeitung etc ab. An und für sich könnte das v Rauch schon selbst tun, immerhin wäre seitens des Verlages wahrscheinlich eine gewisse technische Hilfe ratsam, also eine Doppelherausgeberschaft. Ich selbst werde an der Sache nicht mehr teilnehmen. Ich kann dem Verlag nur insofern noch behilflich sein, erstens dem v Rauch gegenüber, dann aber auch, als ich heute noch über eine Autorisation verfüge, alle Manuskripte von EF, Neuverwertung der gedruckten wie der ungedruckten, bestmöglichst im Interesse der Erben zu verwerten. Ich könnte also eine Option auf die Tagebücher durch Zurverfügungstellung dieser Autorisation untermauern. V Rauch ist das schwarze Schaf einer russischen Adelsfamilie, im Kadettenkorps am Zarenhof aufgewachsen, später als Student in Berlin kommunistischer Zellenleiter (der „rote" Baron), in der Emigration schließlich in Havanna hängengeblieben und hat mit den Resten des ihm noch verbliebenen väterlichen Erbes Fuhrmann

[Schluß fehlt]

595. An Oda Schaefer
Paris 6e, 1/1 62
36 rue du Dragon

     Meinen Gruß zuvor!
Sieh mal an – die streitbare Oda auf dem Kriegspfad.
 Nur: die Figuren in der Akademie, die da angeschossen werden sollen, sind so windig, daß sie schon von alleine umfallen.
 Ich habe übrigens mit dem Herrn Kasack im November vereinbart, daß die Akademie nach einer Verhandlungsdauer von rund 5 Jahren sich jetzt bereit erklärt hat, einen Auswahlband Fuhrmann herauszubringen. Herr Kasack schien die Sache sehr eilig zu haben, ich habe ihm die Gesamtausgabe verschafft (was gar nicht so einfach gewesen ist) und die Druckfahnen, die ich mir auch noch besorgen konnte, in Reserve gehalten, um aus den Fahnen dann die Ausgabe zusammenzustellen, da die Akademie auch die Kosten für ein eventuelles Abschreiben als Manuskript sparen wollte. Inzwischen hatte dann Kasack noch im November auch noch Teile der Fahnen dringend angefordert. So geht das zu in deutschen Landen, und dann habe ich nichts mehr gehört. Ich habe sogar dem Herrn angeboten, er könne den Band allein für sich herausgeben, ich würde ihm nur die Autorisation zur Verfügung stellen. Keine weitere Antwort.
 Die Sache ist ja schließlich so, daß ich mich durchaus nicht darum reiße, den Auswahlband zu machen, sondern nur mit der Durchsetzung eines solchen Bandes ein Versprechen der Frau Fuhrmann gegenüber einlöse. Inzwischen wird ja auch mein Fuhrmann Essay im März im Stuttgarter Sender vonstatten laufen, was einen gewissen Auftrieb für Fuhrmann sehr erleichtern wird.
 Falls Luchterhand, der für den Band schon lange vor Kasack eine Option besitzt, diese jetzt effektuiert, lasse ich Kasack fallen.
 Dies alles zur Illustration, was man im Vaterlande zu erwarten hat. Ich werde bei so einem kleinen Amateurverleger in Flensburg eine Langspielplatte herausbringen mit drei Pamphlets gegen die Gesellschaft und deren Illusionen und Formen unter dem Titel vielleicht „Abendunterhaltung mit (oder bei) F J", je ein Pamphlet von mir, Fuhrmann und Wilhelm Reich, dazu unterbrochen durch Musik und zugleich als Hintergrund

etwa den Parademarsch „Preußens Gloria", das würde dann so eine Art Abschied vom Vaterland sein.

Und so geht es hinein ins neue Jahr nicht gerade sehr munter. Ich glaube mit der Gesellschaft da in München hat es wenig Zweck. Ob die Baudisch und Mehrings angesprochen werden, ist höchst peinlich; die Mehringschen Attacken sind sehr amusant. Schade, daß er sie nicht aufschreibt und drucken läßt. Sie würden dem Psychiater als Unterlage sehr helfen, der vielleicht beauftragt wäre den Mehring aus dem Verkehr zu ziehen.

Liebe Oda, langsam, ruhig und im Gleichschritt, so wie du das bei den Pionieren lernen kannst
und herzliche Grüße allerseits und den entsprechenden Respekt
   Franz Jung

596. AN JES PETERSEN
Paris 6e, 1/2 62
36 rue du Dragon

Lieber Herr Petersen,
Sie brauchen nicht zu erschrecken. Ich lege diesem Brief 2 Manuskripte[1] bei, das eine aus dem Jahre 1917, das andere aus dem Jahre 1959, beide hätte ich gern gedruckt, möglichst separat und zwischen beiden sozusagen als Pole liegt meine literarische Produktion. Sehen Sie sich die Sachen an und überlegen Sie vielleicht, ob man die Sachen innerhalb einer Produktions Serie mit einschieben kann. Der Fall Grosz wird hier ins französische übersetzt und ein Zeichner dafür gesucht (Max Ernst?), aber das hängt vom Verleger ab, und ich sehe wenig Möglichkeit, ob überhaupt daraus etwas wird. Ich werde bald von hier wieder verschwinden, vermutlich zuerst weiter nach Süden, und ich habe natürlich ein Interesse, die mir noch verbleibenden Chancen abzutasten – das ist eben mit der Grund, warum ich Ihnen sozusagen unaufgefordert die Sachen schicke.

Was die Pamphlet Serie anlangt, so ist eine versprechende Koinzidenz, daß ich mich auch schon seit Monaten damit beschäftigt habe. Ursprünglich sollte die Sache als „Gegner" starten, mit Otten als dem Mitherausgeber. Inzwischen scheint Otten aus dem Projekt völlig ausgeschieden zu sein. Die Sache hatte Artur Müller in Stuttgart-Degerloch, Raffstr 2 – der Fernsehregisseur von der Dritten Reich Serie her bekannt – in die Hand genommen und dessen Sohn, der junge Ulrich Müller, der bis vor kurzem, dh bis vor dem Eingehen, in der Redaktion und Vertrieb des „Periodikums" beschäftigt war. Auch der Artur Müller war einer der Hintermänner dieser Zeitschrift.

Also die Müllers haben mit einer Reihe von Leuten und ich glaube auch Antiquaren verhandelt, mit Pinkus in Zürich kann man noch verhandeln, hauptsächlich die Vorfinanzierung der Serie betreffend. Es besteht auch eine Liste von Pamphlets – ich habe selbst wenig davon mehr gehört, weil ich eigentlich auch aus dem Projekt ausgeschieden war, außer daß ich grundsätzlich das Pamphlet von mir zugesagt habe. Indessen mit Ihrer gleichlaufenden Idee sollte man versuchen, vielleicht beide Pläne zusammenzubringen und eigentlich die damals geführten Verhandlungen wieder von neuem beginnen.

Hätten Sie nicht Lust, sich an die Müllers zu wenden, ganz abgesehen, daß ich diesen schreiben werde, sich auch ihrerseits mit Ihnen in Verbindung zu setzen.

Inzwischen habe ich aber Überlegungen nach einer anderen Richtung. Im Stuttgarter Radio Essay habe ich im März den Essay über Ernst Fuhrmann, vielleicht kann ich dort auch einen entsprechenden Reich Essay unterbringen, nachdem ich schon eine kurze Übersicht im Kölner Sender hatte (im August, glaube ich). Ich könnte die beiden Sachen, mit Originalbeiträgen von beiden, auflösen in eine Konference, die praktisch auch schon mein Pamphlet enthalten würde – alles ausgerichtet in eine Analyse der Gesellschaft vom biologischen und vom bio-psychoanalytischen her. Ich glaube, das könnte sehr wirksam, explosive und wie Sie sagen tänzerisch gemacht werden, etwa unter dem Titel „Abendunterhaltung" mit etwas Musik untermalt etwa den Parademarsch „Preußens Gloria" und Woodoo Rhythmen. Das muß nur sehr sorgfältig vorbereitet und vor allem dann auch zusammengestellt und aufgenommen werden.

Ich denke mir, daß man zuerst versuchen sollte, in Stuttgart die Herstellung zu bekommen, 3 Sprecher und die Musik, eventuell ein Chor betender Mönche (aus irgendeinem Hörfilm rausgeschnitten). Alles das kann uns Stuttgart zur Verfügung stellen (vielleicht). Damit wäre schon die Basis für die Langspielplatte gegeben. Geht das nicht so ohne weiteres, dann könnte man den Cotta Verlag ansprechen, wo Müller mit seiner Trotzki Biographie ein Autor ist. Cotta ist auf Platten neuerdings specialisiert und könnte bewogen werden, Ihnen den Start zu erleichtern. Überhaupt sollten Sie sich mal überlegen, ob Sie nicht überhaupt eine Art Studio auftun sollten, angegliedert an einen der größeren Verlage, aber getrennt nach außen, wie ja heute jedes größere Theater auch seine Studio Bühne besitzt und auch alimentiert. Jedenfalls könnte man mit solch einem Vorschlag auch mal an einige der größeren Verlage herantreten.

Haben wir die Langspielplatte ungefähr fixiert – was die Länge anlangt, so könnte die Rückseite mit Hausmann ausgefüllt werden, der ja über Lautgedicht Platten schon verfügt oder in irgend einer anderen Weise – das sind dann untergeordnete technische Fragen. Allerdings müßte dann berücksichtigt werden, daß die Konferenz die Beiträge in einer Weise enthalten würde, die nicht so ohne weiteres als selbständige Druck-Pamphlets erscheinen könnten, die gesamte Konferenz würde sich auch nicht zum Druck eignen. Man müßte also entweder die einzelnen Beiträge für sich stellen und aus der Konferenz herauslösen oder auf den Druck verzichten, was auch nicht zu schlimm wäre. Schließlich würde es auch davon abhängen, ob man die Ausgabe von 200-300 Luxusdrucken durchsetzen kann bei garantiertem Minimum Vertrieb von etwa 30 Exemplaren und das ganze an einen Antiquar verkaufen, der dann im Laufe eines Jahres die Preise cornert und hinauftreibt, so daß aus der uns verbleibenden Kommission die reinen Druckkosten bezahlt werden könnten. Darüber kann man weniger schreiben, das muß man persönlich klären. Eine gewisse Aussicht war damals vorhanden, eine Firma, die die Gesamtaktion durchführt und auch zahlt mit 3 oder 4 angeschlossenen Antiquariaten, die an der Suchaktion durch ihre Kataloge sich beteiligen und entsprechend kommissionsmäßig berücksichtigt werden, aber das geht schon uns weniger an.

Ich werde noch ein Monat etwa hierbleiben und dann nach den Pyrenäen verschwinden. Es ist nicht ausgeschlossen, daß der Artur Müller vorher noch nach hier kommt. Dann wäre es natürlich gut, wenn Sie auch kommen würden, dann können wir das große Aktionsprogramm beraten.

Mit besten Grüßen
Franz Jung

1 „Der Fall Gross" und vermutlich „Der Tod ist nicht genug", eine der Fassungen der Albigenser-Studie.

597. AN HELMUT HEISSENBÜTTEL
Paris 6e, 1/2 62
36 rue du Dragon

Lieber Herr Heißenbüttel,
wenn es Schwierigkeiten macht, noch eine Copie der Müller Buchbesprechung[1] zu bekommen, so kann ich mich auch anders behelfen. Ich brauchte sie nur, um der Routine Frage nach Besprechungen hier auszuweichen, da anscheinend, dh die hiesigen Verleger, Akten anlegen wollen, ehe sie überhaupt die Frage einer Übersetzung[2] zu diskutieren wünschen.

Die Ankündigung im Radio Essay des Fuhrmann Vortrages brauche ich für Frau Fuhrmann, die Erbin des literarischen Nachlasses, die mir auch die Autorisation für die Gesamtverwertung – befristet – gegeben hat; insofern wird es mir nützen.

Ich möchte Ihnen zugleich einen anderen Essay über Wilhelm Reich vorschlagen. Sie finden einliegend den kurzen Vortrag, der über den Sender Köln im August 61, glaub ich, gelaufen ist. Wenn Sie die Zeit erübrigen können, würde ich Sie bitten, die Zeilen nach Stichworten, das genügt, um Ihnen das Bild zu geben, durchzulesen.

Der Essay, den ich Ihnen anbieten könnte, wäre nicht nur eine etwas ausgedehntere Bearbeitung. Der Boykott gegen Reich in USA beginnt weiter aufzutauen. Im Noonday Press Verlag ist soeben ein weiteres Werk von Reich trotz des Publikationsverbots durch das Gericht neu herausgegeben worden – „The function of orgasm" – das ist, soweit ich aus der Besprechung ersehen kann, schon mehr eine Zusammenfassung mehrerer Bücher und hört kurz vor der Überleitung der Reich'schen Theorien auf die Orgon-Energie auf, die kosmische Energie, von der aus die Analyse der Gesellschaft, deren Formen und Möglichkeiten, sich herausschält.

Ich würde den vorliegenden Aufsatz umstellen, den Prozeß zeigen, die Entwicklung der Theorien seit Freud und dann in den Mittelpunkt stellen die beiden letzten Bücher „Listen little man" und den „Murder of Christ", das ist der Einbruch der biologisch ausgerichteten Psychoanalyse ins Gebiet der Sociologie, sozusagen eine neue Basis für die Geschichte der Gesellschaftswissenschaften.

Ich glaube, das ist für Deutschland völlig neu, da ja außer ein paar Verleumdungen anläßlich des Prozesses (im Monat so um 58 herum erschienen) nichts von den Werken Reichs seit 35 nach Deutschland mehr gekommen ist.

Im übrigen ergänzt sich Reich mit der aus anderen Wurzeln stammenden Analyse Fuhrmanns außerordentlich.

Ich werde bis Ende des Monats hierbleiben und dann wahrscheinlich weiter hinunter nach Süden gehen. Ich will dort den Fuhrmann Auswahlband fertig machen und eventuell die Tagebücher Fuhrmanns aus den Jahren 39–52 übersetzen, zusammenstellen und mit herausgeben. Natürlich würde ich auch gern Reich anschließen. Es ist aber sehr zweifelhaft, ob ich für die letzten Schriften die Rechte – legal wenigstens – bekommen kann.

Mit den besten Grüßen
Ihr Franz Jung

1 Vgl. Anm. zum Brief an Heißenbüttel vom 15.9.1961.
2 Jungs „Der Weg nach unten" ist zuerst 1993 von Pierre Gallissaires ins Französische übersetzt und vom Verlag Ludd in Paris unter dem Titel „Le Scarabée-torpille" herausgebracht worden.

598. AN KÄTE RUMINOFF
Paris 6e, 1/4 62
36 rue du Dragon

Liebe Kate, ich habe erst von Fenchel gehört, daß du solange im Hospital gewesen bist. Nach deinem letzten Brief nahm ich an, es wäre nur die Sache von ein paar Tagen gewesen. Es tut mir sehr leid, daß kaum im Augenblick jemand helfen kann, deine Stimmung von Grund auf aufzubessern, was wohl die Hauptsache sein müßte, dir wieder einen neuen Aufschwung zu geben. Fenchel ist – ohne daß er es richtig gewahr wird – doch schon sehr krank und auch verbraucht. Der Kampf, den er jetzt in

Hamburg wieder aufnehmen will, scheint mir aussichtslos, ganz abgesehen von der Dauer, den solch ein Prozeß in Anspruch nimmt, Fenchel rechnet selbst mit 10 Jahren, nur um ein persönliches Ressentiment zu befriedigen, bei dem ihm sogar die Hände von vornherein gebunden sind, weil alles ohne Skandal in der Öffentlichkeit abgewickelt werden soll. Auch das scheint mir aussichtslos, weil mit solcher national betonten Rücksichtnahme eben die stärkere Waffe beim Gegner liegt. Es ist merkwürdig, wie ein sonst so kluger Mensch wie Fenchel das nicht mehr sehen will. Es geht ihm wohl auch sonst nicht allzugut – ich möchte beinahe sagen auch materiell, denn er sieht seine Reserven schwinden, ohne daß neues Geld hinzukommt, aus Aktienspekulationen oder sonstigen Investmentgeschäften. Ich kann mir schon vorstellen, daß ihn das alles sehr beunruhigt. Er tut mir im Grunde genommen leid, aber ich glaube, ich werde nicht viel für ihn tun können, was für ihn wirklich praktisch von Wert sein kann.

In der Reich Sache bin ich bisher nicht weitergekommen. Was würde denn eine Photokopie eines der beiden Bücher, die bei dem Kohbieter liegen, etwa kosten. Könnte er mir nicht wenigstens den Little man für 4 Wochen schicken?

Die Bücher werden ja allmählich alle wieder herausgegeben werden. Gerade ist in der Noonday Press die „Function of orgasm" neu herausgebracht worden. Also allmählich wird doch das Verbot gelockert und bald ganz aufgehoben werden.

Ich wünsche dir eine bessere Stimmung für das Neue Jahr und auch Gesundheit dazu
    viele Grüße
        Franz

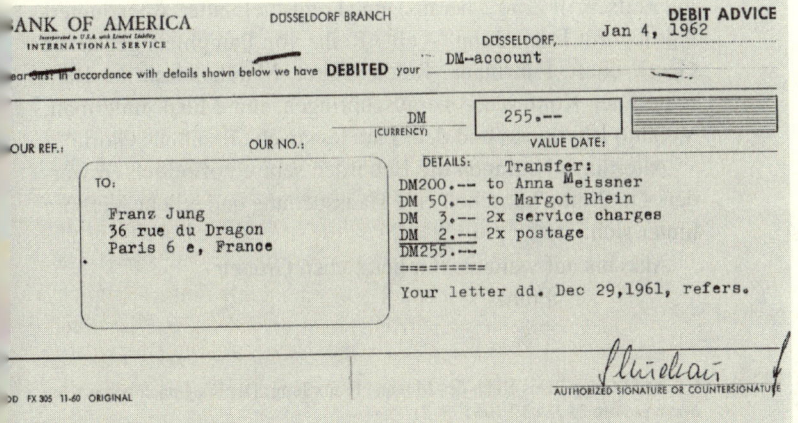

Bankauszug, 4. Januar 1962

599. AN ADOLPH WEINGARTEN
Paris, 1/4 [1962]
36 rue du Dragon

Lieber Adolph,
meine Befürchtungen waren also nur zu begründet. Ich hoffe, daß es dir bald besser gehen wird und wünsche dir eine schnelle Erholung. Mit dem Reich muß man halt warten, bis du dich bei dem Loewenfeld erkundigen kannst. Vielleicht kann er dir einen Rat geben, wie man die beiden letzten Bücher bekommen kann, eventuell in der Photokopie bei Ritters in Nottingham vielleicht. Ich kann beide zusammengefaßt als „Ursprung und Zukunft der Gesellschaft" oder so hier sofort herausbringen, auch ein Übersetzer wäre vorhanden. Natürlich kann ich auch in D etwas machen, Interesse genug ist vorhanden.

Den „Konkret"[1] mit der Kritik über mein Buch habe ich dir zugesandt. Sonst nicht viel Neues. In der Süddeutschen Zeitung hat der Verlag auf eine Umfrage[2] sich besonders prononciert für mein Buch ausgesprochen (... zwar kein bestseller im Augenblick, aber eines der Bücher, die bleiben werden ... oder so ähnlich). Ich habe es selbst nicht gesehen, nur gehört.

Ich plane, bei einem norddeutschen Amateur Verleger (gibt

die Zeitschrift Zero 3 heraus) eine Langspielplatte „Abendunterhaltung mit Franz Jung" – eine Reihe von Pamphlets gegen die Gesellschaft, Fuhrmann, Reich, Marat, Marchand etc im Rahmen einer Konference herauszubringen, mit Musik untermalt, Voodoo Rhythmen und dem Parademarsch „Preußens Gloria".

Allerdings beginnen die Behörden sehr empfindlich zu werden. Der Mann hat schon eine Haussuchung und etliche Verhöre hinter sich.

Also bis auf weiteres mit herzlichen Grüßen
Franz

---

1 Lewald Gripp „Das Buch des Monats. Franz Jung: Der Weg nach unten". In: *Konkret* vom 23./24.12.1961, S. 21.
2 „Die Favoriten im Bücherregal": „... ein erstaunliches, ja eigentlich ein tolles Buch ...". In: *Süddeutsche Zeitung* vom 16./17.12.1961, S. 3.

600. AN KÄTE RUMINOFF
Paris 6e, 1/7 62
36 rue du Dragon

Liebe Kate,
vielen Dank für deinen ausführlichen Brief. Die Verhältnisse in so einer Nervenklinik sind wohl überall in der Welt dieselben, so schrecklich sie für einen Außenstehenden wirken. Neu scheint mir das Kegeln zu sein, eine ganz gute Reklame für die Bowling Unternehmen, die ja sowieso große Mode in USA geworden sind.

Warum ich aber sogleich schreibe ist: bitte schicke keine der Reich Bücher nach hier – das wäre völliger Unsinn. Ich selbst brauche die Bücher nicht, auch wenn ich dich angefragt habe, was eine Photokopie kosten würde. Was ich brauche, bevor ich die Sache einem größeren, dh zahlenden Verlag anbieten kann, ist: Wie steht es mit den Rechten? Wie steht es mit dem Verbot des Gerichts betr der Publikation in US? Ist dieses Verbot aufgehoben? Stillschweigend oder indirekt durch die Veröffentlichungen bei Strauss Farrar und Noonday Press? Ich denke, durch irgendeine Vorbemerkung entweder in den Selected Works oder bei Noonday wird das ersichtlich sein.

Dann gib mir den Inhalt der Selected Works an. Eigentlich ist das alles.

Für hier, jedenfalls für mich kommt überhaupt nur die Listen etc und eventuell The murder of Christ in Betracht, das heißt die Anwendung der Reich'schen Theorie der An- und Abstoßung auf die Gesellschaft und die sociologische Ordnung. *Nur das biete ich an.* Ich muß dem Verleger sagen, ob und wie ich die beiden Bücher beschaffen kann oder wie er sie sich besorgen kann (über die Ritters in Nottingham – ich selbst habe das Reich Erinnerungsbuch der Ritters). Das sind die ersten Kosten für den Verlag. 2) ich liefere die Rohübersetzung (in dem Falle wärest es du, die mir die Übersetzung liefern müßte). Ich will und kann es nicht übersetzen. Dann meine Zusammenstellung und die Ausgabe mit Vor- und Nachwort. Das sind die Kosten, die auf dem Buch liegen. Das muß man dem Verleger vorher sagen, sonst bleibe ich dann selbst auf den Kosten sitzen. Der größere Teil der technischen Kosten muß vorausbezahlt werden; anders geht es nicht. Jedenfalls werde ich keinesfalls irgendwelche Kosten vorlegen – (wie bei Fuhrmann, obwohl diese ja sehr viel geringer gewesen sind).

Die Familie Reich, dh die Töchter haben mir nicht geantwortet. Auch nicht ein Herr Loewenfeld, der angeblich ein Freund des Hauses ist. Ich vermute, daß die Erben alle Rechte an Strauss etc abgegeben haben, sich dadurch die Zustimmung des Justizministeriums für eine Kompromißausgabe als Alibi erkauft haben, praktisch aber weiter auf der Kontrolle der Publikationen sitzen. Dann müßte es ohne das Justizministerium hintenherum über die Ritters gemacht werden. Also so steht die Sache. Praktisch brauche ich den Kohbieter überhaupt nicht. Es wäre nur sehr einfach gewesen, sich darauf zu berufen, daß ich jederzeit mit den beiden Büchern rechnen kann, aber es geht auch ohne diese Zusicherung; nur etwas muß ich über die Gesamtsituation und die Rechte wissen.

Verstehe bitte, daß im Augenblick noch gar nichts ist. Vorläufig ist es nur meine Idee, allerdings schon verstärkt durch den Radio Vortrag in Köln, dem vielleicht ein Essay noch in Stuttgart folgen wird, die 50 Minuten Sendung. Also ich brauche Informationen und nicht die Bücher.

Der Fuhrmann Essay kommt im März in Stuttgart. Mit Fuhrmann hatte ich ebenfalls die üblichen Schwierigkeiten. Sind aber schließlich überwunden worden. Der Auswahlband bei der Darmstädter Akademie steht allerdings noch aus.

Du erwähnst in deinem Brief, du hättest meinen Dada Artikel[1] gelesen. Wo? in der Frankf Rundschau oder im Aufbau, mit dem ich ja deswegen durch eine Intervention und Dementi Hausmanns völlig die Verbindung verloren habe. Der Aufbau hatte den Artikel abgesetzt, aber dann nicht erscheinen lassen. George hat mir auf Brief nicht mehr geantwortet.

Nach Kaiserblueth etc werde ich versuchen Auskünfte zu bekommen. Augenblicklich bin ich nicht recht bewegungsfähig. Hoffentlich erholst du dich bald völlig und nimm dir nicht gleich zuviel vor. Die sticks sind auch nicht so wichtig, nicht viel mehr als eine vage Idee und Laune, ganz unwichtig im Grunde.

Es freut mich für dich, daß dir Fenchel einen Check geschickt hat, trotzdem siehst du ihn falsch. Jeder Mensch hat wahrscheinlich im Alter das Recht eigensinnig zu sein, aber mit Eigensinn kann man nicht gegen den Trend in der Welt ankämpfen, vor allem das nicht auf einen andern abschieben wollen, der sozusagen als bezahlter Angestellter (und obendrein schlecht bezahlt) die eigentliche Vorarbeit leisten soll.

Mit herzlichen Grüßen
Franz

Wenn der japanische Film (hier L'Ile Nue) nach dort kommt, mußt du ihn ansehen. Ein neues Kapitel Film hat damit begonnen.

---

[1] „Dada kommt in die Jahre – Raoul Hausmann zum 75." In: *Frankfurter Rundschau* vom 9.3.1961 und *Aufbau* (New York) vom 15.12.1961.

601. AN ADOLPH WEINGARTEN
Paris 6e, 1/7 62
36 rue du Dragon

Lieber Adolph, um Himmelswillen wirf nicht soviel Porto heraus, mir den Enquirer per Luftpost zu schicken. Das hat Zeit, ich will die Miller story im Auszug gelegentlich als Typ benutzen, mehr nicht, aufzählen, wer und wo besoffen unter dem Tisch gelegen hat von der amerikanischen kulturellen und politischen Prominenz. Eine solche Aufzählung läuft mir nicht weg.

In der Reich Sache kann ich solange nichts tun, bis ich weiß, wie die Rechte liegen. Haben die Erben die Rechte an Straus Farrar abgegeben, im ganzen, um den Kompromiß einer auszugsweisen Veröffentlichung einiger Schriften als Alibi für das Justizministerium (freie Meinung etc im Lande der Freiheit) zu erreichen (dagegen spricht allerdings die Noonday Press Ausgabe). Ich selbst könnte mir denken, einfach über die Ritters in Nottingham, diese haben ja auch das Erinnerungsbuch 59 veröffentlicht, die beiden Bücher zu bekommen und daraus einen Reich Band zu machen. Mich interessieren nur die beiden letzten Bücher, in denen die Reich Theorie der Anziehung und Abstoßung auf die Gesellschaft und die sociologischen Folgen übertragen wird. Und ich kann ebenso gut auch nur *über* Reich schreiben mit andeutungsweisen Zitaten – nur ich muß über die Situation wissen.

Bitte tritt jetzt langsam. Auch wenn es dir was ich hoffe bald besser gehen wird, du wirst die Welt nicht mehr einreißen, ich auch nicht. Mein Fuhrmann Essay[1] wird im März in Stuttgart gesendet. Ich habe schon jetzt drei Anfragen nach einem Auswahlband, wahrscheinlich kann ich etwas von F hier übersetzt bekommen und unterbringen; allerdings ist für mich kein Geld in der Sache, nur Prestige für F. Anders wird es auch mit dem Reich nicht sein.

Also langsam treten! Wenn der japanische Film (L'Ile nue – hier) nach dort kommen sollte, unbedingt ansehen – ein neuer Abschnitt in der Geschichte des Films wird damit eingeleitet. Man muß ihn zweimal sehen, weil man beim ersten Mal zu sehr abgelenkt wird zu warten, was eigentlich geschehen soll, und es geschieht nichts als das normale Leben einer Bauernfamilie, wo zur Bewässerung der paar Kohlköpfe jeder Tropfen Wasser vom

Festland geholt werden muß. Kein Wort wird im Film gesprochen. Beim zweiten Mal tritt das eigentliche innere Geschehen dann viel stärker hervor – ein großartiger Film, schade daß er in Moskau preisgekrönt worden ist, was ihn ja von vornherein präjudiziert. Hier bereitet sich der Bürgerkrieg vor. Vorläufig schießt jeder auf jeden, sogar die Schlächter beginnen sich gegenseitig zu plastikieren. Meine Voraussage ist, daß es kaum zu einer Volksregierung kommen wird (kann auch falsche Prognose sein). Algier ist geregelt zwischen den beiden Hauptpartnern. Beide trauen sich nicht, das Abkommen publik zu machen, weil keiner mehr die Ultras von beiden Seiten in der Hand hat. Die Zuhälter und Deserteure aus aller Welt sind von beiden Seiten als killer angeworben, 500 Franken per Monat mit freier Verpflegung und Versicherung im Falle des Todes, die Frau erhält, falls eine vorhanden ist – auch diese aufzuzeigen ist ein besonderes Geschäft geworden – eine Pension. Dabei nimmt die Bevölkerung das ruhig hin, keine Aufregung, nur das Notwendigste in den Zeitungen hier wie drüben. Hier um die Ecke herum, am Blvd St Germain, ist gestern Nacht eine Kunsthandlung und Galerie in die Luft geflogen – man erzählt sich von Malern plastiziert, die aus der Entschädigung, die der Staat dem Inhaber bezahlt, ihren Anteil bekommen.

Mir selbst geht es nicht gerade gut, ich habe auch aus Sympathie mit dem Magen zu tun, ich kann den Fraß hier nicht essen und ich rutsche in eine Unterernährung hinein, aus der ich bald zu müde sein werde mich zu befreien. Kate Ruminoff schreibt mir, sie war einige Wochen in einer geschlossenen Nervenklinik wegen Depressionen, sie hatte eine zu geringe Dose Tabletten geschluckt, wo als Haupttherapie die Patienten gezwungen waren, in den Korridoren zu kegeln, durch die körperliche Bewegung beim Kegeln geht der unterdrückte Ärger weg, eine gute Reklame für das Bowling in der USA.

Und so schreitet der Fortschritt unaufhaltsam fort.

Herzliche Grüße an Carola und dich höchstselbst

Franz

---

[1] „Erinnerungen an einen Verschollenen. Ernst Fuhrmanns Lehre von den Zusammenhängen". Gesendet im Süddeutschen Rundfunk am 9.3.1962, Wiederholung 12.3.1962.

602. An Emil Szittya
Paris 6e, 1/7 62
36 rue du Dragon

Lieber Emil Szittya,
inzwischen hat auch Schmidt geschrieben, daß das Zimmer in Châteauneuf 1800 Fr kosten würde. Ich habe ihm geschrieben, daß ich meine Pläne geändert habe und daß ich dies auch Herrn Pugnet bereits mitgeteilt hätte. Im allgemeinen ist der Preis jetzt nicht mehr so schlimm, und vielleicht habe ich Herrn Schmidt auch vielleicht Unrecht getan, daß ich sein distanziertes Verhalten mir gegenüber falsch eingeschätzt habe. Schließlich kennt er mich doch überhaupt nicht.

Das Zimmer in Malaucène kann ich erschwingen, zumal ja die Pension mit einbegriffen zu sein scheint. Könnten Sie nicht noch einmal schreiben, daß ich Anfang Februar nach dort kommen würde, geben Sie meinen Namen an und sagen Sie, daß ich mich kurz vor Eintreffen selbst melden würde. (Wie muß ich dorthin fahren?)
    Viele Grüße und Empfehlungen an Ihre Frau
        Ihr Franz Jung

Von Verlegern noch keine Nachricht.

603. An Adolph Weingarten
Paris 6e, 1/8 62
36 rue du Dragon

Lieber Adolph, ich muß leider deinen heutigen Brief sofort beantworten. Ich will *keine Reich Bücher*, ganz überflüssig, daß du dich darum bemühst. Eventuell hätte ich die vor einigen Wochen bei Noonday Press erschienene Neuausgabe der Function of Orgasm gern gehabt (nicht per Luftpost), im Buchhandel sollte sie doch zu bekommen sein. Oder die Auflage ist so gering wie bei den 59 erschienenen „Selected Works", daß sie schon bei Erscheinen quasi vergriffen ist. Das ist es, was ich gern festgestellt hätte, denn das würde zeigen, daß das Ganze nur eine Alibi Aktion des Justizministeriums vor der Kritik im Ausland ist. Ich bin an Reich, ganz allgemein, nur an den beiden letzten Büchern *Listen little man* und dem *Murder of Christ* interessiert, wo die Reich Theorie auf die sociologischen Folgen und die Kritik unserer heutigen Gesellschaft ausgedehnt wird. Beide Bücher wurden schon 58 (nach dem Gerichtsverbot) im Schwarzhandel zwischen 100 und 200 Dollar pro Stück bezahlt. Auch das sind sie mir nicht wert. Ich kann auch ebenso gut nur *über* diese beiden Bücher schreiben. Eventuell müßte ich sie mir über die Ritters in Nottingham besorgen, die ja auch das Erinnerungsbuch an Reich herausgegeben haben. (Ich habe dieses Buch.) Aber erst muß ich das Buch einem Verlag anbieten können (die Zusammenfassung der beiden Bücher *nach meiner Auswahl*, nicht mit all dem psychoanalytischen Reich Quatsch), für das Interesse des Verlages brauche ich entweder die Rechte oder warum die Rechte nicht zu beschaffen sind, dann die Vorkosten der Beschaffung der Bücher oder den Bluff, daß ich sie besitze, auch dazu müßte mir jemand helfen. Ich bin sicher, daß ich dafür einen Verleger finde, der die Kosten vorher bezahlt, sonst rühre ich in der Sache keinen Finger. Die Function (*auch* doch nur eine Neuzusammenstellung) interessieren mich eben ganz allgemein.

Genau so ist es mit dem Fuhrmann Auswahlband – auch auf die Gesellschaftskritik zurechtgeschnitten – auch der Fuhrmannsche Nahrungsquatsch interessiert mich nicht – ich ziehe eben daraus meine eigenen Konstruktionen und Schlüsse. Beide Bände kann ich gut unterbringen, aber nach Erledigung aller technischen Vorbedingungen. Sicherlich könntest du mir und solltest mir helfen – aber in dem gegebenen Rahmen. Aufs Geratewohl geht das nicht – das schreibst du selbst ja in der Colin Angelegenheit.

Selbstverständlich hätte sich Colin mit dem Verlag in Verbindung zu setzen, denn ich selbst habe die Rechte an dem Buch nicht. Aber der Verlag hat dem Colin bereits das Buch geschickt. Und die Verbindung zu Grove Press und zu Noonday oder wem sonst ist doch nicht so schwer – Colin ist doch ein registrierter Buchagent. Warum die Bücher bei den dortigen Verlegern nicht ankommen, liegt sicherlich nicht nur beim Verlag. Es wird sich um die Bedingungen handeln. Die großen Verleger geben von vornherein im Ausland größere Rabatte, für die sie sich Rückzahlungen von Bonn als Kulturpropaganda im Ausland oder so zahlen lassen, Luchterhand bekommt diese nicht, kann also auch nicht von vornherein Ramsch Rabatte, von denen diese Buchgangster in New York leben und das Publikum mit Originalpreisen betrügen, geben. Ich weiß es nicht genau, wahrscheinlich ist es aber so, auch Picard bekommt hier die Bücher nicht und schwindelt mir was vor, wobei ich zugleich weiß, daß der Luchterhand eben zu den Preisen wie Picard will nicht liefert, außerdem nur fest und nicht auf Kommission, wobei dann nach drei Monaten so ein Auslandsbuchhändler die Pression ansetzt, entweder zu weiteren 30% Ramsch Rabatt oder Zurücklieferung auf Kosten des Verlages. So liegt doch die Sache. Deine Buchhändler sind einfach von der Bonner Kulturpropaganda ausgehaltene Schwindler.

Unter Zuhause – deine Anfrage beantwortend – verstehe ich die Ostzone – so dreckig es dort auch aussehen mag. Selbstverständlich kann ich dort nicht arbeiten, das kann ich aber hier auch nicht, wo ich systematisch und langsam verhungere.

Also bitte – in allen unseren Plänen, die wir wohl oder übel immer wieder versuchen – langsam, langsam. Raus kommt sowieso nichts.

Herzlichen Gruß
Franz

604. AN ADOLPH WEINGARTEN
Paris 6e, 1/9 62
36 rue du Dragon

Lieber Adolph, wer ist Herr Jordi Arquer? Du hättest ihm geschrieben, ich wolle ihn sprechen und er gibt mir seine Telefon No – wozu? Was soll ich da? Um was handelt es sich?

Die Reich Sache ist vorerst erledigt. Auch die Noonday Press Ausgabe nicht schicken. Ich bekomme die Selected Works und die Noonday Press ist nur die billigere Ausgabe desselben Buches. Leider – hast du durch deine Krankheit diesen Loewenfeld, den ich dir damals aufgab, nicht sprechen können. Sonst wäre schon alles früher klar gewesen. Alle Rechte liegen bei dem Wilhelm Reich Trust Fund in New York, für den eine *Mary Boyd Higgins* als Trustee zeichnet.

Was von meinem Plan, in Deutschland in irgendeiner Form

eine Reich Ausgabe herauszubringen noch bleibt, ist das folgende:

1) ich habe noch keinen Verlag, kann auch erst an einen Verlag herantreten, wenn ich die Rechte habe bezw die Duldung, mein Interesse an der Reich Publikation zu bringen – keine Sensation, sondern einfach Beitrag zur Kritik der Gesellschaftsformen.

2) ich habe, ohne von dem gegenwärtigen Stand der Reich Angelegenheit Kenntnis zu haben, bereits im August 61 im Kölner Sender[1] im sogenannten „Kulturellen Wort" auf Reich aufmerksam gemacht.

3) ich würde mich bei meiner Bezugnahme (dh ich müßte Teile zu zitieren in der Lage sein) stützen auf Listen little man, The Murder of Christ und People in Trouble.

4) falls ich diese Erlaubnis bekomme, werde ich das Buch an den Verlag als Projekt anbieten, vorher nicht.

5) erst dann kann ich auch verhandeln, was der Verlag zu zahlen hätte an den Trust Fund für etwa entstehende Royalties, an Übersetzung und die editoriale Zusammenstellung, die zunächst ich übernehmen würde.

6) ich glaube, daß meine Bemühungen den Interessen des Fund durchaus entsprechen und die Plattform bilden könnten für eine größere Beschäftigung mit den Arbeiten Reichs in Deutschland.

7) ich könnte die gleiche Arbeit auch auf Frankreich ausdehnen. Auch hier besteht ein Interesse für einen Reich Auswahlband etc, auch für eine Radio Sendung.

Das ist jetzt die Lage. Willst du dabei mitwirken, so telefoniere allgemein mit Loewenfeld, versuche die Trustee aufzutun und von dann aus weiter, was sich ergeben wird. Alles was an Einnahmen für mich abfallen würde, außer den technischen Ausgaben, können wir teilen.

Kannst du dich nicht daran beteiligen, lassen wir es fallen. Es ist auch kein Schade.

Aber präzise, und nicht über Winkelbuchhändler.

Etwas anderes: Wenn du die Namen der Buchhändler anführen kannst, die das Buch von Luchterhand trotz mehrfacher Mahnungen und Bestellungen nicht bekommen, schreibe direkt an den Verlag Luchterhand (nicht an mich, der in der Sache gar nichts tun kann). Frage an, ob seitens des Verlages gegen die

Buchhandlungen etwas vorliegt, warum sie nicht ausliefern etc und sie möchten dir eine Buchhandlung in New York angeben, wo man das Buch bekommen kann – ganz sachlich (behalte eine Copie!)

Ich bitte dich mit Porto sparsamer umzugehen; ich werde das gleiche tun. Zeitungsausschnitte, Zeitschriften etc gehen den gewöhnlichen Weg, als Drucksache. Einige sind an dich unterwegs.

Ich lege einen Check bei, den du zur Bestreitung sparsamer Portoauslagen benutzen kannst. Der Check, von Ilse Fuhrmann, ist mir nach hier übersandt worden, weil ich für IF einige Bücher im Antiquariat gesucht habe – für eine amerikanische Bibliothek bestimmt. Es soll für Spesen sein. Ich kann den Check hier sowieso nicht einlösen, müßte ihn nach Düsseldorf schicken etc – alles sehr umständlich, und es lohnt sich nicht.

Viele Grüße
Franz

1 „Das tragische Schicksal des Dr. Wilhelm Reich. Im Dschungel der Grenzgebiete der Biophysik". In: Radio Köln, gesendet am 11.8.1961.

605. AN KÄTE RUMINOFF
Paris 6e, 1/11 62
36 rue du Dragon

Liebe Kate, ich muß sogleich noch einmal schreiben. Ich bekomme eben die Nachricht, die die ganze Reich-Angelegenheit klärt. Die Rechte liegen bei einem W Reich Infant Trust Fund, Trustee ist eine Mary Boyd Higgins, New York. Die neue Ausgabe bei Noonday Press ist dasselbe wie die Selected Works, eine sogenannte Pocket Ausgabe, Noonday ist nur eine Abteilung von Straus Farrar.

Nach dem, was ich in der Einleitung zur Selected Works gelesen habe, ist mit einer Lizensierung für einen deutschen Auswahlband kaum zu rechnen. Jedenfalls nicht über mich, wenn überhaupt, müßte dann schon hier ein großer Verleger auftreten.

Also müssen wir vorläufig die Sache begraben. Es hat jedenfalls keinen Zweck mehr sich gesondert um Little Man zu bemühen.

Es tut mir leid, daß du wahrscheinlich schon eine Menge Arbeit dafür aufgewendet hast.

Wenn ich noch die weiteren Unterlagen bekomme, die mir in Aussicht gestellt sind, könntest du dich vielleicht dann direkt an diesen Infant Trust Fund wenden und von dir aus, falls du das willst, die Übersetzungsrechte anfragen, weil du einen Verleger dafür in Deutschland eventuell beibringen könntest. Dann ist das auf deine Übersetzung abgeschoben und sieht harmloser und rein geschäftsmäßig aus. Ich zweifle allerdings, ob du Erfolg haben wirst.

Ich werde in dem Besitz der Selected Works etwa Ende des Monats sein.

Über Kaiserblueth und die Schnurmann habe ich noch nichts erfahren können, obwohl hier Picard mehrfach schon telefoniert hat.

Fenchel ist wieder nach Zürich gegangen und sucht dort eine private Wohnung.

Hoffentlich hält deine bessere Stimmung an. Die Reich Sache sollte dich nicht weiter beeinflussen.

Herzlichen Gruß
Franz

Könntest du mal den Henry Dietrich anrufen, den Maler aus der State Street, bei dem wir mal gegessen haben? Du erreichst ihn im Chronicle Art Department, so in den Nachmittagsstunden. Er hat mal Zeichnungen gemacht oder machen wollen zu der Novelle Fall Grosz. Jetzt ist so ein Avantgarde Verleger Petersen in Glückstadt/Ostsee Tingplatz 2 dabei, diese Novelle illustriert herauszubringen, als Kunstdruck in nur 300 Exemplaren. Er hat sich hier an Max Ernst gewandt, aber der ist ganz ungeheuer teuer. Hier könnte sich für den Dietrich ein neuer Start eröffnen. Solche bombastisch im Großformat aufgemachte Bücher sind jetzt sehr modern und finden sofort die Abnehmer. Wenn er will, soll er sich an Petersen wenden oder dich beauftragen, da er zu den Leuten gehört, die nicht schreiben. Mir mitteilen, damit auch ich meinerseits an Petersen schreiben kann.

606. AN ARTUR MÜLLER
Paris, 1/11 62

Lieber Artur Müller, ich erhielt gerade Ihren Brief, nachdem ich soeben einen an Ihren Sohn abgeschickt hatte.

Ich kann wenig dazu sagen, aber der Ton stimmt ziemlich traurig. Es gibt ja einige grundsätzliche Regeln über die verschiedenen Verpflichtungen zur Familie und zu sich selbst, die ja bleiben, auch wenn ein Außenstehender weder die Bedingungen noch etwelche Einzelheiten kennt. Der Mangel an einem erträglicheren Ausgleich geht aber offensichtlich aus Ihrem Brief hervor.

Nicht daß Sie mich deswegen angesprochen hätten, drängt es mich Sie darauf aufmerksam zu machen, daß erstens die Verpflichtungen immer gegenseitig sind, wenn sie bis zum Erleiden ernst genommen werden und zweitens Sie anscheinend vergessen, daß in Ihrer Überarbeit und der Jagd nach Sicherheit, die Sie hinterlassen wollen, leicht für den Partner auf der andern Seite nicht etwa eine Genugtuung, sondern eine Belastung, vielleicht sogar eine ständige Angst entsteht, wenn man sehen muß, daß Sie damit beginnen sich zugrunde zu richten. Ich weiß auch gar nicht mal so sicher, ob hinter Ihrem hektischen Eifer nur die Frage der materiellen Sicherheit und Reserve allein steht, sondern psychische Akzente aus Verschmähung, Behauptungswillen und einem Schuß Masochismus, der sicherlich auch auf diejenigen, denen Sie Sicherheit geben wollen, in einer oder der andern Weise reflektiert.

Sicher sind das allgemeine Redensarten und sie besagen auch nichts, zumal Sie sie mit einer Handbewegung wegwischen können. Sie schließen aber Ihre Briefe jeweils mit der Versicherung einer engen Verbindung zu mir, daß ich darauf bezugnehmend mir erlaube Ihnen über Ihre Situation zu schreiben. Anders ausgedrückt – machen Sie es der Familie praktisch unmöglich, *Ihnen zu helfen*, solange Sie sie unter dem Druck und dem panischen Schrecken halten, wie es weiter gehen soll. Daß die Familie Ihre Gedanken nicht genau kennt, die Sie manchmal in dieser Weise überwuchern, ist doch kindlich anzunehmen; „es ist den Eltern ganz recht, wenn ich mir die Finger erfriere, warum kaufen sie mir keine Handschuhe ..."

Vielleicht haben Sie in der Petersen Sache recht. Aber das

wird man ja sehen. Eigentlich will er ja auch nichts weiter, als daß man ihm Vorschläge macht, eventuell ihm technische Hinweise gibt, wie und wo er das eine oder andere findet. Geld will er ja nicht und scheint doch bereit auf alles was wir ihm vorschlagen einzugehen. Vielleicht habe ich das natürlich bei der ersten schriftlichen Begegnung etwas übertrieben gesehen – weil mir sonst so selten etwas derartiges begegnet.

Es wäre ja schön, wenn mich meine Empfindlichkeit in Sachen Heißenbüttel getäuscht haben sollte; durchaus möglich und bei meiner allgemeinen Lage zu erwarten.

Als Programm gesehen: ich gehe erst in die Nähe von Avignon nach Malaucène, Hotel „Chez soi", so wahrscheinlich Anfang Februar und später im Mai, hoffe ich, in ein kleines Nest in den Ost Pyrenäen, das erst im Mai erreichbar ist.

Ich arbeite an den „Albigensern", natürlich ohne etwa das Ziel eines großen literarischen Werkes vor mir zu haben. Meine Beschäftigung mit Fuhrmann und Reich sind lediglich notwendige Vorstufen hierfür.

Ich bekomme endlich die „Selected Works" aus Houston geschickt. Genau ein Jahr hat es gedauert, so daß ich für Reich die große Perspektive zusammen habe. Man hat mir schon die Vorrede des Trust Funds [geschickt], der die Auswahl getroffen hat. Es ist wirklich einmalig und ein großes Erlebnis.

Frau Meißner wird mir an Ihre Adresse das Ritter Buch über Reich schicken. Bitte sagen Sie Ihrem Ulrich, er soll es mir nach hier weitersenden.

Vergessen Sie nicht, sich den japanischen Film „L'Ile nue" – heißt er hier auf französisch – anzusehen. Auch ein großes Erlebnis und ein neuer Abschnitt in der Filmgeschichte.

Meine besten Empfehlungen an Ihre Familie und viele herzliche Grüße
Ihr Franz Jung

607. AN JES PETERSEN
Paris 6e, 1/13 62
36 rue du Dragon

Lieber Herr Petersen,
leider muß ich Ihren so optimistisch gehaltenen Brief mit einigen Negativismen beantworten.

Ich glaube nicht, daß Artur Müller wird nach hier kommen können, weil er für einige Wochen in Stratford für den biographischen Shakespeare Film festgehalten sein wird. Damit fällt für mich auch meine Verbindung zu Verlagen, bei denen man wegen des Verlags Studios hätte anfragen und verhandeln können, weg. Der junge Müller wird das kaum schaffen.

Ich selbst kann im Augenblick nicht wieder zurück nach Stuttgart gehen, um mich dort um die Möglichkeit einer technischen Aufnahme der geplanten Langspielplatte im Apparat des Senders zu kümmern. Die Zeit, die mir noch hier bleibt, ist ja auch viel zu kurz. Vielleicht wird man den Plan der Langspielplatte vorerst ganz aufgeben müssen, zum mindesten was die musikalische Unterbrechung etc, das heißt auch die Konference anlangt.

Was den Fall Grosz anlangt, so wäre es natürlich sehr schön, wenn die Sache in D[eutschland] gedruckt werden könnte. Hier bin ich mit der Sache völlig ins Stocken geraten. Leider bin ich bei dem Projekt überhaupt das fünfte Rad am Wagen. Ich glaube, ich schrieb Ihnen schon, daß der Fall in einer Arts et Poésie betitelten Serie erscheinen sollte, wobei nicht der Text das wesentliche, sondern die Zeichnung bezw das Bild die Hauptsache ist. Aufgefordert bin ich worden von Emile Szittya, 149 rue du Château, Paris 14, der so etwas wie die Gesamtredaktion in den Händen hat. Und zwar für Max Ernst, der zu der vorgesehenen Zeichner Gruppe gehört, einen Text zu schreiben. Max Ernst, der leider obendrein nicht in Paris ist, hat aber den Text überhaupt noch nicht gesehen, sich daher auch nicht entscheiden können. Vorerst müßte der Text, mit dem ich Schwierigkeiten genug hatte, ihn überhaupt zu besorgen, übersetzt sein. Dies hat zwar Szittya sofort veranlaßt, Übersetzer der griechisch-französisch schreibende Kédros, der im Augenblick auch irgendwohin verschwunden und nicht aufzutreiben ist. So glaube ich, wird es im Augenblick auch gar keinen Zweck haben, an Max Ernst zu schreiben. Mit den Zeichnungen zum Fall Grosz hat es an und für sich eine merkwürdige Bewandtnis. Die ersten Zeichnungen[1] (sehr gute sogar, alles auf den Seidel Typ abgestellt) stammen aus dem Jahre 1917/18. Sie lagen eine Weile damals bei Rowohlt und sind dann verschwunden. Ich habe sie auch in den späteren [George] Grosz Sammelmappen nie mehr wiedergefunden. Grosz selbst hatte merkwürdigerweise später auch kein Interesse mehr. 30 Jahre später hat ein Zeichner am Chronicle in San Francisco eine Serie Zeichnungen zu der Novelle gemacht, die ich aber auch nicht besitze und von denen ich auch nicht weiß, was daraus geworden ist. Tristan Tzara hat hier einen jungen Zeichner, der wie er sagt, das machen könnte, übrigens auch Szittya, wenn aus der Ernst-Offerte nichts wird, aber diese Zeichner kennen ja noch nicht einmal den Text. Ich sehe also gar nicht, wie von hier aus irgendeine Hilfe zu erwarten wäre.

Ich hoffe, daß die Müllers Ihnen wenigstens ihre Liste schicken werden, was seinerzeit an Pamphlets geplant gewesen ist. Da sind einige darunter, meiner Erinnerung nach, die man sofort drucken könnte, dazu eventuell als Einführung[2] mehr gedacht, aber auch in Pamphletform, wer und warum einer oder viele etc angesprochen werden. Ich wäre bereit, diese Einführung zu machen, nicht den Leser verstandesgemäß oder gefühlsmäßig irgendwohin zu stoßen, sondern den neuen Typ Leser zu schaffen, den voraussetzungslosen, der auch bereit sein wird, sich selbst in die Fresse zu schlagen.

Das kann man etwa machen. Natürlich auch das Fuhrmann Pamphlet. Reich wird schon schwieriger sein. Wahrscheinlich wird man nur *über* Reich schreiben können – (was im Augenblick, wo die Reichwelle in England und Amerika sowieso anläuft, eigentlich gar nicht so notwendig mehr ist), denn der W Reich Infant Trust Fund, der jetzt die Reich Schriften in der Auswahl in Amerika herausbringt, besitzt alle Rechte und wird sehr sorgfältig darauf achten, daß keine unlizensierten Passagen, Auszüge etc gedruckt werden. (Soweit ich darüber unterrichtet bin)

Tut mir leid. Zunächst nichts als Schwierigkeiten.

Mit vielen Grüßen

Franz Jung

1 Von George Grosz sind 5 Blätter zum „Fall Groß" überliefert: „Der Fall Gross Franz Jung gewidmet" („Ecce homo", Berlin 1922, Bl. 46); „899 Ende. Fall Grosz II" („Ecce homo", Bl. 83); „Grosz 1917 3. Fall Grosz" (Privatbesitz); „Grosz zum Fall Grosz 1917 Südende" (Privatbesitz); „Johannisnacht" („Ecce homo", Farbblatt X). In einem Brief an Karl Otten vom 14. September 1962 spricht Jung von 12 Zeichnungen, s. dort. Vgl. auch Jungs Brief an G. Grosz vom 12.5.1917.
2 „Meinen Gruß zuvor" erschien 1962 in einem der Verlagsprospekte der Petersen Press. Aus der Pamphletserie ist nichts geworden.

608. AN ADOLPH WEINGARTEN
Paris, 1/14 62
36 rue du Dragon

Lieber Adolph, ich erhielt heute deinen Brief vom 8. – die Post funktioniert der ständigen revendications wegen sehr schlecht, wahrscheinlich von hier nach dort auch nicht. Daß die Reich Bücher jetzt plötzlich überhaupt zu haben sind, habe ich zwar schon vor einem Jahr vorausgesagt, aber es wirkt immer noch als Sensation. Ich habe da sehr viel Unruhe hineingebracht in die ganze Affäre, aber muß zu meiner Verteidigung sagen, ich habe mich 8 Monate jetzt (genau) um Informationen etc bemüht, von dem Tage an, als ich die ersten Anfragen bei Verlegern, auch in Deutsch etwas von WR herauszubringen, aufgenommen habe. Weiter konnte ich eben nicht gehen, weil ich weder etwas über die Rechte noch ob ich überhaupt die Bücher bekommen würde, angeben konnte. Daß ich immer mal gelegentlich nachgebohrt habe, ist doch nur natürlich. So ist die Zeit dahingegangen, und ich glaube, es ist heute bereits endgültig zu spät, noch etwas zu tun. Die großen Verlage mit Filialen drüben werden sich die Rechte längst bei dem Trust Fund gesichert haben, außerdem würde ich erst wieder ganz von neuem beginnen müssen. Da ich sowieso ein outsider bin und nicht direkt sogleich persönlich bei Verlegern vorsprechen kann, bin ich sowieso im Nachteil.

Ich werde versuchen, an Hand der Bücher noch einmal einen Essay beim Rundfunk unterzubringen, insbesondere das Testament, das in der Einleitung zu den Selected Works untergebracht ist.

Sonst freuen mich natürlich die Bücher auch, und ich kann sehr gut vieles daraus noch lernen für das Albigenser Buch.

Nur: werden wir beide kein Geschäft daraus machen können. Jedenfalls vielen Dank.

Falls du die Dinge mal ruhiger ansehen würdest – was ich brauche ist ein Agent (jemanden, der als Agent funktionieren würde). Bei aller Mühe habe ich den bisher nicht gefunden, weder in D noch hier. Alle sagen mehr oder weniger zu – dieser Rubel hat mir die weitgehendsten Versprechungen hier gemacht, hat mir auch einen andern zugeführt, herausgekommen ist nichts – höchstens daß ich 4 meiner Bücher herausgeschmissen habe. Mit Müller in Stuttgart war es nicht viel anders. Jetzt stehe ich mit einem Petersen in Flensburg in Kontakt, so einem hochpreislichen Amateurverleger, der aber auch Zubringer zu großen Verlagen ist, Tips, Rechte, Exposees etc, er schrieb mir und will nach hier kommen – aber ich habe schon kaum mehr große Hoffnung. Immerhin – du siehst, ich bohre schon weiter, so gut ich eben kann, und dabei wärest du in New York der Arm von drüben – selbstverständlich wirst du ebenso daran mitverdienen wie ich selbst – aber ein Haus kann man daraus noch nicht bauen.

Und ich bin entsetzt, daß es dir noch nicht wieder besser geht. Bitte verstehe mich recht – jetzt nach all den Monaten kann man die Welt und alle Widerstände, die gegen mich sprechen, nicht auf einen Tag einreißen, daher rate ich, laß es vorerst gehen wie es eben geht. Solange wir uns halbwegs über Wasser halten, bleibt immer noch die Chance. Die Reich Katastrophe sollten wir nicht so schwer nehmen.

Baldige und gute Besserung und herzlichen Gruß
Franz Jung

609. AN GEORG VON RAUCH
Paris 6e, 1/14 62
36 rue du Dragon

Lieber Herr v. Rauch,
vielen Dank für Ihren Brief, in dem Sie sagen, daß nichts zu berichten ist. Genau das gleiche ist bei mir der Fall.

Es ist sehr erfreulich, daß Arnholdt aus seiner Hysterie, Briefe nicht zu beantworten, aufgewacht ist. Ich gratuliere.

Von Kasack habe ich keine Antwort und warte in Ruhe ab,

welchen Kurs dieser Mann weiter zu steuern beginnt. Schließlich hat er jetzt alle die Bände und Stücke von den Fahnen und es gehört schon eine recht dicke Haut dazu, jetzt einfach den andern warten zu lassen. Der deutsche Charakter kann sich eben auch in der Verkleidung eines Akademie Präsidenten kaum ändern.

Wir geben nicht etwa auf; sondern müssen eben nur den nächsten Zug von der Gegenseite abwarten.

Daß Pannwitz etwas helfen könnte, scheint mir ziemlich unwahrscheinlich, nachdem auch zwischen Fuhrmann und Pannwitz die Beziehungen in den letzten Jahren ziemlich aufgehört hatten.

Ihr Herr Bruder ist so liebenswürdig gewesen, mir Neujahrswünsche zu senden. Es würde etwas komisch aussehen, wenn ich sie jetzt mit einer ähnlichen Karte erwidern würde. Sagen Sie ihm bitte meinen herzlichsten Dank für die Erinnerung und ich erwidere die Wünsche in der gleichen Weise und bitte die Verzögerung entschuldigen zu wollen.

Ich werde anfangs nächsten Monats nach der Provence gehen, in die Nähe von Avignon, Malaucène (Vaucluse) Hotel „Chez soi". Sobald ich dort sein werde, gebe ich Nachricht.

Viele Grüße
Franz Jung

Die beiden Magis (Vater und Sohn) waren die ganze Zeit über in Genf, sind auch heute noch nicht zurück.

610. AN KÄTE RUMINOFF
Paris, 1/14 62
36 rue du Dragon

Liebe Kate, bitte nimm dies als das letzte Wort in der Reich Angelegenheit (Brief vom 1/4). Es ist nicht meine Schuld, daß zu guter Letzt alle Informationen über Reich etc wie eine Flut hereinbrechen, 8 Monate habe ich an ein halbes Dutzend Stellen immer wieder geschrieben, und jetzt löst sich endlich erst das Knäuel, für mich ist es aber zu spät. Ich habe demselben Kohbieter vor rund 15 Monaten vorausgesagt, daß der Reich Boykott und Verbot bald auftauen würde. Das ist jetzt eingetreten: Der New Yorker Antiquar Goldwater, University Place, bietet an: Listen little man 5 $, Character Studies 5 $, Murder of Christ 10 $, People in Trouble 10 $, Either God or Devil 6,50 $, Cancer biopsie 10 $, Cosmic Superintuition 6,50 $ ab Lager, weitere 6 andere Reich Titel können besorgt werden, wie Massenpsychologie, Orgontherapie etc. Für mich bedeutet das so ganz nebenbei auch eine Katastrophe, denn nachdem ich seit 6 Monaten immer wieder hier und da angebohrt habe bei deutschen Verlegern und die meisten der großen Verleger eigene Filialen in USA unterhalten, so werden sie, falls die Reichwelle drüben jetzt groß einsetzt, sich auch die Rechte besorgt haben bezw ihre Fachmitarbeiter längst mit Reich beauftragt haben. Das einzige, was mir als kleiner Vorsprung bleibt, ist das: Ich hätte sowieso nie den originalen Reich, buchstaben- und wortgetreu gebracht, sondern eine mehr eigene Interpretation mit einer nur mir vorschwebenden Perspektive. Der orthodoxe Reich ist sowieso eben nur Fachgelehrsamkeit und eigentlich uninteressant – für mich wenigstens.

Also so steht es jetzt. Schluß mit Reich. Vielleicht walze ich meinen ersten Rundfunkvortrag in Köln (15 Minuten) zu einem Radio Essay[1] (55 Minuten) aus. Dazu brauche ich aber die Bücher nicht. Ich habe ja schon von Beginn an gehabt das Ritter'sche Memorial – worin alles an facts enthalten ist, was ich etwa brauche.

Übrigens ähnlich (wenn auch nach außen leichter) steht es mit Fuhrmann. Hier ist auch nur *meine* Fuhrmann Interpretation und sociologische Perspektive interessant, was die Leute blufft – der Fuhrmann selbst kaum.

Zunächst also: auf der Stelle treten.

Viele Grüße und nachträglich noch vielen Dank für deine Bemühungen, die ja leider das Gesamtbild nicht mehr haben ändern können

Franz

---

[1] Geschrieben als „Der Psychoanalytiker Wilhelm Reich. Aus der Krankengeschichte unserer Zeit". Süddeutscher Rundfunk Stuttgart 4.2.1963.

611. AN KÄTE RUMINOFF
Paris 6e, 1/16 62
36 rue du Dragon

Liebe Kate,
Den Mann von der Société des Gens de lettres, den du suchst, habe ich gefunden: Etienne Gril, 6 rue Lamartine Paris 9 e – das ist aber auch alles. Ich habe mehreremals anrufen lassen und selbst angerufen zuerst, aber den Mann selbst niemals am Apparat bekommen, sondern nur seine Frau erreicht, ein andermal ein anderes weibliches Wesen. Eine Frau Schnurmann oder frühere Frau ist dort angeblich nicht bekannt, war nie davon je die Rede und zuletzt waren die Leute so ärgerlich, daß weitere Anrufe zwecklos sind. Ich hatte beim letzten bestellen lassen, daß eine Freundin von E[lse] S[chnurmann] aus den dreißiger Jahren nur die Adresse wünsche etc – alles ohne Erfolg. Immerhin würde ich vielleicht raten, daß du jetzt an den Mann direkt schreibst; vielleicht antwortet er dir.

Der Artikel im „Aufbau" ist genau 1 Jahr alt, anscheinend von Hausmann umgeschrieben worden, alle Namen, auf die es angekommen wäre, weggelassen etc. Meinetwegen – mir ist es egal, da der Artikel in erster Reihe für die Interessen von Hausmann geschrieben war. Natürlich ist es von George ein ziemlich tolles Stück, nachdem er ein ganzes Jahr mir auf verschiedene Anfragen nicht mehr geantwortet hat, jetzt hintenherum und ohne mich selbstverständlich zu benachrichtigen, die Sache aufzuwärmen.

Fenchel sehe und höre ich nicht. Er ist wieder über American Express zu erreichen (in Zürich), es scheint ihm aber nicht gut zu gehen. Eine reguläre Verbindung zu ihm, ob es sich um Geschäfte handelt oder nicht, ist kaum aufrechtzuerhalten, weil man ja nie weiß, ob er überhaupt imstande ist zu reagieren. Das sind immer nur sehr kurzfristige Auftriebe, und dann folgt wieder lange Zeit, vielleicht Jahre, wie das bisher war, nichts. Rechnen kannst du mit ihm bestimmt nicht.

Die Henry Dietrich Zeichnungen sind alles andere als wichtig. Lediglich für ihn die schwache Chance sich in D[eutschland] in der sogenannten künstlerischen Avantgarde einzuschalten. Da er kaum in der Lage sein wird, überhaupt präzise zu reagieren, kann man ruhig ihn sich selbst überlassen. Im Augenblick von mir eigentlich nicht mehr wie eine Geste.

Ich habe hier gerade eine sehr gute Bekannte von Mattick getroffen. Eine computer Ingenieurin, die für irgend ein wissenschaftliches Institut drüben arbeitet, Naomi Sager, und auch alle Reise- und Arbeitspläne von Paul Mattick kennt. Mit dem Magazine Dissent bezw dessen Absplitterung New Politics, wo Mattick einen Aufsatz über Pannekoek veröffentlicht, steht sie gewissen früheren trotzkistischen Zirkeln nahe. Sie weiß nichts, daß Mattick beabsichtigen würde nach SF zu kommen, zweifelt, daß Mattick überhaupt noch in irgendwelchen Verbindungen zu Emil White steht, höchstens nur ganz oberflächlichen, denn Mattick will von E W nichts mehr wissen. Aber wenn du willst, schreibe an Mattick doch direkt und frage ihn an, Adresse Boston 452 Parkerstr. Aber erstens hat Mattick kaum Geld und zweitens ist White eine der schmierigsten Personen, der sich als literarischer Leichenfledderer jetzt betätigt und alle die schmutzigen Geschäfte erledigt, die sich Henry Miller bei seiner augenblicklichen Reputation nicht mehr selbst zu tun traut. Miller ist übrigens mehr in Deutschland als hier in Frankreich. Pendelt zwischen Hamburg und Berlin hin und her und gibt in von Rowohlt als dem Verleger veranstalteten Presseeinladungen ständig Interviews, die niemand mehr druckt oder über die man sich lustig zu machen beginnt. Emil White paßt da ganz gut hinein; schließlich findet er nur noch in SF oder Monterey Dumme, die das Miller – White Team als etwas besonderes achten, wahrscheinlich gehören solche Leute wie Kohbieter dazu.

Viele Grüße

Willst du den E W Brief zurück?

612. AN JES PETERSEN
Paris 6e, 1/17 62
36 rue du Dragon

Lieber Herr Petersen,
ich habe selbst noch 2 Abschriften von der Photokopie, so daß Sie selbst keine neue Kopie zu machen brauchten.

Es ist eine gute Idee trotzdem nach hier zu kommen. Wir können alles die Pamphlets betreffend besprechen. Ich werde mich selbst inzwischen kümmern, was Müller etwa bisher vorbereitet hatte.

Und dann können wir hier auch sehen, wie Sie sich eventuell in die hiesige Serie einschalten könnten. Die dafür in Frage kommenden Leute bei Loewy sind noch alle hier, selbst Max Ernst wird inzwischen aufzutreiben sein.

Ich werde etwa gegen den 8. Februar von hier weggehen, also Sie haben Zeit zu disponieren. Wenn Sie hier nicht repräsentieren wollen, könnten Sie in meinem Hotel wohnen. Ich würde für Sie das Zimmer reservieren lassen (etwa 8,50 per Tag), wenn Sie mich das vorher wissen lassen, aber Sie kommen wahrscheinlich auch so jetzt ohne Anmeldung hier unter.

Zum Liebeskonzil gab es ja schon je Prozesse. Ich glaube aber nach 45 ist schon irgendwo in Deutschland das Buch einmal gedruckt. Dann ist ja gerade auch hier eine Ausgabe erschienen. Und selbst in USA, ich glaube in der Grove Press.

Den Prozeß können Sie sicher haben, wenn Sie ihn brauchen – sonst möchte ich meinen, wenn Sie in einem restrikten Rahmen bleiben, werden Sie damit durchkommen.

Viele Grüße
Franz Jung

613. AN KÄTE RUMINOFF
Paris 6e, 1/22 [1962]
36 rue du Dragon

Liebe Kate,
die sticks sind gut angekommen, ebenso die Selected Works. Vielen Dank. Ich habe inzwischen auch aus New York den Listen little man bekommen, in den Selected Works sind längere Auszüge aus Murder of Christ und die kosmotherapeutischen Aufsätze. Ich glaube nicht, daß ein Verleger hier viel wird damit anfangen können, da die Sachen ohne jeden Kommentar und Zusammenhang gedruckt sind (wie wahrscheinlich vom Justizministerium verlangt), daß einer sich schon sehr hineinarbeiten müßte, um eine Perspektive nach außen zu entwickeln. Soviel Arbeit machen sich hier die Leute nicht. Immerhin ich habe Luchterhand und Rowohlt aufmerksam gemacht, sich die Rechte zu besorgen, ich wäre bereit, ihnen dann einen Band Reich zusammenzustellen. Also abwarten!

Deine Anfrage betreffend, ich habe im August im Radio Köln einen Vortrag über Wilhelm Reich gehabt (15 Minuten) und will einen Essay (55 Minuten) über Reich entweder in Stuttgart oder Hamburg in den Sender bringen (nicht vor Herbst dieses Jahres).

Von Fenchel, der wieder sehr krank zu sein scheint, keine Nachricht. In etwa 10 Tagen werde ich von hier weggehen, nach der Provence, nach Malaucène (Vaucluse) Hotel „Chez-soi", wo ich mit meiner Rente (95 $) Wohnung und volle Pension gerade bezahlen kann.

Ich will dort den Fuhrmann Auswahlband, den ich für die Darmstädter Akademie zu machen habe, fertig stellen.

Dann werde ich wohl dem Touristenstrom Platz machen müssen.

Picard rät übrigens, in der Sache Schnurmann ein kleines Inserat in der hiesigen deutschen Zeitung aufzugeben. Ob das was nützen wird? (Ich weiß gar nicht, wer hier eine deutsche Zeitung lesen sollte)

alles Gute und ein wenig mehr Mut mit herzlichen Grüßen
Franz Jung

614. An Helmut Heissenbüttel
Paris 6e, 1/22 62
36 rue du Dragon

Lieber Herr Heißenbüttel,
ich muß noch einmal auf meinen Wilhelm Reich Vorschlag zurückkommen. Ich übersandte Ihnen nur meinen Beitrag im Kölner Sender vom August 61. Das konnte nicht mehr sein als nur eine oberflächliche Skizze.

Inzwischen ist das Gerichtsverbot der Reich Schriften in USA so ziemlich aufgehoben, bei Straus Farrar sind „Selected Works" erschienen, und es wird mich nicht wundern, wenn in Deutschland bei Rowohlt oder so bald der Reich Boom landen wird. Anscheinend machen die etwas komplizierten Rechte noch Schwierigkeiten.

Lassen Sie mich sagen, daß eine ernste Durcharbeitung der Werke Reichs zu einer der größten Sensationen gehören wird, die unsere Generation aufzuweisen haben wird.

Es ist schwierig und die Beschäftigung damit ist nicht so ohne weiteres jedem zugänglich, weil ähnlich wie bei Fuhrmann das Werk interpretiert, in der Perspektive neu dargestellt werden muß, was dem Fachwissenschaftler entgegensteht und besonders bei Reich in der Einbeziehung der kosmischen Energie von vornherein nur eigentlich dem Sociologen, nicht dem Psychoanalytiker, dem Physiker oder dem Biologen zugänglich ist.

Ich habe nach meinem Weggang von USA jetzt über ein Jahr mich bemüht, die Selected Works, die damals gerade zu erscheinen begannen, zu bekommen. Jetzt erst – als ob ein Staudamm gebrochen wäre, ergießt sich über mich eine Flut von Reich Werken, darunter die Selected Works gleich dreimal. Wenn Sie englisch lesen und das lesen wollen, schicke ich Ihnen eine Ausgabe zu. Eventuell können Sie entscheiden jemandem andern den Essay über Reich in Auftrag zu geben – aber es sollte jemand mit sociologischen Kenntnissen und Perspektiven sein. Es wird für Sie und für diesen ein einmaliges Erlebnis sein ... die Interpretationsmöglichkeit vorausgesetzt.

Daß jetzt auch die verbotenen Bücher herauskommen, von denen einige zu meiner Zeit drüben noch mit 100 bis 200 Dollar pro Band angeboten wurden – heute zwischen 6-10 Dollar der Band, dürfte damit zusammen hängen, daß heute die Antiquare gezwungen sind, ihre Bestände abzustoßen, ehe noch das Verbot überhaupt und offiziell aufgehoben wird. Die Selected Works, so wie sie eben gestattet worden sind, sind schwer zu lesen und eigentlich auch zu verstehen, weil grundsätzlich alle Erklärungen und erst recht alle Interpretationen ausgeschaltet worden sind, der reine Text, der in dieser Form natürlich ohne Aufdeckung der Zusammenhänge unverständlich wird – so wie, wenn Sie nur Einsteinsche Formeln drucken wollten. Aber immerhin ...

Ich muß bald von hier weg nach einer Klausur in die Provence, wo ich in ziemlicher Zeitnot den Fuhrmann Auswahlband für die Darmstädter Akademie fertigmachen muß. Zwischendurch möchte ich an dem Reich Essay arbeiten – eine Art Gegengewicht und sogar Entspannung. Deswegen schreibe ich an Sie nochmals.

Vielleicht haben Sie andere Pläne. Ich weiß eben nicht, ob ich in dieser Sache auf Sie rechnen kann. Wenn nicht, lassen Sie jemanden anderen das machen, es lohnt sich wirklich!

Viele Grüße
Ihr Franz Jung

615. AN CLEMENS HELLER
Paris 6e, 1/31 62
36 rue du Dragon

Sehr geehrter Herr Heller,
zufällig auf einer neuerlichen Durchreise in Paris erhalte ich die beiden Mitteilungen.

Was die Rechnung für die Schreibmaschine anlangt, so betrifft sie mich kaum. Wie ich von dem Inhaber des Hotels höre, hat dieser vielleicht ein Dutzendmal in Ihrem Büro angerufen und es hat fast 2 Monate gedauert, bis die Maschine abgeholt worden ist.

Die Aufstellung der Ecole Practique über das Geld, was ich erhalten haben soll, ist irrig. Ich habe in Wirklichkeit entgegen der seinerzeitigen Vereinbarung nur NF 1000 erhalten, und zwar auf Check, den die Bank of America, Zweigstelle Düsseldorf für mich seinerzeit kassiert hat. Dort wären auch die Unterlagen einzuholen.

Es tut mir leid, daß aus der offensichtlich so gut gemeinten Geste, mir ein Entgelt für einige Arbeiten für Ruth Fischer noch nachträglich zukommen zu lassen, sich eine Reihe von Schwierigkeiten und Differenzen ergeben haben.
 Mit vorzüglicher Hochachtung
 Franz Jung

616. An Adolph Weingarten
Paris 6e, 1/31 62
36 rue du Dragon

Lieber Adolph,
ich nehme an, daß es dir halbwegs besser geht. Deine Nervosität, daß ich wenigstens eine Zeile schreiben sollte, ist ganz unbegründet. Meines Wissens schreibe ich ständig oder schicke dir sonstige Post. Mehr kann ich schließlich nicht tun.
 Erzwingen, daß ich so leben könnte, wie du dir das ausdenkst, kann man nicht. Ich will auch nichts und brauche auch nichts – wenn – werde ich es dir schon schreiben.
 Die Bücher sind noch nicht gekommen, werden aber noch, hoffe ich. Ich hatte jemandem die Preisliste von Goldwater, die du mir angegeben hast, gezeigt, der auch für Reich interessiert war. Er hat über jemanden, in New York nehme ich an, bei Goldwater anfragen lassen und hat dort eine schroffe Ablehnung erfahren, sowohl was die Preise als die Lieferbarkeit anlangt. Hoffentlich kommen also meine Bücher an.
 Die Ablehnung von Straus Farrar ist dir sicherlich in Copie zugegangen. Habe es auch nicht anders erwartet, nur – alles das hätte ich auch ein Jahr früher erfahren können.
 Die Selected Works sind großartig und ich werde im Herbst darüber in Stuttgart einen Essay haben (mehr will ich auch schließlich gar nicht). Vergiß also die Reich Affäre.
 Ich habe dir ein Halbjahresabonnement für Konkret bestellt. Ich werde dort wahrscheinlich einige Artikel schreiben.
 Mit Rowohlt wird über ein paperback alter Schriften von mir verhandelt und zwar durch denselben Gasbarra, den ich nicht gerade sehr freundlich in meinem Buch behandelt habe.
 Ich hoffe, daß dieser Brief heute noch expediert wird. Morgen

ist hier Post Streik für 24 Stunden, was auch dann für den nächsten Tag für Austragen und Sortieren etc gilt.

Ob am 4.2. die Welt untergeht, weiß ich nicht, von mir aus hätte ich nichts einzuwenden.

Ich stehe mit Leuten in der DDR in Verbindung und allmählich gewinnt der zunächst etwas abenteuerlich aussehende Plan, nach dort zurückzukehren, etwas festere Gestalt. Ich werde das aber nur tun, da ich nichts für die Leute drüben arbeiten kann und auch will, wenn ich auch hier nicht mehr arbeitsfähig bin. Das werde ich jetzt in Malaucène (Vaucluse) feststellen können. Ob Gefängnis oder Hospital ist gleichgültig, beide haben das Dach über den Kopf.

Viele Grüße und vielen Dank für alle deine Besorgnis
Franz

Ich war bei der Beerdigung der Frau Trotzki, sehr eindrucksvoll u. sehr deprimierend.

617. AN JES PETERSEN
Paris 6e, 2/9 62
36 rue du Dragon

Lieber Petersen,
ich glaube, ich habe vergessen Ihnen meine Adresse zu geben. Ich fahre diesen Montag, falls nicht der neuerdings angekündigte Generalstreik (zu Ehren der gestrigen Toten auf dem Bastille Platz) einen Strich durch die Rechnung macht.

Ich werde die Fahrkarte umwechseln müssen.

Adresse: Malaucène (Vaucluse) près du Ventoux, Hotel „Chez-soi"

Ich hätte dann noch eine Bitte: wenn Sie noch von der Rhinozeros das Henry Miller Heft auftreiben können, senden Sie doch je ein Exemplar an: Frida St Sauveur, 242 East 15 th Str, New York 3 und Kate Ruminoff, 600 – 34 th Str, San Francisco, Calif. Beide Frauen sind sehr enge Freundinnen von Henry Miller und werden sehr erfreut sein.

Viele Grüße
F. Jung

618. AN ADOLPH WEINGARTEN
Paris 6e, 2/9 62
36 rue du Dragon

Lieber Adolph, ich habe die Bücher erhalten, vielen Dank. Leider mußte ich sie vom Zoll abholen und habe dort 7 NF zahlen müssen. Das kann einem leider hier passieren, es geht nach Stichproben. Ebenso habe ich auch einige Zeitschriften bekommen. Dein angekündigtes Packet ist noch nicht angekommen, wird also nachgeschickt werden müssen. „Wintersachen" werde ich allerdings kaum in der Provence jetzt brauchen. Ich fahre Montag von hier weg, hab schon die Karte und einen Platz in der Couchette nach Avignon. Aber die Sache wird schwierig werden, weil zu Ehren der gestrigen Toten bei der Demonstration auf dem Bastille Platz, wo zum ersten Mal die Polizei direkt angegriffen wurde (140 Verletzte bei der Polizei und zwei Omnibusse in Brand), ein Generalstreik angekündigt wird, der wahrscheinlich am Montag beginnen wird. Also werde ich wohl nicht so schnell wegkommen.

Das schlimme ist, daß da unten auch nicht alles so glatt verlaufen wird. Avignon und Umgebung ist eine Art Festung für die Rechten und die OAS, während Malaucène mit der dortigen Fabrik für Cigaretten Papier rot ist. Ich wohne auch beim Parteisekretär, dessen Frau die Auberge betreibt. Der Bus von Avignon nach M[alaucène], sonst 2mal am Tage, fährt nur noch selten, vielleicht 3mal in der Woche, revendication von rechts und links, je nachdem. Mit meinen drei großen schweren Koffern sehe ich schon einige Schwierigkeiten voraus.

Also jedenfalls meine Adresse wird sein (wenn ich Glück habe) Malaucène (Vaucluse) près du Ventoux, Hotel „Chez soi".
Herzliche Grüße
Franz

619. AN ADOLPH WEINGARTEN
Paris 6e, 2/10 62
36 rue du Dragon

Lieber Adolph, ich schreibe gleich nochmal, weil ich deinen Brief sofort beantworten möchte. Der Brief ist ziemlich alarmierend, was deine Lage anlangt, und vieles in dem Inhalt ist wohl auch dadurch beeinflußt. Ich weiß nicht was ich tun könnte um dir zu helfen. Du siehst ja auch meine Lage nicht ganz richtig. Sicherlich könnte ich unter normalen Verhältnissen etwas aus meiner Schriftstellerei herausholen, aber unter den gegebenen Bedingungen kann ich es eben nicht. Ich habe keinen Übersetzer ins Englische und keinen Agenten drüben, der mir das verschaffen könnte, eine Voraussetzung, bevor sich so ein Agent erst in Bewegung setzt (in meinem Falle). Dieser Dr Colin rührt keinen Finger (und kann es auch kaum). Leute wie die New Politics, eine Zeitschrift, die ganz in meiner Linie liegen würde, kann *ich* nicht in Gang setzen. Ebensowenig einen direkten Einfluß bei Grove u.a.

Was kann ich tun? Genauso ist es hier. Dieser Dr Rubel will es übersetzen, wenn *ich* den Verleger bringe – wie kann ich das? Dabei habe ich die drei Monate hier nichts anderes gemacht, als eine Art Plattform für mich zu bauen. Ich habe den Prof Minder am Collège de France, den Experten für deutsche Literatur an der Universität, aufgesucht, das Buch mit Widmung gegeben, er stellt sich sehr begeistert, mit vielen Elogen – aber ich kann ihn nicht zwingen, eine Empfehlung an einen hiesigen Verlag zu schreiben, die Rubel braucht, ehe er sich bewegen wird, desgleichen der Agent Evreuil, den Rubel mir gebracht hat. Ich habe eine Reihe alte Leute aus der Bewegung gewonnen wie Tzara, Breton, Max Ernst, die mich in einem der Luxus Verlage unterbringen würden (den Fall Grosz), wenn ich eine Übersetzung ins Französische habe. Einige haben mir das versprochen, aber keiner hat auch nur eine Zeile bisher übersetzt. Natürlich kann, wenn ich noch weitere zwei Jahre durchhalte, auch einer der großen Verlage gewonnen werden, aber lohnt es sich denn? Was will ich denn damit?

Ich fange an wie vor 50 Jahren in einem kleinen deutschen Avant Garde Verlag in Glücksburg/Ostsee, ohne Bezahlung mit 50 Exemplaren als Honorar, die ich verschicken kann, um

Beziehungen zu konsolidieren. Das kann ich zur Not machen. Aber das Geschäft, wie du es siehst und auch brauchst, liegt nicht drin.

Ich möchte gern alles für dich tun, um deine Lage zu verbessern. Aber meine Chancen sind gering, automatisch.

Da ist jetzt vielleicht eine Sache, wo du dich einschalten könntest. Der Rowohlt Verlag will einen Auswahlband bringen. Anscheinend liegt ein Angebot von dem dortigen Pinthus vor (dessen New Yorker Adresse ich nicht mehr habe). Pinthus hat sich an Otten gewandt und um das Material gebeten. Otten hat an die Herausgabe des Materials Bedingungen geknüpft, daß ich die Herausgabe machen sollte, die Kontrolle der Auswahl und den Vertrag zu unterzeichnen hätte. Das ist völliger Unsinn, so gut es von Otten gemeint sein mag. Ich werde den Auswahlband nicht zusammenstellen, auch nicht einleiten und noch weniger den Vertrag unterzeichnen. Das ist Sache des Herausgebers, in dem Falle Pinthus. Ich bekomme im besten Falle eine kleine Abfindung, die mit Pinthus auszuhandeln wäre. Ich übertrage dir diese Royalties, nimm die Sache in die Hand, vielleicht kannst du davon auch als Agent für mich drüben starten, Pinthus und solche Leute könnten dir helfen. Das Geld, was einkommt, gehört dir – ich kann sowieso damit nichts anfangen; mir genügt meine Rente und was ich an Kleinigkeit noch dazu verdiene, um mich frisch zu halten. Nachdem Rowohlt bei mir angefragt [hat], wo man meine Bücher auftreiben könnte – ich habe Otten genannt, die Cläre Jung und eventuell das Marbacher Museum (Dr Raabe, der von Cläre Bücher bekommen hat) – habe ich an Frieda St Sauveur, die Exfrau von Mattick geschrieben, Pinthus mitzuteilen, ich wäre bereit die Ottenschen Bedingungen zu ignorieren. Er kann die Bücher auch anderswo eventuell finden, wenn er sich Mühe gibt. Frieda ist mehr als unzuverlässig. Rufe du also trotzdem von dir aus Pinthus an und verhandle mit ihm, daß nicht durch einen Streit „unter Freunden" auch diese Chance wieder verloren geht. Pinthus ist auch nicht gerade zuverlässig, aber er braucht Rowohlt und wird sich die Jung Ausgabe, wenn nicht zu große Schwierigkeiten auftreten, nicht entgehen lassen.

Falls von Rowohlt jemand schreibt über den Grundzug des Vertrages, werde ich angeben, daß Zahlungen, die auf mich fallen, an Dich in NY abzuführen sind.

Die Frieda kannst du ganz ignorieren, sie arbeitet im Hunter

College in der Library, ist an sich gefällig, aber spielt gar keine Rolle in dieser Sache. Sie weiß nur eventuell auch jemanden, der meine Sachen ins Englische übersetzen könnte – hat mir versprochen, danach zu suchen, kann selbst eine erste Rohübersetzung machen, aber hat nach all dem vielen Palaver, das seit Jahren geht, noch nichts in der Sache getan. Einschalten aber für kürzere Übersetzungen, etwa die Fall Grosz-Novelle, die hier mit Zeichnungen entweder französisch oder auch deutsch erscheinen wird, kann man sie schon. Hier würden deine Aufgaben liegen, etwas gestützt auf meine Schreibereien zu tun, was dir etwas einbringt. Wahrscheinlich ebenso viele Chancen, wie deine „Waren", mit denen du anfangen willst. Das sind auch Waren – man muß sie nur entsprechend den realistischen Verhältnissen am Markt umsetzen.
    Viele Grüße
        Franz

620. AN ADOLPH WEINGARTEN
Malaucène, 2/12 [1962]

Dear Adolph,
though strikes and demonstrations in Paris I have finally landed here. Mistral and snow with rain as welcome. I am quite tired.
    Good wishes and greetings
        Franz

621. AN CLÄRE JUNG
Malaucène (Vaucluse), 2/15 [1962]
Hotel Chez-soi

Liebe Cläre, das obige ist meine neue Adresse. Wünsche nochmals alles Gute zu Deinem Geburtstag.
    Hier wütet der Mistral mit 120 Stunden Kilometer mit Schnee und Eis und es ist bitter kalt im sonnigen Süden.
    Herzlichen Gruß
        Franz

622. An Georg von Rauch
Malaucène (Vaucluse), 2/15 [1962]
Hotel Chez-soi

Lieber v Rauch,
ich muß gleich nochmals an Sie schreiben. Mit dem Beginn der Arbeit an dem Fuhrmann Auswahlband stelle ich fest, daß mir doch sehr viel fehlt, was ich angeboten hatte und daß ich vor allen Dingen nicht mehr die letzte Auswahl habe, die ich dem Kasack vorgeschlagen habe.

Der Bluff beginnt sich jetzt zu rächen.

Kasack hat mehrere Seiten Anmerkungen dazu geschrieben, mit genauen Angaben, wo und was auf welcher Seite etc weggelassen werden soll. Ich muß mich da sehr herumwinden.

Aus dem Obersten Gesetz[1] will er nichts – die Übersetzung passe sich nicht dem Fuhrmann Stil an etc – das können wir jetzt nicht mehr ändern, vor allem, wo er bereits nach dem Schicksal des MS sich erkundigt und auf baldige Ablieferung drängt.

Aber ich habe auch die „Wege"[2] nicht mehr, aus denen ich einiges als kurzen Excerpt vorgeschlagen hatte.

Können Sie mir die *Wege* schicken – ich sende sie nach der Herausnahme einiger kleinerer Sachen wieder zurück.

Und haben Sie noch den *Herakles*[3] – ich dachte, wir hätten ihn Kasack damals mitgeschickt. Oder haben Sie ihn wieder mitgenommen? Kasack hat ihn jedenfalls nicht zurückgeschickt, aber sonst alles andere Ms. Wenn Sie den Herakles haben, bitte schicken Sie ihn mir.

Und haben Sie sonst noch etwas zu empfehlen und anzubieten? Ich erinnere mich einer Analyse der „*Angst*"[4] – ich glaube, die war in einem der englischen Manuskripte, aber vielleicht auch sonstwo. Erinnern Sie sich vielleicht? Wo und wie zu finden?

Ich habe auch an Ilse Fuhrmann geschrieben und um die Einleitung gebeten „Wie ich es sehe" ... das sollte damals in den 6. Band, ist aber schließlich zurückgelassen worden. Ich habe es nicht – habe es aber unglücklicherweise an Kasack mit angeboten. Haben Sie es vielleicht zufällig?

Unter den Erben wird ja jetzt Frieden eingekehrt sein. Ich höre, daß der Nolde verkauft worden ist und unter den Erben aufgeteilt.

Hoffentlich erreicht Sie dieser Brief halbwegs in Zeit. Hier ist Mistral in einer Stärke von 100 Stunden Kilometer, Schnee und Eis und eine fürchterliche Kälte. Der sonnige Süden ...

Sonst – Ihr Herr Bruder kann Malaucène durchaus mit Auto erreichen und sogar bis auf den Berg Ventoux, der hier ist, und 1900 Meter hoch, mit dem Wagen hinauffahren. Das wäre auch eine gute Erholung für Sie, viele Grüße
Franz Jung

---

1 „High Law" – eine biosophische Deutung der biblischen Zehn Gebote.
2 „Wege. Einführung in die Biosophie", Frankfurt 1930.
3 „Interpretation der Herakles Legende" in: „Grundformen des Lebens. Biologisch-philosophische Schriften", ausgewählt und mit einem Nachwort versehen von Franz Jung. Heidelberg/Darmstadt 1962, S. 144–155.
4 Jung nahm in seinen Fuhrmann-Auswahlband „Grundformen des Lebens" die Texte „Interpretation der Herakles-Legende" (S. 144–155) und „Die Angst als soziales Problem" (S. 182–187) auf. Es gibt von Fuhrmann darüber hinaus ein ungedrucktes 29seitiges Manuskript „ANG-SET" (aus dem Nachlaß von Wilhelm Arnholdt im Besitz von Rembert Baumann).

623. AN ODA SCHAEFER
Malaucène (Vaucluse), 2/15 [1962]
Hotel Chez-soi

Liebe Oda, der Ort liegt noch nicht in der Schweiz, sondern bei Avignon. Für meine Bildung werde ich Deinem Rate folgen und der Buchhändler in Paris wird mir das Buch suchen. (Außerdem habe ich es früher schon oberflächlich gelesen und erinnere mich daher nicht mehr.) Hier ist Mistral mit 140 Stunden Kilometer, Schnee und Eis und bitter kalt in dem sonnigen Süden. Reverenz für Horst und gute Wünsche u. alles Gute
Franz Jung

624. AN EMIL SZITTYA
Malaucène (Vaucluse), 2/15 [1962]

Lieber Szittya, ich bin sehr gut untergekommen. Vielen Dank nochmals für die Empfehlung. Im Augenblick weht hier der Mistral mit 120 Stundenkilometer. Der Schnee liegt am Morgen knietief, alles vereist, am Tage räumt die Sonne vieles weg. Ich bewohne vorläufig das Haus der Alten allein. Empfehlung an Ihre Frau und viele Grüße
Franz Jung

625. AN ADOLPH WEINGARTEN
Malaucène (Vaucluse), 2/22 [1962]
Hotel Chez-soi

Lieber Adolph, inzwischen wirst du von meiner Übersiedlung Kenntnis genommen haben. Dein Packet ist nicht mehr angekommen, weil der Patron in Paris es nur weitergeleitet hat, was bei einer Bahnfracht nicht möglich ist, so daß es jetzt dort in der Sammelstelle des Bahnhofs Austerlitz liegt. Ich habe versucht, Picard eine Vollmacht zu geben, daß er es entweder herausholt oder nach hier weiterexpediert. Nachricht darüber habe ich noch nicht bekommen. Inzwischen hat mir der Verlag eine Liste von 4 Besprechungsbelegen geschickt, die angeblich bisher eingegangen sind – was eine große Frechheit ist, als mir dieselbe Abteilung 4 Wochen vorher bereits 6 Besprechungen (völlig andere) angekündigt hatte, und ich von anderer Seite auf eine weitere Reihe von mindestens 6 aufmerksam gemacht worden bin. Leider hatte ich versäumt auf das Argus-Büro zu abonnieren; nachträglich hat das keinen Zweck mehr. Damals hat man mir gesagt, das mache der Verlag.

Nun, zu deiner Erheiterung, das socialdemokratische Blatt in Berlin erwähnt in der Hauptsache, daß ich der Trunksucht anheimgefallen sei – sonst ist die Besprechung an und für sich verständig. Die Rheinpfalz in Ludwigshafen behauptet allerdings, ich sei in Amerika mit 70 Jahren verstorben, sie will das aus dem Klappentext herausgelesen haben.

Kurt Pinthus hat sich der St Sauveur gegenüber geäußert, er

hätte vorher schon Rowohlt mitgeteilt, er käme für einen Jung Band als Herausgeber nicht in Betracht, sei für Jahre mit Arbeit eingedeckt. Das widerspricht sowohl, was er mir gegenüber gesagt hat als was er soeben noch an Otten geschrieben hat. Also scheint der Rowohlt Band schon im Beginn der Bemühungen ins Wasser gefallen zu sein. Macht auch nichts.

Ich habe noch eine Bitte: Könntest du bei Goldwater nicht mal fragen, ob er den Band von *Joan London*: Jack London and his Time besorgen könnte (ich glaube bei Garden City erschienen). Es ist das Beste, was wie ich mich erinnere über die amerikanische industrielle Revolution geschrieben worden ist – wie ich in San Francisco hörte von einem Trotzkisten, der zu der Zeit mit Joan London, der Tochter Jacks, befreundet war.

Mit dem Listen little man von Reich hast du mir eine große Freude gemacht. Heute sehe ich erst, wie großartig das Buch ist.

Ich werde Mitte März mein Honorar für den Fuhrmann Vortrag bekommen. Dann werde ich auch dir Geld schicken können.

Viele Grüße
Franz

Zu den Belegbesprechungen des Verlages gehört auch eine aus dem Landes Kriminalblatt Niedersachsen[1].

---

[1] Unter der Rubrik „Nichtamtlicher Teil" wird Jungs Buch neben anderen von B.M. kurz annotiert und empfohlen, „... weil es ohne geschichtliche Verklärung die jüngste Vergangenheit skizziert aus der Sicht eines Schriftstellers, der einer Idee lebt, ohne einer Ideologie zu erliegen." In: Landeskriminalblatt Niedersachsen Nr. 51 und 52 vom 22.12.1961, S. 8.

626. AN JOHN HEARTFIELD
Malaucène (Vaucluse) [Februar 1962]
Hotel Chez-soi

Lieber Jonny, ich habe deine Adresse von Cläre, die mir schrieb, Du würdest dich freuen von mir ein Lebenszeichen zu erhalten. Und einen Gruß dazu.

Ich bin von Paris nach hier übersiedelt, weil ich einen Auswahlband von Ernst Fuhrmann für die Darmstädter Akademie fertig machen will, es hat etwa 6 Jahre gedauert, ehe die Herren sich zur Herausgabe entschlossen haben.

Ich höre immer wieder, daß es dir gesundheitlich nicht besonders geht. Verschiedentlich bist du auch schon totgesagt worden (das ist mir übrigens jetzt in Deutschland mehrfach auch passiert). Es ist schließlich ganz amusant und es zwingt einen geradezu weiterzuleben. Du wirst dies auch zu beherzigen haben.

In Paris waren noch eine ganze Menge Leute vorhanden, die zum Aragon Kreis gehören und für die Lettres Françaises schreiben, darunter solche alten Kämpen wie der Emil Szittya, der sich hier in der Resistance bewährt hat und jetzt von dort her noch eine Rente bezieht, Breton und Tristan Tzara, dann auch jüngere Leute wie der Alain Prévost, der bei Euch drüben übersetzt und gedruckt worden ist. Hausmann habe ich diesmal nicht gesehen, er lebt unter ziemlich unglücklichen Verhältnissen in Limoges und kämpft gegen Huelsenbeck einen lächerlichen Windmühlenkampf, wer „Dada" erfunden hat und wer die meisten Manifeste geschrieben hat, Huels nur 2, während Hausm 6 zu seinen Gunsten zählt. Du siehst, so harmlos lebt man hier.

Ich denke, wir werden uns über kurz oder lang auch bald persönlich sehen.

Jedenfalls meine besten Wünsche und viele Grüße
Franz Jung

Gruß an Wieland

627. AN GEORG VON RAUCH
Malaucène (Vaucluse), 2/23 62
Hotel Chez-soi

Lieber Herr v Rauch, haben Sie vielen Dank für die schnelle Übersendung der „Wege". Sie sind soeben eingetroffen zusammen mit dem Herakles Manuskript, von dem ich allerdings nicht weiß, ob es Kasack überhaupt gesehen hat. Jedenfalls besitze ich jetzt wenigstens eine Copie von dem, was ich seinerzeit vorgeschlagen hatte. Kasack beruft sich darauf und gibt detaillierte

Anweisungen, was auszulassen, sprachlich zu verbessern etc wäre; auch neue Hinweise zu andern Aufsätzen, die ich im Zusammenhang mit dem Exposee sonst kaum gefunden hätte. Auf alle Fälle, die Arbeit mit Kasack wird weit schwieriger, als ich mir anfangs vorgestellt hatte.

In Paris habe ich einen neuen Fuhrmann Freund getroffen, den Professor Minder am Collège de France (den Experten für deutsche Literatur), der sich als sehr gut vertraut mit Fuhrmann erwies. Im Augenblick wird er uns für unsere weiteren Pläne kaum helfen können, immerhin habe ich eine Verbindung zu einem Direktor im wissenschaftlichen research der Sorbonne bekommen, dem ich inzwischen gleichfalls Material über Fuhrmann (darunter die Wege) in die Hand gedrückt habe und der in einer seiner Serien Publikationen einen Aufsatz über Fuhrmann bringen will, wofür er allerdings von mir erst Unterlagen erwartet. Von sich aus tun die Leute eben absolut nichts, alles muß vorgekaut sein und selbstverständlich erwarten sie alle die Bücher in die Hand gedrückt. Wenn das Akademie Buch vorliegen wird, wird alles leichter sein.

Minder war übrigens ein enger Freund von Döblin. Er hat damals Döblin bei sich beschäftigt, als er die deutsche Informationsabteilung im Außenamt in Paris geleitet hat (im Anfang des Krieges).

Sonst ist nicht viel Neues. Dank für den Hinweis auf den Monat[1]. Ich bekomme leider keine Besprechungen zu sehen (den Monat werde ich mir beschaffen können). In dieser Hinsicht versagt der Verlag völlig. Ich habe vom Verlag insgesamt 4 Besprechungsbelege bekommen, obwohl ich selbst von einem guten Dutzend weiß. Interessant ist nur, daß unter den vom Verlag eingesandten sich auch eine vom Landes Kriminalblatt für Niedersachsen befindet, worin ich als Feind alles Gegebenen und Alt Hergebrachten, aber sonst ungefährlich bezeichnet werde. Dann haben zwei Blätter, darunter die Rheinpfalz in Ludwigshafen, mich „in Amerika als verstorben" registriert, angeblich soll das im Klappentext gestanden haben.

Vielleicht hat der Steinfeldt Geschäfte hier an der Rhône Mündung in Aussicht oder hält solche für entwicklungsfähig. Dann könnte er Sie doch herschicken?

Viele Grüße
Franz Jung

Und Empfehlungen an Ihre Herren Brüder.

1 Peter Härtling „Literatur, Politik, Polemik. Tagebuchblätter aus dem vergangenen Jahr". In: *Der Monat* 1962, Heft 161, S. 46; Alfred Liede „Ein expressionistischer Außenseiter. Franz Jungs ‚Der Weg nach unten'", ebenda, S. 69–74.

628. AN ODA SCHAEFER
Malaucène (Vaucluse), 2/23 62
Hotel Chez-soi

Liebe Fuhrmann Freundin, immer wo ein Buchstabe fehlt, mußt du dir ein u denken, der Hebel ist gerade gebrochen und hier gibt es keine Reparatur oder Ersatz. Ich werde wahrscheinlich der Pariser Mode folgen müssen, wo die Korrespondenz unter „Geistigen" sich nur noch handschriftlich zu vollziehen hat.

Also, liebe Fuhrmann Freundin, es wird dir eine Genugtuung sein zu hören, daß ich hier in der Provence bin um den Auswahlband von Ernst Fuhrmann, den die Akademie herausbringen will, fertig zu machen und ich nehme an, daß das Buch aus den monatlichen Beiträgen, die jedes Mitglied an Kasack abzuführen hat, gedruckt werden wird, so daß auch deine Spargroschen eine gute Verwendung finden.

Ich hatte allerdings angenommen, hier ist Ruhe und Sonne. Hier schneit es heute wieder und für die Ruhe sorgen die Gendarmen, die mich schon zweimal auf der Straße angehalten haben und eben gestern abend noch hier gewesen sind, um so eine Art Haussuchung abzuhalten. Die Armen wissen ja nicht, daß ich die Plastiks im Kopf habe und nicht im Koffer.

Ansonsten scheint über Euch auch ein kosmisches Gewitter niedergegangen zu sein und zwar, wie das meist bei Leuten der Fall ist, die eine solche Situation nicht handhaben können, mit stark persönlichen Akzenten, was völliger Unfug ist. Auch der Hl Hieronymus hat in der Wüste die Skorpione gezähmt.

Leider habe ich wenig Kenntnis, was mit meinem Buch geschieht. Der Verlag läßt mich in dieser Hinsicht völlig im Stich. Ich habe im ganzen 4 Besprechungsbelege bekommen, darunter drei von kleinen Winkelblättern der rheinischen Umgebung und einen Hinweis vom Landes Kriminalblatt für Niedersachsen, worin ich zwar als Feind der Gesellschaft und Gegner des Gegebenen beschrieben werde, aber sonst ungefährlich, weil besessen von einer Idee und nicht von einer Ideologie – du siehst also, ich kann noch eine Weile weiter machen. Dagegen hat eine Zeitung in Ludwigshafen[1], worauf mich Otten aufmerksam gemacht hat, mich als mit 70 Jahren in Amerika verstorben registriert, unter Bezugnahme auf den Ottenschen Klappentext.

Rowohlt wollte einen Jung Band[2] herausbringen, bekommt aber die Bücher nicht zusammen. Ursprünglich hatten sich Otten und Pinthus um die Herausgabe gestritten, jeder behauptete, er habe fast alle Bücher, dann sind sich die beiden gegenseitig in die Haare gefahren und schieben immer neue Leute vor – und so ist die Sache bereits glaube ich gescheitert – ich habe jedenfalls keine Bücher und tue auch nichts dazu. Der Bischoff[3] in Baden Baden soll eine Sammlung haben (die von Grieger, nehme ich an).

Außerdem, liebe Oda-Fuhrmann, bin ich keineswegs ein Weltverbesserer; genau das Gegenteil. Es ist nur kein ästhetisch befriedigender Anblick die Welt zu Grunde gehen zu sehen. Vielleicht kann man diese Ästhetik verbessern, aber den Untergang kann man nicht aufhalten, soll man auch nicht. Ich bin sehr für die Plastiks, wenn die Leute sich heute gegenseitig mehr zum Spaß umbringen anstatt hintenherum und in aller Stille, wie das heute so unter den Menschen üblich ist. Selbstverständlich hängt alles von der angewandten Technik ab. Auch Hitler ist schließlich daran gescheitert, daß die 8 oder 9 Millionen Menschen nicht *an einem Tage* umgebracht worden sind, die Juden, die Civilisten und Uniformträger (auch einige Pioniere darunter). Die deutsche Technik hat versagt. Die Gasöfen mit all dem drum vorher und nachher war eben alles andere als Präzisionsarbeit. So stück- und tropfenweise kann man eine so große Sache nicht anfangen.

In Paris wurde eine Galerie auf dem Blvd St Germain plastiziert mit großem Sachschaden an den ausgestellten Bildern. Plastiziert wurde der Laden von den ausstellenden Malern, die schon nach drei Tagen von der Staatskasse eine erste Anzahlung für ihre Bilder bekommen, später den Rest nach einer offiziellen Schätzung. Das sind Progressisten, die ihre Zeit verstehen.

Nach Fuhrmann sollten die Menschen wieder erzogen werden, sich gegenseitig in natura wieder aufzufressen, um eine weitere Verdichtungskette freizulegen. Ob wir beide noch das erleben werden, weiß ich nicht. Du hast die größeren Chancen und ich beneide dich darum das noch erleben zu dürfen, als Zuschauer, versteht sich.

An Horst werde ich demnächst gesondert schreiben. Ich fürchte, daß der Briefträger, der vielleicht aus Neugier den Brief öffnet, in seinem moralischen Gleichgewicht gestört werden könnte.

In der Heimat angekommen
ruht sich der Reservemann
eine Frau wird sich genommen
Kinder bringt der Weihnachtsmann
(schwadronsweis an).
Das waren eben noch Zeiten
herzliche Grüße
Ihr Franz Jung

1 *Die Rheinpfalz*, deren Chefredakteur Dr. Nied sich in einem Brief vom 6.3.1962 bei Jung entschuldigte (Brief im Literaturarchiv Marbach).
2 Vgl. Anm. zum Brief an A. Weingarten vom 2.3.1962.
3 Friedrich Bischoff, Intendant des Südwestfunks Baden-Baden.

629. AN KÄTE RUMINOFF
Malaucène (Vaucluse) [Februar 1962]
Hotel Chez-soi

Liebe Kate, leider ist meine Maschine kaputt, zwei Buchstaben gebrochen etc – das wird sehr schwirig für mich werden. Ich glaube, in Marseilles ist das nächste, wo ich versuchen kann, und keine Eisenbahnverbindung, nur sehr umständliche Autobus V[erbindung] mit 2 mal umsteigen.

Ich habe hier niemanden, bin nur auf Empfehlung hier, weil es sehr billig ist, immerhin bei voller Pension noch 18 NF, das sind 4 $ etwa. Für mich beinahe zuviel, aber ich kann richtig essen, was ich in Paris nicht konnte bei meinem Budget.

Die Akademie in Darmstadt ist eben eine der beiden deutschen Akademien, auf Dichtung specialisiert, die andere in

Mainz mehr auf Wissenschaft. Zahlen werden sie schon, aber ich weiß nicht wieviel, der Präsident ist Hermann Kasack.

Bücher kann ich nur über Stuttgart schicken. Ich habe dort einen Buchhändler, dh der Müller dort hat einen, der ein wenig als Agent für mich tätig ist, arbeitet selbst am Fernsehen – dieser Buchhändler gibt den Buchhändler Preis. Beziehungen zu Verlagen, die Bücher drucken, habe ich nicht, selbst bei Luchterhand würden sie mir ihre eigenen Bücher zum Buchhändler-Preis berechnen, andere überhaupt nicht vermitteln. Aber gib mir eine genaue Liste, am besten auf einmal, ich schicke das dann weiter nach Stuttgart und bezahle eventuell in Raten.

Ich gehe wieder in etwa 6 Wochen nach Paris zurück. Wieder in dasselbe Hotel.

Das Reich Manuskript (vom ersten Vortrag in Köln) habe ich nicht mehr. Ich brauchte die Copies für meine Angebote. Im September kommt ja dann der längere in Stuttgart – das Ms kann ich schicken, wenn ich es fertig habe. Der Verlag Straus Farrar hat ungewöhnlich grob abgeschrieben, daß er nicht daran denkt, an Einzelpersonen Lizenzen zu vergeben. Reich muß abgeschrieben werden. Höchstens ein illegaler Druck – aber dabei kommt nichts heraus. An die Familie bin ich nicht herangekommen. Leider – Reich wäre hier in Deutschland wie in Frankreich ein großes Geschäft, ich habe mit einem Lektor von Gallimard darüber gesprochen – aber die Sache hat so für mich keinen Zweck. Ich will ja auch nicht *den* Reich der Selected Works, sondern den originalen der letzten beiden Bücher – ich habe übrigens beide, den Little Man wie den Murder of Christ, von New York geschickt bekommen. Großartig – aber für mich nichts daraus mehr zu machen.

Warum schreibst du nicht selbst an den Etienne Gril? Der ist außerordentlich grob am Telefon – mir sagt er einfach, ich verstehe nicht, was Sie überhaupt von mir wollen – allerdings ist nicht nur mein Französisch (wo man sich schließlich präparieren könnte), sondern auch die Stimme selbst sehr schlecht.

Picard ist der Inhaber der Buchhandlung Calligrammes in der Rue du Dragon, ein früherer deutscher Buchhändler, zeitweilig in der Aktionsbuchhandlung tätig gewesen, schon Ende der zwanziger nach Paris gegangen, Elsässer von Geburt, und hat in Paris Emigration und Krieg überdauert. Sehr hilfsbereit.

Ob mit Rowohlt etwas wird, weiß ich nicht – keine Nachricht bisher.

Mit Luchterhand stehe ich sehr schlecht. Er hat mir bisher nur insgesamt 4 Besprechungsbelege geschickt, darunter eine Mitteilung vom Landes Kriminalamt für Niedersachsen[1], worin ich zwar als Gegner des Gegebenen und Besessener an einer Idee charakterisiert werde, aber keiner Ideologie zugehörig, daher ungefährlich. Ich habe aber von anderen Seiten von mindestens ein Dutzend Besprechungen gehört, aber kaum eine gesehen – leider habe ich versäumt auf ein Ausschnittsbüro zu abonnieren. In einer Zeitung in Ludwigshafen werde ich als in Amerika verstorben registriert, das socialdemokratische Blatt von Berlin bezeichnet mich als der Trunksucht verfallen. In der Februar No des Monats[2] soll eine Besprechung des Buches sein, habe sie aber nicht gesehen, ebenso wird der Spiegel[3] eine bringen – aber wer weiß wann. Schwab-Felisch hat sich auch gemeldet und will in der Süddeutschen Ztg schreiben. An und für sich brauchte ich nicht unzufrieden zu sein, nur ist es natürlich ärgerlich, daß niemand die Besprechungen mir schickt. Der Pinthus will ja auch eine im Aufbau loslassen – liegt glaube ich schon dort.

Hoffentlich habe ich alles beantwortet. Fenchel ist völlig aus. Wenn ich ihm gefolgt hätte, würde ich Telefon haben und einen großartigen Briefbogen – für nichts, ein Spiel für Fenchel. Ich wünsche ihm alles Gute, aber nichts mehr mit ihm geschäftlich!

Viele Grüße

---

[1] Vgl. Anm. zum Brief an A. Weingarten vom 22.2.1962.
[2] Vgl. Anm. zum Brief an G.v. Rauch vom 23.2.1962.
[3] „Franz Jung, Der Weg nach unten". In: *Der Spiegel* 1962, Nr. 14 vom 4.4.1962, S. 76.

630. AN KÄTE RUMINOFF
2/27 [1962]

Liebe Kate, ich habe den „Monat" an dich schicken lassen, so daß du ihn nicht zu kaufen brauchst. Übrigens werde ich in dem Heft auch noch [an] anderer Stelle erwähnt.

Was deine Vorschläge betr des Dada Buches anlangt, so liegen eben die Dinge sehr anders. Nach Amerika kommt nur ein solches Buch, das sich auf Dutzend schon früher hier erschienener Bücher stützt. Es ist im Grunde genommen völlig wertlos, weil veraltet, die Analyse der Dadaisten und Surrealisten, politisch oder kultur-ästhetisch, ist eben inzwischen immer wieder anders. Der einzige Nachteil (für mich etwa) ist, daß ich nicht in die Referenzbücher komme, in kein Lexikon etc – aber das ist völlig gleichgültig. Das war ja auch schon hier der Fall. Im Augenblick sind hier die Leute dabei, mich wieder in solche Lexika etc aufzunehmen, nach weiteren 10 Jahren wird das dann auch nach Amerika kommen (akademisch).

Das klärt auch die Frage der Übersetzungen. Das kann nie von mir aus gehen. Die großen Verleger (auch Luchterhand, Rowohlt etc) haben ihre Agenten, das ist eine internationale Brokerage – was übersetzt [wird], bestimmen diese, zum Teil im Austausch. Man könnte eine kleine Vorarbeit leisten durch Publizierung von Artikeln, kleinen Auszügen, als Novelleten aufgezogen oder sonstwie. Das müssen Leute sein, die im Betrieb stehen. Ich habe solche Leute nicht. Solche kleine Hinweise könnten in Avant Garde Blättern erscheinen – aber auch das nimmt Zeit, solche Verbindungen aufzuziehen. Und es lohnt sich nicht. Einmal wird plötzlich jemand drüben entdecken, daß man vielleicht mit Jg ein Geschäft machen kann. Der wird das dann in Gang setzen, dh er wird verdienen, sogar eine Specialität damit aufbauen, ich dagegen niemals, den Brocken etwaiger royalties. Das hat alles keinen Zweck. Vor allem von Außenseitern her Übersetzungen etc. Verlorene Zeit, verlorene Müh. Rowohlt wird hier vielleicht einen Auswahlband Jg bringen, jedenfalls sammelt er die Bücher, dagegen will er von mir nichts, nicht mal Hinweise, wo er Bücher finden kann – weil dann er mit mir einen Vertrag machen müßte, und um den will er sich drücken. Praktisch bin ich eben für die Leute nur als Toter etwas wehrt. Das ist die Literarhistorie.

Für alles das, aus Literatur noch Geld zu machen, bin ich zu spät gekommen, und ich habe ja auch zugelassen, daß man mich übersehen und vergessen hat. Beklagen kann ich mich nicht.

Ich weiß nicht, was ich für das Judenbuch tun könnte. Selbstverständlich möchte ich dir helfen, aber wie? Research kann ich nicht machen. Verleger dafür habe ich keinen. Die Zusammenstellung machen, das kann doch jeder – ich nicht besser wie irgend ein anderer. Die Sache ist nur die – auch die Verantwortungslosigkeit deines Neffen, dir Illusionen zu machen: Der Verlag ist doch die Hauptsache, nicht die Idee. Kämest du nur mit der Idee zu einem Verlag, wird der Verlag dir die Sache unbedingt stehlen. Hast du einen Verlag, der dir vorher die Zusammenstellung etc bezahlt? Das heißt, du müßtest alles alleine vorher machen, und dann anbieten, in einer Weise, daß du es auch andern angeboten hast. Kannst du diese Arbeit vorlegen? Ich glaube nicht. Hat dir dein Neffe einen Verlag genannt, mit dem du *sprechen*, nicht schreiben kannst, auf ihn sich beziehend? Das sind so meine allgemeinen Bedenken aus der Praxis.

Die Maschine ist so schlecht, daß es keinen Sinn hat weiter viel zu schreiben.

Was ich noch sagen wollte: Selbstverständlich habe ich ein festes Programm, was ich noch tun kann. Große eigene Sachen kann ich nach dem Buch jetzt sowieso nicht mehr schreiben. Ich kann also Altes verwerten – das müssen in Wirklichkeit andere tun. Ich kann – sehr vorsichtig – auch in der Avant Garde mich mit Essays etc bewegen, offensiv und sehr aggressiv. Das ist mir auch angeboten und werde einiges davon tun, um jeweils den Namen wieder am Leben zu halten. Dann – etwas Geld verdienen kann ich mit den Rundfunksachen, Fuhrmann und Reich und wie das bei Fuhrmann ja schon der Fall ist mit Auswahlbänden. Ich kann auch die Rundfunk Vorträge umarbeiten und als Essays verkaufen.

Das ist alles, was ich noch tun kann.

Und das ist sehr begrenzt, das muß sehr exakt gemacht werden und das nimmt mich voll in Anspruch.

Wenn ich jetzt den Fuhrmann Vortrag bezahlt bekomme, kann ich weitere 2-3 Monate davon leben. Dann kommt der Reich Vortrag – eine Zahlung werde ich im Sommer hoffe ich bekommen, einen weiteren Monat. In der Zwischenzeit wird vielleicht

auch die Akademie etwas zahlen, so daß ich hoffe über das Jahr zu kommen. So sieht das aus. Es wäre sinnlos, auf etwas anderes zu warten.
 Viele Grüße
   Franz

Vorläufig geht mir 1/2 Monat durch die Schreibmaschine verloren.
 Wenn du zufällig nach Stanford kommen solltest, suche dort den Jean Malaquais auf – vielleicht kennst du ihn aus der Pariser Emigration. Es ist der Trotzkist, der eine Reihe Emigranten Bücher geschrieben hat – Leute ohne Passport etc – er ist jetzt zu erreichen über das Dept of Modern Languages bei der Stanford University. Professor geworden.
 Ich bin in Paris mit einigen seiner engeren Freunde zusammengekommen (ein Dr Rubel), der mich auch veranlaßt hat, ihm mein Buch schicken zu lassen. Warum weiß ich nicht, denn ich glaube Malaquais, zwar aus Polen stammend, spricht kein Deutsch.
 Vielleicht kann er dir irgendwie helfen.
  F.

Mein Paß läuft im September ab. Vielleicht gehe ich nach der Ost Zone.

631. An Cläre Jung
Malaucène (Vaucluse), 3/1 [1962]
Hotel Chez-soi

Liebe Claire,
vielen Dank für deinen Brief.
 Ich glaube, daß Rowohlt sich Zeit lassen wird. Er schreibt, er wird erst alles an Manuskripten etc „sammeln", ehe er sich für einen Druck oder Auswahl entscheidet. Auf diese Weise bleibt alles unverbindlich und wenn ich dann wirklich einen willigen Verleger finde, wird es mir immer schwerer werden, das Material zusammenzubringen. Engagiere dich also für Rowohlt nicht zu sehr.

Derjenige, der hier meine Interessen wahrnehmen würde, ist neben Otten der Mann am Fernsehsender in Stuttgart Artur Müller, über den du auch jederzeit mich erreichen kannst, wenn die Adresse mal verloren gehen sollte. Müller hat nur wenig Zeit allerdings, sich um meine Bücher mehr zu kümmern, aber er tut was er kann.

Ich selbst habe übrigens daran nicht mal ein sehr großes Interesse. Ich tue nichts dagegen, aber auch nichts dafür.

Herzlichen Gruß
    Franz

Gruß an Deine Schwestern

632. AN JES PETERSEN
Malaucène (Vaucluse), 3/2 62
Hotel Chez-soi

Lieber Petersen, Sie haben mir in Ihrem letzten Schreiben weitere Mitteilungen angekündigt, die bisher ausgeblieben sind.

In jedem Fall, ich warne Sie, sich Hals über Kopf in die Avant Garde zu stürzen, die es in dieser Form, wie Sie noch vermuten, nicht mehr gibt. Sie können Ihren Verlagsnamen vorzeitig ruinieren. Noch immer ist einer Revolution gegen Tradition und Kunst eine Revolution gegen Gesellschaft und in dem heutigen Fall gegen den Menschen vorangegangen. Das ist das Kriterium, unter dem man alle diese „Künstler" zuerst zu betrachten haben wird. In jedem Fall, richten Sie wenn Sie durchaus wollen dafür einen besonderen Verlag mit entsprechend verändertem Namen ein.

Sie müssen hier sehr vorsichtig sein. Bevor Sie jemanden anfragen, ob er eine Adresse für Sie einrichten will, müssen Sie dem Mann genau sagen, wer Sie sind und was Sie wollen und auf wen Sie sich zu stützen gedenken. Das führt sonst nur zu unangenehmen Rückfragen.

Sie brauchen auch, wie ich Ihnen schon sagte, selbst für drüben, eine mehr geschäftliche Aufmachung, Briefbogen etc. Wenn Sie gegen Konformismus kämpfen wollen, müssen Sie sich konformistischer Mittel bedienen.

Die Pamphlet Sache können Sie erst anfangen, wenn Sie für sich eine Basis haben. Sonst verpufft das alles in die Luft.

Es ist hier sehr kalt und die Lage ist alles anders, als ich erwartet hatte. Ich glaube, ich werde nicht mehr allzu lange hier bleiben.

Die Rowohlt Angelegenheit hat sich erledigt. Sowieso hatte ich Sie gebeten, erst den Gasbarra aufzusuchen und von dem zu hören, ob Sie Rowohlt dann noch aufsuchen sollen.

Viele Grüße
Franz Jung

Das Pariser Cafe heißt nicht „Margot", sondern Aux deux Magots.

633. AN ADOLPH WEINGARTEN
Malaucène (Vaucluse), 3/2 62
Hotel Chez-soi

Lieber Adolph, ich habe lange Zeit von dir nichts mehr gehört, was mich vermuten läßt, daß es dir gesundheitlich wieder schlechter geht. Hoffentlich kommst du bald über diese scheußlichen Dinge hinweg.

Ich weiß nicht, ob ich es schon bestätigt habe – ich habe jetzt auch den „Murder of Christ" bekommen. Vielen Dank. Ich habe allerdings noch nicht anfangen können an dem Reich zu arbeiten.

Von den Zeitschriften, die du mir geschickt hast, gefallen mir die New Politics am besten, auch der Reporter hat mich sehr interessiert in der nonkonformistischen Art einige Kulturentwicklungen anzusehen. Atlas ist auch nicht schlecht – so zum Frühstück als leichter Überblick. Der so pompös angekündigte Washington Observer taugt nicht viel – die englischen Sonntagsblätter sind besser. Das Time Magazin und ähnliche Konsorten wie das modernisierte Saturday Evening kann man in Paris und wahrscheinlich auch in Deutschland aus den Garbage Cans herausholen.

Meine Schreibmaschine ist kaputt. Wer weiß, ob und wo ich sie hier machen lassen kann. Ich habe Schwierigkeiten auch mit den Schuhen – der hiesige Schuster will sie mir nicht mehr machen. Sonst, abgesehen daß ich sehr friere, geht es mir gut. Ich esse hier regelmäßig die üblichen Mahlzeiten, wenn sie mir auch nicht schmecken und ich das Fleisch sowieso zurückschicken muß. Aber es reicht.

Ich trage mich natürlich mit dem Gedanken, bald von hier wieder wegzugehen. Aber ich weiß noch nicht, wohin.

Die Sache mit dem Pinthus hat sich schnell erledigt. Die ganze Hysterie[1], die Otten einerseits und Pinthus andererseits eingerührt hatten, hat sich schnell wieder aufgelöst, nachdem jetzt beide erklären, sie haben keine Zeit und auch niemals die Absicht gehabt etc.

An und für sich überrascht mich das nicht. Geblieben ist, daß Rowohlt jetzt, wie er schreibt, erst „alles sammeln will", das heißt, ohne jede Verbindlichkeit etc.

So geht das eben.

Wie gesagt, mach dich etwas schneller wieder gesund – vielleicht hilft das mir, mich auch meinerseits etwas in Bewegung zu setzen.

Viele Grüße
Franz

---

[1] Vom Rowohlt Verlag (Raddatz) scheint daran gedacht worden zu sein, Otten oder Pinthus als Herausgeber des Jung-Auswahlbandes zu gewinnen. In Briefen vom 10.2. und 13.2.1962 an Jung bestand Otten aber darauf, daß Jung seinen Band selber zusammenstellt.

634. AN ADOLPH WEINGARTEN
Malaucène (Vaucluse), 3/3 62
Hotel Chez-soi

Lieber Adolph, ich kann deinen Brief gleich heute beantworten, weil es draußen schneit und so kalt im Zimmer ist, daß es vielleicht gut tut die Hände zu bewegen. Ich werde wohl solange bleiben müssen, bis ich den Fuhrmann Band fertig habe, ich rechne noch mindestens 4 Wochen. Dann muß ich erst wissen wohin – vielleicht zunächst wieder nach Paris, aber nur dann, wenn ich dort Aussicht auf ein besseres Zimmer habe, wo ich mir selbst den Tee kochen kann. Das hängt natürlich auch vom Geld ab. Aber ich würde nur kurze Zeit wenigstens diese Tour in Paris bleiben und dann woanders hingehen, um dort den Reich Essay fertig zu machen. Ich brauche beide für meine trade mark – Auflösung und Zerstörung der Gesellschaft (selbst wenn man dabei riskiert sich selbst zu zerstören) ohne revolutionäre Phrasen, ohne sogenannte Revolution überhaupt, eine sachliche Feststellung. Dafür finde ich nicht nur Interesse in Paris, vielleicht in kleineren Zirkeln in Deutschland und schließlich kann ich darauf gestützt dann das Buch „Gott verschläft die Zeit" – in Wirklichkeit meine Albigenser story schreiben.

Ich gehe nicht nach Stuttgart, um den Essay selbst zu sprechen.

Ich habe aber dort in dem Leiter (vermittelt durch Müller) einen sehr guten Förderer. Irgendwo werde ich nach Reich dort weitere Sendungen haben können – dazu brauche ich auch das Buch von Joan London oder die terrible siren – weil da finde ich Material. Ebenso über die Joan d'Orléans, die bekanntlich hochbetagt, von Kindern umgeben und mit einer Staatsrente versehen, gestorben ist, statt im Feuer, oder der heilige Nero, den die Kirche und die gekauften Geschichtsschreiber zum Monstrum gemacht haben. Das ist alles nicht neu, ebenso wie die Märchen über den amerikanischen Bürgerkrieg – aber *wie* ich es serviere, ist neu.

Ich kann diese Sachen alle unterbringen. Da liegt nicht viel Geld drin, aber Ansehen, und das brauche ich eigentlich, Ansehen in einem kleinen Kreise. Ich werde auch eine Broschüre schreiben gegen das Lesen, gegen die Idioten, die Bücher kaufen und sich verbilden lassen und ähnliches mehr. *Ich will keine Leser.*

Damit werde ich mich eine Weile über Wasser halten können. Ob jemand mich übersetzt hier oder in England oder Amerika, das werden die Leute selber finden, ob es sich für sie lohnt. Ich rühre keinen Finger mehr in dieser Richtung. Ich brauche auch schon gar nicht diesen Wittfogel.

Ich schreibe dir das alles, damit wir nicht immer uns im gleichen Kreis bewegen. Mit diesem Ferenczy, so amusant wie er sein mag, kann ich nichts anfangen, er noch weniger mit mir. Ruth war übrigens mit ihm in Verbindung – seine Mitarbeiter hat er aus dem Stall des Free Europe in München geholt.

Dein Geld von Dollar 25 habe ich erhalten, weiß nicht, was war der Sinn? Ich hatte dir doch vorher einen Check geschickt.

Ilse Fuhrmann (im Queens Telefon Buch) 35-05 Parsons Blvd Flushing 54 fährt übrigens bald nach Europa und wird mich sicher irgendwo treffen. Wenn du mir Medizin mitschicken willst, eine gute Gelegenheit. Sie hat mich auch darum angefragt. Eigentlich brauchte ich dringend Schuhe, weil der hiesige Schuster sich weigert meine zu reparieren. Aber das wird schwierig sein, weil ich ja Einlageschuhe brauche.

Die Time Magazine habe ich trotzdem hier mit großem Interesse gelesen, insbesonders die Anti Kommunisten Welle. Nur – es ist alles, auch die übrige News Coverage, so typisch amerikanisch und daher irgendwie verschroben, daß es irgendwie störend wirkt. Man braucht nicht alles zu wissen – wissen muß man, *wo* man den Leser außer Balance bringen kann und *wie*.

An Carola kann ich ja nicht schreiben, weil sie im Grunde anders denkt. Aber selbstverständlich ist immer, ob direkt oder nur zwischen den Zeilen, ein Gruß für sie dabei.

Alles Gute soweit und bessere Gesundheit
Franz

635. AN EMIL SZITTYA
Malaucène, 3/5 62

Lieber Szittya,
das ist eine lächerliche Vorstellung, daß ich eine Spende des Stuttgarter Rundfunk ablehnen sollte. Ich glaube, die ganze Idee ist der Phantasie des Herrn Sternfeld entsprungen. Ich wünschte, ich hätte schon das mir zustehende Honorar des Stuttgarter Senders bekommen, angezeigt schon Mitte Februar bezw März und bis heute noch nicht eingetroffen – was mich hier in eine schwierige Lage bringt, denn ich hatte absolut mit dem Geld gerechnet. Die Bedenken, von denen Sternfeld spricht, sind also geradezu phantastisch kafkaesk.

Mit Petersen ist es schlimm – ich habe ihm damals schon gesagt, bei aller Freundlichkeit, die man ihm entgegengebracht hat, darf er die solide Unterlage nicht vergessen – leider rächt sich das jetzt. Ich will ihm schreiben, aber ob es viel Zweck hat, weiß ich nicht.

Allerdings – gerade wenn Ihre Ausstellung für Sie zunächst als finanzieller Mißerfolg erscheint, müssen Sie weitermachen – warum nicht in Deutschland, Köln, die Spiegel Galerie etc und verbunden mit den literarischen Projekten. Sie selbst sind es doch, der sich das alles erschwert. Das darf keineswegs aufgegeben werden. Allerdings hat Elisabeth Picard mir es übelgenommen, daß ich ihr zugemutet habe, sie soll die Träume[1] jetzt anbieten. Sie schreibt, sie kann das nicht und will selbst mit Ihnen sprechen. Damals hatte sie sich doch bereiterklärt zu übersetzen – und was ist denn das anderes als zusätzlich noch einen Angebotsbrief zu schreiben.

Viele Grüße
Ihr Franz Jung

Sobald ich hier beweglich geworden bin, fahre ich von hier weg.

[1] Emil Szittya „Träume aus dem Krieg", vgl. Anm. zum Brief an den Panderma Verlag vom 21.12.1961.

636. AN EMIL SZITTYA
Malaucène, 3/5 [1962]

Lieber Szittya
Der glamour von Malaucène ist langsam verschwunden.

Meine Schreibmaschine ist kaputt und ich kann sie nicht repariert bekommen, nicht mal in Avignon, wohin ich extra gefahren bin.

Die Sonne hat hier bisher zweimal einige Stunden am Nachmittag geschienen, auch noch mit eisigem Wind gemischt, dies in jetzt 3 Wochen.

Die Stümpfe von den Platanen sind ein schrecklicher Anblick.

Die Hoteliers sind sehr nett, aber sie verstehen mich nicht. Obwohl ich kein Fleisch esse, oder nur sehr wenig, bekomme ich nur Fleisch, in zwei Gängen je mittags und abends. Ich bekomme deswegen nicht etwa mehr Käse.

Meine Schuhe kann ich hier nicht repariert bekommen, weil erstens der Schuster Bronchitis hat und auch sonst ein Philosoph zu sein scheint, zweitens aber weil ich kein Italiener bin – wie er mir ganz offen erklärt. Er hat damals die Schuhe in dieser Annahme angenommen, hat sich aber nach 2 Wochen jetzt überzeugt, daß er sich getäuscht hat. Habe sie unrepariert zurückbekommen.

Ich denke, ich werde bald von hier weggehen. Wohin weiß ich nicht.

Wenn Sie mir sagen könnten, daß ich eine Aussicht habe in Paris ein Zimmer zu bekommen, so einfach wie möglich – in einem Hotel oder frei – einzige Bedingung, daß ein elektrischer Anschluß vorhanden sein muß, wo ich auf einer Platte mir selbst Tee kochen kann – und zwar so oft ich will – also wenn es das gibt, und ich bezweifle es, denn die Dragon patrons hatten es mir auch zugesagt, aber dann nicht gehalten – also dann würde ich wieder nach Paris kommen. Eventuell solange noch in der rue du Dragon wohnen, bis das Zimmer erreichbar ist – aber es muß wenigstens eine Chance sein. Ich könnte das dann in etwa 3-4 Wochen machen, weil ich bis dahin den Fuhrmann Band trotz aller Unbilden fertig gemacht haben werde.

Ansonsten viele Grüße und Empfehlung an Ihre Frau
Ihr Franz Jung

Ich denke, ich werde vielleicht vorerst nach Italien gehen, wenn ich eine Chance sehe

637. AN ADOLPH WEINGARTEN
Malaucène, 3/7 [1962]

Lieber Adolph,
Dr Colin schreibt mir, daß er das Buch weiter gegeben hat an The American Literary Exchange, 325 East 53th Str New York PL 5-0173. Die Direktoren sind Aladar Farkas, Jack Lewis, Oscar van Raay. Setze dich doch mit diesen in Verbindung, vielleicht in Bezug auf die Besprechung im „Monat", die du inzwischen bekommen haben wirst, die Februar No. Ich gebe dir alle Vollmacht mit diesen Leuten zu verhandeln.

Ich würde auch bereit sein, wenn sich das leichter für eine Übersetzung verkaufen läßt, den 3. und 4. Teil stark zu kürzen und zusammenzuziehen – natürlich nur *nach* Vertrag, nicht vorher.

Ich bestätige, daß du nicht nur berechtigt bist, für mich den Vertrag abzuschließen, sondern daß alle Zahlungen an dich zu richten sind.

Mit besten Grüßen
Franz

638. AN HELMUT HEISSENBÜTTEL
Malaucène (Vaucluse), 3/8 62
Hotel Chez-soi

Lieber Herr Heißenbüttel,
ich bin für einige Wochen nach der Provence übersiedelt, weil ich hier den Fuhrmann Auswahlband für die Akademie fertig machen will. Ich kann anschließend daran auch den Reich Essay hier beenden, so daß Sie damit in etwa 4-6 Wochen rechnen könnten.

Bitte erinnern Sie sich, daß falls Ihre Anstalt mich wieder mit Geld zu injizieren beabsichtigt, dies am besten über mein Konto bei der Bank of America, Zweigstelle Düsseldorf, D Mark Ausländer Konto geschehen kann.

Seinerzeit haben wir davon gesprochen, entweder vor Erscheinen des Akademie Bandes oder nachher (ich erinnere mich nicht mehr) einen direkten Essay von Fuhrmann, etwa Mensch und Gesellschaft in biologischer oder biosophischer Sicht über den Sender laufen zu lassen. Besteht dafür noch Interesse – weil ich das natürlich jetzt leichter auswählen und zusammenstellen kann.

Mehr als eine Anregung oder Memo: In Paris ist jetzt das seit langem erwartete Buch von Pichon erschienen „Saint Néron", worin der Nachweis geführt wird, daß man den Kaiser Nero zu Unrecht all der Monster Verbrechen bisher beschuldigt. Intrige zwischen dem buchstabengläubigen Flügel der katholischen Kirche und den nachfolgenden römischen Kaisern, die die Erinnerung an die socialistisch-christlichen Reformen Neros (das Manichäertum – was später auch zur Ausrottung der Albigenser geführt hat, das gleiche Princip) ihren Geschichtsschreibern zur Diffamierung und Ausrottung in Auftrag gegeben hatten.

Hier haben Sie eines dieser „Märchen", von denen wir damals auch gesprochen hatten. Ohne Emotion, ohne Appell an Gerechtigkeit und alles das sozusagen aus dem linken Mundwinkel heraus kann man solche Geschichten erzählen. Man kann das verbinden zu einem Stilleben zusammen mit der Jungfrau von Orléans, die bekanntlich mit einer Staatsrente versehen im Kreise ihrer Familie friedlich verstorben ist ohne den Anspruch als Nationalheilige verbrannt zu sein, mit einigen Seitenbemerkungen gegen die Dramatiker (machen diese Leute eigentlich die Geschichte?) und vielleicht zusammen mit der story über den amerikanischen Bürgerkrieg, die Voodoo Magie um Lincoln (wer hat wen befreit?)

Verstehen Sie, die Leute, die das hören, gehen dann hinaus mit der etwas peinlichen Überlegung: waren das eigentlich Märchen?

Hätten Sie dafür noch Interesse?

Die Hammerstein Sache habe ich fallen gelassen.

Die Virginia [richtig: Victoria] Woodhull story – Nacktkultur, Kaltwasser und Gesundbeten sind die Wurzeln der amerikanischen Milliardäre, liegt mir im Augenblick nicht mehr, ich muß dazu erst wieder mehr freien Humor sammeln.

Soweit meine Pläne
mit besten Grüßen
Franz Jung

Es wird Sie interessieren: Nach Angabe des Verlages sind von meinem Buch immerhin 146 Exemplare bereits verkauft.

639. AN FRIEDA ST. SAUVEUR
Malaucène, 3/9 [1962]

Liebe Frieda, vielen Dank für Brief plus Geld; vorläufig kann ich es hier sowieso nicht einwechseln, aber anyway.

Meine Maschine ist kaputt, hier nicht zu renovieren, schreibe auf einer in Avignon geborgten, die etwa 50 Jahre alt ist.

Der Aufsatz im „Monat" ist von einem Alfred Liede, Assistent bei Prof Muschg in Basel. Das dortige Seminar an der Universität ist heute führend in der deutschen Literarhistorie. Früher war ja auch der Monat noch sehr in US angesehen.

Die Sache ist folgende: Wie ich schon schrieb, hat eigentlich Luchterhand die Rechte und auch die Handlungsvollmacht – es wird ja sowieso nur über die großen Agenturen verhandelt – aber ich fühle mich vollkommen frei jetzt allein zu verhandeln, obwohl das selbst kaum zu etwas führt. Hier ist aber jetzt der Fall eingetreten, daß Dr Saul Colin vom Dramatic Workshop, der vom Verlag das Buch bekommen hatte, es ist einer der besten Agenten für Frankreich – das Buch an die American Literary Exchange 325 East 53 Str Pl 5-0173 weitergegeben und empfohlen hat.

Colin ist ein guter Freund von mir, hat damals auch mein Hitler Drama für Piscator übersetzt etc, hat die copy rights besorgt und daran sogar Geld verloren, also dieser Colin, heute Direktor des Dramatic Workshop in der Carnegie Hall Ju 6-4800 kann vielleicht einen Zugang ermöglichen.

Ich bitte dich ihn anzurufen, einen Gruß zu bestellen und zu fragen, ob du dich direkt an die Exchange Leute wenden könntest, weil du gewisse Vorschläge zu machen hättest, von mir – das sind: ich wäre bereit, auf der Basis eines unterzeichneten Vertrages, den dritten und vierten Teil des Buches zusammenzufassen, auf ein Drittel zu kürzen, so daß für die englische Version und Publikum eine straffere fiction Linie erscheint. Die Leiter der Exchange sind Aladar Farkas, Jack Lewis und Oscar Raay.

Colin wird dich einladen seine Studioaufführungen zu besuchen, jeden Freitag, Samstag und Sonntag in der Carnegie Hall – Eintritt frei, allerdings auf Reservationen. Tue das – und dort kannst du dich auch mehr noch mit Colin unterhalten. Dann, bei der Exchange liegt vielleicht die Möglichkeit für dich, in irgendein partition Geschäft mit den Leuten zu kommen – du kannst doch research machen oder was übersetzen etc. Wenn sich die Möglichkeit ergibt, könnte ich dir dabei helfen (im research). Zum Beispiel ist jetzt hier eine Nero Biographie erschienen, die alles bisherige umstülpt, Nero als Heiliger, als christlich socialistischer Kaiser, den man dann über die Jahrhunderte verleumdet hat. Das könnte aufgelockerter erzählt werden, natürlich muß man Lizenz und Autorisation des franz Verlegers haben, als es in dem Buch selbst erscheint, also mehr eine adaption.

Versuche das mal.

Adolph Weingarten, 60 West 76th Str, wollte sich auch an die Exchange und Colin wenden. Adolph ist einer meiner ältesten Freunde (Mattick kennt ihn auch ganz gut), der mir alle die Jahre finanziell geholfen hat. Er will immer für mich was tun – ist aber dazu gar nicht in der Lage, obendrein krank. Ich sage dir das nur, weil ich Adolph versprochen habe, daß, wenn ich aus der englischen Ausgabe royalties bekommen würde, ich sie ihm überschreiben würde – das sind leider nur Phantasien.

Gasbarra – Rowohlt – Pinthus kann man vergessen. Ich mache da in der Sache nichts, bin ja überhaupt nur durch den Briefwechsel Pinthus – Otten auf die ganze Sache aufmerksam gemacht worden. Gasbarra hat mich nur gebeten ihm zu sagen, wo man meine Bücher bekommen könnte – er selbst wollte niemals mit der Herausgabe etc sich beschäftigen. Als ich ihm Otten und Claire Jung genannt habe – hat der Brief an Otten dann die ganze Sache ausgelöst. Ich selbst habe an Rowohlt und der Herausgabe kein anderes Interesse als der Zeitungsleser, der das dann mit aufgeführt findet.

Die Leute soll alle der Teufel holen, einschließlich den Graf – ich brauche dessen Kritik nicht. Du wolltest mir die Adresse von Pinthus schreiben. Keine Angst – ich werde ihm sehr freundlich schreiben – wie sich das unter Literaten gehört.

Viele Grüße
   Franz Jung

640. AN ARTUR MÜLLER
Malaucène, 3/9 [1962]

Lieber Artur Müller, anbei eine Copie des Briefes an Heißenbüttel, aus der Sie ersehen mögen, womit ich mich zur Zeit beschäftige.

Wenn Sie das Nero Thema interessiert, sollten Sie sich doch mal überlegen, ob Sie Ihren biographischen Filmen jeweils auch Akzente einer anderen „Lesart" einbauen können. Im gleichen Film.

Die Fuhrmann Story ist traurig genug. Selbstverständlich müßten die Tagebücher *jetzt* durchgesehen werden, jetzt im großen Ganzen zusammengestellt und ausgewählt und einige Stücke bereits übersetzt werden. Unser guter Rauch versteht das nicht und kann das wahrscheinlich auch nicht. Ich denke nur für jemanden, dem das Wasser bis zum Hals hinauf steht, wäre eigentlich jede *Tätigkeit* besser, als nur auf die Katastrophe oder das Wunder zu warten. Augenblicklich hofft er, daß sein Freund aus Cuba, der in Ostberlin einen Self Service Laden aufmachen will, ihn dort als Kassenkontrolleur einstellt.

Von Petersen habe ich weiter nichts mehr gehört. Seine Schwierigkeiten werden groß genug sein. Ich glaube, er wird abgleiten – weil er eine konzentrierte Idee vorläufig eben noch nicht halten kann. Er wird den „leichtesten" Weg gehen und in Kunst und Literatur etwas herumabenteuern, worin ja heute für solche Avant Garde Publikationen ein gutes Geschäft liegt. Ich höre von ihm nur indirekt, insofern er an einige Leute in Paris geschrieben hat mit der Anfrage, ob sie ihm eine Pariser Briefadresse gewähren – vorläufig hat er noch nicht mal für seinen eigenen Verlag Briefbogen. Er schreibt nur deutsch, was diese Leute nur sehr schwer lesen können. Das sind solche Kindereien. Die Leute fragen mich an, was da los ist, wie und ob ich ihn genau kenne etc. Sie verstehen, so etwas kann man eben nicht machen. Ohne Basis kann man auch nicht Ausstellungsbilder etc anfordern. Vielleicht kommt er wieder zur Ruhe.

Viele Grüße
Franz Jung

Es tut mir leid, daß ich noch immer keine feste Adresse habe und angeben kann, damit ich Sie von der Obhut meiner Sachen dort befreien könnte. Gedulden Sie sich noch etwas und lassen Sie mir noch ein wenig Zeit.

Ich hoffe, daß der Woodward, New American History, bei Ihnen liegt. Für die Bürgerkriegsstory würde ich ihn brauchen. Aber noch nicht jetzt. Es ist noch lange nicht so weit. Ich mache mir nur gelegentlich schon Skizzen.

Ich könnte eventuell im „Konkret" eine Serie Amerikanisches Tagebuch veröffentlichen – da würde ich das auch hineinnehmen. Viel Lust dazu habe ich aber nicht. Ich habe *unverbindlich* zugesagt.

FJ

641. AN EMIL SZITTYA
Malaucène, 3/10 [1962]

Lieber Szittya,
ich sende Ihnen den Brief des Diogenes Verlages, der mich hier erreicht. Ich rate Ihnen, die Sache jetzt weiter zu verfolgen.

Ich habe auch an Elisabeth Picard geschrieben, die sich mit Ihnen in Verbindung setzen soll. Schicken Sie ihr das Manuskript[1] und geben Sie ihr die Vollmacht für Sie zu verhandeln.

Alles weitere wird sich finden – *Sie selbst* haben dann mit der Sache nichts mehr zu tun. Ich werde mit E.P. in Verbindung bleiben und helfen, wo und wie ich kann.

Besten Gruß
Jung

1 „Träume aus dem Krieg", vgl. Anm. zum Brief an den Panderma Verlag vom 21.12.1961.

642. AN ADOLPH WEINGARTEN
[Avignon, 12. März 1962]

L.A. Ich habe große Schwierigkeiten mit meiner Schreibmaschine. Aber – in jedem Falle setze Dich mit *Ilse Fuhrmann* in Verbindung (Telef. Independence 3-0517). Sie schreibt, sie kann Dich nicht erreichen. Also erreiche sie. Gib ihr Thyroid mit und was du sonst denkst, was ich brauchen könnte – an Pillen.
    Viele Grüße
    Franz

643. AN ADOLPH WEINGARTEN
Malaucène (Vaucluse), 3/13 62
Hotel Chez-soi

Lieber Adolph, um diesen etwas hektischen Briefwechsel der letzten Wochen abzuschließen: natürlich hast du recht, es sollte alles anders sein und ich sollte die Möglichkeit haben, mich zu settlen – aber es geht eben nicht und die Verhältnisse sind nicht so.
    Es ändert wenig, ob das Buch in Amerika oder Frankreich gedruckt wird, das ändert meine Lage im wesentlichen nicht. Erstens ist es außerhalb der internationalen Brokerage sehr schwer (wenn nicht fast unmöglich), es gibt sehr kleine Chancen – wo sich aus irgendeinem Grunde ein Agent drüben interessiert, sonst ist alles in den Händen des Verlages – da der Verlag wiederum aus einem mir unbekannten Grunde nichts in dieser Linie tut, ist eben nichts zu machen. Außerdem dauern die eigentlichen Vorbereitungen Jahre – wie ich zum Beispiel in Frankreich sehe – ich glaube ich könnte bei Gallimard oder Seuil das Buch unterbringen – allerdings nicht über diesen Dr Rubel und diesen Evrard, den er an der Hand hat, sondern über den Prof Minder am Collège de France, der sich sehr für das Buch interessiert und sich überlegen will, welchen er von seinen Schülern als Übersetzer etc vorschlagen will. Minder, der Deutsch-Experte am Collège, hat einen außerordentlichen Einfluß – der Mann, der Döblin seinerzeit ins französische Außenamt gebracht hat. Aber dazu müßte ich Monate und Monate dem Mann auf der Pelle

bleiben (was übrigens besagter Rubel angeraten hat, anstatt seinerseits etwas für das Buch zu tun), ich kann über Max Ernst und Tristan Tzara etwas in der Avant Garde herumschwimmen, kleine Publikationen machen etc – und so einen Namen aufbauen, der dann mit dem Buch aufgenommen wird. Nicht viel anders wird es drüben sein – dort kommt noch hinzu, daß ich ja für die Leute kaum mehr lebe, von mir sind doch keine größeren Werke (literarisch) zu erwarten, jedes Jahr ein Buch etc, für das es sich verlohnen würde, einen Autor aufzubauen.

Also sieh das richtig. Es hat gar keinen Zweck, zum mindesten für mich. Diese Sauveur, die ExMattick, hat einige Beziehungen, übersetzt auch irgend etwas, die kann ja ihrerseits nochmals bei der Exchange anfragen. Ich habe ihr geschrieben, daß du die Rechte besitzt, und nichts ohne dich geschehen kann. Kommen ein paar Dollar ein, so wird dir das auch nicht viel helfen, aber es ist eine erfreuliche Geste. Auf der andern Seite helfen mir die Dollar nichts, selbst nicht einmal die Medizinen etc, um die ich dich von Zeit zu Zeit bitte.

Du bist doch nicht so weit aus der Welt, daß du nicht verstehen sollst, daß es sich dabei auch mehr um Gesten handelt als wirklichen Bedarf. Ich habe manchmal den dringenden Wunsch, nach etwas zu schreiben, zu fühlen, daß ich noch Kontakte habe und alles das. Aber das vergeht am nächsten Tage bei nüchternem Nachdenken wieder. Nicht daß ich mich [nicht] freue, Kontakte zu haben, aber die können mir heute doch nicht mehr helfen, im Gegenteil, ich falle diesen Kontakten zur Last.

Wenn ich zugrunde gehe, so oder so, das spielt doch keine Rolle – ich habe keinen Ehrgeiz und auch keine Begründung weiter zu leben – nur zu vegetieren und das kann ich doch auch so wie bisher. Was kann ich denn noch geschäftlich vorschlagen? Ein Photo von Jackie Kennedy in einer Steh Toilette in Avignon? Das nimmt uns erstens nicht so leicht jemand ab und dann ist es am nächsten Tag sowieso wieder vergessen. Natürlich könnte man einige politische Analysen daran knüpfen, daß eben die Kennedy trotz aller Publikumshascherei den Vorsprung der russischen Bauersfrauen niemals einholen wird, die im Vorwärtsschreiten pissen, ohne sich naß zu machen. Versteht man endlich den Unterschied zwischen Rußland und Amerika in den weitesten Symbolen? Ich fürchte nicht und wir müßten schon den Leuten den Schädel einschlagen, ehe sie uns überhaupt zuhören.

Also mit neuen Sachen ist es nicht weit her.

Ich bin nicht mehr am Markt. Wahrscheinlich wird Rowohlt im Herbst oder nächsten Frühjahr einen Jung Band bringen, vielleicht sogar zwei – aber ich selber habe kaum noch was damit zu tun. Das ist bereits etwas akademisch Literarhistorisches für einen bereits Toten – wobei es unangenehm genug ist, daß dieser Tote irgendwie noch im Leben scheints existiert.

Von diesem Buch, von dem du schreibst, habe ich noch nie in meinem Leben gehört und bin natürlich neugierig, wer mich damals schon bestohlen hat.

Daß du die Ilse Fuhrmann sprechen oder sehen solltest, ist eine ganze praktische Sache – du kannst ihr vielleicht etwas mitgeben.

Meine Hauptkatastrophe hier ist die Schreibmaschine, die ich vielleicht nur in Paris, wo ich sie gekauft habe, repariert bekomme (Kolibri – ein Fabrikat aus Chemnitz, mit dem der Osten den Pariser Markt erobern wollte – daher auch sehr billig im Preis). Ich glaube, ich kann sie wegschmeißen.

Ich muß mir eine neue kaufen – sicherlich nicht hier. Da mich Ilse Fuhrmann hier besuchen will, könnte sie mir eine mitbringen. Aber das ist auch nicht sicher, ob ich das morgen noch haben will.

So ist das eben. Die Schuhe in Avignon habe ich mir, genau wie du gesagt hast, besorgt. Ich brauche natürlich richtige Schuhe – immerhin sind meine beiden schon über 6 Jahre alt und sehr strapaziert, man kann es ihnen nicht übel nehmen, wenn sie müde geworden sind und aus dem Leim gehen. Das ist doch bei uns dasselbe.

Mit herzlichen Grüßen
Franz

Der Photograph ist der Hausphotograph[1] in der Frankf. Rundschau. Der Feuilleton Redakteur Erich Lissner hat Abzüge. Hat mir auch welche angeboten. Ich habe meinen damals an Jola verschenkt. Die Rosa Kirchgatter könnte dir sicher die Photos besorgen.

---

1 Fritz Frischmann.

644. An Käte Ruminoff
Malaucène, 3/15 [1962]

Liebe Kate, ich habe das Buch erhalten und werde dir darüber schreiben, sobald ich es näher mir angesehen habe. Selbstverständlich ist deine Einteilung das einzig Richtige und wahrscheinlich muß auch die Fragestellung, dh was die Leser wissen sollten, viel ernster angefaßt werden. Ich will mir gern das Buch genauer ansehen, eventuell auf einiges aufmerksam machen, was mir berücksichtigt zu werden notwendig scheint, ich selbst aber kann keinen research durchführen. Hoffentlich findest du noch den Verlag, den dein Neffe erwähnt hat.

Wahrscheinlich ist es richtig, die Wohnung mit den Möbeln aufzugeben, aber ich weiß es natürlich nicht – das hängt ja davon ab, ob du dich in einem möblierten Zimmer einrichten kannst (die Nachbarn etc).

Der Grund aber, warum ich gleich heute den Brief beantworte ist, daß du die Dinge um mich herum völlig falsch ansiehst. Ich brauche keine finanzielle Hilfe und zwar von niemandem. Das, was solche Leute, die du anführst tun könnten, wäre doch höchstens ein paar Dollar und wenn es selbst hundert wären, die nutzen mir nichts. Praktisch lebe ich eben von den 95 Dollar den Monat, die ich vielleicht auf 150-70 im Monat steigern kann – genau die Grenze, wovon man in einer Stadt in Europa existieren kann. Auf dem Lande mag es zeitweilig billiger sein, so hier lebe ich jetzt in voller Pension mit etwa 550 NF im Monat – da dürfen keine Nebenausgaben sein – aber das kann man über lange Zeit nicht machen, zum Beispiel hier geht es eben nur außerhalb der Saison. Dasselbe ist in Österreich. Außerdem kommt mir doch der ständige Wechsel, außer daß er mich nervenmäßig und auch körperlich anstrengt, auch finanziell teuer. Daran ist nichts mehr zu ändern. Das Entscheidende ist eben, daß ich keine feste Bleibe habe. Darüber jetzt sich den Kopf zu zerbrechen, dazu ist es zu spät. Was die Literatur anlangt, so habe ich zwar ein gut Teil Reputation wiedergewonnen, aber auch zu spät. Ich bin nicht im eigentlichen Markt, das heißt ich muß diese Reputation halten durch immer neue Arbeiten, mit all dem Handicap, was damit verbunden ist, während die automatischen Einnahmen, die eben die andern erreichen, durch Anthologien, ständige Auswahlbände, Fernsehen und Rundfunk mir praktisch verschlossen sind. Dazu müßte ich jetzt ständig bohren und Beziehungen in Anspruch nehmen etc – das fehlt mir doch alles und ich kann das auch so schon von mir aus nicht. Bleibt also nur – wenn ich durchaus die Reputation halten will, in die Avant Garde zu gehen – und dafür wird doch nichts gezahlt. Vielleicht in einem Dutzend Jahren, kann sich das verwerten lassen. Wozu soll ich das alles noch?

Ich habe mich auf den Fuhrmann konzentriert und später auf Reich – da habe ich das Feld noch für mich allein und es bringt mir soviel ein, daß ich eben gerade das Jahr über gesehen meine dringendsten Ausgaben decken kann – aber was ist das für eine Arbeit. Besonders Fuhrmann, den ich jetzt sozusagen bis auf die Knochen studieren muß, ist mir im höchsten Maße zuwider. Ich bringe ja auch einen ganz andern Fuhrmann – aber habe ich das nötig? So eine Fäkalienarbeit, aus diesem Mann noch etwas Dauerhaftes herauszuholen, wo Dutzende von Leuten heute dasselbe sagen als Fuhrmann (in seinem Besten), nur besser, geordneter und konzentrierter und ohne Schwindel, um „Geldgeber" zu bluffen?

Reich ist ja auch charakterlich ein äußerst unsympathischer Mensch. Aber das mache ich eben. Vielleicht finde ich dann auch noch was anderes, aber das ist eben alles, was ich noch tun kann.

Wenn ich nach der Ostzone gehen würde, dann ist das nicht wegen Wohnung und Geld. Die Leute sind mir dort höchst zuwider. Und die antikommunistische Welle hier und in US wird in 2-3 Jahren vorübergehen.

Viele Grüße
Franz

645. AN JES PETERSEN
Malaucène (Vaucluse), 3/17 [1962]
Hotel Chez-soi

Lieber Petersen,
was ist mit Ihnen los?

Hoffentlich haben Sie sich nicht in den Schlingen gefangen, die Sie sich selbst gelegt haben.

Hausmann fragt bei mir an, ebenfalls nach Ihnen. Er hat die oft angekündigten Packete mit den Sprechspänen[1] nicht bekommen. Schreiben Sie ihm.

Anbei eine Ankündigung einer Szittya Ausstellung[2]. Sind Sie mit den Leuten aus dem Deux Magots und Ihren anderen Freunden in Paris in Kontakt?

Geben Sie Nachricht, falls Sie Ihre Pläne auf einige Jahre verschoben haben.

Viele Grüße
Franz Jung

[1] Raoul Hausmann „Sprechspäne", Petersen-Presse, Flensburg/Glücksburg 1962.
[2] Bei Pierre Birtschansky in Paris zusammen mit Guyard und Tirajé vom 14.3.–1.4.1962.

646. AN ADOLPH WEINGARTEN
Malaucène, 3/17 [1962]

Lieber Adolph, Du mußt sehen, ob Du meine Schrift lesen kannst, Maschine ist aus. Bitte keine Aufregung.

Warten wir ab, was eventuell uns, das heißt Dir, der Agent vorschlagen wird.

Wir brauchen nicht zu verhandeln.

Anders ist es nicht zu machen.

Luchterhand muß man jetzt vorerst völlig in Ruhe lassen – aus bestimmten Gründen, die ich schreiben werde, sobald ich Maschine habe.

Als *Autor* habe *ich* bestimmte Vorschläge (frage doch bei Colin an – der wird Dir über die Prozedur sicher Auskunft geben). *Du* bist mein Bevollmächtigter – *Du sprichst u. verhandelst und unterschreibst für den Autor.*

Was mit Luchterhand später wird etc, geht uns jetzt nichts an. Ich bin sicher, daß nichts kommen wird. Zur Not habe ich *dann* genügend Druckmittel in der Hand. Das *braucht uns aber jetzt nicht kümmern!*

Wir brauchen keinen Anwalt! Da ist nichts zu schützen.

Übrigens *Knopf* ist nicht der beste Verleger. Hat nur von früher her die Reputation eines deutsch intressierten Verlages. Es spricht *gegen* die Agentur, daß sie zuerst auf Knopf verfallen sind. Knopf wird das sowieso ablehnen.

Ich wünsche nicht von mir aus mit der Agentur zu verhandeln.
Viele Grüße
        Franz

(Heute ist es hier – 20 Grad.)

647. AN EMIL SZITTYA
Malaucène, 3/19 [1962]

Lieber Szittya, meinen herzlichsten Glückwunsch für die Ausstellung[1] und meine besten Wünsche für einen nachhaltigen Erfolg. Zu ihrem heutigen Brief: ein Arbeitszimmer brauche ich eigentlich nicht – ich kann ebenso auf der Straße oder im Luxemburg Garten arbeiten. Was ich brauche, ist eine Schlafstelle, groß genug, um dort auch meine Koffer unterzubringen, die Basis dort zu existieren. Es ist Unsinn, Sie damit zu belästigen, denn Sie können das ebenso wenig zaubern wie ich selbst, weil es einfach eine Geldfrage ist. Theoretisch darf ich eben dafür nicht mehr ausgeben als 30 Dollar im Monat, das sind etwa 130 NF, und das ist eben nicht zu beschaffen.

Hier in Malaucène sind sowohl die Wirtsleute wie auch sonst die Leute sehr nett und hilfsbereit, aber der Ort ist eben auch nicht der Platz für Februar-März zum Wohnen. Selbst die Hälfte der Einheimischen verkriecht sich dann zu Verwandten in die Stadt. Das ist nicht bloß der Mistral, der Nordwind, der hier seit Tagen weht, ist mindestens so schlimm.

Ich bin schon seit einigen Tagen schwer erkältet und liege meist im Bett. Ich werde froh sein, wenn ich halbwegs heil wieder von hier wegkomme. Zwar scheint jetzt die Sonne sozusagen den ganzen Tag, aber es ist untertags -2 Grad und am Morgen etwa -6 Grad. Eine Sonne, die nicht wärmt.

Aber vergessen Sie das. Anscheinend ist ein anderer Brief (mit Einlage vom Diogenes Verlag) auch nicht angekommen.
Viele Grüße
Jung

1 Vgl. Anm. zum Brief an J. Petersen vom 17.3.1962.

648. An Adolph Weingarten
Malaucène, 3/22 62

Lieber Adolph, ich lege dir einen Brief von der Frieda St Sauveur bei, von der ich Dir geschrieben hatte, daß sie dir eventuell behilflich sein könnte. Wie du siehst, ist davon gar keine Rede. Auf einmal hat sie keine Zeit, selbst so ein Exposee zu übersetzen und außerdem ist das nicht meine Aufgabe, eins zu liefern, sondern die des Agenten. Mit dem Colin hat es schon angefangen, der sich erst angeboten hatte, dann aber die Sache auf die Exchange Agentur abgeschoben hat. Ich kann nur raten und bitten, lassen wir alles wie es ist, wenn Knopf antwortet, wird sich der Agent melden – die Frieda hat großen Unfug angerichtet, daß sie sich überhaupt bei Farkas etc gemeldet hat. In Wirklichkeit kann nichts geschehen ohne mich als Autor, meine Autorenrechte bleiben doch immer bestehen. Wenn die Leute von sich aus nichts tun wollen und können, bleibt es eben so. Der erste, der etwas tun müßte, ist der Luchterhand Verlag – und der tut eben nichts. Es gibt einen großen Broker in Deutschland, in Stuttgart, der für die deutschen Verlage verhandelt. Aber Luchterhand hat eben mit diesem Mann keinen Vertrag für das Buch – und so bleiben wir von vornherein Außenseiter. Als Außenseiter unterliegen wir eben den verschiedenen Erschwerungen der Lektoren Kontrolle etc – normalerweise regelt das vorher der Broker. Um genau die Lage zu sehen, weder Du noch ich haben jemanden, der auch nur ein paar Zeilen, einen Prospekt etc übersetzen würde, den man jemandem anbieten könnte, eventuell einen Hinweis für eines der kleinen Magazine, politische oder andere – wir haben das nicht, und das ist das entscheidende, alles andere ist Quatsch. Und das ist das Bild. Ich kann es nicht ändern und ich will es auch nicht mehr. Immer wieder dasselbe – nee. Ich habe gerade das wieder bei Rowohlt gesehen. Es findet sich kein Herausgeber, d h jemand, der die Bücher lesen, auswählen etc müßte. Das ist Arbeit und für das Honorar lohnt sich das wahrscheinlich nicht. Rowohlt wird nicht allzu viel zahlen.

Ich dagegen habe einige der Bücher jetzt selbst gelesen, obwohl ich mich viele Jahre davor gedrückt habe. Dabei habe ich feststellen müssen, was ich im Tiefenbewußtsein hatte, daß einige der Bücher, wie die Eroberung der Maschinen, Arbeitsfriede und Joe Frank illustriert die Welt absolut noch heute gedruckt

werden könnten, meist besser sind, als was heute überhaupt der Osten tiefergehend ideologisch anzubieten hätte. Und trotzdem bin ich 30 Jahre boykottiert worden, von denselben Leuten, aus den Bibliotheken verschwunden, in keines der Referenzbücher aufgenommen etc. Ich kann einfach nicht noch einmal von vorne anfangen. Ich habe das selbst jetzt in meinem Buch nicht geschrieben, aber es war eben solch ein Schock, von dem ich mich nicht mehr erholt habe. Das sind die Fakten. Ich kann eben nicht mehr. Wieder anfangen mit diesen Agenten, Verlegern, Leuten, die alles versprechen und sobald man etwas will, nicht mehr funktionieren, wie auch der Otten und selbst der Müller. Nee – lieber Adolph, lassen wir es sein. Dabei kommt nichts raus, auch für dich nicht. Mir kann man nicht helfen und damit muß man sich zufrieden geben.
    Herzlichen Gruß
        Franz

649. AN HELMUT HEISSENBÜTTEL
Malaucène, 3/27 [1962]

Lieber Herr Heißenbüttel,
die Rechte für die Schriften und Manuskripte Ernst Fuhrmanns liegen bei der Witwe: Ilse Fuhrmann, Flushing 54 New York, N.Y. USA. Ich selbst habe zwar von Ilse Fuhrmann eine weitgehende Vollmacht über Verwertung, Vertrieb etc, auch Empfang von Zahlungen etc – ich weiß aber nicht, ob eine solche Vollmacht Ihrer Anstalt gegenüber genügt.
    Ilse Fuhrmann wird gegen Mitte April New York für eine längere Europa Reise verlassen, wahrscheinlich auch das Marbach Museum besuchen und kann auch persönlich dort bei Ihnen vorsprechen, wenn das für die Vollmacht nützlich ist. Leider liegt *meine* Vollmacht im Augenblick bei Kasack und ich müßte diesen bitten, eine Photokopie anfertigen zu lassen.
    An Herrn Fassbaender habe ich geschrieben.
    Viele Grüße
        Ihr Franz Jung

650. AN KÄTE RUMINOFF
Malaucène, 3/28 [1962]

Liebe Kate, ich kann deinen Brief noch nicht im einzelnen beantworten, weil ich noch zu sehr mit dem Fuhrmann Buch beschäftigt bin. Ich will es Ende der Woche abliefern – länger halte ich es auch nicht aus, in dieser furchtbaren Arbeit gefangen zu sein.

Ich gratuliere zu der neuen Wohnung, warne dich aber, in zu hohen Erwartungen zu schwelgen. Es gibt immer für jeden Enthusiasmus einen Rückschlag und auf den muß man vorbereitet sein.

Was dein Sohn über einen biographischen Byron Film schreibt, klingt gut, aber ich halte es für ausgeschlossen, daß es den nicht schon geben sollte. Der Mann, über den ich in Deutschland meine Post leite, macht solche biographischen Filme für das Fernsehen und der wird das sicher wissen. Ich will ihn anfragen – augenblicklich ist er in England und dreht für das Fernsehen einen Shakespeare Film. Auf ihn geht auch die Serie über das Dritte Reich zurück, die damals in D[eutschland] soviel Staub aufgewirbelt hat. Sein Name ist Artur Müller, Raffstr. 2 Stuttgart-Degerloch.

Ich schreibe im Augenblick nirgends und kann dir daher auch nichts schicken. Auch sonst – von hier, wo kaum eine Post ist, kann ich keine Zeitschriften senden. Aber ich gehe ja bald wieder von hier weg. Wohin weiß ich nicht.

Mit einem Auswahlband Jung ist es noch lange nicht soweit, es sei denn, daß Rowohlt von sich ihn herausbringt – was er ja auch eigentlich vorhat; da habe ich selbst mit der Auswahl nichts zu tun.

Anfang nächster Woche schicke ich alles, den Brief zurück und meine Ansichten für das jüdische Buch – zu schwer darf es ja nicht gehalten sein, wenn es auch für Schüler in Frage kommen soll, immerhin muß es natürlich etwas seriöser sein wie das vorliegende, ein gutes Drittel der Fragen sind völlig Quatsch, sehr auf die Berliner Ackerstraße und die Metropol Theater zugeschnitten.

Vielleicht kannst du deine Schwiegertochter für die Mitarbeit gewinnen? Ich würde dir raten, ein sehr gutes Exposé zu machen, mit Beispielen und Andeutungen der Konstruktion und dann das

Ganze ausarbeiten lassen. Das Exposé, mit dem man schon bei einem Verlag verhandeln kann, sichert dir die Autorenrechte. In New York ist es zum Beispiel doch leichter, dort in die jüdische Universität zu gehen und sich einen Grundriß der Fragen geben zu lassen – wenn man schon den Vertrag hat. Natürlich kannst du das in einer Rabbinerschule oder so einem Institut auch in S F machen. Man muß nur den research beginnen, nicht um etwas von den Leuten „wissen" zu wollen, sondern zu erfahren, wie man so einer Schule am besten helfen könnte etc. Außerdem gibt es bei diesen Instituten doch Dutzende von Referenz Büchern.

Selbst bei Fuhrmann kann man gut ein Dutzend Fragen schon herausholen. Auch sonst finde ich zufällig eine Menge Sachen in den Literaturübersichten dieser Tage, die man sofort mit verwenden könnte. Schalte deine Schwiegertochter ein und zusammen mit der Hilfe deines Neffen wird etwas herauskommen. Ganz auf dich allein gestellt, bist du weder geschäftlich noch auch researchmäßig der Sache gewachsen, würde ich annehmen. Mit einer Kombination ist es sicherer.

Viele Grüße
Franz

651. AN ARTUR MÜLLER
Malaucène, 3/28 [1962]
Hotel Chez-soi

Lieber Artur Müller, vielen Dank für Ihren freundlichen Brief. Ich glaube, wir sollten in der Sammlung von Jung Büchern erst etwas unternehmen, wenn wir die Möglichkeit noch haben sollten, persönlich darüber zu sprechen. Es liegt bei diesen Dingen so vieles, was leicht falsch verstanden werden kann, wenn es nur brieflich angedeutet wird.

Soweit ich bis jetzt sehe: sollte man den Rowohlt machen lassen, was er will – ich bin darin absolut gegenteiliger Meinung als Otten. Auch das ist eine Frage, über die man, um jede Kränkung Ottens zu vermeiden, nur persönlich sprechen bezw erklären kann.

Wenn ich dazu noch einmal kommen sollte, von mir aus den

Widerstand gegen den Boykott (gewollt und hervorgerufen oder durch Zeitumstände im Anfang wenigstens bedingt) aufzunehmen, dann würde ich dies mit aller mir noch verbliebenen Sorgfalt und Zweckbedingtheit tun, das heißt, ich würde dann die Auswahl schon alleine durchführen müssen. Leider kann mir dabei niemand helfen. Ich habe mich ja nicht umsonst bisher davor gedrückt, weil es, wie ich schon jetzt bei einigen Proben gesehen habe, außerordentliche Depressionen hervorruft, denen ich nicht mehr so ohne weiteres gewachsen bin. Aber tun müßte ich es halt doch.

Hoffentlich störe ich Sie nicht mit diesem Brief in Ihrer Arbeit, zu der ich Ihnen vollen Erfolg wünsche. Den May Film kann ich ja leider nicht sehen und obendrein, ich verstehe ja auch zu wenig von den Sachen, um überhaupt etwas sagen zu können, selbst einen Glückwunsch würden Sie kaum so ohne weiteres akzeptieren.
Viele Grüße
Ihr Franz Jung

652. AN FRITZ PICARD
Malaucène, 3/29 [1962]

Lieber Herr Picard, es tut mir leid, wenn ich Sie beleidigt haben sollte. Aber ich habe sowieso nicht angenommen, daß Sie diesen Brief geschrieben haben – der dort angewandte Stil mit den Accenten deutscher Überheblichkeit würde sowieso nicht zu Ihnen passen.

Aber ich habe noch eine andere Sache: Vor längerer Zeit habe ich gebeten mir „Saint Néron" (Robert Laffont)[1] besorgen zu lassen. Das steht jetzt in jeder Buchhandlung, kostet 9 NF und ist in allen großen Tageszeitungen besprochen worden (in Leitartikeln). Allerdings wird es sich nicht im Buchhandelskatalog von 1960, den Ihre Assistentin noch benutzt, finden. Es ist erst im Februar 62 erschienen.

Wenn Sie es mir besorgen lassen können, schicken Sie es mir bitte mit einer Aufstellung, was die Librairie[2] direkt und indirekt für mich ausgelegt hat, zugleich mit der entsprechenden Abrechnung.

Von mir ist wenig zu sagen, um Ihre Frage zu beantworten. Ich werde ja bald wieder zurück in Paris sein, dann kann ich persönlich besser Auskunft geben.

Mit besten Grüßen
Franz Jung

1 „Saint Néron" von Jean-Charles Pichon, Éd. Robert Laffont, Paris 1961.
2 Picards Buchhandlung Calligrammes in der Rue du Dragon.

653. AN ADOLPH WEINGARTEN
Malaucène, 3/29 [1962]

Lieber Adolph, ich höre wieder von dir nichts, hoffentlich hat es nicht mit deiner Gesundheit zu tun. Das Arbeiter-Buch ist noch nicht gekommen. Könntest du nachfragen bei dem Mann, der dir die Reich Bücher besorgt hat, „Contact with Space" 1957. Das war damals in der Liste mit aufgeführt (ich glaube mit 10 Dollar angeboten). Das überhaupt letzte Buch Reichs. Wenn erhältlich, gib es Ilse Fuhrmann mit (Abreise 18. April). Sie wird es eventuell auch bezahlen, und ich geb ihr hier das Geld.

Ansonsten nichts Neues. Das Fuhrmann Buch ist fertig. Eventuell bin ich jetzt nach einigem Nachdenken bereit für den Agenten eine Übersicht über die Teile (Inhaltsanalyse) zu machen und auch einige Kurzstellen, die man zum Anbieten auswählen sollte, anzugeben. Ich müßte nur jemanden finden, der es übersetzt. Eventuell hat der Agent jemanden.

Viele Grüße
Franz

654. AN EMIL SZITTYA
Malaucène, 3/29 [1962]

Lieber Szittya, ich will Sie weiter nicht stören, aber bitte könnten Sie vielleicht bei Ihrer Ausstellungsnachbarin[1] anstoßen, daß sie die versprochenen Zeichnungen an Petersen schickt. Er möchte jetzt erst das Buch in deutsch herausbringen – die Clichees kann er dann ja sowieso für die französische Ausgabe verwenden. Der Mann ist ja sehr unbeholfen und kann vor allem nicht französisch im Augenblick korrespondieren – es ist ja alles noch im Aufbau. Hoffentlich haben Sie großen Erfolg und wiederum in meinem Interesse nicht so großen, daß Sie dann nicht mehr mit mir korrespondieren. Immerhin wenigstens nur noch gelegentlich wenigstens ...
   viele Grüße
        Franz Jung

1 Die türkische Malerin Tirajé.

655. AN JES PETERSEN
Malaucène (Vaucluse), 3/30 62
Hotel Chez-soi

Lieber Herr Petersen,
ich habe über Szittya die Türkin[1], die ja mit ihm zusammen jetzt ausstellt, nochmals anstoßen lassen. Allerdings scheint da ein Mißverständnis vorhanden, Szittya glaubt, daß Sie den Fall Grosz erst französisch herausbringen wollen (wofür er ja die Übersetzung besorgen will, aber noch nichts getan hat). Es ist also anzunehmen, daß auch die Türkin glaubt, es habe noch Zeit, da ja für die französische Ausgabe so gut wie nichts vorbereitet ist.

   Das scheint also ziemlich verfahren zu sein.

   Aber ganz unabhängig davon, ob der Fall Grosz herauskommt oder nicht, die Hauptsache ist, worauf ich Sie hier nochmals dringend hinweisen möchte: Sie werden die augenblickliche Konjunktur für solche Special Literatur und Kunst, mit dem

Avant Garde Bluff verbunden und hochpreislich eingestuft, nicht ausnutzen können, wenn Sie nicht erst einen erstklassigen Werbe- und Vertriebsapparat haben. Dieser kann durchaus Ihren beschränkten Verhältnissen angepaßt sein, aber er muß nach außen absolut marktgängig, konformistisch etc aussehen und auch so in Erscheinung treten. Sie dürfen nichts dem glücklichen Zufall überlassen, wie etwa jetzt [bei] dem Liebeskonzil.

Gute Prospekte, sorgfältig durchgearbeitet, sind dann beinahe wichtiger als die Produktion selbst.

Um aber solche Prospekte zu vertreiben, zu deponieren etc – selbst wenn Sie selbst von Laden zu Laden gehen (unabhängig davon, daß sie selbstverständlich über die entsprechende Interessenten Kartothek verfügen) brauchen Sie eine exakt in Erscheinung tretende Firma Petersen Press, Adresse, exact – kein möbliertes Zimmer – gleichgültig, ob Sie eine solche Adresse haben oder sich durch Bluff anheuern können, Bank Konto (das können Sie doch mit 5 DM eröffnen).

Ich hatte ja auch geraten, sich eine Adresse in Paris und eventuell in New York zu besorgen. Ich weiß nicht, ob das in Paris funktioniert hat (die Leute wußten ja nicht, was Sie eigentlich wollten, Rubel hatte das wohl auch nicht mehr so in Erinnerung). Da ich in einigen Wochen in Paris zurücksein werde, könnte ich mich selbst um eine solche Adresse kümmern, zumal ich selbst eine Abstellwohnung diesmal mieten will, mit Residence Charakter. Frau Ilse Fuhrmann ist auf dem Wege nach Europa und wird Sie vielleicht in Hamburg sehen können. Sie wäre mit ihren engen Beziehungen zu den New Yorker Galerien für eine solche Adresse drüben sehr geeignet.

Aber das wichtigste ist: Vergessen sie nicht, daß der *Produzent nichts verdient, nur der Händler*. Ihre Chance liegt in der Agentur. Da Sie selbst mit dem eigenen Druck jeweils den Anstoß geben können, sollte es nicht schwer sein, das eigentliche Risiko, das Investment, wie man so sagt, auf dritte abzuschieben, dh: Sie bringen den Produzenten mit den Abnehmern zusammen, auf Grund Ihrer Markterfahrung, Ihrer Initiative, dem Spitzengefühl etc – damit sparen Sie auch eine zweite Notwendigkeit, daß Sie als Produzent organisiert sein müssen, im Verlag, als Buchhändler etc, wer liefert aus, der Kommissionär ist wichtig etc – man braucht dies nicht, selbstverständlich, aber um wirklich in den Markt zu kommen, müssen Sie eben das auf dritte abschieben können.

Es wäre da sehr viel in der Praxis zu sagen. Daß Sie selbst sich einen Kreis von Galerien und Buchhandlungen aufbauen können, ist Ihr Vorzug. Sie müssen nur darauf achten, daß diese Beziehungen dann zugleich auch ihrerseits wieder zu ihren Agenten werden, Stützpunkte, über die Sie abrechnen können.

Ich sehe mir Ihren Aufbau sehr klar vor Augen.

Wenn Sie im Anfang jetzt nicht zu große Fehler machen.

Falls ich gut über den Sommer komme, könnte ich ganz gut im Herbst nach Dänemark gehen und dort so eine Kate mieten. Sie müßte heizbar sein, halbwegs möbliert, dh Bett, Stuhl und Tisch und elektrischen Anschluß, daß man eventuell Kochplatte etc verwenden kann. Dann würde ich Ihnen über Winter helfen können, Ihre Organisation aufzubauen.

Ich habe auch eine Idee, was man von dort aus starten könnte, weit weniger Risiko als Ihre jetzige Seitenlinie.

Aber damit will ich Sie jetzt nicht behelligen.

Vergessen Sie nicht für diese Seitenlinie sich vorzeitig einen Dummy aufzubauen, Adresse, Person selbst etc – und etwas weg von Ihrem augenblicklichen Wohnsitz.

Ich denke, Sie können, wenn meine Sache startet, sehr bald diese Sache ganz aufgeben. Außerdem werden Sie als Agent das Notwendigste für den ganzen Betrieb immer zusammen bringen können.

Hat Ihnen Hausmann den PIN geschickt? Manches im Briefwechsel ist nicht gut, aber das ganze selbst ist ausgezeichnet.

Ich möchte im Konkret[2] darüber schreiben – einen scharfen Angriff gegen die Avant Garde – so was man sich heute darunter vorstellt und was ja auch im Sinn des PIN lag, sich gegen die Avant Garde abzusetzen. Leider daß Hausmann noch immer sich mit dem Dada Quatsch mit Huelsenbeck herumschlägt. Das ist ja geradzu schauerlich. Haben Sie die alten Photogramme von Hausmann in PIN gesehen – ganz großartig.

Was kann denn so eine Kate kosten? Oktober–April grundsätzlich, aber mit Zwischenaufenthalten in Paris.

Viele Grüße
Franz Jung

1 Die Malerin Tirajé.
2 „Pin oder Dada, der Letzte". In: *Konkret* vom Juni 1962, S. 20.

656. AN GEORG VON RAUCH
Malaucène, 4/2 [1962]

Lieber Herr v. Rauch, ich habe den Band an Kasack jetzt abgeschickt und es wird jetzt daher auch bald Zeit, daß ich wieder von hier verschwinde.

Mir fehlt noch einiges, worin Sie mir vielleicht helfen könnten. Ich habe von Ilse Fuhrmann eine ziemlich lückenlose Bibliographie bekommen. Aber sie erscheint mir etwas trocken. Ich erinnere mich, daß im Prospekt zur ersten Gesamtausgabe eine Bibliographie vorhanden war, die mit je einem Satz auch auf den Inhalt des Buches einging. Täusche ich mich? Oder war es im ersten Band der Ausgabe?

Dann bitte, können Sie sich nicht erinnern, wann der Vortrag „Der Mensch als Erbe" stattfinden sollte, wie hieß genau die Gesellschaft und wo, ich nehme an in Zürich.

Und geben Sie auch mir Geburts- und Todesdaten noch einmal genau.

Die veränderte Aufstellung lege ich bei. Es war eine Riesenarbeit und ich fürchte nur, daß Kasack weitere Schwierigkeiten machen wird. Das Gefühl, unter einer so bürokratischen Kontrolle arbeiten zu müssen, Satz für Satz – und schließlich habe ich doch kaum genügend Auswahl bei der Hand, etwas, was eben K. nicht kennt – ist für mich etwas Furchtbares.

Offengestanden, lieber Freund, nie wieder.

Mit vielen Grüßen
      Ihr Franz Jung

657. AN ARTUR MÜLLER
Malaucène, 4/3 [1962]

Lieber Artur Müller, unsere Briefe haben sich gekreuzt.

Ich bin hier ziemlich festgefahren und ich werde froh sein, wenn ich halbwegs heil wieder von hier wegkomme.

Eine Reihe von Schwierigkeiten, wie der Zusammenbruch der Maschine, die Auflösung von Kleidung und Schuhen und ähnliches kommt noch dazu.

Ich denke, ich werde so nächste Woche, spätestens so um den 18. herum von hier weggehen. Ostern muß ich sowieso weg, weil der Mann das Haus vermietet hat. Wahrscheinlich werde ich wieder zurück nach Paris gehen, um dort erst mal mich wieder etwas ins Gleichgewicht zu bringen. Wenn Sie es so einrichten können, ließe es sich ermöglichen, daß wir uns in Paris sehen. (Müssen Sie nicht sowieso auf der Rückreise durch Paris?)

Otten hat mir geraten, nach Mallorca zu gehen und einige Empfehlungen geschickt. Aber stimmt das auch noch? Es ist sowieso für mich nicht ganz einfach nach Spanien zu gehen, wenn auch der Passport jetzt noch helfen wird. Aber wenn sich das alles, wie schon manchmal bei Otten, als Wunschtraum und Phantasie erweist? Jedenfalls müßte ich erst nach Paris zurück. Mit meinem Gepäck bin ich auch ganz unbeweglich.

Leider funktioniert Ihr Sohn Ulrich überhaupt nicht mehr. Also das ist erledigt! Mich berührt weniger, daß er entweder überhaupt nicht Fragen beantwortet oder etwas von sich aus dann falsch disponiert – das mag so oder so sein – und ich würde gar nicht darauf zurückkommen, einfach die Tatsache des Nichtfunktionierens hinnehmen, auch nicht schreiben darüber etc – was mich trifft, ist, daß ich ihn falsch eingeschätzt habe, das heißt, daß ich anscheinend die Fähigkeit verloren habe, Menschen noch einzuschätzen – eine Sache, die so bitter sie ist, ich mit mir allein abmachen muß.

Daß gerade Ihr Sohn, von dem ich eine vielversprechende Erwartung hatte, mir diese bitteren Überlegungen antun mußte, durch die Unhöflichkeit nicht beantworteter Anfragen noch unterstützt, hat den Charakter eines Unglücks bekommen. Ich mußte Ihnen das schreiben, weil Sie in Ihrem letzten Brief aus Stuttgart erwähnten, der Sohn werde in der Zeit Ihrer Abwesenheit von Hause die technischen Dinge erledigen. Daraufhin habe ich mich überhaupt erst wieder an ihn gewandt. Aber Schluß damit – für mich ist das letzte Wort darüber gesprochen.

Ich hoffe, daß Sie mit Ihrer Arbeit zufrieden sind.

Falls Frau Fuhrmann durch Stuttgart kommt, was ich beinahe sicher annehme, könnte sie meine dort bei Ihnen eingelagerten Sachen mitnehmen.

Viele Grüße
Ihr Franz Jung

658. AN FRITZ PICARD
Malaucène, 4/3 [1962]

Lieber Herr Picard, vielen Dank für die schnelle Besorgung des Nero Buches.

Ich bin etwas beschämt, daß ich nachdem ich eben versucht hatte Sie zu beschimpfen, ich wieder um Ihre Liebenswürdigkeit bitten muß. Ich möchte Sie nämlich bitten, zum Hotel du Dragon zu gehen und dort zu fragen, ob alle Post an mich nachgeschickt worden ist. Diesmal handelt es sich um zwei Briefe von der Bank of America Düsseldorf, mein Konto dort betreffend. Es müssen dort nämlich Zahlungen von je 450 DM eingegangen sein aus Stuttgart – der Sender hat sie mir schon gegen Mitte März als überwiesen angekündigt. Ich nehme an, daß die Frau im Hotel verreist oder krank ist und deshalb die Briefe nicht nachgeschickt worden sind.

Bitte geben Sie mir auf jeden Fall kurz Nachricht. Ich kann dann nämlich erst an die Bank oder nach Stuttgart schreiben, wenn ich weiß, ob die Briefe eingegangen sind. Möglicherweise handelt es sich darum, daß ich neue Formulare wegen des Steuerabzugs ausfüllen muß – die mögen dort im Hotel liegen geblieben sein.

Ich bin hier sonst vollkommen aufgeschmissen und sitze regelrecht in der Falle.

Viele Grüße
Franz Jung

659. An Jes Petersen
Malaucène, 4/5 62

Lieber Petersen,
Szittya schreibt mir, daß die Türkin die Zeichnungen nicht schicken will, ehe Sie ihr nicht die versprochene Summe (waren es 100 D Mark?) geschickt haben. Leider ändern sich doch die Entgegenkommen und Atmosphäre, sobald man weg ist. Obendrein sind Sie doch anscheinend auch korrespondenzmäßig gehandicapt.

Ich erinnere Sie nochmals daran, daß eine solide Grundlage nach außen notwendig ist, wenn die Leute Ihnen Vertrauen entgegen bringen sollen. Im persönlichen Gespräch spielt das nicht so eine Rolle im Anfang, aber dann nachher umsomehr.

Sie werden den gut Teil Reputation, den Sie hier anfangs gewonnen haben, wieder verlieren.

Mit Ihren paar jungen Leuten, die Sie vielleicht an der Hand haben, können Sie keine Basis aufbauen.

Szittya hat auch Bedenken, Ihnen Bilder zu senden, die bei einem Mann ausgestellt werden sollen, „den er nicht kennt und nicht weiß, ob er je die Bilder wiederbekommt" – mit solchen Bedenken werden Sie immer rechnen müssen. Aber schließlich ... abgesehen von meinem Rat werden Sie selbst am besten wissen, wie Sie zu handeln haben.

Ob der Fall Grosz jetzt überhaupt erscheinen kann, ist mir im Ernst völlig gleichgültig.
 Mit besten Grüßen
  Franz Jung

Vergessen Sie nicht, daß Deutschland in eine große Wirtschaftskrise hineinschliddert und es mit dem „leichten Geld" sehr bald zu Ende sein wird.

660. AN ADOLPH WEINGARTEN
Malaucène, 4/5 [1962]

Lieber Adolph,
ich bitte dich, selbst an Heine zu schreiben – ich kann das doch nicht gut tun, du hast mir auch nicht die Adresse mitgeschickt. Aber – warum soll ich die Beihilfe[1] nicht annehmen? Selbstverständlich – und ich bin sehr gerührt. Natürlich habe ich es nicht erwartet und vielleicht auch nicht richtig verdient. Aber politische Bedenken das Geld anzunehmen habe ich nicht die geringsten.

Dabei vergiß nicht, daß du mein Agent bist. Du mußt dich allmählich in diese Rolle hineinfinden, d h ich zahle dir von dem Betrag, den mir Bonn schickt, die Hälfte.

Du wirst ja auch das Geld brauchen, wenn du weiter mit dem Herrn Schwarz, genannt Farkas, verhandeln sollst. Ich schreibe darüber mehr.

Ich scheine jetzt Geld von allen Seiten in Aussicht zu haben, bin aber hier ohne einen Cent und kann die Pension etc nicht bezahlen. Ich habe schon nach allen Seiten geschrieben, aber keine Antwort, selbst nicht auf ein Telegramm an meinen Sohn. Allerdings ist es möglich, daß die hiesige Post nicht funktioniert. Die alte Frau, die die Nebenstelle betreibt, ist halb taub, halb blind und völlig analphabetisch. Ich hoffe, daß noch diese Woche hier etwas ankommt, dann fahre ich sogleich los. Die Provence sieht mich nie wieder. Meine Adresse ist wieder das Hotel du Dragon in Paris.

Viele Grüße
Franz

---

1 Adolph Weingarten hatte sich am 16.3.1962 wie kurz darauf Katja Ruminoff an die Deutsche Künstlerhilfe wegen einer Beihilfe für Franz Jung gewandt. Wilhelm Sternfeld, ehemals Vertreter der Londoner „Thomas Mann-Gruppe" und jetzt Vertrauensmann des Künstlerfonds des Süddeutschen Rundfunks zur Unterstützung emigrierter Opfer des Nationalsozialismus und der Deutschen Künstlerhilfe des Bundespräsidenten hatte den Antrag befürwortet und Franz Jungs Zustimmung über Fritz Heine zu erlangen versucht; Heine hatte sich deshalb seinerseits an Adolph Weingarten gewandt.

661. An Käte Ruminoff
Malaucène, 4/6 [1962]

Liebe Kate, aus deinem Brief geht hervor, daß du dich schon mächtig mit dem Judenbuch beschäftigt hast. Ich finde deine Aufrollung der geschichtlichen Daten sehr gut. Die Frage ist nur, ob du dich nicht dabei zu weit ins rein Wissenschaftliche verirrst und dann auch nicht so leicht mehr die einfachen Fragen und Antworten heraus destillieren kannst. Aber das müßte man eben dann sehen. Ich würde dir raten, du fängst erst mit den Personen etc an – denn das ist schließlich das leichteste – einige Personen, die in der Geschichte eine besondere Rolle spielen, kann man dann auch doppelt benutzen, im geschichtlichen Zusammenhange, Hauptbetonung die Geschichte, und dann auch als Person. Wenn Du den ganzen Personenkreis zusammen hast, kann man dann besser übersehen, was man von der mehr wissenschaftlichen Seite noch ganz allgemein vertiefen kann.

Was das Filmprojekt deines Sohnes anbelangt, würde ich abraten irgendwelche Illusionen zu nähren. Selbst wenn kein Film über Byron vorliegt, auch nicht Fernseh Film (was ich eigentlich für ausgeschlossen halte), liegen mindestens registrierte „Treatments" vor, was auf dasselbe hinauskommen würde. Man darf nicht vergessen, er ist völliger Außenseiter in der Branche, sieht sich einem Heer von ausgekochten Agenten und Scriptwritern gegenüber, gegen die er als Außenseiter doch nicht aufkommen kann – wenn er ein Treatment fertig hat, kann er es ja einem Agenten anbieten (Morris in Los Angeles) oder der Literary Exchange in New York (irgendwo in der 57 Str – der Mann heißt Farkas), aber ich gebe der Sache absolut keine Chance. Sobald er etwas anbietet, wird es ihm doch mit Sicherheit gestohlen, wenn es neuer approach zum Thema ist – überhaupt kommt es ja nicht auf irgendeine Handlung mehr an, sondern auf die differierenden Akzente, den Dreh, ein altes Thema neu aufzuwickeln etc. Wenn es ihm Spaß macht, soll er es ruhig versuchen, eine Erfahrung mehr schadet nichts, aber große Hoffnungen kann er nicht darauf setzen. Außer auf ein Wunder, und die gibt es ja schließlich manchmal.

Nächste Woche gehe ich von hier weg und zwar erst nach Paris, wie du richtig vermutest.

Dann habe ich eine kleine Chance, nach einem Nest auf

Mallorca zu gehen, wo Freunde von Otten wohnen. Aber es ist noch nicht sicher. Nach der Schweiz werde ich nicht kommen.

Wer weiß – mit dem Fuhrmann Buch werde ich noch Schwierigkeiten genug haben. Der Kasack von der Akademie, der die Sache als seine Prestige Frage betreibt, soll ein sehr unangenehmer Herr sein, und sehr pedantisch. Für mich war es eben mehr eine etwas skurrile Verpflichtung, die immer mehr verschwunden ist, je mehr ich mich damit beschäftigen mußte. Alles in allem, es war doch bei dem Fuhrmann ein großer Teil Bluff. Und auch charakterlich sehr unangenehm. Wenn die Akademie mir zu große Schwierigkeiten macht, schenke ich ihnen die Arbeit – ich fühle, ich habe gar keine Verpflichtung mehr. Wo gibt es denn das, daß jemand eine solche Arbeit macht, ohne daß diejenigen, die über das Material verfügen, auch nur das geringste beitragen? Ich habe doch das Ganze nur aus der Gesamtausgabe zurechtschneiden müssen. Auf Anfragen habe ich überhaupt keine Antworten mehr bekommen.

Also mit vielen Grüßen
Franz

662. An Helmut Heissenbüttel
Malaucène, 4/7 [1962]

Lieber Herr Heißenbüttel,
könnten Sie nicht über Ihre Abteilung veranlassen eine Nachfrage bei der Kasse, warum mir bisher das Honorar noch nicht überwiesen ist. Ich vermute das folgende: Seit gut 3 Wochen bekam ich schon die Ankündigung, dann die Übersendung eines Formulars (betr die Doppelbesteuerung) auf französische Residenz zugeschnitten, was vielleicht nicht gilt. Ich hatte dieselbe Erfahrung mit der Kasse schon einmal, vor einem Jahr in Wien, damals hat man mir ein für Amerika Ausfertigung bestimmtes Formular noch nachgeschickt (was eigentlich noch gelten sollte). Seit der Zeit habe ich nichts mehr von ST[uttgart] gehört. Ich habe vor etwa 10 Tagen angefragt, bin aber durch eine Antwort nicht beehrt worden.

Den Vorschlag eines Fuhrmann Vortrages schicke ich Ihnen sofort, sobald ich von Kasack eine Antwort habe, was er in dem

Auswahlband aufnimmt – darunter ist auch ein direkter Vortrag von EF mit enthalten, ich kann aber auch zwei andere Themen (was vielleicht besser wäre) zurechtschneiden.
　Mit besten Grüßen
　　　　　Ihr Franz Jung

663. AN ODA SCHAEFER
4/9 [1962]

Liebe Oda Schäfer,
hoffentlich seid Ihr mir nicht des Fuhrmann wegen böse.
　Ich siedle wieder zurück nach Paris (alte Adresse) und will dann weiter nach Mallorca, vielleicht – um dort zu bleiben.
　Viele Grüße
　　　　　Franz Jung

Und Grüße an Horst.

664. AN JES PETERSEN
Malaucène, 4/10 [1962]

Lieber Petersen,
ich siedle wieder über nach Paris, alte Adresse.
　Aspirin – vielen Dank – ist nicht mehr nötig.
　Sehr vernünftig, wenn Sie langsam treten wollen.
　Was den Fall Grosz anlangt, so könnte man das auch ohne Zeichnungen herausbringen, mit einem eingestreuten Zwischentext – auch in anderen Typen gesetzt, anderem Satzbau etc, praktisch würde das die Zeichnungen ersetzen. Gewissermaßen aufgejazzt oder getwistet. So mehr ich darüber nachdenke, wäre mir das beinahe noch lieber. Sonst nehmen Sie eben irgendeinen Kriepel in Deutschland, den Sie gerade an der Hand haben.
　Ich bleibe nur etwa 4 Wochen in Paris.
　Möchte nach Mallorca gehen oder in den Schwarzwald.
　Viele Grüße
　　　　　Franz Jung

Können Sie mir nicht den Hausmann – Huelsenbeck Streit[1] schicken lassen?

1 Vgl. Raoul Hausmann „Memento des Club Dada, Berlin 1918–1920". In: *Streit-Zeit-Schrift* 1961, H. 2 (Juni), S. 3–7. „Huelsenbeck contra Hausmann". In: *Streit-Zeit-Schrift* 1962, H. 1 (Februar), S. 65–67.

665. AN ADOLPH WEINGARTEN
Malaucène, 4/10 [1962] Neue Adresse wieder wie bisher Paris.

Lieber Adolph, ich habe die Kersten Kritik[1] bekommen. Sie ist von allem, was ich bisher gesehen habe, die bösartigste und anscheinend nur dazu bestimmt, den nachhaltigen Eindruck der Monat-Besprechung[2] zu zerstören. Das mag verständlich sein, denn Kersten fühlt sich natürlich angegriffen in der Schilderung der Zeit. Das Katastrophale daran ist nur, daß *du* anscheinend, ohne es natürlich zu wissen, die Sache eingeleitet hast. Dadurch daß du Kersten überhaupt erst aufmerksam gemacht hast, konnte er sich noch schnell hineindrängen, denn es lag dort eine Kritik von Graf, außerdem wollte Pinthus[3] die Kritik schreiben. Du mußt vorsichtig sein, wenn du für mich etwas tun willst, du hast doch anscheinend keine richtige Einschätzungsmöglichkeit und natürlich weißt du auch nicht, wie sich Literaten untereinander verhalten.
  Warte mit dem Farkas, wenn es noch nicht zu spät ist, bis ich dir darüber schreibe. Selbstverständlich schicke niemandem diesen Kersten Dreck.
  Im Spiegel[4] ist eine kurze Besprechung erschienen, anscheinend als Ersatz für einen längeren Aufsatz, der schon vorlag und immer wieder verschoben worden ist, erstmals als die Hermann Kesten Geschichte wegen der „Mauer" eingerückt werden mußte. (Der Verlag hatte den Artikel schon gesehen – gut wird er auch nicht gewesen sein, zu viele Ironie à tout prix, aber immerhin nicht so gemein wie der Kersten.) Auch der Graf hätte praktisch gegen mich geschrieben, auch schon aus ressentiment, aber immerhin menschlich gelten lassend.
  Viele Grüße
    Franz

1 Kurt Kersten „Ein Mensch erniedrigt sich selbst. Franz Jung: Der Weg nach unten". In: *Aufbau* (New York) vom 9.3.1962.
2 Vgl. Anm. zum Brief an K. Ruminoff von Anfang/Mitte Februar 1962.
3 Von Pinthus erschien im *Aufbau* (New York) vom 1.2.1963 ein Nachruf auf Franz Jung: „Geschichte eines Außenseiters".
4 „Franz Jung, Der Weg nach unten". In: *Der Spiegel* 1962, Nr. 14 vom 4.4.1962.

666. AN OSKAR MAURUS FONTANA
Malaucène, 4/12 62

Lieber Fontana,
ich bekomme gerade die überraschende Nachricht, daß Sylvia nach Wien gekommen ist. Sie will dort noch einige Tage bleiben, wahrscheinlich um ihr Beicht Buch an einen kirchlichen Verlag zu bringen. Kannst du ihr vielleicht dabei helfen? Ich habe kaum den Eindruck, daß sie viel davon weiß, wie man solche Verhandlungen einleiten kann, überhaupt an die betreffenden Stellen herankommen kann. Am besten wäre doch so ein Verein oder Institution, die dann in den Ständen in der Kirche solche Literatur vertreibt?
   Hat sie euch nicht aufgesucht?
   Ihr dürft das nicht zu schwer nehmen, wenn sie fanatisch oder in sogenannter sanfter Überredung missionieren will. Schließlich hat sie das gerettet, ich meine gesundheitlich, daß sie in so einem starren Rahmen von Gebet und Mission sich konzentrieren konnte, eine Therapie, die doch anscheinend geholfen hat, wo normale Medizin versagt hätte. Ich sage das zu ihrer Entschuldigung. Ich selbst bin weit entfernt, dies für mich in Anspruch zu nehmen. Im Gegenteil, ich sehe auch rein persönlich Sylvia betreffend die Sache von einer ganz anderen Seite. Ich lasse es geschehen und denke mir meinen Teil dabei. Leider macht das es mir ganz unmöglich, wieder nach San Giovanni zurückzugehen. Für mich – ein ganz sinnloses Opfer zu sein hat ja gar keinen Zweck. Ich will ihr gern helfen. Ich werde auch bis November noch die Miete in dem Haus da bezahlen – aber finanziell muß sie sich jetzt auf eigene Füße stellen. Ich glaube, sie hat schon viel von dieser Chance verpaßt. Alle ihre geschäftlichen Probleme sind oft reine Phantasie, ohne die geringste Verantwortung, daß Geschäftliches auch unter den Normen des Geschäfts durchgeführt wer-

den muß. Ich bin schon müde immer darauf hinzuweisen. Das heißt, sich dann für immer und zwar unter der Drohung von Hölle etc und Bekehrung auf mich zu verlassen – als ich dort war, hat sich alles ganz anders herausgestellt als sie es mir dargestellt hatte – das wird sich nicht mehr wiederholen. Den Platz zu finden, wo ich hätte etwas zur Ruhe kommen können – ich brauche ja so etwas wie ein Zentrum wo zu bleiben – habe ich eben gerade bei Sylvia nicht gefunden. Im Gegenteil – darüber aber wieder einen Kampf aufzunehmen, sehe ich keinen Anlaß. Ich wünsche ihr alles Gute, und wenn ich kann, werde ich sie gern von Zeit zu Zeit unterstützen, aber das ist auch alles.

Ich weiß, sie kann nicht anders handeln, und ich denke, sie sollte es jetzt auch nicht mehr, weil ihr ganzes Leben damit verwachsen ist, praktisch auch ihre Gesundheit. Ich nehme es ihr keineswegs übel und wünsche ihr alles Gute. Nur ich scheide persönlich aus ihren Kombinationen (übrigens oft sehr oberflächlichen) aus.

Viele Grüße – wenn du willst, kannst du mit ihr darüber sprechen.

Dein Franz Jung.

Gruß an Käthe
Sylvias Adresse in Wien: Schanzstraße 7 bei Emilie May

667. AN ADOLPH WEINGARTEN
Malaucène, 4/12 [1962]

Lieber Adolph, ich werde an Manfred George mit Durchschlag an Pinthus schreiben und gegen den Kersten Artikel protestieren. Ich schicke dir auch einen Durchschlag – vorläufig bin ich noch zu sehr schockiert und aufgeregt, um vernünftig schreiben zu können. Die Sache ist doch die, daß jedes journalistische Unternehmen über gewisse moralische Standards verfügt, wobei etwa das Blatt nicht dazu benutzt werden darf, persönliche Ressentiments unter welcher Flagge wie immer etwa als Buchkritik auszutragen. Ich glaube, da gibt es sogar Normen innerhalb der Journalisten Organisationen. Genau das ist bei Kersten der Fall. Er benutzt alle die Verleumdungen und Gerüchte, die damals seitens der kommunistischen Propaganda, bei der [er] als Münzenberg Mann ja erheblich mitgewirkt hat, um sie erneut gegen mich aufzutischen. Damals war das gedacht, um mich totzuschweigen und es damit zu begründen. Heute – wo ich in dem Buch eben die inneren Hintergründe dieser Propaganda aufzeige (auch wenn sie von mir mit begründet sind), bringt sie Kersten, ohne überhaupt auf das Buch selbst einzugehen, wieder vor – aus persönlichem Ressentiment oder in wessen Auftrage? Der früheren Münzenberg Leute, die sich wieder bei der Partei in Erinnerung bringen wollen? Ich weiß überhaupt nicht, was die Anwürfe, die mehr zwischen den Zeilen zu lesen sind, eigentlich wollen? In Pankow sieht man es ganz anders, auch doch in gewissen westdeutschen Intelligenzler Kreisen. Für wen setzt sich K. ein? Ein erstaunliches Beispiel von menschlichem Dreck. Das werde ich so ungefähr an George schreiben. Natürlich will ich weder eine Berichtigung, noch eine Zuschrift oder mich etwa in die innere Politik des Blattes einmischen – nur bedauern, daß meine Erinnerung an New York zuletzt mit einer solchen Wolke von Schmutz überschattet worden ist.

Ich lege einen Brief von Sternfeld bei, der sich auch mit dem Künstlerfonds beschäftigt. Sternfeld ist der Vertreter der Deutschen Akademie in London, auch so einer ... Wenn es sich um die 300 Mark handelt, die da herausspringen, werde ich es doch ablehnen. Das hat gar keinen Zweck und es nutzt mir nichts. Ich brauche nicht das Geld, noch obendrein, wenn es mit solchem Theater verbunden ist. Was ich brauche, ist mich von dem inneren Schock zu befreien, daß man mich dreißig Jahre aus der Literatur ausgeschaltet hat und zwar dieselben Leute, die mir heute Geld zukommen lassen wollen, und das gilt auch für Otten – er hat mich erst wieder für den Expressionismus entdeckt, als es für ihn ein guter Akzent geworden ist. Was hat der denn vorher getan während all der 30 Jahre? Außerdem lege ich einen Brief bei von Kate Ruminoff an den Prof Adler. Der Mann hat schon 1950 mich abgelehnt, als Graf mich dahinein bringen wollte, der schon mehrfach von dort Geld bezogen hat. Das ist doch alles Unsinn und ich kann mich doch gar nicht mehr erwehren gegen all den Dreck. Was soll ich denn tun?

Ich werde hoffentlich bald sterben. Ich träume schon täglich davon – nicht daß ich mich bereits als Toten sehe mit den Leidtragenden um mich herum, sondern die Auflösung, wie sich aller Krampf in den Nerven und Organen löst, noch ein wenig im Widerstand zittert, aber bereits doch sehr beruhigend und beinahe „süß" – das ist ein wundervolles Gefühl, auch wenn ich manchmal mit einem leichten Schrecken aufwache.

Mit diesen Dingen werde ich mich befassen, als weiter solche Briefe zu schreiben. Ich brauche niemanden und werde bald auch niemandem mehr antworten. Das ist durchaus nicht gegen dich gerichtet. Du meinst es gut mit mir, aber ich habe auch meine eigene Ansicht über mich und mein Leben und ich kann mich nicht einfach zuguterletzt, wo es schon gar keinen Sinn mehr hat, zurechtschneiden lassen.

Ich habe die Bücher bekommen, vielen Dank. Besonders das Quadrat Buch[1] hat mich interessiert. Es paßt genau, obwohl es ein überheblicher Quatsch ist, in einige Überlegungen, die ich gerade brauche für das Nachwort zu dem Fuhrmann Band. Ich muß dort über die gleichen Probleme schreiben und jetzt nach der Lektüre von Hilty kann ich eben anders darüber schreiben, als ich vorher gedacht hätte. Es kommt mir mystisch genug sehr gelegen; danke schön. Das Literatur Buch ist für mich sinnlos, eher Grund zum Ärgern, denn der Mann hat ja nichts von mir gelesen, sondern nur die gewollten Konstruktionen aus den beiden Otten Büchern abgeschrieben und nachgestottert. Er hätte mich lieber dann nicht erwähnen sollen.

Der Ausschnitt über das Zoe Oldenbourg Buch[2] zeigt, daß du schon ganz richtig denkst, was mich interessieren würde und was ich brauche als Anregung. Nur – ich habe das Buch schon genau vor einem Jahr in Paris damals gekauft und inzwischen wieder weggeschmissen, weil es absolut nichts bringt. Immerhin – aber du bist – leider – kein Hellseher, sonst wäre dir das mit dem Kersten nicht passiert.

Viele Grüße und diesmal auch Empfehlungen an Carola

Dein Franz

---

[1] Die Quadrat-Bücher, St. Gallen. In Ergänzung der illustrierten Zweimonatsschrift für neue Dichtung *hortulus*, hg. von Hans Rudolf Hilty.
[2] Englisch „Massacre at Montségur"; französisch „Le bûcher de Montségur".

668. AN KURT PINTHUS
Paris 6e, 4/13 62
36 rue du Dragon

Lieber Dr Pinthus,
leider habe ich vergeblich darauf gewartet, daß Sie über das Buch[1] im Aufbau schreiben würden. Hoffentlich hat nicht Krankheit Sie daran gehindert.

Inzwischen ist die Kersten Kritik erschienen, die mich tief betroffen hat. Ich glaube beinahe, Kersten hat das Buch überhaupt nicht gelesen, sondern nur nach einigen Namen geblättert, um sich das Alibi zu geben. Denn was er dort schreibt, sind dieselben Verdächtigungen und Verleumdungen, mit denen damals die kommunistische Parteipropaganda zu begründen versucht hat mich totzuschweigen. Und Kersten als Chefadjutant von Münzenberg war ja darin führend. Nun habe ich ja in dem Buch gerade versucht, die innere Erklärung zu geben – das ist leider dem Kersten, der das Ganze aus persönlichem Ressentiment geschrieben hat, um mich nachträglich in Dreck treten zu können, entgangen.

Ich wollte erst bei George, der mir bisher immerhin wohlwollend gesinnt schien, protestieren, aber es hat ja keinen Zweck. Kersten hat ja seinen Zweck inzwischen erreicht.

Werde ich Sie im Sommer in Europa irgendwo wiedersehen. Ich werde mich noch bis zum November hier herumtreiben.

Viele Grüße und alles Gute
Ihr Franz Jung

1 „Der Weg nach unten".

669. AN OSKAR MAURUS FONTANA
Paris 6e, 5/2 62
36 rue du Dragon

Lieber Fontana, vielen Dank für deine Besprechung[1], die du mir zugeschickt hast und die soviel Verständnis und eine herzliche Freundschaft für mich zeigt.

Mir geht es leider im Augenblick nicht gut. Ich hatte mir noch zuletzt in Malaucène den Knöchel wieder angebrochen und ich humpele hier nur so herum – am besten wäre es natürlich, ich könnte ein paar Tage in Gips in einem Hospital liegen, aber das kann ich eben nicht. Obendrein ist die Sache auch noch sehr schmerzhaft.

Ich muß wahrscheinlich nach Stuttgart, um dort die Korrekturen für den Auswahlband Fuhrmann[2], der als Akademie Publikation erscheint zu lesen und werde wohl in den Schwarzwald gehen dann – eigentlich wollte ich nach Mallorca, aber ich komme zu sehr in die Fremdensaison und werde Mallorca für später verschieben müssen. Wie geht es bei Euch? Wohin geht dieses Jahr die Reise? Für Mallorca habe ich Adressen, falls ihr dorthin mal gehen wollt. Volle Pension 75 Peseten.

Herzliche Grüße an Käthe und Dich und die besten Wünsche für gute Gesundheit
           Euer Franz Jung

---

[1] „Ein Einzelgänger. Die bewegte Lebensgeschichte von Franz Jung". In: *Frankfurter Rundschau* vom 6.4.1962.
[2] „Grundformen des Lebens. Biologisch-philosophische Schriften". Veröffentlichung der Deutschen Akademie für Sprache und Dichtung, Darmstadt, Bd. 28. Verlag Lambert Schneider, Heidelberg/Darmstadt 1962.

670. An Adolph Weingarten
5/4 62

Lieber Adolph, inzwischen ist Ilse Fuhrmann hier eingetroffen und hat mir Sachen von Dir gebracht; recht vielen Dank. Der Anzug paßt sehr gut, aber mit der Schreibmaschine haben wir Pech – ich hatte mir inzwischen hier eine neue gekauft mit Gegenrechnung auf die kaputte Colibri, die ja auch noch so gut wie neu war. Außerdem ist hier gerade ein Verkaufsdrive für diese Ostzonen Maschinen im Gange. Man sieht sie in jedem Laden und ich nehme an, mein Mann (ich habe dafür eine Olympia im gleichen billigen Stil) wird sie als neue ohne weiteres unterschieben können. Vorläufig steht deine Maschine noch bei der Fuhrmann. Inzwischen habe ich auch das „Winterpacket" erhalten, auch mit einem gut passenden Anzug drin, den ich gerade trage, nachdem ich in den verschiedenen Taschen allerhand Medikamente gefunden habe. Ich bin mit Kleidung jetzt für die nächsten 10 Jahre versorgt.

Ich weiß nicht, ob dir das schon berichtet worden ist: ich hatte mir noch den letzten Tag in Malaucène den Knöchel verstaucht, Bluterguß oder Muskelriß oder was immer, es tut höllisch weh und ich kann weder stehen, sitzen oder liegen – richtig angefangen hat es, als ich in Paris auf dem Bahnhof stand. Von meinem Zimmer hier muß ich 2 Treppen hinunter auf die Toilette gehen, das ist jedesmal eine Kletterei an den Geländern rauf und runter. Nach einigen Tagen hat mich die Naomi Sager zu einem Arzt geschleppt, der Mann hat den Fuß bezw das Bein gesehen, etwas daran herumgedrückt und 80 NF verlangt, mich zu einem Orthopäden geschickt, der mir für 40 NF eine Einlage angepaßt hat. Darauf habe ich mir Schuhe gekauft, in die [die] Einlage eingepaßt worden ist (112 NF) – und es hat sich absolut nichts geändert, nur daß bei dem inzwischen stärker angeschwollenen Knöchel auch die Schuhe zu eng geworden sind.

Nach weiteren 10 Tagen habe ich schließlich durch Picard diesen Kaplan hier anrufen lassen, das appointment liegt genau 6 Tage später nach dem Anruf, und ich gehe morgen hin. Der Mann soll mir sagen, was noch geschehen soll, entweder wenig bewegen und liegen – was hier nicht ganz einfach ist, weil mein Hotelzimmer nicht (die Tür ohne Klinke) schließbar ist und ich sowieso immer hin und her gehen muß oder mich bewegen, oder einen Verband, Gips etc machen lassen oder (am besten) mich in ein Hospital einzuweisen. Ich sollte gelegentlich auch etwas anderes essen als Käse und Brot, was mir jetzt die Fuhrmann'sche bringt. Das ist meine Situation. Es geht hier eben nicht mehr weiter und ich habe auch keine Lust mehr. Für den Fuhrmann Band werde ich glaube ich in nächster Zeit nach hier Geld bekommen und dann will ich nach Mallorca gehen in ein kleines nicht zu sehr überlaufenes Fischerdorf, wo ein Herr Kluschewski [richtig: Kraschutzki] wohnt (Freund von Otten), der im Kriege damals eine Rolle gespielt hat und von Franco zu 12 Jahren Zuchthaus verurteilt worden war, von denen er jetzt begnadigt 9 Jahre abgesessen hat. Ich könnte dort für 75 Peseten per Tag wohnen. Hoffentlich komme ich noch bis dahin.

Kersten ist jetzt seinerseits beleidigt und schwört, er hätte es nur gut gemeint – dieses feige Schwein.

Herzliche Grüße
Franz Jung

Hier treibt sich die Babette Grosz rum, die von mir etwas will (was, habe ich noch nicht herausgefunden, obwohl sie mir stundenlang auf der Pelle gesessen ist).

671. AN ADOLPH WEINGARTEN
5/14 [1962]

Lieber Adolph, Naomi Sager wird dir inzwischen vielleicht schon erzählt haben, was mit mir los ist. Im Augenblick wohne ich in der Wohnung eines Freundes von Rubel, Evrard, der sein Zimmer aufgegeben hat (um zu heiraten), der Inhaber der Wohnung ist beim Militär und ich hause völlig allein. Allerdings ist schon nach drei Tagen das Gas abgestellt worden (weil seit Monaten nicht bezahlt) und die Aussicht, selbst mir das heiße Wasser für die notwendigen Umschläge machen zu können, war überhaupt die reason für den Auszug aus dem Hotel. Jetzt bin ich also wieder wie vorher – seit 3 Wochen keine Behandlung, die notwendig wäre, keine Elektrotherapie etc und keine Aussicht in ein Krankenhaus zu kommen, damit dort wenigstens die eigentlich so einfache Behandlung jemand durchführt. Kaplan, der sehr nett war und dich sogar grüßen läßt, obwohl er der vielleicht am meisten beschäftigte Arzt in Paris jetzt ist, rät auch in einen Kurort zu gehen und dort eine Behandlung durchführen zu lassen, es ist eine durch Nachlässigkeit an Schuhen und Einlagen verschleppte rein orthopädische Sache, nichts zu tun als abwarten und langsam die nicht mehr funktionierenden Muskeln wieder in Gang zu bringen. (Kaplan hat mir übrigens noch keine Rechnung geschickt – dagegen die beiden anderen Ärzte.) Zwei neue zurechtgeschnittene Einlagen, ein Paar neue Schuhe und wahrscheinlich ein zweites Paar kommt jetzt noch hinzu und ziemlich erhebliche und enervierende Schmerzen, auch psychologische Depressionen – das ist alles, was mir dieses Frühjahr eingebracht hat.

Ich fahre diesen Montag nach Bühlerhöhe Pension Plättig, bleibe dort, wenn ich entweder im Haus oder nebenbei eine Behandlung bekommen kann, 4 Wochen, gehe dann für eine Woche nach Stuttgart, um die Korrekturen für das Fuhrmann Buch zu lesen und dann wieder zurück nach Paris. Wenn alles gut geht, würde ich im September nach Mallorca gehen. (Über den Winter und vielleicht für immer.) Vorher muß allerdings mein Paß verlängert werden, in Paris hoffe ich. Trotz aller dieser Schwierigkeiten habe ich mir ein paar Pläne noch lebendig erhalten. Neben dem Reich Essay, den ich jetzt sogleich machen muß, eine Vorarbeit für das Albigenser Buch: die gerade Linie von Mani, Marcius, Frühchristentum zu den mittelalterlichen Mystikern und Dämonologen über Swedenborg, die Naturphilosophie, Fuhrmann, Reich, Jung und Freud zur Analyse der heutigen Gesellschaft, ihre Negierung, ihre Auflösung und den letzten Fußtritt gegen Politik, gegen Frieden etc – weil das alles Quatsch ist, einfach aufzeigen den Weg (und die Erlösung) zur Selbstzerstörung. Irgend etwas macht mir daran noch Spaß. Alle diese „Mißverständnisse" aufzeigen, Gott und Hitler und Chrustschow und die Sansculotten, unter denen heute die Kneipenwirte zu verstehen sind. Hoffentlich erreicht dich dieser Brief, heute ist hier Streik des Bodenpersonals der Air France (keine Post), morgen Eisenbahnerstreik (keine Post) und übermorgen Poststreik überhaupt – die nächsten schedules kenne ich noch nicht.
    Viele Grüße
        Franz

Ilse Fuhrmann ist nach Barcelona weitergefahren, kommt aber so Ende Juni wahrscheinlich wieder nach Paris.

Das Buch hat noch viele Besprechungen bekommen, zum Teil ganz gute. Mit dem Verlag bin ich jetzt in Schwierigkeiten wegen des Fuhrmann Buches, auf das er eigentlich Anspruch hatte.

672. AN KÄTE RUMINOFF
5/14 [1962]

Liebe Kate, vielen Dank für deinen Brief. Von mir ist nicht viel zu berichten, außer daß ich die größten Schwierigkeiten und Schmerzen mit meinem Fuß habe, das heißt genauer mit Ferse und Knöchel. Praktisch hätte nur eins geholfen, für einige Tage in ein Krankenhaus mit entsprechender Behandlung, heiße Umschläge und Elektrotherapie. Da sich das so einfach anhört, bin eben weder ich noch ein paar alte Freunde, die sich um mich kümmern möchten, darauf gekommen. Stattdessen habe ich zwei Ärzte konsultiert und den alten Emigranten Arzt Dr Kaplan (der mir kein Geld abgenommen hat) und der heute zu den beschäftigtsten Ärzten von Paris gehört (mit 2 Assistenten). Wartezeit für ein appointment ist durchschnittlich 10 Tage. Auch Kaplan sagt, es ist eine rein orthopädische Sache, Adern sind in Ordnung etc und man muß eben versuchen, die durch Vernachlässigung an Schuhwerk und Einlagen unbeweglich gewordenen Muskelstränge wieder aufzutauen – dauert lange; am besten Behandlung in einem Kurort. Ich habe im Hotelzimmer bei mir kein heißes Wasser, kein Kontakt für Quarzlampe etc, die Toilette ist zwei Stockwerke tiefer und besuchen kann mich niemand, außer wenn ich die Tür sperrangelweit offenlasse, da die Tür keine Klinke besitzt, also von innen verschlossen bleiben muß. So habe ich jetzt drei Wochen zugebracht, ich hatte Pillen gegen Schmerz, die aber wenig nutzen, da jede Veränderung in der Körperlage eben immer wieder den gleichen Schmerz auslöst, auch wenn er vorübergehend betäubt ist. Ich fahre diesen Monat nach dem Schwarzwald, in eine Pension in Bühlerhöhe, die mir Jola empfohlen hat, nicht zu teuer, 18 DM volle Pension und etwas Pflege, was auf rund $ 5 kommen wird (für mich eben immer noch zu teuer). Aber ich bekomme das Geld zusammen. Bitte schicke mir nichts und versuche auch nicht für mich was zu organisieren. Ich schlage mich schon durch und das was mir etwa Leute schicken würden, nützt eben in der Praxis auch nichts. Irgendwoher sozusagen amtlich habe ich noch nichts bekommen. Ich muß diese Wochen jetzt das Geld für das Fuhrmann Buch bekommen. Ich fahre auch bei Stuttgart entweder auf der Hinreise oder Rückreise vorbei, um die Korrekturen zu lesen. Ich werde jetzt anfangen, den größeren Reich Essay fertigzumachen, dafür bekomme ich auch ein Drittel des Honorars (DM 450) bei Ablieferung des Mas. Wenn alles klappt, würde ich dann nach Paris zurückfahren (im Juli), hier mich um die Übersetzung meines Buches kümmern, die Verlängerung meines Passes, und dann nach Mallorca gehen, im September.

Laß bloß den Müller in Ruh – der Mann versteht uns doch nicht und so sieht es doch ganz lächerlich aus.

Hat dir denn der Fenchel aus Zürich oder L[os] A[ngeles] geschrieben? Bring mich nur um Himmelswillen mit dem Mann nicht mehr zusammen.

Es tut mir sehr leid, daß du mit deinen Buch Plänen so ins Stocken gekommen bist, traurig genug. Wenn ich drüben wäre, würde ich dir gern helfen und du könntest sicher für mich eine Menge auch tun, was etwas deine Rente verbessern würde, so aber geht es eben nicht. Ich sehe ja auch, der Versuch, wenigstens etwas in der amerikanischen Zeitschriften Presse unterzubringen, übersetzen zu lassen, stößt rein brieflich auf ungeheure Schwierigkeiten und ich habe praktisch alle Bemühungen eingestellt, zumal auch mein Verlag ja mir nicht den Rücken stärkt, sondern mich alleine verhandeln läßt und das eben hat keinen Zweck. Falls das Buch hier übersetzt wird, ist das auch nur ein Prestige Erfolg und bringt kaum Geld ein. Also trotzdem, man muß eben ... viele Grüße
Franz

673. AN EMIL SZITTYA
5/15 62

Lieber Szittya,
vielleicht können Sie mich noch einmal besuchen? Ich fahre den 21sten von hier weg für 3 Wochen nach dem Schwarzwald in eine Pension, wo ich angeblich therapeutische Behandlung für den Fuß bekommen kann.

Aus dem Hotel bin ich ausgezogen in die leerstehende Wohnung eines Bekannten, wo ich mir wenigstens heiße Umschläge machen kann. Ich bin dort mit Ausnahme jeweils weniger Minuten, wo ich mir unten etwas zum Essen kaufen muß, anzutreffen. Schreiben können Sie mir nicht, weil die concierge von meiner Existenz nichts weiß. Adresse 4 Rue Daguerre (14) 4te Etage bei *Evrard*. Sie können aber telephonieren: FON 36 78.

Einmal werde ich noch ausgehen müssen, wahrscheinlich Samstag vormittags um das Ticket abzuholen.
Viele Grüße
Franz Jung

674. AN ARTUR MÜLLER
5/17 62

Lieber Artur Müller,
ich habe mir unten in der Provence durch Vernachlässigung eines verstauchten Fußes den linken Fuß ziemlich unbeweglich gemacht. Hier konnte ich mir alleine wenig helfen, zumal ich hier weder Umschläge noch Bestrahlungen in diesem Hotel durchführen kann. Ich bin ziemlich schlecht dran.

Ich fahre am Montag nach Bühlerhöhe Pension Plättig im Schwarzwald, für 3-4 Wochen. Falls ich von Baden-Baden noch abends einen Bus bekomme nach Bühlerhöhe, bin ich schon Montag auch dort.

Sonst ist von mir weiter nichts zu berichten.

Im September hoffe ich nach Mallorca gehen zu können. Vorher gehe ich wieder zurück nach Paris.

1013

Wenn es Ihnen möglich wäre, könnten Sie mich doch in Bühlerhöhe besuchen – so weit von Ihnen ist es doch nicht.
Viele Grüße an Sie wie die Familie
Ihr Franz Jung

675. AN EMIL SZITTYA
[Paris] 5/17 [evtl. 7. Mai 1962]
36 rue du Dragon

Lieber Szittya,
ich bin wieder zurück und habe Sie heute im Deux Magots vergeblich gesucht.

Sie sind hoffentlich nicht krank –

Ich habe mir noch am letzten Tage in Malaucène den Fuß verstaucht und der erste, den ich hier aufsuchen mußte, war ein Chirurg, der mir gleich für die erste Untersuchung 80 NF abgenommen hat. Dann muß ich mir neue Schuhe kaufen. Es ist alles sehr schmerzhaft und ich krauche gerade so herum.

Bitte geben Sie mir auf alle Fälle Nachricht, ob und wann ich Sie besuchen kann.
Viele Grüße
Franz Jung

676. AN MARGOT RHEIN
5/17 62

Liebe Margot, es freut mich, daß es dir am Rhein gefallen hat und daß du so gut aufgehoben gewesen bist.

Die Heilerde brauchst du mir nicht zu schicken. Es gibt hier genauso etwas Ähnliches und ich benutze sie auch. Was ich brauche, sind Bestrahlungen. Aber es wird auch ohne diese gehen. Es dauert nur eben länger.

Hättest du nicht Lust, noch eine Nachkur zu machen, vielleicht zwei Wochen an der Ostsee. Was würde denn das kosten? Ich würde versuchen dir das Geld, wenn es nicht zu teuer kommt, zu schicken.

Höre mal etwas rum – das kann ja ganz außerhalb deiner Betreuungsorganisation und der Wohlfahrt gemacht werden.

Viele Grüße
Franz

677. AN ODA SCHAEFER
Bühlerhöhe, Schwarzwald [Mai 1962]
Pension Plättig

Liebe Oda, Eure Karte ist mir von Paris nach hier nachgesandt worden. Ich kuriere hier einen kranken Fuß, Verstauchung, Knöchelbruch und alles das, was sich zu einem Gelenkrheumatismus auswachsen wird. Nächste Woche gehe ich aber wieder zurück nach Paris (alte Adresse). Hoffentlich geht es dir wieder besser, der Regen ist ja nach Ansicht der griechischen Heilpraktiker sehr gesund. Noch gesünder aber glaub ich der Enzian, den es sicherlich dort gibt, der wird dir gut tun für die Rekonvalescenz. Außerdem ist der Enzian nicht nur für Pioniere.

Ich habe hier nebenbei auch die Korrekturen für den Fuhrmann Band gelesen. Ich glaube, Ihr als Akademie Mitglieder bekommt das Buch automatisch – sonst lasse ich es euch schicken.

Ärgere dich nicht zu sehr – andere Leute sind auch eigensinnig bis zur Sturheit und provokativ – oft ohne jedes praktische Ziel wie [ich] zum Beispiel, das ist halt so auch bei Leuten, die mit schwarzer Kreide schreiben, nicht bloß Fuhrmann.

Inzwischen beschäftige ich mich mit Wilhelm Reich und dasselbe fängt wieder von vorne an. Mich regen diese Leute, die sich selber im Wege stehen, gräßlich auf.

Aber recht gute Erholung.

Im September hoffe ich nach Mallorca zu gehen – falls ich den Paß verlängert bekomme.

Viele Grüße an den Herrn und Madame
Dein Franz Jung

678. AN ADOLPH WEINGARTEN
[Bühlerhöhe, Mai 1962]
Kurhaus Plättig

Lieber Adolph,
Pfingsten werde ich hier abreisen. Bisher haben die Fußpackungen nicht allzuviel geholfen. Das Buch habe ich bekommen, nachgeschickt erhalten. Vielen Dank. Wie geht es? Bei all dem vielen Hin u. Her u. Anfragen etc über einen Beitrag aus dem Stiftungsfonds ist nichts bisher erfolgt, auch vom Stuttgarter Sender nichts. Ich warte jetzt auf das Honorar von dem Fuhrmann Buch.

Viele Grüße
Franz

679. AN ARTUR MÜLLER
6/5 [1962]

Lieber Artur Müller,
es tut mir leid zu hören, daß Sie wieder krank gewesen sind. Der Brief wird Sie kaum mehr in Stuttgart erreichen; vielleicht wird er Ihnen in die Pfingstferien gebracht.

Was das Haus in Spanien anlangt, so bin ich durchaus bereit mich zu beteiligen. Auch die 2000 DM würden theoretisch keine Schwierigkeiten machen, nur weiß ich nicht, ob ich sie in der von Ihnen mit so kurzen Terminen angegebenen Zeit beschaffen kann.

Die Situation ist folgende: ich bekomme gerade von Sternfeld aus London Bescheid, daß Bonn an mich 1000 Mark[1] nach meiner französischen Adresse überwiesen hat (das ist vermutlich Malaucène). *Wann* werde ich dieses Geld bekommen? Ich nehme an, daß es ohne weiteres von Malaucène nach Paris gehen wird, ob aber von Paris nach hier, dh dann zweimal über die Devisengrenze, möchte ich beinahe bezweifeln. Ich habe zwar nach Paris geschrieben und die Hotelpatronin aufmerksam gemacht, eventuell das Geld dort auf der Post liegen zu lassen, statt es einfach zurückgehen zu lassen, was ja eine außerordentliche Verzögerung bedeuten würde. Also diese Summe können Sie haben (theoretisch – vielleicht kann man was darauf borgen). Dann lege ich Ihnen einen Scheck über DM 500 bei, den Sie einlösen müßten. Den Rest könnte ich mir besorgen von meinem Sohn (dortiges Depot), etwa 150 Dollar. Wenn ich heute schreibe nach dem Dollarcheck, so ist er trotzdem kaum vor Ende nächster Woche in Stuttgart, wenn ich ihn dahin an mich ausgestellt senden lasse. Praktisch ist dieser certified check wie bares Geld. Also das wären dann die 2000 Mark – aber Sie müßten die Möglichkeit haben sie zu mobilisieren. Sonst müßten Sie einen späteren Termin für Ihre Reise möglich machen, dem Mann ihre Ankunft telegraphisch annoncieren etc.

Mit dem Geld von der Akademie kann ich nicht sicher rechnen, ich lese zwar hier schon die Korrekturen, aber Kasack scheint verreist zu sein. Das werde ich erst später in Stuttgart sehen können. Etwas Geld bekomme ich vom Rundfunk dort (die Sendung ist auch, wie mir jetzt jemand aus Hamburg mitteilt, vor einigen Tagen in Hamburg gelaufen – sehen Sie, das ist, was ich Heißenbüttel vorwerfe, den Mangel an innerem Kontakt – ich hätte das Ilse Fuhrmann mitteilen müssen und dem Sender in Stuttgart ist doch die Nachsendung in Hamburg seit langem bekannt; die Sache ist mir höchst peinlich und außerordentlich unangenehm. Wie soll ich es aber wissen, wenn mir das nicht höflicherweise vom Büro Heißenbüttel mitgeteilt wird?)

Ja – jetzt können Sie entscheiden, ob Sie die Reise wagen wollen und können.

Ich werde den 20ten in Stuttgart eintreffen. Wenn es darum geht, daß ich Sie gerade noch antreffen könnte, würde

ich schon den 18ten kommen können (vorher nicht).
   Mit besten Grüßen
      Ihr Franz Jung

Empfehlung an die Familie.
NB. Ich werde *den Dollar-Scheck an Sie* bereits ausfüllen lassen.

---

1 Das Geld aus der vom Bundespräsidenten Theodor Heuss ins Leben gerufenen „Deutschen Künstlerhilfe" wurde Jung am 30. Mai 1962 an seine Pariser Adresse 36, rue du Dragon überwiesen.

680. AN HELMUT HEISSENBÜTTEL
Bühlerhöhe, 6/9 [1962]
Hotel Pension Plättig

Lieber Herr Heißenbüttel,
ich bin seit einiger Zeit hier gelandet und werde so gegen den 20.ten für einige Tage in Stuttgart sein (über Artur Müller zu erreichen).
   Ich hätte Sie natürlich gern persönlich gesprochen, wenn das Ihre Zeit erlaubt und es Ihnen sonst möglich ist.
   Ich habe noch eine Frage: durch einen Zufall habe ich aus Hamburg gehört, daß der dortige Sender den Fuhrmann Essay wiederholt hat. Geht das über Ihre Anstalt und bekomme ich dafür etwas?
   Soll ich vielleicht direkt nach Hamburg schreiben?
   Inzwischen mit freundlichen Grüßen
      Ihr Franz Jung

681. AN ARTUR MÜLLER
Bühlerhöhe [Juni 1962]
Hotel Pension Plättig, Schwarzwald

Lieber Artur Müller, ich schreibe lieber nochmal, weil die Telefon Verbindung nach hier ständig überbesetzt ist. Ich weiß nicht, ob ich Sie Dinstag telefonisch werde erreichen können, wahrscheinlich auch für Sie schwierig.

Das Bonner Geld habe ich noch nicht bekommen. Auch keine Nachricht von Picard, ob er mit der Patronin von dem Hotel wegen Übersendung hat sprechen können. Auch keine weitere Nachsendung aus Paris, obwohl dorthin einige Briefe eingegangen sein müssen, wie die monatliche Bankabrechnung.

Das war leider immer so – im Falle, daß man etwas braucht, funktioniert niemand.

Erhielt einen Brief von Rauch, der sich bereit hält mit Ihnen nach Spanien zu fahren (scheint mir eine gute Lösung).

Geben Sie mir Nachricht über Ihre Dispositionen.

Ich denke, ich werde hier am 19. oder 20. fahren und zwar nach Stuttgart. Wenn Sie mir Nachricht zukommen lassen, daß Sie für mich ein Zimmer (entweder in dem alten oder einem andern Hotel, vielleicht dieses ziemlich bescheiden aussehende, wo wir mal gegessen haben, bei der Elektrischen Haltestelle) haben reservieren können (genaues Datum), werde ich mich danach richten. Ich würde dann an diesem Tage nachmittags etwa in Ihrem Hause anrufen.

An Kasack und Heissenbüttel habe ich geschrieben. Ob aber Kasack zu erreichen sein wird, scheint mir zweifelhaft – wahrscheinlich bei einem Literaten Kongreß in Honolulu. Viele Grüße
            Franz Jung

682. AN ADOLPH WEINGARTEN
Stuttgart-Degerloch, 6/12 [1962]
Raffstr 2 b/Müller

Lieber Adolf, ich war einige Wochen in Bühlerhöhe, gehe aber jetzt wieder nach Stuttgart, für etwa eine Woche. Ende des Monats bin ich wieder in Paris zurück (alte Adresse).

Mit meinem Fuß geht es leider nicht besser, will jetzt einen Arzt in Stuttgart aufsuchen. Hier durch einige Bäder ging es schon besser, dann habe ich aber wieder angefangen zu laufen und auf die Berge zu gehen – und die Sache ist wieder zusammengebrochen, wahrscheinlich neuer Bluterguß – jetzt weiß ich überhaupt nicht mehr, was ich tun soll. Im Augenblick kann ich überhaupt nicht mehr laufen, schlimmer als es in Paris gewesen ist.

Also soweit der äußere Bericht.

Ich habe vom Bundesamt die briefliche Mitteilung bekommen, daß mir 1000 Mark überwiesen werden. (Ich habe sie aber noch nicht.) Von diesem Gelde kann ich dir leider noch nichts senden – denn geldlich sieht es im Augenblick sehr schlimm bei mir aus. Ich werde versuchen, endlich das Geld von der Akademie für den Fuhrmann Band einzukassieren, dann geht es wenigstens wieder weiter. Etwas Geld habe ich auch noch vom Stuttgarter Rundfunk zu bekommen. Sobald ich etwas flüssiger wieder bin, erhältst du das Geld.

Ich arbeite hier an dem Reich Essay und der Übersetzung des Listen little man – eventuell mit dem Murder of Christ zusammengezogen. Allerdings muß ich das ohne Autorisation und Lizenz herausbringen, mehr in Pamphletform und einem dänischen „Geistverlag", das heißt, ich bekomme dafür kaum Geld. Immerhin möchte ich dich fragen, ob du bei deinem Freund Goldwater nicht noch den 2ten Band des Murder Buches, People in Trouble, auftreiben kannst – vielleicht für 10 Dollar. Dieses Geld würde dir die Frida St Sauveur (Ex-Mattick) GR 3-5268, 242 E 15th Str vorlegen können oder die Naomi Sager, 1 Sheridan Place – falls diese noch in New York ist. Fridas Tochter fährt Mitte Juli nach Paris und will mir dorthin einiges bringen, wenn du etwas hast, gib es ihr mit und vielleicht auch das Buch.

Ich habe hier in einer Zeitschrift etwas gelesen über die Gefahren von Twist für ältere Leute – genau das ist es, was mir mit dem Fuß passiert ist. Durch die Verrenkungen im Knöchel (bei mir nicht durch Twist, sondern durch die heruntergebrochenen Schuhe ohne Fersenstütze) entstehen Gewebschäden, die bis zum Gelenkrheumatismus führen können und gegen die noch keine richtige Behandlung gefunden worden ist, daher auch die Ratlosigkeit der Ärzte, die so schnell die Sache abschieben. Einen vernünftigen Rat habe ich doch bisher von keinem bekommen.

In der Zwischenzeit lese ich die Bulletins der Situationisten[1]. Das Amusante: als Splittergruppe hervorgegangen von den Surrealisten werfen sie diesen vor, „Stalinisten" zu sein, die proletarische Kunst zu verraten, für die die Situationisten eintreten, die ihrerseits als Trotzkisten jetzt angeprangert werden. In der Internationale der Situationisten bestand auch eine deutsche Gruppe, die jetzt gerade ausgeschlossen worden ist, ebenso eine skandinavische Gruppe, die eine „Kunstausstellung" veranstaltet hatte. Proletarische Kunst ist die Zerschlagung der alten Kunst, ohne Basis, ein Situationist schafft keine „Werke", um zu überleben – das ist konterrevolutionär. Der deutschen Gruppe ist ein ungarischer Kommissar als Aufpasser zugewiesen worden.

Ich will über diese Leute schreiben, für die Beseitigung der Irrenhäuser eintreten, alle Irren freilassen und auf die Menschheit loslassen, die gegen die Logik und gegen die Kausalgesetze erst praktisch erzogen werden muß, und selbstverständlich alle Schizophrenen wieder in Amt und Würden einsetzen. Dazu kann ich auch Argumente von Wilhelm Reich gebrauchen. Sobald das Pamphlet gedruckt ist, lasse ich es dir zuschicken. Vielleicht brauchst du mehr Exemplare, um sie an Interessenten zu vertreiben. Die Sache erscheint bei Jes Petersen, dem weggelaufenen Sohn des dänischen Schweinezüchters, von dem ich dir schon mal schrieb.

Dort erscheint auch mein Fall Grosz als Luxusdruck – ist schon zum Teil abgesetzt, mit eingeschobenem lettristischen Text.

Laß mal von dir hören. Hoffentlich geht es dir einigermaßen. Die Ilse Fuhrmann ist in Spanien anscheinend verschollen, höre nichts mehr von ihr. Ich selbst will ja im Herbst nach Mallorca gehen.

Also viele Grüße, meine Empfehlung an Carola
Dein Franz Jung

1 *internationale situationniste. bulletin central édité par les sections de l'internationale situationniste* Paris, erschienen seit Juni 1958. Vgl. „Der Beginn einer Epoche. Texte der Situationisten", Hamburg 1995.

683. AN ADOLPH WEINGARTEN
Stuttgart-Degerloch, 6/22 [1962]
Raffstr 2 b/Müller

Lieber Adolph, ich sende dir im Original einen Brief der Sauveur, aus dem du entnehmen kannst, wo du vielleicht die gesuchten Reich Bücher auftreiben kannst. Inzwischen ist aber, wie aus dem Brief hervorgeht, passiert, daß mich plötzlich die Frau Dr Reich nicht mehr kennen will, obwohl ich jahrelang mindestens einmal im Monat dort zum Abendbrot eingeladen war. Das ist einfach toll! Als Psychoanalytikerin wird sie ja wissen, was es heißt, daß sie die Bekanntschaft eines Freundes ihres Mannes, des Rubinsteins, verleugnet – wie müssen dann die beiden zueinander gestanden haben. Könntest du sie nicht nochmal anrufen oder anrufen lassen und ihr das sagen? Für mich langt es jetzt. Ich will auch von der Tochter nichts mehr hören – soll die ganze Bande unter sich bleiben. Ich bin der einzige gewesen, der für Reich etwas in Deutschland und Frankreich tun wollte – praktisch wäre das sogar auch dem großkotzigen Verlag zugute gekommen. Aber ich bin schließlich kein Masochist, dort zu betteln und mich beleidigen zu lassen. Der Arzt Reich ist mir auch gleichgültig, mich interessieren nur die negativen Perspektiven für den Menschen und die Gesellschaft und das alles drum und dran – und das werde ich als mein hobby herausbringen, mit oder ohne Autorisation.

Ich behandle den Fuß hier weiter und bleibe deswegen noch etwa 10 Tage hier. Durch Verzerrung und Überanstrengung in Malaucène ist das Gelenkgewebe angegriffen, dadurch daß ich dann weiter 2 Monate nichts getan habe, als nur Einlagen und neue Schuhe gekauft, sind auch die Adern in den Fußgelenken angegriffen – wenn nichts Energisches geschieht, ist mit einer Erschlaffung und Verengung der Fuß Adern zu rechnen, Verhärtung etc, also Kreislaufstörung und zuletzt der Rollstuhl. Ich bin hier bei einem Arzt, der auch die Bäder verschreibt.

Literatur liegt mir etwas fern im Augenblick – der Kasack, von dem ich hier Geld für das Fuhrmann Buch kassieren wollte, liegt mit Netzhautablösung im Hospital und wird kaum mehr lesen können. Das heißt, daß ich jetzt auch die technischen Seiten des Buches mit dem Verlag von hier aus machen muß, Prospekt für den Buchhändler, Klappentext etc. Dabei von niemandem bisher Geld, praktisch habe ich auch mit dem Verlag nichts zu tun, nur mit der Akademie.
    Viele Grüße inzwischen
        Franz

684. AN KÄTE RUMINOFF
6/24 [1962]

Liebe Kate, vielen Dank für Brief und die 10 Dollar – das hättest du nicht tun sollen, denn wenn ich Dich jetzt bitten würde, mir wieder solche Eucalyptus sticks zu senden, bei Lisa gift shop zu kaufen, müßte ich die Dollar ebenso gleich wieder zurücksenden – ich dachte für Rentenempfänger wie du sind 1200 Dollar im Jahr frei hinzuzuverdienen – ich glaube, die Mitteilung ans Amt ist erst zu machen, wenn dieser Betrag überschritten ist, Abzug *vorher* durch Einstellung der Zahlung nicht möglich. Hast du dich denn erkundigt?
    Ich bin hier wieder bei Artur Müller, Raffstr. 2, Stuttgart-Degerloch abgestiegen und werde wohl etwa 14 Tage noch bleiben. Der Prof Kasack von der Akademie hat eine Augenoperation und wird für Monate nicht lesen können, also hat er mich aufgefordert, den Fuhrmann Band auch technisch fertig zu machen – was gar nicht meine Aufgabe gewesen wäre (obendrein habe ich noch nicht einmal Geld bekommen). Das heißt, ich mache jetzt Hals über Kopf Buchhandelsprospekte, Klappentexte, selbstverständlich die Fahnen Korrekturen und einen längeren Bericht über Fuhrmann an die befreundeten Akademien im Ausland, von denen es etwa 30 gibt, mit denen die Darmstädter Akademie korrespondiert.
    Ich bin hier bei einem Arzt jetzt in Behandlung wegen des Fußes und nehme verordnete kohlensaure Stahlbäder. Verschleppte Verrenkung, was ich ja wußte, aber Gefahr jetzt einer

Adern Verengung, Verhärtung etc um den Fuß herum – daher die Bäder. Vorläufig ist noch nicht viel zu merken.

Ich werde an dich einige dieser Avant Garde Magazine wieder von hier unterwegs bringen. In Baden-Baden habe ich die Witwe von Grieger, im Vorjahr gestorben, aufgesucht, mehr aus Höflichkeit und die hat mir sage und schreibe fast alle meine Bücher aus der Bibliothek des Mannes geschenkt (Grieger war ein Neisser Schulfreund). Ich denke jetzt doch an die Herausgabe eines Bandes Jung zu gehen – vorher war ich dem Plan gegenüber sehr skeptisch.

Mein Reich Essay ist fertig und beim Abschreiben.

Alle meine Pläne haben sich so jetzt verschoben. Wahrscheinlich werde ich hier solange bleiben müssen, bis der ganze Fuhrmann Band fertig ist.

Vorher muß ich allerdings erst Geld bekommen.

Der Herr Reichspräsident hat mir bereits mitgeteilt, daß mir aus dem Künstlerfond 1000 D Mark überwiesen werden. Das Geld ist aber an meine Pariser Adresse gegangen und selbst dort auch noch nicht eingetroffen. (Wird schon kommen.)

Der Fuhrmann Vortrag ist auch im Hamburger Sender gewesen, von dort ist auch das Geld noch nicht eingegangen.

Bleibe gesund und arbeite nicht soviel nur aus Prestige – das ist reiner Unsinn.

Herzliche Grüße
    Franz

685. AN HELMUT HEISSENBÜTTEL
Stuttgart-Degerloch, 6/26 [1962]
Raffstr 2 b/Müller

Lieber Herr Heißenbüttel,
einliegend der Reich-Essay.

Ich habe versucht sie wie mir Müller sagte am Montag früh zu erreichen.

Ich habe hier noch etwas länger zu tun, weiß aber nicht, wieviel Tage – werde aber versuchen vor meiner Abreise es noch einmal zu versuchen, Ihrer wenigstens am Telefon habhaft zu werden. Aber es liegt nichts Wichtiges oder gar Dringendes vor.
Mit vielen Grüßen
Ihr Franz Jung

686. AN KÄTE RUMINOFF
Paris VII, 7/10 [1962]
c/o Louis Evrard, 7 Cité Vaneau

Liebe Kate, ich wohne für einige Tage bei diesem Evrard und benutze dessen frühere Briefbogen. Inzwischen wirst du den Reich Essay bekommen haben und gesehen haben, welche Arbeit es macht, eine innere durchgehende Konstruktion zu finden. Nachdem ich von keiner Seite, weder von den Töchtern noch dem Verlag etwas gehört habe, eher im Gegenteil eine ganz grobe Absage vom Verlag auf eine Anfrage hin, gebe ich die Sache jetzt auf. Das merkwürdige ist, daß jetzt alle Bücher, auch die sociologischen Schlußfolgerungen mit der anarchistischen Grundtendenz als Taschenbücher erscheinen, ohne daß über die Aufhebung des generellen Verbots etwas bekannt geworden wäre. Weingarten hat mir 6 solcher Bücher nach hier geschickt. Sie sind offen im Laden für 3-4 Dollar das Stück zu verkaufen. Irgend etwas muß doch vorgegangen sein. Aber ich fasse die Sache hier nicht mehr an.

Ich werde Mitte nächster Woche wieder Paris verlassen. Kein einziger von meinen Bekannten ist hier und der Touristen Trubel ist auch nicht sehr schön.

Die Griegersche Bibliothek umfaßt keine Zeitschriften aus der

Vorkriegszeit. Es ist der Ersatz für die Sammlung, die 1945 in Breslau verbrannt ist, lediglich expressionistische Literatur, die er sich erst jetzt hat besorgen können.

Vielen Dank für die rasche Übersendung der Eucalyptussticks.

Verwende, wenn es dringend ist, noch meine Stuttgarter Adresse bei Müller – der mir nachsenden wird; wohnen werde ich dort sowieso nicht.

Wohin ich jetzt gehen werde, weiß ich nicht. Im September mit ziemlicher Sicherheit nach Spanien.
Viele Grüße
Franz

687. AN ADOLPH WEINGARTEN
7/10 [1962]

Lieber Adolph, ich habe in Stuttgart noch Carola gesprochen. Hörte, daß du die Reich Bücher besorgt hast, was langsam zu einem Mysterium wird – wieso sind sie plötzlich alle erhältlich? Irgendwie hat sich eine Clique herausgebildet, und ich habe keine Lust mehr mich da hineinzumischen. Den Essay habe ich fertig und abgeliefert, damit ist für mich die Sache erledigt. Dank erwarte ich von dieser Gesellschaft nicht.

Vorläufig will ich nicht in Paris bleiben. Ich wohne wieder bei Evrard, der mir den Schlüssel hinterlassen hat; fahre aber Ende der Woche wieder weg – vielleicht nach Hamburg.

Im September will ich nach Spanien gehen – vielleicht für immer, das heißt das „immer" wird nicht mehr zu lange dauern.

Jedenfalls vielen Dank für alle deine Bemühungen etc.
Herzlichen Gruß
Franz

688. AN CLÄRE JUNG
Bockenem[1], 7/24 [1962]

Liebe Claire, auf der Durchreise von Stuttgart erreichte mich hier der einliegende Brief mit einem Schreiben des Hausjuristen des Verlages, der um anscheinend einer einstweiligen Verfügung zuvorzukommen, die Auslieferung des Buches sofort eingestellt hat.

Was den ersten Teil der Anwürfe der Hesterberg anlangt, so ist doch eigentlich an meiner Darstellung kaum ein Zweifel, außerdem liegt doch der Prozeßbericht vom Mai 32 irgendwie vor.

Was den 2. Teil anlangt, so stammen meine Bemerkungen von Georg Fuchs und Ernst Aufricht, die beide noch während des Kriegs in einem losen Kontakt über Dritte mit Sch[önherr] gestanden haben, und denen Sch[önherr] gegenüber seine Tätigkeit zu erklären versucht hat.

Das ist alles – es fragt sich nur, ob ich von diesen noch Zeugnis auftreiben kann, Fuchs ist tot, vielleicht lebt Aufricht oder dessen Frau noch. Ich bin dabei das jetzt festzustellen.

Obendrein – von mir nicht bestritten – hat Sch[önherr] eben in einer Art „Doppelrolle" vieles Nützliche für einige seiner alten Freunde in Paris tun können.

Für mich ist das alles doppelt schrecklich, weil ich jetzt wieder den alten Dreck neu aufrühren muß, den ich endlich glaubte los zu sein.

Es wird langsam alles unerträglich.

Herzlichen Gruß
    Franz

Ich weiß noch nicht, ob und wann ich nach Paris zurückgehe. Schreibe mir noch, wenn du willst über die Stuttgarter Adresse von Artur Müller Raffstr 2 Stuttgart-Degerloch.

---

1 Jung wohnte dort bei seiner Cousine Hedwig und ihrem Mann Dr. Kurt Symanczyk. Ihr Sohn, Wolfgang Symanczyk, der eine Antiquariatsbuchhandlung hatte, half Jung bei der Besorgung von Literatur für seine Albigenserstudien.

689. AN ADOLPH WEINGARTEN
Bockenem, 7/24 [1962]

Lieber Adolph, auf der Durchreise erreicht mich hier der einliegende Brief[1] nebst einer längeren juristischen Erklärung des Hausjuristen[2] des Verlages, der inzwischen, wahrscheinlich um einer einstweiligen Verfügung zuvorzukommen, die Auslieferung des Buches sofort eingestellt hat.

Mich hat das ganze sehr erschüttert. Was den ersten Teil der Anwürfe anlangt, so liegen sicher genug Zeugenaussagen für eine Darstellung noch vor, vor allem der Prozeßbericht[3] vom Mai 32, der ja noch aufzutreiben sein wird.

Meine zweite Behauptung, die Gestapo Tätigkeit von Sch[önherr] habe ich von Georg Fuchs und Ernst Aufricht. Der erstere ist zwar tot, aber vielleicht lebt die Frau[4] noch und ebenso hoffentlich lebt Aufricht noch. Ich bitte dich, stelle das so schnell wie möglich fest, eventuell auch die Aufricht Frau[5] – der Sohn hatte damals die Wohnung in der 108th Straße übernommen. Sonst könnte man den Verbleib der Aufrichts über die Lotte Lenia eruieren.

Ich schreibe ausführlicher, wenn ich meine Darstellung an den Verlag fertig habe – dann wirst du besser sehen, worum es sich handelt.

Daß der Retzlaw[6] mit als Zeuge aufgeführt ist, ist höchst erstaunlich. In Wirklichkeit war es eben so, daß Schönherr für die Gestapo oder SD gearbeitet hat, in einer Doppelrolle – ganz sicherlich hat er dabei manchem Emigranten helfen können, das war auch die Ansicht von Fuchs, dem er direkt eine Botschaft hatte bestellen lassen, weniger die von Aufricht, dessen Verwandte er sehr geschädigt hat (da spielt dann auch der Messing eine Rolle).

Bitte sehe zu, was du machen kannst.
Viele Grüße
Franz

---

1 Brief von Trude Hesterberg vom 15. Juli 1962 an „Firma Hermann Luchterhand Verlag GmbH Neuwied (Rhein)", in dem sie von „ehrabschneidenden Angriffen" Jungs gegen ihren verstorbenen Mann Fritz Schönherr spricht und sich mit der Unterstützung von Dr. August Kayser, Gottfried Beutel und Karl Retzlaw weitere Schritte vorbehält.

2 Der Leiter des Luchterhand Verlages Eduard Reifferscheid teilte Jung am 20.7.1962 mit, daß er „die Unterbrechung der Auslieferung des Buches mit sofortiger Wirkung angeordnet" habe, „und zwar mit Rücksicht auf §189 Strafgesetzbuch", er fährt dann fort: „ ... aber ich werde diese Unterbrechung sofort wieder aufheben, wenn Sie mir in Ihrem Antwortbrief bestätigen, daß Sie auf Grund Ihres Wissens und der bei Ihnen befindlichen Unterlagen einer Klage von Frau Hesterberg in dem Bewußtsein entgegensehen können, daß es nicht zu einer Verurteilung wegen der vom Justitiar des Hauses oben angegebenen Gründen kommen wird."
3 Gemeint ist der sogenannte „Bauhüttenskandal", vgl. den Briefwechsel mit Cläre Jung im Sommer 1932. – Der Prozeß fand vermutlich in Stettin statt.
4 Elisabeth Fuchs in New York.
5 Margot Aufricht.
6 Jung und Retzlaw kannten sich seit 1919, vgl. Karl Retzlaff „Spartakus. Aufstieg und Niedergang", Frankfurt a.M. 1972.

690. AN ARTUR MÜLLER
Bockenem, 7/24 [1962]

Lieber Artur Müller,
ich erhielt hier nachgeschickt den einliegenden Brief[1]. Ich bin persönlich tief erschüttert.

Weniger wegen der Anwürfe etc und der Aussicht, daß ich jetzt den ganzen Dreck neu aufrühren muß, als über die außerordentliche Unverfrorenheit, allbekannte Tatsachen auf diese Weise einfach wegleugnen zu wollen.

Ich werde Ihnen meine Darstellung[2], die ich dem Verlage geben muß, in der Copie schicken. In der Zwischenzeit bemühe ich mich, Leute in New York noch aufzutreiben, von denen ich über die SD Tätigkeit von Schönherr erfahren habe. Einige sind schon gestorben, das weiß ich schon vorher.

Der Verlag hat mir mitgeteilt, daß er wahrscheinlich um einer einstweiligen Verfügung vorzubeugen, die Auslieferung des Buches vorerst eingestellt hat.

Es wird für mich immer unerträglicher mich weiter in Existenz zu halten.

Mit Empfehlung an die Familie und vielen Grüßen
Franz Jung

1 Brief von Trude Hesterberg, vgl. Anm. zum Brief vom 24.7.1962 an Adolph Weingarten.
2 „Zu dem Schreiben von Trude Hesterberg vom 15.7.1962".

691. AN DEN LUCHTERHAND VERLAG
Bockenem, 7/25 62

Zu dem Schreiben von Trude Hesterberg vom 15.7.62

1) Der Brief geht von der irrigen Voraussetzung aus, als hätte ich ein besonderes persönliches Interesse daran, in der Darstellung meiner Erinnerung der Jahre 1929/32 in Berlin die Person Dr. Schönherrs in prononciert ungünstigem Licht herauszustellen oder mich gar zu „rächen". Nichts wäre mir ferner gelegen. Der Gedanke, sich rächen zu wollen, läge nahe, weil ich allein aus diesem „Kreis", der sich um Dr. Schönherr als dem finanzierenden Mittelpunkt gebildet hatte, nicht vor Gericht gekommen bin, sondern „flüchtig" blieb, so daß die Beteiligten in dem Prozeßverfahren alle Schuld auf mich, den Abwesenden hatten abschieben können. Ich habe damals aus rein persönlich psychologischen Gründen dazu geschwiegen – und bin so vielleicht überhaupt, obwohl der am geringsten Beteiligte, nicht nur der Hauptschuldtragende, sondern Hauptverlustträger geworden; mit dem Nationalsocialismus vor der Tür blieb ich ohne Schutzmöglichkeit, ohne Bewegungsmöglichkeit und ohne Existenz. Ich habe niemals Dr. S oder anderen der Beteiligten eine besondere Schuld daran gegeben, alle meine Lebenserfahrungen zeigen mir zur Genüge, daß es Fälle und oft Notwendigkeiten gibt, sich auf Kosten des Abwesenden zu entlasten, besonders wenn das Verfahren, wie das damalige, ein offensichtlich von dem heraufkommenden Nationalsozialismus provoziertes politisches Diffamierungsverfahren ist. Ich habe das Verhalten der Beteiligten hingenommen ohne jedes Ressentiment. Was ich in meinem Buch zu schildern versucht habe, ist mein persönliches Verhältnis zur Zeit. Die Personen, denen ich dabei begegnet bin, charakterisieren dieses mein Zeitverhältnis, sie bringen keine Charakterisierung ihrer Person. Ich würde es bedauern, wenn man aus meiner Darstellung irgendeine besondere Kritik herauslesen wollte – manchmal mag es rein technisch nicht ganz zu vermeiden sein, dann wird man indessen immer feststellen können, daß diese Kritik in der Hauptsache auf mich selbst bezogen ist.

2) Was den ersten Teil der von Frau Hesterberg gegen mich erhobenen Vorwürfe anlangt, so beweist sich doch die Richtigkeit meiner Darstellung allein schon aus den Berichten über das

Strafverfahren gegen Dr. Schönherr, Beye etc (etwa im Mai 1932), worüber vorher und nachher ausführlich ständig in der großen Tagespresse berichtet worden ist. Durch die Einleitung des Verfahrens, die Verhaftung der Hauptbeteiligten, die Liquidierung des Correspondenz Verlages (Geschäftsführer Jung und Beye) sind automatisch große Verluste entstanden, die Dr. S persönlich als dem Prokuristen der Goldschmidt Rothschild Bank in Potsdam, über die Vorfinanzierung und Kredite gelaufen sind, angelastet wurden und als Diffamierungstendenz im Prozeß benutzt wurden – ich stehe nicht an zu erklären, daß, wenn daraus Schäden persönlich und materiell entstanden sind, diese in erster Reihe unter die heutige Wiedergutmachung fallen sollten, denn sie sind offenbar, wenn auch 1932 entstanden, Folgen und Vorwirkungen der Nazi-Propaganda. Daß ich dies nicht in meiner Darstellung mitbehandelt habe, erklärt sich daraus, daß diese Seite des Falles eben nicht in meine Eigen Charakterisierung der Zeit hineingehört; in Wirklichkeit hatte ich praktisch damit nichts zu tun. Aber ich bin bereit, dies heute ausdrücklich zu bezeugen, daß Dr. S in dieser Sache mit eins der ersten Opfer der Nazi-Propaganda geworden ist; dies gilt ebenso für die Bauhütten.

Ich verweise – sozusagen zu meiner Entlastung – auf einen Artikel, der am Tage nach der Verhaftung von Dr. S, Beye etc in der Morgenpost erschienen ist, gezeichnet von Friedrich Strindberg unter dem Titel „Die Männer von Mahagonny", in der Hauptsache gegen mich gerichtet, aber in der Schilderung der Atmosphäre unseres „Kreises" ziemlich echt. Es sollte übrigens nicht allzu schwer sein, im Falle daß Frau Hesterberg eine Austragung ihrer Vorwürfe vor Gericht vorzieht, Zeugen für meine Darstellung beizubringen – dazu hat sich alles zu sehr in breitester Öffentlichkeit abgespielt. Trotzdem in solchen Fällen mit einer grundsätzlichen Loyalität unter Schauspielern und Künstlern etc zu rechnen ist ohne Ansehen der Gründe und Umstände, glaube ich auf das Zeugnis von Hedwig [richtig: Helene] Weigel, Lotte Lenia u.a. rechnen zu können, ferner auf Ernst Aufricht (dessen Adresse ich erst auffinden muß), verschiedene Aufricht Freunde, Cläre Jung, Berlin-Pankow und verschiedene andere. Ich muß hier betonen, daß mit ganz wenigen Ausnahmen ich zu diesen Persönlichkeiten seit Jahren keinen Kontakt mehr habe und eher eigentlich annehmen muß, daß sie mir persönlich keineswegs etwa freundlich gesinnt wären. Der Aufruf zu einer Hilfsaktion für eine prominente Schauspielerin, die um die „Ehre ihres verstorbenen Mannes" kämpft, wird sie sicherlich zunächst auf der Gegenseite von mir finden – man könnte es aber trotzdem versuchen. Ich glaube indessen, daß es Frau Hesterberg nicht allzu sehr auf diese Seite ihrer Vorwürfe ankommt. Vielmehr auf meine Behauptung, daß

3) Dr. Schönherr „im Sonderauftrag der Gestapo" in den ersten Kriegsjahren in Paris aufgetreten sei (gemeint ist natürlich der SD). Hier ist für mich der Beweis zu erbringen sehr viel schwieriger, ein exakter Beweis (dokumentarisch) ist für mich so gut wie unmöglich.

Auch hier liegt das Schwergewicht auf einer irrigen Voraussetzung, nämlich der, daß ich es erwähnt hätte, um den Charakter des Dr. S zu diffamieren. Ich habe es, ohne auf charakterliche Beurteilung Bezug zu nehmen, erwähnt als Zeitcharakteristikum. Ich habe keinesfalls den diffamierenden Charakter einer Gestapo Betätigung dabei in den Mittelpunkt gestellt – im Gegenteil, die Erwähnung, daß Dr. S beim Einzug der russischen Panzer in Berlin auf einem dieser Panzer von Heckenschützen abgeschossen worden ist, läßt ja von vornherein den Schluß zu, daß die Gestapo Rolle von Dr. S in Paris nicht echt gewesen sein kann.

Allerdings habe ich jede heroisierende Tendenz vermieden, nicht nur Dr. S bezüglich, sondern ganz allgemein in meinem Buch; das gilt nicht nur für mich, sondern für jeden der von mir Erwähnten. Ich sehe nichts „Ehrabschneidendes" in dieser meiner Erwähnung, Dr. S sich auch haben in „Gestapo Kreisen bewegen zu sehen" – vielleicht ist es sogar, wie der Schluß Effekt in Berlin zeigt, „heroisch" gewesen. Aber das ist eben allgemein nicht das Thema in meinem Buch.

Zur Sache selbst: Ich habe es bei meiner Ankunft in New York so um 1948 herum von verschiedenen Seiten erzählen gehört. Dr. S gehörte in den frühen 20iger Jahren dem Kreis um Dr. Levi in der KPD bzw dem Spartakus Bund an. Dieser Kreis hat unbeschadet etwa verschiedener Parteizugehörigkeit alle die Jahre eng zusammengehalten, auch noch in New York in der Emigration. Dieser Kreis hat mit Dr. S weiter in Verbindung gestanden, auch noch in den Kriegsjahren. Sie wußten, daß Dr. S in der Lage war, in Paris bei der Polizei besondere Vergünstigungen,

Freilassungen etc herauszuholen – er war, hieß es, in einem Sonderauftrag dort tätig – es liegen darüber direkte Briefe vor – Georg Fuchs hat mir einen solchen Brief selbst gezeigt, von einer Mittelsperson geschickt und übermittelt, worin Dr. S seine alten Freunde beschwört Vertrauen zu haben – was sie auch immer hörten, er bleibe der alte etc. Im allgemeinen war das kein Geheimnis in diesem Kreis und man wird offen darüber gesprochen haben. Ich habe die meisten dieser Leute nicht mehr persönlich gesprochen, die bereits rückemigriert waren. Georg Fuchs ist gestorben, ich hoffe aber die Frau lebt noch, die ebenfalls darüber aussagen könnte, vielleicht auch der Prof. Löwenthal, jetzt in Berkeley. Dagegen von ganz anderer Seite hat mir dies auch Ernst Aufricht erzählt, der in der Angelegenheit einer Verwandten sich allerdings vergeblich an Dr. S gewandt hatte. Ich hoffe, daß Aufricht oder dessen Frau noch lebt, die beide als Zeugen aufzuführen wären. (Diese Zeugen aufzufinden wird einige Zeit benötigen.)

Der von Frau Hesterberg aufgeführte Zeuge *Karl Retzlaw* gehörte zum Levi Kreis und war ein engerer Freund von Dr. S. Er könnte vor Gericht befragt nur aussagen, daß Dr. S in Paris sehr viel für seine dort noch verfolgten Freunde getan hat, wahrscheinlich ihm selbst das Leben gerettet hat – etwas, was auch die New Yorker Levi Leute nie bestritten haben – ich glaube aber kaum, daß er etwas zur Aufklärung der Zusammenhänge in Dr. S' Tätigkeit wird beitragen können.

Ich möchte noch ein Kuriosikum erwähnen – keineswegs zu meiner Verteidigung, nur als Hinweis. Alle die Jahre hatte Dr. S einen gewissen Messing[1] aus Warschau um sich, in einer Art Zombi Verhältnis, Messing folgte dem Dr. S wie ein abgerichteter Hund, vorbehaltlos abhängig und ergeben.

Über diesen Messing erschienen in einem der ersten Jahrgänge des Spiegel Aufsatz und Zuschriften, worin phantastische Vorwürfe erhoben wurden, Devisenschmuggel, fehlende Abrechnung nach Paris, verschobene Vermögen und Werte während und vor dem Kriege und ähnliches mehr. Messing wurde in Braunschweig von den Engländern geschützt, die seine Verhaftung, Ausweisung etc abgelehnt haben. Die Vermutung liegt nahe (mehr wie nur eine Wahrscheinlichkeit), daß Dr. S sich seines Zombis bedient hat, um seine Position in Paris aufzubauen –

vielleicht aus einem echt revolutionären Gefühl heraus subversiv gegen das Hitler Regime zu arbeiten. Mich geht das nichts an
– aber ich will es durchaus nicht bestreiten.

1 Vgl. „Messing. Ist kein Haifisch". In: *Der Spiegel* 1950, Nr. 35 vom 31.8.1950, S. 10–17. Desgl. *Der Spiegel* 1950, Nr. 50 und 1952, Nr. 12.

692. AN CLÄRE JUNG
Bockenem, 7/25 [1962]

Liebe Cläre,
anbei meine Darstellung, die ich den Juristen des Luchterhand Verlages geschickt habe.

Ich werde von hier nach Glücksburg/Ostsee gehen bei Petersen Tingplatz 2 zu erreichen.

Wahrscheinlich dann Anfang August zurück nach Paris.

Viele Grüße
       Franz

693. AN ADOLPH WEINGARTEN
Bockenem, 7/25 [1962]

Lieber Adolph, folgend meine Antwort an den Verlag bezw den Verlags Juristen.

Bitte hebe es mir im Notfall auf. Ich habe keine andere Copie mehr.

Ich sollte vielleicht an Rosa Kirchgatter schreiben, die feststellen könnte, was Retzlaw auszusagen beabsichtigt. Ich denke, wenn man dem Retzlaw klar machen kann, daß meine Bemerkungen keineswegs gegen Schönherr als Person etc gerichtet sind und vor allem seine Hilfe für Emigranten nicht angezweifelt wird, könnte man ihn vielleicht „neutraler" stimmen. Immerhin müßte das sehr vorsichtig behandelt werden.

Könntest du an Carola (von der ich nichts mehr gehört habe)

schreiben, noch nach Frankfurt? Sie wird doch sicher nach Frankfurt vor ihrer Abreise noch kommen.

Ich werde ganz vage und allgemein an die Kirchgatter bereits schreiben! Retzlaw läuft doch sicher mit dem Brief bereits im Verlag herum ...

Herzliche Grüße
Franz

Ich bin für die beiden nächsten Wochen in Glücksburg zu erreichen.

Ich habe auch an die Eva Marcu geschrieben. Möglicherweise, daß Sie etwas weiß. Valeriu Marcu war ja noch lange mit S[chönherr] in Verbindung.

694. AN CLÄRE JUNG
7/30 [1962]

Liebe Claire,
vielen Dank für deine schnelle Antwort.

Bitte schreibe die erwähnten Zeitungsausschnitte[1] ab, wenn möglich nach hier in 2 Exemplaren.

Leider scheint der Morgenpostartikel[2], der ja auch um die gleiche Zeit erschienen sein muß, nicht dabei. Er ist gezeichnet Friedr. Strindberg.

Kannst du vielleicht zufällig erfahren, ob Aufricht noch existiert und eventuell wo?

Viele Grüße
Franz

Ich bleibe hier etwa 3 Wochen.

1 Aus: *Der Angriff* (Nr. 114 vom 3.6., Nr. 115 vom 4.6.1932); *Das 12 Uhr Blatt* (Nr. 129 vom 4.6.1932); *B.Z. am Mittag* (Nr. 133 vom 4.6., Nr. 143 vom 16.6.1932); *Tempo* (Nr. 136 vom 13.6.1932); *8 Uhr-Abendblatt* (Nr. 137 vom 14.6.1932).
2 f.str. (= Friedrich Strindberg) „Männer von Mahagonny. Von der Drei-Groschen-Oper zum Groschenkeller". In: *Berliner Morgenpost* Nr. 142 vom 14.6. 1932, 3. Beilage.

695. AN ADOLPH WEINGARTEN
8/2 [1962]

Lieber Adolph, ich fürchte, du hast die Situation und auch mich mißverstanden.

Um die Frau Fuchs ausfindig zu machen, solltest du die Eva Marcu anrufen, diese wohnt 400 Central Park West – die Frau Fuchs hat gewohnt 100 Morningside Drive – übrigens deine Hauptreferenz, dieser Schreibmaschinenhändler, kennt die Adresse sehr gut. Aufricht kannst du auch über die Frau Marcu eventuell erreichen, oder Näheres erfahren über die Lotte Lenia – die wird auch aufzufinden sein. Schließlich könntest du nachfragen über den Aufbau – wenn Aufricht gestorben sein sollte, wird man es dort wissen, zum mindesten auch wissen, ob und wo die Frau etwa noch zu erreichen sein wird.

Für dich scheint das allerdings mehr ein Spaß zu sein – leider für mich nicht. Ich hoffe, daß du für deine Vermutungen über den Retzlaw mir wenigstens, wenn es darauf ankommt, zur Verfügung stehen wirst.

Ich schreibe, was die Adressen Nachfrage anlangt, auch an die Frida St Sauveur. Vielleicht kann diese etwas herausfinden.

Von hier gehen einige Zeitschriften etc an dich ab. Leider war hier soeben die Polizei und hat Druckplatten und Bücher von Panizza beschlagnahmt, so daß die Möglichkeit für mich hier eine Stütze zu finden, auch inzwischen vorbei ist. Bitte lache nicht darüber – schließlich war dies meine letzte Reserve.

Besten Gruß
Franz

696. An Eduard Reifferscheid,
Hermann Luchterhand Verlag
Glücksburg/Ostsee, 8/4 62
2 Tingplatz c/o Petersen

Sehr geehrter Herr Reifferscheid,
Zu dem Entwurf eines Antwortschreibens an Frau Hesterberg möchte ich zunächst einige Vorbemerkungen noch vorausschicken:

1) Frau Claire Jung, Berlin-Pankow, Damerowstraße 46, war im Deutschen Korrespondenz Verlag, über den die Schönherr-Beye Geschäfte abgewickelt wurden, von 1929 bis 1932 tätig. Sie ist bereit mir bezw uns im Falle eines Prozesses zur Verfügung zu stehen. In ihrem Besitz befinden sich fast alle in Betracht kommenden Zeitungsausschnitte über den Schönherr-Beye Prozeß, aus dem Angriff, B.Z. am Mittag, 12 Uhr Blatt, Stettiner Zeitung, Tempo, 8 Uhr Abendblatt, Soziale Bauwirtschaft und zwei weitere ohne Angaben. Ich habe sie um die Unterlagen bezw Abschriften gebeten.

Sie wird versuchen über Frau Weigel den Verbleib von Aufricht, dessen Frau und der beiden Aufricht Söhne festzustellen.

Es ist fraglich, ob uns Frau Weigel als Zeugin eventuell zur Verfügung stehen wird; zwischen ihr und mir sind größere persönliche Differenzen.

2) Herr Paul Guttfeld, Kirjat Bialik, Kalaniotstr 16 Israel war im Deutschen Korrespondenzverlag in meiner Vertretung als Geschäftsführer tätig. Er hat die Verbuchungen über die Schönherr-Beye Geschäfte, soweit sie über den Verlag gingen, durchgeführt, hatte aber auch genaue Kenntnis über die Verbuchungen, die von Schönherr über die Goldschmidt Rothschild Bank in Potsdam durchgeführt wurden. Herr Guttfeld schreibt mir, daß er mir als Zeuge zur Verfügung stehen würde. Er schreibt weiter: „Es mag natürlich sein, daß die Hesterberg nichts von den fragwürdigen Mitteln der Finanzierung gewußt hat, weil es Schönherr darauf ankam, vor ihr als vermögender Mann zu erscheinen, aber sie ist trotzdem zu intelligent, als daß man ihr den guten Glauben zubilligen könnte. Schönherr hat seine Stellung als Prokurist auf rechtlich nicht billige Weise ausgenützt, Wechsel in Umlauf gesetzt, die nicht gedeckt waren etc. Die

Leute der Potsdamer Bank werden sicher ein besseres Urteil über Schönherr abgeben können, ich glaube einer der Warburgs ist noch in New York tätig? Ein wichtiger Zeuge könnte natürlich Beye sein, die Frage ist nur, ob er bereit sein wird, sich selbst zu belasten ... Selbst wenn die Klage der Hesterberg abgewiesen wird, woran ich nicht zweifeln kann, wird es Nerven und Ärger ... kosten, wobei dann noch zu berücksichtigen ist, daß zu viele Leute heute noch daran interessiert sind, deine Darstellung als falsch zu erklären."

3) Eine mögliche Zeugin in diesem Teilabschnitt wäre Frau Lotte Lenia, die ich über einen New Yorker Freund jetzt zu erreichen versuche.

Dazu möchte ich generell bemerken: Für die Charakterisierung der Vorwürfe der Frau Hesterberg scheint wichtig, daß Vorwürfe erhoben werden gegen eine Darstellung, an deren Wahrheit überhaupt nicht zu zweifeln ist.

Das Mißverständnis (böswillig oder unbedacht) liegt darin, daß eine im Negativen betonte Charakterisierung von Schönherr weder beabsichtigt noch erfolgt ist (obwohl ich selbst allen Grund dazu gehabt hätte).

Durch das Devisenverfahren gegen Schönherr, Beye, Jung etc sind alle schwebenden Geschäfte storniert worden, besonders die Bauverträge der Bauhütten in Paris und es sind über die Potsdamer Bank Verluste entstanden, die 100 000 Mark überstiegen haben dürften. Leidtragender in erster Reihe war der deutsche Metallarbeiter Verband, dessen „Tägliche Gelder" Schönherr in der Bank verwaltete. Wer die Verluste getragen hat und wie hoch, ist damals vertuscht worden, ich nehme an, von oben her durch die SPD Leitung, die damals auf alle Fälle jeden „Skandal" zu vermeiden suchte (aber im Partei Archiv dürften Materialien zum Fall „Bauhütten" noch zu finden sein). In irgendeiner Form hat – meiner Annahme nach – Schönherr die Verluste später wettgemacht, in finanzieller durch die Übertragung von Partei Eigentum nach dem Ausland, einen Teil hat der Vater, meines Wissens ein Dentist in einer sächsischen Stadt, zurückgezahlt, in Wirklichkeit hat der Vater sein Vermögen verloren – dafür sind Zeugen vorhanden, an die sich damals der Vater hilfesuchend gewandt hat.

Ich will mit dieser Darstellung hier zeigen, daß es für Frau Hesterberg vorteilhafter wäre und für ihre Hintermänner

(Theodor Beye lebt in Freiburg und hat nach wie vor als juristischen Helfer den Justitiar Dr. Haensel[1] – den Matterhorn Dichter – hinter sich), den Fall wenn überhaupt als eine Nachforderung für Wiedergutmachung aufzurollen, wozu ich durchaus bereit wäre Schützenhilfe zu leisten. Mich erneut als Angriffsobjekt zu benutzen – dabei wird nichts herauskommen als höchstens diesmal allerdings meine energische Gegenwehr, rücksichtslos und ohne Pardon. (Ich bin nicht derselbe von 1930/31 – das werden die Beye, Haensel und die Hesterberg erfahren.)

Zur Gestapo-Zitierung
Selbstverständlich wird es Frau Hesterberg möglich sein ein Papier oder einen Anstellungsvertrag zu produzieren, demzufolge Schönherr im Auftrage eines deutschen Bankenkonsortiums zur Registrierung deutschen Fluchtvermögens in Frankreich tätig gewesen ist. Ich dagegen kann nicht ein Papier der Gestapo oder des SD bringen, daß diese Tätigkeit in Verbindung oder im Auftrag mit dem SD zu erfolgen hat. (Rein technisch sind solche Vollmachten nicht schriftlich und zum Vorzeigen niedergelegt worden. Das weiß der Dr Haensel wie die Hesterberg ebensogut wie ich.)

Dagegen habe ich aus dem Kreis um den früheren Dr. Levi verschiedentlich in New York gehört, daß Schönherr eine solche Tätigkeit ausgeübt hat; manche haben sich sehr skeptisch dazu geäußert, manche darauf hingewiesen, daß immerhin Schönherr mit dieser Tätigkeit vielen Emigranten geholfen hat. Aber das ist eben nur das „Hörensagen" und das Gericht braucht das nicht anzunehmen, weder als Atmosphäre noch als Beweismittel.

Ich bin dabei, die Frau von Georg Fuchs (GF ist schon seit einigen Jahren verschieden) aufzufinden, die vielleicht noch den Brief, den Schönherr an Fuchs geschrieben hat, besitzt.

Ebenso Herrn Ernst Aufricht – bisher ist es mir noch nicht gelungen. Aber ich werde in einigen Tagen sicher wissen, wer von den Aufrichts noch lebt. Die Aufricht sind die neu Geschädigten durch die Kombination Messing-Schönherr – in einem Falle konnte Schönherr nicht mehr helfen. Über das Problem Messing habe ich in dem Vorbericht schon geschrieben.

Hier steht die Frage: Wünscht die Frau Hesterberg wirklich, daß (und in reiflicher Überlegung) diese Sache breit aufgerollt wird?

Ich werde schon noch Zeugen beibringen können, die Äußerungen Aufrichts in dieser Hinsicht gehört haben (Hans Sahl zum Beispiel, obwohl er nicht gerade mir freundlich gesinnt ist, oder auch Frau Lenia). Aber ich bin bereit, den Kampf aufzunehmen, nicht nur bereit, sondern warte jetzt geradezu darauf. Ich habe mich die ganze Zeit davor gedrückt, das Thema der deutschen Emigration, die so larmoyant und „heroisch" meist dargestellt wird, anzufassen, den ganzen Schmutz, das Zwielichtige und alles das, wo auch der Fall Schönherr hineingehört. Nachdem ich den ersten Schock und die ersten Depressionen nach dem Brief der Hesterberg hinter mir habe, bin ich bereit, den Kampf aufzunehmen generell und im Einzelfall hier gegen eine Frau, die nicht den Ruf verdient, in den sie sich für ihre alten Tage flüchtet. Ich habe für ihre Charakteristik noch andere Waffen bereit, einen Freund von Schönherr, den verstorbenen Valeriu Marcu, der das Verhältnis Schönherr-Hesterberg gut genug kennt, darüber geschrieben und gesprochen hat, dessen Frau, New York, 400 Central Park West, mir jederzeit als Zeugin zur Verfügung stehen würde, falls ich sie darum bitte. Der Kampf würde nur *einen* auf der Strecke lassen, meinetwegen mich selbst. Ich erwarte sowieso nichts mehr von den Exponenten dieser Gesellschaft.

Ein Zeuge, auf den Frau Hesterberg sich beruft, ist Karl Retzlaw alias Gröhl, zur Zeit noch im Gnadenbrot bei der Frankfurter Rundschau und dem Herausgeber Gerold irgendwie liiert. Um diesen Gröhl liefen in der Emigration und in den Veteranenkreisen der KPD und SPD die wildesten Gerüchte, Informant und Denunziant nach allen Seiten – daher auch der Namenswechsel. Diesen Mann vom Zeugenstand zu jagen ist ein Kinderspiel. Mir hat der Mann immer leid getan, weil er sehr körperbehindert ist, und die mir nahegestandene Ruth Fischer sich immer für ihn eingesetzt hat. Ruth Fischer kannte seine Vergangenheit genau – nachdem diese jetzt gestorben ist, traut sich Gröhl-Retzlaw anscheinend vor. Ich habe übrigens erst in diesen Tagen erfahren, daß Gröhl, noch vor dem Erscheinen meines Buches, plötzlich gegen mich diffamierende Briefe geschrieben hat – ich nehme an aus Angst, daß ich über ihn irgendwelche Enthüllungen machen würde, warum? Ich kenne ihn kaum und er ist mir ganz uninteressant. Er wird jetzt interessant in Verbindung zu der Hesterberg.

Lieber Herr Reifferscheid, damit schließe ich meine Seite dieses Falles. Ich mußte Ihnen das so ausführlich begründen, damit Sie mich verstehen. *Ich will von Ihnen keine Hilfe* – ich werde aber mich Ihren Interessen unterordnen, soweit Sie es für notwendig erachten. Ich tue alles, was Sie vorschlagen und warte ab, bis Ihre Interessen gesichert und der Verlag vor Schaden bewahrt werden kann.

Sie machen den Kompromiß für den Verlag (und für mich mit) und ich warte ruhig ab – das heißt, ich werde für mich als Person nichts unterschreiben – wird auch kaum nötig sein – ich komme später, wenn die Gefahr eines Schadens für den Verlag vorbei ist, und das ist dann ausschließlich meine persönliche Sache. Ich glaube nicht mal, daß sich die Abrechnung vor der breiteren Öffentlichkeit abzuspielen braucht.

Nachdem die Sache einmal wieder aufgerührt ist, der ganze Schmutz, darf ich Ihnen sagen, *hinnehmen* (wie früher) tue ich es diesmal nicht.

Selbstverständlich, falls es zu einem Prozeß kommt, werde ich dem Verlag zur Verfügung stehen, wo und wann Sie wollen.

Mit freundlichen Grüßen
F Jung

1 „Der Kampf ums Matterhorn. Tatsachenroman", Stuttgart 1930.

697. AN ARTUR MÜLLER
[12. August 1962]

Lieber Artur Müller,
ich sende Ihnen meine Antwort auf den Briefvorschlag des Verlages (bitte senden Sie mir bei Gelegenheit zurück – ich habe für beide keine Copien mehr).

Ich kann mir nicht helfen, ich bin die letzten Tage über leider immer mehr in die aggressive Abwehr geraten – es gibt auch für den Wurm Grenzen, wieweit man ihn treten kann.

Mag der Verlag machen, was er will – ich behalte mir für das Ende und das „Nachher" freie Hand vor.

Ich werde in einer Schrift „In eigener Sache"[1] das ganze

Zwielichtige der Emigration behandeln – gleich, wer dann auf der Strecke bleibt. Jedenfalls bestimmt nur *einer* – meinetwegen ich selbst.

    Viele Grüße und Dank für die Übersendung der Post
              Ihr Franz Jung

---

1 Vermutlich nicht geschrieben, aber in Elementen im Brief an Frank Benseler vom 26.9.1962.

698. An Ulrich Müller
Hasselberg/Ostsee, 8/12 [1962]
Post Schwackendorf b/Jahn

Lieber Ulrich Müller,
bitte könnten Sie bei der Dresdner Bank Stuttgart anrufen für mich? Es handelt sich darum, daß der Süddeutsche Rundfunk, Verwaltungsdirektion mir unter dem 26. Juli nach Paris (Brief ist erst jetzt überwiesen worden) mitgeteilt hat, daß ein Betrag von DM 600 an mich überwiesen werden wird durch die Dresdner Bank Stuttgart – wahrscheinlich auch an die Pariser Adresse.

    Wenn das geschehen ist, könnte die Bank diesen Betrag, der ja zurückgekommen ist oder noch kommt, an mein Konto bei der Bank of America, Zweigstelle Düsseldorf weiter überweisen – oder ist dies vielleicht schon sowieso geschehen.

    Könnten Sie das durch einen Anruf feststellen und mir nach hier mitteilen? Möglichst noch bis etwa 20. August – länger werde ich kaum hier bleiben. Der Ort liegt sehr abseits, Post alle zwei Tage.

    Ich werde wohl nach Hamburg erst gehen und dann direkt nach Paris.

    Wahrscheinlich sind Sie jetzt allein im Haus?
    Viele Grüße
              Ihr Franz Jung

699. AN CLÄRE JUNG
[Anfang August 1962]

Liebe Claire, die Leute, an die ich nach New York geschrieben habe, wegen der Aufricht Adresse funktionieren leider nicht. Ich habe den Eindruck, die nehmen die Sache nicht ernst genug, sondern halten es für einen Propagandasting von mir.

Leider ist es bitter ernst.

Ich muß wenigstens angeben können, ob Aufricht noch lebt und wo und falls verstorben, ob die Frau noch lebt.

Bitte frage doch bei Helene Weigel an – wenn sie vielleicht mir nicht gerade wohlgesinnt ist, sie wird doch sicher Auskunft geben können.

Hier ist inzwischen eine neue Katastrophe eingetreten. Die Petersen Press, die den Fall Grosz herausbringen wollte und auf die ich mich überhaupt stützen wollte, ist einer Haussuchung unterlegen, Druckplatten etc von Panizza sind beschlagnahmt worden und der Petersen erwartet jetzt einen Gotteslästerungsprozeß, dh er wird mindestens für die nächste Zeit völlig zur Untätigkeit verurteilt.

Ich fürchte, im Laufe dieser Serie von Rückschlägen wird es auch mit mir zu Ende gehen.

Praktisch habe ich hier niemanden, der mir helfen würde.

Immerhin solange noch viele Grüße
Franz

700. AN CLÄRE JUNG
Hasselberg/Ostsee, 8/17 [1962]
Post Schwackendorf b/Jahn

Liebe Cläre, die Adresse von Aufricht ist Berlin-Halensee Xantenerstr 5. Wie ich glaube, steht er indessen merkwürdigerweise nicht auf meiner Seite[1], deswegen meldet er sich auch nicht. Merkwürdig, weil ich alles was ich von Schönherr weiß, von ihm gehört habe.

Der Verlag hat gegen meinen Willen (und Wissen) ein Kompromißangebot an die Hesterberg gemacht.

Mich trifft das alles schwer, weil ich es einfach nicht für

möglich gehalten hätte, diesen menschlichen Tiefstand.

Ansonst ist mir die Hesterberg und die ganze Clique dort in München völlig gleichgültig.

Viele Grüße und Dank für deine Bemühungen, ich glaube die Zeitungsausschnitte sind nicht mehr nötig.

Viele Grüße
Franz

1 Vgl. Ernst Josef Aufricht „Erzähle damit Du Dein Recht erweist". Berlin 1966, S. 125.

701. AN ADOLPH WEINGARTEN
Hasselberg/Ostsee, 8/17 [1962]
Post Schwackendorf b/Jahn

Lieber Adolph,
ich habe inzwischen die Adresse von Aufricht erfahren, er wohnt Berlin-Halensee Xantener Str 5. Er scheint nicht gewillt mir in der Sache Hesterberg behilflich zu sein, eher auf der Gegenseite. Dagegen habe ich gegen Retzlaw-Gröhl alias Friedberg alias Erde Material von Hans Jäger, London, der auch einiges zu Schönherr beitragen wird. Leider alles zunächst zu spät, der Verlag hat gegen meinen Willen von sich aus bereits einen Kompromiß Vorschlag[1] an die H[esterberg] gemacht.

Das berührt mich tief.

Besten Dank für deine Bemühungen
Franz

1 Reifferscheids vierseitiger Brief an Trude Hesterberg vom 2.8.1962 läuft darauf hinaus, daß der Auslieferungsstop nicht aufrecht erhalten werden könne und schließt mit dem Satz „Ich setze Ihr Einverständnis voraus, diese Sache als erledigt anzusehen. Wenn auch Herr Jung mit einem solchen Vorschlag einverstanden ist, würde der Verlag bereit sein, Ihre Gegenerklärung an der entsprechenden Stelle jedem ausgelieferten Exemplar des Buches beizufügen." Nachdem der Verlag den Gegenvorschlag von Trude Hesterberg, *Jung* solle dem Buch eine Berichtigung beigeben, abgelehnt hatte, wurde der Auslieferungsstop Ende September aufgehoben.

702. AN CLÄRE JUNG
Glücksburg/Ostsee, 8/18 [1962]
b/Jes Petersen 2 Tingplatz

Liebe Cläre, ich habe die Abschriften erhalten. Es tut mir jetzt leid, daß du dich so bemüht hast, denn ich werde sie kaum brauchen, nachdem der Verlag über meinen Kopf hinweg ein Kompromiß Angebot gemacht hat – er will anscheinend jedem Prozeß ausweichen, damit bleibt natürlich für die Hesterberg und den ganzen Theater Klüngel der Weg frei alles mögliche zu behaupten und abzustreiten. Daß ich noch einmal in diesen Dreck da hineingezogen werden würde, habe ich mir allerdings nicht träumen lassen. Ob Aufricht jetzt auch noch von nichts mehr wissen will, ist das schon egal – ich brauche ihn praktisch sowieso nicht.

Ich habe nur absolut keine Lust mehr, hier weiter zu schreiben etc. Ich gehe wieder nach Paris zurück, und dann muß ich sehen, ob ich dort oder wo immer bleiben kann.

Für die Petersen Press (der Junge hat wegen Panizza auch noch gerade ein Verfahren auf dem Hals) wollte ich eine Schriftenreihe herausgeben und habe auch schon eine Einführung dazu geschrieben – den Prospekt lasse ich dir in diesen Tagen zugehen – aber ich fürchte, ich habe jetzt keine Lust mehr dazu.

Hoffentlich bist du gesund, und es geht dir gut
viele Grüße
    Franz

703. AN ERNST AUFRICHT
Stuttgart-Degerloch, 8/18 62
Raffstr 2 b/Müller

Lieber Aufricht, du hast vielleicht schon gehört, daß Frau Hesterberg gegen mich bezw den Luchterhand Verlag einen Prozeß anstrengen will wegen einiger Behauptungen, die in meinem Buch „Der Weg nach unten" über Dr Schönherr enthalten sind.

Ich hatte erst vor, dich als Zeugen anzugeben über einige Seiten der Tätigkeit des Dr Schönherr in Paris.

Ich konnte aber deine Adresse nicht erfahren, zeitgerecht, um den Anwürfen der Frau Hesterberg entgegentreten zu können, und habe es so sein gelassen – ich komme auch ohne dein Zeugnis aus.

Ich bin eigentlich mehr entsetzt über das Zeichen menschlichen Tiefstands, den ich in dem Vorgehen der Frau Hesterberg feststellen muß. Der Prozeß selbst ist mir völlig gleichgültig, wenn auch natürlich alles wieder aufgerollt werden muß, das ich längst für mich überwunden und vergessen geglaubt hatte.

Mir ist es bei der Erwähnung der Schönherr-Beye überhaupt nicht darauf angekommen, irgendjemanden anzuprangern oder etwa mich zu rächen, beinahe mehr im Gegenteil: ich spreche über mich selbst und erwähne die Vorgänge nur nebenbei und ausschließlich im Zusammenhange mit meiner eigenen Situation. Leider ist es mir eben nicht erspart geblieben jetzt in diese Atmosphäre noch etwas tiefer vorzustoßen, was auch wieder noch schmerzlicher für mich sein wird, dem ich aber mich nicht entziehen werde.

Ich schreibe dir diesen Brief, weil du sicher erfahren wirst, daß ich an verschiedene Leute geschrieben habe nach deiner Adresse.

Mit besten Grüßen
Franz Jung

704. AN FRITZ PICARD
8/20 [1962]

Lieber Picard, ich nehme an, daß Sie schon wieder in Paris zurück sind, zum mindesten eine Ihrer Angestellten.

Sie müssen sich doch vorbereiten nach Frankfurt zur Buchmesse zu fahren, also werden Sie sich schon wieder mit Geschäften befassen müssen.

Meine Geschäfte bringen Ihnen allerdings nichts ein, eher das Gegenteil. Ich möchte Sie bitten, beim Hotel du Dragon vorbeizugehen und nach Post zu fragen und diese mir nach hier zu schicken – falls das noch bis Ende des Monats geht. Dann fahre ich von hier weg, zunächst nach Hamburg.

Ich werde, was Sie auch dem Patron im Dragon sagen können, so etwa um den 10. September herum in Paris zurück sein. Gebe noch genauen Termin.

Inzwischen habe ich mit dem Buch Schwierigkeiten. Die Hesterberg hat dem Verlag eine Klage angedroht und dieser, um einem Prozeß auszuweichen, hat über meinen Kopf einen Kompromiß Vorschlag gemacht, den ich in dieser Form bestimmt nicht annehmen kann, so daß ich das Buch von Luchterhand wegnehmen muß oder einfach einstampfen lassen muß, was mir offengestanden am liebsten wäre. Dann habe ich völlig freie Hand gegen die Hesterberg, die angeblich die Ehre ihres verstorbenen Mannes, des Dr. Schönherr, zu schützen vorgibt. Wir werden ja sehen ... diesmal kommt sie mir nicht mehr so leicht weg. Ich hatte sie eigentlich schon ganz vergessen.

Mit vielen Grüßen
Franz Jung

705. AN EMIL SZITTYA
Hasselberg/Ostsee, 8/28 62

Lieber Szittya, ich nehme an, daß Sie aus den Ferien zurück sind und auch sonst bei guter Gesundheit und Laune.

Ich werde so um den 10ten zurück in Paris sein und meine Übersiedlung nach Spanien vorbereiten.

Die Dinge entwickeln sich hier sehr ungünstig für mich. Gegen den Luchterhand Verlag und gegen mich läuft eine Klage der Frau Trude Hesterberg wegen Beleidigung etc, Verleumdung des Dr Schönherr – wofür es mir im Augenblick sehr schwer fällt Zeugen für meine Darstellung aufzutreiben, einige sind auch bereits verstorben. Der Verlag hat vorerst den Vertrieb eingestellt, vermutlich um einer einstweiligen Verfügung zuvorzukommen. Das Ganze läuft auf eine Erpressung gegen den Verlag hinaus, der Verlag sucht einen Kompromiß, ich werde aber die Sache allein ausfechten und dabei wahrscheinlich den Verlag so oder so verlieren.

Gegen Petersen läuft ein Verfahren wegen des Panizzas – er hat einige Unterstützung in der großen Presse, aber der Staatsanwalt wird sich wenig beeinflussen lassen. Vorläufig sind alle unsere Pläne dort aufgeflogen. Ich kündige zwar noch die Pamphlet Serie[1] in einem Prospekt[2], der erst auch noch mitbeschlagnahmt war, aber inzwischen freigegeben worden ist, an – aber ich glaube, wir werden die Serie selbst nicht mehr drucken können.

Ich fahre von hier über Hamburg – Stuttgart nach Paris.

Empfehlung an Ihre Frau.

Viele Grüße

Ihr Franz Jung

1 „Gegner" oder „Herausforderung".
2 „Meinen Gruß zuvor".

706. AN ADOLPH WEINGARTEN
Kappeln an der Schlei, 8/31 [1962]

Lieber Adolph, wie geht es bei Dir – hoffentlich leidlich. Habe lange nichts mehr von Dir gehört, ebenso keine Nachricht von Carola. Vom 9/10 ab bin ich wieder in Paris.

Viele Grüße

Franz

707. AN ARTUR MÜLLER
[September 1962]

Lieber Artur Müller,
eben erhalte ich Ihre kurze Mitteilung betr Verbindung zu Otten.

Das ist mit ihm immer dasselbe – ich kann diese Hysterie nicht mehr mitmachen. 1) ich habe ihm schon damals von Paris aus mitgeteilt, daß ich wieder die Verbindungsadresse Stuttgart bei Ihnen benutzen würde. 2) er hat davon keine Kenntnis genommen (vielleicht verständlich, wenn ihm alles erst vorgelesen wird, was er dann natürlich leicht vergißt). 3) wahrscheinlich wünscht die Frau überhaupt nicht einen zu engen Kontakt zwischen ihm und mir (ich habe dafür einige Indizien). 4) den Brief der Hesterberg hat der Verlag erst an Otten geschickt, ehe er an mich den Brief etc geschickt hat. In einem 2. Brief schreibt der Verlag dann die Antwort bereits von Otten, der darin erwähnt, daß er seit langem zu mir keinen Kontakt mehr hätte (eine Bemerkung, die mich gleichfalls sehr betroffen hat). 5) ich habe damals ebenso wie an Sie den Brief auch an Otten geschickt (ohne zu wissen, daß er vom Verlag bereits unterrichtet war), dann den zweiten Brief an den Verlag (in Copie) mit meiner ausführlichen Stellungnahme (ich konnte Ihnen diese nicht schicken, weil ich zu wenige Copien hatte). Das heißt, daß Otten sofort und über alles von mir unterrichtet worden ist, eben mehr als andere.

Wenn jetzt Otten (aus der Luft heraus) wünscht, daß ich ihm persönlich meine Adresse schicken soll, mich persönlich sozusagen bei ihm melde, *so werde ich das nicht mehr tun.* (Ich kann nicht mehr diese Hysterie mitmachen.) Ich kann auch einfach nicht mehr ertragen, daß zunächst hinter meinem Rücken der Verlag ein Gutachten von Otten einholt. Ich lege Ihnen die Sondernummer der Aktion für Otten[1] bei – wenn Sie wollen, schicken Sie die No an Otten, aber von sich aus, nicht von mir.

Tut mir leid über solche Irrgänge etc zu schreiben, ich wünschte, ich könnte Ihnen mehr Persönliches schreiben.
　Viele Grüße
　　　Ihr Franz Jung

1 *Die Aktion* vom 3.11.1917.

708. AN FRITZ PICARD
Glücksburg, 9/3 62

Lieber Picard,
bitte gehen Sie zu der Frau vom Hotel Du Dragon und bestellen Sie für mich ein Zimmer. *Vielleicht wieder die No 40 im Seitengebäude.* Ich treffe *Samstag* den 8ten in Paris ein, wahrscheinlich erst am Nachmittag. Eventuell bitten Sie Ihre freundliche Assistentin dies für mich zu tun.
　Alles Gute für Sie und besten Gruß
　　　Franz Jung

709. AN HELMUT HEISSENBÜTTEL
Glücksburg, 9/3 62

Lieber Herr Heißenbüttel,
ich werde diesen Donnerstag und Freitag in Stuttgart sein. Sobald ich in der Stadt bin, werde ich telefonisch anrufen, ob und wann Ihnen mein Besuch genehm ist.
　Mit besten Grüßen
　　　Franz Jung

710. AN CLÄRE JUNG
9/4 62

Liebe Cläre,
ich fahre morgen wieder weiter nach Paris. Dort bleibt meine alte Adresse.
　Die Adresse von Aufricht hat sich leider als falsch erwiesen, der Brief ist zurückgekommen.
　In der Sache Hesterberg nichts Neues, der Verlag verhandelt immer noch. Ich fühle mich ziemlich schlecht.
　Dir geht es hoffentlich besser.
　Viele Grüße
　　　Franz

711. AN HELMUT HEISSENBÜTTEL
Hasselberg/Ostsee [September 1962]
Post Schwackendorf b/Jahn

Lieber Herr Heißenbüttel,
es ist nicht so sicher, daß ich auf der Rückreise nach Paris wieder durch Stuttgart kommen werde.
　Wir werden uns also kaum da sehen können.
　Den Fuhrmann Auswahlband werden Sie nehme ich an direkt von der Darmstädter Akademie bekommen.
　Inzwischen habe ich selbst mit meinem Buch Schwierigkeiten, als die Frau Trude Hesterberg den Verlag wegen einiger

darin gegen ihren verstorbenen Mann gerichteten Äußerungen, den Dr. Schönherr betreffend, verklagen will. Der Verlag verhandelt über meinen Kopf hinweg und ich weiß daher auch nicht, wie die Sache im Augenblick steht.

Über den kleinen Petersen Verlag[1] hier kündige ich eine kleine Schriftenreihe[2] an. Ob sie zustande kommt, weiß ich nicht, weil der Verlag ja selbst wegen Panizza im Augenblick große Schwierigkeiten hat.

Zwischen uns bleibt noch offen, was mit dem Wilhelm Reich Essay geschieht? Ich wäre Ihnen dankbar, wenn Sie mir noch nach hier eine Antwort zukommen lassen würden – ich bleibe noch bis Ende des Monats unter obiger Adresse.

Mit besten Grüßen
Ihr Franz Jung

1 Petersen Press, Glücksburg.
2 Unter dem Titel „Meinen Gruß zuvor" kündigte Jung in einem Prospekt der Petersen Press eine Flugschriftenreihe an, die auf dem Gedanken der mit Karl Otten und Artur Müller diskutierten Pamphletserie basierte. Das erste Heft sollte das Evangelium des Marcion enthalten. Aus der Reihe ist nichts geworden.

712. AN HELMUT HEISSENBÜTTEL
Paris 6e, 9/10 62
36 rue du Dragon

Lieber Herr Heißenbüttel,
leider habe ich Sie auf der Durchreise in Stuttgart nicht angetroffen.

Ich möchte Sie bitten, mir wenn irgendmöglich nach hier mitzuteilen, ob Sie den Reich Aufsatz verwenden können – so oder verändert oder überhaupt nicht. Mein Kartenhaus ist sehr schnell zusammengebrochen, Sie haben sicherlich schon gehört, daß die Hesterberg den Luchterhand Verlag meines Buches wegen verklagen will – die beiden Parteien verhandeln und ich werde stets vor vollendete Tatsachen gestellt. Notwendig daher, sich jetzt von mir aus vom Verlag zu distanzieren, so daß ich endlich dazu komme, mich selbst dann mit dieser Person zu beschäftigen.

Was sonst an Trümmern zurückgeblieben ist, muß ich jetzt zusammenklauben.

Trotz all dieser persönlichen Schwierigkeiten möchte ich bei Ihnen eine Empfehlung für einen jungen Mann, den ich in Schleswig getroffen habe, anbringen, Dr Erasmus Jonas, glaube, [er] hat auch vor einigen Jahren Gedichte im Hanser Verlag veröffentlicht und hatte irgendeine Funktion im Soc Studenten Bund. Der Jonas arbeitet an einem Essay über die Schleswiger Bauernrevolten Ende der 20er Jahre und möchte das ausweiten generell auf die junghegelianische Epoche, in der auch der junge Marx noch tätig war, die Avantgarde der 40er Jahre im vorigen Jahrhundert mit einer engagierten intellektuellen Jugend – genau wie heute – apolitisch und der deutschen Schnupftabakrevolution der 48er völlig teilnahmslos gegenüberstehend. Diese ganze Epoche ist völlig vergessen, die Zeitschriften, so interessante Parallelen sie zu heute bringen, völlig unbekannt. Darf ich diesen Jonas ermuntern, an Sie zu schreiben?

Mit freundlichen Grüßen
Franz Jung

713. AN CLÄRE JUNG
Paris 6e, 9/11 62
36 rue du Dragon

Liebe Cläre, wie du siehst, bin ich zur alten Adresse wieder zurückgekehrt.

Ich habe mit dem Hesterberg Prozeß sehr großen Ärger. Weniger weil ich etwa den Prozeß fürchte, im Gegenteil, ich würde sehr gern mich mit diesem Klüngel auseinandersetzen, als einfach der Verlag mich beiseite schiebt. Verlag und die Hesterberg verhandeln hinter meinem Rücken, ich höre nichts davon und werde jeweils vor vollendete Tatsachen gestellt, ohne daß ich überhaupt zu Worte komme.

Ewig kann das nicht so weiter gehen und ich werde mich wohl oder übel einfach von dem Verlag trennen und auf eigene Faust und Rechnung eine Schrift – etwa „In eigener Sache" – zu den damaligen Vorgängen 30/31 loslassen.

Damit werde ich dann wahrscheinlich auch jede Basis in diesem deutschen Unterhaltungsgewerbe, die wie Kletten zusammenhängen und sich gegenseitig decken, verlieren. Soll es so sein.

Herr Aufricht drückt sich offensichtlich vor einer Zeugenaussage. Der Brief an die Adresse, die mir Otten vermittelt hatte, kam unbestellbar zurück. Eine andere Adresse habe ich nicht erfahren können. Jeder drückt sich eben, auch diejenigen, die mir zu helfen versprochen hatten.

Wie geht es dir sonst?

Ich bin dieser ganzen Rückschläge ernstlich müde und es leidet auch meine Möglichkeit weiter arbeiten zu können darunter.

Viele Grüße
Franz

---

714. AN ADOLPH WEINGARTEN
Paris 6e, 9/11 [1962]
36 rue du Dragon

Lieber Adolph, du erreichst mich wieder an der alten Adresse. Das ist lediglich Formsache. Ich will dich nicht zum Schreiben ermuntern, wenn es dir nicht liegt.

Ich bleibe hier sicherlich bis Ende Oktober und hoffe bis dahin meinen Paß verlängert zu haben. Dann würde ich nach Spanien gehen. Hoffentlich dann für die Dauer. Ich kann dieses Herumziehen nicht allzu lange mehr durchhalten.

In der Hesterberg Sache nichts Neues. Zeugen habe ich nicht auftreiben können, die von Otten gegebene Adresse von Aufricht war entweder falsch oder der Mann läßt sich verleugnen, ebenso die Lenia, die wenigstens aussagen könnte, wer die Mahagonny Aufführung bezahlt hat. Kommt es zum Prozeß, werde ich sie trotzdem als Zeugen nennen.

Sonst bekomme ich von keiner Seite Unterstützung, das Blatt wendet sich jetzt, ich habe höchst gemeine Besprechungen bekommen in der Weltwoche[1] und im Bayrischen Rundfunk, im Bücherkommentar der Deutschen Presse Agentur[2], was so etwas wie eine offizielle Stellungnahme ist. Pinthus schreibt mir, er könne seinen Artikel über das Buch nicht mehr unterbringen, entweder ausweichende Antworten oder überhaupt keine. Dies nur zu deiner Kenntnisnahme – so steht es eben.

Dieser Brief dient nur zur Durchsage meiner Adresse. Bitte schreibe mir nicht, wenn es nicht sein muß. Ich muß sehen, wie ich mich in Existenz halte – das ist nicht materiell gemeint.

Empfehlungen an Carola und viele Grüße
Franz

1 Josef Halperin „Franz Jung. Der Weg nach unten". In: *Die Weltwoche* vom 4.5.1962.
2 „Franz Jung: Der Weg nach unten". In: *dpa-Buchbrief/Kultur* vom 20.6.1962.

715. AN FRIEDA ST. SAUVEUR
Paris, 9/11 62

Liebe Frida, laß deine Phantasie[1] nicht zu sehr ins Unkraut schießen. Von einem Kompromiß in der Hesterberg Sache kann noch keine Rede sein. Ich habe nur geschrieben, daß der Verlag, statt auf meine Argumente einzugehen, sich um einen Kompromiß bemüht (den ich dann sowieso nicht unterschreiben werde und kann).

So steht die Sache. Ich bekomme von dem Briefwechsel jeweils nur die Copien, werde vor eine vollendete Tatsache gestellt, insofern ich ja für eine Antwort des Verlages an die Hesterberg nicht einmal gefragt werde. Von seiten der Hesterbg macht das Ganze den Eindruck einer völlig haltlosen und hysterisierten Person, die am besten einen Psychiater aufsuchen sollte. Hinter dieser Frau scheinen allerdings Leute zu stehen, die auf eine Erpressung gegen den Verlag aus sind – dagegen anzugehen, ist verständlicherweise das Hauptinteresse des Verlages und ich habe ihm angeboten, sich von mir und ich von ihm zu distanzieren. So sieht es aus – und gegen Mitte Oktober wollen die Parteien zu Verhandlungen zusammenkommen (nicht ich).

Leider nimmt die Affäre mir Zeit und Lust, überhaupt noch etwas zu tun. Ich kann mir nicht helfen, daß dieser unerhörte Schmutz, der da aufgerührt werden müßte, mich eben mitnimmt.

Den Dietrich[2] habe ich nicht aufgesucht. Ich hatte nur wenige Stunden in Hamburg Zeit.

Die von Otten mir angegebene Adresse des Aufricht stimmt nicht, oder der Mann läßt sich verleugnen (was durchaus möglich ist).

Der Dr Pinthus mag ganz hilfsbereit sein (was ich nicht bezweifle), mir gegenüber hat er es noch nicht gezeigt, was ich ihm durchaus nicht übelnehme. Daß mein Buch bereits ins Französische übersetzt wird, weiß anscheinend nur er selbst, ich weiß nichts davon. Ebenso eine wunschvolle Übertreibung wie daß seinerzeit Rowohlt einen Auswahlband vorbereitet, dessen erste Ankündigung von einem Brief von Pinthus an Otten stammt – später hat das Pinthus selbst widerrufen, als man ihn darauf angesprochen hat und zwar nicht mir gegenüber, sondern Rowohlt – schlimmer können sich solche Kombinationen nicht mehr verwirren. Vermutlich geht das Übersetzungsgerücht darauf zurück, daß er beim Verlag über das Buch angefragt hat und daß dieser ihm geantwortet hat, es sei einem französischen Verlag *angeboten* worden.

Deine Zeitschriften habe ich mit Dank erhalten.

Wenn dir die Möglichkeit kommt, nachzusuchen, ob einer der Sammelbände des Internationalen psychoanalytischen Verlages in Wien noch aufzutreiben ist (nicht die mehr akademische Zeitschrift IMAGO, sondern die Beschreibung von Cases, die eigentlichen Analysen) – es gab davon mehrere Bände, so wäre das sehr schön. Ich brauche das Material für das Albigenser Buch, eventuell etwas Ähnliches einer amerikanischen psychoanalytischen Gesellschaft. Wichtig ist mir Beschreibung der Neurose, Schizophrenie etc, nur die Aufzählung und Beschreibung der Symptome, die ich einfach so wie sind aufzählen und übernehmen würde.

Wie geht es sonst? Wann ziehst du um? Voriges Jahr schien dies ganz dringend bevorzustehen.

Durch die Beschlagnahme des Liebeskonzils von Panizza hier habe ich den jungen Drucker Petersen, auf den ich mich stützen wollte, wieder sehr schnell verloren. Selbst dessen Maschine ist versiegelt worden.

Viele Grüße
Franz

---

[1] Frieda St. Sauveur hatte in einem Brief an Jung vom 29.8.1962 vorgeschlagen, seine Ansicht in der Hesterbergsache in einer Zeitschrift zu äußern.

2 Den expressionistischen Dichter Rudolf Adrian Dietrich kannte F. St. Sauveur aus ihrer Dresdner Zeit. Vgl. auch Dietrichs Nachruf „Realistische Legende. Zum Tod von Franz Jung" in: *Die Andere Zeitung* vom 7.2.1963.

716. AN ARTUR MÜLLER
Paris 6e, 9/11 [1962]
36 rue du Dragon

Lieber Artur Müller, ich schicke Ihnen hier die Korrespondenz Verlag – Hesterberg und den Brief von Otten[1]. Bitte geben Sie es mir bei Gelegenheit zurück.

Ich habe von hier an den Dr. Reifferscheid geschrieben (leider ohne Copie), noch einmal meine Stellung präzisiert und darauf hingewiesen, daß in dieser bisher gewählten Form ich allein die Zielscheibe für die Hysterie der H. bin, die einen Psychiater aufsuchen sollte, und darauf aufmerksam gemacht, daß hinter ihr Leute stehen, die einen Erpressungsversuch meines Erachtens unternehmen wollen. Ich habe dem Verlag versucht klar zu machen, daß so wie sich die Sache entwickelt, ich ja überhaupt nicht in der Lage mehr bin, irgendeinem Kompromiß welcher Form immer zuzustimmen. Ich sehe die Konsequenzen: der Verlag wird sich eben von mir trennen müssen, meinetwegen das Buch einstampfen, damit ich erst einmal meinerseits zu Worte kommen kann. Ich denke an das Pamphlet zu 300 Exemplaren, das ich an die engere Umgebung der Hesterberg, die Rundfunkanstalten und Theater etc verschicke. Selbstverständlich bin ich dann auch selbst in Deutschland erledigt, aber was schadet das schon – ich bin ja sowieso erledigt.

An den von Otten aufgegebenen Herrn Jäger habe ich geschrieben. Ich habe auch an Heißenbüttel von hier aus nochmals geschrieben (obwohl ich das eigentlich nicht wollte – unkonsequent wie ich bin).

Herrn Kédros habe ich benachrichtigt – scheint aber noch nicht aus Cypern zurück.

Ich schleppe mich so gerade über die Stunden hin – ich bin schrecklich müde.

Bitte versuchen Sie doch noch einmal bei der Bank wegen

der Überweisung, ich lege die Original Überweisung bei.
Meine guten Wünsche für die Familie und viele Grüße
Ihr Franz Jung

1 Otten unterstützte Jung in seiner Auffassung, daß er einen Prozeß nicht zu fürchten hätte.

717. AN KARL OTTEN
Paris 6e, 9/14 62
36 rue du Dragon

Lieber Karl Otten, vielen Dank für Ihren Brief, den ich sogleich beantworten möchte. Ich überlasse es ganz Ihnen, ob Sie diesen oder den vorigen intern an Herrn Reifferscheid weiterleiten wollen. Ich habe nur von hier aus vor einigen Tagen den mir von dem Dr. Reifferscheid übersandten Briefwechsel Verlag – Hesterberg bestätigt und dabei auf die Unmöglichkeit hingewiesen, einen solchen Briefwechsel weiterzuführen, nur um mir nachträglich davon Kenntnis zu geben, ohne daß ich selbst in die Lage versetzt werde, *vorher* dazu Stellung zu nehmen bezw auch nur zu raten – im Grunde genommen bereits dasselbe, was ich auch Ihnen in dem letzten Briefe schrieb.

Ich werde schon mich irgendwie allmählich wieder in die Balance bringen. Ich glaube nur, daß die Herren vom Verlag auf mich etwas auch psychologisch Rücksicht nehmen sollten. Allmählich verschiebt sich ja auch die Atmosphäre – es ist doch heute so geworden, daß *ich,* bevor überhaupt irgendwelche Verhandlungen [stattfinden], so überflüssig sie überhaupt sein mögen, die Forderung auf Zurücknahme der Beleidigungen gegen mich und entsprechende Entschuldigungen zu stellen hätte – etwas, was dem Verlag völlig entgangen zu sein scheint.

Zur Sache selbst möchte ich noch einmal betonen: in den ersten Punkten, die Frau Hesterberg als Beleidigungen anführt oder „Lügen", ist überhaupt nichts zu argumentieren. Sie sind durch den damaligen Devisenprozeß[1] genügend dokumentiert, sie sind nicht als Beleidigung gedacht, wenn ich sie nur zur allgemeinen Charakterisierung der Zeit heranziehe. Daß die H[esterberg] in einer maßlos übersteigerten Eitelkeit die Erwähnung, daß der Dr. Schönherr die Kosten der Mahagonny Aufführung bezahlt hat (wer denn sonst?) und daß sie dadurch automatisch in eine zwielichtige Stellung zu den Kollegen geraten ist, ist doch nur üblich und am Theater gegeben. Wo soll da eine Beleidigung stecken? Wenn man bösartig genug wäre, könnte man zu diesen Dingen ihr eine eidesstattliche Versicherung zuschieben, um unmittelbar darauf ein Meineidsverfahren anzuregen. Das kann ja gar nicht bestritten werden. Mein damaliger Buchhalter[2] im Korrespondenzverlag, über den die Zahlungen an Aufricht, den Leiter der Produktion, gegangen sind und der jeweils das Geld von Schönherr, dh der Potsdamer Bank abgeholt hat, existiert ja noch (lebt in Israel) und wird ohne weiteres zur Zeugenaussage bereit sein.

Etwas anderes ist, daß solche Gegenargumente der Frau H[esterberg] sichtlich *wider besseres Wissen* erfolgt sind und zu welchem Zweck? Doch zweifellos um zu bluffen und, da gleichzeitig mit einer Schadensersatzklage gedroht wird, zu erpressen. Hier hätte ich doch zum mindesten den Gegenzug in der Antwortkorrespondenz des Verlages erwarten müssen.

Ich habe in dem Buch, was [ich erwähnt hätte], wenn ich mich an Dr Schönherr hätte rächen wollen, nicht erwähnt, daß in der von Dr S[chönherr] verwalteten Marcus Bank, einer Tochtergesellschaft von Goldschmidt Rothschild Co, durch die Einleitung des Devisenverfahrens 1932 große Verluste entstanden sind, in der Hauptsache dadurch, daß Dr S[chönherr] die als Tagesgeld eingezahlten Gelder der Metallarbeitergewerkschaft für seine Operationen benutzt hat, die jetzt ungedeckt verloren waren. In den Archiven des Verbandes werden sich darüber Mitteilungen finden – zwar nicht freiwillig ohne weiteres wahrscheinlich zu bekommen, aber im Gerichtsverfahren heranzuziehen. Sie sind zum größten Teil gedeckt worden, einen Teil hat die Bank übernommen, den Rest hat der Vater von Dr S[chönherr] oder sonstige Verwandte bezahlt – die Eltern haben das Haus verkaufen müssen. *Davon hat die H[esterberg] nichts gewußt?* Daß die Sache damals nicht aufgekommen ist oder nur beiläufig erwähnt in der Presse und zugleich dementiert, hing damit zusammen, daß alle Beteiligten eine panische Angst hatten (besonders der Metallarbeiterverband), den heraufkommenden Nazis nicht neues Material zu liefern.

Von der Goldschmidt Rothschild Bank lebt einer der Inhaber, ein Herr Wallach, (wahrscheinlich) noch in New York als Börsenmakler. Vielleicht auch noch einer der Herren v Zitzewitz, die nominellen Inhaber der Marcus Bank. Die Prozeßakten wären zu beschaffen bezw die Zeitungsäußerungen, aus denen alles klar genug ersichtlich ist.

Ich erwähne das alles um eigentlich zu beweisen, daß es mir um Schönherr oder etwa gar die Hesterberg überhaupt nicht ging, sonst hätte ich anderes anführen können.

In Prag ist dann Dr Schönherr in der Emigration aufgetaucht, sehr skeptisch vom Parteivorstand der SPD behandelt worden, hat aber durch einige Finanzaufträge, die er im Transfer von Fluchtvermögen durchgeführt hat, an Ansehen wieder gewonnen, es ist ihm sozusagen „verziehen" worden. Darüber wird im Parteiarchiv der SPD Material zu bekommen sein, wahrscheinlich erst auf gerichtliche Aufforderung. Aber es existiert noch ein Mann, der zeitweilig mit Dr S zusammen in diesen Dingen gearbeitet hat, Helmut Wickel, heute Redakteur bei der Gewerkschaft Chemie in Hannover (leider scheints mit mir verfeindet). Immerhin wäre er als Zeuge aufgefordert von einem Anwalt zu gebrauchen.

Völlig im Dunkeln noch geblieben ist die Rolle dieses Messing, des Vertrauten von Schönherr in Berlin, Prag und Paris, über den der Spiegel in einem seiner ersten Jahrgänge ausführlich geschrieben hat. Er besaß damals in Braunschweig eine Nachtbar und konnte von geschädigten Juden, die beim Transfer ihres Vermögens nach Paris über diesen Messing geschädigt wurden, die meisten haben alles verloren, nicht belangt werden, weil die Engländer die schützende Hand über Messing gehalten haben.

Über das Kernstück der Anschuldigungen gegen mich, die Behauptung Dr S habe im Dienste der Gestapo in Paris gearbeitet, habe ich schon lang und breit gesprochen. 1) Es ist keine Verwechslung Gestapo – SD, eine generalisierende Bezeichnung, denn es gab im Auslande keine Gestapo sondern die Tätigkeit der Gestapo im Inneren entsprach der SD im Ausland. 2) Ich habe die Äußerung über Tätigkeit des S im Rahmen der SD von mehreren Seiten in New York gehört, meistens ehemaligen Freunden des S aus der Spartakus Zeit, aber auch von Aufricht. Es scheint, ich kann diese Zeugen nicht aufbringen, entweder verstorben oder ausweichend, um nicht in einen Prozeß hineingezogen zu werden. Es sollte aber glaubhaft zu machen sein, daß ich gar keinen Grund gehabt hätte etwas derartiges zu „erfinden", denn ich knüpfe daran keinerlei moralische Kritik.

Dagegen sollte folgendes berücksichtigt werden: Schönherr, im Mittelpunkt der Verfolgungskampagne des „Angriffs" Ende 32, bekannt als Finanzierbeauftragter der SPD in Prag (das Auftreten von S spielte sich dort in aller Öffentlichkeit ab) tritt als Civilist in Paris während der Okkupation auf. Das war technisch ohne Bindungen, Kontrolle und entsprechende Registrierung beim SD unmöglich. Darüber wären Gutachten einzuholen. Es ist uninteressant, was und in welcher Funktion S dort tätig gewesen ist. Es läßt aber glaubhaft erscheinen den Brief von S an einen seiner alten Freunde (Valeriu Marcu in New York), was ihr auch immer über mich hört, ich bleibe der alte. Tatsächlich hat S einigen seiner alten Freunde Gefälligkeiten in Paris erweisen können, andern, wie einer Verwandten von Aufricht, konnte er es nicht. Selbst wenn das Gericht annimmt, ich könnte nichts beweisen, so ist meine Behauptung trotzdem keine Diffamierung, denn ich erwähne ja auch, aus den gleichen Quellen, daß S von einem in Berlin einrückenden Sowjetpanzer von einem Heckenschützen heruntergeschossen worden ist. Oder wie anders, eidesstattlich zu versichern, ist Dr S umgekommen?

Lieber Otten, das ist alles was ich sagen kann und Sie werden verstehen, ich schreibe das hier nieder zum letzten Mal.

Ich bin weder hysterisch noch jammere ich besonders, obwohl mich das alles schwer trifft, daß plötzlich so ein Dreck aufgerührt werden soll. Natürlich, wenn es sich darum handeln wird, die zwielichtige Atmosphäre der literarischen Emigration aufzurühren, stehe ich allein, ebenso wenn ich der geschlossenen Überschätzungshysterie im Unterhaltungsgewerbe gegenüberstehe. (Weder die Lotte Lenia, noch die Weigel haben geantwortet.)

Na schön, das ist keine Katastrophe.

Aber die Wege zwischen dem Verlag und mir trennen sich.

Der Verlag hat bereits durch das hinhaltende Verfahren gewisse Erfolge erzielt, unbestritten. Aber eben die Kehrseite ist oder entwickelt sich, daß dies auf meine Kosten schließlich geht.

Auch das kann ich hinnehmen und zwar ohne Ressentiment – nur dort sind die Interessen des Verlages und hier meine persönlichen. Sie sind nicht konform, ich erwarte das auch nicht.

Das heißt, daß der Verlag sich von mir distanzieren sollte. Völlig mit Recht. Ist dies geschehen, stehe ich der H dann allein gegenüber. Sie mag mich verklagen oder ich sie – das wird man sehen. Vielleicht hat Herr Reifferscheid recht, daß ich überhaupt keinen Prozeß auch von mir aus will, jedenfalls nicht beabsichtige den zu führen, der Laufjunge zu sein für einen Anwalt, dem ich alles schön sauber servieren muß. Früher kümmerte sich ein Anwalt um so etwas. Ich werde jedenfalls nicht mehr nach den Zeugen laufen. Nach dem heutigen Stand der Anwaltspraxis kann ich daher auch nicht mehr damit rechnen überhaupt einen Anwalt zu bekommen, zumal ich ihn gar nicht bezahlen könnte. Also was dann? Ich werde mich entscheiden müssen, ob ich aus der völligen Lähmung herauskommen *will* und wenn ja, welches Mittel ich zu wählen habe. Ich denke dann an das Pamphlet, das ich an einen engeren Kreis um die H schicken würde. Selbstverständlich handelt es sich nicht nur um die H – dies nur als ein fast nebensächliches Beispiel – sondern gegen das Unterhaltungsgewerbe, den Dreck von Schauspielern und dem Klüngel da herum, der literarischen Emigration, den heutigen Leisetretern und alles das – im Grunde genommen gegen Deutschland, wie es sich mir wieder präsentiert. Das kann ein Ausweg sein. Oder ich schweige still und laß mich verklagen und lasse den Richter von sich aus und ohne Zeugen ein Urteil finden. (Alles das weiß ich noch nicht – ich weiß aber, daß es am besten für beide Teile ist, sich vom Verlag zu trennen – soll das Buch eingestampft werden.

Das ist alles ohne Bösartigkeit und ohne Ressentiment. Nur eben der Schlußstrich.

Sie schreiben von einer Übersetzung des Buches ins Französische. Ich weiß davon nichts. Wahrscheinlich irren Sie sich.

Die Affäre Petersen macht eine Herausgabe des Falles Grosz höchst unwahrscheinlich. Außerdem hätte es sich sowieso nicht um eine orginale Wiedergabe der Novelle gehandelt, sondern mit Zusätzen durchsetzt, fast *gegen* den Fall Grosz – gegenexpressionistisch. Ich würde Ihnen raten überhaupt nicht den „Fall Grosz" in Ihre Ausgabe zu bringen, sondern das wirkliche Original „Die Telepathen" – Sie finden es in dem Saul Band der Aktion, hintenangequetscht. Der Fall Grosz ist später etwas ausgewalzt worden, weil Raum sein mußte für die 12 Zeichnungen,

die [George] Grosz dazu gemacht hat und die heute verschwunden sind. (Sind schon damals auf mysteriöse Weise verschwunden.)
Nicht Sie sollten mir – sondern *ich* wünsche Ihnen guten Mut, ausgeglichnere Gesundheit und ein wenig mehr Freude
viele Grüße
Ihr
Franz Jung

1 Vgl. Briefwechsel mit Cläre Jung vom Sommer 1932 über den sogenannten „Bauhüttenskandal".
2 Paul Guttfeld (Pegu).

718. AN ODA SCHAEFER
Paris 6e, 9/16 62
36 rue du Dragon

Liebe Oda, ich melde mich wieder aus Paris. Ich will hier einige Monate bleiben, und wenn ich im Dezember meinen Pass verlängert bekomme, will ich nach Spanien gehen, in die Nähe von Madrid, hoch in die Sierra, Hoyo de Pinares.

Ich glaube, ich habe euch schon über die Geschichte mit der Hesterberg geschrieben. Sie hat für sich wie ihren verstorbenen Mann Dr Schönherr sich in meinem Buch beleidigt gefühlt und will gegen den Verlag Luchterhand mit einer einstweiligen Verfügung vorgehen und auf Schadenersatz klagen.

Da mir alles ferner gelegen hat, als mich überhaupt um diese beiden Personen zu kümmern, sie jedenfalls nur am Rande einer Situation, die eben für mich besonders schmerzlich gewesen ist, erwähne, hat mich das Ganze, nur aus der hysterisierten übertriebenen Eitelkeit einer Schauspielerin zu erklären, immerhin schwer betroffen. Nicht gerade, daß ich den Prozeß für mich überhaupt zu fürchten hätte – die Äußerungen über das Auftreten des Schönherr in Paris und später beim Einzug der Russen in Berlin hatte ich in New York sehr ausführlich von den Aufrichts[1] erfahren, Aufricht ist nicht aufzutreiben, die Adresse, die mir Otten verschafft hatte, stimmt nicht oder der Aufricht läßt sich jetzt verleugnen, um nicht in diese Sache hineingezogen zu werden – das heißt, ich habe keine direkten Zeugen. Alles andere, was die Hesterberg gegen mich vorbringt, ist sowieso lächerlich – dafür liegen als Beweis genug Presseauszüge[2] aus dem Devisenprozeß 1932[3] vor. Der Verlag hat zunächst äußerlich in allem, bevor noch überhaupt verhandelt worden ist, nachgegeben, er sucht einen Kompromiß[4] um einen Prozeß zu vermeiden, zunächst die Auslieferung des Buches eingestellt und will eine Erklärung später einlegen, daß man mißverständlicherweise Beleidigungen hineinlesen könnte, was nicht beabsichtigt sei und wofür ich anscheinend mich entschuldigen soll. Ich kann das nicht gut tun, denn das würde die Dinge geradezu auf den Kopf stellen, dagegen könnte ich allenfalls erklären, daß mir eine beleidigende Absicht völlig fern gelegen hat. Aber wie dem auch sei – ich sehe, ich werde mich von dem Verlag trennen müssen. Schließlich bei allen Beschimpfungen, die jetzt von der Hesterberg gegen mich losgelassen werden, muß ich doch auch mal zu Worte kommen können. Und dies kann eben nur geschehen, wenn der Verlag sich völlig von mir distanziert. Soll er das Buch meinetwegen einstampfen lassen.

Ich tue mich sehr schwer, wieder nach alledem in eine solche schmutzige Sache hineingezogen worden zu sein. Ich glaubte das endlich hinter mich gebracht zu haben.

In diesen Tagen wird der Auswahlband Fuhrmann bei Lambert Schneider bezw der Darmstädter Akademie erscheinen. Du wirst ja ein Exemplar sowieso bekommen, sonst lasse ich dir ein Exemplar zusenden.

In der Züricher Weltwoche[5] ist eine hundsgemeine Kritik gegen mein Buch erschienen, ebenso eigentlich auch im Bayrischen Rundfunk. Das Blatt beginnt sich zu wenden … Ich weiß gar nicht, warum mich die Leute so hassen.

Wie geht es bei Euch? Das Oktoberfest ist wieder im Gang und ich sollte halt doch statt nach Spanien nach München wieder einwandern. Wenn das so einfach wäre …

Viele Grüße an den Herrn des Hauses und Dir besonders in alter Freundschaft und Erinnerung.
Dein Franz Jung

---

1 Vgl. die anderslautenden Erinnerungen von E.J. Aufricht „Erzähle damit du dein Recht erweist", Berlin 1966, S. 124–125.

2 Vgl. Anm. zum Brief an Cläre Jung vom 30.7.1962.
3 Vgl. Briefwechsel mit Cläre Jung 1932.
4 Vgl. Anm. zum Brief an A. Weingarten vom 17.8.1962.
5 Vgl. Anm. zum Brief an A. Weingarten vom 11.9.1962.

719. AN CLÄRE JUNG
Paris 6e, 9/24 62
36 rue du Dragon

Liebe Cläre, ich möchte dich bitten, wenn es dir möglich ist, den Aufsatz „Warum suchst du Ruhe"[1] etc – aus der Freien Straße mir abschreiben oder photokopieren zu lassen.

Wenn ich bei Rowohlt, wozu im Augenblick wieder mehr Aussicht ist, einen Auswahlband herausbringen kann, möchte ich die Sache mit verwenden.

Huelsenbeck will gegen mich in der Streitschrift[2] in Frankfurt zu Felde ziehen – ich werde ihm bestimmt nicht antworten.

Die Züricher „Weltwoche" hat einen hundsgemeinen Artikel gegen mich veröffentlicht – das Blatt wendet sich jetzt langsam, und die Herren, die anscheinend erst durch das Buch überrascht worden sind, beginnen sich wieder zu sammeln. Auch im Bayrischen Rundfunk hat einer in einer Sendung behauptet, ich wäre „zu Recht" vergessen.

Der Hesterberg Prozeß wird jetzt in Gang kommen. Der Verlag hat endlich den Briefwechsel mit der Frau abgebrochen. Ich habe zwar nirgends direkte Zeugen, Aufricht läßt sich verleugnen und steht scheints eher der H. zur Verfügung. Ich bin nur neugierig, wie die H. beweisen will, daß Schönherr die Mahagonny Aufführung nicht bezahlt hat, etwa der Aufricht? Und von wem hatte der A. das Geld?

Wie geht es dir? Ich hätte gern noch von dir gehört, bevor ich von hier wieder weggehe – etwa Mitte November.
   Viele Grüße
      Franz

Der Fuhrmann Auswahlband ist jetzt erschienen. Der bei Euch hoch geschätzte Prof Vogler, Professor an der Humboldt Universität, will mithelfen eine Vereinigung der Freunde Ernst Fuhrmanns zu gründen, als Basis, um die unveröffentlichte

Hinterlassenschaft herausgeben zu helfen. Ich habe diesen Sommer Vogler hier zusammen mit der Ilse Fuhrmann gesprochen.

Vielleicht könntest du bei Vogler anfragen, was aus dem Plan geworden ist?

Ich selbst bin bereit, hier etwas für Voglers Bücher zu tun.

Vogler leitet irgendeine physiotherapeutische Klinik in der Zone.

1 Einen Aufsatz mit diesem Titel gibt es nicht, dafür die erste Folge der Zeitschrift *Vorarbeit*, die im November 1915 in Jungs Verlag Freie Straße unter dem Titel „Was suchst Du Ruhe, da Du zur Unruhe geboren bist?" erschienen war.
2 Huelsenbecks Jungartikel „Der Antidada und ich" erschien erst nach Jungs Tod in der *Streit-Zeit-Schrift* Heft 2 (März 1963), S. 64–68.

720. AN FRANK BENSELER
Paris 6e, 9/26 62
36 rue du Dragon

Lieber Dr. Benseler, nachdem der Briefwechsel zwischen Verlag und Frau Hesterberg jetzt zu einem vorläufigen Ende gekommen ist, möchte ich für die Rechtsberatung des Verlages meine Position, auf die der Verlag sich zunächst vielleicht stützen könnte, der gegnerischen Seite gegenüber noch etwas präziser als dies bisher geschehen ist darlegen.

1) Meine Behauptung, *die H*[*esterberg*] *wäre bei Mahagonny*[1] *unter Kollegen sehr unbeliebt gewesen, aber mit Rücksicht auf den Geldgeber etc*

Ich komme immer mehr zu der Überzeugung, daß sich bei der ganzen Aktion der H. gegen den Verlag es sich im Schwergewicht allein um diese meine Bemerkung im Buch handelt; die anderen Schönherr Punkte sind nur die Rechtsatmosphäre vorbereitenden und zur Beeinflussung bestimmte Beigaben.

Hierzu ist zu sagen: Frau H. übersieht völlig oder scheint es vergessen zu haben, daß das Sponsor System und die Reflexe auf eine dem Sponsor nahestehende Schauspielerin etwas in der internationalen Theaterwelt allgemein übliches ist. Noch niemandem ist es eingefallen, in einem solchen Hinweis für die betreffende Person eine Beleidigung zu sehen.

Zur Sache selbst: Frau H. bemüht sich um die Adresse des Zeugen Ernst Aufricht. Dies ist groteskerweise auch mein Hauptzeuge (ich selbst habe nur seine Adresse nicht bekommen, nehme an, daß A. sich verleugnen läßt).

Die Mahagonny Aufführung wurde gestartet und finanziert von der Aufricht Produktion. Wer war das? Herr A. besaß zu dieser Zeit kurz nach dem Bankrott des Schiffbauerdamm Theaters nicht einen Pfennig. Wer hat der Aufricht Produktion, bezw dem Ehepaar Aufricht das Geld gegeben? Die Aufricht Produktion war in den Räumen des Deutschen Korrespondenz Verlages, Geschäftsführer Jung und Theodor Beye, untergebracht. Der Verlag hat im Auftrag von Dr S[chönherr] eine Art Kladde über die Zahlungen geführt, die von S. direkt oder über die Marcus Bank in Potsdam, deren Prokurist und Geschäftsführer Dr S. gewesen ist, an die verschiedensten Unternehmungen, die von S. bezw dem Correspondenz Verlag als vorgeschobener Dummy finanziert wurden, Zahlungen, die in die Hunderttausende gingen, ohne daß zum Aufbau einer richtigen Buchhaltung auch die etwaigen Eingänge registriert wurden. (Wo das geschehen ist, weiß ich nicht – vermutlich in der Marcus Bank.) Diese Kladde ist damals bei der Haussuchung im Verlag durch die Devisenbehörden beschlagnahmt worden. Unter diesen Zahlungen sind auch die Finanzbeträge, die Dr S. der Aufrichtproduktion gezahlt hat, enthalten, die persönlichen Aufwendungen für die Aufrichts, die Prolongierungszinsen für die Aufricht'schen Schuldenwechsel etc. Man kann ruhig abwarten, was Aufricht oder sonst jemand Gestelltes zu sagen haben wird, das kann nur unter Eid geschehen. Ich kann als direkte Zeugen anführen den Buchhalter des Korrespondenz Verlages, Paul Guttfeld, heute in Israel, Kirjat Bialik, und Frau Cläre Jung, Ost Berlin, die in der Buchhaltung gearbeitet hat.

Für die Betriebsatmosphäre der Mahagonny Aufführung würde ich, trotzdem sich beide nicht gemeldet haben, Frau Lotte Lenia und Frau Hedwig [richtig: Helene] Weigel – beide haben unter der Hysterie der Frau H. besonders gelitten und daraus keinen Hehl gemacht – zu einer Zeugenaussage anfordern; gleichgültig, was die beiden dann sagen, an den Vorbereitungen und Proben zu Mahagonny waren ja fast 200 Personen beteiligt, von denen sich wohl einer noch der Tatsachen erinnern wird.

Der *mysteriöse Zeuge* aber ist Herr Theodor Beye.

Herr Beye, lebt in Freiburg i B (Adresse habe ich verlegt, kann sie aber bekommen), weiß ja vielmehr als ich selbst. Ich bin ja nur ganz selten von den einzelnen Geschäften unterrichtet worden. Herr Beye stand als Theaterfachmann auch hinter dem ganzen Mahagonny Abenteuer, zum Teil in Kontrolle von Aufricht. Warum hat sich B[eye] bisher überhaupt nicht gemeldet, auch nicht als Zeuge seitens der H. aufgeführt? Herr B. müßte in erster Reihe als Zeuge eingebracht werden, wenn nicht von der H., dann von mir – ich vermute ihn auf Seiten der H. – vielleicht nur erst um mir Schaden zu tun, aber zu einer Zeugenaussage in einem Prozeß für die H. wird er doch zurückweichen. In dem seinerzeitigen Devisenprozeß hat B. alle Schuld an Buchführung, dem Ausmaß von Geschäften etc mir zugeschoben und nach den damaligen Zeitungsausschnitten hat das Gericht das auch geglaubt. In dem Prozeß ist die mangelnde Buchführung die Begründung für das Urteil gewesen – der Verlag hatte aber überhaupt keine Einsicht in die Schönherr – Beye Geschäfte, nur eine von Dr S. diktierte Kladde, die sowieso für die Buchhaltung ohne Belege nicht nachprüfbar gewesen wäre. Also würde Herr Beye als einer der Hauptzeugen auch für die Finanzierung der Mahagonny Aufführung bleiben.

2) Die *übrigen Argumente gegen meine Darstellungen im Buch*

a) Die *Charakterisierung Schönherrs als „Trinker"*

Hier lohnt es sich kaum nach Zeugen zu suchen, denn das ist fast unbestritten – immerhin beinahe sympathisch für Frau H., daß sie das Andenken an ihren Gatten heute anders sehen möchte.

b) Die *Tätigkeit für die „Gestapo", sprich SD in Paris*

Hier ist derselbe vorher erwähnte Aufricht mein Hauptzeuge. Ich habe das von den Aufrichts gehört, daneben auch von einigen Spartakus-Freunden[2] des S. in den frühen zwanziger Jahren in Berlin, es gab davon einen ganzen Kreis noch in New York. Valeriu Marcu hatte den von mir früher erwähnten Brief des Dr an ihn [in] Paris gezeigt.

Fakt ist, ich kann diese Zeugen nicht auftreiben oder wenigstens dazu bewegen, mir etwas über die damals in New York noch 47/48 laufenden Meinungen über Dr S. zu bestätigen. Das, was ich bisher in dieser Hinsicht bekommen habe, wird das Gericht kaum überzeugen, wenn strikte Gegenbeweise vorliegen. Aber sind diese zu bekommen? Ich bezweifle es.

Ich habe daher von mir aus allein hier innerhalb von Kreisen der fr. Resistance Erkundigungen aufgenommen, worüber ich Ihnen bereits geschrieben habe. Ich erwarte keinen schnellen, vor allem keinen direkten Erfolg.

Ich würde im Falle eines Prozesses vorschlagen zeugeneidlich vernehmen zu lassen Herrn Hubert v Ranke, lebt hier heute als Journalist, war Leiter einer Art Conterspionage der Resistance mit Beziehungen zum Wehrmachtkommando und der Polizei (SD). Er hat eine Liste aller in Paris tätigen deutschen „Civilisten" – beamtet oder nicht beamtet, geführt. Er hat für diese Liste Personen in das Wehrmachtkommando sowie in die Polizei eingeschleust. Einer dieser Mittelsmänner ist ein Architekt Keller, heute in Kolmar, der nach dem Abzug der Deutschen in Paris zum Tode verurteilt, von einem Herrn Magis aus dem Gefängnis herausgeholt worden ist. Herr Keller hat im SD – im Auftrage von Ranke – gearbeitet. Es hat keinen Zweck von mir aus direkt an Ranke oder Keller heranzutreten. Wenn es notwendig sein wird, kann dem Gericht eine zeugeneidliche Vernehmung vorgeschlagen werden. Die Frage brauchte nur zu lauten: War Ihnen Herr Dr S. während der Okkupation bekannt? Bestehen über ihn Aufzeichnungen? Und wissen Sie etwas über S.' Tätigkeit? Welche Aufgabe hatte Dr S. hier in Paris zu erfüllen? Nach seinen Angaben und nach Ihren Beobachtungen? Herr Magis ist heute ein sehr angesehener Antiquar, auf Sociologie specialisiert. Er vertritt bei internationalen Auktionen das französische Unterrichtsministerium bei Ankäufen von Dokumentation aus der Franz. Revolution und Napoleana. Herr Magis wird sich bemühen Keller zu einer Aussage zu bewegen. Ich selbst bin bei Magis eingeführt worden durch Emile Szittya, der im Auftrage von Ranke eine illegale deutsche Soldatenzeitung hergestellt und vertrieben hat.

Was immer die Ranke und Keller aussagen werden oder jede Aussage verweigern, kann für mich nur von Nutzen sein.

3) Die *Verbindung Schönherr – Messing*

Obwohl im Buch kaum erwähnt und auch von der Frau H nicht vorgebracht, diese Verbindung charakterisiert Dr S. und die mögliche Zusammenarbeit Messing – S. in Paris.

Messing könnte man als eine Art „Kammerdiener" von S. bezeichnen, ein „Zombi", der als Jude im Dienste der Gestapo in Berlin die ganzen Jahre über gestanden ist, von Beruf Warschauer Taschendieb – so auch mehrfach verurteilt.

Über Messing[3] ist in einem der ersten Jahrgänge des Spiegel ein langer Artikel erschienen, mit einer Reihe Zuschriften folgend, worin sich Geschädigte melden, denen Messing versprochen hat, ihr Vermögen nach Paris zu bringen, das dann dort beschlagnahmt worden ist. Durch wen? Nach meiner Vermutung war Dr S. im Auftrage eines Bankenkonsortiums in Paris tätig, um dorthin transferiertes Vermögen aufzuspüren. Er dürfte diese Tätigkeit (Messing als Zutreiber) benutzt haben, um für eine Reihe Emigranten, die ihm entweder von früher her politisch oder sonstwie gesellschaftlich (Hesterberg Beziehungen) nahe gestanden sind, Erleichterungen, Freigaben oder sonstwie Hilfe herauszuholen. (Das sind Vermutungen.) Aber um den Spiegel Artikel herum sind eine Reihe Zuschriften an die Redaktion erfolgt, vielleicht liegt beim Spiegel überhaupt Material – das alles wären dann potentielle Zeugen.

Das alles würde für die Charakterisierung der Dr S. Atmosphäre genügen. Ich glaube, das Partei Archiv der SPD in Bonn über S., die Verluste der Metallarbeitergewerkschaft im Devisenprozeß und alles das braucht nicht erst bemüht zu werden.

Das Vorstehende sind Hinweise für den Rechtsbeistand des Verlages im Falle eines Prozesses.

Franz Jung

---

[1] Es geht um die Aufführung der Oper „Aufstieg und Fall der Stadt Mahagonny" von Bertolt Brecht und Kurt Weill 1931 in Berlin als Aufricht-Produktion im Theater am Kurfürstendamm.
[2] U.a. Georg und Elisabeth Fuchs.
[3] Vgl. die Anmerkung „Zu dem Schreiben von Trude Hesterberg vom 15.7.62".

721. AN KÄTE RUMINOFF
Paris 6e, 9/27 62
36 rue du Dragon

Liebe Kate, es ist wirklich traurig, daß du dich so völlig isoliert hast und anscheinend jetzt völlig festgefahren bist. Wie geht es denn mit deiner Gesundheit? Wenn du auch sehr jammerst, so bist du doch stabil genug und auch aktiv, um einen Wechsel noch riskieren zu können. Du mußt doch schließlich aus dieser (nicht ganz unverschuldeten) Situation heraus. Wie wäre es denn, wenn du nach hier kommen könntest? Du hast dort nichts mehr zu verlieren und alle deine bisherigen Bindungen dort und auch in New York haben sich doch als entweder nicht möglich oder nicht tragbar genug herausgestellt. Die Frage ist nur das Reisegeld. Hier ließe sich dann schon was ermöglichen, auch etwas Arbeit; das bin ich sicher.

Überlege dir das mal. Im Augenblick habe ich kein Geld von mir aus, aber ich bekomme bald das Geld für den Reich Essay – das sind rund 300 Dollar, insgesamt, die könnte ich in das Unternehmen „Kate-Transport" stecken.

Selbst wenn ich im November nach Kastilien gehen sollte, so könntest du entweder mitfahren – der Müller-Stuttgart baut sich dort ein Haus und ich soll das vorerst bewachen – oder du bleibst in Paris. Ich werde sowieso immer wieder nach Paris kommen und von hier aus meine Literatur betreiben.

Das ist ein ganz ernster Vorschlag. Vorläufig zwar noch kein Geld, aber immerhin sehr begründete Aussichten.
Viele Grüße
Franz

An Ruminow habe ich geschrieben, aber irgendeine positive Nachricht habe ich nicht geben können. Erstaunlicherweise daß Weingarten die Nos[1] nicht besitzt.

---

[1] Abkürzung für „Nummern".

722. AN OSKAR MAURUS FONTANA
Paris 6e, 9/27 62
36 rue du Dragon

Lieber Fontana, ich weiß nicht, ob ich Dir schon geschrieben habe, daß die Trude Hesterberg einen Prozeß gegen den Verlag wegen meines Buches anstrengen wird. Meine Darstellung ihrer Stellung bei der Aufführung von Mahagonny hat sie beleidigt, obwohl das weder in meiner Absicht gelegen ist noch irgendwie etwas Besonderes, daß eine Schauspielerin im Ensemble unbeliebt ist, aber geduldet wird, weil der Ehemann[1] die Aufführung finanziert hat. Ein paar Bemerkungen über diesen Dr. Schönherr spielen dann auch eine Rolle, sind aber meineserachtens nur vorgeschoben, um das Ganze nicht eine übersensitive Eitelkeit erscheinen zu lassen. Jedenfalls das Erstaunliche ist, daß ich in diesem Falle, obwohl das Hunderten von Leuten bekannt war, jetzt keine Zeugen auftreiben kann, entweder verstorben oder sie drücken sich nicht hineingezogen zu werden und selbst der Aufricht, der ja mit mir zusammen die Sache aufgezogen hatte und von mir durch Schönherr jeweils das Geld bekommen hat, läßt sich jetzt verleugnen und scheint eher als Zeuge auf der Gegenseite aufzutreten. Eine merkwürdige Erfahrung, die ich da noch machen muß. Bisher hat der Verlag, um der einstweiligen Verfügung vorzubeugen, hin und her verhandelt, die Hesterberg ist immer unverschämter geworden und bringt jetzt auch Drohungen mit Schadensersatzforderung vor – jetzt hat der Verlag die Correspondenz endlich abgebrochen, und die einstweilige Verfügung ist zu erwarten. Der Verlag will versuchen ohne Publizität durchzukommen.

Soweit was mich betrifft. Die Sache hat mich trotzdem sehr mitgenommen und deprimiert und eigentlich arbeitsunfähig gemacht. Aber ich habe noch eine Anfrage: Läßt sich in Wien noch eine Publikation des damaligen Internationalen psychoanalytischen Verlages auftreiben? Der Verlag gab Testfälle von Neurosen heraus, in einer Reihe von Publikationen, dann die Zeitschrift Imago, die mich allerdings nicht interessiert, weil sie rein akademisch-theoretisch ist. Aber vielleicht die Zeitschrift von Stekel (Namen habe ich vergessen – ich glaube Psychoanalytische Revue?) Ich möchte so ein Dutzend Neurosen Beschreibungen bringen in einem Teil meines Albigenser Buches – ich

will sie einfach zitieren, nicht selbst erst welche erfinden. Denke doch mal nach, vielleicht fällt dir dazu etwas ein. Ansonsten – ich hoffe, Ihr seid beide gesund, wenn auch ohne Ferien.
    Empfehlungen an Käthe und herzliche Grüße an Dich
                Dein Franz Jung

1 Fritz Schönherr.

723. AN PETER JUNG
Paris, 9/29 [1962]

Lieber Peter, vielen Dank für den Brief und das reizende Photo von dem Stammhalter. Ich glaube schon that he makes run (the parents).

    Daß die Stuttgarter plötzlich wieder die S[an] F[rancisco] Bank benutzt, ist merkwürdig genug. Wahrscheinlich ist ein vorhergegangener Brief dort verloren gegangen. Ich glaube, die Nachsendung von der POB ist nicht zu effektiv. Aber ich kann im Augenblick nichts tun, als zunächst nur noch einmal die Bank auffordern statt der POB die Adresse in Houston zu benutzen – und dann noch eine Weile abwarten. Die Leute in ST[uttgart] sind natürlich inzwischen mißtrauisch geworden, ob ich überhaupt noch existiere, Post kommt aus allen Windrichtungen.

    Ich habe an Joyce zur Sicherheit bereits zwei Kalender geschickt, der eine ist ein abstrakter Kunst-Kalender, der andere modernes Ballett – den einen wird sie wohl weitergeben können. Für den jungen Herrn weiß ich noch nicht was zum Fest zu schicken.

    Dein Hinweis, mich in Mallorca zu verstecken – für den Prozeß – ist etwas surrealistisch. Ich denke gar nicht daran, im Gegenteil. Ich warte nur, bis der Verlag, der sich bisher vor den Autor stellt, mir endlich freie Hand läßt; solange das noch nicht ist, die Korrespondenz geht nur zwischen der Hesterberg und dem Verlag, sind mir die Hände gebunden.

    Gute Wünsche für Euch und viele Grüße
                Dein Vater

724. An Margot Rhein
Paris 6e, 9/29 62
36 rue du Dragon

Liebe Margot,
aus deinem Brief ersehe ich mit Genugtuung, daß du in der nicht auszuweichenden Krise der Vereinsamung im Alter dich um einen Gegenausgleich bemüht hast. Ich möchte dir wünschen, daß deine Hoffnungen und Erwartungen sich erfüllen werden; viel wird davon allein von dir abhängen.

Ich selbst habe keine irgendwie lebendige Beziehung und Vorstellung von der Christlichen Wissenschaft. In Amerika ist es eine große Organisation, fast in jeder halbwegs größeren Stadt gibt es Lesesäle, wo die Bücher und Zeitschriften der Christian Science ausliegen und regelmäßige Zusammenkünfte abgehalten werden. In Boston erscheint eine sehr angesehene Tageszeitung The Christian Science Monitor, die sich durch die Sachlichkeit ihrer Nachrichten, sie haben Korrespondenten in der ganzen Welt, sehr vorteilhaft von der übrigen großen Tagespresse unterscheidet.

Es gehört offensichtlich zu den Aufgaben jedes Menschen, sofern er sich überhaupt über sich selbst klar sein will, gegen Ende des Lebens die ihm gemäße innere Konstruktion zu finden. Von außen wird ihm das schwerlich zugetragen und ich möchte daher hoffen, daß dir der eigene Weg gelungen ist.

Ich hoffe, daß es dir gesundheitlich entsprechend den Jahren gut geht. Ich werde hier noch bis zum November bleiben und dann entweder nach Spanien oder nach San Francisco zurückgehen.
    Viele Grüße
        Franz

725. AN ARTUR MÜLLER
Paris 6e, 10/1 62
36 rue du Dragon

Lieber Artur Müller, ich sende Ihnen ein Fernseh Spiel von Georges Govy. Ist hier gespielt worden, heute aber völlig frei, nur zur Verfügung des Autors.

Mit Govy hat es seine Besonderheit. Er gilt unbestritten als einer der besten jungen französischen Autoren, sein Roman „Le moissoneur d'epines" ist seinerzeit mit dem Preis Renaudot ausgezeichnet worden, der in literarischen Kreisen bekanntlich höher bewertet wird als der Goncourt.

Ich kenne Govy, Sohn weißrussischer Emigranten, heute den Lettres Françaises nahestehend, ohne etwa parteigebunden zu sein. Seit Jahren hat Govy kaum etwas veröffentlicht. Hat sich, um Geld zu verdienen, dem Radio verschrieben und specialisiert sich dort auf die Fortsetzungsfeuilletons aus klassischen französischen Romanen – ein großer Erfolg hier, der auf das Fernsehen übertragen werden kann. Plötzlich hat Govy angefangen wieder zu schreiben, ein Roman ist ungefähr fertig, ebenso ein Theaterstück. Dieses Fernsehstück könnte den Auftakt geben für eine Govy Welle auch in Deutschland.

Govy würde uns die Vertretung der Rechte außerhalb Frankreichs übergeben, die Ostländer ausgenommen.

Ich denke, Sie lassen erstmal die Sache wieder dramaturgisch beurteilen, setzen sich vielleicht auch direkt mit Govy in Verbindung, ein wenig englisch versteht er, aber kein deutsch. Ich glaube, daß die Govy Aktion eine große Zukunft hat.

Herr Kédros hat Ihnen geschrieben, höre ich.
Viele Grüße
Ihr Franz Jung

726. AN CLÄRE JUNG
Paris 6e [September/Oktober 1962]
36 rue du Dragon

Liebe Cläre,
vielen Dank für die Abschrift des Freie Straße Artikels[1]. Bei Gelegenheit teile mir mit unter welchem Datum das damals erschienen ist.

Um den Prof Vogler brauchst du dich nicht besonders zu bemühen. Wenn es Schwierigkeiten macht ihn aufzufinden, laß es sein. Ich habe ihm sowieso von hier aus geschrieben.

Leider habe ich vergessen, der Lotte Jacobi, die hier durchgefahren ist, deine Adresse zu geben. Sie wird aber auf der Durchreise nach Polen sicherlich Station machen in Pankow und du wirst sie bei irgendeiner Stelle dort auffinden können. Sie ist eine sehr anerkannte Photographin, auf abstrakte Photos specialisiert, hatte verschiedne Ausstellungen in USA, lebt in Hampshire irgendwo, war zuletzt verheiratet mit dem Verleger Reiss, eine Fuhrmann Freundin – und ist in Parteikreisen bekannt, weil sie damals in Berlin unzähligen KP Verfolgten Unterschlupf gegeben hat. Vielleicht erinnerst du dich auch ihrer – sie ist damals mit Max Hoelz zusammen nach Rußland gegangen. Eine sehr aufgeschlossene und lebendige Frau mit guten Parteibeziehungen drüben. Sie fährt jetzt wie so viele in dieser sentimentalen Welt ihre alte Heimat in Polen besuchen und hatte sich hier das Visum besorgt. Sie wird sicher den Vogler besuchen oder die Frau Hertwig – dort wirst du sicher erfahren können, wo sie im Augenblick aufzufinden ist. Sie will hier Ende des Monats zurückkommen.

In meiner Prozeßsache habe ich nichts Neues weiter gehört. Ich glaube, ich schrieb schon, daß der Verlag jetzt den Briefwechsel mit der Hesterberg abgebrochen hat.

Hoffentlich bist du gesundheitlich wohlauf, mir geht es nicht so besonders, ständiges Nasenbluten, was schon zu Schwächeanfällen geführt hat – wahrscheinlich ein Herzinfarkt auf Stottern.

Also viele Grüße und Dank für die schnelle Erledigung des Textes
Franz

1 Jung hatte für den geplanten Franz Jung Auswahlband bei Rowohlt um seinen Aufsatz „Warum suchst Du Ruhe" gebeten. Vermutlich schickte Cläre Jung ihm eine Abschrift aller Jung-Texte in der Zeitschrift *Vorarbeit* unter dem Titel „Was suchst Du Ruhe, da Du zur Unruhe geboren bist?", erschienen im Verlag Freie Straße, Berlin 1915.

727. AN KÄTE RUMINOFF
Paris, 10/10 62

Liebe Kate, ich habe nicht gerade erwartet, daß du sofort Hals über Kopf dort alles abbrechen wirst, aber ich glaube, du stellst dir selbst zuviel Schwierigkeiten in den Weg. Zunächst spielt das doch keine Rolle, was das Hotel etc hier kostet und was für eine Verdienstmöglichkeit für dich besteht. Das wird man eben sehen. Du riskierst doch nichts, dein Saving account wird nicht angetastet. Es ist eben so, daß hier für drüben gesehen eine völlig andere Welt ist. Es lebt sich sehr viel leichter, es gibt einem die Möglichkeit sich selbst wieder zu finden, selbst wenn man noch so eingeschrumpft und aktionsunfähig geworden sein sollte. Dann lebt man eben wieder auf. Das ist sicher nicht ganz so einfach, wie sich das hinschreibt, aber es geht – manchmal mit gewissen Schwierigkeiten, wenn man selbst zu sehr dagegen steht. Das Hotelzimmer (Einzel) kostet etwa 10 NF (das sind 2 Dollar), das Essen (einen vollen Kurs) ist zwischen 5-6 NF zu haben – daneben kann man sich selbst verpflegen – man muß nur Zeit haben, ein solches Zimmer zu finden, aber dies gibt es. Dort wo ich wohne im St Germain Viertel ist alles teuer, im 14. Bezirk ist es schon viel billiger. Doppelzimmer kostet etwa 13 NF. Zunächst sieht man sich alles an und tastet sich vor – für dich wird es sowieso gut tun, sich erst mal ein wenig einzugewöhnen. Die Anregung kommt nicht von außen, sondern von innen und der Mensch ist so alt, als er sich fühlt – das faktisch Physiologische hat damit nichts zu tun. Man spricht heute von dem „dritten Alter", das etwa mit 80 beginnt und bis 120 reichen wird. Nachdem du dein erstes Alter ziemlich verschleudert und dein zweites Alter mehr oder weniger verpaßt hast, mußt du dich eben auf das dritte einrichten.

Kümmere dich um mich überhaupt nicht, auf mich brauchst du nicht die geringste Rücksicht nehmen, nur wirst du nur falsche

Ratschläge bekommen, wenn du zuviel darauf gibst, was dir andere sagen und raten wollen. Soweit ich noch deine Bekannten und Verwandten erinnere, hat auch nicht einer die geringste Ahnung, um was es sich handelt und was für dich notwendig ist dich wieder aktiver zu machen. Selbstverständlich kommt irgendeine körperliche Arbeit weniger in Frage, wozu auch das reine Maschinenschreiben gehört, aber du kannst deinen Geist und deine Auffassungsgabe auch anderweitig beschäftigen und solltest das auch tun, denn einzuschlafen in den Associationen, das ist die einzige und wirklich gefährliche Krankheit, an der man zugrunde gehen muß, mit oder ohne Ärzte. Ich will dir nichts einreden – du selbst mußt entscheiden und von dir aus muß es kommen, ich gebe nur die helfende Hand.

Ich werde Anfang November das Reich Honorar bekommen. Ich stelle es für die Fahrt zur Verfügung. Hier brauchst du sonst kein Geld, außer du willst dich bei Dior neu einkleiden. Und dann wird man sehen. Nach Mallorca gehe ich sowieso nicht. Der Ort heißt Hoyo de Pinares, ist hoch oben in der Sierra, zwischen Madrid und Avila, etwa 80 km Autobus von Madrid, inmitten eines Pinienwaldes. Das heißt, wenn du durchaus willst, kannst du nach Madrid ins Kino fahren. Ich gehe nicht ins Kino. Aber ich werde sehr viele Zeitungen und Zeitschriften in Hoyo bekommen. Wahrscheinlich ist das Haus sowieso nicht vor Mitte Dezember beziehbar. Die beiden Müller Jungs werden mich mit ihren Autos hier abholen, so daß die Übersiedlung keine großen Schwierigkeiten machen wird.

So – das ist alles, was ich zu sagen hätte.

Ich schicke gleichzeitig einen Prospekt einer Pamphlet Serie, die ich herausbringen will. Vorläufig haben sich 144 Abonnenten bei Petersen gemeldet, aber ich werde die Serie mit Auslieferung bei einem größeren Verlag nicht mit Petersen zusammen machen können. Schließlich ist der Junge nicht mehr als der weggelaufene Sohn eines dänischen Schweinezüchters und versteht nicht das geringste von Verlag, Literatur und Kunst und was alles. Das hindert ja sehr.

    Viele Grüße
        Franz

728. An Kurt Pinthus
Paris 6e, 10/12 [1962]
36 rue du Dragon

Lieber Kurt Pinthus,
ich habe von Frida St Sauveur Ihre Adresse erfahren. Leider werden wir uns diesmal in Marbach nicht sehen – aber vielleicht kommen Sie auf der Rückreise durch Paris – das wäre schön, uns hier zu treffen. Der diesjährige Weißwein in Frankreich ist ausgezeichnet und das Essen auch noch ganz gut.

In der Hesterberg Sache hat der Verlag endlich den Briefwechsel mit der Dame eingestellt. Das Amusante, Herr Aufricht, der mein Hauptzeuge hätte sein sollen und der sich tapfer hat verleugnen lassen, wird jetzt von der Hesterberg als *ihr* Zeuge genannt. Also wer hat nun die Mahagonny Aufführung wirklich bezahlt? Das wird ein wundervolles Puzzlespiel – ich hoffe nur, daß Aufricht bei seiner Konversion ins Katholische nicht vergessen hat, daß überall vorläufig noch (im Westen zum mindesten) ein Gesetz gegen falsche Zeugenaussage besteht. Ich bin wahrscheinlich der einzige, der wirklich auf den Ausgang des Prozesses gespannt ist.

Ich lege Ihnen einen Prospekt[1] bei für eine Serie, die zwar jetzt zu spät erscheint, das Konzil[2] hat schon begonnen – praktisch wollte ich mit dem Evangelium des Marcion anfangen – und vielleicht überhaupt nicht, wenn ich nicht eine gewisse finanzielle Sicherheit für die Druckkosten auftreiben kann. Ich glaube, der Petersen wird Ihnen den Prospekt nach New York geschickt haben. Immerhin – ein wenig Spaß in den ernsten Zeitläuften. Die Sache sollte als Aufgalopp für mein Albigenser Buch erscheinen. Aber wahrscheinlich wird daraus nichts, auch nicht mit dem Albigenser Buch.
　Viele Grüße
　　　　Ihr Franz Jung

Mit Rowohlt verhandle ich wieder. Mein eigener Konferenzier gegen meine Bücher.

---

[1] Prospekt der Petersen Press mit Jungs Text „Meinen Gruß zuvor" als Einführung in die geplante Pamphlet-Serie.

² Das Zweite Vatikanische Konzil (Vaticanum II), einberufen von Papst Johannes XXIII., fand vom 11.10.1962 bis 8.12.1965 statt.

729. AN PETER JUNG
Paris 6e, 11/3 [1962]
36 rue du Dragon

Lieber Peter,
bitte sende mir das dort angesammelte Geld nach hier. Vielleicht in einem Dollar Check, wovon ich dann nur ein Teil in Franken abheben kann und den Rest als Reserve für die Spanien Fahrt lassen kann.

Ich war hier jetzt einige Zeit ziemlich krank, irgendwo innere Blutungen, ohne daß man genau weiß wo und wie. Ich mußte dann doch zu einem Arzt gehen, weil ich es eben so nicht weiter lassen konnte. Jetzt bin ich in ziemlich strikter Behandlung – zunächst radikal den Blutdruck hinuntersetzen, dann Injektionen etc – das alles wird neben den Medikamenten ziemlich viel Geld kosten. Ein paar hundert Franken habe ich allein schon für Laboratorien Teste ausgegeben.

Ich glaube, die Zeit des freien Herumreisens ist jetzt vorbei. Ich muß auch sehen, daß ich mir hier ein anderes Zimmer irgendwo besorgen kann – diese Studentenquartiere mit kaum Licht genug zu lesen und meist ungeheizt kann ich eben auch nicht mehr durchstehen.

Es hängt jetzt viel davon ab, ob mein Spanien Plan glückt – vorläufig sieht es nicht so aus; ich höre schon seit Wochen nichts, wie es dort mit dem Bau weitergeht.

Vielen Dank für die Übersendung der Ausschnitte.
Hoffentlich seid Ihr zu Hause alle wohlauf
und herzliche Grüße allerseits
        Dein Vater

730. AN PETER JUNG
Paris, 11/8 62

Lieber Peter, diesmal hat es mich endlich erwischt.
 Ich warte dringend auf das Geld, weil ich ohne die Anzahlung nicht in der Klinik aufgenommen werde. Ohne daß ich nicht eine klinische Behandlung bekomme, kann die innere Blutung nicht gestoppt werden. Dazu hat sich eine Herzmuskelschwäche ergeben, die ich auch nicht in meinem Studentenzimmer angehen kann.
 Die Versuche hier Geld aufzutreiben sind gescheitert.
 Wenn ich halbwegs durchkomme, kann ich mir dann sicherlich für die nächsten Wochen Geld beschaffen – ich habe nur jetzt keine Zeit.
 Viele Grüße
 dein Vater

731. AN EMIL SZITTYA
Paris, 11/8 [1962]

Lieber Szittya,
ich war schon Mittwoch im Café, daß mir das Geld nicht nützen würde. Meine Lage hat sich verschlimmert und ich muß in eine Klinik gehen. Die Klinik ist ein offener Laden, der Gesundheit verkauft wie andere Stiefel. Da ich nicht in einer Versicherung bin, muß ich eine Menge Geld vorlegen, ehe ich überhaupt hereinkomme.
 Dem Dr Kaplan ist es bisher nicht gelungen, mir einen Platz zu verschaffen.
 Unglücklicherweise dauert das Geld von meinem Sohn zu lange, es kann frühestens Montag hier sein – das sind dann 500 Dollar, ungefähr etwas über 2500 NF – mit dieser Zahlung würde sich die Klinik begnügen. Aber sie legen nichts vor.
 Ob ich solange auf die Klinik warten kann, ist schwer zu sagen. Es sind eine ganze Menge Proben zu machen um die Blutungen aufzuhören, Proben, wie der Arzt sagt, [die] eben nur in einer Klinik laufend kontrolliert und gemacht werden können.

Jedenfalls vielen Dank für die Hilfe
viele Grüße
Franz Jung

732. AN EMIL SZITTYA
Paris, 11/11 [1962]

Lieber Szittya,
ich bin in der Klinik Rémy de Gourmont, 18 rue du Gourmont.
  Die ersten Tage kann man noch gar nicht sagen, wie das weitergehen soll, ich muß auch selbst erst noch einigen Widerstand aufbringen. Ich denke, das wird sich Ende der Woche entschieden haben.
  Viele Grüße an Sie wie Ihre Frau
Ihr Franz Jung

Gute Besserung!

733. AN CLÄRE JUNG
Paris, 11/11 [1962]

Liebe Cläre, ich habe mich an das feucht-kalte Wetter hier nicht mehr anpassen können.
  Nachdem ich einige Zeit von mir allein heraus herumgedoktert habe, ist alles sehr viel schlimmer geworden – und ich gehe heute in eine Klinik Rémy de Gourmont, 18 rue Rémy de Gourmont. Angefangen hat es mit inneren Blutungen, die ich zuerst noch für Nasenbluten gehalten habe, jetzt geht es weiter auf Herzmuskelschäden und wahrscheinlich weitere Krankheiten. Ich weiß nicht recht, was ich tun soll – mir ist nicht klar genug bewußt, ob ich überhaupt noch etwas tun kann.
  Schwierigkeiten hat es mir gemacht überhaupt in eine Klinik hineinzukommen, weil das bei einem Ausländer und obendrein nicht versichert beinahe in Frankreich eine Unmöglichkeit bedeutet.

Es ist kein Grund zur Beunruhigung, wenn ich nach drei Wochen halbwegs übersehe, daß es weitergeht, schreibe ich dir – ansonsten ist, wenn ich nicht schreibe, nicht viel verloren.
Viele Grüße
Franz

734. AN KÄTE RUMINOFF
Paris, 11/11 [1962]

Liebe Kate, nun hat es mich endlich auch erwischt. Mein ganzer Widerstand scheint mit einemmal zusammengebrochen. Mit Nasenbluten hat es angefangen, was aber praktisch innere Blutungen gewesen sind, Herzmuskelschaden hat sich entwickelt, weil ich endlich den hohen Blutdruck herunter setzen wollte und praktisch ist jetzt alles kaputt, nachdem ich alles verschleppt habe.

Die größte Schwierigkeit hat es mir gemacht überhaupt in eine Klinik aufgenommen zu werden, was für einen Fremden und ohne Versicherung hier eine Unmöglichkeit ist. Ich habe die erste größere Anzahlung jetzt zusammen, Clinique Rémy de Gourmont, 18 Rue Rémy de Gourmont. Endlich gehe ich heute hin.

Ich weiß nicht, was mit Spanien wird. 3 Wochen muß ich drin bleiben, dann will mich der Arzt nach dem Süden schicken für einige Wochen. Alles das sind Pläne – ich bin mir gar nicht sicher, daß ich überhaupt noch Widerstand genug aufbringen werde, von vorne wieder anzufangen. Vielleicht wäre es für dich das beste, erst nach Israel zu gehen und dort alles abzuwarten.
Herzlichen Gruß
Franz

735. AN KÄTE RUMINOFF
Paris 6e, 11/29 62
36 rue du Dragon

Liebe Kate,
was mich betrifft, müssen alle früheren Pläne aufgegeben werden.
 Ich werde in den nächsten Tagen die Klinik hier verlassen, nachdem alle Tests beendet sind. Dann wird sich der Doktor über die nachfolgende Form der Behandlung entscheiden.
 Wahrscheinlich soll ich für einige Wochen in ein Kurhaus, um das Geld bemüht sich eine Art Wohlfahrtspflegerin bei der Deutschen Botschaft, die sich nicht von mir gerufen aber merkwürdigerweise eingeschaltet hat.
 Bis das erledigt ist, kann ich in einem der Heime, die hier die Deutsche Botschaft für „Expatriierte" betreibt, unterkommen. Es kommt nur eines mit einem residierenden Doktor in Frage, da ich vorläufig in jedem Falle weiter behandelt werden muß. Das Kurheim später soll dazu dienen, mir eine Art Lebensbalance wiederzuverschaffen. Ob sich das aber für mich überhaupt noch lohnt, ich bin darüber sehr skeptisch.
 Der Vertrag mit Rowohlt ist vorläufig ziemlich in Frage gestellt. Ich habe die Konzentration ziemlich verloren.
 Ich hoffe, daß du Deine körperlichen Rückschläge überwunden hast und wünsche Dir alles Gute.
 Herzliche Grüße
  Franz

952

CLINIQUE RÉMY DE GOURMONT

Société Anonyme au capital de 630.000 NF

18 & 20, Rue Rémy-de-Gourmont
PARIS-19ᵉ

Téléph. : BOT. 69-32 (Lignes groupées)
C. C. P. 1964-70 PARIS

Monsieur Jung

CHAMBRE Nº 1 — Doit

Le 29 Novembre 1962

Du 11.11 au 29.11.62, 19 jours de pension à 440.0	836	00
Suppléments de pension	3	60
Chambre, repas pour Famille		
Salle d'opération		
Total	839	60
Service ___ %		
Pharmacie { Produits remboursés par la Sécurité Sociale		
{ Produits non remboursés par la Sécurité Sociale	133	00
Examens de laboratoire	253	00
Gardes-malades		
Timbres	1	25
Total	1226	85
Taxes 9,30 % sur 83960	78	08
2,83 % sur 13300	3	76
TOTAL	1308	69
Acomptes 11.11.62	500	
à déduire 20.11.62 F.S.	792	06
	1292	06
NET	16	63

Rechnung der Clinique Rémy de Gourmont,
Paris, 29. November 1962

736. An Fritz J. Raddatz
Paris 6e, 12/1 62
36 rue du Dragon

Lieber Herr Dr Raddatz,
gleichzeitig sind per Eingeschrieben die Jung Bücher an Sie abgesandt worden.

Mein Vorschlag für einen Auswahlband[1] würde ungefähr so aussehen:

Von der Annahme ausgehend, daß Thema und Stilproblem ineinandergreifen, kann man eine durchgehende Grundlinie aufstellen: das Thema der Beziehung, zunächst in der primitiveren Form der Beziehung zwischen den Geschlechtern. Das ist der Inhalt des Trottelbuches und der folgenden Kameraden. Mit einer entsprechenden Einleitung versehen kann man aus der Emma Schnalke Novelle (Trottelbuch) einige typische Kapitel wählen und vielleicht auch aus Kameraden ein Kapitel. Erst dann greift die Psychoanalyse ein, in dem Roman „Sophie", den ich ganz zu bringen vorschlagen würde, das erste eigentlich durchgehend analytisch konstruierte literarische Erzeugnis. Versuche über das psychoanalytische Grundthema hinausgehend finden sich in der „Stephanie Gavotte" (im Opferung Band) und den „Telepathen" (die Originalfassung zu dem späteren „Fall Grosz"). Ich würde beide Novellen bringen – der Gavotte kann man einen anderen Titel geben – etwa „Geschwister". Die Telepathen sind im „Saul" Band[2].

Jetzt wandelt sich grundlegend das Stilproblem: die beiden Romane Opferung und Sprung aus der Welt sind schon reiner Expressionismus, der letztere wurde später schon zu den Dadaisten gerechnet. Beide Romane 1917 und 18 erschienen sind schon in [den] letzten Kriegsjahren kaum mehr beachtet worden und meiner Meinung nach zu Unrecht vergessen. Ich würde eventuell vorschlagen aus beiden kleine typische Kapitel herauszunehmen, aus dem Sprung die Distanz zum Leser zum Beispiel. In dieser Zeit erschien dann die Freie Straße[3] mit dem Eröffnungsaufsatz Warum suchst du Ruhe etc – den man vielleicht bringen könnte. Von hier aus verbreitert sich dann das Beziehungsproblem ins Sociale und gesellschaftlich Politische. Beginnend aus „Gnadenreiche" etc die Spitalserzählung „Läuterung", aus „Arbeitsfrieden" die ersten beiden Kapitel und eventuell Joe Frank etc ein oder zwei kleine Grotesken[4] wie „Die Ausfahrt oder der Heizer und die Kellnerin". Die weitere Linie ist fixiert in den beiden Essaybänden „Technik des Glücks", von denen der zweite Band überhaupt kaum mehr zur Auslieferung damals gelangt ist. Ich würde vorschlagen Teile daraus zu bringen, besonders aus dem zweiten Band. Von der ursprünglichen Analyse der Beziehung her das, was man damals noch Proletariat nannte, zum Gemeinschaftsverständnis und Glauben zu erziehen, ist dann gescheitert, hat überhaupt keinen Response gefunden. Trotzdem literarisch gesehen nicht einfach völlig zu ignorieren.

Die Linie schließt dann ab mit dem letzten Roman „Hausierer", dessen Schlußkapitel die ganze Entwicklung noch einmal entstehen läßt.

Dazwischen liegt dann aus dem Vier Männer Buch die Novelle Das Erbe. Ich würde vorschlagen, die ja sehr ausbalancierte Novelle nicht in den Band hineinzunehmen, sondern wenn eine Aufnahmefähigkeit für den Band erzielt ist sie eventuell gesondert für sich herauszugeben.

Die Dramen habe ich nicht berücksichtigt. Unter den im Bühnenvertrieb Kiepenheuer als Manuskript gedruckten ist eigentlich nur „Der verlorene Sohn" erwähnenswert, ein heute durchaus aufführbares Drama mit einer sehr klaren dynamischen Konstruktion. Ich will mir das Ms von Frau Cläre Jung in Pankow besorgen. Es wären verhältnismäßig einige Änderungen notwendig, besonders in der ersten Hälfte den noch sehr starken Pirandello Einfluß wegzubringen. Das ist leicht zu machen. Ich würde eventuell Ihnen das Drama ganz neu anbieten können.

Das sind ungefähr meine Vorschläge, durchgehend übrigens neutral kommentiert.

Man kann natürlich auch oberflächlich literarhistorisch gesehen einfach nur das Trottelbuch bringen, den Roman Sophie, einige der erwähnten Novellen und vielleicht das Drama „Saul". Ich glaube nur, daß man mit meiner Serie eine tiefere Wirkung erzielen kann.

Ich hatte die letzten Wochen einen ziemlichen körperlichen Zusammenbruch, der mich für einige Wochen in eine hiesige Klinik gebracht hat. Heute werde ich wahrscheinlich für einige Wochen einen Kuraufenthalt irgendwo nehmen müssen.

Wo, ist noch nicht bestimmt. Meine Adresse aber bleibt dieselbe und ich bin auch schon wieder so weit über den Berg, daß ich die innere Angleichung der Auswahl sogleich in Arbeit nehmen kann.

    Mit besten Grüßen

---

1 Geplant war damals ein Band für die Reihe *Rowohlt-Paperback,* dem eine mehrbändige gebundene Ausgabe folgen sollte.
2 Band 4 der Aktionsbücher der Aeternisten, Berlin-Wilmersdorf 1916. Enthält außer dem Drama „Saul" die Erzählungen „Morenga", „Die Not des Peter Gnyp", „Die Telepathen".
3 Gemeint ist die Zeitschrift *Vorarbeit* im Verlag Freie Straße, deren Erste Folge „Was suchst du Ruhe, da du zur Unruhe geboren bist?" hieß. Jungs Eröffnungsaufsatz darin trug den Titel „Vorbedingungen des Zufalls".
4 „Die Ausfahrt des letzten Torpedobootes", „Der Heizer und die Kellnerin oder wie Joe Frank zwischen zwei Feuer geriet".

737. AN PETER JUNG
Paris, 12/3 62

Lieber Peter, ich habe gerade deinen Brief bekommen, vielen Dank. Ich bin schon seit einigen Tagen aus der Klinik heraus und vorläufig in einer Pension hier untergebracht, bis sich die Ärzte entschieden haben werden, welche Kur ich nehmen soll. Voraussichtlich werde ich dann für einige Wochen nach einem Sanatorium verschickt werden, wahrscheinlich nach dem Schwarzwald.

    Ein besonderer Grund zur Beunruhigung für dich ist nicht vorhanden. Obendrein muß man ja auch bedenken, daß ich schließlich 74 Jahre alt bin und man sich in aller Ruhe überlegen kann, ob das nicht schon genug lange gelebt ist.

    Im Grunde genommen handelt es sich [darum], daß der Körper die Abwehrkräfte inzwischen verbraucht hat, das ständige Hin und Her, immer in diesen wechselnden Orten und Hotelzimmern, schließlich war es ja auch schon in San Francisco nicht viel anders. Die viele Aufregung und Enttäuschung mit dem Rückweg in die Literatur, schließlich war ich immer ein Außenseiter und es fällt mir schwer mich plötzlich dahinein zu finden, ich bin auch gar nicht in der Lage allen mir gebotenen Chancen nachzugehen, schon rein arbeitsmäßig nicht. Das hat alles zu dem plötzlichen Zusammenbruch beigetragen.

Mit meiner Rückkehr nach Paris, vermutlich durch den Klimawechsel zunächst bedingt, setzte ein starkes Nasenbluten ein, dem ich allein mit den üblichen kleinen Mitteln nicht mehr gewachsen war. Das wurde schließlich so stark, daß ich genötigt war mich um einen Doktor zu kümmern. Leider wurde ich an diesen Dr. Kaplan empfohlen, ein früherer Emigrant aus Berlin, der aber hier einen ungeheuren Ruf sich erworben hat und einer der großen Modeärzte hier ist. Dieser ließ mich weitere 3 Wochen warten, ehe er mich empfangen konnte. Dieser stellte dann den hohen Blutdruck fest, eine starke Anämie und einen Puls unter 40, wogegen er mir dann eine Reihe Medikamente verschrieb – in 4 Wochen erst wollte er mich wieder sehen. Aber schon nach einer Woche wurde mein Zustand so schlimm, daß ich einen neuerlichen Besuch durchsetzen konnte. Dabei zeigten sich große Unregelmäßigkeiten im Herzmuskel, die durch ein Kardiogramm dann bestätigt wurden. Der Arzt schlug dann eine Einweisung in eine Klinik vor, im Grunde genommen für das große check up. Solche Kliniken behandeln nicht, sondern halten den Patienten jeweils bereit für den zuständigen Arzt, wobei eben von guten Fachärzten jedes einzelne Organ getestet [wird] in der französischen klinischen Manier unter Drugs und Schockbehandlung. So eine Testserie dauert etwa 2 Wochen, dann wird man so schnell wie möglich entfernt, weil die Klinik eben jedes Zimmer braucht. Die Tests haben mich natürlich auch sehr mitgenommen und es hat sich jetzt soweit ich folgen kann, herausgestellt, daß der Herzschaden entstanden ist hauptsächlich an zwei schwachen Stellen, einmal arbeitet die Gallenblase nicht – wer weiß schon wie lange nicht – völlig deformiert, zuerst überhaupt nicht aufzufinden – was natürlich nachfolgend Störung auf Magen und Leber ausübt, dann sind im Dickdarm tote Stellen, an und für sich selten vorkommende Verwachsungen, die gelegentlich Entzündungen hervorrufen und später auch leicht in Wucherungen übergehen können. Operation ist heute nicht gut möglich, man kann allenfalls versuchen, irgendwie die Stellen zur Einschrumpfung zu bringen. Dafür gibt es Special Sanatorien und ein solches wird eben gesucht. Das orginelle ist, daß ich weder mit der Galle oder mit dem Magen (abgesehen, daß ich nie richtigen Appetit gehabt habe) noch mit dem Darm bisher irgendwelche Schwierigkeiten gehabt habe. Jedenfalls an einer solchen zusammenfassenden Synthese arbeitet der Dr. Kaplan und mit dieser werde ich dann in ein Sanatorium geschickt.

Ich habe diese Situation dir so genau beschrieben, um schon gleich alle Mutmaßungen und Kombinationen auszuschalten.

Dem Dr. Kaplan habe ich sogleich erklärt, ich werde mir Mühe geben, die Kosten der Einweisung in die Klinik und vielleicht auch die Gesamtkosten der Tests dort aufzubringen. Ansonsten habe ich aber kein Geld, und ich wüßte nicht, wie ich die spätere Behandlung eventuell den Sanatoriumsaufenthalt aufbringen könnte. Da hat dann der Arzt, der zugleich der deutsche Botschaftsarzt ist (wie ich aber erst später erfuhr) eine Frau Fabian eingeschaltet, die für die Botschaft bezw. Bonn hiesige Expatriierte und ehemalige Emigranten noch betreut und einige Heime verwaltet, in denen diese Leute untergebracht sind. Sie hat mich aufgesucht in der Klinik, mir die Zusicherung gegeben, daß ich mir um Geld keine Sorgen machen soll, daß das irgendwie geregelt werden könnte, ohne zu sagen wie. Ich nehme an, daß sie aus irgendwelchen vorhandenen Fonds die Gelder anfordern will. Ich gab ihr auf Anfrage deine Adresse, einige Bekannte aus dem Pen Club, der Akademie und ich vermute, daß sie dir schreiben wird – ihr Vorschlag war meine Rente zu finanzieren und daraus eine Anleihe drüben aufzunehmen, in Form etwa einer Krankenversicherung für den ersten Notfall. Ich habe nicht viel darauf gesagt, aber ich habe ja vorher, mit deinen 400 Dollar, einer Zuwendung von Eva Marcu von 500 Dollar ungefähr die Kosten der Klinik bereits gedeckt gehabt. Deine Anleihe käme in jedem Falle bereits zu spät – das war in der ersten Panik, überhaupt in die Klinik zu kommen. Ich möchte in gar keinem Falle dir zur Last fallen und dir Kosten machen. Wenn die Frau Fabian schreibt, so weiche aus oder ignoriere es völlig. Wenn es über die deutsche Wohlfahrt oder wie sich das nennt geht, dann können mich die Leute in ein Heim einweisen, hier oder in Deutschland und das ist alles was ich brauche. Für eine Anzahlung in das Sanatorium habe ich noch etwa 1000 N Fr und außerdem steht mir ein Rundfunkhonorar über 1300 DM zu und deine 200 Dollar, die du jetzt nicht schicken kannst, wenigstens nicht eingeschrieben, weil die Post sie in der Rue du Dragon eingeschrieben nicht ausliefert. Sobald ich weiß wo ich bin gebe ich Bescheid.

Also bitte keine Beunruhigung und keine überflüssige Sentimentalität. Das ist doch nur der normale Ablauf. Wenn ich fühle, daß ich arbeitsmäßig noch etwas zu sagen hätte – ich bemühe mich trotzdem darum – werde ich den Körper so hochbringen, daß eine Behandlung welche auch immer anschlägt und wirksam wird. Wenn nicht, kann ich es nicht zwingen. Die guten Vorsätze und die guten Zureden allein nützen nichts. Ich muß den Willen entwickeln. Und wenn ich es nicht mehr kann, ist es auch nicht schade. Bitte vergiß das nicht.

Meine besten Wünsche für Joyce und den jungen Herrn und herzliche Grüße
Dein Vater

738. AN EMIL SZITTYA
12/3 [1962]

Lieber Szittya,
wie geht es Ihnen? Hoffentlich haben Sie die schwere Grippe mit all den sonstigen deprimierenden Folgen überwunden.

Ich bin aus der Klinik heraus und vorläufig 72 Cherche-Midi 3te Etage links bei Mme Davoux installiert. Man will mich in ein Sanatorium zur Behandlung schicken, das wird schon in der nächsten Woche hoffentlich geschehen. Von mir aus tue ich nicht viel dazu – zunächst könnte ich das sowieso nicht bezahlen und die Frau Fabian behauptet – die sich übrigens von selbst und ungerufen eingeschaltet hat, die Kosten werden schon irgendwie aufgebracht werden. Mir wird das völlig gleich sein. Ich sollte übrigens erst in dem Heim untergebracht werden, wo auch der Dr Buck ist – ich habe aber dafür keine große Lust gezeigt. So bin ich hier in Pension einer früheren Ärztin, die anscheinend auch für die Fabian arbeitet und die mich sehr gut betreut. Morgens gehe ich eine Stunde etwa unten auf der Straße.

Offen gesagt – vorläufig kann ich gar nichts sagen über meinen Zustand und die mögliche „Gesundung" – es hängt ja davon ab, ob ich selbst für mich noch eine Chance sehe – eine Arbeitschance. Ich sehe das noch nicht und eigentlich könnte es genug sein. Ich müßte ja wieder anfangen viel und konzentriert zu ar-

beiten. Wenn [es] sein muß, nun gut, aber es braucht auch nicht zu sein.
    Nur zu Ihrer Information, daß ich noch weiter krebse.
    Viele Grüße
        Ihr Franz Jung

739. AN ARTUR MÜLLER
Paris 6e [Dezember 1962]
36 rue du Dragon

Lieber Artur Müller,
von Ihren Söhnen habe ich leider nichts über den Stand der Spanien-Sache[1] erfahren können. Herr v Rauch hat nicht geschrieben und was jetzt? Haben Sie irgendeine andere Nachricht?
    Ich fühle mich hier ziemlich schlecht. War auch ziemlich krank – innere Blutungen, Gott weiß woher. Ich bin jetzt in einer sehr strengen medizinalen Kur, die mich auch stark mitnimmt. Sonst geht es aber wieder. Ich möchte bald von hier weg.
    Die Söhne haben mir erzählt, daß Sie schon zurück sind. Daher mein Brief – sonst hätte ich noch gewartet.
    Viele Grüße auch an die Familie
        Ihr Franz Jung

1 Es ging um Müllers Hauskauf in Spanien, an dem sich Jung beteiligen wollte.

740. AN EMIL SZITTYA
Paris, 12/8 62

Lieber Szittya,
ich habe nichts mehr Neues von Ihnen gehört. Ich hoffe, daß ist kein schlechtes Zeichen und Sie sind mit der Grippe auf dem Wege der Besserung.
    Ich fahre Montag nach Stuttgart und dort in die Nähe in eine Kuranstalt, um mich behandeln zu lassen. Praktisch hat man nach den Tests in der Klinik noch keine Behandlung begonnen.

Ich werde wohl kaum vor dem Frühjahr wieder zurück sein.

Meine Verbindungsadresse ist wieder die alte: bei Artur Müller, Raffstr. 2 Stuttgart-Degerloch.

Haben Sie vielen Dank für Ihre Aushilfe mit dem Geld und Sie sollten nicht böse sein, wenn ich es zurückerstatte.

Gleichfalls vielen Dank Ihrer Frau für die Kompotte.

Mit den besten Grüßen und auf Wiedersehen
Ihr Franz Jung

741. AN OSKAR MAURUS FONTANA
Paris, 12/9 62

Lieber Fontana,
ich war eine Weile ziemlich krank, bin eben aus der Klinik entlassen worden und werde in die Nähe von Stuttgart in eine Kneipp Kuranstalt gehen, halb zur Rekonvaleszenz, halb zur weiteren Behandlung. Meine Adresse wird wieder sein Stuttgart-Degerloch, Raffstr 2 bei Müller.

Ich habe dir meinen Fuhrmann Auswahlband schicken lassen. Vielleicht könntest du ihn kurz besprechen, jede Erwähnung tut schon gut, um Fuhrmann nicht ganz vergessen zu lassen.

Außerdem kommt Anfang Februar mein Wilhelm Reich Essay in Stuttgart. Haben denn eigentlich die Wiener Sender kein Interesse an einem so prominenten Sohn der Stadt, Nachfolger von Freud im Psycho Institut, der dann ein so tragisches Ende 1958 in Amerika gefunden hat. Die Leute könnten doch beim Radio Essay Stuttgart das Manuskript anfordern, ich habe leider selbst nur eins bekommen. Sie könnten es ja beliebig als Unterlage verwenden, mir liegt ja nur daran, daß hier in Europa mit Ausnahme von England noch immer der Name Reich totgeschwiegen wird. Heute sogar nicht mal als Rancune, sondern einfach als Ignoranz, Faulheit und Dummheit.

Wie geht es bei Dir?

Meine Empfehlung an Käthe. Und herzliche Grüße
Dein Franz Jung

742. AN HANS SCHWAB-FELISCH
Paris 6e, 12/9 62
36 rue du Dragon

Lieber Schwab,
inzwischen ist mein Fuhrmann Auswahlband bei Lambert Schneider bezw der Darmstädter Akademie erschienen. Ich fürchte, Schneider schickt keine Besprechungsexemplare und bei der Akademie habe ich für Ilse Fuhrmann ein paar Dutzend Exemplare herausgeholt, die als Werbung für einen Drive für die Beendigung der Gesamtausgabe dienen sollen. Ich kann kaum noch von dort ein Exemplar anfordern, aber wenn Sie selbst nach Darmstadt schreiben, werden Sie sicher ein Exemplar bekommen.

Sie haben vor ein paar Jahren mir sehr geholfen, Fuhrmann wieder etwas in den Vordergrund zu bringen. Ich möchte Sie sehr bitten, auch jetzt wieder Fuhrmann irgendwo zu erwähnen. Allein jeder Hinweis auf den Namen, trotz der allgemeinen Interesselosigkeit, nützt eben trotzdem sehr viel.

Wie geht es Ihnen? Ich war ziemlich krank, habe eine Weile in einer sogen. französischen Untersuchungsklinik gelegen und werde jetzt nach einem Kneippkurhaus in Deutschland gehen, in die Nähe von Stuttgart – meine Adresse wird dann temporär wieder bei Artur Müller, Raffstr 2 Stuttgart-Degerloch sein. Nach dem plötzlichen körperlichen Zusammenbruch ist nicht mehr viel an Basis für eine Lebensexistenzbehauptung zurückgeblieben. Und viel Sinn hat doch das Ganze für mich kaum mehr. Immerhin, ich gebe mir Mühe, aber der Wille allein macht es ja auch nicht.

Entschuldigen Sie.
Meine Empfehlungen an die Familie
und herzliche Grüße
Ihr Franz Jung

743. AN EMIL SZITTYA
Stuttgart-Degerloch, 12/24 [1962]
Raffstr 2 b/ Artur Müller

Lieber Szittya, ich bin hier im Kneipp Kurhaus Musberg b/ Stuttgart. Weiß aber nicht, wie lange ich noch bleiben kann. Daher gebe ich für alle Fälle die obige Verbindungsadresse. Die körperlichen Funktionsstörungen werde ich hier bessern können, ich fühle mich auch kräftiger, aber mit dem Lebenswillen steht es schlecht. Ich bin noch unfähig irgendeinen Anschluß wiederherzustellen.

Ich habe nicht die Adresse von Govy[1] – der Süddeutsche Rundfunk hat das Stück abgelehnt (der historische Background würde hier zu fremd wirken) und sendet es zurück. Ich fürchte, sie senden es zurück ohne Begleitschreiben der Adresse auf dem Textblatt – ich sollte den Brief dazu schreiben. Das kann ich im Augenblick einfach nicht. Wenn Sie den Govy sehen, bitte bestellen Sie ihm, daß ich hätte das Begleitschreiben abfassen sollen, aber ich kann es eben nicht. Und bestellen Sie ihm meine besten Grüße.

Vielen Dank und wie geht es bei Ihnen? Ich fürchte beinahe, wir sind in demselben Boot. Viele Grüße zuhaus
herzlichst
Ihr Franz Jung

1 Vgl. Jungs Brief an Artur Müller vom 1.10.1962.

744. AN RUTH FABIAN
Stuttgart, 12/24 [1962]
Kurheim Musberg

Liebe Ruth Fabian, ich danke Ihnen für Ihren Brief mit den betr Informationen. Ich glaube zunächst, man sollte nicht mehr weitere Aufforderungen hinaussenden, weder an den Pen Club noch vor allem an Frank Young – seine Adresse ist übrigens *East Setauket* Long Island. Was die Eva Marcu anlangt, so können Sie ihr ja, wenn Sie es für richtig halten, schreiben. Ich habe ihr von dem Heim hier nur eine Karte mit den seasonal greetings geschickt. Sie hat recht, im Augenblick brauche ich kein Geld, zumal ich Ende Januar mit dem Geld vom Süddeutschen Rundfunk rechnen kann. Sie können der Marcu ja die finanzielle Situation erklären, Müller, Oda Schaefer, Karl Otten haben zusammen etwa 1000 Mark aufgebracht, dazu 400 $ von Peter Jung (praktisch angesammeltes Rentengeld), inzwischen stehen dort weitere 200 $ aus und die 500 $ der Marcu. Selbstverständlich genügt das für den Augenblick. Allerdings muß ich hier neben dem Pensionspreis von 14 DM per Tag ja eine Kur bezahlen, die sicherlich nicht billig ist, zuzüglich Arztkosten. Aber trotzdem, bis zur Beendigung der Kur halte ich durch. Was dann weiter wird, wird man sehen.

Wenn Sie schreiben, wecken Sie keine Illusionen, wie das die Leute hier von Müller angefangen tun. Das hat wenig Zweck. Ich erhole mich körperlich, ein gewisser Widerstand wächst – aber das ist nicht genug. Es fehlt an dem Lebenswillen, dem „Besserungswillen", weil ich einfach Angst habe, unter diesen äußeren Umständen – die Funktion der Galle kann nicht mehr wiederhergestellt werden und ich werde von früh bis abends mit Verdauungsschwierigkeiten zu tun haben, allen Medizinen etc zum Trotz – wieder Arbeiten anzufangen, von denen ich von vornherein weiß, daß sie sofort boykottiert werden, der mögliche Wirkungskreis ist so gering, daß es beinahe lächerlich [ist], darauf noch einige Lebensjahre zu bauen. Verstehen Sie, Geld nützt mir nicht, kein Zureden etc – zunächst muß ich mich ja allein von allen Illusionen befreien. Das ist die Situation. Das braucht man so grob der Eva Marcu nicht zu schreiben, aber irgendwie andeuten sollte man es doch. Sobald ich etwas zurückgewonnen habe von dem elan vital werde ich es ihr auch selbst schreiben.

Nun für Ihr Haus my seasonal greetings
vielen Dank und viele Grüße
Ihr Franz Jung

745. An Käte Ruminoff
12/29 [1962]

Liebe Kate, Grüße zum Neuen Jahr.

Persönlich lohnt es sich kaum etwas über meine Krankheit zu sagen, denn darüber zu mutmaßen und zu diskutieren hat keinen Zweck. In der Pariser Klinik hat man als Grund für meinen plötzlichen Zusammenbruch, ich konnte schon wochenlang kaum noch etwas essen, schien aber sonst gesund, das Versagen der Gallenblase, die vielleicht schon seit Jahren nicht mehr funktioniert hat, und als Folge davon Steinbildung im Dickdarm, sogenannte Darmverengung festgestellt. Von da aus hat sich das auf die Herzmuskelfunktionen ausgedehnt. Behandelt worden ist das Herz, das sonst ganz gesund und normal funktioniert. Vermutlich sind auch die großen Schwankungen im Puls etc unter Kontrolle, aber das andere läßt sich nicht behandeln. Durch Diät können Entzündungen und sonstige Komplikationen vermieden werden. Operieren kann man nicht mehr bei meinem Alter, etwa ein Stück Darm rausschneiden. Es gibt noch eine entfernte Möglichkeit durch Ultraschall die Steine aufzulösen. Aber das ist noch sehr im Experimentierstadium und ich weiß überhaupt nicht, ob deutsche Kliniken über diese Apparate schon verfügen.

Die Hauptsache aber liegt im Somatischen. Ich bringe einfach nicht mehr die Energie auf wieder von neuem anzufangen. Um wieder zu schreiben, das erfordert ein großes Maß von Konzentration, und wozu? Ich werde in Wirklichkeit doch zum größten Teil schon zu Beginn boykottiert, direkt oder eingebildet, und ich habe weder die Lust noch den Willen irgendjemandem etwas zu sagen. Hinterlassen tue ich auch niemanden, für den das noch etwas bedeuten würde, und außerdem habe ich ja mit 74 Jahren lang genug gelebt. Das kommt natürlich alles dazu. Ich habe hier eine ziemlich oberflächliche Kur beendet und bin jetzt einfach noch hier als Pensionär für Diätkost. In einigen Wochen wird man weiter sehen.

Für Rowohlt oder für Luchterhand will ich noch einen Auswahlband Jung mit entsprechender kritischer Einführung vorbereiten – vorläufig liegen die Bände bei Rowohlt und der muß mir sie erst zurückschicken, ehe ich weiter arbeiten kann. Vielleicht noch ein Paar Essays schreiben (um Geld zu verdienen), der Reich Essay wird im Süddeutschen Rundfunk im Februar gelesen – weiter werde ich mich mit Reich nicht mehr beschäftigen, weder die Töchter noch der Farrar Straus Verlag haben daran das geringste Interesse. Der Fuhrmann [Schluß fehlt]

746. AN ADOLPH WEINGARTEN
12/29 [1962]

Lieber Adolph,
dein Brief nach dem Pariser Hotel hat mich hier erreicht. Ich bin in dem Kneipp Kurheim Musberg bei Stuttgart, die Verbindungsadresse wird für einige Zeit bleiben Stuttgart-Degerloch, Raffstr 2 b/Müller. In der Pariser Klinik hat man für den plötzlichen völligen Zusammenbruch festgestellt, daß die Gallenblase nicht funktioniert und (das kann schon seit Jahren so sein) daher auch Steine (sogenannte Verengungen) im Dickdarm. Die daraus entstehenden nervösen Störungen (die man vielleicht jahrelang durch einen angespannten Willen unterdrücken kann) haben aufs Herz geschlagen und den Puls auf und ab schnellen lassen, zeitweilig war der Puls unter 30. Das ist das Bild. Die Leute hier machen etwas für das Herz, die Steine kann man nicht operieren (wegen des Alters) und das einzige, was man machen kann, ist vorsichtige Diät, damit keine Entzündung irgendwo entsteht. Automatisch haben dann allerhand Kreislaufstörungen überall eingesetzt, mit denen man aber fertig werden kann. Das ist das Bild. Erschwert wird es durch eine somatische Vorbelastung, in Wirklichkeit habe ich einfach genug, für mich mit 74 Jahren hat es einfach keinen Zweck weiter zu existieren. Ich habe für niemanden etwas zu hinterlassen, die innere Konzentration aufzunehmen, um weiter etwas zu schreiben, ist sinnlos, da ich von vornherein boykottiert werde, und die wenigen, die mich lesen wollen, wissen das, was ich sagen will, einfach sowieso schon vorher. Ich habe einen Grundriß eines Auswahlbandes Jung fertiggemacht, der vielleicht bei Rowohlt oder Luchterhand erscheinen soll – dafür brauche aber ich selbst schon nicht mehr vorhanden sein. Ich kann noch einige Essays für den Rundfunk schreiben, um nebenher etwas Geld zu verdienen, obwohl das Geld nicht mehr so notwendig ist, denn ich werde nicht mehr viel herumreisen. Wenn ich hier halbwegs gesund herauskomme,

werde ich trotzdem nach Spanien gehen, einfach um dort zu verschwinden. Und nun – daß du wieder solche Schwierigkeiten hast, höre ich mit großem Bedauern, obwohl ich mir das schon habe denken können, nachdem du so lange hast nichts hören lassen. Ich bin nicht gerade der Geeignete, dir Kraft und Energie zum Durchhalten zu wünschen, denn das ist sehr unterschiedlich, bei dem einen ist es notwendig, bei einem andern hat es sich erschöpft. Immerhin wünsche ich dir das Beste, auch für das neue Jahr.

 Mit herzlichen Grüßen auch an Carola
 Franz

747. AN MAXIMILIEN RUBEL
Stuttgart-Degerloch, 12/29 [1962]
Raffstr 2 b/Müller

Lieber Maximilien Rubel,
ich muß meine Bitte von Anfang Dezember, mir die Reich-Bücher zurückzuschicken, wiederholen. Inzwischen bin ich hier in einem Kneipp Kurhaus, Musberg b/ Stuttgart gelandet, die Verbindungsadresse wie oben. Anfang Februar wird hier im Stuttgarter Sender mein Reich-Essay gelesen und ich kann dann unmittelbar ihn etwas erweitern und in Druck geben, dazu brauche ich die Bücher.

Ich glaube, es war ganz eindeutig, daß ich Ihnen die Bücher nur geliehen hatte. Ich schrieb Ihnen, um Ihnen den Transport zu ersparen, Sie könnten sie in der Librairie Calligrammes, 15 Rue du Dragon abgeben lassen. Herr Picard hat mir auch sonst noch Bücher zuzuschicken und er wird das mit übernehmen.

Wenn die Bücher verloren sind oder sonstwie außer Haus gegeben, so daß ich sie im Augenblick nicht bekommen kann, bitte ich Sie, haben Sie die Höflichkeit mir das mitzuteilen.

 Mit besten Grüßen und guten Wünschen für ein Neues Jahr
 Franz Jung

748. AN PETER JUNG
Musberg b/Stuttgart [Januar 1963]
Kurhaus, Waldstraße

Lieber Peter, ich nehme jetzt an, daß Ihr schon aus New York wieder und zwar wohlbehalten zurück seid. Eine richtige Kur mache ich hier nicht, der Körper allgemein soll so gekräftigt werden, daß man eine Operation an der Galle riskieren kann. Eventuell durch Ultraschall Behandlung. Wenn es nicht geht – bisher hat sich noch keine Klinik hier gefunden, muß ich eben ohne Operation auskommen, allerdings bin ich dann ewigen Kreislaufstörungen ausgesetzt. Der Mann, der dir den Brief aus Paris geschrieben hat, ist übrigens der Mann dieser Ruth Fabian, die in deinem Fall anscheinend einen als Privatbrief aufgezogenen Brief vorgezogen hat. Deine Antwort war sehr gut und die Leute werden dich jetzt in Ruhe lassen.

Im Augenblick brauche ich zwar noch nicht das Rentengeld, aber du könntest, was sich angesammelt hat, auf mein Konto bei der Bank of America, Düsseldorf Branch, Düsseldorf, D Mark Ausländer Konto überweisen. Das würde eine Reserve bedeuten, über die ich dann im Notfall hier sofort verfügen kann.

Hast du meinen Fuhrmann Auswahlband bekommen?

Grüße an Joyce und den jungen Stammhalter und sei selbst herzlichst gegrüßt von
    Deinem Vater

749. AN MARGOT RHEIN
Musberg, 1/4 63

Liebe Margot, dein Vorschlag, so gut er gemeint sein mag, geht leider nicht. Im Augenblick bin ich noch im Kurheim, und das wird noch eine Weile anscheinend dauern. Dann werde ich wahrscheinlich eine Gallen Operation durchführen lassen müssen. Das geht vorläufig noch nicht wegen der Herzmuskelschwäche. Nach der Operation – ich muß erst noch einen Arzt plus Klinik finden, die das machen wird, gehe ich dann nach Spanien, in eine Diät Pension auch noch mit ärztlicher Betreuung und dann werde ich erst entscheiden, ob ich nach Amerika zurückgehen werde oder hier bleibe. Das hängt viel davon ab, ob ich hier noch etwas Geld verdienen kann.

Also du kannst dabei wenig tun und es wäre vielmehr eine neue Belastung als eine Hilfe.

Hoffentlich setzt bei dir mit diesem Vorschlag nicht wieder eine neue Phase von innerer Unruhe ein, die wie ich glaubte du schon überwunden hättest.

Mit vielen Grüßen
Franz

750. AN FRITZ PICARD
Musberg, 1/6 63

Lieber Picard,
bitte lassen Sie das Einliegende expedieren.

Hat Herr Maximilien Rubel sich gemeldet? Er sollte wenigstens sagen, ob ich überhaupt auf die Bücher rechnen kann.

Gesundheitlich? Ich werde mich doch entschließen müssen, mich an der Galle operieren zu lassen. Hoffentlich findet sich eine Klinik, die das riskiert. Der Dr Kaplan wollte ja nicht.

Viele Grüße
Ihr Franz Jung

Können Sie mir das einliegende Buch besorgen?

751. AN CLÄRE JUNG
Musberg, 1/7 63

Liebe Cläre, ich danke und erwidere deine Glückwünsche für das Neue Jahr. Ich bin jetzt in Musberg b/ Stuttgart, in einem kleinen Kneipp Kurheim Maier, sehr primitiv, ohne Ärzte. Ich bin auch eigentlich nur dort, weil ich eine strenge Diät bekommen muß. Und warte, daß [sich] der allgemeine Zustand so weit bessert, daß eine Klinik eine Operation an der Galle riskieren kann; bisher habe ich so einen Arzt noch nicht gefunden. Da die Galle völlig versagt, funktioniert die ganze Verdauung nicht, was sich auf die

Herztätigkeit auswirkt. Nebenbei noch die üblichen Kreislaufstörungen an Bein und Fuß. Daß es mal so zusammenbrechen würde, war eigentlich zu erwarten. Es ist auch nichts Besonderes. Schließlich bin ich ja 74 Jahre alt. Was will ich eigentlich noch? Wie ich an dem noch immer gegen mich wirksamen Boykott und der Analyse der Ursachen erkennen kann, habe ich niemandem mehr etwas zu sagen und für niemanden zu sorgen.

Sobald ich von hier wegkomme und etwas Mitteilungswertes zu sagen habe, melde ich mich wieder.

Herzlichen Gruß
Franz

752. An Karl Otten
Musberg b/Stuttgart, 1/8 63
Kurheim Waldstr

Lieber Karl Otten, anbei erhalten Sie die Unterschrift für die Genehmigung des Nachdrucks[1] zurück.

Über die „Unverbindlichen Richtlinien" weiß ich leider nichts. Von mir sind sie nicht geschickt worden.

Ich bin jetzt entschlossen, auch etwas für meine Dagny Novelle zu tun (etwa 150 000 Worte). Die Arbeit, die das Schicksal meiner Tochter behandelt, hat merkwürdige Schicksale durchgemacht. In Italien 1946 geschrieben, auf Bestellung der Büchergilde Gutenberg, Zürich, kam sie in einen Wechsel des Lektorats, die neuen Herren wollten dann nicht mehr, machten solche Auflagen über Änderungen etc, daß ich die Sache zurückgezogen habe. Auf Veranlassung von Ruth Fischer habe ich die Sache an die Babette Grosz geschickt, die das Manuskript verloren hat – heute will sie sich überhaupt nicht mehr daran erinnern. Ich hatte dann nur noch Aufzeichnungen und lose Seiten, die ich die Jahre über in Amerika drüben nicht angefaßt habe. Zur Not kann ich das Wichtigste davon noch zusammenbringen, im Augenblick habe ich allerdings gar nichts. Vielleicht werden Sie sich aus dem Weg nach unten, wo ich die Dagny Katastrophe nur streife, erinnern, wie sehr ich davor zurückgeschreckt bin, mehr darüber zu sagen. Ich glaube allerdings heute, daß ich mich nicht davon drücken sollte. Ich selbst bin im Grunde an der Katastrophe mit schuldig, gleich was für mildernde Argumente man anführen könnte. Ich werde das diesmal stärker herausbringen. Damit verschiebt sich etwas der Akzent, weil in den Ursachen des Zusammenbruchs eben auch die Belastungen der persönlichen Beziehungen in dieser Umwelt eine entscheidende Rolle spielen, die hilflos dem Nazidruck der Umwelt ausgeliefert sind. In der ursprünglichen Fassung überwiegt noch zu sehr das Nazitum, hinter dem man auch alle seine eigne Schuld so leicht verstecken kann. Insofern verschiebt sich das Bild und die Brutalitäten der Umwelt spielen schon nur eine mehr nebensächliche Rolle. Ich weiß natürlich nicht, wie das auskommen würde und wieweit man so etwas überhaupt einem Verleger anbieten kann; ob Herr Goverts für so etwas empfänglich ist, weiß ich auch nicht; jedenfalls bedeutet es psychologisch ein neues Stilelement. Ich werde es auf jeden Fall aber machen, unabhängig ob es heute gedruckt werden kann. Das bin ich mir selber schuldig.

Ich habe übrigens damals eine Probe in der Neuen Zeitung veröffentlicht, die ich beilege. Die Reaktion war so furchtbar enttäuschend – Manfred George (Hg. des „Aufbau" New York) schrieb mir damals, hören Sie damit auf, die Leute haben genug Grausiges erfahren, sie wollen jetzt „erheitert" werden – daß ich im Grunde beinahe nur zu froh die Sache schnell wieder aufgegeben habe. Das will ich jetzt nachholen.

Entschuldigen Sie, daß ich Sie mit diesem Kram noch belästige.

Also lassen Sie bald die Bronchien sich bessern, bald kommt die Sonne wieder.

Mit herzlichen Grüßen
Ihr Franz Jung

---

[1] Otten hatte Jung am 4.1.1963 um die Nachdruckerlaubnis für „Der Fall Groß" gebeten, den er dann in seiner Anthologie „Ego und Eros. Meistererzählungen des Expressionismus", Stuttgart 1963 veröffentlichte.

753. AN KÄTE RUMINOFF
Musberg b/Stuttgart, 1/13 63
Kurhaus, Waldstr.

Liebe Kate, ich bestätige den Empfang der $10, aber es ist Unsinn, mir Geld zu schicken, denn in Wirklichkeit kann es mir nichts nutzen. Mit Geld allein, selbst mit größeren Summen, kann ich den äußeren Zuschnitt, der notwendig wäre, nicht ändern. Dieses Kurhaus hier ist eine Art Diät Pension, im Sommer vielleicht ganz geeignet, jetzt aber bei dem Personal Mangel kaum funktionsfähig. Der Inhaber[1] war früher Bademeister in Wörishofen, daher die Kneipp Kuren – hauptsächlich für Kassenpatienten und in sehr bescheidenem Umfange. Eine Kneipp Kur würde mir auch nicht viel nutzen, da sie ja im wesentlichen krankheitsvorbeugend wirkt. Man hat mich anscheinend hier von Paris abgeschoben 1) weil es sehr billig ist, 2) weil die Leute im Moment nichts anderes gefunden haben und mich los sein wollten. Was ich gebraucht hätte, wäre ein Krankenhaus gewesen oder ein Sanatorium, wie es hier zu Dutzenden im Schwarzwald gibt für die entsprechende Specialbehandlung, aber das ist eben auch 5 mal so teuer. Jetzt bei täglich 15-20 ° C unter Null, das Haus liegt abseits von den Verkehrsstraßen, ist alles vereist und praktisch unmöglich zu gehen oder fahren, bin ich praktisch abgeschnitten, selbst der Weg zur Bus Haltestelle ist zu weit. Selbstverständlich werden die Abwehrkräfte immer geringer. Ich hatte schon daran gedacht, dir meinerseits Geld zu schicken, um mir meine Thyroid Medizin dort besorgen zu lassen – Weingarten ist schwer krank und wird das nicht mehr machen können. Aber ob dies jetzt die dortige Physicians Pharmacy noch erledigen kann, 655 Sutterstr., weiß ich nicht. Die Thyroid Tabletten sind auf das Rezept H 19089 von Dr. Aggeler verschrieben (10-21-60), die Tablette zu 2 grain. Einmal hatte mir die [Schluß fehlt]

1 Jürgen Maier.

754. AN MAXIMILIEN RUBEL
Musberg/Stuttgart, 1/15 [1963]
Kurheim, Waldstr

Lieber Rubel, vielen Dank für die Reich Bücher, die ich soeben erhalten habe.

Ich war schon ein wenig nervös, weil ich sie gerade jetzt hier, wo ich ans Zimmer gefesselt bin, sehr gebraucht habe.

Vorläufig werde ich allerdings wenig weiter arbeiten können. Die Gesundheit hat sich nicht gerade gebessert, und ich bereite mich für eine Gallenstein Operation vor, wo ich kaum mehr als 50% Chance habe durchzukommen. Sobald ich etwas besser dran bin, melde ich mich wieder.

Viele Grüße
Franz Jung

Späte Funde

755. An den Herrn Staatsanwalt
Breda, den 10. Juni 1921

Ich ersuche ergebenst, das englische Geld hier umwechseln zu lassen und die Hälfte Herrn v.d.Hurk auszuhändigen als Reisevorschuß.
                Franz Jung

756. An Cläre Jung
[Wenningstedt] 6/7 [1931, Poststempel 7.6.]

Liebe Claire, bin heute am Strande nach Wenningstedt gelaufen. Gehe jetzt am Watt wieder zurück. Das Strandkafe besteht nicht mehr, ist im Herbst weggespült worden. Ich werde insgesamt noch ca *30 M etwa* brauchen. 45 M habe ich noch. Damit werde ich gut reichen. Nach Frankfurt habe ich geschrieben, um den Bescheid zu beschleunigen. Es ist noch immer sehr schönes Wetter, reine Glut.
Herzlichen Gruß
                Franz

Sonnenbrille habe ich gekauft

757. An Cläre Jung
[Kampen, Sylt] 23/8 [1931]

Liebe Claire,
habe heute noch einen Weg nach Westerland gemacht. An Sörensen brauchst du das Buch erst Mittwoch wegsenden. Ich fahre *bestimmt* Donnerstag (abends in Berlin). Wenn es aber sehr schlechtes Wetter ist, fahre ich schon Mittwoch.
Also auf Wiedersehen
                Franz

NACHWORT

> *"... und hoffe, bald wieder in Vergessenheit zu geraten ..."*
> An Cläre Jung, 25. Mai 1948

Am liebsten ganz verschwinden. Doch gelingt das? Etwa in einer letzten Steigerung: Verschwinden in der Wiederkehr? Unerkennbar bleiben, wenn jeder ihn deutlich zu sehen glaubt. Torpedokäfer Jung: Das Sichtbare – Anflug gegen die Mauer der Konventionen, Anprall, Ohnmacht, Erwachen, Rückkehr zum Ausgangsort, neuer Anflug – dieses Sichtbare des Lebensabenteuers wäre dann nur das äußere Bild einer unsichtbaren inneren Sammlung, die keiner zu benennen weiß.

„I don't come back. 33 Stufen abwärts" wollte er seine Autobiographie nennen, die dann nicht einmal „Torpedokäfer" heißen durfte, sondern als „Der Weg nach unten" herauskam und nicht mehr die 33 Gesänge aufrief, in denen Dante seinen Abstieg in das Inferno beschrieb, sondern nur noch die Stationen eines Zusammenbruchs. „I don't come back", was, kommentiert er am 14. Juli 1955, „im Deutschen ja leider zweideutig heißen würde: Ich komme nicht zurück – nämlich aus dem Jenseits – und ich stehe nicht auf am jüngsten Tage etc".

Doch je mehr sich dieser Mann entzieht, je bestimmter er wegzugehen verspricht und je entfernter er schließlich die Fluchtziele ansetzt: Nordpol, Oaxaca-Wüste, Virgin Islands, in Europa sogar der Wechsel in die andere Welt: Ostzone, desto verlangender heftet sich der Blick an das Sichtbare, um ihm vielleicht doch noch den rechten Namen abzusehen.

War es in den siebziger Jahren Jungs Syndikalismus, der ihn zum exemplarischen Gegner von Führungseliten geeignet erscheinen ließ, so ist es in den neunziger Jahren sein Einzelkampf, der ihn als Deserteur, Bombenwerfer, Schiffsentführer, als Canaris-Mann und Emigrant zum exemplarischen Gegner etablierter Eliten überhaupt zu machen scheint, einem gewiegten Strategen gar, der es mit der Polizei und Psychiatrie, mit den Gerichten und Sicherheitsbehörden aller Herren Länder aufnahm.

Damals waren es die Gründungen und Gegengründungen, die

Beschlüsse und Gegenbeschlüsse der Parteien, auf die sich gläubig das Auge richtete, heute sind es vornehmlich die Irrenanstaltspapiere, Überwachungsakten und Prozeßberichte.

Damals wähnte man Jung überwunden – ein lehrreicher, aber erledigter Fall in der Geschichte der europäischen Intellektuellen. Heute wirft man sich ihm in die Arme: Jung-Spektakel der Bühnen Magdeburg und Tübingen, Jung-Symposium in Urach, Jung-Kneipe „Torpedokäfer" mit Zeitschrift „Sklaven" (nach einem Jung-Plan von 1927) und Flugschriftenserie „Pamphlete" (nach einem Jung-Plan von 1961) sowie Jung-Prozeßakten-Lesungen in Berlin.

Vor fünfundzwanzig Jahren beeindruckte und beunruhigte der abtrünnige Bürgersohn, der seine intellektuellen Kräfte dem Kommunismus zur Verfügung stellte, der aber dann zum Schaudern der neuen abtrünnigen Bürgersöhne nicht durchhielt und erneut abtrünnig wurde, heute imponiert der Leuteschreck mit dem Dada-Touch oder der dämonische Manipulator.

Immer freilich sind es die Namen der anderen, die man diesem Manne gibt. Die Namen eines Staates, den man zu treffen wähnt, dem man aber umso sicherer verfällt. Diese Namen stammen von den Spitzeln, den Kriminalbeamten, den Staatsanwälten, den Psychiatern und Richtern. Jungs Namen sind das nicht.

Zu Lebzeiten hat er sich diesen Usurpationen seines Schicksals zu entziehen gewußt. Hier liegt der tiefste Grund seines Verschwindens. Als er 1954 auf der Flucht aus dem New Yorker Emigrantenmilieu nach San Francisco kam, geriet er vom Regen in die Traufe. „... ich bin so herumgereicht worden mit einem gewissen Dada-Akzent", schreibt er im Januar 1955 an Ruth Fischer, „und zeitweilig ganz populär. Ich bin natürlich in dieser sophisticated Atmosphäre eine angenehme Abwechslung. Als ein verquerer Typ von altem l'homme à femmes haben sich einige dieser Mädchen in mich – literarisch – verliebt, was in dem zeitständigen Amerika sich in exhibitionistischen Konfessionen äußert, die mich ob ich will oder nicht stark berühren und in Unruhe versetzen. Das Schreckliche ist, daß zwischen 16 Jahren und 66 Jahren kaum ein Unterschied besteht, das gleiche bitter süße Gefühl von Unruhe und Verlorensein, nur was mit 16 mehr süß accentuiert ist, ist jetzt ausschließlich bitter. Ich muß sehen, daß ich hier bald wegkomme."

Also weiter: in Acapulco Traven besuchen und dann eine Ranch kaufen in der California- oder Arizona-Wüste. Am Ende versteckte es sich allerdings in Paris, Hamburg oder Stuttgart besser als an den allerentlegensten Orten.

Was es an Jung auszuhalten gilt, ist das verwirrende Beieinander von Initiative und Apathie. Und das erweist sich bald als so normal, so durchschnittlich, so bezeichnend für jedermann, daß alle Versuche, Jung als den Sonderfall von politischem Aktivisten oder Psychopathen, von Dada-Paradiesvogel oder Dada-Sklaven, von Verführer oder Verräter zu isolieren, scheitern müssen. Jung hat nur versucht zu sagen, wie es ihm ergangen ist, aber da es allen so ergeht und da das durchaus nichts Ansehnliches ist, wollte das niemand hören. „Ich weiß nicht, warum mich die Leute so hassen", schreibt er einmal. Er weiß es nur zu gut.

Jung hat immer wieder die eine Geschichte erzählt, die Geschichte von der Gemeinschaftssehnsucht und dem Gemeinschaftsekel, von der Flucht in die Gemeinschaft und der Flucht aus der Gemeinschaft. Er ist – im Sinne Fouriers (den er herausgeben wollte) – der „initiateur", der „überall, wo es einen gefährlichen oder unangenehmen Schritt zu tun gilt", bei der Hand und „darum sehr wertvoll" ist. Und er ist zugleich das, was er am Anfang in München einen Stammler nennt und am Ende in New York einen „sucker", einen Narren, am Anfang einen „Jüngling, der nach Stifter die Sonne sich an den Hut stecken wollte und die Abendröte umarmen", am Ende einen „Parasiten". Am Anfang war ein „Trottelbuch" und am Ende eine „Groteskversion zum ‚Faust'", wie Christopher Middleton den „Weg nach unten" nennt.

Der Initiateur und der Stammler, der Narr und der Parasit, der Trottel und der Grotesk-Faust – in den Briefen sprechen sie mit einer Zunge.

Aufschlüsse

„Ich sehe viel voraus, in der Praxis komme ich aber immer zu spät."
An Carola Weingarten, 19. März 1954

Verschwinden in der Wiederkehr: Jungs Briefe spielten in diesem Torpedokäfer-Dasein eine entscheidende Rolle. So verschwunden war er nie, als daß er nicht noch einen Brief schreiben konnte. Aber der Brief bestätigte jedesmal die Distanz und bekräftigte das Distanzbedürfnis. Jungs Briefe sind nicht nur der Ort, wo von den Prozeduren des Verschwindens berichtet wird, sondern wo das Verschwinden tatsächlich stattfindet. Es bedürfe der leiblichen Anwesenheit nicht, um etwas auszurichten. Kameradschaftliche Atmosphäre habe nichts zu tun mit „Beieinanderhocken", wie Jung das schon 1915 abwehrend nennt. Im Gedenken an den fernen Adressaten werden die geistigen Kräfte und Subsidien weit sicherer aufgebracht. Gelegentlich ist er wohl unzufrieden mit den eingeschränkten Möglichkeiten brieflichen Verkehrs (wie sie Gattung und Zensur diktieren) und es hat einige wenige Gespräche gegeben, wie die mit Anton Wenzel Groß 1913 in der Irrenanstalt Troppau, mit seiner Tochter Dagny im Krankenhaus Greifswald 1943 oder mit Anna von Meißner in San Giovanni Rotondo 1961, die kein Brief ersetzen konnte, doch im Ganzen sagte ihm diese Art des Kontakts am meisten zu und zum Schluß hat er geradezu in und aus dem Briefeschreiben gelebt.

Was bieten Jungs Briefe? Lehre und Führung wird man in ihnen vergeblich suchen, sie richten sich nicht über den Kopf des Adressaten hinweg an ein Publikum oder an eine Nachwelt. Beichte, Lamento und harte Selbstanrede wird man finden – Exerzitien. Die Macht der Zuwendung, die aus den Briefen an seine Nächsten wie aus vielen Plänen und Entwürfen spricht, hat ihren Ursprung in dieser inneren Sammlung. Schwadronierend, sarkastisch, charmant und larmoyant wird man ihn finden. Völlig am Boden und gleich wieder obenauf. Der Tonus fällt und steigt in einem ihm selber unergründlichen Rhythmus. Wollte man die Extreme bezeichnen, die „Situationsspitzen", wie Jung gern sagte, man fände sie mühelos. 1915, nach Desertion und Beobachtungsaufenthalt in der Irrenanstalt an Margot, seine erste Frau, aus dem Gefängnis Spandau: „Das Urteil über meinen Zusammenbruch steht bei mir schon lange fest." Dreißig Jahre später, mit fast 60, ist er noch stark, neugierig und amüsiert genug, um die merkwürdige deutsch-deutsche Konstellation der journalistischen Nachkriegskarrieren seiner Frauen Cläre und Harriet als sein eigenes Dilemma zu interpretieren. „... so möchte man annehmen", schreibt er an Ruth Fischer aus Italien, „daß sich auf meinem Buckel ein Teil der Auseinandersetzungen West-Ost abspielen wird" – weil nämlich Cläre am „Berliner Sowjetsender" die kulturpolitische Abteilung leitet und Harriet bei dem amerikanisch gesteuerten DENA-Nachrichtendienst in Bad Nauheim den Feature Desk betreut. Dazwischen also er – persona non grata, selbstverständlich in Ost und in West.

Es sind drei große Lebenskonstruktionen, in denen wir Jung über die fünfzig Jahre in seinen Briefen sehen, drei Konstruktionen, die in der außergewöhnlichen persönlichen Gestalt ein ganz Gewöhnliches, ein Allgemeines zu Tage fördern und damit seine Briefe aus privaten Dokumenten, mehr oder weniger zufällig erhaltenen Bruchstücken seiner Existenz, zu Zeugnissen der Hoffnungen und Enttäuschungen, der Aufbrüche und Zusammenbrüche dieses Jahrhunderts machen: Das Experiment eines staatlich organisierten Sozialismus hatte in Jung einen seiner glühendsten Aktivisten und einen seiner rücksichtslosesten Kritiker.

Die erste Konstruktion ist die politische der Revolutions- und Rußlandzeit. Hier sind der Brief an Margot von 1918 und die Gefängnisbriefe an Cläre von entscheidender Bedeutung. Sie zeigen die Bürde der Nüchternheit, das Elend der Prophetengabe. Wer ein Versagen voraussagt, das nicht seines allein, sondern ein allgemeines Versagen ist, macht sich unbeliebt. Später wird er sagen: „Ich sehe viel voraus, komme aber in der Praxis immer zu spät."

Die zweite Konstruktion ist die wirtschaftliche oder besser die wirtschaftsnachrichtendienstliche der Weimarer und der Hitlerzeit. Hier erlebt man Jungs europäisches Wirtschaftsengagement, das sich aus der Kritik ausschließlich politischer Sowjetbindung aufbaut. 1924 die neue deutsch-englische Fühlungnahme mit dem Wohlwollen des Auswärtigen Amts, 1930/31 das deutsch-französische Wohnungsbauprojekt, gestützt und gefördert durch die Zusammenarbeit seiner Zeitschrift

„Gegner" und des Pariser Reformjournals „Plans", ein Projekt, das am massiven Widerstand der erstarkenden Nazis scheitert. Dem Zusammenspiel visionärer, analytischer und experimenteller Kompetenzen, die sich normalerweise ausschließen, entspringt auch Jungs singuläre Stellung in der Hitlerzeit. Obwohl mit seinem „Gegner" früher Sammelpunkt der Hitler-Kritiker, entkommt Jung, da schon mit dem Canaris-Kreis verbunden, 1936 dem Prozeß gegen die „Roten Kämpfer" und kann nach Prag und Wien, nach der Annexion Österreichs nach Genf und nach seiner Ausweisung aus der Schweiz nach Budapest ausweichen. Wie Jung in diesen Jahren unter den Fittichen der Versicherungsgesellschaft American-European Securities mit seinen alten kommunistischen Freunden in London, Paris, Marseille, Lissabon und New York korrespondiert und sie finanziell unterstützt, wie er unter Pseudonymen oder ungezeichnet für die Prager „Neue Weltbühne", die „Wiener Wirtschaftswoche", den „Central European Service" arbeitet, die Antinazi-Deutschlandberichte der SPD vertreiben hilft, mit Cläre, Margot und seiner Tochter Dagny in Verbindung steht und sie in Deutschland besucht und wie er – als Deckung – für die vom Reichswirtschaftsminister Walther Funk angeregte Südosteuropa-Gesellschaft (SOEG) in Wien wirtschaftspolitische Berichte über den Balkan schreibt – das ist nun in den Briefen nachzulesen. Nachzulesen ist aber auch, wie ihn das Leben im Zwielicht in die Katastrophe stürzt. Nachzulesen, daß er sich lange außerstande sieht zu erklären, wie er diese Zeit überlebt hat. Das einzig Gewisse war die persönliche Katastrophe. Er hatte Dagny nicht retten können, seine Ehe mit Harriet war gescheitert, und mit Anna von Meißner, die er in Budapest kennengelernt hatte, ging es nach der Flucht nach Italien auch nicht weiter. Wie das aber mit seiner wirtschaftspolitischen Tätigkeit in Wien, Genf und Budapest zusammenhing und ob das nicht vielmehr ein rein persönliches Versagen war, wer hier wen ruiniert hatte – der Ehemann und Familienvater den Wirtschaftsmann und Dichter oder umgekehrt, inwieweit also der Zwang, die Familie zu unterhalten seine gewagten, finanziell durchaus einträglichen nachrichtenpolitischen Konstruktionen bestimmte oder umgekehrt ausschließlich diese Konstruktionen die Tarnung, den politischen Schutz der Familie garantierten, sie aber desto sicherer zerstörten – das war einfach nicht zu beantworten.

Die dritte Konstruktion ist die philosophische der Nachkriegszeit. Das Fabeltier „Torpedokäfer" wird gefunden, Symbol der reinen Dynamik. „Nichts geht verloren", heißt der rettende Satz von 1947. Es ist die Zeit der Besinnung, der Autobiographie, deren Konzept sich durch ein Jahrzehnt wandelt von „I don't come back" über die „Variationen" und „Akzente", über „Deutsche Chronik" und „Torpedokäfer" zum „Weg nach unten". Daneben der Einsatz für Ernst Fuhrmann und Wilhelm Reich, für ein Buch seines Freundes Arkadi Maslow, für Retif de la Bretonne und Roger Boscovich. Am Ende die Begegnung mit Jes Petersen, dem jungen norddeutschen Verleger, der – situationistisch verfremdet – die Dada-Zeiten aufleben lassen möchte. Jung will als Beitrag zum eben beginnenden II. Vatikanischen Konzil eine Pamphlet-Serie mit nichts geringerem eröffnen als dem Ketzer-Evangelium des Marcion. Wie er hier ein letztes Mal zu spät kam, liest man auch in den Briefen.

Überlieferung

„Bitte zerreiß den Brief."
An Carola Weingarten, 4. Dezember 1960
„... hebe diese Korrespondenz gut ... auf ..."
An Käte Ruminoff, Ende der fünfziger Jahre

Wer Briefe schreibt, muß damit rechnen, daß sie aufgehoben werden. Jung selber hat sich bis zu seiner Ankunft in den USA im Mai 1948 nicht um seine Briefe gekümmert. Wie sollte er? Wenn es um das nackte Leben geht, trägt keiner die Briefe seiner Freunde bei sich, geschweige denn die Kopien seiner Antworten. Es gab nur einen Menschen, der über alle Trennungen und Verfolgungen alles aufgehoben hat – Cläre Jung in Berlin. Hier wuchs jene Sammlung, die sie als ihr Archiv bis fast zu ihrem Tode hüten konnte und dem alle Auskünfte über Franz Jung Entscheidendes verdanken. Auch diese Briefausgabe fußt zum großen Teil auf der Kenntnis des Archivs. Ende der siebziger Jahre entstand parallel zu der Jung-Ausgabe „Der tolle Nikolaus" bei Reclam Leipzig und den Vorarbeiten für eine Jung-Biographie eine Archiv-Beschreibung (240 Seiten Manuskript), die nach der zu beklagenden Zerreißung und Plünderung des Archivs erlaubt, den ursprünglichen Bestand annähernd zu überblicken.

Obwohl Franz Jung nach seinen Kontakten mit dem Deutschen Literaturarchiv Marbach (es ging da um den Nachlaß Ernst Fuhrmanns) für eine Übernahme seiner Sachen bei Cläre Jung, zunächst zumindest in Gestalt von Mikrofilmen, durch diese ihm sympathische Institution plädierte, weil er im Osten Restriktionen befürchtete, entschloß sich Cläre Jung doch, ihr Archiv als Ganzes dem Märkischen Museum Berlin zu vermachen, mit dem sie seit Kriegsende verbunden war. Die Deutsche Akademie der Künste interessierte sich naturgemäß auch für diese einmalige Sammlung, zumal ihr Präsident, Johannes R. Becher, 1958 noch kurz vor seinem Tod in einem Brief an Cläre Jung mit überraschender Entschiedenheit erklärt hatte: „... bitte bewahren Sie alles gut auf ... Ich bin überzeugt, daß das alles eines Tages in der oder jener Weise wiederkehren wird."

An beiden Stellen kamen die Hinterlassenschaften Jungs tatsächlich unter Verschluß: Die Akademie fertigte 1962 Mikrofilme der Werkmanuskripte an und verwahrte sie im Tresor. Das Märkische Museum, das während Cläre Jungs Krankenhausaufenthalt Anfang 1981 das Archiv ohne detailliertes Übergabeprotokoll abtransportierte, verweigerte trotz ausdrücklicher und vom Museumsdirektor bestätigter Verfügung Cläre Jungs, es jedermann zugänglich zu machen, sechs Jahre (1981–1987) jeden Zugang und schenkte die eigentlichen Franz-Jung-Bestände, erneut ohne Übergabeprotokoll, im August 1987 dem Zentralen Parteiarchiv im Institut für Marxismus-Leninismus beim ZK der SED. Dort ergab nach zwei Jahren, im Juli 1989, eine archivwissenschaftliche Prüfung, daß der Nachlaß nicht in den Zuständigkeitsbereich des Parteiarchivs gehöre. Aus diesem Grunde wurde er im August 1989 der Akademie der Künste der DDR übergeben, wo er nun dank der Aufnahme durch Martina Hanf über ein Findbuch zugänglich ist (8264 Blatt, 12306 Seiten, zuzüglich der Nachträge von 1995).

Glücklicherweise waren Ende der siebziger Jahre in Cläre Jungs Wohnung, Prenzlauer Allee 113, eine Reihe von Briefen, vor allem von Franz Jung an Cläre, fotografiert bzw. mit der Schreibmaschine abgeschrieben worden. Peter Ludewig unterstützte auf diese Weise die Nettelbeck-Ausgabe der Schriften und Briefe in zwei Bänden und Peter Finger und Dietmar

Hochmuth die Jung-Ausgabe bei Reclam Leipzig (beide 1981) sowie die Vorbereitungen zur Jung-Biographie. Nach der Zerstörung des Archivs sind so wertvollste Stücke wenigstens in Kopien oder Abschriften erhalten, etwa Jungs Gefängnisbriefe von 1920 und 1921.

Nach 1948 hat Jung seine Briefe auch selber gesammelt. Er spricht gelegentlich von einem Koffer mit Briefen, der dann offenbar bei Käte Ruminoff in New York zurückblieb. Wesentliche Teile der Briefe, die sich in der Nettelbeck-Ausgabe finden und deren Vorlagen zusammen mit einem von Diethart Kerbs aus dem Besitz des Sohnes von Käte Ruminoff, Len Foster, übergebenen Ergänzungskonvolut nun im Deutschen Literaturarchiv Marbach aufbewahrt werden, stammen aus dieser Quelle. Die undatierte Notiz Jungs an Käte Ruminoff, auf welchen Teil der Briefe immer sie sich bezieht, zeigt Jung nicht gleichgültig gegenüber dem Schicksal gewisser Briefe: „Katja, hebe diese Korrespondenz gut für mich auf, sie kann noch einmal sehr, sehr wichtig sein und werden."

Neben diesen beiden großen Überlieferungen sind einige bis vor kurzem unbeachtete Einzelsammlungen zu finden gewesen: In der Houghton Library von Harvard die fast hundert Briefe an Ruth Fischer, Arkadi Maslow und Adolph Weingarten, die Jung als den kompetenten wirtschaftspolitischen Analytiker zeigen und die unendlichen Schwierigkeiten seiner Übersiedlung aus Italien in die USA dokumentieren. In der Wiener Stadt- und Landesbibliothek die 33 Briefe an Oskar Maurus Fontana, die ein neues Licht auf Jungs Katholizismus werfen. In der Münchner Stadtbibliothek 8 Briefe an Oda Schaefer, die von Jungs Fremdheit in dem Deutschland der fünfziger Jahre sprechen. Und bei Jes Petersen im Privatarchiv 9 Briefe aus der allerletzten Zeit, als Jung seine Pamphletserie starten wollte und eine anti-expressionistische Version seines frühen Texts „Der Fall Groß" ins Auge faßte. Einige der wichtigsten Briefe aus der „Zwielicht-Atmosphäre" von Wien, Genf und Budapest überlebten in den Polizeiakten der Schweiz bzw. im Nachlaß der Südosteuropa-Gesellschaft Wien im Bundesarchiv Koblenz.

Bei unserer Suche nach Jungs Briefen sind wir von vielen Seiten mit größter Anteilnahme unterstützt worden. Erdmut Wizisla verwies uns auf Jungs Verwicklung in die Debatte um die Schülerzeitschrift „Anfang" 1914. Martina Hanf machte uns mit den Briefen an George Grosz von 1917, an Herzfelde und Heartfield bekannt. Walter Fähnders und Hubert van den Berg berichteten von einem Brief in den Gefängnisakten von Breda, den wir zusammen mit zwei Postkarten an Cläre Jung von 1931 aus dem Archiv von Walter Fähnders und Helga Karrenbrock als „Späte Funde" abdrucken. Edgar Lersch sandte uns die Kopien der Briefe Jungs an Helmut Heißenbüttel. Ellen Otten gestattete uns den vollständigen Abdruck des Briefs vom 5. Februar 1959 an Karl Otten, in dem Jung das schwierige Verhältnis zu seinen Söhnen Frank und Peter schildert. Inzwischen nimmt nämlich Peter Jung lebhaften Anteil an der Werkausgabe seines Vaters, hat zum Entzücken aller Teilnehmer des Jung-Symposiums in Urach im Frühjahr 1995 Erinnerungen an seinen Vater vorgetragen und unsere Briefedition mit den ihm verbliebenen Briefen und Dokumenten freundlich unterstützt. Eva Züchner zeigte uns Jungs Briefe an Raoul Hausmann in der Berlinischen Galerie, Jochen Meyer vom Deutschen Literaturarchiv die Briefe an Hans Hennecke. Andreas Hansen machte uns auf Jungs Briefe an Felix Gasbarra (1947) und einen Brief an Tristan Tzara (1919) aufmerksam, die wir für diese Ausgabe nicht mehr bekommen konnten. Damit sind wir bei dem, was fehlt.

Wie viele Briefe – Jungs Bitte folgend – wirklich zerrissen worden sind, weiß niemand zu sagen. Was wir sagen können ist, welche Briefe aus dem Cläre-Jung-Archiv verschwunden sind und welche Briefe es nach Jungs Beziehungen oder den Gegenbriefen zu urteilen gegeben haben muß bzw. an bisher unbekanntem Ort noch gibt. Aus dem Cläre-Jung-Archiv fehlen entscheidende Briefe: 2 Briefe vom August 1914, die sich auf Jungs freiwillige Meldung zum Militär beziehen. Arnold Imhof, der 1966/67 mit den Vorbereitungen zu seiner Franz-Jung-Biographie begann und dessen Buch (Bonn 1974) bis heute auf Grund seiner guten Quellenkenntnis unentbehrlich ist, hat seinerzeit auch den Brief vom 2. August 1914 abgeschrieben und ihn uns jetzt dankenswerterweise zur Verfügung gestellt. Wie immer Jungs Schritt zu deuten ist – als Flucht aus den unüberwindlich scheinenden familiären Schwierigkeiten oder tatsächlich im Sinne von Erich Mühsams Gruppe „Tat" als die Taktik, *im* Krieg *gegen* den Krieg zu arbeiten, der Text sei hier wenigstens in dieser Form nachgetragen:

„*An Ihre königliche Hoheit*
Erlaube mir ergebenst um geneigte Fürsprache zu bitten. Infolge eines Säbelhiebes über der Stirn (Studentenmensur) bin ich jetzt dem Landsturm ohne Waffe überwiesen, bin aber durchaus gesund und vollkommen tauglich. Aber es ist mir so fast unmöglich, als Freiwilliger eingestellt zu werden. Ich bin Schriftsteller (25 Jahre alt), in der jüngsten Literatur durch zwei in den letzten Jahren erschienene Romane sehr bekannt. Es ist für mich geradezu eine Lebensbedingung, diesem wunderbaren und erschütternden Ausdruck völkischer Gemeinsamkeit nicht abseits stehen zu müssen. Ich bitte um geneigte Fürsprache, meine Annahme als Freiwilliger gleich wo zu ermöglichen. Ergebenst den Bescheid erhoffen zu dürfen. Franz Jung."

Es fehlen 5 Briefe aus der Zeit des sogen. „Bauhüttenskandals" 1932 an Cläre Jung, 5 Briefe aus der Zeit unmittelbar nach Jungs Flucht nach Prag und Wien (April bis Mai 1937 an Cläre Jung und Felix Scherret) sowie 4 Briefe aus der ersten Zeit in Italien (Juni bis September 1946), darunter ein Brief an Ignazio Silone und ein Brief an den Vatikan.

Wie auf das Wiederauftauchen dieser Briefe zu hoffen ist, darf auch auf die Entdeckung neuer Briefe gehofft werden und wir möchten bei dieser Gelegenheit alle, die noch Briefe Jungs verwahren oder von weiteren Briefen wissen, bitten dies uns nicht vorzuenthalten. Um mit der Familie zu beginnen: Man wird bei der großen Anzahl der Briefe an Cläre Jung Briefe an Margot, Harriet und Anna von Meißner (Sylvia), Briefe an die Kinder Frank und Dagny vermissen. Es fehlen Briefe an die Jugendgefährten Max Herrmann-Neiße und Theodor Gerstenberg, seinen ersten Verleger. Es muß frühe Briefe an die Freunde Otto Gross, Emmy Hennings und Franz Pfemfert gegeben haben. Nicht aufgefunden sind die Briefe an den Kardinal Kopp, dem Jung einen so bedeutenden Nachruf widmete. An zweiter Stelle wäre die Italienzeit zu nennen. Hier muß es neben Briefen an Ruth Fischer, Piscator und Herzfelde auch Briefe an Max Krell, Hermann Broch, an Babette Grosz, Thomas (= Arnold Rubinstein), Karl August Wittfogel, Julian Gumperz und Helmut Wickel gegeben haben, die seine Rückkehr in die Literatur bzw. seine Übersiedlung in die USA befördern sollten. Drittens schließlich wäre nach den Briefen zu fragen, die er u.a. an Henry

Miller und Kenneth Rexroth gerichtet haben muß, als er zwischen 1954 und 1959 in San Francisco Bleibe und Anschluß suchte.

Einrichtung

*„Das Pariser Café heißt nicht ‚Margot',
sondern Aux deux Magots."*
An Jes Petersen, 2. März 1962

Unsere Studienausgabe berücksichtigt neben den Briefen im engeren Sinne auch den Offenen Brief, die Erklärung, den Kollektivbrief und das Rundschreiben. Druckvorlagen sind die Originale bzw. Originaldurchschläge (ungezeichnet) oder Kopien der Originale von Mikrofilmen und maschinen- oder handschriftliche Abschriften, soweit (wie in „Überlieferung" geschildert) die Originale als verschollen angesehen werden müssen. Gegenüber den bisherigen Teilausgaben der Briefe in „Schriften und Briefe", Verlag Petra Nettelbeck Salzhausen 1981, „Der tolle Nikolaus", Reclam Verlag Leipzig 1981 und „Briefe und Prospekte", Edition Nautilus Hamburg 1988 ergaben sich z.T. erhebliche Korrekturen. Eigenheiten und Wechsel in der Briefgliederung, Rechtschreibung und Zeichensetzung wurden weitgehend belassen und nur korrigiert, wenn sie auf den Zustand der benutzten Schreibmaschinen (Tastaturtyp, Defekte) zurückzuführen sind. So findet sich die Anrede groß und klein. Jung schreibt „social" und „Copie", „Süd Italien", „West Berlin" und „Buch Pläne", „Intriguen" und „Klique"; englische Wörter finden sich groß und klein geschrieben. Auf das Genetiv-s kann er gelegentlich verzichten usw. Das überraschendste ist wohl die Schreibung „Dinstag" für Dienstag. Beibehalten wurden auch die wechselnden Namenschreibungen, also „Claire" und „Cläre" (Jung), „Adolf" und „Adolph" (Weingarten) oder gar „Luchterberg" für Luchterhand. Offensichtliche Irrtümer wurden dagegen korrigiert, entweder durch Hinzufügung des richtigen Namens in eckiger Klammer oder – in wenig signifikanten Fällen – stillschweigend.

Die Anmerkungen erläutern lediglich angedeutete Sachverhalte und verweisen auf die genannten Aufsätze und Bücher, soweit diese nicht zu Jungs Haupttexten gehören und in der Jung-Ausgabe zugänglich sind. Sie stützen sich vor allem auf die Gegenbriefe von Cläre Jung, Ruth Fischer, Oskar Maurus Fontana, Käte Ruminoff, Karl Otten u.v.a. Ansonsten verweisen wir auf Arnold Imhof „Franz Jung. Leben Werk Wirkung", Bonn 1974, auf unsere Chronik „Leben und Schriften des Franz Jung" in „Der Torpedokäfer. Hommage à Franz Jung", Hamburg 1988, auf Walter Fähnders' Jung-Bibliographie in Wolfgang Rieger „Glückstechnik und Lebensnot", Freiburg i.B. 1987 (nächstens ergänzt im Supplement-Band dieser Ausgabe), sowie Andreas Hansens Bibliographie der Schriften über Franz Jung, die hoffentlich bald im Druck vorliegen wird.

Die Illustrationen bieten persönliche Zeugnisse aus Sphären, die wegen zu geringer Überlieferungsfreundlichkeit meist unberücksichtigt bleiben: Vollmachten, Fragebogen, Geldüberweisungen.

Das Register nennt Adressaten im Fettdruck. Die kursiven Seitenzahlen verweisen auf die Nennung der Fundorte unserer Vorlagen. Verlage, Zeitschriften, Zeitungen und Pressedienste sind im Register speziell berücksichtigt.

Für Rat und freundliche Hilfe danken wir den Mitarbeitern der in den Nachweisen genannten Institutionen. Herzlich danken wir insbesondere

Karlheinz Barck (Berlin), Gerhard Bauer (Berlin), Stefan Bauer-Mengelberg (New York), Rembert Baumann (Ludwigshafen), Frank Benseler (Borchen), Hubert van den Berg (Leiderdorp), Arite Blume (Berlin), Michael Buckmiller (Hannover), Paolo Chiarini (Rom), Hugo Eberhardt (Ligornetto/Schweiz), Angela Eilk-Krebs (Hamburg), Ruth Fabian (Paris), Walter Fähnders (Osnabrück), Peter Finger (Berlin), Len Foster (Goshen, USA), Jiří Franěk (Prag), Pierre Gallissaires (Paris), Renate Gerhardt (Berlin), Hans Grunert (Berlin), Paul Guttfeld † (Haifa), Simon Guttmann † (London), Siegfried Haertel † (Berlin), Martina Hanf (Berlin), Marie-Luise Hahn (Frankfurt a.M.), Andreas Hansen (Düsseldorf), Brian D. Harvey (Oxford), Wladislaw Hedeler (Berlin), Frank Hermann (Düsseldorf), Joro Hertwig (Köln), Maria Hertwig † (Berlin), Elisabeth Hirn-Jung † (Gunzenhausen), Christlieb Hirte (Berlin), Dietmar Hochmuth (Berlin), László Illés (Budapest), Arnold Imhof

(Brig/Schweiz), Nicolas Jacobs (London), Cläre Jung † (Berlin), Peter Jung (Miami), Helga Karrenbrock (Osnabrück), Wolfgang Kasack (Much), Diethart Kerbs (Berlin), Dezsö Keresztúry (Budapest), Barbara König (Diessen), Susanne König (Berlin), Kurt Kreiler (Planegg), Edgar Lersch (Tübingen), Else Levi-Mühsam (Jerusalem), Peter Ludewig (Berlin), Eva Marcu (New York), Klaus Metzger (Berlin), Jochen Meyer (Marbach), Jennifer Michaels (Grinnell/USA), Thomas Milch (Heidelberg), Ulrich Müller (Gröbenzell), Martin Nag (Oslo), Ellen Otten (Minusio/Schweiz), Jes Petersen (Berlin), Fritz J. Raddatz (Hamburg), Martin Rector (Hannover), Günter Reimann (New York), Hans Sahl † (Tübingen), Bettina Schad (Keilberg), Peer Schröder (Kassel), Hans Schwab-Felisch † (Düsseldorf), Darina Silone (Rom), Wolfgang Storch (Volterra), Wolfgang Symanczyk (Neuß), Erika Szittya † (Paris), Titus Tautz † (Berlin), Sophie Templer-Kuh (Berlin), Carl Tiso (Hamburg), Franziska Violet (München), Manfred Voigts (Berlin), Klaus Voß (Hamburg), Erdmut Wizisla (Mühlenbeck), Eva Züchner (Berlin).

BRIEFNACHWEIS

Bei zwei bzw. drei Fundorten von Briefen desselben Adressaten werden für den zweiten bzw. dritten Fundort die Briefnummern *kursiv* angegeben. Im Register erscheinen die Seitenzahlen für den jeweiligen Briefnachweis ebenfalls *kursiv*.

Algemeen Rijksarchief, Den Haag

Archief Ministerie van Justitie 1915–1955, Inv. nr. 16489 (345)
An den Herrn Staatsanwalt (1)

Bayerische Staatsbibliothek München

Nachlaß Oskar Maria Graf
An Oskar Maria Graf – Ana 440, 31, 23(1)

Frank Benseler, Borchen

An Frank Benseler (1) *469*

Berlinische Galerie, Archiv

Dadaco. Andruckbogen Blatt V. Aus dem Besitz von Tristan Tzara
An Meine Herren Dadaisten (1)

Nachlaß Raoul Hausmann
An Raoul Hausmann (3)

Bundesarchiv Koblenz

Südosteuropa-Gesellschaft e.V. in Wien – R 63/207 (4); R 63/208 (1)
An August Heinrichsbauer

Die Deutsche Bibliothek. Deutsches Exilarchiv 1933–1945. Archivalien

Nachlaß W. Sternfeld
An Wilhelm Sternfeld – EB 75/177 (1)

Walter Fähnders und Helga Karrenbrock, Osnabrück

An Cläre Jung (2) *756. 757.*

Hugo Hertwig-Nachlaß, Köln

An Hugo Hertwig (7)

Hessisches Staatsarchiv Marburg

340 Nachlaß Heinz Maus
An Heinz Maus (1)

The Houghton Library, Harvard University

Ruth Fischer Papers
An Ruth Fischer – bMS Ger 204 (420) (89)
An Clemens Heller – bMS Ger 204 (2420) (3) *512. 521. 615.*
An International Relief Association / Sheba Strunsky – bMS 204 (2355) (1)
An Arkadi Maslow – bMS 204 (2284) (9)
An Adolph Weingarten – bMS Ger 204 (2253) (3); bMS Ger 204 (420) (1) *186. 188. 200. 208.*

F. Peter Jung, Miami

An Peter Jung (10) *392. 418. 423. 458. 506. 547. 552. 729. 737. 748.*

Märkisches Museum, Berlin jetzt: *Stadtmuseum Berlin*

Cläre Jung-Nachlaß
An das Amtsgericht Hamburg (1); Curt Rosenfeld (1)

Münchner Stadtbibliothek, Monacensia. Literaturarchiv

Nachl. Schaefer/Lange
An Oda Schaefer (-Lange) (8)

Verlagsarchiv Edition Nautilus, Hamburg

An Walter Dirks (2); Maximilien Rubel (3); Hans Schwab-Felisch (4)

Karl Otten Nachlaß (Bei Ellen Otten, Minusio/Schweiz)

An Karl Otten (9); Heinz Schöffler (1); Vollmacht für Karl Otten (1)

Jes Petersen, Berlin

An Jes Petersen (9)

Schiller-Nationalmuseum. Deutsches Literaturarchiv, Marbach. Handschriften-Abteilung

Nachlaß Heinrich F.S. Bachmair
An Heinrich F.S. Bachmair (2)

Nachlaß Hans Hennecke
An Hans Hennecke (5)

Nachlaß Franz Jung
An Ernst Aufricht (1); Frank Benseler (1); Diogenes Verlag (1); Ruth Fabian (1); Gerard Friedländer (1); Ilse (Katz-)Fuhrmann (1); Walter Hasenclever (2); Helmut Heißenbüttel (1); Clemens Heller (1); Erklärung zum Brief von Trude Hesterberg vom 15.7.62 (1); Horst Jaedicke (1); Cläre Jung (31); Peter Jung (2); Hermann Kasack (2); Henriette Kertscher (2); Rosa Kirchgatter (1); Hermann Luchterhand Verlag, Reifferscheid (1); Hannelore Meyer (1); Artur Müller (43); Ulrich Müller (2); Rudolf Muenzberg (1); Panderma Verlag (1); Fritz Picard (5); Kurt Pinthus (3); Paul Raabe (1); Fritz J. Raddatz (1); Georg von Rauch (7); Karl Rauch Verlag (1); Günter Reimann (1); Margot Rhein (12);

Catherine (Kate) Ruminoff (27); Franz Schonauer (3); Hans Joachim Störig (Cotta'sche Buchhandlung) (1); Frieda St. Sauveur (2); Sylvia (d.i. Anna von Meißner) (1); Emil Szittya (20); Adolph Weingarten (75); Carola Weingarten (23); Helmut Wickel (1)

Nachlaß Hans Sahl
An Hans Sahl (4)

Schweizerisches Bundesarchiv Bern

Schweizerische Bundesanwaltschaft gegen Lucien Logeais & Konsorten – 21/11154, Nr. 6
An Margot Jung (1) *12.*

Dossier Heinrich Gärtner – E 4320(B) 1984/29, Bd. 107
An Hans Danckwerts (1)
An Heinrich Gärtner (1)
An Peter Jung (1) *149.*
An Robert Platow (3)
An E.H.Schich (2)
An Fritz Wille (1)

Special Collections / Morris Library. Southern Illinois University at Carbondale

Erwin Piscator Papers
An Erwin Piscator (2) *141. 168.*

Staatsarchiv Hamburg

Justizverwaltung I, XX e 3a Vol. 10 [27]
An Herman Gorter (1)

Staats- und Universitätsbibliothek Hamburg

Nachlaß Fuhrmann
An Hugo Hertwig (3) *349. 351. 355.*

Stiftung Archiv der Akademie der Künste, Berlin

Leonhard-Frank-Archiv
An Leonhard Frank, 45/233-34, 46/174, 46/215-16 (3)

George-Grosz-Archiv
An George Grosz, 36 (1)

John-Heartfield-Archiv
An John Heartfield, 42 (1)

Wieland-Herzfelde-Archiv
An Wieland Herzfelde 47/1,2,3 (3)

Herbert-Ihering-Archiv
An Herbert Ihering, 2170 (1)

Franz-Jung-Archiv
An O. Bamborough, 174 (1)

An Berlin-Express, Nachtr. (2)
An Gottfried Bermann, S. Fischer Verlag 555 (1)
An Theodor Beye, 192, 196, 223, 224 (4)
An Büchergilde Gutenberg, 513, 516 (2)
An Verlag Der Bücherkreis, 525, 530, 532 (3)
An Eugen Claassen, Societätsverlag, 654 (1)
An Deutsche Verlags-Anstalt Stuttgart, 543 (1)
An Éditions Sociales Internationales, 549 (1)
An Frankfurter Zeitung, 563 (1)
An Georg Fuchs, 229 (1)
An Josef Gielen, 639 (1)
An Gert von Gontard, 603, 608 (2)
An Babette Gross, 612 (1)
An Paul Guttfeld, Folkwang-Auriga Verlag 561 (1)
An Adolph Heilborn, 670 (1)
An Cläre Jung, 212 *60*. 246 *136*. 247 *134*. 248 *135*. 249 *190*. 251 *195*. 253 *201*. 256 *205*. 260 *221*. 261 *225*. 263 *232*. 265 *244*. 266 *245*. 271 *260*. 278 *274*. 280 *273*. 281 *275*. 283 *276*. 284 *278*. 286 *279*. 288 *281*. 289 *282*. 290 *284*. 294 *286*. 296 *287*. 297 *288*. 301 *306*. 302 *313*. 304 *318*. 307 *323*. 308 *326*. 310 *328*. 311 *329*. 313 *330*. 314 *331*. 316 *334*. 317 *336*. 320 *346*. 323 *350*. 324 *352*. 326 *356*. 327 *359*. 329 *360*. 331 *367*. 334 *373*. 336 *377*. 338 *380*. 340 *382*. 343 *389*. 345 *393*. 348 *395*. 351 *420*. 353 *412*. 354 *413*. 357 *422*. 359 *424*. 361 *431*. 363 *437*. 367 *480*. 368 *488*. 370 *505*. 372 *510*. 374 *518*. 376 *571*. 378 *576*. 380 *585*. 382 *621*. 386 *688*. 387 *692*. 389 *694*. 391 *699*. 392 *700*. 393 *702*. 395 *713*. 396 *719*. 398 *733*. 401 *751*. (77); Nachtr. (29) *21–30. 32. 33. 39–45. 55. 61. 71. 140. 164. 165. 362. 492. 710. 726.*
An Clara Jung, 243, 244 (2)
An Dagny Jung, Nachtr. (1) *133*.
An Franz Jung sen., 403 (1)
An Franz Jung jun., 409 (1)
An Friedrich Kaminsky, 676 (1)
An Kommunistische Arbeiter Partei Deutschlands, Nachtr. (1)
An Gustav Kiepenheuer Verlag, 574, 576 (2)
An Albrecht Knaus, Nachtr. (1)
An Kontinent Korrespondenz, 186–191, 193–195, 197–200, 202–206, 208, 210, 211 (22); Nachtr. (1)
An Paul List Verlag, 621 (1)
An Jewsej Ljubimow, 466 (1)
An Charmian London, 178 (1)
An Cläre Oehring, Nachtr. (6)
An Ernst und Emmy Otto, 211 (1)
An Henriette Otto, Nachtr. (1)
An Erwin Piscator, 474 *87*. 475 *120*. 476 *128*. (3)
An Ernst Preczang, 508 (1)
An Proshektor, Alexander Deutsch, 626 (1)
An Karl Radek, Nachtr. (1)
An Theaterverlag Reiss, 665 (1)
An Red. Die Rote Fahne, Nachtr. (1)
Rundbrief des Berliner Arbeiter-Buchvertriebs, 507 (1)
Rundbrief der Kontinent Korrespondenz, 210 (1)
An Schauspielhaus Zürich, 639 (1)
An Verlag Die Schmiede, 647, 649, 652 (3)
An Moriz Seeler, 482 (1)

An Franz Seiwert, 484 (1)
An J.M.Spaeth Verlag, 657 (1)
An Josef Thienel, 487 (1)
An Georgi Tschitscherin, Nachtr. (1)
An Verlag Ullstein, 671 (1)
An Dmitri Umanski, 504 (1)
An Palast-Hotel Weber, 633 (1)
An Hermann von Wedderkop, Red. Querschnitt, 628 (1)
An Verlag Weller & Co., 680 (1)
An Paul Wiegler, 673 (1)
An Wirtschaftsbezirk, Nachtr. (1)
An Julius Ferdinand Wollf, 635, 637, 638 (2)

Erwin-Piscator-Center
An Erwin Piscator (3) *177. 361. 365.*

Stiftung Archiv der Parteien und Massenorganisationen der DDR im Bundesarchiv, Berlin

Nachlaß Hermann Duncker
An Red. Der rote Soldat (1)

Süddeutscher Rundfunk. Historisches Archiv

An Helmut Heißenbüttel (14) *528. 545. 559. 570. 583. 597. 614. 649. 662. 680. 685. 709. 711. 712.*

Wiener Stadt- und Landesbibliothek

Nachlaß Oskar Maurus Fontana
An Oskar Maurus Fontana – H.I.N. 209.884–912; H.I.N. 210.043–046 (33)
An Dagny Jung – H.I.N. 210.047 (1) *167.*

Zentralbibliothek Zürich. Handschriftenabteilung

An Adrien Turel (2)

Der Brief vom 21.3.1914 an die Redaktion des *Anfang* findet sich in: *Walter Benjamin, Gesammelte Schriften. VII.2.* Frankfurt a.M. 1989, S. 553–554.

Der Brief vom 2.8.1917 an Tristan Tzara ist dem von Richard Sheppard herausgegebenen Buch *„Zürich – Dadaco – Dadaglobe: The Correspondence between Richard Huelsenbeck, Tristan Tzara and Kurt Wolff (1916–1924)"*, Tayport 1982, S. 11–12, entnommen.

BILDNACHWEIS

BAAP	Bundesarchiv Abteilungen Potsdam
DLA	Deutsches Literaturarchiv, Marbach
RAO	Riksarkivet, Oslo
RCM	Rossijskij Centr Chranenija i Izučenija Dokumentov Novejšej Istorii, Moskau
SAAdK	Stiftung Archiv der Akademie der Künste, Berlin
SAH	Staatsarchiv Hamburg
SAPuM	Stiftung Archiv der Parteien und Massenorganisationen der DDR im Bundesarchiv Berlin
SBA	Schweizerisches Bundesarchiv, Bern

18 Dem Herrn Franz Jung, Redakteur, erteilte Gasthörererlaubnis der Berliner Universität, 19.10.1918, SAAdK

18 Von Prof. Dessoir bestätigter Vorlesungsnachweis für das Wintersemester 1918/19, SAAdK

19 Nummer der Socialistischen Wirtschafts-Korrespondenz, 20.12.1918, SAPuM

21 Ausweis für das Mosse-Haus, 11.1.1919, SAAdK

25 Konfiszierte Büchersendung, Kristiania 1920, RAO

36 Brief aus dem Untersuchungsgefängnis Hamburg, 4.1.1921, SAAdK

38 Inserat für einen Franz-Jung-Abend in der Kommunistischen Montags-Zeitung, 10.1.1921

42 Personalausweis auf den Namen Franz Klinger, 6.1.1921, BAAP

48 Haftsache, 26.5.1921, SAH

71 Exekutivkomitee der Kommunistischen Internationale an Gen. Unschlicht, 19.10.1921, RCM

71 Mandat, 27.11.1921, RCM

73 Steckbrief, 28.11.1921, SAH

97 Brief aus London, 13.6.1924, SAAdK

134 Verfahrenseinstellungs-Bescheid, 30.7.1928, SAH

163f Neuorganisation „Rote Kämpfer", 4.12.1936, BAAP (Mitgliederliste aus der Akte „Rote Kämpfer" und Foto aus der Haft zur Mitgliederliste)

181 Press Identity Card, 15.4.1939, DLA

183 Franz Jung mit seinem Sohn Peter, 1939, Peter Jung

184 Hausdurchsuchungsbefehl, 1.9.1939 SBA

185 Declaration, 2.10.1939, SBA

186 Bestätigung des Grenzübertritts durch die Grenzpolizei Basel, 3.10.1939, SBA

187 Vollmacht, 24.10.1939, SBA

213 Ungarischer Paß von 1942, DLA

214 Überweisungsschein für Mrs. E. Pleuchot, 9.2.1942, DLA

219 Ärztliches Zeugnis, 26.1.1945, DLA

220 Entlassungsschein, 30.4.1945, DLA

221 Bescheinigung des Österreichischen Amtes für Kultur und Wissenschaft, 5.10.1945, DLA

236 Dichiarazione, 7.11.1946, DLA

312 Certificato d'identità, 28.6.1947, DLA

341 Certificato Penale Generale, 7.11.1947, DLA

349 Telegramm an Elfriede Pleuchot, 26.12.1947, DLA

364 Domanda d'entrata in Svizzera, 1.3.1948, DLA

380 Affidavit of identity, 15.4.1948, DLA

391 Helpparcel Service, 12.1.1949, SAAdK

484 Certificate of Naturalization, 17.1.1955, DLA

648 Anfrage des Schweizerischen Polizeianzeigers, 28.10.1959, SBA

917 Auszug der Bank of America, 4.1.1962, DLA

1084 Rechnung der Clinique Rémy de Gourmont, 29.11.1962, DLA

Register

Die fettgedruckten Namen verweisen auf die Adressaten, die fettgedruckten Seitenzahlen auf die Briefe an die Adressaten, die kursiven Seitenzahlen auf den Briefnachweis.

Abraham, Dr. 139ff
Abresch, Frederick 737, 745
Abusch, Alexander 439, 634, 715
Achenbach (wohl: Bachmair)
Acheson, Dean 417
Adenauer, Konrad 534, 816
Adler, Karl 1004
Aggeler, Dr. med. 775, 1103
Aho, Juhani 112
Albrecht, Geschäftsführer 139
Albrecht, Erzherzog 211
Amberger, Josef 7
Ammon, Eberhard von 212, 215, 302f, 316
Amtsgericht Hamburg 136, *1122*
Andersch, Alfred 870
Andersen, Hans Christian 9
Antonius, Hl. 308
Anzengruber, Ludwig 9
Apollinaire, Guillaume 903
Appel, Jan 23f
Aragon, Louis 953
Aretino, Pietro 308
Arnholdt, Wilhelm 508, 545ff, 554ff, 564, 569ff, 577, 582, 584, 589ff, 596, 599, 713, 742, 777, 829, 876, 934, 950
Arp, Hans 15f, 765
Arquer, Jordi 925
Aslagsson, Olai 112
Astor, Firma 780, 870
Audisio, Walter 289
Aufricht, Ernst Josef 171, 254, 457, 459f, 478, 523, 1027ff, 1031, 1034, 1036f, 1039f, 1043ff, **1045f**, 1050, 1052, 1055, 1058ff, 1062ff, 1066, 1071, 1078, *1122*
Aufricht, Heinz 1037, 1039
Aufricht, Margot 1027ff, 1036f, 1039, 1043, 1062, 1066f
Aufricht, Wolfgang 423, 1028, 1037, 1039
Augstein, Katharina 467, 471
Awertschenko, Arkadi T. 112

B., Chester 481
Baader, Johannes 694
Bachmair, Heinrich F.S. 7f, 602, 889, *1122*
Badoglio, Pietro 287
Ball, Hugo 14
Balzac, Honoré de 9, 35, 37, 43, 430, 432
Bamborough, O. 98, *1123*
Band, Mrs. 103
Barbizon, Georges 8

Bar Kochba, Beiname von Simon ben Kosiba 668
Barlog, Boleslaw 523
Baron, Erich 151
Barthel, Max 749
Bassanello, Giovanni 227, 231, 233ff, 279, 284, 309, 314, 579, 663
Basso, Lelio 339
Baudisch, Paul 911
Bauer, Dr. 519
Bauer-Mengelberg, Stefan 423
Baumann, Rembert 950
Beauvoir, Simone de 482
Bebel, August 59
Becher, Johannes R. 439, 520f, 528, 602, 616, 624, 634, 652, 889
Bechtel, Firma 671
Beck, Dr. 168f
Beck, Erwin 164
Beer, Bankhaus 212
Behm, D. 541
Beierle, Alfred 285
Bekker, Rechtsanwalt 52, 58, 62
Ben Gurion, David 500
Benn, Ernest Sir 197
Benn, Gottfried 436, 571
Benseler, Frank 734f, 1042, **1065ff**, *1121f*
Benz, Sophie 7
Berghändler, Lothar 202
Bergmann, Maurycy 190
Bergner, Karl 164
Bermann(-Fischer), Gottfried 143, 322, *1124*
Bernfeld, Siegfried 9
Bernhard, Arnold 655
Bernhard, Georg 52
Bernstein, Eduard 19
Bernstorff, Graf Albrecht von 90, 92, 104
Beßmertny, Marie 113
Bethlen, Stefan 211
Beutel, Gottfried 1028
Bevan, Aneurin 419
Beveridge, William Henry 250
Beye, Theodor 83, 87, **94ff**, 100, 103, 109, **116**, 118f, **120**, 121, 124, 129, 132, 148, 152, 154f, 158f, 161, 171, 1031, 1037ff, 1046, 1066ff, *1124*
Birtschansky, Pierre 981
Bischoff, Friedrich 605, 673, 956f
Blaney and Mathew 504
Blank, Martin 562
Blass, Ernst 62

Bloy, Léon 858
Böhm(-Bawerk), Hans 209
Böhme, Jakob 82
Bogdanow, Alexander A. 54
Borchardt, Dorothea 423
Boscovich, Roger 730, 732, 755
Bourguiba, Habib 836
Boysen s. Schulze-Boysen
Brandler, Heinrich 25, 772
Branting, Dora 322
Brecht, Bertolt 248, 254, 384, 386, 442, 522, 589, 603, 866, 1069
Bredel, Willi 691
Breier, Edmund 535
Breier, Frederick Arthur 493, 527, 530, 534, 655, 846, 855, 879
Brenan, Gerald 326
Brenck-Kalischer, Beß 38, 44
Breton, André 946, 953
Breuer, Kaufmann 244
Breuer, Robert 123, 255
Bronnen, Arnolt 499
Bruck, Elsbeth 435, 582
Bruckner, Ferdinand d.i. Theodor Tagger
Brüning, Heinrich 369
Bryant, Douglas 835, 838
Bucharin, Nikolai I. 25, 773, 877
Buchner, Kaufmann 246
Buck, Dr. 1090
Budzislawski, Hermann 255
Büttner, Kurt 164
Bullit, Agathe 87, 94, 100f, 103
Bullit, William C. 101
Burchard, Otto 695, 697
Burnham, James 326, 353
Butler, Richard A. 414, 416, 429
Byron, George Noel Gordon 986, 998

Caillot-Duval Pseudonym für Alphonse Toussaint J. Fortia de Piles und Louis Boisgelin 731
Campbell, Malcolm 83, 91, 94, 99ff, 103, 105, 109
Canaris, Wilhelm 244
Capon, Edith 837
Carlo d.i. vermutlich Carlo Holzer
Carola s. Carola Weingarten
Castro, Fidel 826
Cazotte, Jacques 9
Céline, Louis-Ferdinand 725
Cendrars, Blaise 902f
Chesterton, Gilbert Keith 82, 85, 89, 94, 96, 100, 102, 107, 112
Chrambach, Richard 238
Chrustschow, Nikita S. 642, 765, 807f, 876, 1010
Churchill, Winston 418ff, 424
Ciliga, Ante 464

Claassen, Eugen 146f, 616 *1124*
Claassen, Hilde 644
Cläre (Claire) s. Cläre Jung
Claflin, Tennie (Schwester von Victoria Woodhull) 870
Claus, Charlotte 432, 443f
Clodius, Carl 209
Coles, Manning 466
Colin, Saul 462, 560, 906f, 924, 946, 969, 972f, 982, 984
Conrad, Joseph 95
Considerant, Victor 60
Constant, Benjamin 730
Cook & Son 422
Corkery, Daniel 112
Corray, Librairie 15
Corrinth, Curt 522

Däumig, Ernst 25
Dadaisten 20, *20*
Dagny s. Dagny Jung
Dalla Tórre, Giuseppe Comte 319
Danckwerts, Hans 162, 172ff, 215, *1123*
Davoux, Mme. 1090
Dawes, Charles Gates 110
De Leon, Daniel 463
Del Vayo 860
Desmoulins, Camille 779
Dessoir, Max
Detzner, Hermann 37
Deutsch, Alexander (s. **Proshektor**) **149**, 151f, *1124*
Dickens, Charles 9, 327
Diederichs, Eugen 545, 623
Dietrich, Henry 928, 937
Dietrich, Rudolf Adrian 1054, 1056
Dinö, Namik 356
Dirks, Walter 412f, *1122*
Distler, Otto 660
Döblin, Alfred 545, 954, 976
Doerring, Johannes Wit von 348
Dollmann, Eugen 287f, 290f
Domenico, Pater 729, 737
Donalies, Udo-Heinz 164
Donnelly, Ignatius 780
Doyle, Arthur Conan 797
Drach, Fritz 21
Dreiser, Theodore 144ff, 270, 549
Dressler, Bruno 243, 261
Dressler, Wilhelm 904
Dühring, Eugen 822f
Dulles, Allan W. 786
Duncan, Robert 576, 671

Earl 244
Eberhard s. Eberhard von Ammon
Ebert, Friedrich 500
Eckhardt, Tibor von 202, 250

Edschmid, Kasimir 903f
Ehrlich, Otto 20
Eichendorff, Joseph Freiherr von 9
Einstein, Albert 152f, 942
Einstein, Maria geb. Ramm 645
Eisenhower, Dwight D. 420, 424, 453, 539
Eisler, Charlotte 734
Eisler, Georg 732, 734
Eisler, Gerhart 292f, 774, 776
Eisler, Hanns 129, 138, 149, 324, 616, 734
Elbrechter, Hellmuth 563, 623
Eloesser, Arthur 123
Emanuel, Archivar 276
Emilio d.i. vermutlich Emilio Holzer
Enfantin, Barthélemy Prosper 60
Engel, Alfred 164
Engels, Friedrich 823
Englert, Hans 209
Epstein, Jules 459, 532
Erde d.i. Karl Retzlaw
Erdei, Ferenc 319
Erhard 32
Ernst, Max 899, 911, 928, 931, 939, 946, 977
Ernst, V. 20
Ettlinger, Alfred 414
Etzkorn, Hans 393, 396
Eugenio 601
Eva s. Eva Walter
Evrard, Louis 976, 1009, 1013, 1025f
Evreuil, Buchagent 949

Fabian, Ruth 553, 702, 854, 1089f, **1094f**, 1099, *1122*
Fabian, Walter 766
Faggioni, Dr. 294
Fahnestock 775
Falkenhayn, Benita von 890
Faragó, László (Ladislaus) 530f
Farkas, Aladar 969, 972, 984, 997f, 1001
Faßbänder 985
Felix s. Felix Scherret
Fenchel, F.W. 846, 855, 866, 879, 893ff, 915f, 920, 928, 937, 940, 959, 1012
Ferenczy 966
Feuchtwanger, Lion 386
Fiat, Firma 267
Ficker, Ludwig von 302
Fine, Dr. med. 820
Fischer, Ruth 188, 191, 198, 206, 214, **230f**, 235, **237ff**, 272ff, **275ff**, 277ff, **282f**, **286ff**, **298ff**, **303ff**, 306, **315f**, **318ff**, 320, **323**, **328ff**, **335ff**, 347, 349, **350ff**, **358f**, 362, 363, **367ff**, **374ff**, **381ff**, 412, **414ff**, **437ff**, **452f**, 459, **460ff**, 471, **481ff**, **487f**, 490, **493f**, **499ff**, 503, **513f**, **517f**, 520f, 523, **525**, **527**, **530ff**, 536, **539ff**, 553, **557f**, **561ff**, 564, **582f**,
606, 618, 623f, 641f, 654, **658**, **665f**, **670ff**, **677ff**, 680, **681**, **683**, 685, 687, 691, 699ff, **703ff**, 708, **709ff**, **714**, **722f**, 724f, 729, **732ff**, **735f**, 739, **751**, 757ff, 761, 763f, 766f, 768ff, 783ff, 788, 801, 810, 831ff, 836, 841, 865, 897, 943, 966, 1040, 1101, *1122*
Fisher, Theodor 129
Flake, Otto 39, 54
Flaubert, Gustave 9
Fogazzaro, Antonio 9
Fontana, Käthe 216, 296, 302, 322, 344, 360, 379, 385, 388f, 393, 398, 402f, 406, 408, 446, 529, 600, 707, 756, 783, 822, 883, 901, 1003, 1007, 1092
Fontana, Oskar Maurus 215f, 218, 240, **296**, **300ff**, 305, 309, **321f**, **343f**, **359f**, **378f**, 385, **388f**, **392f**, **396ff**, **401ff**, **405f**, **407f**, **410f**, **445f**, 486, **529f**, 599, 698, **707f**, 713ff, 731, 733, 740, 750, **752ff**, **756**, 760, 764f, **783**, 797ff, 805, 811, 813, 817, **821f**, 882, **883**, **900f**, **1002f**, **1007**, **1071f**, **1092**, *1125*
Fontane, Theodor 430, 432
Fort, Charles 549
Foster, Len 856f, 986, 998
Fourier, Charles 60f, 79, 83, 88, 90, 152, 257, 491, 730
Fradkin, Ilja 692
Fraenkl, Victor 27, 29ff, 37, 39, 43f, 50f, 65
Franciosa, Anthony 608
Franco, Francisco 1009
Frank s. Franz Jung jun.
Frank, Charlotte 630
Frank, Leonhard 602, 613, **620ff**, 624, **628ff**, 631f, 636, **640**, 666, *1123*
Franz von Assisi 762
Franziska s. Franziska Violet
Freiligrath, Ferdinand 464
Freud, Sigmund 308, 490, 602, 914, 1010, 1092
Friedberg d.i. Karl Retzlaw
Friedländer, Gerard 756ff, 763f, 766, 768, 788f, **801f**, 803, 806, 818, 820, 832ff, *1122*
Friedmann 250f
Friedrich III. 498
Frischmann, Fritz 884f, 978
Frölich, Paul 490
Fromm, Erich 553
Fuchs, Elisabeth 270, 387, 390, 1028f, 1033, 1036, 1039, 1067, 1069
Fuchs, Georg 17, 19, 50, 56, 58, 61, 129, **130**, 170, 198, 230, 270, 303, 322, 387, 390, 1027ff, 1033, 1039, 1067, 1069, *1124*
Fuhrmann, Arend 492, 509, 567, 569ff, 574f, 577, 592, 828, 838, 886f, 909, 950

Fuhrmann, Elisabeth 492, 509
Fuhrmann, Ernst 54, 148, 154f, 491f, 508f, 543ff, 564ff, 577ff, 603, 607, 633, 713, 730, 732, 735, 740, 742, 755, 777, 824ff, 843, 852f, 864, 875, 878, 886f, 900, 905, 908ff, 912, 915, 918f, 921, 930, 932, 935f, 941, 954, 961, 974, 980, 985, 987, 999ff, 1010, 1015, 1023, 1064, 1075, 1092
Fuhrmann, Ilse s. Katz(-Fuhrmann)
Fuhrmann, Torolf 567, 569, 571, 574f, 592, 828, 838, 886f, 909, 952
Fulbright, James William 531
Funk, Walther 195, 208, 210
Futner 707

Gaede, Günther 93, 187
Gärtner, Heinrich 161f, 166f, **168ff**, 251f, *1123*
Gallet, Louis 9
Gallissaires, Pierre 915
Garibaldi, Guiseppe 378
Garlieb, Frl. 218
Gasbarra, Felix 129, 293, 304, 612, 943, 964, 973
Gaulle, Charles de 688
Gellert, Hotel 302
Genet, Jean 562
George, Manfred 751, 920, 937, 1003f, 1006, 1102
George, Stefan 602
Gerold, Karl 732, 867f, 883f, 1040
Gerson, Journalist 464
Gerstaecker, Fritz 464
Geyer, Curt 25
Giannini, Amedeo 371
Gide, André 619
Gielen, Josef 125ff, *1124*
Ginsberg, Allen 597ff
Gisevius, Hans Bernd 317
Goebbels, Joseph 743
Göbel, Dr. med. 622f
Göbel, Heinz Christian 86, 89, 91ff, 96, 100, 103f, 113f, 622f
Göring, Hermann 240
Goertz, Hartmann 391f, 397
Goethe, Johann Wolfgang von 9, 64, 388, 408, 442, 486
Goldmann, Lucien 766, 768, 776, 788, 832
Goldschmidt, Alfons 22, 26, 31, 33, 41
Goldschmidt-Rothschild und Co. 1031, 1037, 1058f
Goldwater, Antiquar 936, 943, 952, 1020
Goncourt, Edmond de 37, 308, 1074
Gontard, Spedition 359
Gontard, Gert von 141f, **147**, 388, *1124*
Gorki, Maxim 327
Gorter, Herman 47, 57, 75, *1123*

Gould, Firma 780
Goverts, Henry 1102
Govy, Georges 1074, 1094
Grabisch, Josef 54, 81ff, 87ff, 94ff, 100ff, 105, 107ff, 113, 122
Gräser, Gustav Arthur (Gusto) 602
Gräser, Karl 602
Grätzer d.i. Franz Jung 245
Graf, Mirjam 650, 676
Graf, Oskar Maria 389, 439f, **476**, 479, 528, 617, 650, 659, 675f, 793, 973, 1001, 1004, *1121*
Granowski, Alexej M. 131
Grass, Günter 870, 892, 900
Gribojedow, Alexander S. 131
Grieger, Friedrich 587, 631f, 636, 673f, 746, 956, 1024f
Gril, Etienne 937, 958
Grin, Alexander 112
Gripp, Lewald 907, 918
Groddeck, Georg 60
Gröhl d.i. Karl Retzlaw
Gronchi, Giovanni 372
Gropius, Walter 545
Groß, Anton Wenzel 630
Gross, Babette 130, 294, 297f, 317, 319, 324, 330, 347, 357, 478f, 1101, *1124*
Gross, Hans 7, 64
Gross, Otto 7f, 53, 56f, 59, 63, 64, 491, 602
Großmann, Kurt 385, 387
Grosz, George 13f, 39, 264, 303f, 315, 389, 478f, 612, 632, 693ff, 932f, 1062, *1123*
Grzywotz, Erna 164
Guérin, André and Jack Palmer White [„Operation Shepherdess"] 866
Gumperz, Julian 303f, 311, 316, 319, 350, 375, 381, 476, 655, 664
Gundel, Hotelier 302
Gurland, Arkadi 817
Guttfeld, Paul (Pegu) 43, **148**, 440, 479, 492, 507ff, 538, 583, 1037, 1058ff, 1066, *1124*
Guttmann, Simon 7ff, 90, 157
Guyard, Maler 981

Haas, Dr. 168
Haas, Willy 580, 593, 624
Haase, Hugo 253
Hachette, Librairie 553
Hadda, Wolfgang 684, 748, 846, 856f, 879, 895
Haensel, Carl 81, 83, 157, 1039, 1041
Härtling, Peter 955
Halbe, Max 602
Halperin, Josef 1054
Hammerstein-Equord, Kurt Freiherr von 725, 735, 743f, 789, 837, 844, 848, 863,

1131

870, 890, 971
Hammerstein, Marie-Luise von 735, 743f, 789, 837, 848, 890
Hanel, Erika 406
Hans s. Hans Lange
Hansen, Arvid G. 34
Hardekopf, Ferdinand 590
Harden, Maximilian 29, 54
Harriet s. Harriet Wisser
Harriman, William Averell 417
Harten, van, Bankier 246
Hasenclever, Walter 814, **830ff**, *1122*
Hassenkamp, Gerd B. 541
Hauptmann, Benvenuto 652
Hauptmann, Gerhart 126, 650ff
Hauptmann, Margarete 652
Haushofer, Albrecht 303, 306
Haushofer, Heinz 303, 306
Haushofer, Karl 303, 306
Hausmann, Raoul 152ff, 690, 693ff, 701f, 751, 765, 899f, 905, 913, 920, 937, 953, 980, 992, 1001, *1121*
Hauswirth 754
Heartfield, John 35, 37, 56, 230, 270, 633, 693ff, **952f**, *1123*
Hecht, Ben 498ff
Heilborn, Adolph 79f, 84, *1124*
Heine, Fritz 997
Heinle, C. Friedrich 8f
Heinrichsbauer, August 194f, 204, **208ff**, 406, 453, 466, 562, *1121*
Heißenbüttel, Helmut 808f, **821**, **843f**, 854, **862f**, 867, 870, **881**, **897**, **914f**, 930, **941f**, **970f**, 974, **985**, **999f**, 1017, **1018**, 1019, **1025**, **1050ff**, 1056, *1122*, *1125*
Heller, Clemens 766, 768f, 782, 784f, 788ff, **797**, 798, **800f**, 803, 806, 810, **813**, 818f, 822, 832ff, 838, 841, **942f**, *1122*
Hellmann, Henry d.i. Heinrich Jakubowicz 283, 357
Helwig, Werner 572, 580, 593
Hennecke, Hans **567**, 570f, **576ff**, 580, **590ff**, **598f**, 600f, *1122*
Hennings, Emmy 590
Henny (Henni) s. Henriette Kertscher
O. Henry 81f, 84f, 103, 107, 112
Herrmann-Neiße, Max 37, 39, 129, 587, 673
Herting, Ella 161f, 164
Hertwig, Hugo 156, 492, 509, 519, **543**, 544, **545ff**, 549ff, **554f**, 556, **564ff**, **575**, 578, **580**, 581, **583ff**, 586ff, 631, *1121*, *1123*
Hertwig, Maria 543, 575, 1075
Herzfeld, Hellmuth d.i. John Heartfield
Herzfelde, Wieland 30, **224ff**, **228ff**, 231, **233f**, 240, 254, 270, 272, 284, 303, 399, 404, 528, 536, 616, 632, 634, 645, 691, 694, 715, 792, 799, 953, *1123*

Herzfelde, Gertrud 228, 234
Hesterberg, Trude 1027ff, 1037ff, 1043ff, 1047f, 1050ff, 1054ff, 1062ff, 1071f, 1075, 1078
Hettner, Hermann 809
Heuss, Theodor 1017f, 1024
Hevesy, Paul (Pál) de 257
Heyde, Hugo Hermann 51
Higgins, Mary Boyd 925ff
Hilferding, Rudolf 19
Hiller, Kurt 54
Hilty, Hans Rudolf 1005
Hindenburg, Paul von 743, 789
Hirsch, Leon 38, 44
Hitler, Adolf 244, 253, 263, 274, 280, 288, 303, 306, 327, 366, 507, 538, 563, 651, 676, 702, 743, 836, 841, 956, 972, 1010
Hodes, Ida 576
Hoelz, Max 49, 51, 253, 1075
Hoerschelmann, Harald von 113
Hoffmann, Camill 251
Hofmannsthal, Hugo von 545
Hohenlohe A.G. 238
Holzer, Jacob Carlo 601
Holzer, Emilio 601
Hopkins, Harry Sinclair 250
Hoppe, Walter 885, 692
Hoppstock-Huth, Magda 580
Horkheimer, Max 425
Horst s. Horst Lange
Horthy, Stefan von 211
Huber, George 266
Hühnerfeld, Paul 580, 594
Huelsenbeck, Richard 16, 315, 607, 622, 632f, 690, 693f, 953, 992, 1001, 1064
Hugnet, Georges **692ff**, **695**
Hurk, W.A.J. van den 52, 55, 58, 64, 1105

Ihering, Herbert 90, 100, 108, **131**, 384, *1123*
Ilse s. Ilse Fuhrmann
Immermann, Karl Leberecht 9
Imrédy, Béla 211
Ionesco, Eugène 572
Isabella, Königin 865

Jacobi, Friedrich Heinrich 348, 355
Jacobi, Lotte 1075
Jaedicke, Horst **729**, *1122*
Jäger, Hans 1044, 1056
Järnefelt, Arvid 112
Jahn, Familie 1050
Jakobsen, Jens Peter 9
Jakobsohn (oder Jacobson), Hans 157
Jakubowicz, Heinrich s. auch Henry Hellmann 276, 283
James d.i. Jakob Reich
Janko, Marcel 15f

Jaray, Hans 388
Jauch, Hübener & Co., Versicherung 237
Jeanne d'Arc 808f, 865, 966, 971
Jean Paul 9
Jena, Irene von 735, 739f, 743, 802, 890
Jenne, Ernst 152, 155
Jenny, Schriftsteller 112
Jens, Walter 499
Joel, Curt Walter 52
Jœrgensen, Frl. 759
Johanna d.i. Jeanne d'Arc
Johannes XXIII., Papst 1078f
Johnny s. John Heartfield
Jola d.i. Joseph Lang
Jonas, Erasmus 1052
Josef, Otto 157
Joyce, James 229
Jünger, Ernst 572, 623
Jünger, Friedrich Georg 572
Jürgens, Curd 608
Jung, Carl Gustav 876, 1010
Jung, Cläre geb. Otto, in 1. Ehe Oehring 10f, **16**, 17, **20f**, **26ff**, **39f**, **43ff**, 46f, 50f, **51ff**, 66, 80, **82ff**, 86, **87f**, **99ff**, 114, **157ff**, **170**, 171, **214f**, 255, **284f**, **297f**, 305, **307ff**, **316f**, 321, 323, **324ff**, **332ff**, **342f**, **345f**, **348f**, 352, 357, **361**, **365ff**, **383ff**, **386f**, **389f**, **399f**, **403f**, **406f**, **426ff**, **439ff**, **446ff**, **451ff**, **453ff**, 477, **478ff**, **485f**, 487, **488ff**, **494ff**, **505ff**, **515f**, **517ff**, 521, **523f**, 528, 529, **535ff**, **544ff**, 548, **549ff**, 554, **556f**, **559f**, 565, 566, 575, **576**, 580, **581**, 583, **586ff**, 603, **609f**, **611ff**, 614, **615f**, 625, **631ff**, **645ff**, **649f**, **651ff**, **659ff**, 665, **675ff**, 682, 684, **690f**, 694, **714f**, **755**, **765**, 768, **791f**, 799, 807, **882**, **888f**, 890, 899, 947, **948**, 952, **962f**, 973, **1027**, 1031, **1034f**, 1037, **1043ff**, **1050**, **1052ff**, 1063f, **1064f**, 1066, **1075**, **1081f**, 1086, **1100f**, 1105, *1121*, *1122*, *1124*

Jung, Clara 45f, 47, **66f**, 116, *1124*
Jung, Dagny 115, **157**, 158, 170, 174ff, 215, **216ff**, 224, 227, 239, 284, 296ff, 301, 307, 309ff, 317, 321, 324, 362, 378, 429, 446, 449, *1124*, *1125*

Jung, Franz
Werke:
Achab 7
Über die Bedeutung der „Aktion" 681
Akzente I-III 610, 615, 625
(Albigenser Essay) s. auch Revolte gegen die Lebensangst 379, 413, 643, 666f, 669, 676f
Mystik und Magie im amerikanischen Bürgerkrieg – die Widersprüche und die Wirkungen 670, 730, 732, 966, 971
Annemarie. Schauspiel 135
Arbeiter Thomas. Schauspiel 138f, 149, 151, 673
Arbeiter Thomas. Roman 130, 138f, 146, 324
Zum Thema des Romans [Arbeiter Thomas] 130
Arbeitsfriede. Roman 32f, 39, 43, 54, 58f, 62, 72, 984, 1086
Artistische Dramaturgie 270
Das Borgunwesen im Handwerk 252
Roger Boscovich. Die geometrische Entschlüsselung des Weltalls 793
Der Brisbane-Fellow 56, 58
Dada kommt in die Jahre. Raoul Hausmann zum 75. 711, 751, 765, 888, 920
Erinnerung(en) an Dagny. Kurzgeschichte [auch: Die Geschichte mit Dagny] 449f, 451f, 580, 1102
(Dagny-Novelle) Das Jahr ohne Gnade 227, 233, 241, 260f, 283f, 293, 297, 301, 311, 321, 324, 330, 357, 378, 449f, 615
Denkschrift - An den Rat der Volkskommissare 22
Deutsch-Ost-Afrika auf der Wembley-Ausstellung 107
Hat Deutschland den Krieg verloren? 147
England und die Kreditfrage 108
Englische Hopfenpflücker 88
Die englische Industrie auf der britischen Reichsausstellung. I. Allgemeines über den Zweck und die Organisation. II. Die Motorfahrzeugindustrie. III. Die Verkehrsgesellschaften. 93, 106f
An der Außenseite der englischen Politik 108
Das Erbe 132, 141, 253, 641, 644, 749, 1086
Die Erlebnisse der Emma Schnalke [aus: Das Trottelbuch] 1085
Die Eroberung der Maschinen. Roman 54, 56, 58, 61, 120, 270, 327, 984
(Ruth Fischer story) Die Rolle von Ruth Fischer ... 769
(Fuhrmann Buch) Ernst Fuhrmann, Grundformen des Lebens. Biologisch-Philosophische Schriften. Ausgewählt und mit einem Nachwort versehen von Franz Jung 543ff, 564ff, 577ff, 603, 607, 633, 713, 730, 732, 735, 740, 742, 750, 754f, 775ff, 790, 825, 827, 829, 838, 849f, 869, 876, 878, 880f, 896, 908, 910, 915, 920f,

924, 940, 942, 949f, 953, 955, 965, 969f, 980, 986, 989, 999f, 1005, 1007, 1009, 1011f, 1015f, 1020, 1023f, 1050, 1063, 1092f
(Fuhrmann Essay) Bausteine zu einem neuen Menschen. Das Gesamtwerk von Ernst Fuhrmann; Erinnerung an einen Verschollenen. Ernst Fuhrmanns Lehre von den Zusammenhängen 552–607, 730, 732, 742, 792f, 821, 825, 829f, 838, 843, 849, 852, 869, 875, 886, 896f, 908, 910, 912, 952, 961, 970, 999, 1018, 1024
Gegen den Besitz 20
Gequältes Volk. Ein oberschlesischer Industrieroman 117, 123, 132, 149, 151
Geschäfte. Komödie in fünf Akten 116, 118, 120, 123ff, 135
Die Geschichte einer Fabrik 100, 255, 673
Von geschlechtlicher Not zur sozialen Katastrophe 56f, 59, 61, 64f
Gnadenreiche, unsere Königin 1085
Gott verschläft die Zeit 896, 899, 966
  Hallo, mein Johann 890
  Zur Klärung 890
  Übungsstück 890
  Seligmanns Ende 890
  Babek 890
Der Fall Groß. Novelle 13f, 641, 851f, 888ff, 899, 911, 914, 928, 931ff, 946, 948, 990, 996, 1000, 1021, 1043, 1061, 1085, 1101f
Herr Grosz. Schauspiel in 4 Akten 263, 359, 366, 378, 384, 386, 388, 392, 580, 605
Hausierer. Gesellschaftskritischer Roman 137, 141, 150, 253, 1086
Heimweh 118, 120, 135, 253, 641
Zu dem Schreiben von Trude Hesterberg vom 15.7.62 1029ff, 1069, *1122*
(Hitler Drama) s. The Way Home
Joe Frank illustriert die Welt 32f, 120, 984, 1086
  Mutter Jones [auch: Mother Jones] 31, 33
  Stiller als Wasser und niedriger als Gras 31, 33
  Wenn der Mond aufgeht 34
  Die Ausfahrt des letzten Torpedobootes 1086f
  Fertig machen! 33
  Der Heizer und die Kellnerin oder wie Joe Frank zwischen zwei Feuer geriet 1086f
  Zur Erinnerung 120
Kalisozialisierung und Kalisabotage 75

Kameraden ...! 1085
Die Kanaker. Schauspiel 35, 43, 74
Läuterung [aus: Gnadenreiche, unsere Königin] 1086
Legende. Schauspiel in 3 Akten 117, 120, 124ff, 135, 253, 659
  Vorbemerkung zur „Legende" 127f
Die Liebe wandert [aus: Opferung] 607
Das Märchen einer Legende. Jack Londons tragisches Schicksal 793, 809, 820f, 825, 860, 865
Londoner Bilder. 1. Montmartre in Holborn. 2. Highgate. 3. Die Pubs. 4. Nachwirkungen des Krieges. 5. Marble Arch. 88f, 99, 106
Londoner Kinos 88
Aus dem Zentrum des Londoner Filmgeschäftes. Der große Unbekannte 88
Meinen Gruß zuvor 932, 933, 1047f, 1051, 1078
Menschlich sein [aus: Hausierer] 150
Morenga 1087
New Yorker Wirtschaftsbrief [Serie] 428
Die Not des Peter Gnyp. Eine Novelle 1087
Opferung. Ein Roman 1085
Der Osteraufstand im Mansfeldschen [Kapitel der Autobiographie] 615, 617f
Franz Pfemfert – 70 Jahre 404f
Pin oder Dada, der Letzte 992f
Proletarer. Fortælling fra revolutionens Tyskland 34
Proletarier. Erzählung 34, 37, 327
(Reich Essay) Das tragische Schicksal des Wilhelm Reich. Im Dschungel der Grenzgebiete der Bio-Physik; Der Psychoanalytiker Wilhelm Reich. Aus der Krankengeschichte unserer Zeit 490f, 753, 755, 790, 792f, 880f, 887, 892, 896, 906, 914, 926f, 936, 940f, 946, 961, 966, 970, 980, 1010, 1012, 1020, 1024ff, 1051, 1070, 1092, 1096, 1098
Der Reisebericht 582
Revolte gegen die Lebensangst. Anmerkungen zu einer Studie über die parasitäre Lebenshaltung 411ff, 896
Die Rote Woche. Roman 31f, 35, 37, 43, 54, 100, 327
Die roten Jahre [Kapitel der Autobiographie] 682
Das geistige Rußland von heute 119, 673
Reise in Rußland 34, 40, 44
Samtkragen, der verlorene Sohn [Roman] 142f, 146, 588
Samtkragen oder Der verlorene Sohn [Drama] 144, 222, 226, 231ff, 235,

260, 262f, 301, 321, 324, 326f, 365, 579, 640
Saul 618, 622, 632, 654, 1061, 1085ff
Le scarabée torpille. Considérations sur une grande époque 915
Schwarze Seelen. Plauderei 147
Sophie. Der Kreuzweg der Demut. Ein Roman 619, 1085f
[Spandauer Tagebuch. April-Juni 1915. Festungsgefängnis / Irrenhaus / Garnison] 10
Der Sprung aus der Welt. Ein Roman 20, 60, 1085
Die Stephanie-Gavotte [aus: Opferung] 1085
Sylvia 262, 378, 615, 643
Die Technik des Glücks. Psychologische Anleitungen in 4 Übungsfolgen 30f, 37, 39, 43, 54, 57, 1086
Die Technik des Glücks II. Teil. Mehr Tempo Mehr Glück Mehr Macht. Ein Taschenbuch für jedermann 52, 55, 58f., 791f, 1086
Die Telepathen. Eine Novelle 1061, 1085, 1087
Der tolle Nikolaus 327
Der Torpedokäfer d.i. Der Weg nach unten
Das Trottelbuch 252, 1085f
Zur Lage in Ungarn 208ff
Die Auswirkungen des Kriegseintritts Ungarns 210ff
Variationen 301, 327, 378, 381, 392, 397, 404
Der Verkehrsunfall. Erzählung 437, 439, 446, 580
Der verlorene Sohn. Schauspiel 132f, 135f, 662, 665, 1086
Vorbedingungen des Zufalls 1087
Vorbestimmung. Im Kampf gegen das Verhängnis. 1. Ryberg-Film 56, 65
Was suchst du Ruhe, da du zur Unruhe geboren bist. Erste Folge der Vorarbeit 1064f, 1075f, 1085, 1087
The Way Home (Herr Grosz). Drama in five acts 388, 392, 775, 783f, 818f, 972
Der Weg nach unten. Aufzeichnungen aus einer großen Zeit [auch geplant unter dem Titel: Deutsche Chronik oder Meine Chronik] 263, 317, 600, 610ff, 617, 619, 621, 624ff, 628f, 631, 635, 641ff, 647, 649f, 654, 658ff, 664, 670, 675f, 682, 698, 708, 710, 713, 715, 790, 795ff, 799, 843, 859, 869, 873, 885, 893, 896, 900, 906f, 914f, 955, 959, 971, 985, 1001f, 1006, 1027f, 1044f, 1047, 1051, 1061f, 1065, 1101
(Bilder von Wembley) Rodeo in Wembley. Cowboy-Schau auf der Britischen Reichsausstellung; Spaziergänge in Wembley. I. Die Propaganda der Welt. II. Australien, the land of gold 106f
Widersprechende Prognosen 467
Wie dem auch sei. Studie über den Zerfall der Zeitgeschichte 677, 749
Wie lange noch? 32, 34, 37, 43
Die technisch-volkswirtschaftliche Entwicklung der Zündholzindustrie 252
Zwischen-Bilanz [aus: Hausierer] 150

Pläne und Entwürfe:
Abendunterhaltung(en) mit Franz Jung 905, 910ff, 918
Albigenser-Buch 223, 392, 666f, 669, 676f, 720, 730, 750, 854, 896, 930, 933, 966, 1010, 1055, 1071, 1078
Albigenser-Film 853f, 859
Amerikanisches Tagebuch [Serie] 975
[Autobiographisches]
 Abschied von Deutschland 877
 A German tells on his life 265
 33 Stufen abwärts 263f, 285
 Ich komme nicht wieder (zurück) bzw. I don't come back 482f, 495, 499
 In eigener Sache 858, 867, 871, 1041f, 1052
 Die Vögel und die Fische. 33 Stufen abwärts. Aus dem Leben eines Deutschen 263f
Dagny-Buch 1101f
Entwurf A. Der Hintergrund 229
Entwurf B. Herr Grosz 229
betr. Ausgewählte Werke von Charles Fourier 80
Fourier-Buch 79, 83, 88, 90, 152
betr. Die Hammersteins. Der Kampf um die Eroberung der Befehlsgewalt im deutschen Heer 1932–37 745, 845, 847f, 862f, 870, 971
Hoaxes-Sammlung 669
Der innere Widerstand im öffentlichen Leben 114
Franz Jung Auswahlband im Rowohlt Verlag 851f, 869, 973, 977, 984, 986f, 1024, 1055, 1064, 1085ff, 1097, 1099
Jungfrau von Orleans story 808f, 865, 966
Lenin-Monographie 119, 121
betr. Maslow-Biographie 723
Maslow-Manuskript 258, 261f, 280, 678, 681, 702, 710, 714, 722, 724f, 735, 739f, 743f, 751, 757f, 761, 763f,

766ff, 778, 782, 784, 786, 788f, 798, 801, 806, 808, 810, 818, 820, 822f, 830ff, 838, 865, 870, 890f
Notwendigkeit der Sklaverei 114
O'Donnell-Porträt 780
Pamphlet-Serie [Titelvorschläge: Der Gegner bzw. Gegner; Herausforderung] 858, 867, 871, 899f, 905, 910ff, 918, 931ff, 939, 964, 1047f, 1051, 1061, 1077f
[Neue Revue] Prospekt für den Inhalt der Zeitschrift; Prospekt für die gesellschaftliche Auswirkung 142
Wilhelm-Reich-Auswahlband 880, 885, 887, 926f, 940
Restif-Projekt 774, 779f, 790, 804, 818, 820, 822f
Leitfaden für die Behandlung russischer Diplomaten 316
Stück über Sokrates 263
Dramatisierung des Falles Steinmayr 378
The strange behavior of an old man. Einführung in die deutsche Sprache 456
Der Tod ist nicht genug 911, 914
Vorschlag für ein Experiment in der biographischen Darstellung 845, 862
(Wembley-Bilder) Ein Geschichtsunterricht des Negers; Die Goldküste; Hongkong-Restaurant; Die Sängerin im Kohlenschacht; Der Streik der Lyons Girls 108
Wiedereinführung des Hexenkults 669

Jung, Franz sen. 45f, **47**, 66f, 115f, 252, 477, *1124*
Jung, Franz jun. 45ff, 66f, **115**, 410, 423, 429, 431, 433ff, 445ff, 455, 471, 480, 483, 487, 489, 607, 638, 641, 645, 1094, *1124*
Jung, Gertrude Frau von Franz Jung jun. 410, 434, 455, 471, 480, 489
Jung, Harriet in 1. Ehe Scherret, in 3. Ehe Wisser 170f, 182, 191, 214, 239, 285, 296f, 300f, 305, 316, 320f, 323, 335, 357f, 361, 365, 382, 388f, 392, 394f, 397, 404, 406, 433, 480, 638, 862, 868
Jung, Joseph 477
Jung, Joyce 493, 608, 638, 657, 664, 713, 793, 862, 1072, 1090, 1099
Jung, Margot in 2. Ehe Rhein 9f, *10*, 16f, 46, 67, 159, **309ff**, **317f**, 327, **345f**, 361, **362f**, **372ff**, 387, 390, 400, 403, 426, 429, 434, 436, **449ff**, 451f, **474f**, 477, 478, 486ff, 529, 638, 645f, **1015**, **1073**, **1099f**, *1122, 1123*
Jung, Peter 170f, **182**, 191, 214, 239, 285, 296f, 300f, 305, 316, 320f, 323, 327, 335, 342, 352, 357f, 361, 365, 382, 388, 392, 396f, 404ff, 410, 423, 429, 431, 433, 446, 448, 454f, 458, 467, 471, 480, 482f, 485, 488f, 493, 497ff, 505, **607f**, 638, 641, **655ff**, **663f**, 670, 680f, **683f**, 699f, **713**, 738, 750, 752, 756, 790, **793f**, 825, 827, **845f**, **851f**, 862, 868, 895, 997, 1017, **1072**, **1079f**, **1080**, **1087ff**, 1095, **1099**, *1122, 1123*

Kafka, Franz 439
Kaminski, Friedrich 122f, *1124*
Kantorowicz, Alfred 365, 588, 634, 661
Kaplan, S. 1008ff, 1011, 1080, 1088f, 1100
Kapp, Wolfgang 53, 732
Kappler, Herbert 287
Kardinalprimas s. József Mindszenty
Kasack, Hermann 13, 439, 574, 850, 853, 867, 874, **875f**, 878, 910, 934, 949, 953ff, 958, 985, 993, 999, 1017, 1019, 1023, *1122*
Katz(-Fuhrmann), Ilse 492, 508, 543, 544f, 553f, 557, 564, **567ff**, 575, 577f, 580, 582, 584, 586, 589, 591, 594f, 597f, 603f, 607, 631, 654, 688, 740, 742, 778, 828f, 897, 910, 914, 927, 949, 967, 976f, 985, 989, 991, 993, 995, 1008f, 1011, 1017, 1021, 1093, *1122*
Katz, Otto 509
Kayser, August 1028
Kedros, André 888, 931, 1056, 1074
Keel, Daniel 901, *1122* (s. Diogenes Verlag)
Keller 1068
Kennedy, Jackie 977
Kennedy, John F. 807f, 816
Keresztúry, Dezső 216, 238, 271
Kersten, Kurt 542, 1001ff, 1006, 1009
Kertscher, Henriette geb. Otto 26, **50f**, 88, 449, 480, 492f, 498, 509, 524, 560, 612, **614**, 616, 646, 649, 659, 662f, 677, 682, 684, 691, 715, 755, 765, 792, 807, 882, 889, 899, 963, *1122, 1124*
Kesselring, Albert 286ff, 290, 292
Kesten, Hermann 445, 1001
Keynes, John Maynard 501
Kierkegaard, Sören 858, 877
Kilpper, Gustav 143
Kipling, Rudyard 112
Kirchgatter, Rosa 699, 701f, 704f, 707, 714, 790, 803, **840**, 861, 888, 978, 1034f, *1122*
Kisch, Egon Erwin 129
Kleefeld, Kurt von, Schwager von Gustav Stresemann 238
Klein, Fritz 601
Klimsch, Uli 129

Klinger, Franz d.i. Franz Jung
Kloss, Heinz 567, 570, 572ff, 577, 580, 584, 591ff, 601, 827ff, 853, 875
Knauf, Erich 244
Knaus, Albrecht 327, **610f**, *1124*
Kneipp, Sebastian 1092ff, 1097f, 1100, 1103
Knight, William E. 331
Knopf, Alfred 982
Knüfken, Hermann 51, 53, 88
Kobus, Kathi 601
Köllich, Lucie verh. Krusenbaum 439
Koeppen, Wolfgang 605
Kohbieter, Gerd 880, 885, 916, 919, 935, 938
Kollontai, Alexandra M. 75
Kollwitz, Hans 8
Kommunistische Arbeiter Partei Deutschlands 23, 24, 44f, 47, 58, **67ff**, 75, 315, *1124*
Konstantin der Bildhauer 601
Korsch, Karl 463, 775
Koven, David 463
Kowalski, Dr. med. 674f
Kraepelin, Emil 602
Kraft, Robert 906
Kraschutzki, Heinrich (Heinz) 1009
Krause, Friedrich 282f
Kremer, Alexander & Co. 414
Krems 8
Kreuder, Ernst 827
Kries, Wilhelm von 81, 89, 100, 102, 105
Kronacher, Alwin 138
Kuh, Anton 38, 44, 61
Kuh, Emil, 61
Kuh, Margarethe (Grete) 59
Kuh, Marianne (Mizzi) 61
Kuh, Nina 57, 61
Kuhn, Loeb & Co., Bankhaus 140f
Kuntz, Fritz 888f
Kunze, Redakteur 38, 43
Kurella, Alfred 91, 616
Kurtz, Rudolf 129, 308

Lacroix, Paul 809f
Laeuen, Harry 365
Lagerlöf, Selma 9
Lampe, Jörg 732
Landau, Robert 157
Landauer, Gustav 633
Landshoff, Fritz 124
Lang, Joseph 701, 703, 706, 708, 859, 884, 888, 978, 1011
Lange, Hans 372ff, 400, *1122* (s. Margot Rhein)
Lange, Horst 605, 690, 950, 957, 1000, 1016
Lange, I.M. 691, 807
Langen, Albert 545
Langerhans, Heinz 775
Langner, Ilse 365
Lania, Leo 509, 612
Larchey, Lorédan 731
Larsz, Franz d.i. Franz Jung 78, 80, 82, 85f, 90, 93ff, 98, 103, 105ff, 114, 117, 253, 313
Laszlo, Carl 903f, *1122* (s. Panderma Verlag)
Laufenberg, Heinrich 23
Lazurick, Robert 808
Lederer, Emil 19
Ledig-Rowohlt, Heinrich Maria 594
Lehmann (Reinickendorf) 33
Lehmann, Hans-Joachim 705
Leir, Kaufmann 514
Leithoff, Eberhard 439f
Lemonnier, Camille 9
Lenin, Wladimir I. 23, 75, 119, 121, 426, 762
Lenya, Lotte 1028, 1031, 1036, 1038ff, 1053, 1060, 1066
Leon s. De Leon
Leonhard, Rudolf 52
Levi, Paul 23, 50f, 1032, 1039
Levin 51
Levit 43, 59
Levy, Rechtsanwalt 29, 43
Lewis, Jack 969, 972
Liebknecht, Rechtsanwalt 33, 39
Liebknecht, Karl 253
Liede, Alfred 955, 972
Lincoln, Abraham 668, 732, 809, 971
Lindner, Imanuel 172f
Lindner, Oswald 172f
Lindner, Paul 172f
Lissner, Erich 732, 884, 978
List, Edna 234, 319, 329, 382
Ljubimow-Lanskoi, Jewsej O. 149, 151, *1124*
Lloyd, Firma 253, 418, 499
Lochner, Louis Paul 532
Loewenfeld, Henry 885, 888, 892, 917, 919, 925f
Löwenthal, Richard 1033
Loewy, Dr. med. 775, 892
Loewy 939
Lombardi, Riccardo 339
London, Charmian 78f, 81, 96, 107, *1124*
London, Jack 54, 78f, 81f, 107, 112, 471, 528, 688, 796, 803, 808f, 952
London, Joan 688, 809, 952, 966
Long, Norman 664
Longo, Luigi 339
Lorédan-Larchey s. Larchey
Lotz, Walther 252
Lubeck, Theodor 115
Lucian 308

Lübbe, Peter 231, 283, 293
Lück, Albert 161
Lukács, Georg 536, 588, 634, 661
Lunatscharski, Anatoli W. 74
Luxemburg, Rosa 249
Lyons, Eugene 836
Lyssenko, Trofim D. 876
Lyttelton, Oliver 414, 416

M.-B., s. Müller-Beckedorf
Mackensen, Eberhard 286
Magis, Jean-Jacques 935, 1068
Magnus, Erwin 78f, 81, 96
Maier, Gustav 61, 64
Maier, Jürgen 1100, 1103
Malaquais, Jean 898, 962
Mamlock, Dr. 91
Man, Henry 189f, 251f
Mani 1010
Mann, Thomas 252, 254f, 283, 331, 442, 486, 997
Mansfield, Katherine 112
Mao Tse-tung 776
Marat, Jean-Paul 774f, 779f, 790, 877, 905, 918
Marchand, Etienne 918
Marcion 1010, 1051, 1078
Marcu, Eva 429, 431f, 435f, 440, 476, 480, 493, 498f, 564, 607, 756, 1035f, 1040, 1089, 1094f
Marcu, Valeriu 429, 493, 1035, 1040, 1060, 1067
Marcus Bank 1058f, 1066
Margot s. Margot Jung
Marianow, David J. 151, 324, 673
Maril, Dr. 402, 407f
Maritain, Jacques 326
Markos 356
Marshall, George C. 337, 425
Martin, James Joseph 796f, 803
Maruhn, Siegfried 394
Marx, Alfred 140
Marx, Karl 301, 634, 779, 878, 1052
Marzotto, Firma 267
Maslow, Arkadi 170, **188ff**, 230f, 247, 258f, 261, 280, 678, 681, 702, 710, 714, 722, 724f, 735, 739f, 743f, 751, 757f, 764, 768f, 772ff, 789, 801, 832ff, 836, 841, 890, *1122*
Matteotti, Matteo 294, 304, 306
Mattick, Frieda s. St. Sauveur
Mattick, Paul 463, 471, 553, 558, 669, 688, 891, 938, 947, 973
Maus, Heinz 381f, 397, 399, 404, 428, *1121*
Max d.i. Arkadi Maslow
Maxie, Verlagsagent 81, 96, 107
May, Emilie 1003
May, Karl 365, 988

Mazzini, Guiseppe 348, 355
McCarthy, Joseph 836
Mehring, Franz 348, 355
Mehring, Walter 911
Meidner, Ludwig 747
Meißner, Anna von geb. **Radnóti** 223f, 228f, 241, 243, 246f, 259f, 269, 272f, 277ff, 281, 283, 294, 296, 301ff, 305, 311, 314, 320, 322, 335, 338, 340, 354, 359f, 370, 372, 378f, 381, 383, 385, 393, 397f, 401, 405, 445, 529, 674, 698, 707, 732f, 739, 756, 803, **804ff**, 819, 930, 1002f, *1123*
Meißner, Emil August Ritter von 243, 278, 360
Meißner, Hansjörg von 243, 272, 278f, 310, 360
Mendel, Johann Gregor 876
Mengelberg s. Bauer-Mengelberg
Merker, General 286
Messing, Zenobjucz (Siegismund, Siggi) 1028, 1033f, 1039, 1059, 1068f
Metzkow, Gerhard 650ff
Meyer 8
Meyer, Hannelore 712, *1122*
Meyer Line 418
Meyerhold, Wsewolod E. 131
Michaelis, Adolf 209
Michandeau 398
Michel, Louise 774, 779f, 790
Mikkelsen, Ejnar 112
Miller, Henry 455, 567, 576f, 597, 921, 938, 944
Minder, Robert 946, 954, 976
Mindszenty, József 238
Misch, Gerhard 209
Modigliani, Amadeo 690
Molzahn, Ilse 543
Monaco, Marietta di 807
Moreck, Curt d.i. Konrad Haemmerling 324, 326
Morel, Robert 392
Morris, William 726, 746, 998
Morrison, William Sheppherd 416
Mosse, Rudolf 21
Mühlestein, Hans 293
Mühsam, Erich 54, 252, 255
Müller, Artur 562, 704, **715ff**, 722f, **724ff**, 728, **729ff**, 732, 735, **736f**, 739, **741ff**, 749ff, 759, **760ff**, 767, **778ff**, 787, 788ff, **798**, 803, **806f**, **808f**, 812, **814**, 816ff, **819**, **822f**, 824, 826f, 830, 832, 834, 837, **839f**, 840, 843f, **844f**, 845f, **847f**, 849f, 850f, **853f**, **858f**, 861, **863f**, 871, 875, **876ff**, 880, **897f**, **904ff**, 912ff, **929f**, 931f, 934, 939, 958, 963, 966, **974f**, 985f, **987f**, **994f**, 1012, **1013f**, **1016ff**, 1018, **1019**, 1023, 1025ff, **1029**, **1041f**, **1048f**,

1051, **1056**, **1074**, **1091**, 1092ff, 1095, 1097, *1122*
Müller, Ernst 683f, 846, 857
Müller, Hermann 34
Müller, Herta 854
Müller, Lothar 1077, 1091
Müller, Robert 33, 54
Müller, Sabine 820, 823
Müller, Ulrich 819, 847, 850, 859, 864, **866f**, 905, 912, 929, 931f, 994, **1042**, 1077, 1091, *1122*
Müller-Beckedorff, Erich 158f
Müller-Jabusch, Maximilian 168
Müller-Ysenburg 54
Muenzberg, Rudolf 394f, *1122*
Münzenberg, Willi 71, 316, 481, 1004, 1006
Muhlen, Norbert 885, 887
Muschg, Walter 972
Mussolini, Benito 119, 286, 288f, 291, 370, 375, 378, 674

Napoleon I. Bonaparte 291, 730, 1068
Nasser, Gamal Abd el- 540
Natzmer, Renate von 890
Nebe, Kriminalkommissar 789
Nehru, Jawaharlal 421, 424, 490, 774, 836
Nelken, Dinah 233
Nelli, René 859
Nenni, Pietro 339, 371f, 733
Nero, Kaiser 966, 970, 972, 974, 988, 995
Nerval, Gérard de 9
Nette, Herbert 571f, 580, 591f
Neumann, Gerhard 580
Neumann, Therese 717
Nied, Willibald 957
Nietzsche, Friedrich 877
Nightingale, Florence 410
Nilsen, Rudolf 34
Nixon, Richard 598
Nkrumah, Kwame 836
Nolde, Emil 545, 949
Nonnenbruch, Fritz 170
Noske, Gustav 50

O'Donnell d.i. Ignatius Donnelly
Oehring, Cläre in 2. Ehe **Jung**
Oehring, Richard 11, 61
Offener Brief für Max Hoelz 49f, *50*
Ohlenmacher, Heinrich 233, 269
Oldenbourg, Zoé 1005
O'Neill, Eugene 232
Opel, Fritz 396
Opitz, Karlludwig 499
Oprecht, Hans 261, 330, 353, 357
Osner, Charles 701
Otten, Ellen 858, 1048
Otten, Karl 8, 157, **579**, 602, 607, 612, **619f**, 622, 624f, **628**, 632, **635ff**, 641, 642ff, 659, **664**, **667ff**, 674, 676, 679ff, 684, 690, 698f, 704, 746, 761, 803, **815ff**, 837, 848, 858, 867, 869ff, 883f, 889ff, 933, 947, 956, 963, 965, 973, 985, 987, 994, 999, 1004f, 1009, 1048, 1051, 1053, 1055ff, **1057ff**, 1062, 1095, **1101f**, *1122*
Otto, Emmy 26, 50, **86**, 88, 114, 366, 449, 480, 492f, 498, 509, 524, 560, *1124*
Otto, Ernst 26, **86**, 88, 114, *1124*
Otto, Henriette s. **Kertscher**
Otto, Käthe 88, 449, 480, 492f, 498, 509, 524, 560, 614, 646, 649, 659, 662f, 677, 682, 691, 715, 755, 765, 792, 799, 807, 882, 889, 899, 963

Paddock, Arthur L. jun. 352
Palloy, Pierre-François 542
Panizza, Oskar 877, 939, 991, 1036, 1043, 1045, 1047, 1051, 1055
Pankhurst, Sylvia 83
Pannekoek, Anton 938
Pannwitz, Rudolf 545, 585, 592, 600, 935
Panzini, Alfredo 342
Pasternak, Boris L. 641, 768, 770
Pastor, Frh. Ludwig von 229
Patchen, Kenneth 597f
Paul, Eden 101
Pavelič, Ante 371
Payne, Edward Biron 797
Payr, Hugó 238
Pechel, Rudolf 317, 365
Peggy 464
Pegu d.i. Paul Guttfeld
Perlo, Viktor 704
Petacci, Claretta (Clara) 288f, 291
Petacci, Marcello (Mario) 289, 291
Peter s. Peter Jung
Peters, Arno 703f, 722
Peters, Richard 532
Petersen, Mrs 86
Petersen, Jes 899f, 905ff, **911ff**, 928ff, 931f, 934, **939**, **944**, **963f**, 967, 974, **981**, **990ff**, **996**, **1000**, 1021, 1034, 1047, 1055, 1061, 1077, *1122*
Pfemfert, Alexandra (Anja) geb. Ramm 8, 620, 632, 645
Pfemfert, Franz 7ff, 33f, 37, 61, 284, 404, 632, 645, 680ff, 691f, 700, 706, 708
Picard, Elisabeth 901ff, 968, 975
Picard, Fritz 553, 557, 688, 702, 826, 854, 868, 871, 884, 901, 925, 928, 940, 951, 958, **988f**, **995**, 1008, 1019, **1046f**, **1049**, 1098, **1100**, *1122*
Pichon, Jean-Charles 970, 988f
Pictet & Pictet 269, 514
Pieck, Wilhelm 76
Pinkus, Theo 871, 900, 912
Pinthus, Kurt 460, 869, 900, 947, 951f,

1139

956, 959, 965, 973, 1001ff, **1006**, 1053, 1055, **1078**, *1122*
Pio, Pater 674, 717ff, 724, 729ff, 736f, 745, 787, 804
Pirandello, Luigi 1086
Pirelli, Firma 267
Piscator, Erwin 117, 129, 131, **144ff**, 149, **151f**, **171**, **222ff**, 224, 226, 229, 231, **234f**, 240, 253f, 262, 270, 284, 293, 296, 304, 327, 366, 378, 384, 386ff, 389, 392, 399, 504, 523, **560**, **563f**, 583, 612f, 641, 723, 775, 784, 972, *1123*, *1124*, *1125*
Pius XII., Papst 320
Pizarro, Francisco 561
Plättig, Pension 1010f, 1013, 1019
Platow, Robert **174ff**, 179, **180f**, 541, 559, 561f, *1123*
Platsch, Max 86, 96
Pleuchot, Edmond 834
Pleuchot, Elfriede d.i. Ruth Fischer
Plinius 717, 727, 734
Plivier, Theodor 439
Pound, Ezra 571
Preczang, Ernst **117f**, *1124*
Prettner-Cippico, Prälat 370f
Prévost, Alain 799, 953
Prévost, Jean 799
Przybyszewski, Stanislaw 747, 761, 781
Pugnet 923
Putnam, Samuel Whitehall 445
Pythagoras 667

Raabe, Paul 715, 747, 849f, **852f**, 867, 878, 882, 947, *1122*
Raay, Oskar van 969, 972
Rac, Feldmarschall 211
Raddatz, Fritz J. **1085ff**, *1122*
Radek, Karl 25, 59, **72f**, 773, *1124*
Radnóti, Anna s. von Meißner
Radtke, Ernst 32
Rafelsberger, Walter 209
Raknes, Ola 608
Rákosí, Mátyás 326
Ramm, Alexandra verh. Pfemfert
Ramm, Maria verh. Einstein, in 2. Ehe Schäfer
Ranft, Michael 870, 872
Ranke, Hubert von 1068
Rapp, Familie 473f
Rathenau, Walther 19
Rauch, Adolf von 875, 935, 950
Rauch, Georg von 740, 742, 778, **824**, 826, 829, **849f**, 850, 852, 864, 867, **874f**, 878, 886f, 909, **934f**, **949f**, **953ff**, 959, 974, **993**, 1019, 1091, *1122*
Regler, Gustav 613, 615ff
Rehfisch, Hans José 523

Reich, Anna 490, 673, 675, 885, 887f, 1022, 1025
Reich, Eva 859, 880, 885, 887f, 895, 919, 921, 1022, 1025
Reich, Jakob s. Arnold Rubinstein
Reich, James d.i. Jakob Reich
Reich, Wilhelm 490f, 674f, 706, 730, 732, 753, 765, 858f, 880, 884ff, 892, 895, 899, 905f, 910, 914ff, 918f, 921, 923ff, 930, 932ff, 940ff, 946, 952, 961, 964, 980, 989, 1010, 1016, 1020ff, 1026, 1092, 1104
Reich-Rubin, Lore 859, 880, 885, 887ff, 895, 919, 921, 1022, 1025
Reichenau, Walter von 789, 836
Reichenbach, Bernhard 34, 170, 250, 276f, 283ff, 305, 352, 365
Reifferscheid, Eduard 1028f, **1037ff**, 1044, 1056f, 1061, *1122*
Reimann, Günter 269, 400, 416, 461, 468f, 472f, 481, 493, 501, 503, 509, 512, 514, 525, 530, 534, 557, 560ff, 604, 624, 636, 654f, 658, 666, 680, **802f**, 804, 812, 855, *1122*
Reinhardt, Max 435
Reischach, Hans-Joachim Graf 238
Reiss, Erich 53, 55f, 1075
Reiter, Agentur 795
Renard, Paul d.i. Franz Jung 24
Renaudot, Theophraste 1074
Renn, Ludwig 616
Restif (Retif) de la Bretonne, Nicolas Edme 542, 553, 557f, 725, 728ff, 740, 742, 749, 761f, 767, 774, 779f, 790, 803, 809, 823, 840
Retzlaw, Karl 197, 1028f, 1033ff, 1040, 1044
Reuss, Leo 123
Rexroth, Kenneth 463f, 471, 504, 567, 576, 597ff, 672
Reynolds, F. 453
Rhein, Margot s. **Margot Jung**
Richard s. Richard Oehring
Riepl, Hans O.G. 707, 710
Rilke, Rainer Maria 545
Rill, Georg 164
Rilla, Paul 129
Rilla, Walther 889
Rinner, Erich 230, 270
Ritter, Jean 675, 885, 892, 917, 919, 923, 930, 936
Ritter, Paul 675, 885, 892, 917, 919, 923, 930, 936
Robespierre, Maximilien de 308, 730, 740
Robinson, Lennox 112
La Roche, Versicherungsfirma 189
Roche, Deodat 859
Rockefeller, Firma 780

Roechling, Firma 514
Rödel, Robert 266
Röhm, Ernst 702
Romi 542
Ronto, John J. 199, 201, 204, 206ff
Roosevelt, Theodore 500
Rosen, Eric von 112
Rosenfeld, Curt 129, **135**, 136, 253, *1122*
Rossi, Ingenieur 717, 732, 735, 804, 806
Roth, Josef 602
Roth, Rolf 358f, 364, 367, 369, 374
Rotter, Dr. med. 217f
Rousseau, Jean Jacques 729
Rowohlt, Ernst 545, 571f, 594
Rubel, Maximilien 701, 817, **891**, 892, 897f, 934, 946, 962, 976f, 991, 1009, **1098**, 1100, **1104**, *1122*
Rubin, Leroy 473
Rubiner, Ludwig 57
Rubinstein, Arnold d.i. Jakob Reich 17, 33, 88, 241, 247, 254, 259, 261, 271, 293, 298, 305, 329, 423, 489ff, 494, 673, 887, 1022
Rühle, Otto 23
Ruminoff, Käte 439f, 462f, 467, 470ff, **846f**, **854ff**, **865f**, **879f**, **885f**, **893ff**, **915f**, **918ff**, 922, **927f**, **935ff**, 940, 944, **957ff**, **960ff**, **979f**, **986f**, **998f**, 1004, **1011f**, **1023ff**, 1070, **1076f**, **1082f**, **1096f**, **1103**, *1123*
Ruminoff, Wassili (Basil) 440
Rundbrief des Berliner Arbeiter-Buchvertriebs 40f, *1124*
Rundbrief der Kontinent Korrespondenz 76ff, *1124*
Runge alias Scotland, Oberst 290
Ruth s. Ruth Fabian
Ruth s. Ruth Fischer
Rutter, Peter 380
Ryan, Verlagsvertreter 94
Ryberg, Frank d.i. Franz Jung 88, 106f, 112
Rycken, Pels 51f, 58, 64

Sachs, Emanie Louise 803, 872, 883, 885, 966
Sade, Marquis de 542
Sager, Naomi 938, 1008f, 1020
Sahl, Hans 423, **503f**, 503, **512**, **516**, **523f**, 659f, 1040, *1123*
Saint-Simon, Claude-Henri 60f
Salo 803, 872
Saragat, Guiseppe 294, 306, 337, 339, 368
Sartre, Jean-Paul 387, 417, 482
Sas, László (Ladislaus) 202f, 250
Savarin, Familie 271
Schacht, Hjalmar 421
Schäfer 613
Schaefer, Heinrich 159ff
Schaefer(-Lange), Oda 593, **600ff**, 613, 620, **690**, **910f**, 950, **955ff**, **1000**, **1015f**, **1062f**, *1122*
Scharrer, Adam 749
Schauspielhaus Zürich 226f, 262, *1124*
Schell, Maria 608
Schenker & Co., Versicherungskontor 237
Scherpf, Pension 519f
Scherret, Felix 161, **170**, 171, 182, **214**, 285, 297, 309, 335, 343, 350, 361, 366, 383, 385, 387, 390, 403, 405, 407, 426, 435, *1124* (s. Cläre Jung)
Scherret, Harriet s. Harriet Jung
Schich, E.H. 161f, **166ff**, 172, *1123*
Schiemann, Eduard 8
Schiemann, Elsa 7f
Schiller, Friedrich von 359, 442, 866
Schklowski, Grigori L. 135
Schlaf, Johannes 748, 760f
Schleicher, Kurt von 563, 623, 743, 789, 836
Schljapnikow, Alexander G. 75
Schlien, Hellmut 839, 841, 844
Schlott (?) 16
Schmid, Carlo 884
Schmidt, Joachim 892, 923
Schmitt, Curt L. 541
Schnehen, Baron d.i. Hansjörg von Meißner
Schneider, Hermann 904
Schnurmann(-Gril), Else 928, 937, 940
Schöffler, Heinz 625ff, 628, 635, 642, 651, 665, 667, *1122*
Schönherr, Fritz 158f, 161, 171, 1027ff, 1037ff, 1043, 1045ff, 1051, 1058ff, 1062, 1064ff, 1068, 1071f
Schönherr, Johannes (?) 117
Scholem, Edith verh. Capon 837, 848, 890
Scholem, Emmy 837, 848, 890
Scholem, Werner 702, 743f, 789, 837, 844, 848, 870, 890
Schonauer, Franz 626, 629, 726, 746, **776ff**, **827ff**, 883, 900, **908f**, *1123*
Schrimpf, Georg 16, 653, 693
Schrimpf, Hedwig 440, 653
Schröder, Karl 163, 243f, 365f, 399
Schröter, Erich 164
Schüller, Hermann 162, 166
Schütte, Einkäufer 245
Schultz, Bernhard richtig: Eberhard Schulz 365
Schulze-Boysen, Harro 160, 254f, 313, 651
Schuren, Ernst 166f
Schurig, Arthur 740, 743
Schuschnigg, Kurt von 535
Schuster, Ildefonso 288, 291
Schwab d.i. Hans Schwab-Felisch
Schwab, Alexander 158f, 161ff, 166f, 171f, 227, 243, 247f, 251, 276, 439,

477, 629, 689
Schwab, Franziska verh. Violet 161f, 243, 247, 478, 480, 856
Schwab, Hans-David d.i. Hans Schwab-Felisch
Schwab-Felisch, Eva 689
Schwab-Felisch, Hans 113, 161f, 243, 247, 437, 439f, 449, 488, 543, 562, 566, 593, 615, 618, 626, 629, 644, **650ff**, **689**, 732, 819, 822, 856f, **896**, 959, **1093**, *1122*
Schwarz d.i. Aladar Farkas
Schwob, Marcel 283
Scoccimarro, Mauro 295, 337
Scotland alias Runge 290
Seeckt, Hans von 681
Seeler, Moriz 123, *1124*
Seghers, Anna 365
Seiwert, Franz W. 120, *1125*
Sell, Louis (?) 157
Seneca 266
Senkpiel 47
Serédi, Jusztinián 212
Sessa, Piera Delfino 730
Shakespeare, William 64, 931, 986
Shaw, Bernhard 866
Shirer, William Lawrence 884
Siedler, Wolf Jobst 594
Silone, Ignazio 229, 243, 269, 326, 340
Sinclair, Upton 33, 60, 327
Singleton 83
Sinowjew, Grigori 773
Sinzheimer, Ludwig 252
Sörensen 1105
Sokrates 263
Soltikow, Michael Graf 735f, 739f, 890
Sosnowski, Georg (Jurek) von 735, 739f, 743, 789, 890
Spaeth, J.M. 155
Spahn, Kaufmann 172f
Staatsanwalt 1105, *1121*
Stalin, Jossif W. 263, 338, 758, 763f, 769, 774, 785, 834, 836, 876, 898, 1021
Stampfer, Friedrich 270
Stark, Günther 139
Steed, Wickham 250, 254
Steiner, Rudolf 577
Steinfeldt 954
Steinicke, Otto d.i. Günter Reimann
Steinmayr, Johann 378
Stekel, Wilhelm 1071
Stendhal 9, 33, 728, 730
Sternberg, Fritz 409
Sterne, Lawrence 9
Sternfeld, Wilhelm 764, **967**, 997, 1004, 1017, *1121*
Sternheim, Carl 39
Stevenson, Adlai 539
Stifter, Adalbert 9, 486

Stinnes, Hugo 19
Stöcker, Walter 25
Störig, Hans Joachim 787, **788f**, 814, *1123*
Strasser, Otto 253f, 743, 848f
Straub, Agnes 129
Strauß, Franz Josef 530, 533f
Street, Major 98
Strehlow, Kaufmann 172f
Stresemann, Gustav 238
Strindberg, August 653, 669, 677, 747, 777, 887
Strindberg, Friedrich 1031, 1035
Strüwer, Wilhelm 103, 113
Strunsky, Sheba 231, **311ff**, *1122*
St. Sauveur, Frieda 872, 944, 947f, 951, **972f**, 977, 984, 1020, 1022, 1036, **1054f**, 1078, *1123*
Stumpp, Emil 749
Sudermann, Hermann 262
Sullivan, Helen 684, 880
Swedenborg, Emanuel 1010
Swesditsch (engl. Swasdich), Peter 78, 90, 96, 98
Swift, Jonathan 748
Sylvia d.i. Anna von Meißner
Symanczyk, Hedwig 387, 1027
Symanczyk, Kurt 1027
Symanczyk, Wolfgang 1027
Szálasi, Ferenc 239, 319
Szemere, Paul (Pál) 250
Szittya, Emil 779f, **783**, 790, 799, **814**, **859f**, 869ff, **873**, 901, **902**, 903f, **923**, 931, **951**, 953, **967ff**, **975**, 981, **983**, **990**, 996, **1013f**, **1047f**, 1068, **1080f**, **1090ff**, **1094**, *1123*
Szittya, Erika 902, 923, 954, 969, 1048, 1081, 1092

Taft, Robert A. 420
Tagger, Theodor 14
Tautz, Titus 99, 498, 616f, 653
Teilhard de Chardin, Pierre 714
Terracini, Umberto 338
Thackeray, William Makepeace 9
Thayer, Tiffany 547, 549
Theresa von Avila 325f, 343
Thienel, Josef 115f, *1125*
Thörl, Firma 665
Thomas d.i. Jakob Reich
Thomas, James (J.) d.i. Jakob Reich
Thompson, Schriftsteller 724
Tichauer, Theodor 155
Tiele-Winckler, Eva von 342
Tillinger 423, 531f
Tirajé, Malerin 981, 990, 996
Tiso, Carl 188f, 192, 194f. 197, 199, 212, 215, 237, 245f, 302, 317, 559ff, 567, 575f, 589, 623, 793

Tito, Josip Broz 239, 244, 371, 490, 536, 687, 774, 776, 785, 836
Togliatti, Palmiro 289f, 339, 371
Tolstoi, Alexej N. 112
Tomlin, Julian L. 236
Torner, Genosse 151
Tórre s. Dalla Tórre
Toynbee, Arnold Joseph 326
Train, Charles [richtig: George Francis] 862, 870ff
Traven, B. 482
Tremelloni, Roberto 337, 368
Trotzki, Leo D. 137, 681, 722, 769, 772ff, 784, 836, 848, 877, 897f, 913, 938, 955, 962, 1021
Truman, Harry S. 338, 420, 424
Trzionka 123
Tschitscherin, Georgi W. 22, *1125*
Tuchatschewski, Michail N. 876
Tuma, Elisabeth 115
Turel, Adrien 177ff, 570, 572, 651, *1125*
Tzara, Tristan, 14ff, 765, 932, 946, 953, 977, *1125*

Ulbricht, Walter 616, 686, 816
Ulitz, Arnold 673
Ulrich s. Ulrich Müller
Umanski, Dmitri 135, *1125*
Unschlicht, Jossif St. 71
Ursinus, Werner 414
Utzelmann, Franz Peter 164

Varga, Eugen 704
Veres, Péter 319, 326
Verga, Giovanni 326

Verlage
  Verlag der Wochenschrift Die Aktion, Berlin-Wilmersdorf 253, 632, 1061
  Verlag der Arbeiterbuchhandlung, Wien 60
  Aufbau-Verlag, Berlin 631f, 947
  Aurora-Verlag, New York 226
  Berliner Arbeiter-Buchvertrieb 31, 33, 40
  F. Bruckmann, München 342
  Büchergilde Gutenberg, Zürich [früher: Berlin] 117, **227, 233**, 243f, 261, 283f, 297, 330, 353, 357, 449, 452, 1101, *1124*
  Verlag Der Bücherkreis, Berlin **139ff, 150**, *1124*
  Paul Cassirer, Berlin 60
  Claassen Verlag, Hamburg 499, 613, 617, 624, 626, 629, 641, 644
  Cotta'sche Buchhandlung (Cotta Verlag) Stuttgart 654, 664, 666, 669, 710, 722, 758, 780, 786, **788**, 789f, 798, 801, 803, 806, 812, 814, 818, 820, 838, 840ff, 860, 865, 870f, 880, 905, 913, *1123*
  Kurt Desch Verlag, München 479
  Deutsche Verlagsanstalt, Stuttgart **143**, 571, *1124*
  Deutscher Bücherbund, Düsseldorf 736
  Deutscher Korrespondenz Verlag (Deko-Verlag), Berlin 79, 84, 157, 159, 161, 166ff, 171, 253f, 1031, 1058, 1066
  Eugen Diederichs Verlag, Düsseldorf [ehemals Jena] 566, 571f, 591, 596, 599, 601, 604, 623, 687
  Diogenes Verlag, Zürich **901**, 975, 983, *1122*
  Drei Masken Verlag, Berlin 138
  Ebert-Verlag, Potsdam 327
  Édition du Seuil, Paris 870, 976
  Éditions de Paris 542
  Éditions Robert Laffont, Paris 988
  Éditions Seguir, Paris 702
  Éditions Sociales Internationales, Paris **137**, *1124*
  Europäische Verlagsanstalt, Frankfurt a.M. 705, 710
  Farrar, Straus and Cudahy, New York 885, 887, 892, 895, 918f, 921, 927, 943, 958
  G. Feltrinelli, Mailand 726, 768ff, 783, 870
  S. Fischer Verlag, Berlin [später Frankfurt a.M.] 39, **143**, 780, 870, *1124*
  Folkwang-Auriga Verlag, Friedrichssegen/Lahn **148**, *1124*
  Fontane & Co., Berlin-Dahlem 747
  Verlag der Frankfurter Hefte, Frankfurt a.M. 412
  Verlag Freie Straße, Berlin-Wilmersdorf 8, 57, 1085, 1087
  Gallimard, Paris 958, 976
  Garden City, New York 952
  Henry Goverts Verlag, Stuttgart-Feuerbach 600, 605, 613, 617, 624, 626, 629, 1102
  Grove Press, New York 596, 795, 870, 906, 924, 946
  Gyldendal'scher Verlag, Berlin 78f, 81, 96, 107
  Konrad Hanf Verlag, Hamburg 55, 59
  Carl Hanser Verlag, München 1052
  William Heinemann publishers, London 866
  Henderson, London 100
  Leon Hirsch Verlag, Berlin 44
  A. Hoffmann, Berlin 25
  Hoffmann & Campe, Hamburg-Berlin 566

Carl Hoym Nachf. Louis Cahnbley, Hamburg 25, 103
Insel-Verlag, Leipzig 61, 308, 348
Internationaler Psychoanalytischer Verlag, Leipzig, Wien, Zürich 60, 1071
Julliard, Paris 759, 769, 776, 778, 782ff, 786, 788ff, 798, 801, 832, 901
Gustav Kiepenheuer Verlag, Potsdam-Wildpark 60, 81, 107, **124f**, 624, 629, 644, 662, 779, 1086, *1124*
Kiepenheuer & Witsch, Köln-Marienburg 613, 617, 624, 626, 629, 641, 644, 678
Knopf Verlag, New York 982
Kösel & Pustet, München 326
Wolfgang Krüger Verlag, Hamburg-Wellingsbüttel 397
Langewiesche Verlag, Königstein & Leipzig 342
Laughlin, New York 547
Limes Verlag, Wiesbaden 571, 607
Paul List Verlag, Leipzig **119**, **138f**, *1124*
Verlag für Literatur und Politik, Wien 269, 673, 675
Löcker-Verlag, Wien 904
Hermann Luchterhand Verlag, Neuwied und Berlin 255, 579, 607, 625, 632, 641, 644f, 651, 654, 658f, 664, 666, 669ff, 676, 684, 689f, 698f, 708, 710, 715, 726, 732, 738, 747, 754f, 761, 776, 795, 810, 828, 830, 850, 870, 874, 880, 883, 886, 908, 910, 924ff, 940, 951, 954f, 958ff, 972, 982, 984, 1028f, **1030ff**, 1034, **1037ff**, 1044ff, 1047ff, 1051ff, 1056ff, 1061ff, 1065, 1071f, 1075, 1096f, *1122*
Ludd, Paris 915
Macmillan & Co., London 79
Malik-Verlag, Berlin 14, 30, 33, 35, 39, 53, 55, 58ff, 100, 103, 230, 234, 253, 264, 303
A. Marcus und E. Webers Verlag, Bonn 57
Mills & Boone, London 79, 81
Georg Müller, München 308
Otto Müller, Salzburg 305
Nest-Verlag, Frankfurt a.M. 480
Neuer Deutscher Verlag, Berlin 130
New Directions, Norfolk, Conn. 547
Noonday Press, New York 795, 906f, 916, 918, 921, 923ff, 927
Det Norske Arbeiderpartis Forlag, Kristiania 34
„Ny Verdens" Forlag, Kristiania 34
Panderma Verlag, Basel **903f**, 968, 975, *1122*

Pantheon Books, New York 229, 233, 270
Paul Pattloch Verlag, Aschaffenburg 724
Petersen-Press(e),Flensburg-Glücksburg 946, 991, 1043, 1045, 1051, 1078
R. Piper & Co. Verlag, München 572, 577, 592, 596, 599, 601, 604,
Verlag für Pressekorrespondenzen, Berlin 161f, 169, 171
Karl Rauch Verlag, Düsseldorf **902f**, *1122*
Theaterverlag Reiss, Basel [früher Erich Reiss Verlag, Berlin] 52, 55, 58f, 61, **231f**, 233, 235, 260, 262, 324, *1124*
Rex-Verlag, Luzern 724, 730
Verlag Rote Fahne 25
Rowohlt Verlag, Reinbek bei Hamburg 594, 870, 932, 938, 940f, 943, 947, 952, 956, 959f, 962, 964f, 973, 977, 984, 986f, 1055, 1064, 1078, 1083, 1096f
August Scherl, Berlin 37
Alfred Scherz Verlag, Stuttgart 607
Verlag Die Schmiede, Berlin **132f**, 135, **136**, *1124*
Verlag Lambert Schneider, Heidelberg 879, 1063, 1093
A. Seehof & Co. Verlag, Berlin 25
Societäts-Verlag, Frankfurt a.M. **146f**, *1124*
Verlag der Sozialistischen Wirtschaftskorrespondenz, Berlin 17
J.M. Spaeth Verlag, Berlin **123**, **132**, *1125*
Straus Farrar s. Farrar
Suhrkamp Verlag, Frankfurt a.M. 488, 818f, 822
Verlag B.G. Teubner, Leipzig 61
Verlag Ullstein, Berlin 79, **111ff**, 119, **121f**, 673, *1125*
Verlag Weller & Co., Leipzig **118**, *1125*
Buchverlag Willaschek & Co., Hamburg 25
Verlag Kurt Wolff, München 39, 530

Verne, Jules 774, 779
Violet, Franziska geb. Schwab
Vittorini, Elio 326, 762
Vogler, Paul 543, 1064f, 1075
Vogt, Untersuchungsrichter 789, 836
Vollmacht für Karl Otten 680, *1122*
Voltaire 668, 729

Wälterlin, Oskar 226
Wallach, Ernst 1059
Walter, Eva 517
Warburg, Bankier 1038

Ward, Artemus 112
Washington, George 668f
Weber, Hermann 231
Weber, Marianne 342
Weber, Palast-Hotel 128, 130, *1125*
Weber, Pension 849, 851f, 854, 859, 861, 873ff
Wedderkop, Hermann von 114, *1125*
Wehner, Herbert 509
Weigel, Helene 1031, 1037, 1043, 1060, 1066
Weil, Felix 264, 303
Weill, Kurt 248, 254, 1069
Weingarten, Adolph 257, **272ff**, **277ff**, 282f, **306**, 318, **320**, 347, 356, **358**, 388, **393**, 394, **396**, **408ff**, **422**, 423, 437, 458, 469, 471, 476, 522, 525f, 557f, 598, 606, 618, 622ff, **641f**, 647, **654f**, **669f**, 673, **680**, 685ff, 703, **706ff**, 725f, **727f**, 741, 743, 745, **749f**, **756ff**, 761, 763f, **766**, **768ff**, **781f**, **784ff**, **790f**, 794, **795f**, **799f**, **803f**, **810ff**, **817ff**, **820**, **824f**, 831, 833ff, **838**, 840, **841ff**, 849, **861**, **868ff**, **883f**, **887f**, **890f**, **892f**, **906f**, **917f**, **921ff**, **933f**, **943f**, **945ff**, **951f**, 957, 959, **964ff**, **969f**, 973, **976ff**, **982**, **984f**, **989**, **997**, **1001**, **1003ff**, **1008ff**, **1016**, **1020ff**, 1025, **1026**, **1028**, **1034ff**, **1044**, **1048**, **1053f**, 1063f, 1070, **1097f**, 1103, *1122*, *1123*
Weingarten, Carola 388, 396, 423, **457f**, **468ff**, 476, **520ff**, 525, **526**, 531, 557f, **597f**, **604ff**, **617f**, **622ff**, 642, **647**, 655, 670, 680, **685ff**, **699ff**, 707f, 728, **737ff**, 750, 768, 770ff, 790, 796, 800, 804, 813, 819f, 824, **825ff**, 838, **839**, 840, **841**, **842**, 849, 861, 869, 883, 888, 891, 893, 907, 922, 967, 1005, 1021, 1026, 1034, 1048, 1054, *1123*
Weisenborn, Günther 439
Wells, H.G. 33
Welsh, James C. 103
Wendler, Attaché 104
Werner, Bruno Erich 388
White, Emil 576, 938
Wickel, Helmut 170, 230, 250, 270, 277, 280, 286, 295, 298, **458f**, 1059, *1123*
Wiegenstein, Roland H. 712, 726
Wiegler, Paul 121f, 308, *1125*
Wieland s. Wieland Herzfelde
Wienicke, Café 423
Wilder, Thornton 232, 262, 271, 332, 659
Wilhelm II. 389
Wilimzig, Imo 862
Wille, Arthur 888f
Wille, Fritz 179, 180f, *1123*
Williams, Tennessee 659
Willimsky 867
Wilson, James Harold 420, 453

Winkler, Hotel 842
Winowska, Maria 724
Wisser, Hans 239, 285, 297, 300, 321
Wisser, Harriet s. Harriet Jung
Witsch, Joseph Caspar 644, 678
Wittfogel, Karl August 311, 315, 350, 381, 966
Wlassow, Andrej A. 245, 661
Wöhrle, Oskar 749
Wohlgemuth, Julius (?) 623
Wolf, Verleger 168
Wolf, Handelsredakteur 168
Wolf, Friedrich 442
Wolff, Karl 288
Wolff, Kurt 270
Wolffheim, Fritz 23
Wolfradt, Willi 594
Wolfskehl, Karl 602
Wollf, Julius Ferdinand 127ff, *1125*
Woodhull, Victoria geb. Claflin 780, 796, 803, 809, 870, 872, 885, 971
Woodward, William E. 975
Woronin, Sergej A. 661
Wülfradt, August 888f
Wyland, George Sohn von Wieland Herzfelde 230, 404
Wyneken, Gustav 9

Xanthippe 263

Young, Frank d.i. Franz Jung jun.

Zeitlin, Leon 12
Zeitungen, Zeitschriften, Pressedienste, Jahrbücher
  Accent, Urbana, Illinois 548
  8 Uhr Abendblatt, Berlin 1035
  Africa Finance (Bulletin), Paris 802, 855, 866, 871
  Agefi 461
  Die Aktion, Berlin 7, 9, 57, 137, 692, 1049
  Analytisches Bulletin, Paris, Marseille, Lissabon 195, 197, 199ff
  Die Andere Zeitung, Hamburg 1056
  Der Anfang, Berlin-Wien, **8**, *1125*
  Anglo-Continental Bulletin, London 181
  Der Angriff, Berlin 1035, 1037, 1060
  Arbeiter-Literatur, Wien 100
  Associated News Services, London 78, 83, 85f, 89f, 95, 99, 102
  Assopress, Bern 203
  Athena, Berlin 365
  Atlas 964
  Aufbau, Berlin 365
  Aufbau, New York 404, 675, 799, 920, 937, 947, 1006, 1102

1145

L'Aurore, Paris 808
Avanti, Mailand 229
Berliner Börsen-Courier 83f, 88, 90, 93, 95, 102f, 107f, 659f
Berliner Börsen-Zeitung 81, 84, 88
Berliner Morgenpost 1031, 1035
Berliner Tageblatt 51, 91, 107f
Berliner Zeitung 588, 653
Berlin-Expreß 24, *1124*
Börsenblatt für den deutschen Buchhandel, Wiesbaden 902
Bonner Bericht 541
Bremer Nachrichten [mit dem Wirtschaftsteil „Weser-Zeitung"] 448, 487, 793
Der Brenner, Innsbruck 301f
Breslauer Neueste Nachrichten 129
(Breslauer Volkszeitung d.i.) Schlesische Volkszeitung, Breslau
Bulletin quotidien, Paris 180
Der Bund, Bern 445, 448, 458
Business action, Washington (?) 200
B.Z. am Mittag, Berlin 31, 51, 1035, 1037
Central European Service, London-Prag-Wien 168ff, 171, 174ff, 250, 255, 277
Chemnitzer Tageblatt 82, 89
Christian Science Monitor, Corvallis 1073
Chronicle, San Francisco 932
Club Dada, Berlin 694
Combat, New York (?) 377
Combattenti d'amore, Rom 393
Conseil Analytique, Paris 189ff, 833, 837
Continental Press Agency, London 90ff
Daily Herald, London 100
Dena, Bad Nauheim 285, 320f, 323, 335, 352, 382, 388, 394
Deutsche Allgemeine Zeitung, Berlin 39, 82, 202, 657
Deutsche Auswanderer-Zeitung, Breslau-Berlin 20
Deutsche Presse Agentur (dpa), Bonn 1053f
Deutsche Rundschau, Hamburg 82, 365
Deutsche Soldaten Zeitung, München 849
Deutsche Tageszeitung, Berlin 51
Die deutsche Volkswirtschaft, Berlin 170
Deutsche Wirtschafts-Berichte, Berlin 159f, 161f, 477
Deutscher Arbeitsbeschaffungs-Dienst, Berlin 159f
Deutscher Feuilleton-Dienst, Berlin 140f, 160, 170f

Deutscher Kurier, Frankfurt a.M. 252
Deutschland-Berichte der SOPADE (Grüne Berichte), Prag-Paris 190, 230, 250, 252, 270
Dissent, New York 463, 548, 837, 938
Doubt, New York 547, 549
Dresdner Tageblatt 81
Düsseldorfer Nachrichten 470
The Economist, London 354, 395, 453
Enquirer s. Inquirer
Die Erde, Breslau 889, 896
Esprit, Paris 379
Europäische Rundschau, Wien 379
L'Europeo, Mailand 729f, 745
Evergreen review, New York 598f
Far eastern economic review, Hongkong 483
Fate magazine, Evanston 547, 890f
Feuilleton-Dienst („Short stories"), Berlin 113
Le Figaro, Paris 735, 739, 801
Financial Times, London 461
Foreign Affairs, New York 481
Foreign Letter, New York 525
Fortune, Chicago 190, 207
Das Forum, München 57
Frankfurter Allgemeine Zeitung 411, 553, 578ff, 583, 593, 526, 629, 631, 636, 644, 650f, 689, 746
Frankfurter Hefte 411, 413, 530
Frankfurter Rundschau 393, 732, 867, 868, 884f, 888, 920, 1007, 1040
Frankfurter Zeitung 31, **142f,** 168, 252, 588, 616, *1124*
Die Freie Straße, Berlin 20, 57, 635
(Die) Freiheit, Berlin 31
Der Gegner, Berlin 58, 114, 664
Gegner, Berlin 114, 142, 152ff, 159, 161, 253f, 313, 507, 583, 586
Geist und Tat, Hamburg 365
Gentes, Rom 729
Geopolitik, Zeitschrift für, Berlin 202
Germania, Berlin 95, 103
Grüne Berichte s. Deutschland-Berichte
Hamburger Fremdenblatt 532
Hamburger Volkszeitung 27, 50
Hamburger Zeitung 44
Hamburgischer Correspondent 105
Herald Tribune, New York 689
Hochland, München & Kempten 102
Horizon, London 326
hortulus, St. Gallen 1005
Ici, Paris 671
Idea, London 85, 94
Imago, Leipzig und Wien 60, 1055, 1071
Industrie-Kurier, Berlin [später Düsseldorf] 20, 428, 448, 459, 487f

Inquirer, London 888, 890, 921
International Correspondence – Correspondence International – Internationale Korrespondenz, New York 242, 247, 257, 274ff, 276
International Reports on Finance and Currencies, New York 399, 402, 410f, 468f, 557f, 561f, 636f, 666, 802
International Review, San Francisco (?) 464
Die Internationale, Berlin 72
internationale situationniste, Paris 1021f
Iswestija, Moskau 131
Jedermann sein eigner Fußball, Berlin 632
Journal of Commerce, New York 200
Kölner Tageblatt 81
Kölnische Zeitung 532
Kommunistische Arbeiter-Zeitung (KAZ), Berlin 34, 39, 43f, 50, 53, 58, 61, 67
Die Kommunistische Internationale, Moskau-Petrograd 44
Kommunistische Montags-Zeitung (KMZ) 34, 44
Kommunistische Rundschau, Berlin 25
Konkret, Hamburg 907, 917f, 943, 975, 992
Kontinent Korrespondenz, Berlin 76ff, 79, **80ff**, **84ff**, **89ff**, **95**, **102 ff**, 112, **113f**, 117, 118f, 123, 313, *1124*
Krasnaja now, Moskau 151
Kuxen-Zeitung, Berlin 252
Labor Action, New York 299
Landeskriminalblatt Niedersachsen 952, 954, 959
Leipziger Tageblatt 81, 105
Les Lettres Françaises, Paris 869, 902f, 953, 1074
Life, New York 567, 596
Die Literarische Welt, Berlin 593
Lu [von 1928–1935 Vu], Paris 833
Magdeburgische Zeitung 105
Marsyas, Berlin 13
Mattino, Rom 371
Mercure de France, Paris 903
Merkur, Baden-Baden 597
Mitteleuropäischer Wirtschafts-Dienst s. Central European Service
Der Monat, München 367, 885, 887, 954f, 959, 969, 972, 1001
Der Montag Morgen, Berlin 660
München-Augsburger Abendzeitung, München 105
Münchner Neueste Nachrichten 103
Nationalsozialistische Landpost, München 170

Nation's Business, Washington 200, 207
Neue Deutsche Literatur (NDL), Berlin 692
Neue Jugend, Berlin 14, 137, 633, 693f
Die Neue Kunst, München 7f
Neue Revue, Berlin 114, 142, 147
Das neue Rußland, Berlin 691
Die neue Weltbühne, Wien-Prag 252, 255
Neue Zeitung, München 62
Die Neue Zeitung, München 366, 580
Die Neue Zeitung, Berlin 437, 439, 446, 449, 451, 580, 1102
Neue Zürcher Zeitung 14
Newa, Leningrad 661f
New Leader, New York 292, 837
New Politics, New York 938, 946, 964
New York Times 461, 463
Nouvelles Littéraires, Paris 901, 903
Nowy-mir, Moskau 324, 327
Der Oberschlesier, Oppeln 889
Oggi 291
L'Osservatore Romano 319, 370
Ost und West, Berlin 365
Pacific European Service, San Francisco 557ff, 561, 638
Pacific Reports, San Francisco 458
Partisan Review, New York 548
Periodikum, München 703ff, 722, 898, 912
Pester Lloyd, Budapest 216, 238, 270f
Planète 893
Platow-Brief s. Platow-Dienst
Platow-Dienst, Berlin [nach 1945 Hamburg] s. Wirtschaftlicher Pressedienst Dr. Platow
Il Popolo, Rom 292
Post Magazine (and Insurance Monitor), London 198
Pour et Contre, Paris 802, 855, 871
Pressedienst für Wirtschaftsaufbau, Berlin 162, 166, 168, 171, 251
Proshektor, Moskau **149**, *1124*
Psychoanalytische Praxis, Leipzig 1071
Der Querschnitt, Berlin/Düsseldorf/Frankfurt a.M. **114**, *1125*
Räte Zeitung, Berlin 28, 31, 41, 57
Reader's Digest, Pleasantville, N.Y. 306
Real 541
(Reischach-Dienst) d.i. Zeitungsdienst Graf Reischach, Berlin 238
Reporter, New York 964
Resistance 463
Die Revolution, München 7, 602
Revue Internationale, Paris 833
Die Rheinpfalz, Ludwigshafen 951, 954, 956f, 959

Rhinozeros, Berlin 944
Der Ring, Berlin 168
Rosams Korrespondenz, Berlin 78
Die Rote Fahne, Berlin 39f, 51, 55f, 58, 61, 72, 74, **75f**, 509, 636, *1124*
Der rote Soldat, Berlin, **17**, *1125*
The Russian State Party, New York 240, 266, 274, 276, 292, 298, 316
Saturday Evening Post, Philadelphia 964
(Schlesier-Zeitung d.i.) Schlesische Rundschau 746
Schlesische Volkszeitung, Breslau 102
Schlesische Zeitung, Breslau 81
Schmitt-Brief s. Vertrauliche Wirtschaftsbriefe
Schweizerischer Polizeianzeiger, Bern 648
Seedienst 252
Shipping Digest, New York 891
Shopping News, San Francisco 671
Simplizissimus, München 601
Socialistische Wirtschafts-Korrespondenz, Berlin 19
Il Sole. 24 Ore, Mailand 406, 512
Sowjet, Berlin 25
Sowjet, Wien 57
Soziale Bauwirtschaft, Berlin 1037
Der Spiegel, Hamburg 467, 471, 508, 528, 542, 657, 885, 959, 1001f, 1034, 1069
Spiegel der Wirtschaft, Vaduz 201
Der Stern, Hamburg 736
(Stettiner Zeitung) 1037
Streit-Zeit-Schrift, Frankfurt a.M. 1001, 1064f
Stuttgarter Nachrichten 459
Stuttgarter Neues Tagblatt 81
Stuttgarter Zeitung 459, 470, 488, 580, 582, 584, 642, 679, 846
Süddeutsche Zeitung, München 504, 583, 917f, 959
La table ronde, Paris 366
Tägliche Rundschau, Berlin 366
Der Tagesspiegel, Berlin 594
Tempo, Berlin 1035
Time, New York 597, 671, 859, 895, 964, 967
The Times, London 254, 319, 461, 693
De Tribune 57
Thüringer Allgemeine Zeitung, Erfurt 81, 105
Die Umschau, Mainz 366, 378, 381
Unionist 50
United Press, New York 359
Value Line, New York 655
24 Ore s. Il Sole
Vertrauliche Wirtschaftsbriefe, Detmold 541

Visto, Mailand 729
Völkischer Beobachter, Berlin 170
Vorarbeit, Berlin 632f, 635, 696; Erste Folge. Was suchst du Ruhe, da du zur Unruhe geboren bist? 1064f, 1075f, 1085, 1087; Vierte Folge. Um Weisheit und Leben 57
Vorwärts, Berlin 253, 615
Vossische Zeitung, Berlin 31, 34, 51
Wall Street Journal, New York 461, 664, 671
Die Wandlung, Heidelberg 366
Washington Observer 964
Die Welt, Hamburg 459, 467, 470, 593
Welt am Abend, Wien 305, 360
Die Weltbühne, Berlin 366
Die Weltwoche, Zürich 1053f, 1063f
Weser-Kurier, Bremen 458, 487
Weser-Zeitung, Bremen [ab 1950 Bremer Nachrichten] 81
Western Socialist, Boston 669
Whaley Eaton service, Washington [ab 1940 Whaley-Eaton trade reports] 200f, 395
Whitehall window 453
Wiener Kurier 305
Wiener Wirtschafts-Woche 250, 313
Wirtschaftlicher Pressedienst Dr. Platow, Hamburg 541, 559
Wirtschafts-Correspondent, Hamburg 458, 487f
Der Wirtschafts-Ring, Berlin [Wirtschaftsteil des „Ring"] 168
Wochenpost, London 365
Woodhull and Claflin's Weekly, New York 797
Die Zeit, Berlin 108
Die Zeit, Hamburg 594
Zeitschrift für Individualpsychologie, Wien 60
Zero 3, Düsseldorf 918
Zürcher Zeitung 244, 266
Die Zukunft, Berlin 30
Zweifel, Lauenburg 148
Das 12 Uhr Blatt, Berlin 1035, 1037

Zeiz, August Hermann 388
Zeller, Bernhard 595, 849, 874
Zetkin, Clara 25
Zimmermann, Karl 572
Zingales, Francesco 288
Zitzewitz, Bankiers 1059
Zola, Émile 9, 37, 54, 61, 327
Zucker [richtig: Bernhard Zeller] 573
Zuckmayer, Carl 112
Zweig, Arnold 602

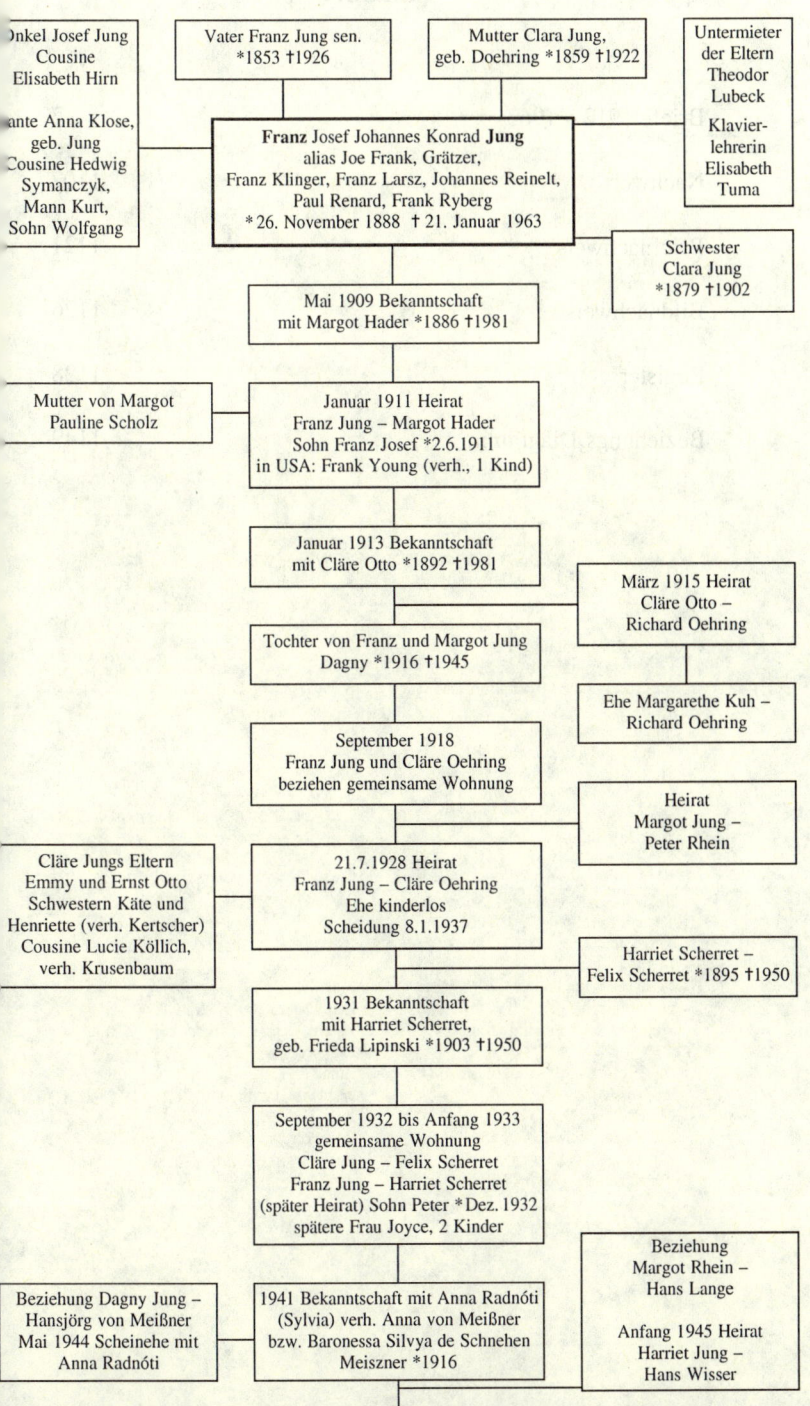

INHALT

Briefe 1913 – 1963 7

Nachwort 1107

Briefnachweis 1121

Bildnachweis 1126

Register 1128

Beziehungs-Diagramm 1149

AUS UNSEREM PROGRAMM

Cläre Jung
Paradiesvögel
Autobiographie · Gebunden

Astrid Schmeda
Ein leidenschaftliches Interesse am wirklichen Leben
Roman über Clara Thalmann · Broschur

Subcomandante Insurgente Marcos
Botschaften aus dem Lakandonischen Urwald
Über den zapatistischen Aufstand in Mexiko · Broschur

Günter Reimann
Berlin – Moskau 1932
Das Jahr der Entscheidung · Broschur

Abel Paz
Durruti. Leben und Tode des spanischen Anarchisten
Biographie · Gebunden

Situationistische Internationale
Der Beginn einer Epoche
Texte der Situationisten 1955–1969 · Broschur

Victor Serge
Erinnerungen eines Revolutionärs
Autobiographie · Gebunden

Emil Szittya
Malerschicksale
Vierzehn Porträts · Gebunden

Olaf Arndt / Rob Moonen / Nils Peters
camera silens – Ausstellungskatalog
Ein Projekt zur sensorischen Deprivation · Broschur

EDITION NAUTILUS

FRANZ JUNG WERKAUSGABE

Werke 1 in zwei Halbbänden
Feinde ringsum Prosa und Aufsätze 1912–1963
Band 1/1 bis 1930, Band 1/2 ab 1931
Werke 2 **Joe Frank illustriert die Welt / Die rote Woche / Arbeitsfriede** Drei Romane
Werke 3 **Proletarier / Arbeiter Thomas / Hausierer**
Drei Romane
Werke 4 **Die Eroberung der Maschinen** Roman
Werke 5 **Nach Rußland!**
Schriften zur russischen Revolution
Werke 6 **Die Technik des Glücks** Mehr Tempo! Mehr Glück!
Mehr Macht. Das theoretische Hauptwerk
Werke 7 **Wie lange noch?** Theaterstücke
Werke 8 **Sprung aus der Welt** Expressionistische Prosa
Werke 9/1 **Briefe 1913–1963**
Werke 10 **Gequältes Volk** Ein oberschlesischer Industrieroman
Werke 11 **Briefe und Prospekte 1913–1963**
Dokumente eines Lebenskonzeptes
Werke 12 **Das Jahr ohne Gnade / Sylvia / Das Erbe**
Autobiographische Prosa

Supplementbände:
Franz Jung **Der Weg nach unten**
Aufzeichnungen aus einer großen Zeit. Autobiographie
Der Torpedokäfer Hommage à Franz Jung.
Essays, Interviews, Dokumente und Fotos.

In Vorbereitung:
Werke 9/2 **Dokumente, autobiographische Fragmente, Fundstücke**
Die Bände der Werkausgabe sind sowohl in Klappenbroschur als auch gebunden mit Schutzumschlag lieferbar. Der Subskriptionsnachlaß bei Abnahme der Gesamtausgabe beträgt 10% vom Ladenpreis des jeweiligen Bandes.
Subskription bis zum Erscheinen des letzten
Bandes möglich.

EDITION NAUTILUS